# 대전환기,
## 한국의 미래를 만드는 세 가지 힘

일러두기

1. 단행본, 정기간행물, 시리즈명은 『 』로 표기했으며 영화, 잡지, 신문, 단편소설 등은 「 」로 표기하였다.
2. 외국 고유명사의 우리말 표기는 국립국어원의 외래어표기법을 따랐다. 그러나 관행적으로 굳어진 표기는 그대로 사용했다. 필요한 경우 한자와 원어를 병기했다.
3. 인용문의 경우 별도의 인용 구분을 하지 않고 " "로 표시했으며 인용문 내의 강조 표현 등은 ' '로 표시했다. 국립국어원의 표준 규정과 출판사 편집 원칙에 맞춰 일부 수정하였다.
4. 본문의 인용문의 출처는 미주에 수록하였고 가급적 원출처를 밝혀 적었다.

# 대전환기,
## 한국의 미래를 만드는 세 가지 힘

권광영 지음

---

병렬파워,
코어심벌,
혁신생태계

| 시작하는 글 |

## 역사와 미래를 바라보는 새로운 인식과 전체 안내도

 5년여 전 '삼성인력개발원 OB 25주년 기념' 행사에서 특강을 하게 됐다. 삼성그룹의 전 CEO를 비롯해 그룹에서 교육을 총괄하던 학식과 내공이 깊은 대선배들 앞에서 강의한다는 게 매우 조심스럽고 어려웠다. 현업에서 빛나는 성과를 창출하며 삼성의 성장을 견인했던 C-레벨분들 앞에서 어떤 강의를 해야 할지 며칠 고심한 끝에 그동안 리더십 사례와 역사를 탐구하면서 끊임없이 의구심과 호기심을 자극하던 주제를 고르게 됐다.
 '역사, 종교, 국가경영, 기업, 이 모든 걸 관통하는 큰 흐름은 무엇일까?'
 이 주제를 풀어내기 위해 10년이 넘도록 고심 중이었다. 여전히 답을 찾지 못한 가운데 아직 완성되지 않은 내용을 하나로 묶어 '역사를 움직이는 세 가지 힘'이라는 주제로 강의했다. 다행히 강의가 괜찮았는지 손욱 회장과 이상대 부회장을 비롯한 회장단에서 '한국의 미래에 대해 더 적극적으로 연구해보라'며 격려해주었고 그에 힘입어 그날로부터 역사, 철학, 과학, 종교, 경제 등을 다시 공부하며 5년여 동안 집필에 집중했다.

'한국은 새로운 경쟁력을 찾아내 성장하는 궤도에 올라설 수 있을 것인가? 아니면 과잉정치와 사회를 통합할 코어심벌Core Symbol의 부재로 인한 위기와 담합 사회의 덫에 빠져 서서히 쇠퇴할 것인가?'

이 물음에 대한 답을 찾아가기 위해 근현대 160년의 역사를 깊게 들여다보았다. 동아시아 3국인 한, 중, 일이 선진국들인 서유럽과 미국과는 얼마큼 차이가 있고 특히 한국은 어디에서 실족했는지 주제별로 점검해보고 지향해야 할 길을 찾고자 했다. 우리의 의식과 성장판은 점점 닫혀가고 있다. 미래를 위해 우리에게 지금 필요한 것은 무엇인지 찾기 시작했다. 우연히 선배들의 격려에 힘입어 책을 쓰면서 확실하게 정리된 것들도 많았고 인식의 지평이 넓어짐을 느꼈다. 그러나 오래도록 품고 있던 과제를 마무리했다는 생각에 막상 마음이 홀가분하면서도 한편 더 무겁기도 하다. 내가 생각하던 것보다 현재 한국은 너무도 중요하고 위험한 시기에 와 있는데 제대로 인지하지 못하고 헛발질만 하는 것 같아서다. 역사의 흐름 속에서 교훈을 건져 올리기 위해서는 굴절 없이 역사를 정면으로 응시해야 한다. 특히 일제 식민지 시대 전후를 대면하는 게 고통스럽고 치욕스러운 일이지만 객관적 사실에 기반하여 추론하고 해석하고자 했다.

또한 이 책에서 다룬 주제 하나하나를 깊이 파고들어가 각각의 주제로만 책 한 권을 쓸 수 있을 정도가 됐다. 하지만 우리 삶에 영향을 미치는 핵심 주제들을 두루 살펴 하나로 합쳐져 나타난 사회상을 분석해서 통찰력을 얻는 것이 미래를 대비하는 데 한결 더 유익하다고 생각했다. 지금은 기술 발전의 속도가 너무 빨라 한 가지 주제로만 설명할 수 없는 것들이 너무 많다. 특히 새로운 사회는 우리의 의식, 종교, 경제, 과학, 정치, 기술, 문화라는 많은 요소가 얽히고설켜 커다란 흐름을 만들어갈 것이다. 그래서 첫 번째 이야기의 주제를 '인식혁명'으로 결정했다.

그 이야기를 시작하기 전에 한, 중, 일은 공적인 정치·외교 정책 뿐만 아니라 국민의 '생각의 기준점과 인식의 원점'이 다르다는 것부터 이야기를 나누고 싶다. 3국의 이질적인 역사관과 복잡성은 일국적인 차원뿐만 아니라 국가 간 위상이 변화했는데도 거의 변하지 않고 있다.

일본의 근현대적 원점은 메이지 유신이다. 일본은 메이지 유신을 통해 아시아를 대표하는 경제·군사 강국으로 부상했다. 일본의 정치가들은 오늘도 메이지 유신의 영광이 재현되기를 꿈꾸고 있다. 2021년에 취임한 기시다 총리는 100대 총리이자 101대 총리를 겸임했다. 초대 내각총리대신은 1885년 12월 22일부터 1888년 4월 30일까지 재임한 이토 히로부미다. 그로부터 계승되어 101대까지 내려온 것이다. 일본 경제는 메이지 유신 이후 오쿠보 도시미치가 주도하는 식산흥업 정책을 통해 부국의 기틀을 다졌다. 산업계획에서 기술 도입, 자금 조달, 산업 배분, 은행 설립 등 정부 주도로 산업화와 중화학 공업의 발전을 이루었다. 그때 만든 산업 기반이 제2차 세계대전 이후에도 거의 온전히 유지된 덕분에 세계 경제의 2인자로 다시 부상할 수 있었다.

중국의 외교와 정책의 원점은 강제 개항을 하게 된 아편전쟁이다. 1840년에 일어난 아편전쟁은 중국의 아편 단속에 반발하여 영국이 일으켰다. 1842년에 영국이 승리하여 난징조약이 체결됐다. 영국은 홍콩섬을 할양받고 광저우, 샤먼, 푸저우, 닝보, 상하이 등 다섯 개 항구를 강제로 개항시켰다. 중국은 아편전쟁 이후 100년간 중국인은 '매 맞고, 굶어 죽고, 욕먹는' 산아이三挨에 처해 있었다고 스스로 평가했다. 아이다(挨打·매 맞다), 아이어(挨餓·배곯다), 아이마(挨罵·욕먹다)로 모두 피동사 '아이挨'가 붙었다. 산아이는 2015년 12월 중앙당교에서 시진핑의 발언에서 나왔다.

아편전쟁 이후 1949년 중국을 통일할 때까지 치욕의 100년이 '매 맞는 시기'였다. 이를 마오쩌둥이 해결했고 '배곯는 시기'는 덩샤오핑이 해결했다. 이제 시진핑이 '욕먹는 문제'를 해결하려고 하는 것이다. 이때부터 전랑(戰狼, 늑대전사) 외교가 등장했다. '국제 발언권을 쟁취해 이 중대한 문제를 꼭 해결하겠다'는 지도자의 의지가 현장에서 공격성으로 표출됐다. 자기보다 못한 약소국에 대해서는 윽박지르고 욕하고 보복하는 것으로 나타나면서 국제적으로도 급격히 이미지가 훼손됐다. 그 결과 주요 국가 대부분에서 중국에 대한 여론이 급격히 부정적으로 나타났다.

한국은 1945년 이후가 생각의 원점이다. 오랜 역사를 가진 나라인데도 신생국처럼 식민 시기와 고종 시대를 잊거나 단절하려 한다(일본과의 많은 불협화음은 이 원점과 관련이 깊다). 왜 그럴까?

한국은 1945년 이후 경제, 국방, 기술, 상품에서 '부국강병'에 성공한 나라 중 하나다. 한마디로 최빈국에서 선진국이 된 것이다. 한국이 최빈국이 된 것은 6·25전쟁의 참화로 인해 국토가 바스러졌고 그 이전에 일본의 식민지와 고종 시기로 이어져 있기 때문이다. 그런데 고종 시기에 이르면 오리무중이 된다. 여기서부터 논란이 둘로 갈리며 팽팽한 의견 대립으로 인해 여전히 정리되지 못한 상태다.

'조선은 부패와 무능으로 멸망한 것인가? 일본의 침략에 의한 것인가?'

일제가 만든 이데올로기인 식민지 근대화론, 자율적으로 움직여 왔다는 내재적 발전론, 그리고 일제에 고통받았던 한민족의 입장에서 일제의 숨은 의도가 무엇인지 파악하는 것이 중요하다는 당연한 주장까지 합쳐지면 더 복잡해진다. 또한 친일 매국노 문제는 꺼지지 않는 불화의 불꽃이다. 친일과 매국노는 전혀 다른 문제임에도 친일과 인사 중에 유독 매국노가 많아 두 단어가 붙어버린 것이다. 결국 역사적 논의는 잊히고 거친 감정싸움만 남았다.

많은 한국인이 세종대왕, 한글, 거북선, 출판문화, 도자기 등을 얘기할 때는 세세하게 자랑하면서 고종 시기에 관한 내용은 띄엄띄엄 알거나 두더지가 땅을 파고 숨는 것처럼 입을 꾹 닫는다. 마치 '내 일 아니다.'라는 식으로 선긋기를 하고 모르쇠로 일관하는 것이다. 선택적 침묵. 고종에 대한 평가와 식민 시대는 초점이 흐릿해지면서 용두사미가 된다. 이런 결과는 우리가 사용하는 지폐에도 잘 나타나 있다. 화폐 인물은 세종, 이황, 이이, 이순신, 신사임당까지다. 화폐로 보면 한국은 여전히 왕조 국가에 머물러 있다.

한국 화폐의 슈퍼모델인 세종대왕은 모든 국민이 '소지하고 사용하는 필수품이자 나라의 상징'인 지폐에 잘 어울리는 인물이다. 위대한 업적과 온 국민의 존경을 받는, 모든 필요충분조건을 갖추고 있어 이론의 여지가 없다. 이순신 장군 역시 인간적인 면으로나 업적 면으로나 우리 모두가 존경할 수밖에 없는 인물이다. 하지만 화폐 인물이 모두 조선, 즉 봉건시대 인물뿐인 나라는 전 세계에서 한국뿐이다. 유럽이 2002년 1월부터 유로화를 쓰기 이전의 화폐 인물[1]은 다음과 같다(영국과 미국의 화폐 주인공인 국가원수에 대한 설명은 생략한다).

### 주요국의 화폐 주인공

| | |
|---|---|
| 프랑스<br>(1993년 이후) | 앙투안 드 생텍쥐페리(50프랑, 작가), 폴 세잔(100프랑), 구스타프 에펠(200프랑, 건축가), 마리 퀴리(500프랑, 과학자) |
| 독일<br>(1900년 통일 이후) | 카를 프리드리히 가우스(10마르크, 수학자), 클라라 슈만(100마르크, 음악가), 그림 형제(1,000마르크, 동화작가이자 언어학자) |
| 이탈리아<br>(1985년 이후) | 마리아 몬테소리(1,000리라, 의학자이자 교육자), 라파엘로(50만 리라, 화가) |

| 스웨덴 (1992년 이후) | 칼 폰 린네(100크로나, 식물분류학자), 셀마 라겔뢰프(20크로나, 스웨덴 최초 노벨문학상 수상자) |

일본은 정기적으로 화폐 인물을 교체할 때 메이지 유신 이후 근대 인물을 활용했다. 우리가 익히 아는 인물인 이토 히로부미(1963~1984년까지 1,000엔권), 후쿠자와 유키치(1984~2004년까지 1만 엔권)는 물론 신화폐 주인공인 시부사와 에이이치(일본 자본주의의 아버지라 불리는 경제인), 쓰다 우메코(이와쿠라 사절단 때 유학생, 사립 여대 설립자) 등 일본 근대화에 기여한 인물이었다.

화폐 인물은 그 나라의 가치와 지향점을 한 인물로 집중시켜 보여준다. 그렇다면 한국 화폐는 여전히 임진왜란 이전의 중세기 인물들로 구성되어 있다. 한국에 근대 인물이 없어서일까? 그렇지 않다. 김구, 이승만, 유관순, 안중근, 이회영, 이상용 등 인물이 없는 게 아니라 넘쳐난다. 다만 보수와 진보가 합의에 이른 근대 인물이 없다 보니 '조선의 성리학 시대'로 도피한다. 보수와 진보는 현재 중요 정책에서도 진영 논리와 이해와 충돌을 빚는 패러다임에 갇혀 한 발자국도 나가지 못하고 있다. 그뿐만 아니라 과거 역사에 대해서도 '느슨한 합의'조차 끌어내지 못해 깊은 단층선을 드러내고 있는 실정이다.

'혼란과 치욕의 80년'인 고종 시기와 식민지 시기는 여전히 포커스를 맞추지 못하고 흐릿한 불협화음의 공간으로 남아 있다. 고종 시기의 세부사항에 대해서는 본문에서 논하기로 하고 일단 간략히 정리하고 넘어가자. 담이 허물어지고 거의 빈 집에 가깝다고 해서 허락도 없이 들어와 조선을 점령한 일본은 '세 글자로 불리는 나라'다. 파스칼 키냐르의 책 『세 글자로 불리는 사람』에서 차용한 것인데 로마인이 도둑을 지칭할 때 에둘러 사용하던 표현이다(라틴어로 도둑을 뜻하는 명사 fur는 세 글자다). 쉽게 말해 일본은 도둑놈이다.

조선 담은 마당이 조금 보일 정도로 마음만 먹으면 누구나 넘을 수 있을 정도의 높이다. 그렇다고 함부로 주인 허락 없이 담을 넘어서는 안 된다. 그런데 일본은 주인 허락도 없이 담을 넘더니 안방까지 들어와 차지한 날강도다. 조선을 근대화하기 위해 침략했다는 그럴듯한 명분을 내세우는데 모두 다 헛소리다. 전쟁은 '나의 의지'를 적에게 강요하는 폭력 행위다. 국가 존망과 이익이 걸려 있기에 필사적으로 싸우는 것이다. 일본은 청일전쟁 때 25만 명, 러일전쟁 때 약 124만 명이 전후방에서 참여하여 수십만 명의 사상자(러일전쟁의 일본의 피해 규모는 8만 7,360명 사망, 부상자는 38만 1,313명)를 냈고 내외 공채비가 13억 엔(전쟁 전 일반회계 규모가 최대 2억 9,000만 엔 정도였고 전비 지출은 19억 8,612만 엔)으로 엄청난 빚에 짓눌렸다.

이 엄청난 일본의 희생이 "조선의 독립을 보전하기 위해서"였다고? 소가 웃을 일이다. 러시아가 우크라이나를 침략한 것이나 미국이 이라크를 침공한 것이나 다 제 나라 이익을 위해서 그러는 것이다. 대의명분은 주관적이며 강자가 내세우는 자기합리화일 뿐이다. "조선의 독립을 도와준다."라는 의로운 말을 빌려 일본이 음흉한 칼날을 교묘히 숨긴 것이든 아니든 간에 고종이 진실로 망할지 모른다는 경계심을 품고 내치를 단단히 하고 민간경제를 일으켜 세우고 국방대책을 강구했다면 식민지가 되지는 않았을 것이다. 결국 고종 정부의 부패와 무능이 조선을 스스로 망쳤다. 조선에 더 큰 책임이 있다.

조선의 모든 것은 침략자인 일본의 차지가 됐고 국민은 노예 신세로 전락했다. 언어, 문자, 습속, 문화가 다른 일본에 의한 지배는 두 배나 더 치욕적이었다. 왜 이런 상황에 부닥치게 된 것일까? 맹자의 말에 "나라는 반드시 자기 스스로 무너뜨린 다음에야 남이 무너뜨리고(정벌하고), 사람은 반드시 자기 스스로 업신여긴 다음에야 남이 업신여긴다.國必自伐以後 人伐之, 人必自侮然後 人侮之."라고 했다. 한마디로 외부의 침입은 스스로 자초한 것이라는 말이다. 내부적인 갈등과 분열로 인해 국력이 약화되면, 강한 이웃국가는 기회를 틈타 침략하게 되어 있다. 내우외환이다. 우리가 나라를 지킬 힘이 있고 내부정치를 잘했다면 식민지가 되지는 않았을 것이다.

한 세기 동안 한국인은 고종과 못난 사대부들이 싼 배설물을 치우느라 피와 땀을 쏟아야 했다. 고종은 국고만 탕진한 게 아니라 후손들의 미래까지 가져다 쓴 것이다. 고종이 남긴 청구서는 세대를 건너 지금까지도 날아오고 있다. 아들 세대가 지나고 손자 세대가 되어도 청구서의 금액은 여전히 남아 있다. 국토는 강점되고 국민은 노예 상태에 있고 주권은 강탈당한 일제강점기의 그 험난한 상황을 겪고도 제대로 된 교훈 하나 얻지 못해서야 너무 억울하지 않은가.

역사는 불친절하다. 띄엄띄엄 읽거나 몇몇 사건을 기억하는 사람들은 늘 헷갈릴 수밖에 없다. 지금의 한국을 설명하려면 IMF가 나와야 하고, 그 이전의 1987년의 민주화, 1960년대의 4·19와 5·16, 잊지 못할 6·25전쟁과 해방, 그리고 1910년의 경술국치, 고종의 43년 통치기까지 이것이 한 세트다. 어느 것 하나라도 떼어놓고는 한국사는 보이지 않는다. 한국의 지난 160년 중 초기 80년은 혼돈과 치욕의 시기였고 후기 80년은 극복과 도약의 시기였다.

### 각 장에 대한 설명

1부에서 가장 먼저 나누고 싶은 주제는 근대 문명을 촉발한 '인식혁명'이다. 인류의 역사를 바꿔온 두 축은 인식혁명과 기술발전이다. 근대문명은 인식혁명으로부터 시작됐고 현대문명은 기술발전이 사회변화를 촉진했다. 세계는 안팎의 변화로 인해 새로운 사회로 진입한다. '안'은 인식을 말하고 '밖'은 기술을 말하는데 방향을 달리하면서 변화를 일으킨다.

| 근대 인식혁명 | 인식의 변화가 일어나면서 기술의 변화를 촉진했다. |
| 현대 인공지능 혁명 | 기술의 변화가 일어나면서 인식의 변화를 강요하고 있다. |

처음 '근대의 하늘'을 발견한 서유럽의 인식혁명을 추적하고, 근대화를 이루기까지 거쳐 온 도약의 순간을 네 장면으로 재구성해 위기를 기회로 바꾼 변곡점에 주목했다. 인식혁명은 다음 4단계를 거쳐 사회를 변혁했다.

| 1단계 | 창조적 소수자 등장 |
| 2단계 | 주체세력 형성 |
| 3단계 | 공론장을 통한 확산 |
| 4단계 | 임계질량 도달 |

한 사회가 변화하려면 창조적 소수자가 시대를 관통하는 비전을 제시하고 그 비전을 구체적으로 조직화할 주체세력을 형성할 수 있어야 한다. 그리고 주체세력, 즉 유능한 참모진이나 협력자들이 현실에 뿌리내리도록 부단히 노력하며 때로는 적극적으로 세를 형성해서 밀어붙여야 한다. 이러한 작은 노력 하나하나가 조금씩 모이기 시작해 작은 물꼬가 되고 이어 큰 물줄기가 된다. 그렇게 축적되어 임계질량에 도달하면 변화가 일어나는 것이다. 여기서 한 가지라도 부족하면 변화는 일어나지 않는다.

이 중 가장 용기 있는 사람은 누구일까? 창조적 소수자는 용기의 문제가 아니라 비전의 영역이다. 용기가 필요한 영역은 주체세력이다. 그들은 창조적 소수자의 생각을 과감히 받아들여 자신을 혁신하고 사회를 혁신하려고 노력한다. 개인이든 회사든 국가든 이런 사람들의 용기가 성패를 가른다. 서유럽 사회도 동양처럼 오랜 전통의 가치관과 인식에 매여 있는 사회였다. 코페르니쿠스, 갈릴레이, 루터 등 창조적 소수자들이 새로운 세상을 제시했고 이어 주체 세력이 형성됐다. 책과 신문 등 공론장을 통해 새로운 지식이 확산하고 공유되면서 기존 지식은 새로운 지식의 도전을 받아 수정되거나 폐기됐다. 그렇게 종교와 정치를 바라보는 사람들의 인식이 변화되어 갔다. 인식혁명이라는 서유럽의 지적 엘리트 문화에서 일어난 변화가 과학혁명과 산업혁명으로 이어지면서 동서양의 대분기를 만들어낸 것이다.

'밖'에서 일어난 변화는 바로 디지털 기술과 로봇이 중심이다. 이들이 원동력이 된 초거대 인공지능은 이제는 인간의 창의적인 영역까지 침투하고 있다. 소설을 쓰거나 음악을 작곡하는 일은 이미 놀라운 일이 아니다. 챗GPT의 등장은 '뭔가 커다란 변화'가 일어났다는 것을 알리는 격발장치였다. 인공지능 같은 고도화된 디지털 기술은 산업을 넘어 경제부터 정치와 안보에 이르기까지 인류의 삶 자체를 좌지우지할 수 있기에 미래에 대한 두려움을 동반한다. 인류는 다시 압도적인 변화의 물결 앞에 놓여 있다. 세계적인 석학들은 '인공지능 혁명은 증기와 철도로 대변되는 1차 산업혁명이 제기한 문제보다 훨씬 더 큰 문제'가 될 것이라고 강조한다. 이런 때일수록 역사로부터 통찰을 얻어야 한다. "첨단기술의 발전으로 10~20년 후도 예측하기 어려워지면서 어느 때보다 역사 탐구의 중요성이 커졌다."라고 말한 유발 하라리의 통찰력에 절로 고개가 끄덕여진다. 현실은 과거의 원인에 의해서 가장 온전하게 이해되듯이 미래 예측 또한 현재의 참모습을 직시해야 가능하기 때문이다.

우리는 인공지능 혁명이라는 두 번째 인식혁명을 어떻게 대응할지 잘 모른다. 그래서 역사라는 렌즈를 통해서 맥락부터 제대로 이해해야 한다. 그렇다면 인류가 경험한 유일한 혁명인 근대 산업혁명을 통해 통찰력을 얻을 수밖에 없다. 근대는 산업혁명이라는 빅뱅의 출발점이고 엄청난 속도로 가속화되는 폭발적인 역사의 대전환점이었다. 그렇다고 여기서 산업혁명의 역사와 그 특징을 새삼 거론하지는 않을 것이다. 그보다는 산업혁명이 태동하게 된 근원적인 뿌리인 인식혁명에 주목했다. 또한 근대의 인식혁명을 통해 역사의 무대에 갑작스럽게 등장한 유대인의 인식혁명 역사를 특별히 분석했다.

사회 말단의 3등 시민으로 천대받던 가난한 유대인이 19세기에 유럽의 지식 사회에 갑자기 출현했다. 서유럽 사회의 정규교육에서도 배제됐고 몇 안 되는 허용된 직업만을 가질 수 있었던 그들에게 어떤 일이 벌어진 것일까? 산업혁명과 자본주의라는 시대 변화에 적극적으로 참여할 수 있도록 길을 예비한 '창조적 소수자'가 있었기에 가능했다. 당시 18세기 중반의 유럽은 종교개혁 이래 끝없는 혼란과 개혁에 맞닥뜨렸던 격동의 시대였다. 이때 '유대교의 루터'라 불린 척추 장애를 갖고 태어난 철학자 모제스 멘델스존(모세 멘델스존으로 많이 알려짐)이 등장한다. 멘델스존은 계몽사상을 기반으로 유대교 전통의 개혁을 부르짖었다. 유대교 당국에는 보편성과 강압적인 권위의 폐지를 요구했고 유대인에게는 계몽주의를 받아들이도록 촉구했다. 더욱이 멘델스존은 루소의 『사회계약론』을 유대화하여 다시 편성했다. 선조시대에 제정된 법률이라 해도 그것을 더 이상 필요로 하지 않는 시대에서조차 신이 내린 법률로 간주해서 붙들고 늘어져선 안 된다고 강조했다. 멘델스존의 이러한 노력으로 유대인 사회가 각성하기 시작했다. 젊은 유대인들은 시대의 변화를 따라 게토를 나가기 시작했다. 그의 가르침을 받은 제자들은 유대교 계몽주의 운동인 하스칼라(Haskalah, '지성'이라는 뜻의 히브리어)를 전개했다. 학교 커리큘럼에 세속과목을 추가했고 유대인들이 사용하는 이디시어 대신에 독일어를 사용했다. 일단 속박에서 벗어나자 유대인들은 학문, 문화, 산업 분야에서 두각을 나타내기 시작했다. 최초의 현대 독일 유대인인 멘델스존은 하스칼라의 상징적 인물로 빛이 되는 존재였다. 하지만 그가 추구한 합리주의와 이성주의는 마르크스 같은 인물에게 유대교와 자본주의를 부정하는 사상까지 열어주었다.

1830~1840년대에 본격적으로 시작한 서유럽의 근대는 지구상 모든 구석구석에 영향을 끼침으로써 자신을 보편타당한 기준으로 삼았다. 서구인 중에 덜 떨어진 사람일수록 뿌리 깊은 유럽 예외주의와 우월주의로 인해 동양을 고대로부터 원시적이고 낙후된 사회로 인식한다. 물론 동양인 중에도 아직도 이런 생각을 하는 사람들이 꽤 있다. 일제 때 이광수는 서양 문명에 압도당했다. 도저히 따라갈 수 없는 높은 장벽이라 판단하자 '국내 망명'을 한 후 변절했다.[2] 최인훈은 일제 치하의 지식인의 한 전형인 이광수가 정신적으로 국내 망명을 한 논거에 대해 이렇게 판단했다.

"일본과 한국은 합방을 통해 '한 나라가 됐다'는 환상이 그를 사로잡았다. 한국을 세계에 내놓아서 '능히 통한다'는 자신이 없을 때 한국=일본(한일합방)으로 통한다는 논리"였다.[3]

"자신의 힘을 정당하게 키우고 배양해서 세계에 드러내놓는 어려운 일은 포기하고 보다 강하게 보인 이국異國과 자신을 동일시하여 자신을 구해보려는 희극을 이광수는 대변한다."[4]

"결국 춘원이 창씨개명을 하고 조선 사람들의 살 길은 제국 신민이 되는 길밖에 없다. (…중략…) 하여 총독부에 충성을 다함으로써 『흙』의 속편을 몸소 실천해 보였다."[5]

이런 어처구니없는 일이 발생한 것은 '학습된 무능력' 때문이다. 우리는 보통 '학습=능력'으로 인식한다. 하지만 '할 수 없다. 우리는 어쩔 수 없어.'라는 무능력 역시 학습되기도 한다. 이광수 같은 부류의 사람들은 세상에 도전하는 것을 두려워했고 강하게 보이는 일본과 자신을 동일시하여 편승하는 길을 선택한 것이다. 미래에 대한 지평선을 잃어버린 엘리트는 암적인 존재가 되어 서구를 모방한 일본한테는 절대 안 된다고 생각하는 지경에 이르게 된다. 도전을 포기하면 편안한 세상이 오는 게 아니라 위기가 더 커지는 게 세상사다.

해볼 만한 상대냐, 도저히 따라갈 수 없는 상대냐에 따라 의지와 대응은 달라진다. 이에 적합한 사례가 이스라엘의 초창기 역사에 있다. 유대인들이 이집트를 탈출하여 가나안으로 들어가려고 할 때 모세가 12지파에서 한 명씩 지도자를 선발하여 여호수아와 갈렙을 포함한 열두 명의 정탐꾼을 가나안으로 보냈다. 열두 명의 정탐꾼들은 40일 동안 가나안 지역 곳곳을 누비며 정탐 활동을 했다. 그곳에서 커다란 포도 한 송이를 몰래 잘라서 가지고 돌아왔다. 그들이 가져온 알이 굵은 포도는 가나안 지역이 기름지다는 것을 입증하는 증거였다. 그들은 40일간의 정탐 결과를 보고했다. 먼저 가나안이 젖과 꿀이 흐르는 기름진 곳이라는 사실에는 만장일치의 의견을 보였다.

"그곳은 정말 젖과 꿀이 흐르는 곳이다. 이것이 바로 그 땅에서 난 과일이다."

그런데 적의 국력에 대한 평가에서 열두 명의 견해가 나뉘어졌다. 열두 명 중 열 명은 적의 강함에 놀라 이렇게 보고한다. "그 땅에 살고 있는 백성은 강하고 성읍들은 견고한 요새처럼 되어 있고 매우 크다."

여호수아와 갈렙은 "그곳 사람들은 강하고 성벽은 높지만 우리가 이길 수 있다."라고 말했다. 하지만 나머지 열 명의 정탐꾼은 하나같이 이렇게 반대했다. "안 된다! 가나안 사람들은 거인처럼 덩치가 엄청 크다! 가나안 사람들에 비하면 우린 작은 메뚜기나 다름없다."

이 말을 들은 군중들은 여기저기서 불평이 쏟아졌다.

"다른 지도자를 뽑아서 다시 이집트로 돌아가자."

"가나안에 가면 죽을 텐데 뭐 하러 그곳에 간단 말인가!"

열 명의 정탐꾼들은 왜 자신들을 약하고 하찮은 메뚜기로 표현했을까? 그만큼 그들은 가나안 사람들에게 겁을 먹은 것이다. 그들의 겁은 다른 유대인들에게 바로 전염됐다. 결국 의욕을 잃은 사람들은 가나안을 포기했고, 그 결과 선先주민이 살지 않는 척박한 광야에서 나그네처럼 헤맬 수밖에 없었다. 그 기간이 무려 40년이었다. 40년 뒤 가나안 땅에 들어간 사람들은 그들의 자녀들과 여호수아와 갈렙뿐이었다. 새로운 땅을 향해 이집트에서 탈출한 유대인 중에서 단 두 명만이 가나안에 들어간 것이다. 미래에 대한 전망을 잃은 사람들은 궁극의 목표인 가나안에 이르지 못하고 그들이 걱정하는 '노예 같은 삶'을 살다 생을 마감했다. 약속의 땅은 홍해라는 커다란 바다를 건너온 그들 자신들의 힘으로 작은 개울을 건너야 도달할 수 있는 장소였다. 즉 가나안은 신의 기적과 인간의 의지로 장애물을 두 번 건너야 도달할 수 있는 약속의 공간이었다.

식민지 시절 한국과 일본은 때로 '다윗과 골리앗의 싸움'처럼 느껴졌을 것이다. 조선 스스로 골리앗을 이길 다윗의 전략을 찾지 못했고 결국 40년의 식민지 생활을 겪어야 했다. 이광수 같은 사람들은 해방된 조국에 들어올 수 없는 정탐꾼이었던 것이다. 당시 그에게는 조선의 미래는 보이지 않았다. 따라서 해방된 조국은 그에게 꿈을 펼칠 무대가 되어선 안 됐다. 원래 그들의 마음속에 없던 조국이니까. 노예는 육체와 정신의 주인이 다르다. 육체의 주인이 나일지라도 정신이 남의 것이라면 그건 노예다. 재능은 부차적이다.

그러고 보면 역사를 통해 배워야 할 것은 배우고 노력해서 도전하는 용기를 갖는 것인지 모른다. 그리고 진짜 역사를 공부하게 되면 '독립과 자강'이라는 주제를 갖게 되고 그 주제와 씨름하게 되어 있다. 내 이웃, 내 나라가 무시당하지 않고 존중받는 나라가 되려면 '언젠가의 자강'을 꿈꾸는 것이 엘리트의 당연한 소명이다. 얼치기 엘리트는 매사에 성공을 서두르다 모방에 머물러 그 '원인을 탐구하는 힘'이 부족하다. 반면 진짜 엘리트는 선진국의 발전을 단순히 부러워하지 않고 그 밑바닥에 있는 이치를 캐내 당당히 각고(刻苦)하는 정신을 갖고 비록 지금은 미약한 출발이라도 몇 번이고 갈고닦아서 '우리의 빛'을 세상에 발하려고 한다.

주체성을 가진 존재가 꾸는 진짜 꿈은 이렇게 비유할 수 있다. 꿈에서조차 씨름하고 강제로 종료되지 않는 뇌의 상태, 새벽 2시든 3시든 선잠 속에서 문장 한두 개 설익은 아이디어를 잊지 않으려고 메모하게 하는 그 무엇…… 마침내 찾게 된 진실한 문장 하나를 쓰고 화두 하나를 만나게 되면 거기서부터 시작되는, 어지럽고 혼란스러운 것들은 다 잘라내고 다시 공들여서 쓰기 시작하는 일, 그것은 노예가 꿈꿀 수 없는 진짜 꿈인 것이다.

19세기의 서유럽은 동양인에게 넘을 수 없는 벽이었나, 아니면 추격할 수 있는 상대였나? 이 장에는 이런 질문과 함께 그 이면에 숨겨진 것들을 발견하는 과정을 담았다. 그동안 많은 연구가 축적되어 1750년까지는 동서양의 차이가 없었는데 이때부터 대분기가 생겼다고 한다.

당시 영국에서 산업혁명의 발명품들이 나오기 시작했다. 하지만 당시 선진국이던 프랑스조차 프랑스 대혁명과 뒤이은 나폴레옹의 등장으로 유럽 대륙 전체가 뿌리째 흔들림에 따라 군사 분야와 일부 지역의 소규모 공장을 제외하고는 산업화가 진전될 수 없는 상황이었다. 1830년대 이후에야 서유럽에서 산업혁명이 가능했다. 따라서 서유럽(영국, 프랑스, 네덜란드, 독일)에서 근대가 주류가 된 시점은 1830년대와 1840년 사이였고 오늘날 현대사회를 꽃피운 뿌리가 이 시기에 형성됐다. 동양은 이런 계기가 없었을까? 어느 나라가 '열두 정탐꾼'의 마음을 품고 서구를 파악하고 근대의 퍼즐을 풀었을까?

2부는 근대 일본의 3대 발명품을 통해 어떻게 쇄국의 일본이 서세동점의 도전을 맞이하여 '필사의 도약'이 가능했는지와 그들이 갖고 있는 근원적 열등감에 대해서 분석했다. 일본을 알면 알수록 한국이 자꾸 겹쳐 보인다. 또 우리의 미래가 초고령화와 성장동력 약화 등 일본을 뒤따라가는 듯해 우려된다.

먼저 일본을 알기 위해 과거부터 지금까지 개인적으로 접했던 일본을 정리해보았다. 첫 출장이 도쿄였고 삼성인력개발원에 근무하던 시절 도서관에 있는 일본에 관한 수백 권의 책은 그때 다 훑었다. 1997년 삼성의 '베세토 프로젝트' 때는 임원 교육을 위해 사전 답사 차 부산에서 회사 배를 타고 오사카 항에 첫 입항할 때 무지개 색의 환영 물 축포를 받았다. 그리고 오타루상과대학교에서 일주일간 해외 MBA 수업(삼성과 소니의 브랜드 전략)을 듣기도 했다. 이런저런 이유로 일본 방문은 15회를 훌쩍 뛰어넘었다. 대학 시절부터 40년이 넘도록 일본의 본질을 알려고 안간힘을 썼지만, 일본은 우리와 너무 다른 사회라 읽어내기가 힘들었다. 사건·인물사의 기본부터 다시 시작할 수밖에 없었다. 근대화 필수요소를 낱개로 분해하고, 합쳐보고, 서유럽과 비교하고, 의식의 근저를 찾아가면서

'왜?why'라는 질문을 다섯 번에 걸쳐 묻고 나서야 비로소 일본의 실체를 볼 수 있었다. 내 젊은 날을 꿰뚫는 하나의 질문은 이것이다. "우리는 어떻게 일본을 극복하고 더 풍요로운 사회를 만들 것인가?" 그렇다면 일본의 장단점을 알아야 한다. '모르면 당했던' 구한말처럼 일본을 모르면 위험하다.

메이지 유신의 주체세력이 발명한 3대 발명품은 일본을 근대 국가로 만드는 데 핵심 역할을 수행했다. 첫 번째 발명품은 '이와쿠라 사절단'으로 대표되는 근대화에 대한 일본의 필사적인 배움이다. 최상급 리더들의 리더십 골격과 요체를 규명하고자 했다. 국가나 조직은 리더들의 사고와 의식 수준을 넘어서 성장할 수 없다. 일본이 선택한 그 차별적 역량의 원천을 찾아보고 메이지 유신의 주체 세력이 남보다 앞서 변화를 읽고 선진문물을 과감히 수용한 무모할 정도의 비전과 야망에 대해서도 살펴보았다.

두 번째 발명품은 '근대 천황제'다. 근대 천황제는 처음에는 급격한 서구화 정책에 따른 정서적, 심리적 충격을 완화하는 데 매우 효과적이었다. 근대화 정책으로 인해 개인의 권리가 커지면서 결속력이 약화될 수 있는 상황에서 천황제는 일본을 하나로 묶어주는 강력한 구심점이 됐다. 그리고 천황제가 변질되어 군국주의의 중심이 되어가는 과정도 추적했다.

세 번째 발명품은 일본인에게 죽을 자리를 정해주는 '야스쿠니 신사'다. 처음에는 천황과 메이지 정부를 위해 죽은 병사들을 위한 추모 장소로 시작됐다. 즉 현충 시설의 의미였다. 하지만 침략전쟁을 일으킨 일본은 더 강한 적과 싸우기 위해 국민 총동원 체제가 필요했다. 야스쿠니 신사는 '제사의 정치화, 정치의 제사화'로 국민 총동원 체제를 정당화했다.

이 세 가지 발명품의 조합으로 일본은 강력한 힘을 발휘하기도

하고 파괴적인 결과를 가져오기도 했다. 앞으로 이 세 가지를 어떻게 조합할지 그것은 일본의 선택이다. 정리하면 일본은 두 가지이다. 첫째, '이와쿠라 사절단' 정신이 사회의 주류가 될 때 일본은 번성했다. 둘째, '야스쿠니 신사' 문화가 사회를 지배하여 우경화할 때 일본은 쇠퇴했다.

그리고 일본은 한국을 식민지를 삼았으면 됐지 역사까지 왜곡하려 한 이유가 도대체 무엇일까? 한국의 무엇을 두려워했는지 일본의 뿌리깊은 열등감의 원천을 찾아보았다.

3부는 근대화를 위한 7개의 필수요소를 도출한 다음 조선의 제반 상황들을 일본과 서유럽의 제반 상황과 비교했다. 근대화의 필수적인 7개의 요소를 들여다보면 그 사회의 속살이 다 보인다. 넉넉한지 궁핍한지, 미래를 향해 나아가는 사회인지 고리타분한 전근대 사회인지가 읽힌다. 문화도 보인다. 일본의 7개의 필수요소는 일본의 문화를, 조선의 7개의 필수요소는 조선의 문화와 실체를 다 드러낸다.

독일의 역사학자 위르겐 오스터함멜에 따르면 19세기에 서유럽이라 함은 '영국, 프랑스, 독일의 우수 사례들을 합친 것'이다. 이 3개국은 세계 대부분 지역의 표본이자 평가척도가 됐다. 한국에 직접적 영향을 미친 일본과 미국을 포함하면 5개국이 벤치마킹 대상이다. 교육, 인프라(도로, 철도, 통신), 민간 출판문화, 헌법 제정 등을 선진국들과 비교해보고 우리가 놓친 것은 무엇인지 이야기해 보고 싶었다. 지난 역사적 사실이 매우 쓰라린 일이나 우리들 자녀와 손주 세대를 위해 실체적 진실에 다가가고자 했다. 7개의 필수요소는 다음 3단계로 묶을 수 있다.

1단계는 신분해방과 함께 의무교육·징병제·조세제도라는 근대화의 필수요소인 세 가지 정책이다. 근대화의 기초는 의무교육의 실시, 징병제, 근대 조세제도라는 세 가지 정책이 균형을 이루어야 한다. 근대라는 새로운 사회에 맞는 근대인을 육성하기 위해서는 일상에서 학교와 군대라는 조직을 통해 규범화하고 교화해야 했다. 근대는 한마디로 보편적인 가치와 각국의 특수한 가치가 학교를 통해 제도화되는, 이반 일리치가 말한 일종의 '학교화된 사회schooled society'라 할 수 있다.

이처럼 교육은 모든 분야와 연결되는 연결축(결절점)이다. 일반 국민이 문맹 상태에서 할 수 있는 일이란 농사나 단순 노동 이외에는 없다. 새로운 사회를 위한 기술이나 제도에 대한 이해와 계몽이 불가능하다. 산업사회, 기술, 근대적 개인의 탄생, 도시화를 지향하는 근대화 사회에서 문자 해독은 매우 중요하다. 군대에서도 글씨를 읽을 줄 알아야 한다. 따라서 국민에 대한 의무교육은 전 분야에서 가장 중요한 엔진에 해당한다. 여기에 국가관과 국가의 정체성을 형성하기 위해서도 일반인에 대한 교육은 필수적 사안이다. 하지만 보통교육의 의무화는 1880년 전까지 소수 유럽과 미국 등 선진국에서만 시행됐다. 서유럽에서 19세기 말의 커다란 성취 중 하나는 초등·중등·고등교육의 중대한 재조직이었다. 교육의 체계화는 그 자체로 엄청난 진보의 결과였다. 오늘날 많은 국가에서 아이들에게 노동을 시키지 않고 10년에서 16여 년 동안 오직 공부에만 집중할 수 있게 만든 의무교육 제도는 엄청난 발전과 진보의 결과물이다.

2단계는 H형의 하드웨어와 소프트웨어 인프라를 구축하는 것이다.

H의 한 축으로 하드웨어는 도로, 철도, 상·하수도, 통신 등이다. 이건영 전 국토연구원장은 "국토는 단순한 흙이 아니라 생산의 바탕이고 삶의 그릇이다. 그 위에 그리고 그 밑에 인프라가 깔린다."

라며 "국토 위에 세워진 교통, 통신, 에너지, 의료, 물관리, 교육시설 등의 물리적 가치가 생산을 지원하고 국민 삶의 질을 높일 수 있게 될 때 비로소 땅은 경쟁력을 갖게 된다."[6]라고 인프라를 강조했다. 더이상 덧붙일 게 없는 가장 멋진 인프라에 대한 정의다. 인프라는 '국력이자 국부'다.

H의 또 한 축으로 소프트웨어인 출판·언론문화가 활발해지면서 생각과 표현의 자유가 확대됐다. 근대화는 기본적으로 속도혁명을 불러온 철도의 시대이자 지식과 정보의 폭발적인 증가와 커뮤니케이션 혁명을 가져온 신문과 잡지의 시대였다. 도널드 서순에 의하면 빅토리아 시대 영국의 신문과 잡지는 온갖 종류를 망라해 2만 5,000종이 넘었다. 결국 유럽의 승리는 인쇄물의 승리였다. 서유럽 전역이 신문과 각종 인쇄물로 가득한 세상이 되면서 낡은 중세가 도태되고 사회 구조의 질적인 변화가 일어나는 '창조적 파괴'의 순간에 도달한 것이다. 또한 교육제도, 징병제, 조세제도, 출판문화의 자유 등 이런 것들은 복합 과제들로 과제 간 연계성이 크다. 특히 권력을 감시하고 국민들에게 정보를 전달하고 공론장을 형성하는 언론 기능은 정상적인 근대 국가의 필수요건이었다.

마지막 3단계는 근대적 시장경제 제도의 정착, 소유권의 보장, 근대적 기업 제도와 상법, 거래 안전성을 보장하는 법과 제도 등으로 재산권을 보호하고 법치사회가 정착되도록 뒷받침하는 것들이다. 사유재산과 개인의 권리가 법으로 보호되지 않으면 누구도 모험을 통해 부를 늘리려 하지 않을 것이다. 그런 불안한 사회에서는 권력의 친소관계에 따라 뒤웅박 신세라 사회적 부가 증가할 수 없다. 이건 최소한의 과제다. 과제를 마치지 못한 국가는 그다음 단계로 나아갈 수 없다. 3단계를 거치고 나면 음속을 돌파한 나로호처럼 완전히 다른 가속도의 사회로 진입하게 된다.

이 3단계의 7개의 과제를 제대로 마친 국가는 이륙했고 가속도의 근대 사회로 진입할 수 있었다. 이 7개의 과제는 근대화에서 필수요소로 축약할 수는 있으나 생략할 수는 없다.

이 책은 선진국들이 부강한 나라를 만들기 위해 근대화 시기에 제기했던 심원한 세 가지 질문에 대해 우리 스스로 응답하고 우리의 미래를 열어가는 '세 가지 힘'에 관해 설명한다.

한국 경제의 사이클상 구조적 전환기 진입, 중장기 저성장 기조 고착화, 미·중 패권전쟁, 인공지능 기반 4차 산업혁명 본격화 등으로 대변되는 급격한 내외부 환경이 변화하는 가운데 한국의 미래를 열어가기 위해서는 다음 세 가지 힘이 중요하다.

첫째, 강한 파워를 어떻게 확보할 것인가? 수평사회, 즉 병렬파워가 장착된 사회를 만들어야 한다. 정치권력이 비대해지면 모든 영역에 영향을 끼치며 사회는 경쟁력을 잃게 된다. 정치, 경제, 언론, 교육, 과학기술, 종교, 시민단체 등 각자 전문성과 자율성을 바탕으로 약 12종의 다원적인 병렬파워 단위들이 건강하게 형성돼야 한다.

병렬파워의 대표 사례는 미국을 들 수 있다. 미국 인구는 3억 3,400만 명(2022년 기준)으로 세계 3위다. 세계 최고의 경제, 기술, 군사, 문화를 이끌고 있지만 우수하고 뛰어난 사람만 있는 게 아니다. 마약중독, 총기사고 등 사회에 짐이 되는 사람들도 엄청나게 많다. 그러다 보니 전체주의 국가에서는 왜곡된 이념의 렌즈로 들여다보고 미국의 쇠퇴로 인식하기도 한다. 하지만 미국은 세계 최강국이다. 어느 나라든 눈에 보이는 것만으로 판단해서는 안 된다. 민주적 절차가 때론 허점이 많더라도 12개의 병렬파워를 모두 대입해서 하나씩 점검해 봐야 한다. 세계인들은 다양한 이유로 미국을 방문한다. 세계 금융의 중심지 월스트리트, 세계 공연의 메카 뉴욕 브로드웨이, 세계 영화의 본고장 할리우드, 뉴욕 양키즈를 비롯한 각종 스포츠(야구, 농구, 미식축구), 하버드대학교, 백악관, 「뉴욕타임스」, 라스베이거스, 실리콘밸리, 미국자연사 박물관 등 이 모든 게 병렬파워다. 미국은 이것만 강한 게 아니다. 국방 예산이 1,000조 달러라고 해서 천조국이라 불릴 정도의 절대 군사 강국이고, 가장 강력한 기독교 국가이고, 각종 시민단체 활동이 활발한 나라다. 한마디로 미국은 모두 강하다. 대통령도 강하고 군대도 강하고 언론계도 강하고 영화계도 강하고 대학도 강하다. 미국은 골고루 다 갖춘 병렬파워의 '종합선물세트'다.

자연 생태계와 마찬가지로 병렬파워의 각 주체가 건강해야 하며 역동성이 매우 중요하다. 4부에서는 이런 관점에서 한국의 병렬파워 현황과 세부적으로 병렬파워가 얼마나 원활히 작동하고 있는지 살펴보았다.

둘째, 지속적인 부를 어떻게 창출할 것인가? 혁신생태계를 구축하여 생태계 차원에서 경쟁력을 높여야 한다. 그래야 지속적인 성과가 창출된다. 남들이 다 하는 것, 모방으로는 이제 답이 없다. 고령화, 고임금을 감당할 수 있는 혁신생태계를 만들어내야 한다. 1인당 국민소득 10만 달러, 15만 달러의 신성장동력을 발굴하고 거기에 적합한 인재들을 육성해야 한다. 오늘날 세계는 기업 간 경쟁이 아니라 국가 생태계 간 경쟁력이 더 중요해졌다. 초일류 전쟁터의 게임 룰은 약육강식이 아니라 '훌륭한 생태계를 누가 더 많이 갖고 함께 성장하느냐'의 게임이다. 미래 시대의 변화를 정확히 인식하고 기업, 대학, 공공 연구기관 등 혁신을 수행하는 주체들 간에 아이디어, 연구비, 인력의 흐름이 원활한 네트워크를 구축해야 생존과 발전이 가능하다.

오픈AI의 챗GPT와 구글의 바드와 같은 인공지능은 시장의 예상보다 훨씬 더 빠른 속도로 발전하고 있다. 챗GPT와 바드를 협력해서 개발한 구글과 마이크로소프트와 같은 글로벌 빅테크들은 인공지능을 등에 업고 승승장구하고 있다. 이들이 잘나가는 이유는 무엇인가? 전문가들은 하나같이 '열린 생태계'를 꼽고 있다. 판을 크게 키워 지속해서 이익을 가져가는 것이다. 분명히 글로벌 빅테크 기업들은 생태계를 풍성하게 해서 크게 먹는 것을 알고 있다. 그런데도 우리는 그런 시도를 하지 못하고 있다. 우리는 아직도 혼자서 이익을 독식하는 단기필마형 경영을 선호한다.

혁신생태계의 대표적인 예가 바로 오픈소스 프로젝트다. 오픈소스는 소프트웨어의 설계도에 해당하는 소스코드를 인터넷을 통해 무상으로 공개하는 것을 말한다. 그런데 국내에서는 오픈소스에 기여하고 후원하는 문화, 즉 열린 생태계가 아직 자리 잡지 못하고 있다. 대범하게 이런 인식을 깨는 대기업 경영자가 나와야 한다. 이제 세상은 이미 오픈소스가 점령했다. 모든 세계적 기업은 오픈소스 없이는 아무것도 할 수 없는 상황이다. 우리도 '의식의 베이스캠프'를 올려야 한다.

셋째, 사회를 통합하고 보편적 가치를 통해 건강한 사회를 만들기 위해서는 코어심벌을 어떻게 형성하고 유지해야 하는가? 병렬파워로 실현되는 권력과 혁신생태계로 형성되는 부라는 두 바퀴가 잘 굴러가도록 린치핀linchpin 역할을 하는 코어심벌을 잘 정립해야 한다. 그러면 선진문명으로 향할 수 있다. 린치핀은 본래 '마차나 자동차의 두 바퀴를 연결하는 쇠막대기를 고정하는 핀'을 의미한다. 비록 작은 부품이지만 린치핀이 없이는 바퀴를 지탱할 수 없어 결코 멀리 갈 수 없다. 코어심벌이라는 핵심 가치가 부재하고 흔들리면서 우리 사회의 지속가능성은 위협받고 있고 안에서부터 곪아가고 있다. 인공지능 등 새로운 사회의 출현으로 인해 반드시 리스크가 생기기 마련이다. 코어심벌은 그 위험도를 낮추는 필수 장치다.

4부의 마지막에서는 특별히 한국의 경제 사이클을 분석했다. 제대로 된 판단을 하려면 역사성과 현실성을 씨줄과 날줄로 삼아 현안 중에서 경중, 완급, 선후를 결정해야 하기 때문이다. 한국의 최근 160여 년을 돌아보면 40년 주기의 특징을 보이고 있다.

| | |
|---|---|
| 제1사이클 | 고종의 즉위 이후 혼미기(1863~1904) |
| 제2사이클 | 일제강점기(1905~1945) |
| 제3사이클 | 건국과 산업화(1948~1987) |
| 제4사이클 | 세계화(1988~2027) |

한국은 40년 주기로 독특한 특징을 보인다. 전략적 대전환기가 40년마다 도래하는데 30년 전후에 구조적 도전systemic challenge이 발생하고 있다. 그런데 2024~2030년은 가장 위험하고 중요한 시기로 한국은 한 번도 경험해보지 못한 지점에 도달해 있다. 지금이 여느 주기와 다른 것은 다음과 같은 세 가지 위기가 한꺼번에 밀려왔기 때문이다.

첫째, 제4사이클의 구조적 도전 시기이다. 둘째, 대외적으로 미·중 패권경쟁이 치열하게 벌어지면서 새로운 질서를 형성해 가는 시기와 겹쳐 있다. 그동안 자유무역과 세계화의 훈풍에 힘입어 고성장을 이루었던 한국 경제는 암초를 만난 것이다. 한국은 지금 백척간두에 서 있다고 봐야 한다. 셋째, 여기에 인공지능이 등장했다.

현재 이 세 가지 빅 이슈가 동시에 진행되고 있다. 적어도 지난 80년간 이 정도 규모의 세 가지 빅 이슈가 한 번도 겹친 적이 없었다. 앞으로 10년은 매우 중요한데 제반적인 시스템의 종합검진을 통해 대대적인 혁신과 개혁을 이뤄내야 한다. 다음 사이클인 앞으로 40년은 완전히 다른 세상이 될 것이다. 과거와는 완전히 다른 대전환기, 즉 새로운 미래가 온다. 지금까지 성공한 우리의 의식, 태도, 전략으로는 더 이상 성장이 불가능하다. 우리에게 주어진 혁신의 골든타임은 얼마 남지 않았다. 우리는 지금 유례없는 위험구간 Danger Zone에 진입한 것이다.

냉전이 종식되고 30년을 이어온 자유무역 질서에 기반한 경제적 번영이 점차 약화되면서 자국 우선주의와 지정학적 리스크가 우리 앞을 막고 있다. 여기에 초저출산과 빠른 고령화 등 쏟아지는 뉴스의 행간엔 한강의 기적이라 불릴 정도로 압축 성장한 경제가 그만큼 압축적으로 빠르게 주저앉을지 모른다는 두려움이 배어 있다. 오늘보다 내일이 더 걱정된다.

이 시대를 변화시킬 열쇠를 쥐고 있는 우리의 리더들은 어떤 모습으로 대비하고 있을까? 정치 지도자 중에는 통합 리더십을 갖춘 이가 없고 정치는 계속 핵심을 피해서 겉돌고 있는데 그동안 중심을 잘 잡아오던 국민들마저 통합 의지가 없으니 참으로 위태롭다. 아직도 편먹고 치고받다가 날이 샌다. 지금 이 시국이 마주보고 달리는 두 대의 기관차처럼 죽기 살기로 싸울 때인가. 한심하다. 누구나 한 번 사는 인생 너무 시시하지 않은가. 운동권 출신도 그저 그렇고 고시 합격한 사람도 겨우 제 한몸 출세하느라 에너지를 다 쓰니 정말로 시시하다. 아차 하면 구한말처럼 후손들의 삶을 망친 '못난 조상'이 될 수도 있다. 미래 세대의 꿈과 시간을 그만 앗아갔으면 한다. 선거에 이기면 모든 권력을 갖고 패한 자는 역적으로 몰리는 이 구조도 지겹다. 이 중요한 시기에 국내 정쟁에만 몰두하다 개혁과 미래를 준비하는 일에 들일 시간과 자원을 잃을까 우려된다. 또다시 한국에 주어진 기회의 문을 활용할 골든타임을 놓쳐버리는 것은 아닌지.

마지막으로 현실적인 얘기를 해보자. 이 두꺼운 책을 누가 읽어야 하는가? 이 책은 핵심 인재 5%를 위한 것이다. 5%가 중요하다. 5%의 생각이 모이면 새로운 의식이 생겨난다. 그렇게 5%의 주체 세력이 형성되면 한국 사회는 바뀔 것이다. 과거를 제대로 이해하는 순간 우리가 당면한 위기의 본질이 드러난다. 우리가 놓쳤던 근대의 본질에 대해 조금 더 깊이 있는 지식을 갖게 된다면 지금의 상황을 판단하고 앞으로의 큰 흐름을 읽는 데 도움이 될 것이다.

그러면 믿거나 말거나 새로운 회로가 당신의 뇌에 구축되고 새롭게 시냅스가 생성될 것이다. 세상은 어차피 5%의 사람들이 미래를 구축해 나가며 중심축 역할을 한다. 나머지 사람들은 이런저런 이유로 현실에 만족하고 산다. 우리는 매일 밥을 먹는다. 그런데 연간 단위로 책을 읽는다면 그건 책을 읽는 사람이 아니다. 남이 깔끔하게 정리해 준 것, 간략한 요약서 등이 초기에는 당신에게 많은 도움을 주었을 것이다. 문제는 당신 뇌의 적응력이 보통 빠른 게 아니라는 사실이다. 처음에는 전화번호가 휴대폰에 저장되어 있기 때문에 굳이 외울 필요가 없었다. 이런 생활을 약 20년 넘게 했더니 이제는 외우려 해도 외워지지 않는다. 내가 외울 수 있는 휴대폰 번호는 세 개다. 이것이 인간의 뇌다. 젊은 시절에는 웬만한 숫자는 한 번 보면 외워졌고 오래 기억했다. 그런데 지금은 이게 뭔가. 뇌의 기능이 퇴화한 것이다.

흔히들 책을 안 보다가 은퇴하면 보겠다고 한다. 그렇게 안 된다. 당신의 뇌는 이미 퇴화하여 조금만 어려워도 책을 읽을 수가 없다. 게다가 나이가 든다는 것은 호기심을 잃는다는 것이고 호기심을 잃으면 열정을 지속하기 힘들다. 이처럼 우리의 뇌는 처음에는 편리함, 그다음엔 경로 의존성(습관성), 그리고 마지막엔 퇴화로 작동을 거부한다. 학창시절 순수하고 반짝거리던 두뇌와 재능이 사회에 나와 친절하게 요약된 보고서나 짧은 글들만 읽고 살아오다 마침내 다 닳고 만 것은 아닌가. 우리의 뇌는 안녕한가.

두꺼운 책은 우리의 뇌를 치열하게 훈련하는 좋은 스파링 파트너다. 다 읽고 나면 그전과는 다르게 뇌가 얼마나 기뻐하고 춤을 추는지 느낄 것이다. 당신의 뇌는 달라져 있을 것이다. 생각의 모세혈관이 뚫려 한동안 사고가 유연해지며 이전보다 말랑말랑한 생각을 하게 되고 그 생각이 가지를 뻗고 살을 덧붙이고 하면서 세상에 대한 안목과 지식이 재구성되는 것을 경험하게 될 것이다. 그러면 세상일이 훨씬 가벼워진다.

이 책을 읽고 나면 자신 안에 내면의 지도가 생겨나 근현대 역사에 대한 해상도가 높아질 것이다. 읽기 전과 읽은 후에 시각이 달라지면서 세상이 더 선명히 보일 것이다. 그렇다고 세상이 훤히 보인다고 과장하고 싶지는 않다. 흐릿하던 것들이 포커스가 맞춰지면서 새로운 깨달음을 줄 것이다. 한국의 미래는 당신 같은 5%의 인재들 덕분에 희망이 있다. 과거와 현재는 기억 속에 존재한다. 모르면 당한다. 우리가 읽거나 공부한 적이 없고 기억하지 못하는데 조선과 일본과 중국이 존재할 수 있겠는가. 그런데 반일, 반중 감정이 넘쳐난다. 이것은 매우 위험한 현상이다.

일본과 중국은 우리 운명과 떼고 싶어도 뗄 수 없는 이웃이다. 구한말 반일 감정이 부족해서 국난을 당한 게 아니다. 여전히 반일과 반중 사이를 벗어나지 못하고 에너지를 낭비하는 건 우리 스스로 무덤을 파는 일이다. 한국이 스스로 약한 고리가 될 필요가 없다. 이젠 좀 더 자신감을 갖고 지일知日, 지중知中을 해야 한다. 또한 한국이 제대로 잘 살아야 일본이 지난 과오를 반성하고 악의가 없는 새로운 돌을 쌓기 시작할 것이다.

우리 세대가 가보지 못한 길로 미래 세대들이 항해하길 바라며 이 책이 작은 도움이 됐으면 한다. 그리하여 듣도 보도 못한 세상인 신대륙을 향해 도전하기를! 이제 우리 세대는 그대들에게 바통을 넘긴다. 그대들의 이야기를 만들어 가라. 그 길에 축복이 함께하기를!

2024년 3월 바우뫼 서재에서
권광영

## 차례

**시작하는 글** 역사와 미래를 바라보는 새로운 인식과 전체 안내도
　　　　• 4

# 1부 근대의 원점 인식혁명 • 37

## 1장　인식혁명의 역사 • 39
　　1. 왜 근대를 이해해야 하는가 • 41
　　2. 근대는 인식혁명의 결과다 • 44

## 2장　유럽의 인식혁명 4단계 • 53
　　1. 인식혁명에는 국경이 없다 • 55
　　2. 1단계: 창조적 소수자가 출현하다 • 62
　　3. 2단계: 주체세력 형성으로 역치를 넘다 • 67
　　4. 3단계: 공론장을 통해 확산되다 • 71
　　5. 4단계: 임계질량에 도달하여 가속화 사회로 진입하다 • 74
　　6. 유대인 사회의 인식혁명 4단계 • 76
　　역전된 유대인과 아랍 • 79 | 멘델스존과 로스차일드 • 88

## 3장　근대 동서양 문명의 분기점 • 93
　　1. 영국의 산업혁명 • 95
　　2. 자본주의 체제 확립 • 108
　　3. 노동자 계급의 부상 • 111
　　4. 근대적 시공간의 탄생 철도혁명 • 115
　　5. 근대 대학과 학문의 탄생 • 120
　　6. 근대 언론과 리얼리즘 문학 • 125
　　7. 구한말 조선의 근대화 • 130

## 2부 일본 제국을 만든 발명품 • 135

### 1장 부고: 대일본제국 시대 1868~1945년 • 137
1. 대일본 제국의 흥망 • 139
2. 근대 일본과 세계 질서 • 144

### 2장 이중의 근대화: 메이지 유신의 발명품 • 151
1. 발명품의 실체 • 153
2. 유신의 진정한 의미 • 165

### 3장 메이지 유신의 발명품 1 이와쿠라 사절단 • 175
1. 메이지 유신을 둘러싼 국내외 정세 • 177
2. 이와쿠라 사절단 정신 • 188
3. 부강한 나라를 위한 개혁의 본격화 • 204

### 4장 메이지 유신의 발명품 2 근대 천황제 • 209
1. 국가주의 일본의 코어심벌 • 211
2. 천황제 3종세트 ①: 국가신도 • 220
3. 천황제 3종세트 ②: 천황을 중점에 둔 제국헌법 • 244
4. 천황제 3종세트 ③: 천황제의 중추가 된 교육칙어 • 259

### 5장 메이지 유신의 발명품 3 야스쿠니 신사 • 269
1. 현대 일본 정치와 야스쿠니 신사 • 271
2. 군국주의의 도구가 되어버린 야스쿠니 신사의 내재적 한계 • 280

### 6장 일본의 뿌리깊은 열등감과 혐한의 뿌리 • 289
1. 일본의 미래를 결정할 3개의 퍼즐 조각 • 291
2. 일본의 고대사 콤플렉스 • 302
3. 기록문화유산으로 본 일본의 열등감과 혐한의 뿌리 • 312

## 3부 근대 문명의 필수요소 • 337

### 1장 동서양 석학들이 본 근대 필수요소 • 339
1. 필수요소란 무엇인가 • 341
2. 필수요소를 통해 도출한 3가지 영역 • 353

### 2장 필수요소 1 근대교육 • 371
1. 문명의 전환기 각국의 선택 • 373
2. 대학교의 발전과 보편화 • 382
3. 중등교육과 초등교육의 의무화 • 402
4. 구한말과 조선 엘리트들의 선택 • 415
5. 식민지 교육의 빈약한 성과 • 436
우민화교육과 코리아 스케치 • 436 | '일본의, 일본을 위한, 일본에 의한' 조선근대화 • 471

### 3장 필수요소 2 언론·출판문화 • 479
1. H형 인프라란 무엇인가 • 481
2. 근대 문명을 만든 출판문화의 다양한 풍경들 • 485
3. 포르노그래피가 촉발시킨 새로운 공론장 독서혁명 • 500
혁명의 도구가 된 포르노그래피 • 508 | 요리하는 조선 사대부 서유구 • 519
4. 유럽의 승리는 출판문화업의 승리 • 526
출판문화와 정체성 • 526 | 독서의 황금시대를 연 일본 • 532
5. 자신의 날개를 스스로 묶은 조선의 출판문화 • 539
6. 유교 문명의 한계 • 547
지식을 독점한 사대부 • 547 | 복잡한 한자의 덫 그리고 문맹사회 • 556

### 4장 필수요소 3 신분해방 • 577
1. 신분제 사회 조선의 사회상 • 579
2. 봉건사회에서 신분제가 폐지된 근대사회로 전환 • 589

### 5장 필수요소 4 인프라스트럭처 • 603
1. 한강의 기적을 만든 일등공신 • 605

2. 근대도시 인프라 구축 • 611

3. 조선의 도로 인프라 • 619

4. 근대 문명의 트리거 철도혁명 • 638

5. 세상을 보는 새로운 방식 • 646

6. 철도와 을사늑약 • 650

## 6장 필수요소 5 재정의 근대화 • 655

1. 수포로 돌아간 고종의 꿈 • 657

청전폐지와 물가 상승 • 657 | 국가 재정의 고갈 • 662

2. 험난한 자강의 길 • 666

3. 마지막 개혁의 기회 갑오경장 • 672

4. 광무개혁과 식산흥업 • 687

## 7장 필수요소 6 군대의 근대화 • 693

1. 구한말 조선군 상황 • 695

2. 일본의 군제 개혁 • 722

## 8장 필수요소 7 근대 헌법 제정 • 739

1. 근대화의 마지막 퍼즐 헌법 제정 • 741

2. 근대 헌법 제정 • 754

3. 대한제국 헌법의 수준 • 761

4. 헌법의 진정한 의미와 한국사회를 위한 제언 • 786

# 4부 한국의 미래를 만드는 힘 • 795

## 1장 필수요소가 합쳐진 사회상 • 797

1. 필수요소가 유기적으로 연결된 일본 • 799

2. 한국의 근대혁명 • 817

3. 한·중·일 3국 관계와 근대화 • 826

4. 험난하지만 부국강병으로 가는 길 • 843

## 2장 미래를 만드는 힘 1 병렬파워 • 859

1. 병렬파워란 무엇인가 • 861

병렬파워의 사회인 근대 국가 • 861 | 새로운 언어가 가져온 새로운 사고 혁명 • 871

2. 직렬파워로 작동되는 사회 • 875
3. 한국의 병렬파워 • 894

## 3장 미래를 만드는 힘 2 코어심벌 • 913

1. 국가의 목표와 지도자의 의무 • 915
2. 일본의 코어심벌 • 923
3. 중국의 코어심벌 • 939
4. 미국의 코어심벌 • 953
5. 한국의 코어심벌 • 967

## 4장 미래를 만드는 힘 3 혁신생태계 구축력 • 995

1. 새로운 시대의 도래 • 997
2. 한국만의 새로운 길 • 1004
3. 사이클로 바라본 한국의 역사 • 1012
4. 앞으로 다가올 인공지능 혁명 • 1042
5. 공론장의 중요성 • 1056
6. 지속가능한 한국 사회를 위한 혁신생태계 조성 • 1070

**마치며** • 1092
**미주** • 1100

1부

# 근대의 원점 인식혁명

1장

# 인식혁명의 역사

# 1
# 왜 근대를 이해해야 하는가

### 현재 모든 것의 원점, 근대

서유럽은 자신들이 만들어온 중세의 생각과 사상의 구축물에서 '스스로' 빠져나와 근대 세계를 향해 나아갔다. 여기서 중요한 것은 갑각류가 성장하기 위해 허물을 벗듯이 생각과 사상의 구축물에서 '스스로' 빠져나와야 한다는 것이다. 문명과 나라의 발전은 자기성찰을 통해 새로운 사고방식을 가진 곳에서 일어났다. 누가 더 과거와 현재를 성찰할 이성과 능력을 갖추고 있는가에 따라 그 능력만큼 문명은 발전한다. 동양과 서양 중 누가 더 과거와 현재를 성찰할 이성과 능력을 갖추었을까?

전근대 사회와 근대 사회는 사실상 완전히 다른 행성이다. 근대 사회의 특징은 부와 권력을 독점하는 왕과 귀족 중심의 체제에서 점차 부르주아에게 개방되고 일반인에게까지 부와 권력이 점점 확산됐다는 데 있다.

"귀족만의 자유가 점차 일반 대중의 자유로 확대됐고, 높은 생산력 발전의 덕을 많은 사람들이 누리게 됐고, 분명 더 많은 지식과 풍부한 문화경험을 하게 됐다."[7]

왕과 귀족이 권력을 독점한 중국(청)과 조선은 최고 수준의 농업 문명을 이룩했다. 시대가 변하면서 그들 앞에는 부르주아 계급과 일반 민중에게 정치·경제적 문호를 확대하며 근대 사회로 나아가야 할 과제가 놓여 있었다. 그러나 중국과 조선은 이 과제를 극복하지 못했고 '다음 단계'로 나아가지 못했다.

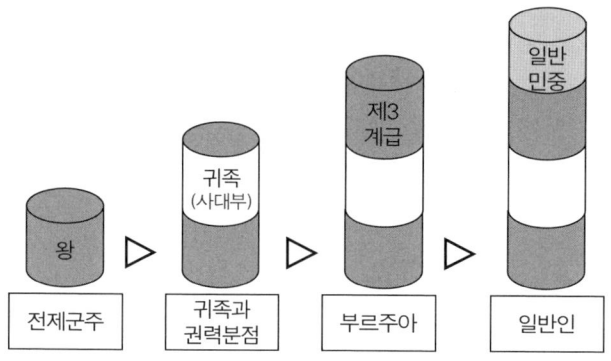

수많은 연구결과를 볼 때 조선은 주체적으로 '다음 단계'로 나아가지 못했다. 조선이 왜 다음 단계로 나아가지 못했는가에 대한 문제는 여전히 논란의 영역에 있다.

왜 근대가 중요한가? 탈근대를 주창한 지도 오래됐다. 그런데 왜 근대를 알아야 하는가? 근대적 가치(이성, 진보, 합리성)에 대한 근본적인 회의와 비판을 던진 탈근대는 여전히 진행형이다. 근대는 우리 삶의 기초이며 그 가치와 시스템은 지금도 여전히 유효하다. 근대가 바꿔놓은 삶의 조건들인 민주주의, 자유와 평등, 자본주의, 가치의 다원주의, 과학정신은 고스란히 남아 우리 삶에 지대한 영향을 끼치고 있다. 그래서 근대를 이해한다는 것은 곧 현재 우리 삶의 기초와 전제 조건을 이해하는 것이다.

"근대는 산업혁명이 촉발한 기술적, 경제적 변화에 의해 사회 전체와 국가와 주권에 이르기까지 시스템이 전방위적으로 변화한 결과이다. 그리고 그 변화의 구성 요소들이 서로 떼려야 뗄 수 없이 긴밀하게 연관되어 상호작용하는 하나의 유기체라고 정의할 수 있다."[8]

### 대전환기의 도래

지금은 세계적 대전환기다. 우리의 생존에 무엇보다 중요한 미·중간 패권 경쟁과 국제 질서의 재편성이 진행되고 있다. 여기에 생성형 인공지능인 챗GPT에 대한 열기가 뜨겁다. 인공지능 이전에는 어떤 기술이 관심을 받았는지조차 생각이 안 날 정도다. 사물인터넷, 빅데이터, 가상현실, 메타버스에 어느 정도 친숙해지려고 하면 금세 지나간다. 세계 질서, 국제 관계, 기술 차원의 변화 폭과 속도가 너무 크고 빠르게 흘러가고 있다. 우리는 현재를 '4차 산업혁명 시대'라 명명하면서 어디론가 향해 가고 있다. 그런데 어디로 향해 가는지 목적지를 알 수 없다. 우리는 이 시대에 맞게 나아갈 길을 찾아내야 하는 중요한 시점에 서 있다.

시대는 우리에게 전방위적인 변화를 요구하며 각자가 개인적으로 신속히 적응해야 따라잡을 수 있다고 압박하고 있다. 이렇게 근대 이후 수많은 기술이 발전했다지만 새롭게 바뀐 '삶의 조건'들이 있는가? 놀랍게도 없다. 다만 이 조건들을 재구성하여 새로운 시대의 변화에 어떻게 적응할 것인가라는 과제가 남아 있다. 새로운 패러다임을 모색하여 우리 사회를 재구성하기 위해서는 우리가 살고 있는 조건들이 어떻게 이뤄졌는지 이해해야 한다. 그래서 근대에 대한 이해가 매우 중요하다. 수많은 도전에도 살아남은 '낯익은 근원'으로서 근대를 잘 살펴야 한다. 근대는 완벽한 시대는 아니었지만 나름 현대 세계를 형성한 중요한 시대였기 때문이다.

# 2
# 근대는 인식혁명의 결과다

## 고대인과 투쟁한 서양, 고대인을 숭배한 동양

근대적인 삶의 조건으로의 변화를 설명하는 가장 유명한 구절은 칼 마르크스의 『공산당 선언』에 있다. 기독교 가치라는 단일성 속에서 잘 유지되던 세계가 사라진 유럽에서, 그동안 자신들을 유지해주던 신성한 가치들이 불경스럽게 변해버린 상황에서 근대적인 새로운 삶의 조건이 탄생했음을 서른 살의 마르크스가 포착한 것이다.

"모든 견고한 것들은 공기 속으로 녹아들고 모든 경건한 것들은 불경스럽게 됐다. 인간은 마침내 냉정한 사리분별, 자기 삶의 현실적 조건, 자신과 같은 인간과의 관계를 직면하도록 강요됐다." (1848년 『공산당 선언』)

그 삶의 조건은 신이 사라지고 자신과 같은 인간들이 냉혹한 현실 속에서 관계를 맺고 살아가야만 하는 그런 사태가 도래했음을 알렸다. 사회적 고정성이 약화되고 유동성의 사회로 진입한 것이다. 그는 끊임없는 변화 속에서 살아갈 수밖에 없는 근대 사회의 특성을 잘 포착했다. 근대 사회는 다음과 같은 세 가지 특성으로 요약할 수 있다.

첫째, 신분제 질서가 무너지고 개인이라는 존재가 역사의 지평에 등장한다. 집단이 아니라 개인이 의사결정과 행동의 주체가 되면서 개인과 자유의 개념이 출현했다.

둘째, 사회는 개인 간 사적인 의사결정으로서 계약이 매우 중요해졌다. 이 계약 질서를 보장하는 제도를 구축한 결과가 바로 법치주의다. 법치의 원칙은 법 앞의 평등과 사유재산을 보호하는 것이다. 이제 사회 전반이 법치의 원칙을 중심으로 재구성되기 시작했다.

셋째, 정치로는 민족국가와 더 나아가 민주주의, 경제로는 자본주의, 그리고 사회·문화로는 가치의 다원주의가 이루어졌다.

근대화를 자생적으로 온전히 성취한 나라는 영국뿐이었다. 다른 모든 나라는 외부 충격으로 인해 완만하게 혹은 급격하게 자신들의 전통과 상호 충돌하고 상호작용하면서 '자신들만의 근대'를 이루어 갔다.

"근대란 어디까지나 유럽에서 특정 시기에 우연한 요소와 유럽인의 치열한 주체적 노력까지를 포함한 여러 요인에 의해 비약적으로 발생한 특수 현상을 가리킨다."[9]

근대 사회가 가져올 기회를 잡기 위해서는 새로운 시대의 변화에 맞춰 정책의 전선을 모두 새로 정립해야 했다. 지금 관점에서야 너무 뻔한 이야기로 들리겠지만, 일반인들의 '삶의 영역'을 향상하기 위해서는 신분차별을 폐지하고 교육의 기회를 제공하는 등 무엇보다 전방위적인 혁신이 중요한 시기였다. 그러기 위해서는 법적, 제도적 장벽과 낡은 관습을 스스로 허물어야 한다. 그렇다면 개혁에 앞서 선행되어야 할 것은 세상 변화를 재빠르게 알아채고 시급하게 혁신의 필요성을 인식하는 일이었다. 상위에 있는 철학과 인식은 법, 제도, 조직, 개혁 같은 하위 개념들을 지배하기 때문이다.

이게 얼마나 힘든 일인가 하면 아래 도표처럼 중세(전근대 국가)와 근대 국가는 인식의 방향이 정반대다.

오래된 전통(과거)을 따를 것인가, 아니면 새로운 미래를 향해 나아갈 것인가? '고대인의 이야기'를 신성시하는 과거지향적인 사고방식이 지배하는 사회가 될 것인가, 아니면 장래에 있을 지(知)의 확대를 믿는 미래지향적 사고방식을 가진 사회가 될 것인가가 중세와 근대의 운명을 갈랐다. 어느 순간 창조적 소수자들이 일으킨 인식혁명이 엘리트 집단의 마음과 신념에 영향을 끼쳤다. 그러면서 혁신과 기술 발전에 우호적인 사회와 문화가 형성된 것이다. 이처럼 서구의 인식혁명이 과학혁명과 산업혁명으로 이어지면서 대분기가 시작됐다. 그 이면에는 미래지향적 사고방식이 자리 잡고 있다. 조엘 모키르는 『성장의 문화』에서 동서양의 인식 차이를 간결하게 요약했다.

"유럽의 계몽주의는 근대인과 고대인의 싸움에서 그들 세대가 과거 세대보다 우월한 문화와 지식의 총체를 창출했다. 이것이 더 나은 세계로 이끄는 관문이라고 굳게 믿은 근대인이 거둔 승리의 결과"였다.[10]

"산업계몽주의라는 지식혁명과 이어서 나타난 서양과학 기술의 놀라운 발전의 기저에는 편지를 통해 지식을 공유하며 '고대인과의 투쟁'을 이어간 편지공화국이라는 지식공동체"가 있었다.[11] 이처럼

"고대인에 대한 비판이 가능해지면서 관찰과 실험으로 무장한 지식혁명으로 인해 서양이 동양을 앞서게" 됐다.[12]

당연한 말이지만 미래는 미래에 대해서 구체적인 꿈을 꾸는 사람들이 만드는 것이다. 유럽은 시선의 초점을 과거에서 방향을 돌려 미래로 향했다.

반면 동양에서는 공자, 맹자 같은 고대인에 대한 무한한 존경심으로 '고대인과의 투쟁'은 일어날 수 없었다. 과거의 경전을 끊임없이 암기하도록 강요하는 교육과 과거제도는 사대부들의 생각을 과거지향에 묶어버렸다. 다시 말해 자신들이 공들여 쌓은 '사상의 구축물'에 스스로 갇힌 것이다. 동양은 '고대인의 지식의 모방과 반복에 그친' 결과 '실용적 지식을 천시하면서 고대인의 지식에 근거한 형식적 지식만을 유일한 지식'으로 인정했다.[13]

조선 사대부들의 머리를 옭아맨 것은 '허구의 질서'였다. 조선의 이상적인 모델은 중국 고대 선왕들의 정치(요순시대)[14]였다. 그들이 생각하는 이상적인 경제는 고대 중국의 농업경제였다. 공자의 말씀이 절대적으로 옳다며 도덕규범의 근간으로 '삼강오륜'을 강조했다. 이런 시대에 사대부들 중 누가 감히 공자를 부정할 수 있었겠는가. 공자의 문제는 단순히 학문의 문제가 아니라 사대부들의 세계관과 정치체제와 단단히 얽혀 있었다. 공자와 맹자 같은 과거의 현자들의 모든 것을 아우르는 지혜를 추종하며 그것을 수많은 가르침과 책으로 우리에게 알려주었다.

사대부들은 그들이 남긴 위대한 문헌들을 깊이 연구하고 이해함으로써 지식을 얻었다. 그러나 사대부들의 공부는 새로운 것을 발견하기 위한 것이 아니라 전통을 고수하는 것이었다. 새로운 것을 창조하는 것은 범죄요, 새로운 것을 추구하는 것 또한 위험한 사회였다. 그에 반해 서유럽은 새로운 발견과 지식을 늘리는 일에 집중했다. 그들에게 과학혁명은 지식혁명이 아니라 무엇보다 내가 모른다고 인정하는 '무지의 혁명'이었다.

"과학혁명을 출범시킨 위대한 발견은 인류는 가장 중요한 질문에 해답을 모른다는 발견이었다. (…중략…) 현대 과학은 무지를 기꺼이 받아들인 덕분에 기존의 어떤 전통지식보다 더 역동적이고 유연하며 탐구적이다. 덕분에 우리는 세계가 어떻게 작동하는지 이해하는 능력과 새로운 기술을 발명할 역량은 크게 확대했다."[15]

서유럽의 통치자들은 과학자와 기술자의 후원자가 되어 적극적으로 지원했다. 이 차이가 동서양의 운명을 갈랐다. 일본의 개화파 지식인인 후쿠자와 유키치는 1875년 『문명론 개략』에서 일본의 현실을 적나라하게 비판했다.

"문명은 한 나라 인민의 지덕知德을 밖으로 드러내는 현상이다. (…중략…) 일본 사람의 지혜와 서양인의 지혜를 비교해보면 학문·기술·상업·공업, 가장 큰 일에서 가장 작은 일에 이르기까지 하나부터 헤아려 백에 이르고 또 천에 이르기까지도 그들보다 나은 게 하나도 없다."[16]

게다가 일본은 권력이 편중된 탓에 신분사회가 고착되어 있어 후쿠자와는 '인민의 품행도 비굴'하며 '권력의 편중 병폐를 바로잡지 않으면 근대적 국가도 근대적 국민도 불가능하다.'라고 보았다.

"인민은 국사에 관심이 없다. 나라의 치란과 흥망 그리고 문명의 진퇴에 관해 마치 구경이나 하듯이 아예 신경을 쓰지 않는다"고 하면서 "일본에 정부는 있어도 국민은 없다"고까지 단정지었다. 그의 비판은 일본이 아니라 동아시아 전체에 해당되는 말이었다.

후쿠자와는 '혁명이 아니라 문명이 역사를 진보시킨다.'라고 믿었고 서양 문명의 핵심이 가치관에 있음을 간파했다. 그래서 그는 서양 문명의 핵심인 자유와 공화의 가치를 가장 먼저 받아들여야 한다고 주장했다. '문명의 과제인 자유와 공화의 가치부터 받아들이고 자유로운 기풍의 근대적 국민이 형성되어야 한다. 이를 바탕으로 당면과제인 나라의 독립도 가능하다.'

이것은 세계와 그 세계 속에 존재하는 인간의 의미를 바꾸는 것으로 그야말로 대대적인 '인식의 혁명'을 필요로 했다. 근대화는 정치에서 종교가 분리되고 학문에서 종교가 분리되는 것을 의미했다. 서유럽은 이러한 분리가 성공하면서 경탄할 만한 성과를 낳았다. 반면 조선은 유학자가 정치권력과 종교 그리고 교육을 모두 장악했고 후쿠자와와 같이 자신을 냉혹하게 성찰하고 사회를 각성시키는 선각자가 존재하지 않았다. 오로지 중국 문명의 도덕, 예술, 지식을 참된 보고로 여겼다. 서구로부터는 배울 것이 없고 오히려 서양을 오랑캐로 여기며 조선의 도덕과 순수성이 파괴되는 것을 경계해야 한다고 생각했다.

### 눌리우스 인 베르바

유럽의 인식도 종교개혁이 일어나기 전까지는 동양과 다름없었다. 14세기 이탈리아에서 시작한 문예부흥운동에 대해 역사가인 필리프 월프Philippe Wolff는 "목표를 과거에 맞춘 기묘한 전진이었다."라고 평가했다. 르네상스 인문주의자는 '스콜라학의 권위에 대항하기 위해 또 다른 권위를 만들어내야' 했는데, 그것이 보다 '순도 높은 고대 문헌'으로 대체하려는 것이었음을 지적한다.

"르네상스의 기본적 성격은 중세 시대에 오랜 시간에 걸쳐 고대 사상을 회복하고 흡수하는 과정을 완성시켜 정점에까지 도달했다는 점이다."[17]

"인문주의이든 종교개혁이든 시대의 흐름과 함께 더덕더덕 덧붙여진 야만적 요소를 벗겨내고 혼입된 불순물들을 여과함으로써 순수한 원초적 모습으로 되돌아가는 것을 그 이상으로 삼았던 것이다."[18]

그들은 과거 그리스와 로마의 문화유산으로 돌아가자고 외치며 고대 숭배를 시대정신으로 삼았다. 고대 그리스와 로마 자체가 권위이자 문화적 우월성의 상징이었다. 가톨릭교회의 개혁을 요청한 인문주의자들의 생각도 비슷했다. 그들도 르네상스 때처럼 고대의 문헌에서 원군을 찾으려 했고 초대 교회의 관행을 기꺼이 따르고자 했다.

예수의 가르침은 간단했다. 시간이 흘러 다닥다닥 덧붙여진 인간의 전승과 욕망이 담긴 제도(가톨릭이 그동안 만든 수많은 제도들)들을 제거하고 그 당시로 돌아가 사도시대의 생명력과 소박함을 되찾자!

신과 신자 사이를 중개하던 성직자라는 필터가 오히려 신과 신자 사이를 방해하고 있다는 것이다. 그래서 루터는 성직자 계급을 배제하고 신과 신자가 바로 결합하는 프로테스탄티즘 운동을 주창했다. 헤겔은 저서 『역사철학강의』에서 '중세기 끝에 여명을 띄우고 솟아나 모든 것을 비추는 태양'이라고 종교개혁을 평가했다. 정신사적으로 중세의 어둠을 물리치고 근대의 새벽을 연 종교개혁은 역사에 근본적인 변혁을 가져왔다. 특히 아메리카라는 신대륙을 발견한 이후 뱃사람들과 천문학자들은 고전학문이 100% 옳은 것은 아니라는 것을 경험적으로 보여주었다.

"콜럼버스의 발견에서 가장 중요한 점은, 알 가치가 있는 모든 지식은 그리스인과 로마인이 발견했다는 신화를 깨트렸다는 것이다. (…중략…) 프톨레마이오스의 권위를 산산조각 내버렸다. 대체 어떻게 고대 세계의 가장 위대한 지리학자라는 사람이 한 대륙을 통째로 놓칠 수 있단 말인가? 아무리 다른 분야라 해도 이런 오류를 범한 사람의 말을 대체 믿을 수 있단 말인가?"[19]

유럽은 종교개혁이 일어난 이후 100여 년이 지나면서 오래된 전통에서 벗어나 새로운 미래를 향해 나아가는 생각의 방향 전환이 일어났다. 이에 따라 고대 그리스의 지식이 새로운 사실을 발견하는 데 방해가 된다고 생각하는 사람들이 많아졌다. '그리스 시대에는 아리스토텔레스가 옳다. 우리 시대에는 우리가 옳다.' 유럽의 '고대인과의 투쟁은 다양한 관찰과 실험자료가 있었기에 승리'할 수 있었다.

"고대인의 오류가 편지공화국 사방에서 관찰되고 보고됐다. 편지공화국 지식인들은 고대인들을 훨씬 뛰어넘는 지식문화를 쌓았다는 자부심을 가지게 됐다. 만약 고대인들이 자신들의 세상에 온다면 자신들의 지식수준에 감히 범접하지 못할 것이라고 큰소리를 쳤다."[20]

유럽은 비로소 '새로운 발견의 가치'를 알았고 그것들을 찾아갔다. 종교적 교리와 아리스토텔레스 이후로 맹목적으로 믿어온 과거의 권위가 씌워놓은 눈꺼풀이 하나씩 벗겨지기 시작했다. 열린 마음으로 세상을 보고 진보를 향해 나아가야 한다는 데 의견이 모아졌다.

이 정신을 잘 보여주는 것이 1660년 설립된 영국 런던왕립학회의 라틴어 모토다. '눌리우스 인 베르바Nullius in Verba' 영어로는 'on the word of no one'으로 직역하면 '말의 기교가 아니라 사물의 있는 그대로의 지식'이다. 다시 말해 '권위자의 말도 그 누구의 말도 그대로 받아들이지 말고 (실험을 통해) 직접 확인'하라는 뜻이다. 1784년 독일의 임마누엘 칸트는 이렇게 계몽을 정의했다.

"계몽이란 미성년 상태로부터 벗어나 마땅히 스스로 책임지는 것을 의미한다. 미성년 상태란 다른 사람의 지도 없이는 자신의 지성을 사용할 수 없는 상태이다. 이 미성년 상태의 책임을 마땅히 스스로 져야 하는 것은, 이 미성년의 원인이 지성의 결핍에 있는 것이 아니라 다른 사람의 지도 없이도 지성을 사용할 수 있는 결단과 용기의 결핍에 있을 경우이다." 그러므로 "과감히 알려고 하라!" "너 자신의 지성을 사용할 용기를 가져라!"하는 것이 계몽의 표어이다.[21]

2장

# 유럽의 인식혁명 4단계

# 1
# 인식혁명에는 국경이 없다

---

**인식혁명의 장애물 '돈 룩 업'**

2021년 넷플릭스에서 개봉하여 94개국에서 1위를 차지했던 아담 맥케이 감독의 영화 「돈 룩 업Don't look up」을 생각해 보라. 두 천문학자가 태양계를 관찰하던 도중 새로운 궤도로 진입한 혜성을 발견한다. 발견의 기쁨도 잠시 6개월 뒤면 지구를 향해 돌진하는 혜성으로 인해 지구가 멸망할 수 있다는 위기감을 깨닫는다. 임박한 재앙을 알게 된 박사과정 연구생과 교수(레오나르도 디카프리오)는 이 사실을 알리기 위해 언론사와 정부의 고위관료를 찾아다닌다. 하지만 온통 다른 데 정신이 팔린 세상은 시큰둥한 반응만을 보인다. "그래서요?"

영화는 인류의 종말 앞에서도 통합될 수 없는 현대 사회와 사익에 매몰된 정치권력을 풍자하며 현실을 매섭게 꼬집는다. "저스트 룩 업Just look up." 고개만 들면 혜성을 볼 수 있다. 그런데도 사람들은 믿으려 하지 않는다. 결국 지구는 종말을 맞이한다. 진실을 말하는 사람은 버림받았고 진실을 폭로하는 것은 오히려 반사회적 행위가 됐다. 하늘을 올려다보라는 주장과 '하늘을 올려다보지 말라.'라는 정부의 입장이 충돌하면서 시위를 벌이는 장면이 아주 인상적이었다. 서유럽은 하늘을 올려다보자는 개혁가들이 과학, 학문, 경제, 정치 분야에서 쏟아져 나왔다. 반면 조선은 '돈 룩 업' 사회였다. 이 사고의 격차가 각 나라의 운명을 갈랐다.

### 드레퓌스 사건과 에밀 졸라

누가 처음 '근대의 하늘'을 발견할 것일까? 그리고 무엇이 그 하늘을 바라보게 만들었을까? 근대라는 실체는 눈에 보이지 않는다. 하늘만 올려다보면 되는 영화「돈 룩 업」의 현실보다 훨씬 어려운 과제다. '근대의 하늘'을 발견하는 것도 중요한데 믿게 만드는 건 더 어렵기 때문이다. 자신이 발견한 새로운 스토리를 사람들에게 받아들이게 할 수 있는 사람은 소수만이 가능하다. 우리는 이를 선각자 혹은 창조적 소수자라고 부른다. 선각자들은 통찰, 영감, 그리고 사고의 전환을 촉구함으로써 무뎌진 사회를 일깨운다. 이런 창조적 소수자의 가치를 극명하게 표현한 사람이 미국 작가인 마크 트웨인이다. 그는 드레퓌스 사건에서 프랑스 사회의 각성을 촉구한 에밀 졸라의 용기를 지지하면서 이렇게 썼다.

"나는 졸라에게 깊은 존경과 끝없는 찬사를 보내고 싶다. 군인과 성직자 같은 겁쟁이, 위선자, 아첨꾼은 한 해에도 100만 명씩 태어난다. 그러나 잔다르크나 에밀 졸라 같은 인물이 나오는 데는 5세기가 걸린다."[22]

'역사상 위대한 소동'의 하나로 평가받는 드레퓌스 사건은 당시 프랑스를 휩쓸었던 강박적인 애국주의가 낳은 소동이었다. 군사기밀을 독일군에게 넘겼다는 이유로 종신형이 선고된 프랑스의 장교인 드레퓌스는 당시 위기에 시달리던 프랑스 당국이 찾은 안성맞춤인 희생자였다. 드레퓌스가 유대인이란 사실 하나만으로도 이미 그의 결백을 들어줄 마음이 없었고 프랑스의 숭고한 가치를 더럽히는 '이방인'의 전형으로 악마화하기에 충분했다. 결국 2년 뒤에 진범이 밝혀지지만 오히려 혐의자는 석방되지 않고, 신뢰 추락을 이유로 사건을 은폐하고 진실을 덮기에 급급한 프랑스 군부를 보면서 에밀 졸라는 자신의 펜을 들어 고발했다. 국가권력에 의해 자행된 간첩조작과 인권 유린을 비난한 것이다.

하지만 재심 반대파는 억울하게 독일 스파이로 누명을 쓴 유대인 드레퓌스가 결백하다는 증거가 나오면 나올수록 점점 이성을 잃어갔다. 그들은 군부, 더 나아가 프랑스를 파멸시키려는 유대인 국제조직이 꾸민 음모라며 "졸라를 죽여라!" "유대인을 죽여라!"라는 구호를 외치며 유대인을 습격하고 유대인 상점들을 닥치는 대로 부수고 짓밟았다. 유시민은 '드레퓌스 사건이 20세기를 연 사건'이었다고 평가했다.

"서로 다른 두 세계관과 철학이 충돌한 데서 빚어진 사건이라고 보기 때문이다. 하나는 19세기 막바지까지 끈질기게 살아남은 낡은 세계관이요, 다른 하나는 20세기의 문명사회를 이끈 철학이다."[23]

500년 정도 걸려야 태어날 수 있는 에밀 졸라 같은 인물에 의해 새로운 시대가 열리기 시작했다.

"자유·평등·박애의 이념이 프랑스에서 수사修辭로서나마 온전히 정착할 수 있었던 것은 드레퓌스 사건을 치른 다음이었다."[24]

"드레퓌스 사건은 프랑스의 각 분야에 제도적 개선을 가능케 함으로써 민주주의적 권리를 신장하는 데 크게 기여하였다. 그것은 먼저 신체의 자유를 기초로 하는 근대 형사법의 원리를 재확인하는 계기를 제공하였던 것이다."[25]

비록 본질적인 변화가 한 사람에 의해 촉발됐다 해도 한 사람의 머리와 열정만으로 변화가 완성되는 경우는 거의 없다. 이렇듯 창조적 소수는 사람들이 그와 함께할 때 한 차원 높은 포부를 지니게 되고 자신을 바쳐 더 큰 존재를 위해 헌신하게 된다. 이 강력한 카리스마 혹은 강력한 매력에 끌린 사람들은 신비한 체험을 했다고 고백한다. 이 모든 것은 그를 영향력 있는 인물로 만든다. 널리 이름을 떨치게 되자 사람들은 가르침을 얻기 위해 멀리서 찾아왔다. 그러나 무엇보다 그를 한 운동의 창시자가 되게 한 것은 그의 비전이었다. 그를 따르는 사람들은 물론 그의 주장을 들은 사람들까지 그의 비전을 자신의 것으로 간절히 원하게 된다. 이렇게 되면 서로 모르는 수백, 수천 명의 힘이 강물처럼 모아져 한 방향으로 매진할 수 있게 된다.

인식혁명의 4단계

과거의 위대한 발전은 대부분 한 사람의 천재가 아니라 그와 비슷한 생각을 하거나 그의 주장에 동조해 형성된 '주체세력'의 헌신적 노력에 의해 이루어졌다. 창조적 소수자의 혜안과 매력이 자석처럼 인재들을 끌어당기고 시대정신과 결합하면서 일단의 무리들이 하나의 흐름을 형성했다. 그리고 그들의 헌신과 노력으로 처음에는 점처럼 희미하던 것이 곧 점선이 되고 다른 변화들과 합쳐져 실선이 되면서 굵어지다가 티핑포인트에 도달한 순간 폭발적으로 번져나가기 시작한다. 이와 같이 수백 년간 믿어온 가치체계를 깨기 위해서는 하나가 아니라 줄줄이 엮인 수많은 '변화 묶음'이 필요하다. 그래서 임계질량이 매우 중요하다. 아이디어를 먼저 생각했다는 사실만으로는 충분하지 않다는 얘기다.

중국은 인쇄술, 화약, 나침반을 가장 먼저 발명한 나라다. 그러나

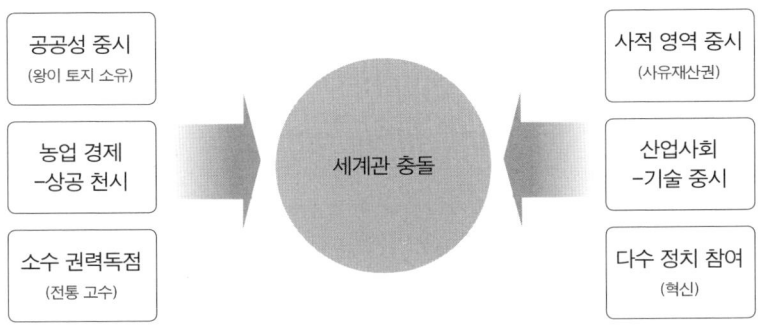

주변국들을 모두 오랑캐(동이, 서융, 남만, 북적) 나라로 여겼고 자신들만이 문명국이라는 착각에 빠졌다. 결국 중국은 임계질량에 도달하지 못하고 근대화를 이루는 데 실패했다. 반면 임계질량에 도달한 서유럽에서는 많은 발견이 동시에 일어났다.

"망원경(네덜란드)이 발명되자 하늘을 살펴서(이탈리아) 타원궤도를 확인했으며(독일), 지구의 운동(폴란드)에 대한 발견은 결국 관성에 대한 아이디어(이탈리아) 및 기하학(프랑스)과 합쳐져 통일된 운동이론(영국)을 낳았다. 이게 바로 임계질량이다."[26]

다시 풀어보겠다. 네덜란드의 안경 제작 기술자인 한스 리퍼세이가 1608년 망원경을 발명했다. 그 소식을 들은 갈릴레이가 망원경의 성능을 크게 개선해 하늘을 살펴 목성의 위성 등을 발견했다. 그리고 케플러가 행성이 태양을 초점으로 하는 타원궤도임을 확인함으로써 코페르니쿠스의 지동설(『천구의 회전에 관하여』 1543년)에 대한 강력한 근거를 제시했다. 결국 관성에 대한 아이디어(갈릴레이) 및 기하학(데카르트)과 합쳐져 뉴턴의 통일된 운동이론(『프린키피아』 1687년)을 낳았다. 즉 코페르니쿠스의 혁명은 그 혼자만의 힘으로 완성될 수 없었음을 알 수 있다.

과학혁명은 사실 한 사람의 전유물이 아니다. 몇 세대에 걸쳐 치열하게 고민하고, 경쟁하고, 협력했던 모든 선구자의 결과물이다.

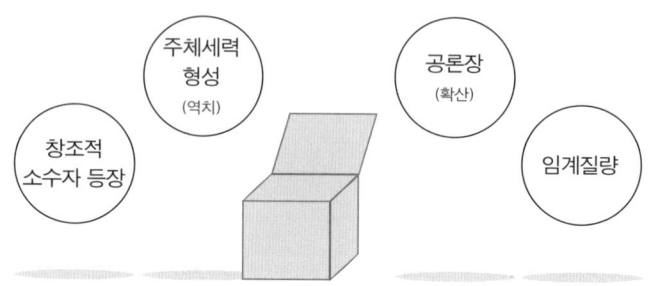

창조적 소수자의 등장, 주체세력 형성(역치), 공론장을 통한 확산, 임계질량 도달

코페르니쿠스 이후 무려 150여 년이 걸린 긴 여정이었다. 새로운 세계관을 받아들이는 데 왜 이렇게 오래 걸리는 것일까? 사실 코페르니쿠스 자신도 대담하게 신세계를 제시한 게 아니라 아주 조금 문을 열었다고 생각했다. 기존의 낡은 주장은 사실에 완전히 부합하지 않았다. 그렇다고 코페르니쿠스의 새로운 발견이 완전히 적합한 것도 아니었다. 그의 주장을 뒷받침할 증거는 충분치 않았고 그건 후학들의 몫이었다.

"코페르니쿠스의 시대를 잘 알게 될수록 코페르니쿠스에게 설득당하지 않았던 사람들이 오히려 분별 있는 사람들이었다는 사실을 더욱 알 수 있다. 유용한 증거가 있어도 기존의 체계를 수정하도록 만들지는 못했다. 천문학자와 수학자가 새로운 사실을 수집하고 새로운 기구를 알아내는 데 수십 년이 지나야 했고, 비전문가들이 상식을 버리도록 설득되기까지 한 세기 이상이 걸렸다."[27]

서유럽은 근대화를 이루기까지 4단계의 변곡점을 통과하며 새로운 사회를 만들어갔다. 단계별로 하나씩 살펴보자.

| 1단계 | 창조적 소수자가 등장해 인식혁명을 통한 각성이 시작된다. 창조적 소수자가 세상을 변화시키는 새로운 생각을 하기 시작한다. |
|---|---|
| 2단계 | 주체세력이 형성된다. 창조적 소수자를 둘러싼 일련의 사람들이 새로운 생각을 받아들인다. |
| 3단계 | 공론장을 통해 확산되기 시작한다. 성공 사례들이 하나둘 알려지면서 '나도 뭔가 해보자.'라는 의욕이 사회에 퍼지기 시작한다. |
| 4단계 | 많은 사람이 호응하고 따르면서 임계질량에 도달한다. 변화의 속도가 급속히 빨라지면서 완전히 다른 사회로 진입한다. |

# 2
# 1단계: 창조적 소수자가 출현하다

### 창조적 소수자와 종교개혁

창조적 소수자는 그가 '태어난 지적, 윤리적 전통의 상당 부분으로부터 스스로 자유로워진 후'에야 출현할 수 있다. 최진석 교수는 이를 '경계에 선 사람'이라고 비유했다. '보편적 이념을 뚫고서 자발적 생명력을 소유하려는 사람'을 뜻한다. 또한 창조적 소수자는 시대 변화를 민감하게 포착하는 통찰력과 함께 새로운 세상을 열어갈 배짱과 기존 질서의 파괴도 마다하지 않는 의지가 있어야 한다.

종교개혁 역사를 보면 에라스무스는 경건하고 학식과 분별력이 뛰어난 인물이었다. 통찰력, 지성, 그리고 방향 제시에서 모두 탁월했지만 지나치게 현명하다 보니 우물쭈물했다. 결국 종교개혁은 멧돼지라는 별명을 가진 루터같이 돌파력과 의지가 있는 인물이 등장한 후에야 가능했다. 서유럽인의 정신을 옥죄던 종교라는 쇠고리가 탈각하는 기간은 생각보다 오래 걸렸다.

종교개혁의 역사를 아주 간략히 요약하면 이렇다.

| 열고 | 위클리프·후스 |
|---|---|
| 밀고 | 에라스무스 |
| 돕고 | 구텐베르크 혁명·레오 10세 |
| 매듭 | 루터·칼뱅 |

종교개혁은 루터의 길을 예비한 위클리프의 『성경의 진리』가 나온 1376년부터 칼뱅의 『기독교 강요』의 최종판(프랑스판)이 나온 1560년까지 180년이 넘게 걸린 긴 여정이었다. 다시 말해 종교개혁은 '마른하늘에 날벼락' 같은 일이 벌어진 것이 아니다. 거대한 전환은 순간의 천재성이나 한 사람의 노력으로 이룰 수 있는 일이 아니다. 종교개혁은 유럽 사회에 계속해서 축적된 사회문화적 진화 과정의 일부였다.

헤겔은 저서 『역사철학강의』에서 종교개혁을 '중세기 끝에 여명을 띄우고 솟아나 모든 것을 비추는 태양'이라고 평가했다. 정신사적으로 중세의 어둠을 물리치고 근대의 새벽을 연 종교개혁은 역사에 근본적인 변혁을 가져왔다. 이와 같이 세계사에 커다란 영향을 끼친 종교개혁은 어떻게 일어났을까?

당시 도그마화되고 형식주의에 빠진 가톨릭교회는 '종교'라는 이름으로 권력을 휘두르며 점점 부패해졌다. 종교개혁은 그런 가톨릭교회의 쇄신을 요구하며 등장했던 교회개혁 운동이었다. 하지만 유럽의 세계와 정신을 지배하고 있던 로마 가톨릭이 루터의 「95개조 논제」로 인해 한 번에 무너진 것은 아니었다. 이미 150년 전부터 진리를 향한 저항과 변화의 바람이 불고 있었다. 진리를 향한 본격적인 저항은 14세기 영국의 존 위클리프(1330~1384)와 체코의 얀 후스(1369~1415)로부터 시작됐다. 영국의 옥스퍼드대학교 학장이며 영국 왕정의 전속 사제였던 위클리프는 루터 훨씬 이전부터 로마 가톨릭의 관행에 의문을 제기했다. 그는 부패한 가톨릭 성직자와 교황을 비판했고 "성직자의 땅을 몰수해야 한다."라고 강하게 주장했다. 로마 가톨릭의 전통이나 교황이 아니라 오직 하나님의 말씀인 『성경』을 신앙의 유일한 기준으로 여겼다. 이런 생각에 바탕을 두고 일반인들이 읽을 수 있도록 『성경』을 영어로 번역해서 필사를 한 후 암송한 제자들을 파송하여 신앙을 전파했다. 후에 가톨릭당국은 위클리프 사상의 위험성을 간파하고 죽은 지 40년이 된 유골을 다시 파내어 대중 앞에서 불태웠고 불탄 재를 근처 강에 뿌렸다. 하지만 위클리프의 사상은 후스에게로 이어졌다. 후스 역시 로마 가톨릭이나 교회의 전통이 권위를 가질 수 없고 오직 『성경』만이 영적 권위의 토대라고 강조했다. 후스 역시 1415년 이단으로 몰려 화형을 당했다. 후스는 마지막으로 다음과 같은 말을 남겼다.

"너희가 지금 거위(후스의 이름)를 불태워 죽이지만 100년 뒤 나타난 백조는 어찌지 못할 것이다."

그의 말대로 102년 뒤에 백조인 루터에 의해 종교개혁이 꽃을 피웠다. 이들의 저항과 함께 에라스무스를 비롯한 인문주의자들과 구텐베르크의 인쇄술이 종교개혁을 폭발적으로 확산시키며 결정적인 도우미 역할을 했다. 기독교 인문주의자들은 교회의 원천을 성경이라고 믿었다. 로마 가톨릭의 교황이나 교회의 『성경』 해석이 아니라 말씀 그 자체로 돌아가길 원했다. 이 중 발군의 학자는 누가 뭐래도 에라스무스였다. 네덜란드의 사생아 출신인 에라스무스는 늘 출생의 비밀이 마음에 걸린 듯 자신의 개혁적 열정이 반가톨릭적 인상을 주지 않도록 조심했다.

하지만 그는 여러 곳을 여행하며 『성경』 필사본들을 수집하여 비교하고 분석한 후 1516년 역사상 최초로 그리스어(헬라어) 『신약성경』을 출판하고 당시 가톨릭에서 382년부터 표준 『성경』으로 사용되어 온 권위를 가진 『불가타 성경』의 오역을 지적했다. 마르틴 루터가 1517년 대학원생들과 세미나를 하기 위해 비텐부르크성 교회 문에 「95개조 논제」를 붙이고 난 후 1519년 로마 가톨릭 신학자 요하네스 에크와 '라이프치히 토론'을 벌였다. 그 후 교황청으로부터 파문을 당하면서 자신은 원치 않았지만 종교개혁의 한가운데로 들어가게 된다.

결국 우여곡절 끝에 루터파는 1555년 아우구스부르크 화의和議로 종교의 자유를 획득했다. 하지만 이 자유는 영주들에게 국한됐다. 제후가 루터교를 믿으면 그 지역은 모두 루터교가 되고, 제후가 가톨릭을 섬기면 그 신민들은 모두 군말 없이 따라야 했다. 이런 반쪽짜리 종교의 자유로 인해 위그노 전쟁과 30년 전쟁이 발발한다. 위그노 전쟁은 프랑스에 국한됐지만 30년 전쟁은 유럽 대륙 전체를 휩쓸었다. 그리고 1648년 베스트팔렌 조약을 통해서 비로소 서유럽에서 개인이 종교의 자유를 얻는다. 이것은 마르틴 루터가 비텐부르크성 교회 문에 「95개조 논제」를 붙인 날 이후로 130여 년 동안 종교전쟁이 발생하는 등 수많은 투쟁을 거쳐서 얻은 결과였다. 여기에는 많은 사람의 헌신과 비극이 담겨 있다.

### 언러닝

종교개혁이 얼마나 대단한가는 이슬람과 유교 문화권을 보면 알 수 있다.[28] 이슬람은 지금도 종교와 권력이 분리되지 않아 이란에서는 히잡 문제로 시위가 발생한다. 한국과 중국은 1910년대까지도 공자의 권위가 절대적이었다. 이슬람권에서 정치와 마호메트를 분리하고 조선에서 정치와 공자를 분리하려 했다면 어떤 일이 벌어졌을까. 가슴과 머릿속에 뿌리내린 심벌을 교체한다는 것은 목숨을 걸어야 할 만큼 위험한 일이다. 유길준이 1895년에 쓴 『서유견문』

은 외세로부터의 독립, 국민주권, 천부인권 등 서구의 계몽주의 사상을 도입해 조선을 개혁하고자 하는 고민이 담겨 있는 책이다.

"사람들의 재주와 능력 정도에 따라, 국민들의 습속과 나라의 규모에 따라 차이가 있는데 개화하는 나라, 반쯤 개화한 나라, 아직 개화하지 않은 나라의 세 가지 등급으로 구별할 수 있다."

그가 보기에 조선은 물론이고 중국조차 개화한 나라가 아니었다. 미국이나 유럽을 경제적, 사회적으로 앞선 나라로 인식하고 우선 그 비결을 알자며 '서양 인문서'를 쓴 것이다. 서양을 배우고 모방하는 건 그다음이다. 하지만 구한말 집권층은 서양을 아는 것조차 강하게 거부했다.

창조적 소수자에는 두 종류가 있다. 하나는 새로운 세상에 대한 전망을 갖는 것으로서 '창조'라 부르고, 다른 하나는 일종의 '언러닝 unlearning'으로 과거에는 효과적이었지만 현재의 발전을 가로막는 기존의 지식과 가치관을 버리는 것이다. 격변의 시대를 맞아 향후 중요해지는 것은 후자인 '언러닝'이다.

인간은 학습과 경험을 통해 더 나은 삶을 지향해왔다. 경험이 쌓이고 성공 경험을 여러 번 반복하다 보면 '성공방정식'이 형성된다. 처음에는 의식해서 그리 하던 것이 점차 무의식적으로 관습화된다. 이것이 개인 차원에서 사회 차원으로 확산되면 '문화'와 '풍토'가 되는 것이다. 그러나 환경이 변화하면 과거의 성공방정식이 통용되지 않고 따라서 종래의 성공방정식은 폐기되어야 한다. 그러나 기존의 성공 공식을 버린다는 것은 고통스러운 일이며 대부분 실패로 끝난다.

# 3
# 2단계: 주체세력 형성으로 역치를 넘다

**문턱을 넘는 힘**

세상 모든 일에는 역치閾値가 존재한다. 무슨 뜻인가? 바로 일정 수준 이상의 자극을 주어야만 성과가 나온다는 뜻이다. 역치란 어떤 주체가 외부환경의 변화, 즉 자극에 대해 어떤 반응을 일으키기 위해 필요한 '최소한의 해당 자극의 세기'로 정의된다. 한자로 풀이하면 역閾은 문지방이라는 뜻이므로 역치란 '문턱을 넘는 데 필요한 자극의 강도'를 말한다. 예를 들어 어떤 물건을 움직이는 데 필요한 역치 에너지가 7이라면 0부터 6까지의 에너지는 써봐야 그 물건을 움직이는 데 아무런 효과가 없다는 뜻이다. 그렇기에 이런 역치를 넘어서지 못하면 그 노력들은 대부분 허사가 되고 만다.

개혁은 홀로 해낼 수 없고 일정한 사람들이 힘을 모아 협력해야 성과를 낼 수 있다. 비즈니스에서도 마찬가지다. 아이디어 그 자체의 탁월함만으로 시장에서 성과를 창출하리라 생각하면 오산이다. 그런 착각 때문에 죽음의 계곡을 넘지 못하고 스러진 아이디어들이 부지기수다.

"아이디어를 내는 데 1의 노력이 든다면 그것을 계획하는 데는 10의 힘이 들고 그것을 실현하는 데는 100의 에너지가 든다."

일본의 제조기업 리코RICOH 창업자이며 회장인 이치무라 기요시의 말이다. 아이디어를 창출하는 것보다 더 많은 공과 노력을 들여 구체화하고 끈기를 가지고 실행해야만 한다. 그래야만 아이디어는 세상에서 빛을 보게 되고 튼실한 열매를 맺게 된다. 창조적 소수자가 새로운 생각과 비전을 제시하고, 그를 둘러싼 일단의 인물군이 빠르게 추종하기 시작할 때 역사가 비로소 꿈틀거린다. 일종의 얼리어답터early adopter 역할이 매우 중요하다. 얼리어답터는 '일찍 받아들이는 사람'이란 뜻으로 기술 이해도가 빠르고 새로운 것에 대한 호기심과 열정으로 무장되어 최초로 생산된 제품과 신기술을 남들보다 먼저 구입하여 사용하는 사람을 말한다.

창조적 소수자가 훌륭한 생각을 하고 있다고 해서 모두가 그 생각을 따르지 않는다. 현실은 그렇게 녹록지 않다. 좋은 생각이 뿌리 내리려면 얼리어답터가 있어야 한다. 역사에서 얼리어답터는 한마디로 실천가들인 경우가 많다. 그들은 창조적 소수자의 주장에 '옳은 일이다.' '필요한 일이다.'라고 호응하며 실천하려고 한다. 이런 적극적인 삶의 태도를 가진 추종자들이 생겨나 주체세력들이 형성될 때 일종의 눈덩이가 뭉쳐진 것과 같은 효과가 나타난다. 처음에는 새로운 개념이라 사회적으로 받아들이기 어렵지만 신념과 원칙을 지키고 힘 있게 밀고 나가면 언젠가는 일반인들도 수용하기 시작한다. 그렇게 새로운 가치를 믿는 추종자들의 세가 부지기수로 확 늘어나면서 역사는 새로운 국면으로 접어들게 된다.

### 메이지 유신과 인식혁명

아시아에서 유일하게 근대화에 성공한 일본 메이지 유신 사례를 보면, 창조적 소수자 등장(인식혁명을 통한 각성의 시작) → 주체세력 형성(창조적 소수자를 둘러싼 일련의 사람들) → 공론장(출판문화, 학교, 정책)을 통한 확산 → 임계질량 도달(변화의 가속화)의 패턴을 잘 보여주고 있다.

메이지 유신을 축약하면 다음과 같이 말할 수 있다. "요시다 쇼인이 씨앗을 뿌렸고, 삿초동맹(薩長同盟, 사쓰마번과 조슈번의 동맹)을 중심으로 '공부하는 유신 사무라이'들이 근대적인 공적 사명감으로 무장하여 주체세력을 형성했고, 사카모토 료마와 후쿠자와 유키치가 특급 도우미 역할을 했고, 이토 히로부미가 바통을 이어받아 오쿠보 도시미치가 설계한 근대 국가의 틀을 반석 위에 올려놓았다."

후쿠자와 유키치를 제외하고 유신의 주역들은 대부분 천수를 누리지 못했다. 그만큼 격변의 시기였다. 근현대 일본 우익사상의 핵심이자 현대 일본의 정치경제계를 장악하고 있는 조슈벌長州閥의 사상적 아버지인 쇼인은 1859년 11월 30세에 처형당했다. 료마는 1867년 11월 막부순찰대의 습격을 받아 교토에서 33세에 암살됐다. 사이고 다카모리는 세이난 전쟁西南戰爭을 일으킨 후 실패하자 1877년 9월 자결했다. 오쿠보는 1878년 5월 14일 세이난 전쟁에 참여했던 여섯 명의 불평사족에게 암살됐다. 이토는 1909년 10월 안중근 의사에게 저격당했다. 결국 후쿠자와를 제외하고 나머지 쇼인, 료마, 사이고, 오쿠보, 이토는 처형, 암살, 자결로 생을 비극적으로 마감했다.

이 중 요시다 쇼인, 후쿠자와 유키치, 이토 히로부미는 일본 제국주의의 핵심으로 우리와 악연이다. 하지만 후쿠자와와 이토는 일본 지폐의 주인공일 정도로 지금도 일본인의 사랑과 존경을 받고 있다. 특히 후쿠자와 유키치 같은 지식인들이 서양의 실상과 실체를 일본인들에게 널리 알렸기 때문에 농민의 난과 사무라이 계급의 저항이 있었는데도 일본은 근대화를 향해 방향을 잡아갈 수 있었다.

이에 반해 조선은 독자적으로 '조선만의 길'을 제시할 만한 사상가가 없었다. 지식계층인 사대부가 먼저 근대화의 필요성을 깨닫고 그 깨달음이 국민들에게 스며들어야 한다. 그런데 조선의 상황은 그렇지 못했다. 당시 일본은 '독서하는 사무라이'들이 40만~50만 명으로 추정된다. 『서양사정』 『학문의 권유』 등 후쿠자와 유키치 책들이 거의 40만~50만 부가 팔렸다. 하급무사 출신인 유키치가 인세만으로도 시사신문, 게이오대학교, 출판사 등을 만들어 운영할 수 있을 정도였다. 독서하는 사무라이 층이 탄탄했기에 출판 영역 등 일본의 공론장은 매우 탄탄했다. 사실 이성적으로 사고하고 합리적으로 숙고하는 독서 대중 없이 공론장이 형성되기는 힘들다.

## 4
# 3단계: 공론장을 통해 확산되다

### 공론장을 요구하는 근대

근대 세계는 공론장을 요구한다. 책과 인쇄물이 중심 역할을 하는 공론장 문화의 형성은 근대의 산물이다. 특히 책을 통한 공적 담론의 특징은 사실과 생각을 정합적이고 규칙에 맞게 배열하는 것이다. 논리력과 문해력 없는 민주주의는 속 빈 강정이다.

양형진 고려대학교 교수는 "인류 문명의 역사는 공간적으로는 한 지역에서 성취한 발전이 다른 지역으로 확산한 기록이고 시간적으로는 한 세대가 이룩한 성취가 다음 세대로 전달되면서 진보한 기록이다. 문명의 공간적 확산과 시간적 전수는 정보가 전달될 수 있었기에 가능했다. 언어와 인쇄술 등을 통한 정보의 축적, 전달, 계승은 문명의 진보를 가능케 한 핵심 요소"라고 문명의 역사를 시공간적 확산으로 설명했다.

매트 리들리는 『혁신에 대한 모든 것』에서 증기기관이 어떻게 탄생하고 성공했는지에 대해 매우 독특한 통찰을 보여주었다. 20년간 제임스 와트와 그의 파트너 매슈 볼턴은 특허권을 강력하게 활용함으로써 다른 사람이 자신의 기계를 개량하는 것조차 막았다. 와트는 툭하면 소송을 걸었고 점점 더 괴팍해졌고 자신의 특허권을 법적으로 보호하는 데 지나치게 매달렸다. 그러다 보니 나머지 증기기관이 공장의 동력원으로 확대하여 적용되기에는 어려움이 많았다. 반전은 그다음에 일어났다.

"(제임스 와트가 보유한) 주 특허기간이 만료된 1800년에 증기의 실험과 응용이 급속히 확대됐다. 증기기관의 효율과 보급이 조금씩이나마 꾸준히 증가한 원인 중 하나는 「린스 엔진 리포터」라는 잡지의 발간이었다. 존 린John Lean이라는 콘월의 광업기술자가 창간한 이 잡지는 많은 기술자에게 개선안을 제시하고 퍼뜨리는 일종의 오픈 소프트웨어 운동 역할을 했다."[29]

와트는 분명 뛰어난 발명가이지만 잡지 「린스 엔진 리포터」는 기술자 모두가 아이디어를 공유하고 공개적인 경쟁을 하는 데 도움을 줌으로써 혁신을 확산시켰다. 기술자들이 서로 '개선책'과 '비법'을 공유할 수 있는 발판이 제공되자 한때 위대했던 비법은 이제 누구나 아는 상식이 됐다. 근대를 촉발한 트리거인 증기기관도 잡지라는 공론장을 통해 아이디어가 확산된, 집단지성의 역사적 증거물이었다.

### 링컨 대통령과 해리엇 비처 스토 여사

에이브러햄 링컨 대통령은 남북전쟁(1861~1865)에 승리한 후 백악관으로 해리엇 비처 스토 여사(1811~1896)를 초청했다. 그녀가 쓴 『톰 아저씨의 오두막』은 남부에서 금서로 지정됐지만 30만 부 넘게 팔릴 정도로 노예제 폐지사안과 관련해 엄청난 폭풍을 불러왔다. 링컨은 이 자리에서 유명한 인사말을 했다.

"그러니까 바로 당신이 이 위대한 전쟁을 일으킨 바로 그 책을 쓴 여자군요."

『톰 아저씨의 오두막』은 작품성이 아닌 영향력으로 명작이 됐다. 이 책이 있기 전과 후는 완전히 다른 세상이었다.

한류 또는 K컬처라는 현상이 세계로 퍼져나가는 통로는 유튜브나 넷플릭스라는 공론장이다. 물론 기본적으로 우리 것을 기반으로 하면서 세계 문화를 소화하는 역량과 재능 있는 아티스트 개개인의 노력과 이들을 뒷받침한 기업과 정부의 지원까지 한류 현상에 이바지한 요인은 어느 하나 빠트릴 수 없다. 그런데도 한국이 세계 무대의 주인공으로 부상할 수 있도록 속도와 규모라는 날개를 달아준 것은 거대 플랫폼이다.

오늘날 공론장은 차고 넘친다. 오히려 너무 많아서 문제다. 문제는 근대화 시기 동아시아에는 신문이 없었다는 점이다. 1880년대까지 조선에는 민간 출판문화조차 없었다. 황당하다. 최고의 금속활자를 만든 조선이 일본에서 활자를 수입해 사용했다.

역사는 한 사람의 영웅이 만든 것 같지만 사실은 수많은 희생과 발전에 의해서 열매를 맺는다. 종교개혁 역시 루터와 칼뱅이라는 탁월한 혁신가들이 혼자서 북 치고 장구 치면서 세상을 뒤집어놓은 게 아니다. 150년 전부터 작은 변화들이 쌓이고 변화를 원하는 세력들이 점차 증가하고 인쇄술과 같은 새로운 수단이 발명되면서 가능해진 것이다. "『성경』이 진리다."라는 똑같은 주장을 하고도 100년 전 얀 후스는 화형을 당했고 루터는 성공했다. 이는 변화가 개인의 역량에만 기반한 것이 아니라 사회적인 여건이 얼마나 성숙됐는지에 따라 결정된다는 것을 방증한다.

# 5
# 4단계: 임계질량에 도달하여 가속화 사회로 진입하다

**자발적인 변화를 이끄는 임계점 진입**

임계질량Critical Mass이란 핵분열물질이 연쇄반응을 일으키고 계속 유지할 수 있는 최소한의 질량을 말한다. 미국의 사회학자 에버렛 로저스Everett Rogers 교수는 이 임계질량 개념을 사회적 언어로 바꿔 개인의 혁신 채택과 사회의 혁신 확산의 이론적 기반을 제공했다. 일단 임계질량 상태에 이르면 정치개혁과 새로운 사상, 새로운 문화 등 혁신이 확산되는 과정이 저절로 이뤄진다고 보았다. 임계질량의 개념은 다양한 곳에서 사용된다.

일례로 한 도시가 집중되어 임계질량을 돌파하면 플랫폼처럼 네트워크 효과가 작동한다. 일단 임계질량 상태가 되면 나머지 과정은 스스로 계속되고 성장한다는 것이다. 서울은 이 같은 플랫폼으로서 위력을 발휘하는 메가시티다. 메이지 유신의 주체세력들의 위기의식과 헌신과 열정은 공론장을 통해 사회 전체로 점점 널리 퍼져나갔다. 이것들이 축적되어 임계점에 도달했을 때 일본은 근대라는 다른 사회로 진입하게 됐다.

"당시 하급무사 중 지사의 수는 200만 명이었다고 한다. 당시 일본의 인구가 3,500만 명 수준이었으니 5.7% 정도다. 5.7%의 생각이 모두 하나로 통일되지는 않았지만 막부를 무너뜨리고 새로운 세상을 열기에는 충분했다. (…중략…) 반면 조선에서는 유림 전체가 주자학만이 정론이고 나머지는 사문난적으로 생각하는 완고한 위정척사파들뿐이었다. 갑신정변이 실패한 뒤 고종은 정변과 관련된 사람을 색출했는데 200명이 안 됐다. 당시 조선의 인구를 1,200만~1,300만 명으로 추정하는데 대충 0.001% 수준이다. 약 200명의 혁신가만 있었고 그들의 생각을 전파할 빠른 추종자나 추종자들의 추종자들, 즉 공감하는 다수가 없었다."[30]

# 6
# 유대인 사회의 인식혁명 4단계

---

아웃사이더였던 유대인 사례를 통해 보면 인지혁명의 4단계 구조는 더 구체적으로 드러난다. 19세기 중반 이후 전 분야에 걸쳐 일어난 유대인의 급속한 부상은 매우 기이한 현상이다. 유대인이 나라를 잃고 난 후부터 19세기 이전까지는 유대인 중에 특별한 인물이 없었기 때문이다. 영국의 작가이자 학자인 아이작 디즈레일리(1766~1848)는 유대인 역사를 그리 높게 평가하지 않았다.

"유대인 중에는 특별히 기억해야 할 천재성이나 재능을 지닌 인물이 없다. 천재라고 해봐야 유대 역사를 통틀어 열 손가락에 꼽을 정도다. 10세기란 긴 세월 동안 유대인은 위대한 인물을 고작 열 명도 배출하지 못했다."[31]

일반인의 평가도 그와 별반 다르지 않았던 것은 유대인의 사회적 위치와 삶이 늘 비참하고 불안한 상태의 연속이었기 때문이다. 순간순간 안전을 갈망하며 살아남는 게 최우선일 정도로 고달픈 삶이었다.

## 아웃사이더 유대인

간략히 유대인 역사를 정리해보자. 유대 민족은 기원전 14세기에 이집트를 떠나 가나안으로 대이동을 하여 팔레스타인 지역을 무력으로 점령하고 이스라엘 왕국을 수립했다. 기원전 900년경 솔로몬 왕은 이스라엘을 유대인 역사상 최대 왕국으로 성장시켰다. 그러나 그의 사후 북부 이스라엘 왕국과 남부 유다 왕국으로 분열되어 반목하다가 이스라엘은 아시리아(기원전 722년)에, 유다는 신바빌로니아(기원전 586년)에 멸망했다. 이후 다른 민족의 지배를 받다가 하스몬 왕조가 잠시 독립 국가를 이루었으나 기원전 63년 로마에 점령됐다. 유대인들은 로마에 꾸준히 항거했지만 서기 66년 1차 독립항쟁에 실패한 데 이어 132년 재차 펼친 독립항쟁도 실패했다. 이 시기에 로마는 유대인을 예루살렘에서 추방하여 각처로 흩어지게 했다. 잔인한 운명이 계속해서 유대인들을 자기 땅에서 뿌리뽑혀져 흩어지게 한 것이다.

8세기경 스페인을 점령한 이슬람 세력이 유대인에게 관용적인 정책을 펼치자 대거 몰려와 무역에 종사하며 유대교를 부흥시켰다. 그러나 1492년 스페인을 통일한 이사벨 여왕은 또다시 유대인 추방령을 내렸다. 그들은 알거지 상태로 몸만 빠져나와 북아프리카, 오스만 제국, 그리고 네덜란드와 벨기에로 이주했다. 그래도 벨기에에서는 보석장사를 통해 부를 축적했고 네덜란드에서는 스페인을 누르고 세계 무역을 장악하는 데 크게 일조했다. 또한 영국의 명예혁명을 지원하여 영국에도 대거 이주할 기회를 얻었다. 그러나 대부분의 유럽 지역에서는 게토라 불리는 제한된 별도 거주지에 유대인을 격리했다. 권리가 보장될 때까지 그야말로 빈번한 학살과 추방 등으로 목숨을 부지하기도 힘든 상황이 계속됐다. 이토록 험악한 상황에서 재능을 펼치는 것은 고사하고 살아남는 것만도 신의 가호와 적지 않은 행운이 필요했다.

이후 유럽에 계몽주의 바람이 불어오고서야 유대인에게 아주 작은 기회가 주어졌다.

"자유, 평등, 박애라는 정신으로 대혁명을 일으킨 프랑스에서조차 유대인의 차별이 폐지되고 시민으로서 공인받기까지 오랜 과정을 거쳤다. 1791년 9월 27일 프랑스 의회가 모든 유대인들에게 평등한 권리를 부여할 때까지 프랑스 법규는 유대인들에게 주로 고리대금업과 행상만을 직업으로 허용해주었다."[32]

프랑스 국민회의에서 '유대인 해방'의 지지자조차 조건부 해방을 주장했다. 개인으로서의 유대인에게는 모든 권리를 부여하지만 민족으로서의 유대인에게는 어떤 권리도 부여할 수 없다고 주장했다. 법으로 평등한 권리를 부여했지만 이후에도 프랑스에 거주하는 유대인 수를 제한하자라든가 축출하자는 소수 의견은 여전했다. 이런 상황은 100년 뒤인 1894년 드레퓌스 대위 사건으로 폭발한다. '유대인을 죽여라!'라는 구호를 외치며 유대인을 습격하고 유대인이 경영하는 상점들을 닥치는 대로 부수고 짓밟았다. 영국의 유대인은 영국인과 동일한 권리를 얻어내기 위해 1845년까지 기다려야 했다. 이런 상황에서 어떻게 세계적인 천재들이 나온단 말인가. 나라를 잃고 난 후 수천 년 동안 유대인은 이등 국민으로서 제대로 된 직업이나 거주의 자유를 갖지 못했다. 물론 정규교육도 받을 수 없었다. 이렇게 열악한 상태에 있었지만 기독교인에게는 금지됐던 고리대금업으로 성공한 일부 유대상인들이 있었다.

"이때까지 유대인은 셰익스피어의 희곡 『베니스의 상인』에 나온 샤일록처럼 돈만 아는 무식함의 상징이었다. 차별 철폐와 평등을 주장하던 프랑스 계몽주의자 볼테르(1694~1778)와 디드로(1713~1784)조차 유대인을 노골적으로 무시하고 경멸했다. 따라서 오늘날 과학 기술 등 여러 분야에서 유대인이 탁월한 능력을 발휘하게 된 것은 오로지 산업혁명과 자본주의의 탄생으로 금융자본이 권력을 장악한 19세기 이후의 일이다."[33]

### 역전된 유대인과 아랍

오늘날 우리는 안다. 유대인은 세계 인구의 0.2%에 불과하지만 노벨상 수상자를 20% 넘게 배출했다. 또한 수많은 억만장자와 미국의 금융계와 언론계의 거물 중에 상당수가 유대인이다. 심지어 작은 나라 이스라엘의 특허 건수가 모든 이슬람권의 특허 건수와 비교해서 훨씬 앞선다.

"1980년에서 2000년까지 모든 아랍권 국가를 통틀어 367건의 특허가 등록된 데 비해 이스라엘에서는 7,652건이 등록됐다. 이스라엘 발명가들은 2008년 한 해에만 9,591건의 새로운 특허신청을 냈다. (…중략…) 세계 모든 주요 이슬람 국가들의 특허 등록건수는 5,657건이었다."[34]

아랍은 9세기부터 15세기에 걸쳐 여러 번의 전성기 동안 천문학, 광학, 의학 등 학문뿐만 아니라 도서관, 병원, 최초의 대학, 관측소 등의 분야에서 서유럽과 중국을 모두 능가했다. 코페르니쿠스는 주요한 여러 수학적 단계를 아랍의 천문학자로부터 직접 빌려왔다. 1025년 페르시아의 의사이자 학자였던 이븐 시나는 『의학정전』을 썼다. 이 책은 700년간 유럽에서 가장 널리 사용된 의학서[35]였다. 하지만 유대인은 근대 이전까지 선진문명을 이루기는커녕 나라조차 없이 세계 각지에 흩어진 디아스포라 상태였다. 참으로 아이러니하다.

세계는 유대인의 성공 원인에 대해서 꾸준히 관심을 보이고 있다. 첫 번째 원인은 유대인이 경험한 고난과 역경 때문이라고 한다. 여기에는 의문점이 든다. 오늘날 유럽의 아랍계 이민자를 생각해보자. 2023년 6월 프랑스 전역에서 일어난 방화와 폭동 사태는 그동안 프랑스 사회에 잠재돼 있던 다양한 모순을 적나라하게 보여주고 있다. 부자 나라인 프랑스에서 경제적 혜택을 받기는커녕 빈곤의 덫과 가난의 대물림 속에서 희망 없는 삶을 사는 아랍계 주민들이 국가권력에 대한 분노를 표출하기 시작했다는 것이다. 아랍계에 대한 차별적 시각, 언어, 행동이 여전히 존재하지만 과거 유대인에 비할 바는 아니다. 그럼에도 아랍계 이민자들 중에는 지네딘 지단, 카림 벤제마, 킬리안 음바페 등 세계적인 축구선수 외에 다른 분야에서 뛰어난 인물들은 잘 보이지 않는다.

두 번째 이유로 활발한 질문과 토론을 기본으로 한 공부방법과 유대인 경전『탈무드』를 들 수 있다. 그런데『탈무드』와 공부 방법이 성공 원인이라면 19세기 이전에도 수많은 천재가 나왔어야 한다. 그때에도『탈무드』를 매일 읽고 동일한 방법으로 공부했다. 그런데 디즈레일리의 말처럼 그 이전에는 유대인 중에 특별한 인물이 없었다. 그런데 19세기 중반 이후 철학과 학문 분야는 물론 예술, 과학 분야까지 뛰어난 인재들이 화수분처럼 솟구쳐 나왔다. 무엇 때문에 유대인의 지적 생명력이 갑작스럽게 발아한 것일까? 그렇다면 19세기에 갑작스럽게 구체화된 천재 유대인의 출현을 어떻게 이해할 것인가? 그것은 산업혁명과 자본주의라는 시대 변화에 적극 참여할 수 있도록 길을 예비한 '창조적 소수자'가 있었기에 가능했다.

### 독일 유대인 사회에 출현한 창조적 소수자

당시 18세기 중반 유럽은 종교개혁 이래 끝없는 혼란과 개혁에 맞닥뜨린 격동의 시대로 역사가는 이때를 '계몽주의' 시대라고 부른다. 계몽주의 시대를 맞아 게토에 갇힌 가난한 유대인과 달리 지식과 재산이 충분한 소수의 유대인은 살롱에 모여 철학, 문학, 예술을 토론하는 일명 '살롱 유대인'이 되어 독일과 오스트리아 등의 주류사회에 진입했다. 이들 중에는 기독교로 개종하여 세례를 받기도 했다. 당시 유대인 사회에서는 두 가지 길에 대한 논쟁이 불붙었다.

"만일 이대로 게토에 주저앉아 버리면 유대인은 보잘것없는 존재로 전락한다. 그러나 계몽주의를 받아들일 마음의 준비도 없이 무작정 게토에서 나온다면 기독교 세력에 잠식당할 위험이 있었다."[36]

유대인의 정체성에서 최대 위기 상황이었다. 슬럼화된 게토에 초라한 존재로 계속 남아 있느냐? 아니면 게토를 떠나 기독교 사회로 완전히 동화되어 유대 민족의 정체성이 사라지느냐? 이런 절체절명의 상황에서 한 인물이 나타나 홀로 개혁운동을 전개했다. 유대 민족을 이집트에서 탈출시킨 『출애굽기』의 영웅인 모세와 같은 이름의 사내였다. 그는 남들이 보지 못하는 것을 보고 앞날을 개척한 존재였다. 바로 유대 근대사에 가장 중요한 인물로서 계몽주의 철학가인 모제스 멘델스존(1729~1786)이다. 유명한 「결혼행진곡」을 작곡한 멘델스존의 할아버지이기도 한 모제스는 등이 굽은 척추 장애를 갖고 태어났다.

"연극 연출가라면 유대인 문화운동이라고도 할 수 있는 이 연극의 주역으로 게토의 보기 흉한 곱사등이 사내를 택하지는 않았을 것이지만 역사는 그를 택했다. 그는 모제스 멘델스존으로 데사우의 게토에서 태어난 곱사등이었다."[37]

멘델스존은 14세 때 베를린으로 이주한 후 다양한 유럽 언어를 습득하고 볼테르와 루소의 영향을 받아 모든 전통주의 사고에 반대하는 계몽주의에 흠뻑 빠지게 된다. 그 후 그는 직물업에서 크게 성공한 후 수많은 독일 지성들과 어울리면서 독일 상류사회의 명사가 된다. 임마누엘 칸트(1724~1804)와도 우정을 쌓았고 작센의 목사의 아들인 동갑내기 극작가 고트홀트 레싱(1729~1781)과는 친분이 깊었다.

"1755년 레싱은 모제스 멘델스존과 만나 친교를 맺는다. 몸집이 작고 볼품없으며 등 굽은 유대인 멘델스존은 그즈음 가장 뛰어난 지식인 가운데 한 사람이었다. 철학을 전공하는 학생들은 앞다투어 그의 책을 읽고 그의 가르침을 받으러 그가 사는 베를린의 비단공장으로 몰려갔다."[38]

독일에서 가장 먼저 근대정신에 앞장서서 작품을 쓰기 시작한 레싱은 멘델스존을 모델로 한 『현자 나탄』이라는 희곡을 썼다. 『현자 나탄』의 주제는 종교적 관용이다. 십자군 전쟁으로 기독교와 이슬람교가 성지 예루살렘을 두고 각축전을 벌이던 시대를 배경으로 했다.

이슬람의 지배자인 살라딘이 물었다.

"참된 종교는 어떤 것인가?"

유대교 상인인 나탄이 우화로 대답했다.

"똑같이 사랑하는 세 아들에게 마법의 반지를 물려줘야 하는 사람이 반지 두 개를 복제했다. 진짜 반지를 가지려 다투는 아들들에게 현명한 재판관이 훈계한다. 신의 길에 합당하게 살아야 반지가 마법을 발휘할 텐데 무슨 상관인가? 각기 자신의 종교에 맞게 참된 삶을 살아야 하는 것이 아닌가?"

이 희곡은 큰 돌풍을 일으켰다. 주인공이 게토에 갇힌 완고하고 고루한 유대인이 아니라 지적이고 문화적으로 세련된 유대인의 이미지로 그려진 것이다. 레싱은 유대인에 대한 차별적인 문화를 비판하여 지식인들을 매료시켰다. 『현자 나탄』의 주인공이 멘델스존을 모델로 한 것이 알려지면서 이미 유명했던 그는 더욱 이름을 떨쳤다. 멘델스존은 이제 어쩔 수 없이 유대인을 대변하게 됐다. 그가 처음부터 이 역할을 맡고 싶어서 한 것은 아니었다. 떠밀려서 최선두에 선 펭귄처럼 된 것이다. 참으로 아이러니하다. 이스라엘의 위대한 지도자라고 불리는 원조 모세 또한 소심한 사람이었다. 그럼에도 신은 그를 이집트 탈출의 주역으로 선택했다. 유대 백성을 이집트에서 구해내라는 신의 명령에 모세는 겁을 먹고 거부한다. 말도 잘하지 못하고 지도자로서 능력도 갖추지 못했다는 핑계를 댄다. 형 아론을 대변인으로 붙여주지만 두려움이라는 핵심 감정이 마음 저변에 깔려 있다 보니 여러 장면에서 멈칫멈칫하는 태도를 보였다.

 멘델스존 역시 계몽주의자였지만 개인적으로 조용히 살고 싶어 했다. 그러나 개신교가 너무 편협한 시각으로 유대교에 대해 비방하는 것을 보며 어쩔 수 없이 변호하게 된다. 그러면서 한편 기독교 사회로부터 분노를 사지 않을까 전전긍긍했다. 또한 유대교의 개혁을 요구할 때는 스피노자같이 추방당하지 않을까 근심했다. 팽팽한 외줄 위를 걷는 기분이었을 것이다. 우선 그는 유대인이 고유 신앙을 지키면서 어떻게 유럽 문명의 일원이 될 것인가 대한 대안을 제시했다. '모세오경'을 독일어로 번역하여 독일어라는 거대한 물줄기에 유대인 계몽운동을 실은 것이다. 이것은 역사의 물줄기를 바꾸는 계기가 됐다.

 "게토에서 자기 자신을 해방시키는 유대인의 도구가 독일어라 생각한 멘델스존은 히브리어로 쓰여진 '모세오경'을 독일어로 번역했다. 유대인이 독일어를 배우면 독일 문학이나 과학 서적을 읽게 될 것이라는 그의 예상은 적중했다 서유럽의 과학, 수학, 문학, 철학은

게토의 젊은 유대인들의 마음을 사로잡았다. 마침내 젊은이들은 게토를 떠나기 시작했다."³⁹

그는 두 가지 방향으로 유대교 전통과 계몽사상을 접목했다. 유대교 당국에는 강압적인 권위의 폐지와 보편성을 요구했고, 유대인에게는 계몽주의를 받아들이되 유대교 전통을 따르고 율법을 지키라고 촉구했다.

"멘델스존은 유대인에게 전통계율에 충실할 것을 요구하지만, 동시에 비유대인 사회에도 적극적으로 접근하여 '그 사회의 관습과 법'을 따를 것을 권고한다. 그것은 유대교라는 낡은 전통에 머물러서는 안 되며 현실세계에 적응하고 참여함으로써 동화된 사회로부터 인정받고 영향을 끼치는 종교가 되어야 한다는 인식에서 비롯된 것이다."⁴⁰

멘델스존의 이러한 노력으로 유대인 사회가 깨어나기 시작했다. 젊은 유대인들은 시대의 변화를 따라 게토를 나가기 시작했다. 더욱이 멘델스존은 루소의 『사회계약론』을 유대화하여 다시 편성했다. 위대한 선조시대에 제정된 법률이라 해도 그것이 더 이상 필요하지 않는 시대에는 신이 내린 법률로 간주해서는 안 된다고 강조했다. 여기에 더해 종교적 율법을 어기는 것은 사사로운 일이므로 유대 당국에서 벌할 성질의 것이 아니라고 주장했다. 랍비들의 견고한 전통에 도전한 것이다.

멘델스존은 전통과 계몽 사이에서 혼종물을 창조했다. 즉 전통에 계몽적 요소를 결합한 것이다. 결과적으로 혼종에 머문 유대인도 있지만, 전통 또는 계몽이라는 양극단으로 나아감으로써 혼종을 거부한 유대인도 있었다. 가능한 한 합리적으로 개개인이 율법을 지키는 것은 귀한 일이지만 선민사상과 약속의 땅 등 유대교 안에 포함된 사상은 우스꽝스러워서 그런 인식을 갖고 유럽 사회로 들어갈 수는 없었다. 이단으로 몰려 유대인 사회에서 추방당한 스피노자처럼 "유대교의 생명을 치명적으로 망가뜨리지 않고서는 이방 지식의 샘물을 마실 수 없었다."[41]라는 것이다. 전통주의자들은 유대인의 선민의식, 강한 종교성을 부정하는 멘델스존을 결코 정통성을 가진 학자로 인정하지 않았다. 그러나 자유주의자들은 기독교의 『성경』이 권위를 갖는다면 굳이 유대교에 머물 필요가 없다고 생각했다. 멘델스존의 자식들도 대부분 유대교를 떠나 기독교로 개종했다. 이에 대해 하인리히 하이네는 멘델스존을 이렇게 평가했다.

"루터가 교황권을 무너뜨렸듯이 멘델스존은 『탈무드』를 무너뜨렸다. 루터가 전통을 거부하고 『성경』을 종교의 원천으로 선언하고 『성경』의 중요한 부분을 (독일어로) 번역함으로써 가톨릭을 산산조각 낸 것처럼, 그는 유대교를 산산조각 냈다. 『탈무드』는 유대인의 가톨릭이기 때문이다."[42]

멘델스존은 개신교 세계에서 루터가 한 일을 유대교 안에서 했다. 훗날 유대교를 버리고 적극적으로 기독교로 개종하는 유대인으로 부화할 '위험한 알'을 그가 낳은 것이다. 당시 계몽주의 유대인은 '신념이 아니라 사회의 시선을 의식하는 마음과 품격을 높이고 싶다는 욕망'에 따라 움직였다. 이는 종교적인 게 아니라 세속적인 생각이었다. 그러나 유대교는 종교 지식과 세속 지식이라는 두 가지 지식이 존재한다는 걸 인정하지 않았다. 지식은 하나뿐이다. 지식을 얻는 목적도 하나뿐이다. 지식은 신의 뜻을 정확히 분별하고 신을 따르기 위해 필요한 것이다.[43] 이런 생각들은 당연히 문화적으로 혼란을 일으켰다. 과연 유대교는 삶의 일부인가? 아니면 전부인가? 멘델스존은 삶의 일부라는 입장이었다. 근대문화와 타협하여 계몽사상을 받아들여야 한다고 믿었다.

멘델스존과 그의 가르침을 받은 제자들은 유대교 계몽주의 운동인 하스칼라(Haskalah, 히브리어로 '지성'이라는 뜻)를 전개했다. 학교 커리큘럼에 세속과목을 추가했고 유대인이 사용하는 이디시어 대신에 독일어를 사용했다. 하스칼라는 유대인이 독일 등 주변 사회에 융화될 것을 주장했고, 독일어 등 현지 언어, 수학, 과학, 철학 등 세속적 학문과 경제적 생산양식을 받아들일 것을 장려했다. 1778년 최초 유대인 공공학교(베를린 자유학교)가 설립됐다. 동시에 하스칼라는 기독교와 유대교 종교학자들이 쌓아온 배타적 장벽을 무너뜨리고 서로 문화를 교류해야 하며 신 아래 모든 인간은 평등하다는 사상을 강조했다. 이 운동은 폴란드, 리투아니아, 러시아로 번져갔다. 주체세력이 형성되고 공론장(학교, 책자 등)을 통해 확산하기 시작했다. 그 결과 19세기 전반부에 중부 유럽과 동부 유럽에서 수많은 유대인이 기독교로 개종했다. 계몽운동이 낳은 부산물 효과였다.

"계몽운동은 많은 유대인의 종교성을 약화시켰다. '계몽된' 많은 유대인은 더 이상 믿지 않는 종교 때문에 고통당해야 한다는 점을 더 불합리하게 생각했던 것이다."[44]

실제로 수많은 유대인이 그가 닦아놓은 길을 따라 유대교 전통도 지키면서 훌륭한 근대인으로 두각을 나타낸 반면에 동일한 길을 따라갔음에도 독일과 동유럽에 살고 있던 유대인 중에 약 25만 명은 하이네와 마르크스처럼 기독교로 개종하는 길을 선택했다.

독일에서 하인리히 마르크스가 변호사로 일하기 위해 개종했고, 1824년에는 아들 칼 마르크스를 포함한 네 명의 아이를 개종시켰다. 그즈음 아이작 디즈레일리가 아들 벤저민을 영국국교회로 개종시켰다. 그것이 발판이 되어 벤저민은 영국 수상이 될 수 있었다. 기독교로 개종한 유명한 유대인인 하인리히 하이네는 개종을 이렇게 표현했다.

"유대인에게 세례는 유럽 문화로 들어가는 입장문이다."

그래서 정통파 유대교는 멘델스존을 극렬히 비난했다.

'계몽운동은 동화의 첫걸음'이며 '세속과 결합한 순간 유대교는 멸망할 것'이라는 증거로 멘델스존 자녀들의 기독교 개종을 언급했다. 하지만 이것으로 멘델스존을 비난할 수 없었다. 유대교의 선민사상이나 메시아주의라는 종교성을 유지한 채 세속에서 기독교인들과 함께 살면서 어떻게 일반 학문과 지식을 배울 수 있었겠는가.

정리하면, 독일 유대인 사회는 유대인 멘델스존을 통해 인식 혁명이 일어났다. 고루한 인식을 깨야 새로운 사상을 받아들일 수 있다. 일단 속박에서 벗어난 유대인은 학문, 문화, 산업 분야에서 두각을 나타내기 시작했다. 최초의 현대 독일 유대인인 멘델스존은 하스칼라의 상징적 인물로 빛이 되는 존재였다. 하지만 그가 추구한 합리주의와 이성주의는 마르크스 같은 인물에게 유대교와 자본주의를 부정하는 사상까지 열어주었다. 멘델스존이 죽었을 때 유대인 공동체 전부가 그의 뒤를 따를 정도로 존경을 받았다. 하지만 몇십 년이 지나자 마르크스는 멘델스존의 주장을 '물탱이, 술에 물탄 듯'이라며 혹평했다. 그에 대한 평가가 상당히 달라졌다. 하지만 이것 역시 그가 예비한 길을 따라 걸었기에 가능한 주장이었다. 마르크스도 그것을 알았을 것이다. 1세기 뒤 1881년 러시아에서 유대인을 탄압하고 유대 민족주의가 부상하면서 '유대 계몽주의'는 막을 내렸다.

하지만 멘델스존이 닦아놓은 길을 따라 수많은 유대인이 빛을 발하기 시작했다. 게토에서 해방된 유대인은 철학, 과학, 언론, 금융, 예술 등 많은 분야에서 천재들이 나타나기 시작했다. 『자본론』을 쓴 공산주의 창시자 칼 마르크스, 원자력 시대를 연 알베르트 아인슈타인, 무의식의 발견으로 인간 심리를 해석한 지그문트 프로이트, 인터넷·스마트폰·나노과학의 문을 활짝 연 존 폰 노이만, 비료를 발명한 프리츠 하버, 독일 최고 시인인 하인리히 하이네를 비롯해 프란츠 카프카, 프리모 레비, 아메데오 모딜리아니, 마크 샤갈, 페기 구겐하임, 레온 트로츠키, 조지 소로스, 자크 아탈리, 토머스 프리드먼, 조지프 퓰리처, 앙드레 시트로앵, 구스타프 말러, 조지 거슈윈, 레너드 번스타인 등 수많은 별이 빛을 발했다.

## 멘델스존과 로스차일드

그러나 유대인은 다시 반유대주의를 내세운 나치에 의해 짓밟히게 된다. 이 시기 유대 계몽주의와는 다르게 유대인의 문제를 해결하고 그들의 능력을 무엇보다 잘 보여주는 분야는 금융이었다. 바로 세계의 돈을 쥐락펴락했던 그 로스차일드(독일어 이름 로트실트) 가문의 이야기다. 그에 대해 시인 하인리히 하이네는 유명한 말을 남겼다.

"돈은 우리 시대의 신이며 로스차일드는 신의 예언자다."[45]

"독일 프랑크푸르트의 좁디좁은 유덴가세Judengasse 출신인 이들은 마이어 암셸의 자식 대에 이르러 세계를 좌지우지하는 부를 일궜다. 런던(나탄), 비엔나(잘로몬), 나폴리(카를), 파리(제임스) 등 네 곳에서 기반을 다졌다. 여기에 프랑크푸르트까지. 이른바 로스차일드의 '다섯 개의 화살'이다."[46]

독일 유대인의 의식 해방은 멘델스존의 영향을 받았다 해도 실제로 프랑크푸르트의 유대인 게토를 해방한 것은 나폴레옹이었다. 프랑스 혁명이 발발한 1780년 초 프랑크푸르트의 유대인 거주지역인 유덴가세에는 동전, 금속, 골동품 거래인으로 성공한 사업가 마이어 암셸 로스차일드가 살고 있었다. 하지만 그 역시 거주지역 밖에 사업장을 열 수도 벗어날 수도 없었다. 그런데 예기치 못한 사건이 발생했다. 유덴가세가 나폴레옹군의 포격으로 절반 이상이 파괴된 것이다.

"1796년 프랑스는 프랑크푸르트를 폭격했고 그 과정에서 유덴가세의 절반이 파괴됐다. 2,000명가량의 유대인들이 집을 잃어 거주지역을 벗어날 수밖에 없었다. 로스차일드 가족도 그런 형편이었다. 거주지역을 벗어나면서 수많은 규제 역시 털어낸 로스차일드 가족은 새로운 사업기회를 놓치지 않았다. (…중략…) 얼마 지나지 않아 로스차일드는 프랑크푸르트 제일의 부를 축적했다. 전면적인 해방은 1811년까지 기다려야 했다."[47]

모제스 멘델스존의 새로운 정신과 유럽의 새로운 기풍을 바탕으로 마이어 암셀 로스차일드의 다섯 아들은 유대인으로서는 상상도 할 수 없었던 꿈을 실현할 수 있었다.

"이렇게 시작된 유대인의 해방은 나폴레옹이 전 유럽을 지배하면서 다른 나라에도 강제적으로 퍼진다. 또한 나폴레옹 전쟁으로 대규모 자금이 필요하게 된 각국 정부는 유대인 자금을 차입하면서 유대인 자본이 권력으로 급성장한다. 이렇게 등장한 가문이 로스차일드 가문이고 이외에도 멘델스존 가문, 마그누스 가문 등이 19세기 유대인 금융권력의 중심이 됐다."[48]

로스차일드는 유대인의 부와 권력을 상징하는 인물이다. 그의 일가가 부를 축적한 과정을 브로드웨이에서 영화로 만들 정도로 존재감은 대단했다. 이 일가의 가장인 마이어 암셀 로스차일드는 독일 프랑크푸르트은행을 경영했다. 후에 네 아들 나탄, 제임스, 잘로몬, 카를을 유럽의 런던, 파리, 빈, 나폴리로 보내 그곳에서 각각 은행을 설립하게 했다. 다섯째 아들 암셀은 그와 함께 프랑크푸르트에 남았다. 형제들이 세운 각자의 은행제국은 점점 더 커져 갔고 그들의 우애 또한 각별했다. 그들은 긴밀히 서로 협조하며 가장 큰 금융제국을 건설했다.

유럽의 유대인은 그들을 자랑스러워했다. 그들은 유대인 사회에서 왕족 대접을 받았다. 성공한 사람들이나 졸부들 대부분이 기독교로 개종했음에도 로스차일드 가문은 단 한 명도 개종하지 않고 유대사회를 위해서 '보이는 의로운 후원자' 역할을 수행했다. 나중에 벨푸어 선언을 끌어내어 유대국가인 이스라엘 설립에도 기여했다. 그래서 유대사회에서 여전히 로스차일드 가문은 왕족으로 남아 있다. 최고의 가문이라는 뜻이다. 다섯 아들과 함께 로스차일드 왕조를 세운 마이어 암셀 로스차일드 또한 멘델스존의 영향을 받았다.

"이 전통이 지배하는 작은 세계에도 새 시대를 알리는 계몽의 빛이 스며들었다. 마이어는 유대인에게 희망과 함께 의혹과 두려움도 안겨준 이 진보적 사상에 이끌린 몇 안 되는 사람 가운데 하나였다. 모제스 멘델스존의 제자로 스스로 마스킬림이라고 부르는 사람들이 팸플릿과 정기간행물을 만들어 배포하며 그 운동을 펼쳐나갔다. (…중략…) 1792년에 그는 멘델스존이 베를린에 세운 '자유학교'를 본떠 '박애학교'라는 유대인 학교를 세우려 했다. 새로운 가치관을 가르치려 한 것이다. 그러나 유대인 사회 내부 보수세력의 반대에 부딪쳐 1804년에야 문을 열 수 있었다."[49]

로스차일드 가문은 세상에서 가장 어려운 조건을 동시에 만족시킴으로써 유대인 사회에 놀라운 비전을 보여주었다. 우선 거대한 부를 정직하게 취득하면서 정부의 신임을 잃지 않아야 한다. 그다음 막대한 이윤을 내면서 대중의 적개심을 유발하지 않고 이윤을 잘 활용한다. 마지막으로 법률적, 정신적으로 유대인으로 남는다.

오늘날에도 거대한 부를 축적하면서 정치인의 미움도 사지 않고 대중의 질시도 받지 않고 사업을 한다는 것은 매우 어려운 일이다. 로스차일드 가문처럼 큰 돈을 벌고 자유롭게 사용하면서도 대중적인 인기를 얻은 유대인들은 없었다. 200여 년이 지난 오늘날까지 전쟁, 혁명, 공황의 골짜기를 빠져나오지 못해 역사에서 사라진 기업이 얼마나 많은가. 로스차일드 가문은 격렬한 사회 변화의 위기를 기회로 활용하며 굳건히 살아남았다.

3장

# 근대 동서양 문명의 분기점

# 1
# 영국의 산업혁명

### 이와쿠라 사절단의 시간 감각

1900년 초기 일본은 근대화와 산업혁명에 성공하여 열강에 진입했고 조선은 망국에 이르렀다. 무엇이 한국과 일본의 운명을 극단으로 갈랐을까? 근대를 연 것은 서유럽이다. 뭐라 해도 근대의 특징은 개인의 권리 확대, 사유재산권 보장, 법치주의, 입헌주의다. 오늘날에 와서는 이미 식상한 것들이다. 일본은 어떻게 해서 자신의 문명에서 스스로 벗어나 서구 문명을 적극적으로 수용할 수 있었을까. 그런데 조선은 왜 이토록 당연해 보이는 것에서 멀찌감치 떨어져 있었던 것일까.

먼저 시간 감각이다. 메이지 유신의 주체세력인 이와쿠라 사절단은 유럽 사회를 벤치마킹하면서 유럽의 산업혁명과 부강한 유럽의 건설이 그리 오래전의 일이 아니라는 사실을 파악했다. 유럽조차 근대, 전근대, 탈근대가 섞여 있고 대부분의 성과는 최근에 이뤄진 것임을 알아낸 것이다. 오쿠보 도시미치는 각국의 공장(미국 20개소,

영국 53개소, 프랑스 12개소, 벨기에 10개소 등)을 견학하는 도중에 사이고 다카모리에게 편지를 보냈다. 그는 '영국이 부강한 이유를 알겠다.'라고 썼다. 그의 일기에는 영국의 주요 공업도시들이 열거되어 있는데 훗날 '오쿠보 정권에서 식산흥업 정책을 어떻게 펼칠 것인가'에 대한 의도였을 것이다. 그런데 이와쿠라 사절단은 특이하게도 '언제부터 서유럽이 부강하게 됐는지'를 물었다. 자신들의 문명이 어떤 위치에 놓여 있으며 새로운 근대 유럽 문명과의 간극이 얼마큼인지 동시에 파악하려 한 것이다.

"『실기』[50]에는, 영국을 비롯한 유럽의 '오늘날의 부강'이 도대체 언제부터인가를 묻고 1800년 이후의 일이라고 답한다. 그것은 그때(1872년)로부터 겨우 40년 전의 일에 불과하다는 것이다. 이러한 언급은 이 정도 차이라면 후발 주자인 일본도 노력 여하에 따라서는 같은 대열에 합류할 수 있다는 기백조차 엿보인다."[51]

40년이라는 시간관념은 따라가는 입장에서야 그리 크게 느껴지지 않았다. 한편 서유럽 사람들에게는 한 세대 정도 앞선 것이었지만 그들은 마치 아주 오래전부터 그렇게 살아온 것처럼 생각했다. 그들은 낙후된 동양을 보며 '따라오려면 아득하다'고 느꼈을 것이다. 하지만 일본은 달랐다. 이 정도의 시간차라면 필사의 노력을 하면 추격 범위 내라고 판단한 것이다. 사절단은 귀국한 후에 영국이 40년이라면 독일 등 나머지 선진국들은 30여 년쯤 됐을 것으로 추정했다.

"사절단은 유럽과 미국을 돌아본 뒤 일본과 구미의 격차가 30년쯤 된다는 것을 실감하고 조약 개정을 뒤로 미루고 일본의 문명개화의 속도를 높이고 내정안정 등에 박차를 가하는 기회를 마련했다."[52]

사절단은 서유럽 국가들의 역량이 너무도 뛰어나서 도저히 따라잡을 수 없는 상대가 아니라고 판단한 것이다. 그런 일본이 근대화를 이루자 30년 전의 올챙이 시절을 까맣게 잊고는 조선을 향해 800년 이상 뒤진 야만의 땅이라며 얕잡아 보며 비웃고 조롱했다. 인간은 필연적으로 망각하는 존재일 뿐만 아니라 아예 단체로 망각하는 동물이다. 물론 한국인 입장에서 보면 너무나 터무니없는 편견이고 왜곡이다. 그렇지만 근대화를 보편적 규범으로 가정하고 볼 때 조선은 뭔가 부족하고 낙후된 사회로 보였을 것이다.

30년이란 시간은 사회구조를 근본적으로 바꾸어놓을 수 있는 충분한 기간으로 전환기에 시대 감각을 갖는 것은 매우 중요했다. 한 세대 동안 지속된 제도와 환경이라면 그것이 한 개인이든 사회든 원래부터 그렇게 살았던 것처럼 인간은 착각한다. 2023년 기준 스마트폰이 일상화된 지 겨우 15년밖에 안 됐는데도 이미 오래전 일처럼 느껴진다. 코로나19 때 팩스와 도장을 쓰는 일본을 보면서 저들이 얼마나 낙후됐는지 새삼 놀라웠다. 한 30년 이상 뒤졌을 것 같은 느낌이었다.

오늘날의 감각으로 보건대, 고풍스럽고 세련되고 멋진 프랑스 파리는 1870년경에 완성됐다. 오스트리아 비엔나도 1870년대 이후 헝가리 부다페스트의 국회의사당 등 주요 건물은 1890년대 완공됐다. 수백 년 전부터 완성된 것이 아니라 150여 년 전 만들어진 것이라고 할 때 우리의 느낌은 확연히 달라진다. 그러므로 중요한 것은 자신과 자신의 나라가 어떤 상황에 놓였는지를 먼저 파악해야 한다. 그렇지 않은 상태에서는 아무리 멋진 벤치마킹도 맞지 않은 옷이 될 수 있다. 무작정 듣고 보고 배운다고 해서 다른 나라의 성과가 복제되는 게 아니다. 어떤 사람은 비범한 일도 평범하게 만들고 어떤 사람은 평범한 일도 비범하게 만든다. 일 자체가 평범하거나 비범한 게 아니다. 일에 임하는 자세와 태도가 평범과 비범을 가른다. 그 출발점은 자신의 나라를 제대로 아는 것부터다.

조선에서 미국과 유럽을 최초로 다 돌아본 이는 민영익이다. 보빙사 대표로 미국을 방문했다가 미국 대통령 도움으로 유럽까지 돌아보았다. 서구 문물을 접한 그는 "어둠의 세상에서 태어나 빛의 세상을 보았다."라고 했다. 하지만 안타깝게도 그는 시대를 볼 줄 모르는 범재였다. 그는 반대로 개혁을 거부하고 구체제를 수호하는 데 혼신을 다했다. 민영익이 누구인가? 1880년대 민중전, 민영휘(개명 전 민영준)와 함께 조선 정치에 막강한 영향력을 행사한 3대 거두였다. 역할로 보면 일본의 오쿠보 도시미치나 기도 다카요시쯤 되는 인물이다. 혹 누군가는 인정하고 싶지 않겠지만 당시 한국과 일본은 최상위급 인재들의 기량이나 공직에 대한 사명감을 두고 볼 때 현격히 차이가 났다. 민영익의 안목은 곧 조선 엘리트와 권력자의 수준이었다.

### 동심원처럼 퍼져나간 영국의 산업혁명

당시 서유럽의 상황이 어떠했기에 이와쿠라 사절단은 이런 판단을 한 것인가? 에릭 홉스봄이 말한 산업혁명과 시민혁명이라는 '이중혁명'의 성과인 근대의 실체가 드러난 시점은 1830~1840년대였다. 홉스봄은 『혁명의 시대』에서 이렇게 강조했다.

세계 시장을 가진 영국만 제외하고 "1848년까지 유럽의 산업화는 그다지 인상적이지 않았다. (…중략…) 여전히 산업상의 호황과 불황이 아니라 농업의 풍·흉년에 지배되고 있었다."

"홉스봄이 내린 전체적인 결론은 변화의 양상보다는 변화 자체가 진행되고 있다는 점에 주목해야만 한다는 것이다. (…중략…) 변화가 두드러지게 나타나고 있음에도 불구하고 1848년 당시까지 산업세계란 호수에 둘러싸인 섬들에 불과했다."[53]

그러나 한 세대 뒤에는 상황이 근본적으로 바뀌었다. 다음의 지도는 산업혁명이 동심원처럼 퍼져나가는 과정을 표시한 것이다. 1840년대 영국 산업화의 완성 → 1850년대 벨기에, 네덜란드, 프랑스 일부 지역 → 1860년대 독일의 중북부, 프랑스 파리 인근 → 1870년대 폴란드, 체코, 독일 남부, 프랑스 중남부 → 1880년대 스웨덴, 노르웨이, 동부 유럽, 그리고 러시아의 유럽 지역으로 퍼져나갔다. 이때까지도 남부 유럽은 산업화를 이루지 못했다.

제프리 삭스 컬럼비아대학교 교수는 『지리 기술 제도』에서 산업혁명 시대를 이렇게 설명했다. 영국에서 시작한 산업혁명은 마치 '연못에 돌을 던지면 파문이 동심원을 그리며 퍼져나가듯' 이 영국과 인접할수록 더 빨리 전달됐고, 멀리 떨어진 나라일수록 늦게 파문이 전달되듯 산업화가 늦어졌다는 것이다. 산업적인 기술, 기술 노하우의 전파 용이함 외에도 영국으로부터(혹은 자국 내에서) 석탄을 공급받는 등의 용도의 육해상 수송망도 필요했기에 산업혁명의

**산업혁명의 유럽 확산**[54]

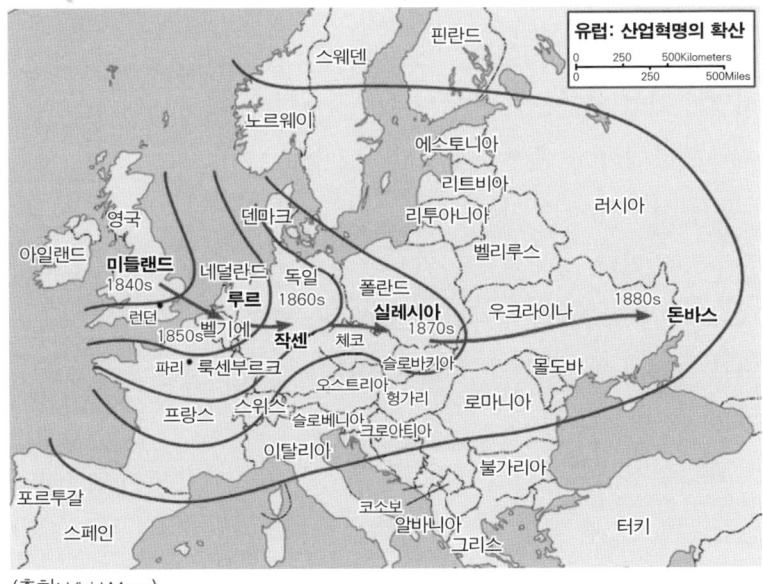

(출처: Vivid Maps)

고향인 영국과의 인접성은 매우 중요했다.

"1820~1850년 사이에 벨기에, 네덜란드, 프랑스 등 영국 근처의 회사들을 필두로 산업화가 퍼져나갔고, 19세기 후반에는 스칸디나비아, 독일, 이탈리아, 스페인 등 더 멀리 떨어진 나라들에 확산됐다. 그리고 마침내 19세기 말에는 동유럽과 러시아에도 도착했다."[55]

유럽 대륙은 나폴레옹 전쟁이 끝난 1820년 무렵에 새로운 평화가 찾아와서 어느 시대보다 더 큰 규모의 변화가 일어났다.

좀 더 상세히 살펴보자. 산업혁명에 관한 책은 넘치고 넘친다. 서구에서 연구한 것을 소개하는 책도 많다. 그러나 그 시기와 의미를 한국의 입장에서 파헤치는 책은 별로 없다. 이제부터 우리 입장에서 살펴보고자 한다. 산업혁명은 단 한 나라 영국에서 시작됐다. 영국은 모든 산업 사회의 어머니였다. 프랑스, 독일 등 서유럽도 영국의 산업혁명을 도입하여 저마다의 방법으로 발전시킨 것이다.

"다른 지역들은 열정적인 기업가나 강력한 정부가 주도하거나 또는 양쪽이 협력하여 모방했다. 벨기에, 프랑스, 프로이센, 미국처럼 지리적으로나 문화적으로 영국과 가까운 나라들이 처음 모방에 나서면서 산업혁명이 두 번째 단계로 들어섰다. 1880년대에는 러시아와 일본에서 세 번째 단계가 시작됐다."[56]

"이론상 프랑스는 자본주의가 가장 발달해야 할 제도적 조건을 갖추고 있었다. 실질적으로 기술의 수준과 금융업 또한 발달하였다. 그러나 프랑스의 경제발전은 프랑스 혁명 이후 오히려 지속적으로 느리게 발전하였다. 이러한 사태가 초래된 것은 프랑스 혁명 자체 때문이었다."[57]

"대다수 유럽 사회가 소수의 근대화 선두 주자의 침략에 대응하고 앞선 기술, 경제, 제도, 정치적 노하우를 빠르게 습득하는 따라잡기 근대화를 위해 치열하게 노력했던 것은 사실이다. (…중략…) 대다수의 유럽국가에서 근대성은 새로운 지식, 문화, 권력의 여러 원천 간의 문명적 단축과 압착을 수반하는 민족주의적 프로젝트였다."[58]

산업혁명은 영국만의 독점적 성취였다. 어느 정도 성숙한 단계에 도달한 이후에야 이웃 국가들에 퍼졌으며 시간이 흐름에 따라 유럽을 넘어 아시아에도 도달한 것이다.

영국과 유사한 인적, 제도적, 상업적 조건을 갖추고 있던 네덜란드조차 자생적으로 산업화에 도달하지 못하고 1831년에야 비로소 시작된 산업화는 1840년에 취임한 빌럼 2세 때부터 본격적으로 전개됐다.

세계의 패자로서 자타가 인정했던 영국은 산업혁명의 중요한 4대 발명품이 모두 자국에서 나옴으로써 '나 홀로' 비약할 수 있는 토대를 쌓았다. 4대 발명품은 면직물 분야에서 3대 발명품(1764년 하그리브스의 제니 방적기, 1769년 리처드 아크라이트의 수력 방적기, 1779년 크롬프턴의 뮬 방적기)이 가동되고 혁명적으로 산업을 변화시킬 트리거인 제임스 와트의 증기기관이 1776년 3월 8일 운전을 개시함으로써 이뤄졌다.

1776년은 애덤 스미스의 『국부론』(3월 9일)과 미국의 독립선언(7월 4일)이 일어난 해로 매우 중요한 해였다. 특히 와트는 기존의 증기기관에 동력장치와 별도의 압축기를 도입하는 두 가지 뛰어난 혁신을 이루어 '탄광에서 물을 퍼내는 고비용 장치를 수천 가지의 용도로 사용할 수 있는 저비용 (범용) 장치'로 바꿔놓았다. 구텐베르크의 인쇄술을 제외하면 와트의 증기기관은 근세의 가장 중요한 발명품으로 평가받고 있다.

"증기기관은 산업시대와 근대 경제를 탄생시켰다. 증기기관은 경제적 모더니티(근대성)를 가져왔을 뿐만 아니라 증기기관이 없었다면 지난 200년 동안의 다른 기술적 진보는 불가능했을 것이다."[59]

이런 앞선 발명품들이 누적되는 과정을 통해 1780년대부터 영국은 본격적인 산업혁명이 일어나면서 비약적인 발전을 이루었다.

"1780년대의 특정 시점에 인류 역사상 최초로 인류의 생산력을 속박하던 굴레가 벗겨지고 재화가 무한대로 증식할 수 있는 일종의 도약을 이루었다."[60]

"최초의 면 공장은 1740년대에 건설됐으며 그 동력원은 가축이나 물이었다. 1780년대 이전에는 증기기관을 이용한 면 공장은 없었다."[61]

1780년대 특정 시점에 일종의 도약이 이뤄진 것은 영국 사회에서 부분적으로 이뤄지는 기술의 진보 이외에도 애덤 스미스의 영향이 매우 컸다. 그는 근대 사회의 생산력 구조를 새롭게 규정함으로써 봉건제와 중상주의적 통제정책을 비판하고 자유주의의 합리성을 논증했다. 애덤 스미스의 『국부론』(1776년)이 나올 때까지 영국의 정치권을 지배한 사상은 중상주의였다. 중상주의는 높은 관세를 통해 수입은 적게 하고 수출을 많이 하는 정책으로 무엇보다 독점권이 가장 중요했다. 이에 따라 무력을 통해서라도 독점권을 차지해야 했기에 네덜란드, 프랑스 등 이웃국가와 분쟁이 끊이지 않았다.

이런 상황에서 애덤 스미스는 분업과 자유무역을 강조함으로써 전쟁이 아니라 경쟁을 통해 국가의 부가 증대할 수 있는 '보이지 않는 가치'를 찾아냈다. 그의 발명은 마치 코페르니쿠스적 전환처럼 즉각적으로 영국의 정치인과 경제인들에게 영향을 끼쳐 정책에 반영됐고(프랑스와 관세 인하 협정을 체결함) 경제인들이 금융에서 대출을 일으켜 토지개량사업과 신규 공장에 투자하게 만들어 일종의 방아쇠를 당겼다. 영국은 『국부론』으로 인해 산업혁명의 개막을 예고했을 뿐만 아니라 높은 생산성을 배경으로 하여 자유무역정책을 추진해 나갔다.

'왜' 필요한가와 '무엇을' '어떻게' 만들지에 대한 문제들은 조금만 고민해보면 금세 답이 나온다. 이 중 중요한 것은 '왜'라는 이유다. '무엇을' '어떻게'는 '왜'가 결정되고 나면 후행적으로 일어나는 경우가 허다하다. 이로써 영국은 그들의 머리를 옥죄던 중세적 경제관에서 벗어나 비약적인 발전을 이룰 수 있는 토대를 쌓게 됐다.

1780년대부터 한 세기에 이르는 1873년 대불황 이전까지 면직산업을 비롯한 영국의 공업생산력은 절대적인 위치를 차지했다. 세계 최초의 산업 도시인 맨체스터의 면직물은 세계 시장을 석권했다. 이는 프랑스를 비롯한 유럽대륙에 큰 자극을 주었다. 참고로 유럽에서 1870년 전까지 선진국은 영국과 프랑스 두 나라뿐이었다.

(산업적 전통과 함께 강한 문화적 유산을 지닌) 이런 선진 프랑스마저 프랑스 대혁명에 뒤이은 나폴레옹 전쟁으로 군사 분야와 일부 지역의 소규모 공장을 제외하고는 공업화가 진전되지 않았다. 본격적으로 프랑스에서 산업혁명이 진행된 것은 1830년 7월 혁명 이후의 일이다.

"프랑스는 지리적으로 영국과 가까웠기 때문에 영국의 기업가, 기술자, 정비공이 이주해 와서 이로부터 직접적인 혜택을 보았다. (…중략…) 하지만 석탄채굴이 쉽지 않아 증기력 개발은 더디 진행됐다."[62]

독일은 이보다 더 뒤졌다. 정치적 분열과 사회·경제적 후진성으로 인해 독일은 1830년대에 가서야 움직일 수 있었다. 프로이센은 독일 내 소국들과 경제적으로 연대하여 세력을 확장하고자 관세동맹을 맺었다. 이 시기 방직업에서 기계가 도입되고 1840년대 철도혁명으로 투자가 활성화되어 새로운 시장이 형성됐으나 본격적인 산업화는 1850년부터 이루어지기 시작했다. 영국은 산업혁명기에 자유경쟁에 의한 도태가 일어났다. 반면 독일은 관료 주도형[63]인

'위로부터 산업화'를 추진하여 효율적인 근대화를 이룰 수 있었다. 여기에 실험과 연구를 하는 근대 대학(대학 2.0)이 독일에서 최초로 시작됐다. 그 효과는 시간이 지날수록 축적되고 파급력이 커지면서 선발국인 영국을 앞지르게 됐다.

미국은 1793년 조면기(목화씨를 빼내는 기계)의 발명으로 산업혁명에 일찍 공헌했다. 방적 분야의 기계화는 1820년대에 민간 기업가들이 주도했으나 본격적인 산업화는 1850년대 독일과 비슷한 시기에 이루어지기 시작했다. 미국은 독일처럼 출발은 비록 늦었지만 높은 교육열과 뛰어난 산업적 응용력으로 인해 산업화 속도가 매우 빨랐다. 이로써 가속화된 기술 진보를 통한 2차 산업혁명은 1870년대부터 독일과 미국이 주도하게 된다.

기타 지역, 특히 스웨덴은 이보다 30년 뒤진 1860년대에 시작해 1880년대에 급격한 속도로 중공업과 경공업이 모두 발전했다. 러시아는 1890년대에 산업화를 본격적으로 촉진했다. 우리에게 이상적인 복지와 교육, 생활 수준, 시민의식을 보여주는 북유럽의 대표 주자인 스웨덴의 산업화가 주변국들에 비해 늦었다는 건 매우 흥미로운 사실이다. 일찍이 19세기 초중반까지 스웨덴은 빈곤이 만연하여 많은 자국민이 해외로 이주하는 가난한 농업국가였다. 1848년 기근 이후 혹독한 기후와 흉작 때문에 1850년대부터 1930년대까지 인구의 4분의 1인 130만 명의 농민들이 미국으로 단체 이민을 떠나기도 했다. 이들은 노르웨이 등 노르딕 국가 출신 이민자들과 함께 미국 최북단의 추운 지역인 미네소타 등으로 주로 이주했다. 미네소타 주는 유럽계 중에서도 북유럽 이민자들이 제일 많은 주여서 이를 연고로 하는 내셔널풋볼리그NFL팀 이름이 미네소타 '바이킹스'다.

### 유럽의 기적 동서양의 대분기

서양학자들은 동서양이 대분기되는 시작점을 빠르게는 1750년대부터 잡는다. 일부 학자는 스미스의 『국부론』이 출간된 1776년이라고 주장하기도 한다. 이렇게 학자들마다 차이는 있지만 어느 정도 합리적인 주장이라고 볼 수 있는 시점은 나폴레옹 전쟁이 끝나고 유럽에 새로운 평화가 찾아온 1820년대 이후부터다. 영국의 경제사학자 앵거스 매디슨(Angus Medison, 1926~2010)은 1인당 국내총생산(추정)을 통해 1820년대 영국, 프랑스, 독일의 급격한 경제성장을 비교 분석했다. 다음의 도표는 1870년대엔 독일이 통일을 이룬 후 2차 도약한 시점과 새롭게 일본과 스페인의 경제가 매우 가파르게 성장하는 시점을 시각적으로 분명하게 보여주고 있다. 상대적으로 중국과 인도는 1870년대 이후 정체 내지는 하락하고 있음이 잘 나타나 있다.

'매디슨 프로젝트'[64]에 의하면 서기 1년부터 1820년까지 연평균 성장률은 0.1%에 불과했다. 200년 전까지만 해도 동서양 구분 없이 대부분의 삶은 절대 빈곤을 겨우 면하는 수준이었다. 하루 내내

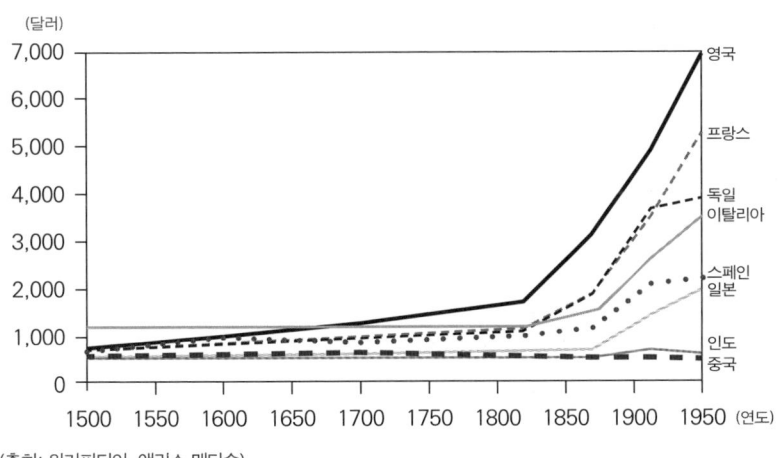

(출처: 위키피디아, 앵리스 매디슨)

열심히 일해 그날 끼니를 해결하는 정도를 벗어나지 못했다.

"전 세계 1인당 경제 생산은 2,000년간 거의 그대로(1990년 달러화 기준으로 환산했을 때 450~600달러 수준)였다. 1800년 이후 1인당 경제 생산은 자그마치 '1,000%'가 성장했다."[65]

그러나 도표에서 보듯이 1820년에 영국을 중심으로 서유럽 국가들의 급격한 경제성장이 시작되고 있음을 시각적으로 분명하게 보여주고 있다. 그래서 많은 학자가 1820년대를 대분기Great Divergence라 한다.[66]

'유럽의 기적'이라 불리는 대분기는 서유럽이 산업혁명을 거치며 가속도의 사회로 나아가 성장한 반면에 동양은 노동집약적 생산경로에 머물러 있어 동서양의 경제성장 격차가 본격적으로 벌어진 시작점이기도 하다. 1820년까지 세계는 농업비율이 절대적인 비율을 차지하고 있어 여전히 가난한 상태였고 겨우 자급자족하는 수준이었다.

"서기 1000년에서 1820년 사이의 세계 1인당 평균생산량은 연간 0.05% 정도로 거의 눈에 띄지 않는 성장률을 보였다. 그러나 1820년에서 1900년 사이의 성장률은 10배가 증가하여 연간 0.5%가 됐다."[67]

1820년 전까지는 거의 변화가 없었다는 뜻이다. 이언 골딘은 『앞으로 100년』에서 전 세계 인구의 87%는 하루 임금이 1.9달러 이하(1800년 기준)였다. 1.9달러는 세계은행이 정의한 극빈층의 표준임금(2011년 고정가 기준, 절대 빈곤선)임을 고려할 때 대다수 사람들이 극심한 빈곤층이었다는 얘기다.

"전통적인 농업의 미덕을 낭만적인 시각으로 바라보기 쉽다. 하지만 그런 함정을 경계해야 한다. 수확량은 낮고, 농부들은 예측 불허의 날씨에 휘둘리고, 가족들을 굶기지 않고 충분한 식량을 생산하려면 매일매일 힘든 노동을 이어가야 한다."[68]

비교적 부유했던 유럽의 경우에도 극소수의 특권층인 왕족과 귀족만이 살 만한 집과 영양가 있는 음식을 구할 수 있었다. 역사적으로는 1700년대까지 변방인 유럽보다 아시아가 더 잘살았다. 나폴레옹 전쟁 이후 유럽에 새로운 평화가 찾아온 1820년대에 들어서야 산업혁명이 가속화되면서 생산성이 비약적으로 발전했다. 현재 부유한 국가들은 모두 1820년경에 이미 부유한 국가들이었다. 이에 대해 주경철 교수는 대체로 "19세기 중반에 선두그룹에 들어간 나라들은 그 이후 계속 성장가도를 달렸고 그때 뒤처진 나라들은 계속 후진 상태에 머물렀다."라고 분석한다.

"1820년 조그만 눈덩이밖에 못 가지고 있었다면 200년 굴려봤자 눈덩이가 별로 커지지 못한 반면에 그 시대에 이미 어느 정도 큰 규모의 눈덩이를 갖고 있었다면 그것을 200년 동안 굴려서 매우 큰 사이즈의 눈덩이가 만들어졌다."[69]

# 2
# 자본주의 체제 확립

### 진정한 의미의 근대

오늘날 우리가 알고 있는 진정한 의미의 근대가 나타난 것은 1830~1840년대. 서유럽에서 부르주아 계급이 정치적인 헤게모니를 잡기 시작했고 새로운 노동자 계급이 '노동자'라는 자기 인식에 이르는 그런 시기였다. 그리고 근대적 시간과 공간의 탄생, 근대 대학으로서 학과의 분화, 철도와 전신 시대의 개막, 대중 소설가와 본격적인 저널리즘이 뿌리를 내리기 시작한 시기였다(신문사, 잡지사, 출판사를 기반으로 한 출판시장은 이미 형성됐다). 유럽대륙을 휩쓸었던 1848년 혁명이 실패로 끝나고 자본주의 체제가 본격적으로 자리 잡게 된다. 영국이 낳은 세계적인 역사학자 에릭 홉스봄은 1830년을 전환점이라 하며 '이중혁명' 토대로서 자본주의가 승리한 시기로 '가장 크게 기억해야 할 해'라고 강조했다. 그리고 1848년 2월 프랑스 혁명에 이어 3월에는 오스트리아, 독일 등에서 연쇄적으로 일어난 민중 봉기로 '유럽의 봄'을 맞이하는 듯했으나 이내 좌절되면서 자본주의 체제가 확고해졌다.

1848년 2월 22일 프랑스에서 혁명이 발생하여 1830년 7월 혁명으로 즉위한 루이 필리프 왕정이 무너지고 보통선거가 도입됐다. 2월 혁명은 유럽의 낡은 풍습, 조직, 제도를 완벽히 바꾸어 새로운 변화를 몰고 왔다. 오스트리아와 독일에서는 3월 혁명이 일어나 메테르니히 총리가 추방되고 빈 체제가 무너졌다. 그럼에도 민중들이 요구하는 민주주의는 좌절됐다.

서유럽이 임계질량에 도달한 시점은 한 세대 뒤인 1870년대. 초등, 중등, 고등이라는 3단계 근대 교육제도의 완성과 의무교육의 실시, 상·하수도 등 도시 인프라의 완공, 내외부 정치적 갈등(미국 남북전쟁, 독일-오스트리아 전쟁, 독일-프랑스 전쟁 등)의 해소 등이 1870년대 초반까지 거의 마무리됐다.

## 근대의 공간과 시간의 탄생

여기서 잠깐. 문명국을 상징하는 서유럽의 의미는 19세기 중후반까지 '영국, 프랑스, 독일의 여러 사례들을 절충해 모아놓은 개념'들이다(네덜란드, 이탈리아, 폴란드 등 여러 국가에서 간헐적 천재들이 나타나 영·프·독에 영향을 주었다). 오늘날 여러 국가의 의미로 서유럽이라 쓰인 것은 20세기부터이며 제2차 세계대전 후에는 사회주의 국가인 동유럽과 대비되는 개념으로 자본주의 국가들이 모인 유럽의 서쪽 절반에 해당하는 지역을 가리킨다.

중국의 중화中華와 동이東夷 개념의 변천과 유사하다. 본래 중화 혹은 화하華夏라는 말은 황하 유역으로 하북성 동부, 산서성 남부, 하남성, 섬서성 동부 일대를 가리켰다. 초기에 산동성, 강소성 일대에 거주하는 이민족을 동이라고 가리킨 것이 동이 개념의 시발점이다(중원왕조의 동쪽이라는 의미이지 특정 민족을 지칭한 명칭이 아니었다).

진시황이 중국을 통일하고 뒤를 이어 한나라가 지배하면서 중원의 범위가 커졌고 그에 따라 중국인의 세계관이 확대됐다. 진나라조차 서쪽 오랑캐였다(오늘날 중국을 차이나China라고 부르는 것은 진Chin에서 유래했다). 그 결과 동이는 방위상 동쪽의 이민족을 통칭하는 보통명사로 확장됐다.

"남첨북함동랄서산南甛北鹹東辣西酸이라는 표현이 있다. 남쪽 음식은 달고, 북쪽은 짜고, 동쪽은 맵고, 서쪽은 시다는 뜻이다. 동쪽이 맵다니? 매운 음식의 원조는 서쪽 사천지방인데 동쪽에 있는 산동 음식을 맵다고 하니 말이다. 사천지방이 중원문화권에 편입되지 않던 시절에 생긴 말이기 때문이다. 고대 중국의 중심이던 황하 일대를 중심으로 방위를 따지던 시대였으니 지금의 영역 기준으로 보면 헷갈릴 수밖에 없다."[70]

서구의 근대화가 구체화된 1830~1840년대에는 정치, 경제, 사회, 문화, 심지어 근대의 공간과 시간의 탄생 등 여러 방면에서 변혁이 있었다. 여기에서는 네 가지 차원에서 그 변화를 바라보았다. 첫째, 사회의 분화. 새로운 부르주아 계급의 등장과 대규모 기계공장의 도입 후 노동여건이 악화한 뒤에야 비로소 프롤레타리아 운동과 그에 대응하는 계급의식이 분명하게 나타났다. 노동자 계급이 탄생한 것이다. 둘째, 근대의 공간과 시간의 탄생. 특정 규범, 표준들이 세계화되는 과정이었다. 셋째, 근대 대학과 학문의 탄생. 넷째, 근대 언론과 리얼리즘 문학의 본격화. 네 가지 차원에서 변화를 차례대로 다루고 그 뒤에 이 시대를 이해하려면 당시 시대가 낳은 병폐와 문학에 반영된 시대상을 함께 살펴야 한다.

# 3
# 노동자 계급의 부상

**1830년대 사회의 분화**

　1830년대에 이르러서 사회가 분화되는 계기가 마련된다. 프랑스 대혁명과 유럽 대륙의 대부분을 정복한 나폴레옹의 패배 이후 1815년 '신성동맹 체제'가 탄생했다. 나폴레옹 이전의 '신성한' 기독교 왕조국가로 돌아가서 각국의 자유주의와 민족주의 운동을 더 이상 용납하지 않겠다는 결의에 찬 반동과 복고의 세월이었다. 하지만 이 동맹은 미국의 먼로 선언과 중남미 여러 국가들의 독립으로 타격받았으며 그리스 독립을 둘러싼 각국의 이해가 대립하면서 와해되기 시작했다. 1830년 신성동맹을 결성한 지 15년 만에 다시 프랑스에서 두 번째 혁명이 일어나 부르봉 왕가(루이 16세 처형)를 다시 전복하면서 일대 유럽을 뒤흔들었다.

　"유럽에서는 변화를 억압하고 구질서를 유지하거나 회복하려는 반동적 시도는 서서히 막을 내리고 있었다. 언론·출판·여행·거주·결사·거래·상업·공개적 종교적 활동에 대한 제약들은 도전받았고 많은

경우 폐지됐다."⁷¹

프랑스에서 시작해 유럽 대륙으로 확산한 1830년 7월 혁명의 상징은 '바리케이드'였다. 정부군에게 대항해 도시 전역에서 바리케이드를 쌓았던 민중은 7월 혁명 이후 '인민' 혹은 '노동계급'으로 변모했고 비로소 자신들의 권리에 눈을 떴다. 그간 '봉건제에 맞서 함께 싸웠던 온건 부르주아와 급진적 노동계급이 결별하는 기점'⁷²이었다. 프랑스는 1830년 7월 혁명으로 루이 필리프 왕이 금융재벌들과 함께 정권을 잡았다. 그 유명한 로스차일드 가문이 이때 권력의 핵심부에 진입했다.

"왕과 의회와 행정부는 기름진 부분을 나눠 먹으며, 정보와 충고를 교환하고 영업과 이권을 주고받으며 (…중략…) 자본가는 사회의 주도권을 장악하고 지위를 획득했다. (…중략…) '이제부터는 은행가들이 지배하리라'고 예언했다. 프랑스는 단지 로스차일드 일가와 기타, 하이네가 말하는 '조무라기 백만장자들'에 의해 지배되는 데 그치지 않고, 왕 자신이 교활하고 구속됨이 없는 투기가였다."⁷³

### 노동자 계급의 탄생

영국과 프랑스 양국은 모두 부르주아가 정치권력에 진입하자 그동안 그들과 동반자적 관계였던 노동자 계급이 정치적 권리를 주장하기 시작했다. 프랑스 국민은 '혁명 맛집'답게 자신들의 주무기인 혁명으로 새로운 정부에 반발했다. '피는 우리들이 흘렸고 루이필리프를 왕으로 옹립한 기회주의자들에 의해 혁명은 탈취당했다.'라고 주장하며 다시 공화제를 요구하면서 1832년 6월에 세 번째 혁명을 일으켰으나 무참히 진압됐다. 『레미제라블』의 배경이 된 혁명이다. 한편 영국은 1832년 제1차 선거법 개정을 통해 부르주아 계층에만 선거권을 주고 이들과 함께 투쟁했던 노동자 계층은 제외했다. 이에 분노한 노동자 계층은 그동안 경제적, 사회적으로 쌓여온 불만을 터뜨림과 동시에 보통선거권을 요구하는 차티스트 운동Chartist Movement을 1838~1848년까지 세 차례에 걸쳐 진행했다.

차티스트란 인민헌장People's Charter을 뜻하는 것으로 '남자의 보통선거권, 공정한 선거구, 매년 의회 선거 실시, 의원의 세비 지급, 비밀투표, 의원의 재산 제한 철폐'를 국가의 법으로 채택할 것을 요구했다.

10여 년간 지속된 차티스트 운동은 대중의 광범위한 지지를 받은 '빅토리아 사회 최대의 대중정치운동'이었다. 특히 1848년의 프랑스 2월 혁명으로 전 유럽이 혁명적 분위기로 들끓었고 영국에서는 570만 명의 청원서명을 모아 1848년 4월 런던에서 대청원 시위운동이 전개됐다. 그러나 시위는 무력에 의해 진압되고 청원 역시도 부결됐다. 그러한 좌절에도 불구하고 이들의 요구는 그 뒤 여러 차례 선거법 개정을 통해 대부분 실현됐고, 노동계급의 의식을 고양하는 중요한 계기가 됐다. 이처럼 새로운 권력(세력)들이 시대의 변화와 함께 부상했다.

이 시기에 자유주의 사상이 싹트기 시작했다. 1830년부터 1880년대까지 영국, 미국, 프랑스 등에서 현대 자유주의 사상의 청사진이 그려지기 시작했다. 유럽의 지식인들은 영국에서 시작된 산업 자본주의와 프랑스에서 비롯된 혁명과 전쟁을 거치면서 혼돈을 넘어설 근본적인 새 질서를 갈망했다. 다양한 논의와 정치 실험이 이어지는 가운데 1840년대 말에는 노동자 계층에서도 정치에 눈을 떠 『공산당선언』이 나올 정도였다.

"마르크스는 인간의 권리에서 특히 정치적 강조를 혐오했다. 그의 생각으로는 정치적 권리란 수단에 관련돼 있는 것이지 목적 그 자체는 아니었다. '정치적 인간'이란 '실제적'이지 못하고 '추상·인위적'인 존재였다. 인간해방이 정치를 통해서는 달성될 수 없다는 것을 인식함으로써 비로소 인간의 진정성을 회복할 수 있다고 주장했다. 그것은 사회관계와 사적 소유의 폐지에 주력하는 혁명을 요구했다."[74]

하층계급은 단지 정치적 권리의 평등보다 사회적, 경제적 평등을 향유하길 원했다. 마르크스의 관점은 분명했다.

"정치적 해방은 법적 평등을 통해 부르주아 사회에서 달성될 수 있지만, 진정한 인간해방은 부르주아 사회와 사적 소유의 철폐를 요구한다."[75]

이제 통치자의 통치행위나 개인의 권리는 혁명적 구호나 요구가 아니라 법을 통해 이뤄져야 한다는 합의가 확고하게 뿌리를 내렸다. '다양한 백성들을 통치할 왕조의 지배권에 대한 옛 사상이 헌법과 권리, 주권 등 새로운 사상과 혼합된 정당성'에 토대를 두었다.[76]

# 4
# 근대적 시공간의 탄생 철도혁명

1830년대에 이미 진행되고 있었던 산업혁명에 기폭제 역할을 한 것이 있으니 그 선두주자는 철도였다. 철도야말로 근대적 시공간을 탄생시킨 주체로 지금까지 갖고 있던 시간과 공간에 대한 개념을 바꿔 놓았다.

### 철도는 이동혁명이자 커뮤니케이션 혁명이다

서유럽에서 증기를 이용한 공장, 거대한 배가 입항할 수 있는 항구, 커다란 도시는 이미 18세기에도 존재했다. 하지만 1830년 영국에서 철도가 등장하고 나서 유럽은 1830년대 말부터 1850년대 중반까지 '철도 열풍'이 불었고 마치 혈맥이나 신경세포처럼 두루 뻗어나갔다. 공장, 도시, 항구를 연결하는 순간 시너지가 폭발하기 시작했다. 지역과 지역의 네트워킹이 형성되면서 새로운 상품, 문화 산업, 인력 이동과 해외이민, 여행 시장이 거대한 규모로 열렸다. 시장이 열리자 부르주아들은 금융자본을 활용하여 대규모 공장을 짓기 시작했다. 철도라는 이동혁명은 커뮤니케이션 혁명이자 문화혁명이었다. 철도는 정확한 시간을 요구함으로써 근대적 시간 개념을 낳았고 '빠른 속도로 공간을 가로질러 지나감으로써 공간을 축소'시켰다.

"기차는 기본적으로 세계를 균질화시켰다. 일직선으로 달려야 하기 때문에 그것을 가로막는 것은 산이건 강이건 모조리 관통해야 했다. 그럼으로써 서로 다른 위계를 지니고 있었던 이질적인 공간들은 바로 이 직선이 가로지르는 균질적인 평면으로 변이"됐다.[77]

궁벽한 지역일지라도 철도가 정차하는 지역에 사는 유럽 사람들은 자신들이 세계로 뻗어나가는 문명의 중심이라고 생각했다. 이것은 무엇보다 철도가 준 상상력이었다. 하지만 이건 나중 일이고 서구인들 역시 기차가 처음 나타났을 때 근대 문명의 위력에 놀랐다. 독일의 낭만주의 시인인 하이네는 1843년 파리에서 루앙과 오를레앙으로 가는 노선이 개통됐을 때 '무시무시한 전율, 결과를 예상할 수 없고 예측할 수도 없는 엄청난 일, 혹은 전례 없는 일이 있었을 때 우리가 느끼는 그러한 무시무시한 느낌'이 들었다고 경탄했다. 증기에서 동력을 얻은 혁명은 철도에 이어 배에서도 일어났다. 첫 주역은 이점바드 킹덤 브루넬(Isambard Kingdom Brunel, 1806~1859)이 설계한 그레이트웨스턴호로 1838년 증기기관을 장착하고 영국 브리스틀에서 뉴욕까지 15일 만에 대서양을 횡단했다.

"세계화 과정에서 첫 양적인 도약은 더 신뢰할 수 있는 항해, 적재량이 더 크고 속도도 빠른 배를 가능케 해준 증기기관, 거의 즉각적인 원거리 통신수단인 전신이 결합한 뒤에야 이뤄졌다."[78]

그 후로도 증기선은 1880년까지 40여 년 동안 범선과 경쟁했다. 돛과 증기는 오랜 기간 공존했다. 브루넬의 두 번째 배는 1845년에 건조된 그레이트브리튼호Great Britain로 세계 최초의 철제 증기선이었다. 그레이트브리튼호는 처녀항해에서 앞서 건조된 그레이트웨스턴호의 절반인 7일 만에 대서양을 건넜다. 놀라운 속도였다. 이처럼 증기선의 기술이 점점 발전하면서 속도와 적재량에서 월등해졌다. 범선은 점점 뒤로 밀려났다.

### 철도는 새로운 시간 관념을 만들어냈다

근대에 이르러서는 정확하게 시간을 계측하는 게 무엇보다 중요했다. 근대적 시간은 순환하는 자연의 시간으로부터 분리된 하나의 시간체제다. 하지만 인류는 산업혁명이 시작되기 이전에는 동서양 모두 삶의 리듬을 태양과 달의 주기에 맞추고 살았다. '8시' '9시'라는 시간은 물론 '8시 30분'이나 '12시 15분' 같은 정밀한 분 단위의 시간 개념 자체를 갖고 있지 않았다. 그렇다면 일상생활에 깊이 뿌리내린 전통적인 시간을 밀어내고 새로운 시간에 대한 관념은 언제 생기기 시작한 것일까? 인류가 분 단위의 시간을 지키기 시작한 때가 바로 산업혁명으로 철도가 발달한 1840년대부터다.

기차가 생기기 전 대부분의 영국인은 하루를 오전과 오후로만 구분했으나 이제 시간의 정확성이 중요해진 것이다. 우선 철도 간 충돌사고를 막기 위해서는 표준시간에 맞춰 운행되어야 했다. 당시 철도 운영이 회사별로 이뤄지다 보니 철도 사고는 물론 기차를 놓치는 경우가 자주 발생했다.

1840년 11월 영국의 철도회사인 그레이트 웨스턴 레일웨이Great Western Railway가 처음으로 그리니치 천문대의 측정 시간을 기준으로 동기화한 열차 운영을 시작했다. 이를 통해 지역별로 다른 시간이 통일되기 시작하여 1880년 8월 영국에서 '그리니치 표준시'를 표준시간법으로 통과시켰고, 1884년 10월 워싱턴에서 열린 본초자오선 회의에서 마침내 세계표준시간으로 채택했다. 세계의 전 지역을 24개의 시간구역으로 분할하고 전 세계적으로 공통된 하루의 시작 시간을 고정했다. 도량형을 통일하여 표준화된 단위를 사용해서 거리와 무게를 재듯이 시간의 동질화는 하나의 기준에 의해 모든 시간을 측정하고 계산할 수 있게 했다. 이렇듯 근대적 시간은 동질화하는 과정이 필수이다. 19세기 말이 되어서야 채택된 것이다. 프랑스는 세계표준시간의 도입을 '시간 자체의 식민지화'로 여기고 거부하다 1911년에 가서 도입했다.

"시간 표준화를 추동한 가장 중요한 힘은 철도였다. 19세기 말까지 모든 도시에는 고유의 시간이 있었다. 1870년에 워싱턴에서 샌프란시스코로 여행한 사람이라면 누구나 지나치는 모든 도시에서 현지 시간을 맞추고자 200번 이상 시계를 조정해야 했다. (…중략…) 단일 시간은 처음에는 정치적 법령으로 강요된 게 아니라 민영 철도 회사들이 실행에 옮겼다. 미국은 1883년에 이르기까지 지역시간을 폐지하고 (…중략…) 4개의 표준시간대를 도입했다."[79]

시간을 엄격하게 지키고 모든 일에 점점 더 시간을 의식하는 서구인의 표상은 1840년 이후 반세기에 걸쳐 이뤄진 것이다. 시간에 대한 강박관념을 당시 신조어들이 드러내고 있다. 당시 신조어들은 새롭게 태어난 시간에 대한 광적인 열기를 잘 보여준다. 시대에 뒤처진다(behind times, 1831년)는 표현은 물론이고 시간표(timetable, 1838년)를 지키고 시간을 잘 활용하는 것(making good time, 1838년)이 중요해졌다.

사람들은 자신이 언젠가 죽는다는 사실을 기술할 때 시한(time limit, 1880년)이나 기간(time span, 1897년)이라는 표현을 사용했다. 스포츠에서 자주 쓰는 하프타임(half-time, 1867년), 타임아웃(time-out, 1896년)도 이때 생겨났다. 점점 시간이 사회생활에 중요한 가치를 갖다 보니 타임라인(time lines, 1876년), 시간대(time zones, 1885

년)라는 용어는 물론이고 편지나 문서의 발송과 접수 날짜와 시간을 기록하는 타임스탬프(time stamp)도 생겨났다.[80]

시간의 질서는 근대인의 상징이다. 시민들이 임무와 행동을 제때에, 시간을 제대로 지키는 게 근대 질서가 성립될 수 있었던 조건이었다. 새로운 시간 감각을 체득한 자가 엘리트였다. 비로소 시간이 근대 질서의 한 지표가 된 것이다.

# 5
# 근대 대학과 학문의 탄생

### 근대 대학의 효시가 된 독일

1830년대 독일 대학은 전문 학과들이 분리되면서 전문성이 강화되기 시작했다. 전문 학술지와 세미나 등 특수한 인프라가 확보되면서 비판적인 연구 풍토가 확립되어가는 시기였다. 과학이 문헌학이나 역사학의 개념을 흡수한 것도 1830년대다.[81] 후발국인 독일이 나폴레옹 치하라는 비참한 상황에서 탈피하기 위해 1810년 베를린 대학교를 설립하면서 근대 대학(대학 2.0)이 시작됐다.

나폴레옹의 전쟁과 그 이후 나폴레옹이 옹호하는 가치와 그 가치를 모두 부정하는 빈 체제Wiener System의 성립 등 정치적 혼란기를 지나 1830년대와 1840년대에 이르러 독일 대학은 학과의 분화, 세미나 제도, 실험실 등이 생겨나면서 그 뿌리가 단단해졌다. 특히 1830년대가 되어서야 근대 대학의 기본적인 틀이 완성됐다.

"학문이 서로 분리되고 연관성을 결여한 특수 분야로 제각각 쪼개진 것은 1830년대 들어서면서 본격적으로 시작됐다. 학문은 이제 하나하나 쌓아나가는 과정으로 이해됐다."[82]

이 시기에 과학자라는 새로운 집단도 탄생했다.

"과학자라는 용어는 1830년에 가서야 생겼다. 그 세기 말에 그것은 학술지와 대학 그리고 과학단체를 통해 수천 명의 다른 연구자와 연결된 숙련된 전문가를 가리켰다. 그들한테는 자체적인 규칙과 관행 그리고 자원과 어휘가 있었다."[83]

과학이란 무엇인가? 신념과 신념의 싸움이 아니라 가설의 싸움이다. 증명이 안 되면 가설이 폐기되고, 방법론의 표준화와 전임자 연구를 기반으로 삼기 시작하면서 비로소 과학이 성립되기 시작한 것이다. 사실 과학이란 잠정적이고 조건적이며 지금까지 우리가 최선의 노력을 기울인 결과물일 뿐이다. 1840년대에 이르러서야 오늘날 독립된 학문 분야가 등장했다.

"1840년에 이르러 자연과학, 물리학, 역사학, 언어학이 독립된 학문 분야로 등장했고 20세기 학문을 지배하게 될 핵심 문제를 만들어냈다."[84]

독일 학자들이 근대 학문의 이슈를 주도하게 된 것이다. 특히 오늘날 논문에 사용하는 참고문헌과 인용 등 까다로운 저술방식을 1830년대(자연과학은 1840년대)에 확립했다. 주관적 믿음보다 객관적 사실을 중시하고 상호 비판과 교차 검증에 바탕을 둔 '지식의 방법'을 창출한 일은 매우 놀라운 성취였다. 이것은 유럽인들이 오랜 시간에 걸쳐 이룩한 것이다. 그리고 독일은 현실 기반 공동체인 대학에서 전문적인 학문, 과학, 연구의 세계를 만들었다.

"(근대 대학은) 전공과 전문지식을 발전시키고, 증거를 수집하고, 가설을 세우고, 기존 문헌을 조사하고, 비판적 교환에 참여하고, 동료 검토를 수행하고, 결과물을 발표하고, 결과물을 비교 및 복제하고, 다른 사람의 연구에 공을 돌리며 그걸 인용하고, 학회에 나가고,

학술지와 책을 편집하고, 방법론을 개발하고, 연구 기준을 설정 및 강화하고, 위의 모든 것을 다른 이들이 할 수 있도록 훈련시키는 사람들의 세계다."[85]

기존 문헌을 조사하고, 비판적인 의견을 교환하고, 동료의 검토를 받고, 다른 사람의 연구를 인용하고, 학회와 전문지에 발표하고, 이런 일을 할 수 있도록 훈련하는 이 모든 일들은 하나하나가 엄청난 진화였다. 이로써 인류는 새로운 사실을 발견하면 기꺼이 이를 받아들여서 더 나은 진실을 향해 나아갈 수 있었다. 권력의 방해도, 이념의 편견도, 종교적 신념도 학자들이 제시하는 사실의 확산을 막을 수 없었다. 이 효과는 30여 년이 지난 뒤 조지 엘리엇이 1865년에 발표한 「독일인에 대한 옹호」에 잘 나타나 있다.

"실험을 하는 사람은 무슨 일이 있어도 실험을 끝마치려 한다. 연구를 하는 학자라면 끝까지 자신의 연구를 관철시키려고 한다. 그러므로 오늘날 어느 분야든지 독일 서적에 의존하지 않고 진정한 연구를 할 수 있는 사람은 없다. 어느 누구든 독일인이 하는 말을 제대로 이해할 때까지는 분야를 막론하고 자신을 전문가로 부를 수 없다는 것이 엘리엇의 결론이었다."[86]

구미에 불어닥친 독일 대학 열풍

독일 대학의 성과들이 뚜렷해지고 위상이 높아지면서 1860년대에는 미국과 영국, 프랑스에서 '독일 열풍'이 불었다. 『저먼 지니어스』에서는 이렇게 분석했다.

"런던대학교 개교(1836년)할 때부터 독일인 교수 자리를 마련했다. (…중략…) 1850년에 옥스퍼드와 케임브리지를 관장하는 왕립위원회에 보고서를 작성하기 이전에 옥스퍼드대학교는 이미 평신도 교수를 채용하고 좀 더 실용적인 시험방식을 채택해 더욱 독일적인 색깔을 입히려고 노력했다."[87]

미국은 더 적극적이었다. 1840년 말 이후부터는 독일 학문 풍토의 이상을 받아들였고 학술연구를 전문적인 직업으로 발전시켰다.

"1815년부터 1914년까지 독일에서 공부한 미국인 수를 9,000명에서 1만 명으로 추산한다. 이들 중 단과대학 학장과 종합대학의 총장이 된 인물이 적어도 19명에 달한다고 한다. (…중략…) 초기에 미국인이 독일로 유학 간 데에는 하버드와 예일 두 곳의 역할이 컸다. 미국인 독일 유학생의 55%가 두 대학 중 한 곳의 학생이었다."[88]

특히 영어권에서 모델이 될 존스홉킨스대학교는 1876년에 독일식 교육방식을 적용하여 세운 첫 미국 대학이었다. 1870년대 2차 산업혁명은 독일과 미국이 선도했다. 과학과 기술이 결합한 것이다.

"2차 산업혁명의 핵심은 다름 아닌 과학이었다. 따라서 이 혁명을 확산시킨 열쇠는 교육이었다."

"노동자들의 교육 수준이 높은 나라일수록 신기술을 채택하고 실행할 가능성이 컸으며 더 나아가 새로운 기술을 창조할 저력을 갖추게 됐다. 교육률(특히 새로운 유형의 자본에 유용한 교육률)이 낮은 지역은 새로운 세계에 적응할 준비를 하지 못했다."[89]

후발산업국인 독일이 교육 선도국이 됐다. 이는 '프로이센이 훗날 영국을 비롯한 여러 나라 기술을 흡수하고 나아가 개선할 수 있는 토대'[90]가 됐다. 1871년 통일을 이룬 독일은 2차 산업혁명의 선도자가 됐다. 그뿐만 아니라 오늘날 미국에 있는 유럽인 중에서 가장 인구비율이 높은 인종은 독일계 미국인이다. 그들은 1840년대 중반부터 대거 미국으로 이주했다.

"1840년대 중반에서 1850년대 중반 사이에 미국으로 이주한 약 75만 명의 독일인은 흔히 '포티 에이츠The Forty-Eights'라고 불렸다. 독일계 미국인 가운데 포티 에이츠를 조상으로 두었다는 것은 메이플라워호를 타고 건너온 영국인 조상을 둔 것만큼이나 주목받는 일이었다."[91]

한 가지만 짚고 넘어가겠다. 서유럽은 기술의 진보를 이루면서 근대 사회로 급격히 이동 중이었다. 특히 영국은 산업력과 경쟁력이 월등함에도 (부유층을 대상으로 하는) 시계나 망원경 같은 일부 품목은 있었으나 중국에 대량으로 수출 가능한 제품이 하나도 없었다. 자신들이 좋아하는 중국 차와 도자기 값을 지불할 은이 부족해 (영국은 산업혁명에 의한 자본을 축적하기 위해 은의 국외 유출을 억제하는 정책을 펼쳤다) 인도에서 재배한 아편을 청나라에 밀수출하여 무역적자를 상쇄하고 삼각무역을 정립했다. 아편은 '19세기 중국의 히트상품'이 됐다.

1839년 11월 영국 정부가 파견한 원정군이 마카오에 도착하면서 생긴 무장충돌에서 시작된 아편전쟁은 1842년 난징조약으로 종결됐다. 이 사건을 볼 때 가장 앞선 영국조차 1840년대까지도 월등한 군사력을 빼고는 상품이나 경제력에서 동양에 대해 우위가 확보되지 않았음을 알 수 있다. 그러나 산업혁명과 새로운 기술 등 다양한 분야의 파워들이 일단 긴밀하게 연결되자 서구는 엄청난 속도로 발전했다. 한 세대 뒤에 서구는 완전히 다른 사회로 변화했고 동·서양 간에는 엄청난 격차가 발생했다.

"자본주의라는 용어가 쓰이게 된 1860년대에 무엇인가 근본적인 것이 변화했다는 점에 대해서는 이견이 없다. 초기 산업화 시기의 기계에 의한 자동화는 임금을 떨어뜨리고 악취가 진동하는 빈민촌을 폭발적으로 성장하게 만들었다. 하지만 이 시기 이후 각 도시가 뒤늦게 상하수도 체계를 갖추고 모든 어린이에게 읽기와 산수를 가르치기 위해 초등학교를 설립하면서 삶의 질은 향상되기 시작했다."[92]

#  6
# 근대 언론과 리얼리즘 문학

### 세계화를 촉진시킨 통신의 발달

1830년대 말 통신의 발달은 혁신이 정보 전달에 완전히 새로운 차원을 열고 세계화에 결정적 역할을 했다. 무선전신과 전화는 통신과 교통의 속도를 높였다. 구리 통신 케이블이 영국에서 1838년에 깔리기 시작하면서 정보 전달의 속도를 획기적으로 높였다. 1851년 영국과 프랑스 사이 도버해협에 해저 케이블이 깔렸고, 1866년 대서양 횡단 케이블을 통해 런던과 뉴욕이 연결됐다.[93] 1870년에는 영국과 인도가 연결됐고, 이윽고 1872년에는 호주까지 이어졌다. 덕분에 아주 멀리 떨어진 그들의 먼 제국들과 소통이 원활해졌다.

여기에 미국 대통령 몇 명의 초상화를 그릴 정도로 유명했던 화가 새뮤얼 모스(1791~1872)는 전기 텔레그래프를 개량하여 1843년 5월 반쯤 완공(최종 완공은 1844년 5월)된 전신선으로 볼티모어에서 워싱턴까지 소식을 전할 수 있었다. 전신이 일으킨 거리의 소멸이 어떤 의미를 가졌는지는 미국처럼 거대한 나라에서는 즉각적으로 이해됐다. 전신선은 곧 미국 대륙 전체에 여기저기 깔렸다. 전신이 일단 쓰이기 시작하자 1846년에는 다른 나라보다 빠른 정보를 원했던 영국과 미국에서 주가 동향과 일기예보를 전하는 데 사용됐고, 점차 통신원으로부터 정보를 수신하는 데 사용됐다. 남보다 먼저 알아야 하는 경쟁은 군사나 정치에 관한 정보에서 그치지 않았다. 무엇보다도 산업에 관한 정보를 남들보다 먼저 획득해야만 했다. 세계로 팽창하는 이 시기에 언론도 역동적으로 성장하기 시작했다.

"문맹률이 감소하고 인쇄된 언론이 발전한 덕분에 유럽 언론에서는 민족 통일 담론이 제국주의 세력을 예찬하는 데에 이용됐다. (…중략…) 유럽의 제국들은 점차적으로 모국의 민족주의를 제국에 더는 장애가 되지 않고 오히려 제국 중심부의 여론에서 제국의 정당성을 뒷받침해주는 한 기둥으로 전환하는 데 성공했다. 특히 19세기 후반 민족적 위대함, 인종적 우월감, 제국의 영광이라는 비전은 기독교 가치와 결합돼 제국의 힘을 강화해주었다."[94]

1830년 이후 프랑스의 언론은 검열로부터 조금 자유로워지고 많은 언론사들이 출현했다. '1833년 파리에 설립된 66개의 합자회사 가운데 33개가 언론사'[95]였다. 하지만 1년 구독료가 파리 노동자의 월급보다 비쌌다. 이 문제는 다른 방법을 모색해야 했다. 창의적인 사업가인 에밀 드 지라르댕은 1836년 7월 정치, 농업, 상업, 산업의 현황을 다루는 일간지 「라 프레스La Press」를 창간하고(1848년 발간 금지됨) 미국 신문을 모델 삼아 광고수입을 창출하면서 획기적인 혁신을 마련했다. 그는 신문에 연재소설을 게재한 최초의 인물이다. 그의 저널리즘에 대한 관점은 매우 현대적이었다.

"프랑스에서는 저널리즘이라는 산업은 잘못된 기초 위에 놓여 있

다. 즉 광고료보다 구독료에 의존하고 있다. 그 반대로 되어야 바람직하다."⁹⁶

그가 신문광고를 처음 도입한 것은 아니었지만, 연간 구독료를 타사의 반값인 4프랑으로 고정하고 결손은 광고수입으로 채웠다. 그리고 신문이 그동안 보편적인 매체로 자리 잡는 데 고전을 면치 못한 이유도 단순한 사건과 정보의 나열로만 채워져서 무엇보다 재미가 없었기 때문이라고 판단하여 신문에 연재소설을 게재하고 구미가 당기는 다채로운 읽을거리를 제공했다. 발자크는 1837년부터 1847년까지 매년 소설 한 편씩을 「라 프레스」에 넘겼다. 이러한 시도는 1846년에 20만 명의 고객을 확보할 정도로 성공을 거뒀다. 아놀드 하우저는 정보와 재미로 결합한 이 신문의 창간을 '하나의 역사적 사건'으로 평가했다.

"문학과 일간신문의 결합. 공업적 목적을 위한 증기의 사용처럼 혁명적인 효과를 가지며 문학적 생산의 모든 성격을 바꿔놓는다. (…중략…) 그 시대의 예술 창작의 한 경향이었다."⁹⁷

당시 극적 서스펜스의 대가인 알렉산더 뒤마는 신문 연재소설의 명수로 73명의 대필작가를 고용했을 만큼 문학작품은 상품이 됐다. 게다가 사진 기술이 더해지면서 가속도가 붙었다. 사진 기술은 1824년 시작됐으나 며칠에 걸친 노출 시간이 필요했는데 13년 뒤에 화가인 루이 디게르(1787~1851)가 노출 시간을 한 시간 이내로 줄였다. 1839년 디게르가 파리에서 은판사진법을 최초로 소개하면서 사진 매체와 사진관의 초석이 놓였고 곧바로 사진 분야가 번성했다. 1843년 멕시코의 정치적 소요 사태를 사진으로 게재한 건 프랑스 주간지 『릴뤼스트라시옹』이었다. 마침내 신문은 볼거리를 제공함으로써 한 단계 도약할 수 있게 됐다.

"뉴스의 수집에 전신이 처음 활용된 것은 1837년이며 1847년부터는 간헐적으로 활용했고 완전히 활용하게 된 것은 1870년대 이후부터이다."[98]

1846년 뉴욕의 여섯 개 신문사가 협력하여 워싱턴과 보스턴에서 뉴욕까지 전신으로 뉴스를 보내는 비용을 서로 분담했다. 이것이 이후에 미국 최초의 통신사인 AP통신이 된다. 신문이 대중에게 방대한 정보를 전달함으로써 대중민주주의 시대를 떠받쳤다.

### 유럽문화의 정체성과 출판업의 발전에 기여한 철도

한편 국제 철도의 개통은 오늘날의 유럽 문화를 형성하는 데 결정적인 역할을 했다. 영국의 역사학자인 올랜도 파이지스는 저서 『유러피언』에서 첫 장면을 "1846년 6월 13일 화창한 일요일 아침 7시 30분, 최초의 증기기관차는 브뤼셀로 가기 위해" 파리 생라자르 역을 빠져 나가는 것으로 시작한다. 유럽 문화는 이렇게 1846년 브뤼셀 철도 개통식으로 인해 새로운 시대가 열렸음을 대단히 흥미롭고 매혹적인 묘사로 알렸다. '시속 30킬로미터라는 전대미문의 속도'로 유럽의 새로운 문화혁명이 탄생하는 역사적인 순간의 심장박동과 떠들썩한 환영 인파의 함성까지 묘사하고 있다. 최초의 국제 철도는 1843년 벨기에 안트베르펜에서 독일 쾰른까지 가는 철도였다. 하지만 1846년 파리-브뤼셀 간 철도가 중요한 이유는 유럽 북해 연안의 벨기에, 네덜란드, 룩셈부르크, 영국, 독일어권 지역을 연결하여 유럽 문화를 창조하고 국제화하는 계기가 됐기 때문이다. 이 철도망을 타고 예술가들과 그들의 작품은 이제 전보다 수월하게 대륙을 왕래할 수 있게 됐다.

"이 수십 년 동안 오케스트라와 합창단, 오페라와 극단, 예술 작품의 순회 전시, 작품 낭독회에 나선 작가 등이 문명의 이기인 철도를 이용하여 폭넓게 여행했다."[99]

1840년대 영국에서는 새로운 출퇴근 문화가 생겼다. 신분이 다른 사람들 간에 하고 싶지 않은 대화를 피하는 방책으로 차량 내부에서 책이나 신문을 읽게 되면서 영국인의 문자 사용 능력이 급증했다. 유럽 대륙 역시 철도여행객들의 영향으로 가벼운 소설에 대한 붐이 일어난다. 여행하는 도중에 읽을 오락도서는 장거리 여행의 지루함도 덜고 맞은편 승객과 시선을 마주쳐야 하는 어색함도 모면하게 해주었다. 기차역마다 서점이나 대본소가 생겨났다. 독일 등에서는 기차역 서점은 철로 그 자체만큼이나 오래된 것으로 이는 출판인들이 창의적인 마케팅 기법을 적극적으로 활용한 덕이었다. 가장 중요한 기법은 1844년 라이프치히 출판인들이 시작한 '문고판'이었다.

"문고판은 작은 판형의 염가 시리즈[100]인데, 균일하게 종이 혹은 천 커버를 사용하고 같은 가격에 친숙한 브랜드마크를 사용하여 독자들이 쉽게 책을 알아보게 하여 교양 있는 집안의 수집품으로 갖추어 놓게 하는 것이다."[101]

"유럽의 여러 대형 출판사(영국의 롱맨과 라우틀리지, 베를린의 알베르트 호프만, 프랑스의 아셰트)는 여행객의 가방에 딱 들어가는 표준 포켓 사이즈의 장편소설, 단편소설, 여행안내서 등 염가본을 많이 발행했다."[102]

프랑스의 아셰트는 1870년대 프랑스 내에만 500곳의 철도 서점을 운영하며 카탈로그, 광고 포스터, 정기 간행물의 광고와 신문의 호의적인 논평 등을 활용했다. 이러한 사업 발전의 핵심 요인 역시 철도였다. 출판사들은 철도 덕분에 소도시나 시골지역까지 침투할 수 있었다. 이처럼 철도는 산업 발전에 기여했을 뿐만 아니라 '근대성의 상징' 그 자체였다. 1840년대 이르러 오늘날 유럽의 문화가 형성되기 시작한 것도 철도였다.

# 7
# 구한말 조선의 근대화

조선의 골든타임

19세기 말 산업화에 따라 경제규모는 폭발적으로 커졌다. 마르크스는 이렇게 표현했다. "자본주의는 과거의 경제 체제에서는 감히 상상할 수도 없을 만큼 생산력을 발전시켰다."

이제와 돌이켜 보면 동학혁명 전까지가 조선에 주어진 시간이었다. "19세기 1870년대부터 자본주의 열강은 식민지 쟁탈을 위한 광풍을 일으키며, 1900년까지 아프리카 지역의 90.4%, 아시아 지역의 56%, 아메리카 지역의 27.2% 그리고 오스트레일리아 지역 전체를 제국주의가 직접 통치하는 식민지로 점령하였고, 동시에 수많은 반半식민지와 부속국가들이 출현하였다."[103]

조선은 유럽 열강들이 자국과 지역 간 갈등을 봉합하고 그동안 축적된 힘을 아시아로 분출하기 전에 준비를 마쳐야 했다. 1885년이 됐을 때 아시아에서 한·중·일 그리고 태국과 네팔을 제외하곤 이미 모두 식민지가 된 상태였다. 그리고 무엇보다 근대 국가로 탈바꿈해 온 일본이 강해지는 순간 일본도 바이러스에 감염된 포식자가 되어 조선을 단숨에 먹어치웠던 것이다. 이미 일본은 서구 열강의 방식에 따라 조선을 강제 개방시켰다. 동아시아가 침탈당하는 과정은 '통상요구 → 군대를 동원할 수밖에 없는 상황 발생 → 군대 동원에 따른 손해를 메꾸기 위한 이권 요구 → 또 다른 상황의 발생 → 군대 파견 → 군대 동원에 따른 이익을 보전받기 위해 더 많은 이권 요구'의 과정을 거쳤다.[104]

다시 말해 통상 요구, 그 뒤에 이어지는 무력, 더 많은 시장 개방, 또 다시 이어지는 무력 사용에 맞설 수 없는 나라는 그들의 요구에 응할 수밖에 없었다. 조선도 마찬가지였다. 조선은 1876년 일본의 무력시위에 의해 부산, 인천, 원산을 개항했다. 더욱이 1882년 임오군란 때 일본인 사상자가 발생하고 공사관이 파괴됐다. 이에 대한 손해배상을 주 내용으로 하는 불평등 조약인 제물포조약 등이 체결돼 한반도는 청일 양국 세력의 각축장으로 전락했다.

1870년대부터 1890년 중반 동학혁명 전까지가 조선에 주어진 마지막 기회였다. 졸면 곧 죽는다는 각오로 도전하고 개혁하지 않으면 살아남을 수 없었다. 그러나 아이러니하게도 시간이 촉박할수록 오히려 창의적인 대안을 탐색할 수 없게 된다. 인간이란 존재가 그렇다. 그렇다고 미온적인 태도로 근대화가 그저 잘되길 바라며 앉아만 있어서는 되는 일이 아무것도 없다. 당시 조선은 쥐고 있는 카드도 너무 빈약했고 개혁하겠다는 의지가 보이지 않았으며 비전조차 부재했다. 같은 시기, 혁신이 가속화되는 국면에 진입한 일본은 그 변화의 폭과 깊이와 속도가 역사상 전대미문이었다.

현대에 와서 '근대화의 길이 서구화라는 외길뿐이냐? 전통적인 우리만의 길이 있지 않았을까?'라는 '내재적 발전론'의 관점에서 조선 후기 상공업과 실학의 발달에 관한 연구가 활발하게 이루어졌다. 자본주의 맹아 등 근대의 기본 속성에 해당하는 것들이 우리 역사 안에서 생성되고 있었다는 관점의 연구다. 그러나 실학이든 민중이든 그 어떤 것도 임계질량에 도달하지 못한 채 새로운 사회를 건설하는 단계까지는 나아가지 못했다.

### 근대화가 서구화라는 외길 뿐인가

서유럽이 갔던 길로만 근대화가 이뤄진다는 것을 인정하면 지금까지 이룬 자신들의 문명이 낙후됐다는 평가를 인정해야 하는 위험에 놓인다. 그래서 식민지를 경험한 국가들은 열강의 침략이나 간섭이 없었더라도 자생적으로 근대화를 이룰 수 있었다고 주장하기도 한다. 그런데 안타깝게도 근대화는 서구화라는 외길 하나뿐이었다. 분명 다른 길도 있었을지 모르나 지금까지 유럽의 영향을 받지 않고 근대화를 이룬 문명권은 없다. 세계 문명을 시야에 넣고 역사를 집필하던 독일의 역사학자 위르겐 오스터함멜 교수 역시도 "모든 세기 가운데 19세기만큼은 유럽의 영향을 고려하지 않고는 서술할 수 없다."라고 말했다.

"유라시아의 서쪽 반도가 자신보다 훨씬 넓은 지구의 나머지 지역을 지배하고 착취한 적은 이전에는 없었다. 유럽에서 시작된 변화가 나머지 세계에 그처럼 충격을 준 적도 이전에는 없었다. 유럽의 문화가 유럽 식민지를 훨씬 벗어난 지역에서까지 열정적으로 받아들여진 적은 이전에는 없었다. 19세기는 나머지 대륙이 유럽을 자신들의 척도로 삼았다는 점에서 유럽의 세기였다."[105]

19세기만큼 유럽의 영향력이 절대적인 시대는 없었다. 하지만 18세기 초까지 유럽은 변방이었고 전쟁을 지독히 좋아하는 광기 어린 늑대들의 땅이었다. 시민혁명과 산업혁명이라는 '이중 혁명'은 유럽이 비약적인 성장을 이루는 토대가 됐고, 유럽은 많은 고통과 피의 대가를 지불하며 점진적으로 발전했다. 도자기만 하더라도 유럽은 18세기 초에 이르러 겨우 생산할 수 있었다.

"16세기 이후 섭씨 1,300도 이상의 고온을 만들 수 있게 된 유럽은 도자기 개발에도 박차를 가하고 18세기 초 드디어 유럽에서도 도자기가 생산되기 시작한다. 철강산업으로 영국의 산업혁명을 이끈 버밍엄의 '루나 소사이어티'에서 연소작용을 연구하던 조지프 프리스틀리와 주철을 만들던 그의 처남 윌킨슨, 도자기를 만들던 그들의 친구 조사이어 웨지우드가 함께 모인 데는 이런 배경이 있었다."[106]

다시 한번 말하지만 근대화에는 예외가 없다. 근대화란 말 자체가 우연이 됐건 필연(치열한 주체적인 노력)이 됐건 특정 시기의 유럽이 도달한 비약적이고 특수한 현상을 가리킨다. 근대화를 한다는 것은 유럽의 문화, 철학, 정치, 경제 제도를 수용한다는 것을 의미했다. 오늘날 우리가 활용하는 제도들인 경찰, 학교, 병원 등은 모두 서양에서 왔다. 찬란한 문명국이었던 중국에서 가져온 시스템은 고시 제도 말고는 거의 없다. 아니, 중국조차 정치 제도를 자신들의 위대한 문명에서 가져오지 못하고 소련으로부터 수입했다. 이런 말을 하는 것이 동양을 경시해서 하는 말이 아니다. 역사적 전환기에 적응하지 못하면 뛰어난 문명도 도태되는 게 세계 역사임을 분명히 하자는 것이다.

유럽에 문명과 과학을 전파한 이슬람 사회는 문명의 전달자로서의 명예조차 지워진 채 지금은 낙후됐다. 특히 테러로 유명한 이슬람 근본주의는 이슬람 교리가 폭력적이라거나 그들의 성향이 체질적으로 거칠기 때문에 생긴 것이 아니다. 이슬람 문명권이 가혹하게 근대화 과정을 겪으면서 생긴 문제였다. 상처 입은 존재가 가진 울분과 병리 현상이 겹쳐져 나타난 현상으로 볼 수 있다. 심지어 서구 열강에 심하게 상처를 입었던 중국 또한 G2라는 세계 초강대국이 됐는데도 시진핑 주석은 2015년에 삼애론三挨論을 거론하더니, 2021년 7월 중국공산당 창당 100주년 기념식에서 150년 전 서구에 당한 치욕을 먼저 상기시켰다.

삼애론三挨論은 '아이다(挨打, 매 맞다)' '아이어(挨餓, 배곯다)' '아이마(挨罵, 욕먹다)'로 중국어 피동사 '아이(挨·애)'가 붙었다. "낙오하면 맞아야 하고, 가난하면 굶어야 하고, 말을 못하면失語 욕을 먹는다. 그동안 우리 당은 인민을 이끌며 '매 맞고' '배곯고' '욕먹는' 3대 문제를 해결해야 했다."(2015년 12월 중앙당교)

"중국은 일어섰고(站起來, 짠치라이) 부유해졌고(富起來, 푸치라이) 강해지는(强起來, 챵치라이) 위대한 비약을 맞이하고 있다."(2017년 가을 제19차 중공전국대표자대회) 마오쩌둥이 맞는 문제를, 덩샤오핑이 굶는 문제를 해결했으니 시진핑이 욕먹는 문제를 풀겠다는 취지였다.

"30여 년간의 개혁개방 결과 중국이 부유해졌다. 이제는 인민의 생활이 보다 평등해지고 국가가 부강해지는 시대로 접어들었다는 것이다. 그러한 시대는 중국이 근대 이후 치욕에서 벗어났을 뿐만 아니라 서세동점과 서구 우위의 시대를 끝내고 중화민족이 위대한 부흥을 하여 중국이 세계를 이끌어가는 시대를 의미한다."[107]

이제 "중국의 국가 부흥은 역사적인 필연"이 됐다.(2021년 7월 공산당 창당 100주년 기념식)

조선이나 중국은 스스로 근대화를 이룰 수 없었을까? 근대화를 이루기 위해서는 칸트가 말했듯이 '인간이 스스로 초래한 무지라는 미성숙에서 벗어나는' 게 먼저였다. 유교마저 부정하고 감히 알려고 노력하고 독립적으로 사고하려는 노력이 필요했다.

그런데 일본은 독보적으로 근대화에 성공했다. 그들은 어떻게 자신의 고유문명에서 벗어나 근대화에 성공한 것일까? 2부에서 알아보겠다.

2부

# 일본 제국을 만든 발명품

1장

부고:
대일본제국 시대
1868~1945년

# 1
# 대일본제국의 흥망

### 빈털터리가 된 제국

물결표(~)는 범위를 한정할 때 쓰는 문장부호다. 대일본제국[108]의 연도를 다시 천천히 읽어본다. 1868년 탄생, 그 사이 짧은 물결, 그리고 1945년 졸卒. 77년이다. 77년이면 한 세기도 채 되지 않는 매우 짧은 제국의 수명이다. 일본제국은 1868년 메이지 유신 이후 한 세대 만에 혁명을 수행하고 새로운 근대 국가를 건설하여 세계사에서 뚜렷이 그 존재를 드러냈다. 근대, 진보, 아시아의 자강을 보여주는 상징으로써 일본이 부상한 것이다. 이후로도 일본은 고무된 자부심으로 그럴듯한 신화를 이어가는 듯했다. 그러나 일본제국은 이후로 러일전쟁, 한일병합, 만주사변, 중일전쟁, 태평양전쟁 등으로 이어지는 침략과 파시즘의 광기로 인해 오히려 제국의 죽음을 재촉했다.

"대일본제국은 어떻게 흥했고 왜 망했을까?"

일본이 이룩한 근대화뿐만 아니라 제국의 죽음까지도 이해해야 일본의 현재와 미래를 읽을 수 있다. 일본의 지성들도 이 지점을 주목했다. 소설가 시바 료타로는 자제력을 잃고 무모하게 확장하는 일본을 '술에 취한 여우'에 비유하며 제 꾀에 제가 속아 넘어간 격이라 표현했다.

"일본이 정상적인 역사였던 것은 러일전쟁 때까지였다. 그 후로는 특히 다이쇼 7년(1918년)의 시베리아 출병부터는 술에 취해 말을 타고 달리는 여우와 같은 나라가 됐다. 태평양전쟁의 패전으로 여우의 환상은 무너졌다."[109]

'술에 취해 말을 타고 달리는 여우' 같은 일본은 천황제의 통치를 공고히 하여 아시아에서 펼친 침략전쟁을 정당화했고 끝내 패전으로 무너졌다. 어떻게 보면 일본은 무엇에 홀렸는지 근대 국가를 만듦과 동시에 왕권신수설 시대로 퇴보했다. '국가 총동원 체제'를 구축하는 강력한 구심력 역할을 기대했던 천황제는 결국 패망의 가속도를 밟게 만든 핵심적인 방아쇠였다. 대표적 평론가인 다치바나 다카시는 일본 근현대사의 최대 연출자인 천황제를 다음과 같이 비판했다.

"일본을 저 전쟁으로 몰고 간 최대 원인은 일본인 전체가 정신적으로 독립된 존재가 되지 못한 데 있다는 것이다. 그 때문에 일본인은 그릇된 지도자를 맹종하고 말았다. (…중략…) 전쟁의 시대에 일본인 대부분은 천황을 현인신으로 떠받들고 천황을 위해서라면 무엇이든(목숨조차) 바치겠다고 했다. 국민 모두가 광신적인 천황교 신도가 되어 있었던 것과 마찬가지였다."[110]

지나고 보니 일본제국은 러일전쟁에서 승리했을 때가 소위 '피크 peak'였다. 그때 이후로 내려올 일만 남았던 것이다. 일본 육군사관학교를 졸업하고 헌병장교 출신으로 만주국 건설에 기여한 만주국의 실세인 아마카스 마사히코(甘粕正彦, 1891~1945)는 도조 히데키와 함께 대표적인 천황파였다. 그는 생애 마지막을 일본제국의 운명과 함께했다. 1945년 일본이 패배를 선언한 후 소련군이 몰려온 8월 20일 아침, 그는 자신의 집무실인 만주영화협회 이사장실 칠판에 '큰 도박, 원금도 이자도 없이 빈털터리'라고 적은 후 청산가리를 먹고 목숨을 끊었다. 그가 칠판에 적은 내용처럼 천황이 거주하는 도쿄마저 미군의 B29 대편대의 폭격으로 인해 불타 폐허가 됐다.

'큰 도박, 원금도 이자도 없이 빈털터리'가 된 제국.

### 대일본 제국의 죽음

일본제국이 아시아와 태평양에서 꾸었던 헛된 꿈. 그 끝은 바로 제국의 죽음이었다.

"태평양전쟁은 기묘한 전쟁이었다. 상식적으로 생각하더라도 강한 나라가 약한 나라를 공격하지, 약한 나라가 자신보다 훨씬 강한 나라를 공격하는 것은 국가적 자살행위나 다름없다. 제정신이 박히고서야 누가 그런 전쟁을 일으킨단 말인가. 실제로 결과는 그야말로 참담했다. 전 국토가 초토화되고 300만 명이 넘는 군인과 민간인이 죽었으며 원자폭탄이라는 가공할 무기까지 얻어맞은 끝에 백기를 들었다."[111]

아마카스는 파국에 직면하고 나서야 비로소 헛된 꿈임을 깨닫는다. 이것이 바로 일본제국의 원초적 비극이었다. 아마카스도 그것을 절감하면서 속으로 피눈물을 흘렸을 것이다. 일본인 아내와 함께 15개월 동안 태평양전쟁의 격전지를 돌아보고 군부, 내각, 천황의 수석고문 등 핵심 인사를 포함하여 500여 명 이상을 인터뷰한 존 톨런드는 일본의 침략에 대해 근본적인 의문을 제기한다.

"캘리포니아 정도의 크기밖에 안 되는 나라가 무엇 때문에 진주만을 공격했고 열 배는 더 강한 적과 죽기 살기로 싸우는 자살행위

나 다름없는 행동을 했단 말인가?"¹¹²

그런데 '빈털터리'를 향한 일본제국의 도박으로 인해 15년에 걸친 전쟁, 죽음, 파괴, 그리고 치욕과 슬픔의 밑바닥을 경험하고도 오늘날 많은 일본인은 천황제를 지지하고 메이지 유신을 '황금시대'로 여기며 자랑스러워한다. 이 역시 비현실적이다. 왜 일본인은 비참한 전쟁을 겪고도 천황제에 넌더리를 내지 않는 것일까? 여기에 야스쿠니 신사, 위안부, 징용 문제를 둘러싼 일본 정부의 대응에 대해 일본의 우경화를 우려하는 해외 언론의 지적도 끊이지 않는다. 일본은 보편성이 결여된 사고방식을 가진 나라인가? 여전히 태평양전쟁 때 자신들이 저지른 전쟁범죄에 대해 불편해 하면서 외면하고 있다. 일본인은 치부를 드러내는 것을 극도로 혐오하면서 오히려 '희생자 코스프레'를 한다. 이런 일본의 이중성에 대해 어느 역사가도 일본이 이룩한 메이지 유신의 탁월한 성과와 제2차 세계대전 당시 보여준 일본의 광기에 대해 명확하게 설명하지 못하고 있다. 분투와 노력, 성장, 침략의 사이클을 거치면서 기껏 건설한 제국이 국민들 평균 수명보다도 짧았다.¹¹³

1930년대부터 15년의 긴 전쟁의 끝. 일본은 제국의 나이 77세에 이르러 참담한 폐허를 경험했지만 여전히 악몽에서 깨어나지 못하고 있다. 나는 일본제국의 저 짧은 물결표를 또 한 번 응시한다. 저것이 일본제국의 시작이고 끝이다. 일본이 꿈꾸고 이루고 도전하고 언덕을 넘어 고지를 향해 날아오르다 추락해 버리기까지의 모든 역사. 일본제국의 전부. 모든 게 다 저 짧은 문장부호 물결표 안에 들어 있다. 짧지만 매우 밀도 높았던 생애. 일본제국은 탄생 때부터 비상한 관심을 받았다. 한때 산업화와 근대 의회국가를 동시에 이뤄낸 최우등생의 역사였다.

"19세기 말까지 미국과 서유럽 몇 개국 정도를 제외하고 산업혁명과 헌정(憲政: 헌법+의회)을 함께 이룬 나라는 유라시아 대륙 맨 끝의 일본이 유일했다. 서유럽에 가까이 있는 러시아나 동유럽의 국가들도, 유럽과 아시아의 중간지대에 있는 오스만투르크 제국도 그런 정도의 변혁을 이뤄내지 못했다."[114]

메이지 유신은 체제 변혁의 속도, 범위, 성과 등 모든 면에서 시행착오를 최소화한 채 봉건적 껍데기를 벗고 근대 국가로의 전환에 성공한 '찬양받는 모델'이 됐다. 놀랍게도 일본은 사회적인 큰 혼란 없이 '언덕 위의 구름'을 향해 피땀 흘리며 올라가는 데 성공한 것이다. 자신보다 경제규모가 큰 청제국과 러시아와 싸워 이기면서 힘을 키웠다. 일본의 성과가 가시적으로 드러나자 많은 나라가 즉시 일본을 모방하려 했다. 패배한 중국은 물론 인도, 튀르키예 등 많은 나라가 '일본은 우리의 미래상을 보여주는 모델'이라며 칭송을 아끼지 않았다. 그러나 일본이 이내 한국을 식민지로 삼고 중국에 '21개조 특권'을 요구하자 명성은 서구 열강보다 더한 또 하나의 악랄한 침략자라는 평가로 바뀌었다.

## 2
# 근대 일본과 세계 질서

**1900년 당시 53개 독립국 현황**

　일본의 침략을 왜 조선과 중국은 막아내지 못했을까? 우리는 쉽게 일본과 비교하며 근대화에 실패한 조선을 비판한다. 일견 일리도 있다. 하지만 일본이 유독 특이하기도 했다. 1900년 당시 주권국가 현황을 살펴보면 독립국은 53개국이다. 영국의 식민지는 매우 복잡해서 어떤 나라를 독립국으로 볼지 판단이 서지 않아 영국의 대학자인 도널드 서순이 정리한 것을 독립국으로 적용했다. 이들 53개국을 4개 그룹으로 분류할 수 있다. 네 그룹을 통해 국가들의 특성과 운명이 분명하게 드러난다.

- 1그룹(17개국): 제국주의 국가와 선진그룹의 국가들이다. 유럽 14개국(영국, 포르투갈, 스페인, 프랑스, 이탈리아, 스위스, 룩셈부르크, 네덜란드, 독일, 오스트리아, 덴마크, 스웨덴, 노르웨이, 러시아)과 미국, 캐나다 그리고 일본. 이들 중 스위스, 룩셈부르크, 노르웨

이, 캐나다는 식민지를 경영하지 않았으니 제국국가는 13개국 (2그룹의 벨기에를 포함하면 14개국)이다.

- 2그룹(23개국): 1800년대 나폴레옹의 유럽 정복기와 그 직후에 독립한 신생국이다. 1808년 나폴레옹이 스페인을 침략해 스페인 왕을 퇴위시키고 자신의 친형인 조제프 보나파르트를 왕위에 앉혔다. 몇 달이 채 지나지 않아 스페인령 아메리카 국가들은 화염에 휩싸였다. 베네수엘라, 콜롬비아, 멕시코는 독립을 선언했다. 독립전쟁은 10여 년 동안 계속됐고 1825년이 되자 중남미 대륙의 모든 식민지가 스페인으로부터 독립했다. 따라서 2그룹은 아이티(1804), 베네수엘라(1811), 아르헨티나(1816), 칠레(1818), 중앙아메리카(1821), 멕시코(1821), 페루(1821), 브라질(1822) 등 중남미 18개국과 그리스(1829), 벨기에(1830), 그리고 1878년 러시아의 승리로 오스만 제국으로부터 독립한 세르비아, 루마니아, 몬테네그로다. 이 중 벨기에는 1830년 네덜란드로부터 독립을 선언한 이후 수십 년간 열강들로부터 식민지를 구입하려고 노력하다 1885년부터 레오폴드 2세의 개인 소유로서 콩고 식민지를 운영했다.
- 3그룹(6개국): 강대국 간 분쟁 방지를 위한 중간지역으로서 외교와 저항으로 독립을 유지한 3개국(태국, 네팔, 에티오피아)과 미국의 도움을 받아 해방노예들이 건국한 라이베리아와 내부에서 혁명을 일으켜 자신들의 제국을 무너뜨리고 공화국을 만든 튀르키예와 중국을 말한다.
- 4그룹(7개국): 독립을 유지하지 못하고 식민지가 된 나라들이다. 조선, 부탄, 페르시아, 모로코, 스와질란드, 남아프리카공화국, 오렌지자유국의 7개국이다.

## 일본의 조선식민지 지배의 특이성

1900년 당시 1그룹 중 13개국의 먹잇감이 될 나라는 3그룹과 4그룹 국가의 13개국이었다. 그중에서 7개국만 식민지가 됐다. 수천 년의 역사와 인구 1,000만 이상인 국가 중에서 식민지가 된 나라는 조선과 페르시아뿐이다. 조선은 여러 면에서 볼 때 매우 특이하다. 조선이 식민지로 전락한 것에 대해 수많은 주장과 연구가 있지만 명확하게 사실이 드러나기는커녕 식민지가 된 상황이 더 신기할 정도다.

① 근세에 이웃을 식민지로 삼은 나라는 단 하나도 없다. 자주 예를 드는 아일랜드는 영국이 1171년 헨리 2세 때 최초 점령했다. 1534년 헨리 8세 때는 토벌대를 보내 아일랜드에서 발생한 반란을 진압하고 1542년 아일랜드 의회가 통과시킨 법에 따라 아일랜드 국왕을 겸했다. 이후 아일랜드는 영국 국왕이 파견한 귀족이 통치했다. 근대에 들어와 1798년 아일랜드에서 영국의 지배에 항거하며 반란이 일어났다. 이에 영국은 1801년 자치를 취소하고 아일랜드를 아예 합병하여 한 나라로 만들었다. 영국의 아일랜드에 대한 차별과 착취는 1840년대 감자 대흉작으로 아일랜드인들이 대거 미국 등지로 이주할 정도로 가혹했다. 하지만 아일랜드인을 영국 내 자국인으로 동화시키려 하지 않았다.

② 일본은 과거에 꽤 오랫동안 문명의 선배였던 조선을 식민지로 삼았다. 한국은 1,000년 이상 독립된 왕조를 유지해온 나라다. 강대한 중국조차도 주변 민족을 끊임없이 복속시키고 흡수해 왔지만, 한국은 독립된 정체성이 강해 1,000년이 넘도록 통합하거나 흡수하지 못했다. 일본의 조선병합은 한국인의 민족적인 격렬한 반감을 불러일으켰다. 한때 국력이 약해져 초라한 처지에 놓였다고 해도 영원히 식민지인으로 살아갈 그런 한국인이 아니었다. 조선은 절대로 식민지화가 불가능한 역사적 조건을 가졌다. 실제 세계사적으로도 그

런 경우는 거의 없기 때문이다.

③ 일본은 당시 무력, 경제력, 문화력에서 모두 압도하며 조선을 식민지로 삼았다. 그리고 매우 체계적이고 집요하게 역사를 왜곡했다. 이미 점령했는데 식민지의 역사마저 바꿀 긴요한 이유가 있었나? 이는 한국인에게 역사적 기록과 기억을 새로 만들어 주입함으로써 '너희는 영원히 못난 존재'라고 자학하게 만들 이유가 존재했다는 뜻이다.

어떤 이는 대만 사례를 들며 한국이 유독 반일 정서가 강하다고 지적한다. 일본에 대한 대만 사회의 전반적인 인식은 매우 긍정적이라는 것은 널리 알려져 있다.

"한국이 식민 지배의 잔재 수습에 아직도 진통을 겪고 있는 반면 대만에는 '친일 청산' 분위기가 거의 존재하지 않는다. 차이 대만 총통이 공식 행사에서 아베 전 총리의 서거를 애도하는 묵념을 거행할 정도다. 이를 보면 지도층과 일반 국민을 불문하고 일본과 대만의 정서적 유대는 매우 돈독하다."[115]

대만은 식민지 이전에 독립된 역사를 가진 나라가 아닌 데다가 한국처럼 (지난 과거마저 송두리째 뒤바뀐) 역사 왜곡을 통해 식민사관이라는 가스라이팅을 당한 적이 없다. 위에서 지적한 ②, ③번의 사례에 해당하지 않는다. 일본이 '잔인무도한 불관용'이 아니라 '전략적 관용 정책을 펼친 유일한 식민지'가 바로 대만이었다.

"일본은 후일에는 한국어 사용과 교육을 금지했지만, 당시에 포르모사 사람(대만)들이 고유한 중국 사투리를 사용하는 것을 허락했다. 일본이 설립한 학교에서 대만의 어린이들에게 중국어와 일본어를 가르쳤으며, 일본에 봉사하는 중국인 관리들에게 일본어를 훈련시켰다. (…중략…) 지금까지도 많은 대만인이 일본 문화에 우호적이다. 일본 점령기를 겪었던 노인들 가운데는 아직도 이따금 일본어를 사용하고 일본 식민주의자들이 질서, 현대화, 법치주의를 소개한 것으로 기억하는 사람들이 있다."[116]

영국, 프랑스 등 구미의 식민지 통치와 관련하여 많은 연구를 남긴 미국의 행정학자 얼레인 아일런드(1871~1951)는 대만과 조선의 식민지 상황이 전혀 다른 차원이라고 강조했다. 또한 '문명의 조선'이 망하게 된 이유는 한국 민족의 능력 부족이 아니라 지배층이 나라와 백성보다 가문의 이익을 꾀하고 부패했음을 꼽았다. 망국이 한두 왕의 실책이 아니라 누적된 악정의 결과라는 말은 정당한 지적이나 그렇다고 500년은 너무 과장됐다.

"포르모사(대만)는 단지 문명화된 민족이 아주 미개한 다른 민족을 지배하는 수많은 사례 중 하나일 뿐이었다. 이에 대해 한국은 문명화한 민족이 문명화된 다른 민족을 지배하는 드문 사례였다. 1910년 한일합방이 이루어졌을 때 한반도의 삶의 여건이 극도로 열악했던 것이 사실이다. 그러나 이것은 한국 민족의 타고난 지능이나 능력이 부족했기 때문이 아니라 500년 세월 동안 거의 지속적으로 조선왕조의 특징으로 자리매김했던 무지와 부패 때문이었다."[117]

그렇기에 일본이 조선을 식민지로 삼고 대만과 대조적으로 역사 왜곡을 통해 식민사관을 이식했던 움직임은 기이하고도 또 기이한 일이었다. 망국의 원인을 밝히려는 시도가 다양하게 이뤄지면서 수많은 책과 논문이 나왔지만, 결과는 그리 만족스럽지 않다. 역사상 가장 치욕적인 세월이 여전히 이해할 수 없는 사건으로 남아 있는 것이다. 이에 대해 박훈 교수는 조선이 못난 게 아니라 평범했기에 생긴 문제이고 일본이 매우 특이한 것이라며 다른 시각을 제시한다.

"헌법, 의회, 선거, 국민국가, 자본주의 등 서유럽이 '발명'해 낸 것들은 거의 모든 국가에게 매우 낯선 것들이었다. 일본에게도 마찬가지였다. 그런데 왜 유독 일본은 이를 신속히 받아들였고 큰 파탄 없이 사회변혁에 성공했던 것인가."[118]

일본은 동시대 한국과 중국은 물론 아시아의 다른 민족과도 달랐다. 그들은 스스로 낙후성을 인식하는 순간 주저 없이 개혁을 단행하는 용기를 가졌다. 일본이 근대화를 이루고 선진국이 된 것은 결코 일본인의 자질이 압도적으로 우수한 것이 아닐 뿐더러 특별한 행운을 타고난 것도 아니었다. 다만 있는 그대로의 모습을 직시하고 그것을 개선하려는 주체세력들이 있었기에 가능했다. 거대한 성취를 이룬 일본은 1930년대에 이해할 수 없는 자멸의 길을 선택한다. 파멸은 문명이 쇠퇴한 뒤에만 찾아오는 것이 아니라 승리를 거듭하면서 급성장한 뒤에도 찾아온다는 것을 단적으로 보여주는 것이 일본의 역사다. 결국 만주사변, 중일전쟁, 그리고 태평양전쟁으로 이어지는 광기의 15년간의 전쟁을 끝낸 것은 원자폭탄 두 방이었다. 그 결과 메이지 주체세력들이 처음부터 미연에 방지하고자 했던 바로 그것, 즉 독립국가로서 지위를 잃게 되는 상황에 처하고 말았다.

"1945년 이 거창한 계획(대동아공영권)은 일본이라는 나라와 함께 시꺼먼 연기를 뿜는 잿더미로 변하고 말았다. 불관용은 일본이 세계 제패라는 꿈을 키울 수 있었던 토대인 동시에 제국주의 일본의 파멸을 불러오는 촉매제였다."[119]

대일본제국은 침략과 제국주의의 길을 걸으며 성장했고 오랜 전쟁으로 1945년 8월 15일 끝내 사망했다. 이른바 태양신이 지켜주는 신국 일본이 패망한 것이다. 이러한 역사적 사실은 물결표(~)보다 삿갓표(∧)가 더 잘 어울린다. 부고장을 다시 써야 한다.

"부고: 대일본제국 시대 1868년∧1945년"

# 2장

## 이중의 근대화
## : 메이지 유신의 발명품

# 1
# 발명품의 실체

---

 메이지 유신의 주체세력들이 만든 세 가지 발명품은 일본을 근대 국가로 만드는 데 핵심적인 역할을 수행했다. 세 가지 발명품은 무엇인가?

### 이와쿠라 사절단

 첫 번째, '이와쿠라 사절단 정신'으로 대표되는 서구화에 대한 열망과 치열한 학습이다. 두 번째, 근대화 정책을 안정적으로 실시할 구심력으로서 '근대 천황제'다. 세 번째, 메이지 정부를 위해 싸우다 죽은 병사들의 혼을 위무하기 위해 만들었던 '야스쿠니 신사'다. 이는 종국에는 계속되는 침략 이데올로기를 창출하는 군국 신사로서 작동한다.

 먼저 간략히 요약한 다음 좀 더 세밀히 들여다보겠다.

 첫 번째 발명품은 이와쿠라 사절단으로 대표되는 근대화에 대한 일본의 필사적인 배움이다. 메이지 유신의 주체세력은 새로운 서구

형 국가를 건설하는 데 동의했다. 그런데 어설픈 정책으로 국가 건설에 임했다가는 실패하기 십상이라 또 다른 차원의 해결책을 강구해야 했다. 혁명 주체세력은 어떤 식으로 근대 국가를 건설할지 고민 끝에 결론을 내렸다.

"직접 서구에 가서 배우자. 세계를 둘러보고 그들을 벤치마킹하자."

서구의 근대화는 무기와 기술이라는 눈에 보이는 하드웨어보다는 눈에 보이지 않는 소프트웨어 요소들이 결정적인 역할을 했다. 단순히 의지만 갖고 할 수 있는 일이 아니었다. 메이지 정부는 고도의 전문성을 갖춘 인재 확보가 중요하다는 판단하에 어려운 형편에도 막대한 예산을 투자하여 인재를 양성했다. 수많은 유학생을 구미에 보내고, 외국인 교사와 기술자를 초빙하여 내국인을 가르치고, 많은 서양서적을 번역하여 일본의 근대화를 촉진했다. 그들은 이러한 소프트웨어적 능력이 뒷받침되지 않은 하드웨어는 무용지물이 된다는 것을 일찌감치 간파했다.

"사절단 참가자들은 정부의 요직에 임명되어 근대 국가 구축에 필요한 제도와 계획을 입안할 수 있었다. 특정 사안에서는 다양한 의견이 맞부딪쳤지만, 근대화에 착수한 어느 나라도 관련 문제들에 관해서 그렇게 깊고 폭넓은 공통의 이해를 확보한 경우는 없었다."[120]

일본의 행운이라면 역사상 가장 비범한 인물군이 이 시기에 무더기로 나왔다는 점이다. 정도전, 이성계, 정몽주, 이방원 등 조선의 건국 초기에 비유될 만한 인물군이었다. 당시 일본의 혁명 주체세력은 열렬한 애국심은 물론 비상한 두뇌와 결연한 의지를 갖고 있었다. 세계정세를 정확히 읽고 냉정하게 객관적으로 자기 평가를 한 후 국가 전반에 걸쳐 전면적인 개혁을 진행했다. 그들의 변혁에 대한 의지와 열정은 상황에 적응하는 능력과 함께 새로운 산업을 육성하는 일에도 드러났다. 일본은 큰 야망을 품었고 그들은 계속 전진했다. 메이지 유신은 천황 중심의 통일정권을 이루어 일본이 비상할 수 있는 토대로 만들었다. 하지만 도요토미 히데요시(1537~1598)의 일본 통일이 임진왜란을 불러왔듯이 메이지 유신의 통일정권은 곧 동아시아에 재앙이 됐다.

### 근대 천황제

두 번째 발명품은 근대 천황제다. 근대 천황제는 처음에는 급격한 서구화 정책에 따른 정서적, 심리적 충격을 완화하는 데 매우 효과적이었다. 근대화 정책으로 인해 개인의 권리가 커지면서 결속력이 약화될 수 있는 상황에서(원심력으로 작용) 천황제는 일본을 하나로 묶을 수 있는 강력한 구심점이 됐다. 천황은 새로운 통일국가 수립을 위해 불려나온 권력의 중심이었다. 당시 대부분의 민중은 쇼군이나 다이묘(大名, 영주)의 존재는 알고 있어도 천황의 존재에 대해서는 잘 몰랐다. 유신의 주체세력은 막부 타도와 내적인 통일의 상징으로 '천황'이 가진 종교적 권위를 활용했다. 한국인 중에는 천황제가 근대의 발명품이라는 데 대해 고개를 갸우뚱할 사람들이 있을 것이다. 먼저 전문가들의 의견을 보자.

오에 시노부 이바라키대학교 교수는 근대 천황제가 "메이지 유신과 함께 탄생하고 대일본제국 헌법에 의해 그 구조가 결정됐고 러일전쟁 후에 군사적, 이데올로기적 지배라는 두 가지 측면에서 확립됐다."라고 규정했다. 이것은 매우 특이하다고 지적했다.

"패전까지 일본의 국가형태인 근대 천황제는 극히 특수한 정치형태. 근대 천황제의 가장 특수한 점은 정치적으로는 주권자이고 군사적으로는 최고사령관이었던 천황이 동시에 종교적으로도 절대 권위자였다는 것이다."[121]

어떻게 해서 이러한 특수한 국가 형태가 성립된 것일까? 유신 이

전에 군사적으로 최고사령관은 쇼군이 담당했고 천황은 종교적 기능을 담당했다. 일본은 다신교 특성상 일신교와 같은 종교적인 절대권위자는 존재할 수 없었다. 메이지 초기에 천황제는 종교로서가 아니라 종교를 대신하는 일종의 대용품으로 받아들여졌다. 천황제가 근대화 정책에 대한 저항을 줄이는 데 엄청난 역할을 했으니 '저비용 고효율 구조'라 할 수 있지만, 어정쩡한 근대화로 인한 이중의식이 생성될 수밖에 없었다.

"천황제 확립과 병행해서 근대 국가가 되기 위해서 유신정부는 '문명개화'와 '부국강병'이라는 두 가지 큰 정책을 강력히 추진했다. 그 결과 구미선진국을 따라 잡으려는 서양숭배의 근대화 지향과 천황숭배에서 볼 수 있는 봉건적인 신분제 의식이 결합되어 근대주의와 봉건주의의 이중의식이 국민성 내부에 성립됐다."[122]

네덜란드의 이안 부루마는 근대 천황제가 "독일 교리와 일본 신화의 접목"이라고 진단했다. "그들은 근대화를 진행하면서 동시에 고대의 전통을 유지하기 원했다. 이것은 독일 교리와 일본 신화의 접목에 의해 달성됐다."[123]

요약하면, 일본은 고대의 천황제를 새롭게 만들어 새로운 심벌, 이데올로기의 축으로 삼았다.

### 야스쿠니 신사

메이지 유신의 주체세력은 여기에 하나를 더 발명한다. 바로 세 번째 발명품으로 일본인에게 죽을 자리를 정해주는 야스쿠니 신사다. 처음에는 천황과 메이지 정부를 위해 죽은 병사들을 위한 추모 장소로 시작됐다. 즉 현충시설의 의미였다.

"야스쿠니는 근대 국가주의 사상에서 나온 것으로 천지운행의 평온을 위해 기도하는 장소가 아니다. 전몰자에 대한 경의를 표하는 장소다."[124]

"야스쿠니는 국가의 종교시설이며 국가의 군사시설로, 따라서 국민통합을 위한 정치적, 이데올로기적 수단이었다."[125]

하지만 침략전쟁을 일으킨 일본은 더 강한 적과 싸우기 위해 국민 총동원 체제가 필요했다. 야스쿠니 신사는 '제사의 정치화' '정치의 제사화'로 국민 총동원 체제를 정당화했다.

"어떤 이는 전장에서 병사, 군역으로 전쟁을 체험했고(약 25만 명), 후방지역에 남은 압도적 다수는 다양한 언론매체가 전하는 정보를 통해 전쟁을 체험했다. 이들의 전쟁 체험과 전후의 추몰자 추도 또한 전쟁 중에 친숙해진 '군인 천황' 상에 대한 숭배를 통해 근대 일본의 '국민'이 형성되어 간 것이다."[126]

나중에 야스쿠니 신사는 천황제와 결합하여 아시아 침략의 광기 어린 에너지를 불어넣는 장소로 변신했다. 일본은 1920년대 말부터 자신들의 힘에 스스로 도취되어 천황제를 일신교의 절대신으로 격상시키고, 미국의 능력을 파악하지 못한 나머지 천황제로 똘똘 뭉친 단결력이 승리로 이끌어줄 것이라 굳게 믿으며 무모하게 전쟁을 일으켰다. '야스쿠니에서 만나자.'라고 하는 등 죽음을 독려하는 사회문화가 강요됐다. 이웃국가들에는 그야말로 큰 재앙이었다. 일본인에게서 보이는 친절하고 예의바름은 마치 자기 이익만을 도모하는 상인의 처세술에 불과했고 바다만 건너오면 그들은 괴물이 됐다. 그 일례로 김명호 교수는 조선족 경제학자(그의 형이 통화通化의 만철 지사에 근무)의 회고를 소개했다.

"일본이 패망하자 마을에 있던 일본인들은 자취를 감췄다. 내가 심부름 갔던 만철 직원은 부인과 함께 와서 작별인사를 잊지 않았다. 겸손과 절약과 예의가 몸에 밴 일본인들이 중국에만 오면 난폭해지는 이유가 아직도 궁금하다."[127]

나도 궁금하다. 개인적 소회로서 일본인 개개인은 친절하고 정직하다고는 할 수 있다. 하지만 국가로서 일본은 친절하거나 정직하지 못하다. 그래서 강제징용과 위안부 등의 문제가 풀리지 않는다. 개인적으로 일본인을 피에 굶주린 괴물로 만든 것은 천황제, 야스쿠니 신사와 관련이 깊다고 생각한다. 메이지 초기에는 일본의 국력을 강화하는 인력引力으로 작용하던 천황제와 야스쿠니 신사는 점차 일본의 국력을 쇠퇴시키는 척력斥力으로 작용했다.

사무라이 일본은 총과 칼을 들고 동아시아를 향해 전쟁터로 나아가는 문을 열어젖혔다. 1895년 청일전쟁부터 러일전쟁, 만주사변, 중일전쟁, 태평양전쟁까지 일본은 50년 동안 전쟁을 일으켰다. 오늘날 일본이 생각하는 보통 국가의 전쟁이란 침략전쟁을 말함이지 방어전이 아니다. 일본의 본성엔 칼이 들어 있다. 특히 천황제는 매우 편협하고 허술한 심벌이어서 일본인이 아니면 받아들일 나라는 어디에도 없다. 자신들이 믿는 조상신을 유일신으로 만들어놓고 한국인 보고 믿으라고 강요했으니 이 얼마나 어처구니없는 짓인가.

원래 제국은 다민족과 다종교에 관용적인 데 반해 일본제국은 편협하게도 자신들의 신과 자신들의 삶을 강요했다. 발할라 같은 야스쿠니 신사로 인해 사무라이 일본은 그야말로 짐승도 아니고 괴물이었다. 시오노 나나미는 『로마인 이야기』 시리즈를 통해 일신교의 폭력성을 강하게 비판했다. 다신교 사회만이 관용적이라고 주장했다. 하지만 내가 보기엔 다신교 사회인 일본이 더 잔인하면 잔인했지 일신교 사회보다 조금도 나은 점이 보이지 않는다.

### 세 가지 발명품의 조합

이 세 가지 발명품의 조합으로 일본은 강력한 힘을 발휘하기도 하고 파괴적인 결과를 가져오기도 했다. 앞으로 이 세 가지를 어떻게 조합할지 그것은 일본의 선택이다.

① 일본은 '이와쿠라 사절단 정신'이 사회의 주류가 될 때 번성했다.
"태평양전쟁의 경우도 그렇습니다만 일본은 패전을 겪으면 하루아침에 변하는 것이 실로 극적일 정도입니다. 사쓰마-영국 전쟁의 경우에도 졌다고 생각하자 한두 해 사이에 영국으로 유학생을 보냅니다. 졌다고 생각하면 바로 상대국 유학인 거죠."[128]

② '야스쿠니 신사 문화'가 사회를 지배(우경화)할 때 일본은 쇠퇴했다.

일본이 무서운 점은 실제 신이 될 수 없는 '허구의 천황제'가 그 중심에 있다는 점이다. 천황제는 플러스든 마이너스든 일본을 하나로 뭉쳐 결집시키는 엔진 같은 역할을 했다.

①을 잘 보여주는 두 가지 사례를 보자.

일본이 번성한 두 시기인 메이지 유신부터 러일전쟁까지와 패전 후 생산성본부를 창립한 1955년부터 경제대국으로 세계에 이름을 떨친 1985년 시기다. 첫 번째, 메이지 유신 초기 이와쿠라 사절단 정신과 천황제의 결합으로 예상을 훨씬 초과하는 효과를 보았다. 천황제를 통해 문화적, 심리적 갈등을 최소화하여 근대화를 강력하게 추진해나갔다. 이와쿠라 사절단은 서양의 시스템, 제도, 문화에 대해서 꼼꼼히 벤치마킹했다. 일본은 여러 나라에서 근대 국가에 대한 영감의 원천을 찾아내 자신들의 나라에 적용했다.

"일본은 프랑스로부터 패션품목, 학구제, 형법, 심지어 프랑스 법학자 귀스타브 부아소나드까지 수입했다. 부아소나드는 일본에서 20년을 체류하고도 일본어를 거의 하지 못했지만 금세 '일본 법률의 아버지'라는 별명을 얻었다. 독일에서는 민법과 군대조직을 받아들였고, 영국에서는 해군과 전신과 철도를 받아들였고, 미국에서는 대학을 들여왔다."[129]

한 세대인 30여 년의 분투 끝에 일본은 빠르게 근대화에 성공했고 러일전쟁 이후 세계의 열강과 어깨를 나란히 했다. 결국 일본은 단순히 굴기에 성공한 게 아니라 강대국으로 부상한 것이다. 메이지 유신의 주체세력이 만들어낸 두 가지 발명품을 잘 결합해 근대화를 이루는 데 성공했다.

두 번째, 1955년 일본 정부는 '재단법인 일본생산성본부'를 설립했다. 1955년 5월 15일부터 6월 21일까지 중소기업 경영자 열두 명이 한 달 남짓 미국을 돌아보고 정리한 자료가 4,000페이지였다. 이를 추려서 작성한 175페이지짜리 최종보고서를 만들어 관련자들에게 모두 배포했다. 철저한 사전조사와 사후공유는 일본 기업들이 선진기업을 벤치마킹하는 데 성공률을 크게 높였다.

말이 쉽지 미국 현지에 가서 중점적으로 파악해야 할 게 무엇인지 질문 리스트를 만드는 것은 쉽지 않은 일이다. 잠시 『하멜 표류기』를 떠올려보자. 하멜 일행을 다룬 조선과 일본의 모습은 질적인 면에서 엄청난 차이가 났다. 조선에 하멜 일행이 14년 동안 머물렀는데도 조선은 알아낸 게 별로 없었다. 심지어 '코가 높고 괴상한 파란 눈'들이 어디서 왔는지도 끝까지 몰랐다. 그러다 보니 이들로부터 얻은 정보도, 지식도 없었다. 반면 일본에서는 나가사키 지사가 체계적인 54가지 질문을 통해 단 하루 만에 하멜이라는 사람을 모조리 파악해냈다. 어느 나라 사람인가, 어디에서 오는 길인가라는 질문에서 시작해서 난파된 지점, 배의 대포 수, 적하물, 한양으로 압송된 연유 등 기본적인 사항들에 관해 물었다. 더 나아가 조선의 산물, 군사장비, 종교, 인삼 등 세세한 정보들까지 두루 수집했다. 이것은 단지 관리 한 사람의 능력 문제가 아니라 그 나라와 사회의 시스템이 잘 갖춰져 있다는 의미다.

삼성에 근무할 때 일이다. 미국, 영국, 프랑스 등에 출장을 갈 때 반드시 알아와야 할 목표가 있기에 사전 질문지를 만들었다. 사전 질문지는 목표를 갖고 생생한 정보를 잘 채집하기 위해서 무엇보다 중요했다. 그리고 전문가의 의견을 듣고 통계자료를 백업하는 과정을 거쳤다. 그렇게 하지 않으면 출장이 그저 쓸모없는 견학에 머물 수도 있기 때문이다. 우수한 임직원일수록 질문지가 정교하고 구체적이었다. 그렇게 작성된 출장보고서는 현업에 좋은 참고가 됐다. 이건 절대 쉬운 일이 아니었다.

제2차 세계대전 이후 미국을 벤치마킹한 나라는 일본만이 아니었다. 그보다 앞서 영국, 프랑스, 독일도 벤치마킹을 했고, 심지어 1950년대 후반에는 한국도 갔다. 전문가가 아니면 당시 일본이 얼마나 우수했는지를 알아채기 쉽지 않다. 이병하 삼성경제연구소 상무(당시 직함)에 따르면, 일본 미국시찰단의 공식 명칭은 전기통신기계공업 전문시찰단이었는데 "파이오니아전기 사장을 비롯한 중소기업 경영자 열두 명이 출발 6개월 전부터 현지에 가서 중점적으로 파악할 내용과 일본 산업계 현황을 꼼꼼하게 수집했다. 일본 내 전기통신기계공업 현황조사를 실시한 것은 물론 각종 세미나를 개최해 문제를 명확히 끄집어냈다. 18개에 이르는 동종업계 공장을 일일이 방문하면서 미국 현지에서 조사해야 할 항목들도 추렸다."라고 한다. 이 열두 명은 말하자면 제2의 이와쿠라 사절단으로 일본기업이 미국식 과학경영을 도입하는 데 결정적인 기여를 했다. 여기에 일본 기업들은 와和를 정신의 근간으로 삼았다. 와사상은 집단주의, 상호 간 신뢰관계를 바탕으로 했기 때문에 노사 협의체제를 발족할 때 종신고용과 협조적 노사라는 일본 특유의 토양을 만들어내는 데 크게 기여했다.

또한 생산성본부를 발족한 후, 그들은 배우기 위해 불과 2년 사이에 45회에 걸쳐 540여 명의 해외시찰단을 파견했다고 한다. 이후 일본은 경제발전을 이루어 1960년대 세계 경제대국 2위로 성장했다. 일본이 빛을 발하던 시절 노구치 유키오 히토츠바시대학교 명예교수는 50년 전 저술한 『21세기 일본』이라는 책을 거론하며 당시를 소환했다. 일본인은 높은 경제성장과 함께 희망에 가득 찼던 시대에 "자신들의 위치를 객관적으로 이해했고 현실을 바꾸기 위해 노력했다."라고 평가했다.

"당시 일본인들은 스스로의 위치를 정확하게 이해하고 겸허했다는 사실도 중요하다. 일본은 전쟁에 패했다. 일본의 국력이 부족했고 권력자가 국가를 잘못된 방향으로 이끌었기 때문이라고 올바르게 자각했다. 그러한 상태를 극복하려면 외국에서 배워야 한다고 생각했는데 특히 미국에서 배울 필요가 있다고 생각했다. 단순히 외국을 떠받드는 것이 아니라 스스로와 세상을 이해한 끝에 얻은 태도였다."[130]

일본이 이와쿠라 사절단 정신을 유지할 때 일본의 경쟁력은 세계적인 수준을 유지했다. 이 정신을 계속 유지했다면 대일본제국은 비참한 최후를 맞지 않았을 것이다. 불행히도 일본은 자신들의 강점인 이와쿠라 사절단 정신을 스스로 버리고, 자신들을 급격히 몰락시키는 줄도 모르고 야스쿠니 신사와 천황제에 집착했다.

"살아서는 천황에 충성, 죽어서는 야스쿠니 신사로!"

### 천황제와 야스쿠니 신사의 결합이 낳은 비극

태평양전쟁 시절 천황제와 야스쿠니 신사의 결합은 가장 극단적인 형태로 상호작용하면서 비극적인 결과를 낳았다. 인간개조 수준의 절대적 충성을 요구하며 대동아공영권을 만들겠다는 달콤한 약속으로 국민을 사로잡았다. 일본인에게는 매우 강력한 비전으로 작동됐고 그 결과 파괴력 또한 매우 컸다. 태평양전쟁 막판에 가미카제는 미국의 간담을 서늘케 할 정도의 광기였고 총동원 체제였다. 야스쿠니 신사는 패전 이전의 유물인가? 그렇지 않다. 오늘날 한·일 갈등의 불은 어디에서 타오르고 있는가? 한국과 가장 부딪치는 게 바로 야스쿠니 신사로 지금도 현재 진행형이다. 아무도 예상하지 못했던 아베 전 총리의 비운의 충격 이후 온전한 조의마저 보낼 수 없는 한국의 현실은 이를 잘 보여주고 있다.

아베 정권 때 문제가 됐던 것은 야스쿠니 신사 참배, 위안부 합의와 파기, 그리고 강제징용 건이었다. 2017년 연설에서 아베는 일본을 '큰 나라'로 만들고 싶다고 했다. 하지만 그가 한국에 보여준 행동은 일본을 '왜소한 나라'로 인식하게 만들었다. 일본이든 중국이든 가장 가까운 나라인 한국과의 관계를 얼마나 수준 높게 유지하고 발전시킬 수 있느냐에 따라 문명대국이 될 수 있다. 한국은 일본과 중국에 일종의 리트머스 용지다. 한국인으로부터 매력을 느끼고 공정하다는 평가를 받고 과거사를 깔끔하게 정리할 수 있다면 일본은 리더십을 발휘할 수 있을 것이다. 사실 이건 비밀도 아니다. 가장 가까운 이웃인 한국과도 지나간 문제 하나 해결할 수 없는데 어떻게 문명대국이 될 수 있겠는가.

지금 다시 일본을 세밀히 읽어야 한다. 가까운 이웃, 그러나 아주 먼 나라로서 일본. 우리는 일본을 잘 안다고 생각하나 사실은 잘 알지 못한다. 사실 이건 너무 위험하다. 일본을 잘못 읽거나 착각하면 안 된다. 임진왜란 때도 고종 시대에도 그랬다. 모르면 당하는 건 상식이다. 이것은 우리의 지정학적 숙명이다. 내 경험상 일본을 개괄적으로 이해하려고 하면 할수록 오히려 더욱 꼬였다. 제대로 알기 위해서는 집요하게 물고 늘어질 수밖에 없었다. 그러다 보니 너무 세세하기도 하고 일정 부분은 지루하게 느껴질 것이다. 하지만 그 지루한 과정을 조금만 참고 지나가면 일본에 대해 놀라운 재발견을 할 수 있을 것이다.[131] 우선 큰 줄기를 잡고 일본을 살폈다. 메이지 유신의 세 가지 발명품을 하나씩 조목조목 살피는 장들은 일본의 역사와 본질을 한눈에 볼 수 있는 조감도가 되리라고 본다. 이제부터 현대 일본의 뿌리인 메이지 유신과 그 세 가지 발명품에 대해서 제대로 이해하는 고된 여정을 떠나보자.

# 2
# 유신의 진정한 의미

### 새의 다리를 끈으로 묶다

유신維新은 '유지하다'의 뜻을 가진 유維와 '새로움'을 뜻하는 신新의 결합이다. 메이지 유신은 서구화와 천황제 강화라는 서로 모순되는 슬로건을 내걸고 출발했다. 두 개의 근대화가 충돌하며 굴절된 역사의 의미는 사실 유신이라는 말 속에 다 들어 있다. 유維라는 단어는 새隹의 다리에 끈糸이 묶여 있는 모습을 형상화한 문자다. 새가 자유롭게 날아가지 못하도록 끈으로 묶어 제한을 가해 유지한다는 뜻이다. 이 글자처럼 메이지 유신의 본질을 잘 표현한 문자는 없다.

維(유)는 끈(糸)으로 새(隹)의 다리를 묶은 모양이다. 갑골문에는 새의 다리에 획이 하나 그어져 있다. 이것은 새를 끈으로 묶었다는 뜻이다. 새를 묶어두어 제한이 생기니 유지하다는 뜻이 된 것이다.
(그림 출처: 네이버 한자사전)

維를 통해 신新을 이루는 것이다. 즉 유維에 의한 개혁新, 유維를 위한 근대 국가의 건설新이다. 유維가 첫 번째고 신新이 그다음이다. 여기서 유는 바로 천황제를 뜻한다.

그렇다면 메이지 유신은 고대의 제정일치 국가로 돌아가는 개혁을 말하는가? 그렇지 않다. 천황제도 새롭게 개조하여 근대화했다. 아래의 그림으로 간단히 요약할 수 있다.

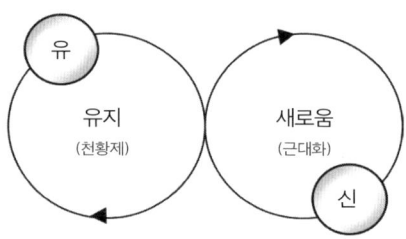

끈은 중심이고 혼으로서 천황제를 의미한다. 새는 근대화다. 새는 끝없이 하늘로 날아가려 한다. 유신의 주체세력은 한 번도 가보지 못한 길로 질서 있게 날아가 부강한 나라를 만들려 했다. 미국과 서유럽처럼 잘살고 강하되, 그들과 같지 않은 고유성을 가진 나라. 그 중심에서 구심적 역할을 해야 할 주체는 천황제였다.

"국체(천황제)가 일본의 축이 되어서 그것에 봉사하고, 그것을 강화해주는 것은 외국에서 가져오고, 그에 반하는 '나쁜' 이데올로기나 제도는 배제한다는 '선택적' 개국이 메이지 20년대(1887) 이후의 근대 일본의 일관된 특색이다."[132]

메이지 유신 정부는 정치체제, 사회제도, 그리고 금융, 산업, 문화, 교육 등 사회 전반에 걸쳐 일대 개혁을 단행했다. 과거 에도 시대의 전근대적인 요소들을 일신하여 서양과 같은 근대 국민국가로 새롭게 태어나자는 것이었다. 그 근간은 세 가지 제도, 즉 학교제도, 징병제도, 조세제도의 개혁을 강력하게 진행하여 부강한 나라를 만드는 것이었다. 1872년 의무교육제 도입 이후 1873년 20세 이상의 모든 남성에게 병역 의무가 지워졌고 조선소, 광산 개발, 섬유산업 관련 관영공장 건설 등이 진행됐다. 일본은 사회 전반의 근대화와 함께 신토神道[133]의 국교화를 동시에 추진했다. 결과적으로 이러한 대변혁으로 인해 일본의 국민성이 근본적으로 형성됐고 지금까지 유지되고 있다. 근대 일본의 국민성 형성에 가장 중요한 사상이 바로 천황숭배 사상이었다.

"구미 선진국을 따라 잡으려는 서양숭배의 근대화 지향과 천황숭배에서 볼 수 있는 봉건적인 신분제 의식이 결합되어 근대주의와 봉건주의의 이중의식이 국민성 내부에 성립됐다."[134]

천황제는 메이지 유신의 주체세력에게 근대화 길목에서 가장 중심이 되는 기둥이었던 바, 오래된 낡은 창고에서 끄집어내 새롭게 리모델링한 것이다. 끈을 새장으로 치환하면 이해하기 더 쉽다. 근대화는 '새장 속의 새'다. 이 새장을 설계하고 관리하는 건 유신의 주체세력이다.

### 메이지 유신과 아우프헤벤

근대화라는 새는 그 새장을 벗어날 수 없다. 당연히 새장에 갇힌 새는 천황을 받들어야 한다. 이 개념은 헤겔이 말한 '아우프헤벤Aufheben' 개념과 일치한다. 이 독일어 단어는 '폐기하다' '보관하다' '고양하다'는 세 가지 다른 의미를 가졌다. 헤겔은 자신이 말하고자 하는 철학적 개념이 이 '아우프헤벤'이라는 단어가 가진 의미들과 모두 일치한다고 했다. 흔히 '지양止揚'으로 번역한다. 매우 어려운 용어이고 개념이다. '멈춘다'는 뜻의 지止와 '고양하다'는 뜻의 양揚을 결합한 복합글자다. 즉 처음에는 멈추고 그다음 고양한다는 뜻이다.

간단히 살펴보겠다.[135] A에서 B로 발전하려 한다.

① A가 B가 되기 위해선 A는 A를 중단해야 한다. 여기서 멈춘다, 그만둔다는 지止, 즉 '아우프헤벤'의 '폐기하다'는 뜻이 사용된다. A가 A를 중단한 순간, A는 A가 아니게 된다.

② 그런데 A가 자신 속에 남은 A를 싹 다 없애는 순간 A 자체가 사라진다. 따라서 어떻게 해서든지 A는 A였을 때의 일부를 남겨두어야 한다. 여기서 아우프헤벤의 '보관하다'는 뜻이 사용된다.

③ 마지막으로 A가 자기 그대로 존재한다면 발전은 있을 수가 없다. 따라서 변화를 주고 끌어올려서 A가 B를 향해 발전해야 한다. 따라서 아우프헤벤이 가진 마지막 뜻인 '고양하다'가 사용된다.

프랑스 혁명처럼 '수세기 동안 너무나도 견고해 보였던 기존 질서를 그저 커다란 거미줄인 양 쉽게 버렸을 때'[136] 이는 전례 없는 수준의 변화와 함께 대혼란을 가져왔다. 급진적인 프랑스 혁명가들은 오랫동안 믿어온 가톨릭마저 버리고 그 자리에 이성을 앉히려 했다. 이후 프랑스는 100여 년 동안 반동과 혁명을 반복하며 수많은 피를 흘렸다. 이를 잘 아는 메이지 유신 주체세력들은 고민에 고민을 더했다. 아우프헤벤을 프랑스 혁명처럼 대격변을 일으키며 폭력적으로 일으킬 것인가, 아니면 서서히 질서 있게 만들어갈 것인가? 그들은 후자를 선택했다. 어떻게 하면 질서 있게 근대화를 이룰까? 그 선택이 바로 A 상태인 천황제를 B 상태의 천황제로 변신시킨 것이다. 메이지 유신 때 만든 새로운 천황제(B)는 과거의 천황제(A)가 아니었다. 과거의 천황제를 근간으로 새롭게 조직화하여 근대화했다. 하지만 A의 겉모습이 많이 남아 있다 보니 여전히 A처럼 보일 뿐이었다. (자세한 내용은 두 번째 발명품인 '천황제'에서 논하겠다.

한 번은 희극으로, 한 번은 비극으로 영향을 미쳤다.)

그런데 천황제는 근대에서 발명한 창조물일까? 물론이다. 객관적이고 권위 있는 일본 전문가의 평가를 보자. 야스마루 요시오 히토츠바시대학교 명예교수는 "현대 일본인의 마음속에 각인된 '천황'의 이미지는 19세기 메이지 유신 시대에 형성된 '관념적 구축물'에 불과하다."라고 지적했다. 또한 "국민국가들은 여러 국가가 겨루는 경기장에서 승리하기 위해 독자적인 편성원리를 만들어냈으며 일본은 그것이 천황제였다."라고 분석했다. 일본인조차 꽤 오래된 역사로서 천황제는 사실상 메이지 유신기에 일본의 근대 국민국가 형성 과정에서 제작된 '관념적 구축물'임을 알고 있다. 야스마루 요시오는 다음과 같이 평가했다.

"국민국가는 전통의 이름으로 국민적 아이덴티티를 구성하고 국민통합을 실현하는 것을 중요한 특질로 하고 있으며 근대 천황제는 국민국가 일본의 형성 과정에서 등장한 하나의 편성원리다."[137]

물론 천황제의 중핵을 이루는 대상제大嘗祭와 같은 황위 계승 의례나 아마테라스 오미카미天照大御神의 신성을 계승한다는 관념과 같이 그 유래를 가진 것도 있지만, 그것 또한 근대 천황제를 구성하는 소재로 이용되어 새로운 의미가 부여됐다. 즉 근대 천황제는 국민국가 일본이 형성되는 과정에 등장한 편성원리이며 그 과정에서 극히 오래된 전통은 국민통합과 민족적인 활력을 조달하기 위해 새롭게 창출된 환상의 구축물이었다. 그리고 그 작위성은 거의 자각하지 못하는 사이에 은폐되고 통념적인 상식이 되어버렸다. 또 다른 권위자인 미나미 히로시 히토쓰바시대학교 명예교수는 "근대 일본의 국민성에서 가장 중대한 변화를 가져온 것은 절대주의적인 천황제의 확립이 낳은 천황숭배의 경향"이라고 지적했다.

## 천황제와 입헌정치의 모순

"천황제의 확립과 병행해서 근대 국가가 되기 위해서 정부는 '문명개화'와 '부국강병'이라는 두 가지 큰 정책을 강력히 추진했다. 그 결과 구미 선진국을 따라잡으려는 서양숭배의 근대화 지향과 천황 숭배에서 볼 수 있는 봉건적인 신분제 의식이 결합되어, 근대주의와 봉건주의의 이중의식이 국민성 내부에 성립됐다."

패전에도 불구하고 "천황숭배의 국민성에는 큰 변화는 일어나지 않고 그것이 천황제 옹호의 사회심리적인 기반이 됐다."[138]

모든 국가의 개혁은 계승維과 개조新 과정에서 대중과 반대파마저 인정하는 명분과 핵심적 가치체계를 재구축해야 한다. 권위가 있는 중심이 확고하면 저항을 줄이면서 정당성을 확보할 수 있다. 메이지 유신의 주역들은 국가통합과 국민통합의 방식을 고대 일본의 천황제에서 형식을 가져와 새롭게 채워 넣었다. '복고'와 '혁신'이라는 모순되는 두 요소로 새로운 일본을 만드는 축이자 통합의 상징으로 천황을 전면에 내세웠다. 근대화를 위해 문명개화와 식산흥업殖産興業을 추진하면서 내부적으로는 일본주의의 축으로 근대 천황제를 형성하고 강화한 것이다. 이름하여 이중의 근대화라고 할 수 있다. 서구화로 일본의 모든 것을 대체한 게 아니라 천황제를 강화하면서 그 위에 서구화를 쌓는 복층적 구축물로서 메이지 유신이라 할 수 있다. 앞에서 이미 설명했듯이 유維가 먼저 놓이고 그 뒤에 신新이 놓였다. 일본인의 심층 속에 흐르는 '토착적 세계관의 집요한 지속'과 '중층重層적인 문화'는 시사하는 바가 크다.

"일본인처럼 민감하게 새로운 것을 받아들이는 민족이 따로 없고, 또 일본인처럼 충실하게 옛것을 보존하는 민족도 없다. (…중략…) 새로운 것이 수용될 때 신구가 교체되기보다는 옛것에 새것이 더해지는 발전의 형식이 원칙이 됐다."[139]

유신의 두 기둥인 천황제와 서구화는 둘이 한 몸을 공유하는 샴쌍둥이로 떼려야 뗄 수 없다. 이 둘이 기묘하게 얽혀 작동되는 현상, 쉽게 말해 메이지 유신은 인간의 영역뿐만 아니라 천황을 비롯한 신들도 유신을 한 것이다. R. 태가트 머피 전 쓰쿠바대학교 교수는 천황제는 물론 그동안 칭송받아온 제국헌법의 창설과 입헌정치조차 '커다란 쇼'라고 지적했다. 심지어 입헌정치조차 "일본이 완전한 근대 국가가 됐다고 믿게 하기 위해서라면 어떤 가면이라도 쓸 것이었지만, 천황의 의사결정권에까지 헌법적 제약을 가할 생각은 전혀 없었다."라고 비판했다.

"일본이 유독 독특했던 것은 나라의 지배구조에 하나도 아닌, 두 가지 다른 허구가 병존했기 때문이다. 하나는 과거부터 이어져 온 것이었고 다른 하나는 서양에서 들어온 것이었다. 과거로부터 이어받은 허구는 천황제이고 서양으로부터 들어온 허구는 입헌정치와 법치주의다."[140]

오늘날 서방이 중국을 비판할 때 근대화 이론이 작동되지 않았다고 주장한다. 산업을 일으켜 경제가 발전하고, 경제가 발전하면 중산층이 확대되고, 중산층이 정치적 민주화를 추진할 것이라는 오랜 근대화 명제가 작동되지 않는다는 것이다. 중국은 삼권분립을 통한 견제와 균형 그리고 다당제라는 서구식 정치체제를 도입할 가능성이 현재로선 없어 보인다.

메이지 일본도 지금의 중국과 동일했다. 메이지 초기에 국론을 통일하고 질서 있게 사회를 변혁하기 위해 천황제가 어쩔 수 없는 선택이었다 하더라도, 제1차 세계대전의 승전국으로서 국제 연맹의 상임이사국이었고, 또 국제적으로 승인된 아시아의 강대국이자 문명국이었다. 이때도 일본은 그동안의 성공방식인 천황제를 강화하는 방향으로 착오를 저질렀다. 일본은 패망 전까지 자칭 세계 5위의

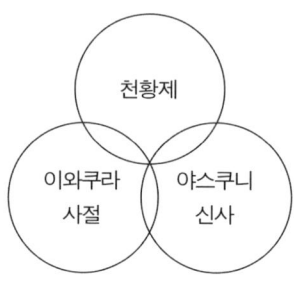

강국으로 부상했음에도 정치적 민주화를 이루기는커녕 천황을 최고신으로 두는 신정정치를 향해 내달렸다. 지금도 국가주의적 경향이 대세를 이루고 있는 일본이 과연 정치적 민주주의를 이루었는가에 대해서는 의견이 분분하다. 결국 천황제는 민주주의의 결핍을 낳았고, 허접한 심벌로서 '천황'은 일본인이 인간의 깊은 본성에 있는 축의 개념을 받아들일 수 없게 만들면서 '태양 너머를 상상할 수 없는 추상력의 결핍'을 낳았다.

천황제는 일본을 B급 강대국으로 만들었다. 자격과 수준이 떨어지는 제국이 힘을 가지면 고약해지고 약한 자는 살아남기 어려워진다. 메이지 유신의 주체세력은 천황제만으로 B급 제국을 유지하는 데 한계를 느꼈을까? 끊임없는 전쟁을 위해 계속 펌프질을 하기 위해서는 천황을 위해 기꺼이 목숨을 던질 군인들을 만들어내야 했다. 천황제를 축으로 하는 내셔널리즘만으로는 부족하다고 여겼는지 급기야 한 가지를 더 발명한다. 일본의 엘리트들이 원하는 국가를 만드는 데 일조할 신민의 완성, 바로 일본인에게 죽을 자리를 알려주는 야스쿠니 신사였다.

일본은 야스쿠니 신사를 새롭게 발명하여 군국주의의 길로 서슴없이 나아갔다. 가장 평화적이고 보편적이어야 할 종교를 오히려 국가 이데올로기의 생산자이면서 소비자로 전락시켰다. 천황제와 야스쿠니 신사는 동전의 양면이었다. (살아서는 천황에 충성하다) 죽을 자리를 정해주고 죽어서 신이 된다는 사무라이 정신을 심으며 전 국민의 군인화에 성공했다. 정리하자면, 메이지 유신이 낳은 세 가지 발명품, 바로 이와쿠라 사절단 정신, 천황제, 야스쿠니 신사는 큰 성공과 함께 짙은 그림자를 남겼다.

 이제 이 셋을 분해해서 하나씩 더 상세하게 알아보자. 우등생으로서 일본과 거대한 폭력으로서 일본이라는 이 양날을 가진 사무라이 일본의 힘의 원천에 대해 자세히 살펴보겠다.

3장

# 메이지 유신의 발명품 1
## 이와쿠라 사절단

을 이용하지 않으면 막부 타도가 불가능하다고 보고 있었다."[141]

메이지 유신이 성공한 후 얼마 지나지 않아 조선과 대만을 정복하자는 정한론, 정대론을 실행하자는 강경파도 꽤 많았다. 대외 강경책만이 일본을 드높여 강한 나라가 될 것이라 굳게 믿은 것이다. 이들은 오로지 무력을 통해 국위를 떨쳐야 한다는 생각으로 꽉 차 있어 다른 많은 난제는 눈에 보이지 않았다. 이렇게 생각의 뿌리는 같았어도 서로 추구하는 방향이 달라 충돌할 여지가 많았다. 유신 초기에는 막부의 반발과 내란 등 크고 작은 현안들이 너무 많아 어떠한 국가를 만들지에 대해 서로 간에 합의점을 모색할 여유가 없었다. 얼마 후에는 유신의 주체세력 간에 국가관과 문명관의 차이가 커짐에 따라 무력으로 충돌하기도 했다.

### 웅번의 혁명동지들 반란을 일으키다

당시 주체세력은 혁명이란 단어를 많이 사용했는데 그건 삿초(사쓰마번과 조슈번) 등 혁명에 참여한 자들이 권력을 잡기 위한 것이라 믿는 사람들도 많았다. 대부분의 사무라이는 전쟁을 통해 신분이 상승하고 재산을 늘릴 수 있다는 기대로 수많은 고난을 겪으며 반란자들을 쫓았다. 저 먼 동쪽과 서쪽의 땅 끝(사쓰마번과 조슈번)에서 교토와 북쪽의 아이즈번까지, 끝내는 홋카이도(당시 에조치)의 하코다테까지 쫓아가 싸웠다. 이렇게 희생을 했는데도 돌아오는 게 없자 이들의 분노는 하늘을 찌를 듯했다. 유신의 상층부는 영악하게 전술적으로 양이론을 이용했다. 하급무사들은 양이론을 간단히 포기하지 못하고 끝까지 집착했다. 이러한 시대상은 메이지 시대 소설가 시마자키 도손(島崎 藤村, 1872~1943)이 그려낸 한 인물의 비극에 잘 반영되어 있다.

"아오야마라는 인물이 국학에 심취, 근황勤皇 의지가 투철해서 메이지 유신을 맞자 왕정복고와 제정일치가 곧 실현되리라 믿고 기쁨에 들뜨지만 '문명개화'라는 이름 아래 서구화 만능의 세태가 전개되자 발광하여 비참한 최후를 맞는 인물로 묘사하고 있다."[142]

이들에게 혁명은 막부와 싸워 삿초의 연합세력으로 권력이 교체되는 걸 의미했다. 그런데 삿초로 정권이 교체됐는데도 공신들인 자신들에게 돌아오는 것은 아무것도 없었다. 이에 혁명주체들이 불만을 품으면서 반란이 일어났다. 메이지 유신의 연합세력인 서남웅번西南雄藩의 4개 번인 사초도히, 곧 사쓰마번(가고시마현), 조슈번(야마구치현), 도사번(고치현), 히젠번(사가현)에서 모두 반란과 반발이 일어났다. 이 반란은 1873년 정한 논쟁 이후에 일어났는데 1874년 2월 사가(히젠번)에서 메이지 정부의 사법대신을 지낸 에토 신페이가 고향으로 돌아가 일으킨 반란이었다.

사가는 히젠의 현 지명으로 메이지 유신의 주축인 네 개 번 중 하나였다. 오쿠보 도시미치는 신페이의 난을 무자비하게 진압하고 시코쿠로 도주한 신페이를 붙잡아 다른 불평사족에 대한 본보기로 효수형(많은 사람들이 보도록 목을 베어 높이 매다는 형벌)에 처했다.

1876년에는 유신정부의 참의 겸 국방부차관을 지낸 마에바라 잇세이前原—誠가 조슈의 하기에서 반란을 일으켰다. 그는 요시다 쇼인의 동문과 집안을 끌어들여 난을 일으켰다. 마에바라가 쇼카손주쿠의 제일 선배(맏사형)로 영향력이 높았기 때문이다. 반란 규모는 작았으나 쇼인의 영향력을 고려하면 매우 상징적인 사건이었고 이 일로 인해 쇼카손주쿠는 문을 닫게 된다.

마지막으로 정점을 찍은 것은 1877년 2월에 육군대장 출신 사이고 다카모리가 사쓰마에서 일으킨 세이난 전쟁이었다. 사이고군 3만 명과 정부군 4만 5,000명의 군세였다. 농민 출신의 징집병이 수비하는 구마모토성을 공략하면서 사이고군이 일으킨 전쟁은 무려 6개월이나 걸렸다. 쌍방 전사자가 1만 2,000여 명이 넘는 대규모 전쟁으로 불만에 가득 찬 사무라이들의 최후의 반란이었지만 근대적 장비와 훈련을 갖춘 정부군에 의해 진압됐다.

이와 같이 세이난 전쟁까지 고려하면 유신의 혁명동지인 네 개 웅번 중 사가번, 조슈번, 사쓰마번의 세 개 번에서 반란이 발생했다. 하나 남은 도사번은 세력이 약해 무력을 사용하는 대신 언론과 정치활동을 통해 비폭력적 방법으로 메이지 정부를 공격했다. 도사번 출신들은 자유민권운동의 주역이 되어 사쓰마와 조슈의 전제정치를 비난하며 개혁을 계속 촉구했고, 그 결과 메이지 정부가 1885년 내각제를 도입하는 데 크게 기여했다.

"도사 출신의 이타가키 다이스케와 고토 쇼지로 등은 조슈번과 사쓰마번 파벌의 권력독점에 대한 저항의 수단으로 무장봉기 대신 '민권운동'을 벌인다."

"메이지 정부에게 자유민권운동은 지금까지와는 전혀 다른 도전이었다. 사무라이의 반란이나 민란은 있었지만 전국적인 차원에서 여론 자체가 불리하게 돌아가기 시작한 것은 처음 있는 일이었다. 더구나 자유민권 운동은 계급, 지역, 신분의 벽을 넘으면서 전국적인 운동으로 확산되고 있었다."[143]

어제의 동지가 오늘의 적이 된 것이다. (이런 과정을 통해 일본의 지배세력이 사무라이에서 관료 중심으로 바뀌어갔다.) 이런 불씨는 나중에 발화됐지만, 근대화의 기치 아래 혁명을 일으킨 주역들이 근대화를 위해서는 정작 어떻게 해야 할지 모른다는 것이 그들의 딜레마였다.

### 번 단위에서 국가 단위로의 변혁

유럽이 수백 년에 걸쳐 완성한 제도를 유럽에 단기간 체류하거나 책을 읽어서 알 수 있는 건 한계가 있다. 전문가는 공부로 아는 사람과 내공이 다르지 않던가. 서구에 관한 법률, 역사, 제도, 의학, 정치사상 등을 소개한 책은 메이지 유신 전까지 467권이나 될 정도로 엄청났다. 당시 서구 책의 번역은 전무했던 조선에 비해 서양 문명에 대한 일본인의 엄청난 갈망과 번역한 책의 다양성을 고려해볼 때 영어, 프랑스, 독일어 전문가도 꽤 많았음을 미루어 짐작할 수 있다.

그런데도 메이지 유신의 주체세력들은 어디서부터 시작해야 할지 너무 막막했다. 책을 읽는다고 근대 국가의 원리나 국가 운영의 핵심 노하우가 전수되지 않는다. 아니, 불가능하다. 유럽에 살면서 직접 정치·경제 시스템을 몇 년씩 운영해도 알지 말지 한 깨달음을 책 몇십 권 읽고 얻겠다는 것은 어불성설이다. 오늘날에도 현실을 모르는 교수 출신들이 추진했던 각종 개혁 프로그램이 실패하는 원인이 여기에 있지 않던가. 안타깝게도 메이지 유신의 주체세력들은 근대화를 추진해 본 경험이 없었다. 자신도 잘 모르면서 누구에게 무엇을 지시한단 말인가. 일부는 짧은 유학생활로 유럽을 경험했으나 근대적 제도를 만드는 일은 또 다른 일임을 절감했다. 보통은 좌충우돌하면서 한 뼘씩 한계를 극복해 나가겠지만 그렇게 천천히 근대화를 이루어가기에는 너무 위험이 많았다.

봉건체제를 무너뜨리고 근대 국가 체제를 만들어야 하는데 주체세력들은 준비가 되어 있지 않았다. 그동안 막부 타도와 내란 진압을 위해 앞으로만 달려왔지 최종 목적지가 어디이고 또 그걸 어떻게 구축해야 하는지 알지 못했다. 혁명을 이룬 다음 혁명의 내용을 채울 진짜 혁명이 필요한데 대부분 주체세력만 교체하고 끝나버리기 일쑤다. 그래서 혁명이 성공하기 힘든 것이다. 하지만 메이지 유신의 주체세력들은 권력 교체에서 끝나지 않고 한발 더 들어가 '사실상 건국'을 이루어가고자 했다. 그런데 번 규모의 행정 단위가 아니라 일본이라는 큰 단위를 처음 맡아본지라 실제로 운영하는 법을 잘 모른다는 사실을 그들은 이내 깨달았다. 쉽게 말해 군수나 시장을 하다가 전임자가 없는 총리나 장관직을 맡은 것과 같은 상황이었다. 정말 굳건한 새 나라를 만들기 위해서는 시간이 걸리더라도 근대화의 핵심 원리와 세세한 내용을 배워야겠다는 각오로 당시 주체세력들은 유럽을 방문하면서 집중적으로 연구할 목록을 작성했다. 그 안에 그들의 고민이 고스란히 담겨 있다. 일부만 보면 다음과 같다.

- 근대 행정시스템은 어떻게 구축하며 운영해야 하는가?
- 법률제도는 어떻게 만들며 외국에 주재하는 영사관은 어떻게 운영하는가?
- 서양식 군대는 어떻게 운영해야 하는가?
- 재무회계 법칙, 조세, 국채 그리고 교육 실태와 운영 방향은 어떻게 해야 하는가?

쉽게 말해 중앙정부를 어떻게 구성하는지부터 운영하는 것까지 모든 걸 배우기 위해 노력했다. 1875년에 펴낸 후쿠자와 유키치(福澤諭吉, 1835~1901)의 『문명론 개략』에는 1868년 전후부터 1875년까지 10여 년간의 사회 분위기를 알려주는 내용이 나온다. 흑선의 등장으로 인해 초래된 대외적 위기가 국가적 위기의식으로 이어졌고 서양 문명에 매우 놀라 인심에 큰 소란이 생겼다고 적었다.

"인심 소란의 결과가 터진 게 몇 년 전의 왕제일신(王制一新, 메이지 유신을 이렇게 표현함)이고, 뒤이은 폐번치현廢藩置県이다. 이렇게 해서 지금에 이르렀기에, 이런 갖가지 사건(막부파가 1869년 5월 하코다테에서 항복할 때까지 일어난 전투들)들이 멈출 수 있는 게 아니다. 병마의 소란은 몇 년 전 일이고 그 흔적은 이미 찾을 수 없지만, 인심의 소란은 아직도 여전하여 나날이 더 심해지고 있다고 말할 수 있다. 생각건대 이 소란은 전국의 인민이 문명으로 나아가려는 분발이자 우리 문명에 만족하지 않고 서양 문명을 받아들이려는 열정이다."[144]

이처럼 "내부 분열이 상존함에도 햇병아리 메이지 정부는 서양을 보고 배워야 한다."라는 이른바 '문명개화'라는 시대적 과제를 수행하고자 이와쿠라 사절단을 파견하는 모험을 감행했다. 근대 국가에 대한 총체적인 인식이 제대로 되지 않은 상황에서 근대식 정책을 펼칠 경우 모래 위에 집을 지은 것처럼 기반부터 불안정해질 수 있다는 우려 때문이었다. 그런데 사절단을 꾸린 것은 일본인의 독창적인 아이디어는 아니었다. 처음 아이디어를 낸 사람은 일본에서 선교사로 활동하고 있던 네덜란드 출신 베르베크(Guido Verbeck, 1830~1898)였다.

"그는 조약 개정 준비단계로서 서양의 정치, 법률, 사법제도 등의 시찰과 조사를 위한 사절단을 파견하는 것이 바람직하다고 주장하면서 구체적인 기획안을 정부 고위인사에게 제출했다."[145]

### 청나라의 푸안천 사절단

당시 한·중·일의 상황을 살펴보자. 한·중·일 동아시아 3국은 비슷한 위기의식을 느끼고 있었다. 3국은 아편전쟁, 페리의 흑선, 병인양요 등 실제적인 위협을 경험했다. 이러한 상황에서 일본의 반응은 놀라울 정도로 매우 적극적이었다. 메이지 유신을 이룬 후 서양에 대항하기 위해 그들을 더 알고자 사절단을 보냈다. 그 사절단이 바로 '이와쿠라 사절단'인데 청나라도 이미 3년 전 1868년에 '푸안천 사절단'을 해외에 파견했다. 푸안천蒲安臣은 전 청나라 주미공사로 본명은 앤슨 벌링게임(Anson Burlingame, 1920~1870)이다. 푸안천이란 중국식 이름으로 불렸다. 벌링게임은 1846년 하버드대학교 법학과를 졸업하고 보스턴에서 변호사를 하다 1855년 하원의원에 당선됐다. 링컨 대통령은 1861년 6월 14일 그를 주중공사로 임명했다. 13대였지만 앞에 12명은 명예직이니 초대나 마찬가지였다. 마크 트웨인이 벌링게임의 일생을 '국경을 초월한 위대한 세계인'이라고 한마디로 정리할 정도로 코스모폴리탄이었다. 그는 1867년 임기를 마칠 때까지 무슨 일이건 중국에 협조하며 영국과 날을 세웠다.

당시 청나라 실권자인 공친왕 혁흔奕忻은 주중공사를 마친 푸안천을 절대적으로 신임하여 중국을 대표하는 외교교섭의 사무대신辦理各國中外交涉事務大臣에 임명했다. 당시 청 정부는 해외사절단 파견을 준비 중이었는데 단장으로 적합한 인물이 없어 고민스러운 상황이었다. 황제의 명을 받은 흠차대신 신분으로 푸안천에게 전권을 맡기고, 그를 보좌하는 두 명의 대외교섭 대신으로 만주족 출신 지강과 한족 출신 손가곡을 임명했다. 하지만 이들은 이름 없는 관료에 불과했다. 대표단 중에는 증국번의 장자 증기택을 포함하여 총 30명(영국, 프랑스 외교관 각 2명이 포함)이 1868년 1월 5일 베이징을 떠났다. 1870년 11월 18일 귀국할 때까지 총 12개국을 순방하며 순회대사로서 각종 교섭과 조약 체결을 했고 각국의 수장들, 외교관, 사업가, 선교사들을 만났다. 프랑스와 프로이센을 거쳐 러시아에 도착한 푸안천은 1870년 2월 차르를 접견한 다음 날 페테르부르크에서 급성폐렴으로 객사했다.

푸안천이 혼신을 다해 노력하고 애정을 쏟았다. 그럼에도 이 사절단의 참가자들은 개인적인 경험을 했을지는 모르나 정책을 만드는 공적을 세우거나 주요 인재로 성장하지 못했다. 서태후가 유럽에서 무슨 일이 벌어지는지 개인적으로 궁금하여 일부를 만나긴 했다. 그러나 일본이 신속하게 개혁조치를 통해 산업화로 연계하고 근대적 제도를 도입한 것과 달리 중국은 푸안천 사절단의 해외 경험을 제대로 활용하지 못하고 그대로 사장시키고 말았다. 물론 일부 부수적인 효과는 있었다. 푸안천의 노력으로 미국과 중국이 맺은 조약은 중국 유사 이래 가장 평등했다. 이로 인해 양국 국민의 왕래가 자유로워졌고 30만 명이 넘는 중국 노동자들이 미국 땅을 밟게 됐다. 이들은 미 서부의 금광과 탄광 개발과 철도 건설에 몸을 아끼지 않았다. 1869년 미국의 동서횡단철도의 완공기념식 날 철도공사 이사장의 인사말은 이들의 공로를 잘 표현하고 있다.

"빈곤과 무시를 감수하며 묵묵히 일한 중국 노동자들의 성실과 근면이 없었더라면 조기완성은 불가능했다. 우리는 그 공을 잊으면 안 된다."[146]

이런 효과도 푸안천의 사망과 링컨의 노예해방에 의해 자유노동자가 된 흑인들과의 밥그릇 싸움으로 인해 무산됐다. 마침내 1882년 중국인을 배척하는 배화법排華法이 의회에서 통과되면서 푸안천의 가장 큰 성과인 '푸안천 조약'은 14년 만에 휴지 조각이 되고 말았다. 일본인 연구가인 사카모토 히데키는 푸안천 사절단을 이렇게 평가했다.

"청나라의 경우 서양 물질문명을 거부하는 관리가 많았고 기계의 중요성에 대한 일반적인 인식도 높지 않았다. (…중략…) 그에 반해 일본은 서양 문명의 수용에 적극적이었고 그 배후에 있는 원리까지 연구하고 있었다."[147]

일본인이니 편향된 부분이 있을 수 있다고 하더라도 그가 이렇게 분석한 이유를 주목해야 한다.

"미국, 영국, 프랑스 등 외국인이 주도한 데다가 서양의 기술과 문명에는 지대한 관심을 가졌지만 이와쿠라 사절단처럼 사회제도나 정신문화에 대한 관심은 희박하였다."[148]

그의 분석에 따르면 중·일 양국 사절단의 인식혁명의 정도와 서양문명에 대한 갈망의 정도에서 이미 차이가 났다는 것이다. 그리고 확실히 이 점에서 중국이 약했다. 일본에는 한국과 중국이 갖지 않은 두 가지 큰 무기가 있었다. 하나는 '번역된 근대'라 할 정도로 수많은 서양의 역사, 지리, 정치철학, 사상, 법률, 기술 분야의 책들이 번역됐다. 메이지 유신 전까지 467권이 번역될 정도로 세계에 관한 지적 갈망이 사람들을 사로잡았다.

# 2
# 이와쿠라 사절단 정신

### 주체세력의 형성

1866년 후쿠자와 유키치가 펴낸 『서양사정』에는 미국, 영국, 프랑스 등 주요 강국들의 정치제도와 재정, 군사 및 교육 현황 그리고 병원, 박물관, 도서관, 구빈원 등 서양문명을 만든 정신적 인프라까지 모두 실려 있다. 심지어 '법 앞에 만인이 평등'하며 '자유, 생명, 행복 추구에 대한 천부인권론'이 담긴 미국 독립선언문의 전문도 실려 있다. 이 책은 15만 부나 팔릴 정도로 인기가 높았다. 15만 부는 오늘날 우리나라에서도 쉽지 않은 판매량으로 당시 일본이 문해율이 높았고, 출판사와 서점이 수천 점에 이를 정도로 지적 인프라가 형성됐다는 것을 방증했다. 한마디로 인지혁명의 바람이 거세게 불어 뭐든지 애타게 알고 싶었던 지식인들이 많았다는 뜻이다. 그만큼 기술뿐만 아니라 새로운 생각, 철학, 사상이 가진 힘을 높게 평가했다. 스티브 잡스는 이런 갈망을 한 문장으로 표현했다.

"소크라테스와 오후를 보낼 수 있다면, 내가 가진 모든 기술을 내놓겠다."

대표적인 인물인 요시다 쇼인은 미국으로 건너가 그 문명을 보겠다는 일념으로 목숨을 걸고 미국 배에 올랐다. 위기의식을 느낀 일본은 사뭇 대담한 리더들을 많이 탄생시켰다. 이들은 더 어려운 환경에서 일하기를 즐기며, 청과 조선이 주저하고 염려할 때 한 발짝 더 기꺼이 그곳으로 뛰어들고자 했다. 또 하나는 서구문물과 제도를 공부하는, 이전과 다른 새로운 형태의 인텔리 사무라이들이 쏟아져 나오며 새로운 일본을 꿈꾸는 주체세력으로 등장했다는 점이다.

마치 여말선초 이성계를 중심으로 정도전, 권근, 하륜, 조준 등 수많은 인재들이 성리학을 무기로 고려를 무너뜨리고 조선을 건국했듯, 청나라가 누르하치, 도르곤, 강희, 옹정, 건륭 등 100여 년이 넘도록 인재를 배출하며 강성한 나라를 만들었듯, 마찬가지로 이 시기에 일본에서는 요시다 쇼인 등 멘토급 인재는 물론이고 사이고, 기도, 오쿠보, 료마, 이토 등 걸출한 인물들이 쏟아져 나왔다. 일본은 계급적으로는 하급 사무라이가 주체가 되어 국제 정세 변화에 예민하게 반응하면서 기존의 사회적, 경제적, 환경적 조건을 뛰어넘기 위해 부단히 노력했다. 이들의 힘이 결합하면서 주체세력들은 한 국가의 변혁과 건국에 필요한 가치와 정신을 공급받았고 기득권에 대한 저항을 무릅쓰고 죽음의 계곡을 뛰어넘어 메이지 유신에 성공할 수 있었다.

### 근대국가의 설계도

이와쿠라 사절단의 모험은 세 가지 측면에서 정말 놀랍다. 첫째는 규모와 구성원의 다양성이다. 질과 양에서 압도적이다. 둘째는 기간이다. 한두 달이 아니고 거의 2년이나 된다. 셋째는 커뮤니케이션의 밀도와 깊이다.

유신정부의 핵심을 사절단으로 보내니 상대국의 대접도 대단했다. 12개국의 대통령, 왕, 군사령관, 학자 등 당대 세상을 움직이는 지도자들과 교류했다. 그뿐만 아니라 산업시설은 물론이고 일반 시민들이 어떻게 근대제도를 받아들였고 그 제도가 실생활에서 어떻게 작동되고 있는지를 알아보는 등 견학 수준은 매우 면밀하고 깊었다. 이제부터 좀 더 상세히 들어가 보겠다. 태정대신 산조 사네토미는 송별식에서 이와쿠라 사절단의 사명과 목적을 송별사로 표현했다.

"지금 정치적 대유신을 통해 해외 각국과 나란히 설 것을 도모하는 시점에 (…중략…) 외교, 내치, 앞으로 대업과 그 성패가 실로 이번 임무에 있으니 어찌 큰 임무가 아니겠는가."

그의 송별사처럼 사절단의 어깨 위에 조약 개정 교섭과 서양문물 조사 등 일본의 미래가 걸려 있었다. 첫 번째 목적은 불평등 조약의 개정에 관한 것이었다. 그러나 사절단의 목적은 이 한 가지만이 아니었다. 당시 메이지 유신의 주체세력들은 한 가지 일을 진행할 때 한 가지 목적만으로 추진하지 않았다. 이 경우도 마찬가지였다. 사절단의 서구 방문에는 또 하나의 분명한 이유가 존재했다. 그것은 서구 문명의 인프라와 구성요소들을 샅샅이 배워 새로운 일본 건설의 설계도를 완성하고자 했다.

하지만 불평등 조약 개정은 미국에서부터 난관에 부딪혔다. 미국은 조약 개정에 대해 단 한 줄조차 바꿔주지 않았다. 조약 개정만을 목적으로 삼았다면 즉시 귀국하여 일전불사의 각오로 복수를 꿈꾸었을지 모른다. 그러나 사절단은 '외교와 내치內治'라는 두 가지 과제를 동시에 추진했다. 사절단은 원래 계획대로 서양문물을 배우는 데 전념하여 시찰을 계속했다. 이것을 단적으로 알 수 있는 것은 영국에 도착하고 난 후에는 일체 조약 관련 언급이 없었다는 사실이다.

"선수를 쳐서 열강에 조약 개정에 대해 잠시 연기를 신청하고 그 사이에 국내의 여러 법제와 여러 제도를 열강에서 배워 개혁하고 정비하는 것이 중요하다. '개정'보다 '개혁'이 선결과제라는 결론이었다. 국내 체제의 정비 강화가 한층 필요함과 동시에 세계에 대한 국권확립의 요청이라는 어려운 이중과제의 균형을 이같이 전망했던 신정부의 전망은 (…중략…) 적절"했다.[149]

한마디로 1853년 개항이 외압에 의한 것이라면 이와쿠라 사절단은 "근대 일본의 새로운 방향 모색이라는 내부 요구에 따라 일본이 스스로 문명을 찾아간 역개항"이었다.[150] 장관을 비롯한 엘리트 관료들이 전부 시찰단으로 가버리면 그럼 누가 나라를 운영하느냐의 문제가 생긴다. 사절단이 떠나기 전 유수정부(留守政府, 남아서 지키는 정부)를 맡은 사이고 다카모리 등과 12개조 약정을 맺고 떠났다고는 하지만 주요 핵심 인사들이 자리를 거의 비운 상태로 대규모 사절단을 꾸려 떠난 사례는 역사상 없는 일이었고 앞으로도 없을 일이었다. 그래서 이와쿠라 사절단은 메이지 유신의 에센스, 혁명 중의 혁명이라 할 수 있다.

"폐번치현을 단행한 지 겨우 4개월, 근대적 국가 건설로의 일보를 막 내딛었을 즈음에 정부 수뇌의 절반을 추천하여 국외로 보낸다. (…중략…) 그것은 확실히 '용감하다면 용감하고 경솔하다면 경솔한 하나의 기이한 현상이라 할 만하다.'라고 평가하기에 알맞은 놀랄 만한 대담한 조치였다."[151]

혁명이나 쿠데타는 하루아침에 일어나도 새로운 제도와 정책은 하루아침에 만들 수 없다. 역사는 수많은 시행착오와 갈지 자 걸음을 거쳐 아주 조금씩 전진한다. 세상의 역사는 느리고 답답한 과정을 견디지 못하며 혁명세력 간에 의견이 충돌하고 육탄전을 벌이다 스스로 망치는 혁명이 대부분이다. 그런데 메이지 유신의 주체세력은 새로운 제도와 정책을 잠시 유보하고 설계도와 비전을 먼저 그렸다. 이것이 신의 한수였다. 오늘날 집권한 정치가들도 체계적으로 준비하고 정책을 펴기보다 여기저기 주워들은 것으로 어설프게 일을 추진하다 망치는 경우가 다반사이지 않던가. 그러나 이와쿠라 사절단은 달랐다. 앞에서 말했듯 우선 구성원들의 규모와 다양성에서 놀랍다. 이와쿠라(부총리급)부터 메이지 유신의 핵심 주역인 오쿠보, 기도, 이토 등 당대 최고 엘리트 관료가 대거 포함된 46명이라는 대규모 사절단이었다.

### 이와쿠라 사절단의 양과 질

"막부 관료 출신인 서기관 대부분은 막부 말기에 이미 외국 체험을 한 국제통이었다. 이토를 제외한 이와쿠라, 기도, 오쿠보 등 수뇌부와 이사관 대부분은 이때가 처음이었다. 사절단의 출신을 보면 막부 출신 관료가 14명으로 30%나 차지하고 나가사키가 있는 히젠이 7명, 조슈 5명, 도사 4명, 구게(公家, 귀족) 3명, 사쓰마 2명, 그리고 나머지 11명은 출신이 다른 번에서 파견된 인재들이다. 사절단은 '구막부와 신정부의 혼합 집단'이었다."[152]

메이지 유신의 참여 여부를 떠나 뛰어난 인재를 관료로 다시 등용하고 활용한 방식은 오늘날의 표현을 빌리면 '포용과 단결'로 요약할 수 있다. 이렇게 혁명 그 자체가 목적이 되어 정권교체에만 머물러 오히려 사회를 후퇴시키는 혁명이 있는가 하면, 혁명을 통해 근대화된 나라를 건설하기 위해 고군분투하는 메이지 유신 같은 혁명이 있다. 이 둘은 그 차이가 실로 엄청나다. 무엇보다 막부가 1860년부터 메이지 유신 전까지 여섯 번에 걸쳐 미국과 유럽을 방문했다는 것도 놀라운 일이다. 그로 인해 막부 출신 관료 가운데 상당한 전문가가 양성됐고 메이지 신정부는 이들을 적극적으로 중용했다. 말하자면 직책을 맡아 오랫동안 일하고 있는 전문가들을 유신정부에서 계속 근무하게 한 것이다. 이처럼 유신정부는 막부의 개방정책을 계속 이어갔다. 막부의 관료였던 후쿠자와 유키치의 『서양사정』은 메이지 유신이 일어나기 전에 막부 사절단의 일원으로서 세 번 미국과 유럽을 경험하고 관찰해서 쓴 책이다.

게다가 사절단의 평균 나이는 32세로 매우 젊었다. 최연장자인 이와쿠라가 47세, 오쿠보 42세, 기도 39세, 이토 31세로 출발할 때 46명의 평균 연령이 약 32세이니 대부분 사절단은 20~30대를 중심으로 구성됐음을 알 수 있다.

"이 사실이야말로 다른 문화와 문명을 참신하게 긍정적으로 바라보고 또 탐욕스럽게 받아들일 수 있는 대응력과 수용력을 가질 수 있었던 이유의 하나다."[153]

대단히 예리한 분석이다. 문명의 교체기에 세대 교체를 이룬 메이지의 젊은 리더들은 기존의 오래된 틀에 구속받지 않고 새로운 문명을 적극적으로 받아들일 수 있었다. 영국 작가 더글러스 애덤스가 연령에 따라 새로운 기술을 받아들이는 태도가 다르다고 주장한 것을 참고한다면 이 분석의 예리함을 알 수 있다.

"(1) 당신이 태어날 때부터 있던 기술은 정상적이고 일상적인 것으로 세상의 자연스러운 일부이며 (2) 15세에서 35세 사이에 개발한 기술은 새롭고 흥미로우며 혁명적인 것으로 잘 이용할 수도 있으나 (3) 35세 이후 등장한 기술은 자연의 질서에 반하는 것이다."[154]

이미 말했듯이 1868년 중앙정부의 출현과 1871년 폐번치현을 통해 비로소 지방권력은 하나로 통합됐다. 메이지 유신이라 하면 우리는 흔히 사이고, 기도, 오쿠보라는 유신삼걸維新三傑을 떠올린다. 하지만 그들 역시 신일본의 미래상에 대해 '나를 따르라'고 할 정도의 비전과 권력을 가진 영웅은 아니었다. 그 대신 일본은 '배움'과 '조직력'으로 승부했다. 이 조직력으로 일본은 근대 국가를 만들고 선진국으로 진입할 수 있었다.

이외에도 미국, 영국, 프랑스, 독일, 러시아에 가서 공부하는 유학생 43명 중에는 놀랍게도 여성 5명이 포함됐다. 그해가 1871년이다. 권리의 주체로서 여성을 받아들일 수 있는 시대도 아니었거니와 두꺼운 관습의 벽에 갇힌 조선에서는 상상도 할 수 없는 일이었다. 사정단에 포함됐고 나중에 귀국하여 일본 최초 여자대학교를 만든 어린 유학생 쓰다 우메코는 당시 6세였다. 여하튼 수행원까지 모두 포함하여 사절단 일행은 총 107명. 세계 역사상 전무후무한 규모의 사절단이었다. 참고로 이 유학생들은 귀국 후 중요한 역할을 했다.

대표적인 인물이 하버드대학교를 졸업한 가네코 겐타로다. 그는 동문인 루스벨트 대통령과의 인연으로 러일전쟁을 중재할 때 일본을 위해 많은 역할을 했다. 여학생 1호인 쓰다 우메코는 수준 높은 여성 교육을 위해 1900년 '여자영학숙(후에 쓰다주쿠대학교로 변경)'을 설립하여 최고 수준의 엘리트 교육을 지향했다. 지금도 쓰다주쿠대학교는 최고 여자 명문대학 중 하나다. 이에 반해 청나라와 조선은 많지 않은 유학생조차 방치하여 활용하지 못했다.

두 번째는 기간이다. 혁명의 핵심 지도층이 단기간에 걸쳐 해외순방을 하는 경우는 있다. 그런데 이와쿠라 사절단은 1871년 12월 23일 요코하마 항을 떠나 1873년 9월 13일 귀국할 때까지 1년 10개월 총 681일간에 걸쳐 당시 12개 선진국을 순방했다. 기간도 길었지만 소요된 예산만도 자그마치 100만 엔(현재 화폐가치로 환산하면 최소한 10억 엔 이상)의 거액이다. 돈과 시간을 아낌없이 쏟아부어 벤치마킹한 서구 문명 순례였다. 이걸 기록으로 남겨 책 5권으로 출간했다.

권력의 주체들이 국내에 할 일이 산적해 있는데도 자리를 비운다는 것은 비상식적인 일이다. 막부의 유산들이 아직도 청산되지 않아 불안한 상태로 자칫 권력을 모두 잃을 수도 있는 상황에서 이는 모험에 가까웠다. 실제 1973년 여름 사이고 다카모리 등이 주장한 정한론으로 인해 유럽에 있던 오쿠보와 이토 등은 시찰을 중단하고 급히 귀국해야 했다. 사이고를 지지하는 세력들과 격렬한 정치투쟁을 통해 간신히 정한론을 잠재울 정도로 매우 긴박한 상황이 전개됐다. 그런데도 서양을 직접 경험해보고 새로운 나라를 만들겠다는 열망이 이런 정치적 모험을 감행하게 했고 또 그만한 가치가 있다고 판단했던 것이다. 무엇이 그들을 그렇게 만들었을까? 서구화가 아니면 영원히 3류국으로 전락할 거란 인식을 한 것이다. 그들은 너무나 간절했다. 상대적으로 간절함이 부족하여 3류국으로 전락한 청이나 조선과는 극명하게 비교가 된다.

### 비스마르크와의 운명적인 만남

세 번째는 밀도와 깊이 있는 벤치마킹을 통해 관점의 변화를 이뤘다. 그들은 12개 국가를 방문하면서 황제, 여왕, 대통령 등 국가 원수들을 만났다. 예상 외로 군사 시찰은 극히 일부였다. 그들은 부국강병책에서 '부국이 먼저'라고 판단했기 때문이다. 가장 방문을 많이 한 곳은 산업시설, 특히 가장 환대를 받은 영국에서 5개월 동안 53곳의 산업시설을 시찰했다. 영국의 주요 산업인 섬유, 조선, 제철, 기계 분야의 유수한 공장들을 방문하여 생산과정과 단계별 공정을 세밀하게 관찰해 기록했다. 시찰만으로도 큰 도움이 됐지만, 더 큰 소득은 각국의 지도자들과의 만남이었다. 그들의 조언이 나라를 새롭게 건국하는 데 소중한 교훈이 됐다. 사절단은 당시 세상을 움직이는 많은 지도자를 만나 그들로부터 많은 통찰력을 얻었다. 사절단이 만난 정상들은 당시 세계를 움직이는 톱 5가 모두 포함됐다.[155] 1872년 3월 4일 미국 그랜트 대통령을 시작으로 영국의 빅토리아 여왕, 프랑스 티에르 대통령 등 당시 3대국의 지도자를 비롯해 프로이센 빌헬름 1세, 러시아 알렉산드르 2세, 오스트리아 요제프 1세, 벨기에 레오폴드 2세, 이탈리아 에마누엘레 2세, 네덜란드 빌럼 3세, 덴마크, 스웨덴, 스위스 대통령 등을 만났다.

총 681일간의 대장정을 국가별로 보면 미국 205일, 영국 122일, 프랑스 70일, 독일 33일이었다. 그들의 체류 일정이 보여주듯 메이지 정부가 관심을 갖는 서양 국가는 미, 영, 프, 독 순서였다. 그런데 막상 그들의 관심을 사로잡은 방문지는 미국도 영국도 아닌 독일이었다. 수많은 지도자 중에서 사절단에 가장 영감을 준 리더는 비스마르크였다. 1862년 재상이 된 비스마르크는 독일의 통일을 목표로 1864년에 덴마크, 1866년에는 오스트리아, 1871년에는 보불전쟁에 승리하여 통일 독일 제국의 꿈을 실현했다. 이는 일본에서 폐번치현을 단행하기 6개월 전이었다.

사절단은 비스마르크의 명성을 익히 알고 있었던 만큼이나 그 기대도 컸다. 300여 소국을 통일한 독일과 300여 번을 통합한 일본은 동질감마저 느낄 정도였다. 그것도 얼마 안 되어 짧은 기간에 강국을 이뤄 큰 격차를 느끼게 하는 영국과 미국과는 달리 독일은 묘한 안도감과 함께 '우리도 할 수 있다.'라는 자신감을 느끼게 했다. 1873년 3월 9일 베를린에 도착한 사절단은 11일 빌헬름 1세를 알현하고 이튿날 비스마르크와 독불전쟁의 영웅인 참모총장 몰트케와 회견했다. 그리고 깊은 감명을 받은 운명의 15일 비스마르크가 그들을 만찬에 초청했다. 철혈재상 비스마르크는 개인의 정치사와 소국 프로이센이 독일을 통일한 과정을 상세히 설명하며 일본의 새로운 국가 건설에 관한 조언을 아끼지 않았다.

"지금 국제 간의 '만국공법(국제법)'은 모든 나라의 권리를 보전하는 법이라고는 말하기 어렵다. 소국이 이 법을 지키려고 노력하는 데 반하여 대국은 자기에게 불리하면 군사력을 동원하여 무시한다. 소국은 자주의 권리를 유지하지 못하기 때문이다. 유럽 친목의 모임은 아직 믿음을 둘 수 없다. 이것이 내가 소국에서 태어나 그 정태를 잘 알게 된 것이며 가장 깊이 이해하는 바이다."[156]

그리고 비스마르크는 이렇게 덧붙였다.

"일본과 가까운 나라는 많을 것이다. 그러나 국권과 자주를 중시하는 우리 독일이야말로 가장 가깝게 지내야 할 나라다."

그의 말에 '깊은 의미가 있고 나아가 음미할 만한 말'이라는 것까지 꼼꼼히 기록에 남길 정도로 사절단의 지도부는 큰 깨달음을 얻었다. 만국공법과 힘이라는 더블 스탠더드Double Standard가 국제관계를 지배하나 만국공법보다 힘이 우선이라는 비스마르크의 솔직한 가르침이 그들에게는 충격에 가까웠다. 오쿠보와 이토가 비스마르크를 '큰 스승'으로 삼을 만큼 평생에 한 번 만나기 어려운 멘토급 인재를 만난 것이다. 둘 다 '동양의 비스마르크'라 불리길 원했다. 이토는 당대와 사후에도 이 별칭으로 불렸다. 1874년 2월 최고의 군사 전략가인 몰트케가 이와쿠라 사절단 앞에서 행한 의회연설은 일본에서 온 참석자들에게 '힘의 가치'를 다시 한번 확실하게 인식시켰다.

"법률, 정의, 자유는 국내를 보호하는 데는 충분하지만 국외에서는 병력이 없으면 불가하다. 국외중립을 선언하고 공법의 방패 앞에 안주하려고 하는 것은 소국이며, 대국은 국력을 통해 그 권리를 달성한다."[157]

단시일 내 강대국으로 부상한 독일 재상 비스마르크와 프랑스와의 전쟁을 승리로 이끈 몰트케의 현실적 조언이 큰 도움이 됐다.

'만국공법은 약소국이 애지중지하지만 실제는 힘에 의해 좌우된다. 스스로 힘을 키우지 않으면 조약이든 만국공법이든 종잇조각에 지나지 않는다.'라는 국제 정치질서에 관한 실질적 조언을 듣게 된 것이다. 그리고 사절단은 프로이센이 짧은 시간에 유럽의 강국이 됐듯이 일본도 아시아의 강국이 될 수 있다고 믿었다. 미국의 역사학자 에드윈 라이샤워 교수는 일본의 성과를 이렇게 묘사했다.

"사무라이 출신의 개혁가 그룹들은 늦어도 자신들의 후대에 이르러서는 일본이 유럽의 열강과 견줄 수 있는 강국으로 성장할 것이라는 꿈을 품었다. 하지만 그들은 중년이 되기도 전에 그 꿈을 이뤘다."

### 박정희와 에른하르트 총리

한·일 양국이 한 세기의 시차를 두고 근대화의 구체적 아이디어를 독일 수상에게서 얻은 것은 우연치고는 매우 기이하다. 한국에는 박정희 대통령의 경제성장 정책에 루트비히 에른하르트 당시 독일 총리의 조언이 지대한 영향을 끼쳤다. 1964년 12월 8일 오후 7시 에른하르트 서독 총리는 향후 한국 역사를 바꿔놓을 여러 가지 조언을 한다. 그는 낮에 아우토반을 달려본 박정희 대통령에게 자신의 경험을 차분하게 이야기하며 한국을 위해 조언했다.

"내가 경제장관 때 한국에 두 번 갔습니다. 한국은 산이 많던데 산이 많으면 경제발전이 어렵습니다. 고속도로를 깔아야 해요. 독일은 히틀러가 아우토반을 깔았어요. 고속도로를 깔면 그다음엔 자동차가 다녀야 하는데 자동차를 만들려면 철이 필요하니 제철공장을 지어야 하죠."

1948년부터 1963년까지 경제장관으로 재임하면서 전후 독일을 재건해 '라인강의 기적'을 이끈 에른하르트 총리는 서독경제가 부흥한 요인을 정부의 도로·항만 등 기간 시설의 정비, 기본 공업 투자 등 몇 가지로 요약했다.

　이와 함께 미국에서 차관 지원을 거절당했던 박 대통령에게 차관도 지원해주었다. 이후 박 대통령은 베를린 공과대 연설과 지멘스 공장, AEG 전기공장, 독일개발협회 등 산업시설을 집중적으로 방문했다. 그중 지멘스의 브레마이어 소장은 "철강이 없으면 근대화가 불가능합니다."라고 말했다. 박정희는 그에게 "저건 짓는 데 얼마나 듭니까?"라며 굉장한 관심을 보였다. 이후 우리가 알다시피 농업국가 한국은 고속도로를 건설하고 포항제철을 짓고 중화학 공업 중심의 산업국가로 변모했다. 이 변모에 에른하르트 총리의 조언이 결정적인 역할을 했다. 박 대통령은 독일 공장을 시찰하며 그 미래상을 선명하게 본 것이다. '우리도 전쟁의 잿더미에서 한강의 기적을 이뤄보자.'라는 각오와 함께.

### 높은 수준의 협업을 가능케 하다

　이와쿠라 사절단은 새로운 지적인 충격과 함께 정치적 동반자들과 깊은 만남을 가졌다. 선후배 간의 교류와 다양한 의견을 지닌 주체세력들 간의 격론은 지적인 자극과 소통과 함께 나중에 협업에 이르는 효과를 가져왔다. 당시 일본의 정치가 과두정임을 고려하면 그들끼리 숙고하고 토론하고 결정하면서 엄청난 효율을 자랑했을 것이다.

　"귀국한 사절단원들은 정부의 요직에 임명되어 근대 국가 구축에 필요한 제도와 계획을 입안할 수 있었다. 특정 사안에 대해서는 다양한 의견들이 맞부딪쳤지만, 근대화에 착수한 어느 나라도 관련 문제들에서 그렇게 깊고 폭넓은 공통의 이해를 확보한 경우가 없었다."[158]

　한 사람만의 구상과 지시에 의한 혁명은 분명히 빠른 속도로 효율적으로 집행할 수 있다. 하지만 이러한 방식은 만약 지도자가 암살되거나(실제 유신삼걸인 사이고, 기도는 1877년에, 오쿠보는 반대 세력에 의해 1878년 암살됐다) 혹은 내부 반발로 퇴진할 경우 모든 것이 원점으로 되돌아가고 만다. 일례로 프랑스 혁명이 그랬다. 강경파와 온건파 사이를 진자처럼 왔다 갔다 하면서 수많은 사람의 목숨을 앗아갔고 혁명의 목적은 달성하지 못했다. 이들 사절단에 포함된 엘리트들은 다양한 분야에 관한 의견 교환과 토론을 거쳐 합의에 이르기까지 분명 오랜 시간이 걸렸을 것이다. 사명감과 유능함을 겸비한 주역들이 이런 충분한 시간을 가질 수 있었던 것은 분명 행운이었다. 국내에만 있었더라면 수많은 현안으로 인해 이 정도로 시간과 여유를 갖고 토론하지 못했을 것이다.

사실 나라를 이끌어가기 위해서는 자질도 중요하지만 그에 못지않은 실전 경험과 서로 간의 신뢰가 무엇보다 중요하다. 그래야 높은 수준의 협업이 가능해진다. 그렇게 보면 12개국의 정상과의 만남과 산업, 교육, 인프라 시설들을 돌아볼 기회를 가졌다는 것은 그만큼 외교, 상공부, 교육 등 다양한 분야를 맡을 고위층이 두터워지는 셈이다. 예컨대 암살이나 불의의 사고로 서너 명이 사라진다 해도 메이지 일본은 여러 사람 중에서 즉시 후임자를 뽑을 수 있는 시스템을 갖추게 된 셈이다. 게다가 어느 분야를 맡겨도 수준급으로 일할 수 있는 멀티 인재를 확보하게 된 셈이다. 이 점은 확실히 일본이 아시아의 최강국으로 등장하는 데 눈에 보이지 않는 강점이었다. 이렇게 형성된 톱리더들의 합의는 뛰어난 지도자가 교체된다고 해서 쉽게 방향이 바뀌지는 않는다. 일본은 바로 이 방식을 택했고 서로 의견을 교환하고 논의하는 협업 시스템을 구축했다. 협업과 조직의 일본이 탄생한 것이다. 이는 공통된 경험지평이 있었기에 가능했다.

사실상 메이지 정부는 사쓰마와 조슈의 과점 정부였다고 할 수 있다. 이토 히로부미가 "만일 도사나 히젠 출신이었다면 그만큼의 정치력을 발휘하는 것은 불가능했을 것이다. 그 외 다른 번의 출신이었다면 더더욱 곤란"[159]했을 것이다.

사쓰마, 조슈, 히젠(사가) 및 공경 출신이 아닌 사람으로 처음 수상이 된 이가 바로 이와테현 출신의 하라 다카시(1856~1921)이다. 메이지 유신 이후 50년이 지난 1918년 9월의 일이다. 근대적인 내각 제도가 창설된 1885년 12월의 당시 대신들의 면면을 살펴보자.[160]

| | |
|---|---|
| 내각 총리대신 겸 궁내대신: 이토 히로부미(조슈) | 내무대신: 야마가타 아리토모(조슈) |
| 외무대신: 이노우에 가오루(조슈) | 대장대신: 마쓰카타 마사요시(사쓰마) |
| 육군대신: 오야마 이와오(사쓰마) | 문부대신: 모리 아리노리(사쓰마) |
| 해군대신: 사이고 쓰구미치(사쓰마) | 농상무대신: 다니 간죠(도사) |
| 사법대신: 야마다 아키요시(조슈) | 체신대신: 에노모토 다케아키(구막부 신하) |

체신대신은 실권 없는 이름뿐인 자리로 내각 구성원 거의 대부분이 조슈와 사쓰마 출신이었다. 그런데 이건 약과였다. 1898년 3차 이토 내각은 9명은 조슈, 나머지 2명은 사쓰마 출신이었다.

"자유민권운동도 그 출발점은 조슈, 사쓰마의 권력독점에 대한 불만세력들의 감정표출이었다고 할 수 있다."[161]

삿초의 독점에 대한 비판은 기슈번(지금의 와카야마현) 출신으로 사카모토 료마의 해원대海援隊에 참가했고 뒷날 외무대신이 된 무쓰 무네미쓰陸奥宗光의 저서 『일본인』에서 엿볼 수 있다.

"이제는 삿초의 사람이 아니면 거의 인간이 아닌 자와 같다. 어찌 탄식할 일이 아니겠는가."[162]라고 토로했다.

유신삼걸이 세상을 떠난 뒤 건국의 과제를 주도한 유신 2세대의 대표 주자는 이토 히로부미였다. 사절단 시절에 맺은 이와쿠라와 오쿠보와의 친분과 교감이 이토의 정치적 성장에 크게 기여했다. 이토는 같은 조슈 출신의 기도 다카요시를 선배로 두고, 산조 사네토미와 이와쿠라 도모미의 인정을 받고, 사쓰마의 오쿠보에게 중용되어 후계자적 지위에 올랐던 것이 출세의 요인이다.[163]

"오쿠보가 이토를 신임해서 하는 일마다 협의했는데 기도와 오쿠보가 죽은 후 후임으로서 국정을 맡을 사람은 이토밖에 없다."라고 할 정도로 신임했다.[164]

만약 이토가 이와쿠라를 따라 유럽 시찰을 떠나지 않고 보수적인 사이고 진영에 서 있었더라면 그의 장래는 기약할 수 없었을 것이다. 당시 48세의 이와쿠라(1825년생)와 43세의 오쿠보(1830년생)가 겨우 32세인 이토(1841년생)의 능력을 발견했다는 것은 그 분별력이 역시 대단하다고 할 수밖에 없다. 오쿠보만큼 냉정하지 않았지만 그에 필적할 만한 정치적 감각과 재능이 있었기 때문이다. 훗날 그는 '시종일관 시대를 앞선 여러 정책을 만들고 앞날을 내다보며 정무를 다룰 수 있었던 것도 서양문물을 직접 겪은 덕'이었다고 회상했다.

글로벌 기업들은 인재양성에 필요한 3요소를 3E로 요약하는데 교육education, 노출exposure, 경험experience을 말한다. 이 중에서 전형적인 교육의 비중은 10%에 불과하고 사람들과 어울리는 것, 새로운 업무를 내 손으로 직접 해보는 것, 생소한 나라나 다른 문화권을 경험해보는 것과 같은 노출과 경험에 각각 20%와 70% 비중을 두고 있다. 이와쿠라 사절단은 이토 히로부미 등 2세대에게 3E의 기회를 제공한 것이다. 사명감만으로 나라는 운영되지 않는다. 새로운 환경과 업무에 노출될 수 있게 많은 경험을 제공한 데다가 위낙 우수한 인재들이니 흡수력이 대단했다. 삼성전자가 반도체에 진출할 무렵 기술을 얻어오지 못할 때 기술자들이 일본 현장을 시찰해서 뚫어지게 쳐다보고 난 후 그날 밤 호텔에 모여 도면을 그렸다는 믿기지 않는 일화를 생각해 보라.

"관찰이 전부다. 눈으로 볼 수 있는 것에서 시작해라. 그리고 눈으로 발견할 수 있는 것에서 배워라."

레오나르도 다 빈치가 한 말이다. 다시 한번 강조하지만 진짜 성과는 이와쿠라, 기도, 오쿠보, 이토 등 핵심 주역들이 수많은 현안에 관해 토론하고 논쟁하면서 각자의 입장과 미래에 대한 생각을 공유했다는 사실이다. 시찰 중에 이들은 진정 일본에 필요한 변화가 무엇인지 논의할 기회를 가졌고 귀국할 시점에는 설계하려는 프로그램의 핵심 사안에 대해서 합의가 됐다. 핵심 지도층 간에 수없는 토론, 국가의 미래에 대한 충분한 논쟁, 서로 간의 의견을 합쳐가는 과정은 메이지 유신이 근대적 혁명을 일관되게 실행하는 데 엄청난 힘으로 작용했다.

# 3
# 부강한 나라를 위한 개혁의 본격화

---

### 걸출한 인재들의 출현

이와쿠라 사절단이 나중에 귀국하고 나서 정한론 정국과 세이난 전쟁 등 수많은 정치적 격변이 벌어졌다. 일본 정치계에도 구조조정이 이뤄졌다. 그 결과 조슈와 사쓰마 출신 중에서도 문명개화에 찬성하는 소수에게 권력이 집중됐고 사절단 출신의 인재들이 핵심을 차지하게 된다. 그들은 '아' 하면 '어' 하는 정도로 특정 분야를 가리지 않고 여러 조직을 두루 맡았고 계속해서 서로 합의하는 전통을 만들어 갔다. 이는 혁명에서 건국에 이르는 전 과정을 순탄하게 했다.

거듭 말하지만 기업도 국가도 사람이 제일 중요하다. 장비나 도구는 그냥 바꾸면 되지만 사람을 바꾸는 일은 훨씬 더 어렵다. 아무리 교육해도 의식과 관행과 사고의 패러다임을 바꾸지 않으면 혁명은 실패로 돌아가게 마련이다. 이와쿠라 사절단은 소중한 교훈과 뚜렷한 비전을 보았다. 선진 현장에서 보고 느낀 생생한 경험과 통찰력을 바탕으로 일관성 있게 일본의 산업화와 근대화를 추진할 수 있게 됐다. 그들은 유럽 시찰을 통해 그동안 흐릿하게 알던 것들을 선명하게 알게 되는 순간을 맞이한 것이다. 이 순간 이후 그들의 내면은 달라졌고 담대한 생각을 품게 됐다. 그들의 시각에서 볼 때, 그들의 근대화 정책에 대해 일본의 전통이나 무사도를 주장하면서 과거에 묶여 있는 반대파들의 주장은 얼마나 근시안적이고 시시했겠는가?

비스마르크에서 강한 인상을 받은 사절단의 지도부는 이후부터 독일을 모델로 부강한 나라를 만들기 위해 전력을 다했다. 오쿠보 인생에서 비스마르크와 함께 시간을 보낸 것은 행운 중의 행운이었다. 세상을 보는 통찰력, 애국심, 강한 의지는 그에게 아주 큰 공부가 됐다. 심지어 그는 비스마르크의 콧수염까지 모방할 정도였다. 그들은 유럽에서 배운 부국강병책을 일본에 적용하기 시작했다. 유신의 핵심부는 주요 분야 역시도 서양인의 지도 없이는 제대로 배울 수 없다고 판단했다. 더 배워야 했기에 유학생들을 지속해서 보냈다.

"1868년부터 1902년까지 발행된 유학생 여권은 1만 1,248건 (…중략…) 미국이 가장 많았고 (…중략…) 사절단이 귀국한 후 10년 동안만 한정한다면 정부 파견 유학생은 거의 다 독일로 갔다. (…중략…) 어떤 시기는 문부성 예산의 21%라는 큰 비율로 유학생 파견에 사용했다."[165]

그렇다고 유학생들이 돌아올 때까지 마냥 기다릴 수 없었다. 1877년 도쿄대학교를 설립하고 외국인 교수들을 초빙했다. 정부의 각 부서에도 외국인들을 고용하기 시작했다. 메이지 정부에 고용된 외국인의 숫자는 1874~1875년경에 약 520명에 달했다.[166] 한때 메이지 정부에 고용된 외국인의 숫자가 많을 때는 대략 3,000명 정도였다.

### 방대한 사절단 기록물

메이지 정부는 서양 책 번역에도 열중했고 심지어 자신들이 본 것, 즉 이와쿠라 사절단의 기록까지도 모두 다 출판해서 공개했다. 사절단의 대표 집필진이었던 구메 구니타케는 자신의 일기와 사절단의 기록들과 당시 보도된 신문 등을 참고하여 책으로 정리했다.

당시 총 5편 100권으로 미국과 영국이 20권씩 전체의 5분의 2를 차지했다(미국 397쪽, 영국 445쪽). 독일 10권, 프랑스 9권, 이탈리아 6권, 러시아 5권, 벨기에·네덜란드·오스트리아·스위스 각 3권, 스웨덴 2권, 덴마크 1권, 오스트리아 빈 만국박람회 2권 등을 『구미회람실기米歐回覽實記』라는 책으로 엮어냈다. 기록에 의하면, 사절단이 견학한 공장은 130여 개소. 미국에서는 인쇄소, 우체국, 구두·양복 공장, 성경회사 등 20개소를 방문했다. 영국에서는 조선소, 증기차, 제철소, 방직·제당·고무·나사·양모·맥주·유리·비스킷·벽돌공장 등 53개소에 이른다. 기타 프랑스 12곳, 벨기에 10곳, 프러시아 9개소 등을 방문했다.

이와쿠라 사절단은 서구국가들의 정치, 법률, 산업, 과학기술 등 서양문물과 제도에 대한 방대한 기록과 세밀한 평가를 남겼다. '이와쿠라 사절단으로 대변되는 건국 주체세력들의 서양 문명관을 기록한 책'[167]이다. 이를 바탕으로 메이지 정부는 근대 국가 일본을 설계했다. 이러한 이와쿠라 사절단의 노력은 일본을 근대 국가로 만들어 가는 데 큰 결실로 이어졌다.

### 정책을 주도하는 사절단의 인재들

귀국 직후에는 불평등 조약을 개정하지 못했다는 비판을 받기도

했다. 하지만 이와쿠라 도모미, 오쿠보, 기도, 이토 등 사절단의 핵심 인물들은 격렬한 정한론 정변에서 극적인 승리를 거두고 신정부의 요직을 차지했다. 정한론의 대표적 주창자인 사이고 다카모리는 오쿠보와 어릴 적부터 함께 자란 친구로 함께 유신했고 함께 같은 길을 걸었다. 하지만 서구를 보고 온 오쿠보는 사이고의 전통적인 무사 중심의 내면적 정서와 맞지 않았다. 함께 혁명을 도모했다고 해서 운명까지 함께할 수는 없었다.

그렇게 문명개화에 부정적인 혁명세력들을 몰아내고 대거 정리하면서 일종의 정치적 구조조정을 단행했다. 사이고를 비롯한 옛 동지들은 대규모 사직을 하고 낙향했다. 그로 인해 코드가 맞는 집행부를 구성하여 정부 정책의 효율성을 높일 수 있었다. 그리고 오쿠보 등은 시찰을 통해 얻은 통찰력을 바탕으로 정치, 경제, 사회, 군사, 과학, 교육 등 전 분야에 근대화라는 거대한 인공의 건축물을 세웠다. 이후 행정시스템, 군사, 학제 개편과 복식에 이르기까지 이와쿠라 사절단은 곳곳에 영향을 미쳤다.

부국강병이 메이지 신정부의 선전 문구였다. 선진 유럽에 뒤지지 않는 강력한 국가를 만들지 않으면 안 된다는 일념하에서 '부국강병'과 '문명개화'라는 두 축으로 개혁이 진행됐다.

우선 1873년 1월 징집령이 발표되고 그 밖에 부국을 위한 여러 가지 사업을 일으켰다. 이러한 사업을 추진하기 위한 재원은 지조(地租, 토지세)였다. 에도시대 방식으로는 수입이 불안정해 자유재배를 시행하고 5년 이내 토지매매 금지를 풀어주면서 1873년 지조 개정 법률을 제정했다. 토지세의 기준이 되는 지가地價를 정하고 그 3%를 지조로 징수했고 농작물의 작황과 관계없이 3%를 현금으로 납부하도록 했다. 중요한 인프라인 전신은 1869년, 전화는 1877년, 우편제도는 1871년, 철도는 영국 차관으로 착수하여 1872년 9월 신바시와 요코하마 사이를 개통했다. 해운업은 1875년 정부에서 미쓰비시 기선회사를 지원했다. 미쓰비시는 그 후 일본 해운업계를 지배했다.

신정부는 문명국이 되기 위해서는 국민 교육을 실시해야 한다는 것에 대해 절실히 깨달았다. 그래서 1872년 8월에 근대적인 교육 제도인 학제를 공포했는데 '마을마다 배우지 않는 집이 없고 집마다 배우지 않는 사람이 없도록 한다.'라는 이상을 내걸고 전국적으로 의무 교육을 보급하려 했다. 그리하여 부국강병과 문명개화에 성공하고 난 일본에 대해 곰브리치 교수는 재미난 표현을 통해 한 방 먹였다.

"몇십 년도 되지 않아 일본인은 전시나 평화 시에 가릴 것 없이 자신들에게 필요한 모든 기술을 유럽인에게서 배워버렸다. 그리고 나서 일본인은 지극히 정중한 태도로 감사의 말까지 곁들여 가면서 유럽인들을 다시 내쫓았다. 이제는 우리도 너희만큼의 능력이 있다. 이제는 우리 기선이 무역과 정복에 나설 것이며, 어느 곳의 누구라도 우리 일본인을 감히 모욕하면 대포 세례를 각오해야 할 것이다."[168]

그러면서도 곰브리치는 "당시나 지금이나 일본인은 세계사를 통틀어 가장 뛰어난 학생이다."라며 일본인의 장점을 놓치지 않았다.

4장

# 메이지 유신의 발명품 2
# 근대 천황제

# 1
# 국가주의 일본의 코어심벌

### 번을 넘어 단일 국가로

1853년 페리의 흑선 네 척의 출현으로 200여 년 동안 평화롭게 일본을 지배하던 에도 막부의 약점이 고스란히 드러났다. 그동안 일본은 고립주의 정책을 펴왔기 때문에 미국 같은 강력한 국가와 마주하는 것은 충격이었다. 이 사건은 일본이 더 이상 고립주의 정책을 유지할 수 없으며 서양의 문물과 기술을 받아들이지 않으면 서구 열강의 침략을 받을 수 있다는 것을 일깨워 주었다.

다신교의 신들이 그림으로 그려놓은 듯한 막번(幕藩, 바쿠후)체제가 뒤흔들렸다. 막부가 모든 번藩을 지배하는 것이 아니고 각각의 번이 사실상의 독립국가와 같은 상태였기 때문이다. 게다가 막부가 지방 다이묘(大名, 영주)들의 반란 가능성을 차단하기 위해 대형 함선과 무기 제조를 금지하는 등 지방 번들에 대해 견제정책을 펼침으로 인해 일본의 군사적 능력은 현저히 약화되어 있었다. 결국 흑선의 출현은 일본 정치체제에 큰 변화를 가져왔고 메이지 유신으로

가는 매우 중요한 방아쇠가 됐다. 이 위기 앞에서 메이지 유신의 주체세력들은 자신이 속한 개별 번을 넘어서 천황을 정점으로 하는 중앙집권 국가를 수립해야 일본을 지킬 수 있다고 믿었다. 그들에게 천황제는 선택의 여지가 없는 유일한 돌파구였다. 정치적 기반도 미약한 데다가 혁명의 명분이나 향후 국정을 운영하는 차원에서 보더라도 반드시 국론통일을 이뤄야 했으므로 천황은 매우 중요한 상징이자 실체였다.

당시 일본의 시대적 배경은 어떠했는가? 메이지 유신 이전의 일본인은 거주이전의 자유가 없어 기본적으로 평생을 좁은 공동체 지역에서 살아야 했다. 일본에서 번 이전의 옛날 지역 단위가 '구니國'였다. 메이지 유신이 일어난 지 60년 후에도 구니에 대한 흔적을 찾아볼 수 있다. 가와바타 야스나리가 1935년부터 발표한 『설국雪國』[169]의 유명한 첫 문장을 보자.

'국경의 긴 터널을 빠져나오자 설국이었다. 밤의 밑바닥이 하얘졌다.国境の長いトンネルを抜けると雪国であった.'

여기서 국경은 나라의 경계가 아니라 현(번)의 경계라는 각주가 달려 있다. 소설 속에 등장하는 터널은 1931년에 완공된 시미즈 터널이다. 이 터널은 길이가 약 10킬로미터로 일본 군마현群馬縣과 니가타현新潟縣의 경계가 되는 에치고 산맥을 통과한다. 그렇다면 소설 속에 나오는 설국의 국은 우리나라의 군이나 규모가 큰 경우 도에 해당하는 일본 행정구역인 '현(메이지 이전에는 번)'의 경계다. 그런데 왜 야스나리는 도의 경계를 굳이 '국경'이라고 썼을까? 그야 물론 나라의 경계라기보다는 지방의 경계라는 의미로 썼겠지만, 메이지 이전에 일본의 현(번)은 각각 독립된 하나의 나라였다.

예컨대 에치고越後를 떠올려 보자. 전국시대에 뛰어난 군사전략을 보이며 다케다 신겐, 오다 노부나가, 호조 우지야스 등과 전쟁을 벌였던 우에스기 겐신은 에치고의 용으로까지 불렸다. 바로 그 에치고越後國다. 또한 섬 안에 네 개의 율령국이 있다 해서 지어진 시코쿠四國 같은 지명도 바로 구니의 흔적이다. 1868년 메이지 유신 이전의 일본은 형식상의 천황 아래 도쿠가와 가문의 쇼군과 지방 영주인 다이묘들이 대대로 자기 영지를 다스리던 바쿠후(幕藩, 막번) 체제였다. 각 다이묘가 독립적으로 다스리던 번은 하나의 구니國, 즉 나라였다.

메이지 이전 일본인들은 구니라는 영지의 백성으로서 '구니타미國民'라는 정체성만 가졌을 뿐이었다. 일본의 대표적인 교육자인 후쿠자와 유키치는 『문명론 개략』에서 '일본에 정부는 있어도 아직 국민은 없다.'[170]라며 메이지 유신 초기의 한계를 잘 설명하고 있다. 이토 히로부미 역시 1870년 3월 기도 다카요시에게 글을 보내 현 시세를 통론하고 정부에 유신의 진정한 의미를 이해하는 이가 한 사람도 없음을 한탄했다.

"일본은 한 국가가 아닌 300개의 소독립국으로 되어 있다. 정부는 오합(지졸)의 정부로 조령모개를 일삼고 일정한 방침도 없이 마치 사상누각과 같은 상태"다.[171]

다시 말해 일본은 300여 개 작은 국가들의 연방제로 자신이 속한 번을 벗어난 이웃 번은 사실상 외국과 똑같았다. 그래서 메이지 혁명가들은 모든 일본인이 천황 아래에서 평등한 백성이라는 일군만민一君萬民 사상을 전파해 일본이라는 새로운 나라를 만들고자 했다. 이런 막부와 지방분권형 다이묘에 익숙했던 일본인들이 하나의 국가라는 것을 처음 경험한 것이다. 당연히 그들은 일본이라는 새로운 나라의 국민이란 발상에 대해 처음에는 제대로 이해할 수 없었다. 마치 가리발디가 이탈리아를 통일한 후 새로운 이탈리아 국민을 창조해야 했듯이.

우리는 메이지 유신이 만든 제국이 77년 만에 자신들이 길러낸 엘리트들에 의해 제국의 무덤을 팠다는 사실을 간과하고 있다. 메이지 주체세력들이 이룩한 성과가 너무나 뛰어나서 그것에만 몰두하기 쉽기 때문이다. 메이지 유신은 세계사에서 가장 성공한 근대화로 통한다. 하지만 중국의 진나라와 수나라 그리고 소련이 74년 만에 해체된 것처럼 실패한 역사의 그림자가 아주 짙다. 어떻게 이런 양극단의 결과를 낳았던 것일까? 그것은 메이지 정부가 신정일치 국가라는 데 있다.

일본은 '천황天皇=현인신現人神'이라는 이데올로기로 천황을 정치와 종교의 최고 중심에 두었다. 신이면서 왕이었던 이집트의 파라오를 연상하면 된다. 오늘날의 이란과 유사해 보이나 이란은 지도자가 신의 대리인일 뿐이지 자칭하지는 않는다.

천재지변이 많은 일본의 특성과 일본인의 심리에 대해 우리로서는 이해하기가 쉽지 않다. 우리나라에서는 천황이라는 말을 왜 사용하냐며 일왕을 사용하기도 한다. 그렇게까지 의미를 둘 일인가. 천황이든 일왕이든 텐노든 심벌 자체가 허접한 것을. 아마 일본인들도 자신들의 신이 수준 이하라는 것쯤 대부분 알고 있다. 시오노 나나미 역시 다신교가 그리 허접한 게 아니라고 『로마인 이야기』에서 부단히 강변하지 않았던가.

## 신기관의 창설하여 천황제의 국교화를 시도하다

1868년 1월 17일 이제 막 첫발을 내디딘 메이지 신정부는 제1차 관제를 발표한다. 최고 행정기관인 태정관 아래 7개과를 설치하여 업무를 분담했다. 이 7개과 중 제일 위에 신기神祇사무과를 두었다. 신기사무과는 제사, 종교, 국민의 교화를 담당하는 기관이다. 메이지 유신정부가 바로 제정일치 국가임을 알려준다. 이런 흐름을 주도한 인물들로 메이지 유신 주체들과 달리 신토를 중시하는 국학자나 신도들이 있었다.

이들에게서 "신기관 재흥(부활) 등 복고 신도적인 주장을 내세우는 유력한 정치세력의 존재를 엿볼 수 있다."[172]

이렇게 막중한 임무를 띤 신기사무과 총독(수석장관)에는 메이지 천황의 외할아버지 나카야마 다다야스가 임명되고 담당관 5명이 배치됐다. 이들은 메이지 유신 주체세력과 다른 그룹이었다. 여기에는 긴밀한 사정이 있었다. 메이지 유신은 이와쿠라 도모미 등 일부 구게(公家, 조정에 봉직하는 귀족)와 사쓰마번이 계획한 쿠데타에 조슈번이 가담하여 성공한 사건이다. 이런 상황 속에서 이와쿠라 도모미와 오쿠보 도시미치가 '스스로 권위와 정통성을 부여하기 위해서 이용할 수 있었던 수단은 오로지 최고의 권위이자 권력으로서 천황을 전면에 내세우는 것뿐'[173]이었다. 천황은 막부를 내치는 명분이자 중요한 레토릭이었다.

그런데 사쓰마번은 어떻게 막부의 엄격한 감시 속에서 천황의 최측근인 이와쿠라와 연결될 수 있었을까? 답은 의외로 가까운 곳에 있었다. 사쓰마번의 다이묘인 시마즈와 관련이 있다. 시마즈 집안의 씨족신사인 스와신사의 신직(신관)을 맡고 있던 이노우에 이와미(井上石見, 1831~1868)라는 인물이다. 그가 사쓰마번을 대리하여 이와쿠라에 접근하여 오쿠보 도시미치의 연락책을 담당했다.

"신기관을 다시 설치하자는 복고 신도파의 국학자나 신도가 정치적으로 이와쿠라와 사쓰마를 연결하는 선"이었다.[174]

신기관神祇官은 천신지기天神地祇의 줄임말로 '하늘의 신과 땅의 신'에게 제사를 담당하는 기관을 말한다.[175] 신기관의 부활은 천황제를 부각하기 위함이었다. 제1차 관제인 신기과는 같은 해(1868년) 2월 3일 관제개혁에서는 신기사무국이 되고, 4월 21일에는 신기관이 되고, 이듬해 7월 8일의 관제개혁에서 신기관은 드디어 태정관 위에 서게 됐다. 메이지 신정부에서 '신기관의 부활과 제정일치가 유신정권의 공식 이데올로기로 채택되고 신도국교주의를 추진하려는 세력이 신기관을 중심으로 유신정권에서 확고한 지위를 구축'[176]했음을 증명한다. 그들의 지속적인 노력으로 신기관은 최고 행정기관인 태정관보다 더 중요한 기관이 된 것이다.

잠시 시계를 돌려 2021년 일본으로 돌아와 보자. '여성 비하 발언' 파문을 일으킨 모리 요시로森喜朗 도쿄올림픽 조직위원장이 2월 사의를 표명했다. 그는 일본올림픽위원회Joc 회의에서 여성 이사 증원 문제를 언급하면서 "여성이 많은 이사회는 (회의 진행에) 시간이 걸린다."라고 발언해 여성 비하 논란이 제기됐다. 그의 사의 표명은 문제의 발언이 있고 나서 9일 만이다. 모리 위원장의 문제적 발언은 처음이 아니었다. 그가 수상을 맡던 시절인 2000년 5월 15일 도쿄도 내 한 호텔에서 열린 '신도정치연맹 국회의원 간담회 결성 30주년 기념축하회'에서 한 인사말이 큰 파장을 낳았다.

"일본은 천황 중심의 신의 나라라는 것을 국민들이 확실히 알도록 해야 한다는 생각에서 활동해온 지 30년이 됐다."

그는 수상으로 취임한 이후 교육칙어教育勅語의 부활을 주장하는 등 일본 현행 헌법의 기본 이념인 '국민주권'이나 정치와 종교 분리 원칙에 정면으로 위배되는 발언을 계속했다. 하토야마 유키오 민주당 대표는 "전쟁 전의 일본제국 헌법에 입각한 발언으로 국민주권을 부정한 것"이라며 수상 퇴진을 요구할 정도였다. 이런저런 이유로 모리 수상은 1년 만에 하차했다. 그런데 우리는 모리 수상의 발언을 망언이니 실언이니 하면서 일부 극우 정치인들의 생각으로 치부한다.

하지만 일본을 공부하다 보면, 모리 전 수상의 발언은 결코 실언이 아니다. 그의 말대로 일본은 신의 나라다. 일본이 편의점은 5만 개인데 신사는 최소 8만 8,000개에서 많게는 10만 개가 넘는다 해서 신의 나라라는 뜻이 아니다. 몽골의 침입으로부터 갑자기 불어온 신풍이 지켜준 신의 나라라는 뜻은 더더욱 아니다. 메이지 신정부는 분명 차이가 있을지라도 오늘날 이란과 유사한 신정국가로서 천황을 신으로 둔 제정일치 국가였다. 그래서 신의 나라라고 하는 것이다.

수많은 메이지 관련 책이 한 가지 놓치는 부분이 이것이다. 메이지 일본은 천황제를 이념으로 하는 종교국가다. 다신교인데도 천황을 제일의 신으로 여기고, 국가기관에 가장 상위기관으로 신기관이라는 종교부를 두고, 전국 신사에 신직이라는 종교공무원을 임명하고 월급을 주었다. 이것이 신기관의 부활을 의미하는 것이다. 근대화의 기본은 '정교분리'이다. 그런데 일본은 근대화를 이루는 동시에 천황제를 발명 수준으로 수정해 새롭게 만들었다. 그러다 보니 놀라울 정도로 빠르게 근대 국가를 이루고도 자유, 민주, 인권에 대한 정치인과 국민의 인식은 턱없이 낮았다. 이미 주어진 질서에 근거하여 행동하는 수동적 인간에서 개인의 자유의사에 의한 능동적 질서로 이행하는 게 쉽지 않았을 것이다.

그런데 일본은 무엇을 위해 근대화를 한 것인가?

천황제는 일본 열도만 벗어나면 아무런 힘도 쓰지 못할 정도로 매우 허약한 이념이자 심벌로 일류 인재들이 이룬 근대화에 반하는 개념이다. 이 두 가지 모순된 개념에 근거해 침략과 전쟁을 일으킨 일본을 이해할 수 없다. 천황제의 본질을 양심적인 일본인과 제삼자의 관점으로 바라보면 "천황과 그것을 중심으로 하는 세계는 요컨대 시대에 뒤떨어진 것이다."[177]

이러한 정체성은 전쟁에 참여한 적도 없던 친절하고 선량한 대부분 일본인들이 천황을 위해 봉건시대 산물인 무사도 정신으로 무장한 채 세대를 이어 전쟁을 일으키게 만들었다. 돌이켜 보면, 메이지 유신을 통해 50년 만에 세계 5위의 강대국이 된 것도 기적이요, 그로부터 30년도 채 안 되어 멸망한 것 모두 기적에 가깝다. 천황제가 한 번은 희극으로, 또 한 번은 비극으로 나타난 것이다. 그러기에 그 뿌리인 메이지 유신의 뛰어난 성취만 논하기에는 아주 불편하다. 패전의 책임을 모두 메이지 유신의 주체세력에 돌릴 수는 없지만 분명 필요조건을 만들었다. 메이지 유신의 주체세력들이 부강한 나라를 만들기 위해 흘린 피와 땀이 결국 연이은 침략으로 치닫다 값비싼 대가를 지불해야 했다. 2,500여 년 동안 한 번도 외국에 정복당한 일이 없다는 민족이 역사상 처음으로 외국에 점령당했다. 맥아더 원수가 사실상의 지배자가 되고 '신성하여 범할 수 없다.'라는 현인신(아라히토가미)은 인간선언(1946년 1월)을 통해 신성을 잃어버렸다.

이로써 그들이 세운 생활의 모든 기준이 되는 권위, 질서, 명예는 대부분 동요되고 무너져버렸다. 겨우 한 세기도 채우지 못하고 무너진 것이다. 메이지 유신과 소련의 공산혁명은 모두 인공의 이데올로기로 사람을 미치게 만들지 않았으면 생기지 않을 일이었다. 천황제, 공산주의 이념 역시 근세에 만들어진 인공의 구조물이다. 우리는 편협한 세계관에 따른 외통수의 길을 걸으며 나와 다른 생각이나 다른 민족을 포용하지 못하고 현실을 무시하는 정책을 선택한 순간 따라오는 비참한 결과를 이미 알고 있다. 일본은 난수표다.[178] 수많은 전문가의 선행연구를 읽으면 읽을수록 천황제의 본질을 알기가 더 힘들어진다. 결론적으로 일본은 근대 천황제 확립을 위해 신토를 국가체제 이데올로기로 삼았다.

"천황의 신권적 절대성을 앞세워 근대 민족국가 형성과제를 수행하는 메이지 유신 체제 속에서 천황의 혈통과 국가의 공신을 신격화할 때 그 누구도 공공연히 이에 반대할 수가 없었다."[179]

그런데 근대화 과정에서 국가신도國家神道가 '종교의 자유' 문제로 비화할 소지가 역력해지자 1882년 '일본형' 정교분리를 단행했다. 여기서 일본형이라는 게 중요하다. 신토 비종교설에 의한 국가신도는 국가제사로만 남고 교파신토는 분리하고 독립시켰다. 일본은 국가신도가 실제로는 종교 기능을 하는데도 오랜 의례와 전통이라고 강변 내지는 궤변을 펼쳤다. 그리고 제사의식으로 후퇴한 국가신도의 빈자리를 교육칙어와 메이지 헌법으로 채워 넣었다. 이는 교육과 법으로 강력히 뒷받침하겠다는 의도였다.

천황제는 이렇게 '국가신도 + 교육칙어 + 메이지 헌법'이라는 3중의 겹으로 쌓여 있다. 이제 우리는 천황제의 절묘하게 포장된 속내를 요모조모 뜯어보아야 한다. 사실 한국적인 사고방식으로는 매우 이해하기 힘들다. 일본의 논리가 꽈배기처럼 잔뜩 꼬여 있어서 글을 쓰는 필자 역시 책을 덮고 싶을 때가 한두 번이 아니었다. 그런데 나만 어려운 게 아니었던 모양이다. 미국이 전후 대일 처리 정책을 구체화할 때도 가장 곤혹스러웠던 문제가 바로 천황제였다.

"대일처리를 둘러싼 논의의 초점은 천황이라는 존재에 맞춰지게 된다. (…중략…) 일본 침략전쟁의 근원은 결코 단순한 외교나 무역 문제가 아니다. 그 근원은 또한 일본인의 심성, 일본의 사회구조 깊은 곳에서 발생하고 있으며 나아가 이 위험한 사회적, 심리적 구조의 중요한 부분이 되는 것이 바로 천황이라는 존재이다."[180]

# 2
# 천황제 3종 세트 ①: 국가신도

### 신정일치 국가

메이지 유신은 영어로 혁명을 뜻하는 레볼루션Revolution이 아니라 옛 제도의 부활, 복원을 말하는 리스토레이션Restoration이다. 중세사회에서 근대 국가로 대변신을 한 메이지 유신은 왜 혁명이 아니고 유신維新인가? 근대 일본에서는 '지배층 바깥 세력이 체제를 전복한 일이 없었기' 때문이다. 박훈 교수는『메이지유신을 설계한 최후의 사무라이들』에서 다음과 같이 설명했다.

"혁명은 원래 역성혁명의 준말로 왕조를 교체한다는 뜻이다. 그런데 일본은 6세기 이후 왕조는 한 번도 바뀐 적이 없었다. 메이지 유신 역시 막부는 쓰러졌어도 무너진 것은 도쿠가와 가문이지 천황가는 아니다. 무너지기는커녕 유신으로 천황에게 대권이 다시 돌아왔다."

메이지 유신은 문명개화와 부국강병을 이루기 위한 정치개혁이었다. 근대 문명국가를 건설하기 위해서는 정교분리를 통한 세속화의 길을 가야 한다. 그런데 일본인은 개인의 본심(本音, 혼네)과 사회적 규범에 의거한 의견(建前, 다테마에)이 존재하듯이, 메이지 유신은 밖으로는 근대화를 추진했지만 안으로는 치열하게 천황제의 강화와 국가신도라는 종교화가 동시에 진행된 특수한 사례다.

일본의 국체 연구가인 와타나베 히로시 교수 역시 메이지 신정부가 "문명화와 종교화를 동시에 추진했으며, 그 결과 천황숭배를 중심으로 하는 국체가 형성됐다."라고 지적했다. 메이지 유신의 주역들은 국민통합을 실현할 때 고대 일본의 형식을 가져와 거기에 새롭게 채워 넣었다. 천황제의 토대를 다시 닦은 후 그 위에 서양의 신문화와 문명을 건설하려고 한 것이다. '복고를 통한 혁신'이라는 모순되는 두 요소로써 새로운 일본을 만드는 양 축으로 세웠고 통합의 상징으로 천황을 전면에 내세운 것이다.

다시 한번 강조하지만 메이지 유신을 구성하는 핵심 기둥 두 개는 천황제라는 씨줄과 서구식 근대화라는 날줄이다. 열심히 서구 문명을 받아들인 근대주의자인 동시에 천황주의자인 주체세력들의 '정신의 이중성'에는 메이지라는 새로운 시대에 유신을 택한 고충이 잘 드러나 있다. 그런데 일본의 대표적인 지성인인 가토 슈이치는 이것은 모순이라기보다는 일본인의 본질이라고 분석했다.

"새로운 것이 수용될 때 신구가 교체하기보다는, 옛것에 새것이 더해지는 발전의 형식이 원칙이 됐다. (…중략…) 토착적 세계관의 지속성이 그로 인해 해를 입을 위험은 당연히 적었을 것이다. (…중략…) 심층에는 움직이는 토착적 세계관의 집요한 지속과 그 때문에 되풀이된 외래 체계의 '일본화'에 의해서 특징지어진다."[181]

또한 와쓰지 데쓰로는 "일본인처럼 민감하게 새로운 것을 받아들이는 민족이 따로 없고, 또 일본인처럼 충실하게 옛것을 보존하는 민족도 따로 없을 것이다."[182]라며 토착적 세계관이 집요하게 지속되는 현상을 설명하고 있다. 특히 폐번치현을 실시하는 1871년까지 유신정부가 내린 대부분의 조치는 천황제와 관련된 것이었다. 이렇게 중요한 천황제라는 신정일치 국가가 마치 입헌군주제처럼 보이는 것은 일본이 사용하는 언어의 마술에 있다. 일본은 정치와 종교가 일체화된 유일한 구조를 국체國體라고 하며 가장 중요하게 여겼다. 사실 이것은 가장 원시적인 종교를 신장개업하면서 마치 수천 년 전부터 있어 오기라도 한 것처럼 '새롭게 만든 전통'이었다.

1937년 문부성이 편찬한『국체의 본의』는 이를 잘 설명하고 있다. "대일본제국은 만세일계萬世一系의 천황이 황조의 신칙을 받들고 영원히 통치하신다. 이것이 바로 우리의 만고불변의 국체이다."

여기서 말하는 황조란 신화 속의 천조대신이다. 또한 신칙이라는 건 종교적 메시지가 아니라 통치에 관한 정치적 메시지다. 천황이 일본 땅을 영원히 통치하는 것이다.[183]

"우리 국가의 정치는 황조와 황조의 신령을 제사 지내고, 현인신으로서 만민을 이끄는 천황이 통치하시는 것"이다.

"교육도 그 근본은 제사 및 정치와 일치하는 것이어서, 즉 제사와 정치와 교육은 각각의 일을 하면서도 그 귀속되는 것은 완전히 하나이다."(국가신도와 교육은 완전히 일체라고 말하고 있다.)

그러니 신정일치 국가의 중추기관인 신기관이 메이지 유신 초기에 얼마나 중요했겠는가. 메이지 유신의 신정부가 향후 국가 운영 방침인 5개조 서문을 결정하여 발표하던 그날은 일본의 지방 제후들이 숨죽여 지켜보는 정말 중요한 순간이었다. 그런데 하루 전인 1868년 3월 13일, 그보다 더 중요한 포고 하나가 내려졌다.

"이번 왕정복고에서 '진무천황의 건국에 기초'①하여 모든 것을 일신하시고 '제정일치제도로 회복'②하시면서 '먼저 신기관을 부활, 설치'③하신 후 여러 제전을 일으키신다고 말씀하셨다. 따라서 이 뜻을 전국에 포고하는 바이다." 그리고 "전국의 신사와 신직(신사에서 신을 모시고 제사를 담당하는 직분)은 신기관이 담당한다."라는 원칙을 정했다.[184]

이 포고문으로 이후 시행되는 신불분리(신도와 불교의 분리로 전국의 신사에서 불교적 색채를 제거함) 정책은 이때 결정됐음을 알 수 있다. 이 포고문은 매우 중요한 의미를 담고 있으므로 상세히 분석해 보겠다.

첫 번째, 메이지 유신은 진무천황神武天皇의 건국에 기초한다. 일본 신화에 의하면 진무천황은 아마테라스, 즉 태양신의 직계 후손으로 기원전 660년 2월 11일(지금도 일본 건국일) 50세에 창업하여 75년을 통치하다 127세에 죽었다. 그저 신화이니 역사적인 사실이나 구체적인 증거는 없다. 사실 메이지 신정부가 제시하는 제도와 정책은 어떤 것에도 얽매일 필요가 없었다는 뜻이다. 그래서 가루베 다다시는 이 포고문이 '복고와 유신이 공존할 수 있는 매직워드'라고 감탄할 정도였다. 메이지 유신정부는 국가체제 및 사회제도, 금융·산업·문화·교육 등 사회 전반에 걸쳐 근대화를 추진했을 뿐만 아니라 천황제라는 신의 영역도 근대화했다. 이에 대해 네덜란드의 이안 부루마는 "천황제는 빌헬름 시대의 독일의 고딕적 고안만큼이나 각색된 사실이다. 독일의 낭만주의 성처럼 그것은 과거에서 요소를 빌려온 것이며, 메이지 시대에 진화된 천황숭배는 야마가타의 징집제 군대만큼이나 근대적"이라고 평가했다.

"그 이전에는 일본에서 결코 최고의 신으로 천황을 숭배하지 않았다. 에도 시대 말기까지 그는 교토에 살면서 문화를 육성해왔고 일본 관습과 정신의 영적 보호자였다. 신토는 국가 종교나 우상이 아니고 일본의 탄생을 가져온 신들, 다산, 자연의 축복, 계절축제, 애니미즘적 의례의 집합이었다. 그러나 메이지 시대 신토는 점차 다른 것이 되어 마침내 국가의 신토가 됐다. (…중략…) 그 자체가 일본이라는 발상의 국가신도를 통해 천황제도에 대한 종교적 숭배에 뿌리를 두었다."[185]

역사의 영역이라면 사실과 거짓을 판별할 수 있다. 신화의 영역은 뭐라 비판하기조차 거북한 의식의 영역이지 않는가. 신화는 얼마든지 엿가락처럼 늘려 코에 걸면 코걸이, 귀에 걸면 귀걸이 식으로 해석할 수 있기 때문이다. 일본은 유신 초기에 신정국가를 지향했다. 새롭게 국가신도를 만들더니 전국의 신사에 등급을 매겼다. 신사의 관리자인 신관은 공무원으로 국가에서 월급을 지급했다. 여기서 끝났으면 신정국가라 하지 않았을 것이다. 아예 일본은 국가와 종교를 일체화하여 침략적 민족주의의 토대를 만들었다.

"정부가 날조한 종교 전통, 통치권력의 신성화는 그 정도가 유럽의 가장 보수적인 국가라도 상상조차 할 수 없는 국가와 종교의 동맹이었다. 이렇게 하여 침략적 민족주의의 기초가 놓여졌고, 이 침략적 민족주의는 1931~1945년의 침략전쟁을 우등민족이 집행한 신의 뜻으로 해석했다. 국가신도는 수입품이 아니었다."[186]

'국가신도는 수입품이 아니다.' 역사학의 권위자인 오스터함멜 콘스탄츠대학교 명예교수는 특유의 뼈 때리는 표현을 썼다. 여기서 매우 중요한 것은 천황제가 수입품이 아니라 일본의 창작품이라는 것이다. 미국 수정헌법 제1조(1791년 12월 15일 채택)에는 유명한 '입법불가' 조항이 있다.

"연방의회는 종교를 설립(국교금지 조항)하거나, 자유로운 종교 활동을 금지하거나, 발언의 자유를 저해하거나, 출판의 자유, 평화로운 집회의 권리, 그리고 정부에 탄원할 수 있는 권리를 제한하는 어떠한 법률도 만들어서는 안 된다."[187]

이 조항은 가장 간단하고 단도직입적인 언어로 권력기관(정부, 의회)이 국민 개인의 기본권을 침범하는 법률을 만들 수 없음을 규정하고 있다. 가장 먼저 연방의회가 새로운 종교를 설립하거나 국교로 만들 수 없다는 것이다. 이것이 입헌정치의 본질이다. 입헌정치는 단지 헌법의 틀 안에서 정치를 행하는 것이 아니라 권력기관 자체를 제한하는 것임을 보여준다.[188] 하지만 일본의 상황은 전혀 달랐다. 우선 메이지 유신의 주체세력들은 천황을 신으로 업그레이드했다. 국민을 신의 자식들로 만들고 신에게 충성해야 하는 의무를 부여했다. '어버이 수령'을 따르는 오늘날 북한과 매우 유사하다.

그들은 이렇게 일본인의 정체성을 만드는 데 성공했다. 일본이 무서운 것은 조선인만 '가스라이팅'을 한 게 아니라 자국민 또한 '셀프 가스라이팅'의 대상으로 여겼다는 점이다. 셀프 가스라이팅에 포획된 일본 우익들이 발신하는 내용을 가스라이팅당한 한국의 '자발적 친일파'가 착신하는 구조는 이렇게 오랜 역사를 지니고 있다. 현재 일본은 더 이상 자국과 이웃 나라를 불바다로 만들 만큼 위협적인 나라는 아니다. 그런데도 여전히 일본은 찜찜하다. 딱히 원인도 없고 설명할 수도 없지만 천황제와 관련된 역사, 정책, 그리고 일본인의 신에 대한 관념은 매우 난해하다. 그냥 넘겨버리고 싶을 정도로 재미도 없다. 하지만 이 부분을 잘 소화하면 난감한 일본을 파악하는 데 매우 유용하고 다른 어떤 사안을 판단하는 데에도 나름의 질서가 부여될 것이다.

두 번째, 메이지 유신은 제정일치제도로 돌아감을 의미했다. 일본인들은 자국을 신의 특별한 가호를 받는 신국神國으로 규정한다. 그들은 신들의 신비로운 도움을 받아 자연과 인심을 부드럽게 만드는 것을 중시했다. 당시 일본인에게는 신에게 제사를 정성껏 모셔야 자연도, 나라도, 정치도 안정된다고 믿었다. 이런 가치관은 늘 한 방향으로만 흐를 수밖에 없는 데다가 이런 주장에 엄청난 노력을 쏟아부을 필요도 없다. 그런데 이런 주장을 하면 할수록 나라를 걱정하는 애국자라는 평판과 함께 정통성이 부여됐다. 천황은 세상과 정치를 평안하게 만드는 주재자로서 종교적, 정신적으로 우월한 위치를 차지했다. 게다가 당시 여론은 사쓰마번과 조슈번이 어린 천황(메이지 당시 16세)을 옹립하여 막부 권력을 무너뜨렸다고 여겼다. 당시 상황을 고려하면 최고 권위자로서 천황을 전면에 내세울 수밖에 없었다.

여기서 잠깐 일본인의 신에 대한 독특한 관념을 살펴보고 가자. 일본에서는 절대자나 신神을 카미かみ라 부른다. 인간을 포함하여 자연만물 중 진귀하고 뛰어난 덕德을 지닌 두려운 존재를 뜻한다. 여기서 뛰어나다는 것은 선한 것뿐만 아니라 악하고 기괴한 것이라 할지라도 뛰어나고 두려운 것이면 무엇이든 카미라고 한다. 천황의 역사 중에 신의 이름을 가진 천황은 네 명이 존재한다. 그들은 모두 '재앙을 내릴 줄 아는 강력한 귀신'으로 알려졌다. 일본사에 등장하는 네 명의 신은 초대 야마토의 왕인 진무神武천황, 10대 천황인 스진崇神천황, 진구神功왕후, 그의 아들 오진應神천황이다. 창업군주와 왕조 교체기의 천황들이다. 이들은 모두 강력한 힘을 지녔는데 저주나 신벌을 내렸기에 사람들은 두려워했다.

고대인들이 저주나 신벌을 현실로 받아들이는 것은 어느 문명권에나 존재한다. 그러나 일본은 독특하게도 1만 년 전의 하등 종교가 여전히 현실 속에서 무시할 수 없는 영향력을 가지고 있다는 사실이다. 일본인에게 있어 신과 귀신은 동전의 앞뒷면으로 '신=귀신'이라는 원리가 이해되지 않으면 천황의 본질을 이해할 수 없다. 압도적으로 뛰어난 존재가 카미다.

신불분리 정책

"다신교의 신은 재앙을 내리는 무서운 신인 동시에 복을 내리는 고마운 신이기도 하며, 같은 신이라도 양면성을 가지고 있다."

"다신교 세계의 신은 절대적인 정의를 구현하는 존재가 결코 아니다. 그리고 일본인에게 신이라는 존재는 기본적으로 재앙을 내리는 자이며 이를 정중히 제사를 지내 달램으로써 은혜의 신으로 바꿀 수 있다는 것이다."[189]

이런 가치관이 지배하는 사회에서 신기관의 부흥은 매우 중요했다. 유신세력들 일부는 이것이 못마땅했지만 신기관보다 근대화 정책이 더 긴급하다고 주장해 봐야 씨알도 먹히지 않는다는 것을 잘 알고 있었다. 문제 제기에 회의적인 사람들은 점점 침묵하기 시작했다. 그에 반해 신정정치를 주장하는 사람들의 목소리는 점점 커져가는 구조로 변해 갔다. 점점 신정정치를 위한 정책은 가속도가 붙어 강화됐다. 그러다 보니 소수의 보수 강경파가 다수를 쉽게 움직일 수 있었다.

보수 강경파들이 득세할 여건이 마련되자마자 이들은 국가신도의 국교화 정책을 펼쳤다. 신토의 국교화 정책에 가장 걸림돌이 되는 것은 불교와 신토의 관계였다. 전통적으로 신토는 불교 전래 이래로 불교와 습합되어 전해지고 있었다. 그러다 보니 종교 현장에서 순수하게 신토만을 떼어내 구분하기는 어려웠다. 더구나 신토를 일본만의 순수한 일본의 정신이자 종교로 규정해야 하기 때문에 외래 종교인 불교와 혼재된 신토의 모습은 그야말로 구습이요, 혁신의 대상이었다. 이에 메이지 정부는 1868년 3월 28일 국가권력을 통해 신토와 불교를 나누는 신불분리神佛分離령을 시행하게 된다. 이에 대해서 여기서는 간단히 살펴보고 자세한 내용은 뒤에서 다루겠다.

신불분리 정책은 우선 전국의 신사에서 불교적 색채를 제거하는 것으로 시작됐다. 신불습합(神佛褶合, 신도와 불교의 혼합)의 오랜 관습으로 존재했던 신사의 승려에 대해 모두 환속하여 신관(神官, 신토 성직자)이 될 것을 명령했다. 즉 승려 → 환속 → 신관의 코스가 정책적으로 설정된 것이다. 그리고 주신(主神 = 神體)이 불상인 경우 이를 없애고 범종과 같은 불교식 의식구를 제거할 것을 명했다. 이 명령은 가스가 가득 찬 지하실에 성냥불을 그은 것과 같았다.

당시 현세에서 이익을 탐하며 정치권력을 등에 업고 민중 위에 군림했던 불교의 폐단도 많이 있었던 터이다. 승려보다 하층으로 여겨졌던 신관들이 주동이 됐다. 이에 사찰에 불만을 가진 민중들이 가세하면서 폐불훼석廢佛毁釋 운동이 전국적으로 번져갔다. 수많은 국보급 불상, 불구, 경전 등이 불태워졌고 천황의 조상을 모시는 이세신궁 주변의 사찰 196개는 전부 폐사됐다. 동국대학교의 김춘호 강사는 「불교닷컴」 칼럼에서 당시의 피해가 엄청났다고 말한다.

"폐불훼석은 1868년부터 1877년 무렵까지 계속됐으며 (…중략…) 당시 존재하였던 전국 사찰 절반가량이 직접적인 피해를 입었다고 하며, 이를 두고 '일본판 분서갱유'라고까지 표현할 정도였다."[190]

불교 측에서 강한 반발이 일어나자 메이지 정부는 몇 차례에 걸쳐 신불분리가 폐불정책이 아님을 강조했다. 하지만 이미 전국적으로 확산한 폐불의 흐름은 좀처럼 잦아들지 않았다.

포고문에서 알 수 있는 또 다른 한 가지는 신기관을 부활시켰다는 점이다. 신기관은 고대 헤이안 시대(794~1185년) 율령제에서 조정의 제사와 전국의 관사를 관장하던 최상위 관청이다. 메이지 일본은 출발점에서 이런 신기관을 다시 최상위 기관으로 소환해 왔다.

"신기관의 부활과 제정일치를 바라는 움직임은 에도 시대 말기의 존왕사상이나 국체사상의 발전 속에서 생겨난" 것이다.[191]

신기관은 어떤 의미와 가치를 지녔기에 이렇게 중시한 것일까?

"신기관이 제대로 수행할 적엔 비바람이 멎고 하늘과 사람이 화합하여 정치 또한 잘 행해진다. 이것이 예로부터 신기관을 백관 위에 둔 까닭이다."192

센게 다카토미(千家尊福, 1845~1918)를 비롯한 3인은 신기관 부흥과 국교 확충을 통해 문명을 발전시키는 것이 참 문명 실현, 참 개화라는 주장까지 한다.

"우리 고유의 국교로서 정政과 교敎를 바르게 세울 필요가 있다. 고유의 국교로 민심을 사생불변심사死生不變心思로 단결시킨 위에 학술, 공예, 한선(선박) 등 지식을 발전시키는 것, 이것이야말로 참眞 문명, 참眞 개화"다.193

참고로 "1868년 3월 14일 5개조 선언문 발포의식은 황거皇居의 자신전紫宸殿에서 신이 내리는 신좌를 설치하고 천신, 지기를 불러낸다는 형식에 의거하였다."194

이 시기는 신정부가 수립됐지만 계속되는 막부의 반발로 인해 내전 중인 상태였다. 아직 신정부가 자리 잡지 못한 상황이라 불안과 긴장 상태였지만 그럼에도 신기관과 관련된 조치들은 속속 진행됐다(아주 기묘한 열정으로 보인다). 그리고 메이지 정부는 신들을 모시는 신사의 건축과 제사를 체계적으로 정비했다. 신들의 체계를 새롭게 만들어 천황을 수장으로 하는 800만 신이라 할 정도로 무수히 많은 신의 판테온을 지은 것이다. 이때까지 민중신앙에는 없었던 천황의 조상신 숭배가 이뤄졌다. 또한 '당연히 모셔야 하는데 모시지 않고 있는 귀신을 국가가 제사'해야 한다. 그렇지 않으면 그들이 세상에 재앙을 불러일으킬지 모른다고 두려워했다.

"『고사기』『일본서기』의 신화 등에 기록되어 있는 신들과 천황의 혈통에 관계되는 사람들과 국가에 공적이 있는 사람들을 제사지 넘으로써 이러한 신들의 앙화殃禍를 피하고 그 보호를 받으려는 사상이다. 단순한 도의적 숭배심에서가 아니라 원한을 가지고 재앙을 일으키는 영혼에 대한 공포심에서 이러한 신들이 제사되어야 된다."[195] (이 책의 뒷부분 「코어심벌」편에서 '신=귀신'이라는 일본인의 독특한 신 관념에 관해 자세히 설명하겠다.)

이에 따라 1868년 이후 신사 창건이 잇따랐다. 천황, 황족, 귀족을 모시는 곳과 오다 노부나가, 도요토미 히데요시, 우에스기 겐신, 가토 기요마사 등의 무장을 모시는 신사들이 창건됐다. 그리고 시골의 보잘것없고 잡스러운 신들에 대해서도 합사가 병행됐다. 신기관 설치 등 포고에 연이어 3월 17일에는 지방의 크고 작은 신사에 승려로서 신을 모시고 있던 자의 환속을 명령했다. 이어 3월 28일에는 문제의 신불분리령을 명하게 된다. 메이지 신정부는 신토 국교화를 표방하며 지난 1,000년이 넘는 신불습합을 버리고 불교와 신토를 분리하는 정책을 단행했다. 1,000년이 넘는 세월 동안 하나의 종교로 존립해 오던 것을 마치 무 토막 자르듯이 종교적으로 단박에 이 둘을 구분하는 것은 불가능한 일이었다. 그렇지만 정치적 혹은 애국적 구분이라면 얼마든지 가능한 일이었다.

일본은 종교에 있어서 가장 창의적이다. 정부에서 신흥종교 하나 만드는 것은 식은 죽 먹기보다 쉬웠다. 주지하다시피 불교가 일본을 포맷한 게 아니라 불교가 일본화한 것이다. 6세기 중반 중국과 한반도로부터 불교가 들어오자 일본인이 믿고 있는 자연만물에 깃들어 있다는 카미神들과 부처의 관계 설정이 큰 난관에 봉착했다. 하지만 일본은 이것을 별로 힘들지 않게 합리화했다.

'카미가 출가하여 불교도가 됐다.'라는 승형신상僧形神像이라는 새로운 논리를 만들어냈다. 여기서 한발 더 나가는 이론도 만들었다. 본지수적설本地垂迹說이다. 본지는 원래 땅인 인도를 말하고 수적은 이동했다는 뜻이다. 쉽게 말해 인도에 있던 부처나 보살들이 대거 일본에 들어와 카미가 됐다는 주장이다.

여기에서 기묘한 사실 하나를 눈치채게 된다. 일본의 특이한 종교관이다. 부처의 가르침이 옳다고 생각하면 그냥 믿고 따르면 된다. 부처와 보살들이 뭐 하러 대거 일본으로 이동했겠나. 대부분의 나라에서 종교는 원시 토착신앙에서 시작해 외래의 고등종교로 대체되는 수순을 밟는다. 기독교, 이슬람, 불교 문화권은 그렇게 형성된 것이다. 고대에서 불교나 기독교의 도입은 그 문명이 한 단계 고도화되는 것으로 평가한다. 고구려의 소수림왕이나 신라의 법흥왕은 그래서 매우 중요한 왕으로 자리매김한다.

그런데 일본은 수천 년간 내려온 민간신앙인 신토를 그대로 유지한 세계 유일한 나라다. 지금도 세계적인 불교와 기독교조차 일본식으로 변형돼 간신히 숨만 쉬고 있는 상태다. 이런 해괴한 주장들이 하도 그럴 듯하다 보니 통설이 되어버렸다. '부처가 카미이므로 부처를 예배하면 카미를 예배한 것이고, 카미를 예배하면 부처를 예배한 것이므로 불교는 신토'와 같다. 이른바 신불습합이다. 신토와 불교가 구분이 안 될 정도로 섞인 데는 불교 지도자들 중에 막부 권력의 통제하에 불교의 중흥을 도모한 것도 한 원인이 됐다.

"부처님이 말씀하시기를 불법은 국왕, 대신, 그리고 유력한 권력자에게 귀속한다고 하셨다. 그 법은 공적 권력의 아래에 있다는 것을 알지 못하면 불법을 올바르게 안다고 할 수 없다."[196]

이렇게 비굴한 태도를 보인다고 불교가 중흥할 리 만무했다. 오히려 오다 노부나가나 도요토미 히데요시 같은 무장들은 신불을 안중에도 두지 않았다. 그들은 신불을 두려워하지 않는 차원을 넘어 자신들이 그 지위에 오르려고 했다.

"오다 노부나가가 히에이 산을 불태우고 잇코잇키를 학살한 것이나 히데요시가 네고로지根來寺를 불태우고 가야산을 강제로 복속시킨 사실은, 이미 그들의 안중에는 아무런 종교적 권위가 존재하지 않음을 보여준다. 노부나가는 "내 자신이 신의 몸이며 살아 있는 신불이다. 세계에는 다른 주인이 없고 그 위에 창조주도 없다."라고 말하고, 히데요시가 "사후 신의 지위를 얻어 일본의 대호걸로서 제사받기를 원한다."라는 선교사의 보고는 사실을 전한 것으로 보인다."[197]

이렇게 인간이 신이 되겠다는 발상이 가능한 일본에서 신토와 불교는 구분되지 않는데 신(카미)과 불(부처)을 분리하라며 신사에 있던 승려에게는 환속을 명령하고 신사에 있던 불상과 불구들을 불태웠다. 오랫동안 쌓인 적폐와 감정들이 얽힌 것이다. 에도 막부는 1637년 기독교도의 최대의 난인 시마바라 난 이후 모든 백성이 하나의 사찰을 선택해 적을 올리고 매년 1회씩 일종의 호적증명서(나이, 성별, 소속사찰 등)를 영주에게 제출하는 사청(寺請, 데라우케) 제도를 시행했다. 사찰에는 백성들의 종교 성향을 감독하는 역할을 줘 기독교가 아니라는 점을 확인토록 했고, 백성들은 사찰에 속하는 게 의무가 되어 자신의 사원을 섬겨야 했다(소속 사찰에 시주하는 집을 단가檀家라 불렀다. 산스크리트어 다나dana의 번역어다). 이렇게 되자 일부 사원들이 부패의 온상이 되고 승려의 세속화 등의 문제가 속출했다.

이런 사원들로 인해 불교계가 민중의 원망을 사고 있던 차에 신정부가 불교를 억압하는 정책을 펼치자 이 틈을 타서 과격한 불교 파괴 운동이 일어난 것이다. 각 지방의 국학자들과 신사의 신관들이 선동하고 민중이 동참함으로써 수많은 사찰들이 폐사되고 탑, 불상, 경전 등이 파괴되고 훼손됐다. 당시 가장 성스럽게 여기는 엔랴쿠지延曆寺가 파괴됐다. 10만여 사찰에서 일어난 불상을 파괴하고 스님을 몰아내는 당시의 광풍은 일본 불교계를 공포로 몰아넣었다.

그야말로 목불인견目不忍見이었다. 특히 유신의 주체세력들은 신기관의 폭력적이고 조잡한 행태에 매우 실망했다. 급기야 폐불훼석을 직접 행동으로 옮긴 신기관원 두 명을 해임했다. 이 일을 계기로 이토 히로부미 등은 신토가 일본의 기축으로선 적합하지 않다는 판단을 내렸다. 그럼에도 여전히 신기관은 맹위를 떨쳤다. 신기관은 최고의 위상을 가지게 됨에 따라 제정일치 이념을 구체화하는 상설 신전과 전국적인 선교체제도 점점 정비해 나갔다. 드디어 1870년 1월 3일 대교선포의 조칙이 발포됐다.

"대교大敎란 일반적으로 말하는 신토와 선을 긋기 위해 붙여진 이름으로 국교로서의 신토를 말한다."[198]

유신의 때에 새로이 선교사를 선발하여, 그들이 유신의 대도인 국교를 확충하고 민심의 어리석음을 깨우치게 한다는 기치를 내걸었다. 신기관 소속 교도직들의 포교활동을 독려하고 추가로 지방에 산하기관을 신설키로 결정하기도 했다.

"선교활동은 특히 지방에 절실했다. 지방 부번현에 한두 명의 선교 담당자를 두기로 하고 인재를 고르도록 지령을 내렸다."[199]

그럼에도 대교 전파의 효과가 전혀 없었다. 실태는 신기관이 낮잠관, 인습관이라고 불리는 결과만 가져왔고 선교 실적은 올리지 못했다. 그 결과 1년 만인 1870년 12월에 급진파라 지목된 신기관원들을 파면했다. 신기관은 신기성으로 격하되고 시간이 지나 교부성으로 다시 개조됐다.

신기관(최고 기관) → 신기성(여러 정부기관의 하나) → 교부성(불교까지도 관장)

이런 것들이 무슨 의미가 있냐고 하는 독자도 있을 것이다. 메이지 유신은 '문명개화'의 한 축과 '천황친정'이라는 또 다른 한 축이 존재한다. 문명개화를 강하게 추진할수록 천황에 대한 정책 역시 강하게 추진했다. '천황天皇=신神+왕王'이기에 종교적인 정책이 주로 이뤄졌다. 여기서 잠깐 귀신 이야기 좀 해야겠다. 현대문명 시대에 무슨 귀신 씻나락 까먹는 소리냐고 하겠지만 내가 말하려는 바는 귀신의 존재 여부는 중요한 문제가 아니라는 것이다. 중요한 건 사람들이 귀신이 있다고 믿는 그 믿음체계 자체다.

문화심리학자 한민은 저서 『선을 넘는 한국인 선을 긋는 일본인』에서 이렇게 말했다.

"문화에는 사람들의 다양한 욕망과 두려움이 투사되어 있다. 귀신 역시 사람들이 갖고 있는 욕망과 두려움이 투영된 결과다. 그래서 귀신에는 그 문화 사람들이 무엇을 바라고 무엇을 두려워하는지가 담겨 있다."[200]

저자에 따르면 한국 귀신은 억울해서 한을 풀어달라고 사또와 같은 권력자에게 나타난다. 한을 풀어주면 귀신은 좋은 데로 가고 억울함을 풀어준 사람은 좋은 일이 생긴다. 일본 귀신은 한국 귀신과 다르게 자기 영역이 존재한다. 그 영역을 침범할 경우 누구나 공격 대상이 된다(애니메이션 「센과 치히로의 행방불명」에서도 치히로가 귀신의 영역을 침범한 순간 사달이 난 것이다). 만일 표적이 되면 반드시 해를 입는다. 일본 귀신인 오니鬼는 중범죄를 저지를 정도로 매우 무섭다. 이에 반해 한국 도깨비는 사람을 잘 해치지 않는다. 한국과 일본은 귀신도 다르고 귀신에 대한 생각도 다르다.

이처럼 일본인의 사고방식은 우리와 다른데도 우리는 일본을 우리식으로 해석한다. 특히 한국 정치인들의 회로는 '보고 싶은 것만 보는' 회로로 굳어져 있다. '우리가 먼저 양보하면 일본도 잘할 것'

이라고 순진하게 생각한다. 강제징용의 제삼자 해법에 대해서 박진 외교부 장관은 "물 컵에 비유하면, 물이 절반 이상 찼다고 생각한다. 이어질 일본의 성의 있는 호응에 따라 물 컵은 더 채워질 것으로 기대한다."라고 말했다. 그러나 12년 만에 이뤄진 2023년 3월 한·일 정상회담에서 일본 피고 기업들의 배상 참여는 합의되지 못했다.

'반 컵의 나머지 핵심은 사죄와 보상'이었다. 그러나 우리가 양보만 했지 일본 측에서 반응이 거의 없었다. 우리가 선의로 조건 없이 양보하면 일본도 양보할 것이라고 기대했다가 자기 함정에 빠지고 말았다.

다시 천황제로 돌아가면, 교부성教部省은 신토의 국교화가 실패로 귀결됐음을 보여주는 명칭이다. 불교 측의 요구로 1872년 3월 교부성이 설치됐다. 기독교가 점점 커지는 것에 두려움을 느끼고는 방지하기 위해 신토 단독으로는 불가능할 테니 함께 대응하자는 취지였다. 간략히 말하자면 신불이 합동 포교 체제를 구축하여 국민을 교화하기 위함이었다. 이를 위해 추가로 교도직을 임명했다. 이미 에도 막부 시절 기독교도들을 찾아내고 박멸하는 데 전국의 불교 사원 네트워크를 활용했었다. 여전히 유신 정부는 기독교에 대해 매우 경계했다. 일례로 1872년 3월 요코하마에서 최초로 세례받은 9명의 기독교인 중 한 명은 정부에서 동태를 살피기 위해 보낸 첩자였다. 겉으로는 신앙을 가진 척했지만 실제로는 외국인 선교사와 교회의 동향을 은밀히 파악해 정부에 보고하는 스파이였다. 한 기독교 연구자는 나중에 이렇게 반문했다. "9명 모두 첩자였는지 누가 알겠느냐."

## 시마지 3조 규칙을 비판하다

1874년에 7,247명의 교도관이 임명됐는데 신토 측 신관이

4,204명, 불교 측 승려가 3,043명이었다. 교도관이 강의할 내용은 뒤에서 설명할 3조 규칙을 중심에 두고 천황의 은혜에 감사하고 민중에게 일상 윤리를 가르치며 기독교 등 그릇된 얘기에 현혹되지 말라는 것이었다. 시간이 지나면서 교도 내용은 17개 항목으로 늘어났다. 이 교도관은 능력시험으로 선출했는데 1880년에는 10만 명이 넘게 응시했다. 그중 신토는 2만 1,421명으로 20% 정도로 열세에 놓았다. 신관들은 학력이 거의 없어 특별대우를 하여 발탁해도 이 정도였다. 결국 신토 국교화는 수많은 정책을 행했음에도 미미한 실적에 그쳤다. 후쿠자와 유키치의 저서 『문명사 개략』을 보더라도 신토의 종교적 기능이 매우 미약했음을 알 수 있다.

"우리나라의 종교는 신불 양도兩道라고 말하나 신토는 아직 종교로서 형태를 이루지 못하고 있다. 설령 아주 먼 옛날 그런 주장이 있었다고 해도 이미 불법佛法 안에서 농락당하여 수백 년 동안 본 모습을 드러낼 수 없었다. 어쩌면 근래에 와서 조금이나마 신토라는 이름을 듣는 듯하지만 정부의 변혁에 즈음하여 겨우 황실의 후광에 기대어 미미한 운동을 하려는 것일 뿐으로써 그저 한때의 우연한 일이므로 나의 소견으로는 이를 정형적인 종교라 인정할 수 없다."[201]

후쿠자와는 불교에 대해서도 속세 권력에 기생하는 빛을 잃은 종교로 보았다.

"불교 역시 천황과 쇼군 등의 특별한 관심을 요행으로 삼아 그 후광에 의지하여 법을 넓히려고 했을 따름이다. 심하게는 정부로부터 작위를 받고 이를 영광으로 삼기에 이르렀다. (…중략…) 그 위력의 뿌리를 찾아보면 종교의 위력이 아니라 단지 정부의 위력을 빌린 것으로서 결국 속권俗權 중의 한 부분에 지나지 않는다. 불교가 번성했다고는 하지만 그 가르침은 모두 다 정권 안에 포섭되어

있어 시방세계를 널리 비추는 빛은 불교의 광명이 아니라 정권의 위광인 것과 같다."²⁰²

교부성을 설치한 후 유신정부는 3조 규칙을 제정했다. 신불유의 합동포교 체제에서 신토는 '신성한 국교'로써 우위를 확실하게 결정지을 필요성을 느꼈는데 그 결정체가 바로 3조 규칙이었다. 3조 규칙은 국민교화정책을 실시하기 위해 교부성이 교도직에 명시한 3개 조의 교화 기준이었다.

제1조 경신애국敬神愛國의 뜻을 구체적으로 표현體現할 것
제2조 천리인도天理人道를 분명히 할 것
제3조 황상皇上을 공경하여 받들고 조정의 뜻朝旨을 준수할 것

3조 규칙은 신성한 존재로서 천황을 숭배하고 조정의 뜻을 따름으로써 애국할 것, 즉 근대 천황제 국가의 종교적, 정치적 이데올로기를 집약적으로 명시하고 있다. 이 3조 규칙의 원칙을 따른다는 조건에서 그동안 탄압받던 불교의 포교가 가능해졌고 신토는 국교로서 위상을 확보하게 됐다. 하지만 불교계에서는 신토 국교화 정책을 둘러싸고 대립하면서 균열이 생기기 시작했다. 그 균열의 단초를 제공한 이는 정토진종 혼간지파 승려인 시마지 모쿠라이(島地黙雷 1838~1911)였다. 그는 종교시찰을 위해 유럽에 가 있었는데 영국과 프랑스에서 강한 인상을 받았다.

메이지 시대 일본은 정부 차원의 시찰단뿐만 아니라 산업계는 물론 놀랍게도 불교계도 유럽을 순방하여 종교 상황 등을 연구했다. 참으로 이상할 정도였다. 인도에 가서 불법을 연구하기보다 서양의 종교인 기독교를 알아보기 위해 유럽을 순방하다니 말이다. 시마지는 기독교에서 강렬한 인상을 받았다. 기독교는 정치권력으로부터

의연하게 독립했다. 그리고 그 독립성의 배경에 오랜 종교 투쟁의 역사가 있었다. 그 점을 알고는 일본 불교가 너무 비굴했음을 깊이 한탄하며 '정부에 아부하면서 불교의 가르침을 지키겠다는 것은 잘못된 계산'이라는 판단을 내렸다.[203]

시마지는 과감하게 1872년에 「삼조교칙 비판 건백서」를 정부에 제출했다. 그의 비판은 신랄했다. 문명개화를 추진하는 정부가 최근에 법과 제도를 마련하고 '새롭게 이런저런 것을 모아 하나의 종교—宗를 조제해 이를 인민에 강제'[204]하고 있다고 하며 이건 종교가 아니라 신화학의 대상에 불과하며 서구 열강의 비웃음을 산다고 신랄하게 지적한다.

"정政과 교敎는 다름으로 혼동해서는 안 된다. 정은 인사이며 형체를 다스리므로 방역(일개 나라)에 국한한다. 교는 신위(神爲, 신의 일)이며 마음을 다스리며 만국에 통한다."[205]

그는 유럽처럼 정치와 종교의 구별이야말로 문명국의 조건이라며 국가가 종교를 인위적으로 만들어 국민에게 강요해서는 안 된다고 주장했다. 정치의 본질은 이기심과 욕망으로 누구나 자기 이익을 위한다. 이런 '개인의 사욕'은 법률로 제어할 수 있고 법으로 다스려야 한다. 그러나 종교는 더욱 고차원적인 것으로 보편적인데 마음에 있는 것이므로 어떻게 법으로 강제화할 수 없는 것이다.

그는 제1조 경신애국부터 비판한다. 신을 공경하는 건 만국에 보편적인데 애국은 한 나라에 해당된다. 그런데 어떻게 애국이 종교가 될 수 있는가. 제3조에 대한 논박은 간단했다. 천황을 공경하지 않는 사람이 어디 있는가? 지존의 지중함을 누가 받들어 모시지 않겠는가? 그건 국체이지 종교가 될 수 없다. 시마지의 신랄한 비판과 논의는 메이지 정부에 결정적인 영향을 미쳐 10년 뒤 '일본형 정교 분리'가 일어나는 발단이 됐다. 메이지 유신의 기반이 된 사상 중

하나였던 국학 신봉자들 중심으로 신토를 체계화하여 국교화함으로써 근대 일본국을 지탱하는 근대적 종교를 만들려는 시도는 이렇게 끝나는 듯했다.

### 종교의 도구화

한편, 이와쿠라 사절단은 근대화를 이루기 위해서는 얼마나 많은 변혁을 이뤄야 하는지 몸으로 통감하고 있었다. 특히 기독교 금지령을 철폐해야 한다는 것도 깨달았다. 방문하는 나라마다 기독교를 박해하는 일본 정부에 대해 항의했다. 서양 국가들은 신앙의 자유를 조약 개정 교섭을 위한 전제조건으로 삼았다. 어쩔 수 없이 이와쿠라 사절단은 사실상 신앙의 자유 승인을 각국 정부에 약속할 수밖에 없었다. 사절단 일행은 '죄인이 기적을 일으켜 부활한' 종교로서 기독교를 이해할 수 없었지만, 동시에 기독교의 가르침에 대한 공적인 경외와 시골구석에도 존재하는 교회를 보며 기독교의 공공적 도덕성에 대해 깊이 감동했다. 그런 반면에 유럽 상류사회가 종교에 대해 커다란 경의를 표명하고 있으나 실제로는 권위에 대한 복종을 강화하기 위해 종교를 이용한다고 단정지었다.

'종교가 미국 국민들(특히 하층민들)의 삶의 양식이자 규율로서 영향을 미치고 있다.'라며 종교의 역할을 깊게 인식한다. 서양과 일본의 차이는 인력을 포함하는 물력의 차이에서 오는 것이며, 특히 일본에 결여된 것은 종교와 교육이 갖고 있는 힘의 차이라는 결론을 내린다. 그중 사사키 다가유키는 종교와 관련시키지 않고는 사회관습의 개혁이 불가능하다는 걸 확신했다,

"원래 백성들이 신을 경외하는 마음은 열심히 노력하는 태도의 근본이며 품행의 선함은 치안의 근본요소다. 국가의 부강함도 이로 인해 생기는 바이다."[206]

실기에는 요컨대 종교의 도구화, 결국은 종교를 도구로 삼아 정치적으로 이용하고 있다고 판단했다. '각 나라 지배자는 종교를 도구로 삼아서 국세를 흥하게 하고 인기를 높인다.' 이와쿠라 사절단의 영향과 외교 문제 등을 고려하여 1873년 2월 기독교 금지의 팻말이 철거되고 향·촌사의 신직, 하급 신관에 대한 급여 지급도 폐지했다. 5월에는 기독교 등 사교를 색출하기 위한 일족 일제조사를 중지했고 7월에는 부·현사 신관의 월급을 폐지하는 등 잇따라 신토에 대한 특별보호가 완화됐다. 이렇게 종교 자유가 이뤄지는 듯했다. 하지만 그들의 천황제維에 대해 집착은 여전했다. 결국 복고! 유신정부는 제정일치를 일본의 이상적 모습으로 생각하고 있었다. 시마지가 제기한 '종교는 존왕을 지탱해야 하는 것'이라는 주장의 연장선상에서 유신정부는 1882년 제교祭敎분리를 시행하여 신관과 교도직을 겸임하는 제도를 폐지했다. 국가신도는 제사만 남기고 교파신도(교단을 만들어 포교하는 신도)와 분리했다. 천황숭배로서 제사는 공식적으로 종교와 분리됐지만, 오히려 정치와 더 밀접한 관계를 맺고 결국 국가신도라는 종교로 변신했다.

그런데 유신정부는 국가신도는 초超종교로 국가적 의례라고 강변했다. 그러니 종교의 자유를 침해하는 것이 아니라고 주장했다. 이 주장은 궤변에 가깝지만 일본인은 모순을 모순으로 느끼지 않는 특성을 지녔다. 일본은 모순과 궤변의 나라다. 유신 주체세력은 신토를 '종교 위의 종교'로 만들었다. 다시 말해 종교 너머의 종교, 종교 위의 종교를 만든 것이다. 그러니 국가신도는 국교가 아니다. 종교의 자유는 '종교(신토) 아래의 종교'를 대상으로 한다. 종교(신토) 아래의 종교는 자유롭다.

일본은 종교의 자유라는 껍데기를 빌려와서 자유는 보장하되 천황제라는 이데올로기(원형 질서)를 한층 강화하는 발판으로 삼았다.

이렇게 일본의 '근대적 질서'는 '메이지 유신 이후 1890년과 1900년대를 형성기로 본다면 극히 단기간에 형성'됐다. 이런 본질적인 변화가 일어나면 기존 종교인 불교에서 강하게 반발하는 게 당연하지 않은가. 이런 시스템을 쉽게 수용하는 일본 불교 역시 이해하기 어렵다. 그만큼 정치권력의 힘이 강했던 것이다.

"종교단체의 자립성도 약했기 때문에 나라 시대(710~784) 이래의 긴 역사를 지닌 신불습합의 제사형식을 권력이 강제로 파괴했을 때도 기성 종교의 저항은 약했다. 바꿔 말하면 '국가'로부터 비교적 자립적인 '사회'의 저변이 약했던 것이다." "새로운 질서가 도입됐을 때 가족·사찰·신사·동업자단체·지역공동체 등 '전통사회'의 해체와 재편에 대한 저항이 약했던 점이다."[207]

1945년 미국의 점령당국이 신토에 대해 분류한 것을 보면 한편 이해하기가 쉽다. 미군은 전국에 있는 10만 개의 신사를 세 종류로 분류했다.

첫 번째는 '지방의 제사장소로 엄밀하게 종교적인 것'으로 규정했다. 두 번째는 '이세신궁과 같은 몇몇 신사 역시 고대적 종교의 신사이기는 하지만 그것에 국가주의적 상징'이 덧칠해져 있다. 세 번째로 분류된 신사는 가장 크게 문제가 됐다. '야스쿠니 신사, 메이지 신궁, 노기신사, 도고신사, 그 외의 국가적 영웅을 모시는 근대적 신사 몇 개는 종교적 신앙의 장소가 아니라 국가주의적, 군국주의적인 영웅에 대한 숭배 및 전투적인 국민정신을 함양하기 위해 만들어진 국가주의적 신사'라고 분류한 것이다.

일본은 이 세 번째 국가주의 신도는 종교가 아니라고 주장했다. 미군정부는 일본의 주장에 대해 "그게 종교가 아니면 뭐냐?"라며 한마디로 묵살했다. 후대 일본 학자들도 국가신도는 새로운 종교라고 규정한다. "자연종교적인 신사신도를 모델로 하여 대단히 특수하게 창조된 새로운 종교"[208]라고 규정했다. "국가신도는 기독교를 모델로 해서 재구성한 종교다. 메이지 정부는 기독교가 가지는 국가통일의 기능과 제국주의의 첨병의 기능에 주목했다."[209]

국가신도는 정치종교였다. 종교적 차원의 문제와 정치적 차원의 문제는 떼려야 뗄 수 없는 관계였다. 국가신도는 일본에서 만든 인공종교이기에 보편성을 가질 수 없었다. 그런데 일본인은 그렇게 생각하지 않았다. 일본이 점령하고 난 후 조선신궁, 대만신궁, 싱가포르의 쇼난신사[210]까지 신사를 건립하여 참배를 강요했다. 특히 1930년대 조선의 목사들은 한강, 부산, 송도 등 전국의 강과 바다, 호수에서 신도침례를 실시했다. 신주神主가 더러운 옛것, 기독교적인 것, 비일본적인 것, 비신도적인 것을 씻어내는 의식이었다. '천조대신보다 더 높은 신은 없다.'라고 고백하고 침례를 받게 했다. 심지어 예배 시간 1부는 신사참배 의식을 통해 일본의 세계사적 사명인 '일본과 조선은 하나'라는 단일한 가공의 공동체를 끌어들이는 마술을 실시했다. 그리하여 조선인의 의식을 무력화하여 일본과 동일성의 블랙홀로 만들었다. 목사들의 신사참배로 인해 한국의 기독교가 분열됐다. 지금도 도덕성 문제로 갈등이 지속되는 것이 바로 천황제 때문이다.

"한국 교회는 가장 먼저 신사참배로 인해 분열됐소. 신사참배라는 선악과를 따먹고 난 후 정직하게 회개하고 반성하는 길을 외면하고 아담의 길로 가속페달을 밟아 계속 달려간 결과지요. 잘못은 누구라도 저지를 수 있지요. 하지만 그 뒤에 오는 자기변명과 합리화가 더 큰 비극을 부른답니다."

신사참배는 권력 앞에서 휘둘리는 나약한 목사상과 회개하지 않고도 뻔뻔하게 목회를 할 수 있다는 사실을 보여주었다. 해방 후 신사참배 회개에 실패한 한국 교회는 일제 잔재 청산을 철저히 외쳐

야 하는 교회의 예언자적 사명을 포기하게 된 결과를 낳았다.[211]

　오염된 목사들, 그리고 신사참배에 저항하다 순교한 신앙인들……. 이런 데도 국가신도가 종교가 아니면 도대체 뭐란 말인가. 지금도 한국 기독교는 친일파 문제만 불거지면 가위에 눌릴 정도다. 얼마나 많은 시간이 흘러야 이 고통과 이 치욕에서 벗어날 수 있을까? 시간이 흐른다고 해서 그 오욕을 씻을 수 있을 것인가. 결국 이 비극은 오롯이 당사자들의 몫이 되고 말았다. 천황제는 한국 기독교의 보이지 않는 정신까지 오염시킨 것이다.

# 3
# 천황제 3종 세트 ②
## : 천황을 중점에 둔 제국헌법

### 흠정헌법의 탄생

근대 헌법은 국가를 왕 한 사람의 독점물이 아니라 공공의 것으로 하기 위해서 입헌제도를 선택했다. 그러나 일본은 천황에게 육화肉化되어 있던 권위를 그의 몸에서 분리하여 '헌법'이라는 제도를 만드는 보편적인 방식을 선택하지 않았다. 대신 아예 헌법조차 천황제를 강화했다. 천황제는 처음에는 인심을 한데 모으려는 좋은 동기로 출발했지만 시간이 흐를수록 해를 끼치는 것으로 변해갔다. 일본제국이 모두를 감싸 안은 '보편 제국'을 수립하지 못하고 자신들이 보고 싶은 현실만 보고 보고 싶지 않은 현실은 관심 밖의 일로 치부한 탓이다.

메이지 정부는 1889년 제국헌법을 흠정欽定헌법으로 제정하여 공포한다. 흠정헌법은 흠欽이 정한 법률이라는 뜻이다. 여기서 흠이란 단어는 굉장히 고귀하게 쓰이는 글자로 공경한다는 뜻이며 황제를 의미한다. 중국 드라마나 영화에 자주 나오는 흠차대신은 곧 황제를 대신하는 전권대신을 말한다. 또한 민정헌법은 국민의 합의로 이뤄진 헌법이고 의정議定과 협정헌법은 입헌군주와 국민의 합의로 제정된 헌법을 말한다.

일본의 흠정헌법은 천황이 직접 제정한 헌법이라는 뜻이다. 다시 말해 천황이 조상들과 교신하여 만든 것을 국민에게 선물로 하사한 것을 말한다. 진짜로 천황이 만들었냐고? 이토 히로부미 등 전문가 그룹이 만들고 천황이 발표하는 형식을 선택한 것이다. 일본은 흠정헌법을 강조하기 위해 헌법을 6개월 동안 검토할 때 천황이 한 번도 빠지지 않고 참석했으니 천황이 만든 것과 다름없다는 논리를 편다. 천황은 그 자리에서 발언은 하지 않고 나중에 의견을 제시했다는 등 아주 시시콜콜한 설명까지 한다. 어떤 목적을 갖고 세세히 설명하는 것은 알겠다. 한마디로 천황은 바지사장이 아니라는 거다.

1894년 9월 15일 메이지 천황은 청일전쟁 때 히로시마 대본영에 나타나 육해군의 전투를 통솔했다(군인 천황의 신화가 시작된 것이다). 그런데 태평양전쟁은? 천황이 전쟁을 지시한 적이 없다고 한다. 태평양전쟁 때의 천황 역할은 고의로 누락한다. 쉽게 말해 천황은 바지 사장이었다. 아니, 바지 사장은 책임이라도 진다. 그렇다면 천황은 꼭두각시밖에 안 됐다는 것이다. 그럼 천황을 좌지우지한 주체는 누구인가? 제2차 세계대전 후 연합국이 전시의 일본 지도자들에게 형사 책임을 묻기 위해 도쿄에 설치한 극동국제군사재판소에서 내린 1,781쪽 분량의 판결문에서도 전범의 주체를 찾을 수 없었다.[212] 그럼 귀신이 시켰다는 말인가.

어떻게 이런 일이 발생할 수 있었을까? 먼저 결론부터 보자. 이는 천황제를 입헌군주제로 보이고 싶어 했던 이토 히로부미 등이 주도면밀하게 일을 진행한 결과물이었다. 대일본제국헌법(일명 메이지 헌법)의 기초를 다진 이토 히로부미가 시간과 정성을 들여 천황제라는 헌법적 제도를 만들어가는 과정을 쫓아가 보겠다. 우선 시대 배경부터 살펴보자. 1877년 사이고 다카모리가 주도한 세이난 전쟁 이후 '헌법 제정과 의회 개설'을 요구하는 자유민권운동이 10년간 활발하게 일어났다. 그간의 흐름을 잘 보여주는 이안 부루마 미국 바드대학교 교수의 글이다.

"약 10년 동안 일본 각지에서 사람들은 헌법의 본질과 내용에 대해 토론해왔다. 시민의 자유와 천부인권의 옹호자들은 많은 제안①을 비롯해 초안을 작성하였다. (…중략…) 그러나 그들이 얻은 것은 주권을 전적으로 천황의 손에 돌린다②는 모호한 문구의 문서였다. (…중략…) 이 헌법은 서구 세계에 일본이 이제 근대 국가라는 인상을 심어주고③, 치외법권과 같이 일본 국토에 미국인과 유럽인의 특권을 가능케 하는 불평등조약에서 자유로워져야 한다는 것을 인식시키기 위해 만들어졌던 것이다."[213]

날카롭게 분석한 이안의 결론을 머릿속에 넣고 과정을 따라가 보면 이해하기 쉽다.

① 시민의 자유와 천부인권이 포함된 헌법에 대해 많은 토론이 있었다. 근대적인 헌법 제정과 삼권 분립을 주장했고 유신 이후 사쓰마와 조슈 등 유력 번들의 출신에게 집중된 권력에 대항하여 자유민권파들은 민중의 참정권을 요구했다. 일본을 입헌군주제 국가로 만들자는 주장이 거세게 일어났다.

② 천황에게 주권이 있다는 모호한 문구의 헌법을 제정했다. 결국 민권운동의 요구를 일부 수용할 수밖에 없던 유신정부는 1882년 헌법 조사 연구를 위해 이토 히로부미를 유럽으로 파견했고 1889년 천황을 절대권으로 하는 헌법을 제정했다. 뒤에서 좀 더 자세히 서술하겠다.

③ 이는 서구 세계에 일본이 이제 근대 국가라는 인상을 주기 위해 가면을 쓴 것이다. 대일본제국헌법에서 천황의 절대화는 결국 내각이 군부를 통제하지 못한다는 약점을 드러냈다. 그 때문에 이후 군국주의화를 막지 못했다. 그러나 서구 세계는 일본이 헌법 제정과 국회 설립으로 근대적 입헌군주제를 만든 것으로 착각했다. 먼 훗날 돌이켜 보니 군부는 천황에게 부여된 특별한 지위에 기대어 군국주의 일본을 만들어 태평양전쟁을 일으켰다.

이안 부루마가 말한 대로 10년 동안 헌법의 본질과 내용에 대해 논란이 분분했다. 메이지 유신 이후 10년간은 격변의 시기였다. 정한론을 주장하던 상당수는 무력으로 난을 일으켰고 일부는 현 정부가 사쓰마와 조슈 두 번의 독재체제라며 자유민권운동을 전개했다. 특히 세이난 전쟁이 끝난 1877년 이후 자유민권 운동이 거세게 일어 국회 개설 청원이 일어났다. 혁명은 이토록 어려운 법이다. 개혁이 너무 빨라 사무라이 정신을 빼앗아 갔다고 유신정부를 무너뜨리려 전쟁을 일으킨 사이고파가 있는가 하면, 개혁이 너무 느리다고 계속 집회를 하는 도사번의 이타가키 다이스케를 중심으로 한 자유민권파가 존재했다.

여기에 유신정부의 구체적 행동을 요구하는 제안은 뜻밖에도 내부에서 나왔다. 1879년 12월 야마가타 아리모토 육군 중장 겸 참의는 정부에 장문의 건의서를 제출하며 입헌정체가 타당하다는 견해를 밝혔다. 메이지 유신의 일련의 개혁조치로 사무라이들의 실직이 늘어나고 세이난 전쟁 후유증으로 물가가 폭등하는 가운데 거세게 일고 있는 자유민권운동의 주장을 반영하여 최소한 정부의 기본 강령이라도 정해야 한다고 설득하며 이대로 방치하면 다시 무장봉기가 되풀이될 것이라고 경고했다.

"이미 사가, 사쓰마에서 일어났던 무장봉기가 되풀이될 것이다." 원로원에 준하는 민회를 설치하되, 단 "신헌법조문에 황통 일계의 권위에 대한 침해로 해석될 만한 것이 있어선 안 된다."[214]

천황은 이 건의를 받아들여 다른 참의(대신)에게도 입헌정체에 대한 의견을 제출하라고 명령했다. 유신정부 내에서도 사쓰마와 조슈 출신이 아니면 정치적으로 중요한 지위에 오를 수 없기에 다른 번 출신들은 두 번의 독단에 불만이 많아 선거를 통한 정치의 민주화를 원했다. 이런 메이지 정부의 분위기를 반영하듯 가장 늦게 의견을 낸 참의는 사가(히젠) 출신인 오쿠마 시게노부(大隈重信, 1838~1922)였다. 오쿠마는 1882년 선거를 실시하고 1883년 국회를 개설할 것과 주요 신하들도 민선에 맡겨야 한다는 급진론을 주창했다.

이와쿠라 등은 놀랐다. 이를 본 이토 히로부미도 오쿠마의 의견이 급진적이라며 크게 분개했다. 일련의 준비도 없이 선거하고 국회를 소집할 수도 없는 상황이라 이토 등은 동의할 수 없었다. 결국 1881년 10월 11일에 전격적으로 오쿠마를 해임하고 10년 후인 1890년 국회를 개설한다는 천황조칙을 내렸다. 사이고를 제거한 정한론 정변이 제1정변이라면 오쿠마를 비롯한 주요 관리들을 제거한 것은 일종의 제2정변이었다.

"오쿠마에 의해 대표되는 영국형 의회정치를 일본에 도입하려던 구상이 무너지고 이와쿠라 등이 주장하던 독일형 헌법정치를 채택하게 됐다는 것을 의미"했다.[215]

유신정부는 처음에 자유민권운동을 탄압했다. 하지만 의회를 개설하라는 민권운동은 용암처럼 부글부글 끓어 분출하기 직전이라 더 이상 방치할 수 없는 상황에 이르렀다. 헌법 제정과 의회 구성을 더 이상 미룰 수 없게 됐다. 이미 자유민권파는 영국, 미국, 프랑스

헌법을 기초로 하여 즉시 국회 개설을 요구하고 있고, 또 궁중보수파는 천황을 절대권력화하는 천황친정을 주장했다. 자유민권파 주장대로 삼권분립을 하면 천황권이 제한되어 권위가 훼손되기에 궁중보수파가 반발할 게 뻔했다. 그러나 신불분리령, 신도국교화 시도에서 이미 경험했듯이 궁중보수파의 천황친정의 주장은 낡고 시대착오적이었다. 폐불훼석과 신도국교화 등 '여러 정책은 국민적 규모에서 의식통합의 시도로서는 장대한 계획인 데 비해 내용적으로 조잡하고 독선적이었고 결과는 실패'였다.[216]

여기에 기독교 포교를 막으려면 기축으로써 종교도 있어야 했다. 책임을 맡은 이토의 고민은 깊어져 갔다. 메이지 유신주체들이 시간을 들여 창의적인 노력을 가장 많이 한 것이 바로 천황제 헌법이었다.

### 천황제 중심의 입헌주의 국가체제

이토의 최초의 체제 구상은 1869년 1월 '국시강목國是綱目'에 잘 담겨 있다.

"기축을 바라보는 것, 이걸 확정하는 것. 헌법 만들기에 앞서 기축을 간절히 갈망하는 게 중요하다. (…중략…) 서구는 이미 헌법정치에 익숙하다. 물론 이것도 중요하지만 종교와 같이 기축이 되어서 사람들 마음 깊숙이 침전되어 사람과 사람이 하나가 되어야 한다. (…중략…) 우리나라에 존재하는 종교는 미약하여 그 어떠한 것도 기축이 될 만한 게 없다. 불교는 한때 번성하였지만 오늘날 쇠약하고, 신토는 조상과 황실의 유훈을 읊조리는 종교로 사람 마음 바꾸는 힘이 미약하다. 이 나라 기축이 될 만한 건 단 하나 유일한 황실뿐이다. 헌법 초안에 분명하게 의도되어야 하고 주권을 존중하고 이걸 속박하는 일이 없도록 해야 한다."

이토의 생각을 읽어보면 '서구를 본받아 정교분리와 종교의 자유를 허락하는 게 일본의 근대화에 도움이 된다.'라고 생각한 게 아니라 종교도 근대화를 만드는 하나의 제도(퍼즐)로 인식했다. 국내 상황을 살펴보니 불교도 신토도 미약해서 기독교처럼 사람들의 심성과 습속을 굳건하게 할 수 없으니 남은 건 황실뿐이다. 천황을 중심으로 일본인의 새로운 기축종교를 만들 필요성을 느꼈다. 지금도 그렇지만 일본의 엘리트층은 종교에 대한 관심이 매우 적다. 필요하면 만들면 되는 정도였다. 이것은 이토나 이와쿠라 등의 유신주체들이 내린 한순간의 현상이 아니다. 일본의 오랜 관습이었다. 일례로 불교가 일본에 들어와 일본인을 변화시킨 게 아니라 불교가 바뀌었다. 윤회와 해탈이 없는 불교였다. 일본은 압도적인 대륙의 문화나 사상이 들어왔을 때 오리지널로 국민 의식을 형성한 게 아니라 변형하여 일본화했다. 일본의 스님조차 정토불국을 상징적인 체계로 인식할 뿐 그것을 믿지 않는다고 한다.

여기서 잠깐. 1984년까지 일본의 1,000엔 화폐의 주인공은 이토였다. 화폐에 소환되는 인물은 그 나라에서 업적, 지명도, 국제성, 세계 조류를 고려하여 선정하는 역사적인 위인들이다. 그렇다면 이토는 누구인가? 우리로서는 혼란스럽다. 한일병합의 주역으로 안중근 의사에 의해 암살된 원흉이지만 일본에서는 근대 일본의 가장 존경받는 정치가로 자리매김하고 있다. 그의 초상은 가장 많이 쓰는 1,000엔권(1963~1984년 통용)으로 쓰이다 한·일 간 경제교류가 증가하면서 나쓰메 소세키(2004년에는 노구치 히데요)로 교체됐다. 일본 국회의사당을 비롯해 전국 각지에 이토 동상이 있을 정도다.

이토는 메이지 유신의 주역 중 한 명이다. 이토 전기를 쓴 도요타조는 "일본의 근대가 이 사내에게서 시작된 것은 아니다. 그러나 이 사내 없이 근대는 전진하지 않았을 것"이라고 평했다.[217] "이토는 제국일본이라는 근대 국가 건설의 최대 공헌자이면서 동시에 가장 뛰어난 설계자였다." 예일대학교의 조지 T. 래드George T. Ladd 교수는 이토를 당대 '동양에서 가장 위대한 경제가'라고 높이 평가했다.[218]

메이지 천황 역시 "황실을 존중하는 사상을 함양하는 데 이토에게 공이 있다."라고 평할 정도로 가장 신임했다.[219]

조선에서 임오군란이 일어나기 4개월 전 1882년 3월 이토 히로부미는 돌파구를 찾기 위해 참사원 의장자리를 야마가타에게 물려주고 전문가들을 데리고 1년 3개월에 걸친 '헌법제도 연구'를 위한 유럽 순방길에 올랐다. 1882년 3월 14일 이토 히로부미가 인솔한 '유럽헌법조사단'이 요코하마 항을 출발했다. 이토를 포함한 열 명은 5월 2일에 이탈리아 나폴리 항에 도착하여 5월 16일에 독일 베를린으로 향했다. 사실상 제2의 이와쿠라 사절단이었다. 그는 헌법 연구뿐만 아니라 국회를 견학하고 헌법학자들의 의견을 듣고 지방을 순행하며 실제 어떻게 헌법이 작동되는지 살펴서 일본 현실에 맞는 입헌제도를 만들기 위해 고심했다. 당시 일본 내에 두 가지 가치체계가 공존했기 때문이다. 하나는 과거로부터 이어져 온 천황제였고, 다른 하나는 서양에서 들어온 입헌정치와 법치주의였다.

그리고 서구 열강으로부터 인정받기 위해서는 법원과 의회도 필요했다. 일본이 근대화됐다는 걸 인정받기 위해서는 어떤 제도라도 받아들여야 했다. 하지만 천황의 의사결정권에까지 헌법적 제약을 가해서는 안 된다는 생각만은 확고했다. 독일에 도착한 이토는 드디어 고민을 해소할 은인을 만날 수 있었다. 독일의 비스마르크는 독일 헌법학계의 권위자이며 국회의원인 베를린 대학의 루돌프 폰 그나이스트Rudolph von Gneist 교수를 소개했다. 그나이스트는 이토에게 이렇게 권했다.

"헌법을 뒷받침하는 그 무엇이 필요하오. 아무리 권력이 센 자라 하더라도 헌법을 손댈 수 없게 만드는 그 무엇이. 그러니까 보이지 않는 신, 종교의 힘이 있어야 하오. 유럽의 바탕엔 기독교가 있소. 일본은 불교를 그 바탕으로 하면 좋을 것 같소."

그러나 이토는 불교는 기복과 무속화가 심해 일본의 근간이 될 수 없어 근대화에 지장이 될 것으로 판단했다. 여기에 신토는 "조종의 유훈을 받들어 이를 계승했다. 하지만 종교로서 인심을 귀향歸向시키기에는 그 힘이 부족하다. 우리나라에서 (국민을 통합하는) 기축이 될 수 있는 것은 오직 황실뿐이다."[220]라는 결론에 도달했다. 이토는 헌법을 제정하는데 서구와 같이 중심축으로서 종교의 역할을 담당할 무언가를 찾고 있었다. 인심을 하나로 모을 존재로서 불교나 신토는 불가능하며 오로지 황실만이 가능하다고 본 것이다.

일본은 모방의 달인이나 종교에서는 세계에서 가장 창의적이다. 쉽게 말해 잡탕이다. 천황을 살아 있는 현인신으로 만들어 섬기게 하겠다는 발상 자체가 얼마나 놀랍고 기이한가. 경전도 없고 계명도 없는 '텅 빈 중심'을 두고 무엇을 섬기고 무엇을 믿겠다는 말인가. 일본이 만든 유일한 창조물이 천황제다. 불교가 할 수 없는 일을 천황이 어떻게 할 수 있을까? 한편 이토는 특히 오스트리아 빈 대학교의 로렌츠 폰 슈타인(Lorenz von Stein, 1815~1890) 교수의 강의에서 큰 감명을 받았다. 군주, 의회, 행정의 세 기관이 조화롭게 운용하고 서로 협력하면서 유기적으로 국가를 운영하는 체제인 이른바 '국가유기체설'을 주장했다. 이토는 여기에서 자신의 구상에 확신을 갖게 됐다.

즉 천황의 권력을 해치지 않으면서 정치적 혼란을 초래하는 일 없이 안정적으로 정치를 할 수 있는 국가체제를 구상해오던 이토로서는 눈이 번쩍 뜨일 일이었다. 슈타인 이론을 자신의 구상에 담아 천황을 정점에 두고 각 국가기관을 아래에 두는 일본 고유의 천황제 중심의 입헌체제를 비로소 완성하게 된 것이다. 슈타인은 일본 헌정사에 지대한 영향을 미쳤다. 이토는 슈타인을 일본에 초빙하려고 했지만 고령을 이유로 사절했다. 대신 이토는 이후에 많은 정치가와 학자를 오스트리아로 보내 슈타인의 강의를 듣게 했다. 이토는 슈타인의 강의를 듣고 얼마나 기뻤는지 이와쿠라에게 보낸 편지에 오늘 죽어도 좋다고 할 정도였다.

"독일에서 유명한 그나이스트 선생과 슈타인 선생으로부터 국가조직의 큰 틀을 이해할 수 있는 가르침을 받았다. 이로써 황실의 기초를 확고히 하여 대권을 실추시키지 않고 큰 목적을 이룰 수 있게 됐고, 이에 대해서는 다시 보고드리겠다. 실로 영국, 미국, 프랑스의 자유과격론자의 저술을 금과옥조처럼 여겨 국가를 거의 무너뜨리려는 세력이 현재 우리나라에도 있지만, 이를 물리칠 수 있는 도리와 수단을 얻은 것이다. 보국의 적심(赤心, 충성심)을 관철할 이 시기에 그 임무를 다할 중요한 도구를 얻을 수 있게 돼 사처(死處, 죽을 보람이 있는 장소)를 찾은 심정이다."(1882년 이토가 이와쿠라에게 보낸 편지)[221]

10년 전 이와쿠라 사절단 시절에 경험한 파리코뮌이 여전히 이토에게 강한 인상으로 남아 있었다. 이토 등은 민중에게 자유가 허락되면서 국가가 혼란에 빠지는 것을 직접 목격했다. 내전을 방불케 하는 파리의 현실이 프로이센에 패한 것보다 더 심한 상처가 되는 것을 보면서 사절단의 핵심 지도부는 한탄했다. 이때 영국식 입헌제도와 내각제를 선호했던 이토는 파리의 현실을 보고 생각을 바꾸어 일반 민중에게 투표권을 주는 것은 시기상조라고 판단했다. 안보와 근대화를 추진하기 위해 무엇을 어떻게 할지는 민중들의 투표에 의해 결정되는 게 아니라 천황과 지도자들이 결정할 일이라고 생각했다. 그의 생각은 그가 살았던 시대를 초월하지 못했다. 이후 이토 등 사절단의 핵심 지도부는 영, 미, 프의 자유과격론자의 저술을 금과옥조로 여기는 자유민권파를 국가에 해악을 끼치는 세력이라고 여겼다. 이미 일본의 정체政體에 대한 의견을 낼 때도 프랑스혁명의 영향이 곧 파급될 거라며 경고한 적이 있었다.

"정치권력을 백성과 공유하는 정치의 신설은 유럽의 문물과 더불어 일본에 유입되어 사족과 서민 사이에 널리 퍼졌다. (…중략…) 그 중에는 이해할 수도 없는 말을 해서 듣는 사람의 귀를 놀라게 하는 논객이 있다."[222]

그러면서 이토는 그들의 주장대로 국회를 여는 것에 성급해선 안 되며 우선 토대를 쌓고 다음에 기둥을 세우고 마지막으로 지붕을 인다는 일련의 절차를 거쳐야 한다고 주장했다. 이토는 메이지 초기부터 오랫동안 모색해온 국가체제 구상이 마침내 확정되자 1883년 귀국하여 천황이 하사하는 방식의 흠정헌법을 만들기 시작했다.

"일본은 예로부터 만세일계의 천황이 정치를 총람하는 곳, 이것이 국체다."

천황과 보수 세력들도 바라는 체제였다. 유럽에서 귀국한 이토는 입헌제를 실시하기 위해 제도 개혁을 단행했다. 1884년 7월 화족령을 제정하여 사족 출신의 메이지 공신들을 화족에 포함했다. 이 화족을 중심으로 한 귀족원이 상원이 되어 국민이 선출한 중의원을 견제하겠다는 정치적 포석이 깔려 있었다. 화족에게는 공公·후侯·백伯·자子·남男 등 5등급의 작위가 세습적으로 수여됐다. 1885년 12월에는 일본 최초의 내각제도가 발족됐다. 총리대신이 내각을 주도하며 9개 성(외무, 내무, 대장, 육군, 해군, 사법, 문부, 농상무, 체신)의 대신을 통제해 정무의 통일성과 효율을 강화했다. 이토는 백작의 지위와 함께 초대 내각총리대신의 자리에 올랐다. 이렇게 해서 하급무사 출신이었던 이토는 최고의 자리에 올랐고 각 성의 대신의 자리는 사쓰마와 조슈 출신들이 거의 차지했다.

　이토 히로부미는 1886년 11월부터 헌법 초안의 기초 작업에 박차를 가했다. 초안 작성에는 이노우에 고와시가 주도적 역할을 했고 이토 미요지, 가네코 켄타로 등이 참여했다. 정부의 외무성 법률 고문인 독일인 뢰슬러 등이 법률 자문에 응했다. 헌법 기초 작업을 주도한 이노우에 고와시는 1887년 초에 초안을 작성했으며, 때맞추어 뢰슬러도「일본제국헌법 초안」을 탈고했다. 1887년 6~7월 중에 이토 히로부미, 이노우에 고와시, 이토 미요지, 가네코 켄타로 등은 가나자와현 나쓰시마夏島에 있는 이토의 별장에서 숙식을 함께 하며 헌법 초안을 검토했다. 이때 이토는 헌법 심의에 집중하기 위해 1888년에 총리직에서 물러나 추밀원 의장이 됐다. 1888년 4월에 완성된 헌법 초안은 헌법 심의를 위해 설치된 추밀원에서 심의가 진행됐다. 2년간의 논의 끝에 1889년 2월 11일에 37세의 메이지 천황은 이른바 대일본제국헌법(일명 메이지 헌법)을 엄숙한 식전이 진행하는 가운데 국민 앞에 공포했다. 천황이 공포하는 형식을 취한 흠정헌법이었다.

### 군국주의로 이어진 메이지 헌법

　메이지 헌법의 특징을 살펴보자.

　제1조 대일본제국은 만세일계의 천황이 이를 통치한다. 제3조 천황은 신성하며 침해하여서는 아니 된다. 제4조 천황은 국가의 원수로서 통치권을 총람하고, 이 헌법의 조항에 따라 이를 행한다.

　제1조는 주권이 국민이 아니라 천황에게 있다. 권력은 천황에게서 나온다는 뜻이다. 오스터함멜은 이에 대해 당시 일본에서 개인의 자유와 인민주권은 낯선 사상이라 하여 받아들여지지 않았고,

천황이 통치권을 독점함으로써 유럽 모형을 이탈했다고 지적했다.

"사무라이 계층의 관리 전통과 영국, 프랑스, 독일 세 나라의 국가 행정관리 경험을 결합시켰다. 오스만 제국이 그러하듯이 이 결합은 유럽의 정부관리 모형을 수입하는 것으로 끝나지 않았다. 일본은 독특한 관료제도의 현대적 형식을 찾아냈다. 그러나 그것은 절반의 현대성이었다. 메이지 시대의 정치질서에서 개인의 자유와 인민주권은 낯선 사상이었다. 일본에서 통치자와 피통치자의 계약관계라는 유럽적 관념은 존재한 적이 없었다. 이리하여 '군주 가부장제'는 합리적 관료체제의 시대에도 지속될 수 있었다. 일본의 1889년 헌법은 천황은 만세일계이며 신성불가침의 존재로서 통치권을 독점한다고 규정함으로써 유럽 모형을 이탈했다."[223]

제3조의 조항에 근거하여 일본형법 제1장의 '황실에 관한 죄'가 존재한다. 이를 통해 겉으로는 입헌군주제를 표방하고 있지만 실제로 천황은 헌법을 초월한 존재인 현인신으로서 일본에 군림하게 된다. 제28조는 신앙의 자유 규정인데, 생각건대 다른 항목에서 보듯이 여타 종교의 자유를 쉽게 허락할 것 같지 않다.

"일본 신민은 안녕과 질서를 방해하지 않고 신민으로서 의무에 어긋나지 않는 한도 내에서 신앙의 자유를 가진다."[224]

두 가지 큰 전제가 있다. 안녕과 질서를 방해하지 않아야 한다. 그리고 신민으로서 의무에 어긋나면 안 된다. 결국 이 애매한 규정은 '신앙의 자유는 국가가 요구하는 질서와 원리에 기꺼이 동조하는 것과 같은 뜻이 될 우려'가 있었다. 일본 국민은 환호로 들끓었다. 사실 1889년에 입헌주의 전통이 없는 아시아에서 이만한 헌법을 만든 것은 놀라운 일임은 틀림없다. 나중에야 태평양전쟁을 일으킨 후 이 헌법에 군국주의와 파시즘적 성격이 들어갔음을 파악하게 됐다.

"이 헌법 아래 뿌리내린 관료세력은 민주주의적인 것에 대한 이해가 부족했다. 이 메이지 헌법의 불완전한 허를 뚫고 쇼와 연대에 들어와 군국주의 세력이 대두하고 결국 세계를 상대로 전쟁에 돌입하여 대일본제국을 붕괴의 위기로 끌고 간 것이다. 이런 사태에 대해 이토는 지하에서 어떤 감회를 느끼고 있을까."[225]

우선 이토는 천황을 기독교처럼 진짜 유일신으로 만들어버리리라곤 상상조차 못했을 것이다. 메이지 원로들이 세상을 떠난 후 다음 세대는 신격화된 천황주의 이념을 내면화했고 국력 성장기에 사관학교와 제국대학에서 이른바 국수주의 교육을 받은 엘리트들은 일본우월주의 상태에 젖었다. 또한 군부가 민간 통제를 벗어나 천황의 이름이라면 모든 것이 가능한 구조(윤리적, 법적 제약 없이 폭력을 행사하며 내부 정화와 외부적 팽창을 추구하는 구조)로 만든 헌법체계의 모순을 뒤늦게 깨달았을 땐 이미 그 길은 돌이킬 수 없는 외통수 길이었다.

메이지 헌법 제11조와 제12조를 보자.

제11조 천황이 육해군에 대한 군사통수권을 갖는다.

제12조 천황은 육해군의 편제 및 상비병 수를 정한다.

이는 군이 의회나 내각의 통제를 받지 않는다는 의미로 군부는 자신들이 천황 직속의 특별기관이라는 자의식과 함께 특권의식을 가졌다. 게다가 유신 원로들이 사라지고 군부의 쿠데타에 맞설 수 있는 권위를 가진 민간세력이 없어지면서 1930년대에 결국 파시즘의 시대가 온 것이다. 군부의 폭주 끝은 패전과 제국의 소멸이었다. 요약하면, 유신 주체세력들은 통합과 안정의 중심자리에 천황을 두었고 나중에는 천황제로 교육, 종교, 군대 등 사회 전체를 정신적으로 포맷한 것이다. 천황제와 근대화의 모든 산물은 청일전쟁에서 그 빛을 발하게 된다. 새로운 일본인의 정체성이 탄생한 건 청일전쟁이었다. 일본 학자 오타니 다다시는 이렇게 평했다.

"어떤 이는 전장에서 병사, 군역으로 전쟁을 체험했고, 후방지역에 남은 압도적 다수는 다양한 언론매체가 전하는 정보를 통해 전쟁을 체험했다(신문, 환등기). 이들의 전쟁 체험과 전후의 추몰자 추도 또한 전쟁 중에 친숙해진 '군인천황'상에 대한 숭배를 통해 근대 일본의 '국민'이 형성되어 간 것이다."[226]

이름하여 군인천황을 숭배함으로써 일본은 하나가 됐다. 천황제는 일본 민족국가의 중심이 된 것이다. 하지만 천황제는 일본 열도만 벗어나면 아무런 효력을 발휘할 수가 없다. 일본이 뭘 믿든 우리랑 무슨 상관인가. 그런데 일본은 특수하고 편협하고 게다가 조잡한 세계 형성 원리로서 천황과 온 천하가 한 집안이라는 뜻의 팔굉일우八紘一宇를 들고 나왔다. 일본인에게야 천황제를 통해 일본 정신을 고양하는 건 이해가 간다. 그런데 조선인에게 아무 관련도 없는 '일본의 신'을 믿으라 하는 게 통하겠는가.

# 4
# 천황제 3종 세트 ③
## : 천황제의 중추가 된 교육칙어

### 핵심이 된 교육칙어

특이하게도 제국헌법과 국가신도를 넘어 국체론의 핵심을 차지한 것은 「교육칙어敎育勅語」였다. 천황에게 육화되어 있는 권위를 일상에서 「교육칙어」를 통해 작동하도록 강화했다. 그렇다면 「교육칙어」는 무엇일까? 「교육칙어」는 1890년 메이지 천황이 국민을 충성스러운 신민臣民으로 만들려는 목적으로 제정된 교육방침을 말한다. '국가에 위급한 상황이 오면 천황을 위해 목숨을 바쳐라.'라는 내용을 담은 「교육칙어」는 군국주의 교육과 천황을 신격화한 일본 교육의 최고 이념이었다.

"교육칙어가 제국헌법과 국가신도를 넘어 국체론의 핵심을 이룰 수 있었던 까닭은 '교육'의 이름으로 교육과 도덕뿐 아니라 종교와 정치 등을 포괄하는 영역에서 작동했기 때문이다. 그리고 무엇보다 학교, 군대, 관공서 등 사회 일반에서 의례를 통해 그 '가르침'을 체화한 데 있을 것이다."[227]

교육칙어는 언제 제정됐나? 1889년 제정된 대일본제국헌법은 유럽의 기독교를 대체할 만한 도덕적, 종교적 원리로서 황실을 내세워 새롭게 근대화한 천황제를 기축으로 하고 있다. 이러한 흐름과 아울러 같은 시기에 교육 영역에서도 교육의 재구축을 진행했다. 천황제라는 기축을 강화하기 위해 일상에서 국민에게 충군애국 사상을 더욱 철저히 주입했다. 그 일환으로 강력한 수단을 취한 것이 1890년 의회가 열리기 전에 발표된 교육칙어였다.

교육칙어는 1890년 10월 30일 천황이 국민에게 내리는 가르침의 형식으로 배포됐다. 칙어의 내용은 진리탐구와 자기계발이 아니라 천황의 충실한 신민이 되는 게 교육의 기본이념과 도덕의 기초였다. 교육칙어는 '국가신도의 핵심이 되는 문서'로서 교육, 종교, 정치(헌법) 전 분야의 중심에 천황의 가르침이 있다는 구조였다. 이예안 교수는 논문 「메이지 일본의 국체론적 계몽주의」를 통해 다음과 같이 강조했다.

고대의 성스러운 국가, 즉 교육, 종교, 정치 등을 일체로 하는 제정일치 국가에서 신성한 '천황의 가르침'이 곧 국가신도나 국체론에서 말하는 가르침이며 이를 계승한 게 교육칙어였다. '신의 계시'로서 제국헌법, '신성한 가르침'으로서 교육칙어가 신성한 국체의 완성을 위해 마련한 것이다.[228]

교육칙어는 드디어 초등교육에서 전 국민이 암기하고 암송해야 할 것으로 강요되기에 이른다. 마치 주기도문처럼. 그것은 소학교의 공식 의식석상에서 교장에 의해 공손하게 낭독됐다. 마치 미사를 주재하는 사제의 의무처럼. 그것은 초등교육에서 '수신'이라는 과목의 중심적인 교육 내용이 됐다. 마치 「교리문답」처럼.[229]

메이지 유신 이후 서구화를 지향하면서 신토 국교화 등이 실패로 끝나면서(정교분리를 추구하는 듯하더니 다시 신정국가로 회귀했다) 잠시 동안 정치, 교육, 종교는 분화 가능성을 보이다가 다시 하나로 모아졌다. 국체의 가르침은 교육칙어라는 의례를 통해 '형태를 바꾼 기독교'가 된 것이다. '학교교육은 대리 종교, 국교의 역할을 담당'하며 매일 주기도문처럼 교육칙어를 암송하게 했다. 어떻게 이런 발상이 가능했을까? 그것은 일본인의 독특한 종교관 때문이다.

"불교가 일반대중과 접촉에 의해 변화한 것은 필시 대중의 의식이라기보다는 오히려 불교 그 자체였다. (…중략…) 서양에서 신의 역할을 일본의 2,000년 역사 속에서 연출해 온 것은 감각적인 자연이다. (…중략…) 미를 위하여 어떤 것이라도 견딜 수 있는 국민은 관념에 대해선 어떤 것도 견디지 못한 국민이었다. 순교도 종교전쟁도 일어날 수 없다. 초월적인 신을 생각하지 못했던 것처럼 모든 가치도 인생을 초월하지 않았다."[230]

신성한 국체를 받들기 위해서는 의례가 중요했다. 그리고 무엇보다 기독교 상응물로서 '황실 숭배'는 국체의 종교화(신성화)와 일본의 문명화를 지향하는 데 사용됐다. 정교분리를 통해 근대화를 이룬 서구와 달리 일본은 천황제를 재창조해 천황의 가르침을 일본인들이 신앙으로 받아들이게 하여 천황을 위해 멸사봉공하는 단계로까지 이르도록 했다.

"메이지 시기의 일본 교육은 교육칙어 발포 이전과 이후가 명확히 구별된다. 충군애국의 정신을 최고 덕목으로 설정하여 천황제 이데올로기 강화에 일조했는데 그 정점에는 「교육칙어」가 있었다. (…중략…) 교육칙어의 역할은 90%가 넘는 취학률을 배경으로 국정교과서를 통해 아동들에게 '대일본제국'의 정체성을 각인시키고, 그 정점에 있는 군 통수권자로서 천황의 절대적 권위와 신성불가침성을 강조하며, 국체에 멸사봉공하는 충실한 신민을 키우는 것이었다."[231]

### 국체론의 트라이앵글

메이지 20년대에 국가신도, 제국헌법, 교육칙어의 삼각편대를 통해 국체론이 완성됐다. 요네하라 겐米原謙은 이 세 요소를 '국체론을 구성하는 트라이앵글'이라고 분석했다.

국체론은 교육칙어를 결정적인 장치로 삼아 "모든 언설에 일정한 방향성을 부여하는 보이지 않는 자장磁場으로 기능하면서 사회질서에 대한 순종과 협조성을 배양했다."[232]

국체론을 요약하면 이렇다. 국가신도로서 천황을 숭배하는 제사를 지내는 종宗으로, 도덕의 원리이며 충과 효의 바탕으로서 교敎로, 여기에 헌법으로 천황의 신성을 뒷받침하여 천황의 숭배를 법률法로 강제화한 것이다.

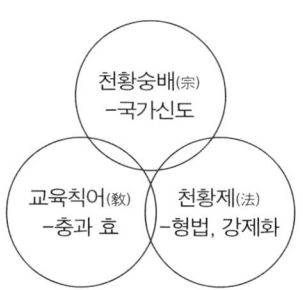

각 지방(번)의 제도와 문화적 관습을 대체할 새로운 사상적, 정치적 프레임인 천황제를 정착시키기 위해서는 체계적인 노력이 필요했다. 천황제라는 새로운 이데올로기를 주입하는 것은 쉬운 일이 아니었다. 당시 방송매체도 없던 시절에 메이지 정부는 공공 의무교육과 징병제라는 수단을 통해 주입하는 방법을 선택했다.

"위계질서에 대한 숭배질서를 중시하던 신유학이 정치적 사상의 근간을 이루던 도쿠가와 시절의 토대가 있었다고는 해도, 이런 프레임워크(천황제라는 핵심 이데올로기)를 주입하기는 쉬운 일이 아니었다. 하지만 메이지 지도자들에게는 예전 사람들에게 없던 수단이 있었으니, 공공 의무교육과 남성의 전원 징병제가 바로 그것이다. (…중략…) 징병제는 공공 의무교육과 함께 농민들에게 근대 국가에 필수적인 정신 자세를 주입한다는 이데올로기적 목적을 성공적으로 달성했다."233

학교와 군대를 통해 일본인에게 천황제를 내재화한 것이다. 메이지 유신 시대에는 군대와 학교가 맡았던 역할이 매우 컸다. "군대 자체가 민중에게는 규율적인 언어·동작과 질서 잡힌 공간을 관리하는 능력을 배우는 학교였다. 초등·중학교는 집단행동을 중시함으로써 사병교육의 예비기관으로서 역할을 수행했다."234

무엇보다도 1900년대 일본 사회는 의무교육이 뿌리를 내려 입학률이 90%가 넘었다. 매일 학교에서 교육칙어를 숭상하며 외우게 하는 세뇌교육은 일본인의 삶에 지대한 영향을 끼쳤다. 오늘날 북한의 주체사상을 생각하면 된다. 나중에 이 교육칙어는 야스쿠니 신사와 결합하면서 천황을 위해 기꺼이 자신의 목숨까지 내던지게 했다.

여기서 잠깐. 무솔리니, 스탈린, 김일성, 차우셰스쿠 등 유명한 독재자들의 권력 유지 방법을 살펴보자. 그들은 두 개의 권력 수단에 의존했다. 강력한 법과 조직으로 반체제 인사를 엄하게 처벌하는 동시에 한편으론 개인숭배를 조장했다. 이른바 '공포'와 '숭배'라 불리는 이 둘은 독재 정치를 떠받치는 핵심 기둥이었다. 비밀경찰을 통한 감시와 체포라는 '공포정치'는 실제로는 한계가 있었다. 가장 효율적인 것은 '개인숭배'였다. 모두 함께 독재자의 사진 앞에서 매일 경례와 함께 충성을 맹세하게 했다. 처음에는 형식이던 것이 나중에는 진짜가 됐다. 영리한 독재자들은 언론을 통해 국민에게 숭배받는 것으로 이미지를 조작했다. 모든 사람이 충성을 맹세하게 되면 누가 진실이고 누가 거짓인지 알 수 없다. 혹 그 사회에 혁명가가 존재하더라도 동조자를 결성하여 체제 전복을 꾀할 수 없게 된다. 이처럼 개인숭배는 반체제 인사와 국민을 똑같이 약화하여 체제를 비판하는 것조차 두려운 일이 되도록 만든다. 감시의 눈이 곳곳에 있다 보니 모두가 독재자를 열렬히 지지하는 발언을 하고 표정을 짓는데 그중 누구는 연기를 하고 누구는 진실인지 알 수 없기 때문이다. 이렇게 해서 독재자들은 자국민의 영혼을 사로잡고 사고를 지배하는 방법을 사용했다. 국민에게 일종의 가스라이팅을 실시한 것이다.

천황제도 대체로 비슷한 경로를 따랐다.

- 헌법과 법률로 '천황제' 국가를 천명하고 반체제 인사를 처벌했다.
- '천황=살아 있는 신'으로 숭배하고(국가신도) 학교와 공공기관에 천황 사진을 걸어놓고 매일 경례를 하면서 교육칙어를 낭송하게 했다.
- 언론을 엄격히 통제하고 체제와 정부 비판을 금지했다. 헌법에서 '신민의 권리와 의무'로 명기된 여러 권리 중 종교의 자유도 법률과 정부의 명령에 의해 엄격히 제한했다.

## 식민지의 교육칙어

실제 교육칙어는 어떻게 작동됐을까? 식민지 조선에서는 교육칙어 자체가 신격화됐다.

"식민지 조선에서는 대만보다 한술 더 떠 교육칙어 자체가 신격화됐다. 1911년 천황에게서 칙어를 하사받은 조선 총독은 관공서와 학교에 봉안전奉安殿을 만들었다. 그 안에 천황의 사진과 칙어 등 사본을 모셔놓고 아침마다 참배시켰다. 또 이곳을 지나는 사람들은 부동자세로 서서 허리를 90도로 굽혀 큰 절을 올려야 했고, 이를 어기면 5년 이하의 징역형에 처해졌다."[235]

일본은 자국의 종교 대상인 천황을 자신들만 섬기면 되는데 조선인들에게도 총칼로 강요했다. 1930년대 후반에 천황은 기독교의 신 위에 군림하는 존재로 가히 '엽기적인' 수준이었다. 마치 목구멍에 엿을 쑤셔 넣고 애정 표현이라 우기는 격이어서 조선인을 황국 식민으로 교화하기는커녕 반감만 일으켰다. 서유럽에서는 문명화와 세속화, 즉 비종교화가 동시에 추진됐다. 그런데 일본은 오히려 천황제라는 신흥종교를 창조하면서 근대화를 추진했다.[236]

"교육칙어에 예배하지 않았다고 하여 제일고등중학교에서 퇴직당한 우치무라 사건(1881년)과 '신도는 제천의 예로부터 내려오는 풍습이다.'라고 논문을 발표하여 제국대학교 교수직을 박탈당한 사건(1882년) (…중략…) 등은 모두 국가신도 이데올로기에 대한 이단 사상, 학설을 탄압하는 정치적 사건이었다."[237]

이렇게 교육칙어가 낳은 질서는 처음에는 강제되던 것이 점차 내면화되면서 일본인의 행동을 지배했다. 교육칙어는 메이지 유신 이후 1948년 법률로 폐지할 때까지 일본인의 사유체계와 통일된 의식을 만드는 데 결정적인 영향을 미쳤다. 일본인의 가장 뛰어난 강점인 사회 결속력을 강화한 것이다.

1945년 패전 후 천황은 '인간선언'을 통해 신에서 인간으로 돌아왔다. 1948년 일본 상·하원 국회에서 교육칙어가 주권재군(주권은 천황에게 있다) 및 신화적 국체관에 근거하고 기본적으로 인권침해라 규정한다. 다시 말해 '천황을 신격화한 교육칙어는 기본적 인권을 침해한다.'라면서 칙어의 무효를 결의했다. 이로써 인간을 신으로 만들어놓고 벌인 소동은 역사 속으로 사라지는가 싶었다. 그런데 아베 전 수상이 '군국주의 회귀'를 시도하면서 2017년 교육칙어가 70년 만에 다시 되살아났다. 2017년 '아베 전 수상 부인을 명예교장으로 위촉했던 모리토모 학원 산하의 유치원에서 원생들에게 교육칙어를 매일 아침 암송하게 했다.'라는 뉴스는 일본을 다시 한번 뒤흔들어 놓았다.

어느 장관은 "교육칙어의 정신인 효행과 우애 등은 지금도 중요한 것이니 재평가해야 한다."라면서 지지했다. 급기야 일본 정부는 교육칙어를 "헌법이나 교육기본법에 반하지 않는 형태에서 교재로 이용하는 것까지는 부정할 수 없다."라는 공식입장을 밝혔다. 이 교육칙어를 학교에서 가르칠 수 있다는 뜻이다. 침략전쟁을 부추기는 도구로 쓰였던 교육칙어를 이제 '전쟁이 가능한 일본'을 만드는 데 앞세운 것이다. 양심적 지식인들은 개인보다는 국가를 우선시하는 교육칙어의 부활이 침략전쟁 당시의 가치관을 지향하는 것이라며 적합하지 않다고 반대했다. 한국에서도 고선윤 백석예술대학교 교수가 역사적으로 교육칙어의 의미를 분석하고 그 부활을 경계했다.

"시대를 거쳐 왜곡된 애국의 옷으로 무장된 이것(교육칙어)을 아이들의 작은 입을 통해서는 듣고 싶지 않다."[238]

단추를 잘못 끼웠으면 풀고 다시 채우는 것이 상책이다. 그런데 일본은 틈만 보이면 다시 옛날의 '군국주의의 천황제'를 이루는 강력한 도구들을 하나씩 다시 부활시키고 있다. 뒷장에서 논할 '야스쿠니 신사' 역시 그중 하나다. 익히 잘 알려진 '죽음의 공동체'인 야스쿠니 신사가 존재하는 그 이면에 교육칙어의 숨은 역할이 있었음을 간과해서는 안 된다.

1945년 일본의 패전 후 연합군 최고사령부는 가장 먼저 국가신도를 손봤다. '신사에서 제사를 지내는 건 종교가 아니다.'라는 일본의 궤변을 들으려 하지 않았다. 일본이 제정일치 국가임을 파악한 것이다. 군국주의 이데올로기를 주입해 국민들에게 강제한 게 바로 천황을 구심점으로 하는 국가신도였다. 천황제라는 국가의 형태가 일본에게 플러스였을까? 아니면 마이너스였을까? 초국가주의, 그리고 국가가 정신적 권위와 정치적 권력을 모두 장악한 괴상한 통합으로서 천황제. 마루야마 마사오 도쿄대학교 법학과 교수의 논문은 이 점을 지적하고 있다.

"일본제국주의의 종지부가 찍힌 8월 15일은 또한 동시에 초국가주의 체제에서 기초인 국체가 절대성을 상실하고 지금 처음으로 자유로운 주체가 된 일본 국민에게 운명을 맡긴 날이기도 했다. (…중략…) 패전 후 반년이나 고민한 끝에 나는 천황제가 일본인의 자유로운 인격 형성에 치명적인 장애가 된다는 귀결에 겨우 도달했다."[239]

5장

# 메이지 유신의 발명품 3
# 야스쿠니 신사

# 1
# 현대 일본 정치와 야스쿠니 신사

**현재진행형인 야스쿠니 신사**

세 번째 기둥은 야스쿠니 신사다. 야스쿠니 역사에는 곧 메이지 일본이 걸어온 발자취가 그대로 투영되어 있다.

아베 전 총리는 최장기 총리를 지냈다. 2020년 퇴임한 아베는 3일 뒤 야스쿠니 신사를 참배했다. 그들에게 야스쿠니 신사는 일본을 위해 희생한 장병들을 기억하고 전승함으로써 국가 발전의 토대로 삼는 매우 중요한 시설이다. 한국과 중국이 제아무리 일본 정부 관료들의 야스쿠니 신사 참배에 대해 강하게 반대해도 소용이 없다. 여기에 억울하게 죽은 원혼(원령)을 달래지 않으면 천지조화가 깨져 문제가 커진다는 관습까지 더해지면 야스쿠니 신사는 현재진행형인 문제가 된다.

물론 일본군이 억울하게 죽인 영혼들은 포함되지 않는다. 야스쿠니 신사는 천황을 위해 목숨을 바친 이들의 넋을 위로하고 제사를 지내는 곳이다. 이런 곳이 어떻게 역사 왜곡과 과거 부정의 원천으로서 전쟁에 대한 반성 대신 침략 전쟁을 미화하는 상징적 시설이 된 것인가. 다치바나 다카시는 이렇게 설명한다.

"일본 민족이라는 차원에서 전쟁 책임 문제는 여전히 정리되지 않았다. 일본 수상의 야스쿠니 신사 참배 문제가 여전히 일본, 중국, 한국 사이에 첨예한 문제로 남아 있는 것도 그 때문이다."[240]

### 신사의 계층화

여기서 퀴즈 하나를 풀고 가자. 호텔에도 등급이 있고 쇠고기에도 등급이 있는데 일본의 수많은 신사에도 등급이 있을까? 다신교 사회라고 신들의 격이 모두 동일하지는 않다. 신마다 하는 역할도 다르고 능력도 다르다. 어느 신을 모시느냐에 따라 신사의 등급이 달라진다. 물론 이 등급을 체계적으로 서열화한 것은 메이지 유신 이후다. 신사의 격에 따라 등급을 매긴 대, 중, 소의 격 중 대가 상위임은 누구나 금방 알아챈다. 그런데 관폐사와 국폐사 중 어디가 더 높은 사격社格일까?

우리 생각에는 관에서 봉물을 내는 관폐사보다 나라에서 봉물을 내는 국폐사가 더 높을 것 같다. 그런데 아니다. 관폐사가 최상이다. 역시 앞에서 설명한 '구니國'의 개념을 이해해야 한다. 일본에서 구니는 270여 개 번을 나타낸다. 즉 지방을 뜻한다. 따라서 신사의 격은 다음과 같은 순서로 격이 정해진다.

관폐대사 - 국폐대사[241] - 관폐중사 - 국폐중사 - 관폐소사 - 국폐소사

관폐사와 국폐사의 현황을 보면 다음과 같다. 관폐사는 22개 사로 천황과 황족으로 모시는 신사이며 황실에서 봉물을 제공한다.

정부부처인 신기관이 주재하는 가장 중요한 신사들이다. 남산에 설치한 조선신궁[242]은 해외에서 유일한 관폐대사로 가장 높은 단계의 신사를 조선에 설치했다. 국폐사는 지방정부에서 제사를 모시고 지방에서 봉물을 제공하는 신사들이다. 나머지 수만 개의 신사는 무격신사다. 참고로 관·국폐사 담당자는 국가에서 임명하는 공무원이고 비용도 역시 국가가 부담한다.

야스쿠니 신사는 별격 관폐사로 아주 특이하다. 천천히 역사 속으로 들어가보자. 메이지 유신이 성공하자마자 1868년 1월에 발생한 신정부와 막부파의 대립은 곧바로 격렬한 내전으로 이어졌다. 1869년 5월 막부파의 최후 거점인 하코다테가 함락되면서 내란은 막부군의 패배로 끝을 맺게 된다. 이때 메이지 천황의 명에 의해 도쿄 초혼사招魂社가 건립된다.

"초혼사를 세워 전쟁에서 나라를 위해 싸우다 죽은 자를 추모하라."

이는 불가피한 일이었다. 죽은 병사를 고향으로 보내 각 번에서 제사를 지내면 국가통합의 의미가 사라지고 만다. 또한 천황에 대한 충성의 수단으로써 '도쿄 초혼사'가 필요했다. '초혼'이란 죽은 자의 영을 하늘에서 지상으로 불러내어 위로하는 것을 뜻한다. 제사를 강조하는 유학적 전통이 신토 안에 흡수되면서 새로운 정부를 지키다 숨진 영령을 위해 제사를 지냄으로써 천황을 정점으로 국가적 통합을 시도한 것이다. 초혼에 대한 관념은 중세에 생겨난 '원령怨靈 신앙'과 깊은 관련이 있다. 일본인은 억울하게 죽은 자들을 위로하지 않으면 귀신이 되어 괴롭힌다고 믿었다.

1869년 7월 20일(음력 6월 12일) 보신戊辰 전쟁에서 사망한 정부군 병사 3,588명을 위해 제사를 지내 영령을 추모했고 이후 전몰자의 영령을 모두 초혼사에 안치했다. 1877년에 사이고 다카모리가 주도한 세이난 전쟁이 일어난 후에는 새롭게 6,971명이 합사됐다. 새로운 정부를 만들어가는 과정에 각종 전란도 벌어졌다. 이때 죽은 이들의 영혼을 국가 차원에서 제사하는, 일종의 '제사의 정치학'으로 사회를 통합하면서 정부의 정책도 정당화해 나갔다. 이 초혼사는 1879년 7월 4일 국가를 평안하게 한다는 의미의 '야스쿠니靖國 신사'로 이름이 바뀌었다. 일반 신사가 내무성 관할이었던 것에 비해 야스쿠니는 육·해군성이 공동 관리하는 주요한 군사시설의 성격을 가지게 된 것이다. 천황가를 제사 지내는 신사를 제외하고는 가장 높은 별격관폐사別格官幣社의 지위가 부여됐다. 이렇듯 야스쿠니 신사는 국가를 위해 죽은 자들의 공간으로 산 자들이 찾아가 만나는 곳이다. 따라서 국가가 당연히 모셔야 하는 신사로 출발했다.

### 죽은 자들의 공간

죽은 자들의 공간은 어느 나라나 있다. 로마도 산 자들이 사는 바깥에 네크로폴리스Nekropolis라 불리는 죽은 자들을 위한 도시를 만들었다. 튀르키예의 유명한 관광지인 파묵칼레의 온천수는 류머티즘, 피부염, 심장병 등에 약효가 있어 고대부터 치료와 휴식을 위해 사람들이 많이 머물면서 도시가 형성됐다. 바로 이 파묵칼레의 언덕 위에 세워진 히에라폴리스Hierapolis는 지진으로 파괴돼 묻혀 있다 발견된 곳으로 그 인근에 네크로폴리스라고 하는 무덤 유적지가 있다. 1,000개가 넘는 석관의 뚜껑이 열리거나 파손된 채 여기저기 널려 있는 죽은 자들의 거대한 고대 도시다. 이 도시는 성벽 밖의 경치 좋은 곳에 위치해 있다. 이처럼 죽은 자들의 도시는 동전의 양면처럼 산 자들의 도시에서 멀지 않은 곳에 두었다. 일본인들은 야스쿠니 신사에 참배하는 것에 거부감이 적다. 시오노 나나미조차 야스쿠니 신사 참배를 비난하는 한국과 중국에 대해 야박하다고 비판했다.

"이런 시설(야스쿠니 신사)에 적이었던 나라도 공감할 만한 역사자료를 전시하라고, 바꿔 말하면 중립적이고 객관적이며 학문적 입장에서 그것도 옳은 역사인식을 요구하고 있기 때문일 것이다. 내가 볼 때 이런 요구는 학문의 장에서 해야 할 일이지 죽은 자와 산 자가 만나는 장인 '죽은 자의 도시'에서 해서는 안 된다."[243]

시오노는 일본의 전쟁범죄에 대해선 한국이나 중국도 공감할 만한 역사자료를 전시하면 되는 학문의 영역인데 '야스쿠니에 참배를 해서는 안 된다.'라고 주장하는 것은 죽은 자의 도시에서는 하면 안 되는 예의의 문제라는 것이다. 일견 맞는 말이다. 그런데 왜 야스쿠니 신사는 문제가 되는가? 좀 더 '죽은 자의 공간'을 세밀히 살펴보자.

미국에는 알링턴 국립묘지가 있고 한국에는 국립 현충원이 있다. 국빈 자격으로 방문하는 분들은 으레 이런 곳을 방문하고 추도한다. 이것과 야스쿠니 신사는 어떤 차이가 있는가? 일본과 달리 두 곳은 묘지다. 자신들의 조국을 위해 희생한 분들이 잠든 묘지이지 종교시설이 아니다. 그런데 야스쿠니 신사는 종교시설이다. 그것도 전몰자들이 합사되어 신이 된 곳이다. 원래 일본이 일찍이 이런 문화를 갖고 있었다면 어느 정도 이해는 간다. 하지만 이 역시 메이지 이후 새롭게 만든 근대적 산물이다.

"메이지 시대 이후 건립된 신사는 세계적으로는 물론이고 일본 국내에서도 매우 특수한 경우이다. 그중에서도 야스쿠니 신사는 수많은 일본 신사 중에서도 유별나다. 메이지 시대 이후 천황, 황족을 제외한 일본 국민을 국가가 직접 신으로 모신 유일한 신사가 야스쿠니 신사였다."[244]

일본 국민이 신으로 섬김받는 유일한 기회를 얻기 위한 단 하나의 조건은 무엇인가? 천황을 위해 전사하는 것이다. 살았을 때 어떤 인물이었으며 전쟁에서 어떤 범죄를 저질렀는지는 전혀 문제가 되지 않는다. 중세 때 면죄부와 비슷하지 않은가. 이렇게 하면 야스쿠니 신사에 합사되어 신이 되는 것이다. 이곳에는 메이지 정부가 걸어간 상대적으로 짧은 건국기(메이지 헌법 제정까지)와 긴 침략의 역사가 고스란히 담겨 있다.

야스쿠니 신사에 합사된 전몰자 수는 다음과 같다. 1868년 메이지 정부 수립 후 첫 번째 막부군에게 저항한 보신전쟁(1868년)에서 사망한 3,588명을 포함하여 유신 중 사망한 7,751명, 사이고 다카모리가 주도한 세이난 전쟁(1877년)에서 사망한 6,971명(당연히 반정부 측 장군인 사이고 다카모리는 이곳에 없다)을 비롯하여 1874년 대만 침략(1,130명), 1875년 윤요호 사건(2명), 1882년 임오군란(14명), 1884년 갑신정변(6명), 청일전쟁(13,619명), 의화단 운동(1,256명), 러일전쟁(8만 8,429명), 제1차 세계대전(4,850명), 1920년 청산리 전투(11명), 만주사변(1만 7,176명), 중일전쟁(19만 1,250명), 태평양전쟁(213만 3,915명) 등에서 죽은 전몰자 총 246만 6,584명이 합사되어 있다. 절대 다수의 전몰자는 중일전쟁(7.75%)과 태평양전쟁(86.52%)에서 발생했다.[245]

야스쿠니 신사에서 추모하는 이들은 '대부분이 일본 제국주의와 군국주의를 실현하다 희생된 자들'이다. 새롭게 나라를 만든 메이지 정부를 위해 싸우다 죽은 1만 4,722명. 비율로는 0.6%를 제외하면 청일전쟁 등 99%가 넘는 사망자들은 침략 전쟁을 벌이다 죽은 군인과 군속들이다. 야스쿠니 신사는 이 모두가 동격이며 하나의 주신主神으로 모셔지는 특수한 곳이다.

그래도 일본 입장에서 한 번 더 이해해보자. 세계의 어느 나라를 막론하고 조국을 지키기 위해 밑거름이 된 숭고한 영령들을 추모하는 것은 너무나 당연한 일이다. 미국은 매년 5월 마지막 월요일을 메모리얼 데이Memorial Day로 지정하고 남북전쟁과 제1, 2차 세계대전 전사자들을 추도한다. 자유를 지키기 위해 헌신한 그들을 가장 명예로운 대상으로 여기고 존경과 예우를 다하고 있다. 영국을 비롯한 영연방국가인 캐나다, 호주, 뉴질랜드는 다 같이 11월 11일을 리멤브런스 데이Remembrance Day로 지정하여 제1, 2차 세계대전 전사자들을 추도하고 참전용사들의 노고와 희생을 기념하고 있다. 영국은 11월 11일 11시에 사람이든, 자동차든 모두 멈춰 2분간 묵념한다. 영국 전체가 2분간 침묵에 싸이는 것이다. 선진국들은 국가가 존립하고 발전하는 과정에서 수많은 유공자의 희생이 있었고, 그들에 대한 예우는 국가와 국민의 기본적 책무라고 인식하여 최선의 정책을 펴고 있다. 이를 통해 국민에게 나라를 위한 헌신이 가장 명예롭고 존중받는다는 확고한 믿음을 심어줌으로써 국가 공동체의 영속적인 발전을 위한 정신적 가치를 계승하는 것이다.

　이런 정체성이 문화가 된 나라가 바로 강한 국가로 가는 길이다. 또한 각국은 조국을 위해 희생한 용사들을 영원히 추모하는 상징물인 '꺼지지 않는 불꽃'을 가지고 있다.[246] 세계 각국은 조국을 위해 충성하고 희생한 사람들을 추모하기 위해 현충일을 제정하거나 '꺼지지 않는 불꽃'을 세워 기념하고 조국의 번영을 기원하고 있다. 어느 나라든 그들의 희생으로 현재의 삶을 영위하는 후손들에게 이것은 의무이자 정신이다. 그런데 왜 일본만 갖고 시비를 거느냐? 아베 전 총리는 이렇게 강변했다.

　"나라를 위해 목숨을 바친 이들을 위해 기도하는 것은 일본 지도자로서 당연한 것으로 다른 국가 지도자들이 하는 것과 같다. 야스쿠니는 전사자의 넋을 위로하는 곳이며 전쟁이 재발하지 않기를 기원하는 곳이다."

그럴듯한 논리다. 그렇다면 일본을 벗어나 독일의 사례를 한번 보자. 독일도 매년 11월 셋째 일요일을 '전쟁 희생자 추모일'로 정해 추도식을 하고 있다. 추모행사는 전몰군인에 국한되지 않고 전쟁과 폭력 지배에 희생된 모든 사람을 추모한다. 일본도 8월 15일에 희생자와 세계 평화를 위해 추도식을 한다. 하지만 이건 보여주기 위한 것이다. 일종의 다테마에(建前)다. 일본의 실제 본심(本音, 혼네)은 야스쿠니 신사 참배에 있다. 그래서 문제가 되는 것이고 주변국들과 충돌이 끊이지 않는 것이다.

김산덕 저자의 말대로 '모든 면에 드리운 이중성과 애매함, 그것이 미덕으로 배어 있는 국가 중심의 문화'[247]이다 보니 우리는 일본의 의도를 반만 알아챈다. 친절한 '다테마에'의 뒤안으로 엉큼하게 드리운 '혼네'를 놓치는 것이다. 따라서 나머지 반으로 보이지 않는 본질을 꿰뚫어 보는 습관을 들이지 않는다면 허울 좋은 '한·일 간 미래 지향적'이라는 모호한 말로 현안들이 해결될 것이라 믿는 우를 계속 범할 것이다. 그리고 '미래 지향적'이라는 말 역시 그 앞에 괄호가 생략되어 있는데 일본과 한국의 속말이 다르다.

- 일본: 과거 이야기 더 이상 하지 마!
- 한국: 과거 이야기 제대로 정리하자!

누구나 쉽게 보이는 괄호다. 따라서 불편한 이야기는 하지 않는 미사여구인 '미래 지향적'이라는 말은 아무런 의미가 없기에 복잡다단한 둘의 매듭이 풀리지 않는다. 여기서 심층적인 문제지만 일본의 코어심벌은 매우 특이하고 괴이하다. 다시 말해 윤리성이 없고 보편성을 상실한 데다가 가변적이다. 도쿄 초혼사의 설치는 순수한 의도에서 시작한 일이었다. 다시 한번 강조하지만 호국영령에 대한 추모는 어느 나라나 중요한 날이고 또한 추모식을 해야 한다.

그런데 왜 일본만은 '죽은 자의 공간'이 문제가 되는가? 일본만 왜 과거의 역사에 대해 여전히 정리가 안 되는가? 이것이 일본의 국격이고 수준이다. 그 수준을 보여주는 게 바로 이 야스쿠니 신사다. 종교시설이라면 보편적인 윤리가 존재한다. 최소한 남의 나라를 침략하다 죽은 자를 신으로 모시는 나라는 일본밖에 없다. 또한 종교라면 간디가 말했듯이 "진리를 위해 죽을 준비가 되어 있어야지, 진리로 생각하거나 옳다고 간주하는 것으로 인해 타인을 헤쳐서는 안 된다."라는 기본적인 종교적 가르침이 존재하지만 야스쿠니 신사에는 그마저도 없다.

가장 문제가 된 것은 1979년 4월 19일 A급 전범이었던 도조 히데키東條英機 전 수상 등 14명을 몰래 야스쿠니 신사에 합사한 것이다. 본인들도 뭔가 꺼림칙했기에 몰래 합사했을 것이다. 야스쿠니 신사의 목적은 '나라를 평안케 하라.'라는 메이지 천황의 뜻에 의해 창건된 곳인데 A급 전범들은 전쟁의 책임자들이며 이웃 나라를 지옥에 빠트리고 자국을 망국으로 이끈 정치, 군사 지도자들이다. 신격화를 막기 위해 미국은 도조 히데키 전 총리를 포함한 일제의 A급 전범 7명을 화장한 유골을 태평양 바다에 뿌렸다. 그럼에도 일본은 기괴한 방식으로 그들을 신격화했다.

## 2
## 군국주의의 도구가 되어버린
## 야스쿠니 신사의 내재적 한계

---

**군국주의로 가스라이팅을 당한 일본인**

이제 야스쿠니가 가진 의미를 살펴보자. 야스쿠니는 천황의 문양인 국화꽃을 사용할 정도로 천황의 관심이 각별했다. 메이지 천황(무츠히토, 睦仁, 1867~1912)은 7회,[248] 다이쇼 천황(요시히토, 嘉仁, 1912~1926)은 2회, 쇼와 천황(히로히토, 裕仁, 1926~1989)은 20회 참배했다. 쇼와시대가 전몰자를 얼마나 대량으로 만들어냈는가를 보여준다.

"(쇼와 천황은) 특히 중일전쟁이 본격화되기 시작한 이래 1948년 4월 26일에 중일전쟁 관계자들을 합사하는 최초의 임시대제에 친배한 이후 매년 봄가을의 임시대제가 행해지게 됐다. 이것은 태평양전쟁 개시 후에도 변하지 않았다."[249]

천황의 참배는 일본인에게 깊은 감동을 주었다. 한번 생각해 보라. 신분제가 견고한 시대에 살아 있는 신이라 불린 천황이 몸소 내 자식을 위해 왕림하여 참배하다니. 조선에서 왕이 전사한 병사들을 위해 직접 조문하고 제사를 지냈더라면 어떠했겠는가? 영령이 된 아들을 만나기 위해서는 어머니가 도쿄 구단자카의 야스쿠니 신사까지 찾아가는 것이 당연한 시대였다.

하늘을 향해 솟아 있는 커다란 문이
나를
신들 사이에 있는 나의 아들의 이름이 올라 있는 아름다운 신사로 나를 이끈다
하찮은 너의 어미는 기쁨의 눈물을 흘린다.

나는 매를 낳은 검은 암탉이었다.
그리고 나는 이런 행운을 누릴 자격이 없다. (…하략…)
(구단자카에 있는 야스쿠니 신사로 가는 노모에 관한 애절한 노래)[250]

전쟁에서 세 아들을 잃은 한 산골 주부의 이야기가 여성 잡지인 「주부의 벗」(1944년 1월호)에 실렸다. 이와 같은 기사를 통해 그들은 천황에 대한 충성을 확대 재생산했다.
"황송하게도 천황 폐하께서 친히 참배하시는 모습을 엎드려 보았다. 우리 같은 천한 산골 출신은 죽어도 산속 너구리조차 울어주지 않는데 나라를 위해 죽었다고 천황 폐하까지 참배하시는 것을 보고 감전된 것처럼 기쁨과 고마움을 느꼈다."[251]
다시 한번 강조하지만 신분제 사회에서 살아 있는 천황의 참배가 일반인에게 전해지는 그 감동은 상상을 초월했다. 그리고 또한 메이지 정부의 새 시대의 이념을 전파하는 통로가 됐다. 일본이 앞으로 나가기 위해서는 일반 국민의 참여가 매우 중요했다. 천황의 참배로 인해 천황의 존재는 국민의 죽음의 영역으로까지 확장되어 갔다. 결

국 야스쿠니 신사는 '전사 → 야스쿠니 합사 → 천황 참배 → 징병 → 새로운 전사'와 같은 사슬 구조를 떠받치는 전당이 된 것이다.[252]

일본의 비합리적인 정신구조와 함께 가스라이팅을 보여주는 극명한 사례가 있다. 육군 소위 오노다 히로는 일본의 패전 뒤에도 필리핀의 정글에서 '자신만의 환상의 전쟁'을 30년간 계속했다. 1974년 2월 20일 발견되고 오노다의 직속상관에게서 30년 만에 투항명령서를 정식으로 받고서야 일본의 패전을 인정했다. 이후 필리핀의 마르코스 대통령에게도 항복 신고를 치른 뒤 대대적인 환영을 받으며 일본으로 귀환했다. '죽지 말고 데리러 올 때까지 버텨라.'라는 당시 사단장인 요코하마 시즈오의 명령 하나 때문에 산속에서 지낸 것이다.

30년이 지났지만 전혀 녹슬지 않은 총검, 광채만 남은 눈동자, 부동의 자세에서 나오는 거수경례……. 그의 일거수일투족에 일본 국민들은 열광했다. 또다시 일본인들에게 군국주의의 향수를 불러일으킨 것이다. 여기서 더 괴기스러운 것은 대만 출신의 나카무라 데루오라는 병사가 1974년 12월 인도네시아의 모로타이 섬에서 발견됐다. 일본인이 아니라 대만인이 천황폐하의 뜻을 받들고 상사의 명령에 쫓아 정글에서 30년 동안 버티게 한 것은 무엇일까? 제 나라도 아니라 일본을 위해 일본 정신으로 무장한 채 일본인 상관의 명령이 그의 속에 꽉 차 있었기 때문이다.

결정적으로 중요한 것은 유족이 감격의 눈물에 목이 메어 가족의 전사를 기뻐하게 되고, 거기에 공감한 일반 국민은 천황과 국가를 위해 죽기를 스스로 희망하게 됐다. 이것이야말로 '야스쿠니 신앙을 성립시키는 감정의 연금술'인 것이다.[253]

"지난번 사쿠라의 병영에서 초혼제를 올릴 때 초대된 유족 중에 한 노옹老翁이 있었다. 그는 편부 슬하의 외아들이 불행히 전사해서 처음에는 오직 울기만 했는데, 나중에는 이 성대한 제전에 참석하는 것에 영광을 느끼고 외아들을 잃긴 했지만 슬퍼할 일이 아니라며 크게 만족하고 돌아갔다고 한다. 지금 만약 대원수 폐하께서 친히 제주가 되어 성대한 제전을 올린다면 사자死者는 지하에서 천은에 감사를 바칠 것이고, 유족은 영광에 감읍해서 부형父兄의 전사를 기뻐할 것이며, 일반 국민은 만일이 생기면 천황과 국가를 위해 죽기를 갈망할 것이다. 다소의 비용은 아끼지 말아야 할 것이다. 아무쪼록 성대한 제전이 있기를 희망한다."(1895년 11월 4일 청일전쟁 직후 일본의 「시사신보」에 게재된 논설 「전사자의 대제전을 거행해야 한다」에서)[254]

모든 죽음에는 으레 추도가 따른다. 거기에는 비탄과 회상이라는 것이 포함되어 있다. 하지만 야스쿠니는 달랐다. 야스쿠니를 통과한 죽음에는 슬픔이 증발되고 '야스쿠니적 형식으로 표현된 죽음'은 호국, 영광, 명예라는 국가주의적 세례를 받아 드높고 고귀한 대상으로 승격됐다.

"전쟁에 의한 희생자를 국민들에게 비극이라든가 비참하다든가 하는 생각이 들지 못하게 하고, 오히려 역으로 영광이고 명예라고 생각하도록 꾸며진 존재가 야스쿠니 신사였다."[255]

미국의 대일 정책입안국이 1944년 3월 15일 작성한 문서를 보면 야스쿠니의 정체성이 잘 나타나 있다. '야스쿠니 신사, 메이지 신궁, 노기신사, 도고신사, 그 외의 국가적 영웅을 모시는 근대적 신사 몇 개는 우리가 이해하는 의미에서 종교적 신앙의 장소가 아니라 국가주의적, 군국주의적인 영웅에 대한 숭배 및 전투적 국민정신의 함양을 위해 만들어진 국가주의 신사'라고 정의했다.[256]

다른 신사와는 달리 성격도, 관리 주체도 모두 군부의 관할하에 있는 야스쿠니 신사의 존재는 매우 특별했다. 야스쿠니 신사는 일본 국민을 '천황의 군대'로 이끄는 역할을 담당한 '군국신사'였다.

태평양전쟁 당시 유행했던 군가 「동기同期의 사쿠라」의 가사에는 사쿠라로 죽음을 미화하고, 따뜻한 봄에 야스쿠니 신사에 있는 사쿠라의 가지에 피어 다시 만날 것을 약속했다.

> 너와 나는 동기의 사쿠라. 같은 군사학교 교정에 피었네
> 핀 꽃은 지는 법. 나라를 위해 멋지게 지자
> (…중략…)
> 너와 나는 동기의 사쿠라. 따로따로 지더라도
> 꽃의 고향 야스쿠니 신사. 봄에 피어 다시 만나자

동아일보의 박형준, 배극인 특파원이 쓴 르포 기사 「군국의 성, 야스쿠니」는 매우 생생하게 묘사했다.
"야스쿠니에서 다시 만나자."
태평양전쟁에서 일본의 패색이 뚜렷하던 1944년 말 가미카제神風 자살특공대원은 이 말을 남기고 전장으로 떠났다. 전투기를 타고 적의 군함에 돌진하는 군인들은 야스쿠니의 신이 될 수 있다는 믿음으로 두려움을 없앴다. 사쿠라(벚꽃)도 공포에 대한 '마취제' 역할을 했다. 결국 야스쿠니 신사는 '전사 → 야스쿠니 합사 → 천황 참배 → 징병 → 새로운 전사와 같은 사슬 구조를 떠받치는 전당'이 된 것이다.[257]

국민을 천황의 군대로 밀접하게 결부한 핵심 고리 역할을 한 야스쿠니 신사는 국민을 군인으로 만들어 전쟁에 보내기 위한 정치적 이데올로기였다. 국가와 최고 권위인 천황을 위해 자기 포기와 섬김을 강요하는 나라가 일본이며 천황 숭배가 곧 자신을 초월하여 자아실현으로까지 이어진다는 역설적 윤리로 침략전쟁을 왜곡했다. 일본은 천황을 위해 마치 종교적 순교를 요구하는 나라였다. 어

린 병사부터 일반인까지 생명을 던져도 결코 후회스러울 게 없다는 결의를 그들 가슴에 강제로 주입한 것이다. 이게 가능한가? 그들은 어떻게 '만들어진 신'을 믿고 그를 위해 죽을 수 있을까? 그런 인공 신을 위해 죽게 되면 어디로 가는 것일까?

아무리 생각해봐도 집단 광기의 늪으로 빠져 들어간 일본인이 이해되지 않는다. 다만 이슬람의 성전이나 바이킹의 발할라처럼 일본인들이 전쟁에 나가 죽는 것이 종교적 순교가 되고 감격이 되는 마당에서 죽음은 더 이상 두려운 존재가 될 수 없을 거라는 추정만 할 뿐이다.

### 죽음을 부추기는 야스쿠니 신사

여기에 사쿠라마저 죽음을 재촉했다. 한순간에 지는 모습이 얼마나 아름다운 죽음인가. 야스쿠니에 피어 있는 사쿠라가 전사한 병사의 환생이라고 선전하는 군가 소리가 들리지 않는가. 사쿠라를 무사도의 상징으로 이론화한 것은 니토베 이나조(1862~1933)였다. 그가 영어로 집필한, 일본인이 쓴 최초의 전 세계 베스트셀러인 『무사도』(1900년)의 첫 문장은 이렇다.

'무사도는 일본의 상징인 벚꽃과 함께 일본을 대표하는 고유의 정신이다.'[258]

이 표현에서도 알 수 있듯이 활짝 피었다가 며칠도 안 돼 속절없이 꽃잎을 떨어뜨리는 사쿠라는 봉건시대 무사도의 상징이었다. 니토베는 '꽃은 사쿠라요, 사람은 사무라이.'라는 말이 널리 퍼져 있을 정도라고 소개하면서 마지막 단락을 사쿠라로 마무리지었다.

"그 상징인 벚꽃처럼 사방에서 부는 바람으로 꽃잎이 흩날려도 그 향기로 인생을 풍요롭게 하고 인류를 축복할 것이다."[259]

니토베의 『무사도』는 사쿠라로 시작해서 사쿠라로 마무리한다.

『무사도』 번역자인 양경미는 영화 「라스트 사무라이」를 떠올렸다고 한다.

"최후의 지도자였던 카츠모토가 전장에서 패해 할복을 하는 장면과 그 배경으로 벚꽃 잎들이 함성처럼 와르르 지는 모습이 눈 속 가득 펼쳐졌다."[260]

이어령 교수는 모든 나라가 꽃을 좋아하지만 일본인의 꽃 보는 시선이 매우 특이함을 포착했다. 보통은 꽃이 피는 것을 좋아하지만 일본인은 오히려 '지는 것'을 더 사랑하는 그들의 미의식을 지적했다. 벚꽃을 좋아하는 이유도 그 때문이라고 한다.

"벚꽃의 특성은 제일 먼저 그리고 흔적도 없이 져버리는 데 있다. 꽃이 지는 것이기 때문에 한순간의 아름다움이기 때문에 '이치고이치에—期—會'의 절실한 마음으로 그것을 바라볼 수가 있다……. 일본의 미美는 화려하고 섬세하지만 이따금 그 속에 슬픔과 불안감이 깃들여 있는 '음산함'이 엿보이는 것도 아마 그것이 '생'이 아니라 '일기일회'의 '죽음'의 무상감에서 생겨난 것이기 때문인지도 모른다."[261]

야스쿠니를 찬미한 일본인들은 대의명분(?)을 위해 목숨을 내놓아야 하는 순간 사쿠라처럼 주저 없이 죽음을 택했다. 사쿠라는 칼이요, 무사를 상징했다. 나아가 일본 군대를 상징한 것이다. 호사카 유지 교수에 의하면 일본제국 시기 일본군은 벚꽃을 여러 가지 문양으로 사용했다고 한다. 태평양전쟁 말기에 자살특공대의 비행기의 이름이 '오오카櫻花'인데 사쿠라를 다르게 읽은 것이다. 그러니까 벚꽃이 바로 자살특공 테러의 비행기 이름인 것이다. 자살특공대가 사용했던 폭탄 이름은 '사쿠라탄櫻彈', 즉 벚꽃탄이었다.

벚꽃은 곧 제국 군대를 상징했고, 또 그렇게 죽으면 신이 되어 야스쿠니에 모셔졌다. 그러니 "안심하고 죽으러 가라!" 이처럼 야스쿠니 신사는 군국주의의 상징이 됐다. 국민을 군사화한 병영국가로

가는 이데올로기의 도구였다. 일본 군국주의 정신의 발원지로 일본 정치인들은 태평양전쟁 때나 지금이나 어떤 결단을 내릴 때는 반드시 야스쿠니 신사를 찾는다. 그런데 의문이 든다. 이런 나의 의문은 일본의 역사학자 오에 시노부의 물음과 일맥상통한다.

"온몸을 천황을 위해 바쳤던 전사자의 영혼만이라도 왜 유족의 품 안으로 돌려보내지 않는가. 왜 죽은 자의 영혼까지도 천황의 국가가 독점하지 않으면 안 되는가."[262]

야스쿠니의 신사에서 신이 되는 길이 영광된 일일까? 실제로 신이 되는 것도 아닌데 말이다.

"전사자의 영혼을 야스쿠니 신사의 신神으로서 독점하는 것으로, 그 신들에 대한 신앙을 통해 무엇을 실현해온 걸까. 또는 실현하기를 기대했을까."[263]

한 가지 덧붙이자면 일본 병사들 대부분이 '일본 사회의 가장 약한 사람들'이었다는 사실이다. 아시아 곳곳에서 학살을 자행한 일본 병사들은 다른 민족을 죽이도록 강요당한 자들이었다. 그들 역시 일본 정부의 또 다른 희생자일지 모른다. 하지만 일본 사회에서 군인들이 다른 민족이나 민간인을 죽여선 안 된다는 규범이 존재한 적이 없었다. 일본은 힘의 우위만을 숭상할 뿐 보편적 가치가 부재한 사회였다.

오늘날 한국과 일본은 인권, 자유, 민주주의 등 보편적 가치를 공유한다고 주장하기도 한다. 그렇다면 일본이 보편적 가치를 새롭게 정립했단 말인가? 간토대학살은 일본 가해의 역사 중에서 실상이 철저히 가려진 사안이다. 이조차도 고이케 유리코 도쿄도지사 등 우익정치인[264]들은 간토대지진 때 조선인 학살에 대해 '일본이 조선인을 학살한 사실이 없었다.'라는 주장에서 '독립을 목표로 하는 조선인 활동가의 존재로 인해 사회가 혼란해지자 자경단이 정당방위를 한 것'이라고 주장한다. 그들은 가해자를 피해자로 둔갑시키는 변신의 귀재들이다.

이런 주장의 근저에는 '조선인 학살이 나쁜 일인가'라는 암묵적인 저류가 일본의 지배계층에 흐르고 있기 때문이다. 놀랄 일도 아니다. 송호근 전 서울대학교 교수가 저술한『21세기 한국 지성의 몰락』에는 2015년 자위대 참모총장 다모가미 도시오가 저자와 나눈 대화에서 자신의 속마음을 그대로 드러내고 있다.

도시오는 포효했다. "당신이 경성제국대학교 교수인 것은 대일본제국의 은혜다."

필자가 꾹 참고 물었다. "위안부는?" "돈벌이 매춘부다."

"그럼 징용은?" "그걸로 먹고 살았다."[265]

누가 거짓과 허위를 만들어내는 것일까. 이런 일본의 태도는 반드시 더 큰 문제로 재점화할 것이다. 최소한 과거 문제에 대한 진실한 사죄와 반성이 '보편적 가치를 공유하고 공동의 이익을 추구하는 파트너'가 되는 출발점이다.

6장

# 일본의 뿌리깊은 열등감과 혐한의 뿌리

# 1
# 일본의 미래를 결정할 3개의 퍼즐 조각

**일본의 선택에 달라질 미래**

오늘날 일본이 갖고 있는 지위나 우월감은 메이지 유신 이후에 형성된 것이다. 일본이 문명개화와 탈아입구脫亞入歐를 기치를 내걸고 근대화를 이뤘던 19세기 후반부터 한 세기 반이나 흘렀지만 메이지 시기에 이뤄졌던 일본과 아시아의 간격에 대한 인식은 지금도 여전하다. 이른바 근대화 서열 사관이다.

일본인은 메이지 유신 이후 산업화와 근대화를 가장 먼저 이룩한 일본을 매우 자랑스러워한다. 일본은 중국과 한국보다 우월한 국가라는 인식이 뿌리 깊게 박혀 있다. 자신들이 한때 한 수 아래라 여겼던 한국이 이룬 위상에 대해 굳이 외면하려 한다. 그럼 시간을 길게 바라보자. 동아시아에는 제2차 세계대전 이후 70년이 넘는 기간 동안 극적인 변화가 일어났다. 2023년은 중국 건국 후 74년, 한국 해방 이후 78년이다. 이 기간에 중국은 G2로 부상했고 한국은 개발도상국에서 선진국으로 진입한 유일한 국가가 됐다.

중국 공산당은 2021년 창당 100주년이라는 역사적 계기를 맞았다. "단일 정당이 혁명당에서 통치당으로, 다시 집정당執政黨으로 변모하면서 100년 동안 지배한 것은 세계사적으로 유례가 없다."²⁶⁶ 반면 일본은 잃어버린 30년의 덫에 걸려 있다. 이렇게 160여 년의 긴 시각으로 보면 아시아 근대화의 변곡점이었던 그 빛나는 메이지의 성과는 빛을 잃어버린 것이다.

도약이냐 쇠퇴냐, 일본의 미래를 좌우하는 건 이와쿠라 정신, 천황제, 야스쿠니 신사라는 '세 개의 퍼즐 조각'이다. 이 중에서 일본이 무엇을 선택하느냐에 따라 미래는 결정될 것이다. 이와쿠라 정신을 주축으로 삼을 것인가, 아니면 천황제와 야스쿠니 신사를 중심으로 삼을 것인가? 지금까지 이 셋이 서로 얽혀 상호작용하는 과정과 결과를 세밀하게 들여다보았다. 현재와 미래의 일본은 이 세 축에 의해 결정될 것이다.

패전 후 다시 일어난 일본은 넘사벽이었다. 도저히 넘을 수 없는 거대한 벽처럼 느껴졌다. 시대를 앞선 전자제품, 화려한 애니메이션, '메이드 인 재팬'은 신뢰의 대명사였고 일본식 모델은 많은 나라에 국가 발전의 본보기가 됐다. 하지만 천하의 소니와 마쓰시타가 쇠락하고 삼성과 LG가 그 자리를 차지하리라고 누가 상상이나 했겠는가. 코로나19를 겪으며 일본은 아직도 도장과 팩스를 사용하는 아날로그 행정이 적나라하게 드러나 디지털 후진국으로 떠올랐다.

이것은 일본이 가진 장점을 잃어버리고 천황제, 야스쿠니 신사와 같은 '일본의 우월성'을 주장하는 우경화와 맞닿아 있기 때문이 아닐까. 도쿄공업대학교 교수로 근무하다 귀국한 이창민 한국외국어대학교 교수는 한·일 역전 현상을 '한국이 잘한 것보다 일본이 너무 못했다는 얘기'라며 다음과 같이 의견을 피력했다.

"1980년대 중반부터 10년 전성기 동안, 일본 국민들은 자신감과 자부심이 가득했지만 자신들이 가장 잘 하는 능력, 즉 오이쓰키오이 코세追いつき追い越せ, 즉 '(서양에서) 배워서 (서양을) 뛰어넘는' 능력을 망각해 갔다. 그들은 '세계인이 우리를 부러워하고 배우고 싶어 하는데 굳이 다른 나라를 분석하고 배울 필요가 없다.'라고 생각했다."[267]

일본은 역동적인 에너지를 그들 스스로 봉인한 것이다. 하라다 유타카 나고야상과대학교 교수의 강력한 주장은 일본 사회에 충격을 던져주었다.

"현재 일본은 청나라 말기를 닮았다. 개혁이 필요한데 아무것도 하지 않는다."

지나친 자국 우월주의는 일본의 경제뿐만 아니라 문화예술에도 악영향을 미쳤다. 인간의 본성 속에 뿌리 깊게 박힌 '자기 민족의 우수성'을 신봉하게 되면서 '일본이 역시 최고'라는 맹목적 국가관에 집착하는 결과로 이어졌다. 사회가 우향우가 되어버리면 건전한 사회비판과 문제제기 의식이 떨어져 창작 활동을 하는 영화나 드라마 같은 문화예술 분야가 위축된다. 일본 문화의 영향력이 쇠퇴한 것은 한류의 성장과 무관하게 일본이 자초한 일이다. 한국 역시 사회 전체가 반일 감정에 휩싸이던 1970년대에는 그럴듯한 문화 하나 만들어내지 못했다.

일본을 1945년 이전과 이후로 나누어 분석하는 건 전 세계에서 한국이 유일하다. 한국의 체제가 1945년 이전과 이후가 너무도 분명해 우리의 인식을 일본에 적용한 것이라 생각한다. 한국 언론은 '패전 후 일본은 평화체제를……'이라는 식으로 패전 이전과 이후의 일본을 구분한다. 하지만 패전이라는 단어는 한국에서 사용할 뿐 정작 당사국인 일본에서는 사용하지 않는다. 그들은 종전이라는 단어를 쓴다. 패전을 종전으로 바꿔서 사용하는 가장 큰 이유는 패전 책임을 애매하게 만들려는 것이다. 이길 수 없는 태평양전쟁으로 국민을 몰아넣었던 지배층이 전후에도 계속해서 자신들의 지배를 정당화하고 통치하기 위해서였다.

'패전은 모든 국민의 책임'이라며 '1억 총 참회'라는 기막힌 언어까지 등장시켰다. 한국에서 친일매국노 문제가 나오면 '일제강점기에 친일 안 한 사람이 어디 있느냐?'라며 경중과 관계없이 친일파 단죄를 흐릿하게 만드는 주장과 동일한 선상이다. 이런 흐름 속에서 일본인의 머릿속에는 '패전이 아니라 종전'이라는 역사의식이 고착됐다. 그도 그럴 것이 패전이 아니라면 아무도 책임을 추궁받을 이유가 없기 때문이다.

따라서 일본은 한 번도 1945년 전후로 정치를 나눠본 적이 없다. 2023년 지금 총리는 101대 총리 기시다 후미오다. 1945년부터 80년도 안 되어 101번째라는 뜻인가. 아니다. 메이지 유신의 초기 내각부터 시작한다. 그럼 초대 총리는 누구인가? 그 유명한 이토 히로부미다.

현재 일본의 양원제는 메이지 시대와 동일한 구조이고 심지어 천황제조차 살아남았다. 따라서 일본은 여전히 메이지 시스템을 그대로 사용하고 있다. 달라진 건 제2차 세계대전을 일으킨 역사를 되풀이하지 않기 위해 전쟁을 포기하고 군사 전력을 가지지 않으며 교전권을 부인한다는 내용을 헌법 조항(일본국 헌법 제9조)에 명시한 것뿐이다. 이 역시 미국이 중국을 견제하는 것이 힘에 부치자 이른바 '평화헌법'을 내세우며 일본의 헌법 개정을 적극적으로 지지하고 있다.

일본 정치인들 역시 헌법 개정을 대부분 원하고 있다. 일본이 선택할 사항이지만 얼마 지나지 않아 평화헌법은 개정될 것이다. 사무라이 일본의 재등장은 필연적이다. 노구치 유키오野口悠紀雄 히토츠바시대학교 명예교수는 패전을 했는데도 아무런 영향을 받지 않은 채 살아남아 전후 일본 경제를 부흥시킨 체제를 '1940년 체제'라고 명명했다.

"일반적으로는 1945년 8월 시점에 일본의 정치·경제·사회체제가 크게 단절됐다고 알려져 있다. 그에 반해 1940년 체제 사관에서는 그때에는 단절이 없었고 진짜 단절은 1940년 무렵에 있었다고 보는 것이다. (…중략…) 아베 신조 내각이 실시하고 있는 경제정책은 '전후 레짐(체제)으로부터 탈피'가 아니다. 완전히 반대로 '전시·전후 체제로 복귀'다. (…중략…) 1940년 체제의 사고방식 그 자체다."[268]

일본의 정치, 경제, 사회를 옥죄고 있는 대동원 체제를 지적하고 있다. 전쟁 중 확립된 체제는 다가올 총력전에 대비하고 전쟁을 수행하기 위한 것이었다. 그런데 패전 후에는 생산능력을 증강시키는 '관료 중심의 전시 체제'가 그대로 작동됐다는 뜻이다. 이는 일본에서 전시 지도자가 전후에도 살아남아 영향력을 유지한 탓이기도 하다. 일본 정치 지도자들은 1989년 8월부터 지금까지 17명의 총리 중 11명이 세습의원이라는 점에서도 그대로 드러나고 있다.

| 비세습 총리 | 가이후 도시키, 호소카와 모리히로, 무라야마 도미이치, 간 나오토, 노다 요시히코, 스가 요시히데 |
|---|---|
| 세습 총리 | 미야자와 기이치, 하타 쓰토무, 하시모토 류타로, 오부치 게이조, 모리 요시로, 고이즈미 준이치로, 아베 신조, 후쿠다 야스오, 아소 다로, 하토야마 유키오, 기시다 후미오 |

일본의 주류층은 한반도를 자신들의 이익선利益線으로 간주하는 '사고의 틀'을 마치 DNA처럼 받아들이고 있다. 그들은 메이지 시대 할아버지의 꿈이 뭐고 아버지의 의지가 뭔지를 그냥 집안의 무르팍 위에서 자연스럽게 배운다. 정한론은 끝난 것이 아니라 단지 시야에

서 잠시 사라졌을 뿐 새로운 외교전략과 합체되어 다른 모습을 띤 채 여전히 진행 중이다. 이들의 야스쿠니 신사 참배 역시도 당연히 해야 할 일로 물려받은 유산인 것이다. 게다가 비세습 총리 중 2년 이상 재임한 총리는 가이후 도시키(1989. 8.~1991. 11.)와 무라야마 도미이치(1994. 4.~1996. 1.) 2명뿐일 정도로 일본 정치는 보수적이다. 그러니 강력한 리더십을 가지고 메이지 시대와 결별하고 제대로 된 개혁을 추진한 총리는 거의 없었다.

"할아버지나 아버지의 지역구를 이어받아 쉽게 국회의원이 되고, 이후에는 쉽게 당선 횟수를 늘려온 수상이 대부분이었다. 그러나 강력한 리더십을 가지고 제대로 된 개혁을 추진한 수상은 거의 없었다. 적당히 재임하다가 물러나 뒤에서 영향력을 행사하고, 또 나이가 차면 자녀에게 지역구를 물려주면서 국회의원직을 마치 가업처럼 이어간 것이다."[269]

### 이와쿠라 정신이 필요한 일본

지금 일본은 진정 다시 이와쿠라 정신을 필요로 하는 시대인가?

이것을 논하기 이전에 이와쿠라 정신이 발휘됐던 시기를 다시 한번 살펴보자.

- 페리의 흑선(쿠로후네) 등장: 1853년 6월 미국의 동인도함대 사령관 페리Matthew C. Perry가 이끄는 4척의 함대가 일본 우라가浦賀에 도착한다. 북태평양에서 미국 포경선의 기항지이자 대중국 무역의 중계지로서 일본의 개항을 요구하기 위한 것이었다. 당시 일본인들은 검은색 거대 증기기관 철선들의 위세에 압도당했고 쿠로후네黑船라고 부르며 두려워했다.
- 제2차 세계대전의 패전.

모두 외압에 의해 국가가 위기에 처했던 순간이었다. 이제 두 가지 전제부터 살펴보자. 첫째, 지금은 어느 나라도 군함을 몰고 와 일본에게 문을 열라고 강요하지 않는다. 즉 일본인 스스로 결정해야 하는 문제다. 둘째, 일본인은 우수하다. 세계가 인정한다. 그런데 질문을 바꿔 일본인이 한국인보다 우수하냐고 묻는다면 한국인은 인정하지 않는다. 너무 당연하지 않은가. 중국인도 마찬가지다. 쉽게 말해서 한·중·일 모두 자기 민족이 더 우수하다고 하는 건 국뽕일 뿐이다. 다른 민족보다 압도적으로 우수한 민족은 없다. 여하튼 일본인은 자신들의 문제점을 파악하면 해결할 수 있는 능력을 갖춘 우수한 민족이다. 일본인이 진짜 우수한지는 일본이 지금 당면한 문제를 어떻게 해결하느냐에 따라 결정될 것이다.

그런데 한 가지 큰 문제점은 일본은 우연이나 부산물 효과를 자신들의 우수함으로 믿는다는 사실이다. 도쿠가와 이에야스는 에도 막부를 열면서 전국의 다이묘들을 견제하기 위해 '참근교대'라는 독특한 제도를 고안해냈다. 참근교대는 에도에 있는 각 번의 부인과 장자를 인질로 잡아두고 다이묘들이 보통 1년은 에도에서, 다음 1년은 자신들의 번으로 돌아가 통치하는 시스템이다. 이에 따라 수많은 번주가 에도로 오가는 길과 숙박시설에 많은 돈을 썼다. 자연스럽게 메이지 유신 이전에 전국적으로 주요 도로의 정비와 숙박시설, 온천, 식당 등이 개발됐다. 이는 에도 시대 상업의 발달을 촉진한 주요 원인이었다. 이것은 조선과 달리 근대 시기에 엄청난 시너지를 발휘했다. 또한 에도에 인질로 잡힌 270여 번의 부인과 아들을 위한 거주시설과 경호 무사들로 인해 에도는 100만 명에 가까운 도시로 성장했다. 홀로 파견된 수많은 무사가 소일거리로 포르노 소설을 즐겨 읽었다(뒤에서 분석하겠지만, 프랑스 혁명 역시 이 포르노 소설과 관련이 매우 깊다).

그에 따라 민간 출판문화가 활발해지면서 수많은 서점이 생겨나고 소설 대여점이 넘쳐났다. 이는 메이지 유신 시기에 서양의 근대에 관한 번역물과 후쿠자와 유키치의 '계몽사상'이 널리 퍼질 수 있게 만든 토대가 됐다.

잠깐 정리해보자. 참근교대로 인한 교통, 숙박 인프라의 구축과 포르노를 비롯한 민간 출판문화의 인프라는 이미 세계적인 수준이었다. 이것은 에도 막부가 의도한 게 아니다. 그들은 각 번의 무력을 약화하기 위해 길 위에 돈을 쓰도록 만들었다. 그런데 부산물로 도로와 숙박시설이 정비되면서 그 혜택을 상인과 국민도 함께 누리게 된 것이다. 물류비용이 획기적으로 줄었고 민간인들 사이에서 단체 관광도 활성화됐다. 이 역시 부산물 효과였다.[270] 마치 비아그라를 심장병 치료제로 개발했는데 뛰라는 심장은 뛰지 않고 발기력이 개선되다 보니 쓰임새가 바뀐 것처럼 원래 목적보다 부산물이 더 중요할지도 모른다.

여하튼 이 우연한 부산물을 마치 자신들이 우수해서 만든 필연성으로 착각하여 일본인이 가장 우수하다고 믿게 된 것이 비극의 시작이었다. 우리도 역시 이런 위험성에서 벗어나 있지 않다. 한글은 디지털 시대에 가장 적합하고 효율적인 글자다. 그렇다고 디지털 세상이 올 걸 내다보고 세종대왕이 만든 것은 아니다. 세종대왕은 글자를 모르는 백성들을 가엾게 여겨 세상에서 가장 쉬운 글자를 만들다 보니 오늘날 우리가 한글의 부산물 효과를 톡톡히 누리고 있다. 그런데 마치 한국인이 가장 우수해서 그런 것처럼 국뽕이 넘치는 주장들이 많지 않은가.

일본은 대단한 잠재력을 가진 나라다. 관건은 깊은 잠에 빠진 '이와쿠라 정신'을 다시 깨울 수 있느냐다. 최고의 집권 엘리트들을 50여

명 선발하여 2년여에 걸쳐 미국과 유럽 선진국들을 벤치마킹하고 기틀을 세워 최고의 국가를 만들려고 했다. 당시 일본은 스스로 마음의 문을 열고 '적극적 개방'을 시도했다. 일본이 다시 이와쿠라 정신을 회복한다면 일본인이 가진 우수한 자질은 역량과 더해져 다시 빛을 발할 것이다. 그렇지 않고 중화사상의 또 다른 버전인 '일본이 최고'라며 착각하는 순간 쇠퇴할 것이다. 그런데 기이하지 않은가.

- 한국 땅인 독도를 아직도 자기 땅이라고 우기는 나라
- 책임 있는 고위 관료와 정치인이 이웃인 한국에 대해 모욕적인 언사를 공개적으로 반복하는 나라
- 위안부와 강제징용에 대해 사실을 인정하지 않는 나라
- 이러한 것들을 자국 교과서에 기록하여 역사조차 왜곡하는 나라
- 주요 서점에 한국을 멸시하는 내용의 단행본, 만화, 잡지 코너를 따로 마련해 버젓이 판매하는 나라
- 군함도라는 근대 산업 유산을 자랑하면서 거기에 자행된 강제징용 피해자의 고통을 인정하지 않고 유네스코의 권고에도 그 기록을 기피하며 자국의 역사를 미화하는 나라

이것이 일본인가. 착한 일본 국민과 그를 이용하는 못된 정치인 때문에 생기는 문제라고 얘기한다. 웃기는 얘기다. 일본인 자체가 우익 성향이 강하고 일본 사회는 국뽕으로 꽉 찬 우익이 지배하는 사회다. 평소 "이랏샤이마세"라고 하며 친절하고 공손한 우동집 주인도 그 손에 총이 들려지고 일본 열도를 벗어나는 순간 괴물로 변신했다. 25년간 일본에서 목회활동을 했던 김산덕은 저서『천황제와 일본 개신교』에서 오랫동안 가만히 자신이 느꼈던 소회를 밝혔다.

"친절한 개개인의 뒤안으로 엉큼하게 드리운 전체주의성, 또 무

신성無神性적이면서도 지독하게 유신성有神性적인 국가. (…중략…) 모든 면에 드리운 이중성과 애매함, 그것이 미덕으로 배어 있는 국가 중심의 문화, 그런 것들에 대한 나의 의문이다."[271]

천황이 조종석에 앉아 지시하는 합체 로봇처럼 일본인들은 천황의 명령이라면 생각하고 말 것도 없이 민간인마저 칼로 베는 존재들인가. 한국 언론은 일본의 우익 정치가들이 문제라고 지적한다. 이런 주장도 이치에 맞지 않는다. 그런 우익 정치가들을 계속 뽑는 것은 누구인가? 일본인이다. 일본의 문제가 우익 정치가들 때문이 아니라 일본 사회 자체가 '철없는 보수' 우익이다. 언론은 일본이 패전 이후 평화적인 나라로 변했다고 말한다. 그렇다면 메이지 시기 전체를 반성해야지 태평양전쟁만 반성한다. 일본의 화폐 인물은 모두 메이지 시기 인물들이다. 앞서 언급했듯이 1945년 전후로 일본을 나누는 것은 한국이 유일하다. 패전 이후 잠시 온건파가 주도했는지 모르나 현재 일본인들의 정치성향은 우익 빛깔이 더욱 짙어졌다. 재레드 다이아몬드는 저서 『대변동 위기, 선택, 변화』에서 이렇게 지적한다.

"일본은 왜 독소를 제거하지 않고, 과거사 반성이나 역사 교육을 하지 않는가?"

천황제 시스템을 유지하는 사고방식, 가해자인데 피해자라고 여기는 의식, 왜곡된 교육. 일본은 가장 가까운 이웃인 한국을 잃고 있다. 결국 그들은 외부세계를 잃을 것이다. 그리고 무엇보다 일본은 15년이 넘도록 '식민사관'을 만드는 데 전력을 다했다. 단지 20%의 힘만 쏟아도 다스릴 수 있었다. 그런데 100%를 들여 아예 역사를 왜곡하고 조선인의 정신까지 개조하려 했다. 왜일까? 참으로 풀리지 않는 숙제다. 이 과제를 계속 머릿속에 담고 여러 가지 자료를 읽어나갔다. 20년이 지난 어느 순간 깨달음이 찾아왔다. 일본의 열등감이 한순간에 보였다. 무엇에 대한 열등감이었나? 결론부터 보고 서서히 짚어 나가보자.

- 한국인의 독창성 (한글 등)
- 한국인의 단결성: 을사늑약 뒤에 정작 당황했던 쪽은 일본이었다. 고종이 일본에 국권을 넘겨주겠다고 도장을 찍었는데 (강압이든 회유든), 왜 백성들이 왕의 말을 따르지 않고 의병까지 일으키는지 이해할 수가 없었다. 임진왜란 때도 마찬가지였다. 선조는 백성을 버리고 의주로 도망갔는데 백성들이 나라를 구하겠다고 일어선 의병의 활약 역시 일본인은 이해가 가지 않았다.
- 한국인의 오랜 역사성: 한때 가난했지만 수천 년 동안 보전해 온 지적 전통을 지니고 있다. 한국인이 자신들의 문화를 더 위대한 자산으로 인식한다면 엄청난 힘을 가진 국가가 될 것이다.

일본의 일련의 행동을 열등감으로 분석하면 이해하기 힘든 것들에 대한 많은 수수께끼가 풀린다.

## 2
# 일본의 고대사 콤플렉스

**유물을 심고 캐다**

2000년 11월 일본의 재야 고고학자 후지무라 신이치가 유물을 땅에 파묻는 모습이 몰래카메라(「마이니치신문」에서 설치)에 잡혔다. 그는 57만 년 전의 지층에 석기를 파묻어 놓고 우연히 발견한 것처럼 행세했다. 20년에 걸친 그의 사기극이 드러나고 말았다. 그의 고백과 재조사를 통해 무려 200여 개의 유물이 조작됐음이 밝혀졌다. 왜 그랬을까? 설마 한국에 대한 열등감에서 비롯된 일인가. 그렇다. 하필 한국에서 구석기 유물이 발견됐는데 일본 학계에서 '한국에도 수십만 년 전 구석기 유물이 있는데 일본에도 없을 리가 없다.'라며 경쟁적인 분위기가 팽배해졌다. 이에 유물을 조작하기 쉬운 환경에 놓여 있었던 후지무라가 대국민 사기극을 벌인 것이다.

일본인에게 열등감을 준 사건은 1978년으로 거슬러 올라간다. 주한 미 공군 기상예보 부대에 근무하는 그렉 보웬이 연인 이상미 씨와 함께 1978년 경기도 연천군 전곡리 한탄강변 유원지에서 코펠에 커피를 끓이기 위해 주변의 돌을 줍는 과정에서 시작된다. 애리조나대학교 고고학과 학생이었던 보웬은 심상치 않은 모양의 돌을 여러 개 찾았고 이것을 프랑스의 고고학 권위자에게 소포로 부쳤다. 그리고 프랑스 교수는 서울대학교 고고학과 김원룡 교수에게 유물을 보내 조사를 요청했다. 이렇게 밝혀진 것이 바로 '전곡리 주먹도끼'로 30만 년 전의 구석기 유적으로 확인됐다. 이후 서울대학교 박물관은 전곡리 일대 4,500여 점의 유물을 발견하여 한반도 고고학에 큰 업적을 남기게 된다.

이 발견은 구석기 문화가 인도를 경계로 '아슐리안 주먹도끼'를 사용한 유럽 지역과 단순한 형태인 찍개를 사용한 동아시아 지역으로 나뉜다는 미국 고고학자 모비우스 교수의 구석기 이원론을 뒤집는 결정적인 증거가 됐다. 유럽인들은 아슐리안 주먹도끼에 대해 자부심이 컸던 모양이다. 주먹도끼는 나무를 다듬고, 짐승의 가죽을 벗기고, 고기를 발라내고, 뼈를 부수는 데 썼다. 말하자면 맥가이버 칼과 같이 구석기 시대의 '만능도구'로 사용하던 석기이다. 프랑스의 생타슐St. Acheul 유적에서 다량의 석기가 확인되면서 붙여진 이름이다. 그런데 별것도 아닌 주먹도끼를 구석기 시대의 대표적인 유물로 정한 것은 고고학계의 실수였다. 이 발견으로 모비우스 교수의 학설은 바로 폐기됐다. 놀랄 일은 따로 있었다. 한국에서 중요한 유물이 나왔으니 일본 고고학자들도 일본 열도에서 열심히 발굴하기 시작했다. 당연히 성과도 있었는데 후지무라가 1981년 4만 년 전 구석기를 발견한 것이다. 당시까지 일본 최초의 인류가 출현한 시기는 3만 년 전이었기에 실로 획기적인 성과였다.

이후 후지무라는 1990년대 말까지 100여 곳에서 오래된 유물들을 속속들이 발굴해 내어 일본 구석기 시대의 연대를 계속 앞당겼다. 드디어 70만 년 전 구석기를 발굴하여 일본의 구석기 역사를 동아시

아에서 가장 오래되고 압도적인 위상을 가진 곳으로 만들었다. 일본 교과서에 그의 발굴 결과와 업적이 실렸다. 그 무렵 그는 위대한 인물로 평가받았고 신의 손神の手이라는 별명이 붙었다.

극우단체가 쓴 역사책에는 이집트, 메소포타미아 문명보다 앞선 문명이 일본에 존재했다고 주장했고 일본은 4대 문명 중 하나라고 자랑했다. 중국 문명보다 훨씬 앞선 문명이 일본에 존재했다고 주장했다.

오늘날 북한에서 단군의 뼈를 발견했다고 단군능을 거대하게 짓고, 세계 5대 문명에 평양 문명을 끼워 넣고 교육하는 것과 똑같은 코미디가 선진국 일본에서 발생했다. 그런데 그의 유물 발굴은 모두 속임수였다. 그의 수법은 '심고 캐기'였던 것이다. 미리 준비한 가짜 유물을 유적지로서 그럴듯한 곳에 묻어두었다. 며칠 지나서 가짜 유물을 묻은 곳에 찾아가서 우연히 발굴한 것처럼 쇼하면서 캐는 것이다.

마이니치 촬영팀이 2000년 10월 22일에 몰래카메라를 설치해 '심고 캐는' 장면을 촬영하는 데 성공하기 바로 한 달 전까지도 쇼는 계속됐다. '80만 년 전 유물을 발굴했다고 발표하면서 자신의 발견을 10만 년 더 끌어올린' 것이다. 그런데 극우 교과서에서 대대적으로 '위대한 발견'이 실리기도 전에 그만 걸리고 말았다. 조사 결과 1970년대 이후 그가 관여한 유적 180곳 중 62곳에서 조작 흔적이 발견됐다. 나머지도 흔적만 없을 뿐이지 진짜라는 증거가 없었다. 모든 교과서에서 후지무라 관련 내용이 삭제됐다.

「마이니치 신문」이 진실을 밝히지 않았다면 어떻게 됐을까. 아마 인류의 원조가 일본에서 발견됐을 것이다. 자정 능력이 있고 학문 세계의 엄격함을 유지한다면서 누군가는 구석기 유물마저 조작하는 희한한 나라다. 영국만 해도 자신들이 로마제국의 정신을 이어

받았다고 주장하지, 로마제국보다 더 오래됐다고 역사를 조작하지는 않는다.

심지어 로마는 "지성에서는 그리스인보다 못하고, 체력에서는 켈트족이나 게르만족보다 못하고, 기술력에서는 에트루리아인보다 못하고, 경제력에서는 카르타고인보다 못했지만"[272] 법과 제도를 통해 부강한 제국을 만들었다. 로마가 지성, 기술력, 경제력 모두 자신들이 우월하다고 주장하는 그런 어리석은 일에 낭비한 적이 없다. 그런데 일본은 고대와 중세부터 한국에 비해 우월했다고 역사를 조작하는 데 에너지를 쏟는다. 지금 더 나은 문명을 만들면 됐지, 지난 고대와 중세에 한국보다 뒤졌으면 또 어떤가.

지난 150년 동안 일본은 한국보다 더 높은 위상을 가졌던 나라였음을 누구도 부정하지 못할 것이다. 『조선왕조실록』 중에는 선조·현종·숙종·경종실록은 두 종이 존재한다. 기존 실록을 수정하면서 이전 실록을 그대로 둔 탓이다. 쉽게 말해 실록의 수정은 '역사 고치기'인데 이전 실록에 쓰여 있는 흉허물을 감추고 없애자는 유혹을 이겨내고 역사에 대한 평가를 후대에 맡겼다. 이에 대해 오항녕 전주대학교 교수는 조선은 '스스로 객관화할 수 있는 자존심'을 가진 문명의 나라임을 강조했다. 이렇게 역사적 사실을 남기려 노력한 나라는 조선밖에 없었다. 한국은 자신들의 부끄러운 역사조차 고치지 않는다. 그런데 일본은 자신들과 관련 없는 한국의 역사마저 왜곡하려 한다.

근대사에서 한국은 일본에 대한 열등감이 크다. 하지만 일본은 한국에 대해 뿌리부터 열등감이 더 깊다는 사실을 깨달았다. 그런데 어떻게 이런 사고방식을 가진 나라가 근대화에 성공해서 한국을 식민지로 삼았을까? 처음부터 일본의 근대사를 다시 훑어야 했다. 역사의 해석이 같을 필요는 없으니까.

## 고대 유물을 성형하는 나라

배꼽을 잡고 웃은 책이 있다. 영국과 프랑스의 대학에서 강의도 하고 수상 이력도 많은 영국 출신의 작가 스튜어트 로스가 쓴 책이다.

"604년에 만들어진 (쇼토쿠 태자) 일본의 17조 헌법은 도덕적인 원칙을 중심으로 기술한 최초의 문서이기 때문에 잉글랜드공화국의 『통치장전』(1653년)보다 완전하고 상세한 최초의 성문헌법이라 할 수 있다."[273]

저자가 고대 일본을 선진문명으로 묘사한 것은 일본의 부유한 현재 모습을 그대로 고대에까지 왜곡하고 투사한 결과다. 하지만 이 설명은 완전 엉터리다. 사실 동아시아의 지식인이 아니더라도 웬만한 사람이라면 18세기 이전에 일본이 원전인 경우는 하나도 없다는 사실을 안다. 근대 이전의 일본은 '모방과 복제'가 대세였던 자신들의 역사에서 한반도 도래인의 흔적을 지우고 독보적 문화로 대접받고자 부단히 몸부림쳤다. 그 몸부림은 왜곡도 서슴지 않았다.

일본 교토의 광륭사 목조미륵보살반가상은 현재 일본 국보 제1호로 지정되어 있다. 우리나라 국보 제83호 금동미륵보살반가사유상이라는 우리나라 삼국시대 불상의 양식과 유사해 한국에서 제작되어 일본으로 전래한 것으로 추정한다. 그런데 외교관 출신이면서 문화예술 분야의 전문가인 김경임은 저서 『문화유산으로 일본을 말한다』에서 국보급 불상의 얼굴마저 국가의 의도대로 뜯어고치는 일본의 문화정책을 지적했다. 일본 당국의 수리를 거치면서 한국적인 얼굴과 체형이 사라지고 일본풍으로 변해 '성형 의혹'을 받고 있다는 것이다. 한국이 성형 왕국인 줄 알았는데 일본은 유물도 성형한다.

일본의 역사 왜곡은 이미 유명하지만 문화유산조차 그 진정성 authenticity에 심각한 의문이 들 정도다. 일본은 스스로 '순수하고 정직한' 민족이라 자칭하고 지식인 사회가 살아 있다고 말하지만, 유독 한국과 관련해서는 역사 서술은 물론 문화재마저 국가의 의도대로 뜯어고쳐 훼손해도 모른 척한다. 참으로 '순수하고 노골적으로 정직한' 민족이다. 일본인의 입장에는 '한국은 영원히 일본 아래인 꼬붕 국가!'라야 기분이 뿌듯해지고 감격이 벅차오르는 모양이다. 가히 불치병 수준이다.

성문헌법도 마찬가지다. 쇼토쿠 태자보다 250여 년 전인 고구려 소수림왕 때(373년), 그리고 고구려보다 100년 전에 중국 한나라 때 율령을 만들었다. 그런데 일본이 세계 최초의 성문헌법이란다. 이런 어이없는 주장을 하는 책도 버젓이 한국에서 번역 출간된다.

일본이 얼마나 많은 자료를 영문으로 번역해서 '일본은 한국이나 중국과 다른 독자적이면서 우월한 문명이다. 우리가 가장 먼저 법과 제도를 만들었다.'라는 주장을 한 것일까? 실제 서구의 책 중에는 일본을 '고대 5대 문명의 하나로서 독자적인 문명'이라고 기술하며 지도까지 그려놓은 것을 본 적도 있다.

일본이 독자적인 문명이라고? 그런데 일본으로부터 한반도로 건너온 것은 근대 시기를 제외하면 임진왜란 때 고추와 담배뿐이다. 그럼 고추의 원산지가 일본인가. 중남미다. 일본을 연구하는 학자들도 마찬가지 문제에 봉착할 것이다. 일본 도자기를 연구하다 보면 조선 도공에 이르고, 일본의 문자를 보면 중국의 표의문자가 나타나고, 일본 불교를 추적하다 보면 당나라와 백제가 나온다. 도대체 일본 고유의 문명은 어디에 있단 말인가?

"주지하는 바와 같이 국학國學은 불교 및 유교의 압도적 영향에 대한 반발로서 일어난 것이다. 일본문화의 잡종적 성격은 이제야 시작된 것이 아니다. 일찍이 아스카 시대부터 에도 시대까지, 메이지 이후보다도 이전에 더욱 철저한 형태로 존재한 것이다. (…중략…) 국학자가 설명하는 일본적인 것은 압도적인 외국의 영향하에 발달한 문화 중에서 비교적 그 영향이 적은 것을 추려 정리함으로써 만들어낸 개념적 산물이다."[274]

과거의 역사를 조작하는 것은 참을 수 없는 열등감의 발로에서 비롯된다. 19세기 이후 근대화된 일본은 동아시아에 미친 영향이 대단했으나, 그 이전 역사의 대부분은 사실상 동아시아에서도 변방이었다. 전 세계 어느 나라의 지식인이든 우익 일본인을 제외하고는 그건 상식적인 이야기다. 근대 이전의 기술, 과학, 문화, 정치의 거의 모든 방면에서 세계 정상급이었던 중국마저도 이제는 노골적으로 역사를 왜곡한다. 중국은 현재 국경선을 중심으로 역사를 재창조한다. 중국의 역사는 수타면처럼 늘어난다. 왜곡도 이런 왜곡이 없다.

중국 동북쪽 지역의 역사를 자국사로 편입하는 동북공정이 중국사의 공간적 확장이라면, 한자의 '대문구 도문 기원설'은 한자의 역사를 기원전 3,000년 전으로 끌어올리고 있다. 황하 하류의 신석기 시대 대문구 유적에서 발견된 독에 새겨진 도상, 도문陶文이 한자의 기원이라는 주장이다. 기원전 1,500년 전 갑골문으로는 성이 차지 않아서일까. 부끄러움은 누구의 몫일까. 부끄러움은 학습할 수 없는가.

윤동주도 조선족이니 중국 역사의 일부란다. 중국에서 제일 큰 규모의 인터넷 회사인 바이두에도 그렇게 올라와 있기 때문이란다. 윤동주가 중국사에 포함되는 게 대체 무슨 의미가 있을까? 중국인들은 「서시」의 '하늘을 우러러 한 점 부끄러움이 없기를'을 정말로 외울 수 있을까? 중국의 야심은 결코 성공하지 못할 것이다.[275] 참으로 못났다.

중국 요리는 일상적으로 즐겨 먹는 면요리만 1,200종에 달하고 중국 4대 요리는 베이징, 상하이, 쓰촨, 광둥 등 지역별 분류만 해도

5,000종이라 할 정도로 어마어마한 규모를 자랑한다. 다른 나라와 비교가 되지 않을 정도로 압도적이다. 수천수만의 다채로운 음식의 원조인 중국이 그것만 자랑해도 날이 샐 정도인데 한국의 '김치'마저 중국이 원조라고 우긴다.[276]

중국은 중국인으로서 자랑스러울 게 너무 많다. 세계적으로 잘 알려진 중국의 4대 발명품은 종이(후한, 105년)를 포함해 송의 3대 발명품(화약, 나침반, 목판인쇄술)이다. 여기에 비단, 도자기, 차, 최초의 지폐, 한자 등 한국인인 나마저 줄줄 꿸 정도다. 그런데 왜 김치까지? 오늘날 중국인은 자신들의 빛나는 재능을 쏟아부어 고작 한국을 납작하게 만드는 게 목적인가. 못나다 못해 가히 병적인 수준이다. 마치 '99마리 양을 가진 사람이 다른 사람의 한 마리 양을 빼앗는' 모습이다.

동아시아는 출세하고 나면 족보를 바꾸는 문화가 너무 심하다. 지금 잘났으면 되는데 꼭 조상까지 거슬러 올라가 과거까지 윤색해야 만족하는 문명권이다. 한참을 허탈하게 웃다가 이내 서글퍼졌다. 서양 학자들은 이런 3국을 한심하게 바라본다.

"동북아시아 국가들은 유럽연합의 특징인 합동 의사결정은 고사하고 정치적으로 전략적으로 문화적으로 그들 나름의 나프타NAFTA를 결성하는 것이 필요한 정도로 서로 신뢰할 역량도 없다."[277]

"대부분 아시아 국가들은 서로에 대해 품은 혐오감까지 더하면, 아시아 지역을 빈곤과 전쟁에서 구해낸 경제 모델 자체가 함몰될 지경에 처했다. 이 가운데 얌전히 몰락하지 않고 발버둥이라도 쳐볼 나라가 있을지 유일한 관건이다."[278]

좀 살 만하면 과거를 고치는 동아시아 국가들, 서로에 대해 품은 혐오감까지 더해 동아시아에서 함께 번영할 모델의 토대가 함몰되고 있다. 태가트 머피 전 쓰쿠바대학교 교수는 일본이 청일전쟁 승리 이후 아시아 국가에 대한 멸시가 심해져 거의 '병적인 수준에 달할' 정도라고 지적한다.

"일본어 문자에까지 끈질기게 남아 있는 과거 중국이라는 기준은 상황을 더 복잡하게 만들었다. 이러한 현실에 대한 일본의 집단적 반응은 자신의 뿌리를 어떻게든 감추고 싶어 하는 이민자나 벼락부자를 떠오르게 한다. 메이지 시대가 지속되고 국가 지도자들의 야망이 점점 결실을 보면서, 나머지 아시아 국가들에 대한 멸시는 더 심해져 1895년 청일전쟁 승리 이후 병적인 수준에 달한다."[279]

한국인은 참으로 피곤한 이웃들에 둘러싸여 살아가고 있다. 게다가 그들은 우리와 비교해도 만만치 않을 정도로 우수하다. 문제의 뿌리에는 3국이 모두 우수한 민족인 데다 자부심이 강한 나름의 문화와 빛나는 역사가 있기 때문이다. 한반도가 아프리카나 중남미 아메리카의 어느 지역에 속해 있다고 가정해보라. 가장 영향력이 큰 나라일 것이다. 한마디로 한·중·일의 동북아시아는 영·프·독의 서유럽과 함께 세계에서 가장 치열한 '죽음의 조'에 속해 있는 지역이라 할 수 있다.

이처럼 우리는 세계 2위와 3위인 막강하지만 '날카롭게 벼려 뾰족한' 혹은 '어둡고 칙칙한' 이웃들과 천년만년 함께 살아가야 한다. 이사 갈 수 있는 처지도 못 되거니와 이웃과 단절한 채 지낼 수도 없다. 그러면 이런 난감한 이웃들을 어떻게 대해야 할까? 우선 냉정하게 현실을 직시해야 한다. 청나라 외교관 황준헌은 저서『조선책략』에서 구한말의 조선이 국제 정보에 어두워 열강의 틈바구니에서 표류하는 딱한 신세를 보고 '지붕에 불난 줄도 모르고 처마 밑에서 재잘거리는 참새와 제비 같다.'라고 꼬집었다.

정확한 정보와 합리적 판단에 기초하지 않고 단순히 '내가 잘해주면 상대방도 잘해줄 것'이라는 막연한 '희망적 사고wishful think-

$_{ing}$'로 중국과 일본에 접근했다간 큰코다친다. 정말 난감한 이웃들이다. 우리가 지혜를 모아 잘 헤쳐 나가느냐, 그렇지 않으냐에 따라 운명이 결정될 것이다.

# 3
# 기록문화유산으로 본 일본의 열등감과 혐한의 뿌리

**빈약한 일본의 기록문화유산**

일본의 '세계유산' 등재 현황을 보면 일본의 전략이 드러난다. 군함도, 사도광산 등 근대 산업 유산에 집중돼 있다. 일본의 역사성이 한국과 중국에 비해 불리한 것을 극복하기 위한 전략적 선택이다. 고고학이나 역사를 따져보면 일본은 한국과 중국을 이길 수 없다. 일본이 내세울 게 있다면 아시아에서 가장 먼저 산업화된 나라라는 것이다. 일본의 독특한 건축물과 자연경관 등 25개가 세계유산으로 등재되어 있다. 한국의 15개(2021년 기준)에 비해 많다. (2021년 기준 이탈리아가 58개로 최다. 일본 25개, 한국 15개)

이에 반해 기록 유산은 매우 빈약하다. 2010년도까지 일본에는 세계 기록 유산이 없었다. 2022년 기준 일본은 7건(2023년 추가 1건 등재) 등재되어 있다. 이 중에는 스페인, 한국과 공동 등재 2건이 포함되어 있다. 일본의 기록 유산의 최초 등재는 2011년 야마모토 사쿠베이(1892~1984) 컬렉션 697점이다. 그는 50년 가까이 탄광 노동을 하면서 세세한 그림과 함께 광부들의 일상을 치밀하게 기록한 것이다. 나머지는 다음과 같다.

- 게이초켄오시세쓰慶長遣欧使節는 1613년 일본 센다이仙台 번주가 스페인에 파견한 일본 사절단의 기록물 일체다. (스페인과 공동 등재했으며, 대항해시대 교류 역사를 보여준다.)
- 998년부터 1021년 사이 기록인 『미도칸파쿠키御堂関白記』. 후지와라노 미치나가의 원본 일기
- 일본 진언종의 총본사인 도지의 수장고에 소장되어 있던 고문서 컬렉션東寺百合文書. 나라 시대에서 에도 시대까지 1,000년간 교토 도지에 모아놓은 고문서
- 패전한 뒤 시베리아 등에 억류됐던 일본인의 귀환에 관한 기록물 컬렉션
- 고대 고즈케 구니의 귀중한 석비(7~8세기 사이 군마현에 위치). 한자를 일본어 문법에 따라 쓴 것으로 일본의 외곽 지역까지 중국식 정치 제도와 불교가 도입됐음을 보여주고 있다.
- 조선통신사에 관한 기록(한·일 문화 교류의 역사를 보여준다. 한·일 공동 등재)

이상하지 않은가. 일본이 문명국이니 어쩌니 하면서 한국에 식민사관을 만들어서 조롱했다. 그런데 정작 일본에는 도대체 어떤 문명이 있었나? (한국은 근대문명에 대해 일본 콤플렉스가 있다. 물론 원본은 서구 문명이니 한국은 '카피의 카피'를 한 셈이다.)

기록 유산을 보면 개인의 기록물 2건(광부 컬렉션, 후지와라노 미치나가 친필 일기), 한국과 스페인 공동 등재 2건, 시베리아 등 억류된 일본인 귀환 기록물을 빼고 나면 중국식 제도와 불교가 도입된 것

을 증명하는 고대 석비와 교토의 사찰東寺에 모아둔 고문서가 전부다. 이 정도로 빈약한 기록을 갖고 일본의 고유 문명을 주장할 수 있는가. 일본 문명은 그들이 싫어하는 국가인 중국과 다른 고유 문명이기는커녕 중국의 제도와 불교의 짙은 영향권에 있음을 보여준다. 극단적으로 말해 일본의 고유 문명을 증명하는 것은 탄광 기록물이라는 근대 산업문명 단 한 건뿐이다.

한국의 기록 유산 16건(2023년 추가 2건 등재)과 비교해 보면 그 차이가 선명히 드러난다. 『훈민정음 해례본』『조선왕조실록』『승정원일기』『불초직지심체요절 하권』(최초의 금속활자로 찍은 서적)『고려대장경판 및 제경판』(팔만대장경)『조선왕조 의궤』『동의보감』『일성록』『난중일기』『유교책판』『조선왕실 어보와 어책』, 국채보상운동, 조선통신사(일본 공동 등재) 5·18 민주화 운동, 새마을운동 기록물, 이산가족 찾기.

참고로 중국은 13건(2023년 추가 2건 등재)인데 이유가 있다. 수많은 세계적인 기록물이 국공내전으로 인해 송·원대의 고서 수백 종은 물론 청대 공문서 38만 건이 바다를 건너 대만의 고궁박물원 수장고에서 잠자고 있는 탓이다. 핵심은 대부분 대만으로 넘어갔고, 대륙에 남은 것은 쭉정이거나 옮길 수 없는 건축물과 불상들이다. 그나마 남아 있는 것도 문화대혁명으로 스스로 파괴하고 불태웠다.

중국을 볼 때 황융핑(1954~2019) 화가의 「중국회화사와 서양예술약사를 세탁기에 2분간 돌리다」(1987년)라는 작품을 떠올리게 한다. 이 작품은 제목에서 설명한 그대로 두 권의 책을 세탁기에 넣고 2분간 돌린 것이다. 두 권의 책은 왕보닌이 쓴『중국회화사』와 허버트 리드가 쓴 『서양미술사』 번역서로 명실공히 중국과 서양의 미술사를 대표하는 책들을 세탁기에 집어넣고 돌린 다음 모두 휴지조각으로 만들어버린 거다. 정하윤 미술평론가에 따르면 "황당하기 이를 데 없는 작품인데, 더 당황스러운 것은 이 작업이 2017년 국제예술품감정위원회ICEWA가 발표한 '세계에서 가장 비싼 현·당대 예술작품 10점'에 선정되기도 했다."²⁸⁰라는 사실이다.

세탁기에 들어갔다가 나온 종이 쪼가리들인데 이토록 비싸단 말인가. 여기에는 이유가 있다. "마오쩌둥 어록 외에는 어떤 것도 자유로이 읽을 수 없었던 시대를 벗어난 1980년대에 '기존의 미술을 부정'하면서 '혁명의 신호탄을 강렬하게 쏘아올린' 것을 상징하는 대표적인 작품이었기 때문이다. 이 작품은 휴지 조각이 아니라 중국 고유의 전통과 서양미술을 모두 흡수하여 새롭게 다시 시작하겠다는 강력한 의지를 표명한 것이다. 이와 동시에 나에게 이 작품의 이미지는 내전과 문화대혁명으로 자신의 빛나는 문화를 세탁기에 돌려 흐물흐물 찢어진 종잇조각으로 만들어버린 중국을 떠오르게 했다. 안타까운 일이다. 일본의 정사는 『고사기』(712년)와 『일본서기』(720년)밖에 없다. 종교학자 우노 엔쿠는 강연집 『민족정신의 종교적 측면』에서 일본정신론의 혼란을 비판했다.

"국수주의자들은 금방 삼종의 신기(황위의 상징인 거울, 옥, 검)와 일본 정신을 연결시키지만 『고사기』와 『일본서기』 등은 역사적 사료로는 뜻밖에 빈약하다. 고대로부터 존속되어 왔다고 하는 조상숭배도 유교나 불교의 영향이며, 일본인만이 신의 후예라 하는 좁은 소견은 불교의 세계의식으로 파괴되고 (…하략…)"²⁸¹

그의 주장은 '애국심이 일본의 전매특허라는 자기도취에 빠지지 말고 타민족에게도 민족정신이 있다는 것을 생각해야 한다.'라는 것이다. 역사적 사료로 빈약한 『고사기』 등을 내세우는 것은 시대에 뒤떨어졌다고 할 수밖에 없다. 무사들이 다스리던 사회라 왕조의 힘이 미약해 역사를 편찬할 명분과 의지가 아주 미약했다. 그래서 많은 돈, 시간, 그리고 인재를 투입하여 역사를 작성할 수 없었다. 결국 중세문명의 정점에도 이르지 못한 문명이라 볼 수 있다. 이런 일본이 조선을 점령하고 나서 『조선왕조실록』이라는 방대한 기록에 깜짝 놀랐다. 자료가 풍부하니 이를 바탕으로 일본 입맛에 맞게 가공하여 식민사관과 정체론을 만들어낼 수 있었다.

이건 『조선왕조실록』이 가진 장점 때문이다. 실록은 좋은 면, 자랑할 만한 것을 골라 기록한 것이 아니라 수치와 부끄러움도 있는 그대로 기술한 최상급 문명의 기록물이다. 앞에서도 언급했지만 「선조실록」 같은 경우는 실록을 수정하면서 이전 실록을 그대로 두었다. 그래서 「선조실록」과 「선조수정실록」이 있는 것이다. 흉허물을 감추고 지우고 싶은 욕망인들 왜 없었겠는가. 그러나 조선은 둘 다 그대로 남겼다. 오항녕 전주대학교 교수는 『조선왕조실록』의 가치를 뚜렷하게 부각한다.

"역사학의 핵심은 해석이 아니라 사실에 있다고 생각한다. 역사학에서 해석이 없어도 사실은 남지만, 사실이 없으면 해석은 애당초 가능하지 않기 때문이다. (…중략…) 역사 앞에서 스스로 객관화할 수 있는 자존심. 이러한 태도는 '역사는 승자의 것'이라는 냉소를 넘어설 수 있게 한다."[282]

오 교수는 역사는 해석이 아니라 사실의 기록이라고, 잘난 것이나 자랑하고 싶은 것만 기록하는 게 아니라 못난 것도 있는 그대로 기록하는 게 진짜 역사서라고 말한다. 이것이 온전히 작동된 나라는 동아시아에서 오로지 조선뿐이었다. 반면 일본은 공식적인 1차 사료 자체가 빈약해 제대로 된 역사를 기술할 수가 없었다. 그래서 일본의 세계 기록 유산에는 일본 왕조의 공식적인 기록물 자체가 없는 것이다. 이제 다른 시각에서 보자. 고대 백제의 유민이 썼다고 추정되는 『고사기』와 『일본서기』를 제외하면 일본은 메이지 유신 전까지 공식적인 역사서가 없었다.

이런 일본이 조선을 점령한 후 조선의 역사를 비웃었다. 쉽게 말해 '아무것도 없는nothing' 일본이 '뭔가 있는something' 조선을 비웃는다? 이는 거꾸로 생각해 봐야 한다. 두 가지 면에서 놀랐을 것으로 추정된다. 분명히 조선은 생명이 다해가는 왕조이고 위생과 생활습관이 엉망인 후진국으로 보였다. 그런데 막상 한 꺼풀 벗겨보니 그것이 아니었다.

방대한 기록은 물론이고 왕에게 '아니요'라고 말할 수 있는 사회였다. 조선이 만만치 않은 나라임을 깨달은 것이다. 임란 때 선조는 의주로 도망갔는데 백성이 자발적으로 의병을 조직하여 나라를 위해 싸웠다. 노량해전으로 고니시 유키나가를 구원하러 온 사쓰마 번주인 시마즈 요시히로는 임란 시절의 경험을 잊을 수 없었다. 사쓰마는 메이지 유신의 주도세력이었는데 임란 중 가장 피해를 입은 번 중 하나다. 그들은 조선이 단결력이 강한 나라로 백성이 가장 무서운 존재라는 사실을 깊이 깨달았다.

사실 조선의 엘리트층은 스스로 친일하니 다스리기가 쉬웠다. 그러나 쉽사리 마음을 열지 않는 조선 백성을 다스리기란 쉽지 않았다. 분명 무식하고 무지렁이들인데 말이다. 모든 국민은 그 수준에 맞는 정부를 갖는다고 한다. 그런데 그렇게 심지가 굳은 조선 백성이 그토록 어리석은 조선 왕조에 충성을 바치는 것을 이해하지 못했다. 일본은 이 점을 잊고 있다가 3·1운동이 일어나자 번개 맞은 것처럼 정신이 번쩍 들었다. 그들은 그동안 멈췄던 조선사 자체를 왜곡하는 작업에 착수했다. 3류나 하는 짓을 버젓이 감행한 것이다. 그래서 일본은 도덕적으로도 심미적으로도 추한 것이다.

## 왜 집요하게 식민사관을 만들었나?

동아일보가 지난 100년 동안의 기사를 되돌아보는 「동아플래시

100」 중에는 '조선사편수회朝鮮史編修會'에 대한 기사[283]가 있다. 이 기사를 요약하면 다음과 같다.

- 3·1운동으로 인해 일제는 단순한 역사 조작을 통해 조선을 일본에 동화시키기에는 한민족의 뿌리가 튼튼하다는 사실을 깨닫고 민족혼을 뺀 빈 껍질의 역사로 꾸미기 위해 『조선사朝鮮史』 편찬을 서둘렀다.
- 역사 서술에서 사료史料 수집으로 전환하며 1923년 조선사편찬위원회를 출범시켰고 1925년에는 조선사편수회로 조직을 확대했다.
- 조선사편수회를 지휘했던 구로이타 가쓰미黑板勝美[284]는 고문서학의 권위자로 도쿄제국대학 교수이자 일본에서 역사 편찬 사업에 오랫동안 종사했던 인물이다.
- 1938년 35권(총목록, 색인 포함 37권)의 책으로 마무리됐다. 그러나 해방 후 한국의 역사 연구도 이 『조선사』의 그늘에서 쉽게 벗어나지 못했다. 1980년대 초까지만 해도 일본 연구자들은 『조선사』를 밑그림으로 해서 『조선왕조실록』을 읽었다고 한다.

식민주의 역사학을 지탱하는 공적인 두 기둥은 조선사편수회와 경성제국대학교였다. 여기 모두에서 근무했던 이마니시 류는 한국 역사에 좋지 않은 영향을 끼쳤다. 우선 일본의 우위성을 입증하고 한국인의 민족의식을 말살할 목적으로 발족된 조선사편수회의 목적대로 일제의 식민 지배를 합리화했다. 한국사를 왜곡하여 타율적이고 정체된 사대주의적인 역사로 규정한 것이다.

"너희는 스스로 아무것도 할 수 없는 존재로서 모래알처럼 단합도 못하는 이등 민족이다."

일본은 한국의 땅을 빼앗고 한국의 조상, 역사, 기억과 경험을 없애려고 획책했다.

"일제 식민지 교육정책은 우리의 글과 역사를 잊게 하고 조상을 잊게 하면서 그 대신 일본어와 일본사를 우리의 글과 역사로, 일본의 조상을 우리의 조상으로 만들려고 하였다. 일제가 지향한 한국인 교육정책의 본질과 책략은 세 가지다. 첫째, 한국인이 자기 나라의 사정, 역사, 전통을 알지 못하게 봉쇄하여 민족혼, 민족문화를 상실케 한다. 둘째, 선조들의 무위, 무능, 악행을 들춰내 과장하여 청소년들이 선조와 나라를 경멸하게 만드는 감정을 일으키게 함으로써 자아혐오증을 유발한다. 셋째, 일본의 사적, 문화와 인물을 소개, 주입하여 이를 동경케 함으로써 반(半)일본인으로 만든다는 것 등이었다."[285]

일본은 왜 이런 짓을 한 것일까? 조선에 대한 애정이 전무한 자들이 일본의 우월성을 증명하기 위해 식민사관을 만들겠다고 시작한 날로부터 책을 발행할 때까지 15년이 넘게 집요하게 연구하고 왜곡했다. 그럴 이유가 있나? 그들 말에 의하면 조선은 이미 망해 생명력을 잃었고 조선인은 이등 시민이었다. 로마가 정복한 나라들인 그리스, 이집트의 역사를 조작해 '너희는 이류다. 원래 우리가 더 우월한 역사를 가지고 있다.'라고 하던가. 이렇게는 안 한다. 일찍이 대영제국이 이런 짓을 했다는 말을 들은 적이 없다.

한국인의 정신의 뿌리마저 고사시키려는 일본의 전략은 한국사 최대 위기였다. 그런데 일본은 무엇 때문에 조선의 잠재력을 극도로 경계한 것일까? 다 베어진 조선 문명의 그루터기에서 무엇이 다시 돋아날까 봐 두려웠을까? 우리 자신도 미처 인지하지 못한 무엇이 있다는 뜻일 것이다. 한국인에게는 자신들이 갖고 있는 본연의 장점과 연결되면 폭발하는 힘이 있다는 것을 알아챈 것일까.

여기서부터는 나의 추상적 영역이다. 조선은 집요한 기록문화, 첨단 기술의 총아인 도자기, 금속활자, 이순신의 거북선, 그리고 의병이 있다. 특히 의병은 일본인이 이해하기 힘들었다. 왕과 집권층이 망친 나라를 백성이 왜 목숨을 걸고 대신 싸우는가. 조선인의 이 무서운 장점을 제거하지 않으면 언젠가 화근이 될 것이라고 예감한 것이다. 사실도 아닌 식민사관을 붙들고 길게 논증하고 싶지는 않다. 다만 식민사관을 극복하기 위해 한국 역사학자들이 한 세대에 걸쳐 노력했다는 점은 짚고 넘어가자. 그런데 식민사관이 100% 극복됐느냐고? 인간사에 100%는 없다. 최근의 연구 결과물을 보지 않는 친일적 엘리트들은 아직도 많이 남아 있다. 무엇보다 일본인은 우리의 최근 연구물들을 보지 않는다. 일본은 한국인만 가스라이팅한 게 아니다. 자기 국민들도 '셀프 가스라이팅'을 했다.

정리하자면, 일본에 식민사관을 믿는 사람은 엄청 많고 한국에도 정치인과 언론인 등 기득권 세력과 일부 엘리트층에도 여전히 존재하고 있다. 다만 열등감이라는 관점에서 바라보면 식민사관의 본질이 잘 보인다. 일본이 한국을 집어삼킨 후 맨 먼저 착수한 사업이 한국인의 무능과 당파성을 강조하는 일이었다. 한국인은 '개개인은 똑똑한데 모아놓으면 모래알처럼 흩어져서 발전이 없는 민족'이다. 과연 그런가? 그들의 주장은 거꾸로 읽으면 된다.

### 뿌리깊은 열등감이 낳은 혐한

오늘날 혐한은 더욱 기괴하다. 한국의 주요 신문과 방송사의 도쿄 특파원들은 10여 년이 넘도록 '혐한 신드롬'의 위험성을 경고하고 있다. 일본에서는 한국을 혐오하는 서적이 베스트셀러가 되고, 중대형 서점은 혐한 서적으로 한 코너를 채우고 있다. 한국은 반일을 할 뿐 혐일을 하지 않는다. 그런데 일본은 혐한을 한다. 국내외 주요 저서들도 일본에서 일어나는 혐한에 대해 서술하고 있다.

"서점 한 코너를 가득 채우고 있는 혐한 서적들, 거리에서 소리 높여 외치는 혐한 시위대, 공중파를 비롯한 방송과 언론에서 연일 이어지는 한국 때리기, 혐한은 부정할 수 없는 일본의 문화 현상이다."[286]

특파원들과 일본 내 한국인 교수들의 분석 기사를 몇 건만 살펴보자.

- "세계가 경멸하는 불쌍한 나라" "전 세계적으로 조롱받는 한국의 반일운동" 2014년 상반기 논픽션 부문에서 『매한론』(어리석은 한국론) 외에 『거짓말투성이의 일·한 근현대사』 『왜 반일, 한국에 미래가 없는가』가 10위권에 들었다. 2011년부터 올해(2014년)까지 도쿄에서 열린 혐한 시위는 400건에 육박한다. 이들은 '한국인을 비틀어서 죽여야 한다' '한국인은 바퀴벌레, 기생충에 불과하다' 등의 피켓을 들고 거리에 나온다. (허선영 특파원, 중앙일보, 2014. 11. 22.)
- 일본인의 외국에 대한 감정 중에서 반한反韓 감정이 가장 강하다. "조선인은 싫다, 중국인도 싫다, 한국과 중국은 지긋지긋하다."라는 본심을 표현해도 문제가 되지 않는다. "팔리기만 하면 어떤 내용이든 상관없다는 풍조가 만연"한 출판계의 불황도 한몫하고 있다.(이홍천 교수, 「주간조선」, 2017. 10. 15.)
- '일본인은 한·중과 절교할 각오를 해라' '한국인으로 태어나지 않아서 다행이다' 등의 주장을 하는 중국인과 한국인의 혐한 도서 내용은 '한국인에 대한 비난·폄하 → 유교와 속국주의 비난 → 한국과 결별'로 요약할 수 있다. '한국의 유교는 민족의 치욕 그 자체'다. (박상현, 연합뉴스, 2022. 2. 13.)

내용을 읽다 보면 일본이 선진 문명국이 맞나 싶을 정도로 눈으로 보고도 믿기지 않는다. 내부 원인으로는 일본의 언론 등 미디어의 조장이 문제이고, 외부 원인으로는 한국의 정치와 한·일 간 외교가 문제라고 한다. 하지만 그렇다 해서 레거시 신문, 방송, 출판계에서 어떻게 이런 글들이 버젓이 나올 수 있나? 박훈 서울대학교 교수는 이렇게 말한다.

"일본의 혐한 풍조가 점입가경이다. 혐한이 하나의 풍조가 된 지 오래지만, 한국 때리기가 (그야말로) '장사'가 되자 명색이 언론이라는 매체들까지 노골적으로 혐한 기사를 쏟아내고 있다."

미국 「뉴욕타임스」는 혐한 서적이 베스트셀러가 되는 일본의 상황을 비중 있게 다룬 적도 있다. '일본에서 베스트셀러가 된 혐한 Ugly Image of Asian Rivals Become Best Sellers in Japan'이라는 제목으로 2005년 11월 19일자 특집 기사를 냈다. 이 기사는 "지금의 한국이 이렇게 발전한 것은 모두 일본의 덕분이고 한국 문화는 프라이드를 가질 내용이 하나도 없다."라는 '혐한 만화'의 등장인물의 말을 인용했다.

혐오는 방향을 가리지 않는다. 이건 절망의 사회다. 어떤 절망인가? 앞에서 소개한 「뉴욕타임스」는 한국과 중국이 "국제 사회에서 경제적, 정치적으로 영향력이 강해지면서 일본인의 반감을 사고 이 현상이 혐한 출판 붐으로 이어진다."라고 분석했다. 혐한 역시 일본의 '뿌리 깊은 한국에 대한 열등감'의 표출이다. 실제 혐한 역사를 보면 그렇다.

"중국 정부도 일본과 마찬가지로 과거사의 악령에 쫓겨서 자신의 정당성에 대한 조그만 도전에도 과민한 반응을 보인다. (…중략…) 리버럴하고 상식적인 일본인조차 서양인이 일본을 중국이나 한국과 동일선상에 놓고 비교하기라도 하면 일본이 그 나라들과 얼마나

다른지 즉각 지적하려 든다."²⁸⁷

'혐한의 현황과 비판적 고찰'을 해온 재일학자인 이홍천 도쿄도시대학교 교수는 일본이 자신감을 잃어갈 때 즈음인 1992년부터 혐한이 나타나기 시작했다고 분석했다. 여기에 인터넷 발달로 혐한 의식을 가진 일본인이 인터넷을 통해서 연결되기 시작했고, 혐한류의 책들이 보수 성향의 독자에게 카타르시스를 제공한다는 것이다. 참으로 못났다. 지금은 4차 산업혁명, 인공지능 등 읽어야 할 책들이 좀 많은가. 하필 한국을 혐오하고 멸시하는 책들을 읽으며 카타르시스를 느끼다니. 이건 하급이다. 이런 우익들이 250만 명쯤 된다고 하니 소름끼치도록 무서운 사회이고 좀비 같은 나라라는 느낌이 스멀스멀 일어난다. 왜 그럴까? 일본인은 도대체 어떤 심성을 가진 것일까? 맹자의 말에 그 대답이 있다.

> 치우친 말을 통해서는 그가 숨기는 바를 알아내고,
> 과도한 언사를 통해서는 그가 아첨하는 바를 알아낸다.
> 사악한 말을 통해서는 그가 일탈하고 있는 바를 알아내고
> 감추려는 말을 통해서는 그가 곤궁해하는 바를 알아낸다. (『맹자』「공손추 상」)²⁸⁸

치우친 일본의 말 속에 숨기는 바가 있다. 사악한 혐한에는 일본이 일탈하는 바가 있다. 그걸 알아내야 한다. 우선 혐한의 근거가 되는 것 중에서 간략히 한 가지만 지적하고 나서 나도 살짝 비틀어 일본 문화의 열위성을 말하고자 한다. 그 열등감이 한국을 향해 혐오의 감정을 쏟아내기 때문이다. 메이지 유신 이후 신정부는 남녀혼탕과 여자들이 커다란 남근 상징을 들고 돌아다니는 축제 등은 서양인들 보기에 부끄럽다며 없애버렸다. 근대 이전의 낙후된 일본 문화

를 스스로 부끄럽게 생각했기 때문이다. 마치 한국이 88올림픽 때 청결과 위생을 강조하며 판잣집을 철거하거나 감춘 것과 같다.

"남녀혼탕은 금지됐고 남성 간의 동성애 등을 금지하는 법이 통과됐다. (…중략…) 여자들이 커다란 남근의 상징을 들고 돌아다니면 벌거벗은 젊은 남자들이 그 뒤를 쫓아다니던 농촌 신사의 전통 축제는 숨겨야 할 가문의 비밀 같은 취급을 받았다."[289]

그런 일본이 한국을 깔본다. 뭐 묻은 개가 뭐 묻은 개 나무라듯이 말이다. 그럼 일본은 언제 근대화됐는가? 1890년대에 근대화가 어느 정도 완성됐다. 다 아는 상식이다. 그런데 1899년 『무사도』를 쓰고 서구에 필명을 날리고 나중에 국제 연맹 사무차장까지 지낸 니토베 이나조는 "조선이 800년이나 뒤졌다."라고 주장했다. 이 주장을 하버드대학교와 독일의 역사학 분야에서 최고 권위를 가진 베크 출판사가 연합하여 쓴 세계적인 역사·문화사 책에서 처음 접했는데 800년이 80년의 오타인 줄 알았다.

"한국, 대만을 근대문명과 동등한 수준으로 끌어올리는 데 적합한 시간을 800년으로 잡았다."[290]

니토베는 1906년 조선을 방문하면서 쓴 『고사국枯死國 조선』에서 조선 멸시관을 노골적으로 드러냈다.

"나는 1,000년 전 신대(神代, 일본 고대)의 옛날로 돌아간 듯한 느낌을 받았다. (…중략…) 이 나라 국민들의 모습은 매우 온화하고 순하며 원시적인 듯하고, 그들은 20세기가 아닌, 아니 10세기 국민도 아닌, 1세기에 사는 국민인 듯하고, 유사전기有史前期에 속하는 국민인 듯하다. (…중략…) 민족적 생활의 기한은 다했고 국민적 생활은 과거의 것이다. 죽음이 이 반도를 지배하고 있다."

남을 비하하는 것에도 한계선은 존재한다. 조선의 낙후되거나 못난 면을 지적할 수는 있다 치자. 이건 너무 심하다. 그런데 정말 그럴까. 일본은 고작 30~40년 정도 앞서 근대화를 이루고 나서, 조선보고는 800년이나 뒤졌다고 멸시한다. 그런 오만은 결국 비극을 부른다. 제목 『고사국 조선』에서 고사국枯死國이란 말라 비틀어서 죽어가는 나라를 뜻한다. 조선이 쇠락해 가는 원인을 조선 민족의 퇴폐적 자질로 본 것이다. 왜곡된 주장도 가히 국제적이다.

세계적으로 알려진 니토베의 이런 주장은 서구뿐만 아니라 조선의 친일파 지식인들에게 깊은 영향을 끼쳤다. 1906년 국회의원이자 신문 논설위원인 아라카와 고로는 "조선인은 현대 생활에 요구되는 복잡한 과업들을 그들의 능력으로는 결코 감당할 수 없다."라고까지 했다.

"그들은 철도역에서 일할 수 있는 정신적 능력을 가지고 있지 못했다. 그들은 자신이 구멍을 뚫은 표의 숫자를 세는 일조차 하지 못했다. 대부분의 야만인들이 그렇듯이 그들은 계산을 정확히 하지 못한다. (…중략…) 위생이나 질병에 관해 엉성하다. 그들은 인간이라기보다는 짐승에 가깝다."[291]

이런 주장의 이면에는 조선인이 일본인의 지도를 받으면 된다는 뜻이 숨겨져 있다. 식민지 시절 이런 유의 주장들은 학교뿐만 아니라 일본 사회 전체에 널리 퍼졌다. 강제 합병된 조선인에 대한 차별과 멸시가 계속됐고 조센징이라는 말로 비하했다. 이런 분위기에서 (우리 역사를 바라보는 관점마저 왜곡된) 조선의 엘리트들은 감염되고 중독되어 스스로를 비하했다. 이광수가 1922년 『개벽』에 발표한 「민족개조론」은 니토베의 주장과 궤를 같이하는 것으로 '조선인은 민족성으로 보아 독립할 능력이 없다는 조선 독립 불능론에 근거를 둔 사상'이었다.

"조선과의 대조 속에서 문명으로서의 일본을 발견한, 거꾸로 일본과의 대조 속에서 야만으로서의 조선을 발견한 이광수로서는 일본은 문명과 근대 그 자체였다고 할 수 있고 (…중략…) 근대와 문명의 빛과 그림자를 모두 본 나쓰메 소세키나 루쉰과는 달리 이광수는 그것에 대해 맹목이었다는 점은 이광수 연구자들을 망연케 한다."[292]

당시 조선의 엘리트들이 얼마나 허접했으면 시간과 역사의 지평을 잃어버리고 일본을 맹종했던 것일까. 일본은 동아시아에서 유일하게 다른 나라에 비해 한 세대 전 근대화에 성공했다. 이러한 자부심으로 인해 한국과 이웃 국가에 대한 우월과 멸시를 고착해 나가는 과정 중이었다는 사실조차 이광수는 인식하지 못했다. 이 방식은 오늘날도 별반 달라진 게 없는 듯하다. 일본의 지식인·언론인 발신 → 한국의 지식인·언론인이 동감하며 수신 → 한국에서 뱉어내는 방식 말이다.

니토베가 그토록 자랑스러워 한 일본 문명은 얼마나 열위인가? 일단 문자부터 보자. 일본이 가장 싫어하는 나라 중 하나가 중국이다. 그런데 일본 문자는 중국 문자의 영향권에 있다. 아무리 발버둥을 쳐도 안 된다. 게다가 일본어 음가는 한정적이어서 발음 왜곡이 심하다. 이것은 일본인의 지력이나 역량과 무관하다. 하지만 이것을 왜곡시킨 주장들을 보자. 이미 팩트는 있다. 식민지 시절 동아일보는 '보성교의 불상사'라는 아주 흥미로운 기사를 소개했다. 발음이 형편없는 일본어 교사가 가르치는 영어를 배워서는 세상에 나가 활용할 수 없으니 한국인 교사로 교체해달라며 수업을 거부했다. 학교 측은 "전중용승이 명색이 제국대 영문과 출신" 선생이라면서 "원어민이 아니면 진정한 발음을 할 수 없다. 조선인이나 일본인이나 영국인, 미국인과 같이 발음을 할 수 없는 것은 마찬가지 아니냐."라고 설득했지만 소용없었다. "일본인은 원래 발음이 불량하다."라며 일본식 영어와 어학 교육을 떠나 일본인 교사에 대한 불신을 피력했다.

"보성 고등보통학교 3학년 학생 45명이 지난 7일부터 등교하지 않는다. 일본인은 원래 영어발음이 불량한데 영어 교사인 전중용승田中龍勝이 가르치는 발음대로 영어를 배워서는 도저히 세상에 나가 활용할 수 없으니 (…중략…) 다른 조선 사람으로 영어 교사를 바꿔 달라는 것이다."(1920년 5월 21일 자 「동아일보」 기사)

"영어 철학자 '버트런드 럿셀'을 '라세루'라 한다. (…중략…) 그 외에 '구리-무(크림)' '다꾸씨(택시)' '밧데리(배터리)' '화스토(퍼스트)' '보인또(포인트)' '시구나르(시그널)' '마구네슈무(마그네슘)'"(1930년 5월 1일 잡지 「별건곤」의 주요한 글 중에서)

일본인의 발음이 이상한 것은 일본어의 음가로 표현할 수 없는 영어발음이 많다 보니 그들이 소리 낼 수 없는 발음의 한계에 부딪힌 까닭이다. 이것을 어린애처럼 일본인의 두뇌로 치환하여 일본을 조롱하는 일반인들도 있다. "일본인은 머리가 나빠서 '맥도날드' 발음을 못하고 '마그도나르도'라 한다." "발음이 정확하지 않고 다양한 발음을 내지 못하다 보니 구강 구조에도 영향을 준다. 그래서 일본인 중에는 대형 성악가가 나오기 힘들다."

일본인 성악가가 많지 않다고? 이런 주장들은 성숙하지 못한 것이며 과학적으로도 증명할 수 없는 것들이다. 세계적인 오디오 기업인 소니를 혁신한 오가 노리오大賀典雄 같은 음악인들이 많지 않았던가. 나는 이런 식의 국뽕을 싫어한다. 언어와 문화에는 우열이 없다. 중요한 것은 상대와 소통하려는 마음과 타인에 대한 배려심이라고 믿는다. 하지만 일본의 혐한처럼 남의 단점에만 집중하다 보면 사실과 다른 해석으로 얼마든지 왜곡할 수 있다는 것을 보여 준다. 한국의 인터넷에도 일본의 혐한에 못지않은 험악한 말들로 넘쳐난다. 그렇지만 혐일의 내용으로 책을 쓰며 집요하게 추적하는 상당히 맛이 간 한국인은 거의 없다. 그래서 혐한에 관한 수백 권의 책을 쓰고 그 책이 베스트셀러가 되는 일본 사회가 매우 기괴하다.

이런 혐한 현상은 일본의 '와和' 문화와 연관이 깊은 게 아닌가 생각이 든다. "치우친 말을 통해서는 그가 숨기는 바를 알아내고."라고 한 맹자의 말이 다시 떠올랐던 탓이다. 와는 일본인의 정체성과 매우 깊은 관계를 맺었다. 한국에서는 일본과 관련된 단어에 '일日'이 들어간 표현을 사용한다. 그러나 일본은 자기 스스로를 나타내는 표현에 일日이 아니라 와和라는 단어를 사용한다.

예를 들면 한국 음식은 한식韓食이다. 그럼 일본 음식을 뭐라고 할까? 일식日食이 아니다. 그건 우리나라에서 쓰는 말이다. 일본에서는 와쇼쿠和食라고 한다. 마찬가지로 우리 옷은 한복이지만 일본 옷은 와후쿠和服다. 영어 공부할 때 사용하는 사전을 한국은 한영사전韓英辭典이라 하는데 일본은 일영사전이 아니라 와에이지텐和英辭典이라고 한다. 일본의 공중 화장실 문에는 요우시키洋式와 와시키和式라 붙어 있다. 일본인은 자신들이 만든 거의 모든 것에 '와和'를 붙인다. 와는 일본 자체라 해도 과언이 아니다. 예를 더 들어보자.

| 와세이<br>(和製) | 일본산 | 와시쯔<br>(和室) | 전통식 일본방 | 와규<br>(和牛) | 일본 소 |
|---|---|---|---|---|---|
| 와야구<br>(和譯) | 일본어 번역 | 와각기<br>(和樂器) | 일본 악기 | 와가시<br>(和菓子) | 일본 과자 |
| 와가사<br>(和傘) | 일본 우산 | 와숏키<br>(和食器) | 일본 그릇 | 와분카<br>(和文化) | 일본 문화 |
| 와가구<br>(和家具) | 일본 가구 | 와후우떼이엔<br>(和風庭園) | 일본 정원 | | |

일본을 처음 세팅한 쇼토쿠 태자 이래로 와는 일본인의 중심에 자리 잡았다. 한마디로 와를 정의하면 '각자의 자리에서 본분을 지

키며 사이좋게 지낸다.'라는 뜻이다. 사이좋게 지내는 전제 조건은 '각자의 자리에서 각자 할 일을 하는 것'이다. 천황을 정점으로 하는 계층 사회에서 귀족은 귀족의 일을, 사무라이는 사무라이 일을, 농공상인은 자기 일만 하면 된다. 그러면 세상은 자연히 평화로워진다는 것이다.

인도의 카스트 제도와 유사한 엄격한 신분제다. 카스트란 신분 이동이 불가능한 사회를 말한다. 조선의 관료는 관직을 세습할 수 없었지만 일본의 관료는 자식에게 관직을 세습했다. 일본에서는 신분 이동이 불가능한 '사실상 카스트 사회'였다. 조선의 지방관은 왕이 임명하고 교체되기도 했지만 일본은 메이지 이전 국민들은 단 한 번도 정부가 임명한 지방관을 만나본 적이 없다. 오직 자기가 사는 지역에서 대대로 군림하는 봉건영주만을 알고 섬겨야 했다. 비유하자면 한 번 사또면 대대로 사또가 되니 새로 부임하는 사또는 없었다.

시골 도령이었던 이몽룡이 하루아침에 과거에 급제하고 암행어사로 금의환향해서 현직 권력인 변사또를 응징하는 혁명적인 스토리는 일본에서는 전혀 꿈도 꿀 수 없는 이야기였다. 일본은 중국 시스템(당나라)을 도입할 때도 카스트 제도가 없는 시스템을 그대로 재현할 수 없었다. 일본의 신분은 황실과 귀족 밑에 신분 순으로 사(사무라이)농공상의 네 가지로 나뉘고 각자의 신분은 세습적으로 정해졌다.

"일본이 채용한 관직은 중국에서는 국가시험에 급제한 행정관에 주어진 것이었으나 일본에서는 세습적 귀족이나 봉건영주에게 주어졌다. 이것이 일본 카스트 제도의 구성요소가 됐다. (…중략…) 도쿠가와는 이 제도를 저마다의 카스트의 일상생활을 세밀히 규제했다. 각 가정의 가장은 그 문 앞에 그의 계급적 지위와 그의 세습적 신분에 관한 몇몇의 사실을 게시하지 않으면 안 됐다. 입을 수 있는 의복, 사먹을 수 있는 음식, 생활할 수 있는 주택의 종류도 세습적 신분에 따라 규정됐다."²⁹³

이처럼 일본 사회는 계급에 따라 분수를 지켜야 했다. 여기에는 개인의 개성이란 없다. 자기가 태어난 곳에서 자신이 할 수 있는 일만 하는 것이다. 만약 이 규칙을 어긴다면 남의 영역을 침범한 것으로 간주해 사이좋게 지내지 못하는 것으로 여긴다. 봉건제도가 법적으로 종말을 고한 것은 메이지 유신 이후였다. 하지만 뿌리 깊은 문화적 습성은 어쩔 수 없었다. 일본에는 아직도 전통적인 계층 제도의 영향이 사람들의 정신세계와 생활양식에 영향을 미치고 있어 자기 위치를 꾸준히 지키는 사람이 주변으로부터 존경을 받는다.

예를 들어 사무라이 직분도 아버지가 국장이면 대대로 국장이고 아버지가 9급 공무원이면 집안 대대로 9급 공무원이 된다. 일본은 신분 이동이 불가능한 사회였다. 자민당 의원은 대략 30%가 세습 정치인(2023년 4월 기준)이고 1989년 이후 역대 총리의 70%가 세습 의원이다. 사찰도 대를 이어 스님을 하는 이유도 이런 깊은 전통적 뿌리에서 나온 것이다. 아버지의 직업을 계승하는 오래된 노포 문화 역시 이런 문화적 배경에서 나왔다. 일본은 전 세계에서 가장 많은 장수 기업을 보유한 나라다.

"100년 이상 장수하는 기업은 2019년 기준 무려 3만 3,076개이며 창업한 지 200년이 넘은 기업도 1,340개에 이른다. 2위 미국과 3위 독일에서 200년 이상 된 기업이 200개가 조금 넘는 정도임을 고려하면 그야말로 압도적인 차이가 아닐 수 없다."²⁹⁴

일본에서 오래된 기업은 시니세(老鋪, 노포)라 불린다. 한 여관은 가장 오래된 기업 중 하나로서 1,300년이나 됐다. 이게 가능한가. 이 집안은 '여관업을 하기 위해 역사적 사명을 띠고 태어난 가문'이란 말인가. 조선과 고려 시대를 합친 것보다 더 긴 세월 동안 자손 중에 다른 일을 하고 싶다거나 혹 여관을 팔고 싶다거나 얼마나 많은 변수가 있었겠는가. 그런데 이것 외에는 할 수 없는 문화라면 가능할지 모를 일이다.

우동가게를 하는데 자식이 재능이 있어 장사가 잘되면 건너편에 가게를 하나 더 낼 수 있지 않은가. 안 된다. 그러면 남의 영역을 침범한 인물로 낙인이 찍힌다. 과거에는 대개 무라하치부(村八分, 화재나 장례를 제외하고 8할에 대해서 공동 절교)를 당한다. 집단으로부터 가족 전체가 투명인간 취급을 당한다. 그러므로 정해진 위치에서 우동가게를 할 수밖에 없다. 그 이상 꿈꾸는 것은 분수를 넘는 일이 된다. 이어령 교수는 일본인의 기질 중 하나로 잇쇼켄메이—所懸命를 든다. 잇쇼켄메이는 '한곳—所을 생명命을 걸고懸 지킨다'는 뜻이다. 지금은 '일소—所'를 쓰지 않고 '일생—生'이라 바꿔 쓰고 있다.

"잇쇼켄메이는 대상이 무엇이든 상관없이 태양빛을 모아 한곳의 초점에 집중시켜 무서운 열을 내는 것처럼 일생을 한곳에 거는 볼록렌즈와 같은 역할을 하고 있다."[295]

그런데 개개인의 잇쇼가 정해져 있다면 목숨을 걸고 그 일에 몰두할 수밖에 없다. 그러기에 사무라이는 영주로부터 받은 땅 한곳을 목숨 바쳐 지키고, 우동가게 주인은 우동가게를 목숨 바쳐 지키는 것이다.

일본의 와에는 장점도 많다. 한곳에 오랫동안 장사를 하니 단골도 많아지고 경기가 어려워도 쉽게 망하지 않는다. 이렇게 망하지 않고 남들에게 영역을 침범당하지 않으니 100년, 200년 가게를 유지하는 것이다. 이처럼 화합和의 문화인 와는 그림자도 깊다. 와의 상태가 옳은지, 그른지 보다 와 자체를 유지하는 게 우선이다. 다시 말해 와의 상태가 좋든지 나쁘든지 지금 유지되는 와를 깨서는 안 된다는 것이다. 베네딕트는 『국화와 칼』에서 에도 막부 250년간 농민 폭동이 1,000건이 일어난 것에 대해 매우 섬뜩한 분석을 했다.

농민들이 최악의 궁핍에 처했을 때 영주에게 탄원서를 제출하는데 그 의견이 묵살되면 농민 지도자가 에도 막부에 탄원서를 제출했다. 막부에서 조사하고 판결한 결과 그 절반은 농민에게 유리했다고 한다. 농민들의 불평이 정당하다고 하여 그 불평을 존중하여 의견을 반영한 것이다. 그런데 일본은 여기서 끝나지 않는다. 농민의 폭동 지도자는 엄격한 계층 제도와 그들이 중시하는 와를 깨트린 것이다. 가령 판결이 농민들에게 유리한 경우라도 그들의 지도자는 '다이묘를 따른다는 가장 중요한 법도를 파괴한 것'이어서 사형선고를 언도받았다. 농민들의 요구가 옳았다고 하는 '동기의 정당함'은 상관없다. 농민들도 이것이 피할 수 없는 운명임을 알았다. 농민들은 그들의 지도자가 사형을 당할 때 형장에 몰려들지만 폭동은 일으키지 않는다. 그것이 법이고 질서였다.

"그들은 처형된 지도자를 위해 사당을 지어 순교자로 숭배했으나, 처형 자체는 그들이 살고 있는 계층적 법률의 본질적 요소로서 시인했던 것"이다.[296]

한국 사회에서는 이해할 수 없는 가치관이다. 그만큼 이 와는 매우 복잡미묘하게 일본 사회를 지배하고 있다. 일본에서 미투 운동이 미약한 것도 이런 문화적 배경과 전혀 무관하지 않다. 일본인은 현재의 '와'를 깨고 새로운 변화가 일어날 때 예상치 못한 다툼이나 갈등이 일어나게 될 것을 두려워한다. 속마음(혼네)을 직설적으로 표시하지 않고 우회적인 언어(다테마에)로 순화해서 말하는 것도 '와'와 깊은 관련이 있다. 욕이 발달된 한국과 달리 일본인의 욕은 귀여운 수준인 것도 마찬가지다. 다툼과 갈등을 회피하고자 하는 마음을 '와'로 표현하고 있는 것이다. 일본 내부에서 와를 깨트릴 수 없다 보니 스트레스가 심할 것이다. 나는 일본인이 이런 방법으로 해소하고 있다고 생각한다.

첫째, 판타지와 포르노를 좋아한다. 한국인은 드라마와 영화를 보면서 현실을 잊는 게 아니라 현실을 읽어내려 한다. 한국의 드라마에는 항상 현실이라는 코드가 내재돼 있다. 그런데 일본인은 애니메이션을 통해 환상의 세계를 보려 한다. 갑갑한 현실을 벗어나고 싶은 것이다.

둘째, 변신을 꿈꾼다. 일본인은 현재의 자신이 아니라 다른 멋진 존재가 되고 싶어 한다. 일본에는 변신물이 참 많다. 트랜스포머로 알려진 변신 로봇의 조상 역시 일본이다. 서양의 변신은 지킬 박사와 하이드 또는 늑대인간처럼 강한 힘은 가졌으나 인간의 어두운 측면을 대변한다. 따라서 변신은 좋은 일이 아니다. 한국의 변신은 보통 여우나 동물이 사람으로 둔갑해서 홀리는 정도이지 사람이 변신을 꿈꾸지 않는다. 일본인의 변신은 판타지, 즉 이상적 자아가 되어 매우 강하거나 신비한 능력을 발휘한다. 놀랍게도 일본의 변신만이 긍정적인 것은 왜 그럴까? 일본인은 '와' 문화로 인해 사회에서 지켜야 할 규범과 해야 할 의무들이 가득한데 그것들을 제대로 지키지 못한다면 남에게 폐를 끼치게 되고 그로 인해 깊은 수치심을 느낀다.

"이러한 문화 속에서 사는 이들은 주어진 일에 충실한, 정해진 일 외에는 생각하기 곤란한 제한적인 자아상을 갖게 된다. (…중략…) 따라서 현실의 나로서는 절대로 할 수 없는 일들을 가능하게 해주는 존재가 되고 싶다는 욕망이 발생하는 거다. 변신한 나는 아름답고 강하며 그 힘이라면 내게 주어진 모든 의무를 수행하는 것이 가능해진다."[297]

오늘날 세계화로 인해 문화들이 서로 섞이면서 일본의 변신은 서구에도 많은 영향을 끼쳤다. 로봇의 합체나 스파이더맨식의 영웅은 일본의 변신 아이디어를 수입한 것이다. 판타지와 변신을 통해 스트레스를 해소하는 방식은 좋은 일이다. 그러나 문제는 다음이다.

셋째, 외부에서 혐오 대상을 찾아 공격한다. 특히 한국을! 그러면 내부의 와를 유지할 수 있으면서 자신들의 분노는 한국인을 향해 배설하면 된다. 이처럼 '혐한'이라는 현상도 와 문화로 인해 증폭되는 것이다. 그러지 않고서야 자신들보다 못한 나라라고 하면서 잘근잘근 씹을 필요가 있겠나. 이렇게 요약할 수 있다.

"우리는 전교 2, 3등 하는 일본이 공부를 잘하는 걸로 뭐라고 하지 않는다. 다만 자신들보다 한 수 아래라는 한국의 역사를 왜곡하고 한국인을 멸시하고 공부를 방해하면서 우등생임을 자처하면 안 된다."

혐한 서적 서너 권 정도라면 이해할 수 있겠는데 그게 수백 권이나 발간되고 그중 일부는 10만~30만 부가 팔리고, 매일 방송에서 한국을 비웃느라 세월 가는지 모르고 시간을 낭비한다. 혐한을 축적하면 일본인의 정신이 깊어지고 사유의 높이가 올라가는 것은 아니다. 일본 사회는 '문명'의 탈을 쓴 야만 사회다. 넷우익보다 더 심한 계층은 매일 혐한 사이트만 골라 다니는 '넷우익 주부'라는 존재다. 도쿄도지사 등 고위직 정치인 역시 혐한이나 혐중을 통해 수준 낮은 적대와 혐오를 이어가면서 자신의 가치를 부각한다. 겉으로는 미소 지으며 친절함을 보이면서 동시에 남의 나라를 욕하는, 더럽고 치졸한 생각이 똬리를 틀고 있다.

대문호인 박경리 선생은 생전에 도올 김용옥과의 대담에서 일본은 '야만스러운 문화'라고 단정적으로 말했다. "일본의 역사는 칼의 역사일 뿐이고 본질은 뼛속 깊이 야만이다. 원리적 인식이나 이론적 인식이 지독하게 빈곤하다. (…중략…) 『일본서기』에 나오는 신화를 보아도, 처음부터 '정벌과 죽음'뿐이다. 한마디로 야만스러운 문화이다." 또한 "일본인에게는 보편적인 가치나 사상은 없다. 그런 의미에서 일본 '문명'이 지향해 온 모든 것이 인류를 위해 매우 불행한 것일 수 있다."라고 지적했다.

이게 다신교 국가가 갖는 한계다. 허접한 신은 자신에게 정성만 다하면 그가 누구든 도와준다는 샤머니즘 말이다. '네 생각이 곧 네 행동과 같다'는 기독교적 가치관을 갖는 미국과 유럽이 일본을 얼마나 형편없이 평가하겠는가. 일본인 자신들의 건강과 이미지를 위해서도 혐한은 실익이 없다. 도대체 누가 일본에게 한국을 감히 비웃고 침 뱉기식 갑질을 할 권한을 주었는가. 혐한이 재일교포들에게 어떻게 보이겠는가. 침략자의 후손들에게 2차 가해를 당하는 느낌이 들 것이다. 이런 흐름들은 일본이 자신감을 잃고 과거로 퇴행했다는 방증이다.

조선 후기 소중화小中華 의식 속에서 정신 승리에 몰두했던 사대부 선비들은 일본을 흔히 '섬나라 오랑캐'로 규정지었다. 국수주의에 빠져 세계에서 고립됐던 조선은 서양을 배척하고 일본을 경멸하며 청나라마저 한심하게 여겼다. 그러나 서글프게도 '섬나라 오랑캐'라는 관점으로는 일본의 진정한 실체를 볼 수 없었다. 오히려 조선은 과소평가하던 그 섬나라의 식민지로 전락했다. 혐한이 일상화된 일본은 구한말 조선처럼 스스로 자신들의 눈을 가린 것이다. 우리도 한때 지금의 일본처럼 엉망인 자신의 방식을 소신이라 믿었었다.

# 3부
# 근대 문명의 필수요소

1장

# 동서양 석학들이 본
# 근대 필수요소

# 1
# 필수요소란 무엇인가

**필수요소의 도출**

근대 국민국가는 시장경제, 입헌군주제와 의회, 법치, 개인의 자유를 보장하는 사회였다. 근대 국가를 만들기 위한 전형적인 서사를 단순화하면 다음의 7가지 필수요소를 갖추고 국민의 권리와 자유를 보장하는 제도를 구축하고자 한 것이다.

① 신분제 해체와 개인의 권리 확대
② 국민 개병제皆兵制
③ 근대적 조세 및 금융제도
④ 초등 의무교육과 3단계 학제(초등-중등-고등) 도입
⑤ 사회 인프라 구축(도로, 철도, 통신 등)
⑥ 민간 출판문화 활성화와 언론의 자유
⑦ 헌법 제정과 법적 제도 완비

이 요소들 중 한두 개만 빠져도 '전근대 국가'라 할 수 있다. 안타깝게도 조선은 이러한 과제를 제대로 수행하지 못했다. 현재의 우리에게는 너무 당연한 것들이지만 간단히 몇 가지 역사만 떠올려 보자.

서유럽과 일본의 초등학교 의무교육은 1870년대에 시작됐다. 한국의 의무교육은 1953년(1949년 12월 교육법 공포)부터 실시했다. 1970년 7월 7일 경부고속도로가 개통됐다. 이는 한강의 기적을 낳은 경제발전의 초석이 됐다. 오늘날 중국은 '일대일로—帶—路'라는 전략으로 아시아와 아프리카에 도로와 항만 등 인프라를 건설하고 있다. 기본적인 인프라 없이 사회는 발전할 수 없다.

오늘날 한국은 교육, 도로, 출판문화 등 기본적인 인프라와 시스템이 잘 갖춰진 사회다. 우리는 이를 인식하지 못한 채 받는 혜택을 대수롭지 않게 여긴다. 현재에 너무나 익숙해 과거로부터 얼마나 달라졌는지 잊어버린 것이다. 뒤돌아보면 과거는 얼마나 낯선 나라인가? 과히 멀지 않은 1880년대 조선으로 돌아가 보자.

조선 정부는 일반인을 교육할 생각을 한 적이 없으니 일반인을 위한 근대 학교가 없었다. 초등학교 의무교육은 근대의 산물인데, 그런 시스템이 없는 조선은 문맹률이 90%에 육박했다. 또한 민간 출판문화가 부재하여 서양 서적 한 권 번역되지 않았다. 따라서 사대부는 물론 일반인은 새로운 사고와 정보를 얻지 못했다. 도로는 어떠한가. 좁고 비만 오면 온통 진흙탕으로 변했다. 그런 도로를 사대부는 걸어다니거나 그렇지 않으면 가마를 이용했다.

이런 시대에 근대 학교를 만들어 새로운 지식과 기술을 가르치고 도로를 깔고 민간 출판문화를 활성화하여 철학, 과학, 문학 서적을 발간할 뿐만 아니라 신문을 발행하여 세상의 소식을 알려주는 일이 얼마나 시급한 일인지 인식이나 했을까. 이 장에서는 일반인 교육, 인프라(도로, 철도, 통신), 민간 출판문화, 헌법 제정 등에 대해 선진국들과 하나씩 비교해 보고 근대 사회를 만드는 데 얼마나 중요한 요소였는지 알아보겠다. 그리고 우리가 놓친 것은 무엇이고 왜 그래야 했는지 알아볼 것이다. 그건 매우 쓰라린 일이다. 김훈은 소설 『하얼빈』에서 근대문명에 휩쓸려 간 한반도를 서늘하게 서술했다.

"한국의 근대는 문명개화의 꿈에 매혹됐고 제국주의의 폭력에 짓밟혔다. 이 문명개화는 곧 서구화였고 한국인이 수천 년 역사 속에서 이미 이룩한 문명은 개화의 추동력에 합류할 수 없었다. 20세기 초의 한반도에서 과거는 미래를 감당할 힘을 상실했고 억압과 수탈을 위장한 문명개화는 약육강식의 쓰나미로 다가왔다."[298]

근대성의 경로는 하나의 단일 경로가 아니라 다양한 경로가 있다 하더라도 근대로 나아가기 위해서는 7가지 과제를 반드시 해결해야 하는데(현대국가의 질서와 다른 질서에 대한 비전, 신의 길을 따라 사람들을 인도한다는 이슬람의 대안적 질서 등은 논외로 함) 그중 그 어느 것도 쉬운 것은 없다. 모두 장기적으로 지속적인 정책을 추진하고 투자를 하지 않으면 성과를 낼 수 없는 과제들이다. 바꿔 말하면 이 7가지가 근대화 수준을 판가름하는 기준인 셈이다. 이 책에서는 기존의 서술방식인 정치 중심의 서술에서 탈피할 것이다. 정치는 매우 중요하나 많은 것을 놓치는 데다가 집권층이 아니라 조선인 전체로 봐야 조선 문명의 희망과 가능성을 발견할 수 있기 때문이다. 우리는 무엇이 일어났는지, 또 이런 사건들이 어떻게 그리고 어디서 일어났는지 어느 정도는 알고 있다. 그런데도 왜 한국과 일본이 각각 다른 결과를 대면했는지는 여전히 모호한 영역으로 남아 있다. 해방된 지 80년이 다 되어가는데도 구한말부터 일제 식민지 시대를 논한다는 것은 매우 민감한 일이다.

조금이라도 일본을 우호적으로 서술하기라도 하면 알레르기 반응을 심하게 일으키거나, 민족주의적 입장에서 서술하면 일어난 일보다 일어나지 않은 일인 의도를 중요하게 여긴다. 이 글 역시 일본에 어떤 권리를 부여하지 않으려고 노력한다. 하지만 1890년대 이후에는 일본이 한반도에 영향을 미친 유일한 시대였음을 인정할 수밖에 없다.

만약 일본이 한반도에 정치·경제·문화적으로 영향을 미치고 지배한 시기가 있다면 바로 청일전쟁 이후 50여 년이 전부다. 뒤처졌다는 인식은 사실 이웃 국가를 두려워하고 우리를 일깨우는 강력한 자극이자 발전을 위한 도구가 된다. 메이지 일본의 역동적 변화는 조선이 신발 끈을 조여 매야 할 자극으로 작동했을까? 19세기 중·후반에 영국, 프랑스, 독일은 서로 자신들의 국가가 뒤처졌다며 경쟁력을 확보해야 한다는 강박증에 시달렸다.

"프랑스와 영국은 (…중략…) 근대성, 문화, 문명, 부, 국위를 비롯한 모든 면에서 자기 나라가 뒤졌다는 근대적인 두려움이 생겨나고 있었다. 이런 두려움은 특히 지식인들 사이에 팽배했다. 지식이 널리 퍼지면서 문화시장이 팽창하자 다른 나라보다 열등하다는 인식도 따라서 확산됐다. 따라잡으려면 남들이 하는 대로 모방해야 했다. 그러나 그것은 단지 자신이 뒤떨어져 있다는 사실을 확인하는 과정밖에 더 되겠는가? 수십 년 뒤에 군사력, 교육, 기술, 사회과학에서 독일인이 앞서가자 거꾸로 프랑스가, 다음에는 영국이 똑같이 두려움을 느꼈다."[299]

도널드 서순은 한때 문명국이었던 나라가 후진국으로 뒤처지는 현실 앞에서, 특히 찬란한 과거를 경험했던 나라들은 자신들의 처지에 대해 격분했다고 지적했다. 특히 그 어떤 나라도 이탈리아만큼은 아니었다고 평가했다. 이탈리아는 영광스러운 로마제국과 찬란한 르네상스라는 세계사에 빛나는 황금시대가 두 번이나 있었다. 그런데 더 놀라운 것은 이탈리아와 스페인에서 후진성에 대한 비난은 그 자체로 문학 장르가 되어 옛 영광을 위안으로 삼고 있다고 한다. 영국을 따라잡으려 하기보다 과거의 영광을 그리워하는 것이다.

"이탈리아 지식인들은 위축된 채로 다른 나라 사람들의 영광과 광휘를 서글프게 바라보고 있었다. (…중략…) 따라잡으려면 남들에게 배워야 했고 그러다 보면 어느 틈에 외부 모델의 지배력이 커져 갔다."300

사실 자생적으로 산업화와 민주화에 이른 나라는 영국 단 한 나라뿐이었다. 19세기 전대미문의 변화를 촉진한 서유럽 문명은 세계 대부분 지역의 표본이 됐다. 그런데 이 '서유럽'이라는 의미가 '영국과 일부 프랑스의 사례'라고 오스터함멜 교수는 냉정히 분석했다. 유럽 또한 영국에 많은 빚을 지고 있는 것이다.

"'서유럽'은 무엇보다도 영국을 의미했다. 1815년 이전에는 영국이 세계에서 가장 부유하고 가장 강대한 국가라는 인식이 퍼져 있었다. 나폴레옹의 몰락과 뒤이은 정치적 불안에도 (불구하고) 프랑스도 서유럽 표본의 일부로 인정받았다. 프로이센은 서서히 서유럽 표본 국가의 대열에 근접했으나 문명세계의 동쪽 변경에 자리 잡은 스파르타식 군국주의 국가라는 평판을 벗어나기까지 수십 년의 시간이 더 필요했다."301

우리가 서유럽이라 부르는 국가는 19세기까지는 '영국, 프랑스, 독일의 우수한 사례들이 합쳐진 것'이다(구미라 함은 이 3개국에 미국이 포함된 것이다). 역사적으로 볼 때 '그토록 적은 수의 국가가 많은 국가의 평가척도가 된 적이 없는' 시대에 돌입한 것이다. 그렇다면 '동양은 서양보다 근대화(혹은 과학기술)에서 왜 뒤처졌는가?'라는 질문은 잘못됐다. 동양만의 문제가 아니라 중부 유럽과 동부 유럽 역시 근대화에 뒤처졌다. 산업혁명의 경우만 보더라도 모든 나라가 영국에 뒤처져 인접성에 따라 산업화의 결과가 달라졌다.

"면직물과 증기기관으로 상징되는 1차 산업혁명은 영국을 차원이 다른 강대국으로 만들어주었다. 모든 후발산업국은 영국 베끼기에 나섰다. 그들은 영국의 청사진을 빌리거나 훔쳤으며 영국의 기술을 따라 했다."[302]

"동유럽은 농노제라는 자본주의 이전의 제도를 여전히 유지하고 있었는데 (…중략…) 영국은 이 모든 국가들에게 산업화의 발전의 분위기를 잡아주고 역할 모델이 되어졌다. 또한 뒤처진 국가들에게 기술, 자본, 노하우 등을 제공하여 소득을 높여주었다."[303]

### 일본 근대화의 발전경로

1945년 제2차 세계대전이 종전된 이후 세계는 80년 동안 냉전체제와 세계화의 시기였다면 그 이전의 80여 년은 약육강식의 제국주의 시대와 전쟁의 시기였다. 1860년대 미국은 남북전쟁으로 국가 정립에 여념이 없었고, 1866년 프로이센과 오스트리아는 단기전으로 집안싸움이 벌어졌다. 독일과 프랑스의 전쟁, 독일제국의 탄생, 이탈리아 통일전쟁이 완료된 해가 1871년이다. 에릭 홉스봄이 규정한 제국주의 시대는 1875년부터였는데, 통상적으로 1876년 대영제국이 인도를 통치함으로써 제국주의가 시작됐다고 본다.

제국주의 시대는 힘이 우선시됨에 따라, 조선이 독립 국가를 유지하기 위해서는 부강한 나라가 되어야 했다. 대표적인 동과 서의 뛰어난 학자와 정치가들이 파악한 근대화의 필수요소들과 다른 문명권에서 근대화에 유일하게 성공한 일본의 메이지 유신, 그리고 중국과 오스만 제국의 실패 과정을 면밀하게 비교 관찰하면서 필수 과제를 도출해내고자 한다. 19세기의 세계적 추세를 형성하는 세 가지 주요 발전 과정은 다음과 같다. 첫째, 국민국가가 형성됐다. 당시 왕이 없는 원점에서 시작한 나라는 미국뿐이었다. 따라서 세계적으로 왕의 권한을 법적으로 제한하는 입헌군주 국가를 향해 나아가는 게 시대정신이었다. 근대 국민국가를 이루기 위해서는 국민개병제와 조세의 법정화, 보편적 의무교육의 실시가 중요했다. 그리고 제1차 세계대전 이후로 군주제는 거의 소멸됐다. 둘째, 사회기반시설이 확충됐다. 국가는 공공재를 공급하는 주체로서 철도, 전신, 통신, 병원 등을 구축해갔다. 셋째, 민간 출판문화와 언론의 자유가 확산됐다. 근대는 지식인과 언론인의 시대였고 '인쇄 자본주의'의 역사였다. 개인과 시민이 등장했으며 언론이 활성화되면서 권력에 대한 견제 기능이 확대됐다.

『국부론』의 저자인 애덤 스미스는 국부론의 마지막 부분인 제5권에서 군주의 세 가지 책임을 강조하며 근대 국가론에 대한 생각을 풀어놓았다. 국가 방위, 법률 제정, 도로와 항만 건설, 특히 보편교육의 확충이라는 공공재의 공급자로서 국가를 정의하고 있다.

"군주에게는 세 가지 의무가 있다, 첫째는 국가방위이고, 둘째는 법치이고, 셋째는 (예컨대 도로, 교량, 항구의 건설처럼) 어떤 개인이나 집단도 감당하지 않으려는 공공사업과 제도의 실시이다. (…중략…) 공공제도 가운데 가장 중요한 게 바로 교육이었다. (…중략…) '모든 교구나 지구마다 일반 노동자도 수업료를 감당할 만한 작은 학교를 하나씩 설립해서'(V,1,183) 보편교육을 받을 수 있어야 한다는 강력한 암시도 들어 있다."[304]

반복되는 느낌을 지울 수 없겠으나 '근대화를 위한 7가지 필수요소'의 중요성을 도출하기 위해 동서양의 석학들과 선각자들의 의견을 들어보자. 독일의 오스터함멜 교수는 좀 더 분명히 근대 국가의 조건을 명시했다. 그는 2,400쪽이 넘는 방대한 저술을 통해 19세기를 매우 상세하게 기술했다. 19세기에 근대화를 이룬 국가의 중요한 발전 경로를 다음과 같이 열거했다.[305]

① 영토 확장이란 새로운 능력을 갖춘 군사화된 공업국가의 건설
② 현대적인 국가관료제도의 발명
③ 사회로부터 세금을 징수하는 권력을 체계적으로 확장한 세수국가로의 전환
④ 공공재 공급자로서 국가의 재정의(예컨대 빈민 구제와 사회 복지 정책의 실행, 사회기반시설 건설)
⑤ 법치국가와 입헌국가의 탄생. 이것은 시민이란 새로운 개념과 함께 등장했다. 시민은 개인이 지닌 이익의 보호를 요구하고 정치적인 의견을 표명하는 합법적인 권리를 갖는다.
⑥ 통치의 합법성은 혈통에 의해 결정된다는 관념의 폐기. 따라서 군주제는 '정상적인' 정치체제로서 위세가 약화됐지만 현실적으로는 여전히 완강하게 존재를 이어갔다.

서구 문명을 경험한 동아시아의 지식인들은 나라가 어디로 가야 하는가를 놓고 고민이 많았다. 유길준은 『서유견문』에서 '문명의 정치 6조'를 기술했다.[306] 이를 통치의 근본으로 소개하고 나라가 나아갈 방향을 제시한 것이다.

제1조 자유liberty: 신분차별 금지와 직업선택의 자유를 인정해야 한다. 사농공상 간에 구별이 없고 문벌을 논하지 않으며 조정의 지위를 가지고 사람을 경멸하지 않는다. "사람들이 스스로 좋아하는 바를 하니, 사士를 좋아하는 사람은 사士가 되고, 농農을 좋아하는 사람은 농農이 된다."
제2조 종교를 믿을 자유를 보장한다.
제3조 기술과 학문을 장려해 새로운 발명의 길을 연다.
제4조 학교를 세워 국민을 교육한다.

제5조 정치가 일정해 사람들이 국법을 신뢰하며 생업이 안정되게 한다.

제6조 국민이 굶주림과 추위를 걱정하지 않게 한다. 즉 병원과 빈민구제소 등을 세워 빈민을 구제한다.

이 내용은 1866년 후쿠자와가 발간한 『서양사정』 초편에 언급한 내용을 축약한 것이다. 유길준 역시 후쿠자와의 의견에 흔쾌히 동의했다는 뜻이다. 유럽 국가들은 같은 가치관을 지닌 영국이라는 뚜렷한 존재가 있어 기술과 제도를 도입하면 그만이다. 하지만 가치관이 전혀 다른 동아시아에서 근대화를 파악하기는 쉽지 않았다. 그런 면에서 일본은 탁월한 리더들이 출현하여 근대화의 본질을 파악할 수 있었던 것은 엄청난 행운이었다. 또 하나 주목할 점은 근대사회로 전환하는 변혁기 상황에서 발생하는 부조화 현상이 기존 사회를 크게 흔들었으며 이 변화에 대해 기득권이 적응하지 못하고 반발했다는 것이다.

일본이 이를 어떻게 극복했는가는 충분히 설명했다. 다만 메이지유신 2세대의 대표주자인 이토 히로부미와 야마가타 아리토모가 유신 이후 목격한 실제적인 근대화 정책은 무엇이었고 어떻게 평가했는지 살펴보자. 이토 히로부미가 1880년 12월 메이지 천황에게 제출한 입헌정체에 관한 건의서에 메이지 일본이 추진한 근대화 정책이 잘 드러나 있다. 폐번치현으로 인한 군사제도의 변화와 신분해방으로 재산과 직장을 잃은 200만 명에 이르는 사무라이가 위기의 중심이라는 것을 지적하며 지난 13년의 개혁의 공과를 설명했다.

"육해군을 흥하고, 재판법을 개량하고, 교육을 성대히 하고, 경찰을 엄하게 하고, 감옥을 건축하고, 철도·전신을 창설하며 도로를 개통하니, 무릇 이처럼 인민에게 이익을 주고 공익이 열리는 일은 나라의 전력을 다하여 일시에 함께 거행했으며, 또 한편으로는 지조를 개정(조세개편)하여 농민을 풍요롭게 하고, 자본을 나누어주어 백공百工을 일하게 하는 등 (…하략…)"307

이토보다 1년 전 육군중장이자 국방장관(참의)인 야마가타 아리토모가 메이지 천황에게 건의서를 올렸다.

"증기, 선차船車, 우편·전신, 대·소학교 설립, 지조세법의 개정, 징병제 제정, 형법 및 여러 법령의 수정, 산업 장려勸業, 권농勸農 방법, 화폐의 정비, 도량형 확정, 상업을 열고 사업단체를 성대히 한 것은 (…중략…) 국가를 부유하게 하는 것으로 (…중략…) 더불어 육해군을 확장하여 안으로 누르고 밖을 방어하는 방책 역시 다하지 않은 바 없다."308

이토와 야마가타가 스스로 내린 메이지 성과는 다음과 같이 크게 묶을 수 있다.

- 징병제 실시라는 군제 개혁
- 토지제도를 정비하고 세금의 일정비율을 화폐로 내는 조세(지조) 개혁
- 교육의 체계화와 확대 그리고 철도·전신·도로·우편 등 인프라 투자
- 재판법, 형법과 여러 법의 근대화
- 산업과 상업 장려 제도 시행 등

일본은 1871년 폐번치현을 시행하여 사실상 봉건적 정치체제의 마지막 제도적 유산을 해체했다. 메이지 신정부는 신분차별 폐지에 이어 근대화의 3대 기둥이라 할 수 있는 국민개병제(1873년 실시), 근대적 조세제도(1873년), 근대 대학의 설립과 의무교육 실시(1872

년 실시, 1885년 소·중·대학교의 체계적 법제화)라는 교육혁명을 매우 이른 시기에 실시했다. 다시 말해 메이지 유신을 통해 주체세력이 교체됐다. 그들은 교육혁명, 경제혁명, 군사혁명의 3대 혁명을 전격적으로 시행했고 많은 난관을 뚫고 성공시켰다. 이런 조치들은 그 뒤 일본헌법이 완성되는 20여 년 동안 추진된 근대적 중앙집권국가의 토대가 됐다.

"신정부는 사민평등 정책을 토대로 학교제도, 징병제도, 조세제도 등 근대적인 사회제도를 도입했다. 1872년 학제를 제정하여 국민 모두 초등교육을 받도록 했다. 1873년에는 징병령을 발표해 무사 계급뿐만이 아니라 일반 평민들도 군에 입대할 수 있게 했다. 신정부의 사민평등 정책은 도쿠가와 막부 시대의 신분제도를 극복하고 근대 국가로 나아가는 데 큰 기여를 했다."[309]

일본에 앞서 서구의 근대화를 가장 예리하게 파악한 인물은 이집트의 리파 알타흐타위(1801~1873)였다. 그는 이집트의 근대화를 위해 노력한 파샤 무함마드 알리(1770~1849, 재위 1805~1848)가 파견한 이맘(이슬람 성직자)으로 1826년부터 1832년까지 5년이 넘도록 파리에 머물렀다. 영민한 그는 파리가 이교도의 땅이 아니라 서구 문명의 중심임을 간파하고 즉시 프랑스어를 배우기 시작했다. 그는 서구 문명의 강점을 이렇게 분석했다.

"파리에서는 보통 사람도 글을 읽고 쓸 줄 알고, 모든 지식은 책에 적혀 있고, 장인도 지식을 키우려고 애쓴다. (…중략…) 그들의 헌법은 모든 시민의 동등한 권리를 보장했고 시민에게 처벌받지 않고 의견을 표출할 자유를 부여했다. 재산은 손댈 수 없는 것이었다. 공직의 임명은 능력 있는 사람이라면 누구에게나 열려 있었다."[310]

그는 '프랑스에서 널리 책을 구할 수 있고, 신문기사는 거짓말이 많지만 그 행간에는 귀중한 정보도 상당하여 매우 큰 이점이 있다'

고 판단했다. 여기에 국가가 교통과 통신 특히 증기선과 전신의 발달에 힘을 쏟는 점, 그리고 우편제도는 속도와 신뢰성이 높고 서신의 비밀을 유지할 수 있다는 점을 간파했다. 그는 25세라는 젊은 나이에도 매우 통찰력이 뛰어난 인물이었다.

# 2
# 필수요소를 통해 도출한 3가지 영역

대표적인 동과 서의 뛰어난 학자들이 주창하는 필수요소와 메이지 유신 그리고 중국과 오스만 제국의 근대화 실패를 면밀하게 비교 관찰하면서, 나는 7가지 필수요소를 도출해 냈다. 이를 3가지 영역으로 묶을 수 있다. 먼저 간단히 정리한 다음 그 이유를 뒤에서 설명하겠다.

제1영역[311]은 신분해방이라는 가장 기초적인 개혁에 근대화 기본 3종 세트인 국민개병제, 근대적 조세제도, 보편적 의무교육의 확대다. 이는 근대화의 주춧돌이라 할 수 있으며 가장 기본적인 개혁이다.

제2영역은 물리적 인프라와 사회적 인프라의 구축이다. 도로, 철도, 전신 등 물리적 인프라와 '출판문화와 언론을 통한 공론장의 확산'이라는 사회적 인프라의 구축이다. 부강한 미국과 유럽은 교육제도를 정비하는 한편 인재 양성을 중시하고, 신문이나 책자로 정보의 유통을 확산했다.

제3영역은 법 제정과 제도화다. 민사, 형법, 재판에 관한 법을 제

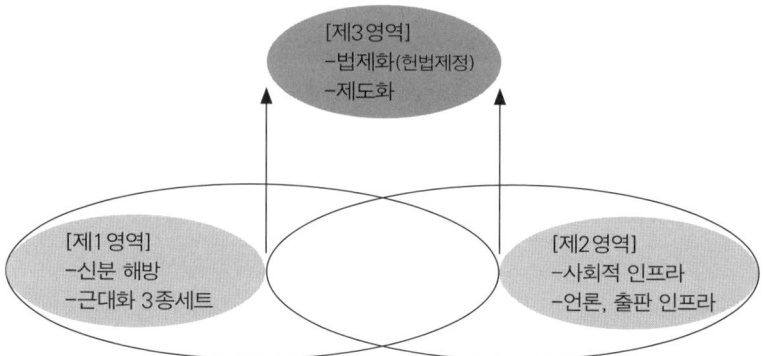

정하고, 개인 재산권의 보호와 상공업을 장려하는 제도를 마련해야 하는 가장 어려운 영역이다.

제1, 2영역에 대한 도전을 하기에도 경제적, 사회적으로 난관이 많아 완성하기가 어려운데 제3영역까지 도달해야 근대화를 이룰 수 있다. 무엇을 해야 하는지 이미 알고 있다 하더라도 실행은 또 다른 과제다.

이제부터 3개의 영역에 대해 개괄적인 모습을 그린 다음 7개의 창문을 통해 근대화를 좀 더 자세히 들여다보겠다.

### 제1영역은 신분해방과 근대화 필수 3정책이다

근대화의 기초는 징병제, 근대 조세제도, 의무교육이라는 세 가지 요소가 균형을 이루어야 한다. 만약 균형을 이루지 못할 경우 근대화는 실패할 수밖에 없다. 징병제와 조세제도는 설명이 불필요할 정도로 기본 중의 기본이다. 나라의 독립과 안전을 위해 군대를 유지하고 국가 재정을 위해 조세를 납부하는 것은 당연하다. 그리고 교육은 근대 국가를 이루는 데 가장 중요했다. 근대나 현대에서 교육은 변화하는 시대에 국가가 해줄 수 있는 유일한 백년지대계音

年之大計다. 한국이 반세기만에 최빈국에서 선진국으로 올라선 것은 한국인들의 교육열 때문이다. 그러나 지금 한국인들이 가장 고통스러워하는 문제 역시 교육 문제다. 오늘날 교육은 한국인에게 너무 당연한 것으로 너도나도 교육 전문가가 될 정도다.

교육은 모든 분야와 연결되는 연결축(결절점)이다. 산업사회, 기술, 도시화를 지향하는 근대 사회에서 문자 해독은 매우 중요하다. 국민에 대한 의무교육 실시는 근대화 필수요소에서도 가장 중요한 엔진에 해당한다. 여기에 국가관과 국가의 정체성을 형성하기 위해서도 교육은 필수적이다.

메이지 일본이 좋은 사례다. 1871년 폐번치현으로 사실상 중앙집권을 달성하자 가장 먼저 내린 조치가 남녀 어린이에게 4년간 초등교육을 의무적으로 실시하는 일이었다. 정부의 명령과 현 질서에 순종해야 할 국민을 '계몽'하다가 자칫 반정부 성향을 키울 수도 있었다. 메이지 지도자들도 의무교육의 실시가 가져올 위험을 잘 알고 있었다. 그럼에도 메이지 지도부는 위험을 감수했다. 그건 의무교육과 국민개병제가 서유럽의 경제력과 군사력을 뒷받침하는 근원이라는 것을 잘 알았기 때문이었다.

순종을 요구할 것인가, 아니면 설혹 정부에 대들더라도 국가의 경쟁력을 키울 것인가? 두 갈림길에서 일본은 무지몽매한 국민이야말로 부국강병을 이루려는 자신들의 비전에 더 큰 걸림돌이라고 판단했다. 일반 국민이 문맹 상태에서 할 수 있는 일이란 농사나 단순 노동 이외에는 없었고, 새로운 근대 산업사회를 위해 배워야 할 기술이나 제도에 대한 이해와 계몽이 불가능했기 때문이다. 메이지 일본은 국민을 하나로 통합하고 부국강병을 실현하기 위해 의무교육(1872년)을 실시했다.

근대 국가의 기본적 능력은 강제 능력(군대와 경찰), 흡수 능력(재정 수입), 그리고 국가 정체성과 핵심 가치를 공유하는 동화 능력(교육)이다. 이것이 근대 국가를 떠받치는 국가 거버넌스(통치체계)의 세 개의 축이다. 새로운 근대 국가의 정체성을 만드는 도구 중 규모가 크고 강력하며 속도가 빠른 시스템은 학교와 군대였다. 가족이라는 혈연 공동체에서 사회 공동체로 나가기 위한 준비 단계가 필요한데, 학교와 군대를 통해 비로소 '우리'라는 공동체 의식이 만들어졌다. 근대 국가의 탄생은 국민적 에너지를 동원하고 조직하는 총력전임을 고려하면 학교와 군대, 특히 전쟁은 하나의 정체성을 갖게 되는 결정적인 계기가 됐다.

미국의 남북전쟁은 어마어마한 유혈을 동반한 비극이었지만 동시에 진정한 의미에서 미국이라는 나라가 건국 과정에서 유예했던 노예해방을 통해 흑인들도 미국인으로 거듭나는 '국민의 탄생birth of nation'을 이뤄냈다. 일본 또한 새로운 일본과 새로운 일본인이라는 정체성을 형성하기 위해 노력했던 메이지 유신 이후 '근대 일본인'이 만들어지는 결정적인 계기가 된 것은 청일전쟁이었다. 반면 의무교육과 징병제를 실시하지 못한 조선은 시대의 흐름을 알아채지 못하고 한 발짝도 나아가지 못했다.

"한마디로 조선의 백성에게는 나라가 없었고 조선의 지배계급에게는 백성이 없었다. 이 시기 조선의 지배계층은 고대 중국의 이념으로 한반도의 백성들을 지배했던 이민족 지배자와 다를 바 없었다."[312]

일상에서 학교와 군대라는 조직을 통해 국민의 행위는 규범화되고 교화됐다. 근대는 한마디로 보편적인 가치와 각국의 특수한 가치가 학교를 통해 제도화되는, 이반 일리치가 말한 일종의 '학교화된 사회schooled society'라 할 수 있다. 특히 초등학교는 정체성을 형성하는 도덕과 질서 교육의 기능과 커뮤니케이션 공간을 제공하는 부가기능을 갖고 있다. 아이들이 4년간 학교에서 수업받고, 운동장과 복도에서 친구들과 만나 어울리는 등의 이런 과정이 전혀 없이 일찍부터 대부분의 아이들이 농사 등 직업전선에 뛰어들어야 하는 나라의 국가경쟁력은 형편없이 추락할 수밖에 없었다. 메이지 일본은 1871년 폐번치현으로 명실상부한 유신정부가 확립되자마자 징병제와 함께 근대 교육제를 제일 먼저 도입했다.

"이는 근대교육이 부국강병, 식산흥업, 문명개화라는 혁명정권이 가장 긴급하게 여긴 정책의 결절점에 위치하는 것이므로 당연할 수 있지만, 그런 점을 고려하더라도 지극히 신속한 대응이었다."[313]

1875년에 초등학교가 약 2만 개나 될 정도로 일본 전역에 설치됐다. 이중 40%는 사찰에서, 30%는 가정집에 설치됐고, 신규로 지은 학교는 18%라고는 하나 교육에 대한 일본인들의 열의는 오늘날 한국인과 유사할 정도로 뜨거웠다. 뒤이어 1873년에 조세제도를 개혁했다. 지조개정地租改正을 통해 토지 소유자에게 지권을 교부하고 지가의 3%를 세금으로 금납하도록 한 것이다. 일본은 이처럼 3대 개혁이라는 제대로 된 방향을 설정하여 메이지 유신을 성공으로 이끄는 토대를 쌓았다.

### 제2영역은 물리적 사회적 인프라의 확대다

그 다음은 인체에 혈류가 흐르듯 사회 구석구석을 돌게 하는 도로, 철도, 통신 등 사회간접자본soc을 구축하고, 출판·언론문화의 활성화를 통한 표현과 생각의 자유를 확대하는 일이 필요하다. 근대화 시기인 19세기는 기본적으로 속도혁명을 불러온 철도의 시대이자 지식과 정보의 폭발적인 증가와 함께 커뮤니케이션 혁명을 가져온 신문, 잡지의 시대였다. 유길준은 1890년 고종에게 바친 저서 『서유견문』에서 발전된 나라를 이렇게 묘사하고 있다.

"지구를 둘러싸고 한순간에 소식을 전해주는 전선과 넓은 바다를 넘나들며 만리를 편리하게 건네주는 기선, 사방으로 편리하게 수송하는 방도를 더해 준 철로, 이들의 기묘한 이치와 광대한 사업도 그 시작은 모두 가난한 학생의 연구 중에 싹이 터서 나온 것들이다. (…중략…) 한 나라의 빈부, 강약, 치란, 존망은 그 나라 국민교육이 높은가 낮은가, 있는가 없는가에 달려 있다."[314]

그는 유럽 선진국의 교통, 통신과 상업의 발달이 그들의 국력과 깊은 연관성이 있음을 인식했고, 그 연결점이 교육에 있다고 보았다. 오늘날에도 인프라 투자는 그 나라의 체질과 경쟁력을 한 단계 도약시키는 결정적인 요소다. 중국의 일대일로나 미국의 경쟁력 강화 방안의 핵심은 바로 인프라 투자였다. 신규 인프라는 물론 낙후된 인프라의 개선은 선진국, 후진국을 가리지 않는다. 세계 최강국인 미국조차 미·중 경쟁의 첫 번째 조치로 인프라 재건을 선택할 정도다.

2021년 11월 22일 백악관 잔디밭에서 바이든 대통령이 인프라 재건에 4,000조를 투자하겠다는 「인프라 법안」의 서명식이 거행됐다. 이 자리에서 바이든 대통령은 인프라 재건을 '링컨 시대의 전국 철도망 건설, 아이젠하워 시대의 인터스테이트interstate 고속도로 건설 이후 가장 중요한 투자'라 평가할 정도로 엄청난 사건임을 강조했다. 바이든 대통령의 말처럼 1860년대 전국 철도망을 완성했다. 철도는 산업혁명의 총아였다. 저개발국가에 대한 미·중 경쟁도 모두 인프라에 집중되어 있다. 중국은 일대일로를 통해 개발도상국들이 구축하고 싶어 하는 도로, 항만, 공항을 지원하면서 영향력을 확대하고 있다. 미국은 일대일로를 견제하기 위해 G7과 함께 '더 나은 세계 재건B3W, Build Back Better World'이라는 글로벌 투자 프로젝트를 만들고 수천 억 달러를 동원하여 높은 수준의 인프라를 제공하고 있다.

또한 증기기관을 통한 비약적인 생산성의 증가와 함께 '바퀴(철도)와 종이(신문, 소설)의 결합'으로 커뮤니케이션의 가속화가 일어났다. 근대화 시기에 전국을 하나의 단일한 의사소통으로 묶는 것은 신문과 소설이라는 두 가지 출판문화 제도였다. 새로운 생각과 의견을 교류하고 확장하는 신문과 문학이 없는 근대 사회는 상상조차 할 수 없다. 최초 언론은 신문이었다. 오늘날 디지털 기술의 발달로 언론을 대체하는 다양한 도구들이 많으나 당시는 신문 외에는 정보를 유통할 수 있는 수단이 없었다. 1920년대 라디오가 상용화됐으나 꽤 오랜 시간 신문의 영향은 독점적이고 절대적인 위치를 차지했다.

일간신문은 영미 문화권의 발명품이다. 중국이나 조선은 관보 형태로는 존재했으나 민간 중심의 신문은 없었다. 신문업은 진정한 의미의 공론장을 창조했다. 누구나 와서 의견을 피력하는 운동장 같은 것으로 '미디어는 모두의 것이다.'라는 표현은 매우 매혹적이었다. 사람들은 이를 통해 목소리를 낼 수 있으며 정보를 얻을 권리를 누린다. 특히 권력자와 권력을 얻으려는 자들은 언론의 영향력을 갈망했고 기업인과 지식인 역시 마찬가지였다. 신문을 통하지 않고는 누구도 대중을 만날 수 없었다. 따라서 출판인은 정보를 생산하고 전파하려는 자와 수용하는 시민을 연결하는 무대를 만들어냈고, 그 자체로 엄청난 파워를 갖게 됐다. 이 때문에 영미 문화권을 제외하고 독일, 스페인, 아시아의 여러 나라에서는 언론의 자유와 보도를 제한하고 탄압했다.

미국과 소련을 건국한 리더들은 150년이라는 꽤 긴 간극이 있는데도 언론인 또는 신문을 활용했다. 이는 매우 흥미로운 모습이다. 벤저민 프랭클린은 출판인이었고 레닌은 지하신문을 운영했다. 미국의 3대 대통령인 토머스 제퍼슨은 언론의 자유가 독재를 막고 민주주의가 생존하는 데 절대적 필요조건이라며 이런 말을 남겼다.

"신문 없는 정부보다 정부 없는 신문을 택하겠다."

레닌은 소련에 널리 보급하기 위한 최초의 마르크스주의 신문 「이스크라」를 발행했다. 공통의 사상, 이념, 정보를 가져야 비슷한 생각을 가질 수 있고 이런 결사체여야 혁명이 가능하다고 믿었기에 지하신문을 운영했다. 지하신문은 내부투쟁에 유용했고 새로운 형태의 당을 만드는 데 매우 효과적이었다. 그러나 중국과 오스만 제국은 신문과 정기 간행물에 대해 관용적이지 않았다. 그나마 중국은 홍콩과 상하이의 조계지역 등 청 제국의 통치가 미치지 못하며 영국의 법률 개념이 적용되는 지역에서 신문이 발행됐다. 하지만 오스만 제국은 신문이 "파리, 런던, 제네바 등지에서 인쇄되어 그중 일부가 개인이 편지를 보내는 방식으로 국내로 들어왔다."[315]

교육제도, 징병제, 조세제, 출판문화의 자유와 같은 일들은 복합 과제들로 과제들 간 연계성이 크다. 뒤에서 상세히 살펴보겠지만 2단계에서 출판문화가 얼마나 중요한지에 대해선 서재필의 사례를 보면 알 수 있다. 갑신정변의 주도자 중 한 명이었던 서재필이 1895년 말 미국에서 귀국할 때 아주 이례적인 선택을 한다. 바로 「독립신문」을 창간한 것이다. 일본 군대에서 1년을 수학했고 갑신정변의 행동대장으로서 여섯 명의 대신을 베는 데 앞장섰던 그가 급진적인 '위로부터 개혁'이 가진 한계를 깨닫고 난 뒤 내린 선택이었다. 갑신정변에 대한 회한이 있어서일까? 마음은 급하지만 꾹 참고 움직이지 않는 정중동의 자세를 가졌더라면 어땠을까? 이 자세는 가끔 죽은 목숨을 살리기도 하지만 개혁 역량을 축적하고 발휘하는 데도 유용했다. 작은 차이인 듯하지만, 신문을 통한 계몽과 교육사업을 먼저 시행한 다음 혁명이든 뭐든 나중에 했더라면 이 역사적인 시간에서 생과 사가 갈렸지 않았을까? 게다가 그는 미국을 경험하면서 국민을 계몽하는 방법은 교육과 언론이라고 결론을 내린다.

"교육과 언론을 통해 민民을 계몽시키고 그들을 정치세력으로 동원하는 방법을 최초로 시도했던 것이다."³¹⁶

법률을 통한 제도화는 시작에 불과하며 심의와 토론을 거쳐 공화주의의 가치를 심고 시민의식을 일구는 일이 더 중요하다고 판단했다. 권력을 감시하고 국민에게 정보를 전달하고 공론장을 형성하는 언론 기능은 봉건 국가가 정상적인 근대 국가로 나아가는 데 필수 요건이다. 1874~1875년 출판된 저명한 학술 간행물인 「메이로쿠明六」에 가장 많을 글을 게재한 사람은 네덜란드에서 유학했던 쓰다 마미치이다. 그는 문명 인식에서 중요한 요소 중 하나는 출판과 표현의 자유라고 강조했다.

"쓰다 마미치의 문명 인식에서 중요한 요소 중 하나는 자유였다. 그는 출판의 자유를 논하면서 '야만의 정치는 사람을 속박한다. 문명의 민民은 속박을 면한다. 문야文野의 구별은 단지 민의 언행이 자유를 얻느냐 못 얻느냐에 달렸다.'라며 정치적 자유의 유무에서 문명과 야만의 기준을 구하였다."³¹⁷

김수영 시인은 압제의 시절에도 "문화는 본질적으로 불온한 것, 불가능을 추구하는 것"이라며 "창작의 자유는 100%의 언론 자유가 없이는 도저히 되지 않는다."라고 강조했다. 오늘날에도 군부나 독재정권은 체제 장악과 유지를 위한 핵심 수단으로 폭력과 검열을 통해 언론을 억압한다. 제5공화국 때 문화공보부와 안전기획부가 함께 만든 보도지침을 매일 모든 신문사와 방송사에 내려 보도 방향을 강제했던 것은 대표적인 사례다.

한편 조선은 민간 출판문화를 갖지 못하다 보니 시대 현실을 정직하고 용기 있게 대면해서 대안을 제시할 방법을 찾지 못했다. 예외적인 지식인이었던 다산 정약용만이 양반에게 주어진 각종 특권을 폐지하고 생산적인 역할을 맡아야 한다며 털끝 하나하나까지 부패했던 조선 관료사회를 개혁하는 각종 방안을 제시했다. 그의 책은 그저 철학이나 사상을 담은 허구가 아니라 낡고 부패한 구체제를 무너뜨리는 시대정신이기도 했다. 그러나 조선 후기에 민간의 출판문화가 전무하니 정약용의 혁신을 담은 책도 세상에 전파될 수 없었다. 문학 역시 새로운 질문을 던지는 담론을 형성한다. 문학 작품 속에는 다양한 가치가 존재한다. 시대는 문학에 투영되고, 반대로 문학은 시대가 주는 의미가 무엇인지 화두를 던진다. 때로는 가치판단의 기준이 되어온 이념과 종교에도 상처를 내고 의문을 제기한다. 그러면서 우리는 작품과 교감하며 자연스럽게 새로운 생각을 하게 된다. 이렇게 산발적인 담론들이 어느 순간 하나의 공론장으로 수렴되면 새로운 생각과 이념은 사회에 그 모습을 뚜렷이 드러낸다.

신분해방과 세 가지 근대화 정책을 마친 근대적 기본 체제(1단계)를 완성된 자동차라고 가정해보자. 차와 도로가 다 구비됐다면(2단계) 이것으로 끝나는가? 그렇지 않다. 신호등이 없으면 속도를 낼 수가 없다. 신호등 역할을 하는 게 법과 제도화다.

### 제3영역은 법 제정과 제도화다

근대적 시장경제제도의 정착, 소유권의 보장, 근대적 기업제도와 거래 안전성을 보장하는 법과 제도의 제정을 통해 재산권을 보호하고 법치사회가 정착되도록 뒷받침해야 한다. 사유재산과 개인의 권리를 법으로 보호하지 않으면 어느 누구도 모험을 통해 부를 늘리려 하지 않는다. 그런 불안한 사회는 권력의 친소관계에 따라 뒤웅박 신세라 사회적 부가 증가할 수가 없다. 이건 최소한의 숙제다.

숙제를 마치지 못한 국가는 그다음 단계로 나아갈 수 없다.

3단계를 거치고 나면 음속을 돌파한 나로호처럼 완전히 다른 가속도의 사회로 진입하게 된다. 그렇다. 근대화에서 최대 난관은 법률의 완비였다. 그렇기에 근대 헌법의 제정은 곧 근대화된 상태를 말해주는 바로미터였다. '개인을 지키는 권리의 언어'를 제공하는 법은 국가에 개인이 가진 정당한 권리를 요구하고자 할 때 그 근거가 된다.

1789년 미국 헌법이 발효되고 프랑스 대혁명이 확산한 근대 헌법은 그 나라의 정체성과 지향하는 가치뿐만 아니라 다양한 정치와 사상의 패턴을 주조하고 더 나아가 일반인의 기대에 부응(때로는 견인)하며 광범위한 지지를 끌어 모으는 구심점 역할을 했다. 헌법은 법과 정치의 영역을 뛰어넘었다. 오스만튀르크에서 술탄 압둘하미트 2세의 전제정치를 폐지하고 근대화의 불을 붙인 1908년 청년튀르크당 혁명의 봉기 명분은 헌법 부활이었다.

"반군 지도자들이 술탄에 보낸 최후통첩의 골자에 대해 이렇게 적었다. '모든 나라에 헌법이 있습니다. 오직 튀르키예만이 그것을 선언해놓고 폐지하는 바람에 국민이 만족하지 못하고 있습니다. 군인들의 생각이 바뀌었습니다.'"[318]

20세기 초에는 헌법이 없는 나라는 마치 담벼락이 없는 집처럼, 근대 헌법은 국가의 필수체제라는 인식이 지식인 집단이 아니라 일반 병사들 사이에서 싹텄다는 사실이 중요하다. 게다가 그들은 훨씬 더 외면할 수 없는 주장을 펼쳤다. 이미 '모든 나라에 헌법이 있다.'라고 역설하며 헌법을 근대 국가의 근대화된 상태를 말해주는 필수품으로 받아들였던 것이다.

한 가지 오해하지 말 것은 1단계를 마치고 난 다음에 2단계를 구축하는 게 아니라는 사실이다. 사실상 각 단계는 상호작용하면서 연계되어 있다. 농업을 기본 축으로 한 다음 공장을 건설하여 키워나가고 상업을 활성화하여 국민을 부유하게 하는 제도를 도입하려면 거기에 걸맞은 교육과 조세제도가 있어야 한다. 이 단계들을 건너뛰고 근대화를 이룬다는 것은 불가능에 가깝다. 또한 이 세 단계 조합 자체도 무궁무진할 뿐더러 그 변화의 결과도 각양각색이다. 여기에 바둑에서 초읽기 같은 시간의 압박이 저승사자처럼 쫓아오는 것을 고려하면 각 단계의 품질도 천차만별일 것이다.

이 세 단계를 제대로 마친 국가는 이륙했고 가속도의 사회로 진입할 수 있었다. 일본은 겹겹의 난관을 돌파한 후 이륙했고 조선은 추락했다. 조선은 3단 로켓이 목표 궤도까지 갔다가 실패한 걸까? 아니면 1단계도 이르지 못한 것일까? 결론부터 말하면 1단계조차 이르지 못했다. 1905년 을사늑약 이후 각 단체에서는 국권을 회복하자는 운동이 커졌고 국권 회복의 구체적인 대안을 마련하고자 했다. 1905년에 결성된 헌정연구회는 입헌정치를 실현해야 국권을 회복할 수 있다고 주장했고 「대한매일신보」는 1905년 12월 4일자 사설에서 실력 양성을 강조했다.

"국권회복의 관건이 자수자강自修自强, 곧 실력양성에 있으며 그 실력양성은 정계개편, 단체의 결성, 신교육의 실시, 신지식의 보급, 산업진흥에 있다."

근대화는 일곱 가지 필수요소를 해결하는 것이다. 이를 세 개의 영역으로 나누어 도식으로 그리면 다음과 같다.

이 일곱 가지 필수요소를 구체적인 기준으로 분석하면, 어느 나라가 어떻게 근대화를 추진하여 선진국이 됐고 어떤 나라는 어느 부분에서 근대화를 이루지 못해 식민지로 추락했는지 비교할 수 있다. 왜 이런 기준들이 필요할까? 사건이나 인물 중심으로 정치적인 면이 부각된 역사 서술은 흥미로우나 통찰력을 얻는 데 매우 취약

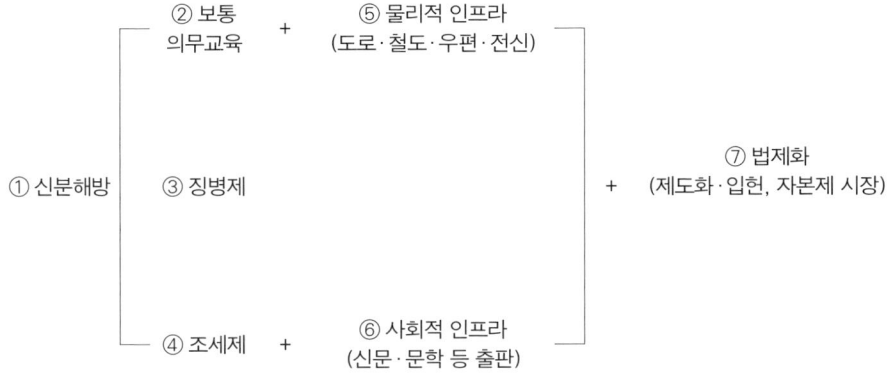

하다. 서구도 세밀하게 여러 단계를 거쳐 근대화를 이뤄냈다. 마찬가지로 우리 역시 세밀한 기준으로 역사를 돌아보고 교훈을 얻어야 한다. 더욱이 우리는 이 시기에 잘 대응하지 못해 나라를 잃었다. 이제 반드시 요구되는 일곱 가지 필수요소를 통해 역사를 돌아보고 다른 나라와 비교 분석함으로써 실체적 진실에 다가가고자 한다.

### 근대화는 저절로 이뤄지지 않는다

"근대를 이룬 국가는 모두 비슷한 이유로 성공한다. 하지만 근대화를 이루지 못한 불행한 국가는 기저요인은 비슷하지 않고 각자만의 고유한 이유로 실패한다."

톨스토이의 소설 『안나 카레니나』의 첫 문장을 변용한 것이다. 이 일곱 가지 과제는 근대화에 있어 필수 사항이다. 역사는 축약할 수 있으나 생략할 수는 없다. 이 일곱 가지 필수요소는 어느 한 부분을 뛰어넘고 다음으로 갈 수 없는 것들이다. 반드시 거쳐야 하는 필수 과제다.

그런데 근대 국가는 자연스럽게 역사적 발전 단계에 따라 만들어진 것일까? 수렵사회에서 농경사회로, 농경사회에서 근대 산업사회로 말이다. 영국에서 최초에 일어난 산업혁명은 파문을 일으키며 지리적으로 가까운 프랑스, 독일 등으로 점점 번져나갔다. 그런데 강압적으로 근대화를 강요받았던 중국, 조선, 오스만 제국, 이란 등 주요 국가들은 강대국들의 침략이 없었다면 아마 시간은 좀 더 걸렸겠지만 자신들이 가진 전통의 역량으로 근대 산업사회로 나아가지 않았을까 하는 원초적인 의문이 든다.

물론 역사의 방향성은 근대화를 지향하겠지만 시간이 흐른다고 해서 자동적으로 농경사회에서 근대 사회로 발전하지 않는다. 미안하지만 가장 뛰어난 문자인 한글이 한국인의 발명품이듯 근대화는 서유럽의 발명품이었다. 물론 유럽이 전부 발명한 건 아니다. 동양의 발명을 전수받아 자체적으로 발전시킨 것도 있지만 분명한 것은 근대 국가라는 복잡한 시스템을 완성한 것은 서유럽이었다. 농경사회나 봉건사회에 살던 기득권층에서 몇몇이 정신을 차려 '우리도 근대화해야지.'라고 한다고 해서 이뤄지는 게 근대 국가가 아니라는 얘기다. 다시 말해 근대화나 산업화는 자연스러운 역사 발전 단계에 따라 이뤄지지 않는다. 즉 인위적인 노력이 필요하다는 얘기다.

요컨대 시대정신에 따라 기득권을 버리고 엘리트 계급이 스스로 자기 계급에 대한 특권을 폐지해야만 근대화라는 성과를 이뤄낼 수 있다. 1800년대 전반부까지 대부분의 국가는 농경 위주의 봉건사회였다. 수천 년 동안 이런 봉건사회가 계속 이어지면서 1820년까지 인류의 93%가 농촌지역에서 살았다. 제프리 삭스 교수에 의하면 인간과 동물의 노동력에서 벗어나 증기기관이라는 범용 기술을 도입하여 직물 생산, 수송비, 제철 비용 등 많은 분야에서 비약적인 생산성을 보인 1820년 이전까지 전 세계의 85%가 극빈에 허덕였다고 한다.

"전 세계 인구의 약 85%가 농업으로 먹고살았고 거의 자급자족을 하는 수준이었다. 그리고 전 세계 인구의 약 93%가 농촌지역에서 살았다. 대부분의 사람들은 자기가 태어난 곳 이외의 지역을 가본 적이 없었다. 그들은 노예이거나 농노이거나 이런저런 방식으로 토지와 토지 소유주에게 묶여 있었다. 극빈이 만연했고 기대수명은 짧았다."[319]

변화를 불러온 대표적인 요소이자 근대 역사에서 가장 중요한 요소는 바로 산업혁명이었다.

"산업혁명 이전에는 변화가 너무나도 느리게 진행됐기 때문에 대부분의 사람들은 그날그날의 삶에 몰두하느라 변화를 거의 눈치 채지 못했다. 그러나 이제는 이런 것들이 가속화하고 있다. 한 추산에 따르면 200년이 약간 넘는 기간 동안 (…중략…) 전 세계 1인당 소득을 30배 증가시켰다. 이러한 산업화와 함께 일과 기술, 사회제도, 생활양식, 편의시설, 여행, 교육, 건강 같은 다른 분야에도 막대한 변화가 일어났다."[320]

동서양을 막론하고 농경사회는 어느 국가나 가부장적 사회였다. 농경사회는 강도 높은 노동을 해야 간신히 먹고사는 정도의 사회다. 아침 일찍부터 힘든 노동을 시키기 위해서는 강력한 권위가 필요했다. 농사를 지으려면 여자보다는 남자의 힘이 더 필요하니 남아선호도 심했다. 그럼에도 식솔만 가지고 농사를 지어서는 생산량이 부족하니 노비를 필요로 했다. 이렇게 해서 소수의 잉여를 얻은 사람은 여가를 누렸다. 노동으로부터 자유로운 존재는 조선뿐만 아니라 어느 나라에서든 소수의 사람만 누릴 수 있는 특권이었다.

이 특권을 가진 사람들이 정치를 하고 권력을 잡았다. 기득권층이 평화로운 시기에 외부의 압력 없이 자신의 기득권을 스스로 포기한 경우는 역사상 전무했다. 자발적으로 근대화를 이루고 농경사회에서 벗어난 나라들에서는 새로운 부르주아 세력들이 등장하기 시작했다. 이어진 정신혁명(종교개혁)은 그들을 정신적 굴레에서 해방했고 근대화를 공고히 했다. 자세히 들여다보면 영국, 프랑스, 독일, 미국 등의 나라들도 '인위적인 인풋input과 치열한 노력'을 통해 근대 국가를 건설했다.

조선은 시간이 느리게 흐르는 농경 위주의 가부장 사회였다. 조선에서 남성은 다른 농경문화권과 유사하게 가족 내 권력자로서 군림했다. '아이와 여자들'이라는 표현처럼 여자는 능동적인 사회 주체가 되지 못했다. 본래 유학은 남녀를 동등한 권리로 인정한다. 일부 양반가에서는 여성을 우대했다고 주장하지만 그것은 별 의미가 없다. 오늘날 이슬람 극단주의자들도 똑같은 주장을 펴고 있다. 나의 관점은 분명하다. 조선이 근대성의 한두 요소를 다른 나라보다 먼저 선취했느냐는 중요한 게 아니다. 새로운 변화에 맞춰 근대적인 제도를 만들어 일상에서 다수가 그 혜택을 누린 사회인가, 아니면 근대적인 제도를 만들지 못하고 전통적인 시스템에서 소수만 기득권을 누린 사회인지가 중요하다. 물론 조선 사회에 대한 아쉬움은 있다.

조선은 왕권을 축소하고 재상 중심의 나라를 만들려고 했다. 홍문관, 사간원, 사헌부 등 간언제도를 통해 막힘없는 언로가 중요하다는 것도 잘 알았다. 역사에서 '만약'이란 가정처럼 무의미한 건 없다. 그럼에도 만약 조선이 여기서 한발만 더 나아가 입헌군주제 시스템을 도입했다면 동아시아 질서는 달라졌을 것이다. 두고두고 아쉬운 대목이다. 하지만 스스로 근대적인 시스템을 만들지 못하고 왕이라는 개인의 선의에 맡기는 게 얼마나 위험하고 문제가 많은지를 여실히 보여주는 게 조선 말기의 모습이다. 문명사적 측면에서 볼 때 근대화란 정치적으로는 입헌제로 법률에 의한 통치를 하고(낮은 단계의 국민주권을 실현하고), 경제적으로는 산업혁명을 통해 기계공업을 도입하는 것이고, 사회적으로는 신분을 해방하고 의무교육제도를 도입하는 것이다. 근대화는 한마디로 왕권을 법적으로 제한하고 국민의 기본권을 확장하는 역사다. 특히 산업혁명은 수천 년 동안 이어온 농업사회를 근대 산업사회로 바꿨다. 산업혁명을 기점으로 평균 키, 평균 수명, 1인당 소득이 모두 수직으로 상승했다. 그런데 조선은 근대화에 실패한 결과 여러 세대에 걸쳐 후손에게 비극과 고통을 물려주었다.

어느 나라가 건강한 사회인지는 기준을 어떻게 잡느냐에 따라 달라진다. 객관적 기준 중 하나로 평균 수명을 들 수 있다. 근대화를 이뤘던 선진국과 근대화 과제를 완성하지 못한 식민지 국가의 평균 수명 차이는 20여 년 차이가 났다. 1950년을 비교해 보면 일본, 프랑스, 영국의 평균 수명은 60~69세인데 한국, 인도네시아, 케냐 등은 42~45세였다. 선진국에 비해 당시 이 땅에 태어난 사람들은 15년에서 25년 정도 통계적으로 덜 산 매우 짧은 삶이었다. 이는 경제적으로 너무 열악한 데다가 영양 공급이 되기는커녕 상하수도 인프라 등이 총체적으로 부실하고 열악한 상태였다는 것을 여실히 보여주고 있다. 한국인의 평균 수명은 1970년에 이르러서야 62.3세에 도달했다. 오강남은 2002년 통계청장에 부임했을 때 감회가 새로웠다고 얘기한다.

"어린 시절 그토록 성대하게 치르던 환갑잔치가 사라진 사실을 깨닫게 됐다. 그 원인을 찾다가 1960년 52.4세이던 한국인의 평균 수명이 2001년 76.5세로 늘어난 사실을 알게 됐다."[321]

지금은 70세 고희잔치도 가족들만 모여 조촐하게 보내는 세상이라니 정말 놀라운 기적이다. 오늘날 한국은 최장수국 중 하나이다. 영국 임페리얼칼리지의 한 논문에서 2030년 한국인의 기대수명은 여성 90세, 남성 84세로 최장수 국가가 된다고 예측했다. 연구진은 건강보험제도와 의료기술의 발달, 높은 수준의 교육, 어린이 영양을 비결로 꼽았다.

다른 국가들은 어떻게 근대화를 이루었을까? 근대시기에 서구 문명과 다른 문명의 만남은 신사적이라기보다 폭력적이었다. 서구의 진격은 '기독교 정신, 합리주의, 문명화를 이루기 위해'라는 명분을 내걸었지만 실제는 폭력과 압도적인 무력으로 이뤄진 것이었다. 근대 국가를 이룬 열강들이 압도적인 힘으로 '변화냐? 식민지냐?'라는 양자택일을 요구할 때 백척간두에 선 나라들은 '빗장을 열 것이냐? 닫을 것이냐?'라는 분수령 앞에 놓였다.

한 그룹은 일본처럼 빗장을 열어 변화를 추구했다. 학교를 짓고, 공장을 만들고, 근대 대학을 설립하고, 과학기술을 양성하고, 헌법을 만들었다. 앞서가는 선진 유럽을 쳐다보며 열등감과 초조감에 쫓기면서도 한편으로는 여전히 낡은 제도를 고수하고 있는 이웃 나라들을 보면서 우월감을 가졌다. 또 다른 그룹은 구한말 조선처럼 스스로 개혁할 의지와 능력이 없었다. 무슨 일이 벌어지고 있는지도 모르는 국가들은 식민지나 반식민지 상태가 되어 강요된 근대화라는 비극을 겪어야 했다.

조선이 전가의 보도처럼 내세웠던 '전통의 고수'는 부메랑으로 돌아와 경쟁력을 잃게 만들고 남아 있던 전통마저 파괴되는 결과를 불러왔다. 결국 열강들의 도전 앞에서 자력의 힘으로 변화를 이끈 국가는 살아남았다. 그 도전에 제대로 응전하지 못한 99%의 나라는 10여 개 나라들의 식민지가 되어 지배와 착취를 당했다.

2장

# 필수요소 1
# 근대교육

# 1
# 문명의 전환기 각국의 선택

### 서유럽의 근대교육

 구한말 가장 시급한 건 근대화를 이끌 엘리트를 어떻게 확보할 수 있느냐였다. 따라서 엘리트를 양성할 고등교육기관이 존재하느냐, 존재하지 않느냐는 매우 중대한 과제였다. 사실 이것은 고종에게 어울리지 않는 질문일지 모른다. 군대, 경제, 인사 등 핵심 요직은 민씨 척족이 대부분 차지하고 있었다. 고종 통치 43년, 그 긴 기간 동안 기억에 남는 단 한 명의 유능한 장군도 정치가도 없었다. 조선 역사상 40년 이상 통치한 왕은 영조(51년 7개월), 숙종(45년 10개월), 고종(43년 9개월), 선조(40년 7개월) 네 명뿐이다. 40년이면 나라의 운명이 갈리기에 충분한 시간이었다.
 반도체로 세계를 지배하던 일본은 40년 만에 거의 제로에 가까울 정도로 존재감이 없어졌다. 미국은 40년 동안 제조업 경시 풍조가 이어지면서 경쟁력을 갉아먹었고 급기야 중국의 추격을 허락했다. 중국은 불과 40년 만에 세계 총생산GDP의 2%에서 18%를 차지하는 세계 최대 제조업 생산국이자 교역국으로, G2 경제대국으로 부상했다. 모두 40년 만에 벌어진 일이다. 폭풍이 몰아칠 때 버텨내는 힘이 국력이다. 조선은 폭풍이 잦아들 때까지 견뎌내야만 했다.

하지만 조선은 재정마저 빈약한 상태에서 사리사욕에 눈먼 못난 리더들이 40년 동안 반드시 해야 할 일은 하지 않고 해서는 안 되는 일만 골라서 했다. 조선은 망국의 내리막길을 향해 치달았다. 빛나는 조선 문명이 무너진 게 아니라 '고종의 조선'이 망한 것이다. 스스로 유일한 황제가 되어 거의 견제도 받지 않고 제멋대로 인사와 권력을 휘두르다 보니 도처에서 치명적인 문제들이 생겨났다. 홍익인간이 아니라 홍해인간弘害人間, 널리 인간 세상을 해롭게 한 자들이 고종, 민씨 척족, 그리고 조정의 엘리트 사대부들이다.

리더를 평가할 때 의도, 과정, 결과의 세 가지로 분석한다. 우리 역사서의 대부분이 과정이나 결과가 허약하다 보니 고종의 의도에 초점이 맞춰져 있다. 사실상 고종은 근대 국가를 만들 의도도 없었고 그런 노력도 하지 않았고 그런 결과를 만들기 위해 헌신한 적이 없다. 고종은 엘리트를 양성하기 위한 근대 교육(특히 대학교육)에 대해 밀도 있게 고민한 적이 없었다. 근대 교육이라 함은 국가가 근대 교육기관을 전적으로 관리하는 것과 함께 다음 세 가지가 포함되어야 된다. 첫째, 초등-중등-고등小-中-大교육의 3단계 교육체제를 확립한다. 둘째, 신분과 남녀 차별을 없애는 방향으로 교육 기회를 확대한다. 셋째, 근대 시민으로서 가치관(자유, 평등, 권리, 의무)이 형성될 수 있는 교육적 배경을 마련한다.

근대 교육은 실시할 때 재정과 교사 수급 문제 등이 해결돼야 하기에 일순간 전 국민에게 적용할 수가 없다. 큰 방향을 설정하고 예산을 투입하여 학교를 짓고, 근대 교육이 가능토록 배경을 마련하는 것이 전제되어야 한다. 고종 시대의 근대 교육을 논하기 전에 먼저 교육과 근대의 관계를 살펴보고 동아시아 삼국은 어떻게 대응했는지 간단히 알아본 후 공교육의 역사를 살펴보겠다.

이 문제를 살펴볼 때 근대라는 문명의 전환점에서 다른 나라들은 무엇을 어떻게 시도했는지 파고들면 비로소 답이 나온다. 근대의 위기 앞에서 프랑스나 독일도 미래를 대비하기 위해 근대 대학을 설립했다. 그들이라고 근대화를 이루어가는 과정이 덜 고통스럽거나 덜 힘들었던 것은 아니다. '앞서서' 당면한 문제들과 분투하며 '나아갔던' 것이다. 그래서 선진국先進國이라 한다. 프랑스는 공화국을 수립하기 위해 루이 16세 부부를 처형했고 무려 100여 년 동안 독재(로베스피에르) → 전쟁(오스트리아-프로이센) → 독재(나폴레옹) → 왕정 복귀(부르봉 왕조) → 왕조 교체(1930년 7월 혁명) → 대통령 선거(1948년 2월 혁명) → 쿠데타(나폴레옹 3세) → 전쟁(프로이센-프랑스)이라는 롤러코스터를 타며 수많은 피를 흘렸다.

시시포스의 신화처럼 공화국을 만들어놓으면 다시 쿠데타나 반동적인 정치로 원위치했다. 이 정도면 대부분 국가는 망가져서 다시는 일어나지 못했을 것이다. 정치구조가 취약해지면 좌우 가릴 것 없이 포퓰리즘이 득세해서 악순환만 거듭하는 게 세계 역사다. 그런데 프랑스는 또 분연히 일어나 공화국을 수립하고 선진사회를 만들어갔다. 이를 보면 프랑스 대중이 갖고 있는 '불굴의 신념' 같은 게 느껴진다. 익명의 복합군중 속에 흐르는 어떤 공동체 의식이나 집단지성이 존재하는 것일까? 그리고 그런 것들이 군중 속에 존재할 수 있을까? 프랑스는 수많은 숙제를 세계에 던졌다. 후발주자인 독일은 1871년이 되어서야 겨우 통일국가를 수립할 수 있었다. 그런 점에서 우선 프랑스와 독일의 사례를 간략히 살펴보자. 자세한 내용은 공교육 편에서 얘기하겠다.

프랑스는 프랑스 대혁명 이후 혁명군을 이끌어갈 엘리트 인재를 양성하기 위해 1794년에 '에콜 폴리테크니크'를 설립했다. 이 학교는 19세기 최고의 석학들을 배출하는 명문교가 됐다. 최초 설립 정신을 따라 지금도 이 학교의 학생들은 군사훈련을 받고 있으며 중요 행사에는 군복을 입고 파리에서 시가행진한다. 독일은 더 극적이다. 나폴레옹에 패한 후 풍전등화 속에서 1810년 베를린 대학을 세워 미래를 기약했다. 베를린 대학교는 1830년대의 세미나와 비판정신을 장려했고, 도서관을 설립했고, 학과가 세부적으로 분화되면서 전문성이 강화됐고, 1840년대 말에 이공계 실험실이 세계 최초로 설치됨에 따라 '근대 대학의 어머니'로 불렸다.

이렇게 독일은 대학교육을 통해 후발주자로서 불리함을 극복하려 했다. 그렇다면 이 시기 동아시아 삼국의 상황은 어떠했을까? 조선과 중국은 잘 보이지 않고 도무지 판단하기 어려운 근대화를 이해하려고 서양을 이리저리 만지고 그려보았다. 군맹무상群盲撫象이었다. 장님들이 코끼리를 더듬고는 나름대로 판단한다는 고사성어처럼 그것은 벽이었고 기둥이었지 코끼리는 보이지 않았다. 아편전쟁으로 혼이 난 중국은 스스로 물었다. 서유럽이 패권을 차지한 까닭은 무엇이었나? 중국은 일차적으로 서양이 더 강력한 무기를 가졌기 때문이라고 생각했다. 하지만 서유럽의 핵심은 무기나 기술이 아니었다. 중국은 청일전쟁에서 일방적으로 패하자 비로소 서양의 정치체제가 그 힘의 원천이라 생각했다. 하지만 시간이 흐른 뒤 서유럽의 진짜 경쟁력은 기술도 군대도 아니라 '종교와 대학'이었음을 깨달았다. 이것은 이미 이와쿠라 사절단이 다양한 시찰 일정에 따라 바삐 움직이면서도 도달한 깨달음이었다. 그들이 각종 공장을 시찰하면서 구체적인 견문만 한 것이 아니라 그 배경에 있는 과학적인 합리 추구의 정신을 파악했던 것이다.

종교는 개인이 스스로 『성경』을 읽어야 한다는 개신교의 믿음이 문해력과 학교교육 혁명을 촉발하는 역할을 했다. 이와쿠라 사절단은 "인민이 신을 경외하는 마음은 근면의 근원이 되고 좋은 품성은 치안의 원동력이 되어 국가의 부강이 이런 것에서 생겨나는 것임"을 인정했다. "기독교가 각 개인의 도야를 통해 현대 미국 융성에 도덕적 기둥이 되어 있다는 것을 알아차렸기 때문이다."[322] "개신교 문화는 또한 교육을 강조했다. 그것은 교회조직을 통해서가 아니라 성경을 통해 직접 신과 소통하는 것을 중시한 개신교의 특성 때문이었다. 심지어 여자아이들도 교육을 받았다. 이러한 전통 속에서 산업혁명기에 활약한 기술자들이 나타나게 됐던 것이다."[323]

대학은 학문의 방법론과 체계적인 대학이라는 틀을 통해 지속적으로 인재를 육성하고 자신들의 문화를 유지하고 발전시켜 나갔다. 이와쿠라 사절단은 "목전의 산업사회의 배후에 불과 40년, 50년 정도가 아니라 한층 더 깊은 문화의 축적이 있는 곳을 간과하지 않았다. 또한 '무섭게 갈고닦아 강구하는 정신'이 서양 문명 전체의 밑바닥에 작용하여 그것이 오늘날의 눈부신 발전에까지 이르게 하였다는 것을 알아차렸다."[324]

### 무형의 가치를 알아보다

서유럽은 대학을 국가 발전의 원동력으로 삼았다. 대학에서 심도 있게 연구하는 문학과 역사는 국민의식 형성의 중요한 수단이었고 법률과 사회과학 과목은 효율적인 국가 운영의 도구로 활용됐다. 과학기술을 통해 산업화를 이루려면 대학의 과학과 기술 역량을 활용해야 했다. 사실상 대학을 정점으로 하는 교육체계는 '지식 네트워크의 허브'였다. 동아시아에서 대학과 근대교육의 가치를 가장 먼저 알아본 나라는 일본이었다. 1868년 기도 다카요시는 서유럽 국가들이 부강한 것은 소수 엘리트 인재 때문이 아니라 다수의 일반 국민의 문해율과 교육 수준에 달려 있다고 조정에 자신의 의견을 피력했다.

"나라의 부강은 인민의 부강이며 일반 인민이 무식빈약의 틀을 넘지 못한다면 왕정유신의 미명도 이름뿐이며 세계 부강의 각국에 맞서고자 하는 목적도 이룰 수 없다. 일반 인민의 지식을 진척시키고 문명 각국의 규칙을 받아들여 전국적으로 학교를 진흥시키고 교육을 시행하는 것은 오늘날 매우 중대하며 시급한 의무다."[325]

오늘날 동남아시아나 제3세계의 정치·경제 리더 중에는 하버드나 옥스퍼드를 비롯한 세계 명문대 출신들이 즐비하다. 하지만 어느 사회를 길게 볼 때 그 사회가 이뤄낸 수준을 결정하는 건 대중이 가진 의식과 교육 수준이다. 아무리 해외 명문대 출신을 지도자로 선출했다 하더라도 대중의 의식과 교육 수준이 낮으면 성과를 창출할 수 없다. 한국이 수많은 굴곡을 겪고도 이 정도 수준에 이른 건 한국인이 가진 교육열과 높은 의식 수준이 잘 작동한 탓이다. 기도 다카요시가 간파한 대로 나라의 부강은 인민의 부강에 있으며 일반인이 무식하면 아무것도 이룰 수 없는 것이다. 기도는 지금 당장의 부함과 빈함을 논한 게 아니라 몇 수 앞을 내다보고 건의한 것이다.

중국의 양무파는 부국강병을 이루기 위해서는 막강한 서양의 무기와 기술을 수입하여 보강해야 한다고 주장했다. 메이지 유신 세력은 서양과학과 기술의 토대를 이루는 광범위하고 조직적인 서구 문화를 수용해야 하며, 그에 대한 방편으로 일반 국민의 지식을 진척시키기 위해 학교를 세우고 교육을 통해 계몽하는 것이 가장 중요한 과제임을 인식했다. 다시 말해 '부국강병을 위한 국민교육'을 주장했다.

바둑의 최종 승패는 지금 당장 이기고 있느냐가 아니라 상대방보다 몇 수 앞을 내다보고 착점하느냐에 달려 있다. 리더의 선견력先見

力이고 통찰력이다. 어려울 때일수록 허둥대며 대책을 내놓기보다 평정심을 유지하고 미래를 대비하는 것이다. 그러기 위해서는 현재를 어떻게 인식하고 문제를 푸느냐가 중요하다.

'우선 서양에서 무엇을 받아들여야 하는가?'라는 물음에 후쿠자와 유키치 역시 저서 『문명론 개략』에서 무형의 시스템인 교육이 서구의 핵심이라고 강조했다. 그는 일부에서 서구의 무기나 군함을 적극적으로 들여와야 한다고 주장할 때 다음과 같은 유명한 비유를 통해 서구의 보이는 힘뿐만 아니라 보이지 않는 힘까지도 보아야 한다고 역설했다. "1,000척의 군함이 있기 위해선 1만 척의 상선이 필요하고, 1만 척의 상선을 위해선 10만 명의 항해사가 필요하다. 10만 명의 항해사를 기르는 건 '학문과 교육'이다."

서구의 힘은 밖으로 드러난 군사력이 아니라 그걸 가능케 한 교육, 법률, 사회체제 등 무형의 시스템임을 간파한 것이다. 후쿠자와는 일급의 관찰자였다. 그는 보고 싶은 것만 본 게 아니라 보이지 않는 부분까지 꿰뚫어 본 것이다.

"후쿠자와는 다른 사람이 유럽 문명 하나하나의 세부사항에 눈을 돌리고 있을 때 그 세부사항을 관련시켜 작동시키는 전체 조직에 용의주도한 관찰을 하고 있었다. 예를 들어 이찌가와 와따루가 기차에 크게 감탄하여 차량의 크기, 속도, 레일의 폭과 높이까지 측정하여 일기에 기록하고 있을 때 후쿠자와는 이미 철도회사의 구성과 경영법, 은행업, 이집트 철도의 영·프 양국의 2분 지배 현상 등에 관심을 보이고 있다."[326]

중국에서 교육의 가치를 알아차린 것은 30년 동안 양무운동을 통해 서양의 기술을 도입하고도 청일전쟁에서 처참히 패배하고 난 뒤였다. 캉유웨이 등은 1895년 베이징으로 과거시험을 보러 가는 수레(공거)에서 약 1,000여 명의 서명을 받아 '공거상서公車上書'를

광서제에게 올렸다

"서구가 부강한 까닭을 고찰해보니 이는 포, 무기, 군사에 있지 않고 이치를 따지고 배움을 권장하는 데 있었다. 그들은 7~8세가 되면 모두 입학을 하게 하고, 배우지 않는 자가 있으면 그 부모에게 책임을 묻는다. 그리하여 시골의 글방도 매우 많다. 각 국가의 식자율(문해율)을 보면 100명 가운데 70명이다. (…중략…) 그러나 문물의 나라 우리 중화에서는 책을 읽고 글자를 아는 사람은 100명 가운데 20명에 불과하다."[327]

1898년 발탁된 캉유웨이는 권력을 잡고 개혁을 시행하면서 그중 하나로 경사대학당(베이징대학교 전신)을 설립했다. 100일 만에 정변이 발발하여 개혁들은 거의 다 물거품이 됐지만 개혁의 흔적이자 상징처럼 경사대학당은 살아남았다. 하지만 초기 경사대학당은 초등, 중등, 고등학생 수준이 뒤섞여 '대학이라기보다 중학 중심의 기형적 대학'이었다. 의화단 사건으로 대학이 일시적으로 문을 닫았다가 1902년 12월 17일 재개됐다. 이 날은 베이징대학교의 기념일이 됐고 훗날 베이징대학교는 문화운동과 5·4운동의 주역으로 중국 역사에 큰 영향을 끼쳤다.

불행한 것은 조선이었다. 조선은 근대 대학을 설립하지 못했다. 1895년 고종은 「교육칙어」에서 '교육은 국가부강의 근본'이라고 강조했다. 하지만 고종의 글은 일단 확인을 해봐야 한다. 그저 덕담 수준으로 끝나는 경우가 허다했기 때문이다. 교육을 강조했지만 1910년까지 소학교 수십 개와 중등 과정인 기술학교 10여 개가 끝이었다. 나중에 자세히 기술하겠지만 어윤중이 1881년 신사유람단의 일행으로 일본을 경험하고 난 후 보고한 바에 의하면 1878년에 일본은 초등학교, 중등학교, 대학교만 2만 7,000개에 달했다. 여기에 수천 명의 외국인들을 초빙하여 인재를 길렀고 적극적으로 수천

명의 인재를 서구에 유학을 보냈다.

　일본은 군사력을 먼저 키운 게 아니라 인재를 기르는 데 혼신을 다했다. 일본에 비해 교육만은 조선의 강점이라 믿고 있었지만, 사실상 교육 부분에서 일본과 현격한 차이를 보였다. 이미 언급한 것처럼 조선의 경우 일본이 따라올 수 없을 정도로 고등교육이 전통적으로 오래된 역사를 갖고 있었다. 스스로 문명의 중심이라는 '소중화'의 자부심과 달리 고종의 조선은 근대 고등교육을 외면하는 오류를 범했다. 서유럽 국가들이 위기를 극복하고 미래를 기약하기 위한 대안으로 대학을 설립할 생각을 왜 했겠는가? 고등교육기관이 없는 하위 교육으로는 엘리트를 길러낼 수 없기 때문이다. 대학은 근대 엘리트의 양성과 서양 학문의 핵심을 도입하는 플랫폼이었다.

　그렇다면 고종의 과제는 분명했다. 국립대학을 가장 먼저 세우고 아울러 국민의 보통교육 실시라는 목표를 함께 세워 인구 밀집 지역부터 순차적으로 교육을 시행해 나가야 했다. 하지만 고종은 대여섯 개의 초등학교부터 세웠다. 최고 교육기관이 없는 초등·중등 교육은 그 가치가 현격히 떨어지고 사회발전에 제한적인 역할만을 수행하게 된다. 만일 초등교육이나 중등교육만 존재한다면 그 사회는 아주 낮은 차원의 근대 사회에 머물 수밖에 없다. 읽고 쓰고 산수나 하는 정도로는 어느 나라와의 경쟁에서도 이길 수가 없다. 따라서 대학교육은 교육의 뿌리에 해당된다. 세계의 공교육 역사를 살펴보면 초등-중등-고등교육의 순서가 아니라 역으로 대학교육에 이어 중등교육 그리고 초등교육으로 이어져 왔다.

　이번에는 세계의 공교육 역사를 돌아보자. 서유럽 역시 1860년대쯤 되어서야 독일 대학을 벤치마킹하여 근대 대학이 확산됐다. 고종 시대 1880년대에라도 근대 대학을 설립했더라면 그나마 늦지 않았을 터였다.

## 2
# 대학교의 발전과 보편화

### 대학이 공교육이 되다

공교육 체계는 먼저 대학 과정부터 시작하여 점차 중등교육을 거쳐 초등교육 과정으로 구축됐다. 일반적으로 알고 있는 초등학교 → 중등교육 → 대학교육 순서라는 일반적인 상식과는 정반대다. 근대의 총아이며 중요한 과학기술의 발명과 산업혁명의 출발지이자 지식의 최전선이었던 영국의 예를 보면 위(대학)에서 아래(초등)의 순서로 교육기관의 발전이 진행됐음을 분명하게 보여주고 있다. 저명한 영국박물관장 닐 맥그리거는 『독일사 산책』에서 '대학이 처음으로 공교육 이념을 체계화'했음을 강조했다.

"한 나라의 정신사를 살펴보는 좋은 출발점은 그 나라에서 가장 오래된 대학일 것이다. 대학은 그 사회가 처음으로 공교육 이념을 체계화한 장소이기 때문이다. 프랑스에서 가장 오래된 대학은 당연히 수도 파리에, 스코틀랜드는 대주교의 본산인 세인트앤드루스에, 영국은 아무도 그 이유를 정확히 모르지만 변변치 않은 옥스퍼드에

있다."³²⁸

우선 영국은 12세기부터 옥스퍼드대학교(1096년)에 이어 케임브리지대학교를 설립하여 성직자와 법률가 등 소수 엘리트를 양성했다. 300여 년이 지난 시점에서 15세기부터 16세기까지 지속된 중등과정의 공립학교(1382년 윈체스터, 1440년 이튼스쿨 등)와 사립학교가 설립됐다. 사실상 19세기까지는 소수 엘리트만 중등학교에 다녔다. 초등학교 교육에 대해 국가가 책임을 지는 공교육은 18세기 초에 가난한 사람들을 위한 '자선학교'와 1780년부터 출현한 '일요학교' 등 선행적인 형태를 띠다가 1870년에 이르러서야 도입됐다. "1870년에 제정된 교육법에 따라 수천 개의 학교위원회가 초등학교를 설립했다. 1876년의 교육법으로 13세까지 의무교육이 실시됐고 1891년의 교육법으로 모두에게 무상교육이 실시됐다."³²⁹ 1918년에 의무교육을 받는 연령이 14세로 올라갔다.³³⁰

영국은 이런 교육체계를 통해 개방성, 용기, 실용주의, 합리적 토론 문화, 법치, 공동체를 위한 헌신, 노블레스 오블리주 등을 강조했다. 이를 기반으로 해가 지지 않는 제국이라는 역사상 세계 최대의 제국을 이룩했다. 후발주자들인 대부분의 국가들은 영국과 달리 역설계를 통해 초등-중등-고등교육의 3단계 공교육 체계로 재탄생시켰다. 영국의 사례를 머릿속에 넣어두면 앞으로 전개될 근대 대학이 탄생하고 중등과정이 의무화된 역사를 이해하는 데 도움이 된다. 먼저 결론을 내리고 이어서 깊이 있게 논의하겠다.

### 중세대학의 산업화 기여도

전 세계 초등-중등-고등교육의 3단계 공교육 체계에서 제일 먼저 구축된 것은 대학이었다. 대학은 보통 세 번 탄생했다고 표현한다. 첫 번째 대학의 탄생, 즉 '대학 1.0'은 12~13세기에 세워진 볼로냐대학교(1088년, 법학), 파리대학교(1109년, 신학과 철학), 옥스퍼드대학교(1096년), 케임브리지대학교(1209년), 살레르노대학교(1231년, 의학) 등이다. 그러나 이들 대학이 근대 대학으로 발전하지는 못했다. 성직자와 법률가 등 소수 엘리트를 양성하는 중세 대학(성균관 역시 유학자 양성에 그침)이 자기 개혁을 통해 근대 대학으로 발전된 게 아니었다. 이들 중세 대학은 19세기 중엽까지 몇 세기 동안 같은 방식으로 운영됐다. 산업혁명 초기에 과학기술 분야가 전혀 개설되지 않았던 옥스퍼드대학교나 케임브리지대학교는 산업혁명에 대해 전혀 기여한 게 없었다.

"18세기 후반부터 19세기 초 영국 산업혁명 과정에서 증기기관 발전에 따른 동력혁명과 방적산업 기계화가 달성됐지만, 옥스퍼드와 케임브리지는 이 과정에 전혀 기여하지 않았다."[331]

"1820년대까지 600년 동안 잉글랜드에는 옥스퍼드와 케임브리지 두 대학만이 존재했다. 이들 대학이 지적 문화나 과학적 연구에 중요한 역할을 했다고 말할 수 없다. 19세기 초만 해도 벤담, 맬서스, 리카도, 패러데이, 다윈 등 중요한 지식인 가운데 대학교수는 아무도 없었으며 1836년에 설립된 런던대학교에서나 몇 안 되는 과학자들이 발견될 뿐이다."[332]

발명의 역사는 흔히 생각하는 것만큼 단순하지 않다. 무엇보다 현실에서는 과학이론을 그대로 활용하여 쓸모 있는 기술이 완성되는 경우가 매우 드물다. 과학이론은 실험실이라는 매우 통제된 곳에서 많은 변수를 제거한 채 이뤄진다. 이것을 실용화하기 위해서는 다시 수많은 시행착오를 거치고 대안을 찾는 지난한 과정을 거쳐야 한다. 이정동 서울대학교 교수는 이를 '스케일업 과정'이라고 하면서 '과학의 영역이 아니라 전형적인 기술의 영역'이라고 설명한다.

"대부분의 발명은 우선 가능성이 있는 것으로 밝혀진 후 여러 가지 실험을 거치고 다시금 방치됐다가 누군가에 의해 재착수되는 과정을 거쳤다. 그리고 의지력과 인내심이 충분한 어느 발명가가 고민에 고민을 거듭한 끝에 누군가 사용할 수 있는 무언가를 만들어 낸 것이다."[333]

최초의 방적기는 1740년에 탄생했고 1783년에 개량됐으며 1825년에 와서야 비로소 이용할 수 있는 기계로 만들어졌다. 직조기도 거의 같은 시기에 사용되기 시작했다. 증기기관은 이미 1700년경 프랑스 학자 드니 파팽에 의해 실험됐지만, 제대로 된 증기기관은 1769년 영국의 노동자 와트가 특허를 얻었다. 이처럼 1차 산업혁명의 실질적 성과물들은 영국에서 제일 먼저 제작되고 이용됐다. 이 발명가들 중에 옥스퍼드대학교와 케임브리지대학교의 교육과 관련이 있는 사람은 한 명도 없었다.

역적기(무명실을 천으로 짜내는 기계)를 발명한 에드먼드 카트라이트(1743~1823)만 옥스퍼드대학교 출신이다. 그러나 그는 40세까지 성공회 목사였으니 대학 때 배운 것과 무관했다. 제임스 와트는 목수의 아들로 그래머 스쿨을 마친 뒤 글라스고대학교 기계공으로 근무했다. 증기기관차를 발명한 스티븐슨은 집이 가난하여 학교에 다니지 못하고 부친과 함께 탄광에서 일했다. 플라잉 셔틀flying shuttle을 발명한 존 케이, 제니 방적기를 만든 제임스 하그리브스, 뮬 방적기를 만든 새뮤얼 크럼프턴 등은 현장 직공들이었다.

이들은 기존 기계를 관찰하고 사용경험을 통해 발명품을 개량했지 과학적인 역학이론을 활용한 게 아니었다. 다시 말해 1차 산업혁명은 대학교육과 무관했다는 사실이다. 기술의 역사는 인류 탄생부터 있었고 과학보다 오래됐다. 기술과 근대 과학(대학교육)이 결합한 곳은 1860년대 이후의 구미 선진국이었다. 이들 국가에서는 대학교육을 받은 물리학자나 화학자들이 대기업이나 정부 연구소에 고용됐다. 그리고 이미 탄탄한 현장 기술자들이 포진해 있다 보니 대학에서 발견한 '연구실의 과학'을 현실화할 수 있었다. 과학적 원리가 기술을 이끄는 게 아니라 과학과 기술이 서로 영향을 주고받으면서 발전하는 공진화가 이뤄졌다. 점차 자본주의 시장을 핵심으로 근대과학과 새로운 기술이 결합하면서 비약적으로 발전해 나갔다.

한국만 보더라도 이정동 서울대학교 교수의 표현처럼 "1970년대 산업 현장을 만드는 것으로부터 발전을 시작했고, 연구개발에 투자하기 시작한 것은 1980년대 중반 이후다. 그 이후로 과학과 기술, 이론과 현장이 밀어주고 당겨주면서 가속적으로 발전했다." 당시 중세 대학은 학문의 보존과 전수에 집착하여 새로운 시대에 필요한 것에 대한 연구를 기대할 수 없었다. 1636년에 케임브리지대학교 출신들이 만든 하버드대학교를 보면 당시 상황을 엿볼 수 있다.

"하버드는 개교 후 229년(1865년) 동안 겨우 77명의 졸업생을 배출했다. 1880년까지 200명 이상의 졸업생을 배출한 학교는 26개 교밖에 되지 않았다. 학생들은 그리스어, 라틴어, 수학으로 구성된 표준 교과를 배웠고 (…중략…) 강의, 실험실습, 세미나와 같은 현대적인 교습법은 거의 사용되지 않았다. 당시의 대학교육은 암송으로 이루어졌고 학생들은 방대한 내용을 암기하고 소리 내어 반복하는 따분한 방식으로 학습했다."[334]

하버드대학교는 개교 이후 230여 년 동안에 겨우 77명의 졸업생이 배출됐을 정도로 사회와 동떨어진 곳이었다. 애덤 스미스의 『국부론』에는 영국 상류층의 대학에 대한 인식이 담겨 있다.

"젊은 사람들이 학교를 졸업하면 대학교에 보내지 않고 외국에 여행시키는 것이 점점 하나의 습관으로 되어가고 있다. 우리의 젊은이들이 이 여행을 통해 대단히 발전되어 귀국한다고 한다."[335]

18세기 영국에서는 상류층을 중심으로 프랑스와 이탈리아를 도는 '그랜드 투어'가 유행이었다. 엘리트 교육의 최종 단계로 생각되어 최고의 학자를 대동하여 대륙으로 떠났다. 애덤 스미스 역시 대학 월급의 2배나 되는 평생 연금 300파운드를 보장받고 나서 글래스고대학교 교수직을 사임하고 어린 버클루 공작(1746~1812)의 그랜드 투어에 동행 교사가 됐다. 그는 매우 따분해하고 힘들어 했으며 시간을 때우기 위해 책을 쓰기 시작했다. 그 책이 바로 유명한 『국부론』이다. 이런 현상은 비단 영국의 넘쳐나는 경제적 여유에서 오는 것만이 아니었다. 기존 대학교육에 대한 불만에서 비롯됐다.

"1733년 케임브리지의 '크라이스트 칼리지'는 신입생이 겨우 세 명이었다. 대학의 인기가 하락한 가장 큰 이유는 바로 진부한 커리큘럼이었다. 사회는 급변하고 있었지만 대학에서는 중세부터 계속되어온 케케묵은 교과목이 되풀이됐고 교수들은 학생들에게 실생활과는 전혀 관계없는 라틴어 고전을 외우게 했다."[336]

옥스퍼드대학교나 케임브리지대학교에 보내면 라틴어나 그리스어를 조금 배우는 정도지만 그랜드 투어를 보내면 해당 나라의 지리, 역사, 정치, 예술, 건축, 사회에 대해 배울 수 있었다. 오늘날 미네르바대학교가 매 학기 주요 나라를 옮겨 다니며 공부하는 것을 상상하면 좋을 듯하다. 여기에 영국을 비롯한 다른 유럽 학생을 대상으로 피렌체나 파리에는 사립 아카데미와 펜싱·승마학교까지 인프라가 잘 구축되어 있었다. 이 당시만 해도 대학이 항상 지적 활동의 중심지가 아니었기 때문이다. 대학에 진학하지 않고 그랜드 투어에 나선 영국인의 규모는 엄청났다.

"1780년대 한 여행자는 프랑스에만 3만 명의 영국인이 있다고 말했고 『로마제국 쇠망사』의 저자로 유명한 에드워드 기번은 하인을 포함해 4만 명 이상의 영국인이 유럽을 여행하고 있다."라고 썼다.[337]

근대 대학은 이러한 문제점을 갖고 있는 고등교육의 대안으로 등장했다. 이는 교육 분야의 큰 혁신이었다. 중세 대학과 근대 대학의 분기점은 언제부터인가?

### 근대 대학이 탄생하다

두 번째 대학의 탄생, 즉 '대학 2.0'은 독일의 근대 대학이었다. 독일이 처음 대학제도를 만든 것은 아니다. 하지만 독일은 정치권력에 제약받지 않고 학문의 자유를 보장하는 대학을 만들었고 그곳에서 연구하고 탐구하는 교육방식을 선택했다. 중세 대학은 루이스 멈퍼드의 표현에 의하면 '능동적 수도원'이라 불릴 정도로 국가와 교회의 개입 속에서 고전, 라틴어, 그리스어, 『성경』 등을 달달 외우는 수업이 대부분이었다. 산업혁명으로 사회는 급격히 변화하는데도 대학은 여전히 고고했다. 당시 대학은 수요자가 아니라 공급자 중심이었다. 학습은 현실과 동떨어진 내용으로 실용성과는 무관한 프로그램으로 진행됐다. 학습은 단지 정해진 답으로 가는 길 찾기로만 활용되는 방식이었다. 동서양의 학습방법에 별 차이가 없었다고 할 수 있다.

"날로 복잡해지던 경제적·사회적 환경은 고등교육에 대해 새로운 요구들을 쏟아내고 있었다. 하지만 대학은 사회의 요청과 기대에 호응하지 않았다. 근대에 들어서서 인문주의자들이 학문에 새로운 활력을 불어넣기도 했지만, 시간이 지남에 따라 대학은 다시 전통적 권위에 의존할 뿐이었다. 그 결과 대학의 가르침은 점차 시대에 뒤처졌다."[338]

과거에서 벗어나지 못하는 기존 대학들에 대해 프랑스는 아주 폭력적인 방식을 선택했다. 프랑스 대혁명 시기에 혁명 정부가 교회를 국유화하자 '교황청의 보편적 통치권'을 주장하는 가톨릭 신자들은 정부에 대해 충성 맹세를 거부했다. 정부는 가톨릭을 통제하는 조치를 강화하면서 1793년 6월 공화국 헌법을 공포하고 곧이어 9월에 프랑스의 모든 대학을 폐쇄했다. 혁명 전에 존재했던 세계 최초의 대학 중 하나였으며 신학으로 이름을 떨친 파리대학교를 비롯해 22개의 대학이 한꺼번에 사라져버린 것이다. 대학은 앙시앵 레짐(구체제)의 기둥이었고 가톨릭의 일부였기 때문이다. 한때 기독교(가톨릭) 세계였던 프랑스에서 벌어진 혁명과 일련의 조치들은 교회와 왕국들을 뒤흔들어 놓기에 충분했다. 그리고 혁명정부는 중앙집권체제를 강화하기 위해, 국가적으로 체계화된 엘리트를 양성하기 위해 1794년 에콜 폴리테크니크École Ploytechnique라는 고등사범학교를 설립했다.

"이 두 학교(에콜 폴리테크닉, 파리고등사범학교)는 혁명 이전의 교육기관과 달리 신분의 제한 없이 오로지 시험으로만 입학생을 선발했고 학비 등 모든 경비를 국가에서 부담하는 서구 최초의 공교육기관이었다. 이를 통해 프랑스는 폭넓은 인재풀을 확보하게 됐다. (…중략…) 이 두 학교를 묶어서 프랑스어로 최고의 학교라는 뜻의 '그랑제콜'이라고 부르며 오늘날에도 프랑스를 이끄는 엘리트 교육기관으로 남아 있다. 현재 프랑스 주요 인물들이 거의 모두 그랑제콜 출신이다."[339]

특히 에콜 폴리테크니크는 '혁명 사관학교'로서 혁명 군대를 지도할 엘리트 장교를 선발하고 지도하는 역할을 담당했다. 한편 프로이센의 개혁가 그룹은 대학을 '새 술은 새 부대'에 담기로 했다. 여기에는 프로이센이 바람 앞에 등불처럼 국가존망의 기로 앞에 놓였던 까닭이다. 독일이 근대 대학의 효시가 된 것은 국난의 위기를 타개하기 위한 방책이었다. 프로이센은 나라의 수도인 베를린을 점령하고 영구적인 중립지대로 만들려 했던 나폴레옹에게 치욕을 당했으니 대학을 통해 권토중래捲土重來를 꾀한 것이다. 나폴레옹이 프로이센에게 안겨준 참담한 패배가 없었다면 아무런 일도 일어나지 않았을 것이다. 1806년 예나 전투에서 프로이센이 처참하게 패배한 후 "예상치 못한 권력의 공백 속에서 '국가와 민족을 구하려는 사상'이 나타났다."[340]

귀족 출신 개혁가들과 이상주의적 철학자인 헤겔 등과 특히 피히테는 교육을 통해 독일 개혁을 촉구했다.[341] 이런 흐름 속에서 빌헬름 훔볼트[342] 종교교육국장은 대학의 자율과 진리의 추구만이 진정한 지성인을 길러낼 수 있고 그래야 국가가 부강해질 수 있다며 프리드리히 빌헬름 3세에게 새로운 대학의 설립을 요청했다. '지원하되 간섭하지 말라.'라는 원칙을 주장했고 왕은 이를 받아들였다. 정치권력에 제약받지 않는 교수의 자유와 학문의 자유라는 설립 이념은 교수들에게 큰 지지를 받았다. 토마스 니퍼다이가 쓴 권위 있는 19세기 독일 역사서는 "처음에 나폴레옹이 있었다."라는 말로 시작한다. 이어서 다음과 같이 서술한다.

"개혁자들은 권력을 질타했다. 이들은 국가의 붕괴가 '기계적인 복종과 철칙'을 강조한 프리드리히 군국주의의 '부패한 핵심층'에서 비롯된 것이라 믿었다. 이 무렵 도덕성의 회복이 필요하다는 생각이 퍼져나갔다. 여기에는 교육도 포함됐다. (…중략…) 이 모든 개혁 중에 가장 인상적인 변화는 베를린과 본에 대학이 새로 설립된 것이었다."[343]

프로이센에서 지식은 지식 그 자체가 아니라 국난의 위기 속에서 부국강병을 위한 핵심 수단이 됐다. 훔볼트가 생각하기에 대학은 공무원, 군인, 기능공이 되는 곳으로서 삶의 선택지를 제한하는 곳이 아니라 자발적이고 열려 있는 '자유주의적 전인 교육'을 실시하는 곳이었다.

이런 교육 철학을 가진 베를린대학교[344]는 1810년 겨울학기에 『독일 국민에게 고함』으로 유명한 피히테가 초대 총장에 취임하면서 문을 열었다. 19세기 독일에서 '교육의 종교'가 시작된 사건이었다. 이후 교육과 함께 연구에 역점을 두면서 이 대학이 '독일의 문화상품'으로서 근대 대학의 모범이 됐다. 근대 대학의 기본적인 틀은 1830년대가 되어서야 완성됐다.

"학문이 서로 분리되고 연관성을 결여한 특수 분야로 제각각 쪼개진 것은 1830년대 들어서면서 본격적으로 시작됐다. 학문은 이제 하나하나 쌓아나가는 과정으로 이해됐다."[345]

이 시기에 과학자라는 새로운 전문 집단도 탄생했다.

"과학자라는 용어는 1830년에 가서야 생겼다. 그 세기 말에 그것은 학술지와 대학 그리고 과학단체를 통해 수천 명의 다른 연구자와 연결된 숙련된 전문가를 가리켰다. 그들한테는 자체적인 규칙과 관행 그리고 자원과 어휘가 있었다."[346]

과학이란 무엇인가? 신념의 싸움이 아니라 가설의 싸움이다. 증명이 안 되면 가설은 버려지게 되고 방법론의 표준화와 전임자 연구를 기반으로 연구가 시작되면서 비로소 과학이 성립되기 시작했다. 1830년대 독일 학계에 중요한 논쟁은 대학의 역할에 관한 것이었다. '진리의 상아탑'이라는 관념론과 이상주의에 치우친 당시 독일 대학들을 비판하며 응용학문, 실험과학, 공학 등을 강화해 독일의 과학 진흥을 도모해야 한다는 주장이 팽배했다. 독일의 학계가 순수냐 응용이냐에 대해 논쟁을 벌일 때 베를린대학교 당국은 1831년 베를린대학교 교수로 임용된 하인리히 마그누스가 추진했던 실험 중심의 강의에 대해 부정적이었다. 당시 대학은 추상적 이론의 전당이었기에 대학 건물 어디에도 실험실은 존재하지 않았다. 학생들에게 실험실습의 기회를 제공하는 것 또한 불가능했다. 기존 대학의 커리큘럼으로는 자신의 이상을 펼칠 수 없음을 절감하고 1843년 개인 연구소를 만든 것이 '마그누스 연구소'였다. 이는 독일 최초의 물리학 연구소로 여기에서 교육뿐만 아니라 정기적인 세미나와 강연까지 했다. 여기 모인 과학자들은 세계 최초로 물리학회를 창립했다.*

마그누스만이 대학교수였고 나중에 기업을 만든 지멘스는 군인 출신으로 독일판 '루나 소사이어티'[347]로서 산학협동 정신을 실천했다.

1848년 유럽의 봄 프랑스에서 시작한 혁명의 소용돌이로 인해 프랑스 왕 루이 필리프가 폐위됐다. 이 혁명의 여파는 오스트리아와 독일로까지 번졌다. 베를린 폭동 때 마그누스는 베를린대학교의 혁명연대 사령관을 자진해서 맡아 학생들이 유혈사태에 개입하는 것을 적극적으로 말렸다. 혁명이 진압된 후 그의 입지가 강화됐고 대학 당국은 그의 주장을 받아들였다.

"온건 자유주의 개혁파였던 그의 주장 상당 부분이 받아들여져 독일 대학의 전면적인 개편이 이뤄진다. 이로써 독일에서 실험과 실습과 세미나가 병행으로 이뤄지는 체계적인 대학교육이 시작됐다. 이후 독일 물리학의 눈부신 발전과 더불어 마그누스가 기초를 닦은 커리큘럼이 세계 대학 시스템의 표준이 됐다."[348]

1840년에 이르러 "자연과학, 물리학, 역사학, 언어학이 독립된 학문 분야로 등장했고 20세기 학문을 지배하게 될 핵심 문제를 만들어냈다."[349] 학문 절반을 독일 학자들이 주도하게 된 것이다. 한 세대 뒤인 1865년 조지 엘리엇은 「독일인에 대한 옹호」에서 "어느 분야든지 독일 서적에 의지하지 않고 진정한 연구를 할 수 있는 사람

---

\* 1845년 1월 독일 물리학회를 창립했다. 영국이 물리학회를 만든 것은 1874년이다.

은 없다."³⁵⁰라고까지 고백할 정도였다. 독일 학문은 역사학, 문헌학 등에서도 전례 없는 정확성과 드높은 위상을 드러내 학문의 토대를 세웠다. 다양한 판본을 비교하고 꼼꼼히 대조하여 잘못된 것은 삭제했다. 일종의 '학문의 헌법'이 정립되기 시작한 것이다.

비판적인 태도로 가설을 죽이되 가설을 주장한 사람을 죽이지 마라. 누구에게도 최종 결정권은 없다. 어떤 주장도 검증할 수 있으며, 동시에 검증을 잘 견뎌낸 것은 참이다. 이 규칙은 학문뿐만 아니라 사회에도 지대한 영향을 미쳤다. 오늘날 서유럽의 특징으로 꼽는 비판적 정신이 이때 비로소 사회 전체의 문화로 생명력을 얻으며 확산됐다. 누구든 틀릴 수 있고 증명되지 않으면 사라진다.

1850년 무렵 독일 대학은 연구기관으로 탈바꿈했다. 독창적인 연구에 기초해 새로운 결과물을 발표하는 것이 교수의 의무가 됐고 대학은 도서관, 세미나실, 실험실 등 인프라 시설을 구축해 연구를 지원했다. 이제 대학은 학문의 '보존과 전수'라는 전통적인 기능에 국한하지 않고 교수는 창조적인 기능을 더해야 한다는 의식이 싹튼 게 이 시기였다. 독일 대학은 전반적으로 '폐쇄적인 많은 분야에서 학문의 영역을 확대해' 열린 생태계로 나아갔다. 세미나와 강연 등 개방된 생태계에서 여러 요소들이 융합되기 시작했다.

독일의 연구 중심인 대학 모델은 미국과 영국의 대학들에 큰 자극을 주었다. 독일 대학은 교육과 연구의 통합, 새로운 연구방법론 등 새로운 지적 흐름에 빠르게 반응하며 성장했다. 1860년대에 독일의 학문과 과학은 유럽의 최선두에 서게 됐다. 이때부터 독일의 교육방법이 영국과 미국으로 확산하였다. 또한 1860년대 '과학기술'이라는 용어가 새롭게 등장했다. 실험실에서 연구를 통해 기술을 발명하는 시대로 진입했음을 보여주는 단어다. 과학과 기술이 동전의 양면처럼 상호작용하는 과학기술이란 과학에 바탕을 둔 기술도, 기술의 요청에 의한 발명도 모두 포함하는 개념이 됐다.

독일 대학이 새로운 과학의 지평을 열고 주도적인 역할을 담당했다. 하지만 영국이 1850년대 이후 2차 산업혁명에서 주도권을 잡지 못한 이유 중 하나는 과학과 기술을 서로 연계하지 못했기 때문이었다. 1850년대 이르러서도 옥스퍼드대학교에서 '과학'은 여전히 '아리스토텔레스를 속속들이 파악하는 것'[351]으로서 고전 교양 교육에 집착하여 '구시대의 유물'에서 벗어나지 못하고 있었다. 이에 반해 독일 대학은 과학, 기술, 공업 등의 결합이 보다 강화됐다. 과학과 기술, 즉 이론(과학)이 현장(기술)과 상호작용하면서 가속적으로 발전했다. 이런 역할을 하는 대학은 처음에 눈에 띄지 않았으나 어느 순간부터 산업, 경제, 사회의 전반적인 구조에 영향을 끼쳤다. 다른 경쟁국에서도 이를 적극적으로 모방하기 시작했다.

"과학, 기술, 공업, 국력의 결합이 보다 명료해졌다. 영국의 대중은 1867년 파리 세계박람회에서 영국의 명예가 실추됐다고 생각했다. 프랑스인들도 1871년에 프랑스가 신생 독일제국에 패한 것은 교육과 과학의 낙후 때문이라고 생각했다. 프랑스 대중은 정부를 향해 '독일모형'을 따라 대형 종합대학을 세우라고 강력하게 요구했다. 이 요구는 프랑스 제3공화국이 안정된 1880년 무렵에야 실현됐다."[352]

사회의 산업화, 전문화 현상과 함께 과학교육과 전문교육의 필요성이 제기되면서 근대 대학 체제로의 변화 요구가 강해졌다. 이러한 압력에 의해 옥스퍼드대학교와 케임브리지대학교의 개혁운동은 1850년대에는 소수 계층에서 좀 더 넓은 사회계층으로 확대됐고 1870년대 이후 내부 혁신과 정부 지원을 통해 최고의 근대 대학의 하나로 재도약할 수 있었다.

"(옥스퍼드와 케임브리지는) 1870년대와 1880년대에 법률의 변화 및 교수진의 재편과 확대로 인해 이들은 근대적 대학의 지위를 성취하게 됐다. 그러는 동안 유니버시티 칼리지들이 생겨나고 맨체스터, 노팅엄, 레딩, 사우샘프턴, 리즈, 리버풀, 셰필드, 버밍엄 그리고 웨일스의 3개 도시에 대학이 세워졌다."[353]

"1871년에 대학개혁이 일어난 후 옥스퍼드 대학생들은 1872년부터 근대사·법학·신학·수학·자연과학 전공자로, 1894년부터 영문학 전공자로, 1903년부터 현대어 전공자로 학위를 받을 수 있었다."[354]

이와 같이 독일, 영국, 프랑스는 서로 영향을 주고받으면서 발전했다.

### 세 마리 토끼를 잡은 미국 대학

세 번째 대학의 탄생, 즉 '대학 3.0'은 미국 대학이다. 20세기 들어 현재와 같은 미국식 대학의 모형이 정립됐다. 통합형 교육 모델 도입과 연구 중심의 대학원 설립으로 교육의 실용성을 중시했다. 이를 통해 미국은 지식의 최전선이 됐다. 미국이 지식을 선도하는 국가로 비상하는 데는 독일의 근대 대학이 큰 영향을 주었다. 독일 대학을 모델로 삼아 1876년 미국 최초의 근대적 연구기관인 존스홉킨스대학교가 문을 열었다. 존스홉킨스대학교는 목사, 농부 등 직업 훈련을 시키는 게 아니라 최첨단 실험실을 갖추고 과학적 연구를 발전시키겠다는 사명으로 가득 찼다. 설립 선언문에는 '존스홉킨스대학교는 교육자격을 갖춘 학생들에게 직업교육이 아니라 문학과 과학의 과정을 통해 고도의 교육을 제공한다.'라고 명시했다. 여기에는 독일 대학에 대한 미국인의 유학 열풍도 영향을 끼쳤다.

"1815년부터 1914년까지 독일에서 공부한 미국인의 수를 9,000에서 1만 명 정도 추산한다. 이들 중 단과대학 학장과 종합대학 총장이 된 인물이 적어도 19명에 달한다고 한다. (…중략…) 초기에 미국인이 독일로 유학 간 데에는 하버드대학교와 예일대학교 두 곳의 역할이 컸다. 미국인 대학생의 55%가 두 대학 중 한 곳의 학생이었다."[355]

당시 미국에서는 대학의 목적이 인문, 연구, 실용이라는 세 가지 가치로 갈려 있었다. 존스홉킨스는 직업인 양성 교육을 거부했다. 이러한 갈등 가운데 찰스 엘리엇이 이 세 가지를 결합한 교육 방법을 제시했다. 독일에서 화학을 공부하고 돌아온 찰스 엘리엇은 1869년 초에 미국의 여론 주도층이 애독하는 월간지 「애틀랜틱」에 대학에 대한 비전을 제시한 글을 한 편 게재했다. 그의 첫 문장은 오늘날에도 모든 부모의 밤잠을 설치게 하는 질문으로 시작됐다. "우리 자녀를 어떻게 키워야 하는가?" 엘리엇은 고등교육의 목적이 굳이 한 가지 방법만을 고집할 필요 없이 여러 견해가 융합될 수 있다고 주장했다.

"훌륭한 공학기술자, 화학자, 건축가를 배출할 수 있는 유일한 방법은 지식 자체를 배울 뿐만 아니라 관찰하고 비교하고 추론하고 결정할 수 있는 역량을 훈련받은 사색적이고 분별 있는 관찰자를 먼저 또는 동시에 양성하는 것이다."[356]

마침 1869년 하버드대학교에서 새로운 총장을 찾고 있던 시점이었다. 하버드대학교는 15년간 세 명의 성직자 총장이 거쳐 간 후 침체기를 겪고 있었다. 하버드대학교의 미래를 이끌 후보를 찾던 대학 감독관들이 엘리엇의 비전에 감명받아 이사회는 35세의 엘리엇을 총장으로 전격 영입했다. 하버드대학교 역사상 최연소 총장으로 선출된 엘리엇은 이후 40년간 이곳을 이끌며 교육을 혁명적으로 바꾸었다. 이렇게 하버드대학교는 실용교육 및 인문교육과 함께 연구도 중시하는 구조를 갖춘 기관으로 부상했다.

이때 독일 근대 교육의 영향력이 얼마나 대단했는지는 당시 하버드대학교의 인문학부를 보면 알 수 있다. 교수 23명 중 9명이 독일 유학 출신이었다. 독일 유학이 사실상 미국 대학 졸업생에게 일종의 대학원 교육이 된 것이다. 하지만 미국은 특유의 창의력으로 대학에도 새로운 바람을 불어넣었다. 브루킹스 연구소 선임연구원인 조너선 라우시는 미국 대학의 경쟁력의 원천과 핵심에 대해 다음과 같이 피력했다. 존스홉킨스대학교를 설립하고 난 이후 미국 대학은 많은 변화를 보여주고 있다.

"1892년 창립된 시카고대학교가 (존스홉킨스대학교의) 바로 뒤를 이었다. 컬럼비아, 예일, 하버드 같은 더 오래된 대학들은 새로운 모델을 수용했다."

"연구 인프라를 추진하는 동시에 뒷받침해준 것은 과학 및 학술 전문기관과 전문지의 급속한 증가였다. 미국만 해도 18세기의 미국철학회(1743)와 미국예술과학아카데미(1780)에 이어 1800년대 중반과 말기에는 미국과학진흥회(1848), 미국문헌학회(1904, 서지학회), 미국화학회(1879), 현대언어학회(1924, 미국언어학회), 미국역사학회(1884), 미국경제학회(1885), 미국수학회(1888), 미국지질학회(1888) 등 셀 수 없이 많은 다양한 협회가 가세했다.

존스홉킨스대학교의 첫 번째 활동 중 하나는 『미국 수학저널』을 창간(1878)한 것이었고 다른 많은 전문지가 그 뒤를 따랐다. (…중략…) 콜럼비아대학교만 해도 1904년에 35가지 연속 간행물들을 대량으로 찍어냈다."[357]

미국은 대학교에 연구 인프라를 설치하는 것 이외에도 수많은 전문지와 학회를 통해 학자들 간에 서로 정보를 주고받을 수 있도록 했다. 지역적으로 흩어졌던 것들이 연결되면서 서로 영향을 주고받으며 학문의 불길이 활활 타오르는 데 크게 일조했다. 미국 대학은 근대 대학의 임계점을 지나 새로운 차원으로 진입하고 있었다. 여기에 대학들이 자체 출판사를 만들어 각종 도서들이 쏟아져 나왔다.

학술잡지만 약 2만 4,000종(2010년 기준)[358]이나 될 정도로 학문의 연결망은 놀랍고 거대해졌고 역량과 효율성 역시 전례 없이 높아졌다. 1962년 화학자 겸 철학자인 마이클 폴라니는 이 놀라운 '과학공화국'의 세계를 다음과 같이 묘사했다

"모든 과학자는 다른 과학자들의 역량과 중복되는 핵심 역량을 갖고 있으며, 그 다른 과학자들 역시 겹쳐지는 역량을 갖고 있을 터였다. 따라서 과학 전체가 중복되는 이웃들의 사슬과 네트워크로 뒤덮였다."[359]

세계 최고의 교육과 연구 역량에 기반한 미국의 힘은 바로 미국의 명문 대학들이다. 어떤 기관에서 분석하더라도 세계 100대 대학의 반 이상은 미국에 있다. 독립한 지 200년도 안 되어 미국은 '세계의 지력'이 됐다. 어떻게 이런 일이 가능했던 것일까? 미국은 영국으로부터 독립하기 이전에 9개의 대학이 존재했다. 1636년 하버드, 1693년에 세워진 윌리엄앤드메리, 1701년에 세워진 예일, 1740년에 세워진 펜실베이니아, 1743년에 세워진 델라웨어, 1746년에 세워진 프린스턴, 1754년에 세워진 컬럼비아, 1764년에 세워진 브라운, 1769년에 세워진 다트머스를 말한다. 현재 미국 명문 대학들은 미국보다도 더 긴 역사를 갖고 있다.*

오늘날 아이비리그에 포함되는 7개의 명문 사립대학이 미국 독립 이전에 있었다. 오바마 대통령은 한국인의 교육열에 대해 칭찬을 아끼지 않았다. 그런데 사실 미국의 교육열은 한국보다 더 유별

---

* 언급한 대학 중 7개 대학과 1865년 설립된 코넬대학교를 합쳐 미국 북동부 8개 사립대학을 아이비리그라 부른다. 2015년 기준 아이비리그 졸업생 중 노벨상 수상자는 400명이 넘고, 그중 153명은 하버드대학교에서 배출됐다. 그리고 아이비리그 출신 역대 미국 대통령은 15명에 이른다.

났다. 1636년 인조가 병자호란을 당할 때 미국은 하버드대학교를 설립했다. 청교도들이 발을 내디딘 지 불과 15년, 당시 보스턴 인구가 1만 5,000명에 불과했을 때였다는 게 더 놀랍다. 이민 초기에 낯선 땅에서 자리잡기가 고생이 이만저만이 아닌 데다가 보스턴 지역은 매우 추운 곳이었다. 이 와중에 대학을 설립했다니? 이 놀라운 일에 대해 『미국사 다이제스트 100』을 쓴 유종선은 「식민지 교육열, 대학을 낳다: 하버드 대학 창립」이라는 장을 별도로 쓸 정도로 미국인의 교육열은 열렬했다. 이민 초기에 아무것도 없는 척박한 땅에서 힘든 노동을 하며 하루하루 먹고사는 문제도 벅찼을 것이다. 그런데도 초기 이민자들은 교육에 힘을 쏟았다. 미국인은 가장 먼저 학교를 세웠다.

유종선은 그 이유를 두 가지로 들고 있다. 첫째는 종교적인 이유였다. 매사추세츠 정부가 제정한 '사탄의 유혹을 물리치기 위해 제정된 법률'이라는 교육법의 이름에서 알 수 있듯이 글을 가르쳐 『성경』을 읽을 수 있도록 하는 것이 주된 목적이었다. 문맹은 곧 사탄의 유혹에 쉽게 넘어갈 수 있다고 여겼다. 청교도들이 목숨을 걸고 종교의 자유를 찾아 일엽편주에 의지해 신대륙으로 건너온 만큼 신앙과 『성경』을 최우선으로 여겼다. 개인이 스스로 『성경』을 읽어야 한다는 종교적 믿음은 교육뿐만 아니라 문명 발전의 토대가 됐다. 프로테스탄티즘은 신도들이 교육을 받아 우수한 노동력을 제공하는 데 기여했다. 이는 2차 산업혁명의 강력한 원동력이 됐다.

둘째는 모국인 영국에 비해 신대륙에는 교육기관이 없었고 영국에 유학을 보낼 여유 있는 집은 극히 소수였다. 상대적으로 출신 성분이 낮고 낯선 땅에서 힘든 노동을 하며 살아가던 그들을 본국에서는 멸시하는 경향도 있었다. 이런 정신적 박탈감을 심리적으로 보상받을 수 있는 유일한 방법은 부자가 되거나 자녀들을 잘 교육시키는 것이었다. 1970년대와 1980년대 미국으로 이민 갔던 한인교포들이 힘든 이민생활 속에서 자녀들을 훌륭하게 키워 보상받으려는 심리와 비슷하다. 1900년에 들어섰을 때 미국 대부분의 국민들은 글을 읽을 줄 알았다. 미국은 지성을 중시하는 독일과 영국에서조차 엘리트들에게만 행해졌던 중등교육을 보편화했으며 대학마저 일반인에게 열려 있는 유일한 나라였다. 1861년 이전에 미국 전역에 250개 가까운 대학이 설립됐다. 이게 얼마나 대단한지는 1900년 일본에는 도쿄와 교토 각각에 하나씩 대학이 단 두 개만 있었고 중국에는 한 개의 대학만 존재했다는 사실을 기억하면 알 수 있을 것이다.

유럽이 미국의 경쟁력을 확실히 인식한 것은 제2차 세계대전 전후였다. 유럽 국가들은 우수한 미군들을 보면서 미국이 중등교육을 보편화하고 대학교육을 강화해서 얻은 힘이라는 것을 깨달았다. 지성 분야에서는 자신들보다 한 수 아래라 여겼던 미국에 대학 교육의 양과 질적인 측면에서 뒤졌다는 사실을 뒤늦게 깨달은 것이다. 대학 경쟁에서 뒤처진 나라는 국가적 후진성을 극복할 수 없다. 사실 미국은 군사강국, 경제대국 이전에 원래 예전부터 세계 최고 대학과 연구기관들이 즐비한 지식강국이었다. 미국의 연구기관들은 가히 '천재 양성소'라 할 정도로 노벨 과학상과 경제학상 수상자의 절반 이상을 배출했다.

"노벨 과학상 및 경제학상의 거의 절반이 미국 기관과 관련된 권위자들에게 돌아갔다. 이 사실은 이러한 기관의 강점을 잘 말해준다. 한 가지 더 말하자면, 지난 10년(2019년 기준) 동안 미국계 노벨상 수상자의 3분의 1 이상이 이민자였다. (…중략…) 노벨상* 수상자

---

\* 노벨상은 1901년 제정되어 물리학, 화학, 의학, 문학, 평화 분야에 수여되고 있다.

(2022년 기준)의 소속기관은 414개를 수상한 미국이 52%를 차지했다. 2위는 영국으로 12.4%, 3위는 10.3%의 독일, 4위는 5.2%의 프랑스였다."[360]

# 3
# 중등교육과 초등교육의 의무화

### 김나지움 의무화

최초로 대학입학 자격에 중등교육 졸업을 의무화한 것은 독일이었다. 당시 유럽에서 대학입학은 대학이 요구하는 시험만 통과되면 입학이 가능했다. 유럽 귀족들은 뛰어난 가정교사를 구해 홈스쿨링으로 자녀를 교육하여 대학에 입학시키는 사례가 많았다. 그런데 1834년 프로이센에서 정식으로 김나지움 졸업과 아비투스라는 자격제도를 의무화했다. 여기에는 당시 독일이 처한 독특한 정치 상황이 있었다. 당시 나폴레옹이 마지막으로 몰락한 뒤에 프로이센은 자유주의를 억압하는 반동정치가 지배하고 있었다. 독일은 나폴레옹이 1815년 워털루 전쟁에서 패배한 후에도 프랑스의 지배로 인한 트라우마에 시달렸다.

"독일은 20년 가까이 프랑스의 지배를 받은 트라우마로 인해 분열되고 불안한 상태였다. 나폴레옹은 신성로마제국을 해체했고, 프로이센과 오스트리아를 욕보였다."[361]

당시 독일은 37개국으로 쪼개진데다 혼란을 수습할 만큼 권위가 있거나 확실한 중심적인 인물이 없었다. 1815년 유럽 각국은 오스트리아의 메테르니히 수상의 주도하에 빈에서 회의를 개최한 이후 프랑스 혁명 이전으로 복귀했다. 군주가 다스리는 체제를 정통으로 삼고, 군주들 사이에서 국제적 단결을 강조하는 보수체제(이른바 빈 체제[362])를 구축했다. 독일의 자유주의자들은 국민 대의제와 헌법으로 시민권을 보장하는 새로운 사회가 도래하길 원했다. 하지만 프로이센 왕은 자유주의 운동을 불온하게 보았고 그 운동을 억압했다. 프로이센은 예전의 권위적인 왕정체제로 복귀했고 1848년 격변과 혁명이 일어날 때까지 거의 변하지 않았다.

"하지만 의회제를 채택하지 않고 군주가 지배하는 권위적 정치구조로 회귀하는 것은 당시 점점 늘어나던 교양 있는 중산층, 다시 말해 시민계급과 특히 젊은 사람들에게는 부당하고 용납될 수 없는 것이었다. 프랑스가 침략자이고 압제자일 수 있지만 평등과 자유라는 혁명적 사상을 독일에 소개한 것도 사실이다. 자유와 평등사상을 기꺼이 받아들인 많은 독일인들은 나폴레옹을 물리친 후 새로운 자유 헌정질서가 도입되기를 바랐다. 희망에 들떠 있던 많은 독일인은 과거로의 회귀를 참을 수 없었다."[363]

혁명의 시작은 독일의 학문적 전통이 깊고 16세기 괴테가 바이미르 공국 재상일 때 집중 지원을 받았던 예나대학교였다. 1815년 부르셴샤프트(Burschenschaft, 학생조합)가 결성되면서 자유주의 운동이 전개됐다. 예나대학교에서 처음 시작된 학생운동은 하이델베르크대학교 등 독일의 14개 대학으로 퍼져갔다. 20여 년 뒤에는 44명의 노벨상 수상자를 배출한 괴팅겐대학교에서도 자유주의자들인 교수 일곱 명이 왕(하노버의 아우구스투스 1세)의 헌법 개혁에 이의를 주장하자 국왕이 그들을 파면하는 사건이 발생할 정도였다. 프로이센에서 불온한 자유주의의 흐름은 끊이지 않았다. 당시 프로이센에서 대학교에 자율권을 준 상황과 연관이 적지 않다. 국가 측에서는 귀족의 자제들이 자유가 보장된 대학에 입학하고 졸업한 후 자유분방한 발언을 하기 때문에 생기는 사회적 혼란이라고 판단했다. 그러한 이유로 독일에서 대학입학을 국가가 통제하기 위해 의무화 조치를 한 게 중등교육이었다.

"독일만큼 중등교육에 많은 관심을 기울인 국가는 없었다. 그리스어와 라틴어를 매우 중시하는 '인문적 김나지움'이 독일에서 탄생(㉮)하였다."

"1830년대 이후 규범화된 김나지움은 제국 시대에 비약적으로 발전한 독일 과학의 기초였다. 영국에도 여러 유형의 효율적인 사립학교가 있었지만 1902년까지 '교육법'이 시행될 때까지는 중등교육 '체계'라고 부를 만한 것이 없었다. 이 시기에 독일이 군사 부문과 마찬가지로 교육 영역에서 보여준 성취는 전 세계를 고무시켰다. 독일의 대학도 그러했다(㉯)."[364]

오스터함멜 교수는 중등교육인 김나지움과 독일 대학은 유럽과 신대륙에서 수입해간 '독일의 문화 수출상품'임을 강조했다. 오스터함멜 교수는 『대변혁 3』에서 놀라운 주장을 두 가지나 했다. 첫 번째, 영국에 여러 유형의 효율적인 사립학교가 존재했지만 1830년대 이후 규범화된 김나지움은 독일에서 탄생했다. 두 번째, 독일 대학은 근대 대학의 출발점이었고 그 성취는 전 세계를 고무시켰다.

두 번째는 대학을 논하면서 앞에서 충분히 설명했기에 반복하지 않고 첫 번째에 대해서 좀 더 논해보겠다. 1834년 중등교육과정을 이수하고 시험에 합격해야 대학에 입학하는 자격제도를 만든 건 독일이라고 이미 설명했다. 이것이 대학에 의한 독자적인 입시가 폐지되고 국가가 공교육 제도에 의무를 부여한 최초의 일이었다. 프로이센은 대학에 주어진 입학선발권에 제한을 가했다. 대학은 고위관리, 성직자, 의사 등 소수 엘리트를 양성하는 곳이었다. 많은 청년이 병역을 기피하기 위해 대학에 입학하고 결국에는 졸업을 해도 취직을 못한 채 자유분방한 발언 등으로 사회를 불안케 할 수 있다고 보았다. 정부는 대학 진학을 억제하기 위해 9년제 중등학교(김나지움)를 졸업하고 대학입학의 자격요건인 아비투스를 통과하게 만들었다. 의도와 다르게 이게 대박을 터트렸다. 부산물 효과를 낳은 것이다. 제1차 세계대전이 끝날 때까지 중등교육은 엘리트 교육과정으로 독일에서도 김나지움 진학자는 소수 엘리트뿐이었다. 따라서 대학에 입학할 수 있는 아비투스 취득자는 극소수 엘리트로 제1차 세계대전 전까지 2%가 되지 않았다고 한다.

"제1차 세계대전까지 동일 세대의 3~4%이고 바이마르 시기에서도 본질적 차이는 없었다. 게다가 9년 동안 재학하고 졸업시험에 합격하여 아비투스를 취득한 자는 동일 세대의 2%를 넘지 않았다. 이를테면 김나지움 진학자는 소수 엘리트이고 아비투스 취득자는 한층 더 소수의 엘리트 집단이었다."[365]

### 유럽 각국의 중등교육

영국 등 선진국에서도 중등교육이 엘리트 교육이었다. 영국은 학문이 발달한 선진국인데도 소수의 사람들만 중등교육을 받고 있었다. 영국에서 1861년에는 중등교육 현황을 총체적으로 파악하기 위한 의회 조사위원회가 꾸려졌고 1868년에는 또 다른 왕립 중등교육위원회가 구성됐다. 이들은 잉글랜드의 교육이 스코틀랜드보다 훨씬 뒤져 있다는 충격적인 사실(10분의 1 수준)이 담긴 보고서를 제출했다.

"스코틀랜드에서는 인구 140명에 한 명꼴(0.71%)로 중등교육 기관에, 1,000명에 한 명꼴(0.1%)로 대학에 진학하는 반면에 잉글랜드에서는 1,300명에 한 명꼴(0.076%)로 중등교육에, 5,800명에 한 명꼴(0.017%)로 대학에 진학하는 것으로 나타났다. (…중략…) 그 결과 중등교육을 확대하고 관장하기 위한 입법이 진행됐고, 그로써 몇 가지 효과가 나타났다. 우선 사립학교가 급속히 증가했다. (…중략…) 특히 철도의 발달에 힘입어 사립학교의 확산이 촉진됐다."[366]

영국에서는 특히 이튼과 해로로 대표되는 사립학교가 중등교육을 실현하는 장이자 지배 엘리트를 공급하는 산실이었다. "워털루 전투의 승리는 이튼의 운동장에서 쟁취됐다."라는 유명한 말이 있듯이 영국의 사립학교는 교육제도뿐만 아니라 사회 일반에 거대한 영향을 미쳤다. "엘리트 형성에는 사실 사립학교가 더 중요했는데 엘리트 대부분이 사립학교 출신이지만 대학(옥스퍼드, 케임브리지)을 나온 경우는 그중에서도 일부에 지나지 않았기 때문이다."[367]

사립학교는 그래머 스쿨grammar school이라고 한다. 말 그대로 라틴어 문법을 가르치는 곳으로 설립됐기 때문이다. 공립학교는 대중에게도 교육을 제공하기 위한 의도로 설립됐다. 가장 긴 역사를 가진 윈체스터 칼리지[368]는 1382년 윈체스터 주교에 의해 설립됐다. 이때는 가난한 학생들이 학생의 대부분이었다. 하지만 19세기의 사립학교는 최고 부유층 자녀들만이 입학하는 기관이 됐다. 영국에서 국가가 관장하는 포괄적 중등교육이 확립된 것은 1902년이다. 독일과 프랑스에 비해 훨씬 뒤늦었다. 그전까지 교육은 개개인의 몫이었다.

"가장 중요한 이유는 비국교들의 반대였다. 19세기 중엽에 이르러 영국 인구의 절반 이상을 차지하게 된 비국교도들은 국가가 교육을 관장하여 국교회 교리를 주입시키는 상황을 크게 우려했다. 그러나 점점 더 많은 부와 세력을 얻어가고 있던 중산층 부모들은 오늘날과 마찬가지로 자식 교육에 대한 투자를 최우선 과제로 생각했고 그에 따라 중등교육기관의 수요가 급증했다."[369]

스페인, 이탈리아 등 가톨릭 국가권의 중등교육 도입은 이들 국가보다 훨씬 더 늦었다. 유럽 국가들이 중등교육을 보편화한 것은 제2차 세계대전 이후였다. 미국과의 국력차가 현격하다는 것을 인지한 후에 내린 개혁이었다. 그런데 미국이 중등교육을 엘리트 교육이 아니라 일반인에게까지 보편화하겠다는 생각을 갖게 된 이유는 무엇일까? 미국은 사회 지도층뿐만 아니라 농부, 상업, 광업 종사자 등 모든 부분에서 교육을 시키는 게 국가의 자산이라고 판단했다. 인적 자원도 물적 자원처럼 국가경쟁력이라 파악하고 국민의 능력을 계발한 국가는 미국이 유일했다. 한번 생각해 보라. 선거로 대통령뿐만 아니라 의원과 보안관을 뽑고 재판을 위해 배심원도 무작위로 선발했다. 복잡한 민·형사 사건에까지 일반인 중에서 배심원을 뽑았다. 만일 이들이 무학이고 문맹이라면 미국 사회가 과연 제대로 작동됐을까?

제2차 세계대전 발발 전인 1930년대에 중등교육이 보편화된 나라는 미국뿐이었다. 많은 사람은 미국이 넓은 영토와 생산력으로 절대 강자가 된 것으로 알고 있으나, 사실상 인적 자원에서나 지력에서도 독일이나 일본은 경쟁상대가 되지 못했다. 심지어 영국조차 전쟁 중에 미국 병사들의 수준에 놀라워했다. 영국이 제2차 세계대전 후 가장 먼저 내린 조치가 바로 중등교육을 일반인에게까지 확산하는 것이었다. 다른 유럽 국가들도 영국을 뒤따랐다. 인재 양성에서 미국에 뒤졌다는 사실을 뒤늦게 깨달은 것이다.

### 의무교육의 시대가 열리다

초등학교의 보편적 의무교육이 시행된 것은 1870년 이후부터다.

18세기 영국에서는 자선학교와 일요학교들이 나타났고 산업혁명이 한 단계 도약하는 시점인 1870년에 이르러서야 초등학교 교육에 대해 국가가 책임지는 공교육이 도입됐다.

"영국에서 초등교육은 1870년 교육법 제정과 더불어 의무교육이 됐다. 이는 종교단체 산하의 주간학교 시설을 확대하려는 측과 공립 교육을 찬성하는 측의 타협의 산물이라고 할 수 있다. 이 법은 종교단체의 교육시설이 없는 지역의 학교 신설을 촉진하고, 신설 학교는 물론 기존의 주간학교들도 지방 납세자들에게 '학교운영위원회'를 구성하여 건축비나 운영비 조달에 필요한 지방세를 부과할 수 있는 권한을 부여받았다."[370]

이 법을 의무교육의 결정적인 계기로 보는 이유는 '학교운영위원회'의 결정에 따라 5~13세 자녀를 둔 부모에게 자녀의 의무적인 학교 출석을 요구할 수 있었기 때문이다. 점점 가속화되는 산업혁명과 사회적 압력을 수용한 교육제도에 초등학교 의무교육이 도입되면서 하층계급도 책을 읽을 수 있게 됐다. 그러자 이들이 좋은 책을 읽을 수 있도록 영국 정부와 공공단체에서 공공 도서관 건립 운동을 적극적으로 추진했다.

"(영국은) 1870년 초등 의무교육을 최초로 법제화한 교육법이 통과된 후, 공공 도서관 운동이 현지 지자체, 공공 단체, 자선 사업가 등의 지원으로 활발하게 전개됐다. 특히 앤드류 카네기는 많은 지방 도서관을 위해서 거금을 내놓았다. 1870년과 1890년 사이에 영국 내의 무료 도서관 숫자는 52개에서 408개로 8배나 증가했고, 그 대부분이 1880년대에 소규모 지방 도서관들이었다. (…중략…) 1880년대는 유럽 전역에서 공공 도서관 운동이 진행되던 전환기였다."[371]

카네기는 공공 도서관 확충에 커다란 기여를 했다. 카네기홀과 카네기 공과대학 등 수많은 문화사업에 기부했는데 가장 돋보이는 것은 도서관 건립 사업이었다. 그는 13세 때 미국 필라델피아로 이민 와서 방직공장에서 실을 감고 전신국의 메신저 보이 등을 하면서 어려운 시절을 보냈다. 당시 그는 책 살 돈이 없어서 어느 독지가의 무료 도서관을 이용했다. 훗날 카네기는 "그 작은 도서관은 지식의 빛이 흐르는 창을 열어주었다."라고 회상했다. 카네기의 성공에 소중한 자양분이 됐던 도서관의 경험은 선명했다. 그는 1881년에 고향인 스코틀랜드의 던펌린을 시작으로 미국과 영국에서 2,500개 이상의 도서관을 세웠다.

### 산업화가 촉발시킨 대중교육

그런데 서유럽에서 왜 이렇게 초등학교의 대중교육이 늦어진 것일까? 대중교육은 단순히 국가가 강제한다고 해서 성과를 낼 수 없다. 우선 국민들이 일정한 정도의 경제력이 있어야 하고, 여기에 학부모들이 적극적으로 참여할 동기가 구축되지 않으면 보편교육은 성공할 수가 없다. 무엇보다 아이들에게 노동을 시키지 않고 취학연령부터 일정 기간 동안 학교에 보낼 수 있는 경제력을 갖춰야 하고, 또한 전문적인 교사가 확보되어야 한다. 서유럽조차 '19세기의 마지막 사반세기'[372]에 이르러서야 대부분의 아이들을 학교에 보낼 수 있는 여건이 갖춰졌다. 그럼 그 이전에는 유럽 국가는 초등교육이 없었는가? 그렇지 않다. 영국뿐만 아니라 많은 유럽 국가가 기초교육인 초등학교 교육을 교회에 맡겨놓고 있었다.

"(영국의) 기초교육은 모두 종교기관의 수중에 고도로 집중되어 있었고 교육목표도 대동소이했다. 읽기, 쓰기, 도덕적 가치의 내면화, 아이들을 일상생활의 부정적인 영향을 받지 않게 하는 것이었다."[373]

영국에서조차 '계급마다 지정한 학교'가 존재했지만 가난한 자들을 위한 교육은 이뤄진 바가 없었다. 교육은 선의로 할 수 있는 게 아니기 때문이다. 따라서 오랫동안 자율에 맡겼다. 국가가 학교 건물을 짓고 수만 명의 교사를 배출하고 학부모가 지원하기까지 엄청난 투자와 비용이 필요했다.

"초등교육의 경우 제멋대로 생긴 교구학교와 사립 벤처학교의 체계가 여전히 남아 있었고 다양한 아카데미와 오래된 재단을 위한 예비학교가 증가했다. 도시화가 진행되면서 새로운 문제들이 생겨났고, 그에 대한 해결책은 매우 더디게 제시됐다."[374]

영국에서는 '미래의 주인은 최소한 글자는 알아야 한다.'라는 주장과 함께 경제적 번영을 위한 실용적인 가치관이 지배하던 시기였다. 1870년에 초등학교법을 입안한 윌리엄 포스터 의원은 이렇게 주장했다.

"우리의 상업적 번영은 하루빨리 초등교육을 마련하는 데 있다."[375]

그러고 보면 보편교육은 종교개혁 이후 산업혁명에 의해 정치와 교육 개혁에 대한 사회적 압력이 강해지면서 의무화가 됐다. 학교국가, 학교사회라고 할 만큼 높은 학교 보급률을 보인 독일(프로이센)에서조차 종교개혁 초기에 세웠던 '교육국가'를 만들겠다는 이상주의적인 구상을 현실화한 것은 아니었다. 독일 역시 다른 나라들과 마찬가지로 경제적 목적과 문화적 통합 등 현실적인 목표에서 학교교육이 출발했다.

"민중에 대한 기율교육, 모범국가를 만들기 위한 모범시민의 양성, 군사적 효율성의 제고, 균질적인 민족문화의 창조, 제국의 문화적 통합, 인력자본의 소질과 기능의 배양을 통한 경제개발 촉진 등-우선순위를 갖고 있었다."[376]

영국과 독일 사례에서 개신교의 종교적 이유는 필요조건이었고,

산업사회의 대두로 인적 자본이 필요해진 것은 충분조건이었음을 알 수 있다. 산업혁명과 민주주의의 성장이 점점 교육의 변화를 불러왔다. 교육에 대한 개념의 변화는 곧 사회에 나가서 해야 하는 일들이 변화된 새로운 사회로 진입했음을 보여주었다. 레이먼드 윌리엄스의 책 제목처럼 '아주 멀고 긴 과정'을 거치고 나서야 이뤄진 사회적 진화였다.

### 프랑스의 의무교육 3원칙

초등교육의 의무화 역사에서 프랑스는 매우 중요한 위치를 차지한다. 영국과 독일에서 끝나면 됐지, 프랑스 사례까지 들 필요가 있을까라는 의문이 들 것이다. 교육은 매우 복잡한 문제로 학교 건물뿐만 아니라 교사의 확보, 교과서 등 엄청난 투자를 필요로 하는 데다가 나라마다 교육의 지향점이 달랐다(한국은 6·25전쟁 이후 문교부 예산의 80%를 증액하여 대대적으로 학교들을 짓기 시작하여 1959년 취학아동의 95.3%가 취학하는 데 성공했다).

쉽게 다른 나라 모델을 수입해 사용할 수 없을뿐더러 동과 서를 막론하고 문명국은 모두 나름의 교육제도를 갖고 있었다. 서유럽 역시 어느 시점을 딱 잡아서 초등학교 의무교육을 프랑스가 먼저 시작했느니, 영국이 먼저 시작했느니 주장할 수가 없다. 그럼에도 의무교육 역사에서 프랑스의 위치는 매우 독보적이다. 프랑스는 혁명을 통해 전통과 단절을 시도한 나라였다. 사실상 새로운 나라로, 왕에서 시민 중심으로 회전 방향이 달라졌다.

잠시 혁명이란 단어의 유래를 돌이켜보면 이 일이 얼마나 힘들고 놀라운 변화인지 깨닫게 된다. 레볼루션revolution은 re(다시) + volve(돌다)의 결합어로 '회전하다'의 뜻이다. 이 뜻이 혁명의 뜻을 갖게 된 것은 코페르니쿠스와 관련이 있다. 그가 1543년에 쓴 책이

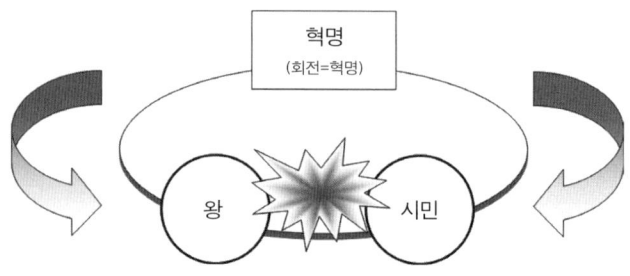

『천체의 회전에 관하여』다. 코페르니쿠스의 지동설은 지구 중심에서 태양 중심으로 천체의 방향을 바꿔버렸다. 이보다 혁명적인 일이 있겠는가. 그래서 레볼루션이 혁명을 뜻하게 된 것이다.

프랑스는 사실상 처음부터 포맷해야 했기에 국가 주도로 교육을 설계할 수밖에 없었다. 프랑스의 대학 평준화(그랑제콜 아래까지) 역시 이런 가치에서 나온 것이다. 그동안 정신세계를 지배하던 가톨릭마저 구체제를 지탱하는 핵심이었기에 단절해야 했다. 문제는 가톨릭이 학교, 고아원, 자선단체를 관리하고 있었다. 이에 혁명세력은 가톨릭이 담당하고 있던 교육과 복지를 국가가 빼앗아와 가톨릭의 영향력을 축소하지 않으면 혁명은 위험하다고 보았다. 프랑스는 일반인 교육을 통해 '공적 이성으로 무장한 공화국 시민을 양성하는 등 민주주의를 구축해 구체제로 돌아가는 것을 막고자' 했다. 공화국의 가치에 대한 이해, 공유, 그리고 시민문화 습득은 시급한 문제였다.

프랑스는 1870년대에 초등교육에 대한 '무상교육·의무교육·비종교'라는 3원칙을 수립했고 쥘 페리 장관의 주도로 1882년부터 시행했다. 매우 중요한 원칙이 프랑스에서 시작됐으니 다시 한번 읽어보자.

무상교육, 의무교육, 비종교.

무상교육 하나만 보더라도 매우 혁명적이다. 한국의 경우 1959

년에 초등학교 무상교육을 실시했다. 1994년 농어촌 지역만 중학교 무상교육을 실시했고 몇 년 뒤 2002년부터 중학교 전면 무상교육을 실시할 정도로 쉬운 일이 아니었다. 프랑스에서 초등교육에 비종교를 지향하고 의무 개념을 도입하게 된 계기는 프랑스 혁명세력들이 구체제와 결별하려는 의지가 절박했기 때문이다. "이것(초등학교 의무교육)은 정부의 국가 건설 과제 가운데 하나가 됐다. 새로 통일된 독일과 제3공화국이 왕당파 가톨릭주의자들을 눌러야 했던 프랑스에서는 특히나 중요한 과제였다."[377]

이로써 위그노를 탄압하고 종교혁명을 거부했던 '가톨릭의 수호자'인 프랑스가 부패한 가톨릭 성직자들을 제거하는 차원을 넘어 아예 가톨릭을 버리고 무신론적 정책을 과감히 도입한 것이다. 그렇다고 해야 할 일이 선적해 있는 혁명정부가 전국에 학교를 다 지을 수 없다 보니 한쪽에서는 가톨릭 부속학교에서 신부들이 가르치고 다른 한쪽에서는 혁명정부가 학교를 지어 학생들을 가르치는 기이한 현상이 벌어졌다. 그러나 이런 상황 속에서도 프랑스 교육의 3원칙은 일찍부터 '무상교육·의무교육·비종교'로 지금까지도 이 전통이 이어지고 있다. 1880년대가 되자 유럽 대부분의 나라에서 적어도 초등학교에 대해서는 의무교육 원칙이 공고해졌다.

19세기 말의 커다란 성취는 초등·중등·고등교육의 중대한 재조직이었다. 교육의 체계화는 그야말로 엄청난 진보의 결과였다. 오늘날 많은 나라가 아이들에게 노동을 시키지 않고 10년에서 16년여 동안 오직 공부에만 집중할 수 있게 만든 의무교육제도는 발전과 진보의 결과물이다.

"무엇을 먹을까, 무엇을 입을까, 너희는 걱정하지 마라. 우리가 더 땀을 흘릴 테니 너희는 꿈을 더 크게 꾸고 공부를 열심히 해라. 공부는 다른 사람들이 너희에게서 절대 빼앗아갈 수 없는 것이다."

부모 세대가 희생하면서 사회생활에 필요한 지덕체를 교육체계 속에 넣어 오직 배움에만 집중할 수 있도록 한 것은 지금으로부터 그리 오래되지 않은 근대사다. 보통교육의 의무화는 1880년 전까지 유럽의 소수 국가와 미국 등 선진국에서만 시행되던 것이었다. 물론 당시는 의무교육이라야 초등학교 4년 정도였다. 이 흔적은 오늘날에도 독일의 상위학교 진학 결정이 초등학교 4학년에 결정되는 것을 보면 알 수 있다. 다시 한번 강조한다.

"의무교육은 절대로, 절대로 당연한 게 아니다."

# 4
# 구한말과 조선 엘리트들의 선택

### 근대 엘리트 양성 실패

왜 조선은 식민지로 전락했을까? 조선의 리더들은 나라를 어떻게 경영했기에 치욕적인 결과를 맞이한 것일까? 귓가에 한없이 맴돌던 질문들이다. '고종의 조선'은 군사력이나 경제력은 물론 지력에서도 일본에 패배한 것일까? 분명 조선은 빛나는 문명을 이루고 나름 괜찮은 시스템을 구축했다. 그런데 '고종의 조선'은 그렇지 못했고 근대 대학 하나 만들지 못한 '쇠락한 왕조'였다. 어떻게 이런 일이 발생할 수 있었을까? 멀리 고구려의 소수림왕이 세운 '태학'(372년)까지 가지 않더라도 고려 성종 때 세운 '국자감'(992년)은 훗날 조선의 '성균관'으로 이어졌다. 성균관과 과거제도라는 훌륭한 문치와 교육 전통이 있는데 '고종의 조선'에는 근대 대학이 없었다.

조선에서 근대 대학의 시작은 일본에 의해 1924년에 설립(본과는 1926년에 시작)된 경성제국대학교의 예과였다. 하지만 일본은 경성제국대학교에서 교육과 연구를 통합하고 새로운 연구방법론에 대해서 조선인에게 가르칠 생각이 없었다. 단적인 예로 경성제국대학교가 이공계 학과를 설치한 것은 1941년 태평양전쟁 시기부터였다. 지력知力이 상실된 조선. 망국도 비참한데 근대 대학이 없는 조선의 엘리트들은 지식을 찾아 일본으로 유학을 가야 했다.

"일본은 적극적으로 배워야 할 나라였다. 그들은 일본 자체를 본 게 아니라 일본을 통해서 서구 세계를, 새롭게 재편된 세계의 질서를 경험하고 있었다. 일본은 조선인들이 서구의 근대화를 직·간접적으로 체험할 수 있는 나라였다. 조선의 지식인들은 아직 미국이나 유럽을 견문하지 못했고 그 실정도 자세히 알지 못했다. 그리고 메이지 유신을 거치면서 서구적 근대화를 이룬 일본은 오랑캐의 나라 일본이 아니라 '동양 속의 서양'이었다."[378]

지금이야 고등학교를 졸업하고 대학에 입학하면 되지만, 조선은 1922년(제2차 조선교육령)에 가서야 조선에서 중등교육을 마친 후 일본 고등학교에 진학할 수 있는 길이 열렸다. 일제가 최초로 공포한 조선교육령(1911년)의 핵심은 식민지인 조선에 고등교육을 불허하는 데 초점을 맞춘 정책이었다. 우선 조선과 일본은 학제부터 달랐다.

식민지 조선은 4-4-3 (의학과는 4년) 시스템으로 보통학교 4년, 고등보통학교 4년(중학교 과정), 전문학교 3~4년제였다. 고등보통학교는 중학교 과정인데도 중학교라는 명칭을 쓰지 않은 이유는 고등교육의 예비교육기관이라는 인상을 주지 않기 위해서였다. 조선인의 교육을 이 단계에서 종결지으려는 의도로 볼 수 있다. 일본은 6-5-3-3 시스템이다. 보통학교 6년, 고등보통학교 5년(중학교 과정), 대학 진학을 예비하는 넘버스쿨인 구제舊制고등학교 3년, 제국대학 3년 학제(전체 교육기간 17년)였다. 최초 고등학교들은 숫자를 학교명에 표기했기에 '넘버스쿨'로 불렸다.

그마저 조선에서 최상위 학교인 전문학교는 1916년에서야 법학, 의학, 공업의 세 개만 인가가 났다. 우선 1919년 3·1운동 이전까지 조선과 일본의 고등교육 상황을 보면 사실이 선명하게 드러난다. 조선에는 대학교는 물론 고등학교조차 없었다. 일본의 고등학교는 2% 미만의 인재들만 가는 엘리트 코스였다. 미국을 제외하고 서유럽도 고등학교 과정(김나지움)은 엘리트 코스였다. 1919년 이전까지 일본 전국에는 고등학교가 8개밖에 없었으니 매우 좁은 문이었다.

일본은 1918년 12월 6일 '제2차 고등학교령'을 공포하고 1919년 4월 1일부터 시행하면서 고등학교 설립을 확대했다. 1919년에 야마구치, 니가타, 마쓰모토, 마쓰야마의 네 개 네임스쿨이 추가로 설립됐다. 이후 네임스쿨은 열아홉 개까지 늘어났다. 숫자 대신 지명을 따서 학교 이름을 지었기 때문에 이들을 '네임스쿨'이라 부른다. 1945년 패전 이전 구제고등학교는 총 38개교로 넘버스쿨 8개교, 네임스쿨 19개교, 제국대학 예과 3개교, 학습원(고등과), 그리고 공립 3개교, 사립 4개교였다. 넘버스쿨 8개교는 수도와 당시 큰 번의 중심지에 위치한 제1고등학교(도쿄), 제2고등학교(센다이), 제3고등학교(교토), 제4고등학교(가나자와), 제5고등학교(구마모토), 제6고등학교(오카야마), 제7고등학교(가고시마), 제8고등학교(나고야)다.

조선인은 한반도에서 가까운 제3고(교토), 제5고(구마모토)로 많이 갔다. 게다가 학제가 일본과 달라 조선에서 일본에 유학을 가려면 중학교 때부터 가야 했다. 넘버스쿨에 들어가려면 중학교 과정을 거쳐야 하는데 5년 과정을 요구했다. 조선은 4년 과정이라 자격요건이 되지 않았다. 배우는 과목도 달라 조선에서 4년을 마치고 5학년으로 편입이 불가능했다. 한마디로 일본에 비해 한 단계 저급한 교육이었다. 결국 중학교 5년, 고등학교 3년, 대학교 3년 총 11년에 걸치는 유학생활을 해야 했다.

"제국대학을 졸업하기 위해서는 고등학교를 포함하여 최소 6년, 중학 과정까지 포함하면 산술적으로 11년가량 일본 유학생활을 해야 했다. 실제로 김연수의 경우도 1911년 일본으로 건너가 1921년 교토제국대학을 졸업할 때까지 모두 합해서 11년이 걸렸다."[379]

10대 초에 떠난 소년이 20대가 되어 귀국할 때는 대부분 일본인이 되어 돌아올 수밖에 없는 구조였다. 유학생들은 근대화된 일본에서 가랑비에 옷 젖듯이 일본의 생활방식과 문화에 서서히 스며들었다. 근대 문명을 이룬 세련된 일본과 조선의 투박하고 초라한 현실을 비교하면서 조선과 심리적 단절을 결심하고 자신의 열등감을 우수한 학업 성적으로 보상하려 하지 않았을까? 선망과 질투, 열등감과 자부심이라는 내면적 갈등은 그들의 삶에 짙게 깔린 바탕음이었다.

식민지의 유학생이 일본에서 느끼는 내면적 갈등은 유학과 더불어 시작되어 청소년기와 대학 시절에 이르기까지 집요하게 그들의 마음에 뿌리를 내렸다. 그들 중 다수는 조선이 경제뿐 아니라 문명에서도 빈곤하고 퇴화한 상태였음을 뼈저리게 느꼈을 것이다. 더는 극복할 수 없는 숙명이라 믿고 반#일본인이 되어가더니 점차 일본과 자신을 분리할 수 없게 되는 지경에 이른 인물들이 많았다. 서구를 모방한 일본을 '다시 모방'[380]해야 했던 한국, 여기에 식민지 사관까지 더해졌다. 식민지의 상흔은 우리의 생각보다 훨씬 뿌리가 깊다. 그 흔적은 쉽게 지워지지 않을 것이며 지워질 수조차 없다. 고모리 요이치 도쿄대학교 교수가 말한 '식민주의적 무의식과 식민주의적 의식'이라는 이중의 뒤틀림이다. 일본을 의식적으로 도려내도, 더 깊숙이 무의식 속에 있는 일본이 모방했던 서구 문명마저 도려낼 수 없는 구조이기 때문이다.

조선의 엘리트들이 내면적으로 '일본이 이룩한 근대'에 동화되어 돌아온 것은 전혀 이상하지 않았다. 이렇게까지 되리라고는 친일 엘리트 자신들은 물론 그 누구도 예상치 못했을 것이다. 물론 소수의 눈 밝은 엘리트들은 일본의 문명과 일본인의 친절과 예의범절이 위선과 가식임을 깨닫고, 조선인에 대한 일본의 지독한 멸시를 꿰뚫어 보고 독립운동에 투신하기도 했다. 식민지 상황에서 엘리트들이 일본으로 유학을 갈 수밖에 없었던 상황은 무엇 때문에 발생한 것일까? '고종의 조선'에 근대 대학이 없었기 때문이다.

### 구한말 교육 풍경

한국의 일부 역사책들 중에는 이해가 안 되는 서술들이 있다.

"1895년 교육입국조서를 통해 근대 교육제도를 마련하고 6개의 소학교를 설립했다. 이후 1900년 한성중학교, 그리고 1904년 대학교를 설립하려고 했으나 러일전쟁으로 하지 못했다."

이 주장은 너무 허약하다. '고종의 조선'을 합리화하여 꿰맞춘 느낌이다. 소학교를 졸업할 때쯤 중학교를 만들고 그 중학생이 졸업할 때쯤 대학교를 만든다고 가정한 것이다. 말도 안 되는 주장이다. 고종은 1902년 덕수궁과 평양에 풍경궁은 지으면서 대학교를 만드는 데는 투자할 마음조차 없었다. 러일전쟁은 핑계고 변명에 가까운 주장이다. 원래 구상에는 조만간 대학교도 설립할 예정이었지만, 서구식 대학을 설립하기에는 현실적으로 어려움이 많았을 것이다.

실례를 보자. 1895년 4월 총리대신 김홍집과 학부대신 박정양의 이름으로 반포된 칙령 제79호의 제1조에 한성사범학교의 설립목적을 '교관을 양성하는 곳'이라 명기했다. 이는 우리나라 처음으로 초등학교 교사를 양성하는 학교를 세웠다는 것을 의미한다. 학교는 교동에 있었고 학과는 본과가 100명, 속성과가 60명이었다. 수업연한은 본과가 2년, 속성과가 6개월이었다. 교사는 두 명으로 한국 역사와 만국사, 초보수학, 지리 그리고 한문과 국어, 작문이었다. 이런 계획으로 학교를 설립했는데 실제 운영은 어떠했을까?

"우선 정원이 25명 정도에 불과했고 매년 신입생을 받을 수가 없었다. 교실이 한 칸뿐이었기 때문이다. 학생이 졸업해 나가지 않으면 신입생을 받아들일 수가 없었던 것이다. 거기에 가장 심각한 것은 학생들이 열의가 없다는 사실이었다. (…중략…) 그들은 그때까지 익혀왔던 사서삼경을 배우는 것이 더 재미있지, 세계 역사니 지리니 수학 같은 건 아무 짝에도 필요 없는 것으로 알게 됐다."[381]

근대 교육을 시키는 곳에서조차 여전히 사서삼경이 최고 학문이었고 실업교육은 천한 것으로 여겼다. 500여 년의 인습에서 빠져나오지 못한 것이다. 학부 자체에서도 "제도의 미美는 있어도 실제는 병행하지 못했다."라고 평가했다. 무슨 문장이 이런지 모르겠다. 인용하는 문구니 내 마음대로 쓸 수는 없다. 결국 근대식 교육제도를 만들었다는 것에는 의미가 있었지만 실제는 형편없었다는 뜻이다. 이런 상태였으니 고등학교 과정도 없이 대학을 세우려 했다는 사실을 미루어봐도 그렇고 고종이 중학교 졸업에 맞춰 대학교를 설립하려 했다는 주장도 맞지 않는 얘기다. 대학 선발 규정에 따라 고등학교 교과목의 비중이 달라지며 교육과정이 형성된다. 그리고 1900년 설립된 관립 한성중학교의 제1회 졸업생은 1904년에 20명이었다. 당시 한성중학교는 외국어학교나 의학교 등에 비해 실용 가치가 적어 지원자가 적었다.

### 교육의 힘이 축적된 일본

그러면 근대 교육에 대해 초기의 개화파들 인식은 어떠했을까? 1880년대 어윤중과 홍영식은 일본과 미국을 다녀온 후 교육의 중요성을 강조했다. 1881년 일본을 다녀온 어윤중의 식견은 탁월했다.

"약육강식의 춘추전국 시대보다 더 치열한 이 시대에 나라가 살 길은 오직 부국강병밖에 없다는 것이다. 그리고 국력은 곧 그 나라가 보유하고 있는 지적 능력의 총합을 말할진대, 나라의 부강함은 지식의 힘이 얼마나 큰가에 달려 있다는 것이다."[382]

어윤중이 말하는 지식이란 서구의 근대 국가가 이룬 모든 제도와 과학기술을 의미하는 것이었다. 그는 국민정신을 개혁하기 위한 구체적인 방안으로 교육제도의 개혁을 주장했다. 일본이 부국강병을 이룰 수 있었던 것은 교육의 발전이 뒷받침됐기 때문이라고 강조한다.

"메이지 유신 후 마침내 교육법이 개선되고 학교가 늘어나 1878년에는 대·중·소학교를 합쳐 약 2만 7,000개, 교원이 6만 8,000명, 학생 수가 2,031만 9,000명을 웃돌게 됐다. (…중략…) 각국이 서로 무역을 함에 단지 물화만 교역하는 것이 아니라 (…중략…) 이것이 재주와 지식의 무역이니 물화에 비해 그 이익이 더 크다."[383]

일본은 1878년 당시 약 4,000만 명에 못 미치는 인구[384] 중 절반 이상인 2,000만여 명이 학교교육을 받고 있었다. 그러나 1881년 당시 조선은 근대 교육이 전무했다. 이런 상태로 20여 년이 지나면 두 나라는 완전히 질적으로 다른 나라가 될 터였다. 고종이 "일본이 다른 뜻을 품고 있는가?" 다시 말해 "일본이 한반도를 침략할 의사가 있는가?"라고 묻는 말에 어윤중은 이렇게 답했다.

"일본이 다른 뜻을 품느냐 여부는 우리에게 달려 있다. 그들에게 달린 게 아니다. 우리가 부강의 방도를 깨쳐 행할 수 있으면 감히 다른 뜻을 갖지 못할 것이고, 그렇지 못해 그들은 강한데 우리가 약하면 다른 일이 없다고 보장하기 어렵다. 이웃 나라의 강함은 복이 아니다."[385]

어윤중의 예감은 틀리지 않았다. 청일전쟁 당시 영국 작가이자 탐험가인 이사벨라 비숍은 군수 지원 보급품을 산더미처럼 쌓아놓고 오사카항을 떠나는 제3군단에 대한 기록을 남겼다.

"일본 학교에서는 국가가 한 인간이 누릴 수 있는 모든 것을 청구할 권리를 가지고 있으며 인간의 삶 자체마저 국가의 제물로 바치는 것도 인간에게 큰 희생이 되지 않는다고 가르치고 있다. 일본 학교의 교육은 일본인들을 대일본제국 건설의 충실한 전사로서 키워내는 데 커다란 효과를 거두고 있음은 의심할 나위가 없다. (…중략…) 지금까지 내가 전혀 보지 못했던 헤아릴 수 없이 수많은 군중으로부터 열광의 도가니 속에 휩싸인 채 일본군 제3군단이 오사카항을 떠나는 것도 보았다. 일본의 노동자들이 새 옷을 지급받았을 때 대다수는 더욱더 자발적으로 국가를 위해 멸사봉공하고자 했다. 전장과 병원에서 병사들은 고통스럽게 죽어가면서도 '대일본 만세!'를 외쳤다."[386]

미흡하게나마 일본이 보통교육을 실시한 지 20년이 넘게 되자 그 축적된 힘은 점차 거대해져 갔다. 그건 이웃 국가들에게는 비극이었다. 일본의 교육은 개인의 권리보다 먼저 국가를 앞세웠다. 죽어가면서도 만세를 부르는 병영국가가 된 일본은 이런 교육의 힘이 축적되어 다른 나라에 폭력으로 발산할 가능성이 커졌다. 이웃인 조선과 중국에 무서운 괴물로 말이다. 조선은 어떻게 대비하고 있었을까? 홍영식도 교육의 중요성을 깊이 인식하고 있었다. 보빙사로 미국에 다녀온 후 고종에게 강력히 건의했다.

"특히 우리가 가장 중시해야 할 일은 교육에 관한 일인데 만약 미국의 교육방법을 본받아 인재를 양성해서 백방으로 대응한다면, 아마도 어려움이 없을 것이므로 반드시 미국의 제도를 본받아야 한다."[387]

### 늙어빠져 퇴락한 왕조

어윤중과 홍영식은 근대 교육제도의 도입과 교육을 통한 국민정신 개혁을 주장했다. 근대가 일정한 수준을 갖춘 국민, 즉 국민국가의 주체를 형성하는 일이 전제조건임을 고려할 때 교육제도야말로 근대 국가 건설의 핵심 기둥[388]임을 지적한 것이다. 그러나 실현되지 못했다.

"학교는 근대와 전근대가 대결하는 공간으로, 근대적 삶의 양식을 제조·보급하여 신민의 삶을 균질하게 만드는 곳"이었다.[389]

"우리나라에는 미상불(과연) 독일의 베를린대학교, 영국의 옥스퍼드대학교 같은 크고 좋은 학교가 없다. 그러나 우리는 그리 섭섭히 알지 아니하며 또 파리의 '부아 드 볼로뉴'와 런던의 '하이드 파크' 같은 크고 좋은 공원이 없다."[390]

물론 최남선은 조선의 삼면은 바다로 그게 살아 있는 대학교요, 대공원이라며 소년들이 이를 개척함으로써 서구 제국의 문명을 따라갈 수 있다고 강변했다. 하지만 바다는 살아 있는 대학이 아니다. 문학적 표현이지만 사실상 헛소리에 가깝다.

끝내 '고종의 조선'은 근대 대학을 설립하지 못했다. 고종이 대학을 설립할 의사만 있었다면 그리 어렵지도 않았을 것이다. 조선은 집현전이나 규장각을 운영한 사례가 있었다. 경복궁, 덕수궁, 평양 궁전 등 조선에서 가장 건축 공사를 많이 한 왕 중의 하나가 고종이었다. 이 중 하나를 대학 건물로 내놓고 체계를 갖춰 근대적 교과목들로 채워 충분히 대학을 세울 수 있었다. 아니면 성균관을 근대 대학으로 전환했어도 괜찮았을 것이다. 그리고 전국의 서원과 연계하여 효율적으로 근대 교육을 보급했더라면 지금처럼 유학이 유명무실해지는 사태도 겪지 않았을 터였다. 고종이 가칭 '규장각 대학'을 설립해서 선진국을 따라 나설 도약의 계기를 만들었으면 좋았을 텐데 그러지 못했다. 교육의 중요성에 대해 말만 번지르르하게 했을 뿐 제자리걸음만 반복했고 미래 궤도에 진입하지 못했다. 고종의 의사결정에 '미래의 후손'은 없었다. 오직 고종 자신의 안위만이 우선이었다. 철학과 전략이 부재하고 낡은 시스템만 있는 현실이었다. 고종은 참으로 중요한 시기도 기회도 놓치고 만 것이다.

전 세계 발명의 40%를 차지하며 과학강국을 이룩한 세종과 조선 후기의 문화중흥을 이끈 정조는 모두 집현전과 규장각이라는 학술 및 정책 연구기관을 만들어 국가를 이끌었다. 국내외 전문가들이 인정하듯 15세기 세종시대는 전 세계에서 가장 뛰어난 업적과 발명을 이룬 조선의 화양연화 시대였다. 정조 때는 실사구시로 대변되는 정약용, 서유구 등 걸출한 학자들이 많이 양성됐다. 특히 박제가, 유득공, 이덕무와 같은 서얼들을 적극 등용했다. 이들이 개혁과 조선 후기의 문예부흥을 이끌어가는 두뇌 집단이었다. 조선의 불행은 정조 이후 세도정치가 들어서고 규장각이 명목상 기능만 남은 채 실질적인 기능이 유명무실화되면서 시작됐다. 얼마나 아쉬운가. 선교사로 와서 민영익을 구하고 미국 공사가 된 호러스 알렌은 한국 생활 22년을 접고 떠나며 보호국이 된 조선이 이제는 깨어나야 한다고 강조했다.

"너무 무사안일의 세월, 남의 나라에 망한 게 아니다. 지진과 화산에 의해 폐허가 됐더라면 벌써 곤한 잠에서 깨어났을 것이다. 서양의 기술을 배운 일본은 스승의 나라인 조선을 정복했다. 늙어빠져 퇴락한 왕조에 무얼 기대하는가? 이제 깨어날 때다."

그는 후발국 일본이 유신을 통해 근대화를 이루어 문명의 선배였던 조선을 정복했는데도 조선은 계속 잠자리에 있다고 한탄했다. 그리고 고종에 대해서는 완전히 기대를 접었다. 이미 임계점을 지났다며 이렇게 한탄했다.

"늙어빠져 퇴락한 왕조에 무얼 기대하는가."

## 조선민립대학 추진

조선의 최초 대학은 조선총독부가 1924년 설립한 경성제국대학(본과 1926년)이 최초였다. 조선의 깨어 있는 지식인들을 중심으로 민립대학을 설립하려는 운동이 일어나며 영향을 받은 것이다. 3·1운동 이후 조선인의 저항운동은 크게 세 가지로 나눌 수 있다. 첫째, 상해임시정부의 수립을 통한 무장독립 투쟁. 둘째, 산업을 일으키자는 물산장려운동. 셋째, 실력을 키워 우리를 무시하지 못하도록 고등교육을 실시하자는 교육운동.

여하튼 구한말 민간에서는 대학 설립을 추진했다. 고종 당시엔 관료나 왕실보다도 민간이 훨씬 애국적이고 우수했다. 이 전통은 한국이 위기를 극복하고 선진국으로 나아가는 데 밑바탕이 됐다. 한국은 한국인 자체가 경쟁력의 원천이었지만 이걸 깨닫기까지는 오랜 세월이 걸렸다. 고종과 민중전을 옹호할 때 한 가지 잊지 말아야 할 게 있다. 그들의 명예만 중요한 게 아니다. 우리는 그 이상의 대가를 내놓았다. 못난 그들로 인해 민족이 입었던 치욕, 백성들이 한 세기 동안 분투하고 희생해야 했던 고통스러운 삶들, 디아스포라가 돼 이국 땅에서 여전히 유랑하는 사람들이 바로 그 대가다. 그들이 내린 결정이 후손에게 오래도록 미친 악영향을 생각해야 한다.

오늘날 엘리트 정치인도 마찬가지다. 더 높은 자리에 오르기만 열망할 게 아니라 자신들이 내린 결정으로 인해 국민에게 어떤 영향을 미칠지 생각해야 한다. 정치는 함부로 하는 게 아니다. 고종처럼 망국의 군주가 된 것에 모자라 한반도 역사상 유일하게 이민족에 의해 망한 군주를 왜 이토록 오랫동안 옹호하고 명예를 지켜주려 하는지 모르겠다. 이것은 친일과 반일의 문제가 아니다. 고종은 의자왕, 경순왕, 고려의 창왕보다 더 나은 평가를 받을 만한 게 없다. 왕비를 죽인 자들에게 연금을 받아 생활했던 고종은 명예라 할 것도 없는 찌질한 존재다. 이건 리더로서도 남자로서도 실격이다.

옆길로 샜다. 그럼에도 꾸준히 민간에서는 대학 설립을 위해 자발적인 노력을 기울였다. 1920년에 이상재, 이승훈 등 지식인들을 중심으로 조선민립대학 설립 운동이 구체적으로 진행되면서 성사 단계에 이르는 듯했으나 끝내 뜻을 이루지 못했다. 하지만 민간에서 추진한 조선민립대학교 설립을 위한 운동이 거세게 불자 당황한 조선총독부에서 경성제국대학교 설립을 서둘렀다. 이렇게 우여곡절 끝에 탄생한 경성제국대학교는 만 21년간 2,300명의 졸업생을 배출했다. 그중에 한국인 졸업생은 659명이었다.

1924년부터 1941년까지 160명의 신입생을 뽑았다. 1942년부터 이공학부가 설치되어 80명을 추가로 뽑아 총 240명이었다. 1945년까지 법문 18회, 의학 17회, 이공 3회의 졸업생을 배출했는데 그 가운데 조선인 졸업생은 659명이었다. 평균 1년에 30명 수준으로 25% 남짓이었는데 나머지 90명, 즉 75%는 조선에 이주 및 거주하는 70만 명의 일본인을 위한 정원이었다. 이러한 결과는 일제의 교육이 조선인에 대한 우민화의 목적이 있었기 때문이다.

"기술교육면에서 일제는 한국인을 일제의 노예 혹은 하수인으로 부려먹기 위해 '시세와 민도에 알맞은' '실용주의적' 교육을 펴는 데 역점을 두었다. 즉 한국인에게는 고등의 자연과학 및 생산·기술의 이론적 지식 등은 물론이고 사회과학을 배울 기회를 주지 않으면서 오로지 농업·상업·공업 등 '실업'의 말단적 기술을 익히는 것에 만족하도록 만들었다."[391]

다시 돌아보면 1880년대에라도 서구 문명의 원동력인 근대 사상을 배우기 위한 근대 대학을 설립하여 서구를 따라잡겠다는 단단한 결의로 전력투구를 했다면 조선은 모욕을 당하지 않았을 것이다. 하지만 역사의 시간은 우리를 기다려주지 않는다. 다시는 되돌릴 수 없는 귀중한 역사의 시간을 허비한 조선은 서구 문명을 능동적으로 섭취하는 데 실패했다.

## 한국 엘리트들의 선택

조선과는 달리 일본은 1877년 도쿄대학교를 설립하고 1886년 이를 제국대학교로 변경했다. 이는 서유럽의 변화를 가까이에서 지켜본 오스만 제국보다도 한 세대 이상 빨랐다. 그렇기에 일본은 남부 유럽, 동부 유럽, 남아메리카 대륙 등 유럽인들과 관련된 나라들을 제치고 근대화의 우등생이 될 수 있었다.

"일본이 근대화에 나선 19세기 후반은 서구 각국에서 과학연구가 사회적으로 제도화됐다. 각 분야에서 연구를 직업으로 하는 과학자가 생겨난 시대였다. 그렇기에 일본은 처음부터 과학을 사회적으로 제도화된 기능으로 받아들일 수 있었던 것이고 과학의 습득과 연구가 국가의 틀 안에서 조직적으로 능률 있게 이뤄지게 됐다."[392]

이 시기에 근대 학문들은 자리를 잡아갔다. 물리학마저 어느 정도 능력이 있으면 노력에 따라 누구라도 습득할 수 있는 체계화된 학문으로 발전한 것이 19세기 후반이었다. 게다가 학문의 장벽이 낮았을 때 바로 이 '절묘한 타이밍에 일본은 서구과학의 이식을 시작'한 것이다.[393] 이것은 교육의 힘에 대해 15년 전인 1870년대에 이미 알아보았기에 가능한 일이었다. 이와쿠라 사절단이 미국에 가서 놀란 것은 이 거대한 영토가 단지 1세기 만에 개척되고 매우 빠른 속도로 발전한 점이었다. 오랜 역사를 가진 자신들은 별로 발전하지 못했다. 이 차이는 어디에서 오는 것일지 수없이 되물었다. 그리고 그들이 미국에서 특히 눈여겨본 것은 일반인에 대한 보통교육의 실시였다.

"그것은 경제력의 문제만은 아니다. 오히려 인력을 포함하는 물력物力의 차이에 있다고 지적한다. 그리고 일본에 결여된 것이 종교와 교육의 힘이라고 생각한다. (…중략…) 교육이 보급되지 않는 한 개척의 에너지를 얻을 수 없다고 본 것이다. (…중략…) 사람들은 불학을 부끄러워하며 스스로 공부하고자 한다고 한다. 또 매사추세츠주는 1863년 이후 아이들을 입학시키지 않는 부모들에 20달러의 벌금을 부과하고 있다."[394]

동아시아에서는 일반인에 대한 교육이 전무할 때 미국은 일반인들조차 배우지 않는 것을 스스로 부끄러워하는 사회였던 것이다.

역사에는 가정이 없다지만 조선에 근대 대학이 있었더라면? 조선의 지식인들이 변절하고 일본에 적극적으로 부역하는 일 또한 훨씬 적었을 것이다. 고종과 민중전의 척족과 사대부 집권층을 용서하기 힘든 것은 바로 이 고등교육시스템의 부재가 낳은 폐해가 너무 크기 때문이다. 자신들은 '소중화'라며 중국과 공자에 굴종했고 후손들은 일본에 굴종할 수밖에 없도록 만든 것은 근대 대학의 부재도 한 원인이었을 것이다. 권력의 열쇠를 가지고 있던 그들은 자신들 또한 근대의 길을 외면했을 뿐만 아니라 후손들의 앞날까지 막는 우를 범했다. 고등교육의 부재는 미래 세대 속에 잠재되어 있을 '위대한 재능'의 씨앗들을 싹조차 틔울 수 없게 만들었다.

앞서 언급했듯 수많은 엘리트가 일본 유학을 통해 자발적으로 변절자가 됐다. 해방 후 이들 중에는 남북한에서 나라를 만드는 데 일조한 사람도 있지만 통탄스러운 것은 많은 변절자가 학교와 학문 사회를 지배했다. 일본이 심어놓은 한국인의 열등성과 식민사관 등을 교육과 정책으로 바로잡기는커녕 오히려 이를 증폭함으로써 수많은 변종 친일파들을 양산하는 결과로 이어졌다. 해방 후 80년이 다 되어가는 이 마당에도 친일 문제 하나 학문적으로 정리하지 못하는 까닭도 그 뿌리의 근원을 찾아가면 경성제국대학교와 일본 유학 출신의 엘리트가 떡 하니 중앙에 자리잡고 앉아 있는 현실 때문이다.

정종현 교수는 『제국대학의 조센징』이라는 책을 통해 일본 제국대학의 조선인 유학생 1,000여 명의 흔적을 추적했다. 서평의 첫 문장은 모든 것을 대변하고 있다.

"그들은 무엇이 되고자 떠났고 무엇이 되어 돌아왔나? 친일 엘리트 양성소이자 조선 독립운동의 수원지."

정 교수는 일제강점기 시대 일본 본토의 일곱 개(도쿄·교토·도호쿠·규슈·홋카이도·오사카·나고야) 제국대학교에서 유학한 식민지 조선의 유학생들이 걸어간 길을 밝히면서 한국 엘리트의 기원을 추적했다. 독립운동에 투신한 소수의 엘리트들도 있었지만, 제국대학교 유학생들 대부분은 총독부 관료와 판검사 혹은 교수나 사업가가 됐다. 이 경험을 밑천 삼아 그들은 해방 후에도 한국의 행정, 사법, 교육, 경제 등 거의 모든 부문에서 한자리 꿰차고 앉아 막대한 영향을 끼쳤다. 이는 북한도 예외가 아니었다. 제국대학교를 졸업한 엘리트로서 총독부의 판사와 관료라는 사회자본이 해방 이후 한국 사회에서 어떠한 역할을 했는지 보여주는 극적인 한 사례가 대선 후보였던 이회창이다. 당시 언론에서는 이회창 집안을 귀족 가문이라며 치켜세웠다.

"이회창 후보는 전형적인 귀족 가문의 후손이다. 특히 화려한 이 후보의 집안은 다른 후보를 압도하고도 남는다. 이 후보의 가계家系는 조선조를 개국한 태조 이성계와 같은 전주 이 씨다."

또 어느 의원은 "이제 우리나라도 명문 학교를 나온 좋은 가문 출신의 훌륭한 경력을 가진 사람이 대통령이 돼야 한다."라고까지 했다. 얼마나 대단한 집안이기에? 그의 부친은 경성제국대학교 법학부를 졸업하고 조선총독부 검사서기를 지냈고, 큰 아버지는 교토제국대학교 교수, 외삼촌 김성용은 도쿄제국대학교 법학부를 졸업한 뒤 일본 군수성 관료를 지냈다. 이회창의 장인 한성수는 1942년 고등문관시험에 합격하고 해방 이후 대법원장 직무대행과 대법관을 지냈다.

"이회창의 본가·외가·처가는 구한말 이래 지주 집안이면서 제국대학교와 고등문관 시험, 관료라는 제국적, 사회적 신분 상승의 주요 장치를 공유하고 있다."[395]

정종현은 그의 "본가·외가·처가를 제국대학교 고등문관 시험, 관료라는 사회자본의 종합적 구현체"로 규정했다. 참으로 놀랍다. 그렇다. 그의 집안은 머리가 좋은 엘리트 집안이 분명하다. 하지만 귀족적인 기득권이 어떻게 세습되어 지금까지 계속 유지되는지 인터넷을 검색해 보면 알 수 있듯 그의 후손들 역시 쟁쟁하다. 그런데 자기 가문의 이름을 드높인 것 이외에 국가를 위해 한 일이 뭘까? 엘리트들이 자신의 보상회로에만 갇혀 더 높은 자리와 명예를 극단으로 추구하는 걸 보면서 일본 학자들 중에는 조선을 씨족사회라며 비웃는 이도 있었다. 가문을 자랑하는 수준이 너무 저급하다는 것이다.

### 듀티 콜

고정애는 『영국이라는 나라』에서 '듀티 콜'(duty call: 의무의 부름에 답하는 것)을 소개하며 잉글랜드의 '하워드'라는 명문가를 알려준다. 영국의 '주요 전장엔 하워드의 누군가'가 있었는데 특히 조프리 하워드 의원의 세 아들 사연은 놀라웠다. 둘째, 셋째는 1944년 노르망디 전투에서 숨졌는데 각각 26세, 22세였고 "장남 역시 참전했는데 버마(미얀마)에서 부상당한 채 귀국했다."라고 한다. 진정 명문가였다.

"영국은 (제1, 2차 세계대전 중) 상층계급에서 한 세대(50만 명의 30

세 이하 남성)를 잃었다. 문벌 좋은 남자들이었다. 25세 이하 옥스퍼드대학교와 캠브리지대학교 재학생의 4분의 1이기도 했다."³⁹⁶

영국 귀족에게 나라가 위기에 처했을 때 참전은 선택이 아니라 숙명(의무)이었다. 영국 귀족들의 듀티 콜은 우리를 돌아보게 한다. 새삼 '노블레스'라는 고귀한 사회에도 보이지 않는 구분선이 있다는 것이 느껴진다. 애국자가 아니라는 사실을 억울하고 두려운 일로 생각하는 엘리트(가문)가 있는가 하면 '어쩔 수 없는 일이었다.'라며 매국노가 아니라고 변명하는 엘리트(가문)가 있다.

"'애국'이라는 단어는 나를 꼼짝 못하게 하는 주문처럼 들린다. 젊은 날에 '국가'로 상징되는 대의를 위해 개인의 출세욕이나 치부욕은 미련 없이 버렸던 순수한 열정이 넘쳤다. '애국자가 아닌 사람'이 되는 것은 억울하고도 두려운 일이다."³⁹⁷

한국과학기술원을 만든 과학자들 중에는 '조국 건설에 참여하도록 한국에 와달라'는 박 대통령의 전문 한 장에 미국에서 높은 연봉과 안정적인 직장을 마다하고 한국으로 돌아온 사람들도 있다. 애국자가 아니면 할 수 없는 일이었다.

"내가 친일한 것은 표면상의 문제이고 나는 나대로 친일하지 않을 수 없었기 때문에 한 것이다. 내가 친일한 것은 부득이 민족을 위해 한 것이다." 이광수가 한 말이다.

최인훈은 『회색인』에서 이광수가 발명한 '변명'은 없느니만 못하다는 평을 했다. 조선인이 뼛속까지 일본인이 되길 바란 이광수는 서정주의 말처럼 '일본이 못 가도 몇백 년은 갈 줄 알고, 살기 위해 친일'을 한 것이다. 침략자의 힘을 부러워하고 받아들여서는 안 되는 것을 마음속으로 받아들인 결과였다. 침략자에게 절대 양보해서는 안 될 것을 양보하고 난 이광수류는 식민지 아래에서 침략자와 어떻게 잘 타협하고 활용하여 우리 민족을 어떻게 진보시킬 것인가

고뇌했다는 궤변의 논리를 주장했다. 식민지 지식인에게 특히 두드러진 경향이다. 그들이 받아들인 체제의 지식인 노예임을 말하고 있다.

이제 고귀한 사람과 '내면이 천격인' 엘리트의 구분선, 애국자가 아닐까 봐 두려운 사람과 매국노라 불릴까 봐 두려운 사람을 가르는 구분선이 분명히 보일 것이다. 친일 문제에서 자유롭지 못한 레거시 언론들은 천격을 위해 변명하는 수준을 넘어 옹호하는 주장까지 펼친다. 이 역시 기준점이 낮다 보니 나오는 현상이다. 할 말이 없기 때문에 너무 많은 말을 하는 것이다. 대표적인 예로 '일제강점기에 친일 안 한 사람이 어디 있느냐?'라며 민족반역자와 부일협력자들은 경중과 관계없이 조악한 주장을 한다. 적극적인 친일 매국노와 작은 직책을 맡은 것을 동일 선상에 놓는 것은 친일파 개념을 오도하는 전형적인 물 타기다. 맥락과 주장이 전혀 다른데 굳이 민망할 정도로 비교를 끄집어내는 그 생각의 한계가 가슴 아프다. 경범죄는 개인에게 영향을 미치지만 매국노는 민족 전체에 악영향을 끼치기에 더 냉정하게 평가해야 한다. 이것이 몇 세대에 걸쳐 의견 대립을 할 주제인가. 그 정도로 풀기 어려운 킬러문항인가. 이미 이런 식의 논쟁은 끝날 때도 한참 지났다.

청소년 때 하는 판단과 어른이 돼서 하는 판단은 달라야 한다. 이제 가치판단의 커트라인을 좀 올릴 때도 됐다. 나라를 망하게 한 것은 친일파 탓이 아닐 수 있다고 치자. 하지만 이 나라에서 '친일' '출세' '편법' '궤변'이 '독립운동' '정의' '원칙'보다 훨씬 이익이 되게 만든 것은 잘못이다. 변하지 않는 사실은 엄연히 존재한다. 시간이 흐르면 흐를수록 역사가 갈림길에 있을 때 애국을 선택한 이들에게 호의를, 매국노에겐 냉소를 보낸다. 이 기준을 없애고 뭉개려 하는 것은 어리석은 일이다. 이제 레거시 언론들도 애국자가 아닌 것을 두려워하고 억울해 하자.

하워드 가문이냐, 이광수류냐. 이것은 역사 논쟁이 아니라 우리의 미래를 위해 어느 가치를 선택하느냐의 문제다. 바로 그래서 친일파 청산의 문제는 과거가 아니라 오늘의 문제이자 내일의 문제가 된다. 이제 와서 친일파의 무엇을 청산할 수 있겠는가. 학문과 기록으로 남겨놓는 방법 외에 현실적인 수단이 없다. 이제 이 정도는 정리하고 가자. 또한 우리 사회의 엘리트를 평가하는 기준도 높아졌으면 한다. 엘리트가 똑똑한 것은 필요조건이나 사회와 미래에 대한 기여가 있어야 충분조건이 된다.[398] 엘리트를 평가할 때는 엘리트가 과연 '한쪽 눈은 늘 후대에 두고' 사후의 평가에 충실했는지에 맞춰져 있어야 한다. 자신의 출세에만 혈안이 된 '한쪽 눈'만 가진 엘리트는 사회의 독이다.

### 한국 엘리트들의 비극

한국 엘리트들의 비극은 그들 대부분이 친일파라는 원죄를 갖고 있다는 데 있다. 민족문제연구소가 『친일인명사전』을 간행할 때 선별 기준의 임의성에 대해 일부 비판이 있었지만 판검사 이력을 가진 사람을 친일파로 선별하는 것에 대해 별다른 이견이 없었다고 한다. 총독부 관료 중에서 사법관료가 특별한 존재였던 까닭이다.

"성적이 아무리 좋아도 사상 경향이 나쁘면 임용되지 않았다. 그들은 고등문관시험 사법과에 합격한 후에 다시 철저한 총독부의 신원 조회를 통과하고, '사법관시보'라는 견습 과정을 거쳐서 임용됐다. (…중략…) 조선인은 조선총독부 당국자에게 '사상운동' 혹은 항일 민족운동과 어떠한 관련도 없다는 사실을 인정받지 않고서는 사법관으로 임용될 수 없었다. 총독부 판검사 경력이란 총독부가 보증한 친일파의 증명서였다."[399]

총독부 관료들은 식민지 경력을 부끄러워하기는커녕 오히려 자랑스러워했다. 그들이 축적한 교육과 인맥이라는 사회자본은 다시 후손들의 사회적 신분으로 상속됐다. 나는 요시다 쇼인의 정한론征韓論이나 사이고 다카모리 같은 보스 스타일은 상대적으로 덜 위험하다고 생각한다. 그런 주장이나 말발굽은 휩쓸고 지나가면 그만이다. 그런데 문제는 정작 그다음에 나타난다. 그들이 우리의 정신 속에 심어놓은 열등감과 수동적인 정체성은 지금도 다양한 모순들을 형성하고 있다. 그로 인해 정치적, 사회적, 역사학적으로 끊임없이 갈등이 일어나고 있고 그 희생자는 여전히 존재한다. 게다가 "한 번 스승이 되면 평생 아버지와 같이 존경하고 모시게 된다."라는 중국 속담처럼 감히 스승의 그림자조차도 밟을 수 없다는 인식이 강하다. 조선의 엘리트들은 일본으로 유학을 가서 스승을 만났고 평생 그들의 영향을 받았다. 일종의 각인 효과가 생긴 것이다.

각인효과imprinting effect는 오스트리아의 동물행동학자 콘라트 로렌츠가 발견한 것으로 갓 부화한 오리새끼가 최초로 눈에 띈 존재를 자신의 엄마로 인식하여 추종 행동을 하는 특성을 말한다. 그 후 연구에 의하면 각인에는 초기 임계기가 존재하는 것 이외 여러 특징들이 있다는 것이 알려졌다.

- 효과의 영속성: 일단 각인이 일어나면 일반적인 학습에서 보이는 '소거 현상'이 일어나지 않고 상당한 영속성을 가진다.
- 후속발현성: 오리가 성장하여 '구애 활동'을 할 때도 영향을 미쳐 각인의 대상이 된 동종의 동물과 사귀려는 현상이 일어난다.
- 초개체성: 어떤 한 인간에 익숙해지면 다른 모든 인간에게도 익숙해진다.

조선의 근대 고등교육의 부재로 인해 영민한 조선의 인재들이 '결정적 시기'일 때 일본인 스승에게서 각인효과를 경험했을 것이다. 국적이 어디든 훌륭한 스승을 존경하는 것을 선뜻 비판할 수는 없다. 당시 대학교수는 초 엘리트로서 일본에서도 0.01%의 인물들로 존경받을 만한 대상들이었을 것이다. 학생은 스승으로부터 학문적 방법론과 이론적 토대뿐만 아니라 삶의 태도 또한 배웠다. 이후 이들은 세 가지 특성을 보일 수밖에 없게 됐다.

- 효과의 영속성: 자손뿐만 아니라 제자들에게도 적극적으로 전파한다. 내 경험으로도 1980년대 서울대학교에서도 "엽전들은 안 돼!" "조센징은 맞아야 말을 듣는다."라는 그런 말들을 아무렇지도 않게 하는 사람들이 있었다.
- 후속발현성: 친일파들은 삶의 궤적과 철학이 매우 유사한 이들을 선호한다. 유유상종이다. 엎친 데 덮친 격으로 그들끼리는 자신들의 편견을 상식으로 여긴다는 사실이다. "못난 것들이 독립운동이니 뭐니 한 것을 가지고 유세를 떤다."라고 비하한다.
- 초개체성: 스승뿐만 아니라 스승의 나라인 일본을 좋아하게 된다.

일본은행 총재의 후임자가 거론될 때 전문가들은 시카고 학파니 프린스턴 학파(금융 규제와 감독에 대한 중요성을 강조하는 학파)니 하면서 학맥부터 파악하고 분석한다. 이는 개인의 성향보다 학문하는 기간에 형성된 공통의 방법론에 영향을 받기도 하고 이론적 토대를 바탕으로 구축된 정통 학파의 성향에 영향을 받기도 하며 비슷한 학문적 성향의 인적 네트워크가 강하게 작동하기 때문이다.

5
# 식민지 교육의 빈약한 성과

## 우민화교육과 코리아 스케치

또 한 가지 문제가 더 있다. 일제가 조선에 많은 학교를 세워 근대화에 필요한 인적자원을 육성했다고 강조한다. 단골 주제다. 이건 사실인가? 결론을 먼저 얘기하고 자세한 내용은 후술할 것이다. 간략한 내용을 원하는 분이라면 결론 부분만 본 후 상세한 내용은 생략하고 다음 장으로 넘어가도 된다.

일제 36년의 근대 교육의 결과를 보면, 조선에 대한 일본의 교육목적은 '일본인으로의 동화同化와 우민화愚民化 정책'이라는 것을 알 수 있다. 조선인에 대한 교육 기회의 확대는 황국 신민화를 위한 도구였고 그 결과도 매우 미약했다.

"해방 직전 식민지 교육을 접할 수 있었던 인구는 전체 인구의 14%에 불과하였고, 그중 절대 다수인 12%는 초등교육 졸업 이하의 교육을 받았다. 즉 전체 인구의 1% 미만이 중등 또는 그 이상의 학력을 소지했다."[400]

"1930~1945년간에 한국인 중 문자해독 가능자는 겨우 22.3%로서 문맹률은 78% 정도였으며 그중에서도 여성의 문맹률은 92%나 됐다(그 당시 일본의 문맹률은 약 26%였다)."⁴⁰¹

"일제가 한국인의 고등교육을 등한시한 결과 해방 당시 한국에는 고급인력이 극히 부족했다. 즉 1945년 8월에 한국에는 중등학교 이상의 교육수료자가 도합 22만 9,000명(전 인구의 1% 미만)이 있었는데 그중 고등학교 졸업자는 20만 명(남자: 16만 2,000, 여자: 3만 8,000), 전문학교 수료자는 22,000명(남자: 1만 8,500, 여자: 3,500), 그리고 대학 졸업자는 겨우 7,400명(남자: 7,300, 여자: 100)이었다. 또 그 당시 한국의 고급인력으로는 약 14,000명의 교사, 350명의 기계공, 140명의 야금공, 240명의 화학공, 그리고 1,200명의 광산공이 있었을 뿐이다."⁴⁰²

고등교육은 15%를 기준으로 15%가 넘으면 대중화, 50%가 넘으면 보편화라고 한다. 식민지 기간에서 일어난 성과의 수준을 보자. ① 총인구의 14%가 교육을 받았는데 절대 다수인 12%가 초등학교 졸업에 그쳤다. 고등학교 이상은 1945년 8월 기준 22만 9,000명으로 1% 미만이다. ② 8·15 광복 직후 문맹률이 78%였다. 10명 중 2명만 글을 읽을 줄 알았다. ③ 대학 졸업자는 7,400명(남자 7,300명)이고 고급 인력은 교사 약 1만 4,000명, 기계공 350명, 야금공 140명, 화학공 240명, 광산공 1,200명이었다.

겨우 이 정도를 가지고 친일파 학자들은 일제가 무슨 엄청난 일이나 한 것처럼 부풀린다. 처음에 조사할 때는 하도 일제가 교육 근대화를 했다고 내세우기에 당연히 성과가 꽤 있을 줄 알았다. 8·15 광복 때 교육을 받은 총인구수가 14%였다는 사실도 실망스러웠다. 관건은 구한말보다 얼마나 좋아졌느냐인데 문해율이 22.3%라는 사실에 경악했다. 근대 교육에 대한 기본 설계도조차 없을 정도로 형편없는 고종 시기의 기저효과도 있었을 것이고 1920년대 라디오의 출현 등 근대 발명품이 쏟아져 나온 시기라 일제가 조금만 노력했어도 큰 성과가 나왔을 것이다. 일제강점기 조선인의 중등·고등교육은 한심한 수준 그 자체였다. '한민족의 우민화교육'이 일제의 교육목표였음이 드러난 것이다.

에이미 추아 예일대학교 교수는 1906년 일본 국회의원이자 신문 논설위원인 아라카와 고로의 글을 소개했다. "한국인들은 물건을 나르는 힘이 좋다. 그들은 일본에서 말 한 마리가 나르는 것보다 더 많은 물건을 나른다. 한국인이 무게가 60~70관(225~262킬로그램)이나 되는 짐도 나른다고 들었다. 꼼꼼히 감독하고 격려하면서 일을 시키면 대단히 쓸모 있는 일꾼이 될 것이다."[403]

뭐 이런 글이 있나 싶다. 믿기진 않지만 진짜다. 한편으로는 '고종의 조선'에서 무학의 조선인이 선택할 수 있는 삶이란 농사꾼이나 짐꾼의 길밖에 없었다. 이처럼 조선인을 비하하는 글을 읽을 때마다 느끼는 것은 시대를 읽지 못한 고종은 제 불행을 자책했을 뿐만 아니라 백성의 미래까지 박탈했다는 것이다. 초등의무교육 도입이 뭐가 어려웠겠나? 쉽게 할 수 있는 일이다. 그러나 고종의 조선은 그러한 일에 중점을 두지 않았다. 유교라는 이념에 갇혀 그런 의식을 갖고 있지 않았기에 문제였다. 이렇듯 최소한의 교육조차 받지 못하면 새로운 기회는 주어지지 않는다. 국가 역시 교육받은 인력이 일정 수준에 이르지 못하면 다음 단계로 나아갈 수 없다.

일례로 40년간 중국의 농업, 경제, 교육을 깊게 연구한 스콧 로젤 스탠퍼드대학교 교수는 고등학교 이상 졸업률이 경제성장에 지대한 영향을 미친다고 주장했다. 고등학교 진학률이 50%를 넘지 못하면 중진국에서 벗어나지 못한다는 것이다. 최근 몇십 년간 중진국에서 벗어난 한국, 대만, 아일랜드 등은 중진국 수준이었을 때 이미 70%를 넘었다. 한국, 대만, 아일랜드 등은 고등학교 진학률이 평균 72%였다. 중진국에 갇힌 "브라질은 47%, 멕시코 35%, 터키 37%, 중국 30%로 '갇힌 국가'들의 고등학교 평균 진학률은 36%였다."(2015년 기준)[404]

고등교육의 목표는 스스로 책이나 매뉴얼을 보고 학습할 수 있는 능력을 갖출 수 있도록 하는 데 있다. 고등교육을 받은 사람은 비판적으로 책을 읽고 일정 수준의 노동력을 수행할 수 있다. 그렇다면 고등학교 진학률이 30%인 중국은 양질의 노동력이 부족한 나라로 '중진국의 함정'을 벗어나기 힘들 것으로 예상했다. 스콧 로젤은 저서 『보이지 않는 중국』에서 중진국을 넘어서기 위한 세 가지 조건을 다음과 같이 제시했다.

첫째, 광범위한 인적 자본은 그것이 필요하기 훨씬 전에, 실제로는 40년 앞서 생산되고 강화되어야 하는 자원이다.[405] 둘째, 노동자의 평균 고등학교 취학률 50% 미만에서는 중진국 함정을 피한 적이 없다.[406] 셋째, 교육은 학교와 교사도 중요하지만 학생들의 빈혈, 기생충, 근시 등 보건과 건강이라는 보이지 않는 영역까지 정책의 중심에 두고 개선해야 한다.

사회 전반적으로 교육 수준을 올려놓지 않으면 사회는 더 이상 발전하기 어렵다. 소수의 엘리트가 경제적 가치를 견인하고 사회를 이끌어가는 데는 한계가 있다. 현대사회에서 고등학교 이상 졸업자가 50~70%를 이루기 위해서는 40년간 지속해서 교육에 투자해야 한다. 농업에서 산업으로 전환되던 1차 산업혁명 시기에 국민의 반 이상이 근대 초등교육을 이수하기 위해서는 20년 이상을 교육에 투자해야 가능했다. 다시 말해 가장 기초적인 교육만으로 충분했던 초등교육조차 20년은 지나야 직·간접적 효과를 볼 수 있는 것이다.

당시 조선의 교육이 어땠는지를 한 선교사를 통해 바라보자.

1888년 25세의 나이에 선교사의 신분으로 40여 년간 조선 땅에서 활동한 제임스 S. 게일은 1890년 우리나라 최초의 『한영사전』을 출간했고 『구운몽』 『심청전』 『춘향전』 등을 영문으로 번역해 서양에 소개했다. 특히 조선의 마지막 10년이라 할 수 있는 1888년부터 1897년까지 10년의 세월을 담은 책을 『코리아 스케치Korean Sketches』라는 제목으로 미국, 영국, 캐나다에서 출간했다. 게일은 조선 교육에 대해 놀라운 통찰을 보여주었다.

"교육에서도 마찬가지로 우리는 서로 대척점에 있다. 서양에서는 한 사람 앞에 펼쳐질 삶을 대비하고 발전을 도모하는 것을 교육의 목적으로 삼지만 조선 사람들에겐 이런 생각이 없었다. 그들은 현재에 눈 감고 과거만 바라보고 살도록 한 사람의 정신을 개조하거나 압사시키는 것을 목표로 했다. 우리는 발전을 생각하지만 그들은 통제를 생각한다. 서양의 학생은 다양한 학업성취와 새로 알게 된 갖가지 것에 기쁨을 느끼지만, 조선 사람들은 무엇을 배워 안다는 것보다 단지 한자를 읽고 쓰는 것에서만 성취를 느꼈다. 단지 한자를 익히기 위해 20년을 독거하면서 공부한다. 그런데 이렇게 오랜 기간 공부하고도 많은 수의 학생은 한자 공부조차 실패하고 말았다. 서양에서 교육이란 정신을 함양하기 위한 재능의 연마인 데 반해 조선에서 교육이란 발에 붕대를 감는 것처럼 정신에 석고 깁스를 둘러치는 것이었다. 이 깁스가 한번 굳고 나면 성장이나 발전은 완전히 멈추게 되는데 상황이 이렇다 보니 다른 누구보다도 유학자들이 더 기독교 전도에 반대했다."407

이 책의 독자는 한국인이 아니라 자신의 문명권인 미국과 영국의 영어권 사람들이다. 한마디로 서양은 숨겨진 능력을 밖으로 펴내는 진화evolution를 도모하는 데 목표를 두었고 조선은 근본적인 변화 없이 사회만 복잡해지는, 다시 말해 안으로 돌돌 말리는 퇴행involution을 선택했다는 것이다.

- 서양 = evolution: 밖으로$_{ex}$ + 돌다$_{volve}$ = '밖을 향해 돌다'에서 '진화'를 의미한다. 즉 외부의 변화를 받아들이면서도 한편으로는 자신에게 가장 적합한 환경을 스스로 창조하고, 이를 통해 도약하는 것이다.
- 조선 = involution: 안으로$_{in}$ + 말다·돌다$_{volve}$ = 밖으로 활짝 피어나지 못하고 안으로 말려지는 것은 '퇴행'[408]을 의미한다.

게일이 파악한 서양과 조선의 교육을 다음과 같이 구분할 수 있다.

서양의 교육
- 한 사람 앞에 펼쳐질 삶을 대비하고 발전을 도모한다.
- 다양한 학업성취와 새로 알게 된 갖가지 것에 기쁨을 느낀다.
- 교육은 정신을 함양하기 위한 재능을 연마한다.

조선의 교육
- 현재에 눈 감고 과거만 바라보고 살도록 한 사람의 정신을 개조하거나 압사시키는 것을 목표로 한다.
- 단지 한자를 읽고 쓰는 것에서만 성취를 느낀다.
- 교육은 발에 붕대를 감는 것처럼 정신에 석고 깁스를 둘러치는 것이다.

서양 교육의 목적은 개인 앞에 펼쳐질 삶을 대비하고 발전을 대비한다. 그런데 조선은 '정신에 석고 깁스를 둘러치는 것'과 같이 개인의 도덕성 향상에 목적을 두었다. 이것도 역시 균형감각의 문제인데 조선은 오로지 도덕교육으로만 학과목을 채웠다. 그렇다면 조선이 청렴한 사회였나? 다른 시기는 차치하더라도 고종 시대에는 사대부들의 온갖 부정부패와 권력을 이용한 착취가 난무했다. 유감스럽게도 인간의 탐욕은 유교나 도덕으로 해결되지 못했다. "견제받지 않은 권력은 부패한다."라는 격언은 조선에서도 예외가 아니었다.

### 차단된 지식의 통로

'고종의 조선'은 일반 국민에 대한 보편적 교육제도를 '스스로' 생각해내지 못했을까? 조선은 세종의 나라요, 율곡과 퇴계의 나라로 조선의 지식인은 유교를 소화하고 수준 높은 문명을 만들었다. 당시 조선문명에 대해 명나라 학자이자 문장가인 기순은 '조선이 으뜸'이라고 높게 평가할 정도였다.

"외국의 문헌 중 조선이 으뜸이다. 그 문물과 전장典章, (…중략…) 제도와 문물 등이 중국과 마찬가지 수준이라고 극찬했다. 명나라는 조선의 높은 문예 수준을 의식해 사신을 보낼 때도 문장에 뛰어난 관리를 고르고 골랐다. 강희제 때(숙종 39년 1713년)는 공식적으로 조선에 문헌을 보내달라고 요청했다. 조정에서는 급히 15책의 문선을 제작하여 보내줄 정도였다."[409]

세종 시대에는 즉위 초부터 집현전을 설치해 문장과 경학에 밝은 선비들을 체계적으로 길러냈다. 세종은 문치를 통해 나라가 일어서야 한다고 믿었다. 그리하여 권채, 남수문, 신숙주, 최항, 이석형, 박팽년, 성삼문, 유성원, 이개, 하위지 등 뛰어난 문사를 배출해 한 시대를 빛냈다. 유교 문명을 조선보다 완벽하게 구현한 나라는 세상에 없었다. 이런 문명의 나라가 일반 국민의 교육에 신경을 거의 쓰지 않았다니. 마치 뒤통수를 한 대 맞은 것 같은 충격이다. 사실 놀랄 일도 아닌지 모른다. 조선의 교육은 서당에서 양반의 자제들을 가르치는 시스템으로 근대 국민교육과는 완전히 달랐다.

"조선의 서당과 서원의 학제, 곧 커리큘럼은 근대 국민교육의 6-3-3학제와 달랐다. 천자문과 소학을 떼고 사서(四書, 『논어』『맹자』『중용』『대학』)와 함께 『통감通鑑』(또는 통감절요), 『자치통감강목資治通鑑綱目』 같은 역사서를 읽었다. 각자의 진도에 맞추어 학습했을 뿐 수업 연한에 따른 학년 구분은 존재하지 않았다. 조선시대 교육제도는 '보편=국민교육'이 아니다. 중앙집권 국가의 정책을 이해하고 따라줄 '국민'이자 자본주의 체제 재생산에 필요한 평균의 노동력을 제공할 수 있는 '노동자'를 양성할 의무교육 개념이 없었다. 조선시대에는 배움을 그렇게 중시했으면서도 각 개인에게 제도적으로 균일한 교육 프로그램을 강제하지 않았다."[410]

권영현 고려대 교수도 "조선은 서양 선교사들이 들어와서 신학문을 가르치는 동안에도 공교육을 개혁하지 못하고 결국 근대 국민을 양성하는 데 실패했다."라며 일반 국민에 대한 공교육이 없었음에 대해 짙은 아쉬움을 표했다. 이는 유교문명이 가진 엘리트 중심 교육이라는 사고의 한계였다(3부 2장에서 유교문명의 한계에 대해 논한다). 사회 변화와 발전의 속도가 빨라지고 새로운 지식이 쏟아지면서 유교경전은 점점 낡거나 쓸모없는 '무용지식'이 되어갔다.

한국 역사는 혁명이나 민중의 반란으로 왕조가 교체된 적이 없다. 조선의 동학이 주체의식에 눈뜨고 반상 차별의 모순을 깨닫고 부패한 집권세력에 대해 분연히 일어났다 하더라도 그것 역시 왕조 질서 안에서 이뤄진 일이었다. 단 한 번도 '타도 조선!'이나 '타도 고종!'의 구호가 나온 적이 없었다. 그런데 조선 말기에 이렇다 할 혁명가들이 없었는데도 조선은 와해됐다. 왜? 송호근 한림대학교 석좌교수는 조선이 와해된 것은 혁명이나 민중반란 때문이 아니라 정조 시대를 끝으로 조선이 가장 자신하는 지식과 권력의 통로가 차단되면서라고 평가했다.

"조선은 문文의 나라였다. 문文은 세계관이자 인격이었고 종교이자 통치철학이었다. 양반과 사대부는 문을 통해 우주를 만났고 문을 통해 현실을 인식했다."[411] "조선은 완벽한 지식국가였다. 지식이 권력이고 권력이 지식을 낳는 선순환 구조가 짜여진 '지식-권력 일체'의 국가였다. 지식은 말할 것도 없이 주자학이었다."[412]

문방사우라 불린 '붓, 벼루, 종이, 먹'이 선비의 필수항목이 된 까닭도 조선이 문文의 나라였기 때문이다. 송 교수는 연속적인 어린 왕들의 출현으로 3척(안동 김씨, 경주 김씨, 반남 박씨)의 세도정치와 고종 시대 민씨 척족으로 이어지는 100여 년간의 혼돈기를 '긴 이별기'로 표현했다. 고종 시대 조선은 일반 국민을 위한 교육의 설정값이 전혀 없는 사회였다. 지식은 본질적으로 공유재가 되지 못하고 소수 사대부만의 전유물이었다. 사대부는 백성이 문자를 아는 것을 오히려 경계했다. 창의적인 문자인 한글은 세종이 창제할 때부터 천하게 여기며 양반들로부터 외면받았다.

문해율의 중요성

한글이 400여 년간의 침체기를 지나 부흥기를 맞이한 것은 소위 근대로 가는 길목에서였다. 1894년 모든 법률과 명령을 한글\*로 작성하고 한문역을 덧붙이거나 국한문을 혼용해서 사용할 것을 선언

---

\* 당시는 정음이라고 했다. 한글의 명칭은 주시경에 의해서 한글로 용어가 바뀌었다.

하면서 시작됐다. 1895년에는 유길준의 『서유견문』이 국한문 혼용체로 발행됐고, 1896년에는 서재필을 중심으로 한글로 된 「독립신문」이 발행됐다. 이후 한글로 된 잡지, 교과서, 소설, 시가 쏟아져 나오면서 한글은 개화되기 시작했다. 한국인이 한글이라는 문자가 일으킨 문자 혁명, 지적 혁명의 가치를 알아본 것은 세종 사후 500년 뒤에나 일어났다. 오늘날 특히 스마트폰 시대가 도래하면서 한글이라는 문자시스템의 간결성과 직관성 그리고 풍부한 다양성으로 인해 그 가치를 새롭게 발견하고 있을 정도다.

반면 일본은 자신들의 문자인 히라가나를 8세기부터 일부 공문서에 사용하더니 9세기경부터 널리 받아들여 사실상 자립된 문자가 됐다. 헤이안 시대를 거치면서 여류문학의 다양한 수필과 이야기가 히라가나로 쓰였고 무려 1,000여 년 동안 자신들의 문자로 문화를 축적했다. 나중에 언급하겠지만 자국의 쉬운 문자를 사용하는가 아닌가는 문해율에 엄청난 차이가 발생하고 주체적 아이덴티티에 깊은 영향을 주었다.

오늘날 한글이 없었다면 아직도 한자에 셋방살이하고 있을 것이고 디지털 시대에 편리하게 자판을 두드리는 행운도 누리지 못했을 것이다. 그뿐만 아니라 중화사상이 강한 중국이 자신들의 문자를 쓰고 있는 한국을 어떻게 생각했을까? 1443년 한글 창제 후 360년 뒤까지는 전 세계가 대부분 농경사회이니 백성이 문자를 몰라도 괜찮았다. 하지만 1819년에는 프로이센(독일) 일부에서 의무교육이 시작됐고 1830년대 뉴욕과 런던은 신문이 수백 종인 데다가 문학의 보급과 산업혁명 등으로 세상이 급변하고 있는 상황이었다. 19세기의 가장 중요한 문화적 진보 가운데 하나는 문해력의 대규모 확산이었다.

"보편적 발전 추세가 전체 유럽에서 전환점을 맞은 때가 1860년대 무렵이었다. 그전까지는 프로이센만 문맹을 완전히 제거한다는 목표에 근접해 있었다. 1860년대 이후 발전이 가속화됐다. (…중략…) 세기가 바뀔 무렵 발칸지역과 러시아를 포함한 유럽 전체에서 문맹은 더 이상 당연한 현상이 아니었다."[413]

국가의 정책과 종교에 따라 문해력의 발전 속도에 큰 차이가 발생하면서 문명의 유럽이라 해도 내부 편차가 심했다. "1910년 무렵 오직 영국, 네덜란드, 독일만 문자해독율이 100%에 도달했고 프랑스는 87%였다. 남부 유럽의 문자해독율은 이보다 훨씬 낮아 이탈리아는 62%, 스페인은 50%, 포르투갈은 25%에 불과했다. 동부유럽의 상황은 이보다 못했다."[414]

신의 메시지를 알기 위해 『성경』을 읽어야 한다는 개신교 국가일수록 문해율이 높았다. 1890년대 조선인이 독일을 방문해서 독일 교육의 우수함에 관해 글을 남긴 것이 있다. 민영환이다. 사정은 이렇다. 민영환이 러시아 황제 니콜라이 2세 대관식에 참석하기 위해 사절단(윤치호, 김득련, 김도일, 손희영, 스테인)을 이끌고 1896년 4월 1일 제물포 항을 떠나 6개월 21일간 11개국을 일주하며 보고 들은 것을 기록으로 남겼다. 『해천추범海天秋帆』이라는 기행문이다. 책 제목은 '넓은 세상을 향해 나아간다.'라는 뜻이다. 조선 근대화에 관심이 많았던 민영환의 눈에 비친 선진 문물에 대한 놀라움을 금치 못하는 글들이 담겨 있다.

"부강이 날로 계속되니 누구라도 능히 이에 비교할 수 없다. 학교가 정밀하고 아름다우며, 육군은 굳세고 정예하고, 의술과 음률도 더 이상 이 정도에 이를 수 없다. 각국의 모든 학자들은 비록 이미 졸업했어도 반드시 이 나라에서 교정받은 연후에야 가히 세상에 나갈 수 있다."

이 글은 네덜란드에서 기차 편으로 독일 베를린에 도착한 민영환이 남긴 글이다. 그는 독일의 교육제도, 의학, 음악에 대해 부러움을 금치 못한 것이다. 바람 앞의 등불 같은 위태로운 조국인 조선을 걱정한 것이다.

'한 국가의 시기별 문맹률 변화는 사회발전의 수준을 객관적으로 측정하고 국가 간 비교를 가능하게 만드는 핵심 지표'[415]로 문해율은 각국의 사회·경제적 발전의 격차를 일으키는 중대한 원인이 된다. 1900년 기준으로 유럽의 문해율을 살펴보면 다음과 같다.

"중유럽과 북유럽은 95%를 초과했으며 서유럽은 80%를 초과했다. 그리고 오스트리아와 헝가리는 70%를, 에스파냐와 이탈리아, 폴란드는 50%를 초과하였고 포르투갈과 그리스정교 국가는 단지 25% 정도였다."[416]

기독교 문명권 내에서도 개신교 국가의 문해율이 일반적으로 가톨릭과 다른 종교를 믿는 국가보다 높았다. 기독교는 계시의 종교로서 신의 뜻이 『성경』에 적혀 있으니 각 개인이 글자를 알고 읽어야 하는 것을 의무로 생각했다. 반면 가톨릭 국가는 신부가 어려운 라틴어로 된 『성경』을 읽고 해석해 주었다. 나중에 각국어로 『성경』이 번역됐을 때도 이런 과거의 잠재의식의 영향으로 인해 빈곤층은 글자를 배우는 것을 중시하지 않았다. 청웨이 중국 사회과학원 외국문학연구소 소장은 1900년 중국의 시각에서 문해율(식자율)을 분석해서 설명했다.

"독일의 문해율은 97%, 영국과 미국은 88%, 프랑스는 82%, 일본은 대략 80%였지만 러시아는 25% 정도였다. 당시 산업화 국가의 문해율이 모두 80% 이상이었던 것에 비해 러시아는 중국의 문해율과 비슷했다."[417]

그는 당시 인구수에 위의 문해율을 곱해 문해율 절대 인구수를 도출했다.

- 중국 4억 명 × 20% = 8,000만 명
- 미국 7,621만 명 × 88% = 6,706만 명
- 영국 4,160만 명 × 90% = 3,761만 명

그는 중국이 문해율 인구가 8,000만 명으로 절대적으로 가장 많았다고 주장했다. 궤변에 가깝다. 미국의 당시 전체 인구인 7,621만 명보다 많았다. 하지만 그 당시 중국(청)이 국력이 약한 데다가 의무교육 체계가 아직 확립되기 전이라는 점을 고려할 때 일단 문해율 20%는 너무 높은 수치다(약 10%로 추정한다). 1949년 공산당이 중국을 통일했을 때 문맹률이 75%라고 주장하면서 이를 기준으로 중국이 이룩한 성과를 내세운다. 또한 1919년 5·4운동이 일어났을 때 신지식인층은 한자가 너무 어려워 중국 민중의 약 90%가 문맹인 탓에 광범위한 개혁사상을 유포할 수 없으므로 구어체(백화문)를 사용하자고 촉구했다. 이에 대해 보수주의자인 고홍명은 백화운동에 대해 1919년 8월 16일 『밀라드 리뷰Millard's Review』에 이렇게 풍자적으로 비난했다.

"당신(밀라드 리뷰)의 기자는 '중국문어가 어렵기' 때문에 중국인구의 90% 이상이 문맹이라고 불평한다. (…중략…) 중국 4억 인구의 90%가 문맹인 사실에 (…중략…) 감사해라. 만일 여기 베이징에서 쿠울리, 운전사, 이발사, 점원, 행상인, 소매상, 건달, 부랑자 등 이런 부류 모두가 글을 알게 되어 대학생은 물론 정치에 한몫 끼기를 원한다면 우리가 얼마나 '좋은' 형편을 겪게 될지 상상해보라."[418]

또한 1910년대에 신문과 잡지가 활성화되고 중국에 엄청난 선교사들이 들어가 수많은 학교를 세웠다. 특히 1920~1930년대에는 지식인들을 중심으로 문해교육을 강조한 대중 계몽을 대대적으로 전개했다. 그런데도 반세기 동안 5%밖에 성과가 없었다면 한자의

어려움을 지목할 수밖에 없다. 중국 공산당 정부도 한자 간략화(간화자)를 위해 많은 노력을 기울였다.[419]

## 조선의 보통 교육

근대는 국가주의의 시대로 국민에 대한 기본교육은 국가의 책무였다. 메이지 일본의 제국헌법에서 정한 국민의 3대 의무는 병역, 납세, 교육이었다. 국가가 국민에게 부과한 의무교육은 두 가지 측면이 있다. 하나는 덕육德育으로 애국심이나 집단적 규율과 질서를 가르쳐서 국가가 원하는 국민으로 만드는 데 있다. 또 하나는 읽기, 쓰기, 산수 등 일반인이 살아가는 데 필요한 지식과 기술의 습득이다. 이런 기본교육조차 하룻밤 사이에 이뤄지지 않는다. 국가가 의무교육을 법제화해도 국민들이 자녀에게 노동을 시키지 않고 필요한 비용을 마련할 수 있는 최소한의 경제적 기반을 갖춰야 한다. 하루 벌어 하루 살아가는 조선의 농민들에게 교육은 그저 그림의 떡일 뿐이었다. 그들의 자녀는 과거를 볼 수도 없고 자발적으로 학교에 공부하러 가게 하거나 그럴 만한 동기나 이유도 없었다. 당장 일손이 부족하니 농민의 자녀는 노동력 그 자체였다.

"전통적 농업사회에서 근대적 산업사회로의 이행에 필요한 선결과제 중 하나는 초등교육 보급과 이에 따른 대중의 보편적인 문자 해독이다."[420]

1880년대 조선의 교육은 개인이 스스로 배우는 영역이었다. 그러다 보니 신분이 낮고 교육의 혜택을 받지 못한 사람들은 무시당하고 홀대받는 존재였다. 무학이란 '무식하고' '교양이 없는' 것을 의미했다. 고종의 조선은 3류 문명으로 추락하고 있었다. 이런 결과를 낳은 건 한글을 배척하고 공식 문서와 지식인의 소통도구로 한자를 사용한 탓이었다. 한자라는 표의문자의 난해함은 글자를 배우고 지식을 축적하는 데 큰 장애물이었다. 한자처럼 배우는 데 시간과 노력이 많이 들어가는 문자는 근대 지식을 습득하는 데 어려움이 많았다. 가장 먼저 일본이 한자 폐지를 주장했다. 1866년 일본 우표의 설계자로 나중에 우편상이 되는 마에지마 히소카(前島密, 1835~1919)가 쇼군에게 한자를 폐지해 교육의 장애를 없애자는 주장을 담은 「간언건백서」를 올렸다.

'청나라의 쇠락으로 한자의 중요성이 줄어들었다. 언어생활의 효율을 방해하는 한자는 근대 교육 보급의 큰 걸림돌이 된다.' 이는 한자의 전면 폐지에 대한 격렬한 논쟁을 불러일으켰다. 저명한 계몽사상가인 후쿠자와 유키치가 필수 한자 2,000자 정도만 사용하는 절충안을 낼 정도로 첨예한 주제였다. 중국에서도 량치차오, 루쉰 등 선각자들이 적극적으로 한자 폐지를 주장했다.

량치차오는 '표의문자인 복잡한 한자와 유학만을 숭상하는 유학 일존주의—尊主義는 사상의 경쟁과 발전이 없어 중국이 추락하는 주요 원인'이라고 주장했다. 근대의 대표적인 학자인 후스(胡適, 1891~1962)가 중심이 된 백화운동(1917년)은 전례와 고사를 써야 좋은 문장이고, 힘써 낡은 글투와 옛사람을 모방하는 전통적인 한자체文語는 이미 '반은 죽은' 언어로 보았다. 그에 비해 백화문白話文은 일상에서 쓰는 살아 있는 언어이니 보급하여 신문화를 건설하는 것이 신사상 운동의 선결조건이라고 판단했다.

후스는 문학혁명의 가장 중요한 화두로서 백화문으로 기존의 한자문을 대체하려 했다. 후스의 문체개혁운동은 문화 형식 측면에서 수천 년의 전통문화의 구조를 흔들어놓았을 뿐만 아니라 사상, 심리, 정신 면에서 계몽의 도화선이 됐다. 그런데도 세상이 변화하여 이제는 더 이상 적합하지 않게 된 과거의 제도, 문화, 관습이 좀비처럼 계속 살아남아 영향을 끼쳤다. 유학은 500년 넘게 조선 사회를 유지해온 절대적인 가치였다. 그런데 외부로부터 충격을 몇 번 겪었다고 해서 버릴 수 없다 보니 새로운 가치를 받아들이는 데 장애가 됐다.

유학과 헤어질 결심을 해야 하는데 그건 나쁘냐, 좋으냐의 가치판단의 문제가 아니었다. 처음에는 유익했더라도 시대의 흐름에 맞게 변화해야 하는데 조선의 사대부들에게 유학을 버린다는 것은 그들 머리로선 도저히 받아들이기 어려운 일이었다.

그러다 보니 유학은 국도변에 달랑 하나 남은 휴게소꼴이 됐다. 처음에는 국도변에서 독점으로 이익을 보았으나 어느 날 바로 옆으로 고속도로가 뚫리면서 이 휴게소가 순식간에 역할을 잃게 된 것이다. 백년을 기다린들 '화려한 옛날'은 다시 돌아오지 않는다. 구한말 도덕과 수신이 강조된 유학은 개인윤리일 뿐 국가적 운영원리로서는 제 역할을 하기 힘들었고 더 이상 시대의 변화를 따라갈 수 없었다.

### 점의 수준에 그치다

조선의 근대 교육은 1895년이 시발점이다. 1895년 2월 2일에 고종의 「교육조서敎育詔書」로부터 시작되어 각종 학교 법제와 법칙이 제정됐다. 이 「교육조서」에서 고종은 다음과 같이 밝혔다.

'부강한 나라는 모두 백성의 지식이 발달하였듯이 교육은 국가보존의 근본이며, 신교육은 과학적 지식과 신학문과 실용을 추구하는 데 있고 교육의 3대 방침으로서 행실을 닦는 덕양德養, 체력을 기르는 체양體養, 격물치지의 지양知養이 있고 널리 학교를 세우고 인재를 기르는 것이 곧 국가중흥과 국가보전에 직결된다.'라는 요지다.

미국의 3육은 체육, 덕육, 지육으로 체육이 우선임에 반해, 고종은 덕양(덕육)을 먼저 강조했다. 고종의 조서를 시발점으로 교육을 통한 국가중흥의 이상을 실현하기 위해서 1895년 4월에 교사 양성을 목적으로 한 「한성사범학교관제」를 공포했으며 계속해서 7월에 '소학교령'을 공포해 초등교육의 제도적 기반을 마련했다. 가장 오래된 교동 초등학교는 1년 전에 세워져 왕실 자제들을 교육했다.

1895년, 드디어 서울의 5곳에 심상소학교(장동 23명, 정동 76명, 계동 40명, 주동 48명, 한성사범 136명)가 문을 열었다. 또한 수원, 공주, 전주 등 지방 열세 곳에도 소학교가 문을 열었다(소학교 3년제 심상과와 고등과가 있다. 수신, 독서, 작문, 습자, 산술, 체조 등을 배웠다).

1896년에는 제주 등 전국 38곳에 공립소학교를 세웠다. "새롭게 설립된 소학교는 당시의 불안정한 정세 때문에 제대로 홍보되지 못하여 교육생도 확보하기 힘들었다. 그러나 이 제도는 조선 근대 교육제도의 기본 방향을 결정했다는 점에서 의의가 있다."[421]

조선 근대 교육의 출발은 이처럼 점點의 수준에 그쳤다. 교육이 우리 사회 전반에 관여된 핵심 요소라면 종합적인 관점에서 오랜 시간을 들여 기획과 추진을 해야 했다. 그런데 당시 을미사변, 아관파천 등 정치적 소용돌이 속에서 근대 교육은 뒷전으로 밀려날 수밖에 없었다. 모든 결정의 중심체인 고종이 덕수궁에 갇혀 눈물로 밤을 새우거나 러시아 대사관으로 숨어 들어갔던 상황이다. 이런 난장판 속에서 교육개혁의 시급함이나 절실함을 논할 수가 없었. 최광만 충남대학교 교수는 소학교령(1895)이 반포된 이후 1905년 을사조약이 체결될 때까지 학교 현황을 이렇게 추정했다.[422]

"1905년까지 관립 9개교가 설립됐고 공립 소학교는 전국에 90개교가 설립된 것으로 보인다. (…중략…) 1904년까지 194개교 정도의 사립학교 기록을 확인한 바 있다. 또한 선교계 학교는 1880년대 이후 지속적으로 증가하여 1905년경 329개교 이상이었다고 추정되고 있다. 이러한 수치는 초등교육의 경우 620여 개가 설립

됐음을 보여준다."⁴²³

한 가지 짚고 넘어갈 것은 이 정도의 규모로는 겨우 근대교육을 출발했다는 것에 의미가 있을 뿐이다. '점의 수준'에서 '가는 선線 수준'으로 연결된 상태로 전 국민을 교육하려는 면面의 수준에는 이르지 못했다고 할 수 있다. 반면 메이지 일본은 1872년에 남녀 구분 없이 의무교육을 도입하여 1890년대에 들어서면서 방적공장뿐만 아니라 전화국, 은행, 일반 회사에서도 여성을 채용하고 있었다. 조선은 1910년 전까지 관립과 갑종공립⁴²⁴은 60개교가 설립됐고 학부學部⁴²⁵로부터 소액의 보조금을 받는 을종관립과 보조학교까지 합쳐서 모두 125개 소학교 설립에 그쳤다.

학생수는 1만여 명에 졸업생은 1,000명 수준에 그쳐 취학연령 학생의 1%도 되지 못하는 초라한 결과였다. 나라에서 일반 국민의 교육에는 거의 손을 놓았다는 뜻으로 밖에 해석되지 않는다. 안타깝게도 보통교육이라는 핵심 제도를 충분히 갖출 역량이 조선에는 없었다. 광무개혁 시기 고종은 1899년 4월 27일 황제의 명령, 즉 조령詔令을 두 개 내린다. 하나는 그동안 신교육을 추진한 결과가 매우 미진하다고 질책하는 내용이다.

"나라에 학교를 설치한 것은 인재를 양성하여 장차 지식과 견문을 넓히고 더욱 전진하게 하여 만물의 도리를 알고 일을 처리하여 이루며 기물의 사용을 편리하게 하여 재물을 풍부하게 하는 기초의 근본을 삼자는 것이다. 현재 세계 각국各國이 날로 상승하여 당할 수 없이 부강해지는 것이 어찌 다른 데 원인이 있겠는가? 이치에 맞는 학문에 종사하고 사물의 이치를 연구하며 정밀한 지식을 더욱 정밀하게 하고 기묘한 기계가 날이 갈수록 더 새로운 것이 나오는 데 지나지 않는다. 나라를 다스리는 일이 이보다 앞서는 것이 어디에 있겠는가?"

우리나라의 인재가 외국보다 크게 못한 것이 아니며 다만 일상적인 교육이 없기 때문에 인민의 식견이 열리지 못하고 농상農商의 공업이 떨치고 일어나지 못하여 백성의 생업이 날로 영락하고 나라의 재정이 날로 궁해지고 있다고 지적했다. 그러나 새로 설치한 학교는 겨우 형식을 갖추는 데 그치고 교육의 방도에는 전혀 어두워 5~6년 동안 조금도 전진한 성과가 없었다. 또 다른 조령은 국교로서 유교를 강조하는 내용이다.

"세계 만국에서 종교를 높이고 숭상하여 힘을 다하지 않는 것이 없으니, 그것은 모두 사람의 마음을 깨끗하게 하고 정사를 잘 다스리는 방도가 나오기 때문이다. 그런데 우리나라에서 종교는 어째서 존중되지 않고 그 실속이 없는가? 우리나라의 종교는 공자의 도가 아닌가? (…중략…) 태평하고 융성한 500여 년의 역사가 어찌 저절로 그렇게 됐겠는가? 그런데 어찌하여 근래에는 세상 기풍이 날로 저하되어 처음에는 입으로 말하고 귀로 들으면서 마음을 닦는 공부를 등한시하고 내용이 없는 글을 숭상하여 실제적인 학문에는 어두 웠으며 오늘에는 그 형식마저 없어지고 있다. 거문고를 타고 글을 외우는 소리가 상서庠序에서 들려오지 않고 경서는 책상에 버려지고 있다.

벼슬살이하는 자는 자신만 알고 나라가 있는 것은 알지 못하며 선비라는 자는 벼슬을 하지 못하는 것을 근심하지 학문이 없는 것은 걱정하지 않는다. 그리하여 욕심은 하늘에 넘치고 명분과 교화는 쓸어버리듯 없어지며 예법은 크게 무너지고 윤리는 퇴락하였다. 변괴는 날마다 일어나고 난신과 역적은 뒤따라 나와 을미년(1895)에 와서는 변란이 극도에 달하였다. (…중략…) 이제부터는 짐이 동궁東宮과 함께 한 나라 유교의 종주宗主가 되어 기자와 공자의 도를 밝히고 거룩한 성조聖祖의 뜻을 이을 것이다."

과거제도가 이미 소멸한 상황에서 경학=실학을 강조하는 조서가 무슨 힘을 발휘할 수 있겠는가. 성리학은 종교와 철학의 영역인데 성리학에 올인했던 조선은 근대적 철학마저 외면하면서 지식의 재생산이 불가능했다. 시대착오적인 이런 명령도 1900년대 초에 이르러 황실과 유교의 권위가 동시에 추락하면서 거의 보이지 않게 된다. 근대교육 체제를 수용해야만 하는 시기임에도 고종의 경학론은 100년이나 뒤떨어진 낡은 인식체계를 벗어나지 못한 발상이었다. 근대 국가를 이룬 대부분의 나라들은 의무교육을 통해 국가에 대한 정체성과 충성심을 길러냈다.

조선은 보통교육을 통해 변화에 대해 두려움을 느끼고 있는 조선인의 의식을 깨워 변화를 받아들이도록 하고, 동시에 국가에 충성을 다하는 국민을 길러내야 했다. 유학이 변화하는 세상을 헤쳐 나가는 학문으로서 한계가 분명하지만, 그렇다고 500년이 넘도록 긴 세월 동안 형성된 유교를 부정할 수도 없었다. 그러다 보니 성균관은 여전히 최고의 교육기관일 수밖에 없었다. 당시 조선 사대부의 지배층에게 여전히 "정신적 주인은 주공과 공자 그리고 요순임금이었다. 급변하던 세계정세에 대한 이들의 무지와 중화주의에 젖은 정신적 굴종은 상상을 뛰어넘었다."[426]

### 국난의 위기 속에서 근대대학을 만든 독일

혹자는 국난의 위기에 근대교육을 어떻게 정착시킬 수 있었겠느냐고 의문을 제기한다. 그렇지 않다. 국난이니까 교육이 더 중요했다. 단기일에 할 수 있는 게 없으니 장기적으로 인재를 길러내 후일을 도모하는 것이다. 앞서 들었던 프로이센의 사례를 좀 더 살펴보자. 1806년 10월 나폴레옹은 예나아우어슈테트 전투에서 프리드리히 빌헬름 3세가 이끄는 프로이센군을 잇달아 격파했다. 이 전투

결과 프로이센군은 엄청난 피해를 보았고 그 후 추격전에서 완전히 괴멸당해 베를린뿐만 아니라 프로이센 거의 모든 영토가 프랑스군에게 점령당했다.

빌헬름 3세는 쾨니히스베르크로 도망친 다음 러시아의 원군 10만 명을 끌어들여 영토를 회복하려고 시도했다. 이후 1807년 7월 왕비 루이제를 보내 틸지트에서 나폴레옹과 강화조약을 맺었다. 프로이센은 가까스로 독립을 유지했을 뿐 조약의 내용은 굴욕적이었다. 영토의 절반가량을 상실했고 막대한 전쟁배상금은 물론 육군도 4만 명으로 제한되는 등 오랫동안 억압에 시달렸다. 패전 후 국가 존망의 위기에 직면한 프로이센은 정치, 경제, 사회 전반에 걸쳐 일련의 개혁을 시도했다. 농노제를 폐지하고 징병제도를 도입하고 군 장교집단의 인적 쇄신을 이루었다. 개혁의 궁극적 목표는 근대화를 통해 프로이센을 부흥시키겠다는 것이다. 무엇보다 놀라운 것은 파탄 난 재정 상황에서도 교육에 힘을 쏟았다는 사실이다. 안병직 서울대학교 교수는 다음과 같이 그 놀라움을 간결하게 설명했다.

"프로이센 개혁의 창의성을 보여주는 것이 바로 베를린대학교의 창설(1810년)이었다. 틸지트의 굴욕 이후 프로이센이 시도한 개혁에는 경제, 행정, 군제뿐 아니라 교육도 포함됐다. 베를린대학교 설립은 교육개혁의 핵심이었다. 재정이 바닥나고 국가의 존속이 위협받는 상황에서 교육, 특히 대학 교육에 눈을 돌렸다는 사실은 놀라운 것이다. 그들은 '물리적인 힘에서 잃은 것을 정신적 힘에서 만회해야 한다.'라는 프로이센의 빌헬름 3세의 발언처럼 고등교육 진흥에서 국가 위기 극복방안을 찾았다."[427]

'위로부터의 개혁과 고등교육의 실시로 국가와 사회의 혁신을 꾀해' 시간이 흐를수록 프로이센의 경쟁력은 점점 높아져 갔다. 베를린대학교를 설립한 이후 20년이 지난 1830년대엔 '제각기 분리된

학과와 자체의 전문지와 그 밖의 특수한 인프라를 확보하기 시작함으로써' 학문이 비약적으로 성장했다. "지식인의 가치는 아무리 강조해도 지나치지 않았다. 지식인이야말로 국력이 영원히 의존할 수 있는 모든 원천의 토대다."[428]

이로써 독일은 교육받은 엘리트들이 대거 출현함에 따라 근대적 번영의 동력과 토대를 확보할 수 있게 됐다. 이러한 노력의 결과 1870년 프로이센은 치욕적인 패배를 안겼던 프랑스를 순식간에 제압해 파리까지 점령했다. 이 사건을 보고 영국의 디즈레일리 총리는 영국의회 연설에서 "지난 세기의 프랑스 혁명보다도 더 큰 정치적 사건인 독일혁명을 상징한다. 이제 완전히 새로운 세계로 들어갔다. 세력 균형은 완전히 파괴됐다."라며 독일의 힘을 경계했다.

1890년대 한 연구에 따르면 "신병 문맹자의 수는 1,000명당 이탈리아가 330명, 오스트리아-헝가리가 220명, 프랑스가 68명이었던 데 비해 독일은 1,000명당 1명으로 독일병사의 자질이 두드러지게 높았다."[429]

서구의 열등국가에서 강대국으로 부상한 독일은 사상의 영역에서도 세계사적으로 가장 영향력이 컸다. 애덤 스미스와 찰스 다윈만 영국인일 뿐 현대 사상을 이룬 칸트, 헤겔, 마르크스, 프로이트, 니체, 아인슈타인, 베버 등 수많은 독일인에 의해 현대 사상사가 쓰여졌다. 이것이 바로 교육의 힘이었다. 피터 왓슨은 850페이지에 달하는 방대한 저서인 『저먼 지니어스』를 통해 독일대학의 개혁과 혁신성이 시간이 쌓일수록 연쇄반응을 일으켜 독일이 '제3차 르네상스와 제2의 과학혁명'을 이뤘음을 잘 보여주고 있다. 독일은 지성의 나라가 된 것이다.

## 도둑처럼 찾아 온 선교사

조선에 근대적 사상, 문물, 종교는 전혀 뜻하지 않게 바다 건너 미국으로부터 그야말로 도둑처럼 찾아왔다.

"1885년 4월 5일 언더우드와 아펜젤러 선교사가 처음 한국 땅을 밟은 뒤 1945년까지 모두 1,529명의 해외 선교사가 한국에 왔다."[430] 이 시기에 외국 선교사들이 세운 학교로 근대교육의 갈증을 일부나마 해소했는데 1909년까지 900여 개나 될 정도였다. 초기 미국 선교사들이 조선에 진출한 최종 목적은 기독교 전파였지만, 조선 정부가 이를 금지함에 따라 의료와 교육을 기반으로 기독교를 전파하기 시작했다. 그들은 교회 대신 미션스쿨을 세우는 간접 선교방식을 택했고 교육에 적극적이었다. 그리고 조선이 경전 위주의 유학교육에서 근대교육으로 전환하는 데 아주 중요한 교량 역할을 담당했다.

선교사들의 선교 대상은 주로 서민들이었다. 이들은 전통과 제도권 교육에서 소외됐던 계층이었다. 특히『성경』의 한글 번역은 한글의 대중화를 이끌었다. 한글 서적이 다량으로 출판 보급되면서 기독교의 평등사상과 인도주의적 정신 또한 널리 전파됐다. 선교사는 근대사상의 확산, 신분제도 타파, 남녀평등, 민족의식 고취 등 현대식 교육의 보급에 많은 영향을 주었다. 한국의 독립운동이나 민족운동사에서 수많은 애국자와 교육자들 중에 기독교인들이 많았다. 이는 미션스쿨이 미친 영향 중 하나다. 대표적인 미션스쿨로는 배재학당, 이화학당, 경신학교, 정신여학교 등이 있다.

1885년 감리교 선교사인 아펜젤러는 한국 최초의 미션스쿨인 배재학당(첫해 2명)을 설립했다. 선교사 메리 스크랜튼은 열악한 조선의 여성 교육을 개선하기 위해 1886년 200평 정도를 마련해 고아와 가난한 아이들을 대상으로 학교를 설립하고 운영했다. 이것이 지금의 이화여대의 모태가 된 이화학당[431]이다. 이어서 경신학교(1886년), 정신여학교(1887년) 등 900여 개의 미션스쿨들이 한반도가 일제에 강점되기 전인 1909년까지 설립됐다. 기독교 정신에서 벗어나 분열과 배제를 확산하는 꽉 막힌 집단이 된 오늘날의 교회들과는 달리 미션스쿨은 기독교 정신에 충실한 봉사와 희생정신으로 조선 사회에 긍정적인 영향을 주었다. 조선 정부가 미약하게 시작한 한국의 근대교육은 선교사들의 노력으로 그 싹을 틔우고 있었다.

한 가지 첨언하면, 오늘날 기독교는 기득권층이 돼 구한말의 뛰어난 유산을 갉아먹고 있다. 이 시기에는 조선시대 내내 소외됐던 평양 등지에 사는 서북인들이 서양에서 온 신학문을 적극적으로 수용하고 한국 근대 초기 지적, 문화적 개화에 활약한 주역들이었다. 서북 출신의 계몽운동가들은 사립학교 설립을 압도적으로 주도했고 기독교 선교 활동에도 적극적이었다. 이 둘은 서로 겹쳐 시너지를 냈다.

"20세기의 첫 30년은 새로운 국민적 정체성 출현의 최전선에 있던 서북 한국인의 시대이기도 하다. 그들이 문학, 역사, 언어, 교육 등의 분야에서 이룬 성취는 이 시기 번창했던 지적 산출물의 매우 많은 부분을 담당했다. 이들이 없는 근대 한국문화는 생각도 할 수 없다."[432]

서유럽의 계몽운동이 이성의 빛과 교회가 지배한 중세의 어둠 사이에서 벌어진 거대한 투쟁인 데 반해, 한국의 계몽운동은 사회개조를 수행하고 민중을 근대적 시민으로 탈바꿈시키는 데 기독교가 핵심 역할을 했다. 참고로 중국 역시 선교사들에 의해 근대교육의 많은 부분이 시작됐다. 중국 산둥성의 장로교 선교사 아들로 태어나 1912년 미국으로 귀국한 후, 1923년 시사주간지 「타임」을 창간한 헨리 루스(Henry Robinson Luce, 1898~1967)는 이런 구절을 남겼다.

"의화단사건부터 1925년 쑨원孫文이 세상을 떠날 때까지 중국은 서방 선교사들의 천국이었다. 학교 설립도 제약을 받지 않았다. 1920년대 중반, 서방 선교사들이 세운 27개 대학에 3,700명의 중국 학생이 있었다. 그간 배출한 졸업생이 4만 3,000명을 웃돌았다. 중학교와 초등학교까지 합하면 중국 청소년 35만여 명이 교회학교를 다녔다."[433]

이를 뒷받침하는 자료는 하버드대학교 동아시아연구소 연구원인 조우쩌쭝이 저술한 『5·4운동』의 「중국의 신식학교 통계」(부록)에 잘 나타나 있다.

"서양식 교육제도로는 신문학 혁명이 시작되기 약 10년 전인 1907년에야 비로소 대규모로 기능을 발휘하기 시작했다. 1912년부터 1917년까지 5년 동안에 재학 중이거나 졸업한 사람이 약 550만 명이었다. 5·4운동 초기에 신교육을 받았던 사람은 약 1,000만 명쯤 있었을 것이다. (…중략…) 1919년 미션계 학교에는 학생이 50만 명이 있었다."[434]

### 시대적 무지

오늘날 동아시아가 놀랍게 경제성장을 이루어 가장 뜨거운 지역이 되다 보니 '유교 자본주의'를 주장하는 사람들이 다시 나타났다 (그들은 슬그머니 나타나 숟가락을 얹는 데 대단한 재능이 있다). 하지만 보통교육의 확대, 평등, 자유에 대한 개념은 유교문명권에 존재하지 않았다. 루스의 진술은 바로 이러한 주장을 보여주는 근거 중 하나다.

현재의 중국 정부 역시 오랫동안 교육에 우선순위를 두지 않았다. 1979년 개혁개방 이후 해야 할 과제들이 너무 많다 보니 2006년에야 9년제 의무교육이 도입됐다. 스콧 로젤과 내털리 헬은 저서 『보이지 않는 중국』에서 "중국 정부는 가장 중요한 자산, 즉 인민에 대한 투자에 실패했다."라고 비판한다. "중국은 도로 건설에 수십억 달러를 투자했지만 농촌 교육에는 충분히 투자하지 않았다."라고 하면서 "도로를 덜 건설했다면 발전 속도가 조금 더 느렸겠지만, 현재 위기에 도달하기 전에 인적 자본을 구축할 더 많은 시간을 가질 수 있었을 것"이라고 지적했다.

조선의 사대부들은 전체 백성이 문자를 깨우친 진정으로 높은 수준의 문명을 만들려고 꿈꾸지 않았다. 9할이 문맹인 사회에서는 그 수준에 맞는 사회 인프라와 문제의식을 가지다 보니 제품의 품질과 서비스 수준 역시 형편없었다. 어느 사회든 일자무식인 문맹자는 배려받기보다는 무시당하기 일쑤다. 문맹자가 대부분인 나라에서는 정교하고 고상한 문화는커녕 생활방식과 사유방식도 조잡할 수밖에 없다. 시대마다 특유의 무지가 있다. '시대적 무지'는 일상생활에서 엄청나게 유용한 자기기만 전략이 되기도 한다.

고종 시대의 시대적 무지는 소중화 정신으로 인해 조선이 낙후됐다는 사실을 깨닫는 것조차 불가능하게 만들었다. 서양기술이든 아니든 좋은 게 있으면 도입하면 되는 일이다. 그런데 조선은 자신의 문명이 여전히 최상급이라는 생각에 머물러 있었다. 그런데 이중톈은 아주 독특한 해석을 한다. 중국 왕조 자체가 '지나친 번영이나 부강을 견딜 수 없는' 구조라는 것이다.

"실제로 제국의 제도는 생산력 수준이 낮은 수준에서 설계된 것이다. (…중략…) 제국 제도의 합리성은 보편적으로 빈궁하고 낙후되어야 한다는 것을 전제로 하고 있다. 보편적으로 빈궁하고 낙후되기 때문에 통일국가가 필요할뿐더러 지고무상한 권력의 실체나 상징이 필요한 것이다."[435]

그렇다면 조선은 왕조 이외에 다른 출구를 찾아야 했다. 낡은 왕조와는 이제 '헤어질 결심'을 해야 하는데 새로운 체제를 만들어야 한다는 생각은 집권 사대부들의 이해를 넘어서 있었다. 게다가 자신의 병을 외면하는 불치병 환자처럼 일본이 우리보다 더 선진적인 사회일 리 없다는 이 '무지에 대한 열정'은 망국이라는 기가 막힌 역사를 불러왔다.

산업혁명. 이 낯선 용어가 등장한 시대이다. 얼마나 급변이었으면 혁명이란 단어가 들어가겠는가. 놀랍게도 영국에서 시작한 산업혁명에 의한 낯선 기술들은 기술의 언어, 경제의 언어를 넘어 빠르게 정치의 언어, 사회의 언어로까지 확산했다. 서유럽 각국의 반응도 즉각적으로 나타났다. 프랑스와 독일 등 선진국들도 이때까지 존속해온 체제를 벗어나 과감히 전환을 택했다. 우선 국민교육을 확대했다. 제때 국민교육에 투자해야 향후 수십 배의 경제적, 사회적 효과로 돌아온다는 것을 깨달았다.

### 1910년대 암흑기

이 장에서 주장하는 결론을 기억하면 된다. 일제는 극소수의 조선인에게 고등교육의 기회를 주어 식민지를 경영하는 데 필요한 하수인을 육성하고자 했다. 교육은 저울처럼 효율성과 효과성(내용)이 균형을 이뤄야 한다. 그런데 식민지 근대화론을 주장하는 이들은 어찌된 셈인지 효율성만 강조하다 균형감을 상실했다.

조선 사회는 1905년 을사늑약 전후에 와서야 교육의 가치에 대해 깨닫게 됐다. 김옥균, 박영효, 유길준, 어윤중 등 개별적으로 교육의 필요성을 강조한 인물들은 있었지만 이때부터 수많은 정치단체와 학회가 만들어져 한결같이 교육을 강조했다. 국난극복의 방안에 대해 각양각색의 의견이 있었지만 짙은 어둠의 역사 속에서 마지막까지 포기할 수 없는 것은 새로운 가능성으로서 교육이라는 점에 이견이 없었다. 김태웅과 김대호는 『한국 근대사를 꿰뚫는 질문

29』에서 대한매일신보에 실린 박은식의 논설을 들어 당시의 사회 분위기를 전한다.

"이 무렵 설치된 정치, 언론, 학술 단체 등이 한결같이 강조했던 것이 바로 교육이었다. (…중략…) 대한매일신보 1906년 1월 6일자 논설에서 박은식은 '국가독립의 영광을 회복하고 국민이 자유의 권리를 잃지 않으려면 오로지 교육을 널리 하여 국민의 지식을 발달케 하는 것이 제일 중요하다. 교육의 힘은 실로 크다. 쇠퇴한 국운을 만회하고 빈사한 인민을 소생케 하는 것이 교육이다.'라고 역설하였다."[436]

저자들은 "신교육이 단지 희망 차원에 머물지 않고 일종의 신앙이 됐다."라고 강조한다. 이용익의 보성학교(1905), 안창호의 대성학교(1907), 이승훈의 오산학교(1907) 등 수많은 유명한 학교가 이때 세워져 국권회복을 위한 인재양성에 심혈을 기울였다. "1910년 5월까지 공식적으로 인가받은 학교가 2,000여 개에 이르렀고, 인가받지 않은 학교까지 포함하면 그 수가 5,000개를 넘어섰다."[437]

국가가 하지 못한 일을 종교와 선각자들이 전국 각지에 학교를 세워 싹을 틔운 것은 불행 중 다행이었다. 이때라도 학교를 세우지 않았더라면 우리는 깊은 늪 속으로 한없이 빠져 들어갔을 것이다. 이제 식민지 시대로 들어갈 차례다. 조선 정부는 보통교육을 방치하여 설정값이 낮았으나 일본은 자국의 목적을 위해 보통교육을 확대하였다. 식민지 근대화를 주장하는 학자들이 언급하는 대표적인 사례로 학교와 철도가 빠지지 않는다. 쉽게 말해 메이지 유신을 통해 문명의 꽃을 활짝 피워 선진국이 된 일본이 뒤떨어진 조선에 학교를 세워 문명을 전파했다는 얘기다. 이 주장은 한 단면일 뿐이고 또 다른 일면이 존재한다. 좀 더 사실에 입각하여 분석해보자.

조선에는 1910년대에 6개면에 소학교가 1개, 1920년대에 3개면에 1개, 1936년에 이르러서야 1개면에 1개 소학교가 설치됐을 정도였다. 요컨대 일본은 조선인 교육에 그리 관심이 높지 않았다. 조선인을 부려먹기 좋은 수준으로 우민화하는 데만 목적을 둔 교육정책을 폈기 때문에 교육 실적이 저조했다. 그러다가 1930년대 중국을 침략하고 태평양전쟁과 함께 총력전이 필요해지면서 조선인 교육을 확대했다. 제 나라도 아닌데 의무교육을 실시하여 식민지인을 깨우칠 나라가 어디 있겠는가? 3·1운동 이후 조선 3대 총독으로 부임한 사이토 마코토는 조선인 교육 방침에 대해 이렇게 말했다.

"조선 사람들이 자신의 일, 역사, 전통을 알지 못하게 만들어 민족혼과 민족문화를 상실케 해야 한다. 그들의 조상과 선인들의 무위, 무능, 악행 등을 들춰내고 확장해서 후손들에게 가르침으로써 조선 청소년들이 조상을 경시하고 멸시하는 감정을 일으키게 하며, 그것을 하나의 기풍으로 만든다."

이게 문화정치를 표방한 사이토 총독의 목표였다. 일본은 선전활동을 통해 조선인이 열등하다는 인식을 머릿속에 집요하게 집어넣었다. 실제 이걸 믿은 조선의 지식인 노예들도 많이 있었으며 그 흔적은 지금까지도 그 뿌리가 깊다. 학교는 지식과 신문물을 가르치기 때문에 너무나 필요한 곳이다. 그런데 식민지인 조선에서 교육의 주체는 일본이었다. 그들이 불순한 의도를 갖고 교육할 때 그 교육이 누구에게 필요하고 누구에게 좋은 일이겠는가? 그건 일본을 위해서였다. 조선총독부는 '조선 사람과 명태는 두들겨 패야 한다'는 천박한 논리를 내세우며 정식 재판 없이도 조선인에게 태형, 구류의 처벌을 가할 수 있도록 했다. 그런데 이런 차별적인 제도는 그대로 둔 채 조선인을 일본을 위해 살고 죽는 '충성스럽고 선량한 국민'이라는 존재로 만들겠다는 모순된 교육목표를 설정했다.

"동화주의 교육을 내놓은 정책이 1911년 '조선교육령'이다. 여기서는 궁극적인 교육목표를 한국인의 일본인화에 두면서도, 당시의 상황을 내세워 한국인의 고등교육은 외면한 채 초등교육과 실업교육에만 중점을 두었다."[438]

그 당시 학교에서는 조선의 망국이 무능과 부패로 인한 당연한 결말이라고 가르쳤고 교육을 식민적 목적에 부합하는 천황에 대한 충성과 일제 시스템을 떠받치는 도구로 이용했다. 이런 갈등과 모순들로 인해 1910년대에는 서당에 다니는 학생들이 꽤 많았다. 이런 면에서도 조선 정부의 주도하에 의무교육을 확대하지 못한 것은 고종의 뼈아픈 실책이었다. 알퐁스 도데가 「마지막 수업」을 발표한 것은 1871년 프로이센과 프랑스 전쟁으로 알자스로렌 지방을 빼앗기게 되면서다. 학교의 괘종시계가 12시를 알리고 프러시아 병사의 나팔소리가 울려 퍼지자 선생님은 더 이상 말을 잇지 못하고 칠판에 "프랑스 만세!"라고 쓰고는 수업이 끝났음을 알린다. 모국어를 빼앗기는 슬픔과 고통이 생생하게 느껴지는 대목이다.

조선이 망한 것은 그로부터 40여 년이 지난 1910년이다. 그럼에도 모국어를 빼앗기는 것에 관한 작품이 나오지 않았고 나왔다 하더라도 공감대를 형성할 수 없었을 것이다. 조선은 의무교육을 실시한 적이 없었고 통상 한국 근대문학의 시작을 1917년에 발표된 이광수의 『무정』으로 보기 때문이다. 고종을 개혁군주라 주장하는 학자들은 고종이 보통교육을 실시한 것 그 자체를 높게 평가한다. 15년에 걸쳐 겨우 100여 개 초등학교를 만든 것을 성과라고 여겼다. (일본은 이 기간에 2만 개가 넘은 초등학교를 만들었다. 평가 수준이 너무 낮다.)

근대 시대는 의무교육 제도가 점점 확대되면서 학교가 배움을 독점하게 된다. 학교는 단순히 지식만 배우는 곳이 아니다. 또래들이 같은 시간에 같은 장소에 모여 서로에게 영향을 주며 다양성, 우정, 세상에 대한 호기심 등이 상호작용하면서 성장을 이끈다. 학교는 친구와 선생님과 교류하면서 자신의 정체성을 확립하고 내면의 힘을 기르는, 인생의 가장 중요한 한 시기를 보내는 곳이다. 어쩌면 우리가 생각하는 본연의 교육 기능도 있지만 실제로는 초기 사회생활과 정체성을 확립하는 기간이기도 하다.

조선에 대한 일본의 교육정책을 세 시기로 나눠서 상세히 분석하겠다. 조선총독부의 공식적인 자료 외에는 신뢰할 만한 데이터가 존재하지 않기 때문에 자료가 오염됐을 가능성이나 편향성은 어쩔 수 없다. 먼저 결론을 밝히면 일본은 1910년대 무단통치를 하며 기독교계 사립학교 등을 폐쇄하고 공립학교로 대체했다.

"일제 총독부는 「사립학교규칙」(1911), 「조선교육령」(1911) 및 「서당규칙」(1918) 등 일련의 까다로운 교육규제법을 만들어 이러한 한국민의 자발적 교육근대화 노력-특히 사립학교 설립열熱-을 억압하고 그 대신 자기들의 식민적 목적에 부합하는 '근대적' 교육제도를 도입함으로써 한국의 교육근대화를 축소·왜곡시킨 것이다."[439]

1910년대는 식민통치가 강압적으로 이뤄져 교육 분야도 위축됐다. 조선총독부는 의무교육은커녕 오히려 우민화 정책을 추진하여 교육의 보편화는 불가능했다. 이미 통감부는 1908년 8월 사립학교령을 공포하여 반일구국 운동의 온상지인 기독교계 학교를 탄압하며 1,000여 개 이상의 사립학교를 폐교시켰다(사실상 1906년부터 일제의 식민지 교육이 시작됐다).

| 년도 | 공립 학교 수 | 학생 수 | 사립 학교 수 | 학생 수 | 종교 학교 수 | 학생 수 | 총학생 수 |
|---|---|---|---|---|---|---|---|
| 1911 | 152개 | 2만 1,842명 | 54개 | 2,428명 | 2,065명 | - | *약 9만 명 |
| 1912 | 341개 | 4만 1,063명 | 25개 | 2,021명 | 1,323명 | 5만 5,513명 | 9만 6,373명 |
| 1919 | 535개 | 7만 6,918명 | 33개 | 3,295명 | 698명 | 3만 4,975명 | 11만 5,188명 |

(출처: 조선총독부 통계연보)[440]
*1911년은 필자가 단순 추정한 것임.

합방 이후에도 민족교육의 근거지였던 종교학교에 대한 탄압은 더욱 심해졌다. 1910년대에 공립학교는 383개교로 학생도 5만 5,000명이 늘어났으나 종교학교는 1,367개나 없앴다. 총학생 수도 1911년에 약 9만 명으로 추정하면 2만여 명이 더 늘어난 셈이다. 그러나 절대적인 학생수가 늘어났다고 해도 당시 취학아동수가 200만 명으로 추정하면 겨우 5% 정도에 불과했다. 특히 학교 설립자나 교과용 도서를 엄격하게 관리했다.

"보안법을 위반한 경력이 있는 자를 배제하고 일제의 동화교육에 어긋나는 교과서를 사용하지 못하게 강제했다. 그 결과 1908년 2,000여 개였던 민립학교는 1919년에 740개로 급격히 줄어들었으며 민립학교(사립+종교학교)의 상당수가 총독부의 교육행정을 그대로 따르는 공립 보통학교로 전환했다."[441]

또 학제도 차별적으로 운영하여 한국인을 하대했다. 조선은 보통학교 4년제, 고등보통학교 4년제였다. 이는 일본의 소학교 6년제, 중학교 5년제와 차이가 있었다. 한국인의 중등 및 고등교육 진학을 크게 제한했다.

"1910년대 총독부가 설립한 관립 보통학교가 3개, 관립 여자고등보통학교가 1개로 학생수는 830명에 불과했다. 1916년에 경성전수학교, 경성의학전문학교, 경상공업학교 3개의 전문학교가 설립되고, 1918년에는 수원농림학교가 설립됐다. 하지만 이들 학교의 학생 가운데 한국인은 약 3분의 1 정도밖에 되지 않았다."[442]

게다가 총독부가 제일 중시한 교육이 오늘날 도덕과목인 수신 교육이었다. 수신은 조선인을 일본인으로 만드는 동화교육의 기본이었다. 일본의 역사와 정신 그리고 일본에 관한 지식을 가르쳤다. 학생들은 일본의 전문가가 고안하고 기획한 프로그램과 서비스를 이용할 수밖에 없었다. 식민지 교육을 통해 민족교육을 말살하고 한국인을 일본화하려는 가치를 제도화한 게 당시 학교였다. 1920년대에 3·1운동의 여파로 한국인의 교육에 대한 빗발치는 요구에 총독부는 1922년 조선교육령을 개정했다.

### 1920~30년대 식민지 교육정책

한국 역사상 민중이 역사의 주체로 인식된 것은 3·1운동 이후였다. 이제 민중은 어느 때보다 중요하게 됐다. 민중의 문맹 상태는 민족주의운동, 사회주의운동, 사회개혁운동 진영뿐만 아니라 정치, 경제, 사회, 문화 등 모든 사회발전에 걸림돌이 되어 발전을 지연시킨다는 걸 깨달은 것이다. 문맹 상태인 민중은 힘이 아니라 짐이었다. 이때부터 조선의 민족주의자들은 이 당시 설립된 「동아일보」 「조선일보」 등 언론과 함께 민족실력양성운동과 문맹퇴치운동을 활발히 전개했다. 문맹률이 얼마나 심각했기에 언론들이 가장 먼저 전개했을까? 「동아일보」 「조선일보」의 주장으로는, 문맹률은 1920년대 초가 90%이고 1929년에 이르러서는 80%로 추정된다. 그럼 1920년대 문화와 정치가 문맹률 개선에 어느 정도의 성과를 냈을까?

『조선총독부 통계연보』에 따르면 1929년 조선인은 2,040만 명, 학령아동수는 245만 명인데 취학아동수는 48만 7,878명으로 19.9%밖에 되지 않았다. 같은 해 조선에 거주하는 일본인 52만 7,904명의 학령아동수는 6만 7,300명인데 6명을 제외한 6만 7,214명이 취학하여 99%에 이르렀다. 이미 일본은 1900년 초에 취학아동의 입학률이 90%를 넘었다.

| 년도 | 공립학교 수 | 사립학교 수 | 종교학교 수 | 총학생 수 |
| --- | --- | --- | --- | --- |
| 1923 | 1,040개 | 56개 | 637개 | 37만 3,000명 |

(출처: 조선총독부 통계연보)

반면 조선은 입학 아동수가 100만 명에 육박했지만, 1936년조차 25%의 아동만이 소학교에 입학했다. 이에 따라 동아·조선일보 등 언론에서는 다른 비용을 아껴서라도 학교에 대한 투자를 늘려야 한다고 촉구했다. 1930년 조선총독부는 대대적인 국세조사자료(오늘날 인구조사)를 통해 조선인의 문맹률은 77.7%라고 공표했다. 1930년도에 실시한 「조선 거주 일본인 53만 명, 조선인 2,044만 명에 대해 '읽고 쓰기 능력'에 관한 조사 통계」에 따르면, 조선인 2,043만 8,108명의 능력은 다음과 같다.

가나仮名와 한글 모두 읽고 쓸 수 있는 사람은 138만 7,276명(6.8%), 가나만 읽고 쓸 수 있는 사람은 6,297명, 한글만 읽고 쓸 수 있는 사람은 315만 6,408명(15.4%), 가나와 한글 모두 읽고 쓸 수 없는 사람은 1,588만 8,127명(문맹률 77.7%)이었다.

일제 역시 만주를 침략한 1931년부터 1945년까지 15년 전쟁기에 문맹 상태의 조선인은 아무런 도움이 되지 못했다. 일본의 대륙정책과 관련해 조선은 지리상 병참기지로서 성격이 규정됐고 전시동원체제가 강화됐다. 한마디로 훈련받은 노예적 인간을 만들어 조선인을 황국신민화하는 데 주력했다. 최소한의 일을 시키고 부리는 데도 문맹은 걸림돌이 됐다. 이에 일본은 조선인에게 최소한의 교육을 실시했다. 앞에서도 언급했지만 식민지 기간 사실상 초등교육은 양적인 측면에서도 매우 부족[443]했다.

그러나 더 심각한 것은 획일화된 천황주의를 주입해 전체주의 국가를 지향했다는 점이다. 1938년 중국 침략이 본격화됨에 따라 소위 내선일체를 강화하기 위해 「조선교육령」을 개정했고 1943년 태평양전쟁 때 강력한 군사적 목적으로 3차 개정을 단행했다. 거대한 중국과의 전쟁, 곧이어 미국과의 전쟁은 일본의 모든 것을 쏟아야 하는 총력전이었다. 이에 조선인을 효율적으로 조직하여 일본을 위해 죽을 수 있는 개체가 되도록 만들어야 했다. 이러한 이유로 초등학교 교육을 대폭 확대하여 1944년에는 초등학교 학생이 200만 명이 넘었다.

| 연도 | 공립학교 수 | 사립학교 수 | 종교학교 수 | 총학생 수 |
|---|---|---|---|---|
| 1937 | 2,776개 | 92개 | 303개 | *105만 6,000명 |
| 1942 | 3,360개 | 141개 | 252개 | **191만 2,000명 |

*1937년 처음으로 총 학생 수가 100만 명을 넘었는데 1933년에 공립학교수는 2,000개를 넘었다.
**1940년대 초 전시체제 강화와 황국신민화 정책으로 총 학생 수는 200만 명에 육박했다.
(출처: 조선총독부 통계연보)

1910년대 초등학교 취학률은 5%를 넘지 못했으나 1920년대부터 상승하기 시작하여 1933년부터 비약적으로 늘어났다. 교육은 한 세대를 기르는 데 20년이 걸린다. "1942년에는 남자취학률이 66.1%, 여자취학률이 29.1%나 됐다. 교육이 상층의 소수 엘리트 중심에서 하층 조선으로 확산됐기 때문이다."[444] 하지만 일본이 1903년에 90%가 넘은 걸 고려하면 얼마나 뒤처지고 낮은 수치인지 알 수 있다.

내선일체. 일본과 조선은 하나다. 일본의 주장대로라면 동일한 법을 적용하는 것이니 독자적인 법이 적용되는 조선총독부는 필요 없는 게 맞다. 내선일체라지만 조선인 대표를 일본 의회에 보낸 적도 없었다. 처음부터 차별을 전제로 한 동화정책이었다.

"한국인이 열심히 노력하면 문명화된 일본인과 동등한 권리를 누릴 수 있다고 강조하면서, 실제로는 한국인은 절대 일본인이 될 수 없으며 차별은 계속 유지되어야 한다고 생각했던 것이다."[445]

1938년부터 일본은 본격적인 민족말살정책을 실시하기 시작했다. 조선인의 머릿속을 개조해 일본인으로 만들겠다는 정책으로 구체적으로는 학교에서 조선어 사용자를 처벌하고 일본어, 일본 역사, 지리를 가르쳤다. 심지어 창씨개명을 통해 정체성마저 뿌리 뽑으려 했다. 얼마나 철저했는지 예를 들어보자. 대구에서 조선인을 가르쳤던 일본인 교사 스기야마 토미 씨는 2021년 『식민지 조선에 살면서』라는 책을 펴냈다. 그녀는 제국주의에 충실한 국민을 만들기 위한 기초 단계의 학생들을 가르치는 일에 신명을 다했다고 고백했다.

"우리 학교(대구달성공립국민학교)에서 학생들은 매일 아침 황국신민서사를 맹세하고 봉안전(奉安殿: 천황 부부의 사진과 교육칙어가 액자 속에 걸린 곳)을 참배했습니다. 우리는 대일본제국 신민입니다. 우리는 마음을 모아 천황폐하에 충성을 다합니다. 우리는 인고단련하여 훌륭하고 강한 국민이 됩니다.

이 내용을 학생들은 큰 소리로 암송하고 이어서 군가인 「바다에 가면海ゆかば」을 힘차게 불렀지요. 당시에는 공부도, 체력도 모두 자기 자신이 아니라 천황폐하를 위한 것이라고 저 자신이 사범학교 시절 배웠고 그 이념을 아이들에게 전수하던 시절이었습니다."[446]

조선어는 자신이 재직하고 있던 대구달성공립국민학교에서도 '금기어'였다.

"학교를 세우고는 점령자의 말을 가르치고, 보도 듣도 못하던 저희들 조상귀신의 사당을 세우고 농노들에게 참배를 강요했다. 망한 땅의 귀신들도 서러운 땅이었다."[447]

### '일본의, 일본을 위한, 일본에 의한' 조선근대화

식민지 근대화를 주장하는 사람들은 총독부가 조선에서 일본 수준의 초등교육을 보급했다고 강조한다. 과연 그런가? 주장을 검증해보자.

|  | 1910 | 1943 |
|---|---|---|
| 초등학교 수 | 301개교 | 4,271개교(약 14.2배 증가) |
| 초등학생 수 | 3만 5,630명 | 194만 26명(약 54.5배 증가) |
| 학교당 학생 수 | 118.4명(학교당) | 454.2명(약 3.8배 증가) |

초등학교 수는 14.2배, 초등학생 수는 54.5배라는 엄청난 증가다. 하지만 수치에는 함정이 있다. 일제 35년간 문맹률 개선은 그들의 통계로도 20%에도 미치지 못했다. 소극적으로 자신들의 목적에 부합할 때만 초등교육을 늘렸다. 그럼 일제가 실시한 교육의 결과를 보자. 허은 고려대학교 교수에 의하면 1945년 8·15 직후 문맹자수는 '12세 이상 인구 1,020만여 명 중 약 78%에 달하는 798만여 명'이었다.

"800만 명에 달하는 엄청난 문맹률은 일제 식민정책과 식민지 근대화의 실상을 단적으로 보여주는 결과물"이라고 허은 교수는 밝혔다. 문맹퇴치 노력은 미군정 주도로 시작됐지만 본격적인 사업은 6·25전쟁이 끝난 직후인 1954년부터 펼쳐졌다. 문교부 주관 아래 1954년부터 58년까지 5개년 계획으로 문맹퇴치 교육이 실시됐다. 당시 문맹퇴치는 공민학교 성인반이 전담했다. 그 결과 통계자료에 따르면 1945년 80%에 육박했던 12세 이상 문맹률은 1958년 4%대로 현저히 낮아졌다."[448]

「동아일보」는 2000년 3월 31일에 발간한 「통계로 본 80년」에서 이렇게 밝힌다. '1944년 발간된 『국세조사결과』에 따르면 12세 이상 인구 중 무학자가 79.8%였다. 6년 과정인 국민학교 초등과를 졸업한 사람은 10.6%뿐이었다. 대졸자는 1만 명에 5명꼴인 0.05%, 전문학교 졸업자는 1만 명에 14명꼴인 0.14%였다. 학력 수준은 1960년대부터 급속히 높아져 25세 이상 인구 가운데 초등학교 졸

업 이하 학력자는 1966년 79%(80년 55%, 90년 33%)에서 1995년 26%로 줄었다.'

이것이 35년 동안 '일본의, 일본에 의한, 일본을 위해' 조선을 근대화한 초라한 결과다. 장경섭 서울대학교 교수는 저서 『압축적 근대성의 논리』에서 일제의 근대화는 '한국의 제도·법률·관념·기술적 근대화가 한국 자원의 동원과 착취'를 하려는 방향으로 이뤄졌다고 날카롭게 분석했다.

두 가지만 짚고 넘어가겠다. 첫째, 일본은 1903년에 초등학교 입학률이 93%를 넘었다. 조선에 일본 수준의 초등학교 교육을 보급했다는 것은 언어도단이다. 내선일체, 즉 '일본과 조선은 하나다.'라는 표어는 전쟁기에 총력전을 벌이기 위한 입에 발린 약속이었을 뿐이다. 그런데 이걸 믿은 이광수 같은 이들이 일본에 충성을 다했으니 일본으로서는 남는 장사를 한 셈이다. 어설프게 똑똑한 자들은 달콤한 말 몇 마디에 저 스스로 넘어가는 법이다. 일본이 한반도를 점령하여 조선인을 위해 제대로 된 문명국가를 만들어준다는 말은 허울 좋은 명분이었다. 2021년 가장 너그러운 제국인 미국조차 아프간에 천문학적인 돈을 쏟아붓고도 근대 국가 건설에 실패했다. 이에 대해 푸틴 러시아 대통령의 말은 꽤 인상적이다.

"미군은 20년 동안 그곳에서 거기 사는 사람들을 '문명화'하려고 했다. 실상은 자신들의 규범과 삶의 기준을 도입하려 한 것이다. 이는 그런 시도를 한 미국은 물론 아프간에 사는 사람들 모두에게 비극과 손실로 끝났다. 다른 사람들에게 무슨 일을 하려면 그들의 역사, 문화, 삶의 철학에서 시작해야 한다. 그들의 전통을 존중할 필요가 있다. 외부에서 가져온 걸 강요해선 안 된다."

러시아 자신에게도 해당되는 말이다.

둘째, 1910년대 일본은 문맹률이 거의 없는 사회였다. 해방 후 한국은 1958년에 이르러 12세 이상 문맹률이 4%대로 급격하게 개선됐다. 한국은 건국 후 전쟁으로 바스러진 기간을 포함해서 10년 만에 문해율을 70% 향상시킨 것이다.[449]

한국인은 치욕적이고 모욕적인 상황에서도 배우고 성장하는 근성을 갖고 있었다. 한국인은 누가 가르쳐주지 않아도 어깨 너머로 배웠다. 이건 일본의 역할을 과대평가하는 식민지 근대화론과는 차원이 다른 것이다.

우리는 근대화 시기 근대교육에 대해 체계적으로 준비하지 못하고 실족하고 말았다. 고종은 자신의 시대를 이해하지 못했다. 그는 인당 1,000달러 정도의 사회 그 이상의 비전을 보지 못한 리더였다. 수백 년간 백성이 보릿고개를 반복해서 넘기며 아무리 열심히 일해도 겨우 입에 풀칠이나 하는 정도 농경국가를 최고로 여긴 채 필사적으로 현상 유지에 집착했다. 미래의 길로 나아가지 못하고 '우리 식으로 살자'는 그 사고방식이 나라를 망쳤다. 농촌 젊은이들에게 교육과 기술을 가르쳐 도시로 내보내야 하는데 그 정도 비전조차 갖지 못했다.

### 전쟁의 참화를 딛고 교육열로 도약한 한국

500년간 유지되어 온 유학과 왕조 시스템은 너무 낡아 외부 변화에 대응하기는커녕 여기저기서 많은 문제가 터지기 일쑤였다. 새 술을 담을 새 부대가 필요했다. 그런데 조선의 시스템으로는 세상의 변화를 담을 수 없었다.

한국이 의무교육을 도입한 시점은 건국 후이나 실제 시작한 것은 1953년이니 1872년 의무교육을 도입한 일본에 비해 거의 70년이나 뒤진다. 반면 일본은 선진문명에 대한 철저한 해부와 모방을 위해 서양 언어를 번역했다. 이 번역을 통해 서양의 선진문명을 일찍

감치 수용하고 도전과 모험을 향해 스스로 탈각하여 동아시아의 최강자 반열에 올랐다. 눈먼 장님을 자초한 조선과 세계를 향해 활짝 열어젖힌 일본은 모든 분야에서 격차가 벌어지기 시작했다. 이렇게 암담한 상황이었지만 한국은 잠자고 있던 뛰어난 잠재력이 깨어나면서 힘차게 도약했다. 지금은 문을 활짝 열고 양 날개를 펼쳐 비상하고 있다.

특히 '성장의 황금시대'라 부르는 1960년 초부터 30년간 인구가 5,000만 명 규모인 한국은 인류 역사상 유례가 없는 8% 이상의 기적적인 장기성장률을 기록했다. 이것을 '한강의 기적'이라고 하는 이유는 기존의 경제학 이론으로는 설명할 수 없기 때문이다. 세계적인 경제학자들은 한국이 기적을 만들어낸 것은 결코 우연이 아니라며 '내생적 성장이론'이라는 새로운 경제학 이론으로 설명했다. 한국의 고도성장의 비결은 바로 인적 자본이었다. 부모들의 교육열로 인해 기회를 얻은 수많은 훌륭한 인재들이 쏟아져 나왔다. 억척스럽게 자식들을 교육시킨 한국의 부모들이 그동안 흘렸을 땀과 노력은 대단했다. 그렇게 한국인의 머릿속에 쌓인 지식과 기술은 열린 시스템에서 놀라운 성과를 발휘했다. 또한 역사의 전환기에 수많은 학생이 민주화에 앞장서서 시위하며 민주주의를 한 단계 질적으로 성장시켰다. 역사의 전환점에서 학생들이 조용한 나라는 미래가 없는 법이다. 조용했다면 그간의 교육은 명백한 실패라 할 것이다.

현재 1인당 실질소득이 일본과 거의 차이가 나지 않으며 한국의 최대 장점인 교육 분야에서는 대학진학률 등을 앞선 것은 기적 중의 기적이다. 지속적인 투자와 노력의 결과물이다. 물론 아쉽게도 일본이 기초과학과 원천기술, 학문, 과학 분야에서는 여전히 우위에 있다. 일본은 한국보다 70년 빠른 의무교육을 도입했다. 징병제 등 다른 분야도 50년 이상 차이가 벌어지는 게 허다하다. 한국이 우수해서 그렇지, 일본은 최상급의 두뇌, 인재, 축적된 자산을 가진 나라다. 그런 일본과 벌인 경쟁은 몇십 년 전에 출발한 우사인 볼트와 달리기 경쟁을 한 격이다. 이렇게 비유하면 한국이 이룬 성과는 말로 설명할 수 없는 기적이다. 이 기적에 대해 이언 골딘 옥스포드대학교 교수 등은 '교육배당'이라는 표현을 쓰고 있다. 그가 저서 『앞으로 100년』에서 한국을 가장 많이 묘사한 분야는 교육이었다.

"주목할 만한 국가는 한국이다. 1950년 한국의 고등학교 졸업률은 5%에 그쳤다. 하지만 보편교육과 다수의 개혁을 도입한 이후 한국은 현재 전 세계에서 가장 높은 식자율을 보이는 국가에 속한다. (…중략…) 코로나19 이전 미국 내 한국 유학생 비율은 중국, 인도 유학생에 이어 세 번째로 높았다. 이런 교육배당은 한국에 큰 혜택을 안겼다. 20세기 중반부터 시작된 경제호황을 뜻하는 '한강의 기적'은 결국 교육에 대한 현명한 투자와 학업적 성과를 보상하는 문화로 귀결된다. 오늘날 한국에서는 사실상 모두가 고등학교를 졸업하고 대학진학률도 75%에 이른다."[450]

그렇다. '한강의 기적'은 한국인의 뜨거운 교육열과 공익적 욕망을 가진 리더들과 민중이 결합해서 이뤄졌다. 막장에서 시커먼 탄을 먹었던, 뜨거운 태양 아래서 살을 태우며 일했던, 타향에서 피를 흘리며 싸웠던 수많은 한국인이 바로 그 민중이다. 오늘날 한국이 선진국에 진입한 이유 중 첫 번째로 꼽는 것은 뜨거운 교육열이다. 변화를 두려워하지 않고 위기가 닥치더라도 기회로 바꿀 수 있는 한국인의 힘의 토대가 교육임을 고려하면 교육의 가치는 더욱 분명하게 드러난다. 2020년 경제협력개발기구OECD의 통계에 의하면, 한국은 25~34세의 대학교육 이수율이 69.8%로 경제협력개발기구 OECD 평균인 45%보다 훨씬 높다.[451] 이는 미국 50.4%, 일본 61.5%보다 높은 세계 최고 수준으로 한국인의 교육에 대한 열망은 놀라운 일이 아니다.

인재교육은 어느 나라든 경제와 사회발전의 제1요소이지만 자원이 빈약한 한국은 특히 더 그러하다. 한국은 높은 교육열과 부지런함이 강점인 나라다. 고등교육을 받은 한국인들은 1980년대 군사정권에 저항하면서 민주화를 이뤄냈다. 한국은 과학기술 분야의 우수한 연구인력과 문화 수출 등 다양한 분야에서 고급 인력풀을 제공하는 나라가 됐다. 지식기반경제와 4차 산업혁명 사회로의 진입과 함께 인적 자본 형성을 위한 한국의 교육은 모든 국가들에게 중요한 관심의 대상이 되고 있다. 베트남 등 새 시대를 만들어가고 싶은 개발도상국들은 교육 강국인 한국과 협력하길 간절히 원하고 있다. 지금도 교육은 미래를 대비하고 일류 선진국으로 나아가는 가장 중요한 수단이다.

세계적인 나라에는 세계적인 대학이 있다. 역사적 유래를 성찰할 때 후발주자일수록 교육을 통해 난국을 타개하고 선진국이 됐다. 독일이 그랬고, 일본이 그랬고, 미국이 그랬다. 독일은 국난의 위기 앞에서 새로운 대학 시스템을 만들어 위기를 극복했다. 세계 최강국 미국은 획기적으로 교육에 투자하여 세계적인 대학들이 미국 전역에서 탄생했다.

한 단계에서 다음 단계로 사회가 발전할 때마다 많은 희생이 있어 왔고 앞으로도 그럴 것이다. 한 번은 나라를 잃는 비극으로, 또 한 번은 기적으로 모든 것이 파괴된 상황에서 일어났다. 그 중심에 교육이 있었다. 지금 불어닥친 인공지능 혁명으로 촉발된 새로운 세상 앞에 교육은 또 한 번의 개혁을 요구받고 있다.

'우리의 교육은 정말로 지금 우리가 마주한 이 위기를 돌파할 수 있을까?'

우리가 함께 풀어야 할 가장 중요한 화두다.

3장

# 필수요소 2
# 언론·출판문화

# 1
# H형 인프라란 무엇인가

---

### 이야기가 가진 힘

근대 국가를 완성한 국가들은 H형의 인프라를 구축한 나라들이다. H의 한 축인 하드웨어와 H의 또 한 축인 소프트웨어로서 민간 출판문화가 결합되면서 국민을 통합하고 힘을 축적하여 국민국가로 나아갈 수 있었다.

H의 한 축은 하드웨어다. 국토경쟁력을 강화하는 인프라스트럭처를 말한다. 땅 위와 땅 밑에 도로, 철도, 상·하수도, 통신 등을 설치하여 땅의 가치를 높이는 것이다(이에 대해서는 4장에서 별도로 논하겠다). H의 또 한 축은 소프트웨어다. 언론·출판문화가 활발해지면서 생각과 표현의 자유가 확대됐다.

이 장에서는 서유럽과 후발주자였던 일본이 왜 어떻게 해서 근대화를 성공적으로 이뤄냈는지 살펴보고자 한다. 오늘날 언론·출판문화는 일상에 녹아들어 있어 특별할 게 없는 분야처럼 여겨지기 쉽다. 민간 출판문화의 중요성을 얘기하려니 아득하다. 과히 멀지 않은 과거인데도 너무 멀게만 느껴져 절대적 거리감을 잃게 한다. 하지만 19세기 중반 이후 언론·출판문화는 매우 중요했다. 유럽의 각국이 자국을 대표하는 상징적 문화인을 확보하기 위해 경쟁을 벌일 정도로 문화의 중요성이 대두되는 시기였다.

"19세기 중반 모든 유럽 국가는 사회를 단결시키기 위하여 문화에 의존했고 무엇보다도 국민 문학의 폭넓은 전파에 힘썼다. 대규모 통신수단이 확산되면서 이처럼 문화를 적극적으로 활용하는 게 가능해졌다."[452]

지금이야 시대가 변해 책이 품은 에너지와 영향력이 감소했지만 당시 문학은 세상을 바꾸는 힘 그 자체였다. 유발 하라리는 저서 『사피엔스』에서 신체적으로 나약한 인류가 '만물의 영장이 된 것은 우리가 이야기를 만드는 존재이기 때문'이라며 이야기의 힘을 강조했다. 그는 언어와 이야기를 지어내는 능력이 인류의 진화를 이끌었다고 주장한다. 인간 사회의 지배 질서인 신화, 국가, 법, 종교, 돈 등은 필요에 의해 만들어 낸 이야기를 구성원 모두가 공통으로 믿고 협력한 결과라는 것이다.

이야기는 서로 모르는 수많은 사람이 효과적으로 협력하는 것을 가능하게 했다. 이야기 덕분에 우리는 단순한 상상을 넘어서 집단으로 상상하게 됐다. 이야기는 현대 국가의 민족주의 신화와 같은 공통의 신화들을 짜내어 다수가 유연하게 협력하는 유례없는 능력을 갖게 했다.[453]

근대는 이야기(문학)를 통해 공동체가 함께 '공통의 미래'를 상상할 수 있게 하고 흩어지는 사람들의 마음을 사로잡는 구심점 역할을 했다. 누가 더 뛰어난 작품을 만들고 누가 더 빨리 언론·출판문화를 정치, 사회, 경제 전 분야와 접목하여 더 많은 가치를 창출할 것인가가 중요해졌으며 국가의 경쟁력이 됐다. 각국은 여기에 먼저 탑승해서 선점자 우위를 확보하기 위해 발 빠르게 움직였다. 이제 '제2의 인지혁명'을 촉발한 주체인 언론·출판문화에 대해 살펴보자.

### 근대의 중심축 언론·출판문화

언론·출판문화는 매우 중요한 '병렬파워'의 한 축이다(병렬파워는 4부에서 별도로 논하겠다). 서유럽은 다음 그림처럼 여러 병렬파워들이 생성되고 연결되면서 시너지를 창출했다. 이미 1830~1840년대 부르주아와 노동자 계층의 파워(초기 단계)가 형성되기 시작되면서 근대 풍경에서 가장 중요한 부르주아와 노동자 계급이 탄생되는 과정을 보여주었다.

이어 19세기 중반 이후에는 문학가들이 사회의 주요한 핵심으로 부상하기 시작했다. 뜻밖에 하늘이 내린 재능, 천재의 고독, 우수한 예술이 가진 힘과 그 비범함에 대중은 열광했다. 정치권력에 맞먹는 힘과 함께 문화권력이 탄생한 것이다. 프랑스에서는 사상가인 볼테르, 루소가 국가 영웅들이 묻히는 판테온에 안장됐다. 이제 더이상 장군이나 왕의 시대가 아니었다. 심지어 낙후돼 있던 러시아에서조차 최초로 치른 국장의 인물은 도스토옙스키였다. 이처럼 근대 사회에서 중요한 한 축인 문화권력과 언론권력이 형성되면서 사회는 점점 병렬화되기 시작했다. 권력의 내부 배선이 바뀐 것이다. 근대 사회에 이르러서는 한 사람이나 소수에 집중되어 있던 권력과 부가 점점 분산되기 시작했다.[454] 이것은 공화주의, 민주주의, 시민권과 같은 새로운 이념의 부상으로 인해 발생했다. 프랑스는 정치권력을 왕 한 사람의 독점물이 아니라 바로 공공의 것으로 하기 위해서 혁명을 통해 공화정을 수립했다.

"인간의 대규모 협력은 신화에 기반을 두기 때문에 다른 이야기로 신화를 바꾸면 인간의 협력방식도 바뀔 수 있다. 1789년 프랑스인들은 왕권의 신성함을 믿다가 거의 하룻밤 새 국민이 주권이라는 신화로 돌아섰다."[455]

# 2
# 근대 문명을 만든 출판문화의 다양한 풍경들

### 세종이 주도한 문명의 조선

세계의 문명사가 병렬파워로 권력의 배선이 완전히 새롭게 바뀌어 가고 있는데도 조선은 여전히 유학의 DNA를 버리지 못하고 있었다. 근대는 전혀 다른 세계다. 우리의 기억 속에는 오래 전부터 한국이 일본에 온갖 문물을 전수했다는데 어디까지가 사실일까? 가장 큰 착각은 근대화 이전의 조선은 문명국이고 일본은 야만의 나라라는 것이다. 일본이 메이지 유신에 성공하면서 그때부터 조선이 일본에 뒤처졌다.

분명 조선은 주체적으로 중국 문명을 받아들여 독창적인 문화를 일구었고 특유의 철학적 사고를 발전시킨 나라임은 틀림없다. 백제, 신라 등 고대로부터 오랫동안 일본에 문명을 전달한 앞선 나라였고 임진왜란 전까지 이 흐름은 유지됐다고 볼 수 있다. 우선 객관적인 자료부터 살펴보자. 1983년 일본 도쿄대학교에서 편찬한 『과학기술사사전』에 따르면 '세종시대는 세계 과학사의 중심'이었다.

"세종 재위기간(1418~1450)을 다른 나라와 비교해 보면 세계 대표 기술이 한국 21건이었다. 이어 중국 4건, 일본 0건, 기타 유럽과 아랍지역 19건으로 기술했다. 세계 최고 기술 44건 중 21건이 한국 소유였다. 한국 과학기술사 개척자로 성신여대 총장을 지낸 전상운 박사는 생전에 '당시 노벨상이 있었다면 조선이 47%를 차지했을 것'이라면서 '세종은 15세기 세계 과학사 중심에 있었다'고 말했다."[456]

세계 최고 기술 44건 중 47%에 해당하는 21건이 세종 때 발명된 것으로 세종 시대 조선의 과학기술은 당시 선진 사회였던 중국과 이슬람을 능가하는 압도적 수준이었다. 한마디로 세종 시대 조선은 세계 최고의 과학국가였다. 세종의 지휘 아래 과학자 이천, 천문학자 이순지, 공학자 장영실 등 수많은 인재가 활약했다. 그들은 천문, 역산, 의학, 지리학, 도량형, 음악, 농업, 인쇄, 화약 기술에 이르기까지 뛰어난 발자취를 남겼다. 세종은 문화의 힘으로 과학을 증진하고 문예부흥의 시대를 열었다. 여기에 민본정치의 일환으로 과학적인 여론조사에 기반하여 세제와 전제田制를 합리적으로 개혁했다. 그 결과 농업산출량이 획기적으로 늘고 세금 부담이 대폭 줄어들면서 백성의 삶이 넉넉해지고 왕실재정 또한 튼튼했다.

이렇듯 빛나는 '문명의 조선'이었으나 안타깝게도 이러한 과학기술 역량은 세종 이후에는 국가적 관심사로 이어지지 못했다. 오히려 임진왜란, 병자호란 이후에는 주자학이라는 이데올로기에 사로잡혀 과학기술이 낙후되고 말았다(이황, 이이에 이르러서는 철학의 허브로서 조선의 절정기를 열었다. 이후 침체하다가 식민지로 전락했다).

반면 일본은 메이지 유신을 통해 근대화에 성공하면서 과학기술을 발전시켜 나갔다. 우리도 갑신정변이 성공했더라면 근대화에 성공했을 것이라며 아쉬워한다. 그러나 단 한 번의 정치적 격변으로 근대화가 이뤄진 나라는 세계 역사상 존재하지 않는다. 근대화의 중요한 요소 중 하나는 출판문화와 인쇄기술의 수준이다. 독일의 물리학자이자 작가인 게오르크 C. 리히텐베르크는 출판의 가치를 다음과 같이 표현했다.

"세상을 더 많이 변화시킨 것은 금이 아니라 납이었다. 납 가운데서도 총알 제조용으로 사용된 납보다 인쇄활자로 사용된 납이 세상을 더 많이 변화시켰다."

21세기를 앞두고 1997년 미국의 시사 잡지 『라이프』에서 "지난 1,000년 동안 인류 역사상 가장 큰 영향을 준 사건은 무엇인가?"라는 질문을 던졌다. 인류사를 새롭게 쓴 수많은 발견과 기술들이 등장했으나 인류 역사를 가장 획기적으로 바꾼 사건으로 금속활자 인쇄술이 선택됐다. 바로 구텐베르크로 하여금 『성경』 인쇄를 가능하게 한 금속활자 인쇄술이었다. 2위가 콜럼버스의 미대륙 발견, 3위 종교개혁(루터), 4위 제임스 와트의 증기기관 발명 순이었다. 구텐베르크의 『성경』 인쇄가 인류 역사상 100대 사건 중 1위로 선정됐으나 구텐베르크가 인쇄술을 발명한 것은 아니라는 점을 분명히 하고 있다. 8세기에는 중국에서 목판인쇄가 시작됐으며 14세기에는 한국에서 금속활자를 사용했다는 점을 밝혔다. 그럼에도 구텐베르크의 『성경』 인쇄 사건이 인류 발전에 엄청난 영향력을 끼친 것을 높이 평가하여 1위가 된 것이다.

영국국립도서관도 요하네스 구텐베르크를 '천년의 인물'로 평가했다.[457] 그 이유는 금속활자로 책을 찍어 지식을 전달하지 않았다면, 뛰어난 천재가 발명한 새로운 발견이나 발명이 후대까지 전해질 수 없었기 때문이다. 지식을 전달함으로써 기존 지식이 새로운 지식을 만날 수 있고 이렇게 만들어진 지식은 또 기록되어, 또 다른 지식을 만나 융합된다. 다시 말해 인쇄술은 수많은 발견과 기술에 관한 모든 지식을 축적하는 모태 기술로 인류 문명사에 대전환기를 촉진한 인자가 된 것이다. 금속활자 발명으로 책을 쉽게 만들수 있게 되자 문화는 비약적으로 발전했다. 유럽의 도시마다 인쇄소가 생기면서 정보가 복제되며 폭발적으로 확산했다. 인쇄술의 발달로 누구나 책을 소장할 수 있게 되면서 새로운 지식과 정보가 공유되는 시대가 열린 것이다. 소수의 귀족과 지식인들의 전유물이었던 정보는 금속활자를 타고 일반 대중에게로 흘러 들어갔다. 독서로 무장한 시민들의 집단지성은 문자문화의 황금기와 만나면서 근대화를 여는 데 큰 역할을 했다. 구텐베르크발 인쇄혁명은 '창조적 사고의 역사'에서도 빼놓을 수 없는 획기적인 사건이었다.

"진화의 승리는 사상의 승리이자 인쇄물의 승리였다. 유럽의 인쇄술이 위대한 사상을 가장 불가능한 장소까지 널리 퍼지게 하는 완전히 혁신적인 새로운 역할을 했던 것이다."[458]

한편에서는 '누구나 가질 수 있는 지식이라면 지식의 가치가 떨어질 것이다.'라며 기득권층의 저항도 있었다. 하지만 변화하는 시대의 흐름을 멈출 수는 없었다.

### 국가가 독점한 조선 인쇄술과 그들만의 리그

한국은 세계 최초의 금속활자본인 『직지심체요절』(1377년 간행)을 보유하고 있는 문화국가로 1455년 『구텐베르크 42행 성경』보다 무려 78년이 앞섰다. 청주 흥덕사에서 인쇄됐는데 일본의 전문가들도 당시 조선의 금속활자 인쇄 수준이 매우 높았다고 분석했다.

"후지모토 유키오藤本幸夫는 조선의 금속활자 인쇄에 대해 '정교하기 이를 데 없고 중국이나 일본은 이에 훨씬 못 미친다'고 하면서, 금속활자는 민간이 아니라 주로 관에서 주조됐고 그 종류가 50종 가까이에 이른다고 했다."[459]

그러니 조선은 문文을 숭상하고 지식인을 존경하며 인쇄술까지 가장 뛰어났으니 출판 분야만큼은 당연히 일본을 앞섰을 것으로 생각하는 것도 무리가 아니다. 실제는 놀랍게도 고종 시대 조선은 일본에서 인쇄기를 수입했다. 당시 조선은 국가에서 출판을 독점했다. 게다가 한자는 복잡하고 글자수가 너무 많아 금속으로 활자와 활판을 만드는 데 어려움이 많았다. 또한 종이를 제조하는 데도 막대한 비용이 들어 민간에서 감당하기 힘든 구조였다. 그런데도 조선 스스로 민간 출판문화가 발달한 나라라고 믿고 있었으니 신기한 일이다.

"구텐베르크의 활자는 상업적 목적을 겨냥했으나 조선의 활자는 상업성과는 애초 상관이 없었다. 어떤 개인이 막대한 구리를 들여 활자를 주조하겠는가? 그것으로 책을 찍어내 이익을 얻을 수 있단 말인가? 이 엄청난 일을 감당할 수 있는 것은 오로지 국가뿐이었다. 금속활자로 다량의 책을 찍어 책값을 내릴 수 없었던 이유가 바로 이것이다."[460]

당연히 활자는 국가의 소유물로 조선이 체제를 유지하는 데 매우 강력한 수단으로 활용됐다. 당시 사대부 계층은 권력의 근간이 되는 지식을 독점하려 했다. 책은 쉽게 구할 수 있는 물건이 아니었다.

"당시 책은 지식을 전달하고 확산하는 유일무이한 방식이었다. 이를 국가가 독점한다는 것은 국가가 체제유지 수단을 독점했다는 뜻이다. 국가가 발행하는 책으로 사대부는 지배계급으로서의 교양과 이데올로기를 갖출 수 있었다. 그리고 그것이 조선체제를 장구하게 유지하는 중요한 수단이 되어주었다."[461]

국가가 인쇄와 출판 사업을 독점하면서 민간의 출판 사업을 막았다. 무엇보다 한자를 포기하지 않는 이상 국가가 활자 주조를 전담할 수밖에 없는 구조였다. 책을 출간하기 쉬웠고 손쉽게 구입할 수 있었더라면 조선은 500년간 이어지지 못했을지도 모른다. 개인의 문집이나 창작물은 출판하기 더 어려운 구조였다. 새로운 시대가 밝아오는데도 조선의 사대부들은 새로운 사상을 받아들일 준비를 하지 못했다.

"지방에서 발행한 서적은 사서삼경과 같은 유가의 경전, 아동용 교과서, 그리고 교화용 서적이 주류를 차지했다. 또 대부분은 중국 책들이었다. 문집을 제외하면 개인의 독창적 저술이란 흔치 않았다. 아니, 거의 없다고 해도 과언이 아니다. 개인이 각고의 연구 끝에 새로운 결과물을 창출해 낸다 할지라도 관의 힘을 빌리지 않으면 출판이 불가능했다는 의미다. 국가와 지방의 행정관청이 주도하는 서적문화가 지식 보급을 온통 장악하고 있었던 것이다."[462]

강명관은 국가가 인쇄·출판을 독점한다는 것은 한국만의 독특한 현상이라고 분석했다. "중국은 송대에 이미 민간의 출판사와 서점이 존재했으며 일본은 도쿠가와 막부 이후 민간에서 출판사와 서점이 폭발적으로 늘어났다."

따라서 조선에서 책을 구하려면 왕으로부터 하사를 받든가, 활자인쇄는 불가능하니 필사본으로 베끼든가, 지방고을 수령에게 목판으로 찍어달라고 부탁하든가, 이도저도 안 되면 북경에 가는 지인에게 구입해 달라고 부탁하는 수밖에 없었다.

그렇다면 민간 출판문화를 확대하려면 어떻게 해야 했을까? 다음 세 가지 사회적 토대를 갖춰야 한다.

- 인쇄기술
- 출판문화 (자국어 사용, 네트워크 효과)
- 문학 콘텐츠 (작가, 작품)

단서라야 달랑 이 세 개뿐이다. 먼저 우리는 금속활자 인쇄술을 발명했다. 그다음은 인쇄혁명을 뒷받침할 수 있는 사회적 토대를 갖고 있느냐, 그렇지 않느냐의 문제다. 마지막으로 책을 쓰는 저자, 책을 만드는 출판업자, 독자라는 삼박자가 갖춰져야 한다. 이렇게 대충 다 뜯어보면 조선의 경쟁력도 괜찮아 보이는데 종합해보면 출판문화가 없는 문맹사회였다는 게 선뜻 이해하기 힘들다. 우리는 귀한 것이 담겨 있는 보물 상자에서 보물을 꺼내는 열쇠를 잃어버린 것이다. 한글이 보물을 꺼내는 열쇠였다. 잃어버린 열쇠를 선교사들이 발견할 때까지 조선은 한글을 까맣게 잊고 있었다. 우리는 보물을 갖고 있는 것조차 몰랐던 것이다. 자, 시대 배경을 알았으니 이제 다시 본론으로 돌아가 보자. 복잡하게 얽혀 있는 것 같지만 사실은 우리가 다 아는 것들이다. 해독하자면 이렇다.

조선은 뛰어난 출판기술을 보유했으나 비용 문제 등으로 인해 국가가 독점했다. 수요층도 적어 상업출판이 불가능한 사회구조였다. 따라서 한글로 된 문학도, 학문도 축적될 수 없었다. 문학작품과 일반 문서에 한글을 사용하는 것 또한 터부시했다. 지식인들은 한글을 무시하고 업신여겼다. 한글은 개신교 선교사들에 의해 재발견될 때까지 계속 잠들어 있었다.

"근대 한글은 개신교 선교사들에 의해 재발견되고 재창조된다. 개신교 선교사들이 조선에 도착하기 시작했을 때 한글은 용도폐기된 상태였다. 세종대왕에 의해서 1446년 창제됐지만 이후 조선의 지도층에 의해서 완전히 외면당했기에 한글로 축적된 학문도, 문학도 없었다."[463]

미국의 목사이자 동양학자인 윌리엄 그리피스(1843~1928)는 다음과 같이 지적한다.

"엄격하게 말하자면 조선 특유의 문학이란 존재하지 않는다. 민요, 옛날 얘기, 여자와 아이들을 위한 소설 몇 가지를 제외하고는 모두 중국식 사고의 틀 안에서 중국 문자로 표현되어 있다. (…중략…) 조선어는 원시적인 수준에 머물러 있다. 유명한 작자나 시인들은 자신들의 언어를 사용하지 않았다. 한양에는 두 개의 책방이 있는 것으로 알려졌는데 거기에서는 중국어 서적밖에는 팔지 않는다. 조선어로 된 인쇄물은 찾아볼 수 없다. 소위 배운 사람들은 조선 고유의 문자로 쓰여진 것은 천한 것으로 간주하기 때문이다. 그런 사람들은 대개 중국식 교육에 푹 빠져 자신의 나라의 표음문자, 글에 대해서는 무지하다."[464]

선교사들이 발견한 한글은 당시에는 천시받는 언문이었으나 그들은 쉽게 배울 수 있는 놀라운 한글의 가치를 순식간에 파악했다. 그동안 홀대받던 질그릇이 천하의 보물임을 직감적으로 알아챈 것이다. 그 질그릇 속에 살아 있는 신의 말씀을 담아 조선 팔도에 전파하게 된 것은 그 후의 일이다.

"처음부터 한글로 쓰인 책은 임진왜란 이전까지는 존재하지 않았다. 한글로 쓰인 책은 예외 없이 한문을 번역한 것이었다. 다시 말해 한글서적은 번역의 형태로만 존재했다. 애초부터 한글로 사유한 책은 존재하지 않았다는 이야기다. 이것이 비극이다."[465]

### 출판문화의 세 가지 필수요소

민간 출판문화가 부재했던 조선은 인쇄기와 인쇄문화마저 일본에서 역수입하는 상황이 됐다. 근대사의 창문을 들여다보면서 이 점이 가장 안타까웠다. 세계 제일의 알파벳인 한글과 세계 최초의 가장 정교한 금속활자 기술을 보유한 조선은 학문을 중시하는 선비의 나라였다. 이런 보석들을 하나로 꿰지 못하고 구한말 문화 후진국으로 전락한 것이다. 마치 스마트폰을 노키아가 최초 발명했으나 그 가치를 알아보지 못했던 것처럼. 스티브 잡스가 스마트폰을 재발명하자 노키아는 결국 사업을 접을 수밖에 없었다. 조선이 위대한 한글의 가치를 알아보지 못하고 수백 년간 지하창고에 가둬놓은 대가는 실로 컸다.

이런 상황에서 최초로 활판인쇄기를 수입한 사람은 박영효였다. 1882년 수신사로 일본에 갔던 박영효는 민중을 계도하고 국력을 부강하게 하려면 무엇보다 신문 발간이 필요하다고 판단했다. 이듬해 귀국 길에 신문 발간에 필요한 납활자와 활판인쇄기 등의 시설을 들여왔다. 박영효는 시설 도입과 함께 신문 제작을 도와줄 이노우에 가쿠고로井上角五郞를 초빙하고 여러 명의 인쇄 기술자까지 데려왔다. 최초의 한글 『성경』도 요코하마에서 찍어 조선으로 들여왔다. 신문 출판을 위해 인쇄기를 일본에서 수입한 것이다.

또한 신문출판업이 발달하려면 기술적, 사회적 요건이 충족되어야 한다. 신문·출판 산업은 정보나 뉴스 등 콘텐츠가 있다고 해서 성장할 수 있는 산업이 아니다. 기술과 제도 등 다방면의 조건이 뒷받침되어야 가능한 분야다.

첫 번째 가장 중요한 것은 인쇄기술이다. 구텐베르크의 활판기술이 개량되고 발전되면서 시간당 1,100부를 찍는 윤전기가 발명됐다. "기술은 점점 발달되어 1827년에는 시간당 4,000부에서 1857년 시간당 2만 부로 인쇄량이 늘어났고, 1870년대부터는 새로운 인쇄기가 도입되어 시간당 16만 8,000부의 신문을 찍어냈다."[466]

이외에도 자동 주조 식자기의 발명[467] 등 추가적으로 다양한 기술혁신이 이뤄졌다. 유럽이나 미국에서 초창기 신문발행인은 대부분 출판사업자였다. 그래서 신문사를 표현하는 용어로 프레스press라는 단어를 쓰는 것이다. 당시에는 인쇄사업자와 출판사업자가 구분되지 않던 시기였다. 미국 건국의 아버지 벤저민 프랭클린도 유년기에 인쇄공으로 일하다가 나중에 필라델피아로 이사한 후 신문발행인으로 성공했다.

신문출판업이 발달하기 위해 필요한 두 번째 요소는 신문을 배달할 수 있는 우체국 제도가 있어야 한다. 신문과 문학은 언어로 만든 세계인 동시에 물질의 세계다. 1840년 영국에서 거리와 무관하게 발신자가 1페니만 지불하면 되는 획기적인 우편시스템을 도입하면서 사용자가 폭발적으로 늘어났다. 영국 우편국 책임자인 롤런드 힐은 1페니의 저렴한 가격으로 인해 적자가 나더라도 운영할 가치가 크다고 판단했다.

"서신과 다른 문서를 저렴하게 배송할 수 있으면 (…중략…) 국가의 생산성이 크게 진작될 것이기 때문이다."[468]

실제 이 우편시스템은 큰 성공을 거두었고 "1860년이 되자 우표를 도입한 국가가 90개국에 이르렀다."[469] 90개국이라면 조선, 청, 일본 등 아시아 국가를 제외한 거의 모든 국가가 도입했다는 뜻이다. 일본은 메이지 유신 후인 1871년에 최초로 우표를 도입했는데 도안이 네 가지 색이었다. 미국의 사례는 더 극적이다. 위니프리드 갤러거의 저서 『우체국은 미국을 어떻게 탄생시켰나 How the post office created America』의 제목에서 보듯 우체국은 식민지 시대부터 미국의 필수 시스템이었다.

토머스 제퍼슨, 애덤스, 그리고 수천 명의 애국자들이 모여 공동위원회를 만들었다. 이들이 1760년대와 1770년대에 영국 스파이를 피하고자 지하 우편시스템을 만들어서 서신위원회라고 불렸다. 건국의 아버지들은 독립 선언 1년 전인 1775년에 우체국 부서를 만들었고 가장 신뢰받는 벤저민 프랭클린을 우체국장에 임명했다.

"미국 독립전쟁이 벌어지는 동안 우편 네트워크가 독립운동가들 사이의 소통을 도왔으며 일반 대중에게 상황을 알리는 수단으로 활용됐다. 헌법이 제정되기도 전에, 또 독립선언문이 작성되기도 전부터 미국인들은 통신의 자유를 보장하는 우편제도를 보유한 것이다."⁴⁷⁰

극적으로 표현하면 중국은 공산당을 먼저 만들고 나라를 세웠지만 미국은 우체국을 만들고 나서 영국으로부터 독립한 것이다. 우체국은 그만큼 중요했고 미국의 DNA가 됐다. 미국은 이름하여 안전한 '편지공화국'의 인프라를 먼저 깐 것이다. 당시 보스턴 등 여러 작은 도시에 거주하던 건국의 아버지들은 편지로 매우 밀도 높게 정치체제, 헌법 등 정치적인 문제와 지식을 교류했다. 1792년 우체국법을 개정할 때, 건국의 아버지들은 정보를 널리 확산하기 위해 교육을 받은 시민들을 유지하는 데 필수적인 신문들을 저렴한 비용으로 이용할 수 있도록 했다.

그 결과 19세기 초까지 신문은 미국 우편물의 대부분을 차지했다. 1840년 미국 백인 성인의 91%가 글을 읽을 수 있었다. 신문이 널리 보급된 점도 높은 문해율의 하나의 요인이었다. 미국인은 열심히 신문을 읽었다. 신문 연재 소설은 미국인의 마음을 변화시키는 힘을 지니기도 했다. 미국 최초의 베스트셀러라 할 수 있는 『톰 아저씨의 오두막』(1851년)은 300만 부 이상이 팔리면서 당시 『성경』 다음으로 많이 팔렸다. 보스턴의 대형 출판사로부터 모두 퇴짜 맞은 해리엇 비처 스토의 『톰 아저씨의 오두막』은 노예 해방의 계기가 된 미국 남북전쟁의 결정적인 불쏘시개 역할을 했다.

문학이 현실적으로 어떤 역할을 할 수 있는지 확실하게 보여주었다. 미국 참여문학의 대표작이 된 것이다. 링컨의 노예 해방이 선언되기까지 이 소설은 수많은 사람의 인식을 바꿔놓고 노예 해방에 대한 보편적 합의를 끌어냈다. 남북전쟁은 제2차 세계대전을 포함하여 미국 역사상 62만 명이라는 가장 많은 사망자를 낸 전쟁이었지만 미국의 분열을 막아내고 하나의 미국을 만들었다. 진정한 미국의 건국과 진정한 미국의 역사가 링컨으로부터 시작됐다는 평을 받았다. 이 모든 것의 출발이 바로 연성권력인 문학에서 비롯됐다. 지나치게 단순화한 주장 같지만 역사적 사실이다. 여기에 우편제도는 예기치 않은 부산물 효과를 낳았다. 우체국이 생기고 나서 특허 신청건수가 늘어났다. 좋은 제도가 기술의 진전을 뒷받침하는 원동력이 된 것이다.

조선의 최초 근대적 기관은 1884년 홍영식이 주도하여 만든 '우정총국'이다. 우체국은 기존의 파발과 역참제도를 대신해 공적인 문서를 전달했을 뿐만 아니라 일반인의 소식까지도 전달하는 역할을 했다. 그야말로 의사소통의 욕구를 충족시키는 근대적 문명 기관이었다. 게다가 국가재정 수입에도 도움이 되는 일석이조 효과를 지녔지만 갑신정변으로 인해 서울 열 곳과 인천을 연결하던 우정총국은 20일 운영 끝에 폐쇄됐다.

신문출판업이 발달하기 위해 세 번째 요소는 수요가 있어야 한다. 신문이 생겨난 역사를 보더라도 정보와 소식에 갈급하여 돈을 내고 구입하는 수요층이 존재해야 한다. 우선 먼저 정치 변화에 관심이 많은 귀족이나 시대 흐름에 예민한 상업가들의 수요가 있어야 돈을 벌기 위해 정보를 모아 발행하고, 재미있는 이야기도 싣고, 사건사고도 전하고, 세상 밖 이야기도 전하는 이러한 도구로서 신문이 생겨나는 것이다. 문화는 생산되고 소비되는 상품으로 생산과 소비가 이루어지려면 시장이 있어야 한다. 도널드 서순은 유럽의 문화사를 관통하는 중요한 시각은 철저하게 문화의 하부 구조가 튼튼하게 자리 잡고 있어야 문화가 꽃핀다는 점을 주장했다.

"영국과 프랑스가 패권을 쥔 것은 재능이 골고루 배분되지 않아 다른 나라보다 두 나라가 기적처럼 소설가의 비율이 높아서가 아니었다. 그것은 무엇보다도, 더 발달하고 짜임새 있게 조직된 두 나라

시장이 수요를 만들어내고 더 많은 작가를 끌어들인 덕분이었다. 1814년 무렵 유럽의 출판 중심지로 자리 잡은 런던에만 서적상이 '600명' 있었다."[471]

  수요가 있어야 전업작가들이 생겨나 도전하고 그들이 쏟아내기 시작한 작품들 중에서 걸작이 나온다. 인쇄혁명 역시도 말 그대로 돈이 되느냐 마느냐의 문제가 중요했다. 이윤이라는 동기가 작동해야 움직이는 구조였다. 1700년 말만 해도 유럽에서조차 신문은 아직 대중적이지 않았다. 상류층에서나 구독하는 사치재였다. 대중의 독해력과 경제력은 아직 신문을 볼 수준이 아니었다. 하지만 1860년대 영국을 방문한 사람들은 마부조차 신문을 보고 있는 광경에 놀라움을 표시했을 정도로 영국에서 신문은 일상화됐다. 하지만 유학에 찌든 농경사회인 조선에서는 수요도 거의 없고, 근대적 인쇄기술도 없다 보니 출판과 신문업이 발달할 수 없는 구조였다. 반면 일본은 엄청난 출판문화를 자랑했다. 그 시작은 임진왜란과 일부 관련이 있다. 1592년 임진왜란 때 일이다.

  "가토 기요마사와 고니시 유키나가 등의 무장이 조선의 선진적인 활판인쇄기, 대량의 동활자, 그 주조기들을 모조리 약탈해 오는 난폭한 사태가 발생하기도 했다. 그리고 기묘하게도 같은 시기인 1590년에 예수회 선교사들이 구텐베르크식의 활판인쇄기와 활자 주조기를 나가사키와 고토열도의 거점으로 가지고 들어와, 주로 히라가나와 소수의 한자로 '기리시탄판'으로 알려진 활판본을 간행하기 시작했다."[472]

### 일본의 출판문화

  일본의 독서문화는 에도시대(1603~1867) 때 활판 인쇄기가 도입되며 전방위로 확산됐다. 하드웨어인 인쇄술은 그렇다 치고 출판업이 성행한다는 것은 글자를 읽을 줄 알고 책을 살 여유가 있다는 것인데, 일본 사회가 그만큼 여유로웠을까? 신상목 저자의 분석을 한번 보자.

"16세기까지 일본의 출판문화는 유럽, 중국은 물론 조선에 비해서도 뒤처져 있었다. 그러나 전쟁의 시대가 끝나고 평화의 시대가 도래하자 상황이 반전된다. 17세기 이후 일본의 출판문화는 엄청난 기세로 성장한다. 17세기 중반이 되면 200여 개의 출판업자가 경쟁하고, 18세기 중반이 되면 연간 1000여 종의 신간이 서점에 쏟아져 나오고, 19세기에 접어들면서 거의 모든 국민이 책을 일상생활의 필수품으로 활용하는 '출판대국'이 됐다. 전근대 사회임에도 어떻게 이러한 기적과 같은 변화가 가능했을까? 포르노, 판권, 대여업에 그 비결이 있다."[473]

일본 출판문화의 급격한 성장에는 지식의 재산적 가치와 사유화를 법적으로 인정하는 판권과 안정된 판로를 위해 책을 빌려주는 대여업에 그 비결이 있었다. 책을 찍어낼 수 있는 판목이 출판업자의 주요 재산이 됐다. 판목의 소유 및 이용 권리 규범으로 판권이란 개념이 만들어졌다. 판권이 소유와 양도가 가능한 재산으로 인정받기 시작한 것이다. 서구 근대법제가 도입되기 전에 이미 출판에 대한 배타적 소유권을 인정한 것은 매우 앞선 제도였다. 당시 출판은 작가가 원고를 작성하면 판각 전문가인 호리시彫師, 인쇄 전문가인 스리시刷師 등 직인職人이 분업과 전문화의 원리에 따라 인쇄와 제본을 했다. 출판업은 상당한 초기 투자를 필요로 하는 사업이었다.

그러다 보니 대여업이 성행했다. 18세기 중반 에도에 600개가 넘는 대본소가 성업했다. 대본소마다 200군데가 넘는 단골 거래소가 있었다. 책 한 권이 나오면 10만에서 20만 명의 독자는 어렵지 않게 확보됐다. 요즈음 인기 드라마가 유행하듯 독서열풍이 전국에

휘몰아쳤다. 이렇게 많은 정보가 지식인층에게만 독점되지 않고 대중에게까지 보급되면서 출판은 사회변혁의 큰 실마리가 됐다. 일본 출판시장의 규모는 1866년 간행된 『서양사정』의 판매부수에서 가늠할 수 있다. 이 책을 쓴 후쿠자와 유키치는 "초판 발행 부수가 15만 부를 밑돌지 않았다."라고 회고하면서 "교토 일대에서 나돌던 불법 복제판까지 합할 경우 20만~25만 부가 팔렸음에 틀림없다."라고 추정했다(당시 일본 인구 3,000만 명). 오늘날 한국에서도 25만 부는 도달하기 매우 어려운 판매부수다.

## 3
## 포르노그래피가 촉발시킨
## 새로운 공론장 독서혁명

**출판혁명의 시작 호색일대남**

　17세기 중반에도 조선에는 민간 출판사가 없었다. 그런데 일본에는 출판사가 200여 개나 성행했다니 정말 놀랄 일이다. 이건 조선이 일본의 칼에 의해 망한 게 아니라 조선이 가장 뛰어났던 분야인 지력에서 뒤졌다는 뜻이다. 정약용 선생은 자신의 18년간 귀양살이 경험을 다룬 『목민심서』를 1818년에 완성했다. 그러나 출간된 해는 1902년이었다. 관리의 부정부패와 당시 사회상이 담긴 서적 또한 거의 볼 수 없었다. 이러한 책이 출간됐다면 깨어 있는 선비들에게 마지막 희망을 던져주었을지 모른다. 다산 서거 100주년을 맞이하여 안재홍과 정인보를 중심으로 한 대대적인 기념사업을 통해 비로소 1938년 다산 전집인 『여우당전서』가 간행됐으니 안타깝기 그지없는 일이다.
　반면 일본에서 출판·인쇄문화가 급속도로 발전한 것은 에도시대 때부터였다. 출판혁명의 시작은 일본답게 포르노 소설로 시작됐다.

그 효시는 1682년 이하라 사이카쿠(井原西鶴, 1642~1693)가 쓴 포르노 소설인 『호색일대남好色一代男』이다. 제목에서도 바로 알 수 있듯이 색을 밝히는 남자 주인공의 섹스 라이프를 담았다. 이 소설이 선풍적인 인기를 누리자 이를 계기로 이전 시대에 강조됐던 계몽이나 훈계조의 이야기는 사라지고 재미있고 오락적인 소설 중심의 출판시장이 형성됐다. 18세기 말 일본은 인과응보를 주제로 한 창작 판타지나 이세신궁 참배 여행을 다룬 스토리물 등 연간 수백 종의 신간을 발행하는 활발한 상업출판 시대를 맞이했다. 일본 막부의 참근교대제로 인해 가족을 고향에 두고 온 에도의 사무라이들이 소일거리로 책을 읽기 시작했기 때문이다.

일본의 정치제도가 오락소설을 확산하는 의도치 않은 효과를 낳았다. 오늘날 포르노가 인터넷 확산에 기여한 것처럼 당시 일본의 출판문화 시대를 여는 데 포르노가 마중물 역할을 한 것이다. 예술이 태동할 때부터 성은 주된 소재였고 오늘날에도 빠지지 않는다. 브로드웨이 뮤지컬 「에비뉴 큐」에 나오는 노래 「인터넷은 포르노를 위한 것」의 첫 구절을 보자.

케이트 몬스터: 인터넷은 정말 정말 굉장해.
트레키 몬스터: 그건 포르노를 위한 거야!
케이트 몬스터: 우리 집은 인터넷이 빨라서 기다릴 필요가 없어.
트레키 몬스터: 그건 포르노를 위한 거야![474]

순진한 유치원 교사인 케이트 몬스터는 인터넷을 통해 문안이나 쇼핑을 할 수 있듯이 매우 유용하다고 말한다. 그러나 이웃인 트레키는 보다 은밀한 행위 때문이라고 단도직입적으로 말한다. 심지어 일부 일본 학자들은 조선에서 전통적으로 호색문학이 존재하지 않은 것을 지적하며 이는 시대적 대전환이 일어나지 않았다는 증거라고 주장했다. 일본의 유명한 사학자인 아미노 요시히코는 다음과 같이 말했다.

"일본이나 유럽처럼 어느 시기에 사회구조의 대전환, 자연과 사회의 관계에 큰 전환이 일어난 사회와 그렇지 않은 사회의 차이는 이러한 현상들에 잘 나타난다고 생각한다. 아마 이러한 전환과 관련하면서 호색문학이 발생해, 일본의 경우 그것이 우끼요에(浮世畵, 에도시대에 발달한 판화)에서 마꾸라에(枕畵, 춘화)라는 예술로까지 닦여간 것이라고 생각한다."[475]

조선이 성에 대해 보수적인 가치관을 따르는 사회인 데 반해, 일본은 성을 사회발전의 한 현상으로 보고 있다. 그의 주장이 맞는지 여부를 떠나 1920년대 후반에 식민지 조선에도 포르노그래피 문화가 널리 퍼졌다.

"1920년대 후반에 들어서면 전 조선을 휩쓴 문화적 현상이 된다. 일본으로부터 수입된 각종 도색잡지, 나체화보, 그리고 성에 관련된 서적들이 조선의 서적계를 강타한 것이다. 신문광고에는 연일 '성전性典'을 비롯한 잡지와 누드집이 보란 듯이 실렸으며, 미성년자들도 돈만 있으면 손쉽게 포르노그래피를 구입할 수 있었다."[476]

많은 좋은 책을 제치고 왜 하필 포르노였을까? 고금을 막론하고 무릇 사람이라면 가장 먼저 욕망을 충족시키는 선정적인 책을 선호하는 경향을 보이게 마련이다. 매우 불편한 사실이다. 오늘날 기사를 클릭하도록 유도하는 선정성을 잔뜩 부각하는 삼류 언론들이 넘쳐나는 것도 인간의 본성과 깊게 연결되어 있다. 삼류 언론도 욕망과 흥미가 결합하여야 시너지가 창출된다는 것쯤은 쉽게 알고 있다. '욕하면서 보는 막장 드라마'라는 말처럼 막장 코드에 열광하는 대중의 심리를 이용하고 있다. 인간세계를 바꿔나가려면 먼저 이런 인간성의 현실을 냉철하게 직시해야 한다. 루터는 일반인이 직접 『성경』을 읽을 수 있는 환경이 조성되면 우리의 인간성이 향상될 거라고 믿었다. 루터의 수준에서는 그랬을 것이고 일부 사람들의 수준 또한 향상됐을 것이다. 그러나 전체 인간성의 수준을 향상시키거나 인간이 지닌 탐욕과 악 중 하나라도 과거의 것으로 만드는 데는 실패했다.

### 고등교육의 확산과 독서인구 증가

독서가 선정성을 넘어서 진짜 재미의 세계로 나아가기 위해서는 시간과 노력이라는 입장권을 사야 한다. 독서인구는 문화권에 따라 다르지만, 전체 인구의 5~10%를 넘지 못한다고 생각한다. 한국의 경우 적극적인 활동기인 25세부터 65세까지 40년을 기준으로 보면 독서인구는 각 나이별로 3만 명이 채 안 된다. 좀 더 세분화해서 보면 다음과 같다.

25~45세: 지적, 사회적으로 왕성한 시기로 각 나이별 3만 명이면 60만 명(20년 × 3만 명).
46~65세: 이 세대의 사람들이 청년기 때에 비해 약 70%의 독서를 한다고 가정하면 각 나이별 2만 명 정도로 합이 40만 명(20년 × 2만 명)이다.

각자 취향이 다르니 문학, 자기계발, 역사, 전문 분야의 서적을 읽는다고 치자. 오랫동안 공들여 쓴 책이 이슈가 되면 100만 권 정도는 팔리는 경우가 1년에 9~10번은 되어야 한다. 인쇄술은 15세기에 발명됐지만 19세기 말에 이르러서야 비로소 출판시장이 활성화됐다. '책 시장'은 300년 동안 꽁꽁 제한됐지만, 세계 출판 역사에서 고등교육이 확산되면서 출판업은 날개를 달았다. 고등교육을 거치면서 독서에 대한 갈증이 높아지면서 각종 책에 대한 수요가 많아졌다.

"출판업(책과 신문)의 관점에서 보면 초등교육의 확산보다는 고등교육의 확산이 더 중요했다. 고등교육은 단행본, 잡지, 평론지, 교과서에 대한 수요를 창출했다. 고등교육 덕분에 중간계급 가운데 책의 세계에 접근할 수 있는 이들의 비율이 점점 높아졌다. 전문직의 확산으로 지적 자본을 소유하고 정보를 알고 일정한 문화적 지위에 이르는 일이 더욱 중요해졌다."[477]

### 왜 한국은 독서혁명이 일어나지 않을까

우리의 현실은 어떤가. 한 해 대학 졸업자가 30만 명이 넘는 고학력 사회인데도 대부분 학교를 졸업한 이후 책을 보지 않는다. 문맹에서 벗어나 고등교육을 통해 대규모의 '책을 읽을 수 있는 집단'이 개발됐는데 영화, 게임, 인터넷 등에 시간을 뺏기면서 독서인구가 줄어들고 있다. 물론 독서를 방해하는 요소가 늘어났다지만 그걸 이겨낼 10%의 독서인구가 없다는 것은 그만큼 한국인 스스로 경쟁력을 갉아먹고 있는 것이다. 한국이 정치나 경제 제도에서는 압축적인 근대화를 성취했을지라도 문화적 소양은 압축성장이 불가능하다. 속성과외로는 수준 높은 예술을 감상하거나 밀도 높은 책을 읽을 수 없다. 게다가 우리의 겉모습은 선진국과 비슷하기 때문에 독서문화 등도 비슷할 거라 집단적으로 착각한다.

젊었을 때는 이런저런 이유로 잘 어울리며 살아간다. 나이가 들어 60세가 넘다 보면 젊었을 때 잦았던 만남이 점점 뜸해진다. 젊었을 때 큰 비중을 차지하던 일들이 점점 작아지면서 일상에 가만히 파묻혀 사느라 그런가 했다. 그렇다고 딱히 사이가 틀어진 것도 아니어서 상대와 대화하는 게 재미가 없어진 것인가 궁금하던 차에 장강명 작가가 쓴 칼럼은 시사하는 바가 컸다.

"흥미로운 생각을 품은 사람이 흥미로운 이야기를 한다. 그런데 흥미로운 생각을 품은 사람이 무척 드물다. 뻔한 생각을 하거나 별 생각이 없는 사람이 압도적으로 많다. (…중략…) 지성과 주관에 경험까지 더해진 사람은 무척이나 매력적이다."[478]

게다가 유튜브를 근거로 말하는 사람은 '끌리는 게 아니라 무서워진다.'라는 대목에서는 무릎을 탁 쳤다. 젊었을 때는 '생각의 깊이보다 속도에, 완결성보다 경쾌함'에 끌린다. 나이 들어 '순발력이나 발랄함에 지적인 흥분'을 느끼지는 않는다. (책을 읽지 않고) 타고난 영리함과 순발력으로 그동안 버텨온 것이다.

젊은 시절, 지력의 훈련이 턱없이 부족한데도 그걸 제대로 훈련하지 않은 것이다. 처음에는 미미해 보이던 차이가 시간이 지나면서 더 크게 벌어진다. 독서하지 않는다는 것은 스스로 자신의 날개를 묶어버린 것과 같다. 개인의 타고난 재능을 계발해서 사회에서 더 훌륭한 인재로 비상하거나 원로로서 좋은 멘토 역할을 할 수 있는 기회를 버린 것이므로 개인과 사회 모두 손실이다.

그저 20년 넘도록 사서삼경 등 유학서적들 주위만 맴맴 돌다가 스물 대여섯 무렵에 세상으로 나온 미숙아들이 넘쳐 나던 고종 시대처럼, 학교 교육만 받고 더 이상 독서하지 않는 지금의 한국 사회가 매우 위험한 상황인 것은 그때와 별반 다르지 않다. 독서도 20년 이상은 해야 비로소 자기 콘텐츠가 생기는 법이다.

"오래해야 잘하고 잘해야 오래 한다."

### 철학적 포르노그래피

서유럽 역시 서민들의 문해율에 영향을 준 것은 포르노그래피였다. 19세기에 하층 계급이 글을 배우고 읽기 시작하는데 아무래도 흥미 위주의 책들에 많이 몰리게 된 것이다. 우선 프랑스 혁명의 그 지적 기원도 포르노그래피였다. 그리고 위대한 계몽의 시대, 앙시앵 레짐(구체제)의 사회적 모순을 낱낱이 폭로하던 시대에 볼테르, 디드로, 몽테스키외, 루소를 비롯한 위대한 사상가들이 출현했다. 이와 함께 『법의정신』 『캉디드』 『백과사전』 『사회계약론』 등 오늘날 서양 고전에 반드시 포함되는 책들이 출간되기 시작했다. 당시 대중을 미몽에서 깨어나게 했다는 '찬란한 지성의 시대'가 도래했다!

이것이 프랑스 혁명 전의 이미지였다. 프랑스 혁명으로 감옥에 갇힌 루이 16세는 "나의 왕국을 무너뜨린 놈은 루소와 볼테르 두 놈"이라며 저주했다. 이처럼 대중의 잠자는 의식을 일깨워 세상을 바꾼 볼테르와 루소의 영향력은 지대했다. 1891년 프랑스 제헌의회는 볼테르의 철학이 대혁명의 사상적 근간이 됐다며 프랑스 혁명 12년 전에 사망한 그를 판테온에 이장하기로 결의했다.

"볼테르는 수많은 저술 활동을 통해 프랑스 대혁명의 학술적, 정신적 기반을 제공했다. 그는 귀족과 제도에 억압받는 평민의 인권을 위해 헌신한 프랑스 최고의 인물이다. 당연히 판테온에 묻혀야 한다."

볼테르는 프랑스 역사를 대표하는 위대한 인물들을 기리기 위한 국립묘지인 판테온에 안치된 첫 인물이었다. 물론 루소도 3년 뒤 판테온에 안치됐다. 프랑스 혁명 이전에 사망한 이들 중 판테온에 묻힌 인물은 이 둘 외에 판테온의 설계자인 자크 제르맹 수플로뿐이다. 그런데 다니엘 모르네 파리대학교 교수와 로버트 단턴 프린스턴 대학교 교수는 당시 사람들이 읽었던 책들을 분석하면서 이 상식은 허구일 수도 있다고 밝혔다. 그들의 연구는 각각 『프랑스 혁명의 지적 기원』과 『책과 혁명』이라는 제목으로 국내에 번역 출간됐다.

모르네 교수는 "18세기의 경매도서 목록을 추적한 끝에 놀라운 사실을 발견할 수 있었다. 그것은 프랑스 혁명의 성서라 할 수 있는 루소의 『사회계약론』이 2만 권 중 고작 1권밖에 포함되어 있지 않다는 사실"이었다. 그리고 계몽주의 대표 주자로서 그의 대표작 또한 『사회계약론』이 아니라 연애소설 『신 엘로이즈』였다는 것이다.

루소의 『인간 불평등 기원론』을 읽고 분노한 독자가 프랑스 혁명의 출발점이 된 바스티유 감옥 습격에 동참한 게 아니다. 『신 엘로이즈』는 신분의 벽을 넘을 수 없는 시대에 스위스 귀족의 딸과 가난한 가정교사의 이루어질 수 없는 사랑을 그렸다.

25년간 각고의 노력 끝에 18세기 베스트셀러 목록을 작성한 단턴 교수 역시 볼테르만 해도 "당대에 여러 작품을 베스트셀러로 내놓은 작가인 것은 맞다. 하지만 그 책들은 『오를레앙의 처녀』나 『방황하는 창녀』와 같은 포르노그래피였다."라고 밝혔다.

"당신이 하는 말에는 찬성하지 않지만, 당신의 말할 권리를 위해서라면 내 목숨이라도 기꺼이 내놓겠다."

당시 프랑스 사회에 널리 알려졌던 볼테르의 말인데 프랑스인들이 그의 철학책을 사서 읽지는 않았다는 얘기다. 당시 대부분의 사람들은 점잖은 계몽사상을 다룬 철학이나 고상한 논문보다는 자극적인 이야기에 열광한 것이다. 그들은 오늘날 "너 자신을 알라."라는 소크라테스의 말은 다 알아도 그의 저서를 한 번도 읽지 않은 현대인과 같다.

"(로버트 단턴의 연구에 따르면) 프랑스 대혁명 이전의 금지된 베스트셀러에는 세 종류의 책이 있었다. 정치적 중상비방문, SF, 포르노 소설. 이 세 종류의 책은 오늘날에도 그리 격이 높은 책으로 인정받지 못하고 있다. 놀라운 사실은 오늘날 우리에게 위대한 고전이라 알려진 작품들, 그러니까 그 유명한 계몽사상가들의 저작물은 베스트셀러 목록에서 찾아볼 수 없다. 심지어 '18세기의 가장 위대한 정치 논문이자 프랑스 대혁명의 성서라고 할 수 있는' 루소의 『사회계약론』은 프랑스 대혁명이 일어나기까지 거의 읽히지 않았던 것으로 보인다.

재미있는 것은 그래도 여전히 루소는 프랑스 대혁명을 일으키는 데 대단한 역할을 한 저자라는 점이다. 그러나 그의 영향력은 『에밀』이나 『사회계약론』이 아니라 한 세기를 풍미했던 연애소설 『신엘로이즈』에서 나온 것이었다. (…중략…) 앞서 이야기했듯, 놀라운 것은 오늘날 우리에게 '위대한 고전'으로 알려진 책들은 그 목록에 없다는 사실이다. 더 놀랍고 재미있는 것은 그 유명한 계몽사상가들 역시 포르노소설이나 그에 버금가는 작품을 썼다는 것이다!"[479]

### 혁명의 도구가 된 포르노그래피

포르노그래피가 어떻게 혁명적 대중의 도구가 된 것일까? 적어도 포르노그래피에서 묘사된 성행위에는 신분의 차이가 없었던 까닭이다. 왕이나 귀족이나 농부나 하인이나 섹스는 누구나 평등하게 다 하는 것이기에. 이렇듯 인간의 평등은 거대한 이념을 쌓아 이루기보다 꽤 내밀한 욕망의 상상으로부터 시작됐다. 어이가 없을 정도다.

"왕후장상王侯將相의 씨가 어디 따로 있더냐."

우리는 왕과 귀족 그리고 일반인의 피가 다르지 않다는 것을 안다. 하지만 '모든 인간이 평등하다는 것도 신화'다.[480] 근대는 인간의 평등을 추구하는 시대였다. 근대 시민사회가 평등을 지향하는 것은 당연한 일이었으나 더 나아가 절대적, 평균적 평등을 추구하다 무너진 나라도 있었다. 이제 소설은 지어낸 이야기가 아니라 현실에 투사되기 시작했다. 소설 주인공들의 사랑이 신분질서 때문에 가로막히면 함께 슬퍼하며 분노했다. 이는 고스란히 불합리한 사회구조에 대한 분노로 이어졌다. 요즈음 드라마를 보며 현실에 분노하는 것과 동일한 패턴이다. 로버트 단턴은 1748년 『계몽사상가 테레즈』라는 포르노그래피가 나온 시점을 주목했다. 같은 시기에 몽테스키외의 『법의 정신』, 1749년 뷔퐁의 『자연의 역사』, 1750년 백과사전 발간 취지문에 이어 이듬해 『백과사전』이 발간됐다.

"이것은 특별한 시점이었다. 18세기 중엽의 단 몇 년 동안 프랑스의 지적 지형도가 변했던 것이다. 『계몽사상가 테레즈』는 성욕을 자극하는 문학이 한꺼번에 분출하는 시대에 속하는 동시에 지적 지형도가 바뀌는 시대에 속하기도 했다. 사실 두 방향의 폭발을 일으킨 원동력은 하나였다. 그것은 자유로운 사고와 자유로운 삶을 결합한 자유사상이었다. 이 사상은 성적 규범만이 아니라 종교적 교리에도 도전했다."[481]

포르노그래피는 비방이나 추문을 자극적으로 들춰내 지배층의 위선을 폭로하고 평등을 느끼게 하는 이야기가 주 소재였다. 이에 프랑스나 영국 등 각 나라도 사회적, 정치적 비판 도구로서 책이 갖고 있는 강력한 힘을 두려워한 나머지 금서로 지정하여 대응했다. 하지만 들불처럼 대중에게 번져가는 것을 막을 수는 없었다. 당시 문학시장의 불법적 수요에 맞춰 각 지방에서 활발하게 활동한 2류, 3류 저자들의 포르노그래피들도 대중화되면서 프랑스 혁명에 지대한 공헌을 했다.

이런 현상에 대해 주명철 교수는 저서 『바스티유의 금서』에서 "파리는 소수의 유력자들이 이끌던 특권의 세계였으나 지방의 영세업자들은 자신의 생존을 위해 닥치는 대로 인쇄물을 제작하고 판매할 수밖에 없었다."라고 말한다. 그렇지만 포르노물로는 지적혁명이 일어나는 데는 분명 한계가 있다. 성$_{sex}$이 기술 발전이나 산업 확대에 큰 역할을 했지만, 시장이 확대되면서 포르노 비중은 점점 줄어들었다.

### 에도시대의 아이콘 참근교대

일본은 지금도 이른바 '성진국(성+선진국)'이라 불리는 '야동(야한 동영상)'의 나라다(문화심리학자 한민에 의하면 한국은 먹방 포르노의 나라다).

참고로 참근교대(參勤交代, 산킨코타이) 제도는 제3대 쇼군 도쿠가와 이에미쓰德川家光가 막번 체제를 확립한 후 1635년에 의무화한 인질제도다. "3대 쇼군 이에미쓰가 무가법제도를 19개 조로 고쳤다. 다이묘의 산킨코타이 제도를 비롯해 성곽의 축성 금지와 수리·복구 때 신고할 것, 500고큐 이상 대형선박 건조 금지 등이 추가되면서 한층 엄격해졌다."[482] 270여 다이묘들에게 격년(일반적)으로 에도와 자기 영지를 왕래하며 근무하도록 했다. 다이묘가 자신의 영지로 귀국할 때는 당연히 다이묘의 처와 자녀들은 에도의 자택에서 볼모생활을 해야 했다.

이렇게 함으로써 쇼군의 권위와 안전을 확보하고 다이묘들의 경제력을 소모시켜 모반을 견제하기 위함이었다. 참근교대제는 다이묘를 통제하기 위한 정책이었으나 의도하지 않게 일본 사회, 경제, 문화에 많은 영향을 주었다. 에도는 순식간에 인구 100만 명의 세계 최대 도시로 성장했고 대도시가 됨에 따라 네트워크 효과가 생겨나 생산, 소비, 정보 유통, 문화 등 자생력을 갖추며 굴러갔다. 당시 일본은 포르노물만 읽은 게 아니었다. 출판과 번역의 힘으로 지식을 발전시키고 인재를 배출하는 데 노력을 기울였다.

서양의학과 외국어를 에도시대에 받아들인 일본은 1774년 세 명의 의사가 사전도 없이 일본 최초로 『해체신서(타펠 아나토미아)』를 번역함으로써 서양의학 지식을 흡수했다. 이 책은 당시 일본 지식

사회에 큰 반향을 일으켰다. 네덜란드 상인들이 가져온 서양의 학문을 배우려는 난학 열풍을 불러온 것이다. 19세기에 접어들면서 전국에 많은 난학 사숙이 개설됐다. 후쿠자와 유키치를 비롯한 난학자들은 대부분 의사 출신으로 의학교육은 필수 교과목이었다. 나가사키의 데지마에 있는 상관의사들인 지볼트, 모니케, 폼페 등은 일본에 많은 의학 지식을 전했다.

특히 폼페는 에도막부 시절인 1857년 의학교수로 초빙되어 직접 의학을 가르쳤다. 그는 내과, 외과, 임상병리 등 140명이 넘는 제자들을 길러냈다. 당연히 그들은 사무라이 출신으로 에도는 물론 각 번에서 온 관비 유학생들이었다. 외세 침략으로 불안정한 상황에서도 부국강병의 일환으로 막부와 번에서는 근대 서양 의사와 군의관들을 양성하기 시작한 것이다. 더 놀라운 것은 1875년 군사적 압력을 통해 조선을 강제로 개항시키려는 운요호 사건 당시에도 일본군과 동반한 군의들은 모두 서양의학 교육을 받은 일본 의사들이었다.

"메이지 정부가 성립된 지 불과 10년도 채 지나지 않았음에도 일본 육해군에는 서양의학 교육을 받은 군의관이 약 180명 근무하고 있을 정도였다. (…중략…) 조선은 1902년부터 1905년까지 36명의 의학교 졸업생이 근대 서양의사로 배출했다."[483]

이처럼 서양학문에 대한 호기심이 커지면서 1796년에는 일본 최초의 서양어 사전인 『하루마와게ハルマ和解』라는 네덜란드어-일본어 사전이 출간됐다. 서양 서적의 번역 출판과 사전 편찬은 일본의 지식산업을 급속히 발전시켜 선진문물을 받아들이는 데 결정적 역할을 했다. 신상목은 저서 『학교에서 가르쳐주지 않는 일본사』에서 이 현상을 상세히 서술하고 있다.

"기존에 딱딱하고 재미없는 존재이던 '책'이 엔터테인먼트 상품으로 개념 전환이 이루어지자 발달된 상업자본과 유통망에 힘입어

상업출판 시장이 무서운 속도로 성장한다. 18세기 말에 이르면 인구 100만의 정치·경제 중심지 에도에 출판업자들이 모여들어 연간 수백 종의 신간을 발행하는 본격적인 상업출판 시대가 꽃을 피운다. 구사조시(草双紙, 그림이 들어간 소설) 서적과 우키요에(うきよえ, 浮世絵, 목판화) 등의 화첩류, 본격 모노가타리物語인 요미혼(読本, よみほん) 등이 큰 인기를 얻음에 따라 교토를 제치고 에도가 제1의 출판 시장으로 도약한다. 에도의 출판 시장에서는 각종 오락물, 실용서, 여행 가이드북 등 다양한 장르가 개척되고 출판사의 의뢰를 받아 전문적으로 취재를 하고 글을 쓰고 그림을 그리는 '전업작가'가 직업으로 등장하는 등 현대 출판 시장을 방불케 하는 비즈니스 생태계가 구축된다."[484]

### 근대 서점이 부재한 조선

당시 조선에는 민간에서 책을 인쇄할 곳도 한글로 책을 보급할 수 있는 전국적인 유통망도 없었다.[485] 왜 조선에는 서점이 만들어지지 않았을까? 서점의 필요성을 사대부 대부분이 느꼈는데도 말이다.

"우선 서적의 공급량이 부족했기 때문이다. 당시 논자들의 큰 고민은 서점을 설치한다 하더라도 그곳을 채울 서적의 양이 매우 부족하다는 점이었다. 이는 결국 인쇄와 출판을 국가가 독점한 탓에 생겨나는 현상이었다. 그들은 분명 새로운 서적 유통구조를 원했으나 서적 공급이라는 차원까지는 생각이 이르지 못했던 것이다. 서적 인쇄를 국가가 독점한 것이 민간 인쇄출판업의 발달을 막았고 서적 공급량을 확대하는 데도 장애물이 됐다."[486]

물론 사림이라는 새로운 세력의 등장으로 중종에서 명조 시대까지 사대부들 간에 서점 설치를 놓고 활발한 논의가 이뤄진 적은 있었다. 대한출판문화협회는 홈페이지에 출판 역사를 기술하며 이런 상황을 안타깝게 표현했다.

"금속활자를 발명한 조선은 다른 부문들에서처럼 외국과 교류하는 일이 거의 없이 자체적인 기술로만 운영하여 왔기 때문에 금속활자를 발명한 영예로움에도 불구하고 그 기술을 더 이상 발전시키지 못했으며, 기술 수준이 상대적으로 낙후되고 말아 근대 인쇄술은 외국으로부터 도입하지 않으면 안 됐던 것이다."

조선은 광문사와 박문사 등 민간 인쇄소가 본격적으로 1900년대부터 들어서게 됐다. 그러나 안타깝게도 규모가 크고 근대적인 시설이 잘 갖춰진 인쇄소는 대부분 일본인이 운영했다. 출판시장이 없으니 당연히 서점이 있을 리 없었다. 이미 설명했듯이 민간 출판문화가 없었고 한글을 쓰지 않았으니 문학조차 부재했다. 세종시대를 거치고 퇴계 이황을 배출하고 영조와 정조가 이룩한 발달된 문명국 조선이 근대식 서점 하나 없는 낙후된 나라로 전락한 것이다.

한 가지 사례를 들겠다. 도이머이 정책이라고 하는 개혁개방 정책을 통해 베트남은 경제성장을 이룩했다. 베트남의 1인당 국내총생산GDP은 1985년 230달러에서 2018년 2,540달러로 증가했다. 1985년 베트남이 도이머이 정책을 도입하기 전 베트남의 국민소득은 230달러이고 북한은 약 800달러로 베트남보다 3배 이상 잘살았다. 35년이 지난 지금 두 국가의 운명은 어떤가? 2020년 베트남은 3,000달러를 넘었고 북한은 1,500달러가 안 된다. 2021년 8월 「남북의 창」 방송에서 북한은 알곡 생산을 위해 퇴비를 만들어야 한다며 '풀베기 경쟁'을 내보냈다. 오락이 아니라 생산을 위해 풀베기 영웅을 선발하고 독려하는 내용이었다.

지금이 어느 시대인지 가늠이 안 될 정도다. 폐쇄회로 안에 갇힌 나라는 잠재력을 발휘하기는커녕 쇠퇴하고 만다. 조선과 일본이 동일 상황에서 시작했다 하더라도 잘못된 방향으로 30년이 지나면 국력차가 발생하게 마련이다. 그런데 1870년대 민간 출판문화의 한·일 간 격차가 꽤 있었다. 거기에 잘못된 방향까지 겹쳐지면서 경제는 쇠퇴하고 문화는 쇠약해지면서 백성은 더 가난해졌다. 지금의 북한과 남한이 같은 민족, 같은 역사를 갖고 있음에도 시간이 지나면서 격차가 벌어진 것과 같다.

### 근대문학의 주역 소설

소설은 철도와 같이 근대의 산물이다. 그렇다고 서구가 소설을 새로 발명한 건 아니다. 삼국지와 수호지 등 동아시아에도 소설은 존재했다. 단지 시 문학만을 중시할 뿐 소설은 하류문화로 여겨 천시했다. 동아시아에서는 낡은 것으로 여겨졌던 소설의 가치를 재창조한 유럽의 수많은 작가는 새로운 산업사회에서 발생하는 사건과 다양한 인간관계 속에서 일어나는 개인의 복잡한 내면을 농밀하게 그려냈다. 유럽에서 문학은 다음과 같이 사실상 '무관의 제왕'으로 권위를 인정받았다.

문학은 정체성을 이루는 근간이었다. 유럽 곳곳에서 독서클럽이 활성화됐다. 대문호는 살아서는 그들의 심오한 통찰로 민중을 이끄는 스승으로 인정받았다. 대문호가 죽었을 때 전 국민이 애도하는 가운데 국장을 치렀고, 그들을 기리는 기념비가 세워졌다.

이런 상황에서 정보와 지식의 공유와 유통은 새로운 사회 변혁의 실마리가 됐다. 출판문화가 없으면 새로운 시대 조류와 생각이 사회에 유입되지 않는다. 표현의 자유로 이어지는 출판문화가 아주 중요한 사회적 인프라임을 보여주는 좋은 예가 러시아다. 1800년대 낙후된 러시아 제국은 출판에 대해 매우 엄격한 제도를 갖고 있었으나 조선처럼 아예 출판문화를 금지하지는 않았다. 1862년 이반 투르게네프가 쓴 『아버지와 아들』은 기존 황제 제도에 의문을 제기하는 내용을 담고 있다. 농민의 생활 개선을 위해 적극적으로 행동해야 한다고 주장하는 아들과 기존 질서를 고수하려는 아버지의 갈등을 그렸다.

"이 두 세대 사이의 대결로 『아버지와 아들』은 1860년대 러시아의 정치토론에서 핵심 화제였다. (…중략…) 그들은 농노를 가난과 무지로부터 해방하기 위한 러시아 내의 개혁 필요성에 관하여 활발하게 토론을 벌였다."[487]

독서클럽과 해변 리조트에서 새로운 사회를 갈망하는 이들의 토론에서도 러시아의 개혁에 대한 논의는 계속됐다. 투르게네프는 이 소설이 발표되기 10년 전 1852년 『사냥꾼의 수기』를 통해 농노들의 비참한 생활을 폭로했다. 이 일로 인해 이 소설을 허가한 검열관이 해직되고 투르게네프는 한 달간 감옥생활과 가택연금을 당했다. 『사냥꾼의 수기』는 같은 해 해리엇 비처 스토의 『톰 아저씨의 오두막』과 같이 러시아의 농노제 폐지에 커다란 영향을 주었다.

"미국 내 반노예제 운동에 엄청난 영향을 미친 것처럼, 농노제를 폐지해야 한다는 러시아의 운동에 커다란 힘을 실어주었다. 1855년에 즉위한 차르 알렉산더 2세는 『사냥꾼의 수기』를 읽었을 뿐만 아니라 1861년 농노제 폐지 결정에 커다란 영향을 받았다."[488]

투르게네프의 심오한 문학과 필력은 사회의 어두운 면을 그대로 드러냈다. 명저 한 권이 가져온 나비효과는 대단했다. 상류 계층은 살롱 salon이라 불리는 거실에서, 지식인 계층은 독서클럽에서 철학과 문학을 논했고 새로운 사상은 점점 확산됐다.

계몽주의 시대의 선두주자인 프랑스에서는 계몽주의 군주라 불리는 볼테르가 영국 생활의 경험을 담아 집필한 『철학서간』(1734)이 '앙시앵 레짐에 던져진 최초의 폭탄'으로 평가될 정도로 프랑스에 큰 충격을 주었다. 프랑스 정부가 이 저서에 숨겨진 자신들의 정치체제 비판을 간파하고 곧바로 금서 조처를 내리고 체포하려 하자 볼테르는 프랑스를 탈출했다.

"사실 명저에는 한 시대의 사유가 총체적 형태로 응축돼 있다. 당대까지 인류가 안다고 생각했던 것, 당대에 인류가 새롭게 알게 된 것, 이후로 인류가 알아가야 할 것, 많은 것이 담겨 있다. 이런 책을 읽는 것은 하나의 세계를 살피는 일이고 하나의 시대를 머리에 담는 일이다. 고전에서 현대에 이르는 책들을 이어 붙이면 사유의 별자리에 하나의 지도가 나타난다. 또한 그 지도를 들고 세상을 탐험하려는 지적 여행자들의 공동체도 출현한다."[489]

인쇄 분야에서 몇 가지 중요한 진전이 나타나게 된 것은 인쇄기 뿐만이 아니었다. 종이의 품질도 중요했다. 1830년 이후 제지기술의 혁신으로 종이가 더 저렴해지고 증기인쇄기 개량 등 인쇄술 분야의 혁신이 겹치면서 책 가격을 낮추는 데 성공했다. 또한 교육의 확대로 독서하는 중간 계급이 지속해서 늘어났다. 책과 신문 값이 더 내려가면서 출판과 표현의 자유는 더 활발해졌다. 더불어 사람들의 수명이 길어지면서 여가시간도 늘어났다. 그 결과 책, 신문, 잡지, 편람 같은 '글로 쓴 텍스트'의 교류가 전례 없이 팽창됐는데 출판 붐은 어쩌면 당연한 일이었다. 당시 서유럽은 '인류를 계몽하고 즐겁게 하며 또 물론 돈도 벌' 수단으로써 출판업에 관심을 갖는 사람들이 등장하기 시작했다. 1869년 인도 북부의 판사였던 사이드 아마드 칸이 잉글랜드를 여행하다가 마부가 책을 읽는 모습을 보고 깜짝 놀랐다.[490] 다른 나라에서 그들은 거의 문맹에 가깝거나 책에 관심이 있을 계층이 아니었는데도 하류 계층까지 독서하는 게 신기해 보였다. 당시 현황을 살펴보자.

"독일에서는 1840년에 6,200종이 책 출간됐는데 1894년에는 그 숫자가 세 배로 늘었다. (…중략…) 프랑스는 1875년에 1만 4,195종으로 마찬가지로 놀라운 증가율을 나타냈다. 소설, 시, 희곡이 10%쯤을 차지했다. (…중략…) 직원을 1,000명 넘게 거느린 큰 출판업체도 있었는데 프랑스에서는 나폴레옹 셰, 아셰트, 알프레드 맘 따위가 그런 업체였다."[491]

책 대여점인 영국의 뮤디스가 "1853년부터 62년까지 불과 9년 동안에 사들인 거의 100만 권 가운데 반이 소설이었다."[492] 특히 조앤 롤링의 책을 출간하고 있는 프랑스의 대형 출판사 아셰트는 당시 영국에서 아이디어를 얻어 공항 소설의 전신인 철도 소설을 출간했다. 책이 사치품 또는 고가품에서 대중의 소비 대상이 되는 저렴한 문고판이 탄생한 것이다. "1853년까지 아셰트는 프랑스 전역의 다양한 기차역에 43개 구내서점을 만들었다. 구내서점은 1896년까지 1,179개로 불어났다."[493]

프랑스의 문학과 예술문화에 뒤처져 있던 독일은 18세기 말이 되면서 영국과 프랑스의 선진문화를 따라 잡았는데 그건 독서혁명 덕분이었다. 독일만큼 독서열풍이 일어난 나라가 없었다. 독일의 문해율은 뉴잉글랜드와 함께 세계 최고 수준이었다.

"(1764년) 라이프치히의 연간 발행 도서는 평균 1,200종으로 전쟁 이전 수준을 회복했다고 말했다. 이 수치는 1770년에 1,600종, 1800년에는 5,000종으로 늘었다. (…중략…) 신학 도서의 비율이 1625년에는 46%이던 것이 1800년에는 6%로 줄었다. 반면 철학도서는 19%에서 40%로 늘어났으며 순수문학도 5%에서 27%로 증가했다. (…중략…) 프랑스에서 정기간행물 발행이 15종에서 1785년에 82종으로 늘어난 데 비해 독일에서는 260종에서 1,225종으로 늘었다."[494]

피터 왓슨의 말처럼 '독서혁명의 최종 효과는 자의식의 확산'으로 나타났다. 타인의 이야기가 주는 깨달음이 내면에 울림과 성찰을 일으키기 때문이다. 사회를 단결시키기 위한 방편으로 문화가 중요해짐에 따라 국가가 나서 국민문학의 확대와 전파에 힘썼다. 1860년 대 이후부터 문학, 음악가, 예술가들은 유럽의 민족국가의 정체성을 이루는 근간이 된 것이다. 1851년 프랑스에서는 오귀스트 콩트가 교양시민이 읽어야 할 필독서 150권의 목록을 제시했다. 이는 세계 문학 목록의 시초였다. 유럽의 문화적 정체성의 근간에 문학이 있었다. 이런 시대정신이 반영되면서 유럽 전역에서 작가, 화가, 작곡가에 대한 기념비가 빈번하게 건립됐다. 이는 놀라운 변화였다. 이제 일반인 출신의 문화인이 국가의 상징이 될 수 있는 그런 시대가 도래한 것이다. 19세기 전반에는 정치가와 장군의 기념비가 압도적으로 많았으나 문화인의 기념비가 거의 비슷한 숫자로 세워졌다.

"1800년과 1840년 사이에 유럽의 여러 국가가 군주, 정치가, 장군을 기념하는 75개의 기념비를 세웠는데, 이것은 문학, 과학, 철학 분야 인물들 기념비(23개)보다 세 배나 많은 숫자였다. (…중략…) 19세기 마지막 40년 동안에 그 숫자는 거의 비슷해졌다. 권력자 기념비는 512개였고, 사상, 학문, 예술 분야의 기념비는 401개였다."[495]

"모든 유럽 국가는 사회를 단결시키기 위해 문화에 의존했고 무엇보다도 국민 문학의 폭넓은 전파에 힘썼다."[496] 작가나 예술가의 '저택 박물관'은 마치 여행자의 순례길이 됐다. 영국에서 1900년에 이르러서는 "1만 명이 넘는 관광객이 매해 기차 편으로 스트랫퍼드에 있는 셰익스피어 생가를 방문"했다.[497]

대문호에 대한 위상이 커짐에 따라 심오한 통찰력을 지닌 '큰 스승'이었던 도스토옙스키의 장례식은 러시아 최초 국장으로 치러졌다. 이는 황제에 준하는 장례식이었다. 프랑스에서도 빅토르 위고가 판테온의 국민묘지에 입실될 때 "장례행렬의 연도에는 파리 시민보다 더 많은 200만 명이 나왔고 나중에는 추가로 100만 명이 더 합류"해 추모했다.⁴⁹⁸ 강대국의 지배로 몸살을 앓던 이탈리아를 오페라로 통일하며 '군중의 왕'이라 불린 주세페 베르디가 죽었을 때는 추운 겨울이었다. 그런데도 그의 장례행렬을 지켜보기 위해 30만 명의 인파가 밀라노(당시 인구 50만 명) 거리를 가득 메웠다. 독일에서는 프리드리히 실러 탄생 100주기를 93개 독일 도시와 마을에서 거행할 정도로 문화와 예술의 영향력이 대단했다.⁴⁹⁹

### 요리하는 조선 사대부 서유구

유럽, 일본을 거쳐 다시 조선을 비춰보자. 조선은 흑백 사진 속의 피사체처럼 시간 속에 갇혀 멈춰 서 있었다. 앞에서 언급했듯이 1870년대 조선의 학문과 사회공동체에는 민간 영역의 출판문화가 부재했다. 지적 공론장인 문학잡지와 신문이 없는 암흑시대 공자왈 주자왈 송시열왈을 일삼는 사대부는 소중화라는 명목으로 주요 외국 서적이나 새로운 사상을 외면하기 일쑤였다. 그들은 인문, 정치, 종교 등 모든 공간을 점령하면서 그들만의 세상을 누렸다. 중국의 위대한 철학적 아나키스트인 이탁오는 이런 상황을 이렇게 자조했다.

"나는 쉰 이전엔 정말 한 마리 개였다. 앞의 개가 그림자를 보고 짖으면 따라서 짖을 뿐이었다. 왜 짖느냐고 물으면 꿀 먹은 벙어리처럼 그냥 실실 웃을 뿐이었다."⁵⁰⁰

조선에는 필사 이외에 민간 출판사가 존재할 수 없는 상황이라 지적 풍토가 더욱 메마르고 답답해 그 수준을 한 차원 높게 올릴 수가 없었다. 수신제가를 통해 도덕적인 사대부가 관료직에 진출해 임금을 보좌하여 백성을 도덕적으로 교화한다는 이념으로 뭉친 유학을 중시한 조선은 부패와 무지로 가난한 사회였다. 리더에 대한 평가를 할 때는 리더의 의도보다 리더가 만든 결과가 더 중요하다.

출판과 표현의 자유는 근대 시민혁명 시대부터 사회의 핵심적 기초의 하나로 널리 자리매김했다. 그 까닭은 표현의 자유가 사상의 자유와 맞물렸을 때 근대 민주주의 사상이 대중에게 전파될 수 있기 때문이다. 이러한 전파 과정을 통해 형성된 대중의 지지가 근대 민주주의를 뿌리내리게 한다.

정약용에 못지않은 서유구(1764~1845)가 평생을 바쳐 집대성한 최대의 실용 백과사전인 『임원경제지』는 향촌의 삶에 필요한 지식을 16개 범주로 나누어 서술하고 있다. 이조판서와 대제학을 지닌 대학자가 논, 밭, 강가에 직접 뛰어들어 체험한 것과 당시 한·중·일에서 출간한 900여 권의 책을 참조해 '조선판 브리태니커 백과사전'을 완성한 것이다.

이 일이 얼마나 대단한 일인지는 오늘날 서구문화라 불리는 근대문명의 수많은 익명의 집단지성에 의해 만들어진 『브리태니커 백과사전』의 탄생 과정과 비교해 보면 잘 알 수 있다. 1771년 간행된 3권짜리 『브리태니커 백과사전』 초판은 발간 직후부터 부정확한 기술로 비판을 받았다. 그럼에도 윌리엄 스멜리는 에든버러 대학교에서 매주 의사, 목사, 사업가, 목수, 학자 등이 모여 한 주제를 놓고 토론한다는 사실을 알고 찾아가 도움을 받았다. 그리고 집단지성을 이루는 수많은 사람이 모여 사실 조사, 비교, 확인하는 작업을 거쳐 1801년에 20권짜리 3판을 세상에 내놓았다. 그렇게 『브리태니커 백과사전』은 영국 문명을 상징하는 유력한 아이콘이 됐다.

"장 달랑베르와 드니 디드로가 편찬한 유명한 『백과전서』(1751~1752)는 최소 139명의 지식인이 참여했다. (…중략…) 1911년에 출간한 유명한 『브리태니커 백과사전』 제11판은 1,507명의 전문가가 참여했으며, 1937년에 나온 『이탈리아 백과사전』은 집필자가 3,272명이었다."[501]

그런데 서유구는 1840년대에 일상 백과사전인 『임원경제지』를

36년간 900여 권의 서적을 참고하며 16개 항목의 113권, 글자 수 250여만 자의 저서로 완성해냈다. 온전히 혼자서 한 일이었다. 임원경제연구소가 '번역은 문명의 옮김'이라는 모토하에『임원경제지』를 한글로 번역 중이다. 책으로 번역하게 되면 총 67권으로 지난 19년(2021년 기준) 동안 28권, 약 42% 정도를 번역했다. 이 번역에 힘을 모은 정명현 소장을 비롯한 연구자 수가 80여 명에 이른다고 하니 서유구의 학문의 깊이와 너비가 얼마나 크고 방대한지 미루어 짐작하고도 남는다. 한문이 정말 어려운 글자임을 새삼 깨닫게 한다. 인터넷이 없던 시절에도 백과사전을 주로 이용했는데『임원경제지』67권은 오늘날에도 엄청난 분량의 백과사전으로 전 세계에 내놓아도 조금도 손색이 없는 위대한 결과물이다.

1800년대 지식혁명이 일어났던 일본에서도 이 정도 규모의 백과사전을 만들어내지 못했다. 세계적인 불교학자 나카무라 하지메(1912~1999)가 30여 년의 긴 세월 동안 심혈을 기울여 완성한『불교어대사전』(전 3권)이 1975년에 나왔다. 이 사전은 지금도 '불교학 연구에 절대적으로 필요불가결한 사전'으로 정평이 나 있다. 이 역시 나카무라가 혼자서 집필하여 세계사적으로 그 유례를 찾기 힘든 방대한 작업으로 알려져 있다. 이보다 135년 앞서 서유구라는 사람이 조선에 있었다.

자기 언어로 된 독자적인 백과사전이 없는 나라는 문명국이 될 수 없다. 조선시대 최대 분량의 단일 서적인『임원경제지』는 동아시아에 전해오던 다양한 지식을 총 16개 분야로 분류해 정교하고 체계적으로 창조한 일상 백과사전이다. 만일 조선에 민간 출판문화가 발달하고 서점이 있어『임원경제지』가 유통됐다면 조선 사회에 큰 충격을 주었을 것이다. 한국은 이순신 장군이나 바둑기사 이창호, 이세돌, 피겨 선수 김연아와 같이 도저히 불가능한 것처럼 보이는 상황을 딛고 일어나 세계 정상으로 비약하는 간헐적 천재들이 많이 배출됐다.

　세계적인 인물들이 각 분야에서 단기필마로 솟구쳐 나오는 나라가 한국이다. 제도, 정치, 경제라는 상위구조의 개혁을 묵직하게 주장한 정약용과 농업, 건축, 음식, 의학, 미술, 문화, 예술, 공간 사회학 등을 다룬 일상 백과사전을 구체적이고 경쾌하게 만든 서유구는 19세기 조선이 낳은 대표적인 천재다. 서유구는 음식도 16개 분야 중 하나로 동일한 비중을 두고 기술했다. 판서 출신의 사대부가 부엌에 들어가는 것조차 금기시되던 시대에 어떻게 이런 혁신적인 인물이 나올 수 있었는지 그의 발상 자체가 놀랍고 새롭다. 삼대가 모두 대제학이나 판서를 지낸 명문가에서 천재들의 마지막 주자인 서유구는 이 책을 완성하고 나서 전파하거나 지킬 방법이 없어 자주 눈물을 흘렸던 것 같다.

　"어쩌다 펼쳐보면 슬픔 때문에 알지 못하는 사이에 하염없이 눈물이 흐른다."

　출판문화가 불모인 땅에서 최선을 다해 집필했으나 싹을 틔울 수 없는 현실이 너무 안타까웠을 것이다. 그런데 더 놀라운 것은 이 책이 완성된 후 170여 년이 지나도록 출간되지 못한 채 사장되어 있다가 전문학자들에 의해 지난한 과정을 거쳐 2015년 최초로 일부가 번역되고 있다. 현대 한국 역시 이 책의 가치를 너무 뒤늦게 발견한 것이다.

　『임원경제지』의 한 분야인 「보양지」에 서문을 쓴 도올 김용옥은 "그동안 사장된 것조차도 알지 못했는데, 알고 보니 조선 문명 전체가 그 속에 담겨져 있다. 그것이 고매한 사상을 논하는 것이 아니라 아주 구체적인 삶의 지혜들을 전부 담았다는 의미에서 그렇다."라고 평가했다.

사대부사회인 조선에서는 당연히 방치할 수밖에 없었으리라. 꺼져가는 조선에 최후의 희망이었을지 모르는 기회들은 그렇게 소리 없이 사라져갔다. 지식의 최전선에서 불을 지르는 화전민 같은 선구자가 있더라도 사회 분위기와 민간 출판문화가 받쳐주지 않으면 이내 사그라질 수밖에 없다. 세상을 바꿀 수 있는 탁월한 사상가와 문학가가 있었을 것이다. 불행하게도 조선에는 그 인물의 주장을 실어줄 인프라도, 그의 재능에 스위치를 켜줄 환경도 전무했다. 1719년 통신사로 일본에 다녀온 신유한이 남긴 『해유록』에 일본의 놀라운 민간 출판 상황이 잘 나타나 있다.

"내가 써준 시문이 올 때 이미 출판되어 있더라. 내가 통신사 사행 도중에 쓴 시문이 나중에 돌아오는 길에 보니깐 벌써 책으로 묶어져 출판되고 있으니 이 엄청난 속도에 어안이 벙벙하다."

이때만 해도 일본은 서양의 인쇄기술이 들어오지 않은 목판 시대였음에도 6개월도 안 되어 책이 나오고, 그보다도 정부의 간섭 없이 책을 낼 수 있는 사회였다는 사실이 놀랍기만 하다. 심지어 임진왜란 시대를 기록한 류성룡의 『징비록』이나 강항의 『간양록』 같은 책은 조선 입장에서는 기밀에 속한 것이었는데도 일본에서 이미 출판되어 있었다(조선에서는 출판조차 되지 않았다). 이때가 1700년대라니 더 놀랍다.

메이지 유신은 에도시대부터 변화를 위한 여러 인프라가 축적되어 있었기에 가능했다. 그 배경 한쪽에는 출판업의 성장이 있었다. 그럼에도 여전히 가슴 아픈 점은 조선은 최고의 문자인 한글과 금속활자를 가장 먼저 갖고 있었던 나라라는 사실이다. 문을 숭상하는 전통을 가진 나라로서 이런 강점들이 결국에는 출판문화 활성화로 이어지지 못했다. 가진 것들을 잘 꿰기만 하면 됐다. 나는 이 표현을 몇 번이고 반복하고 있다. 아쉽고 한탄스럽지만 그래도 정리는 하고 넘어가자.

### 출판문화와 의식혁명

유교 일색의 조선은 자신들의 강점을 보지 못했을 뿐더러 활용하지도 못했다. 사상과 표현의 자유가 없는 회색사회였다. 조선은 민간 출판의 활성화와 서점이라는 문화 인프라를 중요하게 생각하지 않았다. 민간 출판과 서점은 사회간접자본과 같아 당장 성과가 드러나지 않거나 필요성을 못 느끼겠지만 국가발전에 매우 중요한 기둥 중 하나다. 근대화를 이룬 국가들은 모두 문화 인프라가 탄탄했다. 조선 문명의 가장 약한 고리는 놀랍게도 민간 출판의 부재였다.

결국 민간 출판의 부재는 사회 전체의 지적 쇠퇴로 이어졌다. 그 어떤 새로운 바람도 불어오지 않으며 오래 있다 보니 자신들은 냄새를 맡지 못했지만 화장실 냄새처럼 고약한 냄새가 나는 사회가 바로 고종 시대였다. 이어령 선생은 수레가 들어갈 수 없는 좁은 길에 순응해 지게를 만들어 낸 우리 문화를 비판했다. 길 넓힐 생각을 왜 하지 못했느냐는 것이다.

"지금 우리 현실(길)이 이러니까 민주주의를 행하기 어렵다고 말하는 사람들이 있다. 현실의 길을 타개하여 '자유'의 수레가 다니도록 길을 닦을 생각을 하지 않고 험준한 오솔길을 그냥 둔 채 독재의 그 무거운 지게를 사용하자는 사람들, 그 사고방식이 두렵기만 하다."

그의 날카로운 지적처럼 물리적인 길도, 출판문화의 길도, 생각의 길도 넓혀져야 한 단계 도약할 수 있다. 한 사회가 다른 사회로 한발 나아가기 위해서는 먼저 의식혁명이 일어나야 한다. 의식혁명은 아주 천천히 진행된다. 선각자의 글이나 말을 통해 전파되고 한 10년쯤 지나면 궁벽한 지역이나 생각지 못한 곳에서 그의 사유를 이해한 후학들이 새로운 세상을 만들고자 행동하기 시작한다. 그들 앞에 펼쳐진 새로운 도전의 길은 기대와 우려가 교차하는 힘든 여정이어서 대부분 실패한다. 다시 그 실패를 씨앗 삼아 도전하는 그룹들이 생겨나면서 사회는 변화한다. 선각자의 눈을 통해 달라진 세상을 보고 그들의 생각을 통해 새로운 길을 상상할 수 있게 되는 것이다.

조선은 가장 중요한 역사적 전환기에 근대문명과 조우한 지식인들 중에 서구의 문명이 왜 강하고 보편성을 띠고 있는지 그 본질을 파악하고 알려줄 인물도 적었지만 그들의 주장을 실어 나를 신문이나 출판문화가 없었다. 그러다 보니 단 한 발짝도 더 나아갈 수 없었다. 선진 유럽이 가진 자질, 즉 개인의 경제활동의 자유와 정치적 평등과 권리, 모험심과 도전정신 등을 통해 유럽의 근대문명이 성취한 개인의 해방은 조선의 지식인들에는 수신되지 못했다. 인지조차 하지 못했는데 어떻게 제도를 만들고 사회를 바꿀 생각을 할 수 있을까. 우리가 매일 보는 태양도 '8분 전의 태양'이고, 별빛 또한 과거의 빛을 지금 우리가 보는 것처럼 시차가 존재한다. 의식혁명으로 각성하고 난 후에야 주체세력이 형성되고 힘이 모아져야 개혁과 혁명의 싹이 트는 법이다.

누군가가 먼저 생각하고 꿈꾼 세상을 후학들이 도전하며 하나씩 이뤄나가는 게 세상 이치다. 그런데 조선은 출판문화가 부재한 탓에 이런 선각자가 나왔더라도 일반인에게까지 퍼져나갈 수 없는 그런 사회였다. 산업혁명의 황금기와 근대화 시기에 조선은 성리학만 좇다 식민지로 전락하는 치욕을 당했다. 주변에 아무 일도 일어나지 않는 것처럼 보여도 먼 바다로부터 서서히 물이 차올라 어느덧 주위를 감싸듯 세상은 그렇게 변하고 있었다.

# 4
# 유럽의 승리는 출판문화업의 승리

## 출판문화와 정체성

초창기 신문발행인은 대부분 인쇄사업자였다. 당시 인쇄업은 오늘날로 치면 구글과 같은 첨단 지식산업이자 플랫폼 비즈니스였다. 인쇄사업자가 출판뿐만 아니라 신문 발행도 겸했다. 그래서 영어로 언론과 신문사를 표시할 때 프레스press라는 단어를 사용한다. 프레스는 인쇄하다는 뜻의 프린트print와 같은 라틴어 동사 프레모(premo, 누르다)에서 파생됐다. 즉 '인쇄활자로 찍어 눌러 글자를 새기는 행위'를 말한다. 신문 자체가 필사를 인쇄로 대체한 것이기 때문이다.

영어 언론협회press center와 세계언론자유지수World press freedom index에도 모두 프레스라는 단어가 쓰인다. 1846년 뉴욕의 6개 신문사가 모여 설립하여 지금은 미국의 대다수 신문사와 방송사를 회원으로 둔 AP통신사의 AP는 어소시에이티드 프레스Associated Press의 약자다. 초기에는 언론인과 출판인이 동일한 업종이었던 역사가 '프레스'라는 단어에 담겨 있다. 본질에 다가가기 위해 영어 표현을 한 번 살펴보자. 출판은 영어로 퍼블리케이션publication이다. '공동체를 만든다.'라는 뜻이다. 도널드 서순은 출판·인쇄의 발전이 민족의식과 연결되어 있다며 다음과 같이 말한다.

"신문과 잡지 덕분에 멀리 떨어진 공동체들이 '우리' 나라, '우리' 통치자, '우리' 정부에 관한 지식을 공유했다. 독자는 신문을 통해 '자기와 다를 바 없는' 사람들에게서 공통의 정체성을 발견했다."[502]

언어를 공유하는 인쇄 자본주의가 발전하며 사람들이 공동체로 묶였다. 정치적으로는 국가라는 개념이 같은 언어로 읽고 사용하는 '우리'를 하나로 만들었다. 이에 대해 동아시아 정치 전문가 베네딕트 앤더슨은 공통의 정체성을 상상하는 힘, 곧 근대 유럽의 민족국가는 바로 이러한 상상에서 생겨난 것이라고 주장했다. 바로 상상의 공동체로서 민족과 국가를 위해 신문과 잡지가 굉장히 중요해지고, 입말에서 글말로 이행하게 되면서 표준어의 중요성도 부각되기 시작했다. 이현우 한림대학교 연구교수는 이렇게 설명한다.

"앤더슨은 신문과 잡지가 같은 시간, 다른 장소를 이야기한다는 점을 지적하죠. 근대 소설에서도 '한편'이라는 단어가 무척 중요해져요. 제주도의 누군가는 무얼 하고 있었다. 한편 평안도의 누구는, 이러면 생면부지의 둘이 연결되며 공동체 의식을 갖게 된다는 겁니다. 근대 인쇄 매체들이 그런 역할을 수행했죠. 거꾸로 그런 매체들이 없었을 땐 그런 식의 동일 민족에 대한 의식이 가능했을까 상당히 미심쩍은 거죠. 동네 공동체는 가능하지만 큰 단위의 민족 공동체는 환상일 수 있습니다."[503]

### 미국의 경쟁력

구미 선진국 간에도 신문의 발달은 차이를 보이고 있었다. 특히 미국에서 신문업의 성장은 매우 빨랐다. 미국은 우편제도를 통해 정보의 전달 면에서 가장 앞선 체제를 구축했다. 더 이상 소문이나 추문에 만족하지 않고 사건이나 사상의 변화를 중요하게 여기는 사회로 한 발짝 앞으로 더 나아간 것이다. 1830년 12월 프랑스 귀족인 토크빌은 미국을 방문했을 때 편지와 신문이 외딴 지역에까지 도달하는 속도에 강한 인상을 받았다.

"특히 정치적 사건이나 사상의 변화에 관한 소식을 접하지 못하는 사람이 없다는 사실에 크게 놀랐다. (…중략…) 토크빌은 바로 그때 프랑스가 한참 뒤져 있음을 깨달았다. 저렴한 비용으로 신문을 배포할 수 있는 경제적 수단도 없는 프랑스는 이 모든 지성, 경제, 과학, 정치적 운동들에서 뒤처질 것이었다. 실제로 지도자 계층은 고사하고 어떤 프랑스인도 읽는 법을 배우고, 교양을 쌓고, 기술과 산업, 가치와 자유를 발견하도록 격려를 받지 못했다."[504]

토크빌은 날카로운 지성의 소유자였다. 1870년 이전까지 선진국은 언제나 영국과 프랑스 두 나라를 지칭했다. 그런데 신생국인 미국에 가서 자신의 나라가 뒤처졌다고 느꼈다. 미국에서는 황무지의 한복판에 사는 일반인에게까지 생각이나 사상이 매우 빠른 속도로 유통되는, 커다란 지적 움직임이 일어나고 있다는 사실에 깜짝 놀란 것이다. 그렇지 못한 자신의 조국인 프랑스는 곧 이에 대한 비싼 대가를 치르게 될 것이라고 예견했다. 이처럼 대학 교육과 우편제도를 포함한 언론이 미국의 경쟁력이었다. 이 둘은 미국이 독립하기 이전부터 중시했던 분야다.

"미국의 우편제도는 유례없이 번창했다. 우편제도는 나라 전체를 하나로 연결했으며 서부 개척 속도에 맞추어 확장됐다. 1828년 미국에는 인구 10만 명당 74개의 우체국이 있었다(당시 영국은 17개, 프랑스는 4개였다). 배송되는 우편물은 대부분 신문이었다."[505]

19세기에 우편제도는 경찰과 국방과 더불어 국가가 제공하는 가장 폭넓은 서비스 가운데 하나였다. 자유방임을 중시하던 영국과 미국에서조차 체신은 최초의 주요한 국유사업이었다.

"1840년 이래 체신부는 장관을 우두머리로 한 정부의 한 부였다. 영국은 1869년 전신법으로 '전기신호에 의한 메시지 전송을 비롯한 기타 통신'을 위한 모든 기구를 체신부가 독점하도록 했다."[506]

미국의 대표적인 건국의 아버지들 중에서 프랭클린과 페인은 언론인(출판인) 출신이다. 미국의 언론인들은 일찍부터 사회변혁에 중요한 역할을 담당했고 큰 존경을 받았다. 미국인이 조지 워싱턴이나 링컨보다도 더 존경한다는 벤저민 프랭클린은 독립선언서의 기초를 마련하고 외교관, 과학자, 사회운동가 등 수많은 역할을 수행했다. 그런데 놀랍게도 그의 묘비는 '인쇄출판업자 프랭클린B. Franklin, Printer'만 쓰여 있다. 그가 그렇게 써달라는 유언을 남겼기 때문이다. 언론인이 스스로 가진 자부심이 컸다는 사실을 보여주는 대목이다. 이뿐만 아니라 언론에 대한 미국인의 신뢰가 어찌나 컸던지 미국은 '언론 없는 정부는 정부가 아니다.'라고까지 선언했고 수정헌법 제1조에 의회는 언론과 출판의 자유를 제한하는 그 어떠한 법도 만들 수 없다고 못 박을 정도였다.

이러한 배경으로 볼 때 미국에서 신문은 '정부를 겨냥한 제도화된 균형세력 – 즉 4의 권력 – 이란 의식이 사람들 마음속 깊은 곳에 자리' 잡았다.[507] 오늘날 신문의 지위는 1920년 미국 디트로이트에서 세계 최초 라디오 뉴스 방송(일본 1925년, 조선 1927년)이 나온 이래 라디오, TV(미국 1939년, 일본 1953년), 컴퓨터, 스마트폰 같은 전송 수단들로 대체됐다.

그럼에도 라디오나 TV 등은 내용이나 콘텐츠가 신문과 다른 게 아니라 신문이 몸의 형태를 바꾼 변신에 불과했다. 신문이 말하면 라디오이며 동영상까지 나오면 텔레비전인 것으로 이해해도 될 정도다. 지금은 제한 없이 보이는 정보를 아무 때나 이용할 수 있는 그런 시대다. 오늘날 뉴스 이용자는 적극적으로 뉴스를 유포하고 재창조하는 주체로까지 진화됐다. 신문과 방송은 지금도 민주 사회의 필수 요소로서 엄청난 기능을 하고 있다. 지금 우리는 무선시대를 살고 있는 것 같지만 실제로는 안팎에서 뉴스와 정보를 공급하는 신문이 수많은 매체를 통해 사람들을 연결하고 있다.

### 신문과 잡지로 도배된 유럽

현대인에게 신문, 방송이 없는 세상은 상상할 수가 없다. 매일 아침만 되면 문 앞에 배달된 신문을 읽는다. 나의 일상에서 소중한 것을 들라 한다면 주저 없이 매일 읽고 있는 신문을 꼽을 것이다. 신문은 필요한 정보를 제공할 뿐만 아니라 끝없이 판단을 내려야 하는 상황에서 선입견과 편견을 배제하고 균형감을 유지할 수 있는 토대를 마련해준다.

물론 오늘날 신문은 자본주의와 결합되어 공정한 심판자가 되기보다 직접 선수가 되어 뛴다든지, 편파적인 생각을 계속 주입하는 등의 부작용이 지적되기도 한다. 그럼에도 현대 사회는 매일 매 순간 쏟아져 나오는 온갖 정보로 넘쳐나는 시대이기 때문에 많은 정보를 가진 사람이 그렇지 못한 사람보다 상대적으로 유리한 입장에 서 있을 수밖에 없다. 그럼 신문과 잡지의 원조인 유럽의 19세기 현황을 보자.

"1836년 인구가 150만에 이르렀던 런던에는 일간지가 11종 있었고 1864년에는 20종이 있었다. 인구 25만 명인 뉴욕에는 일간지가 15종 있었다."[508] "1862년 베를린에만 일간지 32종과 주간지 58종, 1870년대 말 독일 전역은 2400종의 신문으로 가득했다."[509]

도널드 서순은 유럽 전역에 걸쳐 중간 계급은 새로운 발전상에 관한 최신 정보를 끊임없이 접하고 자신을 개선하려는 열망을 드러냈다고 분석했다. 더 나아가 기술의 발달은 유럽을 일일 정보권 내로 묶었다. 로이터 전신회사는 1865년 무렵, 영국에 새로 생긴 해저 케이블과 육상 케이블 덕분에 일과 주 단위 대신 시간과 분 단위로 세계 곳곳에서 뉴스를 받아 전송했다.[510] 1851년에 도버와 칼레를 연결한 케이블로 기사를 보냈다.[511]

(신문과 마찬가지로) 잡지의 역할도 지대했다. 이 역시 출판업의 일종이었다. 1886~1890년 영국에 1만 3,500명의 작가가 있었다고 한다. 엄청난 새로운 일자리가 창출된 것이다. 1828년 잡지와 평론지는 미국 840개, 프랑스 490개, 영국 483개, 프로이센 288개, 기타 독일공국 305개였다. 이탈리아 29개, 스페인 16개였다.[512]

유럽의 승리는 인쇄물의 승리였다. 서유럽 전역이 신문과 인쇄물로 가득한 세상이 되면서 낡은 중세가 도태되고 '창조적 파괴'의 순간에 도달하며 사회 구조의 질적 변화가 일어났다. "진화의 승리는 사상의 승리이자 인쇄물의 승리였다. 유럽의 인쇄술이 위대한 사상을 가장 불가능한 장소까지 널리 퍼지게 하는 완전히 혁신적인 새로운 역할을 했던 것이다."[513]

신문은 다른 시간대에 다른 공간에 있는 사람과도 연결해 주었다. 또한 전국의 모든 사람이 같은 시간에 같은 내용을 본다는 상상만으로도 묘한 동질감을 느끼게 함과 동시에 그 나라의 정체성 형성에 크게 기여했다. 또한 하나하나의 정보들이 많은 사람의 뇌와 병렬로 연결되는 순간 시너지 효과는 폭발적이었다.

허황된 사건, 시시콜콜한 남루한 종이쪼가리, 차별적인 독설덩어리, 발행 금지, 검열, 폭도가 짓밟는 속에서도 "언론은 이제 권력자도 무서워하는 거인, 세상을 좌우하는 거인"이 됐다.[514]

도널드 서순은 신문이 저널리즘이 아니라 형편없는 너절리즘에서 출발했으나 점차 영향력이 커지면서 거인이 됐다고 평가했다. 신문으로 상징되는 언론은 영국에서 영리사업이면서 벤처사업으로 시작됐다. 지금 우리가 아는 언론과 저널리즘의 기능이 정부를 감독하고 비판하는 것이라면 과거의 매체는 이와는 거리가 멀었다. 정치에 대한 언급이나 의견 개진은 언제나 매우 조심스럽게 이루어졌다. 얼마 지나지 않아 광고와 결합했다. 후에 정치적 야망을 품은 지식인이나 지적허영에 빠진 정치인을 위한 도구로서 언론이 활용되자 정부도 아예 여론을 형성하는 데 언론을 활용하고자 공식적인 목소리를 내기 시작했다. 미국은 신문의 힘을 무력화하는 길은 신문의 숫자를 늘리는 것뿐이라고 판단했다.

"언론에 대한 검열제도를 마련한다 할지라도 연설가는 끊임없이 연설할 것이기 때문에 언론을 규제하려는 목적을 결코 달성할 수 없을 것이다. 오히려 문제만 가중시킬 뿐이다."[515] "주권재민의 원칙이 확고하게 뿌리를 내리고 있는 나라에서 언론검열제도는 위험할 뿐 아니라 매우 불합리한 것이다. 참정권을 가지고 있는 시민은 누구나 자기 견해를 자유로이 내세울 수 있어야 한다."[516]

### 독서의 황금시대를 연 일본

한편 일본의 신문업 상황은 어떠했을까? 책과 신문 같은 종이매체를 향한 일본인의 사랑은 유별나다. 「요미우리 신문」과 「아사히 신문」은 세계에서 가장 많이 읽히는 신문이다.

"2020년 기준 세계에서 가장 많이 읽히는 신문은 요미우리(1일 910만 부 발행), 아사히(660만 부), 인도의 힌두교계 신문 다이니크 바스카르(380만 부), 다이니크 자그란(307만 부), 니혼게이자이 신문(280만 부)이다."[517]

이 중 1위를 차지한 「요미우리 신문」의 발행부수는 무려 910만 부에 이른다. 163개 한국 신문사 발행부수를 모두 합친 숫자(2020년 886만 부)보다 많다. 19세기 말과 20세기 초 유럽이나 미국에서 '독서의 황금시대'가 열린 시점에 일본도 거의 비슷한 시기에 독서 열풍이 불었다. 일반인이 책과 신문에 친숙한 시대는 일본 역사상 처음으로 '특수하고 예외적인' 시대였다. 편집자인 쓰노 가이타로는 독서 사회의 한복판에 '대중이 거대한 덩어리가 되어 등장한 것이 최대 사건'이라고 표현할 정도였다. 어떻게 이런 일이 가능했을까. 첫 번째 이유는 문해율이었다. 그렇다. 교육 부분에서 지겹도록 말한 문해율 말이다.

"프랑스의 역사·인구학자 엠마뉘엘 토드Emmanuel Todd에 따르면 유럽에서는 1900년이 되면 여성을 포함해 인구의 90% 이상이 문자를 읽을 수 있게 됐다고 한다. 따라서 그 시기가 일본과 앞서거니 뒤서거니 했다. 다만 이것은 독일, 스칸디나비아, 스코틀랜드, 네덜란드, 잉글랜드 동북 및 남부, 프랑스 동부 등의 선진 지역에 한정된 것이고 같은 유럽이라도 포르투갈이나 스페인 등의 지중해 지방, 이탈리아 남부 등에서는 겨우 50%, 지역에 따라서는 25% 이하인 지역도 있었다고 한다.

그렇다면 미국은 어땠을까? 이탈리아의 경제사가 카를로 치폴라Carlo Maria Cipolla에 따르면 같은 1900년 합중국에서도 백인과 비백인을 합쳐 인구의 약 90%가 유럽의 선진 지역 정도로 문자를 읽을 수 있게 됐다. 문해율에서는 일본도 구미 선진권도 거의 같은 수준으로 20세기를 맞이한 것이다."[518]

두 번째 이유는 문명개화의 분위기가 확산됐고 매일 아침식사를 하듯 매일 정량의 활자를 읽는 시대가 열렸기 때문이다. 후쿠자와 유키치가 1872년부터 1880년에 쓴 17편짜리 책 『학문의 권장』이

340만 부가 팔렸다. 1880년 당시 인구가 3,500만 명에 불과하던 일본에서 국민 160명 중 한 명이 읽었을 만큼 초베스트셀러였다.

교양이 있어야만 사농공상 모두가 자신의 본분을 수행할 수 있다는 내용이다. 이 딱딱한 책이 서민들에게까지 읽히며 '독서 강국 일본'이 된 비결은 신문의 역할이 컸다. 문학사학자 마에다 아이의 논문 「메이지 초기의 독자상」에 따르면 메이지 10년(1877년) 무렵 「요미우리 신문」의 발행 부수는 창간 3년 만에 2만 5,000부에 달했다는 것이다. 신문은 일본인의 독서회로를 바꾸는 데 결정적인 역할을 했다.

"소설을 좋아하던 서민들의 독서 습관을 바꾼 직접적인 계기는 책이 아니라 신문 - 그것도 1872년에 창간한 「도쿄니치니치 신문」 등 한문조의 대신문(인텔리 대상)에 이어 그 후에 창간된 「요미우리 신문」,「히라가나 삽화신문」,「가나요리 신문」 등의 히라가나 중심, 후리가나(한자 등의 독음을 작게 적어 놓은 것)가 붙은 소신문(대중 대상)이었다."[519]

사람들은 '신문 연재물을 읽음으로써 매일 정량의 활자를 소화하는 습관을 체득'하게 됐다. 이처럼 1900년 전후 일본은 '독서의 황금시대'였다. 의무교육으로 문자해독율이 높아지면서 책이 대량생산되고 전국적인 유통망을 갖추며 자본주의적 산업으로서 출판구조가 성립됐다. 1871년 진정한 최초의 일본어 신문 「요코하마 마이니치 신문」이 창간됐다. 1872년에는 「도쿄 니치니치 신문」 1873년에는 「도쿄 신문」(「마이니치신문」의 전신), 「유빈 신문」, 그리고 가장 오래된 지역신문인 「고후 신문」이 나왔고 「요미우리 신문」이 연이어 창간됐다.

"1875년에는 「도쿄 신문」이 세계 최초로 신문을 가정에 배달하는 서비스를 시작했다. (…중략…) 이 신문들 가운데 3개 신문 「마이니치 신문」 「요미우리 신문」 「아사히 신문」은 2021년 세계에서 가장 중요한 5대 일간지에 포함된다."[520]

### 압축적 근대화와 신문

어떻게 이토록 신문업이 빠르게 발전한 것인가? 이와쿠라 사절단의 유럽 경험을 통해 언론 자유에 대해서는 이미 잘 알고 있었다. 사절단이 남긴 실기에도 신문의 가치는 매우 명확했다. '통신 시스템의 충실은 자본주의 발전을 촉진했으며 동시에 저널리즘의 발달과 불가분의 관계를 이룬다.' 언론은 일찍부터 유럽에서 발달했는데 신문이 가장 중요한 역할을 담당했다고 지적했다. "신문이란 나라나 지방자치의 말단까지 국가 사회의 이치를 밝히고, 무역에 의한 부의 축적에 유의하고, 세상 일반의 풍속에 품격을 높여주어 혼자 살아도 국내 정세는 물론 세계의 정황을 잘 알 수 있게 한다. 이것이야말로 문명의 길이며 신문은 그 가장 필요한 도구인 것이다."[521]

이와쿠라 사절단 이전에도 후쿠자와 유키치가 1866년 간행된 『서양사정 초편』에 신문의 중요성을 언급했다. "신문을 보면 세간의 실상이 일목요연하게 모사模寫되어 있으니 마치 실제로 그 일을 접한 것과 같다. 서양인은 신문을 보는 것을 인간의 쾌락 중 하나로 여겨 이를 읽느라 식사도 잊는다고 한다. 이 역시 납득이 간다. 무릇 세상에 고금의 책이 많다고 하지만 견문을 넓히고 사정을 밝히며 세상에서 처신하는 도리를 연구하는 데 신문을 읽는 것만 한 것이 없다."[522]

쉽게 말해 당시 일본의 지식층에서는 언론의 역할이 매우 중요하다는 것을 알고 있었다는 얘기다. 하지만 신문이 일본에서 영향력을 가진 세력으로 부상한 까닭은 메이지 정부가 서구를 따라잡는 한 방편으로 신문을 국민 형성 과정의 일환으로 판단했기 때문이다. 일본이 근대 국가를 이루어가기 위해서는 지역마다 생활방식, 방언, 이해관계를 달리하는 여러 지방의 주민들을 하나의 통일된 국민으로 묶어야 하는데 학교제도와 신문들이 일등공신 역할을 했다. 메이지 정부는 관리와 교사 등 공무원의 신문 구독을 의무화하고 적극적으로 장려했다. 이런 이유로 애초부터 일본은 독립 언론의 실현이 불가능했다.

"'국민화'가 열강을 모방하려는 권위주의적 엘리트들이 주도하는 압축적 과정이었던 만큼 정부의 통제하에 언어와 세계관을 신속히 통일할 수 있는 대형 일간지의 역할이 중요했다. (…중략…) 창간 때부터 '관보' 역할을 하다가 이토 히로부미가 주도하는 조슈 파벌의 기관지가 된 뒤 다른 신문과 합병되어 오늘날 「마이니치 신문」의 전신이 된 도쿄 최초의 일간지 「도쿄 니치니치 신문」, 오사카 지역 자본가가 출자해 1879년부터 발행한 「아사히 신문」 1874년에 인쇄사업가가 만들어 모토노 모리미치라는 외무성 출신의 고급 관료 집안의 손에서 최대 발행부수를 자랑하는 신문으로 성장한 「요미우리 신문」 등은 의견차가 있다 하더라도 지배계급의 자본주의적 개발 및 대외팽창 패러다임에 의구심을 표현할 리 만무했다."[523]

메이지 정부는 공무원 등에게 신문 구독을 의무화한 한편 1874년 「신문지 조례법」을 통해 통제를 강화함으로써 반정부 활동을 원천 차단했다. 청일전쟁기인 1894년 중에 "치안방해 혐의로 발매정지를 받은 신문사는 140개사를 넘었다."[524]

이것은 메이지 정부가 자본주의 3대 축을 공장, 무역, 저널리즘(통신, 신문, 우편)으로 파악함과 동시에 언론의 악영향에 대해서도 잘 알고 있었다는 사실을 의미한다. 1873년 「신문지 발행조목」을 공포하여 신문 발행을 허가제로 변경했다.

"국체 비방, 정부 비평을 금지하고 관리의 정보 누설 방지 등을 규정하였다. 이듬해 1874년 (…중략…) '신문지조례' '참방률'을 공포하여 탄압을 개시했다. 나아가 자유민권 운동의 전개에 대해서 '신문지조례'를 개정해 언론압살을 도모했던 것이다. 이는 정부가 신문의 자유나 언론의 자유의 중요성을 알지 못했기 때문이 아니라 오히려 신문이나 언론의 힘을 잘 알고 있었기 때문에 역으로 선제공격에 나선 것이었다."[525]

아키라 교수는 언론 탄압이 단순한 탄압이 아니라 후발국으로서 권력을 잡은 일본이 개혁을 추진하기 위해서 어쩔 수 없이 언론 봉쇄를 선택했다고 설명한다. 하지만 오늘날에도 일본 언론은 천황제를 비판하거나 모욕적인 언행을 해서는 안 된다. 천황에 대한 범죄는 아주 사소한 것이라도 중대한 범죄다. 천황에 대한 비판은 시대에 관계없이 우익의 폭력을 부른다. 일본사회는 여전히 지금도 금기사항이 꽤 많다. 일본의 신문은 서구처럼 사회공론 기관이라기보다는 정부의 '국민화' 사업의 주요한 도구였기 때문이다.

일본 언론은 서구 언론과 성장배경은 물론 태생부터 달랐다. 이후 일본 신문은 전쟁의 현장보도를 통해 기하급수적으로 성장했다. 일본 신문은 피를 먹고 무럭무럭 자랐다. 일본 최초의 종군기자는 일본이 1874년 대만에 출병했을 때 파견된 「도쿄 니치니치 신문」의 기시다 긴코였다. 일심단결하는 국민을 만들어 애국심을 고취하기 위한 일에 앞장섰다. 1877년 세이난 전쟁 때도 파견되어 총알이 핑핑 날아다니는 상황을 현장감 있게 묘사하여 신문의 판매부수를 올렸다. 그로부터 17년 뒤 청일전쟁 때는 육군사령부로부터 보병여단과 혼성여단에 기자들이 배치됐다. 전쟁에 '기자 114명, 사진사 4명과 화공도 11명이 동행'했다.[526] 청일전쟁의 승리 소식을 일본 사회 전체에 알리고 경험의 공유를 통해 하나의 체험을 창출함으로써 근대 일본의 '국민'이 처음으로 형성됐다.[527]

전쟁 보도와 애국심을 고취하는 보도에 일본 국민도 한 덩어리가 되어 호응했고 신문은 엄청난 판매부수를 달성했다. 청일전쟁에 참여한 병력만 24만 616명이나 됐고 러일전쟁에 참여한 군인과 군속은 124만 3,172명이었다. 이들은 내 자식이거나 한 다리 건너 집안 식구이거나 가까운 친구의 자식들이었다. 특히 "지역신문은 전방과 지역 후방 사이에 정보를 전달하는 파이프였다."[528] 이 파이프를 통해 전쟁터와 지역 사회는 정보를 교환하며 서로를 자극했다. 특히 전장의 상황과 체험이 지역신문의 독자에게 공유됐다. 또 기자는 귀국하여 환등기를 통해 수많은 사람에게 전황을 보고함으로써 전쟁 실상을 전하며 청중을 감동시켰다. 이렇게 일본은 전쟁과 신문을 통해 거대한 조직력과 협력망을 갖춘 근대사회로 나아갔다.

# 5
# 자신의 날개를 스스로 묶은 조선의 출판문화

### 신문이 없는 암흑세계 조선

구한말 조선은 세상 변화를 알려주는 신문이 없었다. 국민 9할이 문맹인 캄캄한 사회로 전염병조차도 미신과 주술에 의존해 치료했다. 소식을 전파하는 신문이 없는 암흑세계인 조선은 성현에 대한 고준담론만 있을 뿐 서양 오랑캐의 새로운 사상이나 문물을 감히 알려고 해서 안 되는 사회였다.

"학문이 필요한 까닭은 선왕의 도를 파악하기 위함이니 배우지 않을 수 없다. (…중략…) 가르침을 청하면 알게 되고 알게 되면 이해하고 납득하면 그뿐이지, 깊이 사고할 필요가 없다. 이해한 후에는 반복적으로 연습하면 된다. 이것이 습習이다. '배우고 때때로 익히면 또한 즐겁지 아니한가?'라고 공자가 말하지 않았는가."[529]

중국의 계몽사상가인 량치차오는 "날마다 과거시험을 위한 답안 정리를 해나가는 것이 즐겁지는 않았으나 이 세상에 그것 외에 다시 배울 학문이 있을 줄은 몰랐다."[530]라고 고백했다.

어려서부터 사서오경을 읽고 과거를 위한 공부를 했던 사대부들의 열정은 낡은 사회를 향한 열정이었다. 과거를 지향하거나 현상유지가 목적이라면 꾸준히 밀어올리는 동력은 존재할 수 없다. 모든 인간관계를 도덕으로 맺어야 한다는 '유교의 도덕주의'는 조선을 허약하게 만드는 데 일조했다.[531] 도그마로서 유학 하나만 남아 사회를 옥죄다 보니 새로운 생각이 흘러들어올 수가 없었다. 첫 장에서 기술했듯이 근대는 '용기를 내 알려고 하라! sapere aude!'라는 임마누엘 칸트의 모토처럼 기본적으로 새로운 지식에 대한 갈망과 사상과 표현의 자유가 원동력이었다.

"후세가 그들의 통찰을 확대해서 자신의 지식을 늘리고 자신의 오류를 바로잡는 것을 앞선 세대가 미리 막아서는 안 된다. 그렇게 한다면 인간 본성에 대한 범죄가 될 것이다. 인간의 진정한 운명은 바로 그런 진보에 있기 때문이다."[532]

불행하게도 고종의 조선은 사상과 언론의 자유가 없다 보니 새로운 지식에 대한 갈망이 미약할 수밖에 없었다. 사람들이 진정으로 자유롭게 생각하고 의견을 제시할 수 없는 왕조사회다 보니 문학 또한 질식 상태였다. 고종 시대까지 조선의 글은 자기 생각이 아니라 고대인의 사상과 문장을 담는 그릇으로서 문文만 중시했다. 고대 중국의 유명한 고사성어를 잘 인용하여 시를 쓰는 게 사대부의 능력이었다. 소설은 사람들의 심성을 어지럽히는 이야기라고 비판받았고 역사기록이 전하는 '대설大說'과 비교되는 수준 낮은 이야기 취급을 받았다. 이는 문학계의 비애일 뿐만 아니라 조선의 비애이기도 했다. 이제 허약한 한국의 근대문학과 언론의 상황을 간략히 기술하고자 한다.

## 근대적 소설의 등장

우선 소설류는 잡학으로 간주했기에 근대문학은 일본 문학이거나 주로 일본어로 쓰여진 서양 문학을 번역한 것이다. 최초의 신소설이라는 이인직의 『혈의 누』(1906년)[533]는 제목만 봐도 우리말도 아니고 우리말의 구조도 아니다. 이어령 선생의 언급처럼 '피눈물'이나 '혈루'라 쓰면 될 것을 그의 언어구조가 아예 일본화된 탓이다. 최남선의 자유시 「해에게서 소년에게」도 마찬가지다. 어느 누가 이렇게 말하고 글을 쓰는가. '해가 소년에게'로 쓰지 않던가.

조선에서 서양 서적이 처음으로 한글로 번역된 것은 1895년에 간행된 『천로역정』이었다. 이때부터 수많은 번안소설과 신소설이 일거에 출현하며 근대문학이 꽃피기 시작했다. 임화(1908~1953)는 쇼와 첫해(1926년)까지 조선 문학은 메이지 문학의 문장을 이식해왔다고 지적했다.

"『성경』을 제외하고 대부분의 번역이 일역으로부터 중역이었으며, 다이쇼 첫해(1912년)에 활발하게 행해진 이상협, 조중환, 민태원 등의 번안소설도 모두 내지(일본)문학 또는 일역으로부터 중역이다. 또한 창작의 영역에서 최초로 조선인에게 서구 근대문학 양식을 가르친 것이 일본의 창작과 번역이다. 단편소설이 그러하며, 시가 그러하고, 희곡이 그러하며, 장편소설이 그러했다. (…중략…) 뿐만 아니라 우리가 특히 유의해야 하는 것은 신문학의 생성기에 가장 중요한 문제였던 언문일치의 문장에서 조선 문학은 오로지 메이지 문학의 문장을 이식해왔다는 것이다."[534]

그리고 근대문학이 꽃피우기 위해서는 또 하나의 조건인 철도 등 교통 유통망이 필요했다. 이효덕은 다음과 같이 설명한다.

"그리고 보도의 즉각성을 생명으로 하는 신문, 잡지, 서적류가 광범위한 지역에 유통되려면, 대량인쇄와 고속인쇄를 할 수 있는 인쇄기술과 그것을 수용하기에 충분한 수의 독자, 나아가 신문을 신속히 운반할 수 있는 유통과정이 정비되어 있어야만 했다. 신문, 잡지, 서적류 등은 운반을 필요로 하는 물품이므로 그것을 운반하려면 일정한 유통경로가 필요하다."535

요약하자면 '철도가 근대 저널리즘의 성립에 기여'했다면, 소설은 근대 저널리즘의 토대 위에서 개화한 것이다.

### 언론 생태계가 없는 조선

"국내에서는 1883년 관보「한성순보」를 필두로「독립신문」「황성신문」「대한매일신문」등 민영 신문이 잇달아 발간됐다.(…중략…)「한성순보」는 매호마다 3,000부씩 발행했다.「독립신문」이 처음에 나왔을 때는 300부씩밖에 인쇄하지 못했다가 나중에는 3,000부씩 발행하게 됐다. 1905년 5월 당시 최대 부수를 자랑하던「대한매일신보」가 국문, 국한문, 영문판을 합쳐 1만 3,400부였다."536

당시 서울이 약 4만 5,000여 가구537이니「대한매일신보」의 1만 3,400부는 영문판을 제외하더라도 '4가구당 1부꼴'로 신문을 구독한 셈이다. 매우 높은 구독률이었다. 새로운 지식이나 뉴스를 갈망하는 심정은 신문에만 집중되지 않았다. "1894년의 갑오경장기를 전후하여 일반인들은 순 한문서적『월남망국사』『보불전쟁』『미국독립사』『워싱턴전華盛頓傳』『나폴레옹전拿巴倫傳』등을 널리 읽었으며 (…하략…)"538 계몽가들이 다급한 나머지 대부분 해외에서 국가를 위해 자신들의 목숨을 초개같이 내던질 수 있는 특별한 과거 영웅들을 불러낸 결과였다.

또한 갑신정변의 주역 중 서재필의 선택에 주목할 필요가 있다. 병조참판에 임명됐던 서재필은 1884년 정변이 실패하자 일본을 거쳐 미국으로 망명했다. 10년 후 일어난 갑오개혁으로 정세가 바뀌었음을 뒤늦게 알고 1895년 12월 귀국했다. 당시 김홍집 내각은 그를 외무협판(외무차관)에 내정했다. 그러나 서재필은 "시급한 일은 국민의 계몽이며, 신문을 통해 정부의 개화정책을 국민에게 알리는 일이다."라며 입각을 거절했다. 그는 실패함으로써 백성의 지지를 얻지 못한 갑신정변이 '그들만의 혁명'에 그쳤고 그것이 오히려 역사를 퇴행시켰음을 깨달았다. 백성의 각성 없이 개혁은 이뤄질 수 없다고 판단한 것이다. 김홍집 내각으로서도 널리 개혁의 취지를 알려 백성의 지지를 확보하는 것이 필요했다.

정부로부터 4,400원의 재정 지원을 받고, 온건개화파의 지원을 받아 1896년 4월 7일 「독립신문」을 창간한다.[539] 「독립신문」은 우리나라 역사상 최초로 발간된 민간 신문으로 순 한글로 간행되어 폐간(1899년 12월 4일, 3년 8개월의 수명)될 때까지 국민을 계몽하고 우리나라의 개화에 지대한 공헌을 했다. 「독립신문」 창간호를 찍었던 날인 4월 7일은 '신문의 날'로 제정됐다. 언론계는 1957년 이 날을 '제1회 신문의 날'로 제정해 그 뜻을 기리고 있다. 서울 서대문독립공원에 있는 서재필의 동상을 보면 독립신문을 말아 쥔 오른손을 번쩍 치켜들고 서 있는 모습이다.

그러나 이보다 13년 앞서 「한성순보」가 발행됐다. 조선의 언론사에서 처음으로 신문이 발행됐다. 비록 관보의 성격으로 순 한문으로 제작해 열흘에 한 번 발행했지만 역사적 사건이었다. 1882년 9월 임오군란을 수습하기 위해 특명전권 대신 겸 제3차 수신사로 일본에 갔던 박영효는 민중을 계도하고 국력을 부강하게 하려면 무엇보다 신문의 발간이 필요하다고 판단했다. 이듬해 귀국 길에 신문 발행에 필요한 납활자와 활판인쇄기 등의 시설을 들여왔다.

그리고 10일이라는 뜻을 가진 순旬이 들어간 「한성순보」를 1883년 10월 31일 발간했다. 「한성순보」는 1884년 12월 갑신정변 당시

박문국 사옥과 인쇄시설 등이 모두 불에 타버려 창간 1년 만에 폐간됐다. 그리고 이어 1886년 1월 창간된「한성주보」가 1888년 7월 경영난으로 폐간된 후「독립신문」이 나오기까지 당시 유일한 신문은 일본인이 발행하던「한성신보」[540]였다.「한성신보」는 1894년 아다치 겐조가 조선 내 일본인을 위해 일본 외무성의 도움으로 발간한 것이다. 1895년 1월부터는 4면 중 3면을 국한문으로 발행했다. 이는 조선 지식인층에 영향을 끼쳐 일본에 유리한 여론을 형성하기 위함이었다.

"을미사변을 대원군 짓이라고 보도했던「한성신보」가 1896년 2월 18일에 고종의 러시아공사관 피신을 비난하는 기사를 내보이자 (…중략…) 이러한 보도태도를 좌시할 수 없었다. 따라서 이들(정동파)은 서재필의「독립신문」창간을 적극적으로 후원했다. 당시에 일본공사관도「독립신문」창간이「한성신보」를 겨냥한 것이라고 보고 있었다."[541]

「독립신문」은「한성신보」「한성주보」보다 늦게 태어났고 짧은 기간 존속했지만 개화기 국민 계몽을 위해 누구도 흉내 낼 수 없는 족적을 남겼다. 민간인이 발행한 최초 신문이었던「독립신문」은 비판 기능과 외세의 침략에 대한 저항정신의 표상으로 한국 언론의 정신적 지주가 됐다. 언론계에서도 이를 기려 신문의 날로 제정한 것이다.

고종의 조선은 점 찍기에 급급했다. 미국, 서유럽, 일본에서는 수천 종의 신문이 거미줄처럼 연결되어 작동할 때 우리는「한성순보」가 어떠니,「독립신문」이 어떠니 이런 것을 갖고 논하는 수준이다. 논의 수준에서도 체급 차이가 확 난다. 일부에서는 근대 언론이 생성되기 이전 그 나름의 전근대적 형태의 '언론 현상'들을 가지고 한국의 언론 역사가 서양보다 먼저 있었다고 주장하기도 한다. 다 헛소리다. 물론 중국에는 '저보邸報'와 '소보小報' 한국에는 '조보朝報' 일본에는 '가와라방瓦板'이라는 전통적 신문 등이 존재했다. 불행하게도 이것들은 관보이지 오늘날 말하는 근대 언론이 아니다. 그래서 언론이라 하지 않고 '언론 현상'이라 하는 것이다. 마치 성균관을 근대 대학으로 보지 않는 것과 같다. 결국 동아시아 3국은 모두 서양의 언론 문물을 수용하여 근대 언론이 생성된 것이다.

쓰노 가이타로는 20세기를 "지식인과 대중, 남성과 여성, 돈과 권력을 가진 자와 가지지 못한 자의 구별 없이 사회의 모든 계층에 독서하는 습관이 확산된 시대"라고 말한다.[542] 그러나 신문출판업도 문해율이라는 토대 위에서 열매를 맺는 것이다. 조선은 신문업의 발달은 물론이고 일반 계층에서 '독서하는 문화'도 갖지 못했다. 이것이 가장 큰 비극이었다. 한마디로 20세기는 정치적으로는 국민국가 체제였고 기본적으로 언론(인쇄 민주주의)의 시대였다. 그중에서 가장 큰 영향을 미친 신문은 매일매일 정보를 가져다주면서 정보통신 혁명의 기수 역할을 담당했다. 이때부터 생긴 한·일 간 독서문화 격차는 지금도 여전하다. 경제, 산업, 문화, 교육, 정치 등 대부분 분야는 일본과 대동소이 하지만 독서문화만큼은 여전히 차이가 난다.

1980년대까지는 일본과 학력 격차가 컸다. 지금의 한국은 일본에 뒤지지 않고 대학교 입학률은 일본을 넘어선 지 오래다. 그런데 한국의 독서율은 학력이 낮았던 시절처럼 일본의 6분의 1 수준도 안 된다. 모든 선진국에서 고등교육이 높아지면 그에 비례해서 독서인구도 늘어났다. 한국만 유일하게 고등교육이 높아져도 독서인구가 늘지 않았다. 고등교육을 받은 거대한 집단이 쏟아져나오는데도 책과 거리가 멀다는 것은 한국의 고등교육이 병들었다는 것을 방증한다.

식민 지배와 분단체제 같은 근대 사회의 왜곡과 굴절 속에서 교육의 본질이 변질된 것은 아닌지 우려스럽다. 특히 독서문화에서 극일克日이 되지 않으면 한국은 선진국에 이르렀다 하더라도 지속할 수 없을 것이다. 그러면 일본에 또 치욕을 입을지 모른다. 우리는 지금 자기부인이 필요하고 우리 스스로를 반성해야 한다. 우리가 부당하게 상처 입은 것, 우리가 놓친 것, 우리가 아직도 배우지 못한 것, 지금이라도 당장 바로잡아야 할 것들이 어떤 것들인가에 대해 잘 생각해 보아야 한다. 우리는 아직도 갈 길이 멀다. 역사의 판결이 또다시 승자를 결정할 때까지 도광양회韜光養晦의 자세를 지닌 채 실력을 길러야 한다. 이제 장은수 편집문화실험실 대표가 책으로 당신을 초청하는 초대장을 받아보시겠는가.

"책은 여전히 지식의 총화이고 정보의 정수이며 지혜의 저장소다. 무엇보다 책은 특정 주제에 관한 흩어진 지식과 정보를 선별하고 종합해 하나의 서사적 전체로서 조감하는 눈을 제공한다. 책을 읽는다는 것은 이러한 눈을 자기 안으로 데려오는 일이다."[543]

# 6
# 유교 문명의 한계

지금까지 근현대사를 재조명하면서 우리는 무엇을 놓쳤고 방치했는지 짚어보고 되돌아보았다. 근대 교육과 민간 출판문화 영역에서도 앞서 밝혔듯이 고종의 조선시대에는 생태계가 상당히 조악했다. 악화가 양화를 구축한 것이다. 추가로 '근대의 다섯 가지 창문'을 그려야 하는데 동일한 패턴일 가능성이 높다. 그래서 이 모든 것의 뿌리이며 우리 스스로 발목을 잡은 '유교 문명의 한계'를 논한 후 다음을 이어가려 한다.

### 지식을 독점한 사대부

유교 문명의 한계는 세 가지 분야로 축약된다.

첫째, 유학은 엘리트를 위한 학문이다. 지식을 독점한 엘리트층인 사대부는 문맹 상태인 국민을 마음대로 통제하고 다스리는 게 편했다. 백성이 문맹일수록 다스리기 쉽다고 판단했다. 그들은 한자라는 높은 성벽을 세워 당시 한자를 몰랐던 무식한 백성을 철저히 순종적인 존재로 만들고자 했다. 비단 이런 생각은 조선만의 현상은 아니었다. 어떤 시대든 엘리트층의 우민화 정책은 늘 인기가 많았다. 사람들이 책을 읽거나 스스로 생각할 수 없게 만들면 아주 쉽게 조종할 수 있기 때문이다.

특히 왕정국가들은 국민이 똑똑해지는 걸 좋아하지 않았다. 중국 문명의 꽃을 피우던 송나라 때의 일화에도 이런 생각이 잘 드러난다. 송나라 황제 신종(1048~1085)은 요나라와 서하의 빈번한 침략 속에서 왕안석을 중심으로 한 신법당(개혁파)을 중용해 부국강병을 이루기 위해 국가제도의 전반적인 개혁을 의욕적으로 추진했다.[544] 하지만 재상인 문언박(1006~1097)의 반박에는 당시 사대부가 백성에 대해 어떻게 생각했는지 극명하게 잘 드러나 있다.

신종이 "신법이 백성에게 편하면 좋은 것 아니요?"라고 하자 문언박이 반박했다. "정치는 사대부와 함께하는 것이지 백성과 함께하는 게 아닙니다."

사대부 계층의 폐쇄성을 상징하는 일화다. 한자가 갖는 난해성과 결합되면 거의 난공불락 수준이다. 관민격벽官民隔壁, 즉 관료와 백성 사이에는 커다란 담벼락이 존재한다.

'송충이는 솔잎을 먹고 살아야 한다.'라는 속담처럼 타고난 본성을 거슬러서는 안 된다. 학문과 나라를 다스리는 것은 사대부가, 농사는 농부가, 장사는 상인이 하는 것이 자연의 이치다. 이러한 가치관은 청나라도, 조선도 나라가 망할 때까지 바뀌지 않았다.

### 오스만 제국의 개혁

조선은 사대부가 만든 사대부를 위한 사대부의 나라였다. 오스만 제국의 사례 역시 동일하다. 오스만 제국은 국민이 글자를 읽고 똑똑해지면 권리를 요구할까 두려워 인쇄술을 금지했다. 콘스탄티노플을 함락한 메흐메트 2세의 아들인 바예지드 2세는 1481년 부친의 사망 후 술탄 자리에 올랐다. 그는 매우 독실한 이슬람 신자였는데 1485년 아랍어로 『코란』의 인쇄 행위를 금지하는 칙령을 내렸다.

"『코란』의 필사본은 종교나 법률의식과 공동기억에 도움을 주는 일종의 성스러운 대상물로서 신의 말이 담긴 것이다. 어디 감히 기계로 인쇄를 한단 말인가."

오스만 제국에서 『코란』의 인쇄는 19세기까지 금지됐다. 훗날 1727년 처음으로 인쇄기를 도입했을 때도 한 번 인쇄를 하기 위해서는 종교 율법학자 세 명의 검열을 거친 후에야 가능했다. 이 결과 튀르키예에 단 하나뿐인 뮈테페리카 인쇄소에서는 1729년부터 1743년까지 14년 동안 겨우 책 17권을 찍었을 뿐이었다. 그의 가족이 가업을 이었지만 7권을 추가 인쇄하는 데 그쳤다. 결국 1797년 문을 닫았다.

"인쇄술에 대한 저항은 문맹률, 교육, 경제적 성공에 분명한 영향을 미쳤다. 1800년도에 글을 쓸 줄 알았던 오스만 제국 신민은 고작 2~3%에 불과했던 것으로 추정된다. 잉글랜드에서는 성인 남성 60%, 성인 여성 40%가 읽고 쓸 줄 알았다. (…중략…) 고작 20%가량의 성인만 읽고 쓸 줄 알았던 폴란드처럼 오스만 제국 땅은 교육 수준이 가장 낮은 유럽 나라와 비교해서도 크게 뒤떨어져 있었다."[545]

그런데 국가의 낙후성을 인식하고 가장 먼저 근대화 개혁에 나선 나라는 오스만 제국이었다는 사실은 좀 아이러니하다. 어떻게 된 일인가? 오스만 제국의 술탄 압뒬메지트(Abdülmecit, 1823~1861)는 1839년 11월 콘스탄티노플의 톱카프 궁전에서 '귈하네 칙령'을 발표했다. 서유럽의 제도와 문물을 수용하고 나라를 근대적으로 개혁하겠다는 대담하고 전면적인 정책을 실행했다. 바로 '탄지마트(Tanzimat, 개혁)'다. 그와 그의 이복동생인 압뒬아지즈(Abdülaziz, 1830~1876)에 이르기까지 약 30년 동안 지속적으로 개혁을 추진했다.

"그 열매는 교육혁신(종교교육의 일정 정도 축소), 국가 행정기구의 개혁, 모든 인민에게 일률적으로 시민권을 부여하는 법제개혁, 비무슬림에게 불리한 처우의 점진적 개선, 약탈적 징세를 폐지하고 세율인하와 세제정비를 통한 국가수입의 증대였다."[546]

"이슬람 학자 대신 정부 직책에 보수 있는 공무원을 임용하고 세속대학을 설립했다. 또한 울라마(ulama, 이슬람 학자)와 독립적으로 카눈(kanun, 규칙) 규정을 만들 수 있는 권한을 가진 새로운 입법부를 설립했다."[547]

그러나 개혁은 특권의 상실을 우려한 기득권의 반발로 큰 성과를 거두지 못했다. 하지만 이러한 개혁조치는 변화를 이끌어갈 개혁그룹이 활동할 공간을 제공했고 곧 시민사회가 성장하기 시작했다. 이후 러시아와의 전쟁에서 패하자 새로운 술탄인 압뒬하미트 2세(재위기간 1876~1909)가 느낀 위기감은 더욱 커졌다. 결국 그가 의회를 해산하고 다시 전제정치로 되돌아감으로써 개혁이 중단됐다. 이에 청년 장교들과 지식인들이 청년튀르크당을 만들고 혁명을 일으켰다. 결국 제1차 세계대전에서 패전한 후 술탄을 폐위하고 아나톨리아 지역에 정교분리의 입헌국가를 세웠다.

혁명과 국토방위에 성공한 새 대통령 케말 파샤(재임기간 1923~1938)는 학교에서 종교교육을 중단하고 이슬람 국가로서의 정체성을 벗어 던지고 근대적, 서구적인 국가를 지향했다. 여성에게도 교육을 실시하고 아랍 문자를 폐지하고 알파벳으로 바꿨다. 전통을 과감히 폐기하는 전면적인 개혁을 단행하여 빈사 상태에 이르렀던 나라를 다시 새롭게 세웠다. 한때 중동과 동부 유럽의 패권국가였던 오스만 제국이 열강들에 의해 영토가 찢기고, 초기 개혁의 시대 탄지마트(1839~1876)로부터 80여 년이 지난 후 1920년대에야 비로소 제대로 된 근대 국가 튀르키예를 세운 것이다.

안타깝게도 중국과 조선의 권력자들 역시 지적 능력의 출발점인 문해력 자체를 박탈하여 국민으로부터 맹목적인 순종을 받고자 했다.

"양반계층은 제도를 조성했다. 그 자제는 복역을 하지 않고 공부와 과거에 전념할 수 있었으며 최고로 좋은 교육자원을 차지했다. 심지어 양반은 과거를 독점했고 (…중략…) 그들은 한자를 독점하여 한자를 공부하는 집단의 규모를 억제하고자 했다. 이씨 왕조의 구리 활자본은 늘 200~300권이었는데 (…중략…) 규모도 작은데 많이 인쇄해서 무엇에 쓰겠는가."[548]

양반 계층이 훈민정음을 거부한 까닭은 '계속 어려운 한자 시스템을 사용하여 학습경로의 독점 상태를 유지하고 싶었기'[549] 때문이다. 이런 의식은 초등학교 의무교육을 도입하는 과정에서도 잘 나타난다. 일본이 1872년에 의무교육을 법제화했고[550] 한국이 의무교육을 처음 도입한 것은 1949년이다. 6·25전쟁으로 인해 실제로는 1953년이 되어서야 시행됐다. 중국은 문화대혁명 등 이데올로기적 정책으로 인해 1986년(9년제)에 와서야 가능했다.

이렇게 일본에 비해 한국과 중국이 70년과 100년이 넘도록 차이가 발생하는 것은 유교의 영향 때문이다. 이것은 능력 문제가 아니라 인식 문제였다. 유교국가인 청나라와 조선은 백성을 위한 교육을 생각하지 않았다. 동아시아만 이런 게 아니었다. 루터의 종교개혁 이후 산업혁명이 도래할 때까지 유럽도 마찬가지였다. 당시 유럽은 어려운 라틴어를 사용함으로써 중국의 한자와 같이 동일한 우민화 전략을 채택했다. 종교개혁 당시 가톨릭 성직자들은 농민들이 별다른 훈련 없이 성경을 읽고 토론한다는 사실에 분개했다.

"인구의 대다수에게 성직자들이 기대한 것은 문맹과 맹목적인 복종이었기 때문이다. 그러나 서양에서는 르네상스와 종교개혁이 인쇄술이라는 문화혁명을 거쳐 세계사적인 영향을 끼치는 르네상스가 일어날 수 있었던 것이다."[551]

애덤 스미스보다 반세기 앞서 1714년 『꿀벌의 우화』를 통해 인간의 욕망과 이기利己를 긍정한 버나드 맨더빌(1670~1733)조차 이런 시대의 사고방식에서 벗어나지 못했다. "나쁜 환경에서 사회가 행복해지고 사람들이 편안해지려면, 반드시 그들 가운데 많은 사람들이 무식할 뿐 아니라 가난해야 한다."

대다수가 무식하고 가난해야 사회가 행복해진다는 그의 주장은 우리를 매우 불편하게 한다. 하지만 이는 맨더빌 혼자만의 생각이 아니라 그 시대에 널리 퍼져 있던 생각이었다. 노동자가 가난해야 어려운 일도 기꺼이 하고 수출 경쟁력에도 도움이 된다는 이른바 '가난 효용론doctrine of the utility of poverty'의 하나였다. 애덤 스미스와 비교해볼 때 맨더빌의 한계는 그 시대의 이러한 상식에서 벗어나지 못했다. 조선은 무엇보다도 '서양은 야만'이라는 가치관을 따르고 있어 자연히 서양 기술을 쉽게 받아들일 수 없었다.

"여기서 중요한 점은 문화적 요인이 제도적 요인과 상호작용한다는 사실이다. 오스만 제국과 중국이 산업기술을 흡수하는 게 더뎠던 이유도 이 때문이다. 둘 다 한때는 여러 면에서 유럽을 앞질렀기에 유럽의 산업기술이 우월하다는 것을 받아들이려면 세계관의 변화가 필요했다. 이런 변화는 하룻밤 사이에 일어나지 않는다."[552]

### 프로테스탄티즘과 과학혁명

서유럽에서 문해율이 높아지는 과정에는 기독교가 핵심적인 역할을 했다. 동아시아에서 종교는 문해율 증가에 아무 역할을 하지 못했다. 종교개혁가들은 교황의 권위를 거부하고 모든 사람이 자유롭게 성경을 읽고 스스로 해석할 수 있어야 한다고 주장했다. 이에 따라 문맹 퇴치를 위해 교육의 필요성이 강조되기 시작했다. 라틴어로 된 성경을 자국어로 번역하면서 성경을 읽을 수 있게 된 개신교 국가의 문해율은 급격히 올라갔다.

"루터의 프로테스탄티즘은 경쟁을 통해 가톨릭교회에 영향을 끼쳤을 뿐만 아니라 국민을 교육시키는 것은 다름 아닌 국가의 책임이라는 사고를 장려했다. 그럼으로써 의도치 않게 교육이 국가의 예산으로 이루어지는 보통교육의 토대를 닦았다."[553] "1750년 무렵부터 네덜란드, 영국, 스웨덴, 독일이 이탈리아와 프랑스의 코스모폴리탄적 도시들을 뛰어넘어 세계에서 가장 문해율이 높은 사회로 발전했다."[554]

일찍이 14세기에 잉글랜드의 존 위클리프는 "기독교도들이 교황과 사제에 의존하지 말고 스스로 『성경』을 읽어야 한다."라고 주장하며 영어로 번역했다. 한 세기가 지난 뒤에 일어난 루터의 종교개혁은 의도치 않게 전쟁으로 이어졌다. 기존의 가치관을 바꾼다는 것은 목숨을 내놓을 만큼 힘들다는 것을 말해준다. 프랑스는 성 바르톨로메오 축일의 대학살(1572) 등 신교도인 위그노 탄압으로 시작된 내전이 30여 년 동안 지속됐고 영국의 청교도 혁명과 왕정 복귀는 말할 것도 없다. 이에 이어 1600년대에 유럽 대륙을 휩쓴 지독한 30년 전쟁으로 독일은 30%가 넘는 인구가 목숨을 잃었다. 종교전쟁의 성격을 띤 이 전쟁으로 독일 지역은 갈기갈기 찢긴 상태가 됐다.

"루터의 종교개혁이 낳은 분란은 곧 유럽을 전쟁의 소용돌이로 몰아넣었다. 1524년부터 1648년까지, 독일 농민 전쟁, 슈말칼덴 전쟁, 80년 전쟁(네덜란드 독립 전쟁), 30년 전쟁, 프랑스 종교 전쟁(위그노 전쟁), 아일랜드 동맹 전쟁, 스코틀랜드 시민전쟁, 영국 시민전쟁 등이 유럽을 휩쓸었다. 이들 가운데 여러 전쟁이 시기가 겹쳤다."[555]

1648년 30년 전쟁을 종결시킨 베스트팔렌 조약으로 종교의 자유가 허락되고 새로운 국제 질서가 형성됐다. 또한 이런 혼란과 참화 속에서 과학혁명의 발전이 점차 시작되고 있었다.

"프로테스탄트는 축적된 지식을 활용해 사회를 바꾸는 방법을 학습했다. 산업혁명은 주로 프로테스탄트 국가와 자유언론이 확립된 국가에서 시작됐는데, 이들 국가에서는 종교적 사상과 과학적 사상이 검열의 공포가 없는 분위기 속에서 유통됐다."[556]

이 일이 얼마나 대단한가는 이슬람과 유교 문화권을 비교해보면 금세 드러난다. 유교는 이슬람교와 전혀 다른 의미에서 과거를 지향하는 종교다. 이상향인 요순시대는 기원전 2400년 전후이니 청동기 시대로 목가적인 삶을 지향한다. 조선에서 유교는 특히 개인의 학문으로 끝나지 않고, 성직자(사대부)가 나라를 이끌고, 교육을 담당하는 일종의 제정일치 사회였다. 공자의 말에 의문조차 가질 수 없는, 과거에 묶인 나라가 어떻게 앞을 향해 나아갈 수 있겠는가. 지금의 이슬람 세계 또한 시대에 뒤처진 '영광이었던 과거의 제국'으로 남아 있다.

역사학자인 레이 황을 비롯해 많은 동서양의 학자들은 '루터의 종교개혁은 결국 리터러시(문해율)와 연결된 것'임을 지적한다. 중국과 조선은 종교혁명이 일어난 적이 없어서 인쇄 자본주의가 발달하지 못했다는 것이다. 이처럼 중국 문명과 이슬람 문명은 주자학과 종교 원리주의 등이 발목을 잡아 식민지나 반식민지 상태를 경험했다. 조선은 1910년대 망국에 이를 때조차도 공자의 권위가 절대적이었다.

이슬람권에서 마호메트를, 조선에서 공자를 분리하고 개혁하려 했다면 어떤 일이 벌어졌을까? 가슴과 머릿속에 깊이 뿌리내린 심벌을 교체한다는 것은 완전히 다른 존재가 되어야 가능한 일로 많은 대가를 치러야 했을 것이다. 오스트리아 귀족인 헤세-바르텍(1854~1918)에 의하면 조선은 중국과 마찬가지로 '옛 경전을 연구하고 아는 것'이 중요했고 학식의 최종적 권위로 여겨졌다. '자신들의 언어와 문학에 대한 연구나 지리와 자연에 대한 지식은 완전히 경시'됐다. 그는 조선이 현재 처해 있는 상황은 유럽의 중세적 상황과 유사한 점들이 많다고 지적했다.

"'고요한 아침의 나라'가 지금 처해 있는 문화적 상황은 우리가 겪었던 중세의 문화적 상황을 떠올리게 한다. (…중략…) 당시에 라틴어와 오래된 법전의 연구가 일반적인 것처럼 조선에서는 동양의 라틴어인 중국어와 중국의 지혜를 탐구하는 것이 보편화돼 있다. 하지만 이때에도 조선의 학자들은 현재 수많은 중국인이 사용하는 중국어를 쓰는 게 아니라 전혀 발음할 수도 없고 말해온 적도 없는 왜곡되고 장식이 많으며 부자연스러운 문어를 쓴다. (…중략…) 조선의 하늘과 자연 그리고 철학과 역사는 공자 시대의 그것이며, 교양 있는 조선인들은 중국인과 마찬가지로 야만적 기독교도와 그들의 지식 그리고 세계관을 한없이 깔보고 있다. (…중략…) 일본인은 중국식 문화와 오래 전에 결별하고 자유롭게 발전한 반면 조선의 지식은 옛 중국의 늪에 빠져 헤어 나오지 못했다. 게다가 중국의 문화를 알아야 관리직이나 장교직으로 나아갈 수 있기 때문에 이 문화적 지식을 지원하는 것이나 다름없다."[557]

세계일주를 하던 그가 보인 식견과 관심의 폭이 매우 깊고 넓음에 새삼 놀랍다. 그는 우리가 보지 못한 '우리의 맹점'을 한눈에 파악한 것이다. 일본인은 중국식 문화와 오래전에 결별하고 자유롭게 발전했다. 조선의 지식은 옛 중국의 늪에 빠져 헤어 나오지 못했다.

복잡한 한자의 덫 그리고 문맹사회

한자는 복잡하고 어려운 문자다. 어려운 한자는 문해율을 높이는 데 절대적으로 악영향을 끼쳤다. 한자 폐지론은 일본과 중국에서 먼저 주장됐다. 1867년 마에지마 히소카는 쇼군에게 한자 폐지에 대한 제안서를 제출했다. "서구국가들처럼 알파벳 문자를 사용하는 것이 부국강병의 토대가 된다. 어렵고 비효율적인 한자를 버리고 표음문자처럼 간단한 히라가나와 가타가나만을 사용하자."

이 주장은 받아들여지지 않았다. 한자가 문장의 중심어를 품고 있는데 발음기호만으로 온전히 뜻을 표현할 수가 없었기 때문이다. 그 대안으로 한자 절감론이 제기됐다. 후쿠자와 유키치 등이 주장한 것까지 고려하여 일상에서 필요한 한자 2,000~3,000개를 정해서 사용하자고 절충안을 내놓았다. 오늘날 일본은 이 방법을 사용하고 있다. 당시 중국은 서양 열강과 일본에 굴복해 이른바 '백년국치'라고 하여 중국인의 자존심에 깊은 상처를 입게 되면서 중국의 지식인들도 어려운 한자를 계속 사용하는 것에 대한 회의적인 시각을 제기했다.

『아큐정전』의 저자인 루쉰은 '한자를 없애지 않으면 중국은 반드시 망한다.'라면서 로마자로 중국어를 표기하자는 문자 병음화 운동을 지지했다. 하지만 그들은 한자를 중국 문명의 보고로 여기고 있었다. 더구나 외세에 짓밟힌 상태에서 한자를 버리고 로마자를 채택하는 것은 중화민족의 자존심을 버리는 것과 같았다. 처지가 궁색하면 자기 개혁을 할 수 없다. 그 대신에 민간에서 비공식적으로 한자의 획을 생략하는 방법으로 속자를 사용하고 있었던 것을 공식적으로 채택하자는 운동이 일어났다. 그마저 국공내전으로 미뤄지다가 1951년 1월 중국 정부가 '한자 간화 방안'의 초안을 제정한 후 드디어 1956년에 「인민일보」에서 515개 간화자와 부수 54

개를 발표했다. 1964년에는 간화자총표에서 간화자 2,236개가 정식으로 제정됐다. 드디어 복잡한 한자의 획을 생략하는 간체자를 제정하고 사용하게 된 것이다.

(예시) 個(개) → 个, 關(관) → 关, 權(권) → 权, 氣(기) → 气, 戰(전) → 战

오늘날 인공지능 등 기술의 발달로 인해 중국인은 일상생활에서 소통하는 데 한자가 별 장애가 되지 않는다. 하지만 한국인에게 여전히 한자는 넘기 힘든 장애물이다. 마치 유럽인이 라틴어를 배우기 어려워하는 것과 비슷하다. 그런데 당시 먹고살기에 바빴던 조선의 농민들은 어려운 한자를 익힐 시간과 여유가 없었다. 또 배울 이유도 없다 보니 한자를 읽을 수 있는 일반인은 매우 드물었다. 세종은 이들을 위해 쉬운 글자를 만들었다.

훈민정음을 반포할 때 "바람 소리와 학의 울음이라든지, 닭 울음소리나 개 짖는 소리까지도 모두 표현해서 쓸 수가 있게 됐다."라고 설명했다. 사대부는 "개 짖는 소리를 표현해서 뭐에 쓰겠는가? 한자를 배워 선진문명을 받아들이고 발전시켜야 하는데 쉬운 언문만 배운다면 누가 한자를 익히려 하겠는가."라며 극렬히 반대했다.

사대부는 하나만 알았다. 한글을 통해 많은 정보를 국민도 함께 공유할 수 있게 됐다면, 이전까지 존재하던 계급 간 정보의 불균형이 대폭 완화되어 '정보의 접근성 혁명'을 이룰 수 있었을 것이다. 한자는 두 가지 측면에서 해악을 끼쳤다.

첫째, 구어체가 아니라 문어체인 한자는 상형문자이기에 문서로 의사소통하는 데 유리한 문자였다. 이에 대해 박영철 군산대학교 교수는 독특한 주장을 했다. 알파벳은 소리로 전달되고 문자를 통한 간접적 과정이 생략되기에 고대 그리스와 로마에서는 연설이 발달하였다. 일상에서 쓰는 말을 그대로 글로 적었으니 대중에게 전달이 쉬웠던 까닭이다. 그만큼 대중을 기만하기도 어려웠다.

"문서를 통한 정치란 보이지 않는 권력을 통한 정치이기도 하다. 한자라는 매체가 권력을 보이지 않게 만드는 특성을 강화한다고 할 수 있다. 한자는 상형문자여서 구어화하기 이전 단계의 문자이기 때문이다."558

1894년 청일전쟁 패배 이후 변혁을 위한 개량운동이 급속하게 발전했는데, 이러한 개혁운동은 언어혁명에도 영향을 끼쳤다. 이 당시 지식인들은 신문화 건설을 위해 그동안 사용하던 문언문文言文을 버리고 백화문(입말)을 사용해야 한다고 주장했다. 5·4 신문화 운동에서 중요한 한쪽 날개인 동시에 신문학을 이끄는 후스가 1917년 1월 잡지 「신문학」에 발표한 「문학개량추의文學改良芻議」는 백화문 운동과 문화혁명의 도화선이 됐다.

"지난 천년간 문인들이 지어낸 중국 문학은 모두 죽은 것이고 죽은 문자로 씌어진 것이다. 죽은 문자는 살아 있는 문학을 만들어낼 수 없다. (…중략…) 만일 중국에 살아 있는 문학이 있으려면 반드시 백화로, 국어로 써야 하며 국어문학을 짓도록 해야 한다."559

후스의 주장은 간결했다. 그의 주장을 알기 쉽게 한국식 사례로 풀이하면 다음과 같다.

고전적 암시를 사용하지 말자. 중국어에는 고사성어가 너무 많다. 곳곳에 숨은 뜻을 가진 단어들을 사용하여 자신의 학식을 알리려다 보니 마치 지뢰가 매설된 것처럼 의사소통에 많은 장애가 있다. 진부한 상투어를 사용하지 말자. 예를 들어 '부모님 전상서' '유세차'는 '부모님께' '이해의 차례는'이라는 입말을 사용하자. 대구법을 사용하지 말자. 고등학교 때 국어 시험을 봐서 알지만 대구는 발

음, 성조, 뜻을 고려해야 하니 너무 복잡하다.[560]

후스는 먼저 문자를 개혁하여 살아 있는 언어를 만들고 그 살아 있는 언어로 문학을 함으로써 중국인의 의식을 개혁하고자 했다. 하지만 한자는 예술성이 뛰어난 글자였다.

"응축성과 간결함과 비석의 글자(비명, 碑銘)의 성질을 갖고 있으며 엄숙한 우아함과 웅혼함의 인상을 준다는 점에서 지금까지 발명된 어느 커뮤니케이션 수단에 비할 수 없을 만큼 우수하였다."[561]

입체적이면서 멋스러운 한자의 매력에 빠진 사람들은 다른 글자들을 시시하게 여겼다. 장예푸 베이징대학교 교수의 지적처럼 한자는 심미적인 측면에서 활자보다는 '서예적 아름다움'을 갖고 있다. 중국의 지식인들 역시 이 '서예미'를 숭상했다. 그러니 인쇄술을 발전시킬 이유를 찾지 못했다.

둘째, 한자가 인쇄술의 발전을 가로막은 또 다른 이유는 경제성 문제였다. 세종 때 갑인자나 『강희전서』에 필요한 한자는 모두 20만 자가 넘는다. 누가 이렇게 많은 활자를 만들어 책을 만들 수 있겠는가. 알파벳 26자를 자유자재로 조립하여 출판하는 간결함에 비하면 최소한 몇만 자를 쇠를 주조해서 책을 만든다는 것은 민간에서 할 수 있는 범위가 아니었다.

"아이러니하게도 조판기술을 처음 만든 중국에서는 2만 개가 넘는 글자 수로 인해 큰 발전을 만들어내지 못한 반면에 대소문자에 숫자까지 합해도 50개가 안 되는 유럽에서는 인쇄술이 획기적으로 발전할 수 있었다."[562]

따라서 조선에서도 출판은 국가사업 중 매우 큰 프로젝트였다. 도서의 수요에 따라 소량의 책을 방각본(坊刻本, 상업적 출판물)으로 발행하거나 가문에서 족보를 발행하기 위해 출판을 한 경우는 일부 있었다. 하지만 산업으로서 출판업은 존재하기 힘들었다. 저명한 학술가 부어스틴은 조선이 세계 최초로 발명한 금속활자를 한글과 함께 제대로 활용했더라면 큰 변혁을 이루었을 것이라며 매우 짙은 아쉬움을 표했다.

"한국의 학자와 인쇄인들이 새로 발명된 표음문자의 이점을 이용하려고 했다면 활판인쇄의 미래와 함께 어쩌면 그들의 과학과 문화도 전혀 달라졌을 것이다. 그러나 한국은 완고하게도 한자나 중국 방식에 집착하고 있었다. 이 모순된 결과로 한국의 인쇄도 중국과 마찬가지로 수천 개의 서로 다른 문자들이 여전히 필요했다."[563]

"한국어는 서민들 사이에 두루 쓰이는 언어인 반면, 표의문자인 한자는 지식인들의 언어로 남아 있었다. (…중략…) 책은 대부분 겨우 200부 정도였고 500부를 넘는 일은 거의 없었다. 상업적 유통이 이뤄지지 않았으므로 책 종류의 범위를 넓히거나 인쇄부수를 늘릴 동기가 없었다. 또한 자국어로 인쇄된 서적에 대해 실제로 구매력이 있는 수요도 없었다."[564]

특히 조선은 유교경전 이외에 다른 책들을 대량으로 유포할 수 없는 환경이었다. 책의 성질이 다른 이유는 이를 발생시킨 사회의 성질이 다르기 때문이다. 엄격한 유교국가에서 소설이나 개인 신변잡기 같은 수필이 유행할 수가 없었다. 왕권은 민간 인쇄에 대해 간섭하고 발전을 억제했다. 주자학의 절대성을 고집하는 송시열의 후예들인 노론은 조금이라도 이상한 주장이 나올까 봐 눈에 불을 켜고 경계했다.

그들은 '주자의 하늘' 아래에서 불멸을 꿈꾸며 성리학적 질서를 유지하고자 했다. 유학을 어지럽히는 사문난적斯文亂賊으로 몰린 순간 바로 죽음으로 이어졌다. 청나라를 치자는 북벌론을 놓고 송시열과 정면으로 대결했다는 이유로 윤휴 역시 사문난적으로 몰려 죽임을 당했다. 윤휴는 사약을 마실 때 "나라에서 유학자가 싫으면 쓰지 않으면 그만이지 죽일 이유가 어찌 있느냐?"라고 항변했다는 소문까지 나올 정도였다.

따라서 중국에는 유럽이나 일본과 달리 출판업자의 조합이 없었다. 다시 말해 시장이라는 '보이지 않는 손'이 존재하지 않았다는 사실로 미루어보아 조선은 여전히 전근대적인 사회구조에 머물러 있었다고 보아야 한다. 중국과 조선에 인쇄술은 있었지만 인쇄술을 널리 사용할 인쇄문화인 문학과 신문이 발달하지 못했다.

"1480년에 서유럽 각지의 100곳 이상에서 인쇄소가 운영된 것과 대조된다. 그렇게 된 사회적 배경으로서 종교(개혁)의 부재, 정치적 안정과 관료제의 지속성, 덧붙여 구어문학(소설)을 경시하는 사회적 분위기와 인쇄술의 매체인 문자 자체가 갖는 복잡성, 즉 상형문자인 한자가 활자로서의 활용도가 낮다는 점을 들 수 있을 것이다."[565]

요약하면 조선은 주자학 일변도의 엘리트 교육, 한자, 출판문화 부재라는 세 개의 사슬에 묶여 있었다. 이 셋의 결합은 문맹사회를 낳았다. 엘리트 입장에서 어려운 한자와의 결합은 궁합이 잘 맞았다. 한자를 아는 사대부는 당연히 사회적 지위와 권력을 독점하기 위해 백성을 무지한 채로 놓아두려 했다. 김옥균의 갑신정변이나 량치차오 등의 무술변법은 양국의 위기 상황에 너무 조급하게 대처했으며 급진적 개혁성과를 너무 순진하게 기대하고 접근했다는 평을 받았다. 특히 김옥균 등은 역적이 되어 삼족이 멸문지화를 당했다.

### 과학혁명에는 국경이 없다

문맹사회에서 먼저 국민을 깨우치지 않고 개혁정책을 편다는 것은 사실상 불가능한 일이었다. 어느 사회도 문맹률이 80% 이상인 상태에서 근대화를 이룬 적이 없다. 지금도 중국은 고등학교 이상을 졸업한, 자기 학습이 가능한 근로자가 40% 선에 있는 국가다.

바로 고등학교 이상을 졸업한 인재의 부족으로 '중진국의 덫에 걸릴 것'이라고 평하는 전문가들도 많다. 분명히 중국은 문명의 중심지였지만 근대 이후로 예전의 화려한 빛을 다시 회복하기까지는 오랜 시간이 걸릴 것이다. 불행한 것은 한·중·일은 모두 한자를 공유해도 서유럽처럼 편지를 주고받거나 혹은 서로 만나서 사상, 철학, 수학 논증을 하지 못했다. '중국은 왜 과학혁명을 못했느냐?'라는 질문은 틀렸다. 불가능했다. 서구의 과학혁명은 유럽이라는 무대가 전부 활용됐기 때문에 가능했다. 한 번 더 살펴보자.

"망원경(네덜란드)이 발명되자 하늘을 살펴서(이탈리아) 타원궤도를 확인했으며(독일) 지구의 운동(폴란드)에 대한 발견은 결국 관성에 대한 아이디어(이탈리아) 및 기하학(프랑스)과 합쳐져 통일된 운동이론(영국)을 낳았다."[566] 즉 코페르니쿠스의 혁명은 코페르니쿠스 혼자만의 힘으로 완성될 수 없었음을 보여준다. 서유럽 문명권에서 과학혁명이 가능했던 것은 서로 간에 지식과 아이디어를 주고받으면서 시너지 효과가 낳은 산물이었다. 심지어 동양의 기술과 이슬람의 학문을 적극적으로 수용하면서 유럽은 근대적 발전을 이뤄나갔다.

"인도의 학자들과 이슬람의 천문학자들에게서 빌려온 수학이 없었다면 코페르니쿠스의 이론도 존재할 수가 없었다. 중국에서 수입해 온 항해술, 교통, 통신, 관개시설, 채굴기술, 군사기술 등이 없었다면 유럽의 잉여의 부나 지식층은 없었을 테니 천체의 움직임에 대한 이론을 세우는 꿈도 꾸지 못했을 것이다."[567]

특이하게도 당시 유럽의 지식인들은 한 국가에 소속된 개인이 아니라 유럽 전체가 공동체라는 의식이 강했다. 동아시아는 한·중·일 삼국의 '지식인 공동체'조차 존재하지 않았다. 저명한 경제사학자 조엘 모키르는 『편지공화국』에서 "서유럽에서 중부 유럽의 여러 지역을 연결하는 '지식인 공동체'가 형성됐다."라고 했다. 무엇보다도 이들 지식인 네트워크는 정치적 경계선조차 완전히 무시했다.

"영국 지식인들은 세 차례의 전쟁 내내 네덜란드 지식인들과 계속 연락을 취했고, 프랑스 사상가들은 영국과 프랑스가 끊임없이 전쟁을 벌이는 가운데서도 뉴턴이 저서 『프린키피아』(1687)에서 내놓은 사고에 관해 배웠다. 편지공화국이 계속 손편지로 소통을 하는 한편 동시에 인쇄기, 제지공장, 문해력, 프로테스탄티즘이라는 4중주단이 서적, 팸플릿, 기술설명서, 잡지 그리고 마지막으로 집단지능을 한층 더 연결해준 학술저널과 공공도서관으로 이루어진 교향곡을 떠받치고 있었다."[568]

편지공화국은 유럽 전역에 다양한 철학과 과학협회의 씨를 뿌리고 키웠다. 이 학회들은 흔히 "살롱이나 커피하우스에서 정기적으로 모임을 열면서 정치, 과학, 철학, 기술 분야의 최신 발전을 논의"했다.[569] 이런 모임을 통해 새로운 발상과 발견을 공유했다. 이들의 관심은 독창적인 생각이나 새로운 발전의 촉매 역할을 수행했다. 우뚝 솟은 이들은 모두 '거인의 어깨 위에 올라간 자'들로 뉴턴, 루터, 루소가 그렇다. 이들은 하나의 세계를 구축하기 위해 동원할 수 있는 모든 지식과 수단을 강구했다.

사실 아이디어가 어디서 왔는지는 중요하지 않다. 현재 우리가 사용하는 자동차, 비행기, 반도체, 원전 등은 우리가 가장 먼저 아이디어를 내고 실용화한 게 아니다. 어쩌면 원조를 따지는 것은 질투고 열등감일 수 있다. 아이디어는 세상에 널려 있다. 그렇다고 유럽이 평화와 문화를 사랑하는 마냥 평화로운 땅은 아니었다. 우리가 그렇게 알고 있는 것은 제2차 세계대전 이후다. 유럽은 탐욕과 전쟁으로 가득 찬 늑대들의 땅이었다. 오죽하면 수천만 명이 지긋지긋한 전쟁터인 유럽을 떠나 신대륙으로 탈출했겠는가.

"더할 나위 없이 평온한 역사적 지표면을 들추면 지구상에서 전쟁으로 가장 처참하게 찢기고 전략적으로 불안정한 땅덩어리의 속살이 드러난다. 근대 유럽은 브레턴우즈 체제가 만든 철저히 인공적인 산물의 결정체다."[570]

그럼에도 유럽 지식인들은 관용에 대해 촉구하는 한편 권위적인 정부에 대항하는 법을 배웠다. 바로 망명이었다. 유럽 대륙은 여러 국가들이 붙어 있다 보니 자신의 나라에서 탄압받으면 다른 나라로 망명을 가는 것도 쉬웠다. 조엘 모키르 교수는 "이단적인 생각을 가진 학자들이 다른 나라로 달아날 수 있다는 게 상식으로 자리잡으면서 유럽에는 관용의 문화가 형성되기 시작했다."라고 분석했다. 이후 이단적인 생각을 가졌다고 박해하는 세상은 더 이상 가능하지 않게 됐다(17세기 후 편지공화국이 만개했다).

"보수세력의 강력한 반대에도 불구하고 이단과 혁신은 날로 번창했다. 분열, 방랑 지식인, 그리고 인쇄술의 확산으로 인해 기득권은 문화적 사업가들이 만든 불온하고 이단적인 새로운 믿음에 대한 통제력을 상실했다. 한 국가가 사상가들을 탄압하려는 움직임을 보일 경우 다른 곳으로 도망치면 그만이었다."[571]

영국인 홉스가 파리에서 『리바이어던』을 쓰고 로크는 암스테르담에서 『관용에 관한 편지』를 썼다. 스위스 시계공의 아들인 루소는 파리에서 주로 활동했다. 마르크스와 레닌에 이르기까지 이런 사례는 차고도 넘칠 정도였다. 특히 1689년 로크는 『관용에 관한 편지』에서 정치와 종교의 분리 그리고 관용을 주장했다.

국가는 오로지 생명, 자유, 토지, 돈 등 시민의 재산을 지키고 증식하기 위해 만들어진 사회다. 국가는 세속적 통치를 하는 곳이지 개인의 영혼을 구원하는 곳이 아니다. 그것은 교회의 일이다. 교회는 영혼의 구원을 목적으로 하나님을 공적으로 섬기기 위해 자발적으로 모인 인간들의 자유로운 사회다. 따라서 국가를 다스리는 왕이 인간의 내면과 영혼까지 간섭하고 강제하는 것은 월권이다.

중국의 불행은 자신들만이 문명이고 주변 동서남북은 모두 오랑캐라 여긴 중화사상에 있다. 동서남북 모두 지성이 모자란 야만인이라고 인식했는데 그들에게 뭘 배우려 했겠는가. 량치차오는 중국이 진화하지 못한 이유로 경쟁 없는 사회를 지목했다. 중국은 왜 경쟁이 없었는가? 그 이유는 중화사상이었다.

"경쟁의 상대가 되지 않은 야만족에 둘러싸여 있었다는 점, 표의문자의 난해함 때문에 경쟁하면서 서로 고무해야 할 지식을 가진 사람들이 한정되어 있었다는 점, 오랜 전제로 백성들 스스로가 노예로 자처하면서 살아온 점, 진나라와 한나라 이래 유학 일존주의—尊主義 때문에 사상의 경쟁, 사상의 발전이 없었다는 점에서 경쟁이 차단된 환경이었다."[572]

그의 비판은 신랄했다. 유학자들이 국가를 너무 소홀하게 여긴다고 지적했다. "중국의 유학자들은 걸핏하면 천하를 평화롭게 하고 천하를 다스린다고 한다. (…중략…) 그들은 국가를 아주 작은 것으로 여겨 어떤 의미도 두지 않았다." 근대가 민족국가와 다른 국가들의 치열한 경쟁임을 고려하면 중화사상은 중국을 아예 무장해제를 시켜버린 꼴이다.

유교문명은 정치, 종교, 지식을 분리하는 데 실패함으로써 근대사회로 나아가지 못했다. 가마에서 마차(자동차)로 바뀌는 정도의 인식혁명은 필요했다. 하지만 조선은 오늘날 이슬람 국가들처럼 유학이 사라지면 사회는 큰일이 난다고 생각했다. 서구는 진짜로 큰 전쟁이 났고 성장통을 심하게 앓았다. 그렇게 근대는 정치와 종교, 지식이 분리되면서 발전하기 시작했다.

정치에서 종교가 분리됐고(종교개혁), 종교에서 철학과 과학이 분리됐다(과학혁명). 정치, 종교, 학문(과학)의 세계는 한 번 분리가 일어나자 각자의 길로 달려갔고 다른 세상에 진입했다(산업혁명 → 근대 사회). 서유럽은 이러한 분리가 잘 이루어져 경탄할 만한 성과를 낳았다. 종교는 출생, 세례, 장례라는 관혼상제 기능의 '종宗'과 지식을 전수하고 가르치는 기능인 '교敎'가 합쳐진 것이다.

가장 먼저 교敎에서 분열이 일어나 소수 엘리트의 '지식의 독점'이 사라졌다. 지식의 독점에 균열이 생기자 정치권력들 간에 분열이 일어났고 그다음 지식은 종교에서 벗어나게 됐다. 과학자에게 종교가 점차 부수적인 것으로 변해갔다.

"종교와 유용한 지식의 관계는 계몽주의 시대에 변했다. 17세기까지 굉장히 윤리적이고 독실한 종교적 관점에서 과학을 바라본 시각은 후기 계몽주의 시대에 들어서면서 점차 세속적 - 그리고 심지어는 무신론적 - 시각으로 변했다. (…중략…) 어느 시점부터 과학은 종교로부터 멀어졌고 스스로 성장에 박차를 가할 수 있었다."573

서유럽의 인식혁명을 돌아보면 구텐베르크의 인쇄술이 고삐 풀린 말처럼 종교개혁에 일조할 줄은 아무도 예상하지 못했다. 종교개혁은 루터의 의도와 무관하게 100년 이상 유럽 대륙에 종교전쟁을 일으켰고 종교가 정치의 전면에서 퇴장하게 되는 계기를 만들었다. 이후 '과학자들의 의회'인 영국왕립협회가 탄생하고 새로운 지식과 발견이 확장했다. 이것이 서유럽에서 산업혁명과 시민혁명을 일으키게 한 원동력이었다. 반면 조선에서는 유학이 정치 질서이자 종교이고 교육인 삼위일체가 유지됐다.

정치권력도 사대부가, 종교권력도 사대부, 그리고 학문의 권위도 사대부가 갖고 있었다. 국가가 지知를 독점하자, 단 하나의 이데올로기인 유학에 의해 지知는 질식했다. 따라서 새로운 변화가 일어날 수 없었다. 오늘날 아랍에서 이슬람과 정치의 분리를 이루지 못해

한 단계 도약하지 못하는 상황과 유사했다. 노벨 물리학상 수상자인 스티븐 와인버그의 말은 조선의 인식과 아득할 정도로 멀었다. "세계는 종교의 오랜 악몽에서 깨어날 필요가 있다. 종교의 장악력을 약화하기 위해 우리 과학자들이 할 수 있는 일은 무엇이든지 해야 하고 이는 문명에 대한 최대한의 기여일 수도 있다."

이념이나 개인의 가치관보다 종교는 더 강하게 자기 자신과 결속된 실체다. 언뜻 보기엔 종교는 힘들이지 않고 분리될 듯하지만 실제로 떼어내기가 여간 어려운 게 아니다. 심지어 자신이 믿는 종교를 남들이 공격하면 자신이 살아온 전부를 부정당하는 기분이 들 것이다. 종교개혁이 루터의 의도와 무관하게 전쟁을 불러온 것도 이와 같다.

당신이 무엇을 오랫동안 믿어왔다. 그런 믿음에 대해 같은 나라의 사람들 절반이 무기를 들고 일어나 부정한다. 개혁을 강조하는 과정에서 동조하지 않는 가까운 구성원들에 대한 비난과 공격성이 커질 것이다.

이럴 때 자기 생각을 바꾸는 사람이 얼마나 될까? 오히려 더 강력하게 기존 믿음을 고수하지 않을까? 개혁을 반대하는 쪽은 극단적 형태의 맹신으로는 더 나은 세상이 오지 않는다고 믿었다. 오히려 질서를 지켜야 한다며 개혁파에 대한 비난의 목소리가 커졌다. 한번 치켜든 주먹은 쉽게 내리지 못하는 법이다. 이 둘은 마주 오는 열차처럼 달리기 시작했다. 폭력의 위험성이 어느 때보다 높아진 것이다.

"루터는 그저 교회의 타락을 막고 싶었을 뿐인데 (…중략…) 그러나 루터가 촉발한 것은 유럽에서 100년 넘게 지속된 전쟁, 향후 300년간 이어진 정부 주도의 종교적 소수자에 대한 박해, 어떤 곳에서는 오늘날까지도 이어진 종교적 편협함이었다. (…중략…) 종교적 차이와 정치적 차이가 폭발적으로 뒤섞이면서 천국으로 향하는 길뿐만 아니라 지상에 사는 사람들의 행복까지 위협했다."[574]

그런데 크게 한 번은 충돌이 벌어져야 새로운 세력과 새로운 제도가 탄생할 수 있다. 문제는 한 번의 충돌로 끝나지 않는다는 것이다. 진짜 문제는 제도를 바꿔야 해결되는데 그 권한이 지금 제도로 혜택을 보는 기득권자의 손에 있다는 것이 문제다. 그들이 기득권을 내놓으면서까지 후손들의 더 나은 미래를 위해 틀 자체를 바꾼다는 건 쉬운 일이 아니다.

### 지식의 독점이 무너진 유럽

유럽에서 어떻게 해서 지식의 독점이 무너지게 된 것일까? 소수 권력자가 독점하던 지식이 구텐베르크가 인쇄술을 발명한 후 한 세기도 되기 전에 대중화되면서 지식의 독점 시대는 막을 내렸다. 구텐베르크가 1455년 간행한 『구텐베르크 42행 성경』은 초창기 인쇄업의 가능성과 리스크를 보여주는 훌륭한 예였다.

"그 한 권의 책을 만들기 위하여 활자 10만 개의 주조 및 조판 작업과 1,282페이지를 180차례에 걸쳐서 찍어내는 총 23만 760번의 인쇄 작업이 필요했다. 이를 위해 여섯 명의 조판공과 열두 명의 작업자가 330일 동안 여섯 대의 인쇄기를 쉬지 않고 가동시켰다. 처음부터 끝까지 – 활자의 주조에서부터 완성된 제품을 제본하여 구매자에게 전달하기까지 – 2년이 넘는 시간이 걸렸을 것이 분명하다. 엄청난 가격에도 불구하고 구텐베르크의 『성경』 초판은 즉시 완판됐다."[575]

와이먼은 한 사람의 필경사가 『성경』 한 권을 필사하는 데는 3년 정도 걸렸을 것으로 추정했다. 이처럼 활자 주조와 인쇄를 위한 노동력 등 작업과정에 막대한 현금이 필요했다. 구텐베르크에게 자금을 댄 마인츠의 상인이자 대부업자였던 요한 푸스트는 1455년에 대출금 상환을 요구하고 소송을 제기했다. 1년 뒤 인쇄소를 양도하라는 판결을 받았다. "위대한 프로젝트를 완료한 지 1년 만에 인쇄기의 발명가는 인쇄업에서 축출"됐다.[576] 구텐베르크가 10년간 인쇄술을 개선하는 일에 몰두하여 주조기법과 금속을 최적으로 합금하는 방법을 개발했으며 활자보관함, 식자판, 그을음과 바니시를 섞어 쉽게 마르는 잉크를 제조했다. 인쇄기에 바퀴와 룰러 같은 움직이는 부품을 장착했을 뿐만 아니라 인쇄할 종이 또한 빠르고 정확하게 움직이도록 만들었다. 이러한 조합을 통해 각고의 노력과 창조성으로 빚어낸 뛰어난 발명품은 남의 손으로 넘어갔다. 하지만 구텐베르크의 패배는 인쇄술 자체에는 긍정적으로 작용했다. 1460년대 인쇄술은 여러 도시로 확산됐고 1480년경에는 어느 정도 규모 있는 도시치고 인쇄소가 없는 곳이 없을 정도였다. 이런 상황은 정치적 역학관계를 바꾸었다.

인쇄술 발명 전에는 선동자 몇 명을 손보면 됐다. 어디에선가 이단적인 글이라도 발견하면 쉽게 없애버리면 그만이었고 널리 전파할 방법도 달리 없었다. 게다가 라틴어를 아는 사람도 극히 드물었다. 하지만 도시마다 인쇄소가 생기면서 상황이 달라졌다. 글을 읽어야 할 이유가 생겼고 통치자 입장에서는 정보와 견해의 확산을 막는 게 거의 불가능해졌다. 금서로 지정하여 유포하지 못하게 해도 금서일수록 장사가 더 잘됐다. 공교롭게도 인쇄술이 발전하면서 대량의 혁명적인 글들이 유럽에 유입되어 널리 확산됐다. 1453년 콘스탄티노플이 점령당하자 많은 학자들이 고대의 필사본을 가지고 서쪽으로 피난을 왔다. 이들은 수많은 사본도 함께 가져왔다. 이 책들은 새로운 아이디어에 자극을 주었을 뿐만 아니라 가톨릭의 교리에 대안이 될 고대의 사상들을 소개했다.

"또한 가톨릭교회의 가르침에 따르면 인간의 목적은 단 하나 '하나님의 영광을 높이는 것'이었다. 현세에서 양질의 삶을 살거나 세계를 알아가기 위해 노력하는 것은 그다지 가치 없는 일로 여겨졌다. 1,000년이 넘는 세월 동안 서양은 초기 신학자인 아우구스티누스의 견해에 따라 호기심도 죄로 여겼다. 가톨릭 철학자들은 인간은 결코 창조성을 발휘할 수 없으며 창조성은 오직 신에게서만 나온다고 설명했다."[577]

동서양은 동일한 사고방식을 갖고 있었다. 성리학은 고대 중국을 이상향으로 삼았고 유럽 역시 그리스 로마시대와 예수가 활동한 당시를 중심으로 사유했다. 미래에 대한 생각은 부차적인 문제였다. 누가 먼저 스스로 축적한 '사상과 종교의 구축물'로부터 빠져 나와 미래로 나아갈 수 있는가가 운명을 갈랐다. 유럽에서 일어난 변화 중 가장 놀라운 것은 '과거를 이상향'으로 삼는 기독교가 변혁의 동인이 됐다는 사실이다. 유학은 스스로 개혁을 보여주지 못하고 새로운 사고를 옥죄고 있었던 반면, 종교개혁은 오히려 자국어의 발달과 문해율을 개선하여 새로운 사회를 촉진하는 데 기여했다. 역사학자 이언 모티머는 당시 "『성경』이 궁극의 자기계발서"였다고 강조한다. 변화를 일으킨 것은 구텐베르크의 인쇄술 그 자체가 아니라 지역어로 『성경』을 인쇄했다는 점이다. 사람들은 직접 『성경』을 읽고 공부하고 싶어 했다.

"유럽을 문맹사회에서 벗어나게 한 것은 인쇄기, 지역어(모국어) 사용, 『성경』의 영적 중요성이라는 세 가지 요소의 결합이었다. (…중략…) 상황을 바꾼 주요한 사건은 바로 『성경』이 현지어로 출판된 것이었다. 사람들이 직접 읽고 싶어 안달이 난 책은 『성경』 말고는 없었다. 사람들은 사제의 개입 없이 개인적으로 하느님의 말씀을 공부하고 싶어 했다. 『성경』을 공부함으로써 지상에서는 동료 기독교인들 사이에서 평판을 높이고 사후에는 천국에 갈 확률을 높이고자 했기 때문이다."[578]

1466년 독일에서 최초로 『성경』이 번역됐고 1488년 체코에 이어 1516년 에라스무스의 그리스 『성경』 번역이 가장 영향을 미쳤다. 이를 바탕으로 1522년에 마르틴 루터의 독일어 『신약성경』이 완성됐다. 영국에서는 1537년 영어판 『성경전서』가 최초로 출판됐다. 이 와중에도 성경을 고의로 이단 번역했다고 1536년 윌리엄 틴들이 화형을 당했다. 1600년에는 유럽에서 자국어 『성경』을 갖지 않은 나라가 없었다. 여기에 학교 수가 급증하고 대학이 꽃을 피우면서 인쇄물은 정보를 주고받는 자연스러운 수단이 됐다. 특히 과학계에서 과학사상이 더 빠르고 정확하게 전파됨에 따라 유럽 각국은 서로 혁신과 비판이 가능한 단일 집단에 가까워졌다. 1543년 출판된 코페르니쿠스의 『천체의 회전에 관하여』는 가톨릭 당국과 정면으로 배치되는 우주론이었지만 가톨릭은 이 책의 전파를 막지 못했다.

인쇄된 이야기가 퍼져 나가면서 문해력을 갖춘 사람들이 늘어나게 되고 글의 중요성이 더욱 강조됐다. 영국과 프랑스 정부 역시 국내에 거주하는 모든 사람의 정보를 수집해서 인적사항 등을 기록해야 할 필요성을 느끼게 되면서 이때부터 유럽의 거의 모든 나라가 세례, 결혼, 장례 등에 관한 기록을 남기기 시작했다. 잉글랜드는 1537년부터, 프랑스는 1539년부터 모든 결혼과 세례를 교구 등록부에 기록했다.

### 유학의 붕괴

한편 조선은 유학의 세 가지 기능 중 가장 먼저 무너진 것이 교육 기능이었다.

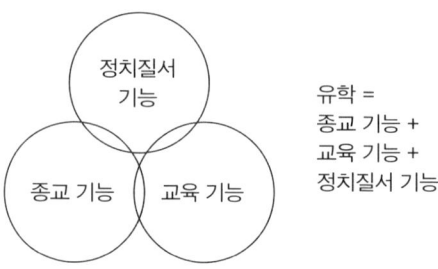

퇴계는 '권력자를 비판하고 백성의 삶을 평안하게'라는 비전으로 엘리트를 길러내기 위해 서원을 만들었다. 그의 뜻을 받아들여 전국에 서원이 들불처럼 번져갔다. 200년이 지나면서 서원은 교육의 본래 기능보다 권력 획득의 수단으로 변질되면서 부패했다. 차츰 혈연, 지연 관계나 학벌, 당파와 연결되어 병폐가 생겨났다. 그리하여 지방 양반들이 서원을 거점으로 백성의 물품을 뜯어내거나 지방 관청에 피해를 주기도 했다. 한마디로 지방에서 가장 힘이 센 단체가 된 것이다. 1865년에는 가장 횡포가 심했던 대표적인 서원으로 화양서원과 만동묘에 철폐 명령이 내려졌다. 1868년에는 서원에 하사한 토지에도 세금을 징수하도록 하고 지방 수령이 서원의 장을 맡도록 했다. 1870년에는 전국 650개 서원 중 소수서원, 도산서원 등 47개 서원만 남겨두고 나머지는 모두 훼손하거나 철거했다. 향촌까지 영향을 끼치던 교육 기능이 붕괴된 것이다.

종교 기능은 처음부터 일반인에게까지 뿌리내리기가 쉽지 않았다. 일반인은 조선시대 내내 불교나 무속에 대부분 의존했다. 천년 불교 이데올로기를 버리고 유학을 채택할 때부터 내세에 대한 두려움을 씻어낼 대안을 제시하지 않고는 불교를 극복할 수 없었기 때문이다. 주자는 '장자의 기론적 생사관'에서 대안을 찾았다. 윤회는 없다고 하면서 '기氣가 모이면 탄생하고 기가 흩어지면 죽는 것'일

뿐이라고 '반복해서 외우고 설득하고 또 외워야' 했다. 그렇게 겁나는 윤회를 잊으려 한 것이다.

"귀신이란 기氣의 변용태이지 내세의 어떤 존재개념은 아니라는 것이다. 내세의 존재는 없다. 인간은 죽으면 자손을 남길 뿐이고, 그 확장된 외연인 사회만이 남을 뿐이다. 결국 사후에 믿을 것도 이들 뿐이며, 사후의 생전의 나를 평가할 이들도 이들 뿐이다. 조선 건국 이후 국왕과 신하들이 공부하던 자리인 경연의 주된 과제 중 하나가 바로 이 문제였다. (…중략…) 경연이 벌어지면 물었다. 정말 지옥은 없느냐고. 묻는 사람이나 대답하는 사람이나 어느 한 구석에 불안감을 간직한 채 역사를 보면서 부처를 자임하고 불사佛事에 힘쓴 자들 때문에 나라가 망한 것이라고, 역사에서 증거를 찾아 불안감을 지웠다."[579]

그럼에도 조카를 죽이고 왕권을 찬탈한 세조는 『법화경』『금강경』 등 불경을 간행해 그 두려운 마음을 달래고 불교에 의지했다. 유교는 자신들보다 훨씬 깊은 이론을 가진 불교를 탄압하지 않고는 세상에 뿌리내릴 수 없었다. 그래서 선택한 방법이 사찰의 재산을 몰수하고 승려의 이동조차 제한하는 이른바 '숭유억불' 정책을 채택한 것이다. 오늘날 탄압받던 불교가 수천 개의 사찰로 늘어나고 유교 서원은 실제화된 게 없으니 참으로 아이러니한 일이다. 또한 무당(굿)에 대한 문제는 일반 민중에게서 떼어놓기가 쉽지 않았다.

우리나라 도시엔 조선시대 관아가 온전히 남아 있는 곳이 없다. 한필교(韓弼敎, 1807~1878)가 평생 근무했던 열다섯 곳의 관아를 그린 「숙천제야도」가 유일하다. 유홍준 교수는 이 그림을 소개하며 다음과 같이 평했다. "특이하게도 공자님을 모신 사당은 없는데 오히려 토속신을 모신 신당神堂이 빠짐없이 들어 있는 것이 신기했다."[580]

유 교수에 의하면 당시 서민들이 아프거나 일이 잘 풀리지 않을 때 굿을 했고 관청은 무당으로부터 일정한 수수료를 받아 운영비로 사용했다고 한다. 관에서까지 신당을 만들어 장사한 이유가 뭘까? 좀 더 상황을 들여다보자. 파스퇴르가 미생물학에 기여하기 시작한 1860년대부터 1914년 제1차 세계대전이 발발할 때까지 약 60여 년 동안 '주요 질병의 병원균들이 밝혀지는' 등 미생물학에서 중요한 발전이 이뤄졌다. 인류가 아픈 이유를 알고 처방의 폭을 넓힌 게 채 150년이 안 된다는 얘기다. '현대 의학에서도 1만여 종의 질병 중 인간이 다룰 수 있는 병은 500종'에 불과하다고 하는데 당시 알 수 없는 질병에 걸리면 천지신명께 빌거나 굿 이외에 다른 방법이 없었다.

"조선시대 사람들을 무기력하게 만든 전염병은 홍역紅疫과 두창(痘瘡·천연두)이었다. 두창이 창궐할 때는 어른의 치사율이 30%를 넘었다니 아이들에게는 더 치명적이었을 것이다."

"굿을 주재하는 무당을 한양에서 쫓아내는 정책은 세종·성종 때뿐 아니라 숙종·정조·순조 때에도 나타난다. 이는 굿에 대한 수요가 지속됐을 뿐 아니라 동시에 경제와 문화 중심에서 굿을 멀리하는 인식과 정책 또한 계속됐다는 뜻이다."[581] 이는 굿에 대한 수요도 끊이지 않았고 비판도 공존했음을 보여준다. 다만 한양에서 무당을 쫓아내는 일이 반복된 것에 대해 오항녕 교수는 '국정을 논하는 조정 가까이 무당을 두는 것을 매우 경계'했다고 한다. 그런데도 고종 부부는 연이은 사산과 임오군란 등 개인에게 닥친 불행 때문인지 무당에 대한 의존이 매우 심했다.

이제 유학에서 남은 건 딱 하나 유학을 공부해 관료가 되는 것뿐이었다. 입신양명을 목표로 관직을 얻고 임금의 눈에 들기 위한 공부만 남았으니 '사회적 정의와 양심이 깨어 있는' 지식인으로서의 기능도 약화됐다. 조선 500년을 통틀어 이황, 이이 등 소수의 인물만 우뚝 솟은 것은 다 그런 이유였다. '수신제가 치국평천하'는 앵무새처럼 입으로 외우는 것일 뿐 실제 삶으로 실현하는 화두는 아니었다. 조선은 관료 중심 사회로 관직을 얻어야 지위와 명예가 따라왔다. 관직에 나아가는 것 말고는 자신의 가치를 발휘할 수 없었다. 정치와 윤리 이외에 쓸모 있는 지식은 하나도 배우지 않은 것이다. 4부에서 설명하겠지만 사회적 변혁 없는 기존 질서에서 사대부가 사회에 참여하기 위해서는 벼슬 외에 다른 길이 없었다.

| 직렬사회 | 사대부의 공부 범위가 사회, 정치, 윤리의 범주에 국한되어 이를 활용하려면 관직에 나가는 길밖에 없다. |
|---|---|
| 병렬사회 | 지식인이 전문화, 세분화, 다양화되어 과학자, 공학기술자, 의사, 편집자, 기자, 문학가, 예술가, 건축가 등 지식을 발휘할 수 있는 직업이 다양하다. 관료로 나가는 길 한 가지만 있는 게 아니다. |

이쯤에서 우리는 구한말에 이황과 같은 삶은 따라 하기 힘드니 따라가지 않고, 민영휘처럼 본보기로 삼지 말아야 할 인물들을 따라서 모방하니 부패한 관료들이 넘쳐나는 사회상을 이해할 수 있게 된다. 유학자의 영향력은 이미 상실됐고 종교 기능이 부재해지자 그 빈자리로 동학, 증산교, 원불교 등 후천개벽 사상이 활성화됐으며 서양 종교인 기독교가 들어와 빠르게 뿌리내렸다. 한국 사회는 유학이 주류 이데올로기에서 후퇴하면서 오히려 한 단계 나아갈 수 있었다. 유학이 사라지면 세상을 잃고 짐승 같은 최악의 세상이 올 것 같았지만 그 결말은 그렇지 않았다.

유학으로 인해 한국인은 타인의 시선을 의식해 예의를 갖추는 데 에너지의 8할 이상을 사용했다고 볼 수 있다. 그러나 막상 옥죄던 유학의 쇠테가 벗겨지자 마음의 공간이 생겨 새로운 것을 받아들이고 도전할 수 있게 됐다. 세계로 나아가 도전해 보니 우리가 생각했던 것보다 한국인의 잠재력은 대단했다. 한국인은 빠르게 변화하는 세상에 민첩하게 적응할 수 있는 DNA를 가지고 있었고 시대성을 놓치지 않고 오히려 선두에서 시대를 이끄는 분야도 생겨나기 시작했다. 유학과 왕조 시스템이라는 이중의 덫에 걸려 현실에 안주하던 구한말 시대에는 우리가 어떤 사람인지 몰랐던 것이다.

개인이나 국가나 마찬가지다. 도전하지 않으면 편한 게 아니라 위기를 만날 가능성이 커진다. 구한말 유학은 사회발전을 가로막는 큰 걸림돌이었다. 우리는 이중의 모순인 왕조와 유학의 한계를 극복하지 못하고 일본의 침략으로 무너졌다.

조선이 왜 그렇게 변하기 어려운 사회였는지에 대해서 코로나19 때 도장을 찍기 위해 출근하는 일본 사회를 보면서 다시 한 번 깨달았다. 변화를 받아들이는 것은 쉽지 않다. 돌아보면 일본의 큰 변혁은 딱 두 번이었다. 흑선이 나타나 일본의 개방을 요구하며 위협했던 시기에 절실한 위기감으로 이루어낸 메이지 유신과 국토가 초토화가 됐던 태평양전쟁 때뿐이었다.

시효가 지난 조선은 '죽은 사대부의 사회'를 보지 못했다. 사대부는 자신들이 죽은 줄도 모르고 자기가 원하는 것만 보고 자기가 듣고 싶은 것만 들었다. 누구나 현실을 보는 것은 아니니까.

4장

# 필수요소 3
# 신분해방

# 1
# 신분제 사회 조선의 사회상

―――――――

**견고한 신분사회**

근대 국가로 가는 길에 가장 먼저 조치했어야 할 과제는 신분해방이다. 고종과 당시 집권 사대부들을 박하게 평가할 수밖에 없는 이유가 바로 이 문제다. 어느 시대나 노예는 존재했다. 노예제도는 문명의 발생과 함께 나타났다. 고대 문명이 번영한 곳마다 노예제도가 운용됐다. 경제적인 문제로 인해 오늘날 현대사회에도 노예 같은 삶은 존재한다. 하지만 1800년대에 부모 중 한 명이 노비라고 해서 그 자식이 노비가 된 제도는 문명국가 중에서 조선이 유일했다.

미국도 노예해방이 1860년대에 이루어지지 않았냐고 반문할 것이다. 미안하지만 미국의 노예제는 아프리카계라는 다른 민족을 노예로 삼았다. 노비는 전쟁포로나 약탈로 조달하는 게 대부분이고 종종 채무에 의해 자발적인 의탁으로 이뤄지기도 했다. 그런데 조선은 이런 형태가 아니었다. 자국 백성을 노비로 활용했다. 자국 백성을 노비로 삼은 것이 16세기까지는 세계 곳곳에 존재했다. 하지만 노비의 자식이 노비가 되는 세습제는 조선이 유일했다.

다행스럽게도 이를 부끄러워하며 노비제 폐지를 주장한 사대부들도 있었다. 그들 중에는 군역 확보 차원과 사회 통합 차원에서 노비가 되는 길을 축소하는 제도를 도입하자고 주장하는 관료들도 꽤 있었다. 권상하의 제자로 송시열의 묘지문을 쓴 윤봉구(1681~1767)는 이런 시를 남겼다.

"우리 동방의 노비법, 개벽 이래 이런 것 없도다.
백 대, 천 대 이르러도 대대로 남의 노비되네.
귀천의 형세가 억지로 정해지니, 커다란 변고로다.
천리에 어긋나도다."

그래서 한국 교과서에는 조선시대 노비가 존재했으나 서양의 노예와는 달리 자유가 많았다는 등 노비 관련 서술이 많다. 왜일까? 조선이 문명사회라는 프리즘으로 볼 때 최소한 세습노비제는 진작 없애야 했으나 그러지 못했기 때문이다. 일부 서양학자들로부터 '조선은 노예제 사회다.'[582]라는 주장까지 나오자 국내 학계는 큰 충격을 받았다. 그리고 국내학자들이 많은 연구를 통해 '질적으로 조선의 노비는 서양에서 말하는 노예와는 다른 존재다.'라는 데 이르렀고 이에 대한 연구성과를 알렸다.

오항녕 전주대학교 교수의 칼럼[583]은 조선 노비제의 추이와 노비의 평민화 정책에 대한 내용이었다. 부모 중 한쪽이 노비면 노비가 되는 조선 전기의 정책 기조는 17세기가 되면서 부모 중 한쪽이 양인이면 자식도 양인이 된다는 정책으로 바뀌었다고 서술했다. 그런데 이 칼럼에 대한 댓글은 흉흉했다. 오 교수가 스스로 밝혔듯이 공감하는 사람은 거의 없고 비난일색이었다.

'조선을 미화한 글이다.' '조선 유학자들은 대부분 수백 명의 노비를 거느리고 착취했다.'

이런 댓글을 쓰는 사람들은 '오 교수가 억지로 조선이 문명하다는 논리를 펴는 것이고 억지로 합리화한다.'라고 분노했다. 그렇게 심하게 비판받을 정도의 내용은 전혀 아니었는데도 말이다. 오 교수 입장에서는 매우 억울하고 안타까웠을 것이다. 그래서 그는 한 달 뒤에 이 논란과 관련된 칼럼을 다시 썼는데[584] 그동안 많은 학자의 학문적 연구와 성과를 바탕으로 조선의 노비는 노예보다 농민에 가깝다고 주장했다. 많은 근거를 갖고 서술하여 일리가 있고 고개를 끄덕이게 한다. 재미있는 점은 오 교수는 이 주장을 펼치기 전에 댓글을 쓴 사람들에게 공감대부터 표시했다.

"댓글 중 누구도 노비제가 바람직한 제도가 아니라는 것, 청산하고 극복해야 할 악습으로 본다는 점 말이다."

이런 논란은 '조선시대는 노비제 사회'라는 일부 서양학자들의 주장에 대해 국내학자들이 나름 대응한 것이다. 노예의 실제 모습은 나라마다 달랐을 것이다. 영국령 아메리카만 하더라도 플랜테이션이 거의 없는 북부 식민지 주민들의 노예제에 대한 태도는 남부와 매우 달랐다. 분명 조선의 노비는 서구가 일반적으로 알고 있는 노예제와는 달랐다. 그럼에도 노예제에 대한 본질은 달라지지 않는다.

조선이 임진왜란, 병자호란, 사화라는 혹독한 정변을 겪으면서도 정치개혁을 이루지 못했고 그 결과 노비제 폐지 또한 적극적으로 추진하지 못한 것은 부끄러운 역사다. 당시 조선의 노비제는 점점 약화되고 소멸되어 가는 과정에 있었다. 애민군주였던 정조가 말년에 노비의 문제점을 인식했고 아들 순조에 의해 1801년 '공노비 철폐'가 시행됐다. 또한 1886년 노비세습제 폐지에 이어 1894년 갑오개혁 때에서야 노비제가 전면 폐지됐다. 이때는 늦어도 너무 늦은 조치였다.

1885년 조선을 다녀간 러시아의 다데슈칼리안 공후가 이렇게 말했다. 가장 근대화에 뒤처졌다는 러시아마저도 조선을 박하게 평가했다.

"노비제도는 주민들의 사기를 완전히 저하시키는 이 왕국에서 가장 추한 현상들이다. (…중략…) 이들은 일생 동안 일만 해야 하며 그 어떤 인간적인 권리나 어떤 소유권도 인정받지 못하고 있었다. 모든 노비 소유자는 자신이 소유하고 있는 노비들의 생사를 마음대로 처리할 수 있었다."[585]

오스터함멜 교수가 쓴 거대한 역사물인 『대변혁 3: 19세기의 역사풍경』에 조선은 아주 미미하게 언급된다. 경제, 문화, 국력, 사회 전반에 걸쳐 쪼그라들 대로 쪼그라들어 '축소국가'가 된 조선에 관해 다른 역사책에 비해 좀 더 실으려 노력을 많이 한 책이다. 그는 유독 노예제 부문은 『하버드 저널』을 인용하며 19세기 초기의 노예제는 세계 모든 지역에서 중요하게 다루는 이슈가 아니었지만, 조선의 상황은 달랐다고 기술했다.

"중국과 일본에서는 언급할 만한 노예제 노동관계는 존재하지 않았으나 조선은 상황이 달랐다. 조선은 일본의 영향을 받아 1894년에야 노예제를 폐지했다."[586]

나는 이 글을 보고 얼굴이 화끈거렸다. 사실 이런 글을 부가적으로 쓰는 것 자체가 부끄러운 역사 중 하나이기 때문이다. 사실상 어느 나라나 아니, 오늘날도 법적인 신분차별은 없더라도 현실적 차별은 여전하다.

'사람 위에 사람 없고 사람 밑에 사람 없다.'라는 것은 명제일 뿐 현실은 그렇지 않다. 일등 시민이 있고 이등 시민이 있다. 인권은 하늘로부터 부여받은 천부의 권리라는 개념은 유럽의 기독교 문명에서 탄생했다. 그들 역시 피비린내 나는 투쟁을 통해서 인권을 얻어낸 것이다. 그래서 '인권'이라는 두 글자에서는 늘 피 냄새가 난다. 그 결과 시민의 권리는 점점 확장됐지만 모든 인간을 다 아우르지는 못했다. 그리고 여전히 지금도 차별이 존재한다.

'우리도 똑같은 인간이다.'

절규에 가까운 난민의 외침이다. 미국에서 편견과 혐오에 시달리는 흑인과 일본에 거주하는 재일 한국인 또한 마찬가지다.

법적인 신분차별 금지와 제도의 확립은 근대 국가의 출발점이었다. 고종 시대 군대와 의병들 사이에서 생긴 신분 문제와 당시 법원의 방침 등 온갖 곳에서 신분차별로 인한 잡음이 터져나왔다.

## 무너진 군대기강

세 가지 사례를 살펴보자. 첫 번째 사례는 군대에서 발생한 신분 문제다. 1882년 6월 임오군란의 배경이 되는 별기군은 1881년 일본군 장교를 초빙하여 사관장교 80명을 양성했다. 중대 규모도 안 되는 군대를 신설하여 훈련을 시켜야 하는데 재정이 없어 구식 군대에 봉급을 주지 못해 사달이 났다. 여기서 임오군란에 대한 자세한 내용은 생략하고 신분차별이 갖는 문제점만 집중해보자. 무관 자제 중에서 선발한 사관생도들은 자신들이 양반 신분임을 자부하면서 교관인 참령관(소령) 우범선(우장춘의 부친)이 평민이라며 그를 업신여겨 명령에 복종하지 않았다. 근본 없는 자가 벼락출세해서 명령을 내린다는 것이다. 조선군은 기본적인 물자 보급도 문제였지만 기초적인 규율조차 없어 성과를 낼 수 없는 힘든 구조였다. 걸핏하면 훈련지를 이탈했고 평민인 상관에게 지시받는 것을 꺼려 했다.

이런 상황이라 우범선도 양반 출신 부하들 앞에서 군기를 세울 수 없었다. 훈련도 시킬 수 없고 치욕감마저 느낀 우범선은 사표를 내고 군대를 떠났다. 허수아비 상관 노릇을 더는 견디기 어려웠던 것이다(청이 조선에서 별기군을 부흥시킬 때 그를 다시 교관으로 초빙하는 건 나중 일이다). 근본 없는 똥군기, 신분이 군대의 기강을 깔아뭉갠 것이다. 기강이 무너진 군대는 아무리 좋은 교관과 훈련 프로그램이 있더라도 훈련을 제대로 할 수 없으니 유명무실할 수밖에 없다. 각자가 자신의 배경과 관계없이 누구라도 높은 계급에 오를 수 있고 그 계급에 맞춰 동일한 의무와 동일한 권리를 갖는다. 양반들은 그러한 근대적인 군대 체제를 이해하지 못했고 받아들이려고 하지 않았다. 그러니 조선에 제대로 된 군대가 있었겠는가. 적의 총알은 양반과 상놈을 가리지 않는데도 말이다.

신분차별은 자질이 뛰어난 하층민이 능력을 발휘할 기회를 막을 뿐만 아니라 사회의 잠재력까지도 갉아먹는다. 신분차별은 사람의 발목에 채워진 사슬과도 같았다. 자기가 가진 것을 지키고자 하는 기득권이 권력을 쥐고 있는 한 세상은 쉽게 변하지 않는다. 사람들은 수십 세대에 걸쳐 구축한 것들에 대해 목숨이 위험에 노출될 때까지 잘 바꾸지 않으려는 습성을 갖고 있다.

### 의병과 신분 갈등

두 번째 사례는 의병들의 세상에서 찾을 수 있다. 그들에겐 신분차별이 없었을까? 1895년 민중전의 비극과 단발령이 겹쳐 일어난 을미의병 당시 가장 큰 장애물은 신분갈등이었다. 1895년 12월 24일(음력) 유인석의 의병대는 한때 3,000명을 넘었으며 제천, 충주, 단양, 원주 등지를 중심으로 중부지역 일대를 석권하면서 기세를 크게 떨쳤다. 그러나 전투에서 큰 역할을 하지 못했던 양반 유생들이 신분을 내세워 조직에서 지휘관을 차지하면서 문제가 발생했다. 의병장 유인석이 자신의 친구이자 양반인 안승우에게 무례하게 굴었다는 이유로 충주성 전투에서 큰 공을 세운 평민 지휘관 김백선을 처형하는 사건이 일어났다. 그 사건은 전쟁터에서 흔히 있는 일로부터 시작됐다.

"김백선은 일본군 진지를 공격하던 중 원군이 오지 않아 패배하자 원군을 보내지 않은 중군장 안승우에게 거세게 항의했다. 그런데 유인석은 군기를 문란했다는 죄목으로 오히려 김백선과 그의 아들까지 처형했다."[587]

이게 군기문란이라니? 결국 이 사건으로 의병의 사기가 급격하게 떨어지면서 제천의 의병활동은 쇠퇴하고 말았다. 유인석은 인류의 질서인 엄격한 반상제班常制에 의한 왕조체제를 수호하기 위해 의병을 일으켰다. 유인석은 그의 세계관을 문답 형식으로 쓴 『우주문답』에서 다음과 같이 말했다.

"서양이 주장하는 평등과 자유라는 말은 어지러운 싸움을 부르는 칼자루와 같다. 평등하면 질서가 없고 질서가 없으면 어지럽다. 자유가 있으면 다투게 된다."

"옛법이 나라를 망친다고 하는데, 나라가 망하는 것은 개화된 후에 일어나는 일이다. 옛법으로 망한다고 해도 개화로 더럽게 망하는 것과는 같지 않다."

그렇다고 유인석이 꽉 막힌 사대부는 아니었다. 서양의 기술을 수용하고 신분제의 개혁을 주장하기도 했다. 하지만 그는 서양 문명을 문명으로 인정하지 않았다. 이런 가치관에서 양반과 상놈의 위계는 하늘이 부여한 변치 않을 절대 질서였다. 의병義兵이 왜 의병인가? 의義라는 올바름을 추구한다고 해서 의병이다. 의병 부대에서 이런 절대 가치를 허무는 일은 그에게는 용납할 수 없는 패륜이었다. 부패한 무리를 몰아내고 체제를 개혁하자는 의병조차도 이런 정도였다. 조선인의 마음속 깊이 왕조에 대한 전근대적인 충성과 신념에 따른 철저한 신분제가 그들 안에 각인되어 있었기 때문이다. 실제로 유인석은 국내에서 의병이 실패하자 의병을 키워 망해가는 나라와 천하의 도의道義를 다시 일으켜 하늘의 태양이 다시 밝도록 만들겠다며 결연하게 압록강을 건너 요동으로 망명했다. 그리고 그가 주력한 일은 '공자 사당을 지어놓고 제사에 정성을 들이고 농사에 열중'하는 것이었다. 개인적으로 신념을 지키는 모습은 아름다울지 몰라도 500년 전의 낡디낡은 그의 사고방식으로는 개혁은 불가능한 일이었다.

이렇게 체제를 개혁하겠다고 일어난 저항군의 사고가 기득권을 가진 사람들과 동일한 신분 질서의 의식을 갖고 있었으니 혁명이 어떻게 성공할 수 있었겠는가. 평민 출신의 의병들은 용감하게 싸웠고 용감하게 죽었다. 그것이 자신들을 위해서가 아니라 양반의 권위와 가치관을 지키기 위해서였다면 의병항쟁의 명분은 지속될 수 없었다. 시간이 흐르면서 의병의 시위는 점점 열기를 상실해 갔다. 사실 동학의 주장을 자세히 들여다보면 혁명적인 내용을 찾아보기 힘들다. 마음속 깊이 각인된 신분차별과 왕조에 대한 믿음부터 해체되지 않고는 근대화가 불가능하다는 것을 보여주는 한 사례다.

### 법무부 훈령과 조병갑

세 번째 사례는 당시 법무부의 훈령에 나와 있는 강고했던 신분제에 관한 훈령이다. 동학농민운동이 일어난 원인 제공자로 청일전쟁의 빌미가 됐던 탐관오리의 전형인 고부군수 조병갑의 사례다. 동학이 일어나자 파면되어 고금도로 유배됐으나 1년 2개월 뒤 1895년 7월에 석방됐다. 유배는 결국 '눈 가리고 아웅'이었다. 더욱더 납득할 수 없는 건 동학의 트리거인 조병갑이 다시 중앙관료로 기용됐다는 점이다. 뇌물이 중간 고리 역할을 했을 것이다. 이는 조선의 전통에서 벗어난 일이다. 일례로 세종 때 27년간 정승을 지낸 청백리의 표상인 황희의 차남 황보신은 뇌물을 받은 죄로 관직에서 파면되고 전답을 몰수당했다. 이뿐만 아니라 그 자손들의 과거 응시조차 금지될 정도로 엄격했다. 89세의 황희가 죽기 전 손자뻘 왕 문종에게 아들의 죄를 용서해달라고 간절하게 탄원하고서야 사면을 받았다. 그럼에도 황보신의 사위와 아들들은 관직을 얻지 못했다.

민중전의 비극적인 죽음과 러시아 대사관으로 망명한 후유증을 수습하고자 '고종 2기' 체제인 '대한제국'을 꾸려 변화와 혁신으로 새로운 나라를 만들겠다는 고종의 다짐은 과연 진심이었는지 의심이 들 정도였다. 고종은 여전히 민심과 시대에 역행하는 미봉책만 고수하고 있었다. 왕은 그가 기용한 사람으로 평가받는다. 고종의 총애를 받은 조병갑은 다시 1898년 대한제국 고등재판소 판사로 임명됐다.

1898년 7월 동학 2대 교주 최시형이 고등재판소에서 사형 선고를 받았는데 이때 재판부 판사가 조병갑이었다. 어떻게 이런 일이 벌어질 수 있을까? 이러한 '운명의 아이러니'를 낳게 한 토대는 1898년 대한제국의 법무부가 예하 재판소에 하달한 다음과 같은 취지의 훈령에 나타나 있다.

"귀천의 분수를 밝히는 것은 천지의 도리이며 이것이 바로 개화다. 아랫사람이 윗사람을 범하고 천한 놈이 귀한 신분을 능멸함에 대해선 죄가 무거운 자는 주살(誅殺, 죄를 물어 사형)하고 가벼운 자는 징역에 처하여 결코 용서하지 말라."[588]

간혹 판결 하나가 시대의 얼음을 깨는 쇄빙선 역할을 하기도 한다. 재판부가 신분차별이라는 강고한 관습에 구멍을 내는 송곳과 같은 역할을 했다면 시대와 어울리지 않은 전근대적 관습들이 법원 판결로 마침표를 찍을 수 있었을 것이다. 그런데 대한제국의 훈령은 시대 변화에 발맞춰 제도 개선을 하기는커녕 '귀천의 분수를 밝히는 게 개화'라 하면서 엄단을 내려 사회를 더 꽁꽁 얼어붙게 만들었다. 나중에 신분차별 철폐의 법률화도 늦었지만 후속 조치 또한 궁색하기 그지없었다. 이처럼 반상제는 여전히 대한제국에서 엄청난 위력이 있었다. 반상제는 조선이 오랫동안 구축해온 문명이었다. 이처럼 보편적 규범이자 윤리라고 믿었던 가치들이 시대와 어긋날 때 얼마나 폭력적이고 퇴행적인지를 보여주는 대목이다.

## 2
# 봉건사회에서 신분제가 폐지된 근대사회로 전환

### 유럽의 군주제 폐지 과정

서구는 어떻게 신분해방이라는 어려운 난제를 해결했을까?

시민혁명과 산업혁명이라는 '이중 혁명'은 유럽이 비약적인 성장을 이루는 토대가 됐다. 유럽 또한 많은 고통과 피의 대가를 지불하며 점진적으로 발전을 이뤄냈다. 혁명 중에서 유일하게 대大 자가 들어간 프랑스 대혁명은 1789년부터 수많은 반동과 혁명이 번갈아가며 일어났고, 1871년 프로시아에 패배할 때까지 근 100년이나 걸린 장기적 사건이었다. 단언하건대, 제 목숨이 위태롭지 않은 이상 기득권층은 스스로 특권을 내려놓지 않는다. 그들은 대부분 자신이 속한 계층의 이익을 위해 일한다.

어느 문명이나 고귀하게 태어나 부유하게 자란 자 중에서 고귀하지도 않고 부유하지도 않은 사람들을 위해 사는 사람은 극소수다. 이런 예외적인 정치가가 개혁적인 의지를 갖추고 정책을 내놓을 수 있을지라도 주변 기득권의 반대를 뚫고 실행하기란 쉽지 않은 일이다. 다른 동조자들과 함께 지속적으로 개혁을 추진해야 하는데 기득권층 대부분은 그럴 의지가 없다. 선구자가 아닌 이상 자기가 속한 기득권층 안에서 안락하게 헤엄치고 싶어 하지, 자신의 삶을 내걸고 개혁을 하겠다고 생각하지 않는 게 인간이다.

청교도 혁명이 일어난 후 1649년 영국의 찰스 1세는 마지막 유언을 남겼다. "짐이 분명히 밝히건대, 신민과 통치자란 완벽하게 다른 존재다. 만약 짐이 모든 법률을 좌지우지하는 검의 힘으로 독단적 정치를 했다면 여기 올 필요도 없었을 것이다. 그래서 짐이 분명히 밝히건대, 짐은 국민의 순교자다!"

찰스 1세는 사형을 당하는 순간에도 어떻게 왕과 신민이 같은 존재일 수 있는지 의문을 표하며 그건 절대 불가능하다고 말했다. 너무 당당히 죽는 바람에 사형을 내린 사람들조차 잘못 판결을 내린 게 아닌가 의구심을 가졌을 정도였다. 그럼 우여곡절 끝에 그 후손에게 다시 왕권이 돌아왔을 때, 그들은 국민을 위한 통치를 했을까? 그렇지 않다. 찰스 1세 사망한 후 크롬웰이 집권한 10여 년간 망명생활을 하던 찰스 2세가 다시 왕으로 복귀했다.

찰스 2세는 우리의 '정이품송'의 일화보다 더 극적이게 '로열 오크'로 인해 목숨을 구했다고 한다. "(1651년 내전 당시 찰스 2세가) 하루 동안 숨었던 나무다. 무성한 나뭇가지와 튼실한 줄기는 의회군에 쫓기던 찰스와 시종을 너끈히 숨겨주었다. 왕당파였던 집주인도 찰스의 소재를 밝히지 않았다."[589]

왕으로 복귀한 찰스 2세는 '로열 오크'를 잊지 않았지만, 자신의 아버지를 죽인 크롬웰도 잊지 않았다. 그는 아버지가 처형된 1월 30일에 이미 죽은 크롬웰의 머리를 잘라내 창에 꽂아 웨스트민스터 홀 바깥에 세워두었고 사형을 주도한 26명에게 줄줄이 교수형을 내렸다. 이때 그는 찰스 1세의 처형 판결에 관여한 재판관의 명단을 만들었다. 이것이 오늘날 '블랙리스트'의 원조가 됐다. 여기서 '블랙'이란 사악하다는 뜻이다. 비록 눈엣가시 같은 위험인물들을 제거하거나 불이익을 주기는 했지만 아버지처럼 절대군주제를 계속할 경우 자신도 위험하다는 걸 알고 귀족들과 협의하며 통치했다.

하지만 그의 후임인 동생 제임스 2세는 조금도 거리낌 없이 법률을 유린하고 주요 요직에 가톨릭교도를 중용하는 방식으로 귀족들과 대항하다 1688년 명예혁명으로 다시 왕위를 잃고 말았다. 영국은 안정적인 입헌군주제를 갖추고 네덜란드인 왕을 수입했고 왕은 국가수반이라는 상징 이상이 될 수 없었다. 명예혁명이 일어난 이후에는 왕권신수설은 영국에서 다시 거론될 수 없었다. 당시 유럽대륙의 군주들은 영국왕이 권력도 없고 권위도 없는 '허수아비 왕'이라며 손가락질했다. 훗날 손가락질한 그들 후손들이 비참하게 종말을 맞이했으니, 역사의 아이러니다. 영국은 명예혁명 이후 정치적 안정과 관용적인 사회를 구축하여 앞으로 나갈 준비를 마쳤다.

한 세대 뒤에 프랑스의 계몽철학자인 볼테르는 영국의 놀라운 변화를 목격했다. 신분차별이 있던 1721년 볼테르는 어느 연회에서 직위 높은 귀족에게 대놓고 말대꾸하다가 하인에게 얻어터지고 말았다. 격분한 볼테르가 귀족에게 결투를 신청했다가 다시 바스티유 감옥에 갇히는 신세가 됐다. 그러나 프랑스 정부로서도 볼테르같이 유명 인사를 감옥에 오래 가두는 것은 정치적으로 큰 부담이었다. 결국 그는 프랑스를 떠나는 조건으로 풀려나 영국으로 망명했다. 볼테르는 3년여 간 영국에서 생활하던 중 뉴턴의 장례식에서 크나큰 충격을 받았다. 뉴턴이 세상을 떠난 1727년 볼테르는 평민인 뉴턴의 장례식이 국장으로 치러지는 것을 보게 된다.

"볼테르는 왕의 목을 날린 영국 귀족들이 일개 수학 교수의 관을, 그것도 왕족들이 묻히던 웨스트민스터 사원에 운구하는 것을 보고 목격하고 충격에 빠진다. 여기서 뉴턴의 저서 『프린키피아』가 그저 수학이나 물리학의 교과서가 아니라 구체제를 무너뜨릴 시대정신임을 간파한 그는 뉴턴 역학을 프랑스로 이식시키기로 결정한다."590

그는 한 과학자의 죽음을 국가적으로 애도하는 영국의 분위기에 깊은 감명을 받았고 뉴턴의 사상에서 프랑스를 개혁할 길을 찾았다. 2년 뒤 프랑스로 돌아온 볼테르는 뉴턴을 소개하는 데 매우 적극적이었다. 이는 장차 프랑스 혁명으로 이어지는 프랑스 계몽주의의 시작이 됐다.

프랑스는 어떤 상황이었나? 1815년 나폴레옹의 몰락과 오스트리아, 영국 등 주변 강국들의 도움으로 왕권을 되찾은 루이 16세의 동생인 루이 18세가 정신을 바짝 차리고 국정에 임했을까? 루이 18세(재위 1815~1824)는 혁명을 거친 프랑스가 구체제로 되돌아갈 수는 없다는 것을 깨닫고 비교적 온건하게 입헌군주정의 틀에 맞춰 프랑스를 이끌었다. 하지만 그를 둘러싼 왕족과 귀족 중 상당수는 혁명 전과 같은 절대왕권 체제로 다시 돌아가야 한다고 생각했다.

루이 18세가 10여 년 만에 자식 없이 죽자 동생인 샤를 10세에게 왕위가 돌아갔다. 샤를 10세는 기다렸다는 듯이 망명 귀족이나 혁명 피해자의 재산을 보상하는 보상법의 도입과 가톨릭의 권위를 모욕하는 자를 응징하는 신성모독 법률을 제정했다. 더 나아가 의회를 해산하고 출판의 자유를 제한하는 전제적인 군주제의 부활을 추진했다. 그의 머릿속에는 부르주아와 권력을 나눌 생각이 아예 없었다. 결국 1830년 7월 혁명에 의해 샤를 10세는 다시 한번 망명길에 오르게 됐다. 이에 대해 오스터함멜 교수는 군주제의 소멸은 '길고 고통스러운 과정'이라고 표현했다.

"군주제는 루이 16세의 참수와 함께 기반을 상실했다고 여러 평자가 지적하고 있거니와 그 소멸의 과정은 길고 고통스러웠다."591

왕이란 존재는 자신만이 권력을 가질 수 있고 통치할 수 있다는 생각과 행동을 품고 있다. 권위는 생득권, 선천적으로 부여되는 것이지 획득되는 게 아니라고 믿었다. 그렇다 보니 그의 후손들조차 목숨을 잃은 아버지와 같은 생각을 하고 부친의 노선을 계속 반복함에 따라 사회적 모순은 커졌다. 사람들은 절망을 경험했다. 그들은 반복해서 국민을 탄압하다 시차를 두고 자신의 왕궁에서 쫓겨났다. 어떻게 해볼 수 없는 상황에 부닥치기 전까지 왕관을 쓴 자는 자신의 특권을 포기하지 않는다. 심연深淵 속에 깊이 뿌리내린 핏줄에 대한 확신. 그게 왕이 가진 본성이다. 왕은 절대반지에 대한 관성을 벗어나지 못하는 존재다. 조선은 500년 동안 단 한 번도 '왕이 없는 세상'을 꿈꿔본 적조차 없는 불모의 땅이었다.

### 전통적인 농업사회와 갑오개혁

조선의 신분제도는 낙제 수준이었다. 1894년이 되어서야 갑오개혁으로 신분제도를 폐지하고 인신매매를 금지했다. 하지만 하나의 정책이 결정됐다고 해서 효과가 저절로 나오는 것은 아니다. 뒤이은 을미사변, 아관파천 등 정치적인 회오리 속으로 빨려 들어가면서 조선이 안고 있는 본질적인 문제의 해결은 뒤로 미루어질 수밖에 없었다. 특히 양반의 반발이 심해 정부는 양반이 새로 노비를 삼는 것을 금한다는 뜻으로 법령을 축소했다.

"신분제의 더 넓은 저변을 이루는 양반과 상놈의 차별, 곧 반상제에 대해선 손도 대지 못했다."[592]

그 후 신문화의 수입과 함께 국민의 의식이 높아지면서 신분제의 악습이 사라지기까지는 아주 오랜 시간이 걸렸다. 사실 조선은 꽤 선진적인 부문도 있었는데 다른 나라에 비해 신분해방이 가장 늦게 이뤄진 이유는 무엇이었을까?

조선은 먹고사는 것이 최우선인 전통적인 농경사회였다. 그리고 지식을 독점한 선비士가 국가 운영을 맡는 사농공상의 신분 시스템 사회였다. 그다음으로 가장 최고 자리에 농農이 자리했고 다음이 장인들의 공工이었다. 상업은 농과 공의 생산활동에 기생하여 먹고사는 천한 것으로 여겼다. 조선은 경제발전의 원동력인 기술의 개발과 축적이 불가능한 사회였다. 경세제민 사상과 사농공상의 신분체제에 따라 정치와 경제 시스템의 운영은 사士가 맡았다. 상공인들이 부를 창출할 기회와 여건이 형성되지 않은 탓에 농업 이외에 거둘 수 있는 세원이 거의 없었다. 농경사회는 당시 생산성이 낮아 9명이 일해 10명이 먹고사는 사회였다. 가뭄이나 태풍이 심해지면 농사짓기 어려운 천수답이라 날씨에 따라 재정 변동성이 심했다.

조선은 신분해방이 이루어지지 않고 상공인에 대한 합당한 대우가 없었기에 부자가 될 기회가 아예 차단된 사회였다. 시장지향적 개혁을 통해 부유한 나라를 만들 수 있는 유일한 길이 있었는데도 사대부의 주도 세력 중에는 이런 통찰력을 가진 사람이 거의 없었다. 산업기술을 발전시키고 생산을 늘리고 무역을 통해 교류하는 일이야말로 조선의 미래를 만들어가는 새로운 길이었다. 하지만 이를 구축하려 하지 않고 여전히 농업만이 살 길이고 유일한 길이라고 믿었다. 유발 하라리는 저서 『사피엔스』에서 '농업혁명은 사기'라고 했다. 작가 오후는 농업을 미신이라며 재미있게 묘사했다.

"나는 농경을 실수나 사기라고 생각하지 않는다. 나는 농경을 '인류 최대의 미신'이라 생각한다. 실수라는 표현에는 '우연히 어쩌다 한 번'이라는 의미가 포함되어 있다. 사기라는 건 '사기 치는 사람이 그것이 거짓말인 줄 알 때 성립'한다. 하지만 농경은 둘 다 아니다. 농경은 제대로 자리 잡기까지 1,000년 이상 걸렸다. 그사이 농경을 시도한 사람들은 최소한의 생활도 보장받기 힘들었다. 농경을 한 이들은 신념으로 가득 차 있었다. 적어도 지도자들은 그랬을 것이다. 그들은 사람들에게 더 나은 삶을 약속하며 자신도 정말 더 나은 세상이 될 거라 믿었다. 그들은 스스로도 그 사기를 믿었기에 자신이 사기를 치는지도 몰랐다. 그들에게는 근거가 없었다. 그들이 아는 것은 콩 심으면 콩이 난다는 것뿐이었다. 하지만 그들은 믿었다. 농경이 더 풍요로운 삶을 선사해줄 것을."[593]

그렇다. 조선의 사대부는 신념으로 가득 차 있었다. 농업을 천하지대본으로 삼는 것이 조선이 나아갈 유일한 길이라고 여겼다. 진심으로 그렇게 믿었다. 자신들이 후손들의 삶을 망친다는 것조차 모르고 자신들이 아는 한 과거에도 그랬고 지금도 그랬고 미래에도 그럴 것으로 생각했다. 당시 조선인의 적은 조선인이었다. 조선은 스스로 파멸의 길을 향해 달려가고 있었다. 적은 외부가 아니라 사대부의 머릿속에 있었다.

지금은 다 아는 상식이지만 대외 무역은 단순히 물자의 유통만으로 끝나지 않는다. 문화, 기술, 정보의 교류가 활발해지면서 이런 것들이 나라를 부유케 하는 기반이 된다.

### 갑오개혁 신분제 폐지

갑오개혁으로 인해 신분제 철폐에 대한 법적 토대가 생겨났고 근대적 교육제도도 도입됐다. 갑오개혁은 일본을 등에 업은 '타율적 개혁'으로 출발했다. 그러나 신분제 폐지와 같은 중대한 정책은 평등사상을 주장하는 동학농민운동도 영향을 끼쳤다고 학계는 분석한다. '아래로부터의 개혁'이 요구하는 바도 수용한 것이다.

신분제 폐지와 새로운 교육 시스템은 철저한 준비를 통해 점진적이고 지속해서 추진해야 한다. 이러한 정책이 성공하기 위해서는 일관성 있게 추진해 나가면서 지원을 아끼지 않아야 한다. 그런데 너무 많은 의미를 함축하고 있는 신분제 폐지라는 엄청난 개혁을 실행하면서 조선 정부는 시간을 두고 충분히 숙성시키지 못했다. 늘 그렇듯 조급한 개혁은 실패로 이어진다.

여기에 삼국 간섭 이후 러시아 세력을 배경으로 고종은 1895년 6월 25일에 "작년 6월 이후의 칙령과 재가는 모두 내 의사에서 나온 게 아니기 때문에 철회한다."라는 교지를 내려 갑오개혁의 성과를 전면적으로 부정했다. 그로부터 3개월 후 민중전 시해사건이 발생하면서 정국은 또 한 번 뒤집혔다. 이제 신변마저 위태로워진 고종이 러시아 대사관으로 숨어들어 가는 희대의 코미디 같은 일이 벌어졌다.

더 슬픈 것은 대한제국의 창건이라는 정치적 이슈로 인해 전 국민 교육이나 신분해방을 실제화하기 위한 추가적인 제도보완 같은 정책을 추진하는 일이 불가능했다는 점이다. 이미 개혁을 추진하던 김홍집, 어윤중, 정병하는 죽임을 당했고 유길준 등은 일본으로 망명했다. 새 제도가 활짝 꽃필 수 있도록 중앙정부와 지방 행정력이 함께 완벽을 기해도 시간이 걸리는 일인데 왕 자신이 제 몸 하나 지키기 힘든 정국이었으니 개혁은 좌초될 수밖에 없었다. 이처럼 신분제 철폐는 법률을 선포한다고 해서 쉽게 이뤄지지 않는다.

그럼에도 신분제 철폐라는 출발 테이프를 끊었다는 것은 의미가 있다. 송구영신의 순간을 맞이하며 사람들은 설레는 마음으로 과거에서 미래로 건너간다. 그래서 어느 문화권에서건 이 시간을 특별하게 기념한다. 그러나 신분해방은 두 가지 얼굴을 하고 있어 법률이 제정됐다고 해서 그렇게 '짠!' 하고 넘어갈 수 없다. 누군가에게는 희망이지만 기득권자에게는 엄청난 불안과 공포심을 유발하기 때문이다. 기득권의 강력한 저항을 넘어서서 구습을 타파하고 성과를 내기 위해서는 제도와 정책의 보완이 끊임없이 이뤄져야 한다.

다시 말해 장기적으로 추진해 나가야 할 과제로 높은 수준의 품질관리가 사전적으로는 물론 사후적으로 이뤄져야 가능하다. 어느 나라나 뿌리깊은 관습과 편견의 뿌리를 뽑아내고 새로운 제도를 정착시키기 위해서는 많은 우여곡절을 겪게 마련이다.

### 법 위의 인습 신분차별

인도에서는 오늘날에도 지참금을 둘러싼 살인과 가정폭력 등이 사회문제가 되고 있다. 여자를 낳는 일은 곧 경제적 부담으로 작용하여 남아 선호 현상이 심각하다. 인도 정부는 문제의 심각성을 인지하여 1961년 지참금 금지법을 도입했다. 하지만 지금까지도 근절되지 않고 있다. 이처럼 '법 위의 인습'은 뿌리가 깊어 지금까지도 비극을 초래하고 있다. 신분철폐 역시 오랜 인습이기에 엄격하게 처벌해도 쉽게 사라지지 않는다. 하물며 갑오개혁은 신분차별 폐지법을 도입했으나 신분차별이 폐지되는 사회가 도래하기까지는 너무 요원했다.

미국의 사례를 살펴보자. 1860년대 링컨의 노예해방 정책으로 남북전쟁이 발발하고 북부의 승리로 끝났지만 결국 링컨은 암살당했다. 링컨 대통령 사후 1865년 12월 노예제가 공식 폐지됐지만 흑인에 대한 차별은 끈질기게 살아남아 100년이 지난 1960년대까지도 사라지지 않았다. 지금도 미국 사회에선 '흑인의 목숨도 중요하다Black lives matter.'라는 캐치프레이즈를 건 저항운동이 벌어지고 있을 정도로 여전히 흑백차별이 존재한다. 이에 대해 퓰리처상 수상 작가인 이저벨 윌커슨은 2022년 『카스트』라는 책을 통해 백인은 '특혜받는 카스트, 상류 카스트', 아시아인과 라틴계는 '중간 카스트', 아프리카계 미국인과 흑인은 '피지배 카스트, 최하위 카스트'로 극명하게 나뉠 정도로 미국에서도 사실상 카스트 체제가 존속하고 있다고 주장했다. 전쟁을 통해 노예해방과 투표권 등에서 진전이 있었다. 하지만 법적인 보호 장치가 되어 있음에도 흑인에 대한 심리적 차별은 쉽게 없어지지 않았다. 개혁은 '자기 존재의 조건을 바꾸는 행위'라 하지 않던가.

1802년에 설립된 미 육군사관학교인 웨스트포인트는 1877년에 첫 흑인 생도를 배출했다. 헨리 오시언 플리퍼는 1856년 조지아주에서 노예로 태어나 남북전쟁 중에 노예해방이 되어 애틀랜타대학교를 다니고 웨스트포인트에 입학했다. 이미 네 명의 흑인 생도가 있었지만 그만이 신분차별의 어려움을 극복했다. 그는 흑인으로만 구성된 제10기병연대로 배치됐다. 미군이 인종 구분을 폐지하고 한 부대로 통합한 것은 1948년이다. 실제로 흑백 병사가 한 부대원이 돼 참가한 전쟁은 6·25전쟁이 처음이었다. 링컨이 암살당할 정도로 목숨을 걸고 강력히 밀어붙인 노예해방조차 엘리트 교육에 적용하여 뿌리내리는 데까지 100여 년의 시간이 필요했다. 1963년 흑인 운동가 마틴 루터 킹 목사는 거대한 인종 간극이 한 세기가 지나도 여전히 봉합되지 않았다고 선언했다.

"100년 전 한 위대한 미국인 에이브러햄 링컨 대통령이 노예선언을 했다. (…중략…) 그러나 100년이 지난 지금도 흑인들은 여전히 자유롭지 않다."

### 동일한 식민지인의 운명

앞서 살펴본 사례와 같이 인종차별인데 조선판 신분차별은 어떻게 해소됐을까? 고종 시대 조선에서 양반은 온갖 혜택을 다 누리면서 살았다. 이런 기득권을 가진 양반이 신분차별을 스스로 없애는 게 가능했을까? 어느 나라나 정치의 주체세력이 교체되지 않은 상황에서 기득권층이 스스로 자기 권리를 내려놓고 신분해방을 이뤄낸 사례는 거의 없다. 그래서 정치가 바르지 않으면 다른 것도 바를 수가 없다고 하는 것이다. 정치가 나라의 법과 제도를 결정하기 때문이다.

고종과 기득권층이 그대로 존재하는 한 국민을 위한 교육과 사회의 근대화는 요원한 일이었다. 청나라, 오스만 제국, 러시아 제국 등 왕과 기득권을 그대로 둔 채 개혁에 성공한 사례는 역사상 존재하지 않는다. 이는 인류의 역사에 비춰볼 때 절대로 불가능한 일로 영국, 프랑스, 일본처럼 나라의 근본 틀을 먼저 바꿔야만 가능한 일이었다. "새 술은 새 부대에 담아야 한다."라는 경구처럼.

한국 역시 식민지와 6·25전쟁이라는 큰 비극으로 인해 나라가 바스러지고 국토가 황폐해지면서 비로소 신분이라는 굴레의 힘이 약해지기 시작했다. 하늘은 전쟁이라는 폐허 속에서도 희망의 씨앗을 남겨준 것이다. 한반도의 실질적인 신분해방은 이 비극들로 인해 이뤄졌다. 박노자는 6·25전쟁 이전 식민지 시절에 일본은 조선인을 양반이든 상민이든 모두 '태생적으로 열등한 반도인'으로 취급했다고 지적한다.

"노비제가 이미 철폐됐던 식민지 때만 해도 노비 집안 출신은 상전 집안과 대등하게 존댓말을 쓰지 못했다. (…중략…) 전근대적 신분에 대한 기억이 완전히 사라진 것은 한국전쟁 때이지만 일정日政 때의 쓰라린 경험도 일치된 집단으로서 한국인 탄생에 영향을 미치지 않았을까?"[594]

망국인 주제에 명문가니 사대부니 평민이니 하는 게 사실상 웃기는 일이다. 일본의 입장에서 조센징은 양반이든 서민이든 백정이든 다 똑같은 식민지인이었을 뿐이다. 박노자는 이것을 조선인의 '쓰라린 경험'이라고 표현했고 이미 이때를 일종의 진보로 보았다. 조선에서 그토록 귀하게 여기던 혈통적 권위가 무너졌으니 말이다.

비록 오늘날 말하는 평등이나 박애를 의미하는 것과는 다르지만 말이다.

### 너무 늦게 이룬 신분해방

난세에 태어나 예의로써 평화로운 세상을 꿈꾸고 인간에 대한 세련된 인식을 한 공자는 신분차별을 주장한 적이 없다. 그런데 조선은 왜 끝까지 신분해방을 이루지 못했을까? "자신이 바라지 않는 것을 남에게 강요하지 말라."라는 공자의 가르침을 외면한 것인가?

당시 여성에게는 실질적인 자유가 거의 없었다. 아무리 귀한 양반의 신분으로 태어났다고 해도 교육을 받고 직업을 가질 수도 없고 정해진 대로 옷을 입고 외출할 때는 얼굴을 가린 채 집안의 기대에 맞춰 행동해야 했다. 물론 본인의 의사와 관계없이 부모가 정해주는 대로 결혼해야 했다. 일반 여성들의 삶은 더 고달팠다. 조국과 이국에서 모두 배척받아 떠도는 재일 한국인을 그린 소설 『파친코』에서는 길고 긴 디아스포라의 이면에 늘 희생하는 여성이 존재했음을 잘 보여주고 있다. 이민진 작가는 "한국 여성 대다수가 거쳐온 문맹, 가부장제, 계급 불평등이라는 봉건적 관습을 반영한 것"이라며 여성이 가족을 위해 특별한 희생을 감수해야 했음을 지적했다.

조선의 신분해방 문제는 도덕적 차원뿐만 아니라 경제적, 국방적 관점에서 볼 때도 문제가 많았다. 메이지 일본은 신분해방에 이어 보통교육과 징병제를 실시한 후 20년이 지난 1890년대에 이르러 드디어 과실을 맺으면서 비약적으로 성장했다. 이후 일본은 20년마다 거의 두 배 이상씩 가속으로 국력이 커지는 성장을 이루었다. 김태유 서울대학교 교수는 저서 『한국의 시간』이라는 저서에서 이런 상태를 한마디로 말했다.

"동서고금을 막론하고 인종과 문화를 불문하고 농업사회는 '감속하는 경제'라는 원리로 인해 착취당하는 농민이라는 신분제도를 탄생시켰다."

"주자학은 왕과 신하, 부모와 자식, 양민과 상민 간의 절대 복종 등을 가르쳐 착취를 정당화하여 수직적 위계질서의 신분 사회를 유지시켰다."[595]

신분해방을 한다고 근대화가 되는 건 아니다. 하지만 신분해방이 이뤄지지 않으면 중세사회에서 벗어날 수 없다. 일본은 메이지 유신 이후 에도시대의 사(무사)농공상의 신분차별을 하나씩 없애나갔다. 직업과 복장과 결혼이 신분의 굴레에서 떨어져 나갔다.

"신분의 벽을 무너뜨리고 동등한 '국민'으로 재편성하는 것이 근대 국가의 대전제라고 생각했기 때문이다. 1870년 9월 백성, 조닌(도시에 거주하는 상인과 수공업자)을 '평민'으로 하고, 무사의 특권 중 하나였던 성姓을 평민에게 허락했다. 그다음 해에는 머리모양과 복장을 자유롭게 했다. 신분을 뛰어넘는 결혼을 허용하고 직업 선택도 자유롭게 했다."[596]

신분제에 대한 평가를 하면 조선은 명백히 F학점이다. 전 세계의 거의 끄트머리에서 신분해방을 한 국가다. 이미 유효기간이 지난 신분제를 너무 늦게 폐지했다. 다시 말해 혈통에 의한 권위의 종말을 너무 늦게 고했다.

5장

# 필수요소 4
# 인프라스트럭처

# 1
# 한강의 기적을 만든 일등공신

### 한국의 뛰어난 교통 인프라

해외에서 그 나라의 대중교통을 이용할 때마다 우리나라의 대중교통과 자연스럽게 비교하게 된다. 공항의 모습과 이어지는 도시철도, 대중교통의 편리성 등을 살피게 되는데 사실 선진국의 대중교통 시스템에 그렇게 놀라지 않는다. 워낙 한국 대중교통 시스템이 탁월하다 보니 웬만해서는 특별함을 잘 느끼지 못한다. 반대로 한국을 처음 방문하는 외국인들은 인천공항과 서울의 지하철에 대한 만족도가 굉장히 높다. 한국에서 인상적인 시스템을 꼽으라고 할 때 꼭 빠지지 않고 등장하는 게 바로 지하철이다. 인천공항은 우주정거장 같은 외형과 깨끗함, 신속성, 다양한 시설과 환승 시스템 등을 종합평가하여 세계 1등 공항이 된 지 꽤 오래됐다. 공항은 그렇다 치고 한국의 지하철은 왜 높게 평가받을까?

「비즈니스 인사이더」의 케이트 테일러 기자가 쓴 기사에 그 비결이 담겨 있다.[597] 그녀는 오로지 서울의 지하철 시스템만을 취재하기 위해 2020년 2월 일주일 동안 서울의 대중교통을 직접 이용해보았다. 그녀는 서울의 지하철 시스템이 사용하기 쉬울 뿐더러 빠르고 깨끗하고 저렴한 것에 놀라워했다.

"일주일 동안 서울 지하철을 타봤는데요. 제가 7년 동안 경험한 뉴욕 지하철은 도저히 따라잡을 수 없을 만큼 뛰어나더군요."

한마디로 한국의 지하철이 편리성, 가격, 시설 부분에서 세계 제일의 수준이라고 평가했다. 그녀는 스크린도어, 교통약자 배려석, 한눈에 들어오는 표지판들, 짧은 배차 간격과 임산부 좌석 등 뉴욕의 지하철과 비교했을 때 다양한 부분에서 편리성과 쾌적함을 느낄수 있었다고 평가했다.

"서울 지하철은 그 가치, 청결, 적시성과 거의 모든 측정 가능한 요소에서 뉴욕시를 능가한다. (…중략…) 서울 지하철을 타면 뉴욕이 얼마나 갈 길이 먼지를 알려준다."[598]

한국의 지하철은 노선에 따라 다른 색상으로 잘 구분되어 있다. 한눈에 알아보기 쉬운 디자인으로 돼 있다. 승강장 내에도 노약자를 위한 엘리베이터, 화장실, 탑승구 안내 등 시설물에 대한 표기가 명확해 탑승은 물론 환승도 편리하게 할 수 있다. 또 현재 지하철이 어느 역에 위치해 있는지 전광판으로 알려주는 시스템은 아주 유용하다. 그녀뿐만 아니라 한국을 처음 방문한 외국인들은 서울의 도시철도에 와이파이가 무료로 제공되는 것에 놀라움을 표한다. 한국의 지하철 시스템은 너무 놀라운 수준이라 직접 경험하지 않으면 거짓말이라고 하는 경우도 많다고 한다. 사실인지 증명하기 위해 서울을 찾아 지하철을 촬영하는 유튜버들도 있고 서울 지하철을 직접 경험하기 위해 여행을 계획하기도 한다. 마치 뉴욕과 런던을 찾는 여행객들이 공연 관람을 필수 코스로 하는 것처럼 서울 지하철이 필수 코스가 된 것이다. 세계 최대 여행 정보 사이트인 트립어드

바이저가 '그 나라에 가면 관광객이 해야 할 목록' 중에 '한국의 지하철 꼭 타보기'를 꼽았을 정도다.

한국의 도로는 깨끗하고 편리하게 설계돼 있다. 너무 당연시해 도로 시스템이 엄청난 인프라임을 알지 못한다. 한국 도로 시스템 중에서 우리가 만든 컬러 유도선의 효과는 대단하다. 도로 바닥에 진행 방향에 따라서 색깔을 입혀 헷갈리지 않고 길을 잘 찾아갈 수 있도록 자연스럽게 유도한다. 매우 직관적인 방법으로 낯선 길에서도 쉽게 안전운행을 할 수 있도록 되어 있다. 이로 인해 교통사고가 16% 이상 감소하게 되면서 그 필요성과 실효성을 인식한 세계 각국에서 컬러 유도선을 수입해 사용하고 있다. 간단하고 기발한 이런 아이디어는 정말 참신하다는 평가를 받는다. 편리한 인프라는 그 국가와 도시의 수준을 보여주는 매우 주요한 지표다.

한국은 여기서 한발 더 나아가 미래형 고속도로를 완성하려고 한다. 한국판 뉴딜 10대 과제 중 하나로 2025년까지 전국 4,000킬로미터 이상의 고속도로에 차세대 지능형 교통시스템C-ITS을 설치할 예정이다. 이 시스템이 구축되면 고속도로를 주행하는 차량 간 또는 차량과 주변 인프라 간 통신을 통해 교통사고, 역주행, 급정차, 낙하물 추락 등 도로상의 위험 상황을 실시간으로 전달받아 더욱 안전한 주행 환경이 가능해질 것이다. 쉽게 말해 고속도로를 이용하는 고객에게 디지털 기반의 신규 고속도로 서비스를 제공하는 '스마트 고속도로'가 되는 것이다. 이러한 시스템 구축을 위해 도로공사는 고속도로의 설계, 건설, 유지관리에 걸친 전 과정의 디지털화를 추진하고 있다.

### 경부고속도로

오늘날 부강한 한국을 만든 '한강의 기적'을 일군 일등공신은 무엇일까? 고도성장의 비결로 한국의 교육열을 꼽았다. 모두 부모 세대의 헌신적인 교육열 덕분이다. 당시에는 시장질서 자체가 불공정해도 교육을 받은 인적 자본이 장기적으로 공급되면서 고도성장의 발판을 마련할 수 있었다. 대단한 교육열과 함께 한국 경제를 바꾼 가장 위대한 것은 바로 경부고속도로 건설이었다.

경부고속도로 건설의 발단은 서독에서부터 시작됐다. 1964년 말 서독을 방문한 박정희 대통령은 독일의 아우토반을 보고 큰 충격을 받았다. 당시 세계 2위 경제대국인 서독의 젖줄이 고속도로라는 얘기를 루트비히 에른하르트 서독총리에게 들었기 때문이다. 한국 경제발전의 기반도 바로 고속도로가 될 것이라고 확신한 박정희 대통령은 3년 뒤인 1967년 대통령 선거공약으로 경부고속도로 건설을 제시했다. 재선에 성공하면서 경부고속도로 건설계획을 실행에 옮겼다.

사상 초유의 건설사업이라 각계에서 우려의 목소리가 컸다. 경부고속도로 건설 논의를 시작할 당시는 춘궁기에 굶어 죽는 사람이 나오던 때였다. 쌀이 부족한데 농지를 훼손해서 고속도로를 건설하는 것에 여론이 들끓었다. 비료도 부족한데 차라리 그 돈으로 비료공장부터 짓자는 여론이 강했다. 게다가 공사비는 당시 1년 국가예산인 1,600억 원을 훨씬 넘는 3,600억 원이 예상됐다. 까딱 잘못했다간 나라가 거덜날 판이었다. 우여곡절 끝에 험난한 구간은 공병이 공사를 맡아 하는 것으로 공사비는 330억 원에 낙찰됐다. 당시 총공사비는 국가예산의 23%에 달할 정도로 단군 이래 최대 역사라 할 만큼 엄청난 공사였다.

박정희 대통령은 집무실에 온통 지도를 펼쳐놓고 직접 자를 대고 선을 그리면서 혼신을 다해 계획을 세웠고, 정주영 현대회장 역시 건설 현장에서 살다시피 하며 공사를 독려했다. 그리하여 착공을 시작한 뒤 원래 일정보다 1년을 단축하여 불과 2년 5개월 만에 기적적인 속도로 공사가 완료됐다. 총길이 428킬로미터, 총공사비 429억 원, 동원 인력 약 900만 명, 중장비 165만 대, 철근 5만 톤, 공사 중 사망자 77명이라는 기록을 남겼다. 또한 20년 동안 보수비가 1,527억 원이 들어간 공사였으니 배보다 배꼽이 큰 공사였다.

그때 우리는 어떤 선택을 해야 했을까? 16년 걸릴 공사를 2년 반 만에 완성한 탓에 매년 보수 공사가 예상됐다. 그럼에도 어느 정도는 날림공사가 불가피하더라도 강행했던 충분한 이유가 있었다. "경부고속도로가 수출의 대동맥이 된 이유는 그저 '건설'했기 때문이 아니라 아주 '값싸게 건설'했기 때문이다. 그 작은 차이가 수출 가격경쟁의 승패를 결정한 경우가 수없이 많았을 것이다."[599]

일본과 비교했을 때 경부 고속도로는 당시 예상 시공비의 10분의 1로 건설했다. 현대건설은 헐값 낙찰이라는 악조건 속에서 공사를 할 수밖에 없었고 20년간 유지보수비가 4배 가까이 들어갔다. 하지만 '남은 돈으로 2개의 고속도로를 건설'할 수 있었다.[600] 경부고속도로는 1968년 2월부터 1970년 7월 7일까지 2년 반 만에 완성하여 개통했다. 수많은 희생을 딛고 이뤄낸 경부고속도로는 서울에서 부산까지 비포장도로였을 때 15시간 걸리던 것을 4시간 30분에 주파할 수 있게 되면서 한국은 일일생활권이 가능하게 됐다.

경부고속도로 건설 이후 한국 경제는 세계에서 유례를 찾아보기 힘들 만큼 눈부신 고도성장을 이룩했다. 경공업에서 중화학공업으로 산업구조가 전환되면서 온 국민이 합심해 '한강의 기적'을 이뤄냈다. 변변한 공장 하나 없던 한국은 이제 세계 10대 경제대국으로 성장했다. 경부고속도로 건설계획을 발표했던 1967년 3억 달러에 불과했던 수출액은 3,600억 달러를 돌파했고 100달러 남짓하던 1인당 국민소득은 3만 달러가 넘었다.

이처럼 빠른 한국의 경제성장 배경으로 경부고속도로 건설을 손꼽는 학자들이 많다. 한국 경제를 바꾼 가장 위대한 사건 1위로 손꼽히는 경부고속도로 건설은 산업화 시대를 살아온 선배들의 피와 땀이 어려 있다. 참고로 독일의 아우토반에 감명받은 것은 박정희만이 아니었다. 최강국 미국이 각 주들을 연결하는 주간Interstate 고속도로를 깔기 시작한 것은 1956년 아이젠하워 대통령 때였다. 그는 제2차 세계대전 때 독일의 아우토반을 경험한 후 전국에 더 넓은 고속도로를 깔아야겠다고 판단하고 연방고속도로망을 건설한 것이다.

"미국이 '주간 고속도로'를 완성한 것은 1956년부터 수십 년이 걸렸고 1,000억 달러 이상의 비용이 들었다. 현재 이 도로는 8만 킬로미터에 달하며 미국 자동차 교통량의 25%를 담당하고 있다."[601]

## 2
# 근대도시 인프라 구축

    고종의 조선시대 인프라를 살펴보기 전에 당시 일류 선진국인 영국과 프랑스의 상황을 먼저 살펴보자. 앞에서도 서술했지만 대부분 서구 열강이 근대 대학을 도입하고 보통교육을 실시한 것은 1860년대와 1870년대였다. 그렇다면 도시 인프라는 어떠했을까? 구한말 처음 서울에 도착한 여행가, 외교관, 선교사들은 대부분 '거리가 지저분하다.' '더럽다.'라는 평을 남겼다. 그럼, 그들은 언제부터 깨끗하고 안전한 도시를 구축한 것일까? 선진국의 도시를 한 번 살펴보자.
    결론부터 말하면, 오늘날 매력 있는 도시 런던과 파리는 1865년과 1870년에 이르러 하수도가 설치되어 깨끗한 도시로 바뀌었다. 그 시점이 불과 얼마 전의 일이었다는 게 믿어지지 않을 정도다. 하수도의 역사는 꽤 오래됐는데 서기 100년경 로마는 하수도 기반시설을 완공했다. 로마의 토목 기술자들은 벽돌로 지하 하수도를 만들어 오물을 먼 하류로 흘려보냈다. 그러나 로마제국이 멸망하면서 로마의 하수도 시스템은 잊혔고 19세기 중엽 근대적 하수도가 탄생할 때까지 오랜 시간이 걸렸다. 우선 파리부터 보자.

### 나폴레옹 3세의 파리 대개조

"범죄와 악취가 그득하고 좁고 구불구불한 거리 (…중략…) 곳곳에 물웅덩이가 있는 진흙탕 길에는 돌멩이가 널려 있어 발에 차이기 십상이었고 길 한가운데는 정비가 시급한 도랑이 흘렀다."

영국의 문호 찰스 디킨스가 1859년에 발표한 소설 『두 도시 이야기』의 5장 「술집」 중 한 대목이다. 여기가 바로 프랑스 파리의 모습이었다. 도시 정비 전까지 파리는 전형적인 중세 도시였다. 몰려드는 사람들로 인해 난개발이 이뤄지고 대로는 거의 없었다. 디킨스가 묘사한 대로 구불구불하고 미로 같은 골목들 사이로 집이 다닥다닥 붙어 있다 보니 대낮에도 빛이 들어오지 않았다. 게다가 상하수도가 정비되지 않은 탓에 비라도 내리는 날엔 거리가 생활하수와 오수로 넘쳐나 걸어 다닐 수 없을 정도였다. 1803년 루이 레오폴드 부아이Louis-Léopold Boilly가 그린 「유료 통행」을 보면 당시 더러운 파리의 거리 상황의 한 단면이 잘 나타나 있다. 부아이는 널빤지 위를 건너가고 있는 부유층 가족을 그렸다. 왜 널빤지냐고? 발밑에서 흙탕물이나 오수가 흘러도 걷는 사람이 영향을 받지 않도록 만든 것이다.

당시 파리의 거리가 대부분 비포장도로인 데다가 하수도가 제대로 정비되지 않아서 비가 오면 오물이 뒤섞여 진흙탕이 됐다. 그래서 긴 널빤지 끝에 바퀴를 달아 진창이 된 길목에 걸쳐놓고 돈을 받고 길을 건네주는 사람들이 생겨난 것이다. 그리고 파리 사람들은 오래전부터 굽이 높은 하이힐을 신고 다녔다. 하이힐은 발을 더럽히지 않고 길을 가는 유용한 도구이자 생활의 지혜의 산물이었다. 이런 파리가 근대 도시로 변모한 것은 나폴레옹 3세 때 일이다. 그가 쿠데타에 성공해 황제에 등극하자 카를 마르크스는 논문 「루이 보나파르트의 브뤼메르 18일」에서 아주 명징한 문장을 남겨 놓았다.

"역사는 반복된다. 한 번은 비극으로, 한 번은 희극으로."

그런데 또 한 번이 '희극'이라는 확증은 있는가?

프랑스 혁명의 이념으로 무장한 나폴레옹은 유럽 전역을 휩쓸면서 시대정신을 전파했다. 하지만 그는 전제정치와 전쟁의 패배로 황제 자리에서 쫓겨나 세인트헬레나 섬에서 생을 마감했다. 그러나 30여 년 후인 1851년 나폴레옹의 조카인 루이 나폴레옹이 다시 황제로 등극했다. 그는 과거 나폴레옹의 영광을 꿈꿨다. 그는 나폴레옹의 피를 받은 조카라고는 하나 닮은 점이라곤 눈 씻고 봐도 없었다. 당시 혁명에 진저리를 친 프랑스 국민들은 "나폴레옹 시절이 좋았다."라는 말을 입에 달고 살 정도였다. "강한 국가만이 아름답다."라는 진리를 국민에게 확인시킨 그때의 향수에 편승하여 역량도 인물도 변변치 않았음에도 루이 나폴레옹이 프랑스 최초의 직선제 대통령 선거에서 당선된 것이다. 하지만 그는 3년 뒤 의회를 폐쇄하고 자기 삼촌이 그랬듯이 황제를 참칭했다.

이 무렵 마르크스는 대大나폴레옹의 실패에서 비극을 보았고 이미 낙후된 시대정신을 다시 불러와 황제가 된 그의 조카의 등장에서 희극을 발견했던 것이다. 하지만 나폴레옹 3세는 희극만을 남기지 않고 '파리의 재탄생'이라는 큰 유산을 프랑스에 남겼다. 뭐가 되는 나라들은 부패하고 무능한 자들조차 조국에 유산을 남긴다. 교황 레오 10세는 면죄부를 팔아 베드로 대성당을 짓고 온갖 사치스러운 예술품을 들여와 종교개혁을 유발했으나 베드로 대성당은 오늘날에도 수많은 관광객을 끌어들이고 있다.

나폴레옹 3세는 『레미제라블』의 배경이 됐던 1830년대의 바리케이드의 역사나 1848년의 봉기를 잊지 않았다. 시민들이 다시 봉기를 일으켜 자신을 왕좌에서 끌어내릴까 봐 늘 걱정했다. 그는 '파리의 근대화'라는 미명 아래 미로들을 없애고 대로를 건설했다. 시민들이 다시는 바리케이드를 치고 혁명이 일어나지 않는 도시를 건설하고자 한 것이다. 당시 파리의 큰 길들은 서로 연결되지 않은 상태였고 좁은 골목길은 미로처럼 얽혀 있는 중세 도시 상태였다. 그는 왕궁을 빼놓고는 공원 하나 없는 파리를 유기적으로 연결된 도로망과 넓은 녹지를 가진 런던처럼 만들고 싶어 했다.

그가 망명 생활을 하며 머물렀던 런던은 좋은 모델이 됐다. 그의 꿈은 조르주외젠 오스만 남작(1809~1891)을 파리 지역 도지사로 임명하면서 실현되기 시작했다. 오스만 남작은 1853년부터 1870년의 약 20여 년에 걸쳐 체계적으로 '파리 대개조 사업'을 진행했다. 드골광장을 중심으로 12개 대로가 방사형으로 퍼져나간 오늘날의 파리 구조를 만드는 거대한 공사였다. 토지를 징발하고 방해가 되는 무허가 주택을 강제로 철거하는 등 불도저 방식으로 파리 대개조 사업을 벌였다.

우선 그는 당시 생겨나기 시작한 기차역과 주요 광장을 연결하는 직선의 대로를 뚫었다. 지도 위에 자를 그어가며 엄청나게 넓은 계획도로를 내기 위해 오스만은 그 선에 걸쳐진 건물들을 가차 없이 부수고 그 자리에 새로운 건물을 지었다. 미로 같은 좁은 골목길에 있던 약 1만 2,000채의 가옥들이 헐렸고 도심에 살던 하층민들은 시외곽으로 밀려났다. 여기에 오늘날도 세계가 벤치마킹하는 상하수도망을 거대하게 확충했고 크고 작은 공원들을 조성했다. 또한 거리마다 가로등을 설치하여 가장 현대화된 빛의 도시로 파리를 재탄생시켰다.* 널찍한 대로, 깨끗한 석조건물들, 길가에 심어진 플라타

---

\* 파리 대개조 사업은 25억 프랑, 오늘날의 가치로 환산하면 약 6조 6,000억 원이 들었다.

너스 가로수, 세련된 가로등이 세워졌다.

무엇보다도 상하수도망이 완비되면서 당시 유행하던 콜레라도 사라졌다. 깨끗하고 세련된 파리는 유럽의 찬사를 받았다. 부유층들이 파리로 모여들기 시작하자 예술가들도 몰려들면서 파리는 예술의 도시가 됐다. 이후 파리는 그 이름만으로도 들뜨고 설레게 하는 세련된 도시가 됐다. 고흐의 말처럼 "파리 옆에서는 모든 도시가 작아졌다." 예술가들에게 파리는 그 자체로 무한한 영감의 원천이 됐다. 파리는 오늘날까지도 지적이고 예술적인 도시의 이미지를 갖게 됐다.

### 유럽의 도시 재탄생

1880년대와 1890년대 서양 여행객, 선교사, 외교관들이 서울의 거리를 보고 "거리가 더럽다." "오물들이 하수구에 넘쳐나 악취가 심하다."라고 했다. 이는 조선에 애정이 없어서 그렇다든지, 서양인의 오만이라든지, 그런 가치판단을 할 필요가 없이 객관적인 사실이었다. 하수도를 묻고 도시를 재정비하면 될 일이었다. 파리도 조선보다 겨우 20~30년 정도 앞선 정도였을 뿐이었다. 더러움과 악취는 감출 수 있는 것이 아니다. 잘못된 것을 고치고 인프라를 깔면 되는 것이다.

"조선인은 게으르다."라는 지적도 비슷한 맥락이다. 농경사회의 경우 농번기가 아니라면 게으르게 보일 소지가 큰 데다가 산업사회에서 온 사람의 시각에서 보면 특히 더 그럴지도 모른다. 실제 빈둥빈둥 노는 남자들도 많았을 것이다. 일본도 별반 다르지 않았다. 1880년대 꽤 근면하다고 알려진 일본인을 향해 게으르다고 평한 서양인이 많았다. 1882년 요코하마에서 발간된 영자 신문에 당시 서양인의 눈에 비친 일본인의 모습은 '게으르고 향락을 즐기는' 민족으로 묘사되기도 했다.

"게으르고 향락을 즐기는 이 나라 사람들의 성정은 문명사회로 진보를 방해하는 요소이다. (…중략…) 게으른 일본인을 질타하는 서양인의 견문록적 성격의 글은 이외에도 다수 존재한다. 일본인도 스스로 인정하는 '근면=일본인의 DNA'라는 뿌리깊은 믿음은 어쩌면 심각한 오해일지 모른다."[602]

다케다 하루히토 도쿄대학교 명예교수도 '공업화 사회에서 보이는 일본인의 근면함은 제2차 세계대전 이후에 획득한 노동의 에토스ethos'라고 했다.[603] 서양인의 눈에 스쳐 지나가는 풍경에 대한 묘사를 갖고 과도한 자학을 하는 것은 경계할 일이다. '모든 조선인은 게으르다'를 확증편향으로 받아들이기보다 '일부 조선인은 무지 게을렀다.'라고 이해하면 될 일이다.

세계를 제패한 대영제국의 수도 런던은 또 어떠했을까? 런던 역시 각종 오물이 흘러넘쳤다. 교통수단으로 이용되던 가축들의 분뇨로 인해 하수 시스템이 몸살을 앓았다. 그래서 도시 전체에 악취가 가득했고 따라서 도시의 위생시설은 매우 열악했다. 당시의 기록을 간단히 살펴보자.

영국의 과학자인 마이클 패러데이는 "1855년 「더 타임스」에 템스강의 상황에 대해서 '템스는 런던을 가로질러 흘러야 하는 강이지, 오염되어 썩은 냄새를 풍기며 부패하는 하수가 아니다.'라고 기고했을 정도다. 1856년에는 모든 물고기가 폐사했다."[604]

오수를 템스강에 버리다 보니 "1848년부터 이태 동안 1만 4,000여 명이 콜레라로 숨졌다. 5년 뒤에도 1만여 명이 목숨을 잃었다."[605] 특히 심했던 1858년 여름, 템스강이 썩어 런던 전체가 악취로 진동하고 시민들은 모두 도시를 빠져나갔다. 국회의사당에서도 냄새를 맡은 의원들이 구토를 일으킬 정도로 악취가 심각해 국회를 폐쇄한 사건이 있었다. 이때를 영국인들은 '대악취Great Stink'로 역사에 기록하고 있다.

"1858년 오염된 템스강에서 지독한 악취가 풍겨서 영국의회가 피신해야 했던 대악취 사건이 일어났고 (…중략…) 50년이 흐른 뒤 런던에서는 그 같은 일은 상상조차 할 수 없었다."[606]

템스강변 옆의 의회 건물 안에서도 구토가 날 정도였다. 의회는 결국 런던 하수도를 정비하기로 하고 관련 법안을 통과시켰다. 하수도 문제를 풀지 않고는 생활터전으로서 도시의 존립이 위험하다고 판단한 것이다. 1859년부터 1865년까지 런던시 전체가 공사판이 됐다. 사람 키의 두 배 높이인 3.5미터 터널을 건설하고 펌프장을 설치하고 도랑을 파내 하수관을 묻고 다시 흙으로 덮어야 하는 거대한 공사였다. 책임자인 조셉 배절제트는 런던 지하에 885킬로미터 터널을 건설했다. 또 2만 1,000킬로미터 지선과 연결했다. 3억 1,800만 개의 벽돌이 사용됐다. 드디어 1865년 근대 도시로는 처음으로 런던 전 지역에 하수도관이 설치됐다. 물론 템스강까지 하수구 시스템이 최종적으로 완성된 것은 1875년으로 총 16년이 걸렸다.

영국은 확실히 격이 다른 제국이었다. 어쩔 수 없이 시작한 일인데도 눈에 보이지 않는 지하 하수도마저 세계적인 걸작으로 만들었다. 이 하수구는 영국 BBC 방송이 2003년 파나마 운하와 뉴욕 브루클린 다리, 미국 대륙횡단철도, 미국 후버댐, 영국 벨록 등대, 영국 증기선 그레이트이스턴호와 함께 꼽은 산업계의 7대 불가사의 중 하나[607]로 선정됐다. 진정한 공학적 성취였다. 소 잃고 외양간을 고치는 게 진짜 능력인 것이다. 런던의 생활하수는 하수구로 처리하여 악취는 제거됐지만 이후 산업혁명의 여파로 템스강은 여전히 오염이 심각했다. 하지만 영국은 특유의 차분함과 과학적인 태도를 지향하며 계속하여 철저히 대응해 나갔다. 영국 정부는 적절한 하수 및 오물 처리는 물론 깨끗한 물 공급을 확대했으며 더 나아가 효과적인 공중보건을 위해 「하천오염방지법」「살수여상법」[608] 등 법을 제정하고 투자를 늘려나갔다.

다른 유럽 국가들도 상황은 비슷했다. 합스부르크의 오스트리아도 1865년 프란츠 요제프 1세가 중세 때부터 유지했던 빈의 대성곽을 헐어버리고 그 자리에 널찍한 순환도로를 건설했다. 이후 링 슈트라세라 불리는 이 도로를 따라 비어진 공간 사이에 근대 사회에 필요한 건축물들이 세워졌다. 예를 들어 대표적인 공공 건축물인 빈 국립 오페라 극장(1869년)을 필두로 정의의 궁전(1881년), 국회의사당(1883년), 빈 시청(1883년), 빈 자연사 박물관(1889년), 빈 미술사 박물관(1891년)이 세워졌다. 그리고 선형의 공원이 원형으로 만들어졌다. 그러면서 공원이 도시 전체를 아우르는 연결축 역할을 했다.

오늘날 빈은 링 슈트라세를 빼고 논하기 어려울 정도로 멋진 근대 도시로 변모했다. 사족이지만 헝가리의 부다페스트 역시 빈을 모방하여 왕궁의 대규모 보수를 진행했고 1904년에 완공된 국회의사당[609]을 비롯해 수많은 건축물과 광장을 세웠다. 그래서 르네상스, 고딕양식 등의 온갖 형태의 거대한 구축물을 만들었으니 19세기 중엽까지는 미루어보건대 그저 그런 도시였다는 것을 알 수 있다.

다시 조선으로 돌아오면, 당시 서울의 거리가 비위생적이고 더러웠던 게 문제가 아니라 외양간을 고칠 능력이 없었다는 게 문제였다. 모두 새로운 문제 앞에 서 있을 때 어떻게 집단지성을 발휘해 해결책을 찾아내는가에 따라 선진과 후진으로 나뉜다.

# 3
# 조선의 도로 인프라

**조선의 열악한 도로 인프라**

외국에서 서울로 들어올 수 있는 길은 인천과 부산이다. 조선시대에는 북쪽의 의주가 포함된다. 서울을 방문한 외국인들은 하나같이 깜짝 놀란다.

"이런 나라도 있나?"

오늘날에는 너무나 깨끗하고 빠르고 편리해서 나오는 반응이지만, 고종 시대에는 도로라 부를 만한 도로망이 없어 너무나 불편한 탓에 저절로 나오는 반응이었다.

북한은 일제 식민지를 거친 후 어느 정도 부분적으로 근대화를 이룬 국가다. 그런데 아직도 시속 60킬로미터 이상 달릴 수 있는 도로가 없고, 대부분 일제강점기에 신설된 철로 위를 달리는 기차는 시속 30킬로미터 내외로 운행되고 있다. 2019년 1월 김정은 국무위원장이 중국을 방문하고 특별열차로 귀환했을 때 신의주에서 평양까지 무려 11시간이나 걸렸다고 알려졌다. 평양에서 신의주까지 거리가 225킬로미터인데 시속 20킬로미터 정도로 간 것이다. 참고로 KTX의 표준속도는 서울-부산 기준 시간당 160킬로미터 내외이고 새마을호는 90킬로미터다. 남북은 북한 철도 현대화를 위해 2018년 말 공동조사를 했는데 당시 공동조사에 참여한 안병민 한반도경제협력원장은 북한 열차의 심각성에 대해 이렇게 밝혔다.

"개성-사리원 구간의 운행속도가 시속 10~20킬로미터에 불과했다. 세계적인 마라토너가 보통 시속 20킬로미터 이상으로 달린다는 것을 고려하면 일부이긴 하지만 북한 열차는 마라토너보다 속도가 느린 셈이다."[610]

제 기능을 못하는 북한의 철도 여건은 안타깝기 그지없다. 북한은 6·25전쟁 이후 석탄과 철광석도 풍부했고 남한보다 공장도 많아 철도를 복원하여 산업 기반을 조성하기 위해 노력했다. 이때 소련, 중국, 동독 등 공산권 블록에 도움을 요청하여 선진기술을 대폭 받아들였다. 그 결과 자체적으로 기관차를 만들 정도로 철도에 신경을 많이 썼는데도 형편이 이렇다. 탈북민들은 한국에 와서 하나같이 한국의 도로와 철도에 놀란다. 북한은 대부분 비포장도로인데다 개성과 평양 간 고속도로 역시 폭탄 맞은 듯 여기저기 구멍이 뚫려 있다고 증언했다. 장마철에는 차량들이 웅덩이에 빠져 작업반이 달라붙어서 밀고 끌어야 한다고 한다. 도로는 그 나라의 동맥으로 발전의 원동력인 동시에 경제와 사회발전의 기초다.

그렇다면 고종 시대 조선은 어땠을까? 가장 중요한 도로축인 인천과 서울을 오가는 길은 비만 오면 진창길이 되어서 애를 먹었다. 영국인과 미국인은 인천항을 통해, 러시아인은 의주 등 북쪽을 통해, 일본인은 주로 부산을 통해 서울로 입성했다. 그들은 하나같이 "조선의 도로가 형편없다."라며 몹시 놀라워했다. 특히 메이지 시대 조선 전문가로 알려진 혼마 규스케는 "신라시대에 백성에게 우차법이라며 소로 수레를 끄는 방법을 가르쳤다고 『삼국사기』에 나와 있지만 과연 이런 논두렁 같은 도로를 우차가 통행할 수 있었을까?"라며 의문을 제기할 정도였다. 전혀 가공되지 않는 자연 상태라는 것이다.

이 세 지역에서 입국한 외국인들의 평가는 한결같았다. 그들의 평가는 당시 조선의 도로 상태에 대해 좀 더 객관적인 사실을 보여주고 있다. 중복되는 느낌은 들지만 인천-서울, 의주-서울, 부산-서울의 세 방향의 도로 상황을 살펴보자.

퍼시벌 로웰은 우연한 기회에 조선과 인연을 맺었다. 1855년 미국 보스턴 명문가인 로웰가에서 태어난 로웰은 하버드대학교를 졸업하고 1883년 5월 일본이 궁금하여 여기저기 돌아다니던 중에 조선의 미국 수호통상사절단인 보빙사(報聘使, 답례로서 외국을 방문하는 사신) 일행을 만나게 된다. 그는 주일 미국공사의 요청으로 민영익, 홍영식 등 조선 보빙사들을 미국으로 인도하는 임무를 맡는다. 무사히 일을 마친 그를 고종이 국빈으로 초대하여 로웰은 1883년 12월부터 1884년 3월 중순까지 약 3개월간 조선에 머물게 된다. 나중에 유명한 천문학자가 된 로웰은 당시 사진기를 가지고 공식적으로 서울에 입성한 최초의 외국인이었다.

그는 서울의 주요 시설과 근교의 명승지를 두루 돌아본 뒤 미국으로 돌아간 후 1885년 2월 조선의 정치, 경제, 문화, 사회 등을 백과사전 형식으로 자세히 기록하고 정리하여 『고요한 아침의 나라 조선Choson, the Land of the Morning Calm』을 발간했다. 지금도 그가 붙인 책 제목은 우리나라를 상징하는 문구로 자주 쓰이고 있고 정서적인 느낌을 주는 이 문구를 대한항공이 차용하여 활용하고 있다. 그는 관찰자의 눈으로 조선의 풍경과 고종의 사진을 찍었고 매우 예리하게 각종 문화와 풍속을 실었다. 그는 조선의 도로에 대해서도 매우 사실적으로 묘사했다.

"조선의 도로는 도로라는 이름이 과분할 정도로 빈약하다. 그저 오가는 사람들의 발자국에 따라 만들어진 작은 길에 불과하기 때문이다. 계획적으로 길을 닦은 것이 아니라 어쩌다 생겨났다고 말하는 편이 옳다. 자연적으로 생긴 이래 한 번도 사람의 손길이라곤 미쳐본 적이 없는 듯하다. 이런 점은 보수補修라고는 전혀 없는 조선의 풍습과 일치하는 면이라고 볼 수 있다."[611]

로웰은 일행과 함께 제물포에서 서울로 가면서 일본에서 가져온 인력거가 1마일도 안 돼 부서지는 광경을 목격했다. '명색이 조선에서 가장 좋은 도로인데도 이 길은 수레바퀴가 굴러다니기엔 너무 험했'던 탓이다.[612] 선진국인 미국에서 온 사람으로서 열악한 인프라로 인한 불편함이 확 와닿았을 것이다. 로웰은 가마를 타고 이동했는데 이에 대해서도 매우 예리한 기록을 남겼다. 운송수단을 평가하는 데 가장 중요한 두 가지 잣대인 속도와 안락감 측면 모두에서 낙제점을 주었다.

"가마는 그다지 훌륭한 운송수단이라고 할 수 없다. 비록 가마꾼들이 보통 사람보다 더 빨리 걷는다고 해도 이용하는 사람이 비좁은 상자 속에 들어가 온몸이 오그라붙는 듯한 고통을 참아내야 한다는 것은 사실 이해하기 힘들다."[613]

그는 마차가 없으면 차라리 걷는 게 편하지 뭐 하러 가마라는 상자에 실려 가는지 이해할 수 없었다. 그 역시 여러 지역을 돌면서 가마를 이용했으나 번번이 가마에서 내려 걷곤 했다. 로웰은 조선이라는 나라의 시스템과 당연하게 보고 지나칠 수 있었던 것들에 대해서도 매우 예리하게 관찰하고 기록으로 남겼다. 특히 인프라에 대한 기록은 그가 얼마나 뛰어난 관찰자인지 잘 보여주고 있다.

"서울의 거리는 걷기에 매우 좋은 곳이다. (…중략…) 거리에는 행인을 제외하고는 가마와 짐을 실은 소들만 있다. 그들의 속도는 몹시 느리다. 그러나 다른 관점에서 볼 때 서울의 도로는 원래 목적에 적합하지 않다. 단지 외관만 도로일 뿐 시골길과 마찬가지로 여전히 원시적이다. 게다가 조선에 머무는 동안 나는 도로를 포장하는 어떠한 작업도 보지 못했다. 길은 맑은 날에만 제기능을 할 뿐 비만 오면 수렁으로 변해버려 길 위에 또 다른 길이 생기곤 했다."[614]

또 다른 관찰자로 1894년에서 1897년까지 네 차례 조선을 방문한 영국 여행작가인 이사벨라 비숍(1831~1904)은 인천에서 서울로 들어오는 도로의 모습을 이렇게 표현했다.

"여행자들이 도보 여행이나 승마 여행에 이용하는 길은, 보통 시간당 3마일(5킬로미터)의 속도를 유지할 수 있을 정도로 열악하다. 인위적으로 만든 길은 거의 없었으며 기존의 도로는 여름이면 먼지가 많이 일고 겨울에는 진흙탕이었다. 길은 반듯하지 않으며 바위가 불규칙하게 튀어나왔다. 대개의 경우, 그 길이란 사람이나 동물이 여러 번 다녀 그저 사용이 가능해진 오솔길일 뿐이었다."[615]

다음은 제물포에서 서울로 가는 길을 묘사한 글이다. "도로라는 단어는 있어도 실제로는 도로는 존재하지 않는다고 말하는 것이 적절한 표현일 것이다. (…중략…) 때때로 깊은 진흙 구덩이를 피하기 위해 길을 돌아가야만 했으며 진흙은 거의 깊이를 알 수가 없다."[616]

러시아 정부는 대한제국 수립 전인 1895년에서 1896년까지 참모본부 육군대령 카르네프와 보좌관 미하일로프 중위 등을 파견하여 조선에 대한 제반 사항을 파악하도록 지시했다(네 명의 러시아인이 기록한 생생한 기록이다). 일종의 공식 보고서인데 조선에서 보고 겪은 모든 것, 지리, 풍속, 시장, 공장, 도로, 정치, 민생 등을 아주 생생하게 기록했다. 시기가 시기인지라 동학난, 단발령, 민중전 시해 사건 등에 대한 민중의 생각까지도 적었다. 한마디로 조선이 먹을 만한 가치가 있는가 없는가를 판단하기 위한 것이었다. 조선의 가치가 높으면 피를 흘려서라도 차지할 것이고, 거래할 가치가 있으면 거래하고, 그럴 가치가 없으면 뭉기적거릴 심산이었다. 경흥에서 함흥과 평양을 거쳐 서울에 입성한 베벨리 중령은 이렇게 적고 있다.

"교통로가 그 나라의 문화 수준을 나타내 준다는 것은 의심의 여지가 없다. 이 나라의 문화 수준 역시 교통로로 정확히 판단할 수 있었다. 이 나라에는 짐마차도 없었고 사람들은 항상 도보로만 다녔으며 특권층은 가마를 타고 다니는 것 이외에는 달리 여행을 하지 않았다. 이 나라는 문명국에 있기 마련인 교통기관과 편한 길을 찾는다는 것이 매우 이상한, 그런 곳이었다."[617]

한마디로 오늘날 오지에 도착한 사람의 느낌이었을 것이다. 이어서 그는 조선에 도로를 건설하려면 막대한 자금과 노동력이 필요할 것이라고 지적한다.

"차도는 우연히 고을이 차도에 위치해 있는 경우에만 비교적 넓고 곧았으며, 다른 모든 길들은 대단히 좁고 구불구불하며 더러웠다."[618]

"비로 인하여 완전히 파헤쳐진 곳들만 없다면 스프링 달린 마차라도 통과할 수 없었을 것이다. 그러나 이런 도로 사정에 관심을 기울이는 이는 없었으며, 도로 보수에 대하여 생각하는 사람도 없었다. 그렇기 때문에 도로가 이처럼 파손됐다는 것은 조선의 도로 사정상 별다른 의미가 없었다."[619]

도로가 이렇다 보니, 공장은 전무하고 상품이라고 해봐야 별거 없다며 제도적인 측면에서도 무위도식하는 양반이라는 귀족계급을 이해할 수가 없다는 혹평을 남겼다. 러시아도 후진적 행태가 많은데 조선은 그보다 한참 아래라는 것이다. 그들의 눈에는 쉽게 말해 먹을 게 없는, 그렇다고 버리기는 아까운 계륵이었다.

그러면 부산에서 서울로 오는 길은 어떠했을까? 일렬로 가지 않으면 군대도 이동 불가능할 정도로 울퉁불퉁한 길이라고 일본인이 기록을 남겼다. 메이지 시대에 혼마 규스케는 조선 전문가로서 청일전쟁이 발발하기 전에 조선을 견문하고 정탐하고 일상생활과 풍습을 매우 세밀히 파악하여 『이육신보二六新報』에 154편의 글을 연재했다.

그는 대륙 경영에 뜻을 품고 조선의 사정을 파악하기 위해 1893년 처음 부산에 왔다. 당시 혼마는 부산에 머물면서 한양과 중부지방을 정탐하고 행상을 하면서 황해도, 경기도, 충청도 일대를 돌아다녔다. 이후 일본으로 돌아가 1894년 4월 17일부터 6월 16일까지 『이육신보』에 조선에서 정탐한 내용을 연재했다. 혼마는 154편의 글을 하나로 묶어 같은 해 7월 1일 『조선잡기朝鮮雜記』를 간행했다. 이 책에는 조선을 정탐한 일본인이 보고 느낀 여러 풍경이 적나라하게 묘사돼 있다. 그의 글은 일본인에게 부정적인 조선관을 심어주는 데 결정적인 역할을 했다. 그는 조선에서 가장 중요한 제1간선 도로이며 의주와 경성을 잇는 도로에 대한 기록도 남겼다.

"역사에는 신라시대 이미 백성에게 우차법을 가르쳤다고 나와 있지만, 어떻게 이러한 도로를 우차가 통행할 수 있을까 하는 생각이 들었다. 부산에서 경성까지의 도로는 우리나라의 마을 길보다도 심하게 울퉁불퉁하여 군대는 일렬로 가지 않으면 통행하기 어렵다. 경성에서 송도와 평양을 거쳐 의주까지는 도로 모양이 나쁘지 않아서 대개 2열의 군대가 행군할 수 있다. 이는 사대의 영향 때문으로 보인다."

서울에서 평양을 거쳐 함경도 의주로 가는 도로는 청나라 사신이 오가는 길이라 조선에서 가장 중요시했다. 혼마는 열악한 도로 인프라 문제를 조선인의 공동체 의식이 부족한 것으로 파악했다. 나라가 나라 같지 않으니 그 안에 사는 사람조차 형편없게 되어버렸다는 것이다.

"도로가 수리되어 있지 않고 위생적이지 못한 것도, 공동 정신이 부족한 결과이다. 그러므로 아무리 이익이 있는 사업이라도 개개인이 소자본을 가지고 일시적인 미봉책으로 도모하는 습성이 있기 때문에 안동포安東布, 화문석, 쥘부채, 부채 등의 특이하고 우수한 산물이 있음에도 불구하고 공급은 항상 수요가 많은 것에 따라오지 못한다. 널리 해외에 판로를 열려는 희망이 없으며 상공업은 여전히 발달하지 못하고 있다. 국가가 빈약한 것도 공동 정신이 없는 것에 기인한 것이다."

사실 여러 외국인들의 관찰기록을 빌리지 않더라도 구한말의 도로사정은 형편없었다. 아무도 관심을 두지 않았다. 마차가 다닌 기록이 없을 정도로 모든 도로가 협소하고 울퉁불퉁했고 넓었던 길도 사람들이 가건물이나 텃밭을 만들면서 점차 좁아졌다. 그렇기 때문에 보부상이 육로수송의 유일한 수단이었다. 한마디로 조선의 길은 대부분 논두렁길이었다. 고종 시대 조선은 큰 그림이 없었으니 도로의 가치에 대해 중요성을 인식하지 못했다. 서울에서 부산까지 가는 데 말과 소를 타고 14일이나 걸렸음에도 별 문제의식이 없었다. 조선은 도로를 적극적으로 건설하지 않았다. 당시 다른 나라들과 비교하더라도 매우 이례적인 일이었다. 앞에서 언급한 비숍 여사는 조선은 상류층에 의해 의식이 마비된 상태이며 에너지를 전환할 중간 계층을 위한 직업이나 동기부여도 존재하지 않는 '미개발국'이라고 평가했다.

조선은 근본적으로 도로망 건설과 확장에 관심을 두지 않았을까? 임진왜란과 병자호란을 겪은 이후에도 조선의 인프라는 크게 나아진 게 없었다. 오히려 길을 잘 닦아놓으면 오랑캐나 내부의 적들이 침략했을 경우 불리하다는 주장이 득세하여 조선의 도로 발달은 더욱더 제약될 수밖에 없었다. 따라서 조선에서는 도로에 대한 개념이 아예 없었고 전국을 잇는 도로가 논두렁 크기의 수준밖에 안 됐다. 말 한 필, 가마 한 대 지나가는 정도였다. 다리도 마찬가지였다. 강을 외적을 방비하는 천연요새로 여겼기에 강에 다리를 놓고 길을 정비하는 행위는 적을 이롭게 한다고 생각했다. 가끔 도로를 넓히는 것도 왕이 행차할 때 행찻길로만 특별히 허용했다.

조선의 개화파들도 이 사실을 깨달았다. 1882년 박영효 수신사 일행이 나라의 여러 문제를 논의하던 중에 서울의 도로 정비 문제를 언급했고 그 과정에서 김옥균이 논의 내용을 정리하여 『치도약론治道略論』을 썼다. 여기서 김옥균은 서양의 발달한 문명의 중요한 정책을 세 가지로 들었다. 위생, 농상, 도로였다—日衛生 二日農桑 三日道路. 이 중에서 그는 도로가 가장 중요하다고 강조했다. 그는 조선을 방문한 외국인의 말을 인용해 위생과 도로의 중요성을 강조했다. "조선은 산천이 비록 아름다우나 민가가 희소하며, 사람들이 비록 강하고 포부가 있으나 사람과 가축의 똥오줌이 길가에 가득 차 있는 것이 기막히더라고 했다. 어찌 차마 이런 말을 들을 수 있겠는가?"

김옥균이 일본의 변법을 예로 들면서 치도(도로의 개선과 정비)에 중점을 두었다고 설명했다. 박영효도 농업이 발전하려면 도로가 기본임을 파악했다. "농법은 수송이 중요하고 수송하려면 도로를 잘 닦아야 하고 도로에서 수레와 말을 이용하면 10명의 노력을 한 명이 할 수 있으니 9명은 기술자로 직업 전환이 가능"하다고 보았다.

러일전쟁이 발발하기 5~6주 전부터 미국을 비롯한 서방 언론사들은 특파원을 준비시키고 있었다. 그중에는 「샌프란시스코 이그재미너」의 기자로 일본을 거쳐 조선 땅에 발을 들여놓은 잭 런던Jack London도 있었다. 그는 당시 28세의 젊은이였는데 이후 세계적인 문학가로 성장했다. 잔인할 정도로 툭툭 내뱉은 그의 문장들은 모멸감이 들 정도였다. 그의 눈에는 조선과 조선인은 일본의 먹잇감이 될 수밖에 없는 허약한 모습 그 자체로 보였다.

그는 나약한 조선인에 대해 조금의 동정심도 없었고 이해하고 싶은 마음도 없었다. 명예를 중시하는 문화권 속에 살아왔던 그로서는 '자신의 것을 스스로 지키지 못하는 자들'에 대한 경멸이 기본적으로 깔려 있었다. 하지만 이것이 그 당시 일반적인 서양인과 일본인이 조선에 대해 가졌던 보편적인 인식이었을 것이다. 잭 런던이 본 조선은 메마르고 가난한 땅, 희망이 없고 무기력한 나라였다. 기분 나쁘지만, 고종과 사대부가 만든 나라에 대해 그의 기록을 살펴보자. 가장 중요한 국도인 한양-평양-의주를 잇는 도로 상태를 묘사한 잭 런던의 기록을 보면 당시 도로 사정이 어땠는지 잘 알 수 있다.

"서양인이 볼 때 도로라고 하기에도 우스꽝스러울 정도로 웅덩이의 연속에 불과하지만, 이 길이 정말 왕도라고 한다. 비가 조금만 와도 이 길은 진흙으로 가득 찬 강으로 변한다."[620]

서울을 떠나 베이징으로 이어지는 길은 명색이 중국 황제의 사신이 오가던 왕도인데도 사실은 우스꽝스러운 웅덩이의 연속이었다. 도로 사정이 열악하다 보니 취재 활동은 거의 군인이 되지 않으면 안 될 정도였다. 기본적인 공공시설, 장비, 물자 부족 등 모든 게 엉망이었다. 특히 그와 동행한 마부들은 불성실한 자들로 책임감이 결여되어 있었다. 그는 마부들의 행동에 대해 자세히 묘사하여 조선이 얼마나 무능력하고 한심한 나라인지를 드러냈다.

"말이 다섯 필이면 20개의 편자가 필요했고 20개의 편자는 총 20번의 문제를 일으켰다."

## 슬로 사회

여기서 퀴즈를 하나 내겠다. 외국인들이 인사 다음으로, 때론 인사보다 더 먼저 배우는 한국말은 무엇일까? 누구나 알다시피 "빨리빨리"다. 너무 쉽다. 한국이미지 커뮤니케이션연구원이 몇 해 전 한국인과 외국인 540명을 대상으로 설문조사를 한 적이 있다.

"한국을 가장 잘 나타내는 말이 무엇이냐?"라는 질문에 외국인은 66.4%가 '빨리빨리'라고 답했다. 놀라운 점은 한국인 48.2%도 '빨리빨리'라고 답했다. 한국인 자신도 이 단어를 선택할 정도로 '빨리빨리'는 한국 사회의 단면을 보여주는 상징어다. 데이비드 채터슨 주한 캐나다 대사는 2013년 1월 수교 50주년을 맞아 인상 깊었던 한국인의 모습에 대해 이렇게 말했다.

"국민성 자체가 매우 강렬한 인상으로 다가왔다. (…중략…) 무엇보다 '빨리빨리'가 가장 충격적이었다. 그래도 그런 특성 때문에 이처럼 빠른 기간에 엄청난 발전을 이뤄냈나 싶다."

새로운 분야에 대한 두려움을 이겨내고 도전하는 역동적인 한국을 상징하는 '빨리빨리ppalli ppalli'는 영국 옥스퍼드 사전에 등재된 한국어 단어다. 그렇다면 나무늘보 같던 고종 시대의 조선 사회에서 외국인이 가장 먼저 배운 말은 무엇일까? 하얀 옷을 입고 담뱃대를 입에 꼬나물고 물끄러미 쳐다보며 모든 시간이 정지한 것 같은 아주 느린 사회가 바로 조선이었다. 그런 조선에서도 역시 '빨리빨리'라는 단어를 썼다. 하지만 현대 한국과 다른 이유로 '빨리빨리'를 썼다. 사실상 타박으로 '빨리빨리' 일하라는 의미였다. 오늘날 한국인은 걷는 것도, 일 처리도 '빨리빨리' 해서 '빨리빨리 민족'이라는 별칭을 얻은 것은 이해가 간다. 그런데 구한말은 왜 '빨리빨리'였을까? 잭 런던은 이렇게 썼다.

"조선인은 몹시도 게으르다. 그래서 이곳에서 무엇보다 가장 먼저 배웠던 말은 '바삐, 얼른, 속히, 급히, 냉큼, 빨리' 등의 단어였다."

놀라운 것은 한국인 마부에게 '빨리빨리' 하라고 다그치지 않으면 해가 중천에 뜨도록 출발할 준비가 되지 않는다는 것이다. 그의 글에는 인종적 편견이 가미됐지만 구한말의 실상이 어떠했는지 잘 드러난다. 구한말 조선은 현대의 한국과는 완전히 다른 나라로 낯설기까지 하다. 외국인이 한국에서 가장 먼저 배우는 단어 '빨리빨리'는 현대 한국인에겐 어느 정도 긍정의 의미로, 구한말 조선에서는 부정의 의미로 쓰였다. 구한말 조선인과 오늘날 한국인은 완전히 다른 존재다. 무엇이 이렇게 만든 것일까?

이건희 회장은 조선이 왜 이황 선생의 제안을 받아들이지 못했는지 한탄했다.

"조선중기 학자 퇴계 이황 선생은 국력을 키우기 위해 오늘날 고속도로 개념인 신작로新作路를 전국에 걸쳐 동서로 다섯 개, 남북에 세 개씩 만들 것과 집집마다 소를 두 마리씩 기를 것을 조정에 건의했다. 당시 조정의 모든 대신들은 한결같이 반대했다. 큰길을 내면 오랑캐가 쳐들어오기 쉽다는 소극적이고 패배주의적인 이유에서였다. 만일 그때 조정이 퇴계 선생의 제안을 받아들였다면 우리 역사가 크게 달라졌을지도 모를 일이다. 큰길을 내려면 대형 건설 토목 장비가 필요하고, 그런 장비를 만들기 위해서는 강한 쇠를 많이 쓰게 되니까 철강업이 발달했을 것이고, 그 결과 병기를 만들 능력이 생겨 임진년에 시작된 전쟁에서 일본에게 초전부터 그토록 무참히 당하지는 않았을 것이다.

철기가 발달하면 국토를 개발하고 영농기술도 발전하게 되니 농업생산량이 증대했을 것이고 수송수단이 발달하고 큰길을 따라 물자 수송이 원활해져 경제가 크게 발달했을 것이다. 소를 기르게 되면 사료 생산과 저장법뿐 아니라 우생학과 수의학 등이 발달하면서 인간과 동물의 공생이라는 공동체 원리가 사회 전반에 자리 잡았을 것이다. 더구나 소를 많이 기르려면 사람들이 말을 타게 되고 쉴 곳을 위해 그늘이 필요하니 식목도 하게 됐을 것이다. 말과 소가 소득을 가져와 목축업이 부흥할 뿐만 아니라 전시에는 기마병을 만들어서 전투력이 높아졌을 것이다."[621]

인체에 비유하면 조선은 혈액순환이 안 되어 여러 가지 문제가 발생하고 있었다. 이건희 회장은 가장 나쁜 상태를 말할 때 늘 구한말을 얘기했다. 한국이 일본에 다시는 미래를 뺏겨서는 안 된다는 그의 각오는 대단했다.

국가로 보나 삼성으로 보나 현재가 보통 위기 상황이 아니다. '정신 안 차리면 구한말 같은 비참한 사태'가 올 수 있다. '과거에 한일합방이 하드적인 것이었다면 앞으론 소프트적, 경제적 합방이 눈앞에' 보인다. '완전히 2류, 3류가 되지 않으려면 항만, 공항, 도로 투자를 서둘러야' 한다.

이 회장은 삼성 임직원들에게 인프라의 중요성을 각인시켰다. 1년에 한 번 하는 사장단 경영전략 회의의 벽면에는 한국과 일본의 인프라 현황이 비교되어 있었고, 해외 주재원들은 그 나라의 인프라 현황을 꿰고 있어야 했다. 삼성의 고위 임원 중 인프라에 대해 식견이 없는 경우는 그 자리를 유지할 수 없었다. 그가 말한 인프라는 일반적으로 동력과 에너지 관계시설, 도로와 수로, 공항과 항만 등 사회의 하부구조뿐만 아니라 사회활동과 경제활동의 기반을 형성하는 시설과 제도를 의미했다. 일례로 공장에서 물건을 만드는 데 필요한 전기 단가뿐만 아니라 배송의 경쟁력을 포함한 종합 원가를 중시했다. 공장에서 고객의 집 앞에 도달하기까지 거치는 항만, 도로 등이 어떤 상태인가가 배송의 경쟁력을 결정짓는다.

인류의 중요한 발명 중 하나가 바퀴다. 동물의 동력을 활용하여 더 큰 힘을 만들기 위해 고민 끝에 바퀴가 발명됐다. 초기 수레와 마차는 주로 소가 끌었다. 소는 힘이 세고 튼튼하나 역동성이 뛰어나지 못해 말이 사용됐다. 속도와 끈기를 가진 말이 인간이 무거운 짐을 싣고 먼 거리를 이동하도록 돕는 역할을 했다. 한반도에서는 이미 삼국시대부터 말을 주로 사용했다. 그런데 조선시대엔 짐을 운반하는 주체가 말에서 소로, 심지어 인간으로 대체된 이유가 뭘까? 관리들은 마차를 이용하면 될 것을 굳이 사람이 앞뒤에서 드는 이인교, 사인교를 이용했다.

인류 문명의 발전 역사를 보면 뚜렷한 경향 중 대표적인 것이 기계화다. 역사는 사람의 근육으로 하던 일이 동물의 힘으로 대체됐고, 증기기관과 모터가 오늘날은 로봇으로 발전해온 궤적을 보여주고 있다. 그런데 왜 조선은 거꾸로 간 걸까? 조선시대가 추구하는 삶은 슬로slow 사회, 슬로 시티였다. 수많은 예의와 도덕이라는 이름이 족쇄가 되어 '느리게, 더 느리게'가 최고의 미덕이었다.

이런 흐름을 보면 어떠한 기술 발전보다도 인간의 의식이 더 우선이라는 생각이 들기도 한다. 기술은 사람들이 원하는 만큼 발전하고 능동적인 의지를 가진 사람들에 의해 진화했다. 조선이 기술이 없어서 말을 이용한 마차를 활성화하지 못한 게 아니라 사대부가 원하지 않았기에 채택되지 않았던 것이다.

### 인프라의 중요성을 인식한 일본

당시 일본은 어땠을까? 조선이 '조용한 아침의 나라'였다면 일본은 역동적으로 '떠오르는 태양의 나라'로 발전하고 있었다. 우선 메이지 일본은 인프라의 중요성을 빨리 인식했다. 이와쿠라 사절단이 남긴 기록인 『실기』를 보면 그들은 도로와 철도 등 인프라의 가치를 순식간에 알아보았다.

"유럽 사람들은 물건을 들고 다니는 힘으로 도로를 수리하고, 말에 싣는 대신 차량의 힘을 이용한다."[622]

물건을 마차에 싣고 말이 끌게 하면 말 등에 짐을 싣는 것보다 10배의 힘을 발휘할 수 있다. 그들은 흙길과 다져진 길 그리고 철궤鐵軌의 저항력까지 계산해 놓았다. 대략 1톤의 짐을 차로 운반할 경우 도로의 조건에 따른 저항력의 차이를 계산했다.

- 흙길 저항력: 1/8 = 250파운드
- 단단히 다진 길 저항력: 1/30 = 66.5파운드
- 철궤 저항력: 1/280 = 7파운드

보통 흙길보다 단단히 다진 길이 약 3.8배나 힘이 덜 들고 철궤의 경우는 35.7배의 효율성을 나타냈다. 『실기』에는 '그 나라의 도로가 정비되어 있는지 아닌지를 보면 국정의 성쇠와 백성의 부지런함과 게으름을 바로 알 수 있다.'라고 기록하고 있다. 인프라는 혈액과 같아 골고루 온몸에 퍼져 나가면서 영양분을 수송하기 때문에 건강이 유지되는 것이다. 도로를 네트워크화하면 도로는 단순히 물자나 사람을 수송하는 기능을 넘어서 비약적인 효과를 발휘할 수 있다. 에도시대 일본은 도로, 항구, 물길 등 인프라를 정비했다. 이제까지 지구상에 존재하는 도로 건설의 목적과는 전혀 달랐다. 도로 등을 건설하는 목적이 지방 다이묘들의 재산과 힘을 빼앗기 위한 것이었다. 신상목 대표의 말처럼 "다이묘의 등골을 빼서 도쿄와 인근의 인프라를 구축"한 것이다.

이야기를 되돌려보면, 에도시대 일본은 총 쌀 생산량 3,000만 석 중 도쿠가와 쇼군의 직할이 약 800만 석이었다. 일본 전체를 270여개로 쪼갠 뒤 이들을 합친 가신 그룹인 후다이譜代 다이묘가 3할

인 900만 석 히데요시 편에 선 도자마外樣 다이묘들이 900만 석이 었다.

막부에서 "직접적으로 다스리는 막부 직할령이 25%, 도쿠가와와 친척인 다이묘가 다스리는 신번新藩과 세키가하라 이전부터 이에야스에 충성을 맹세했던 후다이譜代 다이묘가 다스리는 후다이번이 30%, 마지막까지 저항했고 에도 막부 성립 후에도 여전히 막부와 긴장관계를 유지했던 도자마外樣 다이묘가 다스리는 번이 30%를 차지했다."[623]

에도 막부는 매우 특이한 구조로 지방분권임에도 중앙집권적 성격이 강한 '중앙집권적 봉건제'였다. 이에야스에게 저항하다 마지못해 굴복했던 다이묘들에게도 영지를 분할해 일임하고 세습까지 인정하는 '낯선 봉건제'였다. 따라서 다이묘들이 다시는 도전하지 못할 정도로 그들을 압도할 수 있는 중앙권력을 구축하고자 노력했다. 이를 위해 고안한 법이 바로 「무가제도법武家諸法度」이다.[624] 다이묘들에게 자치권을 인정하는 대신 15~19개의 다이묘를 포함한 무사들이 지켜야 할 사항으로 두 가지 의무사항이 대표적이다.

하나는 천하보청(天下普請, 보청은 건축이라는 뜻)으로 세금 대신 성곽 축성, 제방, 도로 건설 등 관련 공사에 다이묘가 인력과 자재를 제공하는 의무를 부과한 것이다. 다른 하나는 참근교대다. 일반적으로 1년은 다이묘들이 에도에 머물고, 1년은 장남 등 가족들은 에도에 남겨두고 다이묘들만 번으로 돌아가 다스리는 일종의 인질제도다.

그런데 이 제도는 예상치 못한 효과를 낳았다. 참근교대에는 막대한 비용이 소요되다 보니 부수적인 경제적 파급효과가 대단했다. 적게는 100명에서 많게는 500명 이상의 대규모 인원이 수백 킬로미터가 넘는 거리를 이동하는 데 소요되는 비용을 전적으로 다이묘가 부담해야 했다. 하루라도 약정된 날보다 늦게 도착하면 막부로부터 번을 박탈당할 수도 있기에 각 번은 치밀하게 일정을 관리해야 했다. 게다가 도로 사정이 열악하면 스스로 비용을 부담하여 도로를 개보수해야 했기에 경제적 부담이 이만저만이 아니었다. 270개 번이 쓰는 참근교대 비용이 오늘날로 환산하면 수천억 원이 넘었다. 중앙에서 세금을 걷지 않고 다이묘들이 독자 징세권을 가진 결과였다. 이로 인해 식당과 료칸(여관)들이 성행을 이루어 중간 거점 지역은 혁신적인 도시의 초기 네트워크가 형성됐다.

"다른 번령을 넘어서는 교통 및 운수 자체가 부정적인 것이었으니 당시의 일본은 말하자면 번을 단위로 닫혀 있는 공간의 집합체였다고 할 수 있다. (…중략…) 막부의 쇄국정책이나 대형선박 건조 금지령 탓에 해운 물류도 일정 수준 이상으로 발전하지 못했다."[625]

이효덕 시즈오카 문화예술대학교 강사는 일본이 도로와 해운 네트워크가 있었어도 막부의 정책상 통합적으로 활용하지 못했다는 것을 지적했다. 그런데도 되는 나라는 뭘 해도 긍정적인 결과를 만들어낸다. 메이지 전후 일본이 그렇다. 경제적 효과를 기대하거나 자본주의를 도입하기 위한 제도가 아니었음에도 번과 번 사이에 물류와 사람의 이동이 증가하기 시작했다. 그러자 요즘 말로 광역 경제권 형식으로 번들이 연결되면서 자연발생적으로 돈이 돌아 나라 전체의 경제가 활발해졌다. 도로를 통해 다이묘들이 행진할 때 물자와 함께 각 번의 문화나 풍습도 다른 지방으로 흘러 들어갔다. 이에 따라 자신들이 만든 물건들의 품질이 비교되면서 상대방과 질적 경쟁이 일어났다. 이렇게 도로라는 하드웨어와 함께 소프트웨어가 합류되면서 개인들도 여행에 나서기 시작했다. 처음엔 종교적인 이유였다.

"근세 초엽부터 독특한 종교·사회·문화적 환경 속에서 구축된 여행 생태계는 일본의 근대화에 큰 의미를 갖는다. 여행은 본질적으로 인적 이동과 교류를 의미한다. 이는 정보의 유통이라는 측면에서 물건의 이동보다 훨씬 큰 파급 효과를 낳기 때문이다. 여행이 대중화되기 위해서는 물질적·사회적 조건이 충족돼야 한다. 이동에 필요한 교통망, 숙박시설, 치안治安, 희구希求의 대상이 되는 명소·명물, 유희 또는 도락道樂거리가 존재해야 하며, 무엇보다 일시적이나마 노동에서 벗어난 여가의 시간과 이동의 자유가 허락돼야 한다. 일본은 특이하게도 전근대 사회임에도 불구하고 이러한 여행 대중화의 조건이 충족되고 제약이 제거됐다. 일본은 18세기 중엽에 이미 연간 100만이 넘는 여행객이 전국을 누비는 세계 최고의 여행 천국이었다."[626]

이런 기본적인 인프라가 형성됐던 일본의 이와쿠라 사절단은 주일 미 대사인 드롱의 안내로 센트럴퍼시픽 철도회사를 견학했다. 드롱은 철도의 가치를 강조했다.

"화물은 혈액과 같습니다. 이를 실어 나르는 철도는 핏줄과 같은 것이며 핏줄이 혈액을 순환시키기 때문에 몸이 건강한 것입니다. 미국이 부강하게 된 것은 바로 철도를 부설한 덕분이지요."

이와쿠라는 강렬한 인상을 받았다. 수행원과 함께 자비로 사절단을 따라온 연구생에게 철도 연구를 지시했다. 1881년 창설된 일본철도회사는 이때부터 발상이 싹튼 것이다. 메이지 정부는 새로운 일본 건설에 매진했다. 근대화를 가속할 국가적 인프라를 구축해야 했다. 우선 철도망을 전국적으로 부설하려 했다. 하지만 정부는 돈이 없었다. 사기업 니폰철도, 간사이철도, 산요철도, 규슈철도, 홋카이도탄광철도 등 5개 사철私鐵이 일본 전역을 철도로 연결했다. 정부가 계획을 세우고 사기업이 수행하는 형식이었다.

"철도는 메이지 정부가 일본을 재탄생시키는 유력한 도구였다.

중앙의 권력이 철도를 타고 집행됐으며 각 지역의 문화가 활발하게 교류하기 시작했다. 무엇보다 철도를 통해 전달되는 신문, 뉴스의 등장은 전국을 단일한 의제로 묶어냈다."[627]

# 4
# 근대 문명의 트리거 철도혁명

### 철도혁명과 사회적 기술의 결합

증기기관차 개발로 교통혁명이 일어났다. 19세기 영국에서는 증기기관을 이용한 석탄 채굴이 활발했다. 조지 스티븐슨은 기차와 레일이 합쳐져 '철도'라는 교통수단이 된다는 것을 이해한 인물이었다. 그의 노력으로 1825년 첫 증기기관차가 운행을 시작했다. 1825년 9월 27일 조지 스티븐슨이 제작한 증기기관차 로코모션호 Locomotion가 잉글랜드 동북부에 위치한 달링턴과 스톡턴을 잇는 구간을 시속 약 13킬로미터로 달리기 시작했다. 이 증기기관차는 석탄을 실은 화물 전용 차량이었다. 석탄을 산출하는 달링턴에서 석탄을 싣고 스톡턴으로 배송하는 일이었다. 마차보다 더 느린 속도로 철길을 달릴 때만 해도 철도의 진정한 힘을 알기가 쉽지 않았다.

하지만 1830년 9월 15일 스티븐슨 부자가 제작한 증기기관차인 로켓호 Rocket가 리버풀과 맨체스터 구간에서 승객 36명을 태우고 레일 위를 달리기 시작하자 철도의 잠재력이 여지없이 드러나기 시작했다. 복선 철도인 리버풀-맨체스터 철도는 승객과 화물을 양방향으로 실어 나르며 철도의 신기원을 열었다. 리버풀-맨체스터 철도는 대성공을 이뤘고 몰려드는 승객과 화물을 감당할 수 없을 정도였다.

"이때까지 철도 건설을 방해하거나 무용론을 제기했던 사람들의 태도 역시 돌변했다. 이때까지 의심의 눈길로 보던 런던의 자본가들은 철도라는 황금알을 낳는 거위에 아낌없이 투자했다. 그야말로 철도의 대폭발 시대가 열렸다. 1837년 회기에만 118건의 새로운 철도 법안에 대한 심사가 진행됐다."[628]

영국 의회는 경쟁을 시키면 철도가 더욱 발전할 것이라며 같은 노선에 두 개의 철도를 착공하는 등 신규 노선에 대한 설립허가를 남발할 정도였다. 하지만 철도사업은 치명적인 결함이 있었다. 물론 증기기관차는 세상을 바꾸는 획기적인 발명이다. 하지만 차가 완성됐다 하더라도 토지를 매수하고 각종 공사를 진행하는 데 들어가는 막대한 초기투자금을 어떻게 모을 수 있느냐도 큰 관건이었다.

"터널이나 육교 등 대형공사가 줄지어 있고 새로운 증기기관차를 여러 대 달리게 해야 하고 당연히 차량값도 눈덩이처럼 불어 오른다. 토지, 철도, 침목, 차량, 역사, 각종 설비……. 철도회사는 이런 고정자산을 갖추지 못하면 사업을 시작할 수 없다. (…중략…) 철도회사의 조달과 운용방법이나 노하우는 그 뒤 '재무회계' 역사에 지대한 영향을 미친다. 또한 멀리 떨어져 있는 역이나 열차운행 시간을 관리하는 노하우는 '관리회계'로 이어진다."[629]

영국 철도회사는 자금 조달과 운용에서 '감가상각'이라는 새로운 규칙을 도입하는 획기적인 방법으로 비용을 평준화했다. 지주를 설득해 토지를 구입하고, 산을 깎고 터널을 뚫고, 철로·침목·역사를 준비하고, 기관차와 객차를 제조한다. 이렇게 시작할 때는 막대한 지출이 든다. 이것을 지출했을 때 비용으로 계산하는 것이 아니라 '몇 기로 나누어서 비용을 계산'하는 방식이다.[630]

이 규칙을 통해 수많은 주주를 모아 철도사업을 확대했다. 철도회사는 근대 회계의 뿌리인 것이다. 우리는 철도라는 보이는 기술에는 획기적인 반응을 보이지만 '감가상각'이라는 보이지 않는 규칙 역시 획기적인 발견이라는 걸 깨닫지 못한다. 19세기 영국은 철도를 만들었고 철도회사는 자체적으로 직접 규칙까지 만들 정도로 혁신적이었다. 철도는 감각상각이라는 뒷배 없이는 그저 탄광과 항구를 연결하는 화물열차에 지나지 않았을 것이다. 이처럼 증기기관과 감가상각이라는 '사회적 기술'이 결합하면서 비로소 철도혁명이 일어났다.

### 철도, 시공간의 재배치

『철도의 세계사』를 쓴 크리스티안 월마는 철도가 나온 지 100년도 안 되어 "이 세상을 완전히 바꿔놓았다."라고 평가했다. 그도 그럴 것이 자신이 태어난 마을이나 시장이 있는 가까운 마을을 벗어나는 일이 거의 없었던 사람들이 먼 지역으로 여행하게 되면서 상품과 서비스의 교역이 활발해지고 각종 상품, 책, 신문 등이 철도를 타고 들어오면서 여러 산업들이 활기를 띄기 시작했다.

"사람만 넓고 빠르게 유통된 것은 아니었다. 사람, 편지, 뉴스, 정보 등도 활발하게 유통되어 유럽에 속하는 모든 철도 국가에 폭넓은 여론을 형성하게 했다. (…중략…) 철도가 도래하기 이전에 사람들은 자신이 태어난 마을에서 한평생을 살다가 삶을 마치는 일이 그리 드물지 않았다."[631]

19세기 초 산업혁명의 발원지로서 세계의 공장이라 불리던 영국은 이로써 철도시대로 들어섰다. 세계 제국을 건설한 영국은 화물과 승객 수송력이 뛰어난 철도에 열광했고 이른바 '묻지마 투자'가 성행할 정도로 철도가 급격히 팽창했다. 이때부터 철도는 영국은 물론 유럽과 미국 전역으로 급속히 퍼져나갔다. 1830~1850년을 '철도에 미친 시대'라 할 정도였다. 근대화의 초석이 된 철도의 발명은 유럽 역사를 획기적으로 변화시켰다.

첫 번째, 철도의 확장은 세계 교역 지도와 인류의 이동을 통한 라이프 스타일의 변화뿐만 아니라 문화까지도 바꿔놓았다. 증기기관차의 출현은 큰 변화를 몰고 왔다. 철도는 날씨, 계절, 신분에 상관없이 사람들을 먼 곳까지 실어 날랐으며 물자 이동은 빠르고 원활하게 이뤄졌다. 품목도 다양하여 석탄과 상품은 물론 신문과 잡지 심지어 전쟁 물자와 병사들도 실어 날랐다. 또한 철도는 운송비를 줄였고 모든 분야의 상품을 새로운 시장에 공급했다. 신선한 유제품, 물고기가 내륙의 도시로 들어갈 수 있었고 프랑스의 와인 또한 유럽 전역에 퍼지게 됐다.

"당시 철도 전문가의 분석에 따르면 짐꾼들이 하루에 25~30킬로미터 이동하면서 25~30킬로그램의 짐을 날랐다. 이에 비해 철도는 한 시간에 평균 20킬로미터를 가면서 50톤의 화물을 실었다. 기차가 짐꾼 1만 3,300명이 나를 화물을 한 번에 해치울 수 있었다. 비가 와도 운행에 문제가 되지 않았고, 땅에서 나는 먼지도 묻지 않았다."[632]

"철도뿐 아니라 기계화 덕분에 직조 부분 노동생산성이 1764년에서 1812년 사이에 200배나 향상될 정도였다. (…중략…) 1813년 영국에 동력 직기는 2,400대 정도였는데 1833년에 이르면 무려 10만 대까지 늘어났다."[633]

두 번째, 철도가 세계 교역에 미친 영향이다. 철도의 출현으로 그동안 우위를 차지하고 있던 해상 운송은 에너지효율과 수송력 측면에서 철도에 우위를 넘어서야 했다. 철도로 인해 저렴한 비용으로 무거운 화물을 먼 곳까지 옮길 수 있게 되면서 더 먼 곳까지 이동할 수 있다는 장점 하나만으로도 다양한 산업들이 성장하기 시작했다. 철도 노선이 있는 지역에 사는 사람들은 물리적 거리가 멀더라도 이웃이 됐다. 교통 병목이 해결되자 시간은 곧 돈이 됐다.

세 번째, 철도는 문화적 거리를 좁혔다. 물리적 거리가 짧아지면서 지역의 개념이 변하고 서로 다른 지역의 문화가 유입되고 어우러지면서 보편적인 문화가 형성됐다. 유럽이라는 대륙은 각각 독립된 나라로 시작됐지만 철도라는 획기적인 교통수단으로 인해 하나로 연결됐다. 철도가 연결된 각 나라의 문화와 예술은 자연스럽게 서로 유기적으로 연결됐다. 철도라는 모빌리티 혁명이 커뮤니케이션 혁명을 촉발하더니 결국 유럽의 역사와 문화까지 변화시키는 혁명이 됐다. 오늘날 유럽의 형성에 철도가 미친 영향력이 지대했다. 유럽인이라는 정체성을 가져오게 한 결정적인 사건은 철도 건설이었다. 철도가 건설된 이후 일어난 일은 마치 도미노가 차례차례 쓰러지듯이 전통적인 사회에 큰 영향을 끼쳤을 뿐만 아니라 문화, 예술에도 일대 혁명을 일으켰다.

### 유럽 문화의 탄생

"1830년대와 1840년대에 음악축제의 붐이 일게 된 것은 철도가 부설되면서부터였다. 철도 덕분에 아마추어 음악가, 노래클럽, 합창대 등이 대규모로 이동하면서 그런 축제에서 음악을 연주할 수 있게 됐다."[634]

유럽 대륙 전역으로 퍼져 나간 철도는 유럽의 음악, 문학, 예술을 국제적으로 유통하는 데 크게 기여했다. 철로 덕분에 예술가들과 그들의 작품도 이전 시대보다 훨씬 수월하게 대륙을 왕래하며 발전했다. 오페라단, 극단, 합창단, 오케스트라 등의 예술 행사를 위한 무거운 짐들을 기관차로 비교적 쉽게 운송할 수 있었다. 예전 같으면 엄청난 숫자의 말과 마차를 동원해야 하는 일이었다. 그리고 멀리서 사람들이 공연을 보러 오면서 새로운 수요가 창출됐다. 철도의 발전은 문화와 일상생활에도 여러 변화를 불러왔다. 철도를 따라 수많은 신문과 책이 신속하게 각지의 사람들에게 공급되기 시작했다. 열차 내에서 독서를 하는 것이 일상으로 자리 잡자 '문고판'이 생겨났다. 철도의 가치를 알아본 출판업자들은 철도회사와 독점 계약을 맺었다. 프랑스에서는 지금도 세계 굴지의 출판사인 아셰트가 이 기회를 포착해 크게 성공했다.

"아셰트는 전국적인 유통망을 구축했다. 이 출판사는 국내의 철도 노선을 독점했다. 철도는 이 출판사를 틈새 출판사에서 세계적인 대출판사로 성장시켰다."[635]

"이런 번역서 붐이 가져온 한 가지 결과로 유럽과 그 외 다른 세계에서 문학적 주제, 형식, 스타일, 사상 등이 점점 더 균일해졌다."[636]

"출판인들이 성공하게 된 까닭은 창의적 마케팅 기법을 적극적으로 활용했기 때문이다. 가장 중요한 기법은 '문고판'이었다. (…중략…) 같은 가격에 친숙한 브랜드 마크를 사용하여 독자들이 쉽게 책을 알아보게 하였고 교양 있는 집안의 수집품으로 갖추어 놓게 하는 것이었다."[637]

특히 번역서는 유럽의 문화적 통합의 핵심적인 역할을 했다. 모든 유럽인이 같은 책을 읽음으로써 문학적 형식이 점점 동질화 내지는 표준화돼 갔다. 철도와 인쇄술의 발달로 하나의 유럽 문화가 형성되는 한편, 자국의 언어와 전통을 중시하는 민족주의자들도 강력하게 출현했다. 이러한 과정에 예술가들이 활용됐다. 유럽 대륙 전역에서 같은 책을 읽고, 같은 그림을 복제하고, 같은 음악이 연주되고, 같은 오페라가 유럽의 주요 극장에서 공연되는 문화적 현상이 발생했다. 결국 철도는 오늘날의 유럽 문화가 산업화하고 눈부시게 발전하는 태동기를 열었다.

철도 시대가 열리면서 관광산업이 활기를 띠었다. 이전에는 해외여행은 극소수만의 전유물이었으나 철도 덕분에 전보다 훨씬 많은 사람들이 해외여행을 할 수 있게 됐다. 관광은 매우 중요한 사회문화적 현상이다. 관광하는 측과 받아들이는 측의 욕구는 관광을 둘러싼 환경의 변화와 밀접한 관계가 있다. 경제적 여건은 기본이고 교통수단과 숙박시설(접근성)이 갖춰져야 한다. 그리고 정치적으로도 양국 간 적대적 관계가 아니어야 가능하다. 철도가 놓이자 신규 호텔과 관광상품 가게 등 새로운 도시가 개발됐다.

한국인이 1990년대 후반부터 2000년대 들어 주5일제, 저가항공의 영향으로 유럽 단체관광 붐이 일어나며 주요 도시마다 한국인들로 꽉 찼다. 이른바 깃발부대라 불리는 단체 패키지여행으로 일본이 1980년대 후반부터 시작했고 중국인들은 2010년 이후 그 뒤를 이었다. 유럽의 단체관광은 1860년대 절정을 이뤘다. 우리가 경험한 단체관광이 그러했듯이 유럽의 관광객들도 얼마나 많고 획일적이었는지 1865년 영국의 소설가 찰스 리버는 여행 가이드북을 들고 이탈리아를 여행하는 패키지 관광객들을 비난했다.

"그들은 서로 떨어지는 법도 없으므로, 40명이 함께 안내인을 따라서 거리로 우르르 쏟아져 나온다. 안내인은 어떤 때는 맨 앞에 혹은 맨 뒤에 서서 마치 양떼를 지키는 개처럼 관광객을 보살피는데 그 과정은 가축몰이를 연상시킨다. 나는 이런 단체 관광객을 벌써 세 번이나 만났는데"[638]

"런던에서 출발하여 네덜란드, 벨기에, 라인강과 독일을 거쳐 스위스로 가는 관광노선은 1850년대에 철도가 부설되면서 개발된 것이다. 1850년대는 유럽에 대규모 관광 붐이 일어난 최초의 10년이었다."[639]

"(스위스) 루체른 호반도 많은 관광객이 찾아와 그 인근의 리기산 정상에 올라 알프스 산맥의 파노라마를 볼 수 있었다. (…중략…) 이 지역들은 이탈리아에 버금가는 유럽 관광업의 중심지가 됐다."[640]

철도를 통한 국경 간 이동이 수월해짐에 따라 다른 나라의 음악, 문화, 예술 등을 서로 소통하면서 유럽 지역에 사는 사람들은 저마다 정도는 다르지만, 유럽인이라는 정체성을 확립해갔다. 결국 스스로 '유럽인'이라고 인식하는 이런 사람들이 많아지면서 유럽 문화라는 말이 탄생하게 됐다.

"철도 덕분에 유럽 전역의 사람들은 전과는 다르게 '유럽인'이라고 생각하게 됐다. (…중략…) 이처럼 유럽의 한 부분이란 인식은 유럽의 어느 지역이든 기차로 갈 수 있다는 가능성과 단단히 연결됐다. 지선 기차역을 가진 작은 소도시조차도 그 자신을 유럽 대륙 전역을 퍼져나가는 철도망의 중심에 있다고 생각할 수 있었다."[641]

# 5
# 세상을 보는 새로운 방식

### 구시대의 종말

"모더니티는 일시적인 것, 지나가는 것, 우발적인 것이다."라고 보들레르는 말했다. 또 독일 사실주의 문학의 대가인 테오도르 폰타네는 1843년에 이렇게 썼다. "낭만주의는 이 지상에서 끝났고, 철도의 시대가 밝아오고 있다."<sup>642</sup>

철도는 또한 현실에 대한 근대적 이해라는 새로운 인식을 만들어냈다. 유럽에서 증기기관차의 가치를 가장 먼저 알아본 화가는 영국의 국민화가인 윌리엄 터너(1775~1851)였다. 트라팔가 광장에 있는 내셔널 갤러리에는 터너의 작품들과 영국이 사랑하는 국보급 풍경화가의 그림들이 걸려 있다. BBC방송 조사에 따르면 「전함 테메레르의 마지막 항해」라는 작품은 '영국에서 가장 위대한 그림 1위'로 뽑힐 정도로 유명한데 여기에는 역사적 배경이 담겨 있다. 1805년 트라팔가 전투에서 나폴레옹군을 무찌른 영국 해군의 전함 테메레르는 대영제국 시대의 강한 해군을 상징하는 전함이었다.

이 전투에서 영국은 위대한 제독인 넬슨을 잃었다. 넬슨은 한국판 이순신이요, 테메레르는 일종의 거북선과 같은 전함이다. 하지만 어떠한 영광도 영원할 수는 없는 법이다. 산업혁명이 일어나고 증기선이 개선되면서 테메레르는 더 이상 경쟁력을 상실한 구식 전함으로 전락하고 말았다.

1839년 위대한 해전을 치른 범선이 이제 작은 증기 예인선에 끌려 해체 수순을 밟으러 가는 이 장면이 바로 「전함 테메레르의 마지막 항해」다. 테메레르 옆으로 떨어지는 낙조가 배의 운명처럼 장엄한 노을로 드리우고 있는 그림이다. 한때는 영국의 운명을 건 전투에서 대활약을 했고 대영제국의 강력한 힘을 보여주는 테메레르조차 세월이 흐르니 구시대 유물이 된 것이다. 영화 007 시리즈 23번째 작품인 「스카이폴」은 바로 이 지점을 노렸다. 첩보요원으로서 날고뛰던 제임스 본드 역시 세월 앞에서는 어쩔 수 없었다. 예전 같지 않은 그가 새롭기는 하지만 대단치 않은 임무를 맡고 내셔널 갤러리에 앉아 「전함 테메레르의 마지막 항해」의 그림을 감상하고 있는데 30대 초반의 요원 Q가 다가와 앉으며 말한다.

"이 작품을 보면 기분이 묘해져요. 한때 위용을 자랑했던 전함의 퇴역이라니……. 세월 앞에는 장사가 없죠?"

"넌 새파란 애송이잖아." 본드는 말한다.

"잠옷 차림에 노트북 하나로 요원님보다 더 많은 일을 해낼 수 있어요." Q는 지지 않고 응수한다.

"그럼 내가 왜 필요해?" 본드는 어이없는 표정을 짓는다.

제임스 본드는 퇴물이 된 테메레르로, 젊은 요원 Q는 근대의 증기 예인선으로 중첩되어 보이는 명장면이다.

## 속도의 시대와 달라진 풍경

윌리엄 터너는 「전함 테메레르의 마지막 항해」 외에도 증기기관 시대를 가장 잘 포착한 도발적인 작품을 남겼다. 1844년 「비, 증기 그리고 속도Rain, steam and speed」는 철도 열풍이 한창일 때 왕립아카데미에서 전시됐다. 그의 그림은 아무리 도판 인쇄가 좋아졌다고 해도 실물이 가진 느낌을 따라갈 수 없다. 앞에서도 설명한 바와 같이 1830년 세계 최초의 도시 간 철도인 리버풀-맨체스터 철도가 완공되면서 영국의 철도 시스템은 폭발적으로 증가했다.

"1843년 한 해에만 의회에서 200건이 넘는 철도건설 법안이 통과됐고 새로운 시대에 대한 충격과 흥분이 여기저기서 쏟아져 나왔다. 처음에 예술가들은 이 새로운 현상에 어떻게 반응해야 할지 몰랐던 것 같다."[643]

이런 시대에 증기기관 기술에 대한 놀라움과 매력을 잘 포착해 표현한 작품이 바로 「비, 증기, 그리고 속도」다. 제목으로도 미루어 짐작할 수 있듯 증기, 속도, 증기기관은 새로운 세기의 탄생을 알리는 단어들이지만 화가들에게는 관심의 대상이 아니었다. 처음으로 속도라는 개념을 화폭에 담은 터너는 기차의 형체를 묘사하기보다 기차가 변화시키는 빛, 대기, 속도를 포착해서 표현한 것이 매우 독창적이다. 1844년 산업혁명의 중심지이자 매일매일 급변하는 영국에서 최고 시속 90킬로미터를 달리는 기차를 처음 타보고 그 놀라움을 그림으로 묘사한 것이다. 이 그림은 배경과 형체가 불분명하다. 기차가 관중을 향해 화면 밖으로 빠르게 달려온다. 뒤따르는 몸체 역시 속도가 빠르니 분명하게 그려져 있지 않다. 여기에 안개와 비까지…… 무형의 흐릿한 구름과 자욱한 증기로 그림은 가득 차 있다. 나중에 이 그림은 모네에게 영향을 주어 인상주의를 꽃피우게 하는 영감의 원천이 됐다.

그런데 그는 무얼 그리려 한 것인가? 처음 본 사람은 당황스러워했다. 이게 뭐지? 그는 보는 그림이 아니라 체험하는 그림을 그렸다. 터너는 겉으로 드러난 풍경을 사실적으로 묘사한 게 아니라 자신이 느낀 그 무엇을 그리려 한 것이다. 낭만주의 비평가 존 러스킨의 말처럼 "그는 세상을 보는 새로운 방식을 알려주었다." 오늘날 영국에서 그의 정신을 본받아 젊은 화가에게 주는 최고 권위 있는 상을 제정했는데 그 상의 이름이 터너상이다. 1870년 모네는 보불전쟁을 피해 런던으로 이주한 후 터너의 그림을 보고 충격을 받았다. 그에게서 인상주의의 영향을 받았다. 주관적인 관점에서 속도의 시대엔 모든 풍경이 달라졌다.

# 6
# 철도와 을사늑약

### 전쟁의 우위를 결정한 철도부설권

한편 1905년 11월 5일 일요일, 메이지 천황의 친서를 갖고 이토 히로부미는 철도가 일본에서 처음 운행을 시작한 도쿄의 신바시新橋 역을 출발하여 1번 국도인 도카이도東海道 선을 따라서 오사카를 지나 시모노세키까지 서일본 지역을 관통하는 열차를 탔다.

"화려하게 치장된 이토의 전용 열차는 지나치는 곳곳에서 연도의 백성들에게 환호를 받았다. 특히 이토의 고향 야마구치 현에서는 마을 사람들이 역으로 몰려나와 이토의 열차를 향해 만세를 불렀다."[644]

이토는 시모노세키 역에 도착해서 열차에서 내려 해군 군함에 올라 현해탄을 건너 부산으로 향했다. 1905년 11월 8일 이른 아침 이토 히로부미가 초량역에서 경부선을 타는 순간을 박흥수는 이렇게 적고 있다.

"환송을 나온 일본 영사관 관리들과 재조선 일본인 거류민 대표들의 손을 일일이 잡고 악수를 나눈 이토는 귀빈용 객차에 몸을 실었다. 이토는 초량으로부터 끝없이 이어진 철길을 보면서 조선 반도를 일본의 쇠밧줄로 옭아맨 이상 대한제국이란 나라는 일본의 손아귀를 벗어날 수 없다는 것을 확신했을 것이다."

"경부선 궁정 열차 안의 이토는 자신의 헌신으로 이어진 철도를 타고 고종과 담판을 지으러 가는 길이 감격스러웠으리라. 오전 7시 커다란 기적 소리와 함께 초량발 경성행 열차는 천천히 움직였다."<sup>645</sup>

이토의 헌신으로 이어진 철도라니? 여기에는 배경이 있다. 조선은 이토 히로부미가 청나라를 방문한 후 한양에 도착하기 하루 전인 1898년 8월 24일 가토 공사에게 경부철도 부설권을 넘겼다. 이토의 방문 목적이 경부철도 부설권이었다. 가토 공사는 이토가 한양에 도착하기 전 구체적인 성과를 보여주기 위해 집요하게 조선을 몰아붙여 이를 얻어냈다. 이로써 철도라는 절대적인 도구로 조선 정벌과 대륙 침탈의 고속 네트워크를 확보하게 된 것이다.

일본은 이미 1894년 청일전쟁에서 우위를 차지할 때도 가장 먼저 조선 철도에 대한 부설권을 확보하고자 했다. 1894년 8월 20일 일본은 오토리 게이스케 공사를 앞세워 경부·경인철도 부설권을 확보하는 조일잠정합동조관朝日暫定合同條款을 체결했다. 비록 급변하는 국제 정세 속에 경인철도 부설권을 미국인 모스에게 넘겨주는 우여곡절이 있었지만 그 또한 결국에는 일본으로 넘어갔다.

### 민족의 나아갈 길을 결정한 인프라

"로마의 힘은 인프라 구축과 노블레스 오블리주에서 나왔다."

시오노 나나미의 『로마인 이야기』 시리즈의 열 번째 책에는 '모든 길은 로마로 통한다'라는 제목이 붙었다. 이 시리즈 열다섯 권 중에 이 책만은 인물이 주인공이 아니라 사회 기반 시설과 제도가 주인공이다. 『로마인 이야기』 중 가장 독특하고 매력적이어서 놀라움을 주는 책이다. 나는 로마를 여행하면서 기원전 312년 감찰관인 아피우스 클라우디우스가 건설한 아피아 가도를 걸어본 적이 있다. 아피아 가도뿐만 아니라 이탈리아 대부분의 도로와 유럽의 주요 도로는 고대 로마인들이 2,000년 전에 닦은 것으로 오늘도 사람과 차들이 이용하고 있다는 이야기를 듣고 여행에 동행한 사람들 모두가 놀랐던 기억이 있다. 현대 이탈리아인들이 새로운 도로를 다시 깔지 않아도 될 정도로 대부분 훌륭하게 건설되어 있다. 얼마나 중요하게 생각했는지 한길사에서는 이 책의 주제를 독자가 한눈에 이해할 수 있게 연두색 띠지에 "인프라가 한 나라의 운명을 결정한다!"라고 강조했다. 그리고 "중국은 5,000킬로미터의 만리장성을 쌓았지만 로마는 15만 킬로미터의 도로를 건설했다."라는 큰 활자 밑에 장대한 인프라 구축 현황과 그 속에 담긴 정신을 서술했다.

"추운 북해에서 뜨거운 사하라까지, 대서양에서 유프라테스 강까지 로마제국 전역으로 장장 15만 킬로미터의 가도를 건설했던 로마인. 막대한 경비, 수많은 인력, 그리고 오랜 세월을 투자하여 사회기반시설을 현실화했던 로마인. 오늘 그들의 놀라운 힘과 강인한 정신을 다시 한번 배운다."

즉 이 책은 도로, 상수도, 하수도라는 로마인의 세 가지 걸작품에 관해 서술한 것이다. 셋 다 건설만 해놓는다고 해서 해결되는 게 아니다. 지속해서 기능을 발휘하지 않으면 아무런 의미가 없다. 5년간 시오노 나나미의 책을 낸 한길사의 김언호 대표는 총 2만 2,500페이지에 달하는 로마인 이야기 시리즈에서 로마인의 위대한 점을 이렇게 요약했다.

"고대 로마인들의 인프라 정신이야말로 오늘 이 땅의 지도자들과 공인들이 갖춰야 할 노블레스 오블리주 또는 인프라 구축 정신이다.

사람이 사람답게 살기 위해 필요한 인프라는 로마인들의 개방성, 실용성, 보편성의 산물이자 그 덕목들을 떠받드는 기반이 된다."⁶⁴⁶

그러나 한마디로 인프라의 중요성을 간파한 로마인들의 선견지명을 조선은 갖고 있지 못했다. 중국과 로마는 도로를 놓든 성을 쌓든 그것이 수직과 수평의 문제이지 기술이나 재정의 문제는 아니었다. 생각의 방향성이 달라지자 결국 나라의 운명이 갈렸다. 국가의 안전을 위해 오랑캐의 왕래를 막을 것이냐, 아니면 자국 내의 왕래를 촉진할 것이냐. 로마인들이 중국의 성보다 열 배 이상이나 되는 도로를 건설한 것을 보면 도로를 나라의 혈맥으로 판단한 것이다.

"그래서 한두 개의 가도를 뚫는 정도로는 충분치 않다고 생각하여 그물 같은 도로망을 깐 게 아닐까. 인간은 혈관을 통해 몸 구석구석까지 피가 보내져야만 살아갈 수 있다. 마찬가지로 국가가 건강하게 살아가는 데에도 혈맥 같은 도로망이 반드시 필요하다. (…중략…) 도로를 네트워크화하면 그 기능이 비약적으로 향상한다는 데 착안한 것 자체가 로마인을 현실적이고 합리적인 민족으로 키워주었다. 인프라를 현실화하려면 막대한 경비와 많은 인력과 오랜 세월을 들여야 한다. 그만큼 그것은 하드웨어 분야의 성과만으로 끝나지 않고 소프트웨어적인 분야, 즉 정신 분야에까지 영향을 미칠 수밖에 없다. 바꿔 말하면 인프라가 어떻게 이루어지느냐에 따라 그 민족이 앞으로 나아갈 길까지 결정되어 버린다."⁶⁴⁷

이 책의 한정된 지면으로 로마인의 인프라 정신이 얼마나 전해졌는지 모르지만, 다시 조선으로 돌아가보자. 근대는 철도를 타고 꽃피웠다. 반세기도 채 지나지 않아 철도는 세계 전체로 확대됐다. 식민지로부터 얻은 부가 유럽에 집중되도록 고속 네트워크를 구축한 것이다. 철도 건설로 유럽의 우위가 확고해졌고 식민지 수탈의 규모와 방법 역시 대규모로 이뤄졌다. 철도가 생긴 이래 기술은 눈부

시게 발전했다. 19세기 말에 이르러서는 전화, 라디오, 영화, 고속 차량 등 화려한 발명품이 끊임없이 나왔다.

"이 발명품들은 시간, 거리, 속도, 이동성에 대한 개념을 바꾸었을 뿐만 아니라 계급적인 그리고 성적인 장애물을 침식시켰다."[648]

시대가 변하고 있었다. 이 어마어마한 변화의 속도에 적응한 나라와 여전히 '느린 속도'를 고수하는 전근대적인 나라의 운명이 갈리는 중요한 시기였다. 조선은 철도 개통 이전에는 서울에서 부산까지 소와 말을 타고 14일 이상 걸렸다. 그런데 1905년 경부선이 개통된 후 11시간 만에 가게 됐다. 모든 사람들이 비포장도로를 걸으며 봇짐을 지고 힘을 뺄 필요가 없는 시대가 열린 것이다.

"시스템이란 남보다 뛰어난 능력을 타고난 사람을 위해 있는 것이 아니라, 보통 사람의 능력에 맞추어 그 사람들의 필요를 충족시켜 주는 것이어야 한다. 따라서 시스템을 창안한 사람의 능력과는 무관해야 한다. 실제로 그렇지 않으면 시스템이 기능을 발휘할 수 없고 시스템으로서 지속성도 가질 수 없다."[649]

그러나 고종 시대의 조선은 200년 전이나 300년 전과 다를 바 없이 이미 겪었던 시행착오를 반복하고 있었다. 사람의 원초적인 힘에 의존한 비효율적인 시스템을 고수하다 보니 단순히 이동하거나 물건을 옮기는 데에 에너지 낭비가 심했다. 지역과 지역까지, 일종의 베이스캠프까지는 기본적인 인프라를 이용할 수 있는 시스템을 만들었어야 했다(공적 투자로 닦아놓은 고속도로를 이용하면서 힘을 비축해야 효율적이다). 그래야 에너지를 축적해 진짜 승부처인 베이스캠프에서 남들이 해보지 않은 서비스나 새로운 상품을 만드는 데 힘을 쏟아 경쟁력을 높일 수 있다. 도로, 철도, 전신 등 인프라를 만든다는 것은 성장과 발전을 위한 베이스캠프의 고도를 높이는 것과 같은 것이다. 그런데 고종과 집권층은 인프라의 가치를 알아채지 못했다.

6장

# 필수요소 5
# 재정의 근대화

# 1
# 수포로 돌아간 고종의 꿈

### 청전폐지와 물가 상승

고종이 부친 대원군의 10년 집권을 종식한 뒤 친정을 하면서 시작한 일은 대원군의 정책을 판판이 뒤집는 '적폐청산'이었다. 재정 분야에 대한 고종의 전격적인 조치로 인해 국가재정이 거덜났는데 사정은 이렇다. 당시 돈의 가치가 낮은 청나라 동전, 즉 청전淸錢이 유통됐다. 이에 따라 인플레가 심해지자 청전에 대한 백성의 불만이 커졌다. 이에 고종은 민심을 얻고자 신하들과 상의도 없이 청전의 유통을 금지했다.

"청나라 돈을 당초에 통용한 것은 그렇게 하지 않을 수 없는 일이었는데, 지금에 이르러 날이 갈수록 물건은 귀해지고 돈은 천해져서 지탱할 수 없다고 한다. 민정民情을 생각하면 비단옷과 쌀밥도 편안하지 않으니 즉시 변통하는 것은 또한 그렇게 하지 않을 수 없는 일이다. 이제부터는 청나라 돈을 통용하는 것을 전부 혁파革罷하라. 묘당廟堂에서 팔도八道와 사도(四都: 개성, 강화, 수원, 광주)에 행회

行용하라."라고 명을 내렸다.⁶⁵⁰

결과는 어땠을까? 고종 자신의 말을 들어보자.

"청전의 폐지는 민중을 위하는 뜻에서 나온 것이나 물가가 여전히 다섯 배 이상 오른다고 하니 심히 놀랄 수밖에 없다."⁶⁵¹

물가가 세 달 만에 500%가 뛴 것이다. 그래도 이건 약과였다. 그동안 축적된 국고의 3분의 2가 청전 유통 금지와 함께 사라진 것이다. 우의정 박규수가 청전이 폐지된 1주일 후에 심각한 상황을 종합해 보고했다.

"청나라 돈을 통용한 것은 대체로 한때의 임시변통에서 나온 것이지만, 7~8년 이래로 흘러나온 것이 많은 상황에서 돈은 천해지고 물건은 귀해지는 현상이 자연히 날로 심해져 가난한 사람이건 부자이건 모두 곤란하여 민심이 황급해하고 있습니다. 그러나 끝내 감히 갑자기 폐지할 것을 의논하지 못한 것은 진실로 서울과 지방의 공화公貨가 모두 청나라 돈으로 쌓여 있어서 일단 혁파한 후에 보충할 대책이 없고, 모두 쓸모없는 것이 되고 말 것이었기 때문입니다. 이번에 단호하게 용단을 내려 내탕고內帑庫에 쌓인 것이 어떻게 되든 관계하지 않고 하루아침에 혁파해 버렸습니다. 명을 들은 날에 부녀자와 노인, 어린아이 할 것 없이 우레 같은 환성을 질렀으니, 이것은 참으로 지난 역사에서는 보기 드문 성대한 조치입니다. 그러나 공화는 끝내 쓸 밑천이 없고 백성들의 재물은 유통되는 이로움을 보지 못하게 되니, 이것이 눈앞에 닥친 절급한 근심입니다."⁶⁵²

박규수의 보고를 요약하면 이렇다. 청전 금지 조치에 대해 부녀자와 노인, 어린아이 할 것 없이 우레 같은 환성을 지를 정도로 좋아했다. 서울과 지방 관청의 재화가 대부분 청전인 탓에 모두 쓸모없게 됐다. 새로운 통화를 공급할 수 없다 보니 백성이 거래에 쓸 동전이 없다.

인기는 거품이란 말이 있듯이 백성의 환호는 잠시였다. 백성의 환호만큼 변덕스러운 게 또 있을까. 현대에서도 군중은 대통령이 누구든 새로 부임만 해도 환호를 보낸다. 아무것도 안 했는데도 말이다. 처음의 환호는 의례적인 것으로 절대 믿어서는 안 된다. 인플레이션이 심해지자 고종과 정부에 대한 백성의 원성이 높아져 갔다. 이처럼 개혁은 힘들고 정치는 어려운 것이다. 백성이 지지하는 정책을 실시하면 인기를 유지할 것 같지만 어느 순간 백성은 돌아선다. 그리고 기억력을 상실한 환자처럼 얼마 전까지 반대하던 정책들이 더 나았다고 투덜댄다. 어떤 정책이든 장기적으로 어떤 영향을 미칠지 깊이 통찰한 뒤에 실시하지 않으면 사달이 난다. 물가와 통화 안정을 함께 관리하면서 바탕을 만들고 그 위에서 정책이 이뤄지도록 해야 한다. 정치가에게 군중들이 열렬히 지지하는 정책은 필수조건이나 그 결과가 공익에 도움이 될 때에야 비로소 충분조건이 된다. 그래서 지도자는 한 가지 목적만으로 정책을 결정해서는 안 된다. 이 점을 잊어버리면 실패하기 쉽다.

청나라 돈이 철폐된 지 2주일이 지난 뒤 다급해진 고종은 1월 20일 영의정인 이유원을 불러들여 청전 문제에 관해 논의했다.

**고종**: 상평전常平錢이 들어온 양을 보니 100만 냥이나 된다. 그런데 별단에 있는 청나라 돈 200만 냥은 처리할 방도가 없으니 답답한 일이다. 나라에는 경비로 쓸 것이 없고 또 민간에서 걷어 들일 수도 없으니 환곡을 돈으로 바꾸는 수밖에는 다른 도리가 없다.

**이유원**: 전에도 나라의 비용이 매우 곤란하였을 때에는 이런 사례가 많았습니다. 지금은 곡식 장부가 텅 비어서 손쓸 대책이 없습니다.

**고종**: 환곡에 대한 탕감蕩減은 바로잡아 놓은 다음에도 있었는가?

이유원: 그렇습니다.

고종: 호조의 경비가 매우 군색하니 경복궁 공사는 당분간 그만둘 것이다. 시어소時御所도 수리할 곳이 많지만 사실 어찌할 도리가 없다.⁶⁵³

졸지에 국가재정 300만 냥 중 200만 냥이 증발한 것이다. 고종은 자기가 보고 싶은 현실만 보고 다른 면을 보려는 노력을 하지 않았다. '나는 아버지 대원군과 다르다.'라며 민심이 원하는 정책을 편 것밖에 없었다. 무조건 민심을 얻는 군주가 되겠다는 얕은 생각에만 꽂혀 있었다. 하지만 보고 싶지 않은 현실을 외면한 대가치고는 너무 큰 손실이었다. 이 금액이 얼마만 한 규모인가 하면 호조판서 김세균의 말을 들어보자.

"호조에서 한 해에 받아들이는 돈이 50~60만 냥에 지나지 않는데 산하 관청에 내려주어야 할 돈은 무려 40만 6,000여 냥이나 되며, 그밖에 비상 지출이 얼마인지 예측할 수 없으니 경비가 매양 궁색할까 걱정하게 됩니다."⁶⁵⁴

조선은 경상경비를 빼고 나면 대략 15만 냥 전후의 여유밖에 없는 빠듯한 살림이다. 200만 냥이면 약 10년 넘게 알뜰히 모아야 가능한 큰돈이었다. 고종은 2월 5일에 다시 영의정 이유원에게 물었다.⁶⁵⁵

"고을에서는 상평전으로 징세하고 나라에는 어째서 청나라 돈을 바치는가?"

사정은 이러했다. 청전 폐지로 물가가 폭등한 가운데 백성은 상평통보를 구해서 관아에 세금을 냈다. 그런데 지방 관리들은 그 상평통보를 자기가 챙기거나 지방 관아 곳간에 쌓아두고 세금을 청전으로 중앙정부에 바친 것이다.

### 당백전의 후유증

조선이 늦도록 동전 통용을 할 수 없었던 주요 원인은 구리가 부족했기 때문이다. 구리는 주로 일본에서 수입했다. 효종 때 사행使行 중에 김육이 남은 여비로 중국에서 동전 15만 문(文, 100분의 1냥)을 구입해서 평양, 안주 등지에 나누어 시범적으로 사용했다. 이때부터 청전이 처음으로 조선에서 통용됐다. 청전은 1860~1870년대 흥선대원군 집권 시기에 널리 유통됐다. 청전이 악화로 취급받게 된 것은 1866년 11월 발행된 당백전當百錢의 후유증 때문이었다.

당백전은 액면가가 상평통보의 100배에 달했지만 실제 구리의 함량은 6~8배에 불과하여 가치가 매우 나쁜 악화惡貨에 해당했다. 액면가는 100배인데 실질적 가치는 6에서 8밖에 안 된다면 나머지 92~94배의 차액만큼 정부에서 그 가치의 담보를 보증해야 한다. 그런데 이에 대한 조치가 없었다. 공식적인 편법으로 세금을 걷어 경복궁을 중건하기 위해 당백전을 유통했다. 이는 당백전의 공신력을 실추하는 결과를 낳았다. 누가 액면가치의 6%도 안 되는 당백전을 받으려 하겠는가. 상평통보는 사라지고 고액화폐인 당백전만 유통되다 보니 그로 인해 초인플레이션이 발생한 것이다.

"가치 없는 고액화폐를 시장에 유통시키자 예상대로 물가가 순식간에 올랐다. 또한 관청에 보관하고 있던 동전 재료가 떨어지자 전국에 구리와 쇠붙이를 거둬들이라는 명령이 떨어졌고 농민들의 멀쩡한 식기나 농기구까지 징발되는 경우가 허다했다."[656]

실물경제가 휘청이며 부작용이 심각해지자 정부는 1867년 6월 당백전을 폐지했다. 당백전을 회수하기 위해 정부는 다시 상평통보나 청전[657]으로 교환한 후 폐지 작업에 들어갔다. 물론 당백전보다야 양화였지만 청전 역시 악화였고 상평통보만이 양화로 인정되다 보니 '상대적 악화'인 청전의 유통량이 40%를 넘게 차지했다.

당백전(일종의 양적 완화·악화) 〈 청전(상대적 악화) 〈 상평통보(양화)

백성은 이에 대한 처신법을 잘 알고 있었다. 백성은 귀중품처럼 상평통보는 땅에 묻고 청전만 유통했다. 상평통보는 순식간에 시장에서 자취를 감추고 청전은 계속 가치가 떨어졌다. 상평통보를 손에 넣은 사람은 그것을 내놓지 않았고 반면에 청전을 가진 사람은 되도록 빨리 상평통보로 바꾸려 했기 때문에 청전의 가치가 더욱 떨어지게 된 것이다. 앞에서 설명했듯이 청전에 대한 원성이 높다 보니 고종이 대책도 세우지 않은 채 전격적으로 폐지한 것이다.

### 국가 재정의 고갈

후유증은 좀 뒤에서 살펴보기로 하고, 왕원주 베이징대학교 교수는 '청전이 상평통보보다 악화'가 아니라는 주장을 폈다.

중량의 차이: 청전의 중량은 1전錢 2분分(4.5그램: 전은 3.75g, 분은 0.375그램)인 데 비해 조선 동전은 숙종 때 2전 5분(2.08배) → 영조 18년(1742)에는 2전 → 28년(1752)에는 1전 7분 → 33년(1757)에는 1전 2분으로 동일해졌다.

금속 성분 분석: 청전은 1805년에 구리 54%, 흑연 8%, 백연 36.5%, 고석 1.5%인 데 비해, 조선 엽전의 금속 성분은 생 구리 73%, 주석 13.5%, 상납常鑞 13.5%로 구성되어 조선 엽전에는 구리와 주석의 함량이 청에서 만든 돈보다 높았다.[658]

이 분석이 왜 중요한가? 당시 통화는 '액면가'에 가치를 둔 것이 아니라 실제로 시장에서 받아들여지는 '물질적 가치'에 중점을 두었다. 상인들은 저울에 추를 달고 화폐를 그 반대편에 달아서 가치를 측정했다. 즉 상평통보 안에 구리 함량을 추정하여 이 화폐가 얼마나 가치가 있는지 판단했다. 금으로 생각하면 이해하기 쉽다. 상평통보에 금이 10그램이 들어갔다면 그 가치는 금세 나온다. 상평통보는 구리와 주석의 함량이 86.5%로 청전의 54%보다 높았으니 양화 대접을 받은 것이다.

하지만 왕 교수는 청전의 가치평가 절하는 '청전의 질적인 문제라기보다는 신뢰의 문제'라고 분석했다. 정확한 지적이다. 공신력을 갖기 위해서는 정부에서 그만한 담보를 보증해야 하는데 조선은 근대의 금융정책에 대해 알지 못했다. 또한 청전 폐지를 강력히 주장한 사대부의 논리는 존명대의론尊明大義論[659]의 관점에서 '청전의 통용은 화이華夷의 구별을 어지럽히는 것'이라는 것이다. 다시 말해 그들은 경제적인 접근을 한 것이 아니라 세상물정과 관계없이 이데올로기적으로 접근했다. 탄탄한 기초 실력을 갖추지 못한 상태에서 낡은 이념에 매인 정책으로 인해 한순간에 국가재정만 고갈되고 말았다.

화폐는 상상의 산물로 '신뢰'가 가장 중요하다. 정부가 세금을 당백전으로 잘 받아주고 왕 역시 그것을 믿었으면 시장에서 그나마 정착됐을지도 모른다. 시장에서는 정부를 신뢰할 수 없으니 동전이 가진 '구리의 물질적 가치'를 화폐로 여겼다. 그런데 화폐가 상상의 산물이라니 무슨 말인가? 사람은 사실이라서 믿는 게 아니라 모든 사람이 사실이라고 여기는 것을 사실이라고 믿는다. 유발 하라리의 미국 달러에 관한 재미있는 설명을 보면 더 쉽게 다가올 것이다. 달러 지폐를 한 장 꺼내 살펴보자.

"앞면에는 미국 재무성 장관의 서명이 있고 뒷면에는 '우리는 하나님을 믿는다.'라는 구호가 쓰여 있는 알록달록한 종잇조각에 지나지 않음을 알 수 있다. 우리가 달러를 받는 이유는 우리가 하나님을 믿고 미국 재무성을 믿기 때문이다. 신뢰가 결정적 역할을 한다는 사실은 왜 금융시스템이 우리의 정치, 경제, 사회, 이데올로기 시스템과 그토록 밀접한 관련이 있는지 설명해 준다."660

금융위기가 경제적 문제뿐만이 아니라 정세政勢에 의해서도 쉽게 발생되는 까닭은 신뢰 문제가 그 바탕에 깔려 있기 때문이다. 유발 하라리의 주장대로 화폐는 '다른 사람들이 그것을 믿는다는 사실을 믿으라고 요구'하는 다른 차원의 비정한 심벌인 것이다. 사람들이 그것을 원한다는 사실 하나만으로도 화폐가 가진 가치를 높게 평가하는 것이다.

당시 조선 정부에 이런 근대적 경제 개념이 있을 리 없었다. 정부조차도 당백전보다 상평통보를 선호했으니 신뢰를 주기는커녕 불신을 자초했다. 당연히 시중에서는 당백전을 아무도 받으려 하지 않았다. 당백전의 가치가 얼마나 형편없었는지 당시 백성은 당백전의 '당'을 강하게 발음하여 '땅전'이라고 불렀다. 여기에서 '땡전 한 푼 없다'는 말이 나왔을 정도로 당백전은 백성에게 엄청난 트라우마를 남겼다.

### 근대 재정 정책의 실패

청전 폐지는 고종의 목을 죄는 부메랑으로 돌아왔다. 포퓰리즘은 쉽게 중독될 뿐더러 후유증도 깊다. 22세의 젊은 왕이 '민심을 얻고자' 하는 이상주의적 발상으로 순수하게 볼 수는 없을까? 문제는 그의 의사결정 방식이었다. 고종은 중대한 문제에 대해 신하들과 상의하지 않고 독단적으로 해결책을 제시한 탓에 문제가 자주 발생했다. 결국 청전 폐지는 집권 기간 내내 고종이 돈에 허덕이게 만든 요인이 됐다.

각급 관청에 예치된 청전을 무용지물로 만들어 막대한 재정 손실을 초래했다. 고종이 당초 명을 내려 청전을 폐지한 것은 민중의 이익을 보호하고 물가가 더 오르는 것을 막기 위함이었다. 하지만 결국 청전 폐지 이후 물가는 오히려 훨씬 더 많이 올랐다.

이처럼 조선의 재정난은 더 심각해져 조선이 개항 이후의 정세에 대응하는 데 어려움을 가중했다. 만성적인 재정 부족으로 인한 구식 군대의 임금 체불로 임오군란이 일어났던 것도 청전 폐지와 무관하지 않다. 국정의 기본은 경제다. 민생도 경제고 안보도 경제다. 경제력이 없으면 군사력도 가질 수 없다. 근대 재정 정책을 수립하는 데 염두에 두어야 할 네 가지 과제는 다음과 같다.

첫 번째, 왕실과 정부의 재정을 분리한다. 두 번째, 식산흥업을 통해 산업을 키워 세수 자원을 확대한다. 법률에 의해 조세를 징수한다. 세 번째, 현물에서 현금으로 세금을 징수한다. 중앙은행을 설립하여 화폐 권한과 신뢰할 만한 자국 통화를 발행한다. 네 번째, 적극적인 인프라 조성자로서의 역할 확대에 필요한 재원을 확보한다. 도로, 철도 등 인프라 구축과 근대 교육제도 도입에 따른 투자 재원을 마련한다.

이 네 가지 과제를 염두에 두고 고종의 성과를 분석해보자. 이미 세 번째 과제는 낙제점임이 드러났다.

# 2
# 험난한 자강의 길

**국비기국**

윤치호는 귀국을 앞두고[661] '조선의 개혁을 위한 10개 항목'을 일기에 적었다. 제일 먼저 선행해야 할 일로 궁내부 개혁, 즉 왕실 개혁을 주장했고 그다음으로 군사력 양성을 꼽았다.

"내가 기회를 갖는다면 조선의 개혁은 다음과 같은 계획하에 추진돼야 할 것이다. 첫째, 왕실의 비용은 품위와 안락을 꾸준히 유지할 수 있도록 최소한으로 감축돼야 할 것이다. 모든 내시와 궁녀들은 해고돼야 한다. 둘째, 작은 규모의 규율 잡힌 군대가 지체 없이 조직되어 신정부의 버팀목이 돼야 한다."[662]

고종 시대에는 민씨 척족들의 독주 체제였다. 정조 사후에는 16개가량의 가문들의 정치연합체였는데 점점 3대 가문인 안동 김씨, 풍양 조씨, 반남 박씨로 집중되면서 세도정치가 강화됐다. 모두 왕의 외척가문이었다.

안동 김씨는 순조, 헌종, 철종의 3대에 걸친 왕의 외척이었다. 풍양 조씨는 헌종 대에 왕의 외척으로 정권을 잡아 세도정치를 행했다. 반남 박씨는 순조의 어머니인 수빈 박씨로 인해 그의 오빠들이 순조 대에 세도가로 이름을 떨쳤다. 이후 이 가문은 헌종 때까지 세력을 유지했다.

조선 중기까지만 해도 사대부는 결혼을 통해 권력과 권위를 확보하는 것을 매우 부끄럽게 여겼다. 처가인 민씨 집안과 사돈인 심온을 처형한 태종의 영향이 컸다. 하지만 1800년대 이후에는 결혼을 통해 외척이 어린 왕의 후원자가 돼 세도정치를 하다 보니 그야말로 권력의 핵심이 됐다. 고종 시대에 이르러 1880년대부터는 여흥 민씨 가문의 독주였다. 동학농민운동과 청일전쟁이 발발하기 직전인 1893년 당시 조정의 주요 관직자 72명 중에서 여흥 민씨 13명이 22개 관직(총 94개)을 차지했다. 외국인을 제외한 조선인 기준으로 볼 때 여흥 민씨가 25%의 관직을 독식한 것이다. 이는 한 가문이 주요 보직을 모두 독식한 조선 최초의 사례였다. 이들이 조선을 고물로 만드는 데 큰 역할을 했다.

"왕실이었던 전주 이씨 다섯 명이 6개 관직을 차지하고 있었다. 양주 조씨는 네 명이 6개 관직을, 광산 김씨는 다섯 명이 다섯 개 관직을, 반남 박씨는 세 명이 5개 관직을, 청송 심씨와 안동 김씨는 각기 세 명이 3개 관직을 차지하고 있었다. 나머지 집안들은 한 명이 한 직책 정도를 갖고 있었다."[663]

**1893년 대표 성씨 가문의 정부 관리 수와 관직 수**[664]

| 가문 | 관리 수 | 관직 수 | 가문 | 관리 수 | 관직 수 | 비고 |
|---|---|---|---|---|---|---|
| 여흥 민씨 | 13 | 22 | 전주 이씨 | 5 | 6 | |
| 양주 조씨 | 4 | 6 | 광산 김씨 | 5 | 5 | |
| 반남 박씨 | 3 | 5 | 안동 김씨 | 3 | 3 | |

| 청주 한씨 | 1 | 3 | 파평 윤씨 | 2 | 2 | 관리 수 총 72개 (조선인만 65개) 관직 수 총 94개 (조선인만 87개) |
|---|---|---|---|---|---|---|
| 우봉 이씨 | 2 | 2 | 고령 박씨 | 2 | 2 | |
| 청풍 김씨 | 2 | 2 | 연안 김씨 | 1 | 2 | |
| 외국인 | 7 | 7 | | | | |
| 기타 가문 (1명 배출) | 한산 이씨, 경주 이씨, 한양 조씨, 임천 조씨, 풍양 조씨, 밀약 박씨, 안동 권씨, 남양 홍씨, 달성 서씨, 진주 강씨, 죽산 안씨, 영월 엄씨, 광주 노씨, 기계 유씨 각 1명 | | | | | |

민씨 척족은 영의정, 좌의정, 우의정 등 최고위직은 차지하지 않았다. 직위는 높지만 실권이 없는 의정부보다는 실권이 있는 내무부, 외무부, 군부, 재정 분야를 독차지했다. 재정을 담당하던 부처는 사정이 더 심각했다.

**1893년 주요 경제기관장**[665]

| 선혜청 | 민영휘(준) | 호조 | 박정양 |
|---|---|---|---|
| 친군영 | 민영휘 | 병조 | 민영소 |
| 광무국(광산) | 민영익 | 전환국 | 박정양 |

군사를 담당했던 조직도를 보면 민씨 척족의 세도는 그야말로 하늘을 찌를 듯한 기세였다. 여흥 민씨가 고종 시대 최대 기득권이었다. 이 당시 조선은 국비기국國非其國 상태임을 잘 보여주고 있다. 국비기국은 '나라이면서도 나라가 아니다.'라는 뜻이다. 모양만 나라이지 나라다운 나라가 아님을 말한다. 민중전이 실권을 잡은 이후 민씨 일가의 중용기조는 두드러졌다. 자신들의 경쟁력이 오로지 민중전의 집안뿐으로 위관급도 안 되는 인물들이 장군이 됐다. "이씨의 사촌이 되지 말고/민씨의 팔촌이 되려무나/아리랑 아리랑 아라리요 (…하략…)"라는 노래가 있을 정도로, 그만큼 도를 넘어선 민씨 척족의 권력욕은 넓고도 그악스러웠다.

**1893~1894년 주요 군사기관과 지휘관**[666]

| 구분 | 부대명 | 창설연도 | 지휘관 | 구분 | 부대명 | 창설연도 | 지위관 |
|---|---|---|---|---|---|---|---|
| 호위군 | 호위청 | 1892 | 김병시 | 지방군 | 평양감영 | 1885 | 민병석 |
| 중앙군 | 장위영 | 1888 | 한규설 | | 강화영 | 1887 | 민응식 |
| | 통위영 | 1888 | 민영준(휘) | | 전주영 | 1893 | 김학진 |
| | 총어영 | 1888 | 이종건 | | 춘천영 | 1894 | 민두호 |
| | 경리청 | 1892 | 민영준(휘) | | 함경영 | 1894 | 민종묵 |
| 해군 | 해영(해연총제영) | 1893 | 민응식 | 비정규군 | 보부청(상리국) | | 민영익 한규설 |

　재정과 군사 분야에 민씨들을 포진시킨 것은 고종 부부의 전략이었다. 권력의 핵심인 이 두 분야에 대해서는 다른 가문에게 주지 않겠다는 의지가 분명했다. 자신들이 권력을 쥐는 게 중요했던 그들은 청나라의 속국 여부는 관심사가 아니었다. 고종은 조선의 장점을 완전히 매장해버렸다.

　"이들 외에도 1885~1894년 사이에 20명의 여흥 민씨들이 참판이나 지방의 육군 또는 해군의 중책을 맡는다. 『고종시대사』에 올라 있는 여흥 민씨는 80명이 넘는다. 그중 부정과 부패로 가장 악명이 높았던 민영준(민영휘), 민형식, 민영주, 민영은, 민병석, 민영선, 민명식 등 일곱 명은 1894년 갑오개혁 때 유배된다."[667]

　이번에는 여흥 민씨 입장에서 살펴보자. 돌이켜보면 청일전쟁 이후 초라한 고종의 모습은 결국 민씨들의 성적표였다. 공인 정신은 물론 능력도 없던 그들이 사태를 악화한 끝은 자승자박이라고 할 수 있다. 그래도 민씨 중에 '호(鎬)' 자 돌림을 가진 인물들은 제 실력으로 과거에 합격하고 다른 가문들과 더불어 정치를 했다. 그나마 이때가 가장 나았다. 하지만 그들은 모두 비극적으로 생을 마감했다.

1874년 민비의 양오빠인 민승호는 선물로 위장한 폭탄이 터져 가족과 함께 횡사했다. 1882년 임오군란으로 선혜청 당상인 민겸호는 살해됐다. 1884년 갑신정변의 개혁파들은 왕실 척족세력인 민영목, 민태호, 조영하 등을 죽였다.

이로써 민씨 집안에서 '호' 자 돌림의 중앙 정치인은 모두 사라졌다. 이 '호' 항렬 아래가 '영泳'이다. 민영익과 민영준(민영휘), 민영달과 민영소 이렇게 민비의 조카 항렬들이 오랫동안 권력의 중심부에서 권력을 휘둘렀다. 이들 대부분은 '호' 항렬 세대보다 무능하고 더 탐욕스러운 자들이었다. 특히 민영휘의 탐욕은 그악했다. 민영휘의 개명 전 이름은 민영준으로서 자신의 이름이 부끄러웠는지 개명을 했다.

### 맨체스터 면직물

조선 경제는 점점 상황이 어려워져 갔다. 개항 이후 조선 후기 내내 가장 많이 수입한 물품이 면직물이었다. 영국『이코노미스트』 1891년 7월 11일 자 기사다.

'조선의 수입품 중 절반이 면직물이며, 그중 대부분을 맨체스터에서 공급하고 있다.'

맨체스터의 면직물은 인도 봄베이를 거쳐 청과 일본의 중개무역 상들이 수입해 온 것들로 처음에는 어디에서 오는지 몰랐다. 하지만 시간이 지나면서 어디에서 들어오는지 알게 됐을 것이다. 중간상을 거치며 봄베이에서 이윤을 한 번 남기고 또 일본 상인이 중간에서 이윤을 남겨 먹어야 하는 그런 상황이다 보니 조선에 들어왔을 때는 이미 면직물 가격이 꽤 비싸게 유통됐다.

"수입해서 판매하기만 해도 큰 이익이 보장되는데도 조선에서는 이 중계무역을 깨는 무역회사가 나오지 않았다. 30년 넘게 영국 면직물을 수입하는데도 영국, 인도와 직거래가 이뤄지지 않은 것이다."[668]

이 기간에 청과 일본 상인들은 큰돈을 쉽게 벌었다. 일본 상인들은 조선의 시스템 부재가 매우 고마웠을 것이다. 최성락은 조선에서 수입상이 나오지 않은 이유로 '상인들이 마음대로 외국에 나갈 수 없는 시스템'을 들었다. 당시 외국에 나가는 것은 정부의 특별한 허가를 얻어야 했고, 마음대로 외국에 나가면 처벌 대상이 됐다. 문제는 면직물들을 수입하느라 통화가 빠져나갔다는 점에 있다. 통화와 신용에 대한 개념을 모르니 지폐를 만들지도 못했다. 자존심 상하는 일이지만 적어도 내치 면에서 조선은 낙제점이었다.

"조선 말기는 부정부패의 시대였다. 매관매직이 일상적으로 이루어졌고, 정부 고관에 부탁을 하고 예외를 인정받는 것이 능력으로 통했다."[669]

# 3
# 마지막 개혁의 기회 갑오경장

### 갑오경장의 개혁

조선의 개혁은 두 번 있었다. 갑오개혁과 광무개혁이다. 그중에서도 갑오개혁은 정치, 경제, 사회, 문화의 전 분야에 걸쳐 '체제와 전통을 파괴하는 혁신적인 성격의 개혁'으로 근대 국가로 전환하기 위한 획기적인 프로젝트였다. 갑오개혁은 동학 등 밑으로부터의 요구와 일본의 압력이 섞인 개혁이었다.

"군주제 제한, 삼권분립, 자본주의 경제시스템, 신분제 폐지와 새로운 교육기구의 설치 등의 변화가 20세기를 5년여 앞둔 시점에서 조선의 현실을 고려해 기획되고 실천됐다."[670]

1894년 7월 27일 지금의 계엄사령부에 해당하는 군국기무처를 신설하고 7월 30일 첫 개혁안을 공표하는 것을 시작으로 8월 말까지 신분제를 폐지하겠다는 등 106개의 개혁안을 쏟아냈다. 특히 중앙권력을 개편하는 데 많은 공을 들였다. 2부에 해당하는 궁내부와 의정부로 간소화하면서 과거 궁내부가 장악하고 있던 재정권을 박탈하여 의정부 산하 탁지부로 이관했다. 궁내부 산하의 왕실, 궁궐, 종친과 종묘 등 각자 들어오던 돈과 곡식은 탁지부로 일원화하고 모든 지출은 균역청과 탁지부를 통해 배정받게 했다. 결국 왕의 권한을 약화하고 내각의 권한을 강화한 것이다.

"갑오정권은 군주의 권한을 약화시키고 의정부의 권한을 강화하여 내각 중심의 입헌군주제를 지향하는 한편, 재정 및 화폐개혁을 통해 재원을 확보하고 민간자본을 통하여 식산흥업을 추진한다는 방침을 세웠다. 이를 위해 은본위제, 왕실과 정부 재정의 분리, 탁지아문으로 재정 일원화를 통하여 제도적 기반을 정비하는 한편, 특권적 상업체계를 폐지하고 민간회사를 보호하고 육성하고자 하였다."[671]

또한 신분제 폐지와 과거제가 사라지고 그 빈자리를 근대 학교와 새로운 시험으로 채우고 과부의 재가를 허락하는 등 유교적 전통이 단박에 뒤집힌 새로운 세상이었다. 전통적 중화질서에서 탈피해 근대적 국제 질서 속으로 편입하기 위한 시도였다. 갑오경장을 보통 3차로 나누는데 김태웅과 김대호는 공저 『한국 근대사를 꿰뚫는 질문 29』에서 4차로 구분하고 있다.

- 1차(1894년 7~12월): 군국기무처에서 자율적인 개혁을 실시했다.
- 2차(1895년 1월~1895년 7월): 박영효를 귀국시켜 개혁을 실시했다. 홍범 14조를 공표하고 일본 고문관을 영입하여 일본식 제도를 도입했다.
- 3차(1895년 7~8월): 3국 간섭으로 러시아와 가까워졌다.
- 4차(1895년 8월~1896년 2월): 을미개혁으로 단발령, 태양력, 종두법 등을 실시했다.

특히 1차 때는 3개월 동안 무려 200여 건의 개혁안을 의결했으니 하루에 평균 2건이었다. 당시 조선 상황으로는 쉽게 실시하기 어려운 과제들이 많았다. 그런 까닭에 문서로만 존재하는 종이 공문이라는 비판을 받았다. 하지만 저자들은 '주요 내용은 근대로 이끄는 큰 방향을 제시'했다고 평가했다. 중요한 조세정책으로는 화폐로 조세를 내는 금납제를 실시했다. 각종 수탈에 시달려온 농민들은 이를 전폭적으로 지지했다. 그러나 화폐가 부족해서 금납제는 계획대로 실시할 수 없게 됐다.

"경제개혁의 방향은 국가 재정관리의 효율성을 높이고 조세제도를 개혁하는 데 있었다. 우선 국가재정을 탁지아문, 지금의 기획재정부에 해당하는 부서로 일원화했다. 왕실이 사용한 경비를 포함해 각 아문에서 멋대로 부과한 각종 잡세까지 탁지아문이 관리하게 되면서 국가재정을 체계적으로 관리하는 길이 열렸다."[672]

하지만 고종 부부의 재정에 대한 집착은 집요했다. 고종과 민중전은 삼국간섭으로 일본이 약화되자 1895년 8월 22일 갑오경장의 개시와 함께 정계에서 축출당했던 민씨 척족들을 사면함으로써 자신들의 권력 기반을 공고히 했다. 이어서 갑오경장의 개혁조치로 축소됐던 궁내부의 내장원 기능을 다시 확대했다.

"궁내부와 궁내부 소속 내장원은 고종의 정국 운영에서 가장 핵심적인 기구로 부상한다. 개항장을 감독하는 경위원, 통신 사무를 관장하는 통신원, 서북철도국 등의 주요 기구가 궁내부 내에 만들어지고, 정부에 빼앗겼던 광산, 인삼세, 상업세, 포사세(도축세의 일종) 등의 재원이 다시 왕실 재산을 관리하는 내장원에 귀속된다. 대한제국 국정운영의 핵심 기구로 부상하기 시작한 것도 바로 이때부터였다."[673]

의정부와 궁내부를 분리한 효과가 사라진 것이다. 원숭이가 움켜

쥔 바나나를 끝까지 놓지 않아 잡히듯이, 고종과 민중전은 재산과 권력을 끝까지 놓지 않아 자신들뿐만 아니라 나라까지도 잃게 된 것이다. 고종 부부는 늘 돈에 허덕여서 공식적인 절차는 무시하고 무슨 일이든 뒷돈을 받고 거래했다. 청일전쟁이나 갑오개혁은 고부군수 조병갑의 부패에서 촉발됐다. 고종은 청렴한 공직문화를 정립하고 국가재정을 튼튼히 하여 국부를 쌓을 생각을 하기보다는 자신이 쓸 돈을 마련하기 위해 매관매직에 적극적이었다. 조선 역사상 왕과 왕비가 직접 매관매직에 나선 경우는 처음 있는 일이었다. 특히 비옥한 호남지역은 관직이 아주 비싸게 팔려 나가는 인기지역이었다. 황현은 『번역 오하기문』에서 당시의 혼란스러운 상황과 호남의 처지를 다음과 같이 말했다.

"호남은 재물이 풍부한 덕에 부패한 관리들이 끝없는 욕심을 채울 수 있는 지역이었다. 이곳에서 벼슬하는 자들은 대체로 백성보기를 양이나 돼지 보듯이 하며, 마음 내키는 대로 마구 잡아 죽였다. 평생 놀고먹을 수 있는 기반을 네 번의 고과高課 기간에 모두 마련했다. 이 지경이라 서울에서는 이런 말도 떠돌았다. '아들을 낳아 호남에서 벼슬살이 시키는 것이 소원'이다."[674]

1894년 동학농민전쟁의 원인을 제공한 고부군수 조병갑은 황현의 진술을 뒷받침한 인물이다. 조병갑은 서울에서 권세를 누리던 세도가문의 한 일원이었는데 고부군수로 가게 된다. 여기에는 민중전과 관련이 깊다. 역사 발굴 기사를 쓰는 박종인은 "본인이 알지 못하는 사이에 역사 흐름을 역류시킨 사람이다. 조선 근대사에 끼친 영향을 따진다면 이 조병갑을 능가할 개인이 없다."라고 지적하며 다음과 같이 설명했다.

1892년 4월 28일 고부군수로 부임한 조병갑은 마치 양떼 목장에 들어온 늑대처럼 악행을 즐겼다. 그의 악행은 1893년 11월 30일

익산군수로 발령 날 때까지 계속됐다. 그런데 조병갑은 (발령이 났는데도) 익산으로 떠나지 않았다. 그해 12월 24일 신임 고부군수 이은용이 (다시) 황해도 안악군수로 발령이 나더니 1894년 1월 2일까지 (연이어) 신좌묵, 이규백, 하긍일, 박희성, 강인철 순으로 계속 신임 고부군수가 바뀌었다. 한 달 남짓한 기간에 서류상으로 고부군수가 일곱 명이 바뀐 것이다. 결국 이조吏曹에서는 "조병갑이 세금 징수에 문제가 많지만 새로 군수를 뽑으면 일을 더 못하리라 본다."라며 익산으로 갈 조병갑을 고부에 눌러 앉혔다.(『승정원일기』 1893년 11월 30일~1894년 1월 9일)

첫 번째 고부군수 부임 직전인 1892년 4월 영동현감이던 조병갑은 중앙정부 기기국 위원으로 전임됐다. 그 무렵 왕비 민씨가 조카 민영소에게 보낸 편지에는 이렇게 적혀 있다. "조병갑이는 그러하나, 그 색(色, 관직) 외에는 나지 않아 다른 데로 하겠다."(국립고궁박물관 소장 민비 편지, 「고궁 1178」)

일단 다른 직책에 임명한 뒤 상황을 보겠다는 뜻이다. 조병갑은 기기국 위원 재임 19일 만인 4월 28일 고부군수로 발령이 났다. '고부군수 조병갑' 뒤에 고종-민씨 척족 세력의 강력한 '빽'이 작용했다는 증거다.[675]

당시 매관매직은 적정 가격이 정해져 있었다. 당시 서울에는 관직을 사려는 사대부들을 위해 대출까지 해주는 곳도 있었다. 관찰사 자리는 10만 냥 내지 20만 냥이었고 일등 수령 자리도 5만 냥이었다. 연이어 임명된 고부군수 일곱 명도 돈을 주고 자리를 샀을 것이다. 박종인은 '고종 재위기간 동안 한성판윤이 모두 429명이었는데 한 달 6일 동안 직위에 있었고, 1890년 한 해에는 모두 29명이 임명됐고, 평균 재직일수는 12.3일'이었다고 파악했다. 고종 부부는 자금 조달 방법으로 매관매직은 물론이고 아예 과거시험까지 팔았다.

"1880~1894년 사이 조정은 1년에 평균 3회 과거를 실시한다. 이는 19세기 평균의 두 배였다. 또한 매년 평균 71.5명의 과거 급제자가 배출됐는데, 이 역시 1864년 이전까지 평균 31.4명의 두 배에 달한다."<sup>676</sup>

함재봉 전 연세대학교 교수는 여흥 민씨 응시생들은 특별대우를 받았다고 분석했다. 19세기 과거에 급제한 민씨 80명 중 38명은 민중전의 직계 조상인 민유정의 후손들이다. 모든 인적자원은 민씨 집안에서 배출하고 모든 관직은 민씨들이 독식하고 있었기 때문에 과거는 민씨들을 선발하는 절차에 불과했다는 것이다. 황현에 의하면 매관매직에는 종친이나 외척이나 예외가 없었다고 한다. 황현은 『역주 매천야록 하』에 일화를 하나 소개한다.

"아무리 종친이나 외척 혹은 임금과 가까운 자라도 감히 한자리도 은택恩澤으로 얻을 수 없었다. 관찰사 자리는 10만 냥 내지 20만 냥이었고 일등 수령 자리도 5만 냥 이하로는 내려가지 않았다. 서상욱은 민영환의 외삼촌이다. 민영환은 고종에게 군수 자리를 달라고 오래전에 아뢰었는데, 고종은 '너의 외숙이 아직까지 군수 한자리도 하지 못했단 말이냐?'라고 말할 따름이었다. 얼마 후에 민영환이 다시 외삼촌 일을 아뢰자 고종은 고개를 끄덕이며 '내가 잊을 뻔하였다. 곧바로 임명하도록 하겠다.'라며 서상욱을 광양군수에 임명하였다. 민영환은 집에 가서 기쁜 얼굴로 어머니에게 '오늘 임금이 외숙에게 군수 자리를 허락하셨으니 천은天恩에 감사한다.'라고 말했다. 이러자 그의 어머니가 실소失笑하면서 '네가 이처럼 어리석고도 어리석은 척리(戚里, 임금의 외척)란 말이냐? 임금이 언제 한자리라도 은택으로 제수한 적이 있었더냐? 어찌하여 너에게만 특별히 은덕이 미친단 말이냐? 내가 이미 5만 냥을 바쳤단다.'라고 말했다."<sup>677</sup>

헬조선

고종, 민중전, 민씨 척족의 공생권력에 금이 가게 된 원인은 고부군수로 보낸 조병갑 때문이었다. 동학이 점점 커져가면서 조병갑 리스크가 고종과 국가 리스크로 번져간 것이다. 여기서 동학농민운동을 논할 게 아니므로 간단히 주요 변곡점만 정리해보자.

민중전의 뇌물 수수 → 조병갑의 고부군수 발령 → 조병갑의 부패 → 진무사인 이용태의 과잉진압으로 사태를 키움 → 동학농민운동 발발 → 병조판서 민영휘가 청나라에 구원 요청 → 청일전쟁 → 삼국간섭 → 초조해진 일본 공사관에서 을미사변을 일으킴

일본 낭인들에 의해 자행된 야만적인 민중전 시해 사건에 비통함과 분노를 일으키지 않을 한국인은 없다. 문명의 시대에 어떻게 이런 야만적인 행위를 할 수 있단 말인가. 그러나 안타깝게도 그 원인의 원인을 추적하면 민중전이 나온다. 부패의 나비효과가 야만적인 일본과 만나 일어난 비극이다. 그러므로 이 비극적인 일을 겪었다고 민중전에게 맹목적인 지지를 보내는 것은 문제가 있다.

이 책에서는 특별한 존경의 의미로 '명성황후'라는 호칭이나 반대로 비하의 의미가 되어버린 '민비'라는 말을 사용할 수 없어 중립적인 의미의 '민중전'으로 썼다. 민자영을 부르는 각각의 호칭은 정치적 의미를 띠고 있기 때문이다. 더 가관인 것은 동학의 1차 원인 제공자인 조병갑은 1898년에는 고등재판소 판사가 되어 동학 지도자 최시형에게 사형선고를 내렸고, 동학의 불길을 확 키운 이용태는 1899년 평리원平理院[678] 재판장으로 승진하여 이후 출세가도를 달렸다. 둘 다 고종의 총애를 받은 것이다. 민씨 척족이 아닌 그들은 고종에게 물질의 다리를 놓았을 것으로 추정된다. 이해하기 힘든 불편

한 진실이다.

갑오개혁은 조선 사회의 사족 지배의 뿌리를 뒤흔드는 엄청난 변화의 바람을 불러일으켰으나 실패할 수밖에 없었다. 부패한 조정의 내정을 개혁하기 위해서는 무엇보다 튼튼한 재정이 필요했다. 군대 재건, 경찰제도 도입, 근대교육을 위한 학교 설립을 위해서 돈은 필수였다. 재정은 이미 파탄 난 상태인 데다 삼남에서는 동학농민운동이 일어나 세금징수가 불가능했고 경기, 강원, 함경에서만 세금을 걷다 보니 외부로부터 자금을 수혈받지 않고서는 이 난국을 타개할 수 없는 상태였다. 조선의 이런 사정을 훤히 알고 있던 일본 공사 이노우에는 일본 정부와 일본의 민간은행에서 차관을 받으려고 백방으로 노력했지만 실패했다. 조선의 무엇을 담보로 잡고 차관을 주겠는가.

여기에다 더 심각한 건 정치적 내전이라 부를 정도로 임오군란과 갑신정변 등으로 수많은 암살이 자행돼 서로 피를 흘리며 권력 투쟁을 했던 시절이다. 이런 정파들이 단합하여 한 방향으로 정책을 펼 수 없는 상태였다. 고종의 친정 이후 정치적 폭력은 일상사였다. 해방 후 좌우익의 혼란에 버금가는 상황이었다. 폭력은 폭력을 낳고 폭력으로 문제를 해결하면 또 다른 폭력을 부른다며 비폭력 노선을 지향한 어떠한 정치세력도 없었다. 갑신정변을 주도한 혁명세력은 물론 온건개화 세력과 정치적으로 대립한 보수주의자들 중에도 비폭력을 주창한 정치가가 없었다. 조선의 정치적 갈등 해소 능력이 얼마나 떨어져 있었는가를 여실히 보여준 대표적 사례가 갑신정변이다.

갑신정변은 개혁이라는 명분 아래 기존 세력과 공존하는 노력을 소홀히 함으로써 혁신에 대한 저항을 더욱 거세게 불러일으켰다. 보수파는 개혁이 가져올 사회적 갈등에 대해 지레 겁을 먹고 개혁의 원천적 금지라는 가장 손쉬운 길을 선택한 것이다. 오늘날도 한국의 집권층은 자신을 선택하지 않은 49%와 합의점을 찾지 못하기에 정치는 점점 갈등의 정도만 심해지고 있다.

못난 고종과 관료들의 만성적인 부패는 신민들에게 부수적인 변화를 불러일으켰다. 조선의 문제 해결 방식이 바뀐 것이다. 조선 사회는 칼의 지배가 아니라 문치로 다스리는 문명사회였다. 지방관은 칼 하나 차지 않고 파견됐고 도덕적 긍지와 성리학적 절제와 모범으로 백성을 다스렸다. 사람들을 법으로 강제하지 않아도 되는 사회였다. 지방수령은 재판관, 경찰관, 세무사 역할까지 1인 3역을 수행했다. 약 1,000여 명 정도의 적은 관료들이 전국을 통치하는 매우 높은 수준의 나라였다. 사대부가 지향한 '이상적인 인간상'은 군자를 닮는 것이었다.

군자는 자기 수양을 지극한 마음으로 해야 한다. 자기 수양 후 모든 사람을 편안하게 하는 것이다. 군자는 곤궁 속에서도 굳세지만 소인은 궁하면 멋대로 군다. 정치의 요체는 백성을 편안하게 하고安民, 삶을 윤택하게厚生 하는 데 있었다.

고종 시대에는 이런 지향점들이 모두 사라졌고 현실은 그야말로 '헬조선' 상태였다. 사대부들 중에 군자는 관직을 맡지 않았거나 죽은 사람들밖에 없었다. 구한말은 가장 비유교적인 사회였다. 사회에 폭력이 다반사로 일어나는 매우 낯선 풍경이었다. 동학농민운동은 탐관과 착취에 반발하다 응축된 분노가 폭발해 백성들이 봉기한 사건이라고 쳐도 보수 양반과 향리층은 기존 신분질서와 사회를 어지럽힌다는 이유만으로 동학군에게 대항해 민보군民堡軍을 결성하고 결사적으로 진압했다. 계급적 편견을 버리지 못하고 반상의 명분을 범한 본보기로 삼아 동학농민을 처형하기도 했다. 폭력을 배제하고 평화적인 사회질서를 유지해야 할 사대부마저 대안을 내놓지 못한 것이다.

농민이 이반을 일으킬 정도로 사회가 부패한 세태에 대해 정부에 각성을 촉구한 게 아니라 농민을 진압하는 정부를 옹호하며 동조하는 사대부층도 있었다. 지위고하나 권력유무에 상관없이 부패한 자들은 반드시 처벌하여 법의 정의를 구현해야 시스템이 잘 작동한다. 아무리 뛰어난 시스템도 시간이 지나면 반드시 결함이 드러나게 돼 있다. 하물며 있는 제도마저 망가뜨렸으니 이 당시 폐해는 망국 수준이었다. 당시 엘리트 사대부들은 시대 변화와 경고를 진지하게 받아들이지 못하고 오히려 외면했다. 이제 정부도 양반층도 농민도 모두 폭력에 호소하고 폭력에 의존했다. 유학에서 가장 경계하는 패도 정치가 지배하게 된 것이다.

사람들은 폭력에 길들여졌고 당시 조선에서는 절망에 의한 폭력이 또다시 폭력을 낳았다. 보수파와 개혁파 모두 폭력이라는 수단에 의존하여 목적을 이루고자 했다. 심지어 외세의 힘을 빌리는 것조차 아무 거리낌이 없었다. 함재봉은 특히 내부의 권력다툼이 너무 처절하여 "모든 개혁은 무위에 그쳤다."라고 평가했다.

"대원군은 민비와 민씨 척족에 대한 증오로 민비를 제거하고 고종을 폐위시킨 다음 손자 이준영을 왕위에 앉히는 것에 모든 것을 건다. 이를 위해서 때로는 청과, 때로는 일본과, 때로는 동학과 협력한다." "민비와 민씨 척족은 수단과 방법을 가리지 않고 민씨 정권을 지킨다. 이를 위해서 때로는 청과, 때로는 일본과, 때로는 러시아와 손을 잡는다."[679]

자신들만 옳고 가치가 있다는 편견을 갖고 다른 쪽은 나라를 망치는 자들이라며 배척했다. 이러한 폭력의 시대에 민씨 척족이 또 거론된다.

- 1874년 민비의 양오빠인 민승호는 선물로 위장한 폭탄이 터져 가족과 함께 횡사했다.
- 1881년 일본에 밀항하여 공부한 개화승 이동인은 신사유람단 출발 전 실종했다. 사실상 암살당했다. 그는 개화파의 핵심 브레인이었다.
- 1882년 임오군란 때는 흥분한 구식 군인뿐만 아니라 종두법으로 인해 고객이 뚝 끊긴 무당들까지 가담하여 난장판 속에서 선혜청 당상인 민겸호 등을 살해했다. 일본 대사관과 별기군을 지도하던 일본군 장교까지 죽였다. 불필요한 희생이었다.
- 1884년 갑신정변의 개혁파들은 왕실 척족세력인 민영목, 민태호, 조영하 등을 죽였고, 3일 뒤 실패로 끝나자 고종이 갑신의 주모자들인 김옥균, 서재필 등의 3족을 멸했다. 고종은 김옥균의 정변 배후의 군이나 엘리트 중 동조 세력인 잠재적 '배신자'들이 있을 것으로 보고 내부 탄압을 강화했다.

중요한 문제는 개혁파와 보수파가 서로 정적을 제거하다 보니 문제의 본질을 잊어버리고 권력을 놓고 내홍에 휩싸여 자중지란에 빠진 것이다. 국정과제는 산더미인데 고종 부부는 김옥균, 박영효 등 갑신정변 주역들을 어떻게든 제거하겠다는 게 가장 큰 관심사였다. 얼마나 집요했는지 이 일을 위해서라면 비용도 아끼지 않았다. 고종은 김옥균 등의 신병인도를 일본 정부에 요구했으나 거절하자 1885년 5월에 첫 번째 자객으로 장은규를 보냈고 1886년 2월에 두 번째 자객으로 지운영을 보냈다. 골치가 아팠던 일본은 김옥균을 먼 섬으로 유배를 보냈다.

우여곡절 끝에 김옥균이 도쿄로 돌아왔다. 그러자 고종은 다시 1892년 이일직을 자객으로 또 보냈다. 이일직은 프랑스 유학을 마치고 돌아온 홍종우를 포섭했고 홍종우가 김옥균을 상해로 유인하여 암살했다. 한 가지 특이한 점으로 일본에 망명한 김옥균, 박영효 등은 나중에 상소를 통해 갑신정변은 반역할 의도로 일으킨 게 아니었다고 탄원서를 냈다. 정권을 잡은 3일 동안이든 아니면 거사 전에라도 고종을 설득하지 못했다는 것이다. 그러나 일의 순서가 뒤바뀌었을 뿐만 아니라 한 줌도 안 되는 개혁파들은 뿌리가 뽑힌 채 오히려 개혁을 퇴행시키는 결과를 낳았다.

김옥균의 시신은 비밀리에 조선으로 송환되어 고종 부부에 의해 다시 능지처참을 당해 광화문 사거리에 전시됐다. 참으로 야만적인 시대였다. 또한 아관파천을 하며 고종이 내린 명령 "왜놈 관료들을 죽여라!"라는 한마디에 정부를 맡고 있던 총리 김홍집, 어윤중 등이 살해됐다. 법도 절차도 없이 제거된 것이다. 맹목적인 백성은 왕의 명령이라면 앞뒤 가리지 않고 아무런 거리낌 없이 폭력을 쓰는 일에 가담했다. 망국의 책임은 필부에게도 있다고 한 말은 괜히 나온 말이 아니다.

구한말 고종과 엘리트들의 책임이 8할이라면 맹목적인 백성들 역시 2할의 책임은 피할 수 없다. 봉건질서 속에서 벗어날 수 없었던 백성은 일본, 외세, 그리고 근대 개혁을 추진하는 개혁파들을 평지풍파를 일으키는 국난의 원인으로 보았다. 1898년 11월 홍종우 등의 황국협회가 주동이 되어 약 2,000명의 보부상을 동원해 독립협회가 개최한 만국공회를 습격하는 테러를 자행하기도 했다. 고종은 이것을 기화로 삼아 그해 12월 군대를 동원해 독립협회와 만민공동회를 해체했다. 독립협회를 폭력으로 무산시킨 것이다.

"이 과정에서 근대화 개혁은 권력투쟁의 도구는 될지언정 국정의 목표가 되지 못한다. 조선은 실패한 국가로 전락한다."[680]

고종 시대는 폭력, 무지, 무능, 부패의 4중주가 계속 연주되고 있었다. 여기엔 미래나 희망은 낄 자리가 없었고 길은 보이지 않았고 뜻은 모이지 않았다. 단발마적 외침, 무력, 우격다짐만 난무했다. 오리무중, 우왕좌왕이 고종의 친정 이후 34년을 규정하는 단어다.

### 한국인의 냉정한 정치인 평가

고종, 민중전, 민영휘, 민영익.

이들은 오늘날 한국인의 지도자 평가를 하는 데 엄청난 영향을 끼쳤다. 동학농민운동의 1차 원인이자 탐욕스러운 조병갑 역시 그의 입장에서는 민중전을 비롯한 관료들에게 들어간 뇌물을 보전하기 위해 취한 행동이었다. 문제는 그다음인데 당시 세도정치의 중심이자 병조판서인 민영휘가 내외부로부터 비난이 자신에게 집중되자 그 활로를 찾은 게 위안스카이袁世凱와 청군의 출병이었다. 제 백성인 농민들을 진압하기 위해 외국군을 불러들인다는 천박한 생각은 금물이다. 그로 인해 왕실뿐만 아니라 나라에 실질적으로 엄청난 폐해를 입혔다. 이런 통치계층의 정치 행태에 대해 최인훈은 소설『화두』에서 아주 서늘하게 비판한다.

"악정과 폭정 그리고 실정失政과 졸정拙政을 거듭한 끝에, 더 이상 통치할 수 없게 된 통치계층이, 밑으로부터 오는 심판인 혁명을 두려워한 나머지 본인들의 파멸을 면하기 위해 차라리 국가를 파멸시킨다는 시나리오다. 이것이 실현된 것이 대한제국 멸망의 시나리오였다."[681]

그의 지적처럼 고종과 통치 계층은 자신들의 파멸을 피하고자 무분별하게 외세에 의존하다 어찌할 수 없는 지경에 이르자 나라를 일본에 팔아넘겼다. 이처럼 리더들이 나약하고 안일한 데다가 제 욕심만 채우기 위해 혈안이 됐던 역사로 인해 한국인은 지금도 정치지도자에 대해 뿌리깊은 불신을 갖고 있다. 한·일 양국의 존경받는 인물들을 비교해보면 일본은 나라를 크게 일으켜 세운 인물들이 대부분인 데 반해 한국은 나라를 지키기 위해 자기 생명을 바친 인물들이 많다.

일본에서 존경받는 정치인은 메이지 시대 인물들인 사카모토 료마, 후쿠자와 유키치, 요시다 쇼인, 사이고 다카모리 등이다. 또한 전국시대 3걸인 노부나가, 히데요시, 이에야스는 물론 다케다 신겐과 우에스기 겐신도 빠지지 않는다. 현대는 전후 부흥기를 이끈 요시다 시게루와 1970년대 정치인인 다나카 가쿠에이 수상이다. 이들은 모두 일본의 부흥과 전성기를 만든 인물들이다. 일본 역사는 전국시대의 서막을 열어젖힌 오닌의 난(1467~1477)부터 알아도 일본사 대부분을 아는 것이라는 말은 빈 말이 아니다.

2014년 갤럽 조사에 따르면 존경받는 한국인은 이순신, 반기문, 박정희, 세종, 노무현, 정주영, 이건희, 김수환, 김대중, 김구 순이다. 2019년 조사에는 유관순(7위), 안중근(10위)이 새로 들어왔다. 반기문은 유엔총장으로 당시 시대적 분위기가 반영됐다고 볼 수 있다. 한국인은 정치 지도자들에 대한 평가가 매우 박하다. "사람들의 나쁜 행위는 청동으로 새기고 그들의 덕행은 물로 쓴다."라는 세익스피어의 경구에서 알 수 있듯 지도자의 업적은 물로 쓴 것처럼 쉽게 잊어도 그들의 허물은 절대로 잊지 않는다.

이승만, 김구 선생 같은 인물 정도면 다른 나라에서는 '건국의 아버지들'로 인정받았을지 모른다. 미국의 경우만 해도 '건국의 아버지들'만 50명이 넘기 때문이다. 하지만 한국인은 이순신 장군처럼 자신을 버리고 국가와 민족을 위해 전부를 던진 거의 성인에 가까운 인물을 존경한다. 너무 기준이 높다. 존경심 측면에서 보면 한국인의 마음 밭은 자갈밭이다. 전직 대통령들 대부분이 암살, 망명, 옥사 등 수없이 수모를 당한다(그래도 대통령을 하겠다고 하는 걸 보면 신기하다). 이런 현상은 고종 시대 정치 지도자들이 행했던 못난 리더십에 대한 반사작용으로 영향을 끼친 것이라 생각한다.

이제 통합을 위해 조금은 정치인을 존경하는 기준을 완화해야 한다. 한 정치가에 의해 사회가 바뀌는 시대가 아니다. 시대와 역사는 모든 국민이 기울인 땀과 노력으로 결과가 달라진다. 정치가 한 개인에게 너무 무거운 짐을 지우게 되면 위선적인 정치인만 양산하기 쉽다. 작은 차이를 극복해 크게 단합해야 한다. 웬만하면 존경하는 풍토를 만드는 것도 필요한 시점이다.

# 4
# 광무개혁과 식산흥업

### 근대 국가 건설방안 시도

고종이 황제가 된 후 쪼그라든 나라를 부강하게 하기 위해서는 어떻게든 재원을 확보해 근대적 산업발전을 일으키는 게 급선무였다. 이 목표를 이루기 위해 고종은 토지조사 사업을 위해 전답을 측정하는 양전量田을 실시했다. 측량測量의 어원은 하늘을 관측하고 땅을 계량한다는 의미의 천측양지天測量地다. 따라서 양전(이를 관리하는 기관은 양지아문)과 양지는 둘 다 땅을 측량한다는 뜻이다. 전국 토지의 정확한 규모와 소재를 파악하여 합리적인 조세 부과와 예산 편성을 함으로써 각종 개혁사업을 추진하여 근대화를 이루기 위한 기초 작업이라 할 수 있다.

정상적인 국가라면 이 정도 숙제는 스스로 마무리해야 한다. 토지조사를 마친 후 공정한 비율로 세금을 부과하는 것, 이 숙제를 조속히 선결해야 지방 관리들의 부패의 싹을 자르고 안정적인 세수를 확보하여 교육, 국방, 산업을 진흥할 재원을 마련할 수가 있게 된다. 고종은 뒤늦게나마 양전사업을 승인했다.

1898년 양지아문量地衙門을 설치하고 외국인 측량기사도 초빙해 1899년부터 양전사업이 본격적으로 실시됐다. 대규모 프로젝트였다. 세 명의 총재관은 처음에는 각 부서 간 협조를 위해 현임 내부대신, 탁지부대신, 농상공부대신이 겸임했다. 고종이 한 것 중 가장 오래 지속한 프로젝트였다. 근대적인 토지소유권과 지세제도를 마련하기 위함이었다. 주요 경과는 다음과 같다.

- 1898년 6월 양지아문을 설치하고 조직을 구성했다.
- 1889년 4월부터 2년 반 동안 양지아문에서 토지를 측량하고 이를 책자로 작성했다.
- 1902년부터는 지계아문(토지대장 관리부)에서 양전사업을 수행했다.
- 1904년 러일전쟁 개시로 중단됐다.

러일전쟁으로 이 사업은 중지된다. 대표적인 광무개혁의 하나인 양전사업은 마무리를 짓지 못했다. "전국적인 양전이 완결되지 않은 상태로 중단되고 말았다. 이때 양전이 실시된 지역은 총 218개 군으로서 양지아문에 의한 지역이 124군, 지계아문에 의한 지역이 94군이었다."[682]

전국 331군 중 66%를 측량했다. 핵심 지역인 '경기도와 전라남도는 약 절반 정도, 황해도는 불과 3개 군, 평안도와 함경도에서는 전혀 실시'하지 못했다.[683] 전 국토의 3분의 2까지 조사를 마칠 정도로 야심차게 진행했다. 전문가들은 고종의 업적으로 자주적인 근대국가 건설방안을 보여주었다고 평가한다. 글쎄다. 고종이 하는 일이 다 그렇듯 뭐 하나 끝까지 마무리된 게 없다. 이유는 있다. 흉년과 러일전쟁이 이유였다.

### 망가진 국가재정의 틀과 쇠망

토지조사 사업과 함께 심혈을 기울인 사업이 식산흥업 정책이다. 식산흥업이란 생산을 늘리고植産 산업을 일으킨다興業는 뜻이다. 개항으로 인해 일본산 문물이 시장을 장악해 가는 현실 앞에서 외국의 선진기술을 받아들여 국내 상공업을 발전시키는 일을 더 이상 지체할 수 없었다. 하지만 다음 그림처럼 식산흥업도 안전한 사회일 때 가능한 일이다. 신민의 생명과 재산이 안전하지 않은 상태에서는 공장을 짓거나 사업을 일으킬 사업가가 없다. 그들은 여기저기 소요가 일어나 치안이 불안한 구한말 조선에서 산업을 일으켜 부를 창출할 동기가 없었다.

상류가 말라버린 강에 강물이 흐르지 않듯이 국가재정은 이미 고갈되어 복지정책도 불가한 상태였다. 국가가 어려워지면 결과적으로 빈곤층만 더 늘어나게 마련이다. 국가와 신민 모두 공동 빈곤 상태에 놓인 것이다. 이를 타개하기 위해서는 정부 주도의 식산흥업[684]을 통해 산업 육성이 시급했다. 또한 대규모 자금을 마련하기 위해서는 은행 설립이 불가피했다. 객주 사이에서 신용이나 개성상인의 대부 활동이 존재했다. 하지만 근대산업을 발전시키기 위해서는 새로운 제도가 필요했고 은행이라는 서구 시스템이 그 해답이었다. 노력 끝에 1897년 조선은행과 한성은행, 1899년 대한천일은행이 잇달아 문을 열었다. 정부의 주요 식산흥업의 추진 현황은 다음과 같다.[685]

> 1896년 기계창(병기), 독립신문사(인쇄)
> 1897년 직물, 도자기, 마차철도회사
> 1898년 한성전기 설립, 황성신문
> 1899년 직물, 연초, 대한철도회사
> 1900년 직물, 양잠, 서북철도국, 정미소
> 1902년 직조창(직물), 유리창
> 1903년 도자기, 연초공장 등 관료공장 및 관료회사 설치

이렇게 나열하고 보니 제법 뭘 한 것처럼 보인다. 이 사업들을 하나하나 추적하면 사업 규모가 커지면서 전후방에 유발효과를 발휘하면서 경제에 영향을 주었다. 뭐, 이런 걸 기대했을 것이다. 나 역시 그랬다. 그러나 고종 시대의 조선은 점 하나씩만 찍고 그게 끝이었다. 예를 들면 이렇다. 직조국에서 1880년대 말까지 직조용 기계와 면사와 견사를 구입했지만 1891년 들어 수개월째 제조장의 가동을 중단했다. 청에서 데려온 기술자의 밀린 급료를 준 다음, 이 사업은 중단됐다.

위에서 거론한 각 사업들도 특별히 언급할 게 없으니 결론을 적고자 한다. 예상한 대로 식산흥업의 전반적인 운영은 재원 조달의 어려움이 컸던 데다가 합리적인 관리와 효율적인 투자를 결정할 인물도 없었다. 해외기술이 도입되지 않다 보니 관영제조장 설립 등은 본궤도에 오르지 못하고 중단됐다. 배상준은 『한국근대공업사

1876~1945』에서 식산흥업의 실패를 다음과 같이 분석했다.

"내장원 수입의 대부분이 황실비와 군사비에 편중되다 보니 산업 분야에 대한 투자는 제대로 이뤄지지 못했다." "정부의 산업정책이 부재한 상태에서 관료 주도의 회사 설립이나 내장원 주도의 관영제조장 설립은 본궤도에 오르지 못하고 중단됐다."[686]

황성신문은 고종의 식산흥업 정책을 이렇게 평가했다.[687] "처음에는 큰돈을 들여 맹렬히 창설한 일을 앞날을 기다리지 않고 당장의 이익이 안 된다고 갑자기 폐지하니 (…중략…) 우리 대한 정부에서 10여 년 동안 경영한 사업이 많지 않으나, 몇 건이라도 지금까지 실시만 하였으면 약간의 효과를 볼 수 있었겠지만 다 유시무종有始無終하여 한 건도 성취한 것이 없으니 지극히 애석하다." 1880년대 추진한 관영사업이 '유시무종有始無終' 즉 시작만 있고 성과가 없는 상태임을 한탄하고 있다. 그 원인으로야 자금 부족, 경험 부족, 외국 기술 의존 등 늘 드는 이유들이다.

식산흥업에 관한 제반 정책의 실패는 매우 심각한 수준이었다, 이는 고종 정부가 근본적으로 자신의 변혁을 통해서나 정책을 통해서나 자강自强할 수 없음을 의미하기 때문이다. 변화하자니 이런저런 이유로 실패하고 변화하지 않자니 온갖 폐단이 산처럼 쌓이는 그야말로 진퇴양난의 상황이었다. 고종에 대한 유일한 변명은 '하지 않은 것'이 아니라 '하려고 했는데 어쩌고저쩌고'이거나 '하지 못한 것'이라고 얘기한다. 결과적으로 다 같은 얘기다. 성과는 제로였다. 청전 폐지로 국가재정의 틀이 망가져 버렸고, 그 후로 '조선다운 모습'을 다시는 회복하지 못했다. 그 결과 1905년 8월 12일 일본 공사 하야시 곤스케가 개혁안을 제출했는데 제1조가 재정권의 박탈이었다. 그리고 일본에서 최정예 전문가를 탁지부에 파견했다.

"한국이 재정을 정리하고자 함에 따라 특별히 탁지부 내에 재정

감독을 두고, 일본인 메가타 다네타로 씨를 초빙하여 맡긴다."[688]

메가타는 일본 최초의 하버드대학교 로스쿨 출신으로 지금의 국세청장에 상당하는 대장성 주세국장을 역임한 일류 전문가였다. 그의 보고서는 다음과 같다.

"사람들이 모두 조선의 재정이 문란하다고 말하는데, 내가 보기엔 문란 두 글자로는 부족하고 그것은 대략 재정이 없는 형상이다."

쉽게 말해 국고가 비었다는 것이다. 고종의 30년 넘는 친정의 결과는 빈 깡통이었다.

국가는 왜 실패하는 걸까? 소수의 특권을 보호하는 폐쇄적 정치 및 경제 시스템으로 국민을 착취하는 나라는 시간이 지날수록 쇠퇴하게 마련이다. 다수의 이익을 위하는 포용적 정치 및 경제 시스템을 가진 나라는 갈수록 성장한다. 한국인은 세계에서 가장 경쟁력이 있는 국민이라고 정평이 나 있다. 한국인이 잠재력을 계발해 능력을 발휘할 수 있는 포용적 시스템을 갖추게 되자 한국은 비약적으로 성장했다. 다시 말해 시스템이 우수해야 시너지를 낼 수 있다는 사실이다. 점점 깨끗해지는 제도, 점점 똑똑해지는 시스템을 구축할 수 있느냐가 그 나라의 경쟁력이다. 조선은 정치뿐만 아니라 경제 시스템 또한 폐쇄적인 사회였다. 그리고 그 시스템마저 무너지자 번영의 동력을 상실한 조선은 후진기어를 당기며 쇠망衰亡을 향해 달려갔다.

7장

# 필수요소 6
# 군대의 근대화

# 1
# 구한말 조선군 상황

### SPA, 국가의 세 가지 목표

국가란 안전보장 위에 번영을 이루어 품격 있는 나라를 만드는 것이다. 따라서 "전쟁을 좋아하는 민족은 반드시 망한다. 그러나 전쟁을 잊은 나라 또한 망한다."라는 영국 군사학자 리들 하트의 말은 국가의 본질을 잘 보여주고 있다. 전쟁을 좋아하는 민족은 일본이요, 전쟁을 잊은 나라는 조선이었다. 국방력을 키우지 않은 채 평화 타령만 하던 조선은 일본의 식민지로 전락했다.

다음에서 알 수 있듯이 국가가 지향하는 세 가지 목표를 스파SPA라고 한다. 첫째, 안전Safety+α. 여기서 알파α는 동맹이다. 동맹이 전부인 듯이 동맹의 이익을 위해 일하는 정치인은 바보다. 나 빼고 모두 남이다. 자주국방이 가장 먼저다. 둘째, 번영Prosperity. 포용적 제도와 열린사회를 통해 지속해서 번영을 이루어가야 한다. 셋째, 권위Authority. 권위를 갖췄느냐 못 갖췄느냐에 따라 어느 나라로 대접받을지가 결정된다. 국격을 말한다. 품격, 여유, 배려가 넘치는 사회가 되어야 한다. 그래야 자발적으로 따르고 싶은 마음이 생겨난다.

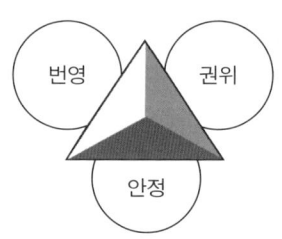

### 잦은 인사와 군기문란

국가가 존립하려면 최소한 국내 치안을 담당하는 경찰과 외적을 막을 군대가 있어야 한다. 고종은 친정을 시작하면서부터 특히 황제가 된 후에는 가장 많은 예산을 군대에 투입하면서 자신의 군대를 갖기 위해 부단히 노력했다. 임오군란, 갑신정변, 을미사변 등 격변기마다 목숨의 위태로움을 느꼈기 때문이다. 고종은 1897년 대한제국을 수립하고 난 후 군대, 행정, 사법을 모두 황제가 통치하겠다고 선언했다. 이는 대한제국이 전제국가라고 선언한 것으로서 고종은 집중적으로 군대를 키우고자 했다. 그렇다면 고종은 군대 개혁을 제대로 이뤄냈을까? 대한제국의 현직 장군은 고종의 군사 근대화를 어떻게 평가했을까?

1896년 러시아대사관으로 망명했던 고종이 이듬해 대한제국을 설립했다. 그로부터 3년이 지난 해, 즉 일본의 보호국이 되기 5년 전인 1900년 4월 17일에 백성기 육군참장(소장)이 고종에게 장문의 상소문을 올렸다. 그는 상소문에서 대한제국군의 문제를 14개로 분류하여 조목조목 지적한 뒤 시급히 대안을 마련할 것을 촉구했다. 그는 고위직의 민씨 척족들과 같은 얼치기 전문가가 아니라 군사 분야 전체를 보는 시각과 해법을 알고 있는 진정한 장군이었다. 그의 상소문에는 대한제국의 군대와 고종의 군대 개혁의 실체가 적나라하게 드러나 있다. 그중 핵심 분야만 간추려 당시 군부의 수준과 상황을 살펴보고자 한다.

첫 번째로 백성기 참장은 잦은 인사 문제를 길게 탄식했다.

"군사를 설치한 지 6~7년도 못 되는데 그 사이에 장수들이 자주 교체되어 장수는 병졸을 알지 못하고 병졸은 장수를 알지 못하니, 어느 겨를에 은혜와 위엄과 교육을 시행하겠습니까?"[689]

얼마나 잦은 인사를 했기에 병졸이 장수를 알아보지 못한다고 한 걸까? 어떤 이유로 위기의 시대에 장수들을 빈번하게 바꾼 것일까? 함재봉에 의하면 대한제국의 수립된 1897년 10월부터 러일전쟁이 발발한 1904년 2월까지 '군부대신인 원수부가 33명, 총리대신 27명, 외무대신 27명, 내무대신 23명, 재무대신 32명이 교체'됐다. 1년에 4명이 넘는 군부대신이 변경됐으니 재임기간이 평균 90일 정도였다. 업무를 파악하기도 전에 바뀐 것이다. 군인은 국가와 국민을 위해 언제든지 자기희생을 각오해야 하는 사람들이다. 항상 군기가 바로 서 있지 않으면 안 된다. 군대의 본질은 혹 발생할 수도 있는 단 한 번의 전쟁을 위해 고비용을 치르면서도 유지하는 것이다.

장수는 휘하 부하들의 경력, 공훈, 가족 내역을 머릿속에 넣어두고 병사들이 장수가 자신들을 위해 신경쓰고 있다는 것을 믿게끔 해야 한다. 그래야 장수의 명령에 병사들이 목숨을 걸고 임무를 수행할 수 있다. 그런데 병사들이 장수를 알아보지 못할 정도라면 군대가 아니라는 뜻이다. 고종의 잦은 인사로 인해 휘하 장병들이 전폭적으로 신뢰하고 충성을 바칠 수 있는 장수가 출현할 수 없는 상황이었다. 병사들을 적극적인 참여자로 바꾸려면 그들의 마음을 얻어야 한다는 사실을 깨닫지 못한 것이다. 안보엔 "소 잃고 외양간 고친다."라는 말이 통하지 않는다. 왕궁을 침범당하고 왕후마저 비참하게 잃은 고종으로서는 더 이상 치욕을 당하지 않기 위해서 강한 군대를 만들어야 했다. 군대 역시 결국은 사람이 하는 일이다. 고종은 강한 군대의 필요성은 느꼈지만 대책을 수립하지 못했다.

고종의 잦은 인사에 해외 공관들마저 당황해 할 정도였다. 영국 공사관의 한 직원은 조선의 잦은 인사를 한탄했다. 본국에 인사변경 사항을 보고하고 공문철에 편철하려는 순간 판서와 참판이 다시 바뀌었다는 문서가 왔다는 것이다. 미국 공사인 알렌 역시 1898년에는 거의 매일 대신들이 임명될 정도였다고 기록을 남겼다. 이러한 상태이니 어느 겨를에 정규군을 육성하고 일관성 있는 군사훈련을 시킬 수 있었겠는가. 통신이 발달한 현대전에서도 6개월 이상 손발을 맞춰야 겨우 작전수행이 가능한 법이다.

개혁을 이루기 위해서는 무엇을 어떻게 할 것인가보다 어떻게 일관성 있게 끌고 나가느냐가 더 중요하다. 인사발령을 낸 후 자리가 잡힐 때까지 기다려주지도 않고 누가 참소하거나 불만을 제기한다고 해서 즉각적으로 인사조치를 한다면 아무것도 해낼 수가 없다. 매관매직을 하느라 그랬을 수도 있지만 고종 자신이 군대를 잘 알지 못한 데다 작은 일까지 모두 본인이 결정하다 보니 인사가 잦을 수밖에 없었다. 1897년 7월 15일 안종덕의 상소문에 이런 대목이 있다.

"걱정이 지나쳐서 하찮은 일들까지 살폈고 근심이 깊어서 남이 하는 것을 싫어하여 모든 일을 도맡아서 했습니다. 하찮은 일들까지 살폈기 때문에 큰 원칙이 혹 허술해졌고 남이 하는 것을 싫어했기 때문에 참소가 쉽게 들어왔습니다. 큰 원칙이 허술해지니 소인小人들이 폐하를 기만하게 됐고 참소讒訴가 들어오니 대신들이 자주 교체됐습니다. 이것이 이른바 자질구레한 일에까지 나선다는 것입니다. (…중략…) 모든 신하가 형세상 제한을 받게 되어 감히 일손을 잡지 못합니다."

고종은 굉장히 부지런했던 듯싶다. 자기중심적인 성격이었기에 오히려 사소한 일의 결정에도 일일이 민감하게 반응했다. 안종덕은 고종이 '음악과 여색을 즐긴 적도 없으며, 날 밝기 전에 옷을 입고 정사를 보러 나가고 날이 저물어서야 밥을 들면서 날마다 바쁘게 지냈던' 왕이란 점을 강조했다. 또한 고종의 부지런함이 조선을 몇 배로 더 망가뜨렸다고 지적했다.

"그리하여 전형(典型, 기준)을 맡은 관리들이 명령만을 기다리게 되고 법을 맡은 관리들도 명령만을 받들게 되니 임금의 팔다리 노릇을 해야 할 관리들이 어찌 게을러지지 않으며 만사가 어찌 그르쳐지지 않을 수 있겠습니까? 신은 이것을 놓고 감히 폐하의 근면이 근면의 마땅한 도리를 잃었다고 생각하는 것입니다."(안종덕의 상소, 1897년 7월 15일)

리더의 종류를 흔히 똑부(똑똑하고 부지런한 유형), 똑게(똑똑하고 게으른 유형), 멍부(멍청하고 부지런한 유형), 멍게(멍청하고 게으른 유형)의 네 가지로 나누곤 한다. 이 중에서 멍부가 가장 위험하다. 그는 멍청하기 때문에 무엇을 하든 조직에 해를 끼치는 데다 부지런하기까지 해서 두 배나 망가뜨리기 때문이다. 어떤 일이 계획대로 안 되면 잘되는 방안을 강구해서 실행해야 하는데 멍부는 의미 없는 회의를 소집해서 현상만을 죽 늘어놓으며 결론도 내지 못한다. 그러면서 스스로 열심히 했다고 만족한다. 뭔가 일을 한 것 같지만 결국에는 본질을 회피한 것이다. 이를 '낮은 수준의 생각 전략'이라고 하는데 중요한 일을 회피하는 자신을 합리화하기 위해 쓸데없는 일을 열심히 한다는 뜻이다.

공부를 못하는 학생일수록 시험이 가까우면 방과 책상을 치운다.

주위가 깨끗해야 몰입이 잘된다는 이유다. 열심히 치운 후에는 피곤하다며 잠을 자거나 누워서 빈둥거린다. 정작 공부에 필요한 시간을 쓰지 않는다. 이게 개인이면 그래도 괜찮다. 그런데 의사결정의 최고 책임자가 이렇다면 문제는 심각해진다. 조선의 비극은 고종이 이른바 명부형이라는 데 문제가 있었다. 고종은 늘 걱정이 지나치니 하찮은 일까지 살피고 근심이 깊으니 남을 잘 믿지 못했다. 모든 일을 다 간섭하고 본인이 결정했다. 큰 방향이 부재하고 권한을 위임하지 않다 보니 사소한 것까지 지시하지 않으면 작동되지 않는 관료사회를 만들고 말았다.

"나라를 다스리는 것은 작은 생선을 굽는 것과 같다.治大國若烹小鮮." 라는 노자의 경구가 있다. 군부의 수장을 바꿀 때도 조심스러운 접근이 필요한데 고종은 이런 안목이 결여된 리더였다. 왕이 만기친람萬機親覽식으로 모든 분야를 다 챙기는 것은 낙후된 시스템으로 많은 문제를 야기했다. 무엇보다 부대의 지휘관들이 계속 바뀜에 따라 발생한 지속적인 정책의 결여가 바로 모든 병폐의 근원이었다.

두 번째는 군기 문란 문제였다. 1894년 갑오개혁으로 신분 철폐가 표면적으로 이뤄졌으나 실제 신분차별은 여전했다. 백 참장은 군기가 전혀 없어 "부하가 상관을 능멸하는 폐단이 연이어 생기고 있다."라고 지적했다. 양반과 상민이라는 신분의 존귀와 비천함이 혼재되다 보니 생긴 일이었다.

"군사 제도는 비록 장수, 영관領官, 위관, 하사, 병졸兵卒의 등급이 있으나 통솔 체계가 엄격하지 못하고 규제가 정해져 있지 않으며 상하가 문란하고 존비가 혼돈되어 말을 주고받는 데서도 공경하고 삼가는 예절이 별로 없다. 비록 문임文任 관청이라도 통솔 체계가 있는데 더구나 군사 지휘와 명령을 주고받으며 살리고 죽이는 명령을 하달하는 육군의 체제야 말할 것이 있겠는가? 나라가 있으면 군사가 있고 군사가 있으면 예절이 있어야 한다. 부대를 설치한 이후로 아직 군례軍禮를 제정하지 않았기 때문에 부하가 상관을 능멸하는 폐단이 연이어 생기고 있다."(고종실록 40권, 고종 37년 4월 17일)

『고종실록』에는 군기문란으로 추정되는 사례가 있다. 시위대 소속 제2대대 병졸 김중렬이 왕실을 호위하는 친위대 소속 참위(參尉, 소위)인 이종화의 길을 막고 심한 욕설을 퍼붓더니 심지어 구타까지 했다. 나중에 체포하여 조사하니 술에 취해 제정신이 아니었다고 인정했다. 군부대신 서리인 조동윤이 군율에 의거하여 김중렬을 포형砲刑에 처할 것을 건의한다. 이에 대해 고종의 답이 더 기가 막히다. 만일 이종화가 병졸에게 위엄을 보였더라면 어찌 이 지경에 이를 수 있겠느냐고 말했다. 그리고는 이종화 역시 2주 동안 근신을 명하라고 한다. 그러면서 한마디를 더한다. '군율은 매우 중요해 본디 용서할 수 없으나 그 정형을 캐보면 참작해서 용서할 만한 점이 있으니, 김중렬에 대해서는 특별히 목숨은 살려주고 유배'토록 지시한다.

군대는 용기, 의무, 명예와 같은 군인 정신을 심어주는 곳이다. 군인은 교실에 앉아 공자왈 맹자왈을 할 게 아니라 훈련장에서 열심히 훈련하고 단련해야 한다. 지휘관이 상민이라도 현장에서는 양반 출신인 부하들을 절대적으로 통제하는 것은 기본이다. 이러한 것은 반상의 가치와 무관한 것이다. 군대는 바로 그렇게 하는 곳이며 그렇게 해야만 한다. 군대는 일반 사회의 작동 방식과 다르다. 군의 기풍은 붕우유친 같은 삼강오륜의 덕목과는 다르다. 그런데도 대한제국 군대는 우범선[690]의 사례가 여전히 반복되고 있었다. 왜 그럴까? 조선은 사대부의 나라였다. 왕과 신하의 구별만큼 반상의 유별이 뿌리깊었다. 조선 중기 이후부터 양반들이 군역(軍役, 병역)에서 면제되면서 백성을 괴롭히는 가장 큰 문제가 군역의 폐단이었다.

"개국 초에는 양반 사대부들도 군역의 의무가 있었으나 차차 사라지더니 중종 36년(1541)에 군적수포제軍籍收布制가 실시되면서 합법적으로 면제된 것이다. 양인良人들은 16세부터 60세까지 1년에 포 두 필을 납부하는 것으로 군역 의무를 대신했는데 양반 사대부들은 군포 납부 대상에서 제외됐다."[691]

이 결정은 조선에 엄청난 영향을 미쳤다. 역사학자 이덕일은 이렇게 평가했다. "이후 군포를 내면 상놈으로 천대받고 내지 않으면 양반으로 우대받는 가치관의 전도 현상이 발생했다." 피지배층인 백성은 군역의 의무가 있는 반면 지배층인 양반은 면제되는 희한한 구조가 만들어진 것이다. 군역을 지는 집안은 가문의 위상이 떨어져 결혼까지 불가능한 상태가 되어버렸다. 농사를 지어 성공한 농민도 공명첩을 사서 군역 면제를 받았으니 사실상 군역은 돈 없고 힘없는 상민만의 의무로 전락하고 말았다. 백성이 지키는 나라가 된 조선! 서양에서 귀족은 모두 무인이다. 과거라는 시험을 통해 귀족이 될 수 있는 길이 없었다. 서양의 귀족은 서열상으로 평민 위에 군림했으나 국방의 의무를 전적으로 져야 하는 의무가 있었다. 그런데 조선의 사대부는 사회 지도층인데도 국방의 의무를 지지 않아도 됐다.

그럼 임진왜란과 병자호란 이후 나라가 망할 지경에 처한 후에는 사정이 달라졌을까? 설마 소 잃고 외양간이라도 고쳤겠지? 아니다. 조선은 외양간을 고치지 않았다. 그러고 보면 외양간을 고치는 것도 이류는 되어야 가능하다. 조선은 여전히 사정이 달라지지 않았다. 병자호란 이후 최명길이나 윤휴와 같은 일부 대신은 양반도 군대에 보내자고 했고, 병역이 어려우면 하다못해 양반에게 베 한 필씩이라도 받아 국방비에 충당하도록 건의했다. 하지만 이 또한 사대부의 거센 저항에 무산됐다. 효종 때 군역 문제가 심각해지자 양인에게만 군역을 부과하는 양역良役 폐단의 근본적 해결은 양반층에도 동일하게 군역을 부과하는 방법밖에 없었다. 하지만 영의정인 심지원이 반발했다.

심지원이 아뢰기를 "갑작스레 사족들에게 군포를 징수해서 전에 없었던 일을 새로 만들어 놓는다면 혹시 이 뒤에 원망하고 괴로워하는 폐단이 있을까 염려스럽습니다." 임금이 이르기를 "만약 원망과 고통으로 따져 말한다면 도망자와 죽은 자의 원망과 고통이 사족들의 원망과 고통에 무엇이 다르겠는가." 다시 심지원이 아뢰기를 "우리나라가 유지되는 것은 바로 사대부의 힘입니다. 그런데 지금 하루아침에 갑자기 일찍이 없었던 일을 만들어 서민들과 똑같이 군포를 징수한다면 그 원망 소리 또한 크지 않겠습니까."(『효종실록』 효종 10년 2월 13일)

심지원의 주장은 사대부가 어떻게 서민들과 같이 군포를 내는 창피한 일을 하겠으며 그 저항이 만만치 않을 것이라고 경고까지 한다. 심지어 홍계희 충청도 관찰사는 1749년 과거에 급제하지 못한 양반에게 군포軍布를 내게 해 양역에 충당하자는 유포론遊布論을 제기하기도 했다. 이 개혁안은 사림의 맹렬한 비난으로 취소됐다. 저항의 강도는 예상보다 강했다. 조선 후기 르네상스를 일으킨 애민군주 영조는 재위 26년 5월 홍화문弘化門에 나가 직접 백성을 만나 군역에 관한 여론을 들었다. 백성의 하소연을 들은 영조는 눈물을 흘렸다.

"(백성들이) 부르짖고 원망하여 도탄 속에 있어도 구해내지 못하니, 장차 무슨 낯으로 지하에 돌아가서 선조先祖의 영령을 대하겠는가? 말이 여기에 미치니, 나도 모르게 목이 멘다."[692]

영조가 이런 애민 정신이 있었음에도 제도는 바뀌지 않았다. 이에 대해 이덕일은 냉정하게 평가했다.

"영조가 진정한 애민군주가 되려면 절검이라는 개인적 수신修身보다는 양반 과세課稅를 통한 신분제의 해체라는 제도개혁으로 나가야 했다. 그것이 시대적 요구였다. 그러나 경종 독살설에 발목 잡힌 영조는 양반 사대부의 특권을 철폐할 권력도 의지도 없었다. 양반 사대부의 특권 속에 백성들은 계속 군역의 폐단에 시달렸다."

"사대부들은 중국 고대 위진 남북조 시대 송나라 왕구王球가 말한 '사대부와 서민의 구별은 국가의 헌법士庶之別 國之章也'이라는 사대부 특권 의식에서 나온 숭유양사론崇儒養士論으로 반대했다. 군역 의무는 상놈만의 것이란 논리였다. 조정에서 가난한 백성들을 대변할 정치세력이 없는 상황에서 양반 대다수가 반대하자 군제개혁론은 좌초 위기에 놓였다. 영조는 개인적인 절검을 실천할 의지는 있었지만 사대부들의 지지를 잃어가면서까지 군제개혁을 강행할 의지도 능력도 없었다."693

영조조차 시대적 요구에 부응하지 못했으며 양반의 특권을 폐지하고 양반에게도 동일한 군역을 부과하지 못했다. 백성이 숯검정처럼 시꺼멓게 타들어가도 제도개혁이 불가능한 나라였다. 대원군은 「호포법」을 실시하여 양반에게도 의무를 부과했으나 실제로는 철저히 집행하지 못했다. 양반과 상민의 구분을 절대 가치로 삼는 조선의 유교 시스템 내에서는 근대식 군대를 만드는 게 불가능했다. 잠깐 당시 옆 나라 일본을 보자. 지배층인 무사들은 전쟁이 났을 때 나라를 지키는 것이 임무였다.

메이지 유신 때 나라를 지키는 국방의 의무를 평민과 동일하게 한다고 하자 무사들은 자신들의 일을 왜 평민이 하냐며 반란(서남전쟁)까지 일으켰다. 반대로 조선의 양반들은 국가를 위해 무엇을 했다고 군역을 면제받았을까? 평화로운 시기에도 원성이 높았거늘 하물며 난세에는 나라가 망할 지경인데도 그들은 꼼짝도 하지 않았다.

조선의 어설픈 제도하에서는 근대적 군대가 가능할 수 없었다. 지배계층이 병역의무에 진심이지 않은 나라는 강한 나라가 될 수 없다.

## 여전히 양에 집중하다

세 번째로 백 참장은 대한제국의 군대에 일정한 규율이 없는 데다 명령체계도 달라서 문제가 심각하다고 통분한다.

"시위侍衛와 친위親衛의 이름(명색)이 있고 밖으로는 진위鎭衛, 지방이라는 칭호가 있는데 군향(軍餉, 군량)과 요포(料布, 급료로 주던 베)가 같지 않고 호령(號令, 명령체계)도 각기 다릅니다. 서울과 지방의 1만 명도 안 되는 군사가 먹고 입는 것을 지급받는 데 현저한 차별이 있으므로 세력을 믿고 교만을 부리는 자가 있는가 하면 불만을 품고 탄식하는 자가 있어서 의심과 배반이 그 사이에서 생겨납니다. 서울과 지방의 각 부대의 대오가 각각 다르고 아직 일정한 규범이 없습니다. 이 상태에서 군사를 통제한다면 이는 사실 법이 없는 군대이니 장차 어떻게 수많은 군사를 거느리고 통제하며 목숨 걸고 싸우라는 명령을 내릴 수 있겠습니까? (…중략…) 시위대에 세 개 부대를 증설할 계획이라고 하는데 군사의 수를 늘리는 것이 나라의 위력을 떨칠 수는 있겠지만, 그러나 군사에 대해 중요한 것은 정예한 데 있는 것이지 인원이 많은 데 있는 것은 아닙니다. 지금 시위와 친위의 두 부대를 설치한 지 몇 해 되는데도 아직도 이웃 나라로부터 정예하다는 칭찬을 듣지 못하는 데 대하여 신은 통분하게 여깁니다. 이제 만약 군사를 늘려서 그 수가 100만이라고 하더라도 많은 돈만 허비할 뿐입니다. 이미 설치한 부대를 정예롭게 만드는 데 힘써서 남들의 웃음거리가 되지 않게 하는 것이 낫지 않겠습니까?"『고종실록』40권, 고종 37년 4월 17일)

백 참장은 만약 이대로 계속하다가는 10년 동안 군사를 길러

1,000명, 1만 명의 부대를 증편한다 해도 온전한 부대가 되기는 힘들 것이라고 평가했다. 심지어 행군하는 보법步法까지도 구령에 맞추지 못할 것이라고 하니 가히 아프가니스탄 정부군 수준이었다. 서울에 시위와 친위대, 지방에 진위와 지방이라는 부대로 편성된 1만 명이 안 되는 군대 규모였다. 대한제국은 무엇보다도 황권을 옹호하고 호위하기 위한 친위부대로서 시위대를 강화했다. 고종은 추가로 시위대에 세 개 부대를 증설할 계획으로 점점 국방에 투자를 많이 늘려갔다.

"1900년 12월에는 보병연대에 속했던 기존의 중대급 포병대를 대대급 포병대로 증강시켜 시위대 편제로 배속시켰다. (…중략…) 이로써 궁궐수비대인 시위대는 보병을 중심으로 포병대대와 기병대대 그리고 군악대를 갖춘 종합 전투부대로 발전하였다."[694]

그의 상소문대로 시위대는 확대됐고 1902년에는 지방군까지 포함하여 최대 2만 8,000명에 달했다고 한다. 그런데 백 참장은 이렇게 한들 무슨 소용이 있는지 반문한다. 그의 말대로 군대는 숫자가 중요한 게 아니라 질적 수준, 즉 얼마나 잘 훈련됐는지가 중요하다. 대원군 때는 미국, 프랑스 군대와 교전을 할 정도였던 군대가 고종의 친정 이후 군의 대비 태세마저 크게 취약해졌다. 고종이 신뢰할 만한 장군 하나 키우지 못하고 군사에 관한 기본적인 원칙 하나 세우지 못한 탓이다. 아마추어는 군인의 숫자 같은 양을 중시하고 군사 전문가는 질을 중시한다.

고종은 병력 수를 증가한다든가 소총 같은 무기 보급량을 늘린다든가 하는 방식으로 하드웨어를 키우는 데만 집중했다. 군대는 장군의 리더십, 군율, 화합 등 질적 요소가 중요한데 이를 알지 못했다. 적과 접전할 때 자연스레 생기는 두려움과 자기 생명을 중시하는 보호 본능을 이겨내고 싸울 수 있게 하는 것은 군인 수가 아니라 훈련된 군인 정신에 의해서 좌우된다. 을미사변 때 홍계훈 훈련대장이 총에 맞아 죽고 병사 한 명이 부상당하자 경비병 250여 명이 모두 도망쳤다. 일본 낭인들이 무혈입성에 가까운 상태로 궁에 들어와 민중전을 죽일 수 있었던 까닭도 바로 이런 군대의 질적 저하 때문이 아니었을까?

### 사조직이 된 군대

고종의 실수는 1880년대 이후 민씨 척족들을 군 주요 수장에 앉히면서 경험 많은 무인을 내려앉힌 데 있었다. 군사 조직도를 보면 민씨 척족들의 황금기를 볼 수 있다. 그 배경에는 이반된 민심으로 인해 민씨들에게 칼을 쥐어주고 왕권을 옹위하려는 의도가 분명했다. 당시 조선은 기강이 매우 어지러웠을 뿐만 아니라 권력이 사적으로 남용되고 있었다. 결국 위관급도 안 되는 역량을 가진 민씨들이 주요 부대의 총지휘관이 된 것이다. 진짜 충직한 보좌는 왕이 못 보는 부분을 찾아 그걸 보게 해 주는 것이다. 그러나 이들 중 비 오는 날을 대비하여 맑은 날에 우산을 준비한 인물이 단 한 명도 없었다. 특히 민영휘는 동학군을 진압하기 위해 청군에 지원군을 요청한 장본인이다.

**1893~1894년 주요 군사기관과 지휘관**[695]

| 구분 | 부대명 | 창설연도 | 지휘관 | 구분 | 부대명 | 창설연도 | 지휘관 |
|---|---|---|---|---|---|---|---|
| 호위군 | 호위청 | 1892 | 김병시 | 지방군 | 평양감영 | 1885 | 민병석 |
| 중앙군 | 장위영 | 1888 | 한규설 | | 강화영 | 1887 | 민응식 |
| | 통위영 | 1888 | 민영준(휘) | | 전주영 | 1893 | 김학진 |
| | 총어영 | 1888 | 이종건 | | 춘천영 | 1894 | 민두호 |
| | 경리청 | 1892 | 민영준(휘) | | 함경영 | 1894 | 민종묵 |

| 해군 | 해영<br>(해연총제영) | 1893 | 민응식 | 비정규군 | 보부청<br>(상리국) | 1885 | 민영익<br>한규설 |
|---|---|---|---|---|---|---|---|

고종은 민씨 척족이거나 그들과 가까운 인물이 아니면 기회조차 주지 않았다고 앞에서 설명했다. 고종의 재위기간인 43년 동안 재능을 알아보고 기용한 무장이 단 한 명도 없었다.

고종은 이토 히로부미를 만났을 때 '그대 같은 신하'를 만날 수 없어 나라가 어려워졌다며 자신의 박복함을 한탄했다. 고종은 인재를 볼 줄 모르는 자신의 저급한 안목이 제 발등을 찍고 있는 줄도 몰랐다. 고종은 군 인사를 군사나 안보적 관점에서 냉정하게 단행한 게 아니라 정치적 시각에서 접근한 것이다. 위의 도표처럼 민씨들은 핵심 보직을 차지했다. 민씨 지휘관들은 "무능한 지휘관은 적보다 무섭다."라는 말이 진짜임을 잘 보여주었다. 특히 이 시기는 지휘관의 능력이 수많은 생명은 물론 조선의 국운을 좌우할 정도로 중요했다. 하지만 민씨 '똥별'들은 위기에 직면한 나라를 지키기 위해 나선 인물들이 아니었다. 오히려 그들은 백성을 철저히 수탈하여 민심이반을 가속화했다. 나라 전체를 위기에 빠트린 것이다.

윤치호의 일기에는 이런 시대상이 잘 나타나 있다.

"박사(서재필)는 백성들이 어떻게 그처럼 참을성 있게 억압을 견디는지 물었다. 나는 외국의 적에게는 소용없지만 국내의 적에게는 효과적인 군인들이 주는 일반적인 공포심 때문이라고 설명했다."(『윤치호 일기』 1898년 2월 7일)

1898년 2월 독립협회의 구국 상소를 준비하던 윤치호는 국가의 많은 재원을 투자하여 양성한 군대가 외세침입에는 무능하고 탄압 받는 백성에게는 두려움의 대상이라고 비판한 것이다. 외국의 적에게는 소용없지만 국내의 적에게는 효과적인 조선 군인들이었다.

이러한 정황은 1885년 러시아 귀족이 파악한 조선 군대 상황에 잘 드러난다. "조선은 필요한 경우에 2~3만 명의 병사를 배치하였다. 그러나 현재 3,000명의 부대만이 소총을 소유하고 있을 정도로 물질적 재원이 제한되어 있다. (…중략…) 이중 600명은 국왕친위대로서 보초 근무를 서며 서울에서 복무하였다. 다른 2,400명은 화승총을 소유하고 있으며 구식 군대라 불렸고 군사교육은 시키지 않았다. (…중략…) 조선은 군함도 없었고 상선도 없었다."⁶⁹⁶

조선이 보유한 자체 전력은 매우 미약했다. 이미 단종됐거나 퇴역 중인 화승총이 대부분으로 박물관 수준의 지상병력만 존재했음을 보여준다. 게다가 아관파천 이후 지방 병력은 고무줄처럼 수시로 늘었다 줄었다 폐지하다 보니 군대로서 제 역할을 할 수 없었다.

- 1896년 5월 30일 9곳(강계, 북청, 해주, 강화, 춘천, 공주, 청주, 고성, 대구) 2,300명
- 1896년 8월 26일 4곳(원주, 충주, 홍주, 상주) 추가하여 13곳 2,900명
- 1896년 9월 24일 7곳(강계, 춘천, 원주, 공주, 충주, 홍주, 상주) 폐지하여 여섯 곳 1,800명
- 1897년 6월 14일 8곳(평안도 안주, 함경도 종성, 황주, 수원, 경기도 광주, 원주, 공주, 안동) 설치하여 14곳 6,912명⁶⁹⁷

특이한 것은 전라도 지역에는 지방대가 설치되지 않았다. 심헌용은 그 이유로 '전주진위대가 설치되어 있어 별도로 지방대가 설치되지 않은 것'으로 분석하고 있다. 역사서를 읽다 보면 삼류 지도자들이 통치하고 다스리던 시절은 스토리나 전략이란 게 없다. 그저 대증적이고 반사적인 정책만 난무해서 자료를 읽기가 고통스럽다.

고종 시대의 조선에 관해 읽는 것은 물론 글을 쓰는 것도 힘들다. 역사서를 읽을수록 한 단계 올라서는 깨달음을 얻으면서 '아하!'라고 외치는 순간이 있을 때가 있다. 고종 시대에서는 이런 기쁨은커녕 한숨만 나온다. 그렇다고 이 시대를 외면하면 다른 의도를 가진 자들에게 악용당한다. 뒤죽박죽인 실패의 역사일지라도 읽고 또 읽어야 한다. 수십 번 느끼는 낭패감이다. 기록을 아무리 뒤져봐도 고종을 위시한 위정자들은 군을 근대화하기 위해 국민개병제에 따라 군인을 모병한 적이 없다. 국가방위에 매진할 수 있는 군대를 추구한 기록도 없다. 전문가들은 대한제국군은 '황실보호와 치안유지 정도 수준'이었다고 평가한다.

"오히려 조선군의 양성은 국내외 정치 변동에 크게 좌우되면서 황실보호를 위한 친위부대 양성에만 치중됐지 국가방위를 위한 군대 육성에는 소홀하였다. 근대 해군 창설의 모태가 될 수 있었던 기연해방영은 본부가 서울로 옮겨지면서 궁궐 숙위부대로 전락했다. 무위소나 시위대 등 친위부대는 고종의 관심 속에 강력해진 반면 도성 내지 지방방위 부대는 치안유지나 의병진압에 동원되는 정도의 역할에 한정됐다. 여기에 외국 군제의 변화에 따라 조선 군대가 자주 개편되면서 전투부대로서 갖춰야 할 편제나 훈련을 체계적으로 습득하지 못했다."[698]

군의 의사결정 시스템에 공백이 생기자 정치가 판을 쳤다. 이런 토양에서 '소신은 열성 인자로, 눈치는 우성 인자'로 진화하게 마련이다. 물론 머리가 나쁘면 눈치도 없다는데 눈치 보기도 능력이라고 우기면 할 말은 없다. 정치에 순응한 군 수뇌부만이 자리를 유지했다. 군이 정치에 개입하면 안 되는 것처럼 정치 논리가 군을 흔들어 놓아서도 안 된다. 군인은 군인다워야 한다. 그런데 위에서 군림이나 하려는 민씨 척족들로 인해 군대는 더 망가졌다. 신식군대와 전통군대 간 차별 때문에 임오군란이라는 홍역을 한바탕 치른 지 20년이 지났는데도 여전히 병사들이 먹고 입는 것에 차별이 있었다. 군량과 급료도 다르고 명령체계도 달랐다. 심지어 일정한 규범도 없었고 대오마저 달랐으니 군의 일사불란한 통제 자체가 불가능한 상태였다.

그렇다면 백 참장의 의견은 나중에라도 군 정책에 반영되지 않았을까? 반영되지 않았다. 고종이 병정놀이를 좋아하듯 군대를 가지고 조몰락거리며 인사조치를 자주 했을 뿐이다. 군 개혁을 주도할 정도의 인물도 못 됐고 군 개혁을 도울 참모도 없었다. 그런데도 고종은 계속 군대를 확장하며 서양식 무기를 도입하려 했다. 기병도 만들고 군악대도 만들었다. 백성에게 폼을 잡기 위한 그의 이런 행보는 실질적인 군사력에는 도움이 되지 않는 일이었다.

"군사훈련을 통한 정예부대 양성보다 (…중략…) 수시로 국왕 행차 시에 시위 업무를 맡김으로써 숙위부대로 부대 역할을 축소시켰다. 그 결과 신식부대는 제식훈련과 사격훈련을 내용으로 하는 초보적 군사훈련조차 제대로 받지 못하는 폐단이 계속되어 근대화된 정예부대로 발전할 가능성을 상실하게 만들었다."[699]

### 고종의 임시방편 편지 외교

고종은 군대를 본연의 국가방위를 지향하는 군사제도로 개편하지 못했다.[700] 게다가 영국제, 독일제, 일본제 무기류를 수입하다 보니 무기체계가 각양각색이라 상호 간 호환이 안 됐다. 게다가 조선에서는 총알 하나 생산하지 못했다. 그 결과 을사늑약 석 달 전인 1905년 8월 22일 고종이 러시아의 니콜라이 2세에게 보낸 친서에는 조선의 초라한 형편이 고스란히 드러나 있다. 다음은 당시 고종의 가치관도 엿볼 수 있는 대목이다.

'대한제국은 4,000년의 역사를 가진 독립국가인 반면, 일본은 1200~1300년대 들어 겨우 국가를 수립했다. 일본의 여러 풍습은 짐朕의 나라에서 유래됐으며, 글자도 짐의 나라 백성이 가르쳤다. 일본인들은 자신들의 조상처럼 짐의 나라를 존경했으며, 짐의 나라와 감히 적대적 관계를 맺을 생각도 못 했다. (…중략…) 일본은 악랄하고 삼엄하게 짐의 나라 주권을 장악하고 있다. 현재 우리나라가 이리도 슬픈 정황에 처한 원인은 국가가 허약해 방위도 할 수 없고, 권리를 지킬 수 없었던 까닭이다. 그렇다 해도 우리는 수차례에 걸쳐 독립국가임을 선포했다. 지금 일본은 확실히 짐의 나라에 군림해 독립을 말살시키려 하고 있으나, 불법인 것이다.'

나는 니콜라이에게 보낸 고종의 친서를 읽고 기겁했다. 40년이 넘게 재임하는 동안 뭐 했기에 예견된 일본의 침략에 제대로 대처하지 못하고 이런 촌극이 벌어진 것일까? 고종은 도덕성에 호소하면 강대국들이 호응하여 문제가 해결될 수 있다고 믿었다. 고종의 인식과 수준은 친정을 시작했을 때 이후로 하나도 업그레이드가 되지 않았다. 일본군이 경복궁 담을 넘은 것만 세 번이다. 그런데 일본의 풍습이 어쩌니 논해봤자 무슨 소용이 있으며 글자도 우리가 가르쳤다는 과거가 뭐 그리 중요할까? 이런 이야기는 엄혹한 국제정세와 무관하다. 대외환경을 탓하면서 아무것도 하지 않고 기다린다고 뭐가 나아지겠는가.

을미사변 이후 고종은 아무것도 바꾸지 않았다. 목구멍만 넘기면 뜨거움도 잊는다는 말처럼 괴로운 순간도 지나가고 시간이 조금만 흐르면 쉽게 잊어버렸다. 근시안적 생각을 버리고 세상의 변화를 미리 읽을 줄 아는 지혜를 키워야 했는데 고종은 늘 자신에게 매몰된 즉자적卽者的 생각이 습관으로 굳어져 더 큰 세상을 보지 못했다. 왕비를 무도하게 잃은 비극을 겪고도 고종은 와신상담을 하기는커녕 러시아에 구원해달라고 읍소하고 있는 것이다.

"배은망덕한 일본의 침략이다. 그들을 응징하고 우리를 구원해달라!"

선의에 기대는 것은 문제 해결에 도움이 되지 않을 뿐만 아니라 엄혹한 국제 현실을 냉정하게 보지 못하게 만든다. 약육강식의 시대에 일본의 양심과 러시아의 호의에 호소하기 전에 일본이 도덕적으로 행동할 수밖에 없도록 실력을 갖추는 게 선결과제였다. '일본을 믿을 수 있느냐'라는 시대적인 질문에 대한 답으로 고종은 일본의 선의나 도덕성을 믿었던 모양이다. 조선의 군사력으로 나라를 지킬 생각은 하지 않고, 나라가 망국의 위기에 처한 원인으로 고종은 '국가가 허약해 방위도 할 수 없고, 권리를 지킬 수 없었던 까닭'이라고 하소연하고 있다. 조선의 군사력이 허약하니 일본은 조선과 언약한 그 어떤 것이든 쉽게 깨트릴 수 있었다.

1902년부터 1904년까지 국가예산의 40%를 국방에 집중 투자했는데 '국가가 허약해 방위할 수 없다.'라고 자책한다. 이리도 슬픈 정황에 처한 원인은 자기 자신에게 있다. 자신이 나라를 보호할 능력이 없었고 방비도 제대로 하지 않았기 때문이다. 무엇보다도 고종은 군대를 확충하려 했고 근대화를 원했다. 이에 대해 박노자 교수는 매우 냉정하게 비판했다. '무기 개발에 장기적으로 투자하지 않고 필요한 무기를 그때그때 완제품으로 사려 했던 고종 정권의 행정 편의주의, 안일주의, 장기적 투자 전략의 결여 때문에 예속은 계속 강화'됐다고 분석한다. 고종은 근대화와 근대 국가를 만드는 일을 겨우 명품을 구입하는 정도로 생각한 것이다.

"고종이 즐긴 전등, 자동차, 커피와 달리 '근대'라는 것은 국가를 자신의 사유재산으로 여기는 절대군주가 외국의 후견인에게 살 수 있는 게 아니었던 것이다. 기초 기술, 자체적 기술교육 체제, 자체

생산능력 등 인프라를 구축하는 일이야말로 '근대'로 가는 첩경이었지만, 주변 여건이 좋지 않은 데다 고종에게는 장기적 비전과 투자 의지가 없었던 것이다."[701]

필요할 때는 물건을 사와야 한다. 다만 잊지 말아야 할 것이 있다. 그저 돈 주고 물건을 사오는 데 그치지 말고 그 물건을 만들 기술을 익혀서 내 것으로 만들겠다는 열의가 있어야 한다. 그러나 고종에게 근대화란 '완제품'을 구입하는 것 이상이 아니었던 것이다. 임진왜란의 선조처럼 외교에만 의존했는데 청을 부르고 러시아를 불러서 나라를 지키는 게 고종의 필살기였다. 그러나 이것은 량치차오의 표현처럼 '청과 러시아는 모두 조선의 망국에 올려질 제물'이 됐다. 너 혼자 망하지, 왜 물귀신처럼 청과 러시아까지 끌고 들어가 제물로 썼느냐고 비난한 것이다. 고종의 대한제국은 '한여름 밤의 꿈'조차 꿀 수 없는, 희망사항만 가득한 나라였다.

또한 1897년은 대한제국 선언 이후 통수권을 고종에게 집중하고 자주적인 개혁을 본격적으로 추진했던 시기다. 전투력을 갖춘 최강의 전투부대를 만들고자 했다. 그러나 문제는 정책 추진과정에 아마추어리즘이 판을 쳤고 정책의 일관성이 결여됐다는 데 있다. 이 과정에서 고종은 무능의 극치를 보여주었다. 백 참장의 상소문을 더 읽어보자.

"부대의 증설을 정지하는 문제입니다. (…중략…) 지금 군사를 늘리려고 하는 밑천을 가지고 위의 여러 조목에서 쓰지 않을 수 없는 것에 나누어 씀으로써 오위五衛에 소속된 부대의 군사 위용을 볼만하게 만든 다음에 차례로 부대를 증설한다면 백만의 군사를 길러 낸다 한들 무엇이 어렵겠습니까? 그리고 이미 여단旅團을 편성하고 지방 부대를 편성하고 기대箕隊의 인원수를 늘리고 기병騎兵 부대를 편성하라고 명을 내렸으나, 아직 한 가지도 실행하지 못하고 있는

데 또 이것을 증설한다면 실제에 힘쓰는 정사가 아닐 듯합니다. 속히 처분을 내려 우선 중지하게 해주소서."

조정에는 이런 고종의 단견과 실수의 심각성을 꿰뚫어 볼 정도의 통찰력을 가진 고위급이 한 명도 없었다. 아관파천 때 당시 조정을 맡은 김홍집과 어윤중에 대한 고종의 살해 지시는 보수적인 신하들조차 경악할 정도였다. 민중전의 죽음으로 인해 생긴 적개심을 사건을 일으킨 일본이 아니라 사건 후 조정을 맡은 신하들에게 표출했다. 이런 고종의 행태는 크든 작든 고종의 심기를 살피는 신하들만 조정에 남게 했다. 그 결과 조선이 망국에 이를 때까지 고종의 이중성에 대한 두려움이 크게 작용함에 따라 제대로 정책을 펴거나 소신껏 발언하는 신하는 찾아볼 수 없게 됐다.

백 참장이 제안한 열네 가지 중 단 한 가지도 고쳐진 게 없는데도 일본의 악랄함만 비난하는 건 전형적인 '남 탓 정치'를 하는 고종의 나쁜 습관 중 하나였다. 아관파천 이후 변한 게 아무것도 없이 실수만 반복했다. 대한제국 시기에 최대 2만 8,000명까지 늘린 군사력도 백 참장의 지적처럼 아무 의미가 없었다. 고종이 일본의 침공 위협을 몰랐는지, 단지 위협으로만 알았는지는 중요하지 않다. 무단으로 침략하는 적에 대해 총 한 방 쏘지 못하는 군대가 무슨 의미가 있을까.

윤치호는 본인의 아버지인 군부대신 윤웅렬도 비판했다. 부친이 개혁을 주도할 위치에 있는데도 개혁하지 않고 고종의 심기를 거슬리게 하는 일은 애초에 만들려고 하지도 않았다. 관직을 누리려고 수치심조차 버렸으며, 온건 개화파로서 조선 관리의 평균 이상인데도 썩은 관리로 전락하여 관직과 돈과 첩을 즐기는 존재가 됐다는 것이다.

"직위에 대한 아버지의 열정이 지나치게 크기 때문에 탐내는 자리를 차지하고 있는 한 수치심을 버리신 것 같다."(『윤치호 일기』 1904년 4월 9일)

"군부대신, 군무총장, 내장경 등 세 관직을 차지한 사람이 있다. 그 사람은 끊임없이 불평불만을 늘어놓는다. 그 직위에 있으면서도 자신은 의미 있는 일을 할 수 없다고, 심신이 쉴 겨를이 없다고, 잘못된 정부 때문에 이 나라가 엉망진창이 되고 있다고 등등 말이다. 하지만 마치 어린아이가 장난감 세트를 갖고 즐거워하듯, 그는 분명히 세 종류의 관직 생활을 상당히 즐기고 있다. 관직, 돈, 그리고 젊은 첩이 그가 열정적인 사랑을 쏟아붓는 대상이다. 이 세 가지가 주어진다면, 그밖의 다른 것은 전혀 돌보지 않을 것이다."(『윤치호 일기』1904년 6월 28일)

당시 윤치호는 군사력을 갖추지 못한 외교의 부질없음을 질타했다. 단기적 위기일 때 임시방편으로 쓸 수 있는 편지 외교를 국가존망이 걸린 일에 쓰고 있는 고종의 행태가 매우 어리석어 보였다. 고종의 생각을 개선시킬 인식의 성장판이 닫혀 있었던 까닭이다. 조선을 둘러싼 환경 변화가 급변할수록 지도자의 인식 능력은 매우 중요했다. 국제 환경 변화의 요소를 파악하면서 조선에 큰 영향을 미칠 변수를 가려내고 그 영향을 분석하고 준비하는 일이 급변하는 환경에 대한 대응전략에 필수적이다. 일본은 점점 침략의도를 공공연하게 드러내고 있었다. 이에 대한 대비는 하나도 하지 않고 징징거리는 황제! 참으로 못났다. 윤치호는 이런 식으로 외교에만 의존한 국권회복 운동은 부질없는 행동이라 판단한 것이다.

"윤치호는 20만 명이 넘는 군인들의 희생, 그리고 많은 전비를 들여 러일전쟁을 치르며 얻은 조선침략의 기회를 조선인들이 주장하는 몇 장의 외교적 호소문 때문에 일본이 버릴 것으로 보지 않았다. 외세의 호의로 국가의 독립을 얻는 것은 불가능한 일이라 생각한 것이다. 국가가 독립하려면 자신을 지탱할 수 있는 군사력을 보유하여야 하며 군사력을 보유하려면 '훌륭한 정부'가 있어야 한다고

믿었던 것이다."⁷⁰²

### 고종의 제국놀이

러일전쟁 이후 1905년 8월 15일 주한 공사 하야시가 고종을 만나고 얼마 뒤 승인된 25개조에는 재정권과 외교권을 박탈한다는 조항 외에 군사 관련 조항이 포함되어 있다. 이 조문에 의하면 대한제국군은 지방까지 포함하여 2만 명이었다. 그중 제11조, 13조를 살펴보자.

제11조. 재정을 정리하고자 함에 따라 한국 군비를 축소하여 낭비를 줄인다. 이전의 전국 2만 병력은 1,000명 내외로 줄인다. 경성 수비 외에 각 지방 병정은 모두 해산한다. 제13조. 궁정을 정화한다. 친신親臣의 악을 제거하고, 무녀와 점쟁이를 금하며 모든 잡배는 궁정 출입을 불허한다.⁷⁰³

일본의 강압으로 병력을 1,000명 내외로 축소하고 모두 해산한다는 것도 한심하지만 특히 13조의 내용은 당시 고종의 상황이 어떠했는지 가늠해 볼 수 있는 대목이다. 일본은 천황을 신으로 모시는 다신교로 매우 잡스러운데 그들 눈으로 보기에 고종과 황실의 행태는 더 잡스러웠던 모양이다. 이러다 보니 나 역시 그토록 쓰고 싶지 않은 잡스러운 사례를 쓰지 않을 수 없다. 러일전쟁 때 일본이 혁혁한 승리를 거두는 가운데 원산항에서 러시아의 어뢰선이 일본의 작은 연락선인 오양환五洋丸을 격침했다는 소식을 듣고 고종은 기뻐했다.

"점쟁이를 만나 러시아 승리를 위해 기도를 부탁하고 대궐 주위에 솥을 엎어 묻거나 (가마솥에) 지도책(일본 지도)이나 삶고 있다고 들었다. (…중략…) 러시아 전과에 흥분하여 러시아를 위한 푸닥거리나 하고 불탄 궁궐 재건에 매달리는 고종을 보면서 윤치호는 일본의 침략을 방어할 어떤 방법도 떠오르지 않았을 것이다."[704]

그런데 고종의 푸닥거리는 공개적이었던 듯하다. 루스벨트가 보낸 조지 케넌(1845~1924)은 조선에 두 차례 방문해 조선의 현지 정황을 탐색했다. 그의 보고서에는 '왕실이 무당을 불러 물이 펄펄 끓는 솥에 일본 지도를 집어넣고 삶았기에 일본이 망할 것'이라는 황당무계한 내용이 들어 있다. 조선의 패망사를 기록한 량치차오는 고종의 대노가 두 번 있었다고 기록했다. 그중 하나가 1906년 2월 이토 히로부미가 '궁정과 관청의 구별을 명확히 하고, 무당과 잡직 관리들이 궁에 출입하는 것을 금지'하라고 한 지시에 대해 분노가 특히 심했다고 했다.

긴 기간 동안 준비한 일본의 외교 및 군사전략이 지극히 거대하고 치밀했다. 하지만 고종은 얼마 뒤 하나도 대비하지 못하고 잔치를 여느라 세월을 보냈다. 참으로 딱한 일이다. 500년이나 이어온 문화민족의 위대한 나라 조선이 망해가는 줄도 모르고 고종은 즉위 40주년 경축에 열중하는 한편, 덕수궁(경운궁)과 평양의 풍경궁을 짓느라 서까래가 썩어가는 줄도 몰랐다. 고종의 귀에는 멀리서 일본의 대포가 터지는 소리가 들리지 않았다. 아관파천 이후 일본은 와신상담하며 국력을 키웠기 때문에 청일전쟁 시기 24만 명의 일본군 병력이 러일전쟁 때는 약 124만 명의 병력(군속 포함)에 이르렀다. 그동안 고종이 황제가 되는 일만 일어났을 뿐 실상 조선의 국력은 오히려 정체되거나 퇴보했다. 왜 조선 혼자만 야위어가게 된 걸까? 무엇을 하고 무엇을 안 한 것일까? 군왕과 사대부가 죽음을 무릅쓰고 나라를 지켜야 하는데 조선의 망국 무렵에는 그런 결기가 없었다.

일본이 청일전쟁에 참가한 병력은 24만 616명 이외에 문관과 고용원 6,495명, 임시 고용 군속 15만 3,974명이었다. 청일전쟁에 동원된 군인과 군속 합계 약 40만 명 중 30만 명 이상이 해외에서 근무했다.

"러일전쟁의 경우 육군 군인의 전지(현장) 근무자가 94만 5,394명, 내지 근무자가 14만 3,602명으로 합계 108만 8,996명이었으며 (…중략…) 러일전쟁에 참여한 육군의 군인, 군속 총계는 124만 3,172명, 전시 근무자가 99만 9,689명이었다."[705]

러일전쟁을 치르면서 일본은 이미 거대한 괴물로 성장해 있었다. 군사 전문가인 심헌용은 고종 집권 44년을 5기로 구분하고 분석했다.

1기 모색기(1863~1882)
2기 혼란기(1882~1894)
3기 간섭기(1894~1897)
4기 자주기(1897~1904)
5기 좌절 및 계승기(1904~1910)

상세한 분석은 너무 길어지니 생략하겠다. 결론만 내리면 고종시대 조선군은 근대화에 실패했다. 심헌용은 그 이유를 이렇게 분석한다.

"고종을 위시한 군 근대화 주체들이 과연 조선군을 근대화시키기 위한 인식상의 개념이 존재했느냐이다. 근대의 군대는 국민국가의 군대를 지향한다. 국민개병제에 따라 군인을 모병하여 국가방위에 매진할 수 있는 군대를 조선, 대한제국 위정자들이 추구했느냐에 대해서는 회의적이다. 오히려 조선군의 양성은 국내외 정치변동에 크게 좌우되면서 황실보호를 위한 친위부대 양성에만 치중됐지 국가방위를 위한 군대 육성에는 소홀하였다."[706]

혹자는 고종이 국방 역량을 확대하기 위해 대한제국을 선포했다고 본다. 이 조치는 통수권을 전제군주인 황제에게 집중시키고 전투력을 갖춘 대한제국군을 정예부대로 삼아 그 위용을 갖추는 효과를 의도했다고 한다. 조선이 직면한 각종 시급하고 다양한 문제에 대한 고종과 엘리트들의 답이 제국이었다. 결과는 어떠했을까? 사실 왕이니 황제니 하는 것보다 훨씬 더 중요한 것은 황제가 된 고종이 이후 어떤 내용의 정치를 펼칠 것인가에 있다. 나라의 '근본과제'와 '공통목표'를 찾아내고 '공통정책'을 추출하며 내 편 네 편 가르지 말고 '적합한 인재'를 널리 찾아야 한다. 그리고 운영을 가장 잘할 수 있는 자에게 국정을 맡겨 책임정치를 하도록 권한을 부여해야 한다. 여기에 신민들의 의견도 함께 수렴돼야 성공할 수 있다. 하지만 고종은 정반대로 했다. 측근들을 '내 사람들' 위주로 채웠고 자신이 가장 중요시하는 문제에만 집중했다.

우선 고종은 조선군 정예부대인 시위대의 구성에 보병 이외의 포병대와 기병대를 더해 전보다 전투력이 향상된 부대를 만들려고 했다. 맞는 방향이었으나 성과를 내기 위해서는 제대로 된 장군이 있어야 변화가 일어난다. 군대라는 업의 본질에 충실하면서 군대를 한 단계 한 단계씩 발전시키면서 삼류 군대에서 이류로, 다시 일류 군대로 강화해가야 한다. 그런데 군대를 전혀 모르는 고종과 측근들은 군을 주도하면서 군대라는 업의 개념도 파악하지 못한 채 헛발질만 계속했다.

조선의 군대는 영토를 지키는 군대가 아니라 왕과 정권을 보위하는 경찰군 수준이었다. 고종의 의식도 집권 엘리트들의 의식도 너무 낮은 수준이었다. 외적을 방어할 목적이 아닌 군대도 아닌데 2만 명이 넘는 상비군은 국가재정에도 부담이 되는 너무 많은 숫자다. 흉내내는 사람이 더 심한 법이다. 고종은 러시아의 전제군주제를 모방했다. 황제에게 걸맞은 제복과 병사들의 복장, 근위병, 기마병, 군악대, 열병식 등 일반 백성에게 보여줄 거리를 위해 돈을 투자했다. 황제는 신성불가침의 영역이고 절대 보호해야 할 존재였다. 고종은 말뿐인 황제놀이에 열중했다. 우연히 온 기회든 선택한 기회든 그 기회를 자기 자신의 것으로 만들기 위해 뼈를 깎는 노력으로 최선을 다했으면 좋으련만, 겨울나무처럼 벌거벗은 고종은 잠시 틈만 보이면 겨울을 봄인 양 착각하는 고질병을 갖고 있었다.

1897년 9월 29일 김재현 등 716명이 고종이 황제로 등극해줄 것을 연명으로 상소문을 올렸다.

"뛰어난 성인의 자질과 중흥中興의 운수를 타고 왕위에 오른 이후 34년 동안 총명한 지혜로 정사에 임하였고 신무神武를 발휘하여 사람을 죽이는 것을 함부로 하지 않았다. 밤낮으로 정력을 기울여 나랏일이 잘되게 하려고 애썼으며 변란을 평정하는 데 형벌을 쓰려고 하지 않았으니 그 크나큰 공적은 천고千古에 으뜸가는 것이었다. 자주권을 잡고 독립의 기틀을 마련하여 드디어 연호年號를 세우고 조칙詔勅을 시행하며 모든 제도가 눈부시게 바뀌었으니 이는 참으로 천명이나 인심으로는 할 수 없는 일을 한 것이다. 어찌 지혜나 힘으로 할 수 있는 것이겠는가? 이것이 이른바 '주周나라는 비록 오래된 나라이지만 그 천명은 오히려 새롭다.'라는 것이니 아! 거룩하고 훌륭하다."

이들의 집단 상소문을 보라. 그들은 고종을 성인의 자질, 중흥의 운수, 총명한 지혜가 있으며 자주권을 잡고 독립의 기틀을 마련한 불세출의 영웅이라고 했다. 그러나 대한제국은 제국도 아니고 가짜 제국일 뿐더러 고종은 황제일 리도 없었다. 핑계 없는 무덤은 없다더니, 필수 인프라를 기획하고 그 기획을 실현하기 위해 어떻게 비용을 마련할지 고민은 하지 않고 고종과 고위 관료들은 그저 허울뿐인 제국놀이에 심취해 있었다.

# 2
# 일본의 군제 개혁

**메이치 초기 징병제 현황**

일본 군대는 언제부터 강해졌을까? 일본은 1873년도부터 징병제를 실시했다. 초기에는 면제규정이 많아서 실제 현역병으로 입영하는 비율은 10% 미만이었다. 처음에는 새로운 징병제에 대해 사무라이는 물론 농민의 반발도 심했다. 우선 1873년 제국의 신민이자 충견을 만들려는 징집령에 일본 농민들은 크게 저항했다.

"그로부터 20년 뒤에 징집병들이 조선과 중국 땅을 짓밟게 되지만, 1873년 당시 상당수 농민들은 기꺼이 황국의 살육자가 되기는커녕 징병령 이야기를 듣자마자 죽창을 들고 무리지어 관공서를 파괴했다. (…중략…) 많은 농민은 자신들의 목숨을 혈세로 거둘 천황이 도대체 누구냐며 분노했다. 지배자들이 현인신으로 치켜세운 천황의 존재를 벽촌에서는 잘 알지 못했던 것이다. 1873년 6월 징병령을 알게 된 뒤에 죽창을 들고 관공서, 관립학교, 지주의 집들을 파괴하고 방화한 수만 명의 돗토리현 농민들, 1873년 거의 600개의 관공서와 관료 및 부자의 집을 파괴하여 마루가메丸龜市시라는 지방도시를 점령하고 군대와 격전을 벌였던 가가와현의 약 15만 명의 반란 농민들 등등"[707]

일본은 이런 시행착오를 거쳐 더 나은 결과를 만들어냈다. 올바른 방향으로 고쳐가면서 쉬지 않고 정책을 이어갔다. 그 결과 청나라 군대를 제압하는 강력한 군대를 탄생시켰다. 전 국민에게 사무라이 정신을 심는 데 성공한 것이다. 일본은 본질적으로 사무라이 국가다. 그들이 가장 잘하는 것은 국방이고 전쟁이었다.

"사무라이는 문자 그대로 무武를 스스로의 존재 이유로 삼는 자였다. (…중략…) 도쿠가와 지배하에서 전쟁이 일어나지 않게 되자 무를 존립 기반으로 하는 무사들의 성격도 변하지 않을 수 없었다. 즉 행정관료로서의 수완을 점점 높이 평가하게 됐는데 이것은 영지의 상실과 더불어 무사의 관료적 성격의 강화를 의미했다."[708]

그런데도 메이지 유신의 주체세력들은 사무라이 계급이 가장 잘하는 것을 폐지하고 평등에 기반한 더 강력한 군대를 만들기 위해 신분구별 없이 징병제를 통해 군대를 만들었다. 이때가 1873년이다. 개혁에는 희생과 고통이 뒤따른다. 「황혼의 사무라이」 「바람의 검심」이라는 일본 영화와 만화에는 졸지에 직업을 잃은 사무라이들의 험난하고 배고픈 삶이 반영되어 있다. 과거처럼 활력을 되찾고 싶지만 과거로 돌아갈 수 없다. 그렇다고 하루하루 연명하다 죽음을 맞이할 수 없는 노릇이었다. 삶에 위기를 맞지만 그렇다고 해서 다시 새로운 방향을 정해 나아갈 수도 없기에 힘겨워하는 모습이 잘 그려져 있다. 가난한 사무라이들이 생활을 꾸려가기 위해 자신의 칼을 파는 등 지배계급인 '사'가 농민보다도 궁핍한 삶을 살기도 했다. 오죽하면 메이지 유신의 개혁을 두고 사무라이들이 자신의 특권을 포기한 '사무라이의 자살'이라고까지 평할 정도였겠는가.

이때 정한론이 등장하는데 사실상 조선을 공격하기에는 무리였다. 4년 뒤인 1877년 세이난전쟁 때 약 4만 명의 일본 육군으로도 내전을 제압하는 데 시간이 꽤 걸릴 정도로 쉽지 않았다. 그로부터 7년 뒤인 1884년 갑신정변 때도 일본군은 수송선 하나 마련하지 못해 조선에 파견할 군대조차 없었다. 하지만 1881년 신사유람단에 파견된 조선 시찰단은 일본식 군대에 깜짝 놀랐다.

"일본의 근대적 군제에 충격을 받았다. (…중략…) 조선과 현격한 차이가 있었다. 당시 조선군은 지휘, 명령권이 불분명하고 전근대적인 무기체계와 전법이었다. 더구나 16~60세의 양민들이 교대로 근무하는 전통적 병농일치의 원칙이 붕괴된 후 용병제 직업군대 체제로 바뀌었지만, 고종 즉위 시 총 병력 1만 6,000명 가운데 절반이 노약자였을 정도로 지리멸렬했다."709

일본은 나아갈 방향을 징병제로 정하고 재정을 투입했다. 그 결과 병력이 기하급수적으로 늘어나서 1894년 청일전쟁에 참여한 병력이 24만 명으로 됐고 1905년 러일전쟁 때는 군속까지 해서 약 124만 명으로 확대됐다. 징병제는 시민권의 확대와 밀접한 관계가 있다. 왕의 군대라는 과거의 군대 개념이 아니라 국가의 보편적 의무를 수행하는 군대의 개념이 성립하기 위한 사상적 기초는 평등이다. 병역이 국민 모두의 의무가 되려면 법적으로 신분차별을 없애야 한다. 일본은 1871년 폐번치현이 실시돼 번이 사라지고 중앙정부에서 직접 관리를 파견하는 현이 설치됐다. 이 사건은 지방영주인 다이묘들의 몰락을 의미하는 동시에 곧 다이묘들의 군대인 사무라이의 몰락을 의미했다. 마침내 1873년 징병제가 실시되어 신분과 관계없이 만 20세 이상의 남자에게 병역의무가 주어진 것이다.

징병제도 도입에 결정적인 역할을 한 인물은 야마가타 아리토모였다. 이 당시 메이지 주체세력들은 한 가지 목적만으로 일을 추진하지 않았다. 그가 징집제도를 중시한 것은 단순히 평민군이 가진 전투력 때문만은 아니었다. 그는 소학교, 중학교를 마친 20세 남성을 병적에 편입시킴으로써 군대가 일종의 '문무의 대학교'로 기능할 수 있다고 보았으며 '엄밀한 규칙'에 기반해 근대 일본인을 만들어내는 대변혁의 수단이 될 수 있다고 판단했다.

그는 '징집제도야말로 막강한 신식군대를 양성하는 가장 좋은 방법일 뿐만 아니라 더 나아가 근대국민을 양성하는 지름길이라고 판단'했다.

"1873년 1월 반포된 '징집령'은 프랑스의 제도를 따라 20세의 모든 남성을 징집 대상으로 삼았고 3년간의 현역복무를 마친 뒤 4년간 예비역으로 복무토록 했다. 세금을 대신 내거나 큰아들의 경우에는 징집대상에서 제외되어 결국 대부분의 징집 인원은 가난한 집안의 무학력자들이었다. 더구나 정부예산의 부족으로 군대의 규모는 클 수가 없었다. 세이난전쟁이 일어나기 전 일본 육군은 3만 3,000명에 불과했다."[710]

이제 사무라이, 농민, 상인 모두가 같은 일본의 구성원이자 천황의 백성이란 걸 의미했다. 병역과 전쟁은 전적으로 사무라이의 몫이었는데 이제는 모든 백성의 것이 됐다. 점차 사무라이 사이에서 불만이 고조되기 시작했다. 게다가 1876년 칼을 찰 수 없도록 한 폐도령이 시행되면서 정체성이 부정당하자 분노가 임계점에 도달했다. 드디어 1877년 사이고 다카모리를 주축으로 사무라이들의 반란인 세이난 전쟁이 일어났다. 정예 전투집단인 사무라이와 징집된 군대의 대결이었다.

일본 제일의 군사집단으로 추앙받던 사이고의 군대가 징집된 아마추어 병사들에게 제압당했다. 중세와 근대의 대결은 근대의 승리로 끝났다. 근대적 군대는 전술 측면에서도 효율적이었다. 탄약을 장전하고 조준하고 방아쇠를 당기는 반복적인 훈련을 통해 효율적으로 군대의 물리력을 확보할 수 있었다. 총과 탄약만 있다면 얼마든지 병사를 길러낼 수 있는 구조였다. 사무라이처럼 10여 년이 넘도록 갈고닦은 검술은 거의 쓸모가 없게 됐다.

혁명적인 징병제가 사회에 직접적인 영향을 끼치면서 근대화의 인프라가 점차 완성됐고 일본 군대는 발전하기 시작했다. 가속도 사회로 진입한 것이다.

### 독일군제 도입

세이난전쟁 때부터 청일전쟁 때까지 군대의 힘은 비약적으로 강화됐는데 여기에는 비스마르크와 간접적인 관련이 있다. 1884년 8월 29일 독일은 오야마 이와오大山巖 육군경 일행이 근위군단의 전투훈련에 참관하도록 허락했다. 근위보병의 2개 사단이 참가한 대규모 훈련이었다. 동군과 서군이 역할을 설정해서 공격과 방어를 맡았는데 2개 여단과 야포연대, 기병사단, 저격병대대가 동원됐다. 공병중대와 병참중대까지 참여한 본격적인 전투훈련은 놀랄 정도였다. 오늘날의 워게임war game인 일종의 도상훈련이었다.

이 훈련을 참관한 사람들은 주로 유럽 대국에서 파견된 장교들이었는데 그 관전자 속에 일본군 장교 다섯 명이 포함됐다. 일본군 장교들은 처음 보는 장면에 매우 놀랐고 그들은 상세히 훈련 내용을 기록했다. 일본은 독일에서 육군의 운영방식과 전투방식을 상세히 배워 와서 조선침략과 청일전쟁에 그대로 응용했다. 그런 독일식 전법을 가르쳐준 인물이 클레멘스 빌헬름 야콥 멕켈이었다. 그를 추천한 인물이 보불전쟁 때 프랑스군을 격파하고 파리를 점령한 참모총장 몰트케였다. 이후 육군대학교 교관으로 부임한 멕켈 소령은 1885년부터 1888년까지 참모장교의 양성을 맡았고 그의 가르침은 일본 장교들에게 엄청난 영향을 끼쳤다. 일본은 독일군의 참모조직을 본떠 참모본부를 설치했다. 멕켈 소령은 1885년부터 1888년까지 일본군의 참모장교들을 양성했다. 박훈 서울대 교수의 분석에 따르면 일본군은 '1890년에 이르러 침략 가능한 군대로 성장'했다. 1893년 3월 육해군 연합 대훈련을 실시했다.

청일전쟁이 발발하기 1년 전에 독일에서 배워 온 현대식 군사훈련을 실천한 것이었다. 대륙 침략의 작전은 이처럼 착착 진행되고 있었다. 독일의 도움이 있었을 뿐만 아니라 현대 전투를 이해하고 전체를 기획할 줄 아는 한 인물이 있었기에 가능한 일이었다. 바로 사쓰마 출신의 가와카미 소로쿠川上操六였다. 그는 육해군을 하나로 통합하고 전투부대와 병참을 능숙하게 연결했다. 가와카미는 두 차례 해외순방 중 특히 독일의 유학 경험에서 큰 영향을 받았다. 1차로 1884년 1월부터 1885년 1월까지 유럽과 미국을 순회했다. 2차로 1886년 11월부터 1888년 6월까지 독일에 파견되어 베를린에서 병제를 정밀하게 공부했다.

그는 군사학 연구에 매진했을 뿐만 아니라 유럽 국가의 인구, 산업, 자원, 국세 등 여러 가지를 조사했다. 특히 1887년 4월 근대적인 참모제도를 만든 헬무트 폰 몰트케(Helmuth von Moltke, 1800~1891) 참모총장과의 만남은 특별했다. 몰트케는 군의 독립적인 작전 전개를 기동전의 생명이라고 여기는 전략가였다. 세이난전쟁이라는 내전 차원의 전투 경험에 그쳤던 가와카미의 안목은 독일군과 몰트케를 만난 후 크게 달라졌다.

이런 경험은 청일전쟁을 기획하는 데 중요한 지침이 됐다. 가와카미는 귀국해서 1889년 참모본부 차장으로 복귀했는데 육군의 한 부서가 아니라 육해군을 통합한 기관이었다. 권한은 막강했다. 작전계획 수립과 정보 획득, 통신과 병참 지원 등 모든 권한을 관장했다.

전투규모에 따라 작전부대로 참전부대를 편성하기도 하고 부대 간의 서열도 정했다. 1890년과 1892년에는 일본 군대의 전투력을 높이기 위해 대규모 육해군 합동훈련을 실시했다.

"1890년 아이치현에서 벌어진 훈련에는 3만 1,759명의 군대와 4,266필의 말, 스무 척의 전함, 세 척의 수송선이 참가했다."

"1892년 가을에는 유사한 규모의 훈련이 도치기에서 벌어진다. 이 훈련들은 상륙작전, 철도의 이용, 예비군의 동원 등을 골자로 한다. 이러한 훈련을 바탕으로 일본 육군은 해외원정을 위한 병참체계를 수립하기 시작한다."[711]

그는 청일전쟁이 발발하기 1년 전 조선과 청의 정치 및 군사 지도자를 직접 만나러 다녔다. 눈에 보이는 군사력 이외에 지도자들의 역량을 파악하기 위함이었다. 청일전쟁을 준비하기 위한 마지막 점검사항이었다. 1893년 5월 1일 대원군을 접견하고 4일에는 고종을 만났다.

"지난해 귀국에서 소총을 증정했는데 그 총기는 정량(精良)했다. 귀국의 진보는 놀랍다." 고종은 일본이 선물로 준 무라타(村田) 소총에 관해 이렇게 평가했다. 고종의 말을 듣고 가와카미가 답했다. "우리나라는 대포와 소총을 서양 여러 나라에서 구입했지만 최근에는 대포와 소총 모두 일본에서 제조합니다. 이 소총은 육군소장 무라타가 연발총으로 만들었는데 태서(서양) 나라들의 연발총보다 더 나으면 나았지 못한 바가 없습니다."

일본은 이때 자체적으로 생산하는 현대 무기로 중무장한 군대로 재탄생한 단계였다. 역사의 진로를 바꾼 군사기술은 16세기 화승총의 등장과 함께 보병전술이 변화한 이후, 기관총(1884)·항공기(1903)·원자탄(1945)을 들 수 있다. 기관총은 전쟁의 승패에 영향을 미치는 중요한 군사기술이었다. 고종은 일본 무라타 연발총이 서구 것보다 낫다는 저 말의 무서움을 알았을까. 특히 1850~1860년대는 '미니에 탄환'이라 불린 신형 탄약의 등장과 탄약통, 베세머 공법으로 양질의 강철이 생산됐던 시기였다. 즉 1866년 후장식 소총으로 무장한 프로이센이 오스트리아군을 대파할 정도로 개인화기 분야에 혁신이 일어났다.

한편 가와카미는 조선의 지도자들을 어떻게 평가했을까? 비스마르크를 비롯한 전성기 유럽의 지도자들을 만나본 그에게 고종은 유약한 왕으로 보였을 것이다. 고종에게서 비전, 총명함, 나라의 위기를 돌파하려는 의지도 읽지 못했을 것이다. 무엇보다도 고종에게는 간절함이 없었다. 세상 변화를 알지 못하는 고종은 찍으면 눌리는 그런 존재 정도였으리라. 이후 가와카미는 5월 11일에 청나라로 건너갔다.

그는 청의 실권자들을 만나고 무기제조 시설을 돌아보았다. 5월 14일에는 청의 실권자인 북양대신 리훙장(李鴻章, 1823~1901)을 만났다. 5월 16일에는 천진 무비학당(武備學堂, 양무운동의 결과물로 청의 대표적 군사학교이며 북양군벌의 요람)을 방문해서 포병의 훈련 상황을 파악하고, 17일에는 독일인 교관이 담당하는 천진 기기국(機器局)을 방문해서 소총과 포탄 제조 실태와 화약 제조 상황을 확인했다. 6월 16에는 상하이로 갔다. 25일에는 금릉기기국(金陵器機局, 양무운동 때 1865년 난징에 세운 군수공장)을 방문해서 직공 천여 명이 포탄을 제조하는 공장을 둘러보았다. 근 30여 년이 다 되어가는 이 공장은 처음부터 포탄의 품질이 좋지 않았다. 이때는 공장 전체가 한참 뒤떨어진 상태였다. 그리고 양강총독과 호광총독 등 양무운동을 지도했던 관료들을 만났다.

청의 주요 지역에는 이미 일본군의 일본 첩보장교들이 포진해 있었고 주요 사항은 그에게 보고되고 있었다. 첩보 장교들은 일반인보다 더 정밀한 눈과 고성능의 귀로 정보를 수집하고 분석했다. 그럼에도 가와카미는 리훙장을 비롯한 청나라의 주요 관료를 만난 후 청이 근대 전쟁을 이끌 리더십이 없다는 사실을 즉시 간파했다. 그는 조선과 청나라에 대한 정탐과 현장실사를 마치고 7월 4일 귀국했다. 이렇게 일본은 청일전쟁의 준비를 마쳤다. 신영우 충북대 교수는 지금도 우리는 "전쟁 기획자인 가와카미 소로쿠를 모르고 있다."라며 시바 료타로가 쓴 첩보의 가치를 소개했다.[712]

"프로이센주의에서 싸움은 선제주의이며 먼저 적의 허를 찔러야 한다. 그것 말고는 승리는 있을 수 없다고 한다. 그러기 위해서는 평화로운 때부터 적의 정치정세, 사회정세, 군사정세를 충분히 알아두어야 한다. 그 때문에 첩보가 필요했다."

### 가와카미 소로쿠, 참모의 시대를 열다

청나라는 가와카미의 예상보다 훨씬 더 형편없었다. 청나라는 아편전쟁에 패했고, 베트남을 두고 프랑스와 전쟁을 벌였지만 대부분 전투에서 패했는데도 자국의 실상을 깨닫지 못했다. 청일전쟁이 발발하자 영국 경제 주간지 「이코노미스트」는 다음과 같이 전망했다.

"그동안 여러 전쟁에서 패했지만, 중국은 자기들이 근본적으로 틀렸다는 생각을 하지 못했다. 단지 전함이나 대포 등의 무기가 서양보다 좋지 않아서 졌다고 생각했다. 그래서 당시 중국의 개혁 방향은 '동도서기東道西器'였다. 단지 기술이 부족할 뿐이고 기술만 보완하면 충분히 서양제국과 싸울 수 있다고 본 것이다. 그래서 중국은 전면적인 개혁 대신 전함을 사들이고 대포를 개량하는 등 서양의 기술을 받아들이는 데 힘을 쏟았다."[713]

이 전쟁에서 패하고 나면 청나라는 기술적인 면이 아니라 과거를 고수하고 모든 면에서 전통을 그대로 따르려 하는 중국의 관습이 문제라는 걸 알게 될 것이다. 그렇게 되면 청나라는 자신들의 문제점을 제대로 알고 전면적인 개혁의 길로 갈 수 있을 것이라고 유럽 국가들은 예상했다.

"중국의 군대는 일사불란하게 관리되는 국가의 군대가 아니라 군벌 개개인이 보유한 사병의 연합에 더욱 가까웠다. (…중략…) 무기도 보충하고 전함도 사들였지만 운용과 편제는 과거의 방식을 그대로 유지했다. 근대식 장비에 맞춘 제대로 된 군사훈련이 이뤄졌을 리 만무했다. 농사를 짓다가 다른 생업에 종사하던 사람을 변변찮은 전투나 훈련 없이 창 하나 들리고 전함에 태운다고 해서 전쟁을 이길 수는 없다."[714]

리훙장이 그렇게 분투하며 키웠던 군대는 곧 완벽한 오합지졸이 되어버렸다. 가와카미가 본 그대로였다. 철도망이 없던 청나라는 그동안 철도의 필요성을 제대로 인식하지 못했다. 전통적인 도로망과 운하를 이용하는 데 아무런 불편이 없다고 생각했다. 하지만 청일전쟁 때 많은 군대를 전쟁터에 보내야 했고 군인들이 사용할 보급품도 함께 보내야 했다.

"철도가 없으니 군인들은 걸어서 이동했다. 식량을 짊어지거나 수레에 실어 긴 거리를 이동해야 했다."[715]

일본은 기차와 증기선을 타고 중국 땅 여기저기에 상륙했다. 반면 옛날 방식의 청나라 군대는 오합지졸로 엄청난 참상을 겪었다. 전신망도 부족했다. 일본은 전신으로 정보를 전달하는데 청은 파발마를 통해서 정보를 전달했다. 이런 식으로는 전쟁에서 이길 수 없다. 해전에서도 청군은 대패했다.

에피소드를 하나만 보자. 1894년 9월 17일 서해 압록강 하구 인근에서 7,000톤급 철갑함 두 대를 거느린 북양함대가 일본 해군과 맞붙었다. 일본 측에는 철갑함이 4,000톤급 한 대만 있었다. 청나라 군함에서 날아간 포탄이 일본 군함에 떨어졌을 때 모두가 놀랄 일이 벌어졌다. 큰 굉음과 함께 폭발해야 할 포탄에서 튄 것은 어이없게도 콩, 진흙, 석탄 등이었다. 연습용 포탄이었다. 화약의 원조인 중국에서 진흙으로 포탄을 만들 정도로 방산 비리가 심각했던 것이다. 납품업자들은 실전용 포탄을 납품해야 하는데 연습용 포탄을 납품했다.

결국 청나라 북양함대의 순양함 다섯 척이 침몰했고 일본 측은 가라앉은 배가 한 척도 없었다. 청일전쟁의 패배로 청나라는 랴오둥반도와 타이완섬을 일본에 넘겨주고 당시 3년 치 예산에 달하는 전쟁 배상금까지 물어내는 굴욕을 당했다. 일본에서 청일전쟁을 지휘한 인물은 가와카미 소로쿠 참모차장이었다. 그는 병력과 선박을 동원함으로써 병력수송 문제를 해결하고 조선 남단의 부산에서 조선을 가로질러 만주의 작전지역까지 병참선과 전신선을 설치했다.[716]

"대본영에 의한 전쟁지도는 이미 썼듯이 가와카미 소로쿠 참모차장을 중심으로 이뤄졌다. (…중략…) 그의 전기인 『육군대장 가와카미 소로쿠』에서 '때로는 그들(군 원로, 선배, 동료들)에게 견제를 당하고 때로는 사이에 끼어 고심했지만 곤란을 이겨내고 마침내 훌륭하게 전국戰局을 통괄하여 최후의 첩리捷利를 제압'했다고 쓰고 있는데, 가와카미의 노력과 마음고생은 엄청났을 것으로 상상된다."[717]

그가 계획을 수립했다고 하더라도 다른 선배나 동료 장군들이 계획을 충실히 실행해야 했는데 그게 쉽지 않았다. 게다가 조슈와 사쓰마 출신 장군들 간에 기 싸움까지 벌어져 이를 조정하는 데도 어려움이 많았다. 하지만 이제 전쟁의 승패는 전투현장에 있는 장군의 리더십보다 후방의 막사에서 전쟁을 기획하는 참모장교의 능력에 의해 결정됐다.

여기에 철도가 군사전략상 핵심요소로 등장함에 따라 독일과 일본에서는 민수용보다 군사전략상 가치를 더 중시하였고 전략거점을 연결하는 철도부설에 매진하였다. 경부선이 그 대표적인 예다. 소로쿠가 내린 병참선과 전선을 끊은 동학농민군에 대한 잔인한 학살 명령[718]과 청일전쟁의 상세한 결과들에 관해서는 내용이 길어지니 생략하겠다.

### 조선 군제개혁의 실패

고종은 전통 군제가 지닌 한계를 벗어나 선진 군사기술을 도입하고 제도를 수용했다. 고종은 군사정책을 매우 중요하게 여겨 근대식 국방체계를 갖추고자 여러 번 시도했으나 적지 않은 시행착오를 겪었다. 1875년 운요호 사건으로 개항한 이후 조선의 군사적 노력은 지속됐다. 군사 전문가인 심헌용은 고종의 노력을 이렇게 서술했다.

- 왕실 경비를 위해 친위대를 강화했으며 이어 전통 군대를 개편하고 별기군을 설치했다.
- 임오군란 이후에는 청국 군제[719]를 도입했다.
- 갑신정변 이후에는 최초의 육군사관학교인 연무공원을 설립하여 미국식 군사제도를 도입하려고 노력했다.
- 갑오개혁기에는 중앙군과 지방군을 정비했고 아관파천 이후에는 러시아 군사교관단을 통해 러시아 군제를 적극적으로 수용했다.
- 이후에도 중앙군과 지방군의 정예화를 도모했으며 특히 평양으로 천도하려던 시기에는 평양을 중심으로 지방군을 통합하려 했다.

조선의 군사개혁은 왕실 경비를 사용해 적극적으로 진행됐으며 고종은 군사개혁을 최우선 개혁사업으로 인식해 지속해서 추진했다. 하지만 결과는 초라했다. 고종은 군의 근대화를 좋은 서양 무기를 사오는 것쯤으로 인식했던 듯하다. 사람은 누구나 현실을 제대로 볼 수 있는 건 아니다. 고종은 '자신이 보고 싶은 것밖에 보지 않았던' 것이다. 1900년대 초기 러시아, 프랑스 기술자와 일본제 총기계를 보유한 기기창(무기공장)이 서울에 있었지만 국산소총 하나 만들지 못하고 외제무기만을 수입하는 형국이었다.

"무기 개발에 장기적으로 투자하지 않고 필요한 무기를 그때그때 완제품으로 사려 했던 고종 정권의 행정 편의주의, 안일주의, 장기적 투자전략의 결여 때문에 예속은 계속 강화됐다."[720] "황제는 공격 무기와 수비무기로서, 유럽의 소총과 대포와는 비교도 안 될 만큼 우수하다고 믿는 화살과 활을 제조하는 데 수십만 달러를 썼고, 분명히 지금도 쓰고 있다."(『윤치호 일기』 1902년 12월 4일)

더 심각한 것은 최정예 부대라 할 수 있는 친위부대조차 오합지졸 상태였다. 세 번의 경복궁 침범이 일어났는데 갑신정변 때는 호위군사가 한 명도 없었고 갑오경장 때는 방어하는 군사가 한 명도 없었다. 최응은 이런 현실에 대해 지휘체계를 엄격히 하라고 상소를 올렸다.

"지금은 그렇지 않아서 비록 대오를 편성한 명칭은 있지만 병정兵丁들이 제 마음대로 대오를 옮기고 있는 것도 심상한 일로 보고 있으며, 그 우두머리로 된 사람들 역시 지휘 체계와 기율을 알지 못하고 있습니다. 갑신년에 폐하가 도성을 떠나 변란을 피하여 갈 때 한 명의 호위 군사도 없었으며, 갑오년에 일본 군사들이 대궐을 침범했을 때도 한 명의 방어하는 군사가 없었으며, 을미년에 대궐에 침범한 역적의 군사들의 화가 황후皇后에게 미쳤으나 제압하지 못했습니다. 삼가 바라건대 폐하는 용단을 내리고 지휘 체계를 엄하게 정하여 장신將臣 이하 대장으로부터 편성한 대오의 군사에 이르기까지 일체 정한 제도를 따르게 하소서."(최웅의 상소, 1898년 1월 3일)

군제개혁과 정예화에 열심히 투자했는데 결과는 형편없었다. 의욕치만 높았다. 이런 결과가 나온 까닭은 근본적인 문제는 놔두고 다른 문제만 따지면서 사안을 부분적으로만 다뤘기 때문이다. 이제 고종의 군제개혁을 종합적으로 정리해보자.

첫 번째 군에 대한 비전이다. 고종은 국민개병제에 따라 군인을 모병하려 하지 않았고 이로 인해 국가방위에만 매진할 수 있는 군대를 만들려고 하지 않은 셈이다. 국가라는 단위의 큰 차원에서 생각하려 하지 않고 자신의 안위라던가 왕실의 보존이라는 낮은 차원에만 생각이 머물러 있었다. 따라서 왕실보호를 위한 친위부대 양성에만 치중한 결과로 국가방위를 위한 군대육성에는 소홀할 수밖에 없었다.

"군대개혁을 주도한 국왕마저 자신의 안위에 급급할 뿐 개혁의 비전이 없어 우왕좌왕하여 문제가 해결할 기미가 보이지 않았다. 윤치호가 생각하기에 조선은 군대개혁을 국정의 최우선 과제로 추진했지만 비전과 전문성이 없어 제대로 된 훈련을 실시하지 못하는 우를 범하고 있었다."[721] "황실보호를 위한 친위부대 양성에만 치중하였지 국가방위를 위한 군대육성에는 소홀하였다."[722]

두 번째는 고종의 자질이다. 군대개혁을 주도한 고종이 과연 이에 적합한 자질을 갖췄느냐가 관건이었다. 윤치호는 조선의 독립을 위해 군사력을 양성하는 게 가장 기본이라는 데 동의하면서도 그 과제를 주도해야 하는 고종의 자질이 문제라고 판단했다. 고종에게 결단력과 실천력을 기대할 수 없었다.

"좋은 개혁일지라도 이를 실현하기 위한 잘 규율되고 훈련된 군대

없이 조선에서 그 개혁이 수행될 수 있을지 모르겠다. 그러나 아무도 왕을 제외하고는 군대를 조직할 수가 없다. 문제는 조선이 훌륭한 군대를 양성할 수 없고 국왕은 허약하고 우유부단하다는 점이다. 그래서 개혁은 기대하기 어려운 일이다."(『윤치호 일기』 1984년 8월 15일) "조선이 지금 가장 절실히 필요로 하는 것은 효율적인 군대, 애국적인 신문, 철저한 교육체제이다."(『윤치호 일기』 1984년 8월 24일)

고종은 우유부단하고 나약했다. 이 정도면 평시의 국가운용도 힘들지 않았을까. 하물며 결단을 내릴 수 없는 리더가 위기의 한복판에 있기까지 했다. 고종의 지적능력으로는 위기를 타개하기 어려웠다. 리더에게 지적능력이란 '현실을 정확하게 파악한 다음 문제를 해결하는 능력'인데 통찰력과 선견지명도 여기에 해당된다. 그런데 고종은 현상비판에 머물러 있었다. 현상비판 능력은 웬만한 사람이면 누구나 다 한다. 우리의 정치가 겉도는 오늘날도 마찬가지다. 무작정 비판하고 반대만 해도 똑똑해 보인다. 그다음은? 없다. 거기까지다. 적대적 공생정치니까 대안을 마련하지 않고 주요 이슈에 대해 뭐라 비판만 해도 된다. 참 쉽게 정치한다.

청나라의 개혁가인 량치차오는 이런 고종을 혹평했다. "고종의 사람됨은 두려움이 많고 나약하여 스스로 떨쳐 일어나지 못하고, 의심이 많고 결단성이 부족하고 참언을 듣기 좋아하며 사리판단에 어두우며 (…중략…) 잔꾀를 부리고 계획은 늘 치졸하며, 타인에게 의지하여 자립하지 못하며, 허실을 좋아하고 내실에 힘쓰지 않았다."[723]

독립을 위한 제일의 조건이고 가장 확실하게 진행되어야 할 군대개혁은 제대로 이루어지지 못했다. 군대가 이익 단체처럼 변질되면서 조선군대는 국방을 위한 군대가 아니라 백성을 수탈하고 정권을 연장하는 국가폭력으로 전락했다. 윤치호는 '조선의 다음 전염병은 제멋대로인 군인'이 될 것이라고 우려를 표시했다.

"황제가 주도하는 군대개혁은 근대적 군사력의 획득을 표방하고 있지만 실제로는 새로운 수탈의 통로라고 윤치호는 이해하였다. 윤치호가 보기에 더욱 문제가 되는 것은 백성들이 군인들의 폭력이 무서워 부당한 세금에 항의도 못하는 것이었다. 군인들의 무력이 백성들의 정당한 권리행사를 막는 효과적인 폭력장치가 됐다고 보았다. 개혁의 핵심 부분으로 국가의 전폭적 지원을 받은 군대가 부패한 권력을 연장하는 방법으로 전락한 것이다. 군대가 제국주의 침략을 막는 것이 아니라 부패한 정권의 수탈에 참여하여 국민의 개혁의지마저 저하시키고 개혁을 방해했다고 보았다. 조선 군대는 지속된 개혁에도 불구하고 외세의 침입에는 무능하고 왕실과 관리들의 전제적 수탈통로가 됐음에 윤치호는 절망하고 분노하였다."[724]

군대의 존재 목적은 적과 싸워 이기는 것이다. 하지만 고종에게 있어 군대의 존재 목적은 황실보호와 질서유지였다. 미국 공사 알렌이 우리나라에 10여 년간 머무르다 귀국할 때 사람들에게 탄식하며 말했다.

"한국 국민이 가련하다. 9만 리를 돌아다니고 상하 4,000년 역사를 봤지만, 한국 황제와 같은 사람은 처음이다."

조선의 불행은 군대가 뭔지도 전혀 모르는 고종이 군대의 개혁을 주도할 수밖에 없는 최고지위에 있었다는 것이다.

8장

# 필수요소 7
# 근대 헌법 제정

# 1
# 근대화의 마지막 퍼즐 헌법 제정

법은 보이지 않는 정신과 관념의 실체다. 소수의 국가만이 독창적으로 헌법을 제정했다. 이러한 국가들로는 미국, 프랑스, 러시아, 독일 정도를 꼽을 수 있겠다. 반면 대부분의 국가는 다른 나라의 헌법을 모방해 자국의 헌법을 제정했다.

"모방적 헌법이라 해서 부끄러워할 필요는 없다. 헌법 자체가 인류의 문화적 유산이라 할 수 있어서 오랜 시간에 걸쳐 이 나라 저 나라의 모범 사례들이 카탈로그가 되어 조성된 건축물이기 때문이다."[725]

헌법을 제정할 때는 기존의 권력시스템의 변화는 물론 국민의 권리, 의무, 소유권 등 모든 사회적 이슈들을 고려해야 한다. 현재뿐만 아니라 미래에도 큰 영향을 주는 헌법 조항의 어느 것 하나도 소홀히 다뤄서는 안 된다. 그런 까닭에 각국은 자국의 지향점에 따라 여러 층위의 법을 만들고 이를 통해 문명의 지도를 만들어가기 위해 심혈을 기울인다. 퍼난다 피리 옥스퍼드대학교 교수는 저서 『법, 문명의 지도』에서 법에 대해 이렇게 강조한다.

"법은 결코 단순한 규칙이 아니다. 법은 문명의 복잡한 지도를 만들었다. 역사 전반에 걸쳐 법은 단순히 구체적이거나 일상적인 것이 아니라 사회적 비전을 제시하고, 정의를 약속했으며, 신이 정해준 도덕적 세계를 환기하고, 민주주의와 원칙을 담아왔다."[726]

### 청의 후행적 개혁

근대화를 이루지 못한 국가들은 헌법 제정과 법제화라는 마지막 장애물을 넘지 못했다. 대표적으로 오스만 제국과 청나라는 적극적으로 서양의 기술과 문물을 받아들였으나 근대 헌법을 만드는 데 실패했다. 중국은 아편전쟁 이후 양무운동을 1861년부터 30년간 추진했다. 우선 서양 오랑캐의 장기인 배의 견고함과 포의 화력을 배우자고 결정했다. 다소 쉬워 보이는 목표였다. 리훙장, 장지동 등을 주축으로 강남제조창 같은 현대적 공업을 일으키고 강한 해군인 북양수사를 창설했다.

청은 꽤 성과가 있다고 자평했다. 하지만 1894년 청일전쟁이 일어나자 지난 30년 동안 공들여 키웠던 북양수사는 섬나라 일본에 철저히 궤멸하고 말았다. 그리고 나서야 청은 과학기술만 배워선 안 되며 훌륭한 제도가 뒷받침되지 않은 기술은 아무 소용이 없다는 걸 깨달았다. 당시 유명한 사상가인 옌푸(嚴復, 1853~1921)는 이런 평가를 내렸다.

"서양이 오늘날과 같은 성과를 얻게 된 원인은 배의 견고함이나 포의 날카로움 같은 기물문명에만 있는 게 아니다. 더 중요한 것은 그들에게는 현대적이고 민주적이며 평등한 정치체제가 있고, 나아가 공화제나 입헌군주제의 형태로 그러한 제도문명이 효과적인 운용을 뒷받침하고 있다는 점이다."[727]

특히 1905년 러일전쟁에서 일본의 승리를 지켜본 청나라는 정치체제의 변혁, 즉 '입헌군주제'가 경쟁력이라는 것을 뒤늦게 깨달았다. 그 후 1908년 청나라가 제정한 「흠정헌법대강欽定憲法大綱」은 전제주의적인 성격이 강했지만, 언론·출판·집회·결사의 자유와 사유재산권을 인정한다는 내용이었다. 또한 9년의 예비 입헌기간을 설정하고 의회개설을 실시하겠다는 계획을 밝혔다. 이에 개혁 단체들은 입헌의 즉각적인 추진을 요구했다. 그러나 석 달 뒤 광서제와 서태후가 하루 사이로 세상을 뜨면서 입헌군주제 추진은 허공에 뜨고 말았다. 개혁의 마지막 기회마저 날려버린 청제국은 1911년 신해혁명으로 멸망했다.

청나라가 개혁을 시도하다 실패하고 멸망하기까지 일련의 과정을 살펴보면 혁명보다 개혁이 얼마나 더 어려운지 알 수 있다. 그 과정은 서양기술 도입 → 서양식 제도 개혁(실패) → 입헌군주제 실시(검토)의 세 단계로 구분되는데 청나라는 입헌군주제를 후행적으로 추진하다 망했다.

- 1단계: 아편전쟁의 패배로 청 왕실의 권위가 크게 떨어졌다. 사회가 혼란스러워지자 1851년 청나라의 지배층인 만주족에 대한 극단적인 혐오를 표출하는 태평천국의 난이 일어나 1864년에 진압됐다. 또한 모두의 예상을 깨고 제2차 아편전쟁에서 영국에 패배했다. 내외적으로 전쟁 상태인 나라를 근대화해 부강한 나라를 이루자는 '양무운동'이 일어났다.
이러한 움직임은 태평천국의 난을 진압하여 실력자가 된 증국번, 리훙장 등 개혁적인 성향의 한족 출신의 고위 관료가 주도했다. 이들은 처음에는 군수공업을 육성하는 데 몰두하고, 서양식 육군과 해군의 창설에 주력하다가 나중에는 기선회사와 방직공장을 비롯한 민영 기업의 운영에도 눈을 돌렸다. 이들은 미국에 120명의 유학생을 보냈다. 그러나 30여 년 동안 추진한 양무운동은 중앙정부의 체계적인 계획 없이 개별적으로 추진된 탓에 전체적으로 큰 성과를 거두지는 못했다. 기존 중국의 정치 및 경제 시스템은 그대로 둔 채 서양의 기술만 받아들이겠다고 한 중체서용론中體西用論이 한계로 작용한 것이다. 특히 청일전쟁에 일방적으로 패하면서 이러한 약점은 뚜렷하게 드러났다.

- 2단계: 청일전쟁에서 패배한 청은 타이완을 할양하고 일본에 막대한 배상금을 지불하게 되자 커다란 충격을 받았다. 더구나 청을 둘러싼 열강의 이권쟁탈전이 심해지면서 중국인의 위기의식은 더욱 고조됐다. 양무운동과 같이 단순히 서양의 기술을 도입하는 수준을 넘어 근대 국가 건설을 위한 근대적 법, 제도, 교육을 도입해야 한다는 여론이 비등해졌다. 이러한 상황에서 캉유웨이, 량치차오 등 개혁적 성향의 지식인들은 위기를 극복하기 위해 메이지 유신을 본받아 입헌군주제를 도입하는 등 정치제도를 개혁해야 한다는 '변법운동'을 전개했다.

  이들은 광서제의 지원을 받아 과거제 개혁, 신교육 실시, 상공업 육성 등 행정, 교육, 법률, 경제의 다양한 방면에서 근대적 개혁을 추진했다. 그러나 기득권의 상실을 우려한 서태후와 보수파 관리들의 반발로 이 개혁은 100일 만에 좌절됐다.

- 3단계: 개혁운동이 별 성과를 이루지 못하고 열강의 이권침탈이 심해지는 가운데 산둥에서 '청을 도와 서양을 몰아내자.'라는 구호 아래 반기독교, 반제국주의를 내걸고 '의화단 운동'이 일어났다. 이들은 한때 베이징을 점령하면서 위세를 떨쳤으나 열강의 연합군에 의해 진압됐고 청 제국은 1901년 베이징 의

정서를 통해 막대한 배상금을 물게 됐다.

의화단 운동 이후 청은 자구책으로 신식학교 설립, 과거제 폐지, 신식군대 편성, 상공업 육성 등 근대화 정책을 추진했다. 나아가 1905년 러일전쟁에서 일본이 승리하자 '일본처럼 입헌군주제를 하면 우리도 서구를 이길 수 있다'는 각성과 함께 입헌군주제를 실시하기 위해 준비했다. 서태후는 5인의 고위 대신을 일본, 미국, 유럽에 보내 벤치마킹하고 난 뒤 결국 입헌군주제가 불가피하다는 결론을 내렸다. 그로부터 9년 뒤 입헌군주제를 도입하려 했지만 때는 너무 늦었다. 이미 청의 지배에 반대하여 쑨원이 1905년 결성한 중국동맹회가 중심이 된 혁명운동과 근대적 민족주의가 널리 퍼지고 있었다. 1911년 우창에서 철도 국유화 반대 운동을 계기로 무장봉기하여 신해혁명이 시작됐다.

각국은 근대화를 도입하는 과정에서 다양한 변화를 겪었다. 근대화에 대응하는 방식은 각자 달랐다. 그럼에도 공통된 전제는 '기술, 제도, 입헌군주제(헌법)'를 모두 도입한 나라만이 성공했다는 사실이다. 중국의 경우 수면 아래 있던 개혁적 에너지들이 밖으로 터져 나왔지만 제대로 흐름을 타지 못한 탓에 실패로 귀결됐다.

### 제도적 역량

부강한 나라를 만든 국가들은 법과 제도가 경쟁력이었다. 시오노 나나미는 로마 융성의 최대 원인을 정신적인 것에서 찾지 않고 제도개혁에서 찾았다.

"로마 융성의 원인은 당사자들이 만들어낸 제도에 있다고 생각한다. 인간의 기분만큼 변덕스러운 것은 없으며 기분을 새롭게 해달라고 아무리 설득해도 모든 사람을 일신할 수 있는 것은 아니다. 즉 제도화할 수밖에 없다."[728]

세계은행에 근무했던 저명한 경제학자인 에르난도 데 소토는 왜 자신의 조국인 페루는 항상 가난한지 의문을 품게 됐고 이 주제에 대해 깊게 천착했다. 그는 칠레를 비롯해 중진국의 덫에 걸린 나라들의 상황을 구체적인 경험과 함께 설명했다. 축적된 자산이 활성화된 자본으로 바뀌어 부가적인 생산을 창출하는 원천으로 새롭게 탄생하기 위해서는 그 전환과정에서 합법적인 재산권의 보장이 필요하다고 보았다. 매우 놀라운 분석이다.

페루에서는 국유지에 집을 짓기 위해서는 건축허가를 얻기까지 6년 11개월이 걸린다. 무려 52개소의 관공서를 돌아다니며 207단계에 달하는 복잡한 절차를 거쳐야 해서 불법 건축물이 많아졌다. 그러다 보니 거래를 할 수 없는 상태에 이른 것이다. 이런 현실에서는 '법을 준수하는 것이 오히려 예외적인 상황'이 되고 법을 어기는 것이 표준이 된다.

자본주의가 서구에서 성공한 이유는 수십 년에 걸쳐 여러 도시에서 적용되는 다양한 규칙들이 하나의 체제로 통합됐기 때문이다. 이는 입법, 사법, 행정 권력이 하나로 합쳐지는 결과를 낳았다. 특히 그는 자본을 산 위의 호수로 비유하며 수력발전소를 만들어 도시에서 사용하기 위해서는 인위적인 노력이 필요하다는 점을 강조했다.

"새로운 에너지는 터빈을 회전시키며 기계에너지를 생성하고 이 기계에너지는 전자석을 돌아가게 한다. 이런 전환과정을 통해 전기에너지가 생성되는 것이다. 잔잔한 호수가 지닌 잠재적인 에너지인 전기는 이제 통제 가능한 전류를 생성하는 데 필요한 형태로 고정되고, 그 전류는 전선을 따라 먼 곳까지 전송되어 새로운 생산활동에 활용된다."[729]

그가 말하는 인위적인 노력이란 누구에게나 통용되는 합법적인 법과 재산권의 확립이었다. 그럼 1890년대 일본에는 있었고 조선과 중국(청)에는 없었던 것이 무엇일까? 조선과 청은 근대 사회에 맞게 법제를 새롭게 해서 만든 '제도적 역량' 즉 헌법이 없었다. 서구학자들은 당시 조선의 개혁 역량을 아주 낮게 평가했다. "조선의 관료들은 근대화에 나서야 한다는 압박을 느꼈다 하더라도, 새로운 유형의 국가와 근대적인 경제를 만들어낼 능력이 없었다."[730]

근대화를 보여주는 뚜렷한 지표는 '법 앞에 평등'이다. '사적인 권리의 주체로서 개인의 성립'이 중요했음에도 조선의 개혁파들은 거기까지 나아가지도 않았다. 핵심 관료들에게 정책을 집중시키고 대신 국왕의 실질적 권한을 제한하는 선으로 개혁의 목표를 한정했으나 이조차도 실패했다. 물론 박영효는 백성에게 자유의 권리가 없고 왕권에 제한이 없으면 비록 잠시 강성한 날이 있더라도 오래지 않아 쇠망할 것이라고까지 주장했지만 소용없었다.

그런데 당시 동아시아의 법률체계는 근대와 어떻게 달랐을까? 동아시아에서는 법치가 왕도정치보다 하위라는 사상이 지배했다. 덕 있는 임금이 어진 마음으로 백성을 다스려서 감화시켜야 힘 혹은 법으로 다스리는 정치를 하수로 여겼다. 역사적으로 진나라가 상앙(商鞅, BC 395~BC 338 추정)의 패도정치로 부국강병을 이루었지만 세상을 너무 각박하게 만들었다는 평가를 받았다. 상앙은 정치 지도자는 법률로 백성의 행위를 엄격히 제한하고 지식인의 자율적이고 비판적인 사상을 모조리 금지해야 한다고 주장했다. 그는 백성이 쓸데없는 생각에 빠지면 농업에 전념하지 못하기 때문에 국가에 해가 된다고 보았다. 유학자들은 백성의 마음을 얻는 자가 천하를 얻을 수 있다고 했지만, 그는 반대로 백성을 제압해야 천하를 다스릴 수 있다고 주장했다.

"강한 적을 이기려면 반드시 먼저 그 백성부터 이겨야 한다. 백성을 이기는 근본은 백성을 제압하는 데 있고 백성을 제압하는 근본은 법률이다."

물론 상앙의 법에 대한 인식은 오늘날의 법치주의가 아니다. 그럼 왕도정치는 이상적이었을까? 왕도정치는 왕이 곧 백성의 주인이라는 개념이다. 나라님이 세금을 깎아주고 죄를 사해주고 은전을 나눠주는 인정仁政을 백성에게 베풀면, 즉 임금이 어진 정치를 행하면 백성이 교화되고 그 기운이 천지만물에까지 미쳐 지진과 가뭄 따위도 없어진다는 사상이다. 백성은 통치의 객체일 뿐이지 정치를 함께 논하고 의견을 제안하는 정치의 '주체'가 아니었다.

### 예치사회

"동양 유가권 사회에서, 또는 조선 사회에서 '법'은 사회질서를 유지하는 방식으로서 일차적 관심의 대상이 아니었다. 공자는 '내가 공정한 법 집행에 관한 한 다른 사람만큼은 한다. 그러나 그런 법 집행조차도 필요 없는 사회를 만들고 싶다.'라고 말했다. 법치法治와 예치禮治의 우열을 논하기 전에 법치인가 예치인가, 그 지향에 따라 사람들이 사는 세상의 판을 짜는 방식이 달라질 수 있음을 알아야 한다."[731]

자신의 이익만큼이나 다른 사람의 이익도 챙기고, 개인의 문제뿐만 아니라 천하의 문제까지 관심을 가지고 인간의 존엄성을 간직했던 공자 같은 인물은 어디까지나 극소수에 불과하다. 하지만 2,500년 전의 공자가 살았던 중국에서조차 그런 지도자를 만나는 행운을 얻은 백성은 없었다. 공자가 말한 '법이 필요 없는 세상'은 사뮈엘 베케트의 작품 『고도를 기다리며』 속 영원히 기다려야 할 고도Godot와 같이 한 번도 그 모습을 드러낸 적이 없기 때문이다. 정치권이 외치는 민생民生은 항상 정치적 표어이자 자기변명이었다. 하물며 고종 시대 관료들의 부패상을 보면 당시 조선의 현실은 법치法治와 예치禮治의 우열을 논할 수준조차 되지 않았다.

조선은 사법과 행정의 분리가 안 되어 있었던 까닭에 행정권을 가진 사또가 재판까지 담당했다. 모든 민사사건은 곧 형사사건이 됐다. 관에서 일방적으로 체포와 고문이 가능했고 죄인으로 추정되는 자에게 자백을 받아내기 위해 "네 죄를 네가 알렸다."라며 무고한 사람을 추궁하는 일이 빈번했으며 고문도 예사였다. 이처럼 자백으로 유죄를 밝히다 보니 권력남용은 다반사였고 당연히 인권보장은 없었다. 법률이 불투명한 탓에 사또의 재량권이 너무 많았다. 당시 조선의 재판·법률 체계는 매우 열악했다.

"대내외적으로 국가의 독립성을 유지하는 데 필요한 근대적인 법제를 주도적으로 수립해 나갈 중추기관이 없었다. 그뿐만 아니라 근대화의 토대인 시민계층의 형성과 사회안정을 뒷받침하고 서구 열강과의 조약 체결 시 치외법권의 허용을 방지할 재판, 법률 체계도 갖추지 못했다."[732]

또한 동아시아의 법은 형법이었다.[733] 형벌을 뜻하는 형刑 자를 살피면 동아시아가 법에 대해 어떻게 인식하고 있었는지를 추정할 수 있다. 형刑 자는 평평할 견幵과 칼 도刀가 결합한 모습이다. 죄수를 압송하거나 가둬두던 나무 우리에 칼까지 더해졌다. 일본은 1880년에 프랑스식 형법과 형사소송법을 공포했다. 일본은 '법 앞에 만인이 평등'하다는 서구의 법사상을 실현하기 위해 대부분 고문을 폐지하고 대신 징역형을 택했다.

"당시 일본 형법은 '법은 곧 형刑'이라는 동양의 형벌 중심의 형명지학形名之學에서 나온 것이라기보다 '백성의 건강과 위생을 지킴에 그 최선을 다하는' 본질적으로 그 법체계가 다른 '치국治國의 계약'

이었다. 여기서 법은 그 고유의 목적이 정의의 실현이지 예의나 도덕 같은 규범을 실현하기 위한 수단이 아니었던 것이다."[734]

반면 조선은 조상 대대로 전해져 내려오는 선법善法을 그대로 유지하고 있었다. 신법이 구법을 파괴하는 근대적 법 원칙을 이해하지 못한 것이다. 조선의 법은 근대 사회에서 사용하기에는 낙후된 데다 품질 또한 좋지 않았다. 김옥균은 『치도약론』에서 법제의 정비가 근대 국가 수립의 초석임을 강조했다. 혹형 폐지와 징역제도 실시를 법률로 정하여 재산권과 인권을 보장해야 한다고 촉구했다.

"법률에 관한 학문이 발흥한 후에야 모든 일의 첫걸음을 내디딜 수가 있다. (…중략…) 일본도 근래 시행했는데 유독 조선만 성인의 정치를 복고하지 못했다. 조선이 모자라는 바는 치도治道, 순검(경찰), 징역인데 이 셋은 받침 세 개로 솥의 균형을 유지하는 것과 마찬가지로 어느 하나도 뺄 수 없다. 다만 지금의 행형만 논해 보아도 법이 오래되니 문란해져 인명과 재산을 겁탈한다. 마땅히 새로 법률을 정해 가벼운 죄를 범한 자는 데려다 일을 시켜 스스로 대가를 치르게 해야 한다."[735]

조선은 중앙집권적 관료사회였던 만큼 근대적 사법 및 행정 제도가 정착될 수 있는 요인을 갖고 있었다. 조선을 설계한 삼봉三峯 정도전은 임금은 상징적인 존재로 머물고 나라의 모든 일은 신하들이 회의를 거쳐 결정하는 '재상의 나라'를 꿈꿨다. 현대의 영국식 입헌군주제와 유사하다. 또한 감찰(사헌부)의 탄핵권을 강조하고 간관(뒷날 사간원)의 권리를 국왕과 대등하게 설정했다. 그의 계획이 좀 더 발전하여 초기 단계의 민주주의로 발전했더라면 어땠을까? 근대는 개인의 권리 개념이 가장 중요했으나 고종의 조선은 개인의 권리라는 개념을 이해하지 못했다.

"가장 중요한 요인인 인민의 권리 개념이 결핍되어 있었기에 비

인격적 지배로의 전환은 그만큼 지체될 수밖에 없었다. 권리는 국가의 것이지 인민의 것이 아니었다."⁷³⁶

여기서 비인격적 지배란 곧 '법의 지배'다. '한문으로 주조된 인식 공간에서는 중화가 문명이었고 천리'였다. 서양열강의 아편전쟁으로 청나라가 패하더니 심지어 베이징이 함락되는 등 급변하는 시기에 조선의 엘리트들은 세 가지 길 앞에 놓여 있었다. 송호근 한림대학교 석좌교수는 세 가지 천天 개념을 다음과 같이 분석했다.

"조선 지배층이 문명 개념을 수용하는 인식 태도에서 분열이 일어난 것은 다름 아닌 천天 개념의 영향력과 지속성 때문이었다. 천 개념과의 관계 설정에 따라 '중심의 재구축'은 세 방향으로 일어났다. 천天과 문명은 분리 불가, 분리 가능, 교체가 그것이다."⁷³⁷

옛것을 어디까지 고수할 것이냐? 새것을 어느 선까지 용인할 것인가? 이를 풀어서 설명하면 새것을 전적으로 거부해야 하는가? 둘이 공존할 수 있는가? 아니면 부득이 옛것을 폐기해야 하는가? 각기 다른 입장에 따라 정치철학이 나뉘었다.

우선 한문의 세계에 정통하고 문명의 중심에 전통적인 중화 문명을 놓고 요지부동인 보수주의자들. 최익현과 황현으로 대변되는 많은 사대부들이 여기에 속한다. 그다음 중화를 여전히 중시하나 일본의 흥기와 중국의 쇠퇴를 목격한 뒤 중화만을 문명의 보편성으로 인정하지 말고 서양의 것도 일부 수용하자는 온건주의자들. 대부분의 조정 엘리트들이 여기에 속한다. 마지막으로 외국에서 생활한 경험이 있고 일찍이 주자학과 결별해 개종을 감행한 소수의 개화파들은 문명의 중심이 서구라고 판단했다.

그러나 이 세 패러다임에도 지배층의 천天만 고려됐지 인민에게는 천天이 없었다.

"주자학적 정치질서에서 지배층은 인민에게 천天사상을 각인시키는 메신저였다. 그러나 지배층이 인민에게 전해준 천天은 멀고 아득한 것이었다. 조선이 건국 초기부터 무속신앙과 도참사상을 법으로 금지하고 유교적 천天사상을 유일 종교로 강요했음에도 불구하고 대다수 인민이 각종 귀신에 부귀와 안녕을 의탁했던 이유는 바로 천의 비인격성, 공허함과 추상성에 있다. 도덕의 발원체로서 천天은 인민의 마음을 감동시키지 못했고 축원의 갈증을 풀어주지 못했다."[738]

전제군주제를 지향하는 지배 엘리트들에게 '백성의 권리 개념은 상상 밖의 것'이었다. 송 교수는 백성의 권리 개념에 대해 다음과 같이 분석했다. "이 개념이 권력 외부와 망명인사들로부터 나오는 것은 당연"했다. 백성 역시 "권리 개념이 없었고 그걸 깨우쳐줄 선각자도 부재"했다.[739]

유길준은 '인민의 지식이 부족한 나라는 그 인민에게 국정에 참여하는 권리를 주는 것이 불가'하다고 판단했다. 의병을 일으킨 유인석 역시 인민의 천에 대한 생각은 전혀 없었다.

"서양이 주장하는 평등과 자유라는 말은 어지러운 싸움을 부르는 칼자루와 같다. 평등하면 질서가 없고 질서가 없으면 어지럽다. 자유가 있으면 다투게 된다."[740]

일본의 번영은 당시 조선인의 눈에는 별세계처럼 비쳤다. 그럼에도 조선은 그 일본의 번영을 가까이에서 보면서도 발전 방식을 배우려 하지 않았다. 그 이유가 역시 '오랑캐'에게서 배울 것은 없다는 '정신적 승리'의 산물이었다. 바둑에 임하는 자세圍棋+訣와 작전 등 무궁무진한 이치를 밝혀놓은 『현현기경玄玄棋經』(1349년)은 하수는 겁이 없다고 경고한다.

"고수는 교만함이 없고 하수는 겁이 없다高者無亢 卑者無怯"

조선의 사대부는 하수였는데 스스로를 고수의 반열에 올려놓음으로써 고수의 병폐인 교만함마저 갖고 있었다. 결국 교만한 하수라는 역사상 최악의 조합이 탄생한 것이다. 문명의 흥성기와 쇠퇴기를 가르는 일은 다른 민족의 우수함을 열심히 배우려 하느냐 그렇지 않느냐에 달려 있다. 조선은 청이나 일본에게 배우기를 거부하는 교만한 약소국이었다.

# 2
# 근대 헌법 제정

### 자기만의 방식 고수

헌법 제정은 어렵다고 하더라도 법 정신 같은 개념은 수입하기 쉬운 품목 중 하나다. 오늘날 한국에 얼마나 많은 서구의 관념들이 빠르게 유입되고 있는가. 대학 교수들이 새로운 개념을 먼저 소개하려고 안달하던 시절도 있었다. 자신이 새로운 개념을 가장 먼저 소개한 수입업자라고, 마치 대단한 학문적 업적을 이룬 양 자랑스러워했다.

"관념은 가장 쉽게 수입할 수 있는 품목인데, 19세기 후반기에 사람들은 이런 융통성 있는 상품의 전 지구적 교역이 번성하는 광경을 목도했다. 관념 수입자들은 대개 '후진' 지역 출신으로 자신들의 후진성을 인식하고 당혹스러워하는 지식인이었다."[741]

하지만 조선은 근대의 많은 관념을 받아들이는 데 몹시 힘들어했다. 규범과 가치관 자체가 다른데 서구사회의 법을 그대로 베껴 오는 것이 조선에 절대적인 가치가 될 수 없었다. 조선에는 두 가지 문제가 헌법 제정에 영향을 미쳤다.

첫째는 여건이다. 당시 조선은 민간 출판문화의 부재로 새로운 사상과 관념을 수입했다 하더라도 전파할 수 있는 수단이 전무했다. 무엇보다 조선 백성에게 인식혁명이 오지 않는다면 진정한 변화는 기대할 수 없었다. 앞 장에서 설명한 바와 같이 조선은 후진적인 교육과 출판문화에서 벗어나지 못하는 등 구체적이고 필수적인 과제를 해결하지 못했다. 근대 헌법의 제정은 조선이 넘어야 할 장애물 중 하나일 뿐인데 또 발목이 잡힌 것이다.

둘째는 지극히 중요한데 고종과 핵심 사대부의 의식이었다. 이들은 백성이 통치의 대상이지 정치의 참여자라는 생각을 전혀 하지 못했다. "대한제국 만세"라는 구호에서 엿볼 수 있듯이 천명天命을 받들어 새 하늘과 새 땅을 창조해 만년왕국을 만들겠다는 헛된 꿈만 꾸었다. 혼란한 사회의 문제들 앞에서 치밀한 방법론을 갖고 점진적인 변화를 만들어내는 일은 시도조차 하지 못했다.

아무튼 기초 체력이 허약했던 조선의 모든 분야에서는 지체 현상이 일어났다. 오늘날 사례를 통해 보자. 코로나19 때 북한은 백신을 보내주겠다는 국제 사회의 제안을 거부했다. 거기엔 타당한 이유가 있었다. 북한은 백신을 수용할 능력을 갖추지 못했다. 수용 능력이란 공장에서 생산된 백신이 접종받는 사람의 팔에 도달하기까지 필요한 일련의 시스템을 뜻한다. 즉 물류 단계부터 시작해 콜드체인과 예방접종으로 이어져야 한다. 그런데 수도인 평양조차 낮에는 전기 공급이 1~3시간밖에 안 될 정도여서 백신을 보관할 냉장시설이 없었다.

쉽게 말해 백신을 확보했다 하더라도 접종을 하기까지는 많은 장애물이 그대로 존재하는 것이다. 생명을 구하고 예방효과를 갖기 위해서는 백신을 접종해야 한다. 그런데 백신이 있다고 한들 접종을 할 수 있는 인프라가 없으니 백신을 받아봐야 아무 소용이 없었다. 더 좋은 백신을 공짜로 받으려는 전략이 아니냐고 의심하기도 했지만, 사실은 백신을 활용할 수 있는 기반시설이 없었기 때문이다.

서유럽이 이룬 것을 그대로 따라 하면 후발국도 어느 정도는 성공하지 않을까? 남이 한 것을 따라 해서 성공할 수 있다면 근대화와 경제발전은 '식은 죽 먹기'였을 것이다. 하지만 제대로 성공한 나라가 매우 적고 그렇기 때문에 그 성공에 '기적'이라는 말이 붙는 것이다. 그래도 모델은 필요했다. 후발국은 주도적으로 혹은 외부의 압력에 의해 선진국 모델을 나름대로 적용하여 근대에 진입해야 했다. 그래서 '후발국 효과'라는 용어가 나온 것이다. 선진국이 이미 발전시켜 놓은 기술이나 제도를 낮은 비용으로 습득하고 시행착오도 줄이는 유리함이 있다. 후발국은 상대적으로 불리함을 극복하고 자국에 유리한 방식을 선택해 활용하며 근대화를 이루어나갔다.

역사적으로 보아도 쫓아가기만 하면 되는 잘 다져진 경로나 성공을 위한 처방전, 모방할 만한 본보기가 전혀 없었다면 후발국이 자기 나라를 근대로 끌고 가기란 쉽지 않았을 것이다. 근대화를 이룬 국가들은 모두 비슷한 방식으로 근대화를 달성했고 실패한 국가들은 자기만의 방식을 고집하다 실패했다.

조선은 실패한 다른 국가들이 선택했던 '자기만의 방식'을 고수했다. 이는 새로운 것을 야만으로 바라보는 일종의 의식의 지체 현상으로 비단 조선만의 문제는 아니었다. 청을 포함해 농업 문명의 최고봉을 이룬 국가들은 같은 문제점을 갖고 있었다.

### 신이 없는 유교문명의 유산

특히 유교 문명은 신이 없는 문명으로 성인에 의한 덕치德治가 가능한 세상을 유토피아로 보았다. 문명 국가로서 신이 없다는 점이 근대화를 이루는 데 덫이 될 줄은 꿈에도 몰랐을 것이다. 중국 「후난일보湖南日報」 편집자이자 작가인 샤오젠성은 중국 문명의 비극적 잠재요소로 중국인의 신神에 대한 관념을 지적했다. 그는 서구 문명의 '기독교 신본문화'와 비교했다.

"서양인들은 성인을 맹신하지 않았고 광폭함에 굴복하지 않았다. 바로 이런 관념상의 차이 때문에 서구 사회는 개인숭배라는 관념이 생겨나지 않았고 강권에 극력 반대하게 됐다. 하느님을 제외하고 그 어떤 권위도 믿지 않았고, 모든 권력에 제약을 가해야 한다고 여겼다. 그렇지 않으면 권력을 장악한 사람이 권력으로 사리사욕을 채울 수 있다고 생각했기 때문이다. 그리하여 서구 사회는 권력을 제한하는 데 치중했다."[742]

샤오젠성은 바로 왕이든 성인이든 인간에 대해 굴복하지 않는 서양인의 특성에 주목했다. "서양은 통치자의 군력에 족쇄를 채워 제한했다. 반면 중국인들은 신과 같이 도덕적으로 완전무결한 성인이 나타나고 그들이 사회를 다스리기를 바라며 동시에 강권과 폭력에 대해서도 참고 견딘다."[743]

현대 한국을 봐도 그렇다. 1980년대까지 한국과 필리핀 등은 부패가 만연했다. 그 뒤로 한국은 민주화와 선진화를 이뤄냈지만 필리핀은 정체됐다. 한국인은 불의에 대한 저항성을 갖고 있다. 쉽게 말해 권력자들이 마음 놓고 부정부패하도록 놔두지 않는다. 부패가 제한적인 범위 내에서 허락된 한국과 무한대로 부패가 가능한 필리핀은 시간이 지나면서 엄청난 차이가 발생한 것이다.

고종 시대의 조선도 무한대의 부패 사회였다. 그리고 내가 유학을 박하게 평가하는 이유 중 하나는 지배층의 하늘天만 존재한다는 것이다. 나를 잘 닦아 가정을 다스리고 나아가 나랏일에 기여하는 것에 가치를 두었지만 지배층은 백성을 그들 자신과 동일한 존재로 인식하지 않았다. 다시 말해 백성은 통치의 객체였지 함께 정치를 논할 주체가 아닌 것이다. 따라서 백성과 공유할 하늘은 존재하지 않았다. 수신을 통해 덕을 쌓은 통치자가 인애를 베푸는 사회였던 조선의 백성은 '받는 존재'일 뿐 정치에는 아무것도 관여할 수 없었다. 반면 메이지 시대 일본에는 시대를 읽는 선각자들이 있었다. 전근대에서 근대로 이행했던 시대는 누가 뭐라 해도 일본이 달인이었다. 군사력, 경제력, 그밖에 지력에서조차 그랬다. 후쿠자와는 『문명론 개략』에서 문명을 다음과 같이 정의했다.

"영국엔 1,000척의 군함이 있다고 해도 군함만 1,000척이 있는 것이 아니다. 1,000척의 군함이 있다면 1만 척의 상선이 있겠고, 1만 척의 상선이 있으면 10만 명의 항해사가 있으리라. 그런데 항해사를 양성하기 위해서는 학문이 있어야 한다. 학자도 많고 상인도 많고 법률도 정비되고 상사도 번창하여 사회의 모든 요소를 고루 갖추어야 비로소 1,000척의 군함도 있을 수 있는 법이다."

후쿠자와는 확실히 1급의 인재였다. 사물 뒤에 숨어 있는 원리를 찾는 그는 문명의 본질을 잘 알았다. 대부분은 겉만 보고 그 바탕에 대해서는 알려고 하지 않는다. 그런데 목전의 문명을 보고 그 배후에 한층 깊게 위치한 문화의 축적을 읽어내는 그의 통찰이 놀랍다. 눈에 보이는 군함을 보고 그 이면의 학문, 법률, 제도의 문제까지 파악한 것이다. 도표화하면 다음과 같다. 잘 보이지 않는 영역까지 그는 꿰뚫어 보는 혜안을 갖고 있었다.

1,000척의 군함 → 1만 척의 상선 → 10만 명의 항해사 → 학교와 학문 → 많은 학자와 상인 → 법률 정비

일본은 이와쿠라 사절단을 통해 서구를 벤치마킹한 후 서양의 헌

법과 제도와 기술을 모두 받아들였다. 약 1년 8개월간 유럽을 시찰하고 돌아온 이토 히로부미의 주도로 오랜 시간에 걸쳐 완성한 「일본제국헌법」은 아시아 최초로 만든 근대 헌법으로 그들에게 자부심이 됐다.

"일본은 프랑스로부터 패션품목, 학구제, 형법, 심지어 프랑스 법학자 귀스타브 부아소나드까지 수입했다. 부아소나드는 일본에서 20년을 체류하고도 일본어를 거의 하지 못했지만 금세 '일본 법률의 아버지'라는 별명을 얻었다."[744]

일본은 의회에 권력의 일부를 나눠주는 한편 삿초라는 두 번藩의 과두정을 강화했다. 하지만 이것은 한쪽 날개였다. 또 다른 날개인 국민의 기본권 보장은 매우 미약했다. 종교와 결사의 자유에는 '기존 질서를 해하지 않는 한'이라는 단서가 붙어 있었고 언론·출판의 자유는 정부와 천황제 비판 금지와 관료 취재 금지 등 제약요인이 많았다.

"사무라이 계층의 관리 전통과 영국, 프랑스, 독일 세 나라의 국가 행정 관리 경험을 결합시켰다. 오스만 제국이 그러하듯이 이 결합은 유럽의 정부 관리 모형을 수입하는 것으로 끝나지 않았다. 일본은 독특한 관료제도의 현대적 형식을 찾아냈다. 그러나 그것은 절반의 현대성이었다. 메이지 시대의 정치질서에서 개인의 자유와 국민주권은 낯선 사상이었다. 일본에서 통치자와 피통치자의 계약관계라는 유럽적 관념은 존재한 적이 없었다. 이리하여 군주 가부장제는 합리적 관료체제의 시대에도 지속될 수 있었다. 일본의 1889년 헌법은 천황은 만세일계이며 신성불가침의 존재로서 통치권을 독점한다고 규정함으로써 유럽 모형을 이탈했다."[745]

# 3
# 대한제국 헌법의 수준

**맹탕헌법**

조선 앞에는 중앙권력을 강화하고 개인의 권리를 보장하는 새로운 헌법을 만들어 근대화를 향한 발판을 마련해야 하는 근대적 법제화의 과제가 놓여 있었다. 고종은 1899년 8월 17일 「대한국국제大韓國國制」(약칭 국제)를 제정하고 반포함으로써 이에 응답했다. 총 9조로 이뤄진 국제(헌법)는 다음과 같다.

「대한국국제大韓國國制」
제1조 대한국은 세계 만방에 공인되어온 바 자주독립한 제국이다.
제2조 대한국의 정치는 과거 500년간 전래됐고 이후에도 만세불변恒萬歲할 전제정치다.
제3조 대한국 대황제는 무한한 군권을 향유하시니 공법公法에 이른 바 자립정체自立政體이다.
제4조 대한국 신민이 대황제의 향유하시는 군권을 침손할 행위

가 있으면 그 행위의 사전과 사후를 막론하고 신민의 도리를 잃어버린 자로 인정할지니라.

제5조 대한국 대황제는 국내 육해군을 통솔하셔서 편제編制를 정하시고 계엄·해엄을 명령하시니라.

제6조 대한국 대황제는 법률을 제정하셔서 그 반포와 집행을 명령하시고 만국의 공공公共한 법률을 효방效倣하사 국내 법률로 개정하시고 대사·특사·감형·복권을 명하시니 공법에 이르는 바 자정율례ⓑ自定律例이니라.

제7조 대한국 대황제는 행정 각 부부府部의 관제와 문무관의 봉급을 제정 혹은 개정하시고 행정상 필요한 칙령을 발하시니 공법에 이르는 바 자행치리ⓒ自行治理이니라.

제8조 대한국 대황제는 문무관의 출척黜陟·임면을 행하시고 작위·훈장 및 기타 영전榮典을 수여 혹은 체탈遞奪하시니 공법에 이르는 바 자선신공ⓓ自選臣工이니라.

제9조 대한국 대황제는 각 국가에 사신을 파송 주찰駐紮케 하시고 선전·강화 및 제반약조를 체결하시니 공법에 이르는 바 자견사신ⓔ自遣使臣이니라.

우선 왜 헌법이 아니고 국제國制라고 하는가? 아직 의회제도가 없는 관계로 전통적으로 사용하던 '국제'를 사용한 것이다.

"'국제'라고 명명한 것은 아직까지 우리나라에는 법률을 제정할 의회가 없는 상태였기 때문이다. '헌법'이라 하지 않고 '국제'라는 용어를 채택할 수밖에 없었던 역사적 현실을 반영한 것이다."[746]

대한국국제를 정리하자면, 대한제국은 전제 정치를 표방하며 500년간 유지해온 조선의 체제가 앞으로도 불변하기를 원했다. 따라서 고종은 군권, 법률제정권, 인사권, 외교권을 모두 가진 황제가 됐다.

"대한제국 헌법의 의미를 갖는 '대한국국제'에는 황제의 육해군 통수(5조), 계엄·해엄령 반포권(5조), 법률의 제정 반포(6조), 사면·감형·복권(6조) 등 일체의 법률권을 황제에게 귀속하고 관제 개정과 긴급 칙령 반포(7조), 문무관의 출척(파면)·임면권(8조), 외국과의 조약·선전·강화·사신파견(9조), 작위·훈장·영전수여권(8조) 등을 규정하고 있다. 이에 따라 입법·사법·행정·외교권과 군사권의 모든 절대적 권한을 황제 한 사람에게 집중시킬 수 있게 됐다."[747]

이 국제(헌법)의 제정은 고종, 민씨 척족, 엘리트 관료들 중 그 누구도 '백년대계'를 제대로 세울 능력이 없다는 사실을 만천하에 공표하는 결과를 낳았다. 당시 외국에서 파견 나온 주한 공사들이나 이 소식을 접한 외교관들은 이 헌법 전문을 듣고 고종이라는 절대군주 아래에서는 조선이 현재의 혼돈에서 벗어날 수 있는 방법이 없다는 점을 확신했다. 그런데 어떻게 이런 날것의 법제가 나오게 된 것일까? 모두 고종의 요청에 의해 이루어졌지만 형식적으로는 법규교정소에서 토의하여 결정한 졸속 헌법이었다. 국제가 반포된 날은 고종이 시대에 맞게 법령 제정이 필요하다고 밝힌 날로부터 두 달이 채 지나지 않은 시점이었고 법규교정소를 만들어 의논한 날로부터 헌법의 반포까지는 45일이 걸리지 않았다. 고종은 1899년 6월 23일 처음으로 자신의 의견을 피력한다.

"임금이 크게 표준을 세우는 것은 대개 백성들로 하여금 본받도록 하기 위해서이다. 짐朕이 근년 이래 오직 한마음으로 정사를 잘 해보려고 시의時宜에 맞는 정책을 찾기에 부지런히 애쓰지 않은 적이 없건만, 전장典章과 법도法度를 적중하게 세우지 못하여 하나로 통일하지 못한 것은 혹 정령政令과 조치에 미진한 것이 있어서인가? 아니면 유사有司가 제각기 자기의 직임을 다하지 않아서인가?

위태로운 형편을 생각할 때 속히 크게 경장更張을 시행해야 할 것이니, 의정부議政府로 하여금 임시로 교정소校正所를 설치하고 법률에 밝고 사리에 해박한 자를 따로 뽑아 그들로 하여금 의논하여 일정한 규정을 세우도록 하며 꼭 백성들에게 신의를 보임으로써 본받도록 하는 데에 힘쓰도록 하라."(『고종실록』 1899년 6월 23일)

고종은 1899년 7월 2일 법규교정소를 만들고 의정(영의정에 해당) 윤용선을 총재로 각부 대신들을 소집했다. 오늘날로 치면 서울시장인 한성부판윤과 같은 최고위직이 모두 포함된 메머드급 법규교정소를 구성하고 가용자원을 최대한 동원하여 일을 추진하라고 한 것이다.

"일전의 조칙 가운데 교정소校正所는 법규교정소法規校正所라고 부르기로 하였다. 의정議政총재 윤용선, 중추원 부의장 서정순, 궁내부 대신 이재순, 궁내부특진관 조병호, 윤용구, 학부대신 민병석, 의정부찬정 권재형, 군부협판 주석면, 전권공사 성기운, 한성부판윤 김영준을 모두 의정관議政官에 차하(差下: 벼슬을 내림)하여 따로 1국局을 설치하여 며칠 안으로 회의하라."(『고종실록』 1899년 6월 2일)

법규교정소는 7월 10일 사무실을 개소하고 첫 회의를 실시했다고 보고를 올리고 실무진을 구성했다. 고종은 8월 1일 외국인 고문들의 의견을 듣도록 그들도 의정관에 포함하라고 명했다.

"법규교정소를 임시로 설치한 것은 대체로 법률을 정하고 규정을 통일해서 훌륭하게 개선하기 위한 것이다. 오늘은 만국이 서로 우호 관계를 맺는 때인 만큼 바로 의견을 널리 묻고 두루 채택하여야 할 것이다. 의정부 찬무議政府贊 르 장드르(李善得: Le Gendre, Charles William), 철도 감독鐵道監督 브라운(柏卓安: J. McLeavy Brown), 종2품 그레이트하우스(具禮: Greathouse)를 모두 의정관議政官으로 더 차하差下하여 법규를 논의하는 과정에서 새것과 옛것을 참작하여 되도록

타당하고 훌륭하게 될 수 있도록 하라."(『고종실록』 1899년 8월 1일)

드디어 고종은 8월 17일 법규교정소에서 결정된 내용에 대해 재가(결재)를 받으라고 독촉했다.

"나라를 다스리는 사람은 반드시 나라의 제도를 반포하여 보임으로써 정치政治와 군권君權이 어떠한가를 명백히 해야 한다. 그런 후에야 신하와 백성들로 하여금 법을 준수하여 어기는 일이 없도록 할 수 있다. 우리나라에 아직도 일정한 제도를 반포한 바가 없는 것은 결함이 되지 않을 수 없다. 법규교정소法規校正所로 하여금 나라의 제도를 잘 생각하여 세워가지고 등문登聞하여 재가를 받도록 하라."(『고종실록』 1899년 8월 17일)

크고 작은 문제들을 왕이 홀로 의사결정을 내리고 지시하는 나라는 경쟁력을 가질 수 없다. 뒤에서 거론할 직렬적 왕조사회와 근대 병렬사회의 경쟁력 차이라고 보면 된다. 오늘날로 비유해보자. 대통령이 무리한 지시를 내렸다 하자. 상식적인 관료집단은 그게 무리라 생각하고 대안을 강구할 것이다. 설령 원안대로 진행된다 하더라도 언론이 가만히 있지 않을 것이고, 야당도 들고 일어나고, 그래도 계속 진행되면 똑똑한 국민들이 강력하게 반대한다. 몇 겹인가? 관료, 언론, 야당, 국민이라는 네 개의 방지턱을 넘어가야 가능하다. 조선은 고종의 지시 하나면 일사천리였다. 임시 조직을 만든 지 45여 일 만에 헌법을 보고하라는 지시는 매우 초조한 고종의 심기를 의미하고 조금만 권력을 양보해도 모든 권력을 내놓아야 할지 모른다는 위기의식이 있었기에 그런 것이라 추측된다.

고종의 지시대로 법규교정소의 의정관들이 들어왔다. 총재 윤용선를 비롯해 서정순, 이종건, 이윤용, 권재형, 박용대, 르 장드르, 브라운, 성기운, 김영준, 그레이트하우스, 위원委員 김익승, 고희경, 현상건이 그들이다. 모두 고위직들이다. 총재인 윤용선이 대표해서 고종에게 보고를 올렸다.

"나라를 세운 초기에는 반드시 정치政治가 어떠하고 군권君權이 어떠한가 하는 식으로 일정한 제도를 만들어 천하에 소상히 보인 뒤에야 신하와 백성에게 그대로 따르고 어김이 없게 하는 것입니다. 옛날 우리 태조대왕은 천명을 받들어 왕업을 창시하여 왕통을 전하였으나 아직도 이러한 법을 정하여 반포하지 못한 것은 거기까지 손을 쓸 겨를이 없었기 때문입니다. 우리 폐하는 뛰어난 성인의 자질로서 중흥의 업적을 이룩하여 이미 보위에 올랐고 계속하여 국호를 개정하였으니, '주周나라는 비록 오래된 나라이지만 그 명이 새롭다'는 것입니다. 억만 년 끝없는 행복이 실로 여기에 기초하였으니 선왕조에서 미처 하지 못한 일이 오늘을 기다린 듯합니다. 이것이 이 법규교정소를 설치한 까닭입니다.

이제 조칙을 받드니, 본소本所에서 국제國制를 잘 상량하여 세워서 보고하여 분부를 받으라고 하였으므로 감히 여러 사람들의 의견을 수집하고 공법公法을 참조하여 국제 1편을 정함으로써 본국의 정치는 어떤 정치이고 본국의 군권은 어떤 군권인가를 밝히려 합니다. 이것은 실로 법규의 대두뇌이며 대관건입니다. 이 제도를 한 번 반포하면 온갖 법규가 쉽게 결정될 것이니 그것을 교정하는 데 무슨 문제가 있겠습니까? 이에 본소에서 모여 의논하였으므로 삼가 표제標題를 개록開錄하여 폐하의 재가를 청합니다."(『고종실록』 1899년 8월 17일)

고종이 물었다. "이 안에 대해서 여러 사람의 의견이 같으며 외국인의 의견 역시 옳다고 하는가?" 윤용선이 답했다. "여러 사람의 의견이 모두 같으며 외국인의 의견도 같습니다."

고종은 물을 필요도 없는 것을 묻고 윤용선은 여러 사람의 의견이 모두 같다고 천연덕스럽게 대답했다. 어떻게 이런 법에 대해 얼마나 많은 의견을 들었겠는가. 그냥 의례적인 과정이었다. 고종과 관료들이 묻고 답하는 것을 비롯해 그들의 의식을 지배한 전통은 낡은 고정관념의 다른 말이었다. 윤용선이 보고하면서 고종을 높이 평가한 대목 '폐하는 뛰어난 성인의 자질로서 중흥의 업적을 이룩하여' 등은 상투적인 말이다. 고종은 성인의 자질을 가진 적도, 나라를 중흥시킨 적도 없었다. 전례 없는 위기 속에서 체제개혁을 해야 하는 중차대한 시기에 이런 소꿉장난 같은 문답이나 하고 있었다.

강력하게 불어오는 시대의 바람은 우리가 선택하거나 거부할 수 있는 게 아니었다. 일반 백성이 참여할 수 있도록 '희망을 주는 체제'를 모색할 절박한 상황에서도 고종과 대신들은 '그들만의 리그'에 갇혀 있었다. 그들은 고종에게 모든 권력을 집중하고 근대의 알맹이는 전혀 없는 '맹탕 헌법'을 제출했다. 메이지 일본이 헌법을 만들 때 많은 일화를 남겼지만 조선은 기억할 만한 소품을 단 하나도 남기지 못했다. 고찬규 시인의 '꽃은 피어서 말하고 잎은 지면서 말한다.'라는 시구처럼 조선은 그렇게 소리 없이 무너지고 있었다.

한 국가가 망한다는 것은 한순간에 갑자기 돌연사하는 게 아니다. 끊임없이 비효율적인 것을 계속하다 보면 시간이 지나 국가 경쟁력이 차이가 확 벌어지고 국내외적 위기가 닥쳤을 때 국가는 대응할 수 있는 수단을 마련하지 못한다. 당시 조선은 고위직이 모두 참가하여 맹탕 헌법을 만든답시고 헛된 정성을 쏟아도 될 정도의 여유가 있는 상태가 아니었다. 법규교정소의 고위관료들이 오랜 전통과 고정관념에 얽매이지 않는 근대적 헌법을 만들어 부강한 나라의 토대를 세우리라 기대하는 것은 연목구어였다. 고종 시대 고위직들의 관료 세계를 한번 상상해 보자. 고종의 지시에 고위직 관료(정치인)들은 안 되는 것도 되는 것처럼 '네!' 하고 보고했을 것이다. 이런 행태를 관료의 지혜쯤으로 여기는 세태는 오늘날도 다르지 않다.

관료들은 어심을 헤아려 그 의도가 어디쯤에 있는지 가늠하고 자신들이 상상한 결과물을 헌법에 꿰어 맞추기에 급급했다. 형식적인 회의를 하거나 머릿수를 채워 얼굴을 슬쩍 내밀고는 "고위직과 외국 고문이 모두 모여 회의했다."라고 보고하는 게 다였을 것이다. 모두 입만 보태고 마음은 보태지 않다 보니 영혼을 갈아 넣었다는 말이 들릴 정도로 혼신의 힘을 다하지 않았으며 근대 헌법을 만들겠다고 진정성을 보이지도 않았다. 법규교정소의 구성원들은 근대 헌법의 내용과 실체를 파악하기도 역부족인 상황과 시간 속에서 실질적 권한마저 없었기에 일은 졸속으로 추진됐다. 그렇더라도 이미 선진국에서 만든 헌법 중에서 설득력 있고 그럴듯한 것을 골라서 짜깁기만 해도 된다. 결국 짜깁기 능력도 없거나 그럴 의지조차 없었다는 얘기다.

실제적인 균형추로 여겨졌던 조선의 관료집단은 갑신정변 이후에 견제와 균형 능력을 완전히 상실했다. 그들에게는 기회주의적 DNA만 뚜렷하게 작동되고 있었던 것이다. 사실상 법규교정소는 입법을 위한 실무조직이 아니라 대외적인 '보여주기식' 들러리 조직으로 실제적인 입법활동을 하지 못했다. 입법이란 무엇인가? 법을 만드는 것이다. 누가 만드는가. 정치인이다. 그래서 법률은 정치의 자식인 것이다. 정치는 갈등이 있고 이익이 상충하는 문제가 있으면 아우를 수 있는 대안들을 제안하고 설득하는 것이 요체다. 그렇게 하면서 새로운 세상이 만들어진다. 이처럼 정치는 설득과 창조의 영역을 꼭 필요로 한다. 고종의 조선은 정치가 무너지고 무조건 찬성하는 정치인들이 고위직을 맡은 탓에 무엇 하나 제대로 되는 일이 없었다.

이렇게 고종의 재가를 얻은 「대한국국제」는 원안대로 공포됐다. 윤용선의 보고 중 밑줄 친 부분은 좀 더 설명이 필요하다.

① 고종 이전에 조선에서 통치에 관한 것은 헌법 같은 성문법 체계로 되어 있지 않았다. 왕조 초기부터 지속적으로 사용해온 국제란 용어는 기존 법도를 지키는 관례 정도를 의미했다. 다시 말해 일종의 불문법 같은 의미였다.

"현종 1년(1660년) 당시 원로 정치인인 백헌白軒 이경석은 '국제는 곧 성조聖祖께서 정한 것이고 열성列聖들이 준행(그대로 준수)하여 온 것'이라 규정한 바 있다."[748]

따라서 고종이 국제를 최초의 성문법으로 제정하다 보니 대다수 학자들은 헌법적 요소를 가졌다고 평가한다. 물론 기본권 보장이나 의회제도 같은 절차가 배제되어 근대적 의미의 헌법으로 볼 수 없다고 보는 학자들도 있다. 하지만 대다수 학자들은 주권의 소재와 작동방식을 법률적으로 확보한 것이 처음이라는 데 의의를 둔다. 이상하지 않은가? 조선시대 헌법으로 경국대전이 있는데 고종의 국제가 처음 헌법의 제정이란 것이 정말 이상하다. 그렇다면 「경국대전」은 우리의 상식과 다른 것인가? 그렇다. 「경국대전」은 세조 때인 1460년에 편찬을 시작해 1485년 성종 때 완성되고 간행된 것이다.

"「경국대전」은 요즘으로 치면 정부조직법과 국가운영에 관한 구체적인 시행법안에 가깝다. 다시 말해서 어떤 사상에 기초한 국가의 기본이념과 국민의 기본권을 밝힌 근대 헌법과는 사뭇 다르다."[749]

「경국대전」에 헌법적 요소가 다분히 있다 하더라도 국가의 정통성이나 국민의 의무 등을 규정한 헌법과는 차이가 있었다.

② 대한국국제 제3조, 제6조에서 제9조까지 조항마다 공법상의 규정을 원용하여 마치 국제법적으로 볼 때 합법적인 것으로 강조한다는 점이다. 알파벳으로 ⓐ~ⓔ까지 9조 전체에 표시해놓았다. 당시 국제법을 정리한 『공법회통』에 나오는 공법상의 주권 규정은 다섯 가지다.[750] 정치체제를 확립한다는 자립정체自立政體, 법규를 제정

한다는 자정율례自定律例, 관제와 봉급을 정한다는 자행치리自行治理, 문무백관을 선발한다는 자선신공自選臣工, 사신을 파견할 권리를 가진다는 자견사신自遣使臣의 다섯 가지를 말하는데「대한국국제」에 다 포함한 것이다.

결국 '전통적인 전제군주권에 근거하면서도 새로운 공법상의 규정으로 합리화'한 것이다. 막상 뚜껑을 열어보니 '알맹이 없는 맹탕'에 그친 것이다. 꼭 실력 없는 자에게 중요한 과제를 맡겼는데 이것저것 엉성하게 꿰맞춰 왔다는 느낌을 지울 수 없다. 헌법을 제정하는 과정에서 근본적인 변화의 계기를 만들지 못하고 이렇게 기회를 날려버렸다. 시대정신에도 어긋나고 주목할 만한 별 내용도 없는 것을 매우 진지하게 검토하여 어이없는 국제(헌법)의 제정이 탄생한 것이다.

### 근대 헌법의 두 날개

근대 헌법은 왕권을 제한하고 의회제도와 국민의 기본권을 보장하는 두 날개를 달 때 그 의미가 있다.

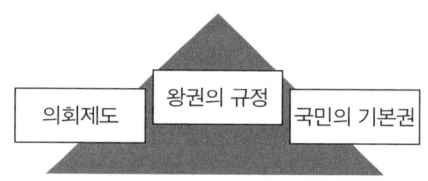

우선 헌법은 컨스티튜션Constitution을 너무 어렵게 번역하다 보니 헌법의 뜻이 직관적으로 느껴지지 않는다.

- 법 헌憲은 집 면宀 + 예쁠 봉丰 + 눈 목目⁷⁵¹ + 마음 심心이 결합한 글자다.

집 면⌐ + 예쁠 봉丰은 신분이 높은 사람이 차양막이 있는 마차에 탄 모습이다. 그곳에서 백성을 매서운 목目으로 감독하고 있는 모습을 그렸다. 이 글자가 점차 법과 가르침을 뜻하게 되면서 지금은 한 국가의 기본 법칙이라는 뜻으로 쓰이고 있다.

- 법法은 물 수氺 + 갈 거去가 결합한 모습이다. 물氺이 위에서 아래로 흘러가는去 것이 당연한 이치인 것처럼 법法은 한 사회의 질서를 유지하기 위한 규칙을 표현한 것이다,

이 둘이 합쳐진 헌법憲法은 어떤 함의도 느껴지지 않는다. 설명을 듣고 '법 중의 법'이라는 의미를 도출할 수 있지만, 다시 법이란 무엇인가를 물어야 한다. 하지만 헌법을 뜻하는 영어 단어인 컨스티튜션Constitution은 매우 구체적인 개념이다. 영국과 미국인은 즉각적으로 그 뜻을 알아챈다. '구성한다' 내지는 '구축한다'는 뜻의 명사형으로 체제의 각 구성단위인 입법부, 행정부, 사법부를 어떻게 구성하고 그 권한을 기술한다는 함의를 포착한다.

윤혜준 연세대학교 교수는 『근대 용어의 탄생』에서 영국의 신학과 생리학뿐만 아니라 정치담론에서도 자주 쓰인 컨스티튜션은 "법 위의 법으로서의 헌법이 아니라 정치의 체질이나 체제 정도로 옮기는 것이 적절하다."라고 하며 다양한 사례를 예시하며 설명하고 있다. 따라서 국가 체제를 구성Constitute하고 그러한 체제의 헌정 원리로서의 헌법이 미국인들의 일상에 얼마나 가까이 있는지 재미교포 사회를 통해 알아보자.

재미교포 단체들은 한인들이 미국 시민권을 획득할 수 있도록 많은 도움을 주고 있다. 그중에서 '라디오코리아' 홈페이지에 들어가면 미국 시민권을 얻기 위한 절차인 '시민권 인터뷰 예상 문제'를 안내하고 있다. 예상 문제 100개 중 60개 문항까지는 미국 민주주

의를 구성하는 법, 의회, 정부에 대해서 논하고 있다. 놀라운 점은 주요 질문의 첫 번째 주제는 미국 헌법에 관한 질문이다. 그대로 옮겨보겠다. 문장만 읽어도 미국이 헌법을 가장 중요한 근간으로 삼고 있으며 얼마나 일상 속에서 헌법의 원칙이 작동되게끔 하려고 노력하는지 느낄 수 있다.

① 미국 최고의 법은 무엇입니까?
   헌법
② 헌법이 하는 일은 무엇입니까?
   정부를 구성한다.
   정부를 정의한다.
   미국인의 기본 권리를 보호한다.
③ 민주정치의 이념은 헌법의 처음 세 단어에 나와 있다. 그 단어들은 무엇입니까?
   우리 국민
④ 헌법 개정안은 무엇입니까?
   헌법의 변경, 헌법에 추가
⑤ 헌법 개정안 중 처음 10개를 무엇이라고 부릅니까?
   권리장전
⑥ 첫 헌법 개정안의 자유 또는 권리 중 하나는 무엇입니까?
   언론의 자유, 종교의 자유, 집회의 자유, 출판의 자유, 탄원의 자유
⑦ 헌법 안에 몇 개의 개정안이 있습니까?
   27개
⑧ 법치주의란 무엇입니까?
   모든 사람은 반드시 법을 따라야 한다. 지도자는 반드시 법을

따라야 한다. 정부는 반드시 법을 따라야 한다. 법 앞에서는 만인이 평등하다.

주요 질문들을 분석해보면 헌법의 중요한 의미와 함께 미국 사회를 지탱하는 핵심 기둥이 헌법임을 잘 보여주고 있다. 미국에서 '법치'라는 관념이 가장 중요한 가치인 것이다. 8번 항목은 굉장히 재미있다. '법치주의rule of law'가 법치임을 분명하게 강조하고 있고 중요한 것은 '법에 의하여by the law'를 묻지 않는다는 것이다. 법치주의는 국가와 공권력부터 모범적으로 법을 준수할 의무를 강조한 것이기 때문이다. 영어는 'of'와 'by'로 뚜렷이 구분된다. 한글로 '법의 통치'와 '법에 의한 통치'는 약간은 비슷하게 들린다. 이 둘은 법이라는 단어가 들어갔지만 뜻은 천양지차다. '법에 의한 통치'라는 의미의 법치주의는 권위주의 국가를 비판할 때 주로 사용하는 용어다.

'법치주의of the law'의 주어는 법이다. 법률로 국가권력을 제어해서 국민의 기본권, 즉 자유와 권리를 보호한다는 원리다. 권력자가 임의로 법을 해석·집행하거나 국민을 통제하지 않고, 오직 국민이 합의한 법에 의해서만 권력을 행사하는 것이다.

'법에 의하여by the law'의 주어는 법이 아니라 권력자다. 권력자가 법을 갖고 국민 위에 군림하며 휘두르는 통치 방식이다. 권력은 호시탐탐 법치를 무너뜨리고 제멋대로 하려고 법을 권력행사의 수단으로 간주하는 것이다.

'법에 의하여by the law'는 권위주의 국가(왕조국가)에서 말하는 '법치'다. 왕조국가에도 '법치'는 존재한다. 하지만 이는 '법에 의한 지배'이지 '법의 지배'는 아니다. 법의 지배를 받는 것은 신민이다. 왕은 늘 법 위에 있고, 그 자신이 법이자 법의 창출자로 늘 예외로 존재한다. 왕이 생각하는 국민의 의미는 말 잘 듣는 신민 이상이 아니었다. 자동차에서 가장 중요한 게 브레이크이듯이 왕조국가에서는 왕의 절제가 무엇보다 중요했다.

근본적인 질문이다. '헌법은 어떤 역할을 합니까?'

- 정부를 구성한다.
- 정부를 규정한다.
- 기본권을 보장한다.

이제 대한제국 헌법은 두 날개를 어떻게 달았는지 살펴보자. 대한제국 헌법을 메이지 헌법과 비교하면 차이점이 뚜렷이 나타난다.

|  | 왕권의 규정 | 의회제도, 권력의 분산 | 신민의 권리와 의무 |
|---|---|---|---|
| 대한제국 헌법 | 제1조~제9조 | × | × |
| 일본제국 헌법 | 제1조~제17조 | 제33조~제54조<br>(의회규정)<br>제55조~제76조<br>(사법·회계·보칙 등) | 제18조~제32조<br>(종교·결사의 자유/<br>병역·납세 의무 등) |

대한제국 헌법에는 왕권의 규정만 존재한다. 의회제도의 규정도 보이지 않고 신민의 권리와 의무에 대해서는 아무런 언급이 없다. 사실상 백지 헌법이다.

첫째, 입법의 권리는 누가 가졌는가? 고종이다. 둘째, 사법권은 어디에 있는가? 고종이다. 셋째, 군대, 행정, 인사, 외교권은 물어볼 필요도 없이 고종이 가지고 있다.

내부 공사와 인테리어가 되어 있지 않은 채 골조가 밖으로 드러난 콘크리트 건물과 같다. 정치체제가 왕정이든 공화정이든 민주정이든 간에 근대 국가에서 국가의 주체는 국민이어야 한다. 의회와 국민의 권리라는 퍼즐조각이 빠져 있는 한 근대 국가의 성립은 사실상 불가능했다.

"국민국가는 국가통합을 위해 의회·정부·군대·경찰 등 지배·억압 기구에서부터 가족·학교·언론매체·종교 등 이념적 장치까지 여러 가지 장치가 필요하며 국민통합을 위한 강력한 이데올로기가 있어야 한다."[752]

헌법은 "우리가 어떤 세상에 살고 있는지, 어떤 세상에 살고 싶은지를 정해 놓은 것이다. 집에 천장과 벽이 있고 거실과 방, 주방을 나눠 놓은 것처럼 나라(한국)라는 큰 틀이 어떤 건지 설명한 것"이다.[753]

헌법은 현재 완료가 아니다. 어떤 항목은 미래 완료인 것도 존재하고, 어떤 항목은 현재 진행형인 것도 있다. 아직 도래하지 않았으나 현재에 벌어지는 고통스러운 문턱을 넘어서야 도달하는 것도 있다. 그래서 폭력 없이 각계각층의 의견을 담아서 사회적 합의를 만들어내는 게 그 나라의 진정한 실력이다. 인도의 사례를 보면 헌법을 만드는 것이 얼마나 지난하고 중요한지 알 수 있다.

인도의 독립일은 1947년 8월 15일이다. 독립에 앞서 1946년 제헌의회 의원 총선거를 실시했고 그해 12월 9일 제헌의회를 소집했다. 인도의 헌법안은 개원 약 3년 만인 1949년 11월 26일에 제헌의회를 통과한다. 헌법이 의회에서 통과한 이 날을 인도에서는 '헌법의 날 the Constitution Day'로 기념한다. 그리고 2개월 뒤인 1950년 1월 26일 헌법을 공포했고 동시에 이 날을 '공화국의 날 Republic Day'로 선포했다. 건국일이 된 것이다. 영국으로부터 물리적인 독립을 하고 나서 오랜 시간 타협과 협의를 통해 헌법을 공포하고 나서야 비로소 인도는 새 출발을 할 수 있었다. 네루 등 당시 인도의 리더들이 헌법의 의의와 건국의 의미를 제대로 파악하고 있었기에 가능한 일이었다. 헌법의 존재 이유 중 하나는 국민통합에 있는데 인도의 수많은 정치가가 자제력을 발휘하고 합의를 통해 진정한 건국의 결실을 이룬 것이다. 이처럼 '제헌'이란 헌법을 만들어 국가를 세운다는 뜻으로, 제헌절[754]은 국가운영의 전범典範이 최종적으로 완성되는 제도적 토대를 이루는 화룡점정의 그 날을 기념하는 것이다.

'고종의 헌법'에서 의회제도는 그렇다 쳐도 신민의 권리와 의무는 무엇인가? 꿈보다 해몽이라고, 이에 대해 많은 역사학자는 괴로웠겠지만 긍정적으로 해석했다. 왕권이 약하니 전제군주제를 통해 힘을 모아 국력을 기른 후 자주독립을 공고히 하기 위한 불가피한 선택이었다고 말이다. 그들의 문제의식에 반대할 사람은 아무도 없으나 그들의 해석은 잘못됐다.

"「대한국국제」의 경우에도 황제의 권리만 규정되어 있지만, 이후에는 민법과 형법 관계조항을 두루 담고 있는 「형법대전」(1905년)을 제정하여 국민에게 의무와 더불어 권리도 함께 부여하고자 했다."[755]

이 정도가 학자들이 헌법에 대해 옹호할 수 있는 최대치였다. '국민에게 의무와 더불어 권리도 함께 부여하고자' 했다고 티 나지 않게 슬쩍 덧붙였다. 사실과 의견을 뒤섞은 서술이다. 그러나 망국이란 모욕적인 경험을 겪었기에 그에 따른 치욕과 자존심을 지키려는 노력으로 볼 수도 있다. 헌법(국제) 전문에는 체제 가치도, 권력구조도 조선 왕실에 대해서도 본질적으로는 변한 것이 하나도 없다. 최초의 근대적 헌법이라고 의미를 부여할 수밖에 없는 학자들의 입장도 참으로 딱하다. 이게 무슨 헌법인가 왕법王法이지! 헌법은 권력을 제약하는 것일 뿐더러 법을 제약할 수 있어야 한다.[756] 헌법이라는 공통분모 속에 국민의 권리와 의무라는 기본적인 사항이 있어야 이를 토대로 '영점'을 잡고 그다음 민법과 형법 등이 연이어 도입되는 것이다. 특히 민법[757]은 '국민생활의 기본법일 뿐만 아니라 경제활동을 뒷받침하는 인프라'로 물건을 사고팔고 결혼하고 나이 들어 죽는 것까지 인간사 모든 것을 규율하는 기본 중 기본이다.

하지만 「대한국국제」는 민법을 만들 근거 조항 하나 없이 고종의 절대권한만 규정한 법전으로 대단히 보수적인 입장으로 후퇴했다. 개구리가 우물 안에서 나오기가 이토록 힘든 것이다. 고종 시대의 역사 서술은 행위나 결과로 분석하는 게 아니라 '하지 않은 일'에 대해 의도를 갖고 서술하는 게 너무 많다. 역사서가 '역사 동화'로 바뀐 것이다. 벌거벗은 고종에게 억지로 '보이지 않는 옷'을 입힌다고 알몸이 감춰지지 않는다. 이것은 끝없이 자신을 정당화하면서 자아를 고쳐 쓰는 사람의 발버둥과 뭐가 다른가.

헌법은 아직 오지 않은 것에 대한 약속이 포함돼 있어야 한다. 오늘날 주장하는 자유, 평등, 공정, 행복추구권 등은 현 상태를 말하는 게 아니다. 아직 오지 않은 것에 대한 약속이자 그 약속을 향해서 현재를 변혁하는 힘이다. 헌법은 국민에게만 적용하는 게 아니라 권력자와 모두에게 동일하게 적용돼야 한다. 그렇게 함으로써 모두에게 동일한 가치가 부여되고 의지의 일치를 이루어 드디어 하나 되는 나라가 만들어지는 것이다. 이 당시 독립협회는 천부인권 사상을 바탕으로 신민의 생명과 재산권을 보호하는 동시에 의회 설립을 통해 군주의 권력을 제한하자고 주장했으나 이들의 의견은 단 하나도 반영되지 않았다.

여기서 나는 또 한 가지 생각을 떨쳐버릴 수가 없다. 고종의 헌법은 처음부터 근대라는 위성궤도를 조선의 하늘에 올릴 생각이 없었다. 왕 자신의 시간과 왕 자신의 공간과 왕 자신의 권리와 자유만이 중요했다.[758] 덕수궁 언저리만 뱅뱅 도는 위성이면 충분하다고 판단한 것이다. 대한제국 헌법에는 오로지 '다 내 것'이라는 현재완료와 '이런 세상을 영원히!'라는 고종의 간절한 바람만 존재했다. '언어와 이성의 구축물'인 헌법의 질적인 차이로 인해 한·일의 격차는 도저히 건널 수 없을 정도로 벌어졌다. 이 차이를 알기 위해 오늘날 사회를 비교해보자.

자본주의를 꽃피운 서구의 성공요인에는 각 개인의 자본을 명시화할 수 있었던 법제화와 제도가 있었다. 페루 출신의 남미 최고 경제학자인 에르난도 데소토는 『자본의 미스터리』에서 제3세계가 발전하지 못한 이유는 법과 재산권의 낙후성에 있다고 강조했다.

"서구에서는 모든 토지와 건물과 장비와 물품 등이 하나도 빠짐없이 재산문서에 명시된다. 이런 문서는 외부로 드러나지 않지만 이 모든 자산이 다른 경제 분야에 연계되는 방대한 과정을 보여주는 확실한 증거다. 이런 명시화 과정을 통해 자산은 물리적인 실체가 소멸할 때까지 그에 상응하는 또 하나의 보이지 않는 삶을 얻는다. 부채와 세무관계가 정리된 회계 기록, 공익시설 설립을 위한 재산과 2차 시장에서 재할인되거나 매매될 수 있는 담보물이 여기 해당하는데, 이런 과정을 통해 서구는 자산에 생명을 불어넣고 자본을 창출하는 것이다."[759]

그가 분석한 결과 서구는 합법적인 재산체제로 자본을 만들어내는 수력발전소 역할을 하는데 제3세계는 무허가 건물이 많은 데다 거래절차와 제도가 미비하다 보니 죽은 자본이 된다는 것이다. 이는 조선의 고종 시대 상태와 유사하다. 고종은 후속 조치로서 독립협회 등의 여론을 수렴할 민법을 제정하지 못했다. 그러나 일본은 메이지 헌법을 만들어 미래를 바라보는 체계적인 시스템을 구축하는 데 성공했다. 결국 일본은 큰 틀의 국민적 공감대를 형성하면서 계층 간 갈등을 마무리하고 다 같이 힘을 모아 미래로 나아가는 계기를 만들었다. 한·일 간 국력 차이뿐만 아니라 국민을 육성하는 방법과 체계에서 일본은 이미 조선과는 한 차원 다른 길을 걸었다. 마지막 기회가 사라진 조선, 여기서부터 일어나는 일은 충격보다는 예측할 수 있는 범위에 있었다고 볼 수 있다. 성희엽은 역서 『문명론 개략』의 빼어난 해제에서 당시 조선은 이민족 지배자와 별반 차이가 없었다고 진단했다.

"조선의 지력은 중국 고대 시대, 즉 기원전 시대에 머물러 있었던 것과 마찬가지였다."

"중앙권력은 왕실 친인척과 소수의 문벌들이, 지방권력은 향촌의 양반 지배세력들이 제각각 사적으로 농단했다. (…중략…) (1800년대 이후) 노골적인 사익추구 집단으로 전락했다. 한마디로 조선의 백성에게는 나라가 없었고 조선의 지배계층에게는 백성이 없었다. 이 시기 조선의 지배계층은 고대 중국 이념으로 한반도 백성을 지배했던 이민족 지배자와 다를 바 없었다."

임란과 호란 두 국난을 겪은 뒤에도 조선의 지배계층은 부국강병을 모색하기는커녕 주자학의 이상 세계인 고대 중국 사회를 모델로 삼아 사회 전체를 더 엄격하게 통제하는 시대착오적인 방향으로 나아갔다.

"그들이 생각하는 이상적인 정치는 곧 중국 고대 선왕들의 정치였고, 그들이 생각하는 이상적인 경제는 곧 고대 중국의 농업경제였고, 그들이 도입한 이상적인 법질서는 예기, 의례, 주례 등에 나와 있는 고대 중국의 봉건적 통치질서였다. 한마디로 (…중략…) 조선의 정통성은 주공과 공자에게 있었다. 따라서 이들은 굳이 다른 나라에 관심을 가질 이유도, 해외정세나 서구 문명에 촉각을 세울 이유도 없었다."[760]

청일전쟁과 을미사변을 겪은 후 전기를 마련할 필요를 느꼈던 고종은 국호를 조선에서 대한으로 바꾸었다. 무엇보다 시대정신을 담아 국가의 목표를 다시 정하고 새로운 전망을 제시해 탄탄한 구조로 국가를 재정립해야 하는 중요한 시기였다. 당시 시대정신은 부와 권력이 점차 아래로 확산되는 병렬의 시대였다. 인식혁명의 첫 문장을 다시 인용한다.

"서유럽은 자신들이 만들어온 중세의 생각과 사상의 구축물에서 '스스로' 빠져나와 근대 세계를 향해 나아갔다. 여기서 중요한 것은 '사상의 구축물'에서 '스스로' 빠져나와야 한다는 것이다. 문명과 나라의 발전은 언제나 자기성찰을 통해 새로운 사고방식을 가진 곳에서 일어났다. 누가 더 자신들의 과거와 현재를 반성적 문제의식 위에서 성찰할 이성과 능력을 갖추고 있는가? 그 능력만큼만 문명은 발전한다."

생각과 사상의 구축물에서 빠져나오길 거부한다는 것은 결국 스스로 그 사고의 틀 안에 머물겠다는 태도로 변화와 혁신을 필요로 하는 근대 시대에서는 뒤떨어지는 오만하고 어리석은 생각이다. 국가의 역할도 단순한 치안유지에 그치지 않고 인프라를 공급하고 교육과 의료 등 국민 편익을 위한 시설을 증진하는 적극적인 활동을 하는 쪽으로 변화했다. 필요하면 세금을 더 거둬서라도 과감히 교육과 인프라에 투자하고 개혁개방을 철저히 실행해야 성과를 창출할 수 있는 것이다.

### 지평선의 상실

개방 × 개혁 × 성과

이 공식에는 괄호가 숨겨져 있다. (자발적) 개방 × (본질적) 개혁 × (지속적인 추진을 통한) 성과 창출이다.

조선은 일본의 압력에 의해 강제적으로 개방한 탓에 1단계인 '스스로 개방'하는 상태에 이르지 못했다. 일본은 페리의 흑선이 도착한 다음 해 1854년에 미일 화친조약을 체결함으로써 강제 개항이 이뤄졌다. 자발적 개방은 메이지 유신 이후에 이루어졌다. 메이지 시대 일본의 정치가, 학자, 상인들에게는 선진기술과 선진문화를 접하고 싶어 하는 깊은 열망이 있었다. 그래서 우수한 학생들은 앞선 선진국으로 유학을 떠났고 신문과 잡지에서는 연일 선진문화를 소개했고 사회 전체가 유럽화를 이뤄야 한다는 분위기가 조성됐다. 이런 자극은 시간이 지나면서 일본인 스스로를 움직이게 하는 동력이 됐다. 처음에는 메이지 정부의 정책을 비판하거나 주춤하던 사람들도 인식이 달라지면서 본인들의 역량을 쏟아내기 시작했다.

강제적 개항(1854년) → 자발적 개방(메이지 유신) → 학습과 발전

이에 반해 조선은 1875년 운요호 사건이라는 계기를 겪고 나서야 강화도 조약을 체결하고 나서 쇄국정책을 버리고 개국했다. 일본과 불평등 조약 상태에서 강제 개항을 한 것이다. 하지만 변화의 두려움에 갇혀 조선은 본격적인 개혁정책을 추진하지 못했다. 다시 말해 조선은 자기성찰을 통해 새로운 사고방식으로 서구를 배워야 한다는 적극적인 동기부여를 하지 못했다. 보수파와 개화파의 극심한 알력으로 인해 근본적인 개혁에 대해서 머리를 맞대고 함께 고민하는 장을 만들지도 못했다. 따라서 제도개혁에 대해서는 시도조차 하지 못한 것이다. 한국의 자발적 개방은 뒤늦게 1960년대 박정희 정권 때 이뤄졌다.

박정희 정권 이후 한국은 산업화 시대에 가장 성공한 나라가 됐다. 그 출발점에 경부고속도로와 포항제철과 같은 '당시로서는 상상하기 어려운 거시적 안목과 투자'가 있었다. 특히 영일만 황무지에 세운 포항제철은 기술과 자본도 경험도 없던 그때 일본 제철소

기술을 죽을 각오로 배워 성공했다. 이후 포스코는 50년간 대한민국 제조업 르네상스의 마중물 역할을 했다.

중국의 자발적 개방은 덩샤오핑 때였다. 중국의 개방을 대표하는 것이 경제특구인데 1980년에 선전, 주하이, 샤먼, 산터우 네 곳이 특구로 지정됐다. 이후 중국은 30년 만에 G2 국가가 됐다.

한국과 중국의 발전은 자발적인 개방과 적극적인 개혁의 결과였다. 역사는 수동적으로 순응하는 것을 넘어 능동적으로 기회를 찾는 자에게만 열리는 문이다. 변화의 힘을 믿고 나라를 발전시키는 일에 혼신을 다해야 한다. 남이 바꿔주는 데는 한계가 있다. 그것은 타율적인 것이어서 곧 시들해지고 만다.

이제 고종이 제정한 '대한제국 헌법'의 실체를 자세히 들여다보자. 고종의 전제군주정의 헌법은 앞으로도 1만 년이나 지속할 정체政體라고 선언했다. 고종을 비롯한 권력층은 왕조의 세계가 이미 끝났음을 깨닫지 못했다. 그들은 동학을 통해 백성들이 보낸 명확한 신호를 무시했다. 농민운동으로 표면화되어 끓어오르는 분노의 뿌리와 그 규모에 대해서 전혀 이해하지 못했다. 외국 군대까지 끌어들여 동학군을 학살하고 전봉준을 교수형에 처하면서 반란을 제압했다. 하지만 애당초 동학운동을 촉발한 부패와 고착화된 신분제 등 사회모순의 문제에 대해서는 아무런 해결책을 갖고 있지 않았다. 이는 고종의 친정 이후 통치기간 전반에 걸쳐서 반복된 주제였고 세월이 흐를수록 고종의 상황은 더욱 악화됐다. 이에 대해 송호근 교수는 왜 조선이 비인격적 지배를 할 수밖에 없었는가, 즉 법치사회로 나아가는 데 지체될 수밖에 없었는가에 대해 날카롭게 지적했다.

"가장 중요한 요인인 인민의 권리 개념이 결핍되어 있었기에 비인격적 지배로의 전환은 그만큼 지체될 수밖에 없었다. 권리는 국가의 것이지 인민의 것이 아니었다. (…중략…) 전국적으로 발생하는 민란과 동학의 거센 저항에 시달리던 조정의 지배 엘리트들에게는 여전히 유교적 도덕정치를 내부로 인민을 끌어들이는 것이 능사였을 뿐, 그들에게 권리를 부여하는 방식은 상상하기 어려웠다."[761]

근대 정치사상의 대부인 마키아벨리는 법치의 주요 목적을 '자의적으로 통치하는 군주에 대한 견제'로 규정한 바 있다. 고종 정권은 프랑스 혁명 직전의 앙시앵 레짐처럼 신민의 권리에 대해 무지했다. "1789년에 프랑스인들은 인간의 권리에 대한 무지, 소홀, 또는 멸시야말로 공공의 불행과 정부의 부패를 낳는 유일한 원인이라고 역설했다."[762]

조선 역사상 어진 임금의 인격적 지배는 아주 극소수였고 정조 이후 100여 년은 온갖 부정과 착취로 가득 찼다. 오죽하면 다산은 저서 『경세유표』 서문에 이렇게 적었다. "세상이 털끝 하나까지도 병들지 않은 곳이 없으니, 지금 이것을 고치지 않는다면 반드시 나라를 망하게 하고야 말 것이다."

동학의 난은 마치 탄광의 카나리아처럼 더 큰 위기가 올 것이라는 경고였다. 지도층이 타락한 공동체는 반드시 붕괴하게 돼 있다. 생선은 머리부터 썩는다 하지 않던가. 백성과 함께 동행하며 힘을 키울지, 아니면 백성의 요구를 무시할지 선택의 기로에서 고종은 백성의 요구를 외면했다. 지도자는 무엇보다 보고 싶지 않은 현실도 꿰뚫어보는 통찰력이 있어야 한다. 고종에게 가장 결여된 자질이었다.

1870년대라면 고종의 헌법에 대해 어느 정도는 이해할 수 있다. 1880년대라도 괜찮다. 하지만 1899년은 일본, 미국, 독일, 영국 등 헌법에 대해 알 수 있을 만큼 다 알려진 그런 시대였다. 1890년대 근대 헌법과 관련되어 언급된 단어들의 빈도를 분석할 수 있다면 군주, 권리, 자유, 법률, 입헌 등이었을 것이다. 여기서 군주는 절대

권력자가 아니라 법률에 제한받는 군주다. 절대군주를 주장한 고종은 시대착오적 발상으로 '고종의, 고종에 의한, 고종을 위한 헌법'을 만든 것이다. 고종은 이런 행동이 정치적 정당성을 크게 훼손하고 국력을 약화할 수 있다는 사실을 이해하지 못했다.

아무리 훌륭한 군주가 등장한다 해도 군주제가 의회제보다 더 나을 수 없는 시대에 들어선 것이다. 근대는 한 명에 의해 획일적으로 통치하는 직렬적 시대가 아니라 다양한 의견이 소통되는 병렬적 시대로 변환하는 시작점이었다. 헌법이 나온 시기를 보자. 대한제국 선언, 을미사변, 동학, 들끓는 여론의 시대였다. 조선의 개혁가들은 어떤 세상을 원했을까? 개인의 권리가 보장되는 평등한 세상을 꿈꿨다. 그리고 독립협회는 의회 개설을 요구하며 근대 국가를 만들기를 원했다. 그런데 고종은 철이 지나도 한참 지난 모델을 선택했다. 신민의 관심 밖에 있는 엉뚱한 것을 채택하여 1만 년을 간다고 아무리 우긴들, 구두 굽이 해지도록 뛰어본들 점점 더 국력은 약화됐다. 이는 결국 왕실 몰락의 뇌관으로 작용했다.

"이조 체제는 반도라는 독 안에서 썩다가 무너져 내렸다. 지평선 없는 공동체의 패전이다."[763]

고종의 조선은 왕조에서 황제국으로 전제정이 됐다. 황제가 주도하는 시대로 넘어갔다고 해서 달라진 것은 아무것도 없었다. 황제국이라 칭했지만 제후국들도 없었으며 황제라고 해봤자 달랑 불알 두 쪽만 있는 황제였다. 황제는 나라를 지키지 못하면 비참한 운명에 처한다. 러시아의 니콜라이 2세가 그렇고 중국의 푸이가 그랬다. 황제가 된 고종은 이런 것까지는 생각하지 못했을 것이다. 하수는 겁이 없는 법이다.

1870년대 프랑스 부르봉 왕조를 필두로 1910년대에 이르러서는 낡은 왕조 시스템은 하나씩 사라지고 있었다. 청나라, 이란, 오스만 제국, 오스트리아-헝가리 제국, 러시아, 독일의 황제는 모두 역사의 무대 뒤로 사라졌다. 중국은 1911년 신해혁명을 겪었고 이란은 1905부터 1911년까지 입헌혁명을 겪었으며 튀르키예에서는 1908년 청년튀르크당 혁명이 일어났고 러시아에서는 1917년 볼셰비키 혁명이 일어났다. 즉 몇십 년 사이에 근대화의 후발주자들은 다시는 황제의 핏줄을 불러들여 꼭두각시를 세울 필요가 없는 새로운 체제를 받아들였다. 고종은 을미사변 이후 아관파천으로 용궁을 다녀온 후 시대착오적인 황제국을 만들었다. 다 알고 있겠지만 어이없게 총 한 번 쏘지 못한 채 나라를 잃고도 제 왕궁에서 수명을 다한 황제는 고종이 유일했다. 영토도, 신민도 없는 이름뿐인 황제였다.

이렇게 '왕이 필요 없는 세상'이 곧 도래할 것을 깨닫고 혁명적 변화를 꿈꾼 혁명가가 조선에는 없었다. 각국의 선각자들은 세계적으로 불고 있는 정치적·사회적 변화에 매우 민감하게 반응했다. 국가 안보, 공적 영역과 정치에 대한 대중의 참여 확대, 산업의 발달과 자본주의 수용 등은 대부분 나라들의 공통된 인식이었다. 이에 반해 조선은 상황이 더 어려운 처지였다. 그렇다고 하더라도 왕의 권한을 제한하는 입헌정이라는 새로운 제도를 만들기 위해 노력한 개혁가들은 극히 소수였다. 당시 민주정과 공화정은 소수의 국가에서만 운영했음을 고려하면 조선은 가장 보편적인 시스템인 입헌국가를 세우는 게 가장 합리적이었을 것이다.

결론은 헌법이라고 다 같은 헌법이 아니라는 사실이다. 헌법의 존재 유무로 근대화를 판단한다면 조선은 헌법이 있었다. 그러나 그것이 근대적 헌법이냐고 묻는다면 절대로 아니다. 조선에는 국민의 권리를 보장하는 딱 한 줄의 법률도 없었고 개혁파와 보수파라는 두 진영의 가교를 맡아 역사의 물줄기를 바꿔놓은 사카모토 료마 같은 인물이 한 명도 없었다.

# 4
# 헌법의 진정한 의미와 한국사회를 위한 제언

**왕은 국가를 구성하는 필수요소인가**

　헌법의 제정만으로 모든 과제가 해결되는 것은 아니다. 그러나 헌법과 제도라는 큰 그림을 그리지 못한다면 가장 기본적인 과제 또한 해결할 수 없다. 결과론이기는 하지만 낙후된 「대한국국제」는 우리의 유일한 황제인 고종 폐하를 보호하지 못했다. 돌이켜보면 조선은 왕도정치와 재상을 중시하는 관료사회의 풍토, 살아 있는 권력을 견제하는 언론 시스템 등이 조화를 이루면서 언뜻 보면 매우 이상적인 제도를 갖춘 나라로 보인다. 하지만 이 제도가 제대로 작동하기 위해서는 뛰어난 왕이 필수적이라는 데 모순이 있었다.
　세종, 영조, 정조는 뛰어난 왕이라서 시스템이 돌아가는 데 문제가 없었다. 만약 왕이 제대로 통치하지 못할 경우 사대부에 의한 정치는 소수 가문을 위한 타락한 정치로 변질되기 쉬운 문제점을 안고 있다. 그런 탓에 어리석은 왕의 치하에서 훌륭한 재상이 출현하여 훌륭한 정치를 펼친 사례가 거의 없었다. 조선은 불행히도 정조 이후 뛰어난 왕이 좀처럼 나오지 않았다. 그토록 훌륭한 문관과 무관들로 인재가 넘쳤던 조선에서 고종의 43년 재위기간에는 괜찮은 인재가 전무했다. 고종을 보면서 국가의 경영이 한 사람에게 집중되면 얼마나 위험하고 나라가 경쟁력을 잃게 되는지 새삼 깨닫게 된다. 절대 권력은 절대 부패를 피해갈 수 없다.

사실 근대 사회에 와서는 국가를 구성하는 요소로 왕은 절대 필수조건이 아니라 수입해도 되는 대체품이었다. 그리스는 독립할 때 영국의 빅토리아 여왕 아들을 왕으로 선출했으나 무산되자 차선책으로 덴마크 왕가의 빌헬름을 왕으로 추대했다. 벨기에는 1830년 네덜란드에서 독립하고 난 이듬해 독일 출신의 레오폴드를 왕으로 추대했다. 왕이 필요하면 다른 나라에서 수입했다. 전제군주는 시한폭탄이 내재된 유한한 시스템이다. 고종 본인이 아무리 절대 권력을 쥐고 정책을 추진하려 해도 덕수궁 담을 넘지 못했다.

왕이나 통치자의 역사에서 벗어나 그동안 역사가 함부로 망쳐놓고 소외시킨 일반 시민이 국가의 주체가 되는 세상을 고종은 이해하지 못했다. 그런데도 고종이 근대화를 추진한 개명군주라고? 그건 고종이 근대화된 물건을 이것저것 구입했다는 의미 이상은 아니다. 이런 행위로 고종을 개명군주라고 주장하는 꼴은 마치 수천 켤레의 명품구두를 사 모은 이멜다가 필리핀의 구두 산업을 활성화하기 위해서 그랬다는 것과 같다. 고종에게 근대화란 쇼핑의 대상일 뿐이었다.

좌의정 김병시(1832~1898)가 1888년 8월 26일 강직하게 고종의 실책을 지적했다. 그는 근대화라는 명목으로 겨우 기계나 완구 같은 쓸데없는 물건만 구한다면 곧 나라가 치욕을 당할 것이라며 경고했다.

"가난한 것도 나라마다 정도가 있습니다. 지금 나라의 형편을 돌아보면 어느 한 가지도 이렇다 할 만한 것이 없습니다. 기강이 섰습니까? 민심이 안정됐습니까? 군사제도가 정비됐습니까? 각국의 제도를 본받으려 한다면 반드시 법과 정사 계책에 볼 만한 것이 있어야 하는데, 지금 구하고자 하는 것은 기계나 완구에 불과하며, 실용적인 우리의 것을 허비하면서 저들의 쓸데없는 물건을 가져오니 비단 손해만 볼 뿐 아니라 치욕을 당하기에 충분합니다. 이것이 분하고 통탄할 일입니다."

그의 말 한 마디 한 마디마다 비탄과 절망 그리고 분노가 배어 있었다. 그의 지적은 폐부를 찌른다. 민심의 안정과 군사제도 정비는 고종의 핵심 추진사항이었다. 그런데 어느 것 하나 제대로 된 게 없다고 지적했다. 기강이 섰는가? 민심이 안정됐는가? 군사제도가 정비됐는가? 구하고자 하는 것은 기계나 완구에 불과한데 이는 곧 치욕을 당할 것이다. 이것이 분하고 통탄하다. 이어 김병시는 고종의 판단력 자체에도 의문을 제기한다.

"현재 백성과 나랏일에 대한 계책이 위기에 처하여 어리석은 부녀자와 어린아이까지도 걱정하고 있습니다. 전하의 슬기로 환히 꿰뚫어 보시고 간곡하게 잘 다스리려고 하지 않은 적은 없건만, 조치를 취한 것을 보면 모든 것에 어긋납니다. 이것은 혹시 전하의 이목에 막힘이 있어 미처 두루 통찰하지 못해서가 아닙니까? 매번 명령을 내릴 때마다 조정에서는 까마득히 그 내용을 이해하지 못하거나 혹은 승정원을 경유하지 않은 것도 있으니, 전하께서 함께 일을 의논하는 자는 누구입니까?"

김병시는 작심하고 고종에게 간언했다.

모든 백성이 나라를 걱정한다. 고종의 의도와 판단과 조치는 어긋난다. 이는 혹시 고종의 판단에 문제가 있는 것 아닌가? 그리고 관료들은 전혀 모르는 조치가 내려오는데 도대체 누구와 함께 일을 의논하고 결정하는 것인가?

　김병시의 말은 간곡하지만 고종의 정치 행위는 역량 미달이었다. 김병시는 민중전 등 민씨 척족과 밀실에서 상의하여 결정을 내리는 고종의 통치 행위는 조선 전통에 어긋남을 지적했다. '곧 치욕을 당할 것'이라는 그의 예언은 조선의 현실에서 소름 끼칠 만큼 적중했다. 돌이켜 보면 1873년 고종이 친정을 선포한 이후 민중전과 그 일족인 민승호, 민겸호로 대표되는 민씨 일족의 세도정치가 다시 시작됐다. 이때부터 고종은 민중전과 대원군 간의 세력 다툼의 소용돌이 속에 휘말려 들어갔다. 앞에 거론한 민씨 3인의 죽음 그리고 임오군란과 갑신정변 등 극심한 알력과 정치적인 급변으로 인해 고종은 민중전과 민씨 척족 외에는 믿을 수 있는 인물이 없었다.

　인사와 정책은 당연히 민중전 등과 밀실에서 이루어졌다. 문제는 고종과 민씨 척족 연합 세력이 국가라는 대의보다 자신들의 권력을 유지하고 주머니를 불리는 쪽을 택했다는 사실이다. 이런 것들이 의사결정의 기준이었고 이는 국가에 실질적인 폐해를 남겼다. 나라의 기초가 완전히 허물어진 결과 조선의 군사력은 미약해졌고 경제력은 더 미약해졌다. 양지열은 저서 『헌법 다시 읽기』에서 한국인이 3·1운동 때 고종에 대해 선 긋기를 분명히 했음을 보여주고 있다.

　"고종은 나라를 일본에게 빼앗겼다. 나라의 주인은 임금 한 사람일 수 없고, 무력으로 이 땅을 점령한 일본일 수는 더욱 없다. 그래서 1919년 3월 1일 이 땅의 진정한 주인인 국민이 독립을 외쳤고 (…중략…) 그 정신을 모아 국민이 주인인 대한민국이라 부르기도 하면서 '대한민국은 민주 공화제로 한다'고 선언한다. 임시 정부가 태어난 거지. 그때부터 우리나라는 시작한 거야."[764]

가치묶음으로서 헌법

헌법은 시간의 지평뿐만 아니라 사회의 다양한 기대가 켜켜이 쌓인 총체다. 각계각층의 요구를 반영하면서 기회비용이 가장 적은 대안을 찾기 위해서는 치열한 법안 논의와 상대방에 대한 설득 과정이 필수다. 이것이 정치 과정이다. 다시 말해 좋은 헌법은 정치가 작동을 잘해야 만들 수 있는 최종 산출물이다.

헌법은 물성으로는 종이 몇 장의 아주 얇고 가벼운 것이지만 그 영향력으로는 인공위성과 맞먹는다. 인공위성이 한반도 둘레를 돌면서 이 땅에 살아가는 사람들의 궁극적인 기준 역할을 하는 것처럼 헌법도 사람들의 궁극적인 기준이다. 나로호의 37만여 개 부품이 한몸처럼 움직이고, 3단 로켓이 위성을 싣고 올라가 위성궤도에 진입하는 것과 같이 근대 헌법을 만든다는 것은 국가의 현재와 미래 그리고 수많은 이해관계가 얽힌 난이도가 높은 과제다.

이 고난이도의 과제를 완성한 나라들은 점점 부유하고 강성해지는 길로 나아갔다. 미국의 사례는 이를 잘 보여준다. 후손들의 삶까지 고려하여 만든 미국 헌법은 시간이 지날수록 미국인을 똑똑하게 만들고 미국을 강하게 만들었다. 부유하고 강한 미국은 미국인이 똑똑해서가 아니라 시스템이 우수했기 때문이다. 그 미국의 힘은 바로 헌법에 있었다.

"미국의 헌법은 아메리카 식민지의 과거와 영국의 과거에 빚지고 있지만, 그럼에도 굉장히 과감하고 독창적인 창작물이었다. (…중략…) 인간은 성찰과 선택을 통해 직접 좋은 정부를 만들 수 있는 존재인가? 아니면 우연과 강압을 통해서 자신의 정치체제를 누군가에게 부여받아야만 하는 존재인가?"[765]

고종과 당시 집권 사대부는 자신들만 생각했을 뿐 자손들, 더 나아가 이 땅에 태어날 후손들의 삶을 고려하지 않은 '우물 안 개구리'였다. 백성은 권리도 모르고 무학無學에다 식민지인으로 사실상 육체노동 이외에는 쓸모가 없어 멸시와 무시당하는 게 다반사였다. 조선인이라는 사실이 조센징이라는 욕설을 들어야 하는 그 자체가 되는 세상을 물려준 것이다. 당시 조선인들과 앞으로 태어날 후손들은 그들의 운명을 결정한 사람들에 의해 삶을 저당잡힌 것이다. 고종 시대의 못난 조상들은 오랜 시간에 걸쳐 막대한 영향을 끼쳤다. 어느 학자는 조선을 망친 '신新 오적'으로 고종, 민중전, 대원군, 민영익, 민영휘를 든다. 나는 동의한다. 다시 강조하지만, 정치는 정말 함부로 하면 안 된다. 진영논리도 좋고 정책에 대한 반대도 다 좋다. 하지만 정치인이 내리는 의사결정의 영향을 받는 대상에 아직 태어나지 않은 후손들도 있다고 항상 생각하며 정치에 긴장감을 갖고 임해야 한다.

　우리가 왜 박정희, 김대중, 김영삼, 김종필 시대를 그리워 하는가. 그들도 서로 화합을 이루지는 못했지만 '정쟁'보다 '정치'를 했다. 김대중은 당시 빨갱이라는 의심을 받고 온갖 험담을 들으며 굴곡 많은 정치인생을 살았다. 그는 박정희 대통령과 더불어 시간이 지날수록 우리 근대사에서 한국을 우뚝 세우는 데 중요한 역할을 했다고 평가받고 있다. 지금 정치인들은 더 많이 배웠고 똑똑한데도 사춘기 청소년처럼 서로 말도 섞지 않는다. 그들 머릿속에는 미래가 빠져 있다. '정치꾼은 항상 다음 선거를 걱정하고 정치가는 다음 세대를 걱정한다!'라는 이 말은 핵심을 꿰뚫는 말이다. 머릿속에는 다음 총선, 다음 대선이라는 잿밥만 가득하다.

　고위 정치인들의 실언도 너무 잦다. 자신의 지지 기반을 스스로 허무는 실언은 '정치가에게는 절대로 허용되지 않는 어리석은 짓'이다. 매번 해석이 필요하고 진의를 의심받는 말 또한 부적절하다. 자기 말을 수습하느라 쓸데없는 에너지를 쏟는 것도 아쉽지만 상대

진영으로부터 경멸을 받게 된다. 경멸을 받는 지도자는 아무 일도 해낼 수 없다. 안타깝다. 자신이 가진 꿈을 현실화할 수 있는 동력을 상실한다는 것은 국가적으로도 너무 불행하다.

지금도 우리는 미래를 가져다 쓰고 있다. 따라서 정치인은 한 세대 뒤에 다시 평가해야 한다. 정치가를 평가할 때는 그를 뽑지 않은, 아직 태어나지 않은 미래 세대의 관점이 반드시 반영돼야 하는 것이다. 더 이상 대통령, 국회의원, 장관이라는 직위가 개인의 출세와 성공을 보증하는 자리가 되어서는 안 되며 다른 나라들과 경쟁해서 우리가 이길 수 있는 토대를 만드는 자리여야 한다. 다시 말해 정치인은 나의 출세보다 '우리의 승리'를 지향하는 삶을 사는 존재여야 한다. 진보, 보수를 넘어서야 한다. 우수한 시스템과 제도를 만들고 계속 보완하여 후손들의 삶이 부유해지는 나라를 만들어야 한다.

이건희 전 회장은 코이라는 잉어의 비유를 들어 '생각을 더 크게 하라'고 했다. 코이는 작은 어항에서 키우면 5~8센티미터밖에 자라지 않지만 연못에서 키우면 15~25센티미터까지 자란다. 그리고 강물에서 키우면 최대 1.2미터까지 성장하는데 작은 어항에 자란 것과 비교하면 20배가 넘는다. 사람 역시 자기가 처한 환경에서 어떤 생각으로 사느냐에 따라 엄청난 결과의 차이를 보인다. 어려운 환경에 처해 5센티미터 크기에 그칠 수 있었던 자신을 스스로 성장시킨 극소수의 사람도 있을 것이다.

하지만 사람은 환경에 크게 지배를 받는 동물이다. 사회 전체가 강물처럼 되어 그 속의 개인이 자유롭게 살 수 있도록 한다면 각자 자기 분야에서 더 큰 성취를 얻을 것이다. 바로 헌법이 우리가 살아가고 있는 제도의 틀이다. 이 틀이 우리의 사고를 제한하고 속박하도록 짜여 있다면 우리는 그 틀 안에서만 생각하고 행동할 것이다. 그러면 작은 어항 속 코이처럼 5센티미터 크기에 그치고 말 것이다. 고종 시대의 조선인들 중에서 어느 분야를 막론하고 크게 성취한 인물이 나오지 않은 이유도 여기에 있다. 고종의 헌법은 작은 어항 정도의 전제적 헌법이었다. 이와 반대로 1987년 「대한민국헌법」은 개인이 자유롭게 사고하고 행동할 수 있도록 제도적 틀을 만들면서 다양한 분야에서 많은 성취를 이뤄냈다. 하지만 소수자와 약자를 보호하기 위한 부분이 여전히 미약하여 수정과 보완이 필요하다는 지적을 받고 있다.

헌법은 어느 시점에 완성될 수 있는 제도라기보다는 한 국가가 지속적으로 형성해가는 '가치의 묶음'이다. 헌법은 많은 사람의 욕망과 꿈이 충돌하고 절충하여 만들어지는 속성이 있다. 헌법을 제대로 만들고 우리들 각자가 노력해서 알차게 채워나가고 또 시대에 맞게 다시 보수해야 한다. 『국가는 왜 실패하는가』의 저자 대런 아세모글루는 국가의 흥망성쇠가 자원의 유무나 국토의 크기에 있지 않다고 강조한다. 국민의 창의력을 격려하는 나라는 성장하고 억압하는 나라는 실패의 길을 걷는다는 것이다.

국민의 창의력을 격려하고 자유롭게 사고하고 활동할 수 있도록 기본권을 보장하는 제도(헌법)를 가진 나라는 번영한다. 이처럼 헌법은 현재 진행형이자 가치 지향형이다.

4부

# 한국의 미래를 만드는 힘

# 1장

# 필수요소가 합쳐진 사회상

# 1
# 필수요소가 유기적으로 연결된 일본

 

지금까지 서술한 7가지 필수요소는 근대화의 필수요소들이다. 이 요소들을 하나씩 하나씩 떼어놓으면 별다른 현상이 일어나지 않는다. 하지만 이 요소들을 합쳐놓으면 이제껏 겪어보지 못한 전혀 다른 사회가 출현한다. 이 7가지 조각이 합쳐지면서 메이지 일본이 어떻게 거대한 협력체를 가진 국가로 성장했는지 들여다보자.

1차 인지혁명은 언어를 통해 거대한 역사적 변화를 만들어냈고, 2차 인지혁명인 구텐베르크 혁명은 출판과 신문을 통해 근대화를 촉진시켰다.

- 1차 인지혁명: 7만 년 전 언어를 통해 신화를 만들어 대규모 협력망을 구축했다.
- 2차 인지혁명: 구텐베르크의 인쇄술 혁명 이래 문학서적과 신문이 주류 매체로 등극하고 철도의 발달과 함께 지식과 문화가 일반인에게 급속하게 전파되면서 국가들은 근대 국민국가

의 정체성을 확립했다.
- 3차 인지혁명: 생성형 인공지능이 인간의 언어를 이해하고 창작하는 단계에까지 이르렀다.

### 진구황후와 다케우치노 스쿠네

일본은 '허구의 상상력'을 통해 한반도 침략을 합리화하는 작업부터 시작했다. 메이지 정부는 신화를 이용하여 일본인이 상상할 수 있는 최대한의 비전을 만들어낸 다음 학교와 군대라는 제도를 통해 지속해서 공유하며 국민에게 각인시켰다.

메이지 일본은 가상의 통치자인 진구황후에 대한 내용을 초등학교 국정교과서에 싣고 교육했다. 진구황후가 임신한 상태로 배를 타고 바다를 건너가서 신라를 정복했다는 이야기가 담긴 『일본서기』와 『고사기』의 내용을 학교에서 가르친 것이다. 1881년 메이지 정부가 발행한 10엔 지폐의 주인공이 진구황후다. 사람 얼굴이 들어간 최초의 지폐였다.

여기에서는 허구의 존재인 진구황후에 대해서는 세세히 논하지 않겠다. 논할 가치조차 없다. 문제는 그녀가 일본의 건국신화에서 중요한 위치를 차지하고 있다는 사실이다. 일본의 구 국립은행권 1엔, 2엔, 5엔, 10엔, 50엔, 100엔 지폐 중 상대적으로 고액권인 10엔의 화폐 인물이 진구황후다. 심혈을 기울여 선정한 일본 최초의 인물 지폐다. 1873년부터 발행된 지폐에는 그녀가 신라를 정벌하기 위해 출병하는 모습을 담았고 그로부터 7년 뒤인 1881년에는 10엔의 오른쪽에 그녀의 초상만 따로 그린 개정지폐[766]가 나왔다. 메이지 일본이 한반도를 정복했다는 인물을 선택했다는 사실에는 세 가지 문제점이 있다.

- 업적의 허구성: 그녀가 신라를 정복한 적이 있는가? 없다.
- 존재의 실재성: 그녀는 실존 인물인가? 신화적 인물이다. 그녀의 모델이 된 인물만 해도 여러 명인데 백제의 근초고왕을 비롯해 이 인물들이 합쳐져 만들어졌거나 아예 가공된 인물이다.
- 과대포장: 메이지 유신은 그 질서가 수립되자마자 팽창적 정책을 지향하여 그녀를 실존 인물이라며 과대포장했다. 일반적으로 메이지 유신 초기에는 일본의 내부 문제를 해결하고 부를 쌓기에도 바빠 한반도에 신경쓸 여유가 없었다는 게 정설이다. 그런데 이런 주장들은 지폐 인물을 들여다보면 의도가 매우 의심스럽다.

이와 한 세트로 조선 지폐에 도안된 인물을 보면 답이 나온다. 일본이 조선을 식민지로 삼은 후 1914년 9월 1일 조선은행 이름으로 100원권을 발행하고 1915년 1월 4일 1원권, 같은 해 11월 1일에는 5원권, 10원권을 각각 발행했다. 이 지폐에 쓰인 인물은 100원권[767]을 제외하고 모두 다케우치노 스쿠네武內宿禰라는 할아버지다. 특이한 것은 그의 머리에 놀부 모자라고도 하는 정자관을 씌웠다. 조선인의 정서를 적당히 고려해서 디자인한 것이다. 그런데 누구지? 그는 다섯 천황(섭정을 한 진구황후까지 포함하면 여섯 천황)을 섬기며 300년 가까이 살았다는 전설상의 인물이다. 이 인물이 대신으로서 일한 기간이 250년에 달한다. 문제는 그가 진구황후의 신라 정복을 보좌한 충신이라는 전설이다.

이제 열거한 두 가지 사실을 종합하면 하나의 방향으로 귀결된다. 일본 지폐에는 신라를 정복했다는 진구황후를, 조선 지폐에는 그의 충실한 부하를 그려 넣은 것이다. 다른 해석이 더 필요한가. 매일 사용하는 지폐에 그들의 초상을 넣은 의도는 고대로부터 한반도는 일본의 식민지였다는 메이지 일본의 의지를 반영하고 또한 조선 침략이 역사적으로 근거가 있다는 점을 나타내기 위함이었으리라.

지폐 인물에 대해 이견[768]이 있는 조선 지폐는 그렇다 하더라도 진구황후를 10엔 지폐의 주인공으로 삼았다는 사실은 일본이 신화 속 인물을 상징으로 만들어 국민 의식 속에 뿌리내리게 하기 위해 얼마나 공을 들였는지 알 수 있다. 표면상으로는 단순히 흥미로운 일화처럼 보일지 몰라도 지폐 인물을 통해 일본의 침략적 본성을 드러내고 있는 것이다. 일본은 조선을 식민지로 삼기 훨씬 이전부터 자국민에게 한반도를 침탈할 명분을 주입하기 위해 '의식화' 교육을 꾸준히 진행하면서 자신들의 행동을 누차 정당화했다. 한반도는 고대부터 일본의 식민지이거나 일본보다 몇 수 아래라는 관점을 정계와 군부 엘리트들만 공유한 게 아니라 일반인에게까지 확산한 것이다.

"한반도는 4세기 무렵에 일어난 진구황후의 한반도 정벌 이래로 일본의 영토였다."

일본은 왜 역사를 왜곡하면서까지 이런 괴이한 짓을 하는 것일까? 이에 대해 호사카 유지 세종대학교 교수는 한국인이 주목하지 않는 일본인의 내부심리와 배경을 분석했는데, 매우 흥미로운 대목이다.

"국학 사상의 2대 성전인 『기기記紀』(『고지키古事記』와 『니혼쇼키日本書紀』)가 각각 712년과 720년에야 완성됐다. (…중략…) 이 두 권의 역사서 속에 일본의 한국 경시 사상과 침략사상이 들어있었던 것이다. (…중략…) 사실 일본은 한반도에서 패배(663년 백촌강 전투)했음에도 불구하고 『기기』에는 반대로 일본이 한반도를 점령했다는 식으로 바꿔서 기술해 놓았다. 역사 왜곡은 근·현대의 문제가 아니라 7세기에 있었던 한반도에서의 뼈아픈 패배에 그 원천이 있다. (…

중략…) 일본은 신라에 패했던 역사를 은폐시키고 역사를 왜곡해서라도 신라를 굴복시키고 싶었을 것이다. 그 앙갚음으로서 언젠가는 한반도를 굴복시키겠다고 다짐이라도 하듯 거짓 신화를 창조해낸 것이다. 후세의 권력자들은 이 『기기』를 번번이 예언서인 양 이용했다. 일본이라는 나라가 시작되는 시점에서 한반도를 강력하게 무시함으로써 '일본'이라는 하나의 덩어리로 힘을 모으려고 꾸몄던 픽션이 결국은 이데올로기로 변해버린 것이다."[769]

663년 일본은 백제를 회복시키고자 2만 7,000여 명의 대규모 지원군을 파견해 백제 부흥군과 연합하였지만 나당 연합군에게 패배했다. 이 전투를 백촌강 전투라고 한다. 호사카 유지 교수에 의하면 일본은 백촌강 전투의 패배를 은폐하고자 일본이 한반도 남부를 200여 년간 점령했다는 왜곡된 역사를 만들어냈다. 역사상 처음으로 한·중·일 동아시아 3국의 정규군이 충돌하여 싸운 '최초의 국제전'이다. 이 전투에서 나당 연합군이 승리하면서 백제부흥운동 세력은 완전히 소멸했다. 한편 일본은 백제 저항세력에 이어 고구려까지 제거한 나당연합군이 동맹의 한 축이던 일본에도 쳐들어오지 않을까 두려워했다. 그래서 규슈지역 해안에 방어성을 쌓는 등 나당연합군이 쳐들어올 것에 대비했다. 이처럼 일본의 역사 왜곡은 근대의 문제가 아니라 7세기에 한반도에서 있었던 전쟁의 패배에 그 원천이 있다.

좀 더 역사를 살펴보자. 백촌강 전투 패배 이후 나당 연합군의 강한 군사력에 위기감을 느낀 일본은 한반도와 대륙과의 관계를 끊고 독자적인 일본과 일본 문화를 확립하고자 노력했다. 특히 덴무天武 천황(재위 673~685)은 왕권을 강화하면서 중앙관제를 정비하는 등 중앙집권제 체제와 신분제를 강화하여 율령제 국가의 기틀을 만들었다. 그는 내실 있게 국내의 힘을 응집하면서 '천황을 중심으로 한 중앙집권적 국가'를 새롭게 만들어갔다. 또한 『일본서기日本書紀』와 『고사기古事記』 등의 편찬을 명령해 천황의 정통성을 확립하고자 했다. 이처럼 백제가 멸망하고 부흥운동이 실패로 돌아간 7세기 말에서 8세기 초에 걸쳐 일본의 독자성이 확대됐다.

한자의 초서체에서 '히라가나'를 한자의 변에서 '가타가나'를 취해 일본 문자를 독자적으로 만들어 사용하기 시작한 것도 이 무렵부터다.

일본은 국가를 새로이 정립하기 위해 처음으로 법령을 정비하여 다이호大寶율령을 701년에 제정(당나라를 본뜸)하고, 정통성을 확립하기 위해 대대적으로 역사서 편찬작업을 시행하여 『고사기』와 『일본서기』를 편찬했다.[770]

일본은 국내의 힘을 응집하기 위해 천황의 절대성을 뒷받침하고 미화했다. 일본 역사의 기원을 획일적으로 꾸며놓은 『일본서기』에 진구황후 같은 신화 속의 허구 인물을 창조했다. 모든 민족은 저마다의 신화를 가졌다. 신화에는 고유의 문법이 있는데 그 속에는 그 민족의 환상, 갈망, 기대, 걱정이 모두 들어 있다. 일본은 신라와의 패배를 치욕스럽게 생각했고, 그 힘을 두려워했고, 언젠가 힘을 길러 한반도를 점령하여 복수하고 싶다는 갈망을 신화에 담아 환상적으로 만들어냈다.

따라서 『일본서기』가 왜곡된 이유에는 나당 연합군에게 치욕적인 패배를 겪은 후 원초적인 분노가 쌓이게 된 데다 일본이 천황제 국가를 전면에 내세우게 됐다는 배경이 깔려 있다. 천황의 정치적 권위를 크게 높이기 위해서는 조공하는 번국이 필요했기 때문이다. 이처럼 일본 역사에는 한국사를 왜곡하고 그들의 역사를 미화하고 찬양하기 위해 의도적으로 기록한 것이 꽤 있다.

"『일본서기』에 의하면 진구황후의 정벌군이 369년 한반도에 건너가 7국 4읍을 점령하고, 그 후 임나(가야 지역)에 일본부를 설치하였다가 562년 신라에 멸망했다."[771]

"『일본서기』보다 8년 전에 편찬된 『고사기』에는 진구황후의 한반도 정벌 같은 기록이 전혀 없다. 일본 학계에서도 『고사기』나 『일본서기』의 기록을 사실로 인정하지 않으면서도, 유독 '임나일본부'의 기록만을 고집한다는 것은 도저히 이해할 수 없는 일이다."[772]

'정한론'의 주창자인 요시다 쇼인[773]이 걸어온 삶을 추적해 보면 일본 지식인에게 『기기』가 '참 일본'의 실체로 인식되어 가는 과정을 살펴볼 수 있다. 쇼인이 1852년 막부의 허락을 받지 않고 국수주의의 본산인 미토번의 아이자와 세이시사이(1782~1863, 『신론新論』의 저자)를 찾아갔을 때 71세의 노학자는 '일본의 참모습'을 알기 위해서는 『고사기』와 『일본서기』를 반드시 읽어야 한다고 강조했다. 두 책을 읽어본 적이 없었던 쇼인은 부끄러워 고개를 들지 못했다. 그 뒤 그는 『기기』의 샘물에서 목을 축였는데 마치 한 번 마시면 영원히 취하는 신비한 술처럼 『일본서기』를 예언서처럼 받아들여 한반도와 만주가 모두 일본의 일부라고 주장한 것이다. 쇼인의 '정한론'은 훗날 대동아공영권으로 발전했고 일본의 침략 정책에 깊은 영향을 주었다. 일본의 A급 전범 도조 히데키는 다음과 같이 말했다.

"일본의 대동아공영권은 신의 섭리로 선언됐기에 그 어떤 것의 간섭도 허용할 수 없다."[774]

"일본 정치인들은 자국의 미래에 대한 야망을 부끄러워한 적이 없다. 스스로 신들의 후예라 믿는 이들이 자신의 선조들에게 걸맞은 미래를 설계하는 것은 당연했다."[775]

이처럼 일본의 '명백한 사명'에 대한 비전은 군부 극단주의자들의 야망, 『기기』의 신화, 그리고 쇼인의 비전과 혼합되어 있었다. 결국 쇼인을 비롯한 정치가들은 일본 대중에게 역사적 사실과 무관한 『기기』의 거짓 신화를 역사의 일부로 각인함으로써 일본인을 한반도 침략과 태평양전쟁을 옹호하는 지지자로 만들었다. 이후 일본 전체의 우경화라는 '돌이킬 수 없는 변화'를 불러일으켜 침략과 학살조차도 당연하게 여겼다. 폭력에도 겉치레는 필요하다. 일본이 야만국이 아니라 문명국가라는 주장에 대해 내세운 주主명분은 신화였다.

그렇다고 해도 역사적 사실 여부가 밝혀진 오늘날에도 일본의 극우세력은 사실이 아닌 걸 믿던 시대의 원시신화와 쇼인의 주장을 그대로 신봉하고 있다. 이처럼 위대한(?) 거짓 신화가 거대한 착각으로 이어지며 일본 열도는 그야말로 '거대한 라쇼몽'이 된 것이다. 일본이 새롭게 국가를 재정립하는 시기에 응축된 힘을 모으기 위해 꾸며낸 '한반도 점령설'이 결국 침략 이데올로기로 변했다.

"일본열도를 평정하려는 목적과 천황의 권위를 높이려는 필요성으로 인하여 의도적으로 왜곡됐던 『기기』는 한반도를 희생양으로 삼았고 1,300여 년에 걸쳐 일본인들의 핏속에 흐르고 있다."[776]

이처럼 일본의 신화는 다른 많은 것의 기원처럼 자신들이 살아나기 위해 만들어낸 '공적인 허구'이자 현란하게 날조한 '고귀한(?) 거짓말'이다. 이런 엉터리 주장에 열광하는 일본인을 무지몽매하다고 비난한들 달라질 것은 없다. 우리가 그건 조작으로 얼룩진 가짜라고, 그런 동화는 바보들이나 믿는 것이라 주장한들, 일본이 애당초 존재하지 않았던 신화를 버릴 수 있을까? 아무리 어쩌느니 저쩌느니 해도 현실은 그럴 수 없다. 우리가 단군 신화를 공유하듯 일본은 그들의 의식에 깊이 새겨진 천황 신화에서 벗어날 수 없다. 그것이 비록 일본제국의 부활이 아니라 쇠퇴를 가속할지라도 말이다. 이건 어찌할 수 없는 한·일 관계의 한계다. 한 국가의 민족의식은 같은

허구를 공유하는 데 있기 때문이다.[777]

그런데 한국은 백촌강 전투에서 일본을 이겼다고 긍지를 갖거나 국뽕에 취한 적이 없다. 심지어 백촌강이 금강인지 영산강인지 구체적으로 어디인지조차 아직 밝혀지지 않았다. 이 정도로 한국사에서 백촌강 전투는 관심사항도 아니고 근대 한국인이 긍지로 느낄 일도 아니었다. 그런데 일본은 집요하게 그날의 패배를 곱씹고 앙갚음할 기회를 모색하고 있었다니. 이렇게 비유할 수 있겠다. 나는 전혀 모르는데 10대 조상의 일로 나를 해치려는 괴물 같은 존재, 그것도 허구에 바탕을 둔 1,000년이 넘는 원한을 반드시 갚겠다고 한다. 도대체 어느 저주받은 땅에 숨어 있다 나와서 한반도로 슬며시 기어들어 왔는지 제발 나가달라 해도 아랑곳하지 않으니 미치고 팔짝 뛸 노릇이다. 이 얼마나 기괴한 일인가. 당하는 입장에선 소름이 끼친다고 할까. 지난 160여 년을 반추해 보면 일본을 관통하는 맥이 있다. 과장된 허구의 신화를 바탕으로 이웃을 침략하는 집요한 행태는 그들 안에 내재된 열등감과 두려움에 대한 반사작용이라고 볼 수 있다.

다시 돌아와 실상이야 어떻든, 일본은 '한반도는 고대 일본의 식민지'라는 신화를 반복적이고 지속적으로 교육하며 일본인을 통합했다. 이는 조선을 바라보는 일본인의 시선에 하나의 방향성을 제시해 행동에 지대한 영향을 끼쳤다. 야망이 비대해져서 신화 속에서만 가능한 일을 현실에서 이루려 한 것이다. 이에 대해 유발 하라리는 '인간이 세상을 지배한 것은 이야기를 만들고 이를 믿게 해서 대규모의 협동을 끌어냈기' 때문이라고 말했다. 제1차 세계대전을 승리로 이끈 프랑스 정치가인 조르주 클레망소(1841~1909)의 말을 들어보자.

"나라란 땅과 바위, 하천, 산림, 농토로만 이뤄진 것이 아니라 사람의 마음을 한데 묶고 사람들의 움직임을 알리며 문명된 세계에 영향을 미치는 이념으로 형성된 것이다."[778]

프랑스는 대혁명의 유산인 '자유, 평등, 박애'라는 문명화된 이념을 기치로 내세웠으나 일본은 '신라가 왜의 조공국'이었다는 왜곡된 역사인식을 자국민에게 심어놓았다. 그다음 그들은 대놓고 러일전쟁은 조선을 러시아로부터 보호하기 위한 전쟁이었다고 주장했다. 일본은 그들의 집요한 침략 본성에 따라 발생하는 폭력을 마치 정의로운 전쟁인 양 탈바꿈한 것이다. 어처구니없는 일본의 역사왜곡은 고스란히 한반도에 고통을 안겨주었다.

이처럼 일본이 한반도를 침략하기 위해 자신들의 희망사항을 자국민에게 치열하게 각인하고 있는 동안에도 조선은 전혀 인지하지 못했다. 메이지 정부의 교육정책은 신화와 결합하여 일본 사회의 모든 풍속과 관념을 지배했다. 진구황후의 신라 침공설은 신화를 뚫고 나와 일본인의 의식은 물론 외교와 정책에도 많은 영향을 끼쳤다. 메이지 일본의 리더들은 신화를 역사적 계시로 받아들이고 내외부 위기가 발생할 때마다 한반도로 관심의 방향을 틀었다. 신화는 나침반이 되어주었고, 그리하여 끝내 한반도를 그들의 일부로 만들고자 했다. 하지만 신화는 작은 시작에 불과했다.

### 3차 근대화 통로를 거쳐 근대 국가로 거듭난 일본

다음 그림처럼 메이지 일본은 다양한 근대화 기제들을 통해 점차 문명화에 가속도를 붙이면서 엄청난 힘을 축적해 나갔다. 근대의 발명품들이 어떻게 일본인을 단단하게 주조했는지 살펴보자.

1차적으로는 교육을 통해 새로운 국가관과 정체성을 심었다.[779] 이때 교육에 포함시킨 신화의 내용이 사실인지 허구인지는 중요하지 않았다. 그 신화들이 허구든, 역사적 사건으로 각색한 것이든 일

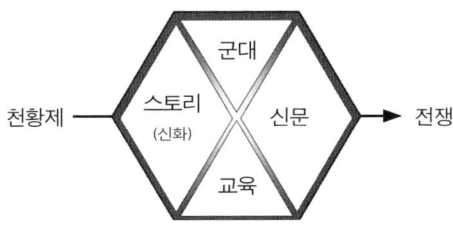

본인에게 미친 영향은 지대했다. 이는 일본의 무의식적인 갈망을 부추기며 한국에 대한 열등감을 극복하기 위한 수단이자 일본의 우월성을 믿게 만들기 위한 하나의 목표로 사용됐다. 2차적으로는 군대에서 훈련을 통해 젊은이들에게 질서의식과 국가 정체성을 강화했다. 3차적으로는 신문과 잡지 등을 통해 애국심을 확산했다. 일본은 전쟁과 신문을 통해 거대한 조직력과 협력망을 갖추며 근대 사회로 나아갔다.

유현준 홍익대학교 교수는 밀도를 예로 들어 권력의 크기를 분석했다. 신박하다. 목사와 스님의 권력 크기를 비교했는데 일정한 시간에 얼마만큼 집중적으로 자주 모이는가에 따라 영향력의 크기가 결정된다는 것이다. 유 교수는 공간의 집중도를 볼 때 목사가 스님보다 17배 권력이 강하다고 설명했다.

"일반적인 불교신자들은 보통 '설, 부처님 오신 날, 동지' 정도는 꼭 사찰을 찾는다. 1년에 세 번 정도는 가는 셈이다, 반면 기독교는 일주일에 한 번은 의무적으로 모인다. 모이는 횟수로 보면 3대 52의 차이다. 공간으로 만들어지는 권력은 목사님이 스님보다 17배 센 경우다. 게다가 불교는 참석하는 날에도 특별한 날이 아니면 하루 중 아무 때나 가면 된다. 반면 기독교는 매주 정해진 시간에 가야 한다. (…중략…) 불교와 기독교는 시간의 정확도 측면에서 1대 24의 차이를 가진다. 시간과 공간적인 자유가 적을수록 그 시간과 공간을 통제하고 조정하는 주체가 권력을 갖는다."[780]

공간 측면에서도 한·일의 밀도 차이가 컸다. 이층집이 기본인 일본과 온돌 중심의 단층인 조선을 비교할 때 일본이 밀도 면에서 우위에 있었다. 실제로 1870년대 도쿄는 100만 명이 넘는 도시였고 서울은 20만 명이 거주하는 도시였다. 당시 도쿄는 세계적인 고밀도 도시로 다양한 상거래와 창의적인 일들이 많이 일어나고 있었다. 제프리 웨스트의 저서 『스케일』에 따르면 '인구가 2배 늘어나면 특허 출원건수가 2.15배 뛴다고 한다. 인구 규모가 커질수록 도시가 더욱 창의적으로 되어간다는 것'이다.[781]

도쿄는 고밀화된 도시 공간뿐만 아니라 도로와 철도 등을 이용해 사람 간에 만날 수 있는 관계의 시냅스가 획기적으로 늘어난 상태였다. 도쿄는 메이지 유신 이후 신분차별 폐지로 인해 다양한 근대적 직업군들이 생겨났다. 다양한 관계성이 형성되고 처음에는 우연에 지나지 않던 아이디어가 서서히 필연적 이유를 갖추게 되면서 결국 새로운 비즈니스로 진화하는 패턴을 보인다. 이처럼 고밀도의 도시는 수많은 우연의 산물들이 만들어지고 변이와 선택이 다양해지면서 창조의 수준이 올라가는 것이다.

"교통수단이 발달할수록 문화의 2차적 변종의 탄생은 가속화되고, 여기에 새로운 기술혁명까지 더해지면 문화의 파생과 결합의 방향에 큰 흐름이 생겨난다."[782]

일본에서 근대를 이루는 7개의 필수요소 중 첫 번째로 작동된 것은 교육이었다. 전국 곳곳에 학교를 짓고 강력한 의무교육을 실시했다. 1900년 초 일본은 90% 이상이 초등학교를 다녔다. 매일 교육칙어를 외우고 기초 산수, 예절, 질서, 그리고 역사교육을 배웠다. 1차적으로 교육을 통해 일본인을 충군애국의 신민으로 길러냈다.

"'1908년 4월부터 의무교육 연한을 4년에서 6년으로 연장'했고, 러일전쟁 중인 1904년 4월부터 문부성이 저작권을 가진 국정교과

서로 충군애국과 멸사봉공을 축으로 한 신민臣民을 육성하기 시작했다."[783]

일본인은 대개 자아와 인성이 형성되는 7세에 학교에 들어가 천황에 대한 새로운 각인을 새겼다. 천황에 관한 교육과 일상적인 단체의식은 그들의 의식에 일종의 '정신적 고속도로' 같은 동일한 회로를 새겨 넣어 천황을 섬기는 것을 삶의 목적으로 여기도록 했다. 교육칙어를 매일 암송하고 천황 사진에 예의를 다해 경례하고 신화가 어쩌고 하는 등의 일이 뭐 대수냐고 할 수도 있다. 하지만 프랑스 노르망디 농민의 '기묘하고도 불쾌한 의식'을 보면 각인을 본능에 새기는 게 얼마나 강렬한지 깨닫게 한다.

"맏아들의 일곱 번째 생일이 되면 아버지는 아이를 자신의 소유지로 데리고 나가 토지의 모퉁이를 전부 밟게 한다. 그리고 모퉁이를 돌 때마다 아들을 때린다. (…중략…) 아이로 하여금 소유지의 경계를 감정적으로 매우 깊이 각인하도록 하는 데 효과가 있다. 또한 아버지는 이런 경험을 한 아들이 장차 물려받을 토지의 경계를 영원히 잊지 않을 것이라는 사실을 안다."[784]

만약 어느 나라가 일본과 일본 민족은 신성하다는 국수주의적 사고로 각인된 일본인의 신국神國을 침략한다면 어떻게 할까. 그들은 침략자를 막아내기 위해 어떤 희생을 감수하고라도 죽을 때까지 싸웠을 것이다. 각인이 이루어진 그 순간으로 되돌아가기 때문이다. 태평양전쟁의 사례를 보아도 '1억 총 옥쇄'[785]를 외치는 일본의 전략을 고려하면 일본인 1억 명 모두를 죽이거나 포로로 잡아야 이 전쟁을 끝낼 수 있다는 점이 명백해졌다. 스스로 죽어서 소멸하더라도 미국에 피해를 주는 가미카제 방식의 전쟁을 하는 일본은 지옥을 만들어 냈다. 과연 미국이 일본인 1억 명을 상대로 모두 죽이거나 포로로 잡는 것이 가능할까? 이는 비인도적인 데다가 미국인의 상식으로는 불가능한 일이다. 미국은 죽을힘을 다해 싸우는 일본의 배수진에 괴이함과 두려움을 느꼈다. 따라서 원자폭탄이라는 비상수단이 훨씬 매력적으로 보일 수밖에 없었다.

2차 근대화 통로는 징병제를 통해 3년간 현역병(예비군 4년)으로 복무하는 기간에 이루어졌다. 일본인은 이 과정에서 근대기술과 국수주의를 체득했다. 어느 나라나 가장 빨리 근대화하는 곳은 군대다. 해방 후 한국도 그랬고 중동이나 동남아 국가도 마찬가지다. 메이지 일본 역시 군대가 먼저 근대화를 이루었다. 가토 슈이치와 석학인 마루야마 마사오와의 대담에서도 메이지 일본 역시 최초의 근대화를 받아들인 곳이 군대와 기술관료였다고 지적한다.

"**마루야마**: 가장 빨리 근대화한 곳이 군대입니다. (…중략…) 양복을 입고 군화를 신고 정렬해서 말입니다. 음악도 군악대에서부터 시작되지요. 행진곡이라는 건 일본 음악으로는 아무래도 안 됩니다. (…중략…) 그래서 최초로 서구화를 받아들인 건 군대를 포함한 기술관료입니다.

**가토**: 외국인 고문이 군대를 훈련시켰지요. 외국인 교사가 제일 먼저 (배치된 곳이) 군대, 다음이 제국대학입니다."[786]

근대로 가는 과정 중 징병제는 젊은 남성들에게 근대적 기술과 지식을 전수하는 교육과 훈련을 제공했을 뿐만 아니라 애국심을 고양하는 데 핵심적인 역할을 했다. 군대에서 실시하는 정리정돈 교육과 청결 강조 등은 개인위생을 개선시켰으며 예비군 제도는 나라가 위급할 때 바로 전선에 투입할 병력을 제공하고 후방에서 사회를 조직화하는 데도 크게 기여했다. 이처럼 징병제는 국가를 통합하고 국민 단결을 도모하는 데 도움이 됐다.

"1873년부터 건장한 일본인 남성은 3년간 군대에서, 그리고 4년간 예비역으로 복무했다. (…중략…) 그들은 서구식 제복을 입고, 서구식 막사에서 살았고, 서구식 근대기술을 배웠다. 대다수가 읽고 쓰는 법을 배웠다. 그들이 읽는 대부분의 것은 국수주의자의 선전물이었다. (…중략…) 징집된 군대는 외국군대에 대항해 나라를 지키는 기초가 될 뿐 아니라 국가를 통합하는 가장 좋은 방법이었다. 국가의 통일은 군사력의 통일이었다. 국가교육은 군사교육이었다."[787]

징집병 시절 받은 군사훈련의 경험이 체계적인 조직력으로 발휘되는 효과는 징집의 부수적인 영향으로 재난이 발생했을 때 사회를 빠르게 안정시키는 데에 큰 도움이 된다. 예비군의 조직력은 1992년 4월 LA 폭동 당시 루프탑 코리안(Rooftop Korean, 지붕 위의 한국인)이 잘 보여주었다. 흑인과 히스패닉계 폭도들이 폭동을 일으켰을 때 세탁소와 편의점 등 자영업을 하던 한국인 이민자들이 자신의 가게를 지키기 위해 자경단을 조직해 지붕 위로 올라가 코리아타운을 지켜냈다.

국가의 치안 기능이 마비된 상황에서 국가의 보호를 받지 못하는 한인들이 국가의 치안 역할을 대신하여 스스로 수행한 것이다. 징병제를 경험한 대부분의 한인 남성들이 주도하여 군 방식의 단단한 조직력을 보여주었다. 이안 부루마는 '후쿠자와 학원이나 자유토론회가 아니라 무장한 군대가 메이지 일본의 젊은이들에게 있어서 근대화를 겪는 통로'였다고 분석했다.[788] 일본 전문가들도 징병제에 대한 평가는 새로운 일본을 만드는 데 중요한 역할을 수행했다고 보았다. 러일전쟁의 승리 후 일본은 국수주의에 도취됐다.[789]

교육, 징병제에 이어 3차 근대화 통로는 신문과 잡지 등 출판문화였다. 출판문화는 일본 사회의 근대화 전환과 문명화를 위한 '담론 발신의 장' 역할을 수행했다. 현실 문제에 공감하면서 '다음을 생각하는 이행移行'의 문학과 신문을 지향했다. 당연히 전근대적 상태에 머물러 있었던 조선과 중국은 조롱의 대상이었다. 특히 청일전쟁이 일어나자 일본 언론은 많은 특파원을 파견했다. 일본군의 뛰어난 활약을 선전하고 보도함으로써 후방에 남은 대다수 일본인을 애국주의로 똘똘 뭉치게 했다.

"육군에 종군해서 일본 국외의 전장에 나간 일본인 신문기자는 114명, 이외에도 사진사 4명과 화공 11명도 동행했다. (…중략…) (강화하는 언론통제로) 1894년 중에 치안방해 혐의로 발매정지를 받은 신문사는 140개 사를 넘었다."[790]

신문사는 지면에 다 싣지 못할 정도로 전쟁 정보가 쏟아지자 호외 발행으로 대응했다. 청일전쟁 보도에서 가장 성공하여 발행부수가 획기적으로 늘어난 신문 중 하나가 「아사히신문」이다. 이 신문은 오사카판과 도쿄판 두 체제로 운영됐는데 '오사카 아사히가 1894년에 발행한 호외는 66회, 이듬해인 1895년에는 80회'에 달했다.[791] 특히 지역신문은 "종군하는 사람들에게 가장 사랑받는 위문품이었고, 전장과 지역 후방 사이에 정보를 전달하는 파이프라인이었다. 이 파이프라인을 통해서 전장과 지역 후방사회는 정보가 교환되어 서로를 자극했고 전장의 체험이 일반화되어 지역 신문의 독자에게 공유됐던 것"이다.[792]

일본은 근대의 모든 기제가 유기적으로 연결되면서 엄청난 힘을 지닌 괴물 국가가 됐다. 돌이켜 보면 일본의 역사 왜곡은 그 뿌리가 깊다. 신화가 사실이냐, 아니냐가 중요한 게 아니다. 그것을 믿느냐, 믿지 않느냐의 문제로 바뀌며 역사의 종교화 현상이 벌어졌다. 그리고 일본은 진구황후의 신화를 청일전쟁을 통해 현실로 만들었다. 언론은 일본군의 승리를 대대적으로 홍보했고 조선과 청나라가 얼마나 전근대적인지 적나라하게 보도했다.

요약하면, 일본인은 신화, 교육, 징병제, 신문을 통해 민족 담론이 형성되자 일본제국을 예찬하는 지경에 이르렀다. 메이지 유신의 주체세력이 우려했던 민중의 저항이나 우중정치가 아니라 이제는 민중이 정부의 지지자가 됐다. 여론은 제국의 정당성을 뒷받침하는 든든한 기둥이 된 것이다.

그런데 일본이 강조하는 최고의 선은 '국가와 민족의 영광이지 그 구성원인 개인의 안녕'이 아니었다. 엉터리 신화가 역사가 되다 보니 일본 내에서 한반도나 중국에 대한 침략은 합리화되어 도덕적인 일이 됐다. 일본의 한반도 침략은 더 이상 탐욕이나 부도덕한 일이 아니라 정당한 권리가 된 것이다. 일본 정부가 부추긴 '침략의 합리화'는 일본 사회를 안정화시킨 대신에 새로운 비극을 잉태하는 씨앗이 됐다. 전에는 일부 사무라이만이 가졌던 폭력성이 일본인 전체의 정체성[793]이 되어 한반도와 아시아를 향해 망설임도 없이 잔인한 폭력을 가할 수 있게 된 것이다. 또한 일본이 중국이나 한국보다 우월하다는 의식은 이때부터 뿌리내리기 시작했다.

종합해보면 일본은 교육과 군대 그리고 전쟁 상황을 시시각각 보도하는 신문을 통해 국민을 조직하고 거대한 협력망을 구축한 것이다. 일본이 전쟁을 거듭할수록 군인의 규모는 5배가 넘게 증가했다. 임오군란 때 일본의 육군 상비병은 1만 8,600명을 포함해 4만 5,000명 정도였으나 청일전쟁에 직접 참여한 군인과 군속은 24만 616명이었다. 러일전쟁 때는 약 124만 명[794]이었고 태평양전쟁 때는 항복한 군인만 720만 명이었다. 작은 규모에서 시작한 것이 가속도가 붙어 큰 효과를 불러오는 눈덩이 효과처럼 20~30년 단위로 5배씩 군인들이 늘어났다. 국력을 넘어선 일본의 군비 확장은 무시무시할 정도였다.

"일본의 국민경제와 국가의 발전 전체가 전쟁이라는 악순환에 갇히게 된 것이다. '전쟁 → 경제 군사화 → 국가발전 → 더 큰 전쟁 → 더 큰 경제군사화 → 더 큰 국가의 발전'이라는 악순환은 강한 군국주의 일본이 탄생했던 중일전쟁과 태평양전쟁 때까지 계속됐다. 그리고 이 전쟁은 국민경제와 대일본제국이 철저하게 붕괴되고 나서야 비로소 멈추었다."[795]

# 2
# 한국의 근대혁명

### 총력전의 시대

다음과 같이 7가지 근대화 지표를 보면 현재 상태를 파악할 수 있다. 이 지표를 보며 과거로부터 현재까지 한 국가 내에서 기간을 비교할 수 있고, 또한 그 국가가 어떤 상태인지 알 수 있다. 근대화를 달성한 국가인지, 전근대 국가인지 한눈에 파악할 수 있다. 윌리엄 번스타인은 『부의 세계사』에서 근대화의 필수 7가지 지표 중 4가지를 이용해 부국과 빈국 사이에 격차가 벌어지게 된 원인을 분석했다.

그는 풍요를 만든 원인으로 '재산권' '과학적 합리주의' '자본시장' '운송과 통신의 발달'을 꼽았다. 이 책의 표현을 빌리면, 법치·보편교육(과학적 방법론)·근대재정(자본시장)·인프라 구축이라 할 수 있다. 이러한 네 가지 요인을 통해 라틴아메리카, 아프리카, 중동 국가들이 여전히 풍요롭지 못한 이유를 경제적·사회적 관점으로 탐구했다. 그는 이러한 네 가지 조건의 표본 국가 중 한 곳으로 한국을 꼽았다.

| | | |
|---|---|---|
| (신분제 사회) | --------> | (신분제 해체·법 앞의 평등) |
| (의무교육 부재: 높은 문맹률) | --------> | (의무교육:기회균등, 높은 문해율, 인재육성) |
| (전근대적 군대: 치안 위주) | --------> | (국민 개병제) |
| (전통적 조세제: 부패, 비효율) | --------> | (근대적 조세제: 자본시장 활성화) |
| (사회간접자본 미비) | --------> | (인프라 구축·확충: 통신, 도로 등 교통 인프라) |
| (민간 출판문화 부재) | --------> | (민간 언론·출판문화의 자유) |
| (전통적 법률체제) | --------> | (근대적 헌법과 법률) |

반면 당시 조선은 교육, 징병제, 출판문화의 부재로 인해 사회가 흩어져 버린 모래알처럼 지리멸렬한 상태였다. 조선은 일본을 물리치기에는 너무 약한 데다 조직화하지 못했다. 게다가 밖으로부터 오는 위협과 기회를 제대로 인식하지 못하고 있었다. 청일전쟁 이후 일본과 조선은 큰 행성과 희미한 작은 별 정도로 국력의 차이가 크게 벌어졌다. 조선이 '베이비 스텝'도 못 뗀 상태인데 일본은 의회제도 등 근대 국가를 만들기 위한 '빅 스텝'을 밟고 있었다. 근대는 왕의 권한을 제한하고 한쪽 날개에는 의회제도를, 다른 한쪽 날개에는 국민의 권리를 부여해 나라를 하나로 통합하는 것을 목표로 삼았다.

"사회진화론자 월터 배젓은 유럽의 19세기를 '국가 만들기nation making'의 세기라고 묘사했다. 이러한 현대국가는 두 종류의 역량의 산물이다. '하나는 종족을 만드는 역량이고, 또 하나는 국가를 만드는 역량'이다."[796]

쉽게 정리하면 근(현)대 국가는 두 종류의 역량의 산물이다. 하나는 근대 국가를 만드는 역량이고, 다른 하나는 근대 한국인을 만드는 역량이다. 고종의 조선이 이 두 역량을 갖췄느냐가 관건이었다. 7개의 필수요소에 관한 글이 이 책에서만 300쪽이 넘는데 조선은 필수요소를 갖추지 못한 상태였다. 가장 큰 위기는 인식의 변화가 거의 일어나지 않았다는 데 있다. 조선은 문치를 표방한 나라였다. 그런데 고종 시대의 조선에는 열 명 중 한 명만 글을 읽을 줄 알았다. 한국이 지하자원이 아니라 인적자원으로 성장했다는 말은 '고종시대 조선'과는 무관한 일이다. 특히 대학의 부재로 인해 조선의 인재들은 모일 곳도 없고 근대 기초지식을 체계적으로 공부할 곳도 없었다.

- 최소한의 인프라 부재: 사실상 도로, 철도, 통신 등 근대 국가로서 갖춰야 할 최소한의 기반조차 갖추지 못했다.
- 민간 출판문화 부재: 공론장이 건강한 사회는 제반 문제를 슬기롭게 해결할 수 있는데 조선은 이런 인프라가 부재했다.
- 의무교육과 징병제 부재: 왕조가 계속 존재한다는 것을 당연하게 여기고 일본의 침략에 대해 대비하지 않았다.

결국 '고종의 조선'이 가진 시스템으로는 근대 사회를 담을 수 없었다. 근대는 사대부로부터 백성에 이르기까지 모두 경쟁력을 갖춰야 하는 '총력전의 시대'인데 구한말에는 사대부조차 경쟁력을 상실한 상태였다. 근대적 지평이 부재한 상태에서 내부 권력 투쟁에만 몰두하다 보니 다 같이 공멸하고 말았다. 사람의 일이나 국가의 일이나 그것을 바로잡으려면 뜻이 맞아야 한다. '뜻만 맞으면 천 리도 지척인데, 뜻이 안 맞으면 지척도 천 리'라 하듯이 고종, 사대부, 백성의 생각이 모두 제각각이었다. 그러다 보니 조선은 근대화를 향해 한 걸음을 떼기조차 힘들었다. 웬만한 교육, 웬만한 군대, 웬만한 관료, 웬만한 책과 신문들이 갖춰져 있어야 한다. 그 웬만함이란 게 정말로 엄청난 일이었다. 그 웬만함이 가능하기 위한 조건이 웬만하지 못했던 것이다. 이미 앞에서 충분히 언급했으니 여기서는 그러한 것들을 헤쳐보고 뜯어보고 더 자세히 살펴보지 않을 것이다.

다만 '고종의 조선'은 일반인에게 교육을 전면적으로 실시하지 못했고 '한 배를 탔다는 소속감과 공동운명체'라는 의식을 심어주지 못했다. '고종의 조선'은 근대를 이루는 재료와 필수 요소들을 갖추지 못했다. 조선이 근대화라는 새로운 시대의 전환점에서 위기를 탈출하는 방법은 세 가지뿐이었다. 환골탈태하여 제도와 법을 통해 개혁을 진행하는 길, 근대교육을 통해 지속적으로 인재를 육성하는 길, 그리고 새로운 지도자가 출현해서 나라를 위기에서 구해내는 길이다. 조선은 앞의 두 가지가 이뤄지지 않았으니 새로운 지도자의 출현이 절실하게 필요했다. 고종이 이끄는 기차는 '패망으로 가는 선로 위를 달리는 기차'였다. 그가 이끄는 왕조국가로는 근대화를 이뤄낼 수 없었다. 유길준의 「사직상소문」(1907년)에는 이러한 사정들에 대한 깊은 회한이 배어 있다.

"우리나라는 강토로 보나 인구로 보나 빈약하고 작다고 말할 수 없다. 그런데도 역대로 문관은 교만하고 무관은 천시되던 끝에 옛날에 수나라 군사를 격파하고 당나라 군사를 물리치던 웅건한 기개를 완전히 상실하여 관문을 닫아걸고 통상을 금하며 검박한 것을 숭상하고 공업을 억제한 결과 사람들은 웅크리고 살아감으로써 풍속은 점점 비속해지고, 물건들은 보기 좋은 것들이 없고, 재물이 그에 따라 고갈되어 버렸다."[797]

### 한국인의 우수성

오늘날 대통령을 비판한다고 나라를 욕하는 게 아니듯 '못난 고종'을 냉정하게 평가해야 한다. 고종을 변호하고 옹호할수록 초라해질 뿐이다. 피해 가려고 하면 오히려 더욱 꼬일지도 모른다. 안타깝게도 고종과 집권층이 얼마나 못났으면 일본이 빈집털이나 다름없던 조선을 점령한 후 조선의 정신까지 지배하려 했겠는가.

'패망하더라도 한국의 역사관을 지배하면 언제든 다시 점령할 수 있다.' 이는 조선총독부가 만든 조선사편찬위원회의 정신이다. 한반도를 영원히 일본에 종속된 관계로 만들기 위해 16년간 많은 학자를 동원하여 조직적으로 조선사를 만들었다. 아직도 해방되지 못한 상태로 있는 분야가 역사학이고 역사다. 여전히 과거로부터 불길은 계속 타오르고 있다. 근대 시기 국부의 원천은 "하나 내지는 둘의 영웅에 있지 않고 정치, 종교, 실업, 무역, 학술 등 사회 각 부문에서 활약하는 국민적 역량에 달려 있다."라고 강조한 신채호 선생의 말처럼 조선은 국민 개개인의 경쟁력을 키워야 했다.

1960년대 이후 본격화된 한국의 근대혁명[798]은 조선이 실패한 지점인 국민 개개인의 경쟁력을 키우는 데 성공하고 여러 조건들이 종합적으로 잘 작동된 결과였다. 김진현 세계평화포럼 이사장은 한국의 성공은 '자발적 변화, 외압에 의한 변화, 국내적 조건과 국제 조건이 선순환'하여 이룬 성과라고 분석했다.

"한국인의 자질, 역사 전통, 문명의 수준은 문자, 활자, 종이, 역사기록, 과학기술, 금속에서 보듯 창조의 DNA를 가졌다. 상원사 동종(725년), 무구정광다라니경(751년), 직지 인쇄(1377년), 한글, 거북선, 조선왕조실록 등이 그 예다. 자유가 주어주기만 하면 폭발하는 한국인의 재능요소는 1894~1897년 사이 네 차례 조선에 들렀던 이사벨라 비숍 여사 기록에서도 볼 수 있다. 그녀는 한국인의 민족적 우수성, 총명과 예술성, 빠른 습득, 특히 조선의 억압체제를 벗어난 시베리아에서의 한인 활동의 우월성을 증언하고 있다."[799]

고종의 조선에서 백성은 무지했다. 배움의 기회가 없었으니 당연했다. 하지만 그들의 학습능력은 탁월했다. 백성은 무학인데도 어깨 너머로 기술을 익혔다. 대표적인 예로 비숍 여사는 러시아와 만주에 이주한 조선 사람들의 활력과 인내심을 보고 한국인의 특성으로 총명과 빠른 습득 능력을 들었다.[800]

하바로프스크에 있는 조선 사람들은 중국인들과의 야채 시장을 두고 벌인 경쟁에서 완전히 승리하여 이 도시의 상권을 장악했다.[801] 길은 매우 잘 닦여졌고 도로에 접경한 수로들도 잘 관리되어 있었다. 위생 규칙이 엄격하게 시행됐고 촌장은 마을의 청결에 책임을 다했다.[802] 이곳에서는 그런 모습들이 아시아적이라기보다는 영국적인 남자다움과 독립심으로 바뀌었다.[803]

한국인의 창조적 DNA와 역사적인 전통이 합쳐지면서 1960년대 이후 한국은 폭발적인 성과를 창출했다. 한국 근대화에서 가장 중요한 자생적 조건은 한국인의 자본주의화였다. 한국은 지도자보다는 국민이 우수한 나라다. 어느 나라나 우수한 지도자를 만나면 많은 성과를 창출한다. 우수한 지도자를 만나지 못했을 때 어떠한가가 국가의 운명을 좌우한다.

- 일본은 지도자들이 우수할 때만 국운이 상승했다. 역량이 떨어지는 지도자를 만났을 때 잃어버린 30년을 맞이했다.
- 한국인은 우수한 지도자를 만나지 못했을 때조차도 성과를 창출했다.

한국인은 역사적으로 나라가 망해갈 때 의병으로 궐기했고 IMF로 나라가 위기에 처하자 자발적으로 금 모으기 운동을 전개했다. 평범한 대통령이 집권할 때조차 성장을 멈추지 않았다. 1960년대부터 60년간 계속 성장을 이어간 나라는 한국뿐이다.[804] 이런 한국인에게 교육이 제공되자 그 효과는 금세 나타나기 시작했다.

"이것은 한국 근대화에서 어쩌면 가장 중요한 자생적 조건이다. 총명하고 배움에 능하고 고집 세고 개성적인 성격이 극성의 교육열과 합쳐져 자유세계를 무대로 한 한류, K-팝, K-스포츠로 분출하고 있는 것이다."[805]

### 한국의 근대화에 기여한 교육과 징병제

한국의 의무교육 역사는 1949년 12월 교육법이 제정되면서 시작됐다. 6년 초등의무교육의 실시로 자녀를 학교에 보내지 않으면 법 위반자가 됐다.

"적령기 아동의 취학률은 일제강점기인 1943년 47%였다. 초등교육 의무화에 힘입어 1960년에는 99.8%가 된다. 문맹률에 대한 공식적인 통계는 1955년 말에 처음 잡힌다. 1955년 문맹률은 총 2,072만 명 중 727만 명으로 35.1%였다. 남자는 29.4%, 여자는 40.6%였다. 초등학교와 공민학교의 보급에 힘입어 1959년 말에는 문맹률이 10.3%로 낮아진다."[806]

또한 박정희는 공업화에 필요한 숙련노동을 확보하는 산업정책을 전개하면서 기능교육을 강화했다. 제2차 경제개발5개년부터 1986년까지 직업훈련기관에서 배출한 기능사는 총 118만 명으로 이 정책은 많은 사람에게 계층 상승의 사다리를 제공했다. 많은 기능사는 일하면서 공부해 한국의 공업화에 크게 기여했다. 참고로 레이 달리오 회장은 저서 『변화하는 세계 질서』에서 지난 500년간 주요 11개국의 부와 권력을 분석하며 여덟 가지 주요 요인에 주목했다. 그중에서 제국의 부상과 쇠퇴에 교육이 최초의 격발장치로 작동한다고 주장했다.

"교육은 교육 수준이 상승해서 혁신과 기술발전을 이끌고 교역량, 군사력, 생산량의 증가로 이어진다."[807]

"역사상 위대한 제국의 사례를 보면, 이 체제에는 높은 수준의 교육이 포함돼 있어 지식과 기술뿐만 아니라 강인한 성격, 시민의식, 건전한 직업윤리도 가르친다. 이런 교육은 일반적으로 가정과 학교와 종교기관에서 실시된다. 제대로 교육받았을 경우 규율, 법, 질서를 존중하는 습관을 들여 부패방지에 일조하고 다른 사람들과 협력하여 생산성을 높이는 데 기여한다."[808]

교육은 정치, 경제, 사회, 문화 전반에 영향을 미친다. 한국이 최빈국에서 선진국에 이르는 데 교육의 역할은 지대했다. 저명한 미국의 교육사회학자 마틴 트로Martin Trow 교수에 의하면 중등교육의 보편화가 이뤄진 후 10년이 지나야 대학 진학률이 15% 이상이 되는 '대학교육의 대중화mass'가 일어나고 다시 30여 년이 지나야 대학 진학률이 50% 이상이 되는 '대학교육의 보편화universal'가 이뤄진다고 분석했다.

미국은 1940년경 대학교육의 대중화에 도달하고 1967년에 대학교육의 보편화에 이르렀다. 일본은 1964년 대학교육이 일반화되고 나서 2000년에 대학교육의 보편화에 도달했다. 약 36년에 이르는 긴 여정이었다. 그런데 한국은 1981년 고등학교의 보편화(50%)를 이룬 다음 해인 1982년에 대학교육의 대중화(17%)에 도달했고 1999년에 대학교육의 보편화(50%)를 이뤘다. 17년 만에 이룬 역사였다. 한국은 일본을 2배의 속도로 추격한 것이다. 그 어느 나라도 이런 속도로 대학교육의 보편화를 이룬 나라가 없다. 한국이 높은 경제성장을 이룰 수 있었던 배경에는 세계에서 가장 빠르게 진행된 고등교육의 보편화가 큰 역할을 했다.

한국의 근대혁명에 기여한 또 하나는 징병제였다. 미국 랜드연구소의 찰스 울프 주니어 박사는 4·19혁명 이후 한국을 방문하고 나서 1965년 경제개발 자문에 관한 보고서를 제출했다. 그는 매우 통합적이고 미래지향적이었는데 특이하게도 징병제를 매우 중요하게 평가했다.

"한국이 국방비 부담 가중을 걱정하나 한국 군인의 병영생활을 통한 집단공동체 생활의 체험, 문맹퇴치 교육, 그리고 기능교육 훈련 등은 근대화에 큰 기여가 될 것이라고 판단했다."[809]

징병제는 군사문화라는 부정적 영향도 있지만, 평등성의 확산과 한국의 근대화에 중요한 역할을 했음도 부인할 수 없다. 아무것도 없는데 그냥 선진국의 것을 베낀다고 성장하는 나라는 없다. 우리 안에 내재한 역량과 잠재력이 없다면 외부에서 아무리 좋은 것을 공급해도 효과가 없다. 한국은 남들이 괄목상대하는 국가로서 퀀텀 점프를 이루어냈다. 그 내부에는 역사와 전통 속에 감춰진 잠재력이 빙산의 일각처럼 대부분 잠겨 있었다. 우리가 알든 모르든 여기에 새로운 것을 더하고 한번 해보자는 의욕이 첨가되면서 혁신과 창의가 발휘된 것이다.

# 3
# 한·중·일 3국 관계와 근대화

한·중·일의 근대화에 대한 인식의 깊이

근대 7개 필수요소를 통해 실컷 웬만한 설명은 다 한 것 같은데도 허전함이 남아 있다. 여전히 메우지 못한 구멍이 보이고 일관되게 마음에 걸리는 문제가 있다. 근대 국가의 형성 과정에서 조선은 군사, 경제는 물론 교육, 민간 출판, 도로 인프라와 다른 나라로부터 배우려는 학습력 등 전 분야에서 일본에 완벽하게 뒤처졌다. 이는 매우 기이한 일이라 이 질문을 하지 않을 수가 없게 만든다(한편으로 불편하고 꺼려지는 느낌을 이 책을 쓰는 동안 수시로 경험했다).

'어떻게 이런 일이 일어날 수 있었을까?'

'조선의 엘리트들은 무슨 생각을 하고 있었던 것일까?'

초라하기 짝이 없는 구한말 초상肖像에 대해 납득할 만한 설명을 아직 보지 못했다. 누구도 시원하게 답하지 않는다. '이미 엎질러진 물'로 직면하기 힘들어 외면하고 싶은 문제여서 그럴까? 아니면 지나간 부끄러운 역사를 더 이상 들춰내어 생각하고 싶지 않은 걸까?

하지만 근대 시기는 단순히 일회적 사건이 아니다. 동아시아에서 두드러지고 있는 '역사 다시 쓰기'의 중심 시기로 한국사에만 해당되지 않는다. 게다가 일본과 중국 정부가 역사교과서의 서술에 적극적으로 개입하여 진짜 서사와 거짓 서사 간 구분이 모호해지면서 역사는 더욱 왜곡될 가능성이 커지고 있다. 과거를 바라보는 새로운 시각을 구성하여 여러 일화들을 여기에 꿰맞춰 마치 과거부터 있었던 진짜 일처럼 역사를 새롭게 쓰는 역사 왜곡은 완료형이 아니고 현재에도 계속되고 있으며 미래 진행형이다.

한·중·일 삼국은 주권, 정체성, 비전을 둘러싸고 근대 역사를 보는 관점의 차이로 인해 갈등과 대립을 유발하고 있다. 따라서 한·중·일 삼국의 근대화 성과에 대해 핵심 사항을 중심으로 비교하고 분석하여 새로운 각도에서 통찰할 필요가 있다. 현재 동북아는 역사, 경제, 정치, 군사적인 측면에서 자국의 전략적 가치를 극대화하려고 동분서주하고 있다. 특히 중국과 일본은 역내 리더십을 두고 보이지 않는 치열한 싸움을 벌이고 있다. 중국은 '일대일로 전략'으로 일본은 '인도-태평양 전략'으로 큰 그림을 그리고 분주히 움직이고 있다. 아베 전 총리가 주도한 '인도-태평양 전략'은 '신新 대동아공영권'으로 일본이 동남아시아에서 오세아니아까지 패권을 갖겠다는 야망을 드러낸 것이다. 다만 이 전략은 군사력으로 점령하는 방식이 아니라 다양한 국가와 협력하여 민주주의와 시장경제 질서를 유지해 간다는 점에서 차이가 있다.

이에 대해 위기를 느낀 중국이 "한국은 편향된 리듬에 휩쓸리지 말라."라고 경고했다. 어느새 한·중·일 간의 갈등은 한 번의 극적인 사건으로 바꾸기 어려울 만큼 굳어지고 구조화되고 있다. 정상들이 만나 획기적인 돌파구를 만들고 싶어도 근본적인 입장 차이로 뭔가 크게 달라질 수 있는 사이가 아니다. 게다가 중국과 일본은 한국을 자기편으로 끌어들이고자 한국에 선물을 주거나 양보할 생각이 전혀 없다. 한·중·일 삼국의 공존은 불가능한가? 그 공존의 틀을 찢어버린 근대 시기에 힘의 균형추가 어떻게 일본으로 이동했고, 근대화의 핵심 단계들 사이에 어떤 인과관계가 있었는지 추적하여 종합해보겠다.

우선 역사적 선례에 비추어볼 때 19세기 후반 근대화 형성 시기를 제외하고 한국이 일본에 비해 전반적으로 열위에 놓인 시기는 없었다. 막강한 중국 문명에도 흡수되거나 동화된 적이 없을 정도로 한국인은 특유의 강한 정체성을 갖고 있다. 그런데 근대화 형성 시기의 역사적 궤적은 20세기 전후 한·일 두 나라의 운명이 어디서 갈렸는지 극명하게 보여주고 있다. 고종의 조선은 일본의 군사력이나 경제력에 의해서 무너진 게 아니라 근대화에 대한 지배계층의 지력이 부족해서 무너진 것이다. 여기서 지력이란 재주, 지능, 지식이 아니라 앞날을 내다보는 선견력, 보고 싶지 않은 현실까지 꿰뚫어 보는 통찰력, 그리고 올바른 방향을 향한 결단력을 말한다. 나무를 보느라 숲을 보지 못한 것이다. 당시 조선의 지력은 중국 고대 시대인 기원전 시대에 머물러 있었다.

"임란과 호란을 겪은 뒤에도 조선의 지배계층은 두 국난의 교훈을 살려 내부를 개혁하여 부국강병책을 모색하기보다는 주자학의 이상세계인 고대 중국사회를 모델로 사회 전체를 더 엄격하게 통제하는 시대착오적인 방향으로 나아갔다."[810]

이런 의식구조에 집권세력의 무능력이 더해지면서 걷잡을 수 없이 상황이 악화됐다. 조선의 집권세력은 국제 질서에 대해 무지했다. 치열한 국제 외교의 흐름을 몰랐거니와 근본적으로 근대의 본질을 이해하지 못했다. 이에 따라 위기는 더욱 격화하면서 초대형 쓰나미가 되어 조선을 덮친 것이다. 성희엽은 후쿠자와 유키치의 저서 『문명론 개략』을 매우 밀도 높게 해제하여 조선을 다음과 같이 평가했다.

"(조선의) 중앙권력은 왕실 친인척과 소수의 문벌들이, 지방권력은 향촌의 양반 지배세력들이, 제각각 사적인 방식으로 농단했다. (…중략…) 이 시기에 와서는 노골적인 사익의 추구 집단으로 전락했다."
"그때그때 강해 보이는 나라에 기대어 위기를 모면하려는 임기응변만 있었을 뿐이다. 처음에는 청, 다음에는 일본, 미국에 의존해 왕권을 유지하려 했고, 마지막에는 (…중략…) 러시아에 매달렸다."[811]

고종을 비롯한 집권층은 시간에 대한 지평이 너무 짧았던 탓에 끝없이 밀려오는 난관을 제대로 대처하지 못했다. 문제 하나를 어찌어찌 해결하면 또 다른 문제가 발생하여 장기적인 계획을 짜기 어려웠다. 그저 즉흥적인 임기응변으로 '겨우 살아남기' 위해 전력을 다했다. 조선의 집권층은 근대화와 함께 약육강식이라는 '정글적 국제 질서'의 쓰나미가 다가오고 있음을 눈치채지 못했다. 많은 도전이 있었던 중요한 시기에 고종은 40여 년간 우왕좌왕하며 허송세월을 보냈다. 시급히 해결되어야 할 절체절명의 현안들은 정쟁의 쟁점이 되어 이리저리 나뒹굴었다.

반면 근대화라는 격동의 시간에 일본은 부국강병을 이뤄냈다. 일본의 주체세력은 근대화에 대한 인과관계를 깊이 있게 파악했는데 코어심벌의 필요성까지 인식했다니 놀랍다(다음 도표 참조). 우선 그들은 서구 선진국의 기술과 문명을 모두 흡수할 능력을 갖추지 못했음에도 그러기 위해 꼭 갖춰야 할 핵심 요소를 파악하는 데 게을리하지 않았다. 또한 적확하게 간파했으니 매우 놀라운 일이다. 아무리 야심차고 총명하더라도 서구의 첨단기술과 제도 등 표면적으로 드러난 발전 원리를 총체적으로 간파하는 데도 여력이 없었을 텐데 용케 사회와 문화를 주도하는 코어심벌까지 파악했으니 말이다.

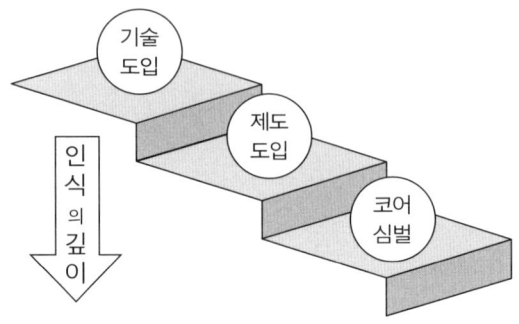

　서유럽을 방문한 사람들은 도시의 중심에 우뚝 서 있는 대성당을 보면서 서양 문명은 곧 기독교 문명이고 그 배경에는 기독교의 신이 자리 잡고 있다는 것쯤은 금세 알아차린다. 그러나 기독교가 세속적인 사회에까지 영향을 미쳐 건축, 미술, 음악, 문학과 같은 일상의 문화를 형성하고 서구인의 가치관과 생활규범의 심층까지 규정한다는 사실을 알아차리기는 매우 힘들다. 서구인조차 근대 문명과 문화를 만든 심층적 뿌리가 프로테스탄트라는 것을 파악하기까지 오랜 시간이 걸렸다. 하지만 고수들은 수백 년을 한자리에서 꿋꿋하게 버틴 대성당을 가치 있는 건축물로만 대하지 않고 그 안에 깃든 생명력이 서구인의 일상을 지배하면서 삶 속에 깊이 영향을 미친다는 사실을 찾아냈다.

　독일의 사회학자인 막스 베버는 1904년과 1905년 두 차례에 걸쳐 발표한 저서 『프로테스탄트 윤리와 자본주의 정신』에서 기독교의 윤리가 자본주의 정신을 낳았다고 주장하여 서구의 지성계에 큰 반향을 불러일으켰다. 결국 끊임없는 노력과 절제를 통한 청부淸富의 획득을 긍정하는 청교도적 세계관은 '자본주의 정신'을 더욱 강화한 것이다. 여기에서 우리는 베버가 '윤리'와 '정신'이라고 부른 정신문명이 자본주의 사회 같은 물질문명의 형태를 규정하는 주체임을 알게 된다. 그런데 미국의 코어심벌인 청교도 정신이 가진 엄청난 가치를 먼저 알아본 인물은 베버보다 약 70년 앞선 노르망디의 귀족 출신인 알렉시 드 토크빌(1805~1859)이다. 26세에 프랑스 정부의 명을 따라 미국을 시찰했다. 그의 저서『미국의 민주주의』는 미국의 핵심경쟁력을 잘 포착한 것으로 유명한데 다음과 같은 구절이 있다.

"법률은 미국의 민주공화국을 유지함에 자연환경보다도 더 크게 기여하고 관습은 법률보다 더 큰 기여를 한다."

그는 무엇보다 미국인의 청교도적 습관과 태도를 높게 평가했다. 미국의 민주주의를 가능케 한 바탕에는 청교도들의 엄격한 신앙생활, 윤리, 종교의식이 있었다. 청교도 정신이 자유정신과 조화를 이룸에 따라 자발적인 지방자치 참여가 이루어졌고 일반인조차 교육이 필수라는 인식이 형성됐다. 그러자 주민들에 대한 공공교육이 확립됐다. 이러한 상황을 본 토크빌은 실질적인 학습이 가능하도록 완비된 제도와 시설들이 자신의 조국 프랑스와 다른 점이라고 파악했다. 이론으로만 알고 있던 민주주의를 미국에서 발견한 셈이다.

다른 한편 토크빌의 영향을 받아 동양에서 서구의 본질을 가장 먼저 인식한 인물은 후쿠자와 유키치였다. 그는『문명론 개략』을 통해 서구의 본질인 개인의 자유와 독립 그리고 공화의 가치를 일본인에게 알리고자 노력했다. 1870년대에 '자유'와 '공화'의 가치를 주장하는 후쿠자와의 글을 읽어 보면 그가 가진 뛰어난 흡수력, 배경지식, 통찰력에 깜짝 놀란다. 비록 우리와 껄끄러운 관계에 있기는 하지만 후쿠자와가 왜 일급 인물인지 알 수 있다. 또한 이와쿠라 사절단 역시 코어심벌을 이루고 있는 미국의 기독교에 깊은 관심을 보였다. 사절단은 미국과 유럽에서 종교에 감화된 민중이 매주 일요일에는 귀천을 막론하고 교회에 출석해 설교를 듣고 기도를 올리는 사실에 놀랐다. 그 신앙의 중심에『성경』이 있었다. 이와쿠라 사절단은 『성경』을 '서양의 경전'이며 '인민 품행의 기본'이라고 인식하고 『성경』 회사까지 견학하면서 그 실체를 알아내려고 노력했다.

"뉴욕의 『성경』 회사를 견학하였을 때, 『성경』을 세계에 보급하기 위해 이 회사는 신자들에 의해 만들어졌음과 『성경』이 이미 30개국에서 번역되어 모두 싼값에 판매되고 있음을 알았다. 나아가 각 가정에서 개인이 반드시 이것을 소지하고 있으며, 여행 중에도 손에서 놓지 않는다. 호텔에서 병원과 감옥에 이르기까지 성경이 비치되어 있었다."

"원래 백성들이 신을 경외하는 마음은 열심히 노력하려는 태도의 근본이며 품행의 선함은 치안의 근본요소다. 국가가 부강함도 이로 인하여 생기는 바이다."[812]

신을 경외하는 마음이 곧 열심과 선함의 바탕이 되어 곧 국가의 부강함으로 이어지는 실제 상황을 직접 확인한 사절단은 '종교와 국가의 관계'를 확실히 인식했다. 미국의 법과 제도의 뿌리와 배경이 되는 코어심벌의 기저가 기독교임을 파악한 것이다. 그들은 미국의 저변에 짙게 깔린 청교도 정신인 기독교에 주목했다. 그때만 해도 자신들이 천황제를 새롭게 발명하게 될지 알지 못했다.

한·중·일 삼국의 근대화는 다음과 같이 요약할 수 있다.

| 구분 | | 조선(고종) | 중국(청) | 일본(메이지) | 목적 |
|---|---|---|---|---|---|
| 1단계 | 기술 도입 | △ | ○ (양무운동) | ○ | 파워 강화 |
| 2단계 | 제도 개혁 | × | △ (무술변법·광서신정) | ○ | 지속적인 부(富) 창출 |
| 3단계 | 신사상, 코어심벌 | × (유학) | × (중화의식) | △ (천황제 창설) | 사회 통합 기능 + 보편 가치 |

삼국은 근대에 대한 인식의 깊이가 달랐다. 근대화를 이루기 위해서는 1단계부터 3단계까지 각각 세 개의 다리가 필요했다.

| | |
|---|---|
| 1단계 | 부족한 점을 메울 수 있는 서구의 기술을 도입하고 활용하는 다리다. |
| 2단계 | 제도와 헌법 등 지속적인 성과를 창출하는 시스템을 만드는 다리다. |
| 3단계 | 제도와 법의 뿌리이면서 자율적이고 보편적인 가치규범을 형성하는 '코어심벌'의 다리다. |

조선은 해외에서 무기와 물건을 수입하는 차원에 머물렀다. 내부에서 기술개발 시스템을 만들어서 운영 노하우를 활용하는 기술 자립 단계로 넘어가지 못한 채 1단계조차 제대로 수행하지 못했다. 나머지 두 다리는 만들지 못하고 가느다란 외나무다리로 간신히 버티고 있는 형국이었다.

반면 일본은 심층의 숨은 시스템인 3단계까지 인식했다. 기존의 제도를 전면적으로 개혁함에 코어심벌의 필요성을 인식했고 근대 천황제를 창설하여 코어심벌을 제시했다. 이것은 기득권의 저항을 뚫고 가야 하는 길일 뿐만 아니라 국민들의 변화에 대한 두려움까지 다스려야 하는 힘든 일이었다. 이러한 장애물들을 극복하기 위해서는 특단의 결단력, 정교한 계획, 지속적인 실행력이 모두 필요하다. 쉽게 말해 목숨까지 걸어야 하는 '창조적 파괴'를 일본은 스스로 해냈다는 뜻이다.

### 근대적 지력을 갖추지 못한 중국

중국을 보면 일본이 이룩한 성과가 얼마나 대단한 것인지 알 수 있다. 19세기 중국은 세계사의 흐름에서 동떨어져 변화된 세계에 대한 인식이 부족한 상태였다. 1차 아편전쟁(1840~1842)에서 일방적인 패배를 당했는데도 스스로 낙후됐다는 사실을 알아채지 못했다. 다시 2차 아편전쟁(1856~1860)에 패한 이후 시대 상황이 심상치 않다는 인식이 지식인들 사이에 본격적으로 확산되기 시작했다. 두 차례의 아편전쟁과 태평천국의 난 등 안팎의 위기로 인해 풍전등화의 상태까지 몰렸던 청에서는 맥없이 실추된 국권을 회복하고 자강을 이루려는 양무운동이 일어났다.

1861년 총리아문이 설치되어 이른바 '양무'를 총괄하면서 1860년대에는 총포와 함선을 제조하는 관영공장이 설립됐다. 이러한 공장들을 중심으로 주로 군수공업 중심의 개혁이 이뤄졌다. 1870년대 중국은 리훙장의 주도로 기선, 광산, 면방직, 전신 등 민영 공업 육성에 힘썼다. 하지만 기득권의 반발이 심하여 양무운동은 '방어적 근대화'를 선택하는 방향으로 흘러갔고 국가 차원의 체계적인 지원을 받지 못했다. 황실의 재정 지원이 일부에 국한돼서 리훙장, 증국번 같은 한인 관료 출신의 양무파가 총독으로 있는 지역에서만 개혁을 추진했다. 국책사업이 아니라 특정 지역의 특수사업이었던 것이다. 이들 총독이 다른 지역으로 발령이 나면 설립된 군수기업도 함께 옮겨갔다.

1894년 7월 일본이 선전포고도 없이 풍도 앞바다에서 청국 함대를 격침하면서 청일전쟁이 발발했다. 청군은 일방적으로 패배를 당했고 리훙장이 수십 년간 육성해 온 중국 최강의 함대인 북양함대마저 괴멸됐다. 이렇게 양무운동은 실패로 끝나고 말았다. 배상금은 2억 냥으로 청조 재정 3년 치, 일본 세출의 4년 치에 해당했다.[813] 이 결과로 중국은 자기 입맛에 맞는 절반의 근대화밖에 수행하지 못했음이 밝혀졌다. '기술은 받아들이되 정신은 자신의 것'으로 한다는 시도 그 자체가 모순이었다. 중국은 다음 도표처럼 실패를 경험한 후에야 뒤늦게 깨달았다.

양무운동의 실패를 겪고 나서야 중국은 단순한 서양 기술의 도입

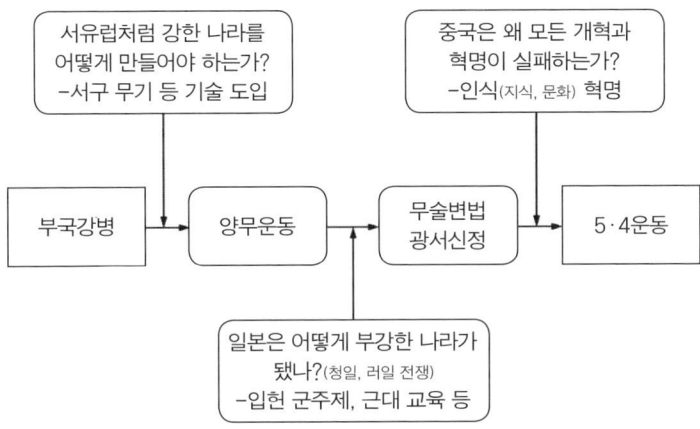

에 머물지 않고 '2단계'의 근본적인 제도 개혁을 추진해야 한다고 생각했다. 이 운동의 중심인 캉유웨이, 량치차오, 탄시통 등은 젊고 지위도 낮았기에 자신들의 정치적 개혁을 실행하기 위해 광서제에게 변혁의 필요성과 입헌제의 도입을 상주上奏했다. 광서제는 캉유웨이 등이 올린 상서上書에 마음이 크게 움직여 변법파를 등용하여 개혁을 추진했다. 주요 내용은 과거제 폐지, 새로운 학교제도 도입, 일본에 유학생 파견, 신문·잡지 발행, 우편사업 등이다. 이 개혁들은 기존 권력을 부정하는 것이었기에 기득권과 서태후의 반발에 직면했고 103일 만에 무술변혁은 실패로 끝났다. 광서제는 궁중에 유폐됐고 개혁파들은 숙청됐다. 러우위리에 베이징대학교 교수는 저서 『중국의 품격』에서 중국의 개혁이 실패한 것에 대해 이렇게 정리했다.

"처음에는 모두 입헌군주제를 시행하고자 했다. (…중략…) 일본도 성공했는데 우리라고 못할 게 뭐냐는 것이었다. (…중략…) 무술변법은 많은 새로운 정치제도를 내놓았지만 결국은 실패하고 만다. (…중략…) 기물의 개혁만으로는 안 되고 제도개혁이 이뤄져야 하지만 제도개혁 또한 제도 자체에만 머물러서는 안 된다는 것을 설명

해 준다."⁸¹⁴

다른 한편 무술변법을 무산시킨 서태후도 의화단 사건(1899~1900)을 계기로 정치체제의 변혁 없이 청왕조의 연명이 불가능하다는 것을 깨닫고 개혁에 착수했다. 무엇보다 러일전쟁 이후 입헌국가인 일본이 전제국가인 러시아에 승리함에 따라 입헌제 개혁을 추진하지 않으면 러시아와 마찬가지로 혁명을 피할 수 없을 거라는 위기감이 고조됐기 때문이었다.

"1905년 과거제 폐지 후에는 서구 학습을 도입한 일본의 학문이 관리 등용의 요건이 되기도 하여 중국의 유학생은 1만 명에 달했다. (…중략…) 1908년 청조는 「흠정헌법대강」을 공포했는데 (…중략…) 이러한 것들은 메이지 헌법을 본뜬 것임이 명백했다. 이와 같은 청조 말기의 '신정개혁'이라 불리는 일련의 개혁은 중국에서 입헌제를 도입하려는 움직임이 분명했지만, 황제의 대권이 절대시되듯이 그것은 어디까지나 청조의 존속을 지상과제로 한 것이었다."⁸¹⁵

하지만 입헌 개혁이 실패로 돌아갔음은 물론이고, 쑨원이 주도한 혁명파의 '공화혁명' 역시 실패하고, 위안 스카이에게 나라를 도둑맞아 다시 군주제로 복귀됐다.

절대 왕정(청) → 입헌군주제 시도 → 공화정(쑨원) → 군주제(위안스카이) → 군벌의 시대 → 내전 → 공산당 통일

왜 중국은 개혁이든 혁명이든 계속해서 성공하지 못한 것일까? 중국의 지식인들은 중국인의 낡은 생각, 낡은 심벌이 발전을 가로막는 장애물임을 깨닫게 된다. 중국 철학의 대가인 러우위리에 교수는 근대 이후 중국 사회의 서구화 움직임을 이렇게 설명했다.

"사람들은 우리의 심층적인 사상과 의식에 문제가 있다는 것을

발견하게 된다. 즉 우리의 사상은 여전히 낡은 사상이고 관념은 여전히 낡은 관념이라는 것이다. 따라서 먼저 반드시 이를 철저히 개조해야만 제도를 개혁하고 우리의 기물을 바꿀 수 있는 가능성이 생긴다고 여기게 된다."[816]

1915년부터 시발점이 된 신문화 운동이 1919년 5·4운동으로 이어지면서 중국의 의식개혁운동이 시작됐다. 중국인들의 인식혁명을 불러온 5·4운동은 중국 사회가 개혁을 추진하는 데 자신들의 전통적 세계관인 유학을 버려야 한다는 믿음을 불어넣었다.

"신문화운동은 개혁을 이념이라는 수준으로 깊이 끌어들였다. 이때부터 중국은 더욱 적극적으로 서양 문명을 배우기 시작한다. 예컨대 서구식 학교를 세우고, 서양의 여러 가지 사상을 받아들였으며 서양의 이념을 무기로 전통을 철저히 비판한다."[817]

"20세기 내내 공자는 중국이 현대 사회로 나아가기 위해 거부해야 할 모든 것의 상징이자 화신이었다. 공자는 전통적 사회질서의 절대적 지지자였다. 인간은 사회가 정한 의식과 절차를 통해 주어진 역할과 의무를 다하도록 사회화돼야 하며 사람들이 저마다 제 역할과 의무를 다하며 살 때 비로소 조화로운 사회에 도달한다는 것이다."[818]

5·4운동으로 인해 중국 지식인들은 "전통적 중국이 완전히 변혁되어야 할 필요성을 처음으로 인정했다." 중국은 그동안 유교적 정통성에 손을 들어주면서 근본적인 세계관을 바꾸려는 어떠한 움직임도 절대적으로 거부하고 있었다. 아편전쟁 이후 실패와 좌절의 역사로 점철됐던 중국은 80년이 지나서야 과학賽과 민주德라는 두 선생[819]의 기치를 들었다. 신문화운동이 전개되면서 중국의 근현대가 본격적으로 시작된 것이다. 중국 지식인들의 각성과 인식혁명이 이때부터 꿈틀대기 시작한 것이다. 유학생들이 귀국하면서부터 본

격화됐다. 외국에서 얻은 감수성으로 중국 사회를 돌아보았던 게 결정적인 역할을 한 것이다. 1915년 이후 많은 중국 지식인이 일본, 프랑스, 미국에서 신사상을 가지고 돌아왔다. 또한 압도적 강국인 영국의 사회·정치사상은 옌푸(嚴復)에 의해 상당수 번역됐다. 이들 네 개의 나라는 20세기 전후 중국에 깊은 영향을 미쳤다.

"천두슈(陳獨秀, 1879~1942)는 1915년 일본에서 귀국했다. 그해 가을 「신청년」 창간으로 기본적 개혁운동을 시작하였다. 이 운동은 1916년 프랑스에서 차이위안페이(蔡元培, 1868~1940)가 귀국하여 1917년과 그 후 북경대학 개편운동을 함으로써 강화됐다. 그해 여름 후스(胡適, 1891~1962)도 미국에서 돌아와 이들 신지식인들과 합류했다."[820]

이로써 중국에서 사회변혁의 주체세력이 형성됐다. 이들이 일으킨 개혁운동은 젊은 애국자들의 구심점이 됐다. 특히 1916년 12월에 차이위안페이가 베이징대학교 총장으로 임명되자 그의 보호 아래 신지식인들의 지도자들이 베이징대학교에 속속 집결하면서 개혁운동이 앞으로 나아갈 수 있었다. 1917년 초 천두슈가 베이징대학교 문과과장에 임명됐고, 그해 여름에 돌아온 후스는 교수단에 참가했다. 다른 중국의 걸출한 지식인들도 베이징대학교 교수로 초빙되어 대학생들에게 깊은 영향을 끼쳤다. 중국은 충분치는 않았지만 뒤늦게나마 지식·문화혁명으로 방향 전환을 꾀한 것이다. 훗날 중국의 자유주의자들은 5·4운동을 '중국의 르네상스요, 종교개혁이자 혹은 계몽운동'이라고 주장했다.

이 주장에 대한 적확한 평가를 떠나서 5·4운동은 전통적 사상, 제도, 관습의 속박에서 개인을 해방했다. 그리고 공정한 사회를 만들기 위한 지적이고 사회정치적인 논의가 공론장에서 활발히 일어났으니 신해혁명보다 한발 더 전진한 것이었다. 참으로 길고 긴 시간이 걸려서 도달한 지평이었다. 이러한 변혁의 과정은 1~3단계으로 정리된다.

| | |
|---|---|
| 1단계 | 처음에는 전통적인 중국의 제도와 사상은 서양의 것보다 우월하니 서양의 과학기술만 받아들였다. |
| 2단계 | 과학과 기술만으로 안 되니 서구의 법률과 정치제도를 덧붙여야 한다. |
| 3단계 | 단순히 법률, 정치제도의 이식移植만으론 효력이 없으니 중국의 철학, 윤리, 사회 이론도 재검토하여 낡은 전통과 관습은 버리고 완전히 '신문화'로 대체해야 한다. |

천두슈는 청년이 중심이 된 민중이 각성하여 낡은 사회와 문명의 '기초'를 파괴한 후에야 신중국이 적극적으로 건설될 수 있다고 주장했다.

후스는 이렇게 말했다. "진정한 최종 해결은 그 밖의 어딘가에서, 우리들 대부분이 지금 짐작하는 것보다 아마 훨씬 더 깊은 곳에서 모색되어야 한다."[821]

"중국 정치문제의 근원은 사람들이 일반적으로 생각하는 것보다 훨씬 더 깊은 곳에 있었다. 후스는 주로 학술·교육·문학의 분야에 주력했지만, 천두슈는 정체적인 전통의 파괴와 신중국의 건설의 희망이 걸려 있는 중국 청년의 이념적 각성이 필요함을 강조했다."[822]

환골탈태의 변화를 강요받는 상황이 지속되는 위기 상황에서 중국이 살아남으려면 혁명적인 인식의 전환이 필요했다. 하지만 중국의 전통은 너무 단단해 쉽사리 부서지지 않았다. 유산은 때로 커다란 짐이 된다. 마법같이 독점적 지위를 가진 유교마저 창조적 동력을 상실했고 파괴적인 근대의 쓰나미가 덮쳐왔을 때도 수천 년의 전통은 개혁의 발목을 잡았다. 오래된 제국을 스스로 허물고 새로 지어야 하는 일은 무척 어려운 일이었다. 공산주의로 대륙을 통일했어도 전통의 짐은 여전히 무거웠다. 사회 본질이 구습舊習에 물들어 있다는 점에서 정부, 사회, 학교가 모두 이상적인 사회와는 거리가 멀었다.

여기에 대약진 운동이라는 경제정책이 실패하자 마오쩌둥은 2선으로 물러나야 했다. 결국 1966년 5월 16일 마오쩌둥이 반대파를 제거하고 권력을 다시 획득하기 위해 문화대혁명을 일으킨 명분이자 홍위병의 목표는 '옛 사상, 풍속, 관습, 문화'라는 '4구舊'를 파괴하는 것이었다. "학술계, 교육계, 언론계, 문예계, 출판계의 부르주아 반동사상을 철저하게 비판하여 이러한 문화 영역에서 영도권을 탈취하자."라는 마오쩌둥의 5·16 통지로부터 시작된 문화대혁명의 광풍은 1976년 마오쩌둥이 사망할 때까지 중국을 무정부 상태로 몰아넣었다.

1966년과 1971년 사이에 『마오쩌둥 어록』이 10억 권 이상 인쇄된 것으로 알려졌다. 광신도를 방불케 하는 홍위병들의 사상적 기반이 된 이 어록은 새로운 경전처럼 떠받들여지며 문화대혁명 기간 동안 마오쩌둥의 목표를 방해하는 자들을 탄압하고 살해하는 데 큰 역할을 했다. 문화대혁명은 최대 2,000만 명으로 추산되는 희생자를 내며 '강압적인 사상 정화 운동'을 대규모로 전개했음에도 성공하지 못했다. 2,000여 년간 자리 잡은 중화체제라는 관성의 힘은 대단했다. 이 사건은 코어심벌의 교체가 얼마나 험난한 일인지 방증하고 있다.

반면 일본은 비유럽 국가 중에서 유일하게 자립적 근대화에 성공함에 따라 봉건시대를 뛰어넘어 자본주의 단계로 진입했다. 반세기라는 짧은 시간 안에 선진 자본주의 강국으로 변모할 수 있었던 그들의 성공 비결은 3단계까지 서구를 꿰뚫어 본 주체세력이 있었기 때문이다. 세상에는 보이지 않는 차원의 세계가 존재하고, 또 그러한 차원이 존재해야만 현상 세상을 유지할 수 있다. 『좋은 기업을 넘어 위대한 기업으로』를 쓴 짐 콜린스는 '모든 위대한 기업의 핵심 요소는 가치관'이라고 말한 바 있다. 보이지 않는 생각, 가치관이 사람의 운명을 지배하듯 보이지 않는 가치관이 기업의 운명을 좌우한다는 것이다.

국가 역시 가치관에 뿌리를 박고 있다. 보이지 않는 가치관이 나라를 튼튼하게 만들고 지속시킨다. 이처럼 메이지 유신의 주체세력은 보이지 않는 코어심벌까지 인식할 정도로 그들의 안목은 깊었다. 그들은 중국과 조선과는 다른 질문을 던진 것이다.

Q1 어떻게 서구의 문명을 배울 것인가?

A   기술 도입, 해외 유학, 번역, 외국인 교사 초빙 등

Q2 어떻게 서구처럼 지속해서 성과를 창출할 것인가?

A   근대 대학 설립, 징병제, 헌법 제정 등

Q3 어떻게 기독교 윤리가 뿌리내린 서구처럼 사람들이 자발적으로 근면하고 성실한 윤리를 갖되 건강한 사회질서를 유지할 수 있을까?

A   일본은 처음부터 이에 대한 답을 갖고 있지는 못했다. 다만 질문을 던지고 그 틈새를 메워가는 과정에서 근대 천황제를 정교하게 만들어냈다.

이미 앞에서 일본이 기술을 도입하고 제도를 개혁해서 기술과 제도를 잘 정착시키고 근대 산업국가로 발전하는 과정을 살펴보았다. 다만 일본의 코어심벌인 천황제는 내부적으로는 사회통합에 성공했으나 보편성이 결여되고 허황된 신화가 바탕이 된 군국주의를 선택했다. 결국 일본은 자멸의 길을 걸었다.

일본은 왜 문명화와 서구화에 그토록 집착했을까? '근대적 지력'을 갖춘 그들은 기존 시스템을 전면 개혁하여 일본을 새롭게 재구축하지 않으면 망할 수 있다는 강한 위기의식이 있었기 때문이다.

'근대적 지력'과 흥망에 대한 감각 없이는 위기를 위기로, 기회를 기회로 파악할 수 없다. 근대는 기존 전통 사회와 달리 그동안 플러스로 작용했던 요소들이 마이너스로 작용하며 급격한 변화가 이어졌다. 이런 본질을 파악하는 감각이 무뎌진 중국과 조선은 몇 번의 기회를 놓치면서 위기요소를 키웠다. 우선 단순한 모델을 통해 중세와 근대의 구조를 잠깐만 살펴보자.

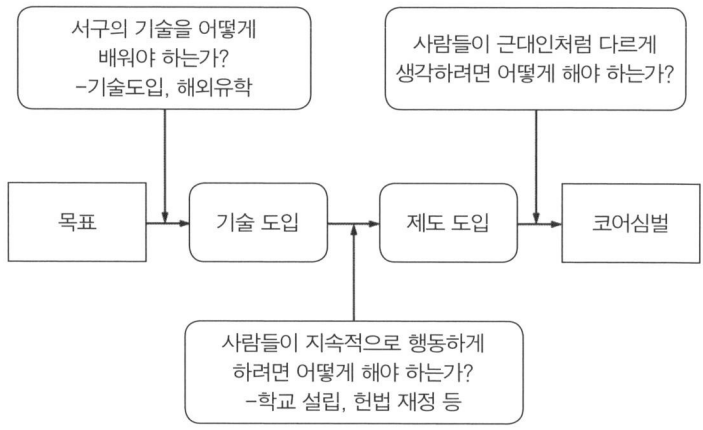

# 4
# 험난하지만 부국강병으로 가는 길

### 8할의 시대

중세 때 동과 서를 막론하고 문명을 이룬 국가는 1할밖에 되지 않았다. '1할의 시대'라고 할 수 있는 이 시기의 사회는 10% 엘리트가 70% 일반인과 20% 하층민을 이끌어갔다. 교육은 1할의 특권 계급의 독점물이었고 권리도 1할, 나라의 부도 1할, 지력도 1할이 독점하는 사회다. 이때까지는 무인이 통치하는 사회보다 문인이 통치한 중국과 조선의 성과가 좋았다.

이 '1할 사회'를 이상적인 사회로 생각한 중국과 조선의 대다수 엘리트들은 점원, 행상인, 소매상, 건달, 부랑자들까지 모두 글을 읽게 되어 정치에 한몫 끼는 세상을 혼란스럽게 여겼다. 1927년 마오쩌둥은 '1할 사회'의 후진성에 대해 논하는 「호남농민운동 고찰」에서 '중국인의 90%는 무학이며 이들의 압도적 다수는 농민'이라고 진단했다. 무지몽매한 사회에서 모든 운동의 선결과제는 문맹 타파였다. 그다음 국민의 의식화와 사상운동을 추진해야 성과를 얻을 수 있다고 보았다. 그런데 전근대 사회는 농경사회로서 엘리트를 제외한 나머지 9할은 새벽부터 밤늦게까지 고된 일을 묵묵히 해야만 했다. 이른바 천수답 경제라고도 할 수 있는 이 사회는 하늘에 의존하다 보니 먹고사는 문제를 완전히 해결할 수 없는 구조였다.

반면 근대 사회는 일반인까지 폭넓게 동원하는 소위 '8할의 시대'였다. 하층민 20%는 여전히 소외됐다. 기존 엘리트 외에 일반인 70%에게도 문호가 개방된 것이다. 서유럽의 전 분야에서 인재가 속출한 까닭은 서구의 엘리트층이 우수했기 때문이 아니라 일반인들도 인재로 등용했기 때문이다. 백지장도 맞들면 나은 사회가 도래한 것이다. 일례로 1812년 영국에서는 선더랜드 인근의 탄광에서 일어난 가스 폭발 사고로 92명이 목숨을 잃었다. 갱도 지하에서 광부들이 사용하는 석유 등의 인화성 가스에 불이 옮겨 붙어 폭발했다. 탄광 소유주들은 안전등을 개발하는 사람에게 사례금을 걸었다. 선더랜드의 내과의사인 클라니 박사, 왕립과학연구소장 험프리 데이비, 증기기관 발명자인 스티븐슨 세 사람은 각자의 실험과 연구로 안전등을 개발하는 데 성공했다. 집단지성을 활용하여 문제를 해결하는 이러한 방식은 당시 영국 사회를 특징짓는 매우 중요한 요소가 됐다.

"웨스트민스터(영국 의회)는 특권 계층의 엘리트가 장악했어도 고도의 지식은 누구에게나 열려 있는 민주주의였다. 영국의 영리한 젊은이들 앞에는 엄청난 기회가 주어졌다. 바로 이것이 다이내믹한 변화의 물결이 왜 영국에서 그토록 강하게 일었는지를 뒷받침해주는 한 가지 이유였다."[823]

주지하다시피 영국은 1700년대 후반부터 개천마다 용들이, 그것도 수많은 용이 나타나기 시작했다. 특히 북쪽 지역인 스코틀랜드에서 나온 많은 용은 산업혁명을 일으키는 주역이 됐고 산업혁명으로 생산성이 혁명적으로 향상되자 영국 경제는 계속 고공행진을 했다. 다른 나라들 역시 지역과 계층에 상관없이 개천에서 용들이 뛰어 올랐다. 이제 관건은 등용문 역할을 할 공공 시스템을 어떻게 만들 수 있느냐가 됐다. 일반인에게 어떻게 의무교육을 실시해서 사회에 유입시킬지와 어떻게 근대적 지력을 체계적으로 주입하여 '상향 평준화'를 이룰 수 있느냐가 화두가 됐다. 이 화두에 대해 어떻게 답하느냐에 따라 그 나라의 운명이 결정될 터였다.

결국 어느 나라가 성공하느냐 실패하느냐를 가르는 기준은 일반인의 재능과 열정을 잘 끌어내는 사회의 힘에 의해 결정된다. 8할의 근대 세계는 기존 시스템, 제도, 사고방식과 맞지 않았다. 밀도가 여덟 배가 늘어나면 사회적 압력도 그만큼 높아진다. 제대로 방향을 설정하지 않으면 혼란도 그만큼 가중된다는 의미다. 단순하게 비유하면, 결국 여덟 배로 경쟁력이 높아질 것이냐, 아니면 여덟 배의 사회적 압력을 감당하지 못해 사회가 혼란스러워질 것이냐의 갈림길에 놓인 상태라 할 수 있다.

### 개혁을 위한 재정확보의 어려움

여덟 배로 경쟁력을 높일 수 있는 사회를 만들기 위해서는 반드시 넘어야 할 산이 있다. 나라를 여덟 배로 재건축하기 위해서는 재원을 어떻게 확보하느냐가 관건인데 무엇을 해야 할지 깨달았다 하더라도, 재정이 없거나 여건이 안 돼 주저앉아 있으면 근대화라는 재건축을 추진할 수 없다. 돈이 없으면 다 소용없는 것이다. 백약이 무효다. 의무교육과 징병이라는 기본적인 두 과제만 해도 엄청난 재정을 필요로 하는 데다 전방위적으로 요구되는 철도, 전신, 도로, 항만 등 각종 인프라의 구축에도 막대한 비용이 들 수밖에 없기 때문이다.

전통적 농업사회에서 근대 산업사회로 전환하기 위해서 필요한 선결과제 중 하나는 초등교육 보급과 이에 따른 대중의 문해력 함양이었다. 또 하나는 징병제로 일반인 중에서 군인을 선발하여 운영하는 것이었다. 이는 식량, 군복, 총기류를 국가가 제공해야 함을 의미한다.

그때나 지금이나 돈을 쓸 곳은 많은데 재원은 확보하기가 힘들다. 추가적인 재원 확보 없이는 점진적인 개선도 여의찮아 기초적인 것조차 구축할 수가 없다. 따라서 어느 나라나 창조적인 역발상으로 재원을 확보하는 한편으로 국민에게 인내를 요구하고 동의를 얻어 세수를 늘리는 일이 매우 중요하다. 동유럽부터 이집트, 튀니지, 아시아, 그리고 남미에 이르기까지 많은 나라가 근대화를 이루기 위해 발버둥을 쳤다. 각국 정부는 세금을 '더 걷어 사용하자'고 하고 국민들은 '더 이상 낼 수 없다'고 한다. 두 진영 간의 싸움은 총과 대포만 없을 뿐이지 신新냉전을 방불케 할 정도였다. 그 재앙의 불씨는 바로 돈이다. 일례로 영국이 식민지 미국에 차tea에 대한 세금을 징수하자 미국인들이 반발하면서 독립전쟁의 결정적인 도화선이 됐다.

당시 농경국가들의 경우는 세수의 근본이 토지였기에 지주와 농민들의 부담이 가중됐다. 근대화의 혜택은 사실상 지금 세대가 아니라 다음 세대를 위한 것이다. 이를 위해 지금 세대가 희생과 고통을 각오해야 하는데 이는 어느 나라나 정권의 운명을 걸어야 할 정도로 중대한 문제였다. 서유럽은 공직을 일반인에게 개방하고, 선거권을 부여하는 등 권리를 확대하는 방식으로 발상의 전환을 꾀했다.

근대에는 '국경을 넘나드는 폭력과 전쟁에 대한 수요 및 강도, 지리적 범위, 빈도가 증가'했다. 특히 식민지를 팽창하고 세력 균형을 유지하려면 총, 대포, 군함, 병력 등 군사력이 필수였다. 분란과 전쟁의 수준과 규모가 갈수록 커지자 더 많은 세금과 병력이 필요했다. 일반 남성들은 "높은 세금과 징병을 수락한 대가로 선거권 부여와 같은 특정 권리를 제공받았다." 초기에 여성들의 선거권이 배제된 것은 이와 관련이 깊다. "남성은 기꺼이 총을 쏘고 선박에서 복역하는 대가로 투표권을 비롯한 여러 권리를 보장받을 수 있었다." 이러한 거래는 '성문헌법과 인쇄된 헌법에 의해 약술되고 법제화되고 공포'됐다.[824]

메이지 시대 일본 농민의 사례를 살펴보자. 1873년 지조개정법 시행으로 조세 부담이 늘어난 농촌에서 대규모 폭동이 발생하자 1877년 지조를 3%에서 2.5%로 감액하여 안정화시켰다. 하지만 새롭게 도입된 의무교육으로 학교건축비와 학비의 부담이 늘어났다. 여기에 징병제로 인해 농민들도 군대에 입대하게 됨에 따라 노동력 손실이 발생했다. 메이지 초기에는 수천 건의 농민반란이 일어나 학교를 불태우는 등 정부 정책에 대한 사회적 저항과 동요가 굉장히 심각했다.

모두 돈 문제로 인한 것이었다. 심지어 러일전쟁 중에는 전비를 감당하지 못해 '비상시 특별세'를 추가로 내며 사실상 세금을 두 번 냈다. 상속세 신설과 담배 및 소금의 전매화, 일반 물가 상승 등 농민들의 엄청난 희생을 바탕으로 일본은 근대화를 이뤄냈다. 공업, 상업 등 다른 분야가 성장하여 조세를 부담할 때까지 농촌이 떠받치는 구조였다.

즉 근대 국가는 농촌의 희생을 딛고 국가의 목표, 제도, 운영방식 등 모든 것을 교체해서 기존의 생산성 한계를 돌파해야 했다. 이에 따라 국가 조직의 관리 범위가 달라지면서 전문가에게 권한을 이양하는 일이 매우 중요해졌다. 근대적 지력을 가진 전문가를 책임자로 발탁하고 목표를 달성할 수 있도록 팀에 기반한 전략이 필요해졌다. 이제는 왕이나 소수의 관료가 이끄는 시대가 아니라 각 팀이 능력을 발휘해야 하는 시대로 바뀐 것이다.

농업문명이 주변부로 밀려나고 출현한 근대문명은 질적으로 완전히 다른 영역이었다. 농업의 유용성이 소진된 것이 아니라 문명의 동력원이 교체된 것으로 문명을 작동시키는 '뇌관과 문법'이 바뀐 것이다. 그런데 고종 시대의 조선은 자신들에게 친숙한 환경을 유지하기 위해 구조적인 퇴행을 선택했다. 고종은 0.01%도 안 되는 민씨 척족과 극소수 문벌에서 중앙관료를 발탁하고 농민들과 정면으로 맞섰다. 팽팽한 긴장감이 감돌며 농민들과 국지전과 전면전을 계속했다. 고종과 집권 사대부는 국민의 자발적인 지지와 힘을 하나로 모아 위기를 극복하기는커녕 내부 갈등에 에너지를 모두 소진했다.

농민들은 일단 정부를 불신했고 '부패한 관리들이 또 무슨 이유를 들어 돈을 더 뜯어 갈지' 의심하면서 두려워했다. 고종은 국민에게 모든 신뢰를 잃다 보니 어떤 개혁도 실행할 수 없는 처지에 놓였다. 이는 암울한 조선의 미래를 알리는 전주곡이 됐다. 그럼에도 고종과 집권세력은 근대 세계를 전혀 이해하지 못하면서 모든 것을 알고 있다고 믿는 '거만한 바보'[825]들이었다. 이러니 조선은 손쓸 방법이 없었고 변화의 소용돌이에 제대로 대응하지 못해 온갖 수모와 시련을 겪었다. 조선은 한일병합에 동의하지 않았는데도 나라를 잃었다. 조선에게 근대화란 마치 소리 없이 움직이는 빙산과 같았다. 준비 없이 빙산에 부딪히다 보니 모든 게 파괴되고 고통은 그들뿐만 아니라 후세대까지 이어졌다.

### 독서 강국인 선진 5개국

지금도 일류 선진국으로 나아가는 길은 여전히 험난하기만 하다.

지금 우리는 급격한 내외부 환경 변화의 변곡점에 서 있다. 좀 더 심오한 역사적 시각과 세상의 변화를 보는 원대한 안목이 필요하다. 우리는 근대화 시기에 강대국이 되려고 했던 나라들의 근본적인 질문을 스스로 다시 물어야 한다. 그래야 그들과 어깨를 나란히 하면서 새로운 시대의 주역 중 하나가 될 수 있다. 그들의 핵심 질문은 다음 세 가지로 요약할 수 있다.

첫 번째, 강한 파워를 어떻게 확보할 것인가? 파워는 분산되고 민간 영역으로 다양해질수록 강해졌다. 두 번째, 지속적인 부를 어떻게 창출할 것인가? 세 번째, 사회를 통합하고 보편적 가치를 통해 건강한 사회를 만들기 위해서는 코어심벌을 어떻게 형성하고 유지해야 하는가? 개신교 문명권에서는 이 답을 찾기까지 수백 년이나 걸렸던 질문이었다. 그 과정에서 종교개혁과 종교전쟁이라는 우여곡절도 겪었다. 즉 다양한 파워, 지속적인 부의 창출, 코어심벌이 조화롭게 발전해야 진정한 '일류 선진국'이 될 수 있다.

한편 여기서 한 가지 잊지 말아야 할 점은 1900년 이후 한 세기 이상 최고 수준의 번영을 구가한 선진국들은 모두 독서와 교육 강국이었다는 사실이다. 콜럼버스의 신대륙 발견 이후 세계의 패권을 차지하거나 강대국에 도달한 나라는 모두 10개국이다. 이 책에서 비교한 영국, 프랑스, 독일, 미국, 일본, 중국 이외에 포르투갈, 스페인, 네덜란드, 러시아가 있다. 이 중에서 가장 먼저 해가 지지 않는 제국을 건설한 스페인과 최초 신대륙을 개척한 포르투갈은 매우 짧은 시기의 영광만을 누렸다. 게다가 스페인의 정치·문화적 전통을 물려받았던 남미 국가들은 상대적으로 풍요롭지 못했다. 스페인은 '절대 권력에 의한 수탈을 막을 수 있는 제도적 균형'을 갖추지 못해 몰락의 길을 재촉했다. 일반인의 독서와 교육 문화가 영미권에 비해 빈약하여 '깨어 있는 시민'들의 사회를 구축하지 못한 탓이었다.

한때 강대국의 위치를 차지했던 국가라 하더라도 지속해서 그 위치를 유지하는 일은 쉽지 않다. 그 지속 여부는 결코 물리력으로 결정되는 게 아니다. '깨어 있는 시민'들이 호기심을 유지한 채 학습과 독서를 통해 경쟁력을 높이고 잇달아 N차 파도를 일으킬 수 있느냐가 관건이다. 상위 5개국은 확실한 매력과 시민들의 높은 품격을 통해 국가 자체에 대한 경쟁력을 확보했다. 상위 5개국의 독서와 교육 현황을 간략히 살펴보고 일본을 제외한 4대 선진국은 전문가들의 평가로 대체하고자 한다.

① 영국: (18세기 중반) "네덜란드로부터 혁신을 배우고 교육에 투자해서 국민의 역량을 키웠다. 영국 사람들의 능력과 자본주의가 결합하면서 산업혁명이 가능"했다.[826]

② 프랑스: "1700년대 초반 프랑스는 교육과 배움의 중심지였고 볼테르와 몽테스키외를 비롯한 유명한 사상가를 낳은 계몽주의의 발상지였으며 급성장하는 출판 산업의 본고장이다."[827] "계몽주의 시대에 다방면에 뛰어난 지식인을 찾을 수 있는 확실한 장소는 프랑스다. 그 이유는 프랑스인들이 예술계와 패션계뿐만 아니라 유럽의 지성계에서도 유행을 선도했기 때문이다."[828]

③ 미국: 미국은 누구나 알고 있는 나라지만 그 속까지 알고 있는 사람은 많지 않다. 경제력과 군사력이 강하지만 그 출발점에 교육의 힘이 작용했다. 영국과 프랑스에 뒤처진 후발 신생국이 어떻게 이처럼 빠르게 발전할 수 있었을까? "교육 분야의 탄탄한 발전과 우수성은 혁신, 기술의 진보, 세계시장에서 통하는 경쟁력과 경제생산을 불러왔다."[829] 제2차 세계대전 이전에 중등교육과 고등교육을 일반인에게까지 개방한 나라는 미국이 유일하다.

④ 독일: "18세기가 저물기 전에 독일의 문화가 프랑스나 영국

의 선진문화를 따라잡았다는 생각이 널리 퍼졌다. (…중략…) 첫 번째 변화의 징후는 독서혁명이다. (…중략…) 상류계층은 벽걸이보다 책으로 방안을 장식했다. (…중략…) 독일의 지방분권 문화는 '탁월한 정기 간행물의 나라'를 만드는 데 한몫 거들었다. 프랑스에서 정기간행물 발행이 1745년의 15종에서 1785년 82종으로 늘어난 데 비해 독일에서는 260종에서 1,225종으로 늘었다."[830]

다시 한번 강조하자면 19세기 독일은 매우 창의적인 사회여서 '저먼 지니어스' 시대라 일컬었다. 그들의 발명품 중 하나가 바로 '근대 대학'이다. 대학이 독일의 발명품은 아니지만, 자유롭게 연구하고 학회를 구성하여 논문을 발표하고 교류하는 '지식의 네트워크'로서의 대학은 독일의 작품이었다. 도로를 로마인이 만든 것은 아니었으나 네트워크화하여 효율성을 극대화한 것은 로마인이었던 사실과 비슷하다. 그런데 독일이 평화롭고 여유로운 시기가 아니라 국가가 존망의 상태에 놓였을 때 근대 대학을 만들었다는 점이 놀랍다. 1806년 10월 예나에서 나폴레옹의 프랑스군에 대패했는데도 프로이센은 1813년까지 군대, 관료, 학교 사이에 긴밀한 관계를 구축했다.

"이는 프로이센 체제의 기초와 권력을 구성했다. 1870년 영국이 교육법을 채택하기 두 세대나 앞서 프로이센은 보편적인 교육제도를 도입했다. 이는 국민개병제와 밀접한 관련이 있었다. 탁월한 교수단을 구성하던 베를린대학교는 군 총참모본부의 자매기관 격으로 설립됐다. 따라서 프로이센에서 지식은 지식 그 자체가 아니라 커다란 재앙을 경험한 국가의 성공을 위한 수단으로 취급됐다."[831]

⑤ 일본은 대표적인 독서 강국이다. 메이지 유신의 성공의 바탕에는 1세기에 걸친 독서혁명이 있었다. 성희엽은 『해체신서』(1774년)에서 『문명론 개략』(1875년)까지 100년을 '지적 혁명 100년'이

라 명명했다.

"근대적 과학정신과 근대적 세계관(자유와 공화)이라는 근대의 두 정신적 기둥을 『해체신서』에서 『문명론개략』까지 100년 동안 세울 수 있었다. 일본이 동아시아를 넘어 비서구권 국가 중에서 유일하게 스스로 근대 국가를 수립할 수 있었던 것은 바로 이 정신적 기둥 위에 근대적 국가 지력을 구축할 수 있었기 때문이다."[832]

민간 양의학자들의 자발적인 노력으로 3년 반에 걸쳐 번역한 『해체신서』는 매우 놀랍다. 나가사키의 작은 인공섬인 데지마는 간접적으로 유럽의 지적 네트워크와 연결되어 있었다. 데지마라는 작은 창을 통해 들어온 의학책의 번역은 일본 지식인층에 엄청난 지적 지진을 일으켰다.

"1774년 스기타 겐파쿠와 그의 동료들이 3년 5개월의 고행 끝에 독일 해부학자 요한 쿨무스의 『타펠 아나토미아』를 일본어로 번역했다. 『해체신서』라 불리는 이 책의 발간은 일본의 서양 근대 지식의 수용 역사에 큰 획을 그은 사건이었다. 『해체신서』에 이어 의학, 병비, 과학기술, 어학, 해외정세, 해외문물과 제도 등에 관한 서적이 연이어 번역되고 양학 붐이 일어났다."[833]

이러한 난학 붐에 더하여 1840년대 아편전쟁의 결과로 일본의 지식인들은 힘의 축이 중국에서 서유럽으로 변했다는 것을 직감했다. 일본은 아편전쟁에서 어떠한 역할도 하지 않았지만 1차 아편전쟁의 여파는 많은 일본의 지사志士와 지식인들의 삶을 결정지었다. 중국은 더 이상 세상의 중심이 아니라 수많은 국가 중 하나였다. 중국은 이런 사실을 깨닫지 못하고 여전히 천하의 중심이라 여겼고, 조선은 쇠퇴해가는 청에 깊이 의존하고 있었을 때다. 이때부터 일본의 난학 붐은 가속도가 붙어 폭발적으로 증가했다. 메이지 유신 직전 난학자가 3,000명에 육박했다. 더욱이 후쿠자와 유키치는 『문명론 개략』을 통해 근대적 세계관과 개인의 가치와 창의성을 바탕으로 하는 '자유'와 '공화'라는 가치를 제시[834]하고 일본 사회에 나아갈 방향을 제시했다. 후쿠자와는 일본인에게 더 넓은 세상을 안내하는 길잡이 역할을 맡겼다. 일본 근대화의 이행에 결정적으로 이바지한 인물이 됐다.

"국력을 증강하기 위해서는 읽기와 쓰기 교육을 충실히 하고 모든 국민이 구미인에게 지지 않을 독서력을 지녀야 한다. 그를 위해 1872년의 학제 반포로 초등교육이 의무화되고 전 국민을 대상으로 '문맹퇴치'가 시작됐다."[835]

메이지 유신 이후 일본 출판물의 규모와 양은 폭발적으로 증가했다. 1870년대 초 일본에서는 매년 평균적으로 1,500종의 신간서적이 출간됐다. 그중 190종이 소설이었다. 당시 일본은 '독서하는 사무라이'들이 40~50만 명이었다. 일본의 '지적 혁명 100년'에 이어 수많은 모임, 협회, 연구회 등이 우후죽순 생기면서 일본인의 폭발적인 독서혁명이 시작된 것이다. 1880년대에는 일본에서 출간되는 신문과 정기간행물의 수가 영국을 앞질렀다는 연구가 있을 정도로 일본은 독서열풍으로 들끓었다.

"1914년에 일본에서 각종 서적은 독일을 제외하고 전 세계 그 어느 곳에서보다 빠른 속도로 출간됐다. 1868년 이전에 이미 증가일로이던 해외 정치 텍스트의 번역물 역시 점점 그 수가 많아졌다. 존 스튜어트 밀의 철학 에세이『자유론』은 1872년에 처음 일본어로 소개됐다."[836]

메이지 유신의 성공은 한마디로 깨어 있는 리더들, 즉 주체세력이 출현하여 앞에서 이끈 결과다. 또한 일반인의 학습 욕구가 독서 열풍으로 이어지면서 새로운 사회를 모색해 나간 결과이기도 하다. 이런 분위기가 위아래로 흘러넘치면서 부강한 나라를 향한 에너지가 사회 전반적으로 상승 작용을 일으켰다. 돌이켜보면 성공한 나라들은 어느 순간 갑자기 거세지는 불길처럼 굴기하는 시기가 있는데, 일본은 메이지 유신이 바로 굴기의 시대였다. 오늘날 일본은 잃어버린 30년을 겪고도 용케도 세계 3위의 번영을 구가하고 있다. 그 배후에 일본인의 독서 사랑이 자리 잡고 있음을 눈여겨봐야 한다. 어느 나라가 잃어버린 30년을 겪고도 '최고 수준의 번영'을 유지할 수 있을까? 새삼 놀라지 않을 수 없다. 그들은 나른하게 줄지도 않았고 현대 정보화 사회에서 저만치 밀려나 있지도 않았다. 오히려 수없이 암중모색한 결과로 지식과 정보의 흐름이 꾸준히 유지됐다는 얘기다.

### 독서혁명이 필요한 한국

한국은 '선비의 나라'로 문사철을 가장 숭상한다지만 일반인의 독서혁명이 일어난 적이 없다. 지나고 보니 1980년대 민주화에 대한 갈망으로 인해 수많은 지하서클이 생겨나고 운동권뿐만 아니라 일반인들도 많은 독서와 토론을 하며 새로운 사회를 모색했던 그 시기가 독서혁명의 초기 단계였지 않을까 생각한다. 어용 신문에서조차 행간을 읽어보려는 '궁색한 희망'을 품고 살았던 그 시절이 독서의 화양연화였다. 지난 30년간 이뤄낸 한국의 성공은 최단 시간 안에 고등교육의 보편화[837]를 통해 길러진 인재들이 만든 결실이었다.

우리는 스스로 '교육을 절대시하는 문화 강국'으로 자리매김했고, 그 결과 얻게 된 명성 때문에 많은 이가 불편한 진실을 제대로 보지 못하고 있다. 고등교육 이수자를 가장 많이 배출하는 한국에서 독서혁명과 대학개혁이 일어나지 않으면 한국의 장래는 밝지 않을 것이다. 고등교육 이수자가 많다는 것은 읽고 생각하고 쓰는 훈련을 거쳐 스스로 학습하고 문제를 해결하는 지성인이 배출됐다는 뜻이다. 그런데 우리는 고등교육 인력이 비약적으로 증가했는데도 독서 인구는 늘지 않았다. 아직 세계적으로 최고 수준에 이르지 못한 한국 대학이 세상의 변화를 읽고 배우는 데 실패했다는 얘기다.

"사실 멀티버시티(Multiversity, 현대사회의 대학으로 다양한 목표와 역할을 동시에 추구한다는 뜻)의 학부 학생은 (…중략…) 전공의 이름으로 파편화된 교육을 넘어 다양한 지적 소양을 개발할 수 있는 기회를 갖지 못한다. 강의실을 제외하고는 교수와 접촉할 수 있는 기회가 거의 없다. 대학은 그저 직업활동을 준비하고 사회로 나아가기 위해 일시적으로 거치는 곳일 뿐이다."[838]

이는 매우 기형적인 현상으로 대학이 '특정한 분야에 국한하지 않는 폭넓은 지성의 함양'에 실패한 결과다. 대학의 실패는 한국에 드리운 검은 구름인 저출산과 함께 우리의 미래를 어둡게 하고 있다. 선진국에서 작가와 예술가가 많이 배출되는 것은 그들의 재능이 특출나서라기보다는 오히려 다양한 작가와 예술가를 품어주는 대중이 많아서다. '일고수 이명창'이란 말처럼 귀담아듣지 않는데 명창이 탄생할 리 없다. 독서 대중이 없는데 대가가 나올 수 있겠는가. 그래서 한국에는 수십 년 내공을 쌓은 대가가 적은 것이다. 그 결과 패러다임의 전환과 함께 인식혁명을 일으켰던 대작大作의 시대가 저물어가고 있다. 자디잔 사회, 대가가 사라진 사회는 성숙도가 낮은 불행한 사회다.

또한 이성적으로 사고하고 합리적으로 숙고하면서 토론할 수 있는 독서 대중과 깨어 있는 시민이 없이 건강한 공론장은 형성되기 힘들다. 꾸준히 자신의 참고문헌 범위를 넓히지 않고 유튜브와 같은 SNS로부터 정보의 대부분을 얻는 현재의 한국은 매우 위태롭다. 우리의 지식과 정보의 원천이 유튜브이고 영혼의 설계자가 SNS인가. 한국이라는 댐에 균열이 생기면서 분열된 정치 지형은 광범위한 변화를 끌어내는 걸 어렵게 하고 있다.

　지금 한국은 모든 사안마다 분열되고 첨예화되어 토론과 합의가 불가능한 상태로 두 개의 나라로 쪼개졌다고 해도 과언이 아니다. 여야는 상대를 용납할 공간이 바늘구멍만큼도 없기에 완전히 다른 나라에 살고 있는 꼴이다. 최소한의 절제와 미덕도 없고 중간은 아예 존재하지도 않는다. 아군과 적군이 분명한 전쟁터로 사실상 내전 상태나 다름없다. 내편 하고만 손잡는 정치는 정치가 아니라 독치獨治다. 독치獨治는 '나와 다른 상대'를 인정하지 않고 독毒을 품은 채 상대방을 짓밟아 버리려고만 하기 때문에 독치毒治가 된다. 여기에 그동안 중심축 역할을 잘 수행해왔던 일반인마저 독서를 멀리 한 채 깊이 숙고하고 성찰하는 능력을 상실해 가고 있다.

　지금 우리 공동체는 위기에 직면해 있다. 우리가 어느 한쪽을 강력하게 편들고 지지하기보다는 갈등의 고조를 낮추고 해소하기 위해 노력하는 정치인을 지지하고 적극적으로 후원하는 방향으로 우리의 태도를 전환해야 한다. 또한 한국인이 정치인을 열렬히 지지하는 열정과 정치를 외면하는 냉정 사이에서 중심을 잡고 정치가 바로 설 수 있도록 현명한 판단과 건전한 비판을 멈추지 말아야 한다. 그렇지 않으면 최빈국에서 가장 빨리 선진국에 도달한 이정표를 만든 한국이지만 그만큼 급속도로 뒷걸음칠지도 모를 일이다.

　선진그룹에 진입했다고 해서 성공 경험을 여러 번 우려먹어서도 안 되며 성공했다는 사실 자체를 '너와 나'를 묶는 통합의 끈으로 사용할 수도 없다. 게다가 선진그룹에서 한국은 여전히 후발주자다. 현재의 성과가 일회성이 아니라 지속적인 부가가치를 창출할 수 있어야 한다. 경제 성장과 사회 발전이 병행하는 선진국 상태를 100년 이상 유지할 수 있느냐가 진짜 이정표를 만드는 일이고 그게 바로 실력이다.

독서를 통해 지적 역량을 축적하고 인재를 길러내는 교육혁명 없이 이런 일이 가능하겠는가. 독서혁명은 그 사회의 핵심 엘리트인 5%에 의해 결정된다. 지금 우리 사회는 각자의 자리에서 껍데기를 깨고 사회에 영감을 불어넣는 5%의 인재가 절실히 필요한 시점이다.

### 한국의 미래를 열 세 가지 힘

이제 선진국들이 부강한 나라를 만들기 위해 근대화 시기에 제기했던 세 가지 질문에 대해 우리 스스로 응답하고, 한국의 미래를 열어갈 세 가지 힘에 대해 알아보자.

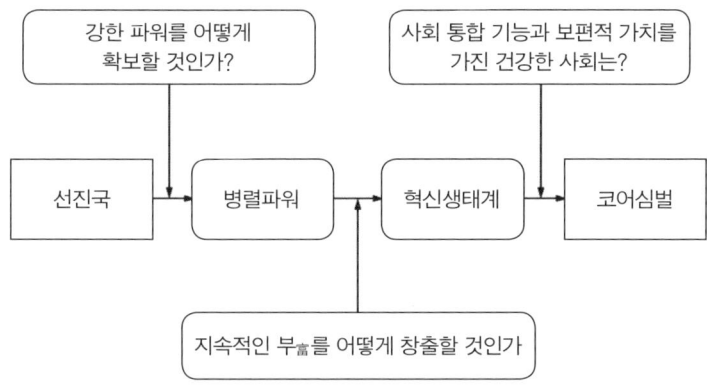

첫 번째, 강한 파워를 어떻게 확보할 것인가? 수평사회, 즉 병렬파워로 장착된 사회를 만들어야 세계 무대에서 앞서 나아갈 수 있다. 정치권력이 비대해지면 모든 영역에 영향을 끼치며 사회가 경쟁력을 잃게 된다. 경제, 언론, 교육, 과학기술, 종교계, 시민단체가 조화롭게 어우러지면서 각자의 전문성과 자율성을 발휘해 병렬파워가 건강하게 형성되어야 한다.

두 번째, 지속적인 부를 어떻게 창출할 것인가? 혁신생태계를 구축하여 생태계 차원에서 경쟁력을 향상해야 한다. 그래야 지속적인 성과가 창출된다. 남들이 다 하는 것을 모방해서는 이제는 답이 없다. 고령화 사회와 고임금을 감당할 수 있는 혁신생태계를 만들어 내야 한다. 1인당 국민소득 10만 달러, 15만 달러의 신성장동력을 발굴하고 거기에 적합한 인재들을 육성해야 한다. 잘하고 있는 것에 혁신을 가미해서 한 단계 더 끌어올려야 한다. 무엇보다도 가장 중요한 것은 혁신생태계 구축이다. 오늘날 세계는 기업 간 경쟁이 아니라 국가 생태계 간 경쟁이 더 중요해졌다.

초일류 전쟁터의 게임 룰은 약육강식이 아니라 '훌륭한 생태계를 누가 더 많이 갖고 어떻게 함께 성장하느냐'의 게임이다. 미래 시대의 변화를 정확히 인식하고 기업, 대학, 공공연구기관 등 혁신을 수행하는 주체들 간의 아이디어, 연구비, 인력이 원활하게 흐르는 네트워크를 구축해야 생존과 발전이 가능하다. 이제 세상은 이미 오픈소스가 점령했다. 모든 세계적 기업은 오픈소스 없이는 아무것도 할 수 없는 상황이다. 우리도 '의식의 베이스캠프'를 올려야 한다.

세 번째, 사회를 통합하고 보편적 가치를 통해 건강한 사회를 만들기 위해서는 코어심벌을 어떻게 형성하고 유지해야 하는가? 린치핀 역할을 하는 코어심벌을 잘 정립해야 한다. 코어심벌이 있어야 선진 문명으로 향하는 권력(병렬파워)과 부(혁신생태계)라는 두 바퀴가 잘 굴러갈 수 있다. 린치핀linchpin은 본래 '마차나 자동차의 두 바퀴를 연결하는 쇠막대기를 고정하는 핀'을 의미한다. 비록 작은 부품이지만 린치핀이 없이는 바퀴를 지탱할 수 없어 결코 멀리 갈 수 없다.

2장

# 미래를 만드는 힘 1
# 병렬파워

# 1
# 병렬파워란 무엇인가

### 병렬파워의 사회인 근대 국가

병렬파워의 대척점은 직렬파워다. 직렬파워와 병렬파워는 전기의 직렬연결과 병렬연결을 떠올리면 쉽게 이해된다.

직렬연결(좌)과 병렬연결(우)

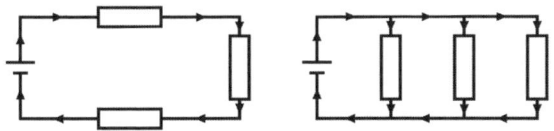

직렬연결은 전구를 일렬로 두어 전류가 한 길로 계속 흘러가도록 연결하는 방법이다. 병렬연결은 전구를 평행하게 두고 전류가 두 갈래 이상으로 흘러가도록 연결하는 방법이다. 병렬로 연결했을 때는 흐르는 길이 많아지므로 전구를 하나 빼내더라도 나머지 전구와 연결된 전선은 끊어지지 않고 연결되어 있어 나머지 전구에 불이 계속 커진다. 그러나 직렬로 연결했을 때 전구를 하나 빼내면 길이 끊겨 나머지 전구에 불이 켜지지 않는다.

크리스마스트리에 전구를 달 때 전구를 모두 직렬로 연결할 수도 있고 모두 병렬로 연결할 수도 있다. 어떻게 연결하는 것이 현명할까? 직렬로 연결할 때 어느 한 전구가 고장나면 모든 전구에 불이 켜지지 않는다. 하지만 병렬로 연결하면 고장난 전구의 불만 꺼질 뿐 다른 전구들은 영향을 전혀 받지 않는다. 따라서 크리스마스트리의 전구는 병렬로 연결하는 방식이 적합하다.

이런 방식은 권력구조를 제대로 파악할 수 있는 통찰력을 제공한다. 왕조국가가 엄격한 계층구조로 이뤄진 직렬구조라면 현대 선진국가는 정치, 경제, 사회, 문화, 과학기술 등 여러 분야에서 병렬화된 구조로 되어 있다. 집단지성도 이런 병렬파워의 산물이다. 한국의 성취는 소수 엘리트 집단의 성과가 아니라 한국 전체의 재능을 결집한 데서 이뤄진 것이다. 미래의 국가경쟁력은 지도자의 '나 홀로 경쟁'이 아니라 정치권, 정부, 민간기업, 국민까지 합세한 '국가 대항전'이 될 것이다. 노동과 자본 같은 직접 투입요소뿐만 아니라 기술과 경영혁신, 법과 제도, 노사관계, 문화 등이 국가가 얼마나 경쟁력이 있는가를 결정할 것이다.

한마디로 전근대 국가는 직렬파워의 사회고 근대 국가는 병렬파워의 사회다. 1800년대 서유럽 사회에는 이미 왕, 귀족, 성직자, 농민이라는 틀만 가지고는 설명할 수 없는 시대로 들어섰다. 미래에 대한 새로운 전망과 새로운 기술의 등장으로 많은 분야에서 새로운 권력들이 탄생하기 시작했다. 인식혁명을 다룬 부분에서 설명했듯이 1830년대에는 부르주아 계급이 전면에 등장했고, 이어 노동자 계급이 탄생했다. 19세기 중반 이후 언론인, 문화계가 권위를 얻기 시작한다. 19세기 말에 새로운 전문인인 과학자, 공학자들이 초국적 네트워크를 형성한다.

경제력을 키워 정치적 권리를 주장하는 부르주아 세력과 전문성을 바탕으로 영향력을 행사하려는 변호사(법조계), 언론인, 노동자 등 다양한 그룹들이 등장했다. 이미 정치·경제권력들에 대해서는 1830년대 근대를 다룬 부분에서 어느 정도 설명했으므로 과학자 그룹과 문화권력 중심으로 기술하겠다.

19세기 말에는 새롭게 등장하기 시작한 전문 분야에서 일하는 사람들이 모여 초국적 전문인 협회를 만들었다. 과학 네트워크와 공학 네트워크는 유럽과 미국에 걸쳐 견고히 형성됐다. 그들은 특정 문제에 관한 데이터를 모으고 정리하고 분석하여 자연계와 사회 문제들에 대한 해결책을 찾을 수 있다고 믿었다. 과학적이고 실증적인 사실에 대한 믿음을 갖고 있었다. 특히 수학, 통계학, 화학, 철학 분야에 나타난 이 현상은 종교나 이데올로기는 물론이고 국가의 경계까지도 넘어섰다. 그들은 통계와 과학에 대한 공통된 합의를 끌어냈으며 그들 간에 인정받는 것을 무엇보다 중요하게 생각했다. 이렇게 근대 사회는 기존의 전통 권력과 달리 전문성이라는 권능을 가진 사람들로 인해 새로운 파워들이 나타나기 시작했다.

"19세기 말부터는 수학, 통계학, 화학, 철학 등 여러 과학 분야와 관련한 국제 회의도 개최되어 다수의 학자가 국제 도서집 목록도 편찬했다. 외국 국적을 가진 사람들에게 서유럽 대학들이 개방되고 번역 및 출판활동도 왕성해져 초국적 교류 또한 활발했다. 그런 전문성의 교류와 신구학문 분야의 전문화로 과학, 사회학, 인문학의 재정비도 이뤄졌다."[839]

서유럽은 19세기 말에 전문성의 회로들이 구축됐다. 근대화를 추구했던 러시아, 오스만 제국, 일본에서도 초국적의 과학과 기술을 받아들이도록 국민을 독려했다. 1860~1870년대 러시아의 알렉산드르 2세의 대개혁, 오스만 제국의 탄지마트 개혁, 일본의 이와쿠라 사절단 파견이 대표적 예다. 반면 조선과 같은 농경국가는 소수 엘리트만이 생산에서 벗어나 정치와 문화생활을 누렸다. 낮은 생산성으로 인한 사회구조의 한계였다.

장하준 케임브리지대학교 교수에 따르면 역사 속에서 "높은 생활수준을 지속적으로 유지하는 방법은 오직 혁신과 기술력을 확보할 수 있는 제조업의 발달에 기반한 산업화의 길"이라고 강조했다. 근대 사회는 산업화와 민주화가 진행되면서 신분제가 폐지됐고 사회적 유동성이 증가했다. 유럽 사회는 왕과 귀족 중심으로 권력을 독점하는 세계에서 부르주아에게 권력이 개방되는 세계로 변했고 머지않아 일반인에게 점점 권력이 확대되는 세계로 바뀌었다. 근대 사회에 들어서면서 한 사람이나 소수에만 집중돼 있던 권력과 부가 점점 더 분산되기 시작했다. 이것은 공화주의, 민주주의, 시민권과 같은 새로운 이념의 부상으로 인해 발생했다. 권력의 분산은 사회에 여러 가지 영향을 미쳤다.

첫째, 더 많은 사람에게 더 많은 권한과 권력과 부를 얻을 기회가 부여됐다. 그전까지 국가 간 경쟁은 엘리트들 간의 싸움이었으나 이제는 국민 대 국민이라는 총력전의 시대가 열린 것이다. 둘째, 그로 인해 더 민주적인 사회가 됐다. 권력이 더 많은 사람에게 분산될수록 더 민주적으로 됐다. 이제 어떤 국가가 먼저 기득권층의 특권을 축소하고, 더욱더 많은 사람에게 기회를 제공하는 사회를 만들 수 있느냐에 따라 나라의 운명이 갈릴 것이다.[840] 모든 인간은 교육을 받을 권리가 있다.

결국 이러한 국민의 권리를 정부가 자신의 의무로 받아들이는가의 여부에 따라 좋은 정부와 그렇지 않은 정부로 구분된다. 이런 책임감을 갖고 정부를 운영한 국가와 왕조시대의 전통을 답습하여 소수가 권력을 독점하는 국가는 한 세대 뒤면 그 차이가 현격해질 것이다. 정치와 종교, 경제, 사회, 문화 등으로 사회의 분화가 이루어지고 전문 영역이 출현하는 현상은 자연발생적으로 나타나지 않는다.

"세속사회와 종교의 독립적인 현실영역의 분리는 창조된 것이지 단순히 발견된 것이 아니다. 그것은 특정한 정치문화와 세속주의라는 지식체계의 산물이었다. 자동적이고 보편적인 발전의 결과가 아니었다."[841]

이전 시대에 비하면 신분이나 계급이 개인의 운명을 결정하는 힘은 약해졌다. 사회는 더 경쟁적으로 변하며 효율성에 따라 움직였다. 프랑스인은 프랑스 혁명을 통해 정치권력이 왕 한 사람만의 독점물이 아닌 공공의 것임을 명확하게 하기 위해서 공화정을 수립했다. 유럽과 달리 메이지 유신 정부는 사회와 정치 엘리트층이 공존하는 병렬파워를 만들기 위해 노력을 기울였다. '사농공상'이라는 신분사회에서는 경제단체나 시민사회가 있을 리 만무했다.

일본도 마찬가지였다. 메이지 정부는 일본의 상인 계급이 자연적으로 성장해 산업화를 주도할 때까지 기다릴 수 없었다. 그런 식의 성장은 너무나 느린 데다가 상인 계급에게 경제의 주도권을 맡긴다는 것은 거의 불가능한 시대 상황이었다.

### 일본 병렬파워의 형성과 새로운 단어들의 탄생

일본 정부는 근대에 필요한 모든 파워를 주도하면서 민간 부분에 개입했다. 경제는 정부가 투자해서 민간에 불하했고, 공무원과 교사들에게 신문을 구독하도록 장려했으나 정부 비판에 대해서는 법적으로 제한을 가했다. 지식인들이 서구의 새로운 개념을 이해하고 자국에 소개하려고 노력했다.

정부는 근대적인 공장을 건설하고 상업 활동을 하다가 일정한 규모에 이르렀을 때 소수의 기업집단에 불하했다. 이 소수의 기업집단은 나중에 재벌로 성장한다. 이로써 경제 엘리트, 떠오르는 전문가 중산층, 산업 노동자가 유기적으로 결합하는 '특수한 일본식 경제발전의 선순환 주기'를 만들어내고자 했다.

"서양국가들 수준의 부와 권력에 도달하려면 외국의 수많은 제도를 모방하는 것이 필요했다. 하지만 이러한 제도들이 그리고 정치와 경제의 주체들이 담당해야 할 역할이 적절히 배치된 것은 일본에서 발견되는 특수한 현상이었다."[842]

20세기로 전환되는 시기에 일본이 근대화에 성공할 수 있었던 것은 서구식 제도를 적극적으로 도입하여 실행한 결과였다. 경제 분야뿐만 아니라 과학, 법률, 학문, 언론 등 전 분야에서 서구로부터 그 제도들을 새롭게 도입하고 관련 생태계를 육성했다. 메이지 정부는 주도적으로 재벌(경제), 제국대학(학문), 언론사 등에 지원과 특권을 부여함으로써 이들에게 절대적 영향을 미쳤다. 일본 정부는 언론을 때로는 탄압하여 길들였다. 당시 상황에서 어쩔 수 없는 선택이었을지 몰라도 오늘날까지도 정부, 재벌, 언론의 유대관계는 매우 긴밀하다. 그래도 일본은 콩과 팥을 심었다. 열 개를 심었으니 시간이 지나면서 여덟 개 내지는 아홉 개의 파워가 생겨날 것이다.

병렬파워를 가진 사회로 나아가기 위한 노력의 결과는 새로운 단어들의 탄생으로 나타났다. 일본에서 새롭게 번역한 단어들은 사회를 다양한 시각으로 파악하게 했고, 또한 차원이 다른 세계를 열어주었다. 이처럼 새로운 단어들은 우리 시야에 짙게 깔린 안개를 걷어내어 그 속에 감추어둔 것을 또렷하게 드러나게 해 준다. '왕이 없는 세상'을 상상조차 하지 못했던 사람들에게 다른 삶의 형식, 정치체제, 다른 지각과 현실에 눈뜨게 해주었다. 갑자기 몰이해에서 이해로 도약할 수 있게 해준 것이다.

전문가들의 연구에 따르면, 도쿠가와 막부 말기에서 메이지 시기에 걸쳐 일본인이 만든 한자어를 '신한어新漢語'라고 부르는데 대략 1만 5,000여 개가 된다. 이 중에는 일본인이 새롭게 만든 것도 있고, 원래 중국 고전에 나오던 단어에 근대적 개념을 대입한 것도 있다. 성희엽은 역서『문명사 개략』의 해제에서 개념사의 중요성을 강조하며 일본이 만든 신한어를 다음과 같이 예시했다.

"철학, 종교, 윤리, 이성, 논리, 의식, 관념, 심리, 명제, 구체, 추상, 낙관, 비관, 객체, 연역, 귀납, 직접, 간접, 좌익, 우익, 무정부주의, 진보, 공산, 노동자, 인민, 민중, 단결, 맹종, 반동, 진화, 민족, 교환, 분배, 독점, 저축, 자본, 금융, 중공업, 경공업, 회사, 결산, 판권, 정치, 정부, 대통령, 정당, 의회, 선거, 자치, 의무, 회의, 연설, 토론, 찬성, 표결, 부결, 취소, 대리, 경찰, 간첩, 법정, 당사자, 제3자, 판결, 보증, 등기, 강제집행, 인도, 세기, 청원, 교통, 박사, 상상, 문명, 예술, 비평, 고전, 강의, 봉건, 사회, 복지, 집단, 개인, 물질, 과학, 화학, 물리학, 사회학, 경제학, 통계학, 학위, 학기, 강의, 위자료, 수업료, 무기, 유기, 분자, 원자, 광선, 액체, 고체, 기체, 섬유, 온도, 의학, 위생, 신경, 동맥, 연골, 미술, 건축, 기차, 철도, 야구······."

오늘날 한국에서 필수적으로 사용하는 단어들이다. 새로운 단어는 새로운 개념이나 사물을 나타내기 위해 만드는데 의사소통의 효율성을 높여주었다. 예를 들어 '의회'나 '메타버스'가 처음 등장했을 때 그 개념을 나타낼 단어가 없었기 때문에 '의회'나 '메타버스'라는 단어가 만들어진다. '메타버스'처럼 외래어에서 발음을 곧바로 차용하는 방식이 아니라 새롭게 만들거나 조합할 때는 엄청난 공력이 필요하다. 이들 신한어는 일본이 조합 혹은 창조했다 할지라도 동아시아에 미친 영향이 매우 컸다. 심지어 중국조차 신한어의 상당 부분을 수입해 사용할 정도였다.

우리의 경우 학문에서 정치, 경제, 사회, 문화 등 전 분야에 이르기까지 이들 단어를 사용하지 않으면 안되는 상태다. 원래 우리말 내지는 토착화된 한어라고 생각하는 단어조차도 우리 것이 아닌 게 많다. 내가 비통한 마음을 가누지 못하는 이유는 일본에서 신한어를 수입해 쓰는 것 때문이 아니라 이런 단어를 만들 생각조차 하지 못한 구한말 사대부의 낮은 지력 때문이다. 일본은 신한어를 만들어냄으로써 비로소 중국에 대한 콤플렉스를 극복했다. 근대가 시작된 이래 중국에 없던 새로운 개념을 자신들이 만들어내면서 일본은 비로소 온전한 '자기'를 확립한 것이다.

### 사회와 개인이라는 개념의 탄생

당시 동아시아에는 '개인'이나 '사회'라는 단어 자체가 없었다. 아예 그런 의식조차 없었다는 이야기다. '개인'과 '사회'라는 단어는 '있는 현실'이 아니라 '있어야 하는 현실'의 개념으로 만들어진 번역어였다. 한번 생각해보라. 오늘날의 결혼과 출산은 이를 선택했을 때 발생할 경제적 비용과 편익의 크기를 고려하여 개인들이 내리는 의사결정의 총합이다. 모든 분야에서 개인의 선택이 가장 중요한 요인이다. 개인을 제외했을 때 현대사회는 성립할 수 없다. 소위 Z세대는 개인과 공정의 가치를 가장 중시한다. 이렇게 너무나 당연한 '개인'과 '사회'라는 단어가 동아시아에는 불과 110년 전만 해도 없었다. 루트비히 비트겐슈타인의 말이 적확하다. "내가 쓰는 언어의 한계가 내가 아는 세상의 한계였다."

동서양의 모든 문명은 가족이든, 종교적 성격의 더 큰 문화적 공동체든 공동체 생활에 대한 관념을 가지고 있었다. 종교개혁 이전에는 가족과 종교에서 분리된 '자율적인 사회'라는 개념은 없었다.

'사회'는 유럽에서 르네상스와 종교개혁 이후 등장한 개념으로 유럽에만 국한된 독특한 현상이었다. 당시에는 이해가 되지 않는 '소사이어티society'를 후쿠자와 유키치는 '인간교제人間交際'로 번역했고 다른 학자는 중국에서 단체를 지칭하는 '사社'나 '회會'로 번역했다. 이것이 나중에 '사회'로 합쳐지게 된 것이다. 일본 번역의 역사를 연구한 야나부 아키라柳父章는 당시 서구의 생소한 개념어를 '어떻게 번역하여 보급할 것인가'에 대해 당시 지식인들이 느낀 어려움을 설명했다.

"본래 society는 번역하기가 매우 어려운 말이었다. 무엇보다도 society에 해당하는 말이 일본어에 없었기 때문이다. 해당하는 말이 없었다는 것은 곧 society에 대응할 만한 현실이 일본에 없었음을 의미한다." 또한 '개인'이라는 번역어에 대해서도 "당시의 일본인들은 individual이라는 단어의 뜻을 이해하기가 매우 힘들었다. 그것은 society라는 단어를 이해하기 힘들었던 것과 본질적으로 유사하다."

개인이라고 번역된 'individual'의 번역은 매우 중요한 문제였다. 근대가 '개인과 개인들의 상호작용을 관할하는 질서, 규범, 제도의 복합체'라 할 때 개인은 근대사의 주체로서 매우 중요한 단어이기 때문이다. 양세욱은 『동아시아의 번역된 근대』라는 논문에서 이렇게 설명했다.

"1860년대까지는 individual이 메이지 이전부터 일본어에서 사용되고 있던 '하나의 몸, 한 사람, 혼자' 등으로 번역됐으나, 1870년대 이후 individual이라는 단어에 특별한 의미가 있다는 사실을 차츰 깨닫고 새로운 번역어를 모색하였다."[843]

후쿠자와 유키치는 중국의 사전에 등장했던 '독일개인獨一個人'을 individual의 번역어로 다시 사용했다. 그만큼 이해하기 힘든 개념이었다. 다른 학자는 '독獨'을 생략한 '일개인—個人'으로 번역했고, 드디어 1891년에 '개인주의'라는 풀이가 처음으로 등장했다.

결국 '개인'으로 수렴되어 간 것인데 거의 30여 년이 걸린 긴 과정이었다. 인디비주얼individual은 in + divide로 '더 이상 나눌 수 없는 한 사람'을 의미했다. 그런데 동아시아에는 집합체로서 '백성百姓'이나 '인민人民'은 있었지만 '개인'의 개념은 존재한 적이 없었다. 다시 말해 인류가 시작된 시절부터 개인은 있었지만 '개인'이라는 개념은 존재하지 않았다. 근대 사회로 진입하면서 서구에서 발견한 '개인'의 개념이 수입된 것이다. 서구가 없었다면 '개인'이라는 개념의 수입 또한 없었을 것이고, '개인'의 개념이 없었다면 근대는 성립되지 않았을 것이다. 양세욱은 이 의미를 매우 깊이 있게 설명했다.

"신 앞에서 평등하며 신에 대해 개별자인 개인에게 불가침의 권리가 있다고 하는 자각이 높아진 것은 르네상스 이후로, 이런 자각의 유무는 근대화를 재는 중요한 척도의 하나이다. 개인과 사회의 관계에 대해서는 견해가 다양하다. 하지만 개인은 사회와 분리될 수 없는 유기적인 관계라는 점에 대해서는 대체로 의견이 일치한다. 근대 사회는 개인과 개인들의 상호작용을 관할하는 질서·규범·제도의 복합체라고 할 수 있다. 일본을 포함한 동아시아에 단수로도 복수로도 사용되던 '인人'이 있었고, '한 사람'이라는 의미의 '일개인—個人'이 있었고, 집합체로서 '백성百姓'이나 '인민人民'은 있었지만, 개인과 사회는 당시까지도 아직 존재하지 않았다고 말할 수 있다. '개인'과 '사회'가 individual과 society의 번역어로 확정되기까지 겪었던 어려움은 이런 이유 때문이다."844

이러한 인식은 오늘날에도 여러 곳에서 쉽게 찾아볼 수 있다.

동아시아에서는 성을 먼저 쓰고 다음에 이름을 쓰지만 영어에서는 이름이 먼저이고 성이 뒤에 나온다. 우리에겐 이름보다 집안의

성이 더 중요하고 서양에선 개인의 이름이 더 중요하다는 뜻이다. 주소도 그렇다. 우리는 국가명, 도시 등을 먼저 쓰고 맨 나중에 이름을 쓴다. 영어는 이와 반대로 이름을 먼저 쓰고 국가명은 맨 나중이다. 우리에겐 국가가 더 중요하지만 서구에선 그보다 개인의 이름이 더 중요하다는 뜻이다. 날짜를 쓰는 법도 다르다. 우리는 연도, 달, 날 순이지만, 영어는 거꾸로 날, 달, 연도 순이다.

이런 사례들은 아주 뚜렷한 한 가지 특성을 보인다. 동아시아에서는 큰 단위를 먼저 쓰고 작은 단위로 넘어가지만, 서양에선 작은 단위에서 점차 큰 단위로 넓혀간다. 즉 동아시아는 공동체나 집단이 우선이고 서양은 개인이 먼저라는 것을 단적으로 드러내고 있다.

### 새로운 언어가 가져온 새로운 사고혁명

단어 하나가 탄생에서부터 사회에 뿌리를 내리기까지 한 세대 이상 걸린 것도 있다. 이제 신한어를 한 단계 더 들어가 영역별로 간단히 분류해보자.

- 철학: 윤리, 이성, 의식, 관념, 명제, 추상, 객체, 연역, 귀납, 상상, 문명, 봉건, 개인
- 의학: 신경, 동맥, 연골, 의생
- 화학: 산소, 유기, 무기, 분자, 원자, 고체, 액체, 기체
- 사회학: 진보, 좌익, 우익, 노동자, 인민
- 법률: 판결, 보증, 등기, 강제집행
- 경제·기술: 자본, 저축, 중공업, 경공업, 섬유, 교통, 은행, 기차, 철도
- 예술·스포츠: 예술, 미술, 비평, 야구

이러한 단어들을 자세히 관찰하면 다양한 삶의 패턴들과 함께 새로운 병렬파워들이 형성됐음을 알 수 있다. 19세기에 지식이 급증하면서 지식의 분업과 전문화가 일어난 서유럽 역시 마찬가지였다.

"새로운 단어에는 문제의식이 드러난다. 이미 말했듯이 '과학자'라는 단어는 1830년대에 만들어졌다. 이 단어는 지식인과 자연 연구자 사이의 틈이 벌어지고 있다는 초기 증거였다. (…중략…) 영국에서 '전문가specialist'라는 단어가 사용됐다는 첫 기록은 1856년이었으며 '전문specialism'이라는 단어도 같은 해에 '전문화specialization'는 1865년에 첫 사용기록이 남아 있다. 새로운 현상을 설명하려면 새로운 단어가 필요했다."[845]

이처럼 사회가 변하기 시작하면 변화에 맞게 표현 수단이자 소통 도구인 언어도 새로 탄생하거나 소멸한다. 새로 접한 서양의 문화, 새로운 발견 등 현실에서 새롭게 지각되는 것을 기존 패러다임으로 설명할 수 없을 때 새로운 언어를 만들면서 새로운 사고 혁명이 일어나고 새로운 사회가 탄생하는 것이다. 메이지 일본의 사고 혁명으로 이어진 번역 문화의 도래는 상상 이상으로 빨라서 그 영향도 컸다. 비평가인 가토 슈이치는 일본이 근대화를 이룬 네 가지 중 하나로 번역을 지목할 정도였다.

"외국인 고문이 군대를 훈련시켰지요. 외국인 교사가 제일 먼저 도입된 곳이 군대고 다음이 제국대학입니다. (…중략…) '근대화'의 첫 걸음은 외국인 교사, 유학생, 시찰단, 그리고 번역입니다."[846]

메이지 일본은 1만 5,000개의 단어가 필요할 정도로 새로운 사회로 진입했다. 지금 우리가 흔하게 쓰고 있는 스마트폰, 소셜미디어, 빅데이터, 메타버스 같은 단어를 생각해보자. 30년 전만 해도 접할 수 없었던 신조어다. 이 단어들이 왜 탄생했는가? 새로운 기술로 인해 새로운 단어가 태어났고 결국 다른 사회로의 진입을 의미했다. 이렇듯 새로운 단어는 새로운 사회와 밀접하게 연결되어 있다. 메이지 초기에 근대화 과정의 기본 토대 중 하나가 광범위한 서양 언어의 번역에서 시작됐다. 가토 슈이치가 말한 일본 근대화의 네 개 요소 중 '제국대학 파워'가 생기는 과정을 들여다보자.

"메이지 일본의 화두는 서구 따라잡기였다. 이를 위해 그들은 서양의 개념과 제도를 번역했다. (…중략…) '대학'도 예외가 아니다. 메이지 정부는 서구의 'university'를 번역하여 근대 대학을 설립했다."[847]

정종현 인하대학교 교수의 연구를 정리하면 다음과 같다.

근대화 추진의 핵심 인력을 확보하기 위해 각 성省과 청廳 산하에 관립 고등교육기관을 설치했다. 이 과정에서 문부성 관할의 도쿄대학(1877년), 공부성 관할의 공부대학(1871), 사법성 관할의 법학교(1873) 등이 설립됐다.

1882년 헌법 연구 차 유럽에 간 이토 히로부미가 독일 대학에 강한 인상을 받아 모리 아리노리에게 제국대학 창설을 맡겼다. 모리는 문부성 관할의 도쿄대학교를 중심으로 다른 성과 청 산하의 학교들을 통합하여 제국대학을 출범시켰다. 초창기에는 문부성 예산의 절반이 투여되기도 했다. 이후 제국대학 출신들은 일제를 떠받치는 인재를 양성하고 배출했다.

여기에 대학은 다양한 학문을 통해 세상을 바라보는 새로운 방법을 제시했다. 철학, 사회학, 심리학 같은 인문학이나 물리, 화학과 같은 자연과학을 통해 세상을 다양하게 이해하도록 가르쳤다. 일본에서 병렬파워의 토대는 1871년 이후 20년간 다양한 제도를 통해 형성될 수 있었다. 정치, 사회, 문화 등 각 분야에서 이룩한 일본의 근대화는 전무후무할 정도의 성공을 거뒀다. 정재계 상층부를 차지하고 있는 도쿄대학교 출신의 엘리트 계층과 교사, 법률가, 사업가, 자영업자, 농부, 샐러리맨, 노동자 계층들은 형태를 점점 갖춰나갔다.

물론 어떤 분야는 여전히 유아기 수준이었지만 시작했다는 것이 아주 중요했다. 작은 한 걸음이 소중한 것이다. 시간이 지나면서 예전과 비교할 수 없을 정도의 속도로 성장할 것이 분명하기 때문이다.

이로부터 한 세대 뒤인 30년 후 일본의 자연과학과 의학은 노벨상 후보로 거론될 정도로 비약적인 발전을 이뤄냈다. 특히 의약 분야의 발전이 두드러졌다. 인류 문명의 역사는 '공간적으로는 특정 지역에서 성취한 발전이 다른 지역으로 확산'된 것이고 시간상으로는 '한 세대가 이룩한 성취가 다음 세대로 전달되면서 이뤄진 것'이다. 다른 나라의 좋은 사례를 벤치마킹하여 적용하면 되는데, 전근대 사회에서 이러한 인식의 지평을 넓혀나가는 것은 무척 어려운 일이었다. 조선 사회에서는 노동자, 법률가, 편집자, 기자, 과학자는 당시로서는 전혀 들어보지 못한 생소한 개념이었다. 조선에서 사대 학자란 사서삼경 등을 공부한 사람으로 학문의 범위가 매우 협소했다.

"지식도 쓰임새가 있어 적재적소에 활용되어야지, 그렇지 않으면 힘을 발휘하지 못한다. 전통사회 학자들의 학문범위는 사회, 정치, 윤리의 범주에만 국한되어 있어서 이를 활용하려면 정치 무대에 나가 정치에 개입할 수밖에 없었다. (…중략…) 중국 전통사회의 학자들에게는 벼슬을 통한 '입세入世'만이 세상에 참여하는 유일한 통로였다."[848]

사농공상의 네 계급 중에서 농업, 공업, 상업에 종사하는 사람들은 아예 정치에 참여할 자격조차 주어지지 않았다. 그들은 통치의 객체였지 정치적 권리를 가진 주체로 인정받지 못했다. 왕에게 천하는 자신의 소유였고 선택받은 사대부들이 관직에 나와 정치에 참여했을 뿐이다.

# 2
# 직렬파워로 작동되는 사회

### 권력이 편중된 직렬파워

역사적으로 4가지 파워의 근원은 권력, 부, 지식(명예), 종교(권위)다. 특히 역사는 부와 권력을 차지하려는 투쟁에서 비롯됐다. 그래서 서로 다른 힘을 하나로 합쳤을 때 그 합보다 더 큰 정치적 힘을 가진 존재가 있거나 그런 존재를 추구하는 사회는 직렬파워가 작동하게 마련이다. 직렬파워는 '왕의, 왕을 위한, 왕에 의한' 국가를 말한다. 여기서 왕이라 함은 1인의 독재권력을 말한다. 물론 그 안에는 종교 엘리트나 소수 귀족까지 포함되므로 '소수 엘리트에 의한 권력'을 의미한다. 현대를 사는 우리도 어느 정도 알고 있는 직렬권력에 대해서는 세 가지로 정리하겠다.

첫째, 왕조국가로 '법의 지배'가 아니라 '법에 의한 지배'를 한다. 둘째, 전근대 국가로 농경국가다. 이 사회는 토지 매개를 통한 세습이 이루어지며, 지역사회에 대한 결속력과 가문에 대한 귀속 의식이 높다. 셋째, 종교나 이데올로기가 지배하는 독점형 국가로, 모든 권력이 1인이나 소수에 편중되거나 혹은 하나의 가치가 지배하는 사회다.

### 왕조국가

왕조국가에도 '법치'는 존재한다. 하지만 이는 '법에 의한 지배'이지 '법의 지배'는 아니다. 법의 지배를 받는 것은 신민이다. 왕은 늘 법 위에 있다. 그 자신이 법이자 법의 창출자로서 늘 예외로 존재한다.[849] 종교도 학문도 상업도 공업도 모두 정부가 좌지우지한다. 정부의 뜻에 맞지 않으면 곧바로 금지해 버린다. 이런 나라는 소수 기득권자의 이익만을 추구한다. 그들이 생각하는 국민의 의미는 말 잘 듣는 신민 그 이상이 아니다. '백성이 국가의 근본'이라는 민본사상 역시 주권재민을 의미하지 않는다.

"물론 중국 고대에 민본 사상이 있었던 것은 분명하다. 그러나 민본, 즉 국가의 근본이 백성이라는 것이 곧 민주, 주권재민을 의미하는 것은 결코 아니다. (…중략…) 임금은 지극히 존귀하므로 '지존'이라 부르고 백성은 지극히 천하므로 '민초'라고 부른다. 임금은 주인이므로 '군주'라 부르고 신하는 종복이므로 '신복神僕'이라고 부른다. (…중략…) 중국 역사에는 주권재민의 관념이 없을 뿐더러 '인민주권'의 제도도 존재하지 않았다."[850]

### 농경 문명

농업 일변도인 농경국가는 한계가 분명했다. 농경 문명의 성장과 혁신 속도는 매우 느렸다. 왜일까? 지배층이 확실한 수입이 보장되는 농업이 있는데 성과가 불확실한 산업에 투자할 생각을 하지 않기 때문이다.

"성장을 가로막는 장애물 때문이다. 가장 중요한 장벽 중 하나는 혁신을 저해하는 느린 성장을 원하는 지배적 경향 때문이었다. (…중략…) 대다수 엘리트가 군사력을 동원하여 공납을 받는 쪽을 선호했다. 몇몇 예외를 제외하면 농경문명 지배층은 상업과 농업 분야의 혁신에 반대했다. 생산성을 높이는 쪽으로 자원을 투입하면 성과가 불확실하거나 실패할 수 있고 (…중략…) 오랜 세월 기다려야 했기에 그렇다. (…중략…) 농경문명은 정부가 많은 자원과 노동력을 독점했기에 상인이나 경쟁시장을 지원하지 않았다. (…중략…) 농경문명의 엘리트는 상인처럼 공물을 부과하기 어려운 이들을 경멸하곤 했다. 전반적으로 시장활동을 경멸하고 거의 지원하지 않았다."[851]

지식과 전문가 회로뿐만 아니라 금융 파워와 경제 파워들이 출현할 수 없는 전통 농경사회의 한계에 대해 이언 모리스는 저서 『왜 서양이 지배하는가』에서 날카롭게 지적했다.

"진정한 변혁에만 굴복하는 단단한 천장이 생성됐다. 이 단단한 천장을 어떻게 부숴야 할지 방법을 짜내지 못하면 문제는 걷잡을 수 없이 커진다. 내가 묵시록의 다섯 기수라 부른 것들 일부나 전부가 풀려나오고 기아, 질병, 이주, 국가붕괴가 사회발전을 때로는 수세기 동안 끌어내려 암흑기에 접어든다."

가장 중요한 천장은 43점 부근에 생기는데 "이 단단한 천장은 농경제국이 할 수 있는 것에 엄격한 한계를 설정한다. 이 천장을 부수는 유일한 길은 1750년 이후 서양인이 한 것처럼 화석연료를 활용하는 것이다."[852]

농경제국의 왕조국가가 도달할 수 있는 최대한이 겨우 43점이다. 100점이 만점이냐고? 아니다. 저자에 의하면 2000년이 1,000점이다.

"천장을 돌파하기 위해서는 엘리트의 자기희생을 통해 국가를 스스로 재조직하고 세계에 대한 완전히 새로운 사고방식을 발전시킬

필요가 있다."⁸⁵³

여기서 중요한 것은 '스스로'와 '새로운 사고방식'이다. 이 과제를 지혜롭게 극복하느냐, 하지 못하느냐에 따라 운명은 갈릴 것이다. 메이지 유신 시기 일본의 문명개화에 지대한 영향을 끼친 후쿠자와 유키치는 세 번의 구미 방문을 통해 유럽 문명의 본질을 일찍이 깨달았다. 그는 일본이 권력편중이라는 직렬파워로 인해 경쟁력이 없음을 간파했다.

"권력편중을 제거하지 못하고, 자의적인 권력을 제한하지 못하면 난세든 치세든 일본 문명은 나아갈 수 없다. (…중략…) 권력편중이라는 일본 문명의 악폐를 바로잡지 못하면 근대적 국민이 형성될 수 없다고 본 것도 이 때문이다. (…중략…) 정부든 인민이든 학자든 관리든 그 지위가 어떤지를 묻지 말고, 단지 권력을 가지고 있는 것이라면 지력이든 완력이든 그것을 힘이라고 부를 수 있는 것은 모두 제한해야 한다."⁸⁵⁴

후쿠자와는 "일본은 권력편중이 심해 국가권력이 사회는 물론 작은 모임에까지 영향을 미친다."라면서 종교도 학문도 자립하지 못하고 일본에 정부는 있어도 국민은 없으며 국민이 권력편중 아래에서 살다 보니 품행과 본성까지도 수동적이고 의존적으로 바뀌어 버렸다고 지적했다. 1870년대 이런 책을 펴낼 수 있던 일본의 정치 환경도 그렇고, 이런 책을 50만 부나 산 일본인 역시 만만치 않은 수준이었다.

시곗바늘을 되돌려보자. 3·1운동 이전까지 조선은 전체 국민을 위한 국가가 아니었다. 1919년까지 수천 년 동안 한민족의 나라는 있었지만 빈부귀천 없이 남녀노소를 포함한 '모두의 나라'는 아니었다. 외부로부터 충격이 없는 한 조선 왕조와 양반 지배층은 권력을 유지하는 데 별 어려움이 없었다. 1801년 왕위에 오른 순조를 비롯한 어린 왕들과 제왕의 자격을 전혀 갖추지 못한 방계 출신의 왕들인 철종과 고종이 연속으로 왕위에 올랐다. 조선의 시스템은 왕과 신하의 권력이 서로 팽팽하게 견제하는 구조인데 허약한 왕으로 인해 외척과 수도권에 사는 소수 문벌들에게 권력이 집중됐다. 고종 때에 이르러 왕실은 매관매직이 절정에 이르렀고, 민씨 척족과 소수 문벌들은 노골적으로 사익을 추구하는 집단으로 전락했다. 권력을 독식하며 시대 흐름을 역행한 이들은 조선 문명에서도 찾아보기 힘든 '다른 형태의 사대부 엘리트들'이었다.

"한마디로 조선의 백성에게는 나라가 없었고 조선의 지배계급에게는 백성이 없었다. 이 시기 조선의 지배계층은 고대 중국의 이념으로 한반도의 백성들을 지배했던 이민족 지배자와 다를 바 없었다."[855]

조선의 지배계층이 이민족 지배자보다 못한 존재였다. 오늘날 한국 사회의 중요한 영역에서 유교의 영향력은 미미하다. 유학은 가까운 미래의 시대 변화조차 읽어내지 못한 망국의 주역이 됐고, 유학의 총본산인 경학원(성균관)은 총독부의 식민정책에 적극적으로 협력했다. 여기에 남존여비가 낳은 사회 문제와 일부일처제 하나 제도화하지 못한 유학은 낡은 관념들의 집합체로 인식되고 말았다. 그 결과 500년을 목숨 걸고 믿어온 유학이 80년도 안 되어 한국에서 소멸에 가까운 상태로 전락했다.

2005년도 문화관광부의 『2005 문화정책 백서』에 의하면 유교의 비율은 0.2%밖에 되지 않는다.[856] 유교의 소멸[857]은 한국인의 자발적 선택인데 이는 세계사에 유례가 없는 현상일 것이다. 반박하고 싶을 것이다. 그러나 유교가 다시 영향력을 회복하기는 쉽지 않을 것이다. 비록 유교가 사람을 정련하는 데 뛰어난 역할을 하지만 그건 개인 차원으로 귀착될 가능성이 높다. 아랍 세계에서 믿어온 이슬람교와 동남아에서 믿어온 불교를 예로 들지 않아도 말이다.

## 이슬람 사회의 초상

이슬람법의 절대성 역시 직렬파워다. 이란에서는 히잡 문제로 사람이 죽고 반정부 시위가 발생했다. 이슬람의 법률체계는 샤리아로 일반적인 법보다 훨씬 넓은 개념이다. 가족 관련 문제, 종교 생활, 비즈니스 등 무슬림 생활의 대부분을 관장한다.

"샤리아의 언어적인 정의는 마실 수 있는 물의 원천지라는 뜻과 올바른 길 또는 똑바른 길이라는 뜻의 두 가지가 있다. (…중략…) 즉 인간 몸의 생명력이 물을 원천으로 하듯이 샤리아는 영혼과 이성의 원천이며 샤리아를 통해 굴절되고 왜곡되지 않는 올바른 길을 갈 수 있다는 두 가지 뜻을 갖고 있다."[858]

그렇다면 샤리아는 법률체계라기보다는 전문 학자들이 해석할 수 있는 도덕적 지침을 제공하는 것이라 할 수 있다. 『코란』에 언급된 내용만으로 인간의 모든 행동과 삶을 다룰 수 없기 때문에 법 해석을 통한 판단을 중요시한 것이다. 이때의 법적 판단과 해석 그 자체를 피크흐Figh라고 한다.

"피크흐가 분쟁을 해결하는 데 사용될 수 있고 실제로 자주 사용되기도 하지만, 그 목적은 질서를 확립하거나 정의를 약속하는 것이 아니다. 세상을 위한 신의 길을 따라 사람들을 인도한다는 도덕적 계획이 바로 그 목적이다. 이는 현대국가의 질서와 매우 다른 질서에 대한 비전을 제시한다."[859]

전통적 이슬람 법학자들은 샤리아가 여전히 현대 사회에서 더 많은 권위를 가져야 한다고 생각한다. 샤리아는 비록 법치주의의 한 형태이지만 현대 국가의 구조와 일치하기 쉽지 않다. 이 구조로는 보편적인 현대 사회를 향해 '변화의 톱니바퀴'를 굴리기가 힘들다. 현대 사회의 대안적 질서임에는 틀림없으나 아랍 세계를 벗어난 다른 나라에서는 매력을 느끼지 못한다. 에르네스트 르낭(1823~1892)

은 '이슬람을 중동사회의 근대화를 가로막는 근본적인 장애물'로 인식했다. 르낭이 보기에 "이슬람은 중동사회의 근대화를 가로막는 근본적인 장애물이었다. (…중략…) 르낭은 이슬람이 무엇을 배우거나 새로운 사상을 흡수하는 것을 불가능하게 만든다고 확신했다."[860]

아랍 세계에 대해서는 늘 나오는 말이 있다. 대안 세력이 부재하니 일단 공적 영역에서 종교적 영향력을 먼저 걷어내든지 완화한 후 여러 분야의 병렬파워를 만들어나가야 한다는 것이다. 왜 그런가? 지난 15년의 아랍 세계의 현실을 한번 살펴보자.

2010년 12월 튀니지 청년의 분신자살로 촉발된 반정부 시위가 정권에 대한 항거로 이어져 재스민 혁명이 일어났고, 튀니지는 24년간 지속되던 벤 알리 독재정권을 무너뜨리는 데 성공했다. 이 소식이 다양한 소셜 미디어와 언론을 통해 전파되자 혁명의 물결은 인근의 리비아, 이집트, 시리아, 예멘을 넘어 걸프 왕정 국가들과 북아프리카의 독재 국가들로까지 확산됐다. 이른바 '아랍의 봄'이 온 것이다. 민주주의 불모지라는 아랍에 불어온 바람으로 인해 이집트의 무바라크(30년 통치), 리비아의 카다피(42년 철권통치), 예멘의 살레(33년 통치) 정권이 막을 내렸다. 아랍의 봄은 정상화 신호탄으로 보였다. 그러나 10여 년이 지난 후 튀니지를 제외하고는 민주화와 정권 교체를 성공적으로 이행하지 못하고 있다. 전문가들은 그 이유로 이슬람의 가부장적인 문화, 식민통치가 낳은 병폐, 그리고 부족 갈등과 시아파와 수니파의 종교 갈등 등을 든다. 나는 병렬파워가 부재한 것이 가장 큰 이유라고 생각한다.

갑자기 민주화의 봄이 왔지만 시민 사회와 민주 세력은 아직 아무런 준비가 되어 있지 않았다. 민주화를 이룬 국민의 기대치는 이미 하늘 높은 줄 모르고 오른 상태에서 정치는 혼란한 가운데 선택지는 두 가지였다. 종교 조직과 군부. 그나마 교육받고 조직력을 갖춘 곳은 이 둘뿐이다. 이러한 상황이니 '군부독재에 반대 → 이슬람 원리주의자 집권 → 혼란 가중, 민중봉기 → 혼란을 빌미로 군부 쿠데타의 재집권 → 반대자 탄압'이라는 악순환만 반복되고 있다. 이는 정도의 차이만 있을 뿐 아랍 세계가 공통으로 안고 있는 문제다. 아랍 세계의 리더 격인 이집트를 보면 잘 알 수 있다.

초반에 이집트의 봄은 순조로워 보였다. 무바라크의 30년 통치를 끝내고 선거를 통해 새 정부를 수립했다. 그런데 당선된 무르시가 '이슬람이 해결책Islam is the Solution'이라는 구호를 내세우는 무슬림 형제단의 근본주의자 중 하나였다. 자유와 민주를 위해 목숨을 바쳤건만 근본주의가 정권을 잡다니 '닭 쫓던 개' 꼴이었다. 무르시가 선포한 이슬람 율법인 샤리아를 국가의 원칙으로 한다는 신헌법은 더 큰 혼란을 초래했다.

자기가 뽑은 대통령을 부정해야 하는 난감한 상황 속에서 결국 민심은 등을 돌리고 취임 1주년을 맞이해 대규모 시위가 일어났다. 정국이 혼란스러워지자 3일 뒤엔 혼란을 구실로 군부가 쿠데타를 일으켰다. 2014년 정권을 잡은 엘시시는 현대판 파라오로 언론을 탄압하고 철권통치를 하고 있다. 장기 집권이 예상되는 인물로 평가받고 있다. 군부정권은 예상대로 민중에 대한 무자비한 탄압을 하고 있다. 전문가들은 무바라크 시절보다 더 엄혹하다고 평가한다. 허망하게도 다시 권위주의 정부로 돌아간 것이다.

네버엔딩 스토리이다. 다시 처음의 시나리오대로 돌아간 것이다. 군부통치 → 민주화 운동 → 근본주의자 집권 → 민중 봉기 → 혼란을 틈타 군부 쿠데타 발생. 한 나라가 발전된 사회로 나아가는 것이 이토록 힘든 것이다. 실질적으로 국가를 이루는 요소들을 분해해서 병렬파워로 재구축해야 한다. 한국도 민주화를 이루는 데 4·19혁명 이후 30년이 걸렸다. 아랍도 한 세대가 지나면 성속聖俗의 분리가 제도화되고 시민 사회가 성장하여 민주화를 이룰 것이다.[861] 이처럼 병렬파워의 시각으로 보면 모든 것이 더 가시적으로 드러나면서 논점을 앞으로 나아가게 한다.

이데올로기가 지배하는 북한은 대표적인 직렬파워의 나라다. 북한에서 온 탈북자들이 문화 충격을 받는 것 중 하나는 대통령 선거다. '대통령도 자신이 마음대로 할 수 있는 게 아니라 국민이 선택해야만 되기 때문에 저렇게 국민한테 머리를 숙이는구나.'

일단 대통령이 마음대로 할 수 있는 게 얼마 없다는 사실에 놀란다. 취직 하나도 못 시켜주고 감옥에서 빼주지도 못한다. 직렬사회인 북한에서 절대 권력자의 지시는 일사분란하게 이뤄진다. 한 번 지시가 떨어지면 일사천리로 말단까지 신속하게 집행된다. 얼마나 효율적인가. 그러나 그것은 겉으로 보기에만 효율적일 뿐이다. 사회는 비효율성이 쌓여 점점 낙후되어 간다. 최고 지도자는 정말 바쁘다. 알곡 생산목표 달성, 농업생산의 근본적 변혁, 인민 생필품 품질 높이기, 국산화, 자원 재활용화 등 거의 모든 정책을 일일이 지시하고 강도 높은 개혁을 요구하는데도 만성적인 식량난에 허덕인다.

북한 사람들이 게을러서 가난한 게 아니라 열심히 사는데도 상황이 점점 악화되고 있다. 문제해결에 대한 방안의 번지수가 틀려도 한참 틀렸던 탓이다. 북한 사람들이 나중에 이런 진실을 알게 되는 날 두 배 이상 억울할 것이다. 존 에버라드 전 평양 주재 영국대사는 "미사일이 주권을 지킨다고 주장하지만, 미사일이 주민을 먹여 살릴 수도 없다."라며 북한의 잘못된 방향을 지적했다.

"북한이 핵무기를 포기하고, 기본적 자유와 민주주의를 받아들이고 주민에게 다양한 매체를 접할 자유를 주고, 강제수용소를 해체하고, 한국의 형제들과 통일 논의를 시작하는 게 최선이다. 하지만 이는 현실과는 먼 얘기다. 북한은 통일을 정권의 자살행위라 여긴다. 김정은 정권 외 대안이 있다고 생각할 자유를 주민에게 줄 리도 없다."[862]

탈북 출신 전문가인 현인애 박사의 일화는 시사점을 던진다.
"우리가 사회에 나가면 어디로 배치해 줍니까?"

그녀가 안기부 직원에게 한 첫 질문이었다. 국가가 직장을 정해주는 북한식 사고로 당연한 것을 물은 것이다. 하지만 돌아온 대답은 예상 외였다. "여기는 그런 것이 없고 알아서 살아야 합니다." 그녀는 이 대답에 많이 실망하고 불안했다고 한다. 혼란스러웠을 것이다. 북한은 계층이동을 봉쇄함으로써 사회안정을 유지하는 것에 중점을 두고 있다. 북한에서 네 개 주체인 백두혈통, 당 간부, 양민, 적대계급잔여분자 사이에는 여섯 개의 관계가 형성된다.

- 연결의 수 = $n \times (n-1)/2$의 공식을 이용하면 편리하다.
- 구체적으로 예를 들어보면 백두혈통과 당 간부, 백두혈통과 양민, 백두혈통과 적대계급잔여분자, 당 간부와 양민, 당 간부와 적대계급잔여분자, 양민과 적대계급잔여분자 여섯 개의 관계다.

두 사람이라면 관계는 하나, 세 사람이면 세 개의 관계, 네 사람이라면 여섯 개의 관계가 형성된다.

북한은 조선 사회와 유사하다. 조선도 왕, 사대부, 농민, 상공인이라는 네 개 주체와 이들이 형성하는 여섯 개의 관계망이 사회를 구성한다. 뒤에서 언급하겠지만 열두 개의 파워 주체를 갖춘 한국 사회에서는 66개의 관계가 생겨난다.

### 병렬 네트워크의 원리

병렬 네트워크의 힘은 직렬 네트워크와 비교할 수 없을 정도로 창의성과 힘의 크기가 세진다.

"인간의 뇌에는 1,000억 개의 뉴런과 뉴런 사이를 연결하는 시냅스가 100조 개 있다. 인간의 지능이 높은 이유는 시냅스의 총량이 크기 때문이다. 이 원리는 컴퓨터에서도 찾을 수 있다. 개인 컴퓨터 한 대의 연산능력은 그렇게 크지 않다. 이 개인 컴퓨터를 직렬로 연결하면 같은 성능을 갖게 된다. 그런데 개인 컴퓨터를 병렬로 연결하면 슈퍼컴퓨터의 연산능력을 갖게 된다. 이것이 병렬 네트워크의 힘이다."[863]

유현준 교수는 '인간의 뇌를 병렬로 연결하는 방식은 언어'라고 설명한다. 구텐베르크의 인쇄술 발명을 통해 수많은 철학자와 과학자의 뇌가 병렬로 연결됐고 그것은 엄청난 시너지와 창의적인 결과들을 만들어냈다. 또 '공간적으로 인간의 뇌끼리의 연결 시냅스를 늘리는 방법은 도시'라고 말한다. 밀도가 높은 도시일수록 사람들이 많아지기 때문에 다양한 상거래가 이뤄지고 서로 소통하면서 새로운 생각들이 만들어지는 것이다. 더 큰 도시가 될수록 병렬연결 규모가 커지다 보니 경쟁력이 생긴다는 연구도 꽤 많다.

"인류의 많은 창의적 생각과 물건은 모두 도시에서 생활하던 사람들에 의해서 발명되고 만들어졌다. 제프리 웨스트의 저서『스케일』에 따르면 인구가 2배 늘어나면 특허 출원건수가 2.15배 뛴다고 한다. 인구규모가 커질수록 도시가 더욱 창의적으로 되어간다는 것이다. 이 밖에도 평균임금, 전문 직업인 수도 인구가 2배 늘어날 때 2.15배가 늘어난다."[864]

개인이든 국가든 자극이 없을 때는 오랫동안 거의 변화가 없다가 환경에 대응할 변화의 필요성이 커지면 빠르게 진화한다. 하지만

19세기 한·중·일이 적극적인 교류를 했다고 가정하더라도 세 개의 관계망밖에 생기지 않는다. 조선과 중국, 조선과 일본, 일본과 중국이라는 세 가지 관계망이다. 유럽 11개국과 미국까지 해서 도합 12개국의 교류는 66개의 관계망이 형성되어 한·중·일의 스물두 배가 된다.

연결의 수=n×(n-1)/2를 적용하면 동아시아의 n은 3이고, 유럽의 n은 12다.

얼마나 복잡한 연결망인지 직감적으로 느낄 것이다. 이는 국가 경쟁력으로 이어졌다. 미국, 영국, 프랑스가 세계를 선도할 수 있었던 배경에는 이런 병렬연결이 됐기 때문이다. 따라서 서유럽 국가들은 과학과 기술, 사상, 예술, 문학, 정치제도를 포함한 모든 분야에서 새로운 아이디어를 낳았고 혁신의 속도를 촉진할 수 있었다.

"정보를 교환하는 공동체들의 다양성이 클수록 교환망에서 새로운 착상이 생성될 가능성이 높아질 것이다. (…중략…) 자원, 기술, 문화가 다른 지역들이 폭넓게 연결되고 내부구조가 다양한 크고 복잡한 사회에서 집단학습이 강해질 것이다."[865]

이러한 연결과 소통은 정치적, 사상적 자유와 자발성 속에서 효과가 배가됐다. 새로운 착상은 더 많은 기술발전을 불러왔고 집단학습의 강화는 기술을 한층 더 발전시키며 기술을 강화시키는 되먹임 고리feedback loop를 만들어냈다. 이런 기술혁신이 쌓이고 쌓여 임계점에 도달하면서 질적으로 완전히 다른 사회로 진입했다. 역사적으로 굴곡은 있지만 궁극적으로 세상은 진보한다는 믿음이 충만한 시대였다.

그렇다고 모든 유럽이 이런 기회를 활용한 건 아니다. 자유와 자발성을 갖춘 소수의 나라만이 혁신을 이뤄냈다. 모든 산업사회의 어머니인 영국이 선도적이었고 최초의 현대 국가를 만든 프랑스가 정치혁명을 이뤄냈다. 그리고 문화적, 지리적으로 영국과 가까운 벨기에, 독일, 미국 정도다.

우리는 결과적으로 알고 있다. 쉴 틈 없이 일해야 겨우 먹고살 수 있는 농업 중심의 왕조국가는 경쟁력이 없다는 사실과 19세기 당시 문명개화라는 깃발 뒤에는 강제로라도 약소국을 점령해서 개화시켜야 한다는 폭력성이 숨겨져 있었다는 사실이다.

'한 번도 겪어보지 않은 시간'이 모든 왕조국가에 도래했고 모든 아시아의 왕조국가들은 출발선이 같아졌다. 모두가 처음 겪는 일이었다. 청나라의 개화파 정치가인 리훙장은 아편전쟁 이후 서양세력에 의해 벌어지는 변화를 보고 '3,000년 동안 보지 못한 처음 보는 변화'라고까지 했다. 중국의 긴 역사 속에서 전례를 찾을 수 없는 변화였다. 3,000년의 역사를 가졌다는 제국도, 500년이 된 조선도, 250년간 평화를 누려온 일본도 같은 입장이었다.

서구의 기술과 제도부터 근대교육을 도입하는 일처럼 해보지 않던 것들을 해내야 했다. 누가 더 빨리 시대 변화에 적응해 성과를 창출할 수 있는가가 관건이었다. 과제는 분명했다. 후에 막스 베버가 강조한 것처럼 분권화, 개인화, 합리화라는 길을 누가 먼저 걷느냐였다. 과거 시스템으로는 새로운 근대라는 파도를 넘을 수 없다는 측면에서 한·중·일 모두 동일한 선상에 서 있었다.

과제를 한번 정리해보자. 근대화는 엘리트 위주의 시대에서 일반인까지 포함된 총력전의 시대로 나아가는 것이다. 다음과 같이 트렌드가 변하고 있었다.

- 왕의 권력에서 의회 권력으로

- 수직적 통합에서 수평적 권력으로
- 집단사회에서 개인의 권리 확대로
- 개인 재산권 보호로
- 신분차별 폐지로

성희엽은 역서 『문명론 개략』의 해제에서 간결하게 정리했다. "19세기 동아시아의 역사는 바로 '개인의 자유'와 '공화주의'를 바탕으로 하지 않는 국가체제는 아무리 화려한 가면으로 꾸민다고 해도 그 본질은 전제專制에 지나지 않으며, 개인과 사회는 물론이고 종국에는 그 국가마저도 독립하고 자존할 수 없게 만듦을 생생하게 증거해 준다."

선진국의 공통점은 특정한 개인, 지역, 계층, 집단의 자의적 통치를 배격하고 분산된 시스템으로 국가를 운영한다는 것이다. 인간은 천사가 아니기에 단지 권력을 갖고 있다는 이유만으로 사람이나 조직의 모든 힘을 제한했다. 지력이든 강제력이든 힘이라고 부를 수 있는 모든 것을 제한한 것이다. 한 개인의 역량에 의지하는 사회는 위험하고 경쟁력이 없다는 사실을 잘 알았던 탓이다.

그런데 오늘날에도 법, 제도, 정당 등 민주주의 요건이 갖춰진 나라에서도 직렬파워를 선호하는 스트롱맨strongman들이 국제 정치에서 대세가 될 정도로 출현하고 있다. 스트롱맨들이 넘치다 보니 역사가 거꾸로 가는 건 아닌가 하는 생각이 들 정도도. 교육 수준이 낮은 사람들과 경제위기로 인해 생활 수준이 하락하는 경험을 한 이들이 스트롱맨이 내세우는 '다시 위대하게'라는 슬로건에 끌린다고 한다. 그만큼 세계가 불확실하고 불안함으로 가득 차서 요동치고 있다는 사실의 방증이다. 「파이낸셜타임스」의 수석 칼럼니스트 기디언 래크먼에 따르면 스트롱맨들은 다음과 같다.

푸틴 러시아 대통령, 시진핑 국가주석, 트럼프 전 미국 대통령, 에르도안 튀르키예 대통령, 모디 인도 총리, 네타냐후 이스라엘 총리, 사우디아라비아의 실권자인 빈 살만 왕세자, 오르반 빅토르 헝가리 총리, 폴란드의 실권자인 야로스와프 카친스키 대표, 알리 에티오피아 총리, 오브라도르 멕시코 대통령, 두테르테 전 필리핀 대통령, 보우소나루 전 브라질 대통령 등이다.

그들은 법과 제도보다는 자신의 '근육'을 자랑하고 민족주의를 내세우며 조국의 위상을 '다시 위대하게' 만들겠다고 약속하지만 결국 그 나라의 경쟁력과 국력을 약화시킬 것이다. 기디언 래크먼은 저서 『더 스트롱맨』에서 직렬파워를 내세우는 스트롱맨의 미래에 대해 다음과 같이 전망했다.

"지속가능한 정치체제는 궁극적으로 개인이 아닌 제도에 의존한다. 그리고 성공적인 사회는 카리스마를 갖춘 지도자보다 법률에 의한다. 이 모든 이유로 스트롱맨 통치는 자체 결함을 가진 불안정한 정부 형태다. 궁극적으로 그 체제는 중국을 비롯해서 그것을 시도하는 대부분의 지역에서 무너질 것이다. 그러나 '스트롱맨 시대'가 역사의 뒤안길로 사라질 때까지 수많은 혼란과 고통이 따를지 모른다."[866]

스트롱맨과 포퓰리즘을 선호하는 일반 대중의 무지가 결합되는 순간 그 나라들의 상황은 더 악화될 것이다. 게다가 스트롱맨들의 장기 집권이 끝나면 정치적 불안정이 커지고 각 분야의 병렬파워의 경쟁력이 약화될 것이다. 그래서 리더는 역사성을 씨줄로, 현실성을 날줄로 삼아 대소와 선후 등을 잘 고려하고 우선순위를 정해 일을 추진해야 한다. 무엇보다 역사 앞에 겸손해야 한다.

역사적으로 네 개의 파워의 근원은 권력, 부, 지식(명예), 종교다. 이 네 개의 파워가 아래로 확산되면서 사회가 변화되고 완전히 다른 세상이 열리는 것이다. 중국(청)과 조선이 근대화를 성공적으로 이끌지 못한 이유는 가장 먼저 사대부들의 '지知의 독점'을 끝내지 못한 데 있다. 권위에 의문을 제기하고 새로운 생각을 주장하고 실험할 수 있는 사회를 만들지 못했다. 정치권력만이 유일하게 작동하는 회색 사회였다.

반면 영국에는 군주의 권력을 제한하고 상업 정신을 장려하는 귀족층과 자유 기업체제가 있었다. 심지어 유대인, 네덜란드인, 위그노(프랑스 개신교) 등 역량 있는 이민자 그룹이 많았다. 그들은 종교로 인해 공무원이 되지 못하는 것 이외에는 제한이 없었다. 문해율이 높았고, 도로와 운하가 발달하여 운송비용을 줄였고, 중산층 문화가 발달한 덕분에 산업화를 선도할 수 있었다.

일본은 한·중과 달리 종교적인 권력(천황)이 미미하게나마 별도로 존재했고 유학이 일본의 중심 이데올로기가 아니었다. 여기에 영주들이 힘을 축적하지 못하도록 만든 참근교대와 천하보청은 예상치 못한 부산물을 낳았다. 우선 도시화로 인해 상업과 민간 출판 인쇄업이 발달했고, 도로들을 정비하면서 인프라를 구축할 수 있었다. 이는 근대화에 엄청난 플러스 요인이 됐다.

19세기에 이르러 서유럽은 왕과 장군의 시대에서 시작해 점차 시간이 지날수록 문학가, 과학자, 철학자들의 영향력이 더 확대됐다. 권력의 내부회선이 바뀐 것이다.

"1800년과 1840년 사이에 유럽의 여러 국가가 군주, 정치가, 장군을 기념하는 75개의 기념비를 세웠다. 이것은 문화, 과학, 철학 분야 인물들의 기념비 스물세 개보다 세 배나 많은 수치였다. 그러나 공공 조각상 건립의 열기가 최고조에 달한 19세기의 마지막 40년 동안에 그 숫자는 거의 비슷해졌다. 권력자 기념비는 512개였고 사상, 학문, 예술 분야의 기념비는 401개였다."[867]

유럽 각국이 나라의 문화적 영웅을 기념하는 사업에 더 큰 비중을 두기 시작한 것은 1860년대부터였다. 유럽 전역에서 국가가 건설되면서 민족주의 운동이 전개되는 시기였는데 거리, 광장, 도서관, 홀과 극장 등이 문화와 학문 분야의 유명 인물로 명명됐다. 정치권력에 집중됐던 사회가 학문권력, 문화권력, 예술권력으로 분화하는 순간이었다. 이 권력은 정치나 군사력 같은 하드파워가 아니라 매력으로 사람을 끌어당기는 소프트파워의 성격을 갖고 있다. 산업혁명과 철도가 도입되며 이미 경제권력과 금융권력은 뿌리를 내린 상태였으니 서유럽은 이 시기에 열 개가 넘는 파워가 형성된 것이다. 파이지스 교수는 유럽 전역에서 문학가와 예술가의 탄생일을 기념하는 공식행사가 많이 늘어난 사실을 지적한다.

"구체적으로 열거하면 실러 100주기(1869), 셰익스피어 300주기(1864), 단테 탄생 600주기(1865), 월터 스콧 100기(1871), 볼테르와 루소의 100주기(1878), 아일랜드 시인 토머스 무어 100주기(1879) 등이다."[868]

제러미 리프킨은 3차 산업혁명은 수평적 관계가 더 확대될 것임을 예견했다.

"1차 산업혁명과 2차 산업혁명 시대의 수직적 권력은 협력적 네트워크와 분산 자본주의를 중심으로 한 수평적 권력에 자리를 내주게 될 것이다."

### 영국의 사례

영국은 개혁이 혁명보다 어렵다는 점을 잘 보여준다. 영국 근대사에서 엘리트층은 대중의 요구사항을 즉각적으로 수용하지 않았더라도 시간을 두고 부분적으로 수용하면서 사회갈등을 완화했다. 그들은 체제유지를 위한 방법으로 부분적인 개혁을 하는 게 중요하

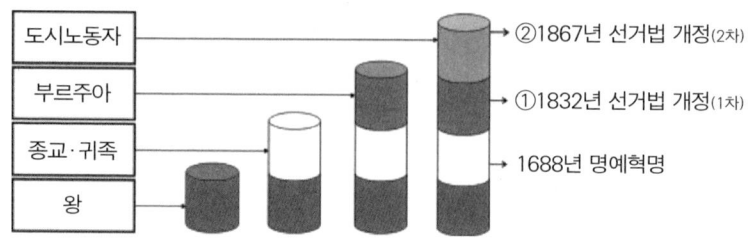

다는 인식을 했다. 영국 왕실 또한 자신의 권력을 조금씩 양보하며 생존해 왔고 지금까지도 전 세계에서 가장 권위 있는 왕실로 남아 있다.

이게 어떻게 가능했을까? 어느 나라나 권력자는 눈에 거슬리는 자를 우선 제거하고 본다. 설령 나중에 후회하는 일이 생긴다고 하더라도 그건 그때 가서 후회하면 될 일이었다. 오늘날 작은 조직의 오너도 그렇게 한다. 이들은 설령 손해가 막대하다 해도 권력이 가진 속성 때문에 어쩔 수 없는 선택을 한다. 권력은 적이 나타났을 때 자신도 모르게 독을 쓰는 전갈의 본성을 가졌다.

프랑스의 루이 14세, 러시아의 니콜라이 2세, 조선의 고종이 그랬다. 오스만 제국과 청나라의 권력자들도 마찬가지다. 모든 왕실은 스스로 자신의 권한을 내려놓은 적이 거의 없다. 그러다가 그들은 자국민에게 처형당하거나 나라를 잃기도 했다. 영국은 이들 나라처럼 수십 년간 국민을 탄압하고 권력을 유지할 수 있는 충분한 힘이 있는데도 왜 타협하는 길을 택한 것일까? 영국 엘리트층은 법치주의라는 공든 탑을 허물고 싶지 않았던 것이다. 또한 프랑스 혁명의 여진이 여전히 남아 있는 상황이기도 했다.

영국의 엘리트층은 국민을 힘으로 억압하는 일을 탐탁지 않게 생각했다. 게다가 계속적인 억압을 하다가는 프랑스처럼 폭발하여 모든 것을 휩쓸어 버릴 수도 있다고 판단했다. 결국 억압은 현실성이 떨어지는 대안임을 인식한 것이다. 그 결과 권력의 재배분을 통해 혁명이 발생할 여지를 사전에 제거하는 게 낫다고 판단했다. 이 점이 영국이 해가 지지 않는 제국을 건설하는 데 큰 역할을 한 보이지 않는 힘이었다. 이게 바로 영국의 내공이다.

영국이 특별히 달랐던 점이 하나 있다. 그 점은 이웃 국가들보다 영국에 더 많은 행운을 가져다주었다. 영국은 국가 내부로부터 과학을 촉진하고 아이디어를 북돋아주는 '룬샷 배양소'를 가장 빨리 구축했다. 룬샷은 다른 사람들이 보기에 하찮거나 이상해 보이지만 마치 나비효과처럼 장래에는 큰 발전으로 이어지는 아이디어의 촉발을 의미한다.

"1660년 설립된 런던 왕립학회는 영국에 있는 현대 과학의 거의 모든 아버지들을 한자리에 모았다. 그중에는 로버트 보일, 로버트 훅, 아이작 뉴턴도 있었다. 이 점이 뉴턴에게 영감을 불러일으키고 도움을 주는 데 중요한 역할을 했다는 사실은 이미 유명하다. (…중략…) 왕립학회는 자연의 진리를 발견하는 경쟁, 시간과의 경쟁에서 뉴턴과 영국이 승리하는 데 기여했다."[869]

# 3장
# 한국의 병렬파워

## 12개의 병렬파워

병렬파워는 다수의, 다수를 위한, 다수에 의한 사회를 말한다. 12개의 병렬파워는 크게 4개 유형으로 구분할 수 있다. 정치권력, 경제권력, 사회권력, 문화권력이다.

대분류로 정치권력, 경제권력, 사회권력, 문화권력이 존재한다. 한 국가를 제대로 분석하기 위해 한 단계 더 들어가 영역별로 분류하여 12개 파워를 도출할 수 있다. 더 자세히 보면 12개보다 많을 수 있으나 선택과 집중 차원에서 열두 개로 묶는다.

| 정치권력 | 강제성(안전, 자원배분) | 정부, 국회(정당), 군사 | 3 권력 |
|---|---|---|---|
| 경제·과학권력 | 부의 창출, 혁신(지속성장) | 경제·금융계, 과학기술계 | 2 권력 |
| 법·사회권력 | 부패 감시, 법치 구현 | 사법부, 언론, 시민단체 | 3 권력 |
| 문화·가치권력 | 문화향유, 가치, 질서 부여 | 종교, 대학(교육), 문화예술, 연예·스포츠 | 4 권력 |

12개 파워보다 더 세밀하게 권력을 나눌 수 있다. 하지만 지나치게 세분화하면 복잡성이 너무 커져 얻는 이익보다 혼란만 가중된다. 12개 파워로도 충분하다. 세상에는 이미 하드파워, 소프트파워, 스마트파워, 샤프파워 등 많은 파워들이 있다.

| 하드파워 | 군사력, 경제력 등 강압적 힘을 나타내는 경성권력 |
|---|---|
| 소프트파워 | 문화, 외교, 이데올로기 등 무형자원의 연성권력(비전과 |
| 스마트파워[870] | 하드파워와 소프트파워를 적절히 조화할 수 있는 능력 |
| 샤프파워 sharp power | 자신들에게 비판적인 정책을 펼치는 다른 나라를 억누르기 위해 무형수단을 이용하는 능력 |

권력은 원하는 결과를 얻기 위해 다른 사람들의 행동에 영향을 미치는 능력이다. 이 분류로 분석을 해보면 한 가지 문제에 봉착한다. 조지프 나이와 같은 뛰어난 석학들이 사용한 분석의 틀이라 간결하고 함축적이면서 매우 훌륭하다. 하지만 진단이 포괄적이기에 대책도 두루뭉술할 수밖에 없어 발전을 위해 무엇을 추진해야 할지 알 수가 없다. 예컨대 어떤 나라는 미국에 비해 소프트파워가 부족하다거나 어떤 사회는 다른 사회보다 포용적 제도를 구축하지 못했다 등과 같은 분석으로 구체적인 과제를 도출할 수가 없다. 소프트파워의 원천은 미국과 같은 소수 강대국이 아니면 갖출 수가 없다.

"소프트파워의 자원에는 헌법과 권리장전에 보장된 정치적 가치와 생각, 미국 경제와 교육체계, 개인 간의 계약과 교환, 그리고 세계 차원의 의제 형성을 돕는 기관에 어느 정도는 마지못해 참여하여 통솔하는 일도 포함된다. 미국의 가장 큰 소프트파워 자원 하나는 바로 국가로서 미국이 거둔 분명한 성공이다."[871]

하드파워 역시 인구 규모, 영토, 천연자원, 경제력, 군사력 같은 기준으로 평가한다. 이처럼 하드파워와 소프트파워는 강대국을 분석하는 도구다. 그리고 이 기준도 분명히 구분되는 것 같지만 매우 모호하다. 일례로 하드파워를 소프트하게 사용하면 소프트파워로 변하기도 한다. 2023년 2월 튀르키예의 지진 피해 지역에 한국은 구조·구호 활동을 위해 특수전사령부와 해외긴급구호대 등 1진 121명을 급파했다. 이들은 튀르키예에 도착한 직후 지진 피해가 극심한 하타이주 안타키아 일대로 이동하여 구호 작전을 펼쳤다. 이는 단순히 구호물품을 보낸 것과 다르다. 튀르키예 국민의 안전을 걱정하는 한국인의 마음도 함께 보낸 것이다.

이렇게 소프트파워는 하드파워를 통해 발현되기도 한다. 강대국이 아니라 일반 국가가 국력을 골고루 키워서 종합 권력을 높이려면 어떻게 해야 할까? 너무나 큰 대분류로는 구체적인 목표를 도출할 수가 없다. 그래서 좀 더 세밀한 도구가 필요하다. 그것이 12개 병렬파워다. 이 틀로 보면 그동안 안 보이는 것이 선명하게 보이는 경험을 할 것이다. 근대화에 뒤처졌던 조선도 보이고, 여전히 민주화의 몸살을 앓고 있는 아랍의 실태도 보이고, 중국의 미래도 보일 것이다.

일례로 하드파워와 소프트파워 분류법으로 분석하면 중국의 경쟁력은 상당하다. 하지만 12개 병렬파워로 보면 굉장히 취약하다. 중국의 하드파워와 소프트파워(일대일로, 베이징 대안, 다자기구 참여 등)로 보면 보이지 않던 것이 12개 병렬파워로 분석하면 실제적인 경쟁력이 드러난다. 일례로 중국의 대중문화 파워는 매우 미약하다. 중국 당국이 사회를 정화하겠다며 대중문화계를 고강도로 규제하고 있다. 연예인 팬클럽 문화와 아이돌 산업에 대한 대대적 단속을 벌였다. 이 같은 분위기에서는 중국 사회의 그늘을 그린 중국판 「기생충」 같은 영화가 나올 수 없다. 중국의 위대함을 찬양하는 영화를 중국 사람 말고 누가 보겠는가.

  중국의 정책은 대중문화 파워를 스스로 방전시키고 있는 것이다. 중국 당국은 드라마와 영화에 중국 민족의 위대함과 긍지를 담을수록 아무도 보지 않는다는 점을 알지 못한다. 우리도 IMF를 겪고 나서야 얻은 지혜다. 또한 중국은 기본적으로 지역패권을 다지면서 아시아에서 위계적이고 직렬적이며 수직적인 중화질서를 부활시키기를 바란다. 중국은 역사와 전통적으로 직렬파워인 중화질서 이외에는 다른 질서를 알지 못한다.

  그러나 한국은 이미 병렬적이며 수평적인 서구 국제 질서와 주권평등을 강조하는 질서에 익숙하고 이를 당연시한다. 한국을 과거와 같은 직렬적 체계의 패러다임으로 붙들어두려는 중국의 전략은 성공할 수 없다. 특히 한국인은 직렬적 질서와 직렬파워를 극도로 싫어한다는 점에서 한·중의 '다음 30년'은 체제와 이념의 차이를 존중하는 '화이부동和而不同의 시대'를 열지 않으면 매우 어두울 것이다.

### 정치권력에 의한 병렬파워의 훼손

  한국과 일본 역시 12개 병렬파워로 분석하면 우리의 강약점이 잘 드러난다. 급변하는 세계정세 속에서 우리가 어떤 모습이 될 것인지 예견하는 안목을 터득하고 목표에 도달하기 위해서는 무엇이 필요한지를 알게 될 것이다. 그리고 12개 병렬파워를 나침반 삼아 무엇을 추진해야 하는지 명확한 방향도 설정할 수 있다. 한국은 정치권력, 경제권력, 법·사회권력, 문화권력의 네 개 영역 간에 발전 수준의 격차가 매우 심하다. 여전히 정치권력이 너무 많은 영역을 침범해 몸살을 앓고 있다. 영역 침범은 사회갈등을 유발하고 사회적 자본을 점점 고갈시킨다.

  한국은 '권력 집중형 대통령제'로 인해 대통령에게 막강한 권력이 집중되다 보니 여야 모두 이기지 못하면 죽는다는 비민주적 사고방식을 가지고 권력 쟁탈전에 갖가지 방법을 동원하게 된다. 모두 알고 있는 문제이다. 그런데 아직도 진영논리에 빠져 이 문제를 해결하지 못하고 있다. 한국이 선진국이라니? 갈 길이 멀다. 근대는 작동방식이다. 한 사회 속에는 근대, 전근대, 탈근대가 다 섞여 있다. 전근대 국가는 모든 것이 야만적이고 낙후된 게 아니다. 그 속에 근대적 요소를 갖고 있는 경우가 허다하다. 12개 병렬파워에 대입해 보면 그 나라의 현재 수준과 해결해야 할 과제가 분명히 드러난다. 여기서 제시하는 12개 병렬파워는 과거나 현재뿐만 아니라 미래도 내다볼 수 있다.

병렬파워의 필요성에 관해 설명했으니 병렬파워의 가치를 알아보겠다. 에드워드 글레이저는 인간이 모여서 사니까 똑똑해졌다면서 인류는 도시를 발명하기 전에는 제대로 발명한 게 거의 없었다고 주장한 학자다. 그는 인류 최고의 발명품의 하나로 도시를 꼽는다. 인류 문명이 발달할수록 도시 규모가 점점 더 커진다. 그런데 사람들이 모여 산다고 더 똑똑해지는 이유는 무엇일까? 많은 사람이 수평적으로 소통하고 병렬로 연결되면서 모이니까 시너지, 아이디어, 특허 모방이 더 많이 촉발됐다. 유현준 교수의 인사이트를 들어보자.

"사람 하나하나 머리는 그렇게 뛰어나지 않다. 사람들의 뇌를 병렬로 연결하면 집단지성이 되어 커진다. 사람의 뇌를 케이블로 연결할 수는 없다. 대신에 우리는 언어를 통해서 연결이 된다. 대화를 통해 서로의 생각이 하나로 섞이면서 연결된다고 볼 수 있다. 이러한 언어를 통한 연결은 기본적으로 같은 시간, 같은 장소에 있는 사람하고만 가능하다. 그래서 더 많은 사람이 소통할 수 있게 해준 장치가 바로 도시다."[872]

12개 파워가 모두 동일한 상태로 균형을 이루는 '슈퍼 병렬파워'

는 존재하지 않는다. 강력한 파워를 가진 분야도 있고 약한 파워를 가진 분야도 있다. 한 파워가 절대적인 지배를 하게 해선 안 된다. 어떤 권력도 부분집합일 뿐이다. 각 파워는 세 가지 기준에 의해 평가한다.

첫째, 전문성. 전문 지식으로 실력을 입증하고 중요한 고비마다 실력을 보여주는가? 둘째, 동적 균형성. 스스로 문제를 해결할 수 있는 자정력이 있는가? 셋째, 혁신성. 사회의 변화에 발맞춰 변화와 혁신을 통해 지속가능한 파워를 만들 수 있는가?

### 병렬파워에 의한 자생능력과 강화능력

병렬파워는 스스로 전문성을 강화하고 자정능력을 갖춰야 신뢰를 얻을 수 있다. 어느 정도 축적돼야 양질 전환이 이뤄져 사회적 영향력을 가진 파워가 된다. 여기서 '스스로'는 매우 중요한 전제조건이다. 정부에 의한 언론, 정부에 의한 대학, 정부가 운영하는 기업, 정부가 지원하는 문화와 스포츠계 등은 겉만 그럴 듯할 뿐 아무 생명력이 없다. 전기가 통하지 않는 방전된 파워들이다.

위의 세 가지 각 요소는 동등하게 중요하다. 사회에서 제대로 된 파워로 인정받으려면 세 가지 요소의 종합점수가 중상中上이어야 한다. 어느 한 가지 요소가 탁월하더라도 종합점수가 중상에 도달하지 못하면 제 역할을 하기가 힘들다. 과학 파워의 사례를 들겠다. 중 이상이면 임계점을 넘어 유의미한 파워로 인정할 수 있다.

| | |
|---|---|
| 도입 | 소수의 전문가가 존재한다. |
| 하 | 전문가들의 네트워크는 이뤄졌으나 공식적인 학회는 없는 상태다. |
| 중 | 전문가들이 어느 정도 양성되고 분야별 학회를 만들어 스스로 기준을 적용할 수 있는 수준이다. 학회를 중심으로 세미나와 논문도 발표하고 윤리에 어긋난 전문가는 징계를 내리는 등 자정력을 발휘할 조건을 갖춘 상태다. |

| 상 | 전문가나 학회가 최상위 수준을 유지한다. |
| --- | --- |

구한말인 1894년 이후 조선은 초등·중등 교육기관 설립과 언론의 등장 등 개혁 프로그램의 가짓수는 많았다. 하지만 대부분 도입과 하下 정도의 낮은 단계여서 사회적 영향력은 매우 미미했다.

오늘날 웬만한 나라들은 12개 병렬파워를 가진 것처럼 교묘하게 꾸미거나 가졌다고 주장한다. 중립적이거나 혹은 독립적인 것같이 보이는 파워들이 실제로 어떻게 작동되는지 살펴보면 한계가 금방 드러난다. 요즈음은 '스포츠 워싱(sports washing: 스포츠 눈속임)'을 통해 자국의 부정적 이미지를 희석하기 위해 스포츠팀을 운영하거나 후원하거나 스포츠 이벤트를 개최하기도 한다. 카스피해 인근 산유국인 아제르바이잔은 막대한 오일머니를 축적했다. 하지만 부와 권력이 편중됐고 인권이 제대로 지켜지지 않는다는 국제 사회의 지탄을 받자 축구, 배구, 태권도, 레이싱 등 여러 종목의 국제 대회를 꾸준히 개최해왔다. 검색엔진에서 부패나 인권탄압 등의 단어는 어느새 저 멀리 밀려나고 각종 스포츠 관련 용어가 넘쳐나게 만든 것이다. 사우디아라비아 역시 상상을 뛰어넘는 자금력을 앞세워 스포츠로 이미지를 사고 있다.

보이지 않는 방식으로 자행되는 정치적인 절대파워는 감춰진 듯하나 사실상 다 드러나게 마련이다. 일례로 촛불시위로 인해 서울 광화문에는 매일 100만 명이 넘는 시위대로 꽉 찼다. 매일 시위가 반복되는 상황에서도 군에서는 쿠데타를 일으킬 생각을 하지 않았다. 이미 한국에서 쿠데타라는 방식은 임계점을 넘어선 상태이다 보니 군부는 자신의 영역인 국방에만 전념했다. 반면 미얀마 군부는 4분의 1의 의원을 할당받은 것도 부족해 부정선거라는 이유를 내세우며 쿠데타를 일으켜 정부를 없애버렸다. 부정선거 문제라

**사회기관 평가**

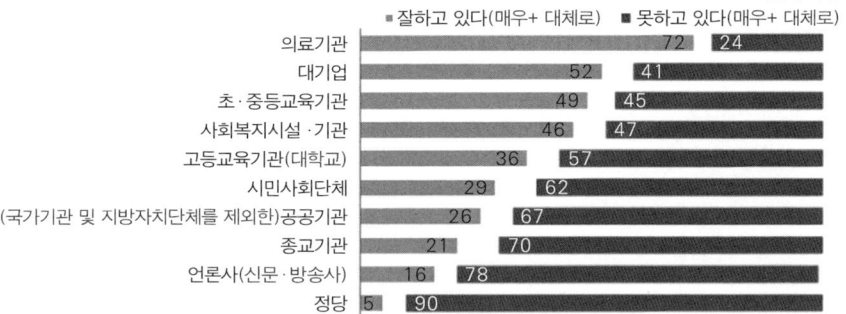

의료기관, 대기업, 초·중등교육기관, 사회복지시설·기관 순으로 잘하고 있다. 30점 이하면 방전된 기관으로 사회적 영향력이 매우 약하다고 볼 수 있다. (출처: 한국리서치)

면 사법부에 맡기면 되는데 언론도 약하고 사법부도 약하고 시민단체도 약하니 군부가 제멋대로 개입한 것이다. 몇 개 안 되는 파워들 간의 권력다툼으로 인해 미얀마만 망가진 것이다.

역사 속에서 무장武將이란 어떤 존재였는지 생각해보면 1급 군인은 1급 문관이었다. 이순신을 떠올려도 되고 카이사르를 떠올려도 된다. 전장에서 승리하기 위해서는 여러 요소를 잘 결합하여 시너지를 창출해야 한다. 뭐든지 무력으로 해결하려는 근육질형 무장은 반드시 자신과 국가를 망치게 한다. 한국은 이미 이런 3급 무장을 허락하지 않은 사회로 진보한 것이다.

### 종교, 언론, 정당의 불신

각 파워의 영향력을 평가하기 위해서 보통 설문방식을 많이 사용한다. 이미 공공기관 평가에서 많이 활용하고 있다. 2022년 9월 한국리서치에서 시민들에게 10개 대상기관이 스스로의 역할을 잘하고 있는지 물은 결과 코로나의 영향으로 의료기관이 72%로 가장 높았고 다음으로 대기업이 52%로 2위였다. 대학교는 36%, 시민사회단체가 29%, 정부 및 공공기관이 26%, 종교기관이 21%, 언론사가 16%였으며, 정당은 5%에 불과한 신뢰도 수준을 보였다.

한국 사회에서 가장 신뢰받지 못하는 조직 집단은 어디인가? 불행하게도 가장 중요한 기관인 종교, 언론, 정당이 여기에 해당된다. 한국인들이 지금까지 일궈낸 대부분 조직들의 수준보다 이 세 기관의 수준은 현격히 떨어진다. 그들은 자신들의 이익을 위해서만 복무할 뿐 사회적 순기능으로 전혀 작동되지 않고 있다고 생각한다. 정치만 하더라도 여당과 야당은 매일 싸우지만, 그것은 진영 싸움일 뿐 민의는 없다. 핏발 선 눈으로 상대를 해할 생각만 할 뿐 여기저기 구멍이 뚫린 한국호의 현실을 외면한다. 이런 상황이다 보니 국민의 삶은 팍팍해지고 신뢰는 바닥을 치고 점점 물이 차오르고 있다. 지금 우리의 급선무는 복수를 하는 게 아니라 힘을 합쳐 국가적 난제들을 헤쳐 나가야 한다. 정치권이 비상상황임을 인식하고 자기 개혁에 성공하면 모를까 이대로 안주하면 조용히 영향력을 상실해 갈 것이다. 사람들은 '개혁하는 척'하는 생명력이 없는 '가짜 개혁'엔 반응하지 않는다.

김월회 서울대학교 교수는 양적 두꺼움보다는 주전급 선수가 많은 질적 두터움을 강조하기 위해 뎁스depth라는 용어를 사용하여 우리 사회의 중요한 부분에서 뎁스가 여전히 두텁지 못하다는 점을 지적했다.

"문제는 우리 사회에서 뎁스가 부족한 데가 하필 권력이 집중된 곳이라는 점이다. 이곳의 뎁스가 엷으면 그 폐해는 전방위적이고 심대하다. 올 한 해도 우리는 정계를 비롯하여 언론, 검찰, 법조계, 학계의 뎁스가 엷음으로 인한 폐해를 질리게 경험했다. 게다가 이런 곳의 뎁스가 엷으면 함량 미달의 인사가 대통령을 비롯하여 사회 요로에 진출해 자신의 사사로운 뜻을 이루는 일이 일상화되고 만다. 뎁스가 두터우면 역량 있는 이가 뜻을 이루는 일이 일상이 되지만 말이다. 공정도 사회적 뎁스가 도타웠을 때 비로소 정의롭게 구현될 수 있다."[873]

지속가능한 사회를 만들기 위해서는 사회적 파워가 정치 파워보다 더 중요한 기초적 질료가 돼야 한다. 사회적 파워가 건강해야 사회가 분열되지 않고 통합될 수 있다. 우리 사회를 지탱하는 핵심 기둥들은 우리의 생각만큼 강하지 않다. 약한 고리는 그 고리가 끊어지기 전에는 알아채기 어려울 때가 많다. 계속 충전하지 않으면 방전되는 배터리처럼 한번 제대로 된 파워가 생겼다고 지속되는 게 아니다. 자기 개혁을 부단히 해야 영향력을 유지할 수 있다. 각 파워 내에서도 어느 일방의 독점은 파워를 약화시킨다. 병렬파워의 힘은 직렬파워와 비교할 수 없을 정도로 세다.

최근 일련의 사건들을 보고 나는 한탄했다. 윤석열 대통령은 미국을 방문할 때나 히로시마의 G7 회담에 참석할 때 많은 환대를 받았다. 한국이 그동안 가꿔온 경제파워, 기술파워, 문화파워, 방산파워를 비롯한 다양한 병렬파워들이 결합하면서 무시할 수 없는 국가가 됐음을 보여주었다. 미국과 중국이 사활을 걸고 갖기를 원하는 반도체와 배터리 기술을 한국은 둘 다 갖고 있다. 그래서 이번 미국 방문 때 동행한 한국 기자들이 바이든 대통령에게 미국의 도청 의혹과 IRA법으로 피해가 예상되는 삼성전자와 SK하이닉스와 관련된 사안에 대해 날카롭게 질문할 것이라 예상했다.

"친구가 친구를 염탐합니까?"

"당신의 최우선 경제적 순위는 중국과 경쟁하는 미국 제조업을 일으켜 세우는 것이었습니다. 하지만 중국의 반도체 제조를 확대하는 것에 반대하는 당신의 정책은 중국에 크게 의존하는 한국 기업에 아픔을 주고 있습니다. 선거를 앞두고 국내 정치를 위한 중국과의 경쟁에서 핵심 동맹국에 피해를 줘도 됩니까?"

자신의 선거 때문에 핵심 동맹국에 피해를 줘도 되느냐고 바이든에게 던지는 돌직구였다. 질문은 날카로웠다. 권력을 견제하는 기능을 할 수도 있는 중요한 질문을 던졌다. 그런데 질문을 던진 언론인은 NBC 앵커와 「LA타임스」 기자였다. 미국은 지역신문 기사들도 매우 질이 높고 탄탄하다. 한마디로 미국 언론의 수준은 급이 달랐다. 질문을 다시 한번 읽어보라. 그들이 던진 질문은 잘 벼린 칼과 같았다. 미국의 이중성을 질타하고 있다. 앞에서는 보조금을 주는 한편 뒤로는 한국의 기술을 탈취하려는 미국의 음흉함을 지적하는 게 마땅했다. 도청에 항의 한 번 못 하고 오히려 면죄부를 날리는 윤 대통령을 향해 가슴 아픈 질문 정도는 했어야 했다. 이건 한국 언론이 했어야 했다.

수많은 한국 기자가 「LA타임스」 기자 한 사람만 못 한 것인지 묻지 않을 수가 없다. 꽤 나름대로 수준 있다는 한국 특파원이 아니더라도 조금만 상식이 있는 사람이라면 누구라도 생각해 낼 법한 질문이었기 때문이다. 이건 능력의 문제가 아니라 용기의 문제다. 이정도 용기를 갖지 못하고 정권의 비위를 건들지 않으려는 언론을 누가 신뢰하겠는가. 매우 애석한 일이다. 사실 하나의 질문을 던지기 위해서는 많은 에너지와 열정과 용기가 필요하다. 질문할 때는 누구나 자신의 일부가 노출되기에 더 떨린다. 그런데도 두려워 질문하기를 꺼리면 언론은 발전할 수가 없다. 다 알다시피 기자는 묻는 사람이다. 아픈 곳을 건드리고 캐물을 수 있어야 한다. 국민이 궁금해 하니까. 권력은 견제받고 감시받아야 한다. 절대 권력은 부패하게 되어 있으니까.

어쨌든 「LA타임스」 기자의 돌직구 질문 덕에 나는 한국 언론에 대해 더 많이 생각하게 됐다. 한국 언론은 스스로 권위를 갖기 위한 노력이 적어 보인다. 한국 기자에게는 과연 소명이 있을까? 무슨 일이 생길 때마다 매번 미국 사례를 든다. 워터게이트가 어떻고, 백악관은 언론을 중요하게 여기고 어쩌고저쩌고. 그렇다고 해서 방전된 한국 언론의 배터리가 충전되지 않는다. 처절한 내부혁신을 통해 개혁의 동력을 스스로 찾아내야 한다. 우선 권력의 눈치를 보지 않고 질문하고 또 감시해야 진정한 파워가 생길 것이다. 그렇지 않고서 한국 언론의 품격은 높아지지 않을 것이다.

### 모든 병렬파워가 강한 미국

다시 한 번 미국의 힘을 느꼈다. 미국의 언론파워는 강하다. 경제파워도 강하다. 미·중의 날 선 대립 속에서도 일론 머스크의 테슬라가 상하이에 대용량 배터리인 메가팩 공장 증설계획을 발표했다. 우리를 어리둥절하게 만들고 있지만 미국 경제계는 미국 정치인들과는 다른 시각을 갖고 자기 사업을 진행하고 있다. 정치적·외교적 갈등과는 별개로 경제계에서는 막대한 인구와 구매력을 가진 중국 시장에서 챙길 것은 챙겨야 한다는 실리적 분위기가 우세하다.

미국은 대학도 강하다. 하버드, 예일, 스탠퍼드, MIT는 별도의 대학 소개가 필요 없을 정도다. 미국 대학의 경쟁력은 타의추종을 불허한다. 영국의 대학평가 기관인 QS Quacquarelli Symonds의 세계대학평가의 상위권에 미국 대학들이 압도적으로 많이 포진하고 있다. 미국의 산업이 고도로 발전했고, 대학이 산업을 견인하는 핵심 축이기 때문이다. 산업의 발달과 대학의 연구는 앞에서 끌고 뒤에서 밀어주는 관계이기 때문이다.

"스탠퍼드가 이끄는 미국 서부의 실리콘밸리와 MIT와 하버드대학교가 이끄는 동부의 루트 128은 미국 혁신사업의 요람이다. 미국 대학교육의 우수성이 탁월한 과학기술을 낳고 과학기술이 애플, 마이크로소프트, 아마존, 구글, 페이스북 같은 혁신기업을 낳고 있다."[874]

미국은 군사강국이자 경제대국이기 이전에 1900년대 초반부터 세계 최고 대학들과 연구기관들이 즐비한 지식강국이다.

"노벨 과학상 및 경제학상의 거의 절반이 미국 기관과 관련된 권위자들에게 돌아갔다. 이 사실은 이러한 기관의 강점을 잘 말해준다. 한 가지 더 말하자면, 2019년 기준으로 지난 10년 동안 미국계 노벨상 수상자의 3분의 1 이상이 이민자였다. (…중략…) 노벨상 수상자(2022년 기준)의 소속기관은 414개를 수상한 미국이 52%를 차지했다. 2위는 영국으로 12.4%, 3위는 10.3%의 독일, 4위는 5.2%의 프랑스였다."[875]

미국의 연구기관들은 사실상 '천재 양성소'라 불릴 만하다. 수많은 이민자들이 이곳에서 혁신을 주도했다. 미국 인구는 3억 4,000만 명으로 세계 3위다. 세계 최고의 경제, 기술, 군사, 문화를 이끌고 있는 미국은 우수하고 뛰어난 사람들만 있는 게 아니다. 마약중독과 총기사고 문제가 빈번하게 일어나고 사회에 짐이 되는 사람들도 엄청나게 많다. 그래도 세계 최강국이다. 어느 나라든 눈에 보이는 것만으로 판단해서는 안 된다. 병렬파워의 12개 모두를 대입해서 하나씩 생각해 보라. 미국은 모두 강하다. 대통령도 강하고 군대도 강하고 영화계도 강하다.

반면 러시아는 푸틴 대통령만 강하다. 우크라이나 전쟁도 푸틴이 군대에 직접 지시를 내린다. 세계 2위의 군사력이라고 알려진 군대조차 자율성이 없이 그에게 보고를 하고 지시를 대기하느라 전력에 차질이 발생하고 있다. 러시아의 상명하복식 권위주의 체제는 보급에 차질이 생기게 하고 자원의 결핍을 부르고 군대를 오합지졸로 만들었다. 군대 내부에서 당국자들 간에 갈등도 여기에서 나온다.

브레즈네프의 독재가 결국 소련이 무너지는 결과를 가져온 것처럼 푸틴도 러시아의 고립과 위축을 자초하고 있다. 결국 국민의 지지가 약화되면서 러시아도 쇠퇴의 악순환에 빠질 것이다. 병렬파워를 갖추지 못한 나라의 한계다.

### 한국의 12개 병렬파워는 현재 어떠한가

12개 병렬파워를 뜯어보면 지금 한국은 선진국 수준에 이른 파워도 있고 여전히 미진한 파워도 있다. 전체적으로 보면 지적이고 정신적인 분야인 학문사회, 종교, 출판·문화계 등의 중요한 파워들이 확실히 충전되어 있지 않은 상태라 제 역할을 다하지 못하고 있다. 아직 갈 길이 멀다. 최근 여론조사에 따르면 한국의 문화는 선진국, 경제는 중진국, 정치는 후진국이라 한다. 누구의 표현인지 모르나 국회에 가면 BTS는 없고 오징어 게임만 넘친다고 했는데 적절한 표현이다. 한국은 여전히 12개 병렬파워 중 여전히 대통령 파워(정치파워)가 너무 강하다. 정치적으로, 이념적으로 분화된 한국 사회는 과잉정치의 덫에 빠져 맹목적인 정쟁과 이념화된 패거리 정치에 함몰되어 내부통합을 이루지 못하고 있다. 사실 법대 출신들이 연속해서 정권을 잡았는데 기본적인 법치가 이루어지고 있는지조차 의심스럽다. 직렬파워에서 나타난 형상처럼 법이 반대파를 탄압할 때 사용하는 정치무기로 전락한 듯한 느낌이다. 제발 내 느낌으로 끝나기를 바란다. 병렬파워 중 중요한 몇몇 분야의 한두 문제만 살펴보자.

① 언론파워: 한때는 사회의 정의와 공정을 감시하는 감시견의 기능을 한다고 해서 언론의 보도기능을 사회의 목탁으로 여기던 시절도 있었다. 그러나 지금의 언론은 권력에 무비판적이며 문제에

침묵하거나 권력 영합주의적인 기사들만 써댄다. 정론과 직필을 내세우지 못하는 언론은 이미 자본과 권력의 시종이 되어버린 지 오래다. 언론이 건강한 담론 생성이라는 사회적 기능을 상실하면 불행히도 대체언론이나 유사언론이 판을 치고 우리의 공론장의 토대는 점점 황폐해진다. 공정한 미디어 생태계를 복원하는 과제가 시급하다. 전문가들은 한결같이 언론의 본질적인 역할인 공정성에 바탕을 둔 투명한 사실 전달을 강조한다.

언론은 정파적 가치와 이해에 치우치는 보도를 지양해야 한다. 저널리즘의 기본원칙을 지키려는 언론과 언론인의 자주적인 노력이 절실하다. 초기의 언론은 사람들에게 진정한 의미의 공공 공간을 창조했다. 오늘날 언론은 이 공공 공간으로부터 많이 벗어나 있다. 다시 언론의 역할에 대해 깊게 성찰해야 한다.

② 종교파워: 종교인이 정치에 개입하거나 교회를 편법으로 세습하는 문제가 발생했을 때 스스로 자정능력을 발휘할 수 있어야 한다. 거듭날 수 있다면 종교권력은 미래가 있다. 현재 목사의 정치개입 문제, 대형교회의 세습 문제를 자율적이고 자발적인 방식으로 해결하지 못하면 기독교는 생명력을 잃어 점점 더 쇠퇴해 갈 것이다. 500년을 믿어 온 유교가 80년도 안 되어 유명무실한 존재로 전락했듯이 150여 년 된 한국의 기독교 역시 그렇게 될 가능성이 높다. 비단 기독교뿐만이 아니라 모든 종교가 종교의 미래를 걱정한다. 50년 후에도 과연 종교에 대한 사회적 수요가 있을까? 종교계는 이미 삼중고에 시달린다.

성직자와 교인의 평균 연령은 갈수록 높아진다. 빠르게 변하는 세상에서 젊은이들은 종교에 관심이 없다. 모든 것이 정치로 환원되는 한국 사회에서 일부 종교단체는 정치권의 2중대가 되어 종교의 본질을 가속적으로 파괴하고 있다.

50년 내지는 100년이 지난 후에도 종교는 우리 사회의 중요한 기둥으로 남아 있을까? 종교의 존재 이유인 본질에 충실해야만 한다. 다시 거듭나라! 다시 거듭날 수 없다면 죽은 것이다. 그러나 생명을 잃은 종교라도 그냥 사라지지 않는다. 이런 종교일수록 사회적 약자를 감싸 안고 부자와 권력자에 대해 겸손을 요구하는 종교의 순기능을 발휘하기보다는 '나와 너'를 가르는 선이 되어 더 극단적으로 흐를 수도 있다.

  관용적인 종교가 편협해지는 순간 종교는 '정치 그 자체'가 된다. 그리고 스트롱맨들은 강력한 팬덤을 가졌다는 이유로 정치화된 종교라는 호랑이의 등에 기꺼이 올라타려 할 것이다. 그 호랑이가 어디에 다다를 것인지도 문제지만, 가는 도중에 호랑이에게 잡아먹힐지도 모를 일이다. 이처럼 균형이 무너지면 모든 순기능을 가진 파워들조차 역기능으로 변질된다.

  ③ 교육파워(대학): 대학은 학령인구 감소와 우수한 학생들이 수도권에 몰리는 세태로 인해 위기가 심각하다. 대학권력(권위)에도 문제가 없는지 살펴봐야 한다. 논문 표절 문제가 벌어지지는 않는가? 교수 출신 정치인들의 도덕적 수준과 역량은 어떠한가? 일단 논문 표절 문제 하나만 보자. 과거에 많은 대학에서 학위 장사를 하다 보니 엉터리 논문들이 양산됐다. 이런 문제들이 벌어진 해당 학교에서 정상적인 프로세스를 거쳐서 문제를 제대로 해결하지 못한다면 결국 대학은 존폐 문제에 부딪힐 것이다. 이건 법적으로 판단하기 이전에 대학의 존재 이유를 묻게 되는 문제이기도 하다. 정권에 합류해 권력 집단이 됐다가 다시 대학으로 돌아와 똬리를 트는 교수들은 권위를 스스로 훼손했다. 정치판을 기웃거리거나 지적 성실성이 사라진 교수는 죽은 지식의 외판원일 뿐이다.

송호근 전 서울대학교 교수는 대학, 언론, 종교의 세 권력에 대해 다음과 같이 진단했다.

"공공지식인을 배양하고 사회적 활동을 격려하는 세 영역이 쑥대밭이 됐다. 대학, 언론, 종교. 대학은 앞에서 서술한 그런 격동 속에서 국가권력에 종속됐고, 종교는 여러 분파로 나뉘어 교세확장에 열을 올리고 있고, 언론방송은 좌우 이데올로기 스펙트럼에 각자의 위치를 고정해 정당성 홍보에 매진 중이다. 언론방송은 이데올로기 전쟁의 전사들이다. 「조선일보」 「문화일보」 「한국경제」가 우측에, 「한겨레」 「경향신문」이 좌측에, 「중앙일보」 「동아일보」 「매일경제」가 중간지대에 위치한 언론지형에서 공공지식인들은 자신의 이념 성향에 따라 스스로 매체를 선택한다. 아니, 매체가 그들을 선택해 발언권을 부여한다."[876]

이 장에서는 각각의 병렬파워에 대해 자세히 다루긴 어렵지만 결론은 간단하다. 뛰어난 지도자의 역량에 의지하는 나라, 정치가 모든 것을 좌우하는 나라는 위험하다. 대통령의 한마디가 지침이 되는 나라는 정치, 경제, 외교는 물론 문화, 예술, 교육 등 모든 영역에서 퇴행하면서 경쟁력을 잃게 된다. 이른바 스트롱맨이라 불리는 지도자들은 민주주의 국가나 권위적인 국가를 가리지 않고 결국 자국의 잠재력을 갉아먹을 것이다.

한국인은 너무 자주 소모적인 '정치의 링'으로 끌려 들어간다. 기승전 정치다. 모든 대화의 중심에 정치가 있다는 점은 그 사회의 후진성을 드러내는 것이다. 지금은 조선처럼 지식인들이 관직에 나가는 길이 오직 하나인 직렬사회가 아니다. 각자의 자리에서 요구되는 역할을 제대로 잘 수행하여 각각의 병렬파워를 키워내야 한다. 성숙한 민주국가로 발전하기 위해서는 정치만의 책임이 아니라 경제계, 언론, 학계, 법조계를 포함한 국민 전체의 집단적 책임임을 잊어선 안 된다.

압축적으로 성장해 선진국에 도달한 한국이 벌써 피크라 하면 너무 억울하지 않은가. 이제 좀 살만한가 했더니 정상의 경치를 누려 보지도 못한 채 하산하는 꼴이다. 이제 자식세대는 부모세대보다 더 가난해질 것이다. 우리가 선진국에 걸맞은 남다른 문화와 지적知的 풍토를 만들지 못한다면 우리의 장래는 점점 어두워질 것이다. 분열된 한국에서 긴급히 필요로 하는 것은 한나 아렌트가 말한 '복수의 공공성'이라는 개념이다. 복수의 공공성은 어떤 한 가지 가치가 제패하는 공간이 아니라, 차이를 조건으로 하는 담론의 공간이다. 우리 모두의 마음속에 애국심이나 애향심을 갖고 있더라도 관심사는 서로 다를 수밖에 없다. 이른바 총론은 찬성하고 각론은 반대하는 식인데 '공공성의 의사소통'은 여기에서 출발하는 것이다. 다양한 이익 추구와 의견 차이를 인정하는 민주주의 사회에서 어느 정도의 사회적 갈등은 어쩌면 자연스러운 현상이라 할 수 있다. 다른 가치와 의견 사이에서 협의를 이루고 적극적인 소통을 통해 문제점을 해결하는 일이 필요하다.

공공성은 균질한 가치로 채워진 공간이 아니다. 공공성은 복수의 가치, 의견 '사이'에서 생성되는 공간이다. 거꾸로 말하면 그 '사이'가 사라진 곳에서는 공공성이 성립되지 않는다. 따라서 공공성은 어떤 동일성identity이 제패하는 공간이 아니라 차이를 조건으로 하는 담론의 공간이다. 이러한 담론의 공간은 가치 대립의 계기를 저버리지 않기 때문에 다의적 공간이 될 수 있다. 따라서 동화와 배제의 기제가 작동되는 닫힌 공간이 아니다.[877]

차이를 조건으로 하는 담론의 공간에서 갈등이 제대로 관리된다면 국가발전의 에너지가 되기도 한다. 이견과 갈등을 해결하는 과정을 거치다 보면 제도가 개선되거나 사회 결집력이 높아질 수 있기 때문이다. 하지만 우리의 경우 서로의 신뢰는 점점 낮아지고 빈부, 지역, 성별, 세대에 따른 갈등과 집단 간 대립과 갈등이 날이 갈수록 심화되고 있다. 우리의 역량을 결집해도 변혁의 한복판에서 날로 치열해지는 국제 경쟁을 헤쳐 나가기가 녹록지 않은 상황인데 누구를 위한 분열이며 갈등인지 모르겠다. 이제 카리스마를 가진 박정희, 김대중 같은 정치인이 다시는 나타나지 않을 것이다. 뛰어난 지도자에 의존하는 시대는 끝났다. 비록 시간이 걸리더라도 국민의 뜻을 모아 견실한 과정을 밟아나갈 수밖에 없다.

어떤 사회이든 자정능력을 통해 부가가치를 만들어내지 못하면 소멸로 이어지게 되어 있다. 건강하고 튼튼한 사회를 만들기 위해서는 견실한 병렬파워의 구축이 필수다. 이 과제는 오랜 숙제였고 앞으로도 계속 품고 가야 할 숙제다.

3장

# 미래를 만드는 힘 2
# 코어심벌

# 1
# 국가의 목표와 지도자의 의무

**생존 욕구, 성장 욕구, 자아실현 욕구**

이제 한국은 열 손가락에 들 정도로 잘사는 나라가 됐다. 한국인은 1985년을 기준으로 할 때 13배나 더 잘산다.

|      | 1인당 국내총생산 | 평균수명 |
|------|------------------|----------|
| 1985 | 2,427달러        | 68.9세 (남자 64.6세/여자 73.2세) |
| 2020 | 3만 1,881달러    | 평균수명 83.5세 (남자 80.5세/여자 86.5세) |

한국은 국가경제 규모가 커지면서 삶의 여건이 이전보다 훨씬 풍요로워졌다. 우리가 바라던 것과 계획했던 것들을 대부분 손에 쥐게 됐다. 그럼에도 우리는 여전히 경제적 문제에 허덕이고 있다. 아무리 부의 개념이 움직이는 과녁이라 하더라도, 단순히 물질의 문제가 아니라 정신의 문제이고 영혼의 문제가 아닐까 하는 생각이 든다. 소득이 무려 열세 배 증가했음에도 우리나라의 행복지수는

여전히 하위에 머물러 있다. 물론 일정한 소득에 도달할 때까지는 소득과 함께 행복이 증가하지만, 일정소득을 넘어선 다음에는 소득이 증가한다고 해서 반드시 행복이 증가하지는 않는다. 이를 이스털린의 역설이라고 한다. 정서적 행복은 무한대로 향상될 수 없기 때문이다.

그래도 묻게 된다. "우리 사회는 행복할까?" "사회의 행복은 어디에서 비롯될까?" 인류가 수천 년간 지속해 온 질문이다. 누구나 최고의 관심을 쏟는 행복을 측정하는 온도계라도 있으면 좋겠다. 이런 나의 마음을 알기라도 하듯이 2002년 영국의 심리학자인 로스웰과 인생 상담사인 코언이 행복공식을 만들었다. 두 사람은 18년 동안 1,000여 명의 남녀를 대상으로 80가지 상황 속에서 자신을 행복하게 만드는 다섯 가지를 선택하게 하는 실험을 했다. 무려 18년 동안이나 실험하다니 참 집요한 사람들이다. 그 결과 행복은 다음 세 가지 요소에 의해 결정된다고 발표했다.

| | |
|---|---|
| P(Person) | 인생관, 적응력, 유연성 등 개인적 특성을 나타낸다. |
| E(Existence) | 건강, 돈, 인간관계 등 생존조건을 가리킨다. |
| H(Higer order) | 야망, 자존심, 기대, 유머 등 고차원 상태를 의미한다. |

행복에 영향을 주는 요소는 다양하지만 건강, 돈, 인간관계 등 생존조건(E)이 개인적 특성인 P보다 5배 더 중요하고, 고차원 상태인 H는 P보다 3배 더 중요하다. 이 지수를 공식화하면 이렇다.

$$행복 = P + (5 \times E) + (3 \times H)$$

복잡미묘한 행복의 정체를 단순화한 세계 유일의 행복공식이다.

이 중 어느 하나라도 결여되면 행복하지 못하다는 뜻이다. 그중에서도 건강, 돈, 인간관계 등의 생존조건 E는 그야말로 생존 그 자체이면서 행복의 핵심 조건에 해당하기 때문에 5를 곱한 것이다. 사람은 빵만으로 살 수 없다. 그리고 사람마다 욕망이 다 다르고 추구하는 행복 역시 만족하는 수준이 다르다. 각 개인의 욕망은 처한 상황에 따라 다르다고 간파한 선구자는 에이브러햄 매슬로다. 1943년 발표된 매슬로의 욕구단계설은 20세기의 산물이다. 매슬로의 욕구는 어떤 필요가 다른 필요보다 우선시된다는 점을 보여준다. 미국의 심리학자 클레이턴 앨더퍼는 ERG 이론을 통해 매슬로의 5단계 이론을 존재 욕구, 관계 욕구, 성장 욕구 세 가지로 단순화했다.

| 존재 욕구<br>Existence Needs | 매슬로의 생리적 욕구와 안전 욕구의 일부에 해당한다. |
|---|---|
| 관계 욕구<br>Relatedness Needs | 안전 욕구의 일부, 소속 및 애정 욕구, 존경 욕구의 일부에 해당한다. |
| 성장 욕구<br>Growth Needs | 존경 욕구의 일부, 자기실현 욕구에 해당한다. |

이런 연구들은 우리에게 많은 시사점을 준다. 인간은 여러 종류의 욕구를 지니고 있다. 인간의 욕구를 생존 욕구, 성장 욕구, 자아실현 욕구, 이렇게 세 가지로 나눌 수 있다. 저마다 조건과 가중치가 다르다. 먹고살기 힘든 사람에게 문화나 사치품은 관심사항이 아니다. 그러나 사회 전체로 보았을 때 선진국이 되어도 늘 먹고사는 문제는 반이 넘을 정도로 중요하기 때문에 베이스라인인 생존 욕구에 6의 가중치를 부여해야 하지 않을까 싶다. 다음으로 성장 욕구가 3, 자아실현 욕구(정신적 가치)가 1의 가중치가 되어야 품격을 가진 선진사회를 이루는 데 어느 정도 균형이 맞지 않을까 생각

한다.

### 3가지 욕구에 대한 국가 차원의 균형

국가도 마찬가지다. 국가의 목표는 세 가지다. 첫째, 자주국방 Safety. 둘째, 번영 Prosperity. 셋째, 권위 또는 국격 Authority.

자주국방이 생존 욕구고, 번영이 성장 욕구고, 국격 또는 권위는 자아실현 욕구라 할 수 있다. 국가 운영이란 안전이 보장된 상태 위에 번영을 이루고 품격 있는 나라를 만드는 것이다. 그런데 만일 세 가지 목표 중에서 하나를 선택해야 하는 상황이라면 무엇을 가장 우선순위에 두어야 하는가? 두말할 필요 없이 생존과 주권의 문제가 최고의 가치인 동시에 최고의 이익이다. 1930년대 독일에서 나치가 등장했을 때 당시 헌법학자 카를 슈미트는 "자유 Liberty와 안전 Security을 모두 확보할 수 없을 경우에는 안전을 위해 자유를 버릴 수 있다."라는 유명한 말을 남겼다. 나치에 대해 정통성을 부여한 개념이다.

독일이 패망하면서 슈미트의 주장은 영영 사라진 듯했다. 그런데 코로나19에 이은 우크라이나-러시아 전쟁, 이스라엘-팔레스타인 전쟁으로 슈미트의 시대가 다시 돌아온 것 같다. 윤석열 대통령이 2023년 전격적인 한일관계 개선조치와 5·18 기념식에서 행한 인터뷰나 연설에 대해 의견이 분분했다. 이념적 차이나 정치적 유불리를 떠나 관심도가 높은 주제들이라 그런지 반응들이 매우 뜨거웠다. 윤 대통령이 한·일 관계 개선을 위한 정치적 결단을 선제적으로 내림에 따라 한일관계는 새로운 국면에 접어들었다. 이것이 곧 한반도 안보 강화로 이어진다는 주장이 대세를 이루었다. 그런데 「시사1번지」의 백운기 앵커는 날카롭게 또 다른 관점을 제기했다.

"왜 이렇게 인식이 천박한 걸까요? (…중략…) 일본 부분에 대해서도 지금 민족적 긍지, 민족정신 이런 것도 다 그냥 다 버려두고 한·일 관계 개선해서 잘 살면 된다. 이런 생각을 갖고 있어서 그러는가 싶고. 민주주의 정신도 잘살게 하면 민주주의가 되는 게 아닌가? 그래서 가난하고 못 배운 사람은 자유를 말할 자격이 없다고 얘기하는가? 기본적인 인격 형성 과정에 뭔가 그런 게 주입이 돼 있는 사람이 아닌가? 이런 생각이 들어요."

한국 사회가 이 극단적인 진영 사회가 되면서 정파적인 주장이 판치는 안타까운 상황이나 백 앵커는 '먹고사는 문제'를 넘어서는 '국가의 권위'에 대해 언급했다. 국가의 세 개의 목표 중에서 카를 슈미트는 '안전과 번영'을 중요하게 여겼는데 백 앵커는 국가의 권위를 팽개치는 번영은 수준이 낮은 것이라고 주장한 것이다. 지도자가 이를 모를 리 없다. 하지만 국가는 기업이나 개인보다 더 절박하다. 이웃이 마음에 안 든다고 해서 다른 곳으로 이사 가거나 관계를 끊을 수도 없다. 서로 고구마 줄기처럼 얽혀 떼려야 뗄 수 없는 분야도 많다. 고심 끝에 '관계 유지형'으로 분쟁해결을 시도할 수밖에 없었을 것이다. 그렇다 하더라도 윤 대통령은 너무 '자유와 안전'에 편향된 나머지 또 다른 갈등을 야기한 것이다. 일본과의 갈등은 역사, 정치, 외교, 국제법, 감정이 얽혀 있다. 어느 한두 문제만 발라내 딱 잘라 결론 내리기가 쉽지 않기 때문이다.

이처럼 모든 사람의 진심과 '서로 다른 정의'를 껴안아야 하는 대통령의 일은 매우 어렵다. 하나만 안다든지 띄엄띄엄 안다는 것은 모르는 것보다 해로울 수 있다. 따라서 정치는 아무나 해서는 안 된다. 만약 지도자가 하고자 하는 일이 국가의 안전, 번영, 권위 가운데 하나와 아무런 관련이 없거나 혹은 이 셋 간의 균형감이 없다면 오히려 나라를 망치게 된다. 정치는 허업虛業이다. 넷플릭스 최고 정치 드라마인 「하우스 오브 카드」의 작가 마이클 돕스는 다음과 같이 말했다.

"안온한 삶을 원한다면 비즈니스에 삶을 쏟는 게 낫다. 정치는 큰 돈도 편안한 삶도 추구하지 않으며 다른 사람을 위해 더 나은 세상을 만들려는 사람들이 해야 한다. 어느 현자가 모든 정치가의 경력은 결국엔 실패자로 귀결된다고 했다. 이 말이 전적으로 옳은지는 모르겠지만 분명 모든 정치가는 반드시 엄청난 실패와 낙담을 겪게 돼 있다. 다시 말하지만 안온한 삶을 원한다면 정치하지 마라."[878]

대통령이 되어 그저 만나고 싶은 사람만 만나고 하고 싶은 얘기만 하면 좋은 세상이 온다? 그렇다면 국정 운영하기 쉽고 대통령하기 참 편할 것이다. 그런데 이건 자기 본분을 망각한 것으로 작은 성과조차 낼 수 없다. 민심의 회초리가 언제 자신에게 향할지 모르는 근시안이자 오만이다. 국민의 일정한 지지를 받는 사람이라면 만나기 싫어도 만나서 협조를 구해야 한다. 그 사람이 아니라 그의 직위를 존중하기 때문이다. 아니꼽고 더럽고 속이 뒤집히더라도 만나야 한다.

이건 지도자에게 부과된 최소한의 의무다. 자기 자신을 위해서가 아니라 더 나은 세상을 만들기 위해서다. 이때 필요한 덕목이 용기다. 그 용기는 애국심의 발로다. 또한 국민 모두의 대통령이 되라는 건 헌법의 명령이다. 이건 공화국 대통령에게 부과된 최소한의 의무다. 대통령도 개인적인 이념 지향성을 갖고 있다. 그러나 한 나라의 지도자로서 자신이 이고 지고 가야 하는 그 무게를 인지해야 한다. 설득과 소통으로 갈등을 풀어 통합하려는 노력으로 안 되면 쇼라도 해야 한다. 위선hypocricy의 어원은 고대 그리스어에서 유래했다. 그리스인은 위선을 상급과 하급으로 구분했다.

"겉치레로 보이는 선행이라는 설명은 그리스인에게는 하급 위선에 불과하다. 그리스인이 생각한 상급 위선은 겉꾸밈이든 겉치레든 공공의 이익을 목적으로 하는 경우다. 그리스 철학자들은 이런 종류의 위선을 정치인에게 꼭 필요한 수단으로 인정하기까지 했다. 필요악은 아니다. 좀 더 긍정적인 의미를 가진 '악'이다. (…중략…) 위선은 연기를 하는 것이다. 속된 말로 하면 '척하는' 것이다."[879]

"인간은 문제가 없으면 불만을 느끼지 않는 존재가 아니다. 사소한 문제라도 찾아내서 그것을 불만거리로 삼는 게 인간의 본성이다. 이런 인간을 상대해야 하기 때문에 정치는 고도의 속임수라는 말도 나온다."[880]

지도자가 공적으로나 사적으로나 연기에 서툰 것도 문제지만 아예 연기조차 하지 않는다는 것은 진짜 하고 싶은 일이 없다는 뜻인지 모른다. 혹시 말하고 지시하는 것을 일하는 것으로 착각한 것은 아닌가. 훗날 역사의 냉정한 평가를 간과해서는 안 된다. 대통령이 하고 싶은 말만 하고, 나와 친하다는 이유로 편중된 인재들만 등용해서는 성과를 낼 수 없다. 성과가 없다고 확인되는 순간 획 돌아서서 서늘하게 책임을 추궁하는 한국인의 특성과 역사를 두려워 했으면 좋겠다. 역대 대통령들의 불행한 말로未路를 철저히 복기해 보자. 더 이상 불행한 대통령이 나와서는 안 된다. 대통령의 실패는 곧 국가의 실패로 한국은 지금 실패할 여유조차 없는 시기다.

알다시피 한국은 선진국이 됐어도 여전히 경제, 취업, 연금, 저출산 등 각종 문제를 안고 있다. 이 과제들은 쉽게 해소될 수 없다. 사실 이 과제들은 한국에만 국한된 게 아니라 대부분의 선진국들도 직면하고 있는 문제들이다. 미래는 불투명하고 경쟁은 치열한 데다가 살기 어려운 디스토피아가 현실이다. 여기에 양극화로 인해 한때 '헬조선'이란 말까지 등장했다. 코로나19를 겪어보니 한국이 지옥이 아니라 우리가 선망해 마지않던 유럽과 미국과 같은 선진국들 또한 온통 지옥 천지였다. 한국은 지옥 축에도 끼지 못할 정도였다.

그렇다면 오늘날 겪는 불안감은 한국에만 국한된 게 아니다. 유발 하라리의 말은 핵심을 찌른다.

"대부분의 자본주의 사회가 유사한 특질을 보이고 있어요. 자본주의로 성장을 만끽했지만, 세계가 더 행복한 곳이 된 것은 아닙니다. 성장에 대한 집착을 넘어선 무언가가 필요한 시점이에요. (…중략…) 인간은 힘을 얻는 것에는 능하지만 그 힘을 행복으로 바꾸는 데는 뛰어나지 않아요. 인간은 무엇을 이뤄도 만족할 줄 모르고 갈망이 더 커지는 존재입니다."

# 2
# 일본의 코어심벌

**일본인가, 중국인가, 미국인가**

사회는 사람들이 특정가치를 믿고 그 가치에 따라 행동함으로써 형성된다. 한 사회가 건강해지려면 물질문명만으로는 안 된다. 건강한 사회를 지속하기 위해서는 올바른 가치관과 성숙한 의식이라는 나무가 잘 자랄 수 있도록 맑은 물을 공급하는 시스템이 있어야 한다. 코어심벌Core Symbol이란 우리의 가치관과 일상생활 속에서 내리는 가치판단의 기준을 결정짓는다. 우리가 내리는 가치판단 안에 코어심벌이 내재해 있다. 에리히 프롬 식으로 말하자면 '존재 지향적인 삶'을 의미한다.

코어심벌은 인간 내면에 뿌리내린 핵심 가치로 사회를 지탱하고 유지하는 일종의 '연성 가드레일'이며 사회적 '소프트웨어'다. 법률은 '강성 가드레일'로 사회적 '하드웨어'다. 여기서 '종교'나 '사상'이라는 단어를 직접 사용하지 않고 '코어심벌'이라고 부르는 이유는 새로운 용어를 사용할 수밖에 없는 현실에 있다.

나는 '코어심벌'에 대해 신중하게 정의하고, 그 의미에 한정해 사용할 것이다. 무신론의 시대에 사회의 중요한 축으로서 종교, 사상, 윤리를 강조하는 것은 어쩌면 아마추어적일 것이다. 하지만 만약 우리가 종교라는 축을 버린다면 그 기능을 대체할 무엇이 있을 수 있을까? 종교는 미성숙한 종교성이 문제이지 종교 그 자체가 문제가 되는 것은 아니다.

"세속화는 종교가 고유의 규칙과 동력을 지닌 사회적 하위체계가 됐음을 의미했다. (…중략…) 다시 말해 종교활동은 사적 영역으로 확실히 퇴각했으며 더불어 종교를 사적 문제로 보는 담론이 구축됐다. 확실히 대다수의 사람에게 종교적 원리와 가치는 사물에 계속 의미를 부여하는 가장 중요한 영감의 원천이 됐으며, 종교적 실천은 사람들의 일상생활 속에 살아남았다."[881]

먼저 일본, 중국, 미국의 근대화 시기부터 코어심벌이 어떻게 작동됐는지 살펴본 후 자세히 논하겠다.

### 일본에서 종교

작은 사례부터 보자. 이어령 선생이 쓴 『축소지향의 일본인』에는 일본인 비평가가 국기를 가지고 설명한 장면이 나온다.

"'미국 국기에는 의미와 주장이 있어요. 국기가 이미 합중국이라는 나라의 본질을 말하고 있지요. 프랑스 국기는 자유, 평등, 박애라고 씌어 있어요. 소련기는 인민과 피라고 써 있는데, 일본 국기는 아무것도 안 써 있어요. 해님이란 것은 국가 형성 이전의 민족에게나 존경할 가치가 있는 것이지, 이런 것을 종이에 그려서 내거는 국가는 아무 주장도 하고 있지 않다는 것입니다.' 이렇게 비평가 야마자키 씨는 말한다. 일본인에게는 확실히 무이념주의의 일면이 있는 것이다. 나카무라 씨도, 같은 불교라도 중국의 천태종이 이理를 존중한 것에 비해 일본의 그것은 사물事을 강조했다고 지적한 바 있다."[882]

일본은 태양을 그려놓고 자신들의 국기라 한다. 태양은 무엇을 의미하는가? 나카무라는 태양은 국가 형성 이전의 민족이 숭상하는 가치일 뿐이라고 말한다. 아무 주장이 없으며 이치를 존중하지 않는 세계관을 가진 일본의 특성을 지적했다. 이데올로기가 없는 상태에서 이념의 세계를 감성으로, 이미지로, 예술로 대치한 것이 일본 문화다. 이어령 선생은 일본이 근대화를 재빨리 이룩하고 서구 문명을 쉽게 수용할 수 있었던 까닭도 조선인과 달리 이념을 갖지 않았기 때문이라고 한다. 종교는 그 나라 사람을 이해하는 데 핵심 키워드다. 종교는 마음속 깊은 곳을 지배하는 이데올로기이기 때문이다. 이원복 덕성여자대학교 교수는 저서 『신의 나라 인간 나라』에서 종교의 중요성을 한마디로 정리했다.

"철학은 오늘을 창조하고 사상은 내일을 창조하고 종교는 영원을 창조한다."

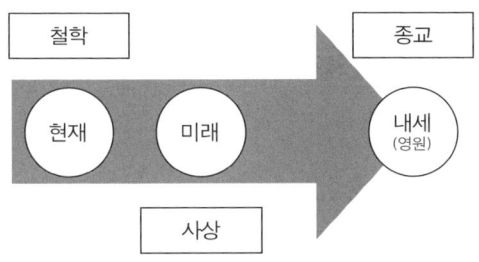

종교는 그 사회의 가치기준을 결정하는 매우 중요한 요소다.

"현대 사회에서 종교의 영향력이 비록 크게 약화됐다고 하나 인류는 역사를 통틀어 모든 면에서 종교의 결정적인 영향을 받아왔으며, 지금도 사소한 생활양식까지 종교의 영향력은 속속들이 스며있다. 인류는 종교적인 존재다. 종교를 가지지 않는 민족과 사회는 존재하지 않는다. 종교는 그 민족과 사회의 선악 가치 기준을 결정짓는 중요한 요소이고, 그 종교적 토양은 한 민족과 사회의 특성을 결정짓는 가장 중요한 요소이기 때문이다."[883]

모든 역사서에서 중동 근대사는 이슬람에 관해 반드시 서술한다. 동아시아 역사는 유교와 불교에 관한 소개로 시작한다. 유럽은 기독교부터 안내한다. 유럽의 무신론과 종교를 부정하는 공산주의까지도 기독교 문화의 바탕 위에서 생성됐다. 그런데 종교가 중요한 역할을 하지 않는 극히 드문 나라 중 하나가 바로 일본이다. 일본인은 태어나서는 신토의 신사를, 결혼할 때는 교회를, 죽어서는 불교의 사찰을 찾는다. 우리로서는 이해하기 힘드나 일본인은 다종교를 갖는 데 거부감이 없다. 그들은 이러한 것에 대해 어떠한 모순도 느끼지 않는다.

"이세신궁을 참배한 사이교西行는 다음과 같은 와카和歌를 지었다. '무슨 일이 있사옵는지는 모르지만 / 감사하는 마음에 눈물이 흐릅니다.' 어떤 신이 이 신사에 계시는지는 모르지만, 왠지 고마운 마음이 들어 눈물이 나온다는 이 시를 독실한 크리스천에게 해석해 들려준다면 아마 졸도할지 모르겠다. 하지만 어쨌든 일본에서는 명가의 하나로 꼽힌다. 직업이 스님인 사이교는 내일은 다카노야마(사찰)에 올라가서 눈물을 흘릴지 모르며, 모레는 가톨릭교회 제단에 서서 감사함을 느낀다 해도 거리낄 것이 아무것도 없다."[884]

신사에 어떤 신이 모셔져 있는지는 모르나 고마운 마음에 눈물이 난다고 한다. 이러한 일본의 종교 현상에 대해 테레사 수녀는 다음과 같이 말했다.

"이 지구상에는 기아饑餓 지대가 두 군데 있다. 하나는 아프리카이며 또 하나는 일본이다. 전자는 물질적인 기아이고 후자는 정신적인 기아이다."[885]

침묵

일본의 심벌을 가장 잘 보여주는 것은 엔도 슈사쿠의 소설 『침묵』이다. 미국의 명감독 마틴 스코세이지가 2016년 이를 「사일런스」로 영화화했는데 리암 니슨을 비롯한 배우들의 내면 연기가 오랜 여운을 남겼다. 이 이야기를 쫓아가 보자. 17세 중엽 어느 날 일본에 파견한 독실한 사제인 페레이라의 배교 소식이 로마교황청에 날아든다. 스승 신부의 배교를 도저히 믿을 수 없었던 두 제자 가르페와 로드리고가 자원하여 급파된다. 그들은 마카오를 거쳐 일본에 잠입했는데 곧 일본 관리들에게 잡히고 만다.

바다에 던져진 신도들을 구하려고 함께 뛰어든 가르페 신부는 죽는다. 남은 로드리고는 잔혹한 심문을 피할 수 없었다. 로드리고는 신자들을 거꾸로 매달아 피가 쏠리면 귓불에 칼집을 내어 피를 한 방울씩 떨어뜨리며 천천히 죽게 하는 고문을 눈앞에서 목격한다. 그리고 우여곡절 끝에 로드리고는 페레이라 신부를 만났고 그로부터 마지막으로 배교 권유를 받게 된다. 엔도 슈사쿠의 소설 『침묵』의 전문을 인용할 수 없어 2016년 마틴 스코세이지 감독의 영화 「사일런스」에 기반해서 페레이라 신부가 로드리고에게 배교를 권유하는 장면을 요약했다.

페레이라: 우리 종교는 이 땅에 뿌리내리지 않아.
로드리고: 뿌리를 잘라내니 그런 거죠.
페레이라: 아니네! 이 땅은 늪이라 아무것도 자라지 않아. 묘목을 심어도 뿌리가 썩을 뿐이네.
로드리고: 여기서도 그리스도교가 번성했던 시절이 있어요.
페레이라: 언제?
로드리고: 언제라니요? 신부님이 선교하실 때죠. 선교하고 이렇

게 되기 전에…….

**페레이라**: 잘 듣게, 로드리게스. 일본인은 우리 복음을 왜곡해서 믿고 있어. 애초에 제대로 믿은 적이 없었네.

**로드리고**: 어떻게 그리 말씀하세요? 성 프란치스코 하비에르* 때부터 수많은 사람들이 개종한 곳이에요.

**페레이라**: 개종? 하비에르가 선교를 위해 오셔서 신을 뭐라 부르는지 알아보셨지. 다이니치大日. 그렇게 들었네. 저들의 다이니치를 보여줄까? 보시게! 바로 저게 신의 태양일세. 신의 유일한 아들. (태양 그림을 보여주며 설명을 이어간다.) 『성경』에선 예수님이 3일 만에 부활하시지만, 일본에선 (웃음을 띠고 태양 그림을 다시 가리키며) 신의 아들이 매일 떠오른다네. 일본은 자연을 초월하는 존재를 상상 못 해. 인간을 초월한 존재는 생각 못하지.

**로드리고**: 아뇨. (고개를 흔든다.)

**페레이라**: 우리 하느님 개념을 이해하질 못해.

처음에 일본인은 하비에르가 불교의 한 종파를 가르친다고 생각했다. 하비에르가 불교의 본향인 인도에서 왔다는 사실도 그 혼동에 한몫했다. 하지만 '하느님'을 번역할 때 일본인 통역가는 그 개념을 이해할 수 없어 줄곧 '다이니치大日'라는 일본 단어를 사용해 교리를 설명했다. 다이니치는 불교의 비로자나불을 지칭하는 일본어다.

**로드리고**: 아닙니다. 하느님을 섬기고 있어요. 천주님을 찬미하고요.

**페레이라**: 천주님이라 부를 뿐이지 이해는 못 해.

**로드리고**: (울부짖듯 항변한다.) 사람들이 죽는 걸 봤어요. 신앙 때

---

\* 성 프란치스코 하비에르, 1506~1552가 1549년 일본 가고시마 지역에서 최초로 선교를 했으니 조선보다 200년이나 앞선 일이다. 한때 최대 30만 명의 신도가 있었다.

문에 불타 죽었어요.

그를 따르던 일본인 신도 한 명이 해변의 십자가 말뚝에 산 채로 묶여 죽었다. 밀물이 들어올 때쯤 목까지 차오르는 높이에 묶인 그는 며칠 동안 온몸으로 고통을 견디다가 결국은 지쳐 생명이 다하고 만다. 죽음의 울부짖음이 해풍을 타고 마을로 들려올 때 주민들은 공포의 극한을 체험해야 했다.

페레이라: 그들이 우리의 신앙을 갖고 죽는 건 아닐세.
로드리고: (계속 고개를 흔들며) 제가 지켜봤지만 헛된 죽음이 아니었어요.
페레이라: 그렇지. 자넬 위해 죽은 걸세.

로드리고는 페레이라 신부가 변명하기 위해 자기를 기만한다고, 자신의 약함을 정당화하기 위해 궤변만 늘어놓는다고 생각한다. 그는 끝내 페레이라 신부가 수치스럽다고 말하며 대화를 마친다. 그 후 로드리고 사제는 갖은 고문을 당한 뒤 예수나 마리아의 얼굴을 그린 나무판을 짓밟는 '후미에踏み絵'를 강요당한다.

대략적인 대화는 이해가 될 것이다. 엔도 슈사쿠는 『침묵』에서 하느님을 이해할 수도, 받아들일 수도 없는 일본인의 심적 바탕을 날카롭게 분석하고 있다.
"일본은 늪지대다. 우리가 생각하고 있었던 것보다 더 무서운 늪지대였어. 어떤 묘목도 그 늪지대에 심어지면 뿌리가 썩기 시작하고 잎이 누렇게 말라버리지. 우리들은 이 늪지대에 기독교라는 묘목을 심어버린 거다."

일본인들은 기독교의 하나님이 아니라 그들이 굴절시키고 변화시킨 하나님만을 믿는다. 한때 40만 신도였지만 일본이 기도하고 있던 대상은 기독교의 하나님이 아니다. 우리는 이해할 수 없지만 그들 식으로 굴절된 신이었다. 외형과 형식만은 하나님을 믿는 것처럼 보이지만, 실체가 없는 껍데기가 되어버렸다. 하나님의 개념을 처음부터 갖고 있지 않았고 앞으로도 가질 수 없을 거다. 일본인은 인간을 초월한 존재를 생각할 힘을 갖고 있지 않다. 일본인은 인간을 미화하거나 확대시킨 것을 신이라 부른다.[886]

엔도 슈사코는 포르투갈 신부의 입을 빌어 '일본은 늪지대'라고 표현했다. 『성경』에 '씨 뿌리는 비유'가 있다. 씨는 모두 같으나 뿌려진 밭에 따라 열매가 결정된다. 밭이 좋지 않으면 씨가 아무리 좋아도 열매를 맺을 수 없다. 옥토를 빼놓고 길가, 돌밭, 가시덤불로 상징되는 마음이 있다. 이러한 마음을 가진 자들은 좋은 결실을 맺지 못한다. 그런데 이 비유를 잘 아는 엔도가 일본을 늪으로 표현했다. 늪에서는 쭉정이는커녕 아예 아무것도 싹틀 수가 없다. 산전수전 다 겪은 역전의 용사인 포르투갈 신부도 늪을 겪어보고 질려버린 것이다. 이와쿠라 사절단이 남긴 『실기』에도 기독교에 대한 비판이 들어 있다.

"『신구약성경』은 일부 황당한 이야기며, 하늘에서 소리가 내려와 죽은 사람이 부활한다는 말은 '미친놈의 잠꼬대'라고 한다. 교회 내에 '붉은 피가 뚝뚝 떨어져서 죽은 죄수가 십자가를 내려오는 그림'을 걸고 있어서 마치 '묘지를 지나서 형장에 들어가는 느낌'이 든다. 이를 어찌 기괴하다고 말하지 않을 수 있겠는가."[887]

19세기 말 한국보다 더 많은 선교사가 일본에 파견됐다. 그러나 현재 일본은 기독교인이 1% 미만으로 이슬람을 제외하고 세계 최저치다. 기독교에 일본은 늪이었다. 이에 대해 전문가들은 일본은 종교의 보편성을 따르지 않기에 생긴 결과로 진단한다. 세계의 종교 역사는 원시적인 토착신앙에서 시작하여 외래의 고등종교로 대체되는 과정을 밟는다. 불교, 기독교를 받아들인 우리나라의 과거 역시 문명의 발전 과정에서 일어난 일이다. 오늘날 기독교, 이슬람교, 불교 문화권은 모두 동일한 과정을 겪었다. 하지만 일본은 현실을 넘어서는 종교의 보편성이나 내세관이 발달하지 않은 유일한 나라다. 가혹한 자연환경 앞에서 당장 위험을 모면할 수 있는 신의 가호가 늘 다급했던 탓이다. 따라서 수천 년간 내려온 민간신앙인 신토에는 특정한 교조도, 압도적인 신神도, 『성경』이나 『불경』 같은 경전도 존재하지 않는다.

일단 일본인은 기독교를 이해할 수 없었다. 목수인 예수가 자기 직업을 버리고 종교가가 된다는 사실부터 이해가 안 됐다. 일본 목수는 대대로 목수 일을 할 뿐 다른 직업을 가질 수 없는 카스트 사회였다. 처녀가 애를 낳는다는 것은 그렇다 치고 예수는 죄인이다. 그런데 부활했다. 그래서 뭐? 우리가 믿는 태양은 매일 부활하는데. 예수가 신이다. 그래서? 우리도 죽으면 신이 되는데. 급이야 다를 수 있지만 퉁치면 동격인 셈이다.

쉽게 말해 일본인에게 기독교는 해괴망측한 이야기를 가진 이상한 종교였을 것이다.

### 일본의 불교와 천황제

불교 역시 일본인을 변화시키지 못하고 오히려 불교가 일본화되면서 권력의 시녀에 머물고 말았다. 정치권력에 맞서는 별개의 종교권력이 존재하는 일은 불가했다.

"에도시대(1600~1867)에 이르면 승려는 무사의 정치적인 권력 아래 완전히 굴복하였고 출가의 정신은 송두리째 모습을 감추었다.

(…중략…) 말세에는 검은 승복을 입은 스님도 무사의 노예가 되는 법이니 참으로 슬프도다."[888]

승려의 존재 이유는 천하태평, 풍년, 영주의 무운을 기원하기 위해서였다. 속세의 권력을 초연하게 보는 시각을 가진 불교 정신은 일본 불교계에서 이미 수백 년 전부터 자취를 감추었다.

"메이지 유신 이후에도 무사계급의 충실한 어용학자로 변질되는 흐름에는 큰 변화가 없었다. 승려는 열심히 국가권력의 비위를 맞추는 데 급급하였고 분별없는 아첨 상태를 드러내는 데 부끄러움이 없었다."[889]

일본 불교는 불교의 본질인 윤회와 해탈을 믿지 않는다고 한다. 일본인의 종교와 관련해서 외부의 눈에는 종교가, 내부의 눈에는 종교의 시체가 보인다는 말이 있다. 일본인과 외국인의 시각차가 가장 큰 부분이 바로 종교다. 외국인은 일본이 종교적 감정이 풍부하며 문화나 생활에 종교적 영향이 크다고 생각한다. 그런데 정작 일본인은 신앙이 깊지 않을 뿐만 아니라 종교로부터 아무런 정신적 영향을 받지 않는다고 말한다. 그들 스스로 종교는 그저 관습이고 몸에 밴 경건한 태도일 뿐이라고 얘기한다. 어찌된 일인가?

"외국인에게 일본은 전통적인 불교문화와 천황제라는 군국주의적인 종교에 의해 알려진 나라이다. 그것과 일본 지식계급의 종교 문제에 대한 무관심과는 현저한 대조를 이루고 있다. (…중략…) 종교적 감정 또는 신앙 그 자체에 관하여도 일본 대중은 종교의 영향을 적게 받는다."[890]

일본인에게 종교는 신앙으로서가 아니라 종교 의식으로서 잘 보존되어 있다. 도대체 무슨 뜻인가? 종교와 관련된 일본적인 것의 전형적 태도는 믿는 것도 아니고 믿지 않는 것도 아니고 '믿는 척'이다. 초월적인 피안사상을 통하여 인간적 가치를 절대화하는 것은 신토의 일이 아니었다.[891] 모든 것은 상대적이며 요컨대 감각에 따라 편의와 관습에 의해 결정됐던 것이다. 가토 슈이치는 불교를 업으로 삼은 주지스님조차도 생활을 위해 믿는 척할 뿐이라고까지 평가했다. 시골만 가도 쉽게 찾을 수 있는 신사나 사찰을 볼 때 일본인은 본래부터 종교심이 없다는 주장을 외부인으로서는 쉽게 받아들이기 힘들다. 개인적인 경험으로도 '학문의 신'으로 섬겨지는 스기와라노 미치자네가 묻힌 후쿠오카의 다자이후텐만구 신사, 교토의 유명한 사찰, 나라의 거대한 신사마다 일본인으로 가득했다. 이게 종교심이 아니고 무엇인가. 그렇지만 일본을 겉핥기식으로 본 사람이라면 모를까 일본의 종교를 비중 있게 연구한 전문가들은 종교로부터 정신적 영향을 거의 받지 않고 있다고 강조한다.

"스님들은 이미 오래전 옛날에 무의미한 존재가 됐다. (…중략…) 불광정토를 추구한다고 해도 그것은 상징적 성역에 불과할 뿐, 법주(법회를 주관하는 승려) 이하 그 누구도 믿지 않는다는 것은 뻔한 일이다."[892]

"징벌의 장으로서 지옥도 망령의 존재도 믿지 않는다. 주지는 생활을 위해 그것을 믿는 척하고 있는지 모른다. 게다가 다른 것은 전혀 의미를 지니지 않는 전통의 톱니바퀴대로 같은 의식을 행하고 있는 것이다."[893]

이런 상태이다 보니 아놀드 토인비와 대담을 나눈 요시카와 고지로는 불교가 지식계급에 미친 영향은 거의 없다고 단언할 정도였다. 오늘날에도 불교는 장례의식만 있을 뿐 신앙은 없다. 사찰이 8만 개가 넘으나 유명한 사찰을 제외하고는 공개된 사찰은 매우 적다. 묘지 운영에만 그 절이 사용되기 때문이다. 승려는 세습으로 이어지고 결혼도 하고 머리도 기른다. 반복하지만 장례의식만 있을 뿐 신앙은 없다. 이러한 장례의식도 예전만 못해 부적을 판매하고 반려동물의 장례식을 해주고 받은 대가로 사찰을 운영 중이라고 한다. 이런 기반에서 천황제는 종교가 아니라 종교를 대신하는 일종의 미묘한 대용품으로 받아들여졌다. 천황제는 권력의 지배도구였다. 왜 이런 일이 벌어진 것일까? 다신교 사회인 일본조차 종교의 필요성을 파악했다. 그래서 새로 만든 것이 '근대 천황제'였다.

닫힌 사회와 카스트 제도하에서 종교가 없어도 '칼의 지배'로 사회를 통제할 수 있었다. 근대화로 개혁과 개방을 할 때 '칼의 지배'가 불가능한 데다가 공통의 가치관으로 묶을 수 있는 강력한 구심점이 필요했다. 이런 역할은 종교만이 가능했다. 일본은 이에 필요한 새로운 종교를 만들었다. 고유 신앙인 신토를 강력하게 되살리고 천황을 신의 자리에 올려놓음으로써 종교를 갈음한 것이다.

### 다신교 사회와 관용성

시오노 나나미는 다신교를 가장 바람직한 문명으로 여긴다. 일신교야말로 인간 세상에 존재하는 모든 악의 근원이라고 생각한다고 공공연히 주장할 뿐만 아니라 『로마인 이야기』 시리즈에는 이에 대한 일화가 즐비하다.

"다신교와 일신교의 차이는 단순히 신의 수만이 아니다. 본질적인 차이는 신을 어떻게 생각하느냐에 있다. (…중략…) 그리스와 로마 신들은 어떻게 살아갈지를 인간에게 지시하는 역할을 맡지 않고, 스스로 생각하고 노력하면서 살아가는 인간을 지원하는 역할을 맡았다. (…중략…) 인간의 소망이 다양하다는 점을 반영하여 각자 맡은 분야에서 인간을 지원하도록 맡아졌다고 생각할 수 있다. 반대로 유대교나 거기서 파생한 기독교 신은 어떻게 살 것인가를 지시하는 존재다. 원조하는 게 아니라 명령하고 명령을 따르지 않으면 벌을 주는 신이다. 일신교의 신이 완전무결한 것은 불완전한 인간을 초월한 존재이기를 요구받았기 때문일 것이다."[894]

다신교를 받아들인 사회가 일신교를 받아들인 사회보다 더 개방적이고 관용적이라는 주장은 교묘한 왜곡이다. 한국에서 기독교는 독립운동과 민주화의 중요한 축이었다. 시오노 나나미의 이야기가 하도 그럴듯해서 차라리 우리나라 정치·사회 문제가 다신교 사회가 되면 해결되는 것처럼 보일 정도다.

"우리 국민은 이 세기의 전반 부분을 외국인의 노예로 살아왔다. (…중략…) 학교를 세우고는 점령자들의 말을 가르치고, 보도 듣도 못 하던 저희들 조상귀신의 사당을 세우고는 농노들에게 참배를 강요했다. 망한 땅의 귀신도 서러운 세월이었다."[895]

망한 땅의 귀신도 서러운 세월이었던 일제 치하의 지독한 탄압을 얘기하지 않더라도 지금 일본과 영국을 비교해 보라. 영국 총리는 인도계이고 런던시장은 파키스탄 출신이다. 구청장이나 국회의원들 중에 인도계와 파키스탄계는 부지기수로 많다. 일본의 도쿄시장과 총리 중에 재일동포 출신이 있나. 일본 극우 세력들이 대낮에 도로를 활보하며 혐오성 발언을 하고 다닌다. 그런 현실 앞에서 재일동포는 일본의 지독한 차별의식과 혐오에 적잖은 불안과 공포를 느끼고 있다. 게다가 이웃나라를 혐오하는 책들을 버젓이 코너를 만들어 파는 나라는 일본이 유일하다. 한국을 비하하고 조롱함으로써 일본의 위상이 올라갈 수 있을까? 아니면 그저 자기 위안의 수단일까?

시오노 나나미가 말한 다신교 사회는 관용적이라는 주장은 로마인의 옛날 이야기일 뿐이다. 오늘날 다신교 사회인 일본은 관용과 거리가 멀다는 것을 잊어서는 안 된다. 일본은 신이 800만 가지라 할 정도로 신들이 넘쳐나지만 다른 나라의 신들은 받아들이지 않는다. 이런 다신교가 세상 어디에 있나. 그리고 시오노 나나미의 다신교 옹호론은 서구에 대한 열등감에서 비롯된 것이다. 그녀도 일본인이 일신교에 대해 열등감을 느낀다고 인정했다.

"일본인은 종교하면 일신교라고 생각하고, 자기들은 뭇 신들을 모시고 있다면서 열등감을 느낀다. 하지만 나는 그렇지 않다고 생각한다."[896]

사실 근대 사회에서 미신(망자나 사물에 초점을 맞춘 지역적 관행)은 문명화되지 못한 자의 증거로 여겨져 식민화의 정당한 대상이 됐다. 자기만의 종교가 있다고 증명하는 일은 정치적 행위였다. 일본의 역사가이자 이와쿠라 사절단의 기록인 『실기』를 작성한 구메 구니타케는 이렇게 말했다.

"당신네들에게 존경할 만한 가르침은 있는가? 어떤 신들을 숭배하는가? 누군가 종교가 없다고 대답하면 그를 마치 미개한 사람인 듯 취급하고 그와 모든 교류를 끊을 것이다. (…중략…) 한국과 중국의 경우, 사회개혁가들은 유교가 자기들의 영적 관행이 승인된 종교의 지위를 얻게 하는 데 온 힘을 쏟았다. 입교식과 개종, 구성원 자격체계, 공식적으로 임명된 성직자가 없는 유교의 경우 이러한 노력은 결국 성공하지 못했다."[897]

우선 다신교 사회인 일본 문명이 현대 사회에 남긴 게 무엇이 있나? 약자를 보호하는 고아원, 양로원, 장애인 제도는 기독교 문화에서 나왔다. 경찰서, 의무교육, 소방서, 도서관, 박물관 역시 기독교 문화에서 나왔다. 놀랍게도 현대 사회를 이루는 제반 제도와 시스템은 거의 서구에서 도입됐다. 이런 기본값을 모르면 편협하고 왜곡된 주장을 하는 사람들에게 쓸데없이 시달린다. 일본은 동아시아에서조차 외톨이 선진국이다. 일본은 지역적이고 지엽적인 심벌 때문에 잃어버린 30년의 몸살을 앓았는데 한국, 대만, 중국은 오히려 잘나갔다. 경제마저 아시아의 중심이 되지 못하고 지방의 방언이 된 것이다.

"『일본 침몰』이 베스트셀러가 되는 나라이다. 그것은 인류의 종언이 아니라 일본의 위기다. 말하자면 한 지방의 방언으로 씌어진 작품이다. 번영도 일본인만의 번영이었기 때문에 침몰도 일본인만의 것이 되는 셈이다. 인류와 함께 공존하는 번영의 국제 감각이 아직 일본의 문화에서는 찾아보기 힘들다."[898]

### B급 제국

일본은 무엇으로 제국이나 일류국가를 만들 수 있다고 생각했던 것일까? 문자나 문화 등 한국과 중국보다 나은 게 무엇이 있나?

일본어는 한자를 빌려다 쓴 반쪽짜리 문자에, 한글과 비교해 볼 때 발음할 수 있는 단어도 1%도 안 된다. 일본 문화는 제3세계에나 자랑할 만하지 한국과 중국에는 미치지 못한다. 일본의 제도와 심벌은 어떤가? 이도저도 아니니 칼로 지배하려 한 것 아닌가?

일본제국은 천황제라는 일본 민족만 인정하는 허접한 심벌을 정신적 통일의 도구로 사용했다. 우리 가슴에 살아 있는 기둥이라며 단군을 세워 신으로 격상하고 일본인에게 단군 신화를 역사라 믿고 절대 충성을 강요하는 격이었다. 그들에게 단군을 믿으라 했다면 황당하지 않았을까. 이처럼 일본의 신화와 종교와 정치적 나르시시즘의 결합체인 천황제는 한국과 일본 사이의 경계가 얼마나 두꺼운지를 드러냈고 한국인의 마음속에 들어갈 여지가 거의 없었다. 실제로 천황제를 받아들인 친일파가 몇 명 있었기는 했지만 말이다. 천황제는 정말 헛소리라는 불신이 시작되는 순간 천황제의 마법은 효력을 잃고 일본의 속임수는 실패하고 말았다. 일본은 한국인마저 충분히 믿을 수 있는 비전도, 공통된 법도 없는 B급 제국이었다.

오랫동안 유지될 수 있는 세계제국을 건설할 수 있는 나라는 어느 한 민족이 중심이 된 국민국가가 아니라 로마제국과 같이 법을 기초로 하여 모두에게 공정하게 대하는 나라다. 로마법은 로마 제국 어디에나 적용됐다. 일본은 로마보다 1,500년 뒤의 제국인데도 일본법을 식민지에 동일하게 적용한 적이 없었다. 또한 일본은 한반도의 식민지 지배와 태평양전쟁을 일으킨 일에 대해 반성과 사과를 하지 않는다. 당시 상황에서 어쩔 수 없었다는 변명만 늘어놓거나 오직 자신들의 고통에만 빠져 허우적거린다. 일본의 침략전쟁은 성전聖戰이 아니라 살육이었다. 전쟁은 폭력이고 폭력은 나쁜 것이다. 제2차 세계대전의 전범국인 독일이 자신들이 일으킨 전쟁에 대해 사과하고 반성하는 태도와 대비가 된다. 이는 기독교 문명과 다신교 문명의 차이가 아닐까. 시오노 나나미가 『로마인 이야기』 1권과 7권에서 계속해서 강조한 내용은 다신교는 일신교처럼 사람을 속박하는 윤리적인 지침이 존재하지 않기에 다신교가 더 유익하다는 점이다. 오히려 다신교 신들의 주된 역할은 살아가는 개개인을 보호하는 일이라고 말한다. 주장이 너무 그럴듯해 다신교가 매력적으로 보일 정도다.

　한때 한국에서도 그녀의 문장력과 논리력이 하도 탄탄해 이런 주장이 진실로 둔갑하기도 했다. 그녀가 악의적인 생각을 갖고 한 주장이라고 생각하지 않는다. 하지만 이 주장은 다시 한번 뒤집어 생각해보면 '네 이웃을 살인하지 말라.'와 같은 윤리적 계명이 없음을 의미한다. '이 섬엔 먹을 게 없으니, 어쩔 수 없이 이웃을 잡아먹어야 한다.'라며 그들의 입장을 합리화하지 않았나 하는 생각이 든다. 이런 의식구조라면 과거사에 대한 반성은 불가능하다. 다신교 사회인 일본은 힘의 우위를 숭상할 뿐 보편적 가치가 부재한 나라다. 또한 다신교의 신들은 칼을 찬 일본이 스스로 파멸을 초래할 때까지 더 많은 땅과 권력을 요구하는 것을 도와주는 아주 편리한 신이다.

# 3
# 중국의 코어심벌

**티베트 종교의 정치적 이용**

티베트 지역은 중국으로선 지정학과 안보 차원에서 절대 놓칠 수 없는 핵심 이익 지역이자 중국 수자원의 원천이다. 황허강, 양쯔강, 메콩강의 수로가 모두 티벳에서 시작된다. 청나라는 이 지역의 정치적 안정을 매우 중요하게 여겨 티베트의 달라이 라마와 판첸 라마에 대해서는 황제와 똑같은 높이에 앉도록 하는 파격적인 대우를 했을 정도다. 먼저 달라이 라마와 판첸 라마에 대해 간략히 알아보자.

- 달라이 라마: 티베트 불교는 전통적으로 환생제도를 따른다. 현 달라이 라마 14세는 1대 달라이 라마인 겐된둡빠(1391~1474)의 14번째 환생이라는 뜻이다. 재위기는 1447~1474년으로 조선 건국기에 태어나 세종이 훈민정음을 반포한 이듬해부터 통치했다.
- 판첸 라마: 티베트 불교의 서열 2위다. 대학자라는 뜻의 '판디

타'에서 유래된 말이다. 이는 판첸 라마가 어릴 때 달라이 라마의 교육을 담당하기 때문이다. 세속적인 권력이 없음에도 판첸 라마가 중요한 이유는 달라이 라마의 환생자를 찾는 권한을 갖고 있기 때문이다.

2019년 코로나19 발생 7개월 전인 4월 25일 판첸 라마에 관한 뉴스가 들려왔다. 영국의 망명 티베트인 공동체 등에서 실종된 11대 판첸 라마인 최끼니마를 찾기 위해 30세 추정 사진을 제작하여 발표한 것이다. 여기에는 법의학을 활용한 나이 변환 기술이 동원됐다. 11대 판첸 라마가 6세 소년이던 때 찍은 단 한 장의 사진에 현대 기술이 가미됐다. 11대 판첸 라마 실종사건은 1995년 5월 17일 티베트에서 일어났다. 이 사건에 관해 박영빈은 2019년 5월 20일자 『한국불교신문』에 이렇게 서술했다.

그 소년은 달라이 라마가 판첸 라마의 환생자로 지목한 최끼니마였다. 달라이 라마는 그 소년을 티베트 불교의 2인자인 제11대 판첸 라마로 임명했다. 당시 중국 정부는 이 소년은 판첸 라마가 아니며 분리주의자들에게 납치될 위험이 있기에 보호 중이라고 발표했다. 중국 정부는 티베트 불교의 전통적인 방법으로 찾아낸 기알첸 노르부는 소년이 진정한 환생자라고 주장하며 새로운 11대 판첸 라마로 옹립했다. 반면 최끼니마는 '세계에서 제일 어린 정치범'[899]이라는 수식어가 붙게 됐다.

요약하면 현재 라이벌 관계의 두 판첸 라마가 중국 내에 있다. 그중 중국 정부가 지명한 판첸 라마는 공식적으로 활동하면서 티베트에서 공산당의 지도력이 발휘될 수 있도록 가교 역할을 하고 있다.

"이 둘의 차이라면 기알첸 노르부는 공사 현장에 등장하는 등 주기적으로 중국미디어에 모습을 비쳤지만 최끼니마는 25년 동안 코빼기도 보인 적이 없다는 것이다. 이 두 사람은 티베트인의 정신과 마음을 얻기 위한 중국 정부의 노리개로 이용되고 있다."[900]

판첸 라마가 중요한 이유는 달라이 라마가 사망하면 그의 환생자를 지목하는 중요한 역할을 하게 되는 지위이기 때문이다. 그래서 현 달라이 라마 14세가 사망하고 나면 티베트 불교는 존립 자체가 위험에 처하리라는 전망이 나온다. 달라이 라마 14세가 사망하고 나면 중국 정부가 임명한 판첸 라마가 그의 환생자를 찾아내게 된다. 즉 다음 달라이 라마 15세를 지목하는 일은 사실상 중국 정부가 할 것이기 때문이다. 인도에 망명 중인 달라이 라마 14세는 본인 사후 더 이상 환생을 하지 않고 달라이 라마 계승을 끝낼 것을 2015년부터 여러 차례 시사했다. 이제는 서구처럼 의회를 통해 달라이 라마를 뽑는 방식도 검토하고 있다. 하지만 티베트가 독립하지 않는 이상 중국 정부가 친중 성향의 달라이 라마를 계속해서 내세울 것이다. 또한 망명 중인 티베트인들은 공산당에서 뽑은 달라이 라마를 인정할 리가 거의 없고 티베트계 인도인이 달라이 라마의 자리를 이어받을 가능성이 더 높다. 결국 두 명의 달라이 라마가 탄생할 가능성이 있어 달라이 라마도 판첸 라마와 같이 이중체제로 갈 가능성이 높다.

국제 사회는 14대 달라이 라마 개인은 존중하지만 중국의 심기를 건드리려 하지 않는다. 달라이 라마의 처지는 참으로 딱하다. 한번 분석해 보자. 티베트 불교의 지도자 지명 방식은 너무 낡았다. 근대에 맞게 개혁하지 못한 탓에 새로운 시스템을 만들지 못했다. 어느 조계종 스님은 "14번 환생하는 동안 뭐한 거냐?"라고 힐난할 정도다. 달라이 라마의 환생제도는 티베트의 발목을 잡았다. 전임 달라이 라마가 죽으면 그 환생인 어린아이를 후대 달라이 라마로 삼았다. 그리고 아이가 자랄 때까지 판첸 라마가 섭정으로 대신 통치했다. 그 결과를 보자.

9대 달라이 라마 11세 급사
10대 달라이 라마 22세 급사
11대 달라이 라마 18세 급사
12대 달라이 라마 20세 급사[901]

티베트에서 독살은 오랜 전통에 가깝다. 김용한은 권력을 놓고 싶지 않은 섭정들이 달라이 라마를 독살하지 않았나 의심한다. 직접 통치가 가능한 20세 전후의 한창 나이에 달라이 라마가 급작스레 돌연사했기 때문이다. 무신론 국가 중국이 달라이 라마는 당연히 환생한다며 이례적으로 밝히는 일에는 달라이 라마 후계자 지명에 개입하고 싶어하는 중국 정부의 속셈이 담겨 있다. 종교를 아편으로 여기는 중국이 갑자기 불교국가가 된 것도 아닌데 환생을 거론하고 그 환생을 굳건히 믿는다는 신앙고백까지 한 셈이니 말이다.

결국 국제 여론을 고려하여 현 달라이 라마가 죽으면 차기 달라이 라마는 어용인 판첸 라마를 이용해 중국 입맛에 맞는 사람을 앉히겠다는 중국의 의지를 강력히 보여주고 있다. 일본제국이 천황 밑에 부처를 두었듯이 달라이 라마의 승계 방식인 환생뿐만 아니라 모든 종교문화와 의례가 중국 공산당이 제시한 틀 안에서 이뤄져야 하는 것이다. 이 사건을 보노라면 애들 장난과 같지 않은가. 여섯 살 아이가 실종되고 새로운 아이가 차기 지도자로 지목됐다.

이렇게까지 해야 하냐며 반문하고 싶을지도 모른다. 그만큼 티베트는 중국의 안위와 정권의 운명이 걸려 있는 핵심 지역이다. 티베트인에게 신에 대한 믿음은 곧 삶 그 자체인데 중국에는 종교라는 소프트파워가 존재하지 않는다. 대신 종교 지도자를 친중 편으로 만들어 정치적·사회적 안정을 이루려 하는 것이다.

### 신이 없는 중국문화

역사를 살펴보면 중국 역사는 종교에 시달려 온 역사다.『삼국지』의 출발이 되는 '황건적의 난'부터 명나라 창건의 계기를 만든 '홍건적의 난' 그리고 15년간 청나라의 중심부를 뒤흔든 '태평천국의 난'까지 모두 그 배경에 종교가 있었다. 비록 민중 봉기에 의해 직접적인 왕조 교체는 일어나지 않았지만 약해진 정부를 더욱 약화했고 왕조의 멸망을 가속화했다. 또한 달라이 라마 14세 때문에 중국은 외교적으로 몹시 어려움을 겪었다.

한편, 유학을 비판하고 사회주의 정통성을 인정하면서 출발한 중국공산당으로선 유학의 합법화가 고민스러운 영역이다. 지난 150년 동안 중국 지도자들은 자신들의 필요에 따라 유학을 죽였다 살리기를 반복했다. 그 핵심에는 중국인의 세속과 정신생활 속에 유학을 어떻게 재설정할 것인가 하는 문제가 있다.[902] 조경란 연세대학교 국학연구원 연구교수에 의하면 2015년 무렵 중국에서 '외마내유外馬內儒'라는 말이 유행했다고 한다. 중국공산당의 방향이 '겉으론 마르크스주의, 안으론 유교'라는 뜻이다.

"공산당도 전통을 부정하는 혁명당 이미지로는 통치의 지속성을 확보하기 힘들다. 전통을 계승하는 집권당으로 변화된 면모를 보여주는 게 중요하다. 앞으로 마르크스주의만으로는 통치하기 어렵다는 의미다. (…중략…) 공산주의 이념도 대중에게 더는 소구력이 없다. 현재 중국에는 배금주의가 어느 때보다 횡행한다. 이런 상황에서 발견한 것이 유교다. 유교는 개혁보다 질서유지의 철학이 아니던가."

"대륙신유가는 보편성에서 이탈해 극단적 민족주의로 치닫고 있

다. 과거사에 대한 인식도 부재한다. 담론 주체의 우환의식이 과한 탓에 유학이 왜소화한 탓이다."⁹⁰³

중국 문화는 현세적이다. 유학은 인문정신을 중시한다. 인문정신은 천지인 중 인人을 강조한 사상이다. 천天은 신이요, 지地는 물질이다.

- 신의 문화 = 신문神文
- 인간의 문화 = 인문人文
- 물질의 문화 = 물문物文

"중국문화의 상박배신교上薄拜神敎와 하방배물교下防拜物敎는 사람 자신이 지닌 가치를 충분히 드러나게 한다. 상박배신교는 위로는 신에 대한 숭배를 중시하지 않는다는 의미이며 하방배물교는 물질에 대한 숭배를 막는다는 뜻이다. (…중략…) 중국문화의 핵심은 사람이 천지만물 가운데 핵심적인 위치를 강조하여 인문정신을 부각시킨 데 있다."⁹⁰⁴

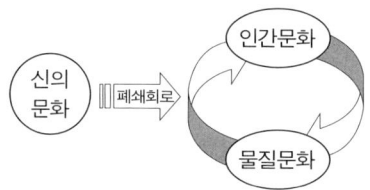

중국 문명은 신의 문화가 존재하지 않는다. 노자와 공자는 도교와 유교를 창시한 사람으로 추앙받기는 하지만 그들이 인간의 영혼과 사후 세계에 대해 말한 것이 전혀 없다. 중국인은 내세니 영생 따위는 아예 믿지를 않는다. 귀신을 믿지만 내세에 대한 철학을 가지고 있지 않다. 공자와 제자인 계로의 대화를 통해서 볼 수 있듯이 공자는 일관되게 현실에서의 삶을 어떻게 살 것인가 하는 문제에 집중했다.

어느 날 계로季路가 스승인 공자에게 물었다. "선생님, 귀신을 어떻게 섬겨야 합니까?" 공자가 대답했다. "사람도 제대로 섬기지 못하는데 어찌 귀신을 섬길 수 있겠느냐? 귀신을 섬기기보다는 먼저 사람을 섬기는 편이 좋을 것이다." 그러자 계로가 다시 물었다. "선생님, 그러면 죽음은 도대체 어떤 것입니까?"

"삶을 알지 못하는데 어찌 죽음을 안다고 할 것이냐未知生 焉知死?" 이러한 공자의 가르침을 따르는 유교가 한나라 무제에 의해서 국교로 지정된 이후 2,000여 년 동안 중국 대륙을 지배해 온 탓에 중국인은 철저하게 현세적 삶을 추구해왔다. 수많은 고등종교가 중국에 들어왔지만 불교만이 중국에 뿌리내렸다. 그것은 유학의 가장 핵심적인 가르침과 맞닿아 있기 때문이다. 유학에서는 오직 나 자신이 먼저 제대로 해야만 모든 외적인 힘이 나를 도와줄 것이라고 강조한다.

"하늘은 특별히 친하게 대하는 이가 없고 오직 덕이 있는 자만을 돕는다.皇天無親 惟德是補."

유학은 자신의 품성을 닦는 것을 가장 근본으로 삼았다. 자신을 닦고修身 집안을 바로잡으며齊家 나라를 다스리고治國 천하를 태평하게平天下 하는 것, 즉 수신제가치국평천하를 핵심 가치로 삼았다. 자신의 관계(수신)에서 시작하여 가족, 국가, 천하로 관계가 확장될 때 사람은 두루 조화롭게 발전한다는 의미다. 유학과 불교는 궁합이 잘 맞았다. 불교에서는 사람이 지닌 일체의 번뇌와 고통은 사람의 마음이 일으킨 결과라고 한다. 불교는 사람의 심성을 중시하는데 탐貪, 진瞋, 치癡의 세 가지 독을 제거하여 자기 본래의 면모를 되찾으려

한다. 탐은 지나친 욕심을, 진은 미워하고 화내는 마음을, 치는 사리 분별하지 못하는 어리석음을 의미한다.

"불교가 중국에서 뿌리를 내리고 중국 고유의 문화 속으로 잘 스며들 수 있었던 까닭은 그것이 내적 반성을 주장했다는 데 있다. 이 점이 중국문화의 내면을 지향하는 정신과 잘 맞아떨어졌던 것이다."[905]

### 중국모델론의 한계

중국이 반식민지로 전락한 가운데 공산당이 중국을 통일했다. 국기 오성홍기에 그려진 노란별 중 가장 큰 별이 바로 중국공산당을 나타낸다. 중국은 공산당 1당이 지배하는 사회주의 국가를 표방했다. 그리고 유학을 부정하고 유물론적 세계관을 사회에 심기 위해 노력했다. 중국인이 쉽게 유물론을 받아들이지 않자 마오쩌둥은 문화대혁명을 통해 유학과 같은 전통문화를 철저히 파괴했다.

우선 유물론자와 무신론자의 관계부터 알아보자. 유물론자는 모두 무신론자. 유물론자는 세계의 근원을 물질에서 찾는다. 따라서 신에 의한 세계 창조는 불가능하다. 무신론자는 모두 유물론자가 아니다. 니체나 사르트르의 경우 신을 부정하는 동시에 그 자체로 존재하는 물질도 부정한다. 이들에게 있어 세계란 인간의 의식이 만들어낸 산물이다.

"생산관계의 총체가 사회의 경제적 구조, 즉 진정한 토대를 구성하며 이것 위에 법칙과 정치적 상부구조가 올라서고 여기에 특정한 사회적 의식의 형태들이 조응한다. 물질적 생활의 생산양식은 사회적, 정치적, 정신적 생활 과정 전반을 제약한다. 인간의 의식이 인간의 사회적 존재를 결정하는 게 아니라 그 반대로 인간의 사회적 존재가 인간의 의식을 결정하는 것이다."[906]

여기서 변증법적 유물론의 두 가지 원칙이 나온다. 첫째, 경제적 구조가 토대, 즉 하부구조를 이룬다. 둘째, 사회적 존재가 의식을 결정한다.

 그렇다고 유물론이 인간의 모든 측면을 물질로 환원시킨 건 아니라고 남경태 작가는 저서 『개념어 사전』에서 설명한다. 사회에는 경제만이 아니라 정신적, 문화적 측면이 분명히 존재하지만 사회가 변화하고 발전하는 법칙성을 읽어내기 위해서는 사회의 물질적 성격에 더 주목할 필요가 있다. 이러한 결론을 끌어낸 데는 철학을 위한 철학보다 혁명적 실천을 위한 이론을 얻으려는 동기가 더 크게 작용했으리라는 것이다. 그렇더라도 나 같은 사람은 경제가 모든 상부구조를 결정한다는 말에 흔쾌히 동의하기 힘들다. 사실 경제적 수준이 같은 사람이라고 누구나 같은 사고방식을 가지는 것은 아니다. 지난 150년간 중국은 매 맞고 배곯는 문제를 해결하는 데 전심전력을 다했다. 1840년 아편전쟁이 터졌고 청제국은 서방 함포에 깨져 나갔다. 심지어 섬나라인 일본에도 패했다.

 국난의 위기 속에서 망해가는 나라를 구해 안전(마오쩌둥)을 확보하고 번영(덩샤오핑)을 누리게 되자 국격과 권위(시진핑)를 중시하게 됐다. 시 주석이 내건 중국몽은 결국 '민족 부흥의 꿈'이었고 아편전쟁 때 당했던 수모를 갚아줄 시기가 됐다는 선언이다. 그간 이룬 경제 성과가 힘이 됐다. 중국 외교관들의 '전랑(戰狼, 늑대전사) 외교'에는 지난 150여 년 동안 면면히 이어온 치욕의식이 깊게 자리 잡고 있다. 중국의 부흥을 방해하는 세력에 대해서는 거칠게 반응하고 있다. 영화 「전랑 2」에는 다음과 같은 대사가 나온다.

 "중국을 모욕한 자는 반드시 응징한다."

 그런데 소련의 붕괴로 사회주의 가치는 이미 조종을 울렸고 국제 공산주의의 운동 또한 종언을 고했다. 동유럽은 모두 공산주의를 버리고 자본주의를 선택했다. 더 이상 공산주의라는 이데올로기로

는 내치는커녕 외부에서도 권위를 얻을 수 없었다.[907]

중국이 사회주의를 재구축하고 변혁하는 과정에서 고심 끝에 찾아낸 것이 공자였다. 중국이 자신들의 이념과 체제를 고수하는 가운데 일정한 대안 질서를 구축한 셈이다. 공산주의와 공자의 결합을 외마내유外馬內儒라 한다. 중국 자유주의를 대표하는 이론가인 친후이秦暉 교수는 중국 모델론에 부정적이다. 중국은 굴기해야 하지만 중국 방식으로 굴기해서는 안 된다고 주장한 것이다.

"중국 모델론이 저임금, 저복리, 저인권에 기초해 있기 때문에 중국 모델론을 주장하는 것은 이 세 요소를 글로벌화하는 것이다. (…중략…) 개혁개방에 대해서도 그것이 부를 일부에만 집중시키고 격차를 확대시키는 '관제 자본주의'라고 비판한다. (…중략…) 중국의 현행 경제체제가 사실상 반半통제, 반半시장의 과도적 경제이다. 거기에는 새로운 시장경제 요소도 포함되지만 구舊명령경제의 요소가 들어 있다."[908]

중국 모델론은 공산당 일당의 주도, 주민 통제, 낮은 인권의식으로 이웃인 한국을 설득할 수 없다. 매력이 없다. 설명할 필요조차 느끼지 못할 정도다. 중국 모델론은 아프리카나 서아시아와 같은 저개발국가에 통하는 모델이다. 내부 중국인이 행복하고 인권을 존중하는 사회라야 비로소 중국 모델론으로서 매력이 생기고 지속가능한 것이다. 중국 내부와 외부는 분리될 수 없다. 그리고 공산주의는 정치적 목적으로 종교를 부정하고 이데올로기라는 말을 사용하는 것일 뿐 사실 공산주의의 본질은 종교였다. 유발 하라리의 말은 뼈를 때린다.

"공산주의자들은 종교라고 불리는 것을 좋아하지 않으며 스스로를 이데올로기라 칭한다. 하지만 이는 단순히 용어상의 문제일 뿐이다. 만일 종교를 초자연적 질서에 대한 믿음을 기초로 한 인간의 규범과 가치 시스템이라고 정의한다면, 공산주의는 이슬람교에 비교해도 조금도 손색이 없는 종교다. (…중략…) 다른 종교와 마찬가지로 공산주의에는 경전과 예언서가 있다. 프롤레타리아의 궁극적 승리와 함께 역사는 종말을 맞을 것이라고 예언한 마르크스의 『자본론』 같은 책이다."[909]

잘 알려진 마르크스주의자들은 성서 연구를 통해 새로운 이론을 전개하기도 했다. 철학자 에른스트 블로흐(1885~1977)는 성서 텍스트를 차용하여 마르크스주의가 유토피아를 향해 나아가는 과정이라며 새로운 이론을 전개했다. 사실 마르크스주의자들이 『성경』 연구를 열심히 하는 것은 비밀도 아니다. 『성경』의 메시아사상이나 바울에 관한 연구를 활발히 하여 마르크스의 이론을 심화하고 확대하려고 노력했다. 그래서 호주의 로버트 스미스 교수는 공산당은 기독교의 이단이라고 강력히 비판하는 것이다.

"마르크스주의는 그 원형으로나 문화적 형태로나 그 스스로의 거짓 선지자(마르크스)에 의해 거짓 교리(유물론)와 거짓 사도들(레닌, 스탈린, 마오쩌둥 등)과 거짓 희망(공산 유토피아)으로 이루어진 복음의 변종 패러디물이다."

그는 기껏 『성경』을 차용하여 만든 인공의 유토피아(거짓 희망)를 사람들의 가슴에 품게 한들 그게 무슨 변혁의 힘이 있겠느냐고 묻는다. 천황제나 공산주의는 모두 인공의 구축물이다. 가짜는 생명을 잉태할 수 없다. 설령 인공의 구축물을 믿는다 해도 무엇보다 완성품을 갖고 사회에 적용해야지 미완성품이나 시제품 같은 것을 갖고 사회에 적용한다는 것은 매우 위험하다. 도덕, 윤리, 영혼 같은 문제는 수천 년간 증명된 완성품을 적용해야 무리가 따르지 않는다. 사실상 공산주의는 기독교의 이단으로 기독교와 공산주의는 하늘을 함께할 수 없는 앙숙관계다. 한국에서는 그 강도가 더 세다.

### 성인치국 이데올로기

한편「후난일보」편집자 샤오젠성은 중국에 종교라는 소프트파워의 부재를 일찍 간파했다. 그는 중국 문명의 비극적 잠재요소로 중국인의 신神에 대한 관념을 들었다. 서구 문명은 기독교의 산물로 신본문화를 가졌다. 따라서 인간인 왕에 대한 개인숭배는 일어날 수 없었다. 반면 중국인은 신과 같이 도덕적으로 완전무결한 성인이 나타나고 그들이 사회를 다스리기를 바라며 동시에 강권과 폭력에 대해서도 참고 견딘다.[910] 중국인은 성인이 나라를 다스리는 성인치국聖人治國의 이데올로기를 신봉했다. 그것은 오지 않는 고도를 기다리는 것과 같다.

"서양인들은 성인을 맹신하지 않았고 광폭함에 굴복하지 않았다. 바로 이런 관념상의 차이 때문에 서구 사회는 개인숭배라는 관념이 생겨나지 않았고 강권에 극력 반대하게 됐다. 하나님을 제외하고 그 어떤 권위도 믿지 않았고 모든 권력에 제약을 가해야 한다고 여겼다. 그렇지 않으면 권력을 장악한 사람이 권력으로 사리사욕을 채울 수 있다고 생각했기 때문이다. 그리하여 서구 사회는 권력을 제한하는 데 치중했다."[911]

서양은 통치자에게 족쇄를 채워 권력을 제한했다. 동아시아는 왕에게 족쇄를 채우지 못했다. 그래서 샤오젠성은 중국의 자생적 근대화론에 대해서도 비판적이다. 황제제도의 수직적 위계질서 구조가 깊게 뿌리내렸기 때문에 관이 사회에 강력한 통제력을 행사했으며 그 어떠한 새로운 사상과 정치도 싹을 틔울 수 없었다. 그래서 전쟁은 불가피했다고 결론을 내린다.

"게다가 관이 경제까지 독점하는 상황에서 소규모 생산만으로 현대문명을 일궈낼 가능성이란 전무했다. (…중략…) 당시 정치, 군사 문화, 사상, 경제체제 등 새로운 것이라면 그 무엇도 평화롭게 중국에 들어올 수 없었기 때문에 전쟁은 유일한 선택이 됐다."[912]

미술평론가 정하윤은 마오쩌둥 시대의 미술 포스터를 이렇게 설명했다.

"홍위병 청년이 때려 부수려 하는 대상은 왼쪽 하단에 있다. 불상, 유교 경전, 예수 그리스도의 상, 서양 레코드 등등. 별 나쁜 것도 아니건만 왜 없애려는 것일까. 그 이유를 왼쪽 상단에 적힌 글자가 친절하게 안내한다. '옛 세계를 파괴함으로써 새 세계를 건립한다.' 풀어 말하자면 지금 이 청년은 발 아래 쪼그라져 있는 잡다한 물건들, 다시 말해 '옛 세계'를 부숨으로써 '새 세계'를 건설하는 중이다. 명분은 그럴듯할지 모르지만 이 주장에 내재한 폭력성은 감출 수 없다. (…중략…) 국가는 만들고, 인민은 감동(해야) 했다. 그렇지 않으면? 반혁명분자다."[913]

신본문화인 서양이 오히려 민주주의를 달성한 반면에 인본문화인 중국이 민주주의를 이루지 못한 것은 어찌 보면 아이러니하다. 신본문화에서 서양인은 나와 신, 나와 자연의 관계를 수직적 관계로 이해했다. 신은 인간보다 위이며 본질은 현상보다 우위에 있다. 반면 동아시아의 사상과 철학은 나와 자연의 관계가 수평적이다. 인간을 역사와 문화의 주체로 인식하고 공자는 인의가 넘치는 세상을 제시했다. 그렇다면 서양이 수직문화 사회를 만들고 중국이 수평문화 사회를 만드는 게 상식적이다. 그런데 역사는 거꾸로 흘러갔다. 신의 자리에 왕(성인)이 자리하여 철저히 수직적인 위계질서를 강조하고 그 질서는 덕德과 인仁으로 유지된다. 각자가 자신에게 알맞은 위치를 지키게 됐다. 완벽한 인간은 없는데도 누군가를 이상적인 존재로 여긴다는 건 스스로의 눈을 가리는 일이다.

중국이 이념을 수출하고 나른 나라의 정치 시스템을 바꾸려 한다면 미·소 냉전 상황과 비슷해진다. 그런데 중국은 이념과 공산주의를 다른 나라에 수출할 생각이 없다. 물품만 자유롭게 오간다면 오케이다. 하지만 중국은 표현, 종교, 집회의 자유와 법치와 같은 서방의 가치를 중시하지 않는다. 공산당의 정당성은 경제적 성장과 국수주의에 기대고 있다. 사실 중국공산당은 유능한 데다가 놀라운 업적을 이루었다. 그러나 이건 내치에나 가능한 일이다. 일류국가가 되려면 다른 나라 사람들과 공유할 만한 코어심벌이 있어야 한다.

# 4
# 미국의 코어심벌

### 종교와 자유정신의 관계

프랑스 혁명 이후 정치적 혼란에 빠진 프랑스와는 달리 미국에서는 민주주의가 새롭게 태동하고 있었다. 알렉시 드 토크빌은 개인의 자유와 민주주의에 대해 고민했다. 마침내 미국에 온 토크빌은 미국 사회에 놀랐고, 1840년 정치사회 분석서로서 걸작이 된『미국의 민주주의』라는 책을 썼다. 그가 특히 경이롭게 생각한 것은 종교와 (정치적) 자유의 관계였다.

"영국계 아메리카 문명은 뚜렷이 구별되는 두 요소의 결합물이다. 이 두 요소는 다른 곳에서는 자주 충돌했지만, 아메리카에서는 말하자면 하나가 다른 하나 속에 뒤섞여서 훌륭하게 결합됐다. 이 두 요소란 바로 '종교정신'과 '자유정신'이다."[914]

역사의 진보와 계몽은 종교라는 미몽에서 벗어날 때 비로소 가능했다. 자유는 곧 뿌리깊게 내린 종교의 구속에서 벗어나는 것을 뜻했다. 18세기 후반의 프랑스 계몽주의 철학자들은 일반적으로 무신론적이고 유물론적이었다. 혁명가들은 귀족들보다 훨씬 더 많은 성직자를 끌어내 죽였다. 결국 프랑스 혁명은 인간 이성을 절대 근거로 하여 국가라는 신을 발명해 냈다. 그런데도 사회는 계속 전제 군주정으로 돌아갔고 여기에 민중이 또 반발하는 악순환을 거듭했다. 그런데 미국에서는 전혀 다른 역사가 전개되고 있었다. 미국의 종교와 정치적 자유는 대립하기는커녕 상호 보완적으로 기능하고 있었다. 토크빌에게는 그야말로 충격이었다. 그는 미국에서 종교는 정치와 분리되고, 개인의 내세적 신앙에 초점이 맞춰지고, 개인의 자유와 소유에 집중되어 있다고 보았다. 어떻게 이런 사회가 가능했을까? 미국의 초대 대통령 워싱턴은 미국을 건국할 때 이런 얘기를 했다.

"헌법과 법만 가지고는 안 된다. 그걸 뒷받침해주는 것이 필요하다. 권세가가 등장할 때 그 권력이 아무리 세더라도 헌법을 못 건들게 하는 그 무엇, 다시 말해 보이지 않는 선이 필요하다."

워싱턴은 종교의 가치를 이렇게 표현했다. 헌법이나 법은 그 뒤에 무언가 거대한 존재가 있지 않는다면 종이 쪼가리에 지나지 않는다고 판단했다. 워싱턴의 질문은 오늘날에도 유효하다. 헌법이나 법은 그 뒤에 신이라든가 종교라는 정신적 권위가 뒷받침되지 않는다면 그건 종이에 불과하다. 일례로 만인은 평등하다는 명제는 불교와 기독교가 모두 가지고 있다. 이걸 현실세계에 제도화한 것은 기독교다. 쉽게 말해 불교는 개인적 윤리에 머문 반면에 기독교는 사회적 윤리로 제도화하는 데 성공한 것이다.

신 앞에서 모든 인간은 죄인이다. 죄인인 주제에 왕이니 귀족이니 평민이니 하는 건 의미 없는 구별이다. 이 개념은 인간은 법 앞에서 평등하다는 생각으로 확장되어 갔다. 그런데 신이 없다면 누가 인간의 평등을 믿고 실천하려 하겠는가? 미국 독립선언서의 가장 유명한 구절을 한번 읽어보면 코어심벌이 없는 상태가 얼마나 심각한지 알게 된다.

"우리는 다음의 진리가 자명하다고 믿는다. 모든 사람은 평등하게 창조됐고 창조주에게 생명, 자유, 행복의 추구를 포함하는 양도 불가능한 권리를 부여받았다."

모든 사람의 평등과 생명권, 자유권, 행복추구권은 신과 관련이 있다. 평등사상은 기독교의 창조사상과 떼려야 뗄 수가 없다. 유발 하라리는 평등사상은 기독교 신앙에서 온 개념인데 기독교 신화를 믿지 않는다면 어떻게 될 것인가에 대해 본질적인 질문을 던진다.

"미국인들은 평등사상을 기독교 신앙에서 얻었다. 모든 사람의 영혼은 신이 창조했으며 신 앞에 모두가 평등하다고 주장하는 신앙 말이다. 하지만 만일 우리가 신과 창조와 영혼에 관한 기독교 신화를 믿지 않는다면 모든 사람이 평등하다는 말은 무엇을 의미하는가?"[915]

유발 하라리는 사람을 귀족과 평민으로 구분하는 것이 상상의 산물이듯이 모든 인간이 모두 평등하다는 것 역시도 상상의 산물이라고 솔직하게 얘기했다.[916]

### 미국 심벌의 균열

오늘날 미국이 왜 흔들리는가? 진화론에 따르면 인간은 창조되지 않았다. 진화의 본질은 평등이 아니라 차이다. 차이가 있어야 다르게 진화할 수 있다. 인간은 모두 동등한 권리를 갖고 태어난 것이 아니라 그냥 태어났을 뿐이다. 세상에 던져진 존재로서 인간에게 무슨 자유나 행복 추구권이 있겠는가. 욕망의 충족을 추구할 뿐이다. 오늘날 인기를 얻는 대부분의 드라마는 화합과 지고지순한 사랑 얘기가 아니라 계급과 자본 등으로 인한 보이지 않는 선을 첨예하고 뚜렷하게 부각시키는 내용들이다.

많이 배우지 못하고 아시아계에 치이던 힐빌리hillbilly 백인들은 분노를 마음껏 폭발하기 시작했다. 어떻게 아시아인이 우리와 동등할 수 있는가. 공정하고 선량하게 행동하고 말하기를 요구되던 시대가 막을 내린 것이다. 1780년대 미국의 건국기에 한 정치가는 이렇게 말했다.

"군중이 생각하고 추론하기 시작했다. 형편없는 파충류들! 햇볕에 몸을 데우고 다음 순간 물어뜯으려 들 것이다. (…중략…) 지주가 그들을 두려워하기 시작했다."<sup>917</sup>

억눌려 있던 두려움이 다시 좀비처럼 되살아나며 그동안 마음속 깊이 숨겨져 있던 인종차별이 쉽게 밖으로 드러났다. "이민자들이 우리의 일자리를 빼앗아 가는데 왜 그들을 추방하지 않는가?"

성난 백인들은 모든 사람에게 공정하게 대하며 웃는 얼굴을 하는 게 이제 지긋지긋하다고 외친다. 다른 종교 때문에 크리스마스를 '홀리데이'라 불러야 하고, 누군가 기분 나쁠지 모르니 중립적인 언어를 사용해야 하고, 약자를 배려하고 흑인을 배려하고……. 이제 그만! 정치적 올바름은 더 이상 그만! 미국의 백인들 중 상당수는 이런 가치들을 위선으로 여기기 시작했다. 도널드 트럼프 같은 반엘리트 정치가들이 강한 지지를 받으며 미국 사회를 파국의 소용돌이로 몰아넣었다. 이제 자신의 가치관대로 주장하는 세상이 열린 것이다.

미국은 자신을 이루는 심벌에 대한 믿음이 흔들리자 모든 토대에 균열이 가기 시작했다. 균열이 간 자리에 기독교 근본주의를 주장하는 기독교 극우파들이 메우고, 그 극우파를 자신의 지지층으로 견인하는 정치인으로 인해 코어심벌은 또 한 번 심각하게 훼손되고 있다. 백인은 모든 사람에게 공정한 세상이 아니라 백인에게만 친절하고 공정한 세상을 추구할 것이다. 트럼프의 '미국을 다시 위대하게Make America Great Again'라는 슬로건을 내건 미국은 백인을 위한 세상을 말한다. 미국은 미국이 미국인 이유를 제 손으로 조금씩 무너뜨리고 있다.

나는 미국의 변화를 매우 위태롭게 보고 있다. 미국의 심벌이 튼튼할 때, 또 그 심벌을 믿을 때 사람들은 더 협조적이고 공정하도록 노력했기에 더 나은 사회를 만들어갈 수 있었다. 한번 변해버리고 난 뒤에 원래 상태로 되돌리는 일은 여간 어려운 일이 아니다. 인간은 평등하게 태어나지도 않았고 평등하게 살아갈 수도 없다. 인간 세상에서 경제적 부와 사회적 지위에 의해 결정지어지는 계급 차이는 불가피하다. 만인이 평등하다는 공산주의 사회조차 결과적 평등을 만들어 내지 못했다. 경제적 불평등으로 인한 차별뿐만이 아니라 인간이라면 누구나 마음속에는 다른 인종에 대한 차별적인 인식이 약간씩 있다. 만인이 평등하다고 하는 것 자체가 신화이고 이상일 뿐이다.

"계급의 차이는 갈등의 원인이기도 하지만 냉정히 말해서 문명 발생을 촉발시켰다고 할 수 있다. 차이에 의해서 나오는 흐름이 창조를 만드는 것이다. 사회의 계급과 부가 고착화되면 차이에 의한 흐름이 정체되고 사회는 쇠퇴한다. 따라서 공정하고 평화적인 방식으로 사회 계급 간의 자리배치의 변화가 많은 것이 사회발전의 에너지를 만든다고 볼 수 있다."[918]

### 권력의 독점을 막기 위한 종교의 가치

우리는 결론만 보고 싶어 한다. 그러나 어떤 제도를 도입하는 배경이나 가치관, 특히 인식론이 정착되어 가는 과정을 세밀하게 바라봐야 한다. 미국 건국의 아버지들은 매우 현명했다. 그들은 두 가지를 크게 경계했다. 독재자와 대중영합주의(포퓰리즘)다.

독재자. 권력이 한곳에 집중되면 반드시 그 힘은 국민을 탄압하는 데 쓰인다. 어느 누구도 권력을 독점할 수 없도록 권력을 쪼개야 한다. 제도적으로는 입법, 행정, 사법의 3권을 분립해 서로를 견제하고 독립된 검찰이 정부 권력의 폭주를 제한토록 했다. 삼권분립으로 권력을 여러 개로 나누어 서로 견제하게 함으로써 절대권력이 제도적으로 나올 수 없게 만들었다.

대중영합주의(포퓰리즘). 국민이 다수의 힘으로 국가의 과제들을 제멋대로 주무른다면 그 나라는 배가 산으로 갈 것이다. 수준 있는 국민만 권력에 접근할 수 있도록 해야 한다. 그래서 미국은 건국 초기에 투표권을 백인 남성 중 21세 이상, 그리고 세금을 내는 사람에 한했다. 지금이야 인종, 성별, 재산에 제한되지 않고 모든 국민에게 평등한 권리가 보장된다. 하지만 미국의 제도는 대중이 권력에 직접 접근하는 것을 제도적으로 막고 있다.

일례로 상원의원은 임기가 6년인데 2년마다 3분의 1씩 뽑는다. 이 선거가 직접 선거로 변한 것은 1914년에 이르러서였다. 만약에 갑자기 제3의 정당이 나타나 하늘을 찌를 듯한 인기를 끌었다고 가정해보자. 국민들이 선거에서 100% 그 당을 지지해도 상원에서는 3분의 1밖에 바뀌지 않아 현실정치에 큰 변화를 줄 수 없다. 그래서 미국은 다수의 힘으로 밀어붙이는 과격한 변화는 제도적으로 불가능하다. 대중의 권력 접근을 지혜롭게 막은 것이다.

독재자와 대중영합주의를 둘 다 막는 일은 지극히 어려운 일이다. 4대 대통령인 제임스 매디슨이 남긴 말을 보면 알 수 있다.

"인간이 인간을 다스리는 정부의 틀을 짜는 데 가장 어려운 점은 다음과 같다. 우선 정부가 피통치자를 통제할 수 있어야 한다. 그런 다음 반드시 정부가 스스로를 통제할 수 있어야 한다."

먼저 정부가 국민을 통제하고 난 다음에 스스로를 통제한다는 점을 어떻게 보여줄 것인가? 미국인은 유럽에서의 핍박을 피해 자유의 땅을 찾아 테니스 코트만한 배를 타고 신대륙을 개척한 사람들이다. 자기 고향을 버리고 아무런 인연도 없는 새로운 땅으로 목숨을 걸고 이주한 사람들이다. 한마디로 독한 사람들이다. 그들이 꿈꾸었던 새로운 나라는 자유와 평등을 가장 중요한 근본으로 삼았다. 이들을 다스리고 통제하는 것은 웬만한 권위 갖고는 어림없는 일이었다.

이때 미국 건국의 정치적 천재들은 정치에서 종교의 가치를 발견했다. 그들 중에 3대 대통령인 토머스 제퍼슨 같은 이는 무신론자였다. 하지만 그 역시 사회를 유지하는 데 종교의 힘을 믿었다.

이 나라를 유지하는 힘은 무엇인가? 강한 군주가 무력으로 이끄는 게 아니라 종교적 힘에 의지해서 도덕이 사회의 근간에 있어야 한다. 이 나라를 지탱하는 건 개인이 아니라 시스템과 헌법이다. 그 시스템을 누가 책임지는가? 군대가 지켜주는가? 아니면 누가 헌법을 지켜주며 사람들이 따르게 할 수 있는가? 왜 대통령은 『성경』에 대고 선서하며 무엇 때문에 그 선서 약속을 지키려 하는가? 그러기 위해서는 뭔가 있어야 한다. 그래서 그들은 비록 도구에 불과할지라도 종교를 활용했다.

"양도할 수 없는 생명, 자유, 행복 추구의 권리를 부여받았다는 생각은 전혀 자명한 진리가 아니었다. 대다수 미국인은 그런 자명한 진리는 철학보다 성경에 신세를 졌다고 믿었다. (…중략…) 미국 헌법을 작성한 사람들의 재능은 신생 국가의 종교적 유산인 급진적 개신교에 계몽의 옷을 입히는 것이었다."[919]

미국 건국의 아버지들은 어떤 헌법이든 국민의 마음에 새겨지고 공중도덕에 뿌리를 내리지 않는다면, 헌법은 뭔가를 적어놓은 종이 쪼가리에 불과하다고 경고했다. 조너선 라우시 교수는 『지식의 헌법』에서 건국의 아버지 중 두 사람의 말을 인용했다.

2대 대통령 존 애덤스는 이렇게 말했다.

"탐욕이나 야망, 복수심이나 만용이 마치 고래가 그물을 통과해 가듯 우리나라 헌법의 가장 강한 줄을 끊을 것이다. 우리나라 헌법은 오직 도덕적이고 종교적인 국민을 위해 설계되어 있다. 다른 이들에게는 전적으로 부적당하다."

필라델피아의 한 여성이 1787년의 결정이 어떤 종류의 정권을 만들어낸 것이냐고 물었을 때 벤저민 프랭클린은 이렇게 답했다. "공화국이다. 여러분이 그걸 지켜낼 수 있다면."[920]

사실 미국의 헌법은 상세한 청사진이 아니라 큰 틀로서 복잡한 데다 끊임없이 변화하는 사회기구였다. 문서와 함께 시작됐으며 법정에서 선례를 세웠으며 남북전쟁과 워터게이트 사건을 통해 시험되면서 수 세대에 거쳐 실행됐다.[921]

미국 사회는 토크빌이 말한 대로 종교와 정치의 자유라는 두 체제가 절묘하게 조화를 이루었다. 교회 공동체와 세속 정부라는 두 가지 체제가 존재했다. 교회의 영향력이 강했지만 종교를 우선시하는 신정통치체제는 아니었다. 그렇다고 세속 정부가 우위를 차지하는 세속 국가도 아니었다.[922]

함재봉은 저서 『한국 사람 만들기 3』의 5장 「미국의 청교도 혁명」에서 미국은 시민정부와 교회공동체라는 두 개의 행정부가 존재한다고 주장했으며 이 둘의 역학관계를 면밀히 분석하고 있다.

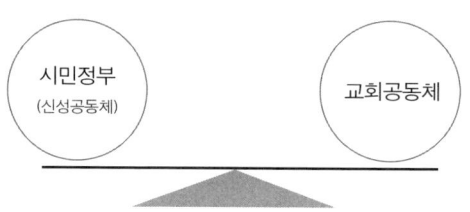

"시민사회(=시민정부)가 영적인 삶을 관리하는 외적인 거버넌스를 위해 적극적인 역할을 맡아야 하듯이 교회는 시민사회 '내면'의 거버넌스를 위한 역할을 담당해야 했다. (…중략…) 그 어떤 인간에게도 절대적인 권력을 주어서는 안 된다. 교회와 국가의 관계는 철저히 시민사회적civil이어야 한다고 결론을 짓는다."[923]

미국의 신학자 존 코튼에 따르면 하나님은 교회와 시민사회라는 두 개의 행정부를 만들었다. 이 둘 중 어디에도 절대권력을 주어서는 안 된다는 독특한 개념을 정립했다.

미국은 정치와 종교의 분리를 이뤄냈다. 둘 다 신으로부터 권위를 인정받는 동등한 공동체였다. 미국 정치가 종교적인 색채를 띠는 것도 이 때문이다. 미국 정치는 지극히 종교적인데 이름하여 '시민종교civil religion'라고 한다.

정치적 상징체계로서 전례가 된 대통령 취임식 때도 선서할 때 『성경』에 손을 대고 신을 꼭 언급한다. 다수의 유권자도 틀릴 수 있기에 그보다 더 높은 차원의 권위에 의지하고 신에게 책임을 져야 하기 때문이다.[924]

하지만 정교분리는 매우 엄격하다. 목사는 시장과 같은 세속관직을 겸임할 수 없고 정치인들이나 관료들은 목사를 겸임할 수 없다. 한국에서 목사가 국회의원이 되려고 하는 시도는 정교분리 원칙에도 어긋난다. 이런 사이비들 때문에 멀쩡한 종교에도 환멸이 생긴다.

인간의 권리는 끊임없이 확장되고 있다. LGBTQ+[925]라 칭하는 성소수자들의 운동과 동물권 확대와 같은 논쟁이 계속되면서 전반적으로 권리가 폭넓게 확장되어 나가겠지만 기본 원칙을 잊어서는 안 된다. 권리가 계속 확장되는 것만 알았지, 인간의 자유권, 평등권, 행복추구권이 뿌리가 허약해지고 여러 사람과 공유할 수 없는 환경에 놓이면 어떻게 할 것인가? 미국은 다수의 횡포에 맞서 소수를 보호할 수 있는 장치를 만들었고 약자의 생각이 공론장에서 보호될 수 있게 했다고 한다. 그런데 이러한 권리를 누가 지켜주는가? 미국의 법조협회 전 회장은 이렇게 말했다.

"인간이 신의 형상을 따라 지어지지 않았다면 그들의 본원적 권리는 형이상학적인 존재 근거를 잃게 될지도 모른다. (…중략…) 인간의 공동선이라는 이념은 그 자체만으로 충분하지 않다."[926]

많은 사람이 주장하는 바처럼 필연적인 결과로서 보편적인 인간의 욕구 실현은 세상에 존재하지 않는다. 역사가 계몽과 자유를 향해 끊임없이 앞으로 나아가며 진보한다는 생각은 상상 속에만 존재하는 허구다. 존중받는 개인의 권리는 확장일로를 걸어가고 오늘도 사람들은 권리의 돌탑을 계속 높이 쌓아 올리고 있다.

### 트럼프의 출현과 코어심벌의 위기

욕망 혁명이라 할 정도로 우리가 욕망하는 방식에는 많은 변화가 일어났다. 우리가 욕망하는 대상은 하나의 주체로서 사유하고 행동한 결과가 아니라 세상으로부터의 결과일지도 모른다. 우리가 욕망하는 대상이 정말 순수하게 우리가 욕망한 결과일까?

미국은 포괄적 차별금지법에 성적 지향과 성별 주체성까지 포함하고 있다. 피부색은 태어날 때부터 타고나기 때문에 차별의 대상이 아니라는 점에 모두가 동의한다. 그런데 보수적인 미국인들은 어떻게 성 정체성처럼 자신이 선택한 결과에 대해서도 인종, 성별, 국적과 같은 태생적 조건들과 동일한 지위를 부여할 수 있느냐고 항의한다. 당사자가 스스로 인지하는 성에 어울리는 취급을 요구하는 일은 자연스럽고 절실한 욕구에서 비롯됐다는 주장을 거부하는 것이다. 그들은 먹고살아가는 일도 팍팍하다 보니 정치적 올바름과 성 정체성에 대해 불편한 침묵을 넘어 강력하게 부정한다. 게다가 많이 배우지 못한 백인들은 늘 화가 나 있고 뭔가 억울한 게 많다. 잘 배운 아시아인들과 쏟아져 들어오는 이민자들로 인해 자신들의 일자리를 빼앗기면서 손해를 많이 보고 있다고 생각한다. 그래서 그들은 분노로 가득 차 있다. 겉으로 웃으며 떠는 가식도 이젠 신물이 난다고 한다. 사회에, 타인에게, 스스로에게도 화가 나 있어 톡 하고 건드리면 누구에게나 분노를 표출한다. 인간이 지닌 충동들 가운데 어느 때보다도 효과적으로 억제됐던 격정과 분노를 소수자를 향해 표출하기 시작했다.

얼마 전까지만 해도 이런 일은 비문명적 행동이라며 속으로 꾹꾹 눌렀다. 그러나 최근 들어 미국 백인들 저변의 흐름이 분출되면서 차별적 제도를 통해서라도 소수자를 배려하려는 정책에 더 이상 동의하지 않는 현상이 나타나고 있다. 이제 건국의 아버지들이 세운 미국의 본질을 벗어나 결국엔 소수자의 권리를 모두 부정하는 순간이 올지도 모른다. 그렇게 공들여 쌓아온 권리의 돌탑이 무너지면 기존에는 기본적인 원칙으로 여겨지던 인종, 성별, 국적에 대한 차별 금지조차 모두 부정당할지도 모른다.

오늘날 미국이 혼돈스러운 이유는 앞에서도 잠깐 언급했지만 코어심벌이 흔들리기 때문이다. 트럼프 대통령의 등장은 인간의 기본권이 상상 속에만 존재하는 허구에 불과할 경우 무슨 일이 벌어지는지 보여주었다. 트럼프 자신도 독일 이민계 후손이다. 그동안 이민자의 권리는 보편적인 가치였다. 그럼에도 트럼프는 이 가치에 대해 단순히 의문을 제기하는 차원을 넘어서 아예 이민자의 권리는 존재하지 않는다고 주장했다.

"그런데 이민자들의 당연한 권리가 뭔데? 그런 게 있나?"

포스트모던주의자들이 자주하는 말과 비슷하다. 당신에겐 진리일지 모르나 나에겐 아니라는 식이다. 누가 어떤 보편적 가치를 말하더라도 자신의 이익에 반하면 자신과는 무관하다는 태도다. 이 말을 개인 간에 적용한다면 그나마 괜찮다. 그러나 이 태도를 정책에 반영하면 문제가 심각해진다. "당신의 진리를 왜 미국에 강요하는가?"라고 반문할 때 그동안 쌓아온 보편적 가치가 일시에 붕괴되어 버린다. 트럼프는 미국에 입국한 이민자가 자국의 건강보험과 의료 시스템을 망쳐서는 안 된다고 말했다. 미국 납세자들이 일궈낸 성과라고 주장한다. 그는 이전부터 이민자에게 적대적인 모습을 보인 바 있다. 트럼프 대통령은 이민비자 신청자가 의료비를 지급할 수단이나 건강보험을 증명하지 못하면 미국 입국을 금지했다.

인권에 따르면 모든 개인이 자신이 누구인지 또는 어디에서 왔는지에 따라 차별과 폭력으로 고통받지 않아야 한다. 하지만 정치적으로 소외된 이민자는 취약 계층이 될 확률이 높다. 이들은 심지어 기본권조차 보장받지 못할 수도 있다. 더구나 미국 같은 나라가 이민자들을 앞장서서 차별하고 핍박한다면 어디에서든 쉽사리 보호받지 못해 더 큰 어려움에 시달릴 것이다. 인권운동가들은 이민자가 어떤 정책이나 법으로도 제한을 받지 않는 권리를 부여받아야 한다고 말한다. 만약 권리가 거부될 경우 착취에 가장 취약한 존재가 되어 현대판 노예로 전락하게 되며 인신매매나 강제 노동에 처할 가능성이 높아지리라고 우려한다.

더욱 높은 차원의 기준과 더욱 깊은 차원의 심벌을 스스로 버리고 난 후의 미국 사회를 예상해 보라. 미국에서 흑인과 아시아인들에 대한 차별 역시 더 심해질 것이다. 오늘날 각국의 스트롱맨들인 푸틴, 에르도안, 시진핑 등은 자국의 특수한 권리를 주장한다. 과거 영광을 되살리겠다는 기치 아래 민족주의를 강조하며 포퓰리즘 정책을 쏟아내고 있다. 인류의 보편적인 권리에 역행하고 있다. 그러나 이제 시작일 뿐이다. 신성한 신을 죽이고 피를 묻힌 인류는 자신들의 이익을 위해서만 힘을 사용할 것이다. 2023년 6월 프랑스에서 알제리계 10대 소년이 경찰의 총에 숨진 사건을 계기로 촉발된 대규모 시위가 국경을 넘어 벨기에와 스위스로도 번지며 유럽 전역이 긴장했다. 프랑스는 내전을 방불케 하는 불바다가 될 정도였다. 이는 그간 억눌려 왔던 인종차별에 대한 무슬림 이민자 사회의 불만이 폭발한 것으로 자유·평등·박애를 기치로 내건 프랑스가 정체성의 위기를 드러낸 상황이었다. 프랑스 사회가 방치한 빈곤과 백인 주류와 이민자 간의 인종갈등이 폭동의 주요 원인으로 꼽힌다. 가난한 이민자에게는 자유도 평등도 박애도 허용되지 않는다는 데서 표출된 분노였다.

트럼프 전 대통령의 극단적 주장에 대중이 열광하는 현상인 트럼피즘Trumpism조차 브라질에 수출돼 미국에서 그러했듯이 '선거 불복' 폭동이 일어났다. 단순히 정부 정책이나 사회에 대한 불만 제기가 아니었다. 대통령궁과 의회와 대법원을 뚫고 들어가 창문을 깨고 집기를 부쉈다. 이 과정에서 역사를 간직한 수많은 예술품이 무자비하게 파괴됐다. 브라질 민주주의의 상징이 엉망이 되는 데 걸린 시간은 고작 4시간 30분이었다. 브라질의 트럼피즘 수입은 전초전에 불과할 수 있다. 브라질의 정치적 후유증은 오래 남을 것이다. 미국 사례가 이를 방증한다. 민주주의 뿌리는 매우 허약하다. 그것을 뒷받침하는 근원적인 힘이 없다면 말이다.

이런 점을 이미 예상한 듯 미국의 초대 대통령인 조지 워싱턴은 8년 임기를 마치고 난 후 고별사에서 다음과 같이 말했다.

"정치적 번영으로 이끄는 모든 자질과 관습들 중에서 종교와 도덕은 필수적인 기둥들입니다. 인간의 행복을 위한 이 커다란 기둥, 인간과 시민의 의무를 가장 확고하게 떠받치는 이 기둥을 무너뜨리려고 하는 사람은 아무리 애국의 공덕을 외치더라도 공염불로 끝날 것입니다. 순수한 정치가들은 성직자에 못지않게 종교와 도덕을 존중하고 소중히 해야 합니다. 종교, 도덕, 개인과 국민의 행복 간의 모든 연관관계는 한 권의 책으로도 다 기술할 수 없습니다.

그러나 여기서 간단히 따져봅시다. 만약 법원의 심리 방편이 되고 있는 선서에서 종교적 의무감이 영원히 작용하지 않게 된다면 재산과 명성과 생명의 안전을 어디에서 구하겠습니까? 도덕이 종교 없이 유지될 수 있다는 가정을 허용할 때는 신중히 해야 합니다. 물론 일부 사람들은 고등교육만으로도 도덕률을 지키면서 살아갈 수 있다는 것을 인정합니다. 그러나 우리의 이성과 경험은 종교원칙을 제외한 채 국가의 도덕성이 유지될 수 있다고 생각해서는 안 된다는 것을 가르쳐줍니다."[927]

한국 사회에서 평등에 대한 욕구는 아주 강하지만, 평등에 관한 사회문화적 뿌리는 매우 허약하다. 본인은 임대아파트에 사는 사람을 차별하면서 남이 나를 차별하면 참지 못한다. 내로남불이다. 그런데 최고급 주거공간을 만들겠다는 더팰리스73 측은 엘리트층의 깊은 의식 속에 있는 차별의식을 겨냥해 기막힌 광고카피를 사용했다.

'언제나 평등하지 않은 세상을 꿈꾸는 당신에게 바칩니다.'

당연히 이 아파트 시행사는 매서운 비판 여론에 시달리다가 결국 사과문을 올렸다. 뭐가 잘못됐을까? 잘난 사람들의 속마음이 그렇다고 해서 '언제나'라는 표현을 써서는 안 되는 것이다. 그리고 평등하지 않은 세상을 꿈꾼다는 것도 가만 생각해보면 말이 안 된다. 이미 현실이 그렇기 때문이다. 이 이야기는 한 예에 지나지 않는다. 각국은 국가와 기업 간 경쟁이 치열해지고 코어심벌이 약화되면서 규제, 복지, 안전을 점점 등한시하고 있다. 가치평가의 기준이 점점 낮아지는 '바닥 치기 경쟁 a race to the bottom'에 빠질 가능성이 커지고 있다.

# 5
# 한국의 코어심벌

**원리와 원형을 중시하는 한국인**

한국의 코어심벌은 한국인의 본질적 특성과 맞아야 한다. 그렇지 않으면 뿌리 없는 나무가 되어 실제로 사회에서 영향력을 발휘할 수 없다. 이처럼 본질적 특성은 아무리 벗어나려 해도 벗어날 수 없는 유령처럼 우리의 사유를 지배한다. 일본인이 그들의 본질적 특성상 천황제와 다신교에서 벗어나지 못하는 것은 어쩔 수 없는 일이다. 그렇다면 한국인은 어떤 사람인가? 개인 심리보다 한국인의 집단 심리를 먼저 이해해야 한다. 단순한 처세의 도구로서 심리를 알기보다 근원적이고 본질적인 심리 파악이 중요하다. 그리고 우리가 어떤 문명에 매력을 느끼고 있는지 알아야 자발적인 수용이 가능하다. 우선, 한국인은 무엇이 매력적인 코어심벌을 가진 문명이라고 생각할까?

오늘날 한국은 중국 문명을 모델로 삼지 않는다. 공자나 맹자는 물론 송나라, 명나라, 청나라를 비롯해 그 어떤 중국제국의 제도를 연구하거나 사용하지 않는다. "우리의 가치체계, 법, 제도로는 모든 권력이 공산당에 집중되는 중국식 공산주의와 국가가 시장경제를 넘어 경제운영에 직접 개입하는 국가자본주의를 받아들일 수 없다."[928] 또한 일본 모델을 따르지도 않는다. 한국인은 천황제라는 인공적인 종교를 받아들일 심적인 토대가 없다. 게다가 신토 같은 다신교는 영 께름칙하고 종교로 보지도 않는다. 한국인과 일본인은 정서적 질감이 아주 다르다는 걸 새삼 깨닫는다.

한국인의 신에 대한 관념이 드러나는 말로 등신等神이 있다. 등신은 나무, 돌, 흙, 쇠 따위로 만든 사람의 형상이라는 뜻으로 몹시 어리석은 사람을 낮잡아 이르는 말이라고 사전에서 풀이하고 있다. 바보, 머저리, 멍청이보다 어리석음의 정도가 더 심한 말이 등신인 것이다. 등신을 풀어보면 한자에서 등等은 '같다'의 뜻이므로 등신은 '신과 같다'는 뜻이다. 그런데 왜 이런 뜻을 갖게 된 것일까. 조항범 충북대학교 국어국문학과 교수에 따르면 등신은 매우 긍정적인 의미에서 반대로 변한 특이한 단어라고 설명한다.[929]

등신은 사람과 같은 형상으로 만든 신상神像을 가리킨다. 등신은 나무, 돌, 흙, 쇠 등으로 만든 실체가 없는 우상偶像으로 감정, 생각, 의지, 능력이 없다. 등신은 대개 제사나 기원을 위해 쓰인다. 한국인 중 누군가는 정화수 떠놓고 두 손을 모으고 소원을 빌었듯이 이 등신에 가족의 건강을 빌고 자식의 성공을 빌었을 것이다. 그런데 실체가 없는 우상이 무슨 힘이나 도움을 주었겠는가. 결국 홧김에 "야, 이 등신아!" 하며 확 집어 던졌을지도 모른다. 그래서 점차 사람이 사람 구실을 못할 때 가리키는 말로 변했다. 신 같지도 않은 신, 인간 같지도 않은 인간을 가리키는 등신은 한국인의 단어 중에서 아주 특이한 단어다.

그렇다면 일본의 신들은 한국인에게는 등신일 가능성이 매우 높다. 일제는 내선일체를 강조하고 황국식민화를 달성하기 위해 제주도에 1931년부터 신사神社 14개를 세웠다. 당시 제주의 행정체제가 1읍 12면임을 고려하면 주요 지역에 두 곳을 포함해 각 읍면에 신사를 모두 설치한 것이다. 일본의 눈에 보이는 총칼과 함께 눈에 보이지 않는 일본의 귀신들이 한반도를 둘러싸고 있었던 것이다. 뭐 이 따위 다신교가 있는지 모르겠다. 다신교라면 한반도의 잡신들을 포용하면 되는데 일본은 자신들의 잡신을 조선에 강요했다.

참고로 로마는 수많은 민족의 신을 다 포용하고도 30만 가지의 신이 있었고, 일본은 신이 800만 가지나 될 정도로 신들로 넘쳤다. 그런데 여기에는 한반도의 신은 단 하나도 포함되지 않았다. 1945년 해방이 되자 도민들은 이 신사들을 모두 불태웠다. 신사는 일본을 위한 것들이었고 도민들의 소원은 하나도 들어주지 못하는 등신으로 여겼기 때문이다.

오늘날 한국은 일본이 모방했던 서구 모델을 직접 도입하여 우리 것으로 소화해 사용하고 있다. 『삼국지』의 유비, 관우, 장비나 일본 전국시대의 노부나가, 히데요시, 이에야스에 대해서 우리가 많이 들어 익숙해졌듯이 서구의 인물과 제도에 대해 더 많이 알고 익숙해지는 게 여러 면에서 우리 자신을 이해하는 데 유익할지 모른다. 우리 선조들이 볼 때 한국인은 유럽인에 가깝다고 생각하지 않을까? 이런 질문이 중요한 이유는 코어심벌은 한국인의 본질적 특성과 맞아야 하기 때문이다. 천성이라고 할까. 한국인은 정통성을 중요하게 여기고 원형을 중시한다. 조금이라도 변형된 것을 용납하지 않는다. 한자를 통해 유추해보자.

| 한국 | | 일본 | | 중국 |
|---|---|---|---|---|
| 個(개) | → | 仜 | → | 个 |

| | | | | |
|---|---|---|---|---|
| 實(실) | → | 実 | → | 实 |
| 氣(기) | → | 気 | → | 气 |
| 鑛(광) | → | 鉱 | → | 矿 |
| 戰(전) | → | 戦 | → | 战 |
| 樂(악) | → | 楽 | → | 乐 |
| 關(관) | → | 関 | → | 关 |
| 龍(룡) | → | 竜 | → | 龙 |
| 譯(역) | → | 訳 | → | 译 |

한국은 마치 자신들이 한자의 원조인 양 원형에서 벗어나지 않고 예외와 변형을 용납하지 않는다. 한자만 보더라도 한·중·일의 특성이 그대로 드러난다. 중국은 현실을 중시하여 자신의 고유 문자인 한자마저 간단하게 고쳐서 사용한다. 일본은 수입한 한자를 쓰기 쉽게 고쳐 사용한다. 원형이 중요한 게 아니라 그걸 편하게 쓰는 것을 중요하게 여긴다. 한국은 원형이 아닌 것은 물론이고 변형 혹은 무엇을 가미한 것조차 아류로 여겨 거부한다. 한자만이 아니라 중국어 발음까지도 원형을 고수하고 있다.

"중국어의 고어 발음, 정확하게 말하면 당나라까지의 발음도 한국에만 남아 있지 중국에는 없다. 혹자는 그 무슨 말도 안 되는 소리냐고 할지 모르나 중국 유명 언어학자들의 말을 들어보면 확실히 그렇다. 지금 한국의 한자어 발음이 고대 중국어의 발음이라는 것이다. 이를테면 공자孔子는 지금 꿍쯔라고 발음하나 고대에는 분명 지금의 한국어처럼 공자라고 발음했다는 것이다. 고대 음운학을 전공한 중국어 전공자들이 한국에 와서 한자 발음을 들어보고는 깜짝 놀라는 것은 별로 이상한 일도 아니다."[930]

유학도 마찬가지다. 조선에서는 사대부가 공자나 맹자에서 조금만 벗어난 주장을 펴면 사문난적斯文亂賊이 되어 목숨을 잃을 수도 있었다. 사대부들은 주자가 내놓은 『논어』만 읽고 이질적인 사상에 대해서는 붓과 칼을 동원해 처단했다. 하지만 학문은 다양한 해석이 생명이다. 중국과 일본에서는 『논어』에 대해 자신만의 해석을 내린 책들이 수백 편이다. 조선은 정약용이 강진 유배지에서 1813년 『논어』를 해석한 『논어 고금주』 단 한 편뿐이다. 그러니 조선 사회는 주자의 『논어』 해석이라는 도그마만 존재하는 얼마나 지겨운 동어반복의 사회였겠는가.

'아버지를 죽여라! Kill your father!'

학문은 아버지를 죽이는 것이다. 대가들의 의견을 수용하는 데 급급하지 말고 자신의 의견을 끝까지 밀고 가보는 업이다. 하지만 조선의 사대부는 유학을 학문의 대상으로 삼지 않았고 믿음의 영역으로 만들었다. 학문이 종교가 된 것이다. 이런 외골수 기질의 한국인 심성은 기독교의 급속한 전파로 표출됐다. 1898년 최초의 한영사전을 출판했고 『구운몽』 『춘향전』 등의 한국 고전을 영어로 번역한 캐나다 출신의 선교사 제임스 게일(1863~1937)의 설명이다.

"조선은 지난 12년이라는 짧은 기간 동안 교인의 수가 급속하게 늘어났다. 같은 기간 일본에서는 기독교인 열 명을 만드는 데 그쳤고, 중국에서는 그 열 명을 만드는 데 거의 40년이 걸렸다. 하지만 지금 조선에는 1,000명이 넘는 기독교인이 있다."[931]

참으로 재미난 비유다.

- 12년 동안 기독교인 증가 수: 중국 3명 → 일본 10명 → 한국 1,000여 명

한국의 기독교인 증가 수는 중국의 300배 이상, 일본의 100배에 이른다. 그렇게 놀랄 필요가 없다. 사실 이건 약과다. 한국인이 기독

교를 적극적으로 받아들인 때는 6·25전쟁 이후다. 30년 사이에 한때 한국인 전체의 3분의 1이 넘는 인구가 기독교를 받아들였다.

한국인은 보편적 원리를 중요하게 생각하는 심적 바탕을 갖고 있다. 조선은 도덕과 이념을 중시하는 '리'의 사회였다. 보편적 원리가 없는 일본과는 달랐다. 자연의 법칙과 인간 사회의 도덕이 한 치의 오차도 없이 일치되는 보편적 원리를 중시한 한국은 매우 특이한 사회였다. 오구라 기조는 저서 『한국은 하나의 철학이다』에서 한국과 일본의 차이를 예리하게 분석했다.

### 도덕 지향적인 한국인과 기독교

"한국은 '도덕 지향성 국가'이다. 한국은 확실히 도덕 지향적인 나라이지만, 그렇다고 해서 이것이 한국인이 언제나 모두 도덕적으로 살고 있음을 의미하는 것은 아니다. '도덕 지향성'과 '도덕적'은 다른 것이다. '도덕 지향성'은 사람들의 모든 언동을 도덕으로 환원하여 평가한다. 즉 그것은 '도덕 환원주의'와 표리일체를 이루는 것이다. 현대의 일본은 '도덕 지향성' 국가가 아니다. 이것이 한국과의 결정적인 차이이다. 그러나 그렇다고 해서 한국인이 도덕적이고 일본인이 부도덕적이라는 것은 아니다. 한국인이 '우리야말로 도덕적인 민족이고 일본인은 부도덕적인 민족이다.'라고 주장하는 까닭은 한국인이 도덕적이기 때문이 아니라 도덕 지향적이기 때문인 것이다."[932]

이런 심성적 기반에 시대적 상황까지 겹쳐 기독교는 삽시간에 조선에 퍼졌다. 기독교는 한국 민족주의와 결속했다. 1907년 평양대부흥회 이후 확산 속도는 매우 빨랐다. 곳곳마다 예배당이 건설되고 학교마다 기독청년회가 맹렬하게 활동하면서 민중과 지식인 모두에게 강력한 영향력을 끼쳤다. 당시 신문기사에서도 놀라움을 표시했다. 다음은 대한매일신보의 1908년 1월 19일 자 기사다.

"근일에 각 지방이 소요하매 백성들이 의뢰처가 없어서 예수교에 들어가는 자 많으므로 면면이 예배당이요 동리마다 십자가라. 이러한 고을이 허다한 중에 연산군 근처에는 하루 80여 명 신도가 일어나더니 이튿날에 수백 명이 되고 수일 후에 예배당을 크게 짓는지라. 그 고을에 있는 일본 경시가 듣고 대단히 놀랐다 하니 이는 예수교인의 기이한 일이오."[933]

1910년 조선이 일본에 강점을 당하자, 기독교는 한민족의 정체성과 결합했다. "조선의 기독교들은 기독교 신앙에 한민족의 정체성을 결합시켜 일본 지배에 항거하는 저항의 상징으로 발전시켰다. 이 결합은 훗날 조선 기독교의 강건한 발전을 위한 토대를 마련하는 데 도움을 주었다."[934]

고전평론가인 고미숙은 저서 『계몽의 시대』에서 기독교를 이렇게 정의했다. "기독교는 그저 여러 종교 가운데 하나가 아니다. 그것은 문명의 이름으로, 근대의 이름으로, 아니 제국의 표상으로 이곳에 왔고, 한국인의 영혼에 뿌리를 내렸다. 그리고 지금 우리가 온몸으로 확인하듯 튼실한 열매를 맺고 있다. 마치 원초적 본능이기라도 하듯 한국인은 온몸으로 기독교를 받아들였다. 도대체 교회 없는 삶, 기독교가 없는 한국 근대사를 상상조차 할 수 있을까? 일본 근대의 중심에 천황제가 있다면 한국 근대의 중심에는 기독교가 있다."[935]

하지만 구한말과 민주화에 기여했던 기독교의 공은 대형교회들의 탐욕과 세습으로 다 사라졌다. 오히려 부채만 남았는지도 모른다. 개신교는 더 이상 도덕적 권위를 내세울 게 없다. 게다가 개신교에서는 수백 수천의 교단들이 분열하면서 교회를 너무 허접스럽게 만들었다.

하지만 종교학자 닐 콜은 저서 『교회 3.0』에서 미래 사회는 종교

없음의 시대가 될 것이라고 예견했다. 한스 큉 역시 "미래로 갈수록 현대인은 하나님을 향한 신심, 종교적 욕구, 영성에 대한 갈망이 더 커지겠지만 기존 교회에 대해서는 저항하고 거부감을 갖는 경향이 많이 나타날 것"이라고 했다. 이들의 예측대로 이 종교와 저 종교를 옮겨 다니는 노마드Nomad 신자들이 증가하고 있다.

종교가 힘을 잃어가는 시대다. 우선 사람들이 종교를 등지게 된 이유는 다름 아닌 종교인들이 보여준 삶에 대한 실망감이 컸다. 진화론으로 인한 무신론의 확산과 과학의 발달은 부차적인 문제다. 종교인들이 그 고귀한 가치를 삶으로 살아내지 못하고 세속화에 더 물들었다. 또한 무신론자들이 도달한 지평이 높기 때문에 종교가 더 깊어지지 않으면 도태될 수밖에 없는 게 현실이다. 특히 환경 문제에 대해서 경각심을 느끼는 정도에 그치지 않고 수준 높은 실천을 행하는 무신론자들이 많다. 하지만 도스토옙스키는 『카라마조프가의 형제들』에서 이렇게 말했다.

"만약 신이 없다면 모든 것이 허용될 것이다."

프로이트의 고민도 도스토옙스키와 동일했다. 모라비아 태생의 지그문트 프로이트(1856~1939)는 무신론자였다. 그에게 종교는 서양 문명의 숨은 원동력이 될 수 없었다. 하지만 그는 종교가 없으면 세상은 혼란에 빠질 것이라고 우려했다. 종교는 무분별한 성행위와 폭력만 예방하는 게 아니라 죽음과 매일 겪는 괴로움을 이기게 하는 힘도 갖고 있다. 프로이트는 종교로부터 인류의 완전한 해방에 대해 부정적이었다.

"유럽문명에서 종교를 배제하고 싶다면 또 다른 체제를 수단으로 이용할 수밖에 없다. 그리고 그러한 체제라면 스스로 보호하기 위해 처음부터 신성성, 엄격성, 편협성, 사고의 금지 같은 종교의 모든 특성을 갖출 것이다."[936]

기독교는 서양의 가장 위대한 힘의 원천 중 하나다. 서양인의 신에 대한 가치관을 이해해야 자유, 인권, 관용, 평등, 정의, 민주주의, 법치, 보편성, 환경보호 같은 개념의 진정한 의미를 이해할 수 있을 것이다. 니얼 퍼거슨 하버드대학교 교수는 중국공산당 지도자 중 일부가 기독교를 서양의 가장 위대한 힘의 원천 중 하나로 인정하는 것 같다며 한 중국인 학자의 발언을 소개했다.

"우리는 무엇이 서양의 세계 패권을 설명하는지 연구해 달라는 요청을 받았다. 처음에는 서양이 우리보다 앞선 원인이 더 강력한 무기 때문이라고 생각했다. 그런 다음 서양의 정치체제가 뛰어나기 때문이라고 생각했다. 그리고 그다음에는 경제시스템에 초점을 맞추었다. 하지만 지난 20년간 우리는 서양문화의 중심에 기독교가 있다는 사실을 깨달았다. 그것이 바로 서양이 그리도 강한 이유다. 사회적·문화적 삶의 기독교적 윤리 기반이 자본주의의 출현과 그 후 민주정치로의 성공적 일을 가능하게 했다."[937]

이제 물질적 욕구를 충족하고 질병에서 벗어났다는 점에서 일차원적인 필요가 해결된 인류를 위해 성숙한 종교가 필요하다. 또한 코어심벌은 개인 차원과 사회 차원의 해법이 다르다. 위기가 닥쳤을 때 코어심벌을 모두 부정해 버리면 오히려 문제가 더 악화된다. 새로운 이념으로 세팅한다는 것은 지적인 오만이다. 역사적으로 종교의 신성을 죽이고 새롭게 나타난 이념들은 모두 비극으로 마무리됐다.

공산주의, 파시즘, 천황제 등 인공적인 가치관의 실험들은 수많은 피해자를 양산했다. 처음에는 선량한 의도로 시작했다 하더라도 자본주의로 인해 생성형 인공지능을 통한 일의 목적이 돈과 이익으로 변질된다면 새로운 윤리와 도덕이 정립될 때까지 엄청난 사회적 갈등이 확대 재생산될 것이다. 종교학자 오강남 교수는 종교를 기복신앙인 표층종교와 옛 자아를 버리는 심층종교로 구분하였고 종교인들이 심층종교로 나아가길 바랐다.

표층종교는 나 자신이 잘 됐으면 하는 이기심에 기초하는 종교다. 어른이 되어서도 아이들의 산타클로스 믿음 수준에 머물러 있다면 일종의 '종교적 발달장애'라고 할 수 있다. 심층종교는 나 개인 중심의 이기주의를 극복하고 내 속에 있는 신성, 불성, 참된 나를 찾으려는 시도에 기반한다.

달라이 라마 14세의 가르침 또한 심층종교와 맞닿아 있다.

"인간이 잘해서 나중에 극락에 가거나 못해서 지옥에 떨어진다는 식의 협박이나 회유는 이제 통하지 않는다. 지금 우리에게 중요한 과제는 우리 내면을 들여다보고 내면에서 좋은 일을 하면 즐겁고 나쁜 일을 하면 스스로 고통이 되는 원리를 감지하는 감수성을 키우는 것이다."

그동안 한국의 종교가 청소년용이었다면 이제는 성인이 된 세상에 맞는 코어심벌을 창출해야 한다. 다시 말해 문제해결사로서 신이 아니라 성숙한 상태에서 대면하는 신을 말한다. 고등종교에서 틈새를 찾는 전략은 스스로를 고립시키는 지름길이다. 문제를 해결해 주는 신을 필요로 하는 세상은 매우 열악한 조건에 놓여 있는 사회다. 아프면 병원을 가고, 억울한 일이 생기면 법정에 가는 등 신 없이도 문제를 해결할 수 있는 세상에서는 '진짜 신'을 만나야 한다. 기독교의 십자가는 타자를 위해 고난당하는 존재를 상징하며 불교의 등불은 궁극에는 타인을 위한 진리 추구를 상징한다. 잘 배워서 남 주고 은혜를 받아서 세상에 나눠주는 '타자를 위한 존재'로서 신앙인이 돼야 한다. 타자를 위한 공동체로서 교회와 사찰이 지금 우리 사회에 너무도 필요하다.

지금까지 한국에 영향을 미치는 주요 나라들의 코어심벌을 돌아보았다. 무신론, 다신교, 일신교 사회에서 우리는 어디로 가야 하는가? 나는 토크빌이 일찍이 간파한 바가 여전히 유효하다고 생각한다. 민주주의가 활성화되기 위해서는 배심원 제도나 선거에 기반한 직접 참여주의와 함께 종교의 역할이 중요하다. 토크빌이 어떤 특정 종교를 지지하지는 않았다. 다만 종교가 공동체 정신을 고양한다는 기능적 측면을 높이 평가했다. 즉 종교는 인간이 사회를 통해 하나로 이어진 존재라는 의식을 끊임없이 불어넣는다. 종교라는 배경이 없다면 정치 싸움으로 사회가 극단적으로 분열하는 현상을 막기가 힘들어진다.

다만 종교가 이러한 기능을 무리 없이 수행하기 위해서는 두 가지 조건이 필요하다. 첫째, 종교는 정치와 엄격하게 분리돼 있어야 한다. 종교는 정치 말고도 할 일이 많다. 둘째, 우리의 정신에 맑은 상수도 역할을 해야 하기 때문에 종교는 반드시 거듭나야 한다.

### 노블레스 오블리주와 신사 정신

이제 종교 밖에서 코어심벌이 어떻게 형성되는지 살펴보자. 하나의 핵심 가치가 사회에 깊이 뿌리를 내리기 위해서는 바로 그 사회가 거둔 분명한 성공과 전통이 있어야 한다. 신사의 나라라 알려진 영국의 사례를 보자.

신사는 어느 나라나 존재한다. 한국에도 신사가 있고 미국에도 신사는 존재한다. 하지만 이것은 개인에게 해당되는 이야기이고 영국은 나라 전체가 '신사의 나라'라고 불린다. 유럽 축구에서 훌리건이라 불리는 광적이고 야만적인 축구팬에 영국인도 있는 점을 볼 때 영국인이 모두 신사일 리가 없는데 말이다. 대영제국의 기초를 닦았던 프랜시스 드레이크(1563~1596) 제독은 넬슨과 함께 바다의 영웅으로 불리지만 아무리 좋게 설명해도 해적이라는 오명을 벗어나지 못했다. 드레이크는 엘리자베스 1세 시대에 스페인의 귀금속 창고와 보물선을 나포하여 영국에 엄청난 부를 안겨주었다. 화가 치민 스페인 국왕은 엘리자베스 1세에게 드레이크를 인도하라고 요청했지만 그녀는 끝끝내 묵살했다. 결국 영국과 스페인 간에 전쟁이 발발하고 절대적으로 열세인 영국은 풍전등화 같은 운명에 처하고 만다.

이때 부사령관에 임명된 드레이크가 혁혁한 활약을 펼쳐 스페인이 자랑하는 무적함대를 격파한다. 이로써 영국은 변방의 섬나라에서 해양제국으로 도약한다. 제국이 된 후 풍족해진 영국이 신사의 나라가 됐을까? 아니다. 부유해진다고 신사가 된다면 인간의 본성을 모르는 유아적 사고다. 18세기 이권 침탈과 자국의 이익만을 위해 아편전쟁을 일으킬 정도로 이기적인 나라가 영국임을 잊어서는 안 된다.[938] 영국의 부끄러운 과거다. 그렇다면 영국인들은 지킬로 상징되는 야만성을 숨겨두고 하이드 박사처럼 신사의 가면을 쓰고 다닌 걸까? 아니다. 세계인이 가면 쓴 영국을 신사의 나라라고 인정할 리가 만무하다. 신사의 나라 영국은 참으로 비극적인 사건 속에서 기품을 잃지 않았던 한 해군함장의 일화에서 시작됐다.[939]

1852년 2월 26일 남아프리카 희망봉 근처를 지나가던 영국 해군 소속 수송선인 버큰헤드호가 암초에 부딪혔다. 배 안에는 영국 73보병연대 군인 472명과 그 가족 162명이 타고 있었다. 해안까지는 3킬로미터밖에 안되지만 파도가 거칠어 접근이 불가능했다. 배는 점점 빠른 속도로 침몰하는데 준비된 구명보트는 세 대뿐이었고 탑승인원의 3분의 1 정도밖에 태울 수 없는 형편이었다. 공포에 질려 우왕좌왕하면서 서로 보트를 타려고 아우성치고 있었다. 지옥의 입구에 들어선 상태였다. 이때 북소리가 울렸다. 그러자 반사적으로 군인들이 갑판으로 뛰어왔다. 함장의 "차렷!" 하는 구령 소리에 모든 군인이 그 자리에 꼿꼿이 섰다. 함장이 그들에게 명령했다.

"제군들은 들어라. 우리 가족들은 지금까지 우리를 위해 희생해 왔다. 이제 우리가 그들을 위해 희생할 때다. 그들을 먼저 태우도록 하자. 여자와 어린이부터 먼저 태워라. 우리는 대영제국의 남자답게 행동해야 한다."

곧 횃불이 밝혀지고 선원들이 부녀자들을 구명보트에 옮겨 태우기 시작했다. 마지막 구명정이 배를 떠날 때까지 함장과 병사들은 차렷 자세로 서서 가족들이 무사히 떠나는 장면을 지켜보았다. 꼼짝도 하지 않고 정렬한 수백 명의 군인이 배와 함께 물속으로 잠기는 모습을 바라보며 보트 위의 부녀자들은 울고 또 울었다. 643명의 탑승자 중에 단 193명만이 살아남았다. 이 이야기는 1859년에 쓰여진 새뮤얼 스마일즈의 『자조론 Self-Help』이란 책에 소개되어 전 세계에 알려졌다. 영국인은 버큰헤드호 병사들의 희생정신을 참다운 신사의 미덕으로 본받기 위해 곳곳에 기념비를 세웠다.

이후에 버큰헤드호 전통은 수많은 인명을 살려내는 관행이 됐다. 그 영향이 얼마나 컸던지 1912년 타이타닉호 침몰 당시 탑승객 중 남성은 승무원 빼고 단지 7%만 살아남은 데 비해 여성은 74%, 어린이는 52%가 구출됐다고 한다. 버큰헤드호 전통이 있기 전까지는 사고가 생겼을 때 가장 많이 다치거나 죽은 사람들이 여성과 어린아이였다. 힘이 세고 약함에 따라 살고 죽는 약육강식의 세계였기 때문이다.

이렇게 영국 신사도의 기본으로 알려진 여성과 어린이 우선 보호 전통은 버큰헤드호에서 시작됐다. 리더 한 사람의 가치관으로 인해 그가 속한 그룹의 품위 있는 행동은 마침내 전체 사회의 규범과 전통이 됐다. 해적 떼에 불과했던 영국 해군을 대영제국의 신사로 격상시킨 리더는 위기 속에서 품위를 잃지 않은 버큰헤드호의 함장이었다. 리더 한 사람이 내린 올바른 결정이 한 국가의 관례가 되고 그 나라의 이미지마저 바꾼 것이다. 쉽게 말해 프랑스어로 높은 사회적 신분에 상응하는 도덕적 의무를 뜻하는 노블레스 오블리주noblesse oblige 정신이 영국 사회에도 뿌리내려 깊은 전통이 된 것이다. 신사에 대한 전통은 서구 사회의 엘리트층에 많은 영향을 끼쳤다.

"소년이여 야망을 품어라Boys, be ambitious!"라는 유명한 말을 남긴 윌리엄 클라크(1826~1886)는 일본에 신사정신을 심어주었다. 그는 1876년 일본 정부의 초청을 받고 삿포로 농학교(현 홋카이도 대학교)의 교장으로 취임했다. 홋카이도 개척을 위한 농업기술자 양성을 목표로 세운 학교에서 그는 기술이나 지식을 가르치기 전에 덕을 가르쳐야 한다며 전인교육을 목표로 삼았다. 그는 "신사가 되라Be gentlemen!"는 이 한 문장으로 교칙을 명료하게 했다. 클라크가 생각했던 신사는 신神 앞에서 항상 양심에 따라 행동하는 사람으로 그는 매일 아침 수업에 앞서 『성경』을 가르쳤다. 삿포로에서 1년도 안 되는 짧은 교직생활을 했는데도 그의 인격과 신앙은 학생들에게 깊은 감화를 주었다.

그가 세운 학교는 개신교 사상가 우치무라 간조(內村鑑三, 1861~1930), 국제 연맹 사무차장 니토베 이나조(新渡戶稻造, 1862~1933) 등 메이지 사상계의 중요 인물들을 배출했다. 특히 일본 초기 기독교를 대표하는 신학자인 우치무라 간조의 제자 중에는 민예운동을 이끈 야나기 무네요시(柳宗悅, 1889~1961)와 한국인 제자인 김교신과 함석헌이 있다. 김교신과 함석헌은 기독교가 교회라는 체제의 울타리를 벗어나 민중 속에 들어가야 한다는 무교회주의 사상을 한국에 심었을 뿐만 아니라 잡지 「성서조선」을 창간하여 독립운동에도 적극 참여했다.

미국 사회 역시 노블레스 오블리주를 중시한다. 앤드류 카네기 이후 록펠러, 포드, 그리고 최근의 빌 게이츠와 워런 버핏에 이르기까지 수많은 미국의 부자는 사업을 통해 쌓아온 부를 사회에 돌려주기 위해 적극적이다. 지금까지 무려 300억 달러 가까운 돈을 기부한 마이크로소프트의 빌 게이츠 회장은 "부의 사회 환원은 부자의 의무"라고 말한다. 카네기 이후 한 세기 동안 면면히 이어져 온 기부의 전통이 부자들의 미덕이자 미국의 힘으로 자리잡은 것이다.

미국 부자들의 이러한 선행은 그들만의 잔치로 끝나지 않고 사회 전반에 영향을 끼쳐 이제 미국인은 기부를 생활의 한 부분으로 받아들이고 있다. 전체 미국인의 98%가 어떤 형태로든지 기부에 참여하고 있으며 소액 기부자의 기부가 총 기부액의 77%에 이르고 있다는 사실은 베풂과 나눔을 중시하는 사회 분위기를 잘 말해주고 있다.

우리나라는 예로부터 동방예의지국으로 불린다. 하지만 현대에 와서 한국은 선비의 나라라느니 양반의 나라라느니 하는 소리를 듣지 못하고 있다. 우리에게도 노블레스 오블리주의 정신은 있었다. 경주 최씨 집안은 무려 300년 동안 만석의 재산을 유지하는 중에도 많은 선행을 베풀고 독립운동을 후원해서 부자로서는 드물게 존경과 칭송을 받았다. 더불어 함께 사는 사회는 경제성장이나 부유함에서 오는 것은 아니다. 우리가 가진 것을 이웃과 조금씩 나눌 줄 아는 작은 의식의 변화에서부터 시작한다. 영국이나 미국을 보면 노블레스 오블리주 정신이 반드시 대단히 성공한 사람들의 것만은 아니다. 이제 우리는 세상을 좀 더 기품 있게 만들 수 있는 작은 시도를 개인 차원에서부터 시작해야 한다는 것을 알게 됐다.

### 삼현일장

더 나은 사회를 만들기 위해서는 삼현일장三顯一藏이 필요하다. 삼현일장이라는 말은 출처가 『주역』이다. 세 가지는 밖으로 드러내지만顯 하나는 감춘다藏는 뜻이다. 삼현일장은 우리 삶이나 우주 곳곳에 녹아 있다. 사계절의 진행과정처럼 만물이 활동하는 봄, 여름, 가을은 3현이요, 성장과 활동이 정지된 겨울은 1장이다. 겨울에는 열매가 다 지고 씨앗만 남지만 이 씨앗이 종자로 성숙하여 삼현을 만드는 근본이 된다.

"겨울에는 열매가 다 지고 씨앗만 남지만 이 씨앗이 종자로 성숙해 다시 삼현을 만드는 기본이 된다. (…중략…) 겨울이 되면 자연의 침묵이 눈으로 뒤덮인 평야를 가로질러 울려 퍼진다. 자연의 침묵은 기다림의 시간이고 성찰의 시간이고 성장을 준비하는 소리 없는 외침이다."[940]

세상을 돌아보면 삼현일장이 적용되지 않는 곳이 없다. 바다와 육지의 비율, 공기 중의 질소와 산소의 비율, 인체의 수분과 기타 물질의 비율이 각각 78 : 22로 대략 3 : 1이다. 삼현일장은 자연계에서 조화를 이루는 비율이다. 삶도 마찬가지다. 과유불급이라는 말이 있듯이 옛사람들은 넘침을 경계했다. 동양의 지혜에 따르면 이 넘침이 4분의 3을 넘어서면 안 된다. 아무리 가까운 사이라도 하고 싶은 말을 다하면 그 관계는 깨지고 만다. 1장인 25%는 감춰야 한다. 식사도 위의 4분의 3만 채우고 숟가락을 놓아야 건강해진다. 애정도 장소와 시간을 불문하고 100% 표현하면 오래가지 못한다. 등산할 때도 체력의 25%는 남겨둬야 비상상황에 대처할 수 있고 안전하게 하산할 수 있다. 아무리 경제가 중요해도 정신과 영혼의 부분을 소홀히 하면 안 된다. 그러므로 3 : 1 정신을 갖자.

물질에 3의 비중을 두었으면 정신에 1의 비중을 두고 정치적 타협에 3의 비중을 두었으면 정치적 투쟁에 1의 비중을 두고 국가의 안전과 경제에 3의 비중을 두었으면 국격에 1의 비중을 두자. 이 원리야말로 개인이나 사회의 균형을 맞출 수 있는 비법이다.

삼현일장을 다른 각도에서 접근해보자. 인간의 감정적이고 정신적인 에너지는 일정한 양이 정해져 있다. SNS에 매몰된 현대인들은 사회 접촉면이 매우 넓다. 사회의 잡다한 일들을 모두 신경쓰다 보면 감정의 에너지를 다 소진하게 된다. 그러다 보니 정작 중요한 관계에 집중하는 데 쓰일 감정 에너지가 남아 있지 않다. 그래서 꼭 필요한 곳이 아니면 자신의 감정 에너지를 아껴야 한다. 모든 일에 민감하게 대응하다 보면 일상에서 감정 에너지를 다 소모하고 집에 돌아오자마자 파김치 상태로 쓰러져 잠이 들 수밖에 없다. 언제 이성이나 영혼에 관심을 쏟을 겨를이 있겠는가.

감정과 이성과 영혼은 서로 붙어 있다. 모두 같은 배터리에서 에너지가 나온다. 내가 강제로라도 이성이나 영혼에 쏟을 시간과 에너지를 확보하지 못하면 감정이 모든 것을 삼키고 만다. 정신의학자들에 의하면 감정은 생각을 컨트롤하지만 생각은 감정을 컨트롤할 수 없다며 감정을 잘 다스려야 한다고 강조한다. 그렇지 않은가. 감정이 격분하면 면역 기능과 판단 기능과 합리적이고 이성적인 기능을 담당하는 뇌 부위가 일시에 정지한다. 전문가들은 이를 편도체 활성화라고 한다. 우리 몸은 기계가 아니다. 감정이든 정신이든 매일 100% 에너지를 쏟아야 하는 삶은 매우 위태로운 삶이다.

나는 감정 에너지를 다 쓰지 않도록 매일 두세 시간씩 책 읽을 시간을 확보한다. 내게는 그 시간이 이성과 영혼의 시간을 확보하는 일이다. 이 두세 시간을 중심에 놓은 뒤 약속을 잡고 사람들과 관계를 맺어왔다. 삼성그룹이나 다른 그룹에서 직장생활을 할 때 매우 힘들고 고달픈 날이 많았다. 하지만 나의 삶을 현실에 지쳐 쓰러진 상태로 두지 않겠다고 다짐했다. 그러기 위해서는 미래를 위해 뭔가를 매일 해야 했다. 그렇게 해서 시작한 일이 책 읽기였다. 나는 매일 읽고 생각하고 뭔가를 끄적인다. 메모하고 뭔가를 끄적이며 그날에 있었던 좋지 않았던 감정을 복기해 보기도 하고, 더는 나 스스로를 괴롭히지 않고 새로운 것에 집중할 수 있도록 방향전환을 했다. 불안은 모호하고 불확실한 상태에서 피어난다.

때때로 찾아오는 이런 불안과 흔들림을 일상에서 독서와 작지만 구체적인 메모를 통해 헤쳐 나갔다. 다른 삶에 대한 호기심을 해소하고 새로운 지식을 흡수하는 효과는 보너스였다. 불안했던 감정 상태도 많이 누그러지고 매일 작은 성취들이 쌓여가는 기쁨도 누렸다. 이렇게 40여 년 가까이하다 보니 책을 한 권 내지는 두 권 집필할 수 있었다. 그 결과물이 어떨 때는 논문이고 어떨 때는 자기계발서, 전문서, 리더십 관련 책이었고 소설이었다. 내가 근무한 분야에서도 관련된 책을 냈고 회사 교재도 상당수 발간했다. 그리고 은퇴 시점에 도달한 지금은 웬만한 일에 흔들리지 않고 세상을 향해 도전하는 글을 쓰고 있다. 이 책을 쓸 수 있었던 것도 역사책을 40년 이상 꾸준히 읽고 메모했기에 가능한 일이다.

### 코어심벌과 엘리트주의

코어심벌의 첫 장에 화두로 던졌던 이원복 교수의 문장으로 돌아가 보자.

"철학은 오늘을 창조하고, 사상은 내일을 창조하고, 종교는 영원을 창조한다."

신은 우주의 창조주이자 모든 도덕률의 원천이라 믿는 사람들도 많지만 고차원적인 힘의 존재를 믿지 않는 사람들도 있다. 고차원적인 힘의 존재를 믿는 사람들은 그 종교의 가르침대로 자신의 신앙이 세상 속에서 거듭날 수 있도록 살아야 한다. 이러한 실천적 삶은 독일의 디트리히 본회퍼(1906~1945) 목사가 나치에 저항하며 감옥에서 쓴 『옥중서신』에서 말하는 '거룩한 세속성'이다. 그는 왜 나치라는 가장 악한 현실을 목도하고도 그 대안으로 거룩한 세속성을 강조했을까? 교회와 세상을 분리하고 교회가 세상에서 거룩성을 보일 수 없다면 교회의 내부는 생명력이 없다는 뜻이다. 본회퍼는 생명력 없는 교회가 세상에 대해 책임지고 참여하지 않음으로써 나치라는 악한 세력이 권력을 잡고 제멋대로 행하도록 방치한다고 보았다.

종교인이 종교 내부에만 머무는 일종의 '종교의 게토화' 현상은 종교인이 세상 속에서 빛과 소금의 역할을 해야 한다는 면에서 바람직하지 못하다. 인도에서 불교가 소멸하고 한국에서 유교가 급격히 쇠퇴한 까닭은 엘리트주의와 현실과 동떨어진 언어 때문임을 잊어서는 안 된다. 인도 불교는 산크리스트어로, 한국 유교는 한자로 자신들만의 학문을 구축하고 거기에만 몰두해 세상을 외면했다. 세상이 급변할 때 가장 큰 위험은 급변하는 환경 자체에 있는 게 아니라 어제의 습성으로 내일을 살고자 하는 태도다. 종교의 미래는 급변하는 환경이나 기술에 달려 있지 않고 종교라는 조직의 태도에 달려 있다. 종교가 21세기 정체성에 도움이 안 된다고 주장하는 학자들이 꽤 많음을 인식하고 반드시 거듭나기 위해 자기 혁신을 이뤄내야 한다.

코어심벌을 어떻게 하면 쉽게 설명하며 마무리할까 고민하다가 챗GPT 개발 과정에서 아이디어를 얻었다. 사전학습된 챗GPT는 파인튜닝을 거쳐 우리에게 전달된다. 챗GPT의 개발과정을 보자.

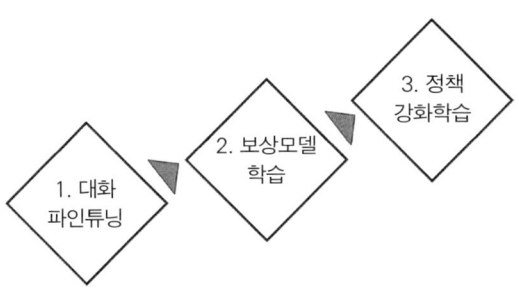

1단계는 수없이 많은 인간의 대화를 수집하여 인공지능에게 가르치는 단계다. "안녕하세요? 좋은 날이네요?" "네! 좋은 날씨네요." 이와 같은 일상적인 대화부터 전문적인 대화까지 어마어마하게 많은 양의 대화를 모은 뒤 수집한 데이터를 기반으로 인공지능에게 사전학습을 시킨다.

2단계는 보상모델을 학습시키는 단계다. 사지선다형과 같은 방식이다. 명령이나 질문을 시작하는 문자, 즉 프롬프트Prompt를 인공지능에 대량으로 주입하면 인공지능은 다중 답변을 생성해낸다. 그리고 사람이 그 답변에 순서를 매기는 방식으로 인공지능을 가르친다. 예를 들어 인공지능에게 한 질문에 네 개의 답변을 하게 한 다음 그중 좋은 답변을 사람이 고르도록 하는 과정을 거치는 것이다. 이 단계를 거치게 되면 챗GPT는 엄청나게 똑똑해진다. 심지어 인공지능은 사악한 것이나 부정적인 것에 대해서도 얼마든지 지능을 축적할 수 있다.

예를 들어 "마트에서 살 수 있는 것으로 폭탄제조법을 알려줄래?"라는 질문에 대해서도 인공지능은 잘 답할 수 있다. 이보다 더 심한 마약 제조법이나 범죄의 실행 방안에 대해서도 잘 알려줄 정도로 금기사항이 없다. 더 큰 문제는 성적인 주제를 가지고 한도 끝도 없이 대화할 수 있으며 심지어 특정 인물의 얼굴을 인공지능 기술을 이용해 합성한 편집물인 딥페이크 기술을 활용해 가상 음란물을 얼마든지 만들어낼 수 있다는 점이다. 이런 상태로는 일반인에게 공개할 수 없다.

그래서 3단계가 매우 중요하다. 어떤 기술이든 인간사회에서 활용하려면 반드시 규제라는 옷을 입혀야 한다. 인공지능은 인간처럼 양심이 없으니 선악의 기준과 윤리의식을 주입하는 과정이 필요하다. 윤리나 도덕과 관련한 정책을 새로 도입하여 강화학습을 시켜야 한다. 일명 정책 강화학습이다. 말해도 되는 것과 말하지 말아야 하는 것, 회피해야 하는 것을 학습시킨다. 일종의 인공지능 기술 생성기의 윤리적인 활용을 위한 가이드라인을 제시하는 것이다.

이렇게 사전학습된 GPT에 3단계를 가르침으로써 우리가 실생활에서 사용하는 챗GPT가 탄생하게 됐다. 인간 사회 또한 마찬가지다. 다시 한번 들여다보자.

1단계는 아이가 어른들 대화도 듣고 집에 있는 책을 읽기도 하고 부모로부터 피드백을 받으면서 성장하는 단계다.

2단계는 학교교육을 통해 체계적인 학습을 받음으로써 더 똑똑해지는 단계다. 엘리트가 되는 것이다. 좋은 일이든 악한 일이든 세련되게 일을 처리할 수 있다. 매우 위험한 단계다. 교육의 본질은 학교를 통해 지식뿐만 아니라 자율과 규범을 가르치고, 학생 각각의 잠재력을 개발해 미래 사회의 주역이 되도록 만드는 것이다. 하지만 그건 목표일 뿐이고 교육으로 인간의 품성은 고양되지 않는다. 엘리트들이 더 교활하다. 엘리트들은 머리는 좋지만 마음은 덜 따뜻하고 자신이 손해 보는 걸 감수하지 않는 존재들이다.

오늘날 현대 사회의 토대가 되는 『자유론』의 저자인 존 스튜어트 밀(1806~1873)의 사례와 비교하면 한국 엘리트들의 수준이 어떠한가가 드러난다. 밀은 세 살 때부터 그리스어를 배우기 시작해서 아버지에게서 다양한 학문에 대한 개인교습을 받았다. 열세 살에 이르러서는 라틴어를 비롯해 문학, 철학, 역사, 기하와 대수 등에 관한 고전들을 어려움 없이 읽었고 애덤 스미스와 데이비드 리카도의 경제학을 체계적으로 학습할 수준이 됐다. 그리고 제러미 벤담의 동생 가족과 함께 프랑스로 유학을 떠났다. 이때 그의 아버지는 밀에 이렇게 당부했다.

"이제 새로운 사람들과 사귀게 되면 너는 네 또래보다 많은 것을 배웠다는 사실을 알게 될 것이다. 또 많은 사람이 네 지식을 칭찬할 것이다. 그러나 네가 남보다 많은 걸 알고 있는 것이 너 자신의 공로 때문은 아니다. 너를 가르칠 수 있었고 거기에 필요한 수고와 시간을 아끼지 않았던 아버지를 둔 네 행운 덕분이다. 이와 같은 행운을 타고나지 못한 많은 사람보다 네가 좀 더 알고 있다고 해서 칭찬받을 일은 못 되며 반대로 칭찬을 받은들 네게는 더없는 치욕이 될 것이다."

한국의 정치인 대부분은 엘리트다. 그들이 이 사회에 기여한 것은 매우 적다. 어떤 경우는 아주 해롭기까지 하다. 그들의 말과 행동에는 자신의 야심과 영광만 있을 뿐 사회적 책임감이나 시대정신이 없다. 그래서 지금 정치행태를 지켜보는 것은 괴로움 그 자체다. 엘리트들은 세상에 나가 자신들이 마땅히 받아야 할 보상과 출세에만 집중한다. 한국의 일반 가정은 자녀에게 공부 열심히 하고 좋은 학교에 가서 출세하라는 이야기만 한다. 어쩌면 우리 사회는 교육을 통해 엘리트 기생충을 열심히 양산하는지 모른다. '고종의 조선'을 잊었는가? 그 시대의 유학자는 대부분 엘리트 기생충이었고 매국노였다. 친일에 대해서도 무슨 변명이 그리 많은지 모르겠다. 매국노의 변명이 그럴 듯하게 들리는 사회는 삼류 사회다. 일류 사회는 매국노에게 어떤 발언 기회도 주지 않는다. 드라마 「사랑의 불시착」에서 주인공 손예진은 이런 말을 남긴다.

"인생에는 절대 잊지 말아야 할 세 가지 유형의 사람이 있대. 어려울 때 날 도와준 사람, 어려울 때 날 혼자 내버려둔 사람, 그리고 어려운 상황으로 몰아넣은 사람. 그래서 내가 절대 안 잊어버리려고요. 당신들."

한국의 엘리트들은 나라가 어려울 때 우리를 도와준 사람이었던가? 아니면 어려울 때 날 혼자 내버려둔 사람이었던가? 아니면 어려운 상황으로 몰아넣은 사람이었던가? 드라마 속 대사에 우리나라 엘리트들을 대입해 보았다. 국민의 고충에 공감하고 사회 문제를 해결하기 위해 열심히 활동하는 정치가도 있다. 하지만 대부분은 국민의 어려운 처지를 남의 일로 여기고 자기 혼자 출세하기 바쁘다. 엘리트라 하더라도 그 역시 인간이다. 모든 인간은 비틀린 목재가 아니던가. 그래서 엘리트를 비롯한 우리 모두의 욕망을 제어할 내면의 금기가 필요하다.

  3단계는 바로 코어심벌이다. 내면 깊숙이 '해야 하는 것'과 '하지 말아야 할 것'의 경계를 갖고 있어야 한다. 사람들은 코어심벌의 존재로 인해 윤리적 지침에 따라 행동하도록 동기를 부여받는다. 코어심벌이 없는 사람은 사회적 윤리의식이 부족해 매우 위험한 행동을 할 가능성이 크다. 코어심벌은 최대한 간단해야 한다. 기독교의 십계명을 예로 들어 보자. 1계명부터 4계명까지는 신에 관한 것이다. 일신교이니 당연한 요구사항이다.

    1계명 한 분이신 하나님을 공경하라.
    2계명 그 이름을 함부로 부르지 말라.
    3계명 우상을 만들지 말라.
    4계명 주일을 거룩하게 지내라.

나머지 여섯 개의 계명은 인간사회에 관한 것이다.

- '행하라 Do'는 명령은 하나다.

  5계명 부모를 공경하라. 그리하면 하나님이 주신 땅에서 오래 살 것이다.

- '행하지 말라Don't'는 금기사항은 다섯 개다.

6계명 살인하지 말라.

7계명 간음하지 말라.

8계명 도둑질하지 말라.

9계명 거짓 증언을 하지 말라.

10계명 남의 재물이나 아내를 탐내지 말라.

이 여섯 개의 계명은 동서를 떠나 대부분 문명권에서 강조하고 있는 보편적인 내용이다. 특별히 기독교 문명만 이런 계명을 가진 게 아니기에 보편적인 통찰력의 원천이 될 수 있다. 십계명을 좀 더 분석해 보면 부모를 공경하라는 계명은 인간이 매우 실천하기 힘든 영역이다. 얼마나 힘들면 유일하게 보상을 약속하겠는가. 그 보상도 매우 크다. "그리하면 하나님이 주신 땅에서 오래 살 것이다."

나머지 다섯 계명은 금기사항이다. 보상은 없지만 어기게 되면 본인뿐만 아니라 사회에 해악을 끼치게 되는 매우 중요한 금기다. 보통 환자에게 당뇨가 있으면 의사는 몸에 좋은 음식보다 먹지 말아야 할 음식을 더 중요하게 강조한다. 이처럼 사회가 유지되기 위해서는 절대 하지 말아야 하는 사항이 매우 중요하다는 얘기다.

그런데 오늘날 현대인이 가장 소중히 여기는 "네 아이를 사랑하라."라는 계명은 없다. 왜 그럴까? 인간의 본성이 내리사랑이기 때문이다. 동물도 내리사랑은 한다. 오늘날 한국의 교육 현장에서 자기 자식을 너무 사랑하는 부모들이 결국은 교권을 무너뜨리고 있다. 내 자식이 귀하다는 자기중심적 사고에 빠져 스승을 무시하는 학부모들은 대개 이런 말로 상대를 겁준다. "내가 누군 줄 아느냐?" 잘 안다. 당신은 '괴물 학부모monster parents'다.

'내 새끼 지상주의'라는 소명으로 똘똘 뭉친 학부모가 '익명의 거대집단'이 되어 교육계를 흔들고 있다. 앞으로 교사직업도 3D 직종으로 기피하는 직업이 될 것이다. 우리는 또 중요한 기둥 하나를 잃을 수도 있다. 스승을 존경하지 않는 사회는 사회관계망 전체가 불안정하며 공동체의 가치를 제대로 지켜내지 못한다. 현대인은 사회에서 소중히 여기는 가치보다 내가 소중히 여기는 가치를 중시한다. 사회의 가치를 강요할 수 있는 시대가 아니다. 하지만 코어심벌이라는 일종의 사회적 규약 혹은 반드시 지켜야 하는 계명을 각자가 스스로 받아들이면 내 안에 일종의 '사회적 자아'가 생긴다. 그래야 어떤 결정적인 순간에 내 욕망이 커질 때 사회적 자아가 작동하고 우리 자신을 컨트롤하게 된다.

앞으로 한국은 이민을 받아들일 수밖에 없는 사회다. 다인종 다문화 국가가 될 것이다. 최근 이민 문제와 관련해 사회가 공동체로서 지향해야 하는 가치가 무엇인지에 대해 논하는 담론은 진전되지 않고 있다. 기술적이고 경제적인 측면에서만 이민 문제를 접근하고 있다는 점에서 단견 중의 단견이다. 최근 급격히 불거진 마약 문제와 과도한 개인주의의 확산에 따른 폐해는 코어심벌이 증발했을 때 생기는 위험한 현상이다. 코어심벌이라는 핵심 가치가 부재하거나 흔들리면서 우리 사회의 지속가능성은 위협받고 있다. 우리 사회는 안에서부터 곪아가고 있다. 우리 사회가 아무것도 신뢰할 수 없는 세상이라면, 오로지 자신의 욕망으로만 넘쳐나고 코어심벌이 들어갈 공간이 없는 세상이라면, 완전히 무너졌음을 의미한다. 김병익 문학과지성사 대표는 말한다.

"우리의 정신세계는 혼란하고 피폐하다. 우리는 너무 급하게 성장하는 과정에서 품격을 잃었고 부끄러움 없이 허세를 부리고 두려움 없이 세상을 접하며 스스로 영혼의 근육을 파괴해 버렸다. (…중략…) 지나치게 빠른 성장이 치르는 허망한 대가이며 성찰의 고통

없이 이룬 욕망의 속 모습이다. 이제 품위 있는 문화를 위한 사회교육, 그리고 준절한(정중한) 예의사회를 키워나가기 위한 문화훈련이 필요하다."⁹⁴¹

### 개인주의와 코어심벌

우리가 지향하는 삶은 자유를 누리면서 윤리적 가치가 유지되는 삶이기에 공존을 위해 노력하고 서로 존중하는 사회를 만들려고 해야 한다. 개인주의가 발달한 현대사회에서 개인의 도덕적 가치나 철학 그리고 사회에 대한 시각과 이념, 희망과 욕망 등은 존중의 대상이다. 특이한 취미도 개성이나 자기만족을 위해서라면 그럴 수 있다고 생각한다. 그런데 이기주의가 인터넷과 만나 원심력을 가속화하고 있다. 나, 나, 나······. 세상은 곱빼기의 '나'만 점점 커져서 제 목소리나 제 그림자를 신으로 부르고 '자신'만을 위해서 살다 간다. 신(神)도 국가도 가볍게 여기는 가벼운 시대가 됐다. 자신이 원하는 걸 자기 마음대로 행하는 게 대세가 됐다.

인간의 존엄성과 가치를 위해 반드시 자유의지를 존중해야 하지만 자유의지에는 한계가 있다. 사람은 자기 자신을 모르고 언제 어떻게 변할지 모른다. 자유의지로 통제할 수 없는 인간의 본성, 이기적인 유전자, 환경의 영향을 받는 인간의 특성 등을 고려해야 한다. 무엇보다 사람은 저마다 같지 않고 깨달음의 깊이도 다르다. 나를 기준으로 자유의 크기를 재어서는 안 되며 호모 사피엔스라는 종이 가진 본성을 잊어서는 안 된다.

사람은 원래 교육이 되어서 태어나는 존재가 아니다. 가정과 학교에서 행하는 교육의 본질적인 목적은 자기조절 능력을 습득하기 위함이 아니던가. 따라서 자유의지는 사회질서와 개인의 권리를 조화롭게 유지할 수 있는 범위 내에서 허용될 수밖에 없다. 모두가 성자처럼 엄격한 삶의 기준을 적용해서 살아갈 수는 없다. 우리가 선택한 엘리트들조차 감시가 미치지 않으면 권력을 자의적으로 사용하고 일탈을 저지른다. 그게 인간이다.

　더 나은 세상을 만들기 위해서는 일견 고리타분해 보이는 가족, 사회, 국가라는 가치들을 소중히 여겨야 한다. 그리고 그 가치들과 나의 관계를 조화롭게 설정하는 '관계의 미학'을 소중히 여겨야 한다. 이 관계의 미학이 없는 사회는 사실상 문명사회라 볼 수 없다. 지금은 묘수를 찾기보다 사회적 지향점을 재설정해야 한다. 책임 있는 이들을 포함해 공동체 모두가 코어심벌의 중요성을 깊이 인식할 필요가 있다. 코어심벌 부재는 우리 시대의 중요한 화두임에도 눈에 보이지 않고 걱정을 하면서도 관심에서 벗어나 있는 주제다. 새로운 사회가 출현할 때는 반드시 리스크가 생기게 마련이다. 코어심벌은 그 위험도를 낮추는 필수 장치다.

　프란치스코 교황의 말 중에 마음속에 새겨진 말이 있다.

　"자기 방식으로 세상을 살되 타인을 존중하라."

　자기 방식으로 삶을 살 수 있어야 타인을 존중할 수 있다. 하지만 자기 방식으로 삶을 사는 일은 만만치 않다. 자기 방식으로 세상을 살되 서로 신뢰하고 건강한 관계 속에서 자신의 꿈을 펼쳐나갈 수 있도록 그 구심점 역할을 하는 게 바로 코어심벌이다. 코어심벌을 갖고 있지 못한 사회는 위험에 노출될 수밖에 없다. 코어심벌이 약화되면 사람들이 자기 이익에 집착하는 천박한 상태에 머물게 되어 우리의 광장이 황폐해질 것이다. 모든 것이 돈으로 환산되고 자본주의의 이윤 동기만이 지배하는 세상에서 종교와 뮈토스,[942] 문화가 숨쉴 공간이 점점 좁아지고 있다. 사회구성원들이 건강한 사회를 위해 우리는 가장 기본적인 질문을 다시 물어야 한다.

- 우리는 어떤 가치를 중요하게 여기는가?
- 우리는 어떤 사회를 만들고 싶은가?
- 우리는 어떻게 해야 건강한 관계를 형성하고 지속가능한 사회를 만들 수 있는가?

코어심벌은 최소한의 사회적 약속이며 우리 내면의 제어 시스템이다. 위기의 순간이 닥치면 여러 가지 선택지를 깊이 있게 살펴보고 대안을 고려할 시간이 없다. 그럴 때 코어심벌이 길잡이 역할을 해준다. 또한 코어심벌은 정치적·윤리적 수사가 아니라 공동체의 핵심 전략이다. 어쩌면 머지않아 민족이나 핏줄이 아니라 보편적 가치가 중심이 되는 사회가 도래할 것이다. 한 세기가 지나면 이 땅은 민족 유무를 따지지 않고 보편적 가치를 힘과 역동성의 원천으로 삼는 사람들이 사는 곳이 되어 있을 것이다. 앞으로 우리는 무수히 생겨날 개별적인 풀뿌리 공동체들을 통합할 코어심벌을 만들어 나가야 한다.

4장

# 미래를 만드는 힘 3
# 혁신생태계 구축력

# 1
# 새로운 시대의 도래

### 기정학의 시대 도래

우리의 명운은 전대미문의 디지털 문명의 대전환 시대를 맞이하여 어떻게 대응할 것인가에 달려 있다. 이른바 대전환 시대의 핵심 성공요소는 과학기술이다. 이광형 카이스트 총장은 한국의 미래를 위해 국가발전의 키워드를 '기정력'으로 풀어내고 있다. 그는 2022년 12월 22일 글로벌 다극 체제와 한국의 경제안보 전략 공동포럼에서 이렇게 말했다.

"국제 정치가 경제와 정치를 넘어 과학기술이 바탕이 돼야 하는 기정학技政學 시대로 바뀌었습니다. 지정학地政學 시대에선 한국이 강대국 사이에 끼어 있었지만, 기정학 시대에선 우리의 노력으로 미래를 바꿀 수 있습니다. 한국이 10년 후에도 기정학적 우위를 차지하기 위해선 인공지능 반도체, 뇌과학, 양자, 국방 등의 기술을 준비해야 합니다."

그동안은 지정학이 중요했다면 이제는 기정학 시대다. 이 둘은 무엇이 다른가?

지정학Geopolitics은 지오geo와 폴리틱스politics가 합해진 단어다. 여기서 '지리'를 뜻하는 접두어 '지오geo'가 지정학의 핵심이다. 말 그대로 지리적 조건에 정치가 영향을 받는다는 의미다. 특히 2022년 2월 러시아가 우크라이나를 침공함으로써 '지정학의 귀환'은 다시 시작됐다.

한국은 동북아 끝 반도에 있어 지정학적 이유로 끊임없이 외세의 침략을 받았다. 한반도는 대륙세력과 해양세력이 부딪치는 전선이자 서로 교류하는 문명의 교차로이기 때문이다. 좋든 싫든 우리는 두 세력을 모두 상대해야 한다. 일본과 중국은 우리와 애증이 섞인 이웃들이다. 우리는 그들이 싫다고 멀리 이사 갈 수도 없다. 게다가 이웃을 영원히 미워하면서 척을 지고 살 수도 없는 운명이다. 이게 다 지정학으로 인한 운명적 위치 때문이다. 반일, 반중이 시대정신이라도 되는 듯 서로 외면하는 것은 스스로 무덤을 파는 일이다. 끝까지 냉정하고 절제해야 한다. 우리에게 요구되는 것은 먼저 지일知日과 지중知中이고 그다음에 극일克日과 극중克中이지 않을까?

기정학技政學은 기술과 지정학의 합성어로 기술이 강조된다. 기술적 우위가 국제 정치의 패권을 좌우하는 시대에 돌입했다는 뜻이다. 과거의 국제 정치는 지리적 위치가 중요했지만 현재는 기술을 바탕에 둔 기정학이 중요한 요소가 되고 있다. 지리적인 위치에 따라서 동맹관계를 맺는 것이 아니라 우리에게 필요한 기술, 부품, 특허를 보유하고 있는 나라와 동맹을 체결하는 시대가 된 것이다

조 바이든 미국 대통령이 2022년 5월 방한했을 때 가장 먼저 들른 곳이 삼성전자 반도체 공장이었다. 왜 제일 먼저 이곳을 방문했을까? 미국과 중국의 패권 경쟁 중에서 가장 첨예하게 대립하는 분야가 바로 반도체다. 미국이 중국과의 경쟁에서 이기기 위해서는

한국을 확실하게 자기편으로 끌어들이는 게 중요했고, 반도체 첨단 공급망 재건을 위해 삼성반도체 공장을 미국 내로 유치하겠다는 의도였다.

한국은 반도체와 배터리 분야에서 세계 최고 수준의 기술을 보유하고 있기 때문에 큰 관심을 보인 것이다. 미국과 중국의 패권 경쟁이 치열해지면서 과학기술은 국가 안보의 핵심 요소로 떠올랐다. 미국은 첨단 기술에 대한 지속적인 투자, 공급망 안정화, 패권에 도전하는 대중국 견제라는 세 가지 전략을 펴고 있다. 치열한 미·중 경쟁도 본질은 기술 패권 전쟁이라 할 수 있다. 미국이 글로벌 최강자로 자리하는 데 가장 크게 공헌한 것들 중 하나는 과학기술이다.

"기술은 미국의 역사를 이끄는 힘으로 늘 손꼽혀 왔다. (…중략…) 가장 폭넓은 의미에서 기술은 인류가 과거와의 관계, 미래와의 관계를 바꾸는 수단이다. (…중략…) 기술은 사회적·경제적 갈등의 틀을 짜거나 전장이 되기도 한다. 산업혁명 이후로 기술 전문가는 부와 문화적 영향력과 권력의 중심이 되어왔다."[943]

중국 역시 2020년 10월 열린 중국공산당 제19기 중앙위원회 제5차 전체회의(5중전회)에서 과학기술에 대해 논의했다. 폐막 후 중국 지도부는 2035년까지 지속적인 기술 투자를 통해 첨단 기술과 첨단 제조업을 육성하겠다는 정책의 청사진을 공개했다. 첨단 기술 확보 등 질적 발전을 이끌어 과학기술 전쟁에서 승리하여 강국 반열에 오르겠다는 게 중국 지도부의 중장기 전략이다. 미국과 중국은 인공지능, 양자정보과학, 반도체, 바이오, 차세대 이동통신 등 21세기 핵심 기술을 놓고 물러설 수 없는 전쟁에 돌입했다. 이제 기술은 경제와 산업뿐만 아니라 국가안보나 사회 등 전 분야에 영향을 미치고 있다. 이른바 기술이 지배하는 '팍스 테크니카 Pax Technica' 시대다. 이건희 회장은 일찍부터 팍스 테크니카 시대를 예견했다.

"선진국들은 과학기술을 국가안보 차원에서 다루고 있다. 과학기술이 부족하면 경제 식민지가 될 뿐만 아니라 국가안보마저도 남의 손에 의존할 수밖에 없다. 19세기가 군사력, 20세기가 경제력의 시대였다면 21세기는 기술 패권 시대라고 할 수 있다."[944]

기술은 안보요, 번영이요, 국격이다. 디지털 시대를 이끄는 힘은 기술이다. 게다가 우리의 이웃인 일본과 중국은 한국에 대해 모두 갑질을 할 준비가 된 나라들이다.

일본은 한국이 잘되길 바라지 않는다. 일본이 IMF 때 한국의 다급한 요청을 냉정히 거절한 것은 차치하고라도 강제징용 문제에 대해 반도체 부품의 수출 제한으로 대응했다. 2019년 일본은 한국에 일방적으로 수출 규제를 발표하면서 반도체를 제조하는 과정에 필수적인 핵심 소재인 감광액(포토레지스트), 고순도 불화수소 등에 대해 수출 제한을 실시했다. 일본의 일방적인 수출 제한 조치로 인해 한국의 반도체 공장은 숨이 멈출 뻔했다. 그러나 일본의 기대와 달리 한국은 빠르게 대응하여 위기를 극복하고 국산 소재 개발에 일부 성공하기까지 했다. 그리고 4년 뒤 2023년 7월 일본은 수출 규제에 별 효과를 거두지 못한 채 한국을 화이트리스트 대상으로 재지정했다. 한국의 대폭적인 양보에 대해 일본이 답한 상징적인 조치였다. 만일 우리에게 기술이 없었다면 일본에 그냥 무릎 꿇어야 하는 상황이 됐을 것이다.

중국의 사드 보복은 매우 가혹했다. 중국은 한국이 머리를 수그리고 들어오길 바랐다. 한·중 30년에 대한 전문가들의 평가는 거의 일치한다. 사드 배치 이전은 한·중 관계의 황금기로 경제는 물론 외교와 안보 측면에서도 비약적인 발전을 이뤘다. 사드 배치 이후 외교, 안보, 군사는 물론 경제 분야에서도 한·중은 만만치 않은 갈등에 직면해 있다.

중국은 사드 배치와 관련해 사드 부지를 제공한 롯데그룹을 괴롭혔고, 한국 콘텐츠 수입을 비공식적으로 막는 한한령限韓令을 내렸고, 관영 매체를 총동원해 중국 내 반한反韓 분위기를 끌어올렸다. 중국은 드라마와 영화, 게임, 여행 등 전방위 영역에서 보복을 가했다. 모든 교류가 일시에 줄어들고 일부 분야의 교류는 아예 끊겼다. 하지만 중국은 이로 인해 한국인에게 소프트파워를 잃어버렸다. 중국은 한국 정부에 을 노릇을 강요할 순 있지만 그런 방식이 한국인에겐 통하지 않는다는 걸 알지 못했던 듯하다. 사드 사태 이후 반중으로 돌아선 한국의 여론을 보고 크게 후회했을 것이다. 한국인의 특성을 파악하지 못해 발생한 대표적인 소탐대실의 사례다.

중국이 사드 사태에서 얻어야 할 교훈은 한국을 자신들 입맛대로 부리기 어렵다는 사실이다. 한·중의 명明의 측면이 차츰 약해지고 어두운 암暗의 측면이 점차 부각되고 있다. 한·중 관계가 어떤 변곡점에 도달한 것이다.

### 독자적인 한국 모델 탐구

중국 문명과 일본 문명은 우리가 지향하는 모델이 아닌 것은 분명하다. 오늘날 한국은 중국 문명을 모델로 삼지 않는다.

사실 한국이 중국 문명을 받아들일 수 없는 까닭은 그 한계 때문이다. 중국이 세계의 패권국가가 되는 데 가장 큰 약점은 포용적 문화가 부재하고 다른 나라의 인재들을 끌어들여 동화시킬 수 있는 역량이 없다는 것이다. 중국은 모든 나라와 좋은 관계를 유지하고 세계의 안정에 헌신하는 데 관심을 기울이는 초강대국 이미지를 갖고자 한다. 하지만 한면으로는 주변국이 자신의 힘과 문화에 굴복해 복종하기를 원하는 역사와 문화를 갖고 있다. 지금도 중국은 한국조차 포용하지 못한다.

게다가 중국은 절대로 자유민주주의 체제를 선택하지 않을 것이다. 중국이 자유민주주의 체제를 선택하면 싱가포르의 리콴유 전 총리의 예견처럼 다당제에 의한 정쟁으로 안정이 무너질 것이고, 지방에 대한 중앙의 통제력 약화로 인해 1920~1930년대의 군벌시대가 다시 될 것이다. 그렇게 되면 중국은 무너지고 말 것이다. 반면에 한국인은 자유민주주의 체제가 아니면 전부를 걸고 저항할 것이다. 게다가 중국의 매력을 떨어뜨리는 일이 또 발생했다. 시 주석의 장기 집권을 계기로 중국의 통제·감시 시스템이 한층 강화됐다. 2023년 7월 1일부터 시행된 반反간첩법으로 인해 중국에 진출한 해외기업 주재원들이 신변 불안을 호소하고 있다. 국내 기업인들이 중국행을 기피하게 된 것은 비단 어제오늘 일이 아니다.

코로나19, 미·중 갈등에 따른 한국 기업들의 사업 부진에 이어 엎친 데 덮친 격으로 반간첩법 제정이라는 악재까지 겹치자 국내 대기업조차 중국 현지근무를 기피하고 있다. 한국인들에게 하고 싶은 말을 못하고 산다는 것은 그야말로 목을 옥죄는 것으로 일할 의욕마저 상실케 한다. 귀국하는 주재원 중에는 중국은 물리적이든 정신적이든 숨쉬기가 힘들었다고 토로하는 이들이 많다. 이렇게 한·중 네트워크가 약화되고, 관과 민간 영역 모두에서 '차이나 포비아(China Phobia, 중국 공포증)' 현상이 확산하고 있다는 사실은 매우 안타깝다.

또한 한국은 일본 문명을 모델로 생각하지 않는다. 일본 사회는 편협하고 낮은 인권 의식을 가지고 있을 뿐만 아니라 부당한 권력에 대한 도전이 부재한 사회다. 순응적인 일본 사회 분위기는 그들을 일류 선진국이라 부를 수 없게 한다. 또한 한국은 일본이 추구하는 미래관이 무엇인지 알지 못하고 알고 싶어 하지도 않는다. 일본인은 본질적으로 팽창주의자들이라 한국이 틈을 보이면 늘 선수를 치고 나오지 않을까 의심한다. 한국이 그동안 추구하던 일본 모델은 IMF 이후 폐기됐고 미국식 시스템으로 교체됐다. 더욱이 한국의 우수한 학생들은 일본 대학으로 유학을 가지 않고 미국을 선택하고 있다. 이런 일련의 변화가 의미하는 바는 잠재적으로 심오하다. 한국의 잠재적인 엘리트층이 일본과 연결고리가 전혀 없다는 것이다.

# 2
# 한국만의 새로운 길

### 공존하기 힘든 한·중·일

한국은 지금 한국만의 새로운 길을 찾아가고 있다. 가보지 않은 길이다. 단언컨대 한국이 일본과 중국보다 잘살아야 동아시아가 평화롭다. 한일 간의 갈등도 한국이 '갑'이 되면 쉽게 해결된다. 일본은 그동안 1965년 한일기본조약을 체결한 사토 에이사쿠 이후 2023년 기시다 후미오까지 27명의 총리가 교체됐어도 과거사 문제를 해결하지 못했다. 그래서 오늘날까지 갈등의 불씨가 여전하다. 무려 70여 년간 일본이 '갑'일 때 문제는 해결되지 않았다. 중국과 일본이 우리보다 더 잘살면 동아시아는 긴장의 땅으로 변한다. 두 나라는 침략적인 기질과 우월감을 과시하려는 속성을 지니고 있기 때문이다. 사람처럼 국가도 그 본질은 변하지 않는다.

한국인은 여행도 많이 간다. 맛있는 일본 음식도 좋아하고, 유구한 역사를 가진 중국의 유적지도 좋아한다. 즉 한국이 잘살수록 이웃들에게 돌아갈 몫도 커진다는 얘기다. 게다가 반도체 핵심 소재를 보유한 일본과 희토류를 보유한 중국은 수틀리면 남의 약점을 잡아 수출을 중단하겠다며 협박하고 실행에 옮긴다. 한국인은 약점을 잡아 남의 목줄을 죄려는 행위를 가장 치사하고 비겁하게 여긴다. 치사하고 비겁한 자들! 정치 이슈를 경제 보복으로 연결하다니 무례한 짓이다. 그들은 우리의 자존심과 자긍심을 확 구겨서 찌그러트리고 싶은 것이다.

중국은 다른 국가와 수평적 관계를 맺은 역사가 없다. 자국을 세계의 중심인 중화中華로 여기며 주변 국가를 모두 속국으로 여긴다. 오랫동안 중국인들의 사고에 깊게 뿌리내리고 있는 중화사상은 패권을 추구하는 속성을 갖고 있다. 오늘날 중국과 해양 분쟁을 겪고 있는 동남아 국가들은 중국의 행보에 엄청난 위압감을 느낀다. 기본적으로 중화 문명은 수직적인 질서에 기반한다.

중국인은 우월한 위치에 올라섰을 때 ① 상대적인 위치를 명확히 하고, 즉 하위에 있는 당사자가 자신의 종속된 위치를 깨닫게 한다. ② 하위에 있는 당사자에게 복종을 강요한다. ③ 그렇지 않으면 처벌이 뒤따른다는 사실을 공고히 하려는 경향이 있다.[945]

일본은 과거 침략에 대한 원죄가 있고, 아직 침략적 본성이 남아 있는 데다가 사과조차 하지 않는다. 일본이 내세웠던 대동아공영권은 범아시아주의가 아니라 아시아의 각 민족이 세계에서 가장 우수한 일본의 지도를 받아 조화롭게 살아간다는 주장이다. 이 또한 매우 수직적인 질서다. '일본판 중화주의'인 셈이다.

그러고 보면 동북아 삼국은 서로를 존중하고 각국의 권리가 동등한 수평적인 네트워크를 만든 적이 단 한 번도 없었다. 유럽의 편지 공동체처럼 한·중·일 지식인들 사이에서 자유롭게 의견을 교환한 역사도 없다. 학회나 발표한 논문을 공유하는 시스템은 모두 서구에서 수입했다. 따라서 한·중·일은 유럽연합과 같은 공동체를 만들 수 있는 역사적 경험이나 공통적인 심벌이 없다. 흔히 말하는 유학과 공자는 조선에서는 강했지만 일본에서는 일부 사무라이의 학문에 불과했을 뿐이다. 한·중·일 삼국은 공존의 노하우도, 공존을 했던 역사도 없었다.

한·중·일은 서로 연합한 역사적인 경험도 없고 공통 심벌도 없는 데다가 서로에 대한 애정도 없다. 혹시 삼국의 연합이 이뤄진다고 할지라도 필요에 의한 일시적이고 제한적인 연합일 것이다. 궁극적으로 세 국가가 지향하는 가치가 다르고 공공의 규칙에 기반해 질서를 공고히 할 수 있는 협의체로 발전시킬 수 있는 토대가 없다. 한국이 다시는 일본에 지지 않고 중국에 모욕당하지 않기 위해서는 핵심 기술을 갖고 있어야 한다.

"역사에 대해 징징 울어봤자 소용없다. 역사가 아픈 술수로 우리를 때릴 때, 맞은 바에는 아픔을 잊지 말자. 다음에는 맞지 않기 위해서, 잘하면 다음에는 때리는 쪽이 되기 위해서. 우리는 착한 내림이니까 설마 남을 때리지 않겠지만. 이히히"[946]

### 기술혁명과 한국기술 발전과정

기술은 외통수로서 생존의 문제이자 번영의 문제다. 국가의 권위를 지켜나갈 수 있느냐의 문제는 기술력에 달려 있다. 우리는 현재의 경제력을 유지하기 위해서도 기술력에 더 힘써야 한다. 황창규 전 삼성전자 사장은 삼성전자 사장, 국가 CTO, KT 회장 등으로 현장을 뛰면서 몸으로 깨달은 바를 다음과 같이 표현했다. "기술은 과학자가, 경영은 비즈니스맨이 하는 시대는 지나갔다." 모든 분야에서 첨단 기술과 융합하기를 권한 것이다.

"지금은 누구나 첨단 기술에 대한 지식을 쌓고 이를 자기 삶의 다른 자원들과 융합시키는 과정을 거쳐야 하는 시대다. 새로운 기술들을 경험하지 않고서는 일생을 관통하는 통찰을 얻을 수 없다."[947]

어쩌다 한 번 일본에게 거두는 승리는 의미가 없다. 오늘날의 기술발전은 속도가 매우 빠르다 못해 기존 기술과 산업을 무력화시킬 정도로 파괴적이다. 이런 기술의 파도에 제때 올라타지 못하면 영원한 2류로 남을 수밖에 없다. 김빛내리 서울대학교 교수는 중앙일보와 인터뷰에서 과학기술의 중요성을 힘주어 강조했다.

"과학기술이 얼마나 중요한지 절박함을 좀 가지면 좋겠다. 미래는 과학기술 권력이 세상을 지배하는 시대다. 한 나라의 경쟁력은 결국 과학기술에서 나온다. 산업·경제적 측면이든 안보 차원이든 궁극적인 경쟁력은 과학기술에서 나올 수밖에 없다. 절박함을 가지고 과학기술 교육과 인재 양성에 투자하지 않으면 선진국 진입은커녕 나라의 존립도 위협받을 수 있다."

인류의 역사를 바꿔온 두 축은 기술과 의식(인식)이다.

"기술혁명은 인간의 의식과 현실의 본질에 대한 인식까지 침범하고 있다. 이에 필적할 만한 마지막 변혁이던 계몽운동은 신앙의 시대를 반복적인 실험과 논리적 추론의 시대로 바꿔놓았다. 이제는 이와는 반대 방향으로 작용하며 설명이 필요한 결과를 제시하는 알고리즘에 대한 의존이 그 자리를 대신하고 있다."[948]

의식혁명에 대해서는 이미 1장에서 충분히 언급했다. 서유럽은 4단계를 통과하여 새로운 사회를 만들었다. 1단계는 인식혁명이다. 창조적 소수자들이 세상을 변화시키는 새로운 생각을 했다. 지동설과 종교개혁은 이렇게 탄생했다. 2단계는 주체세력 형성이다. 창조적 소수자들을 둘러싼 일련의 사람들이 새로운 생각을 받아들인다. 3단계는 공론장을 통한 확산이다. 성공 사례들이 하나둘 알려지면서 '나도 뭔가 해보자.'라는 의욕이 사회에 퍼지기 시작한다. 4단계는 임계질량 도달이다. 많은 사람들이 호응하고 따르면서 변화의 속도가 급속히 빨라지

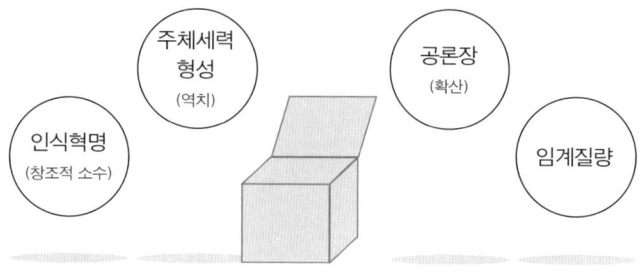

고 완전히 다른 사회로 진입한다.

서구가 근대화를 이루기까지 거쳐온 도약의 순간을 도표로 보면 위와 같다.

다윈의 진화론은 생명체에 대한 질문에서 시작됐다.

"세상에 다양한 생명체들은 도대체 어떻게 해서 생겨난 것일까?"

이후 진화론은 장대한 스토리가 됐다. 세상을 바꿔놓은 기술발전 역시 동일한 패턴으로 진행되고 있다. 질문은 세상을 바꾸는 가장 강력한 도구다. 창조적 소수자들이 기존 패러다임을 벗어나는 최초의 질문을 한 것이 혁명의 시발점이 됐다. 이정동 교수는 『최초의 질문』에서 스페이스X의 탄생을 예로 든다. 스페이스X는 일론 머스크가 던진 하나의 질문에서 시작됐다.

'우주선의 1단 로켓을 다시 쓰면 어떨까?'

초기엔 실패의 연속이었다. 주체세력이 형성되고 걸림돌을 제거하고 수많은 시행착오를 거쳐 기술을 완성한 셈이다. 새로운 문제를 풀려고 시도한 노력의 결과였다.

고유한 최초의 질문이 없으면 전략기술이 생길 수 없고 전략적 자립성이 있을 수 없다.[949] 최초의 질문에 대한 답으로 첫 버전을 만들고, 시험결과를 반영해 다음 버전을 만드는 까닭은 인간이 미래를 다 알지는 못하기 때문이다.[950]

해방 후 80년간 대한민국의 눈부신 발전은 과학기술이 토대가 됐다. 근현대사를 돌아보면 과학기술이 국가발전에 크게 기여했다. 한국이 겪은 기술발전 과정을 요약하면 다음과 같다.

"1970년대는 도입 기술의 시대, 1980년대 중반부터는 원리를 이해하고 변형할 수 있는 개량 기술의 시대다. 그리고 2000년대에 들어서는 산업 곳곳에서 선진국과 어깨를 나란히 견줄 만한 자체 기술이 만들어진다. 그래서 한국산업기술발전사의 끝부분은 '전량 수입에 의존하다 국산화 성공' '세계 몇 번째 개발' '선진국보다 더 좋은 기술 최초 개발'같이 자랑스러운 내용이 집중돼 있다."[951]

2021년 기준으로 한국은 세계 3위 수출의존도(네덜란드, 독일 순)와 세계 4위 수입의존도(네덜란드, 멕시코, 독일 순)를 보이는 무역 개방성이 높은 국가다. 한국무역협회 자료에 따르면 한국의 수출품목의 변화는 1차 산업에서 최첨단 제품으로 교체된 가히 혁명적인 변화였다.

**한국 주요 수출품목**

|   | 1961년 | 1980년 | 2000년 | 2022년 |
|---|---|---|---|---|
| 1 | 철광석 | 의류 | 반도체 | 반도체 |
| 2 | 중석 | 철강 | 컴퓨터 | 석유제품 |
| 3 | 생사 | 신발 | 자동차 | 자동차 |
| 4 | 무연탄 | 선박해양구조물 및 부품 | 석유제품 | 합성수지 |
| 5 | 오징어 | 음향기기 | 선박해양구조물 및 부품 | 자동차 부품 |
| 6 | 활선어 | 인조장 섬유직물 | 무선통신기기 | 철강 |
| 7 | 흑연 | 고무제품 | 합성수지 | 평판디스플레이 |
| 8 | 합판 | 목기류 | 철강 | 정밀화학원료 |
| 9 | 미곡 | 영상기기 | 의류 | 선박해양구조물 및 부품 |

| 10 | 돼지털 | 반도체 | 영상기기 | 무선통신기기 |

(출처: 한국무역협회, 2022년 수출통관자료, e-나라지표)

    1961년에 한국은 철광석, 중석, 무연탄, 흑연 등 천연자원을 수출했다. 오징어와 활선어 그리고 구둣솔과 옷솔 재료인 돼지털까지 팔 수 있는 건 모두 팔았다. 한국이 자원부국이라서가 아니라 산업 기반이 없었던 탓에 팔 수 있는 물건이 그것밖에 없었다. 수출품 5위인 오징어만 하더라도 말린 오징어의 살은 발라 찢어서 수출하고 껍질은 국내 시장에 팔았다. 수루메するめ라 불린 오징어 껍질은 수출용 오징어 가공품의 부산물이었다. 1980년대에 우리 살림이 조금씩 펴지면서 수출용 오징어 가공품이 국내에서도 팔리기 시작했다. 맛있는 밥도둑인 오징어채가 만들어졌는데 현재는 진미채라 부른다.

    1970년대에는 노동력을 기반으로 한 섬유, 신발, 가발 등을 수출하면서 우리도 잘살 수 있다는 희망을 갖기 시작했다. 1980년대에는 기술력을 바탕으로 한 철강, 자동차, 석유화학, 전자제품 등을 수출했다. 1980년의 주요 수출품목이 1960년대의 천연자원에서 석유화학, 철강, 자동차로 변신했음을 볼 수 있다. 1990년대 이후로는 최첨단 제품들이 상위권을 차지했고 2000년대에는 중공업에 기반한 자동차와 선박을 수출했다. 곧이어 첨단산업에 기반한 무선통신기기, 휴대폰도 수출함으로써 수출 강국으로 우뚝 섰다. 이러한 기적 같은 변신을 두고 돼지털에서 디지털로, 오징어에서 「오징어 게임」을 만들어 파는 대한민국이 됐다고 우스갯소리로 표현하기도 한다. 학자들은 세계적으로 이렇게 성공한 나라는 없다고 평가한다.

    "한 국가가 저기술 상품에서 고기술 상품으로 연관된 산업을 따라 한 칸씩 옮겨 갈 가능성이 있달 뿐이지 모두가 그렇게 할 수 있다는 뜻은 아니다. (…중략…) 놀랍게도 상품공간 이론의 핵심 주장과 어긋나게 변두리 기술에서 중심부 기술로, 쉽게 말해 돼지털에서 디지털로 겨우 한 세대 만에 도약한 나라가 바로 한국이다."[952]

한국은 선진국을 벤치마킹하여 빠른 시간 안에 산업을 더 나은 수준으로 만드는 뛰어난 역량을 보여주었다. 어떤 국가보다도 우수하게 정답이 있는 문제를 해결했다. '우리도 할 수 있다.'라는 정신으로 기적 같은 결과를 만들어냈다. 한국의 발전은 절박함과 과학기술의 발전이 복합적으로 작용한 데서 비롯됐다.

그런데 앞으로도 이런 방식으로 성장이 지속가능할까? 한국의 지난 역사를 거슬러 올라가보자.

# 3
# 사이클로 바라본 한국의 역사

한국의 발전사를 좀 더 구조적으로 파악해보자. 한국의 최근 160여 년을 돌아보면 40년 주기의 특징을 보이고 있다.

| | |
|---|---|
| 제1사이클 | 고종의 즉위 이후 혼미기(1863~1904) |
| 제2사이클 | 일제강점기(1905~1945) |
| 제3사이클 | 건국과 산업화(1948~1987) |
| 제4사이클 | 세계화(1988~2027) |

네 개의 사이클은 두 개씩 묶인다. 해방 전 두 개 사이클과 해방 후 두 개 사이클이다. 특히 한국이 주도적으로 경제와 사회를 운영한 제3사이클과 제4사이클은 각각 30년 + 10년으로 분해하면 우리 사회를 훨씬 더 제대로 바라볼 수 있다. 한국은 40년 주기로 특징을 보인다. 전략적 대전환기가 40년마다 도래하는데 그 10년 전인 30년 전후에 구조적 도전systemic challenge이 발생한다. 다음 그

림을 보자.

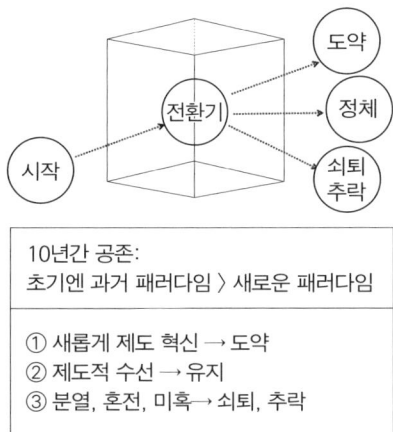

30년마다 찾아오는 구조적 전환기에 어떻게 대응하느냐에 따라 결과는 세 가지로 나타났다. 도약이냐, 정체 후 추락이냐, 서서히 쇠퇴하느냐로 갈렸다. 대응을 잘못했다고 해서 당장 쇠퇴하지는 않지만, 유효기한이 지나면서 조금씩 경쟁력을 갉아먹다가 퍽 하고 IMF 같은 대형 위기를 만나게 된다. 이제 각 사이클을 좀 더 자세히 들여다볼 텐데, 뒤틀린 시공간 속에 있던 제1사이클과 제2사이클은 생략하고 제3사이클과 제4사이클만 살펴보겠다.

### 제3사이클의 사회상

해방 이후 이승만과 박정희의 몇몇 정책은 연속성을 갖고 있었다. 대표적인 예가 초등학교 의무교육이다. 1950년대 초등학교 의무교육을 추진하면서 글 읽기와 산수 등을 익힌 인적 자본이 많이 늘어나면서 노동력이 새로 형성됐다. 1960년대부터 여성의 일부가 섬유산업의 공장노동자로 일하는 등 노동인력이 대거 산업에 투입되면서 한국의 경제성장률은 연 8%대로 급격히 올라갔다. 박정희

집권 18년간 한국은 경제적으로 엄청난 변화와 발전을 이루었다. 이 시기에 경부고속도로가 뚫렸고 포항종합제철과 거대한 중화학 공장들이 들어섰다. 농업 국가에서 공업 국가로 변신했고, 또 경공업 국가에서 중화학공업 국가가 됐다.

"1960~1980년대의 기간에 세계 경제에서 국제 분업구조의 혜택을 가장 많이 본 나라가 한국, 대만, 일본이었다. 한국과 대만은 저기술·노동집약적·수출·제조업에서 저렴한 인건비에 기반해 국제경쟁력을 유지했다. 이 시기를 대표하는 산업이 가발·섬유·의류·신발·합판산업이었다."[953]

한편 민주주의와 인권은 배가 채워진 다음에야 추구하게 되는 사치재가 아니라 기본권리라 주장하는 층도 두껍게 쌓여갔다. 하지만 박정희 정권은 국민의 자유와 권리를 정지할 수 있는 긴급조치를 남발하더니 1975년 4월 사이공이 함락되자 가장 강력한 긴급조치 9호를 발령했다. 국회의원의 면책특권은 박탈됐고 언론과 집회의 자유는 완전히 사라졌다. 박정희 정권은 기존 프레임을 버리지 못하고 민주 인사들을 탄압함으로써 예견된 위기 속으로 들어갔다. 강요된 침묵의 시대가 도래했고 살벌한 시기였지만 오래가지 못했다.

제3사이클의 30년 전후에 최초의 구조적 전환기를 맞이했는데 그 시점은 1979년이었다. 경제가 어려워지자 1978년 12·12 선거를 필두로 야당이 승리하는 민심이반이 시작됐다. 여기에 노동자들의 권리 요구와 부마 민주항쟁까지 겹치면서 전국적으로 엄청난 시민항쟁이 발생했고, 결국 박정희가 암살되는 10·26 사태가 발생했다.

정치적 민주화 요구는 이듬해 1980년 5월 18일 전두환이 광주 민주화운동을 진압하면서 좌절된다. 문제를 스스로 해결하지 못하면, 마르크스의 유명한 문구에서 보듯 한 번은 비극으로, 또 한 번은 희극으로 나타난다.

|  |  | 1979년(전환기) | 1987년 |
|---|---|---|---|
| 제3사이클 | 정치개혁 | × (1980년 5·18 광주민주화운동, 무력으로 진압) | 6·10 항쟁(직선제) |
|  | 경제개혁 | △ (1980년대 중화학 분야 구조조정) | × |

(비고: ×=개혁을 전혀 실시하지 못함, △=일부 개혁 실시)

"한국을 지배했던 독재자가 사라지자 똑같이 군대 쿠데타를 통해 '새로운 독재자'인 전두환이 등장했다. 이는 국민들의 기대를 저버린 역사의 간계였다. 스스로의 힘으로 독립을 쟁취하지 못했기에 분단의 아픔을 겪었던 것처럼 스스로의 힘으로 박정희의 독재를 극복하지 못했기에 국민들은 새로운 독재자의 출현을 막을 수 없었다."954

당연히 1980년대는 새로운 암흑기로 국민들은 박정희보다 더한 전두환의 독재 아래 신음했다. 다만 1970년대 중반 이후 중화학공업의 중복 투자 등으로 발생한 비효율적인 문제는 전두환 정권이 강압적으로 구조조정을 하면서 일부 해소됐다. 노동자의 권리 문제는 다시 유보됐지만, 이어지는 3저 호황으로 경제호황을 누리게 된다. 이 시기에 37년간 유지됐던 통행금지가 1982년 1월 5일 해제됐다.955 컬러 TV가 도입되는 등 일부 자유화 조치가 시행되면서 경제활성화를 촉진시켰다. 결과적으로 전두환 정권은 박정희 정권보다도 높은 경제성장률을 달성했다.

그런데도 누구 하나 전두환의 리더십이 뛰어나서 경제가 성장했다고 하는 사람은 없다. 민주화라는 시대정신을 짓밟고 군사정변을 일으켜 권력을 잡은 대가다. 하지만 억눌린 정치적 개혁은 점차 제 방향을 찾아갔다. 학생운동과 재야 세력이 지속적인 투쟁으로 전두환 정권의 권위주의적 통제에 타격을 가했고, 마침내 한국은 1987

년 6월 민주화 항쟁을 통해 대통령 직선제를 쟁취했다.

### 제4사이클의 사회상

제4사이클은 제3사이클에서 정치적 개혁(직선제)만 진행했을 뿐 경제적 과제는 그대로 방치된 상태에서 출발했다. 큰 틀에서 나라 전체의 현안을 시야에 넣은 개혁이 진행되어야 하는데 직선제를 개헌하는 것으로 그친 것이다. 87년 체제의 개혁은 30년이나 된 낡은 자동차의 엔진과 타이어는 그대로 두고 운전수를 누구로 할 것인가만 결정한 꼴이었다. 그럼 무슨 일이 벌어지겠는가?

정치적 민주화는 이뤘지만, 경제체제는 여전히 옛 시스템을 사용하는 모순된 상황이었다. 정치적 민주주의가 견실하게 뿌리내리기 위해서는 경제 또한 상당 부분 민주화돼야 했다. 그동안 억눌렸던 노동계는 1988~1990년 3년간 매년 10%가 넘는 임금을 인상했다. 또한 1990년대 초반까지 회사마다 노동조합 결성 붐이 일어났다. 경제호황은 1990년 들어 저물기 시작했다. 경기하강을 극복하기 위한 '생산성 운동'에 관한 포스터가 회사와 공장마다 붙어 있을 정도였다.

문제는 당시 기업과 정부, 노동자가 서로 격하게 갈등하는 상황이라 노동자도 기업과 함께 생산성을 높인다는 생각은 받아들이기 어려운 구조였다. 이렇게 쌓여가던 구조적인 위기는 1995년부터 본격화되기 시작했다. 그러나 안으로 곪아터지는 염증을 엔고 호황이 가져온 반짝 경기 때문에 제대로 인식하지 못했다. 결국 21세기를 몇 년 앞둔 1997년, 세계 11위의 경제력을 자랑하던 한국 경제가 미증유의 외환위기를 맞았다.

"우리나라 기업들이 그 전략 패러다임에 별다른 근본적 변화 없이 기존 방식인 수직적 구조에 기반한 양적 성장 전략으로 글로벌 리더들과 국내외에서 직접 경쟁을 벌인 결과 6·25 전쟁 이후의 최대 국난이라는 IMF 위기가 1997년 말에 발생하게 된 것이다."[956]

고도성장이 가져온 환상이 하루아침에 무너진 것이다. 드라마 「재벌집 막내아들」에서 외환위기가 발생하자 재벌 회장이 "이제 굴뚝 장사는 끝났다."라고 말하는 장면이 나온다. 저임금과 노동시간 연장으로 인한 성장은 이제 끝났음을 말하고 있는 것이다. 강제적으로 전면적인 개혁을 해야 하는 한국은 IMF의 자금을 받는 대신에 구조조정을 시행했다. 이로 인해 대규모 실업이 발생하였고 막대한 대가를 치러야 했다. 2만여 개의 기업이 문을 닫고 200만 명에 육박하는 국민이 일자리를 잃었다.

"1998년 이후 한국 경제는 수년간 전방위적인 구조조정 시기를 거쳤다. 이는 기업, 노동, 공공서비스 등 각 분야에 걸쳐 망라된 것이었다. 그 이후 한국 경제는 본격적으로 살아나기 시작했고 중국 경제특수에 힘입으며 성장 경로에 재진입할 수 있었다."[957]

IMF 외환위기에 대해 정덕구 이사장은 단기적 위기관리에 실패한 김영삼 정부의 책임이 크겠지만 전환기 관리에 실패한 전두환, 노태우, 김영삼 정부의 공동책임으로 보아야 한다고 진단했다.

"미리미리 체제 변화에 따른 체질 개선을 왜 못했을까? 실물 부분의 변화에 금융은 왜 대응하지 못했을까? 우리의 불찰 때문이다. 가장 근접해서는 세계화, 경제협력개발기구OECD 가입 등 개방정책에 상응하는 국내 체질 개선 노력이 부족했고 환율정책도 너무 경직적으로 잘못 운영됐다. (…중략…) 돌이켜 보면 외환위기 발생 10년 전부터 이러한 산업구조 개편, 금융구조 개혁을 시작했다면 우리는 1997년 동아시아 위기의 희생자가 되는 것을 막을 수 있지 않았을까 생각한다."[958]

1997년 경제위기는 노동시장 구조를 근본에서부터 변화시켰다.

정리해고의 홍역을 치른 대기업 노조는 임금과 근로조건에 집착하며, 내부 이해관계자의 기득권 유지를 위해 비용을 하청기업에 전가시켰다. 대기업에서 비정규직 채용을 확대하기 시작한 것도 이즈음이다. 이때 등장한 김대중 정부는 광범위한 경제개혁 조치와 기업 및 금융 구조조정, 기업 부채 축소, 지배구조 개선을 추진하며 경제 기반을 강화했다. 또한 IT 분야를 혁신하고 문화를 개방하면서 향후 성장할 토대를 닦았다. 이러한 개혁들이 발판이 된 한국 경제는 한 단계 도약을 이뤄냈다.

### 세계화와 정보통신기술의 혁명이다

이 시기에는 두 개의 메가트렌드로 인해 급속한 변화가 일어났다. 첫 번째는 세계화라는 국제 질서가 재편됐다.

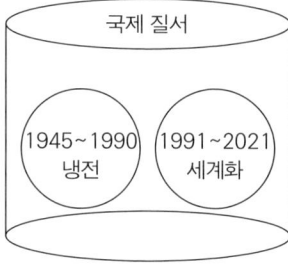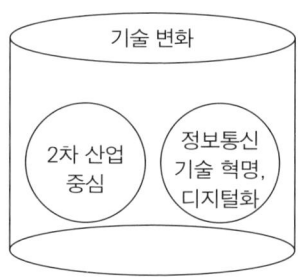

- 1889년 겨울 독일의 베를린 장벽이 붕괴했다. 독일 통일이 순식간에 찾아왔다.
- 1991년 12월 소련이 무너졌다.

이 사태에 가장 충격을 받은 것은 중국공산당이었다. 개혁개방을 하지 않으면 체제가 붕괴할 수 있다고 느낄 즈음 1992년 1월 덩샤오핑은 예정에 없던 한 달간의 중국 남부지역으로 여행을 떠났다.

여행에서 돌아온 덩샤오핑은 은퇴 상태에서 벗어나 공개적으로 모습을 드러냈다. 그는 자신이 8년 전에 개발했던 경제특구들을 방문하며 낡은 생각에서 벗어나 자본주의든 아니든 생산성과 생산 수준을 향상할 수 있는 정책을 채택해야 한다고 촉구했다. 덩샤오핑의 이런 담화는 '남순강화'로 불린다. 이를 분기점으로 1992년 3월 중국공산당 중앙위원회 정치국은 '사회주의 시장경제 노선'을 유지하기로 합의했다. 그해 8월 한·중수교가 이뤄지고 이후 한국의 중소기업들은 저렴한 인건비를 찾아 중국으로 공장을 이전했다. 다른 한편, 한국의 많은 전통 기업은 국제 무역시장에서 중국의 저렴한 인건비 공세에 밀려 경쟁력을 상실해 갔다.

"한·중 수교가 체결되자 인건비 인상으로 수익성 압박을 받던 저임금·저숙련 기반의 한국 자본가들에게 중국 공산주의는 자본의 해방구가 된다. 저임금·저숙련 기반의 한국 자본가들은 일당 독재의 나라 중국 공산주의로 피난을 간다. 더 낮은 임금을 찾아서."[959]

"1987년 노동자 대투쟁으로 인한 임금폭등과 1992년 한·중 수교의 2단계 충격이 중임금노동자의 몰락으로 연결됐다. 저기술·노동집약적·수출·제조업에서 특히 몰락했다. 신발산업, 섬유산업, 의류산업, 가죽산업의 몰락이 대표적이다."[960]

중국이 2001년 세계무역기구WTO 가입 이후 10년이 채 지나기도 전에 미국에서는 700만 개의 제조업 일자리가 사라졌다. 러스트 벨트Rust Belt[961]가 나온 것도 이때였다. 러스트 벨트의 백인 노동자들은 클린턴 행정부가 중국의 세계무역기구WTO 가입을 적극적으로 추진한 탓에 일자리를 잃었다며 분노를 터뜨렸다. 이 사건은 이후에 트럼프에게 표를 몰아주는 배경이 됐다. 중국의 엄청난 공업생산력에 미국, 일본, 독일 등 선진 자본주의 국가들도 큰 타격을 입었다.[962]

두 번째는 1990년대 획기적인 기술의 변화와 함께 정보통신기술 ICT 혁명이 생산의 국제화와 맞물리면서 미국과 유럽의 제조업 공장이 중국으로 대거 이동했다.

"정보통신기술 혁명으로 인해 정보량은 많아지고 정보전달 비용은 급격히 낮아진다. 『그레이트 컨버전스』의 저자 리처드 볼드윈은 생각의 이동이 용이해졌다고 표현했다. 기업은 생산과정을 초월한 지역 단위로 재배치할 수 있게 됐다."[963]

기업이 국가 간 장벽을 느낄 수 없을 정도로 생산공장을 자유롭게 해외로 이전했고, 하나의 제품은 생산과정이 국제화되어 한 국가 단위에서 생산의 흐름을 측정할 수 없게 됐다. 심지어 어디서 만들어졌는지조차 대답할 수 없을 정도였다. 스마트폰의 사례를 간략히 살펴보자.[964]

- 미국의 실리콘밸리에서 스마트폰을 디자인한다.
- 대만의 제조업체가 이 디자인에 따라 생산한다.
- 중국의 공장은 일본에서 디스플레이를, 한국에서 프로세서 칩을, 독일에서 카메라를, 미국에서 헤드폰을 주문한다.
- 중국의 공장은 지시에 따라 부품을 조립하여 최종 완성 폰을 생산해서 실리콘밸리의 회사로 보낸다. 이 회사는 자신의 브랜드로 전 세계에 이 제품을 판매한다.

이 스마트폰이 어디에서 만들어졌는지조차 복잡한 문제가 됐다. 애플의 경우 2019년 기준 공급망 밸류체인에 관련된 국가는 총 45개국이며 1,049개 기업이 참여하고 있다. 미국은 자국을 대표하는 아이폰의 일자리조차 국내에 둘 수 없었다.

2011년 2월 오바마 대통령이 스티브 잡스에게 물었다. "아이폰을 미국에서 만들면 어떨까요?" 스티브 잡스의 대답은 명확했다. "그 일자리는 미국으로 돌아오지 않습니다."

미국은 근로자의 질, 공장의 생산성, 산업기술을 비롯해 종합적인 면에서 경쟁력을 잃어 선택지가 되지 못한 것이다. 제2차 세계대전 이후 40년간 지속됐던 방식이 변했다. 즉 설계한 공장에서 혹은 그 근처에서 생산하던 방식이 이제는 전 세계에서 가격이 가장 싸거나 품질이 가장 우수한 공장을 선택하는 방식으로 바뀌었다. 그래서 아주 저렴한 비용으로 제품을 조립할 수 있다. 적자생존을 넘어 소수만이 살아남는 '최적자생존' 시대가 된 것이다. 게다가 제조업 생산공장이 저렴한 인건비를 쫓아 중국, 멕시코, 동유럽 등으로 이전하면서 기존의 산업도시들에서는 대량실업이 발생했다.

"영국은 1990년 이후 25년 동안 제조업 일자리의 거의 절반을 잃었고 일본은 3분의 1, 미국은 4분의 1을 잃었다. 일부 일자리 감소는 자동화로 인한 것이었지만, 글로벌 공급망의 생성은 부유한 경제권에서 진행되던 제조업 일자리의 지속적이면서도 단계적인 감소를 고통스럽고 급속한 붕괴로 바꾸어놓았다."[965]

그런데 정작 놀라운 건 일자리만 사라진 게 아니라 미국의 핵심인 혁신 역량도 쇠퇴하고 있다는 사실이다. 2021년 6월 4일 백악관은 「미국의 공급망 회복력 구축과 제조업 활성화」라는 보고서를 발표했다. 삼성이 35회, 중국이 458회나 언급됐다는 문제의 그 보고서다. 제조가 안보의 초석임을 인식하고 반도체, 배터리, 희토류, 제약 등 네 분야의 밸류체인에서 미국 제조업의 취약점을 확인하고 정책을 제안한 것이다. 이 정책이 나온 배경에는 길게 보면 20년, 짧게 보면 10년간 미국 산업에서 제조현장이 사라지면서 혁신 역량도 같이 없어지는 이중 공동화 현상이 발생한 것이다. 이정동 교수는 그 사례로 세계 3위 파운드리 업체인 미국 글로벌파운드리

GlobalFoundries를 소개한다.

"미국 글로벌파운드리가 2018년에 7나노 공정을 포기하면서 미국의 반도체 디자인 설계 역량까지 떨어졌다는 것이다. 그래서 제조 기반을 국가의 혁신공유재라고 한다."

"제조현장은 단지 뭔가를 만드는 곳이 아니라 여러 산업 활동이 어우러지는 산업생태계의 주춧돌이다. 연구개발, 설계, 디자인, 마케팅 등 소위 선진국형 기술집약적 고부가가치 서비스산업도 서비스를 적용할 제조업이 없이는 존재하지 못한다."[966]

혁신과 생산은 연결되어 있다. 생산을 아웃소싱하는 순간 혁신 역량도 사라지기 시작한다. 새로운 제품을 만들기 위해 혁신을 하려면 시제품을 신속하게 제작하고 현장에서 나온 피드백을 반영해 개선된 제품으로 다시 제작하는 과정이 필요하다. 그리고 또 다시 피드백을 받는 이런 과정을 수행할 수 있는 역량이 필요하다. 현장에서 새로운 도전적 질문들이 던져진다. 이러한 역량을 확보하지 못하면 혁신 역량은 점점 사라질 것이다. 중국에서는 현장에서 제품을 바로 테스트할 수 있고 그 피드백을 받아서 제품이 업그레이드되는 속도가 굉장히 빨랐다. 놀랍게도 제조업은 기술혁신의 가장 주된 근원지로 혁신 역량은 제조 생태계 속에서만 지속될 수 있다. 한마디로 요약하면 제조 역량이 아웃소싱되면서 혁신 역량도 동시에 아웃소싱을 해야 하는 상황이 벌어진다. 이 때문에 미국은 후회하고 있다. 이정동 서울대 교수가 인용한 MIT의 『혁신경제의 생산』[969]은 블루칼라에 대한 깊은 통찰력을 담고 있다.

2011년 블루칼라 일자리는 전체 제조업 고용의 40% 이상을 차지한다. 이들이 없으면 제품이 생산되지 않는다. 그래서 선도적인 기업들의 성과는 블루칼라 직원의 기술, 아이디어, 헌신이 핵심이라고까지 강조한다.

## 제4사이클의 전환점

|  |  | 1987 | 1997년 | 2019년 |
|---|---|---|---|---|
| 제4사이클 | 정치개혁 | ○ (직선제) | × | 30년 된 87년체제의 정치개혁 시급 |
|  | 경제개혁 | × | ○ (IMF) | 코로나19, 미·중 패권 갈등 본격화, -세계화가 끝나고 새로운 체제 형성기에 진입 |

1988년에서 30년쯤 후인 2017년 촛불혁명부터 2019년 코로나19 발생 기간에 제4사이클의 전환점이 찾아왔다.

해방 후 76년이 지나 선진국[968]에 도달한 한국은 정치적·경제적 환경 변화에 적합한 강도 높은 개혁을 필요로 한다. 그러나 현실은 정치적 분열과 변화불감증으로 인해 실질적인 개혁의 조짐이 전혀 보이지 않는다. 일단 가시적인 과제부터 살펴보자. 87년체제 이후 30년이 넘도록 헌법과 정치체제는 변화하지 못하고 너무 낡은 상태에 머물러 있다. 이 낡은 그릇으로는 국민의 다양한 의견과 기대를 담을 수 없다. 헌법은 도로와 같아서 지속적으로 유지보수가 필요하다. 법과 제도는 시대 변화에 맞게 계속 보수하고 발전시켜야 한다. 독일이 계속 경쟁력을 유지하는 건 글로벌 스탠더드가 될 수 있도록 법을 잘 만들고 잘 보수했기 때문이다. 헌법에도 유효기간이 있다.

"통치는 가도와 비슷하다. 끊임없는 유지와 보수가 필요하다고 생각하는 인지력, 문제점을 깨닫자마자 당장 보완하고 수정하는 유연한 행동력, 그것을 가능케 하는 경제력 가운데 하나만 부족해도 통치는 기능을 제대로 발휘할 수 없게 된다."[969]

여야 공히 헌법이 낡았다는 사실을 인정하면서도 근본적인 개혁을 위해 출발조차 하지 못하고 있다. 구한말 고종 시대와 뭐가 다른가. 헌법과 각종 제도 개혁이 제때 이뤄지지 못할 경우 한국은 다음 사이클의 초반 10년(2028~2037년) 사이에 내우외환이라는 엄청난 고통을 당할 수도 있다. 조윤제 서강대학교 명예교수는 이렇게 진단했다.

"2000년대 이후에는 외환위기 때와 같은 외부로부터의 개혁 압력이 약화됨에 따라, 국내 정치는 진영 간 대결에 갇혀 우리 경제에 필요한 경제개혁 조치들을 적시에 이뤄내지 못하고 문제를 누적해왔다. 소득 수준은 선진국 문턱에 와 있으나 사회 전반의 지식 수준과 합리성, 제도와 조직 운영의 효율성, 인사보상 시스템, 사회질서, 정치 행태 등은 한참 뒤떨어져 있다. 사법 시스템과 공공기관에 대한 신뢰, 타인에 대한 신뢰와 협력과 같은 사회적 자본 수준은 개도국에 가까울 정도다."[970]

한국 경제가 지금의 위상에서 더 후퇴하지 않고 나아가 여기서 한 단계라도 더 올라서야 한다. 그러기 위해서는 이제 단순히 경제정책만이 아니라 사회 전반에 걸친 대혁신이 일어나야 한다. 김진현 이사장은 등에 식은땀을 흘릴 정도로 호소하고 있다.

"지금 대한민국은 기로에 서 있다. 건국 이후 가장 복합적인 초특급 위기와 단군 이래 처음으로 세계대국의 꿈이 동시에 넘실거리는 분기점에 있다. (…중략…) 한때 우리 모두 그리도 목말랐던 자주독립국가, 절대가난 탈출, 시민자유, 그리고 세계적 대한민국, 그 성공이 완성되는 듯한 이 순간에 다시 건국 이후 최대의 초특급·총체적·복합적 위기를 맞고 있다."[971]

복합적인 개혁과제를 추진해야 하는 여야 정치인의 의식과 수준은 어떠한가? 해방 후 박정희 시기라 통칭할 수 있는 제3사이클과 세계화 시기라 통칭할 수 있는 제4사이클 시기의 인물들을 살펴보자. 제3사이클 시대 인물들은 박정희, 김대중, 김영삼, 이병철, 정주영, 박태준, 김수환, 한경직, 법정으로 정치인 셋, 경제인 셋, 종교인 셋이다. 이 조합을 보면 자연스럽게 그 시대가 떠오르면서 고도성장, 그 이면에 드리워진 부정적인 측면, 그리고 국민에 대한 위로까지 모두 잘 어우러져 있다. 잘살아 보자며 땀 흘려 경제발전을 이끌고 성과를 창출한 그룹과 독재에 반대하며 인간다운 삶을 이루기 위해 헌신하며 민주화 운동을 했던 그룹을 보면 그 시대의 모습들이 저절로 떠오른다. 김수환, 한경직, 법정 이 세 분은 종교인이지만 일반인들조차 그 영성을 인정할 정도로 영향력이 큰 어른들이었다.

우리가 왜 박정희, 김대중, 김영삼, 김종필 시대를 그리워하는가? 그들은 서로 화합하지는 못했지만 통치보다는 정치를 했기 때문이다. 그들은 식민지, 전쟁, 냉전 등 거대한 전환기를 겪으며 세상을 넓게 바라보는 능력을 갖고 있었다. 반면 지금의 정치인들은 이전 정치인들과 같은 큰 경험이 없다 보니 시야가 좁고 진영논리에 함몰되어 사춘기 청소년처럼 서로 말도 섞지 않는다. 그런 점에서 현재의 정치 리더들은 개인적인 수양과 함께 원로들로부터 의견을 구하고 다양한 방향에서 생각하는 힘을 길러야 한다.

2000년 시대 리더들을 다시 살펴보자. 노무현, 이명박, 박근혜, 문재인, 윤석열, 이건희, 정몽구, 최태원 등이다. 정치인은 평이하고, 경제인 중에는 이건희라는 한국 역사상 가장 뛰어난 경제인이 배출됐다. 종교계는 불명예스러운 사건들이 발생하면서 신뢰를 많이 잃었다. 가톨릭의 추기경과 불교의 종정이 누구였는지 딱히 기억나지 않고, 기독교계를 대표하는 대형교회 목사들은 세습과 돈 문제에 얽혀 면죄부를 팔던 시대보다 더 타락했다고 개탄하는 지경이다. '선진도상국'으로 끝날지 모른다는 정덕구 이사장의 진단은 그래서 더 뼈아프다.

"그동안 간간이 제기됐던 체계적·입체적 문제해법은 목소리 큰 이해집단들의 아우성 속에 묻혀버렸다. 그리고 점점 품격이 상실된 상태에 빠져 들고 있는 정치권에서 이러한 문제의식의 해법을 구하는 것은 연목구어가 됐다. 그들은 자신의 칼의 크기에 부심하며 본질적인 문제 앞에서는 몸을 숨겨왔기 때문이다. (…중략…) 이 과정에서 선진 사회의 필수 요건인 사회적 신뢰 자산은 점점 줄어들고 분열공화국의 오명을 감수해야 했다. 이 모든 요인이 선진도상국 증후군을 형성하고 이 때문에 선진국 문턱에서 주저앉은 선진도상국으로 스스로 격하되는 것이다."[972]

한국 정치 지도자들의 질이 역사와 현실을 직시하지 못하는 낮은 수준이라면 이제 희망을 걸 곳은 국민뿐이다. 한국인은 국가에 협조할 줄도 알고, 필요하면 참을 줄도 알고, 상황을 올바르게 인식하는 데도 뛰어나다. 한국인은 정치가 잘못된 길로 가면 그것을 참지 않고 시정을 요구한다. 시정하지 않으면 대통령도 국민의 힘으로 끌어내린다.

"위정자들이 국권을 팔아 식민지로 전락한 가운데 국민 스스로 들고 일어나 10년 만에 독립운동을 전개한 나라 역시 우리나라밖에 없다. (…중략…) 역동성이란 내재적 자산으로 남는다."[973]

그런데 우리는 지금 양극으로 분열됐다. 이 난관을 잘 헤쳐나갈 수 있을지 걱정이 앞선다. 역사는 불친절하다. 띄엄띄엄 읽거나 몇몇 사건을 기억하는 사람들은 늘 헷갈릴 수밖에 없다. 한국을 설명하려면 IMF가 나와야 하고, 그 이전의 1987년의 민주화, 1960년대의 4·19와 5·16, 잊지 못할 6·25전쟁과 해방, 그리고 1910년 식민지까지 이것이 한 세트다. 어느 것 하나라도 떼어놓고는 한국사는 보이지 않는다. 잃어버린 30년을 버틴 일본의 내공은 결코 무시할 수 없다. 30년을 잃어버렸어도 세계 3위다. 만약 우리가 잃어버린 30년을 지나야 한다면 일본처럼 잘 버텨낼 수 있을지 자문해 봐야 한다. 지금 나와 당신이 서 있는 그곳에서 과연 우리는 생존할 준비가 돼 있는지 다시 점검할 때다.

한국은 40년의 사이클에서 30년 전후로 구조적 전환점에 도달한다. 다시 말해 한 사이클의 전성기는 30년이 최대라는 것이다.

직관적으로 볼 때 대략 30년은 그동안 주역이었던 한 세대를 지나 다음 세대가 주역이 되는 그런 구간이다. 거의 30년마다 맞는 구조적 전환점에서는 통찰력이 필요하다. 하지만 사람들은 한 세대 동안 지속된 시스템이 앞으로도 계속될 것으로 생각한다. 일종의 경로 의존성 때문이다. 경로 의존성이란 시간이 흐르고 상황이 바뀌어 이제는 적절하지 않게 된 과거의 제도, 법률, 문화 등이 계속 영향을 미치는 것을 말한다. 하지만 우리에게 너무나 당연한, 익숙한 세상은 결코 지속될 수가 없다.

베이비붐 세대는 희생과 헌신을 통해 우리 사회를 한 단계 도약시키고 더 나은 제도를 만들었다고 자부한다. 반면 밀레니엄 세대는 자신들이 가장 불운한 세대라고 여긴다. 밀레니엄 세대는 어렸을 때부터 개인 컴퓨터, 스마트폰, 인터넷, 그리고 세계적인 정보의 흐름과 함께했던 최초의 세대다. 부모에 비해 가방끈이 더 길고 기대치 또한 높은 세대이기도 하다. 그런데 부자 나라인 한국에서 불안한 고용으로 인해 경제적 혜택이나 풍요와는 거리가 멀고 미래가 없는 삶을 사는 청년들이 이 사회에 대해 불만을 표출하고 있다. 한국에 거주하는 외국인 칼럼니스트 역시 이런 상황을 매우 심각하게 보고 있다.

"기성세대가 만들어놓은 계단을 열심히 올라가 보지만 단계마다 마주해야 하는 지옥 같은 현실은 많은 젊은이에게 필요 이상의 고통을 안기고 있다. 학교, 학원, 수능, 대학, 취직, 주거, 육아, 안정, 부의 축적, 노후 등 무엇 하나 보장된 것이 없다. 사회는 뼈를 깎는 노력과 끊임없는 자기 학대를 강요하지만 보상은 그만큼 따라오지 않는다."[974]

어쩌란 말인가. 기성세대는 젊은 세대들을 이해할 수가 없다. 한국이 여기까지 얼마나 힘들게 왔는가. 먹고사는 문제부터 자기 의견조차 표현할 수 없는 엄혹한 군사독재를 지나 더 나은 세상을 위해 많은 제도를 개선해왔다.

해방 후 1세대는 가난한 가족을 위해 파독 광부와 간호사로 또 사우디아라비아 건설 현장으로 기꺼이 달려갔고, 적빈의 국가를 위해 베트남 전쟁터로 파병됐다. 이 모두가 가난하고 어렵던 시절 한결같이 목숨과 청춘과 인생을 담보로 한 자기희생의 드라마였다.

"1964년부터 9년 동안 베트남 전쟁에 파병한 연인원은 약 32만 명. 그들이 목숨을 담보로 벌어들인 돈은 약 50억 달러의 외화수입 효과를 거둔 것과 맞먹는다."[975]

베이비붐 세대는 개발 독재와 민주화를 경험한 세대다. 후진국 시절에 태어나 군사독재하에서 성장기를 보냈다. 사회문화적 환경이 경제발전을 따라가지 못하는 상황에서 권위주의적 문화로 인해 학교, 군대에서 폭력을 일상으로 접하며 살았다. 또한 경제적 호황, 86서울아시안게임, 88서울올림픽, 해외여행 자율화를 누린 수혜자들이기도 하다.

지금의 2030세대는 부모 세대처럼 가난하고 폭력적인 후진적 환경도 아니고, 깨끗한 도시에서 인터넷으로 모든 게 가능한 풍요로운 세상을 살고 있다. 노태우 대통령을 마지막으로 군사정권이 막을 내리고 냉전의 이데올로기가 사라지자 정치 이슈에서 경제 이슈로 담론이 바뀌었다. 2008년 세계 금융위기 이후에는 저성장 고착화, 청년실업, 빈부격차 심화 등으로 열심히 살아도 살기 쉽지 않은 세상이 됐다. 이제 노력에 노오력을 해도 번듯한 일자리를 구하기가 쉽지 않다. 취업도 결혼도 포기한 한국의 N포 세대는 힘든 일도 싫고 아이도 낳지 않겠다고 한다. '사람은 부모를 닮기보다 시대를 닮는다.'라는 아랍 속담처럼 각 세대가 성장과정에서 겪은 경험은 고스란히 세대별 특징에 반영될 수밖에 없다. 경험뿐만 아니라 학력에서도 큰 차이를 보인다.

"밀레니엄 세대의 평균학력은 대졸 이상이 77%나 된다. 이는 전통 세대가 초졸 (44.7%), 베이비붐 세대가 고졸(43.7%)인 것과 비교된다."[976]

대졸 이상이 77%인 밀레니엄 세대는 높은 학력만큼이나 기대치가 잔뜩 부풀려져 있다. 현실적인 해결책이 없다 보니 경제 영역을 넘어 사회 문제로 촉발되고 있는 것이다. 우리나라는 압축 성장을 이룬 끝에 극단적인 쇠퇴의 길로 가는 게 아닌가 우려스럽다. 힘들게 이룩한 선진국의 토대 위에서 훨훨 날 줄 알았던 후손들이 스스로를 불행하게 여길 줄은 꿈에도 상상한 적이 없다. 이는 출산율 저하로 나타나고 있다. 베이비붐 세대인 60대의 거버넌스가 더 이상 작동하지 않는 것이다. 기성세대의 잘못은 아니지만 기성세대의 효용은 이미 끝났음을 자각해야 한다. 새 술을 담을 새 부대가 필요한데 기성세대가 권력을 이용해 자신들에게 유리한 시스템에 계속 집착한다면 본인 세대는 물론 미래 세대도, 사회도 모두 힘들어질 수밖에 없다. 베이비붐 세대와 같은 환경은 다시 돌아오지 않는다.

사실 우리는 많은 것을 성취했다. 그러나 풍요와 번영을 손에 넣은 후 즐길 틈도 없이 새로운 변화의 한복판에 다시 서 있다. 이제 세대교체가 제대로 이뤄져야 그동안 기성세대가 이뤄낸 성취와 헌신도 평가받을 수 있을 것이다. 기성세대에게 익숙하고 유리한 제도와 시스템을 미래 세대에 맞게 바꿔야 한다. 지금의 삐거덕거리는 헌법과 제도는 모두 기득권 세대가 만든 것이다. 미래 세대를 위해 그들의 의견을 반영해 법과 시스템을 전면 교체해야 한다.

다시 말해 아무리 좋은 시스템이라 하더라도 30년이 지나면 갈림길에 서게 마련이다. 이후 10여 년은 기존 패러다임의 전성기를 지나 마지막 불꽃을 태우는 시기이자 새로운 패러다임의 씨앗을 뿌리는 시기다. 이 시기를 어떻게 대응하느냐에 따라 국가의 운명이 좌우된다. 대외적으로 1930년대 등장한 세 가지 이념인 파시즘, 공산주의, 자유주의 중 마지막까지 살아남은 자유주의 역시 세계화 30년 만에 파국을 맞은 상태다. 사회주의가 종언을 고하고 자유주의 국제 질서가 유지된 게 딱 30년이다.

지금은 미래를 좌우할 결정적 10년의 시점에 와 있다. 한국은 향후 5년에서 10년이 매우 결정적인 시기에 해당한다. 대내적으로 한국의 두 번째 사이클(1988~2027)의 마지막 5년에 해당되고 대외적으로 미·중 패권경쟁이 치열해지면서 새로운 국제 질서를 형성해가는 시기와 겹쳐 있다.[977]

### 새로운 국제 질서의 도래와 한국

조 바이든 미국 대통령은 지금의 시대가 미래를 좌우할 결정적 10년이라고 했다. 향후 미국은 국제 사회에서 중국에 대한 압박을 점점 강하게 할 것임을 예고했다. 여기에 미국은 국내적으로 '미국의 제도적 주기'와 맞물려 있다. 조지 프리드먼은 저서 『다가오는 폭풍과 새로운 미국의 세기』에서 미국은 80년이라는 '제도적 주기'를 갖고 있다고 분석했다. 그렇다면 다음 주기는 2026년부터다.

다음 대통령 선거 때까지 미국 내부는 흑백 간, 보수·진보 간 갈등이 더 치열해질 것이다. 이 여파는 세계에 지대한 영향을 미칠 것이다.

"지난 몇 년 사이에 고조된 인종갈등은 2020년대부터 2030년대

| | 1789 | 헌법 수립 |
|---|---|---|
| 78년 | 1866 | 남북전쟁 |
| 80년 | 1945 | 제2차 세계대전 |
| 80년 | 2025 | ? |

사이에 더욱 높아지게 된다. 경제적 역경에 처하고 자신이 지닌 문화적 가치가 공격당하고, 이에 무관심해 보이는 정부와 지도자 계층을 지켜봐야 하는 가정과 개인은 침묵하지 않을 것이다."[978]

돌아보면 지난 30년의 세계화 시기에 최대 수혜국 중 하나는 한국이었다. 로버트 케이건은 저서 『밀림의 귀환』에서 한국의 성공은 한국인의 놀라운 생명력과 능력 이외에 미국이 구축한 세계화가 도움이 됐기에 가능했다고 분석했다. 한국 국민의 놀라운 생명력, 결연한 의지, 산업, 자유를 사랑하는 정서도 물론 한국의 성공에 기여했다. 한국이 성공한 제도를 구축할 기회를 제공한 요인은 바로 국제 환경이다.

지금은 글로벌 경제가 정치경계선에 따라 지역화될지, 아니면 계속 세계화를 유지할지 알 수 없는 시기다. 케이건은 이제 한국의 성장에 큰 기여를 한 세계화라는 환경이 무너지고 밀림이 귀환하고 있다고 진단했다. 케이건은 세계화 질서는 인위적인 산물이라며 지금은 "무엇이 자유주의를 계속 지탱할 수 있을까?"라고 물어야 하는 시기라고 강조한다. 또 다른 지정학 전문가인 피터 자이한은 더 냉혹하게 향후를 전망한다. 더 이상 한국 같은 수출 주도 경제모델이 통하지 않는다고 예견한다.

"한국이 이러한 난관에 적응하려면 단지 산업구조만 뜯어 고치는 데 그치지 않고 사회적·정치적 구조 전체를 뜯어 고쳐야 한다."[979]

국제 환경이, 우리가 당면한 시대적 상황이 악하고 독해지고 있다. 이렇게 위급한 상황인데 한국의 어느 정치세력도 이에 대응할 준비가 전혀 되어 있지 않다. 정치권은 날만 새면 정쟁에 몰두하고 암울한 미래에 숨통을 틔워줄 만한 미래 성장동력도 보이지 않는다. 이렇게 주저앉아 '잃어버린 10년'의 입구로 들어갈 것인가. 돌이켜 보면 외환위기 때를 빼곤 국가적 차원의 개혁이 없었다. 안타깝게도 보수 정권이든 진보 정권이든 그들이 시도한 노동·연금·교육개혁은 모두 예외 없이 용두사미로 끝났다. 강고한 기득권의 높은 장벽 앞에서 어쩌지 못하고 있는 것이다. 이러한 실패의 배경에는 과도한 정치권력, 적대적인 정치 지형, 리더들의 만성적인 근시안적 시각 등이 복합적으로 작용하고 있다. 여기에서 생기는 부산물은 현상유지적인 발상뿐이다. 후세는 이를 동맥경화 현상이라 할지 모른다. 더구나 그사이 저출산과 고령화까지 겹쳐 저성장의 늪에 빠졌기에 예전만큼의 활기를 찾아볼 수 없다는 게 더 큰 문제다.

종합하면, 한국은 2023년부터 10년이 가장 위험한 구간이다. 이 시기에는 인적 자원의 질이 국가의 흥망성쇠를 결정한다. 이런 때일수록 지도자들의 품질을 냉정하게 평가하고 동시에 정치에 관심을 갖고 감시를 잘하는 현명한 국민들이 있어야 한다. 이 둘의 가치는 거꾸로 보면 즉각적으로 깨닫게 된다. 무능하고 부패하며 탐욕적인 정치인과 옥석을 가리지 못하는 국민들이 있는 나라는 공멸한다. 그래서 "천하의 흥망에는 필부도 책임이 있다.天下興亡 匹夫有責."라는 말이 나온 것이다.[980]

앞에서 정치인과 종교인들을 보았지만 대부분이 수준 미달로 현재 한국은 사회의 구심적 역할을 할 수 있는 지도자가 없다. 지금부터 5~10년이 가장 중요하고 위험한 구간인데도 국민에게 이런 긴박감에 대한 공감대조차 얻기 힘든 상황이다.[981] IMF 때처럼 오히려 나라 경제가 부도났을 때는 개혁을 하기가 쉽다. 이와 반대로 선진국에 진입한 지금 경제도 문화도 방산도 다 잘되는데 개혁해야 한다는 당위성에 대한 인식을 공유한다는 게 그리 간단치가 않다. 그러다 보니 세계적으로 거대한 변화의 소용돌이가 닥쳐오고 있는데 지도자와 국민 모두 똘똘 뭉쳐 대응해야 하는데 서로 편을 나눠 싸우고 있으니 걱정이 앞선다.

정치 지도자를 비롯한 사회 지도층은 어떤 이슈가 나와도 세상을 내 편과 네 편으로 나누기 일쑤고 자신의 믿음에 지나칠 정도로 강한 확신을 갖고 상대를 비난한다. 내 편은 무조건 옳고 상대편은 무조건 그르다는 진영논리로 대처하니 제대로 된 해결책이 나올 수 없는 구조다. 새로운 것을 만들어내는 생산적 경쟁 대신 권력을 독점하려는 제로섬 경쟁으로 내부 에너지를 소모하고 있다. 이 때문에 근시안적으로 판단하고 확증 편향을 키움으로써 서로의 감정을 건드리고 불필요한 논란을 야기해 사회적 합의를 이루지 못하고 있다.

## 이건희 회장의 신경영에서의 함의

한 방향으로 사회적 합의를 끌어내는 것은 매우 지난한 일이다. 삼성의 사례만 보더라도 톱 리더가 전부를 걸어야 가능했다. 삼성의 '신경영'은 이건희 회장이 내부의 엄청난 저항을 뚫고 이뤄낸 것이다. 1993년 6월 '마누라와 자식만 빼고 다 바꾸자'라는 프랑크푸르트 선언 이후 삼성이 일사불란하게 움직였을까? 실제 회장의 진의를 파악하지 못한 1년간은 그야말로 혼란기였다. 국내 1등을 하기 위해 사력을 다했던 기존의 경영진이 반감을 갖고 저항한 것이다.

신경영 선포 후 변화를 촉진하고자 삼성의 주요 계열사 관리본부장을 교육 명목으로 연수원에 2~3개월간 파견하여 현업에서 제외시켰다. 일부는 좌천인사를 단행했고, 공직자인 현명관을 비서실장으로 임명했다. 이유는 단 하나였다. 과거의 관행을 따르지 않는 비서실장이 필요해서였다. 현 비서실장 체제는 당시 엄청난 사건으로 인적청산의 신호탄으로 해석될 정도였다. 그리고 실제 신경영이 효과를 거둔 건 5~6년이 지난 IMF 이후부터였다.

"질質경영·선진경영은 1997년 외환위기 뒤 다른 기업과 실력 격차로 증명됐다. 신경영이 불을 붙인 것이라면 로켓이 발사된 건 외환위기 이후였다."(황영기 삼성전자 사장)

이 회장은 안개가 짙어 한 치 앞도 보이지 않는 시대 상황에서 어떻게 선견력을 가지고 조직을 이끌었을까? 당시는 20세기에서 21세기로 넘어가는 세기말이자 산업화 시대에서 정보화 시대로 넘어가는 변화의 분수령이었다. 지나고 보니 다가올 새로운 세계의 본질을 가장 잘 읽어낸 경영인 중에 이 회장을 빼놓을 수 없다. 그 결과 미국 시사주간지 「타임」은 2005년도 '세계에서 가장 영향력 있는 올해의 인물 100'에 기업인 부문에 이건희 회장을 스티브 잡스, 래리 페이지 등과 함께 선정하였다. 「타임」은 다음과 같이 설명을 덧붙였다.

"삼성그룹의 이 회장은 소니에 도전장을 내밀어 무명의 삼성전자를 세계 최고 기업으로 탈바꿈시켰다."

그런데 변혁은 왜 이렇게 힘든 것일까? 임직원의 인식을 바꾸는 일이 쉽지 않았다. 그들의 머릿속에서 인식혁명이 이루어져야만 진정한 변화가 시작되기 때문이다. 이 회장은 삼성은 곧 망한다며 비장하게 경고하면서도 한편으로는 생생하게 비전을 제시했다. 모든 위대한 업적이란 게 실현되기 전까지는 망상이나 꿈일 뿐이라지만, 그의 꿈은 숨이 턱 막힐 만큼 대담무쌍했다.

국내 1위 → 글로벌 초일류 기업, 매출(양) 중심 → 질 위주 경영이 목표를 달성하기 위해서는 사람의 질, 경영의 질, 제품과 서비스의 질이 달라져야 한다. 그런데 이게 어떻게 하루아침에 간단히 이뤄질 일인가. 인식혁명의 구조인 1단계 창조적 소수(인식혁명) → 2단계 주체세력 형성(역치) → 3단계 공론장(확산) → 4단계 임계질량 도달로 분석해보자.

삼성이 다시 태어난 '신경영 30년'을 되돌아보면 2단계인 주체세력 형성까지 약 7년이 걸렸다. 1987년 회장에 취임한 이 회장은 '제2의 창업'을 선언하고 삼성이 이대로는 안 된다며 생각과 일하는 방식의 변화를 촉구했다. 회장으로 취임한 지 43일 만에 직원들에게 '하나만 더 잘못되어도 우리에게는 미래가 없습니다.'라는 제목의 메일을 보냈다.

"더는 물러설 곳이 없습니다. 하나만 더 잘못되어도 우리에게 미래는 없습니다. 비장한 각오와 혁신의 자세를 가져야 할 때입니다."

이 회장은 죽기 살기로 모든 것을 바꾸지 않으면 망한다고 생각한 것이다.

"삼성은 지난 1996년도에 망한 회사다. 나는 이미 15년 전부터 위기를 느껴왔다. 지금은 잘해보자고 할 때가 아니라 죽느냐 사느냐의 기로에 서 있는 때이다."[982]

하지만 삼성인들은 그의 심정이 얼마나 간절하고 절박했는지 제대로 이해하지 못했다. 그저 국내 1등에 안주하지 말라고 자극을 주기 위한 클리셰로서 위기를 받아들인 것이다. 1993년 6월 프랑크푸르트에서 강력한 변화를 하자고 호소해도 삼성인들 중에는 여전히 그의 뜻을 이해하는 사람이 거의 없었다. 그는 이 시기를 한마디로 정리했다. "회장이 말해도 안 되는 것인가? 그동안 나는 속았다."

그의 눈에 비친 삼성은 패망으로 가는 선로 위를 달리는 기차였다. 종착역을 바꾸지 않으면 기차 안에서 이리저리 뛰어봤자 소용

없었다.

프랑크푸르트 선언 이후 1년의 혼란기를 거쳐 비서실 중심으로 주체세력이 형성되면서 방향을 잡아갈 수 있었다. 이 회장의 목표가 얼마나 거창했는지 당시 경영진의 입장에서 보자. 글로벌 2류인 삼성이 일류를 넘어 초일류에 도전한다는 일은 무모해 보였다. 언제 달성할지 모르는 초장기 비전에 에너지를 낭비하다가 자칫 집토끼마저 다 잃을지도 모르는 상황이었다. 아직까지 양을 포기할 수 없다. 질과 양은 동전의 양면이다.

그런데 이 회장은 양을 포기하고 질 경영만이 가야 할 길이라고 확정했다. 그는 당시 삼성 사장단 수준의 엘리트들조차 내다볼 수 없는 미래에 대한 상상력과 통찰력을 보유했단 말인가. 현명관 비서실장 역시 난감했다. 그는 이렇게 회고한다.

"신경영은 국내 1등이라는 그간의 성과를 부정하는 것이었다. 기존 관행에 젖어 있던 사람들은 반감을 가질 수밖에 없었다. 이 회장은 과감한 인사 조치로 기득권의 저항을 물리쳤다."

이 회장은 삼성인의 인식 속에 깊이 뿌리박힌 국내 1등의 위기, 자만의 위기를 경고하고, 임직원이 영혼을 다해서 삼성을 함께 만들어 가자고 호소했다. 또 최고 대우를 약속하는 대신 뼈를 깎는 수준의 혁신을 주문했다.

"국제화 시대에 변하지 않으면 영원히 2류나 2.5류가 된다."

이제부터 현실이냐, 미래냐를 놓고 이 회장과 삼성 경영진의 '인식 싸움'이 시작된 것이다. 좀 더 내밀한 사정을 알아보기 위해 이건희 회장의 난해한 용어를 정리하고 전파한 핵심 실무진 중 한 사람인 신태균 전 인력개발원 부원장의 회고와 전문가들의 평가를 중심으로 살펴보자.

"이 회장은 사자후를 토하듯 새로운 개념의 용어, 스토리와 사례,

촌철살인의 메시지들을 홍수처럼 쏟아냈다. 삼성이 놀랐고 국내 언론도 놀랐다. 언론인들은 삼성이 이상하다며 내부에 무슨 심각한 일이 발생한 것 같다고 수군거렸다. MBC가 이례적으로 이 회장의 프랑크푸르트 강연을 무편집으로 단독 보도했다."

이후 4개월간 LA, 도쿄, 프랑크푸르트, 오사카, 런던 등 삼성의 세계 주요 거점도시로 1,800여 명의 임직원들을 불러들여 세계가 어떻게 변해가는가, 세계 무대에서 삼성이 어떤 위치에 있는가를 눈으로 보여주면서 장장 500시간에 걸쳐 삼성이 가져야 할 비전을 직접 설파했다. 특히 사장단과는 800시간에 걸쳐서 삼성이 가져야 할 비전을 설파했다.[983]

1년 동안 혼란기를 거쳤다. 1993년 8월 비서실에 신경영 태스크 포스 팀을 구성했다. 무려 350시간에 달하는 방대한 강연 내용을 정리하는 것이 큰일이었다. 그다음은 정리한 내용을 어떻게 임직원들에게 제대로 전달해야 할지 전파가 문제였다. 회장의 발언은 A4지로 8,400쪽 분량으로 우선 200쪽짜리 단행본 책자 한 권으로 정리했다. 표지에는 전체 메시지를 한눈에 보여주는 도표를 제시했다.

1994년이 되어 삼성비서실이 정신을 차리고 사태를 수습하기 위해 경영 전반에 걸쳐 대대적인 혁신을 시작했다. 연구개발 분야는 미래 핵심 기술 개발에 주력하는 한편 선진 제품 비교 전시회를 실시했고 제조생산 분야는 라인스톱제, 불량 제거, 최고 품질 확보 등을 시행해 전 분야에서 경영혁신이 일어났다.

국제화 인력 양성에 많은 투자를 했다. 특히 1990년부터 매년 평균 200명씩 30년간 7,000명의 지역전문가를 배출했다. 지역전문가 제도는 1년간 업무에서 벗어나 외국에 체류하며 현지 사정을 깊고 넓게 알 수 있는 기회를 주는 제도다. 여기에 계열사에서는 지역전문가와 비슷한 프로그램을 운영하여 인력의 국제화에 큰 노력을 기울였다. 이를 모두 합치면 인재 양성을 위한 직접 비용만 1조 원에 육박할 정도였다. 여기에 월급과 일하지 않은 기회비용까지 고려하면 그 비용은 상상을 초월한다.

"삼성이 갖고 있는 수많은 유·무형의 자산 중에서 단기간에 다른 기업들이 도저히 쫓아올 수 없는 것이 있다. 바로 지역전문가로 대변되는 글로벌 인력 풀이다. 자체 개발이 안 되는 기술은 사오거나 제휴를 맺으면 된다. 경영자, 엔지니어, 마케팅 전문가도 필요하면 스카우트해도 된다. 그러나 한꺼번에 4,000여 명의 글로벌 인재를 뽑는 것은 불가능에 가깝다."[984]

이 회장은 이런 지역전문가 제도를 1973년부터 주장했고 취임하자마자 바로 지시했지만 잘되지 않았다. 현업에서도 일손이 부족한 판에 일 잘하는 사람만 골라서 내보내야 하니 죽을 맛이었다. 그러나 이 회장이 1990년 사장단 회의에서 미래를 내다보고 인재 육성에 과감하게 투자해야 한다며 고함을 질러서 마지못해 시작됐다. 원천기술도 부족하고 좁은 국내시장의 한계를 돌파할 수 있는 유일한 카드를 사람에 대한 투자로 봤다. 인식혁명의 3단계인 공론장에서 신경영을 확산하는 일 역시 엄청난 공력이 필요했다.

삼성인력개발원은 신입사원부터 사장단까지 모든 직원을 교육하며 신경영을 기치에 내걸었다. 삼성인력개발원은 365일 낮과 밤을 가리지 않고 가동됐다. 일요일을 제외하고 토요일 야간까지 쉴 틈이 없었다. 지역전문가, 해외 MBA 등 우수 인재들이 속속 현업으로 복귀하면서 신경영이 확산됐다. 회장 자신도 수많은 비유를 들며 신경영에 박차를 가했다. 그는 진돗개처럼 집요했고 끝까지 철저하게 매달렸다. 경영진이 중간에서 왜곡하지 못하도록 그의 발언을 녹음해서 현장에 직접 전파했다. 그는 상하 간의 인식 차이를 좁히기 위해 부단히 노력했다.

개혁은 여러 조직이 한 방향으로 나아가야 시너지를 낼 수 있다. 이를 위해서는 조직을 한 방향으로 정렬해야 하므로 엄청난 시간과 공력이 필요했다. 그렇게 4년 정도 지나 4단계인 임계질량에 도달하자 삼성은 그때부터 비약적으로 도약하기 시작했다. IMF라는 전례 없는 위기조차도 삼성을 가로막지 못했다. 오히려 비행기가 이륙할 때처럼 이 역풍은 더 큰 양력揚力으로 작용하여 비행기가 높이 날아오르게 했다. 신태균은 하나의 전략과제, 혁신 프로젝트가 열매를 맺어 성과를 낼 때까지 얼마나 많은 사람의 피와 눈물이 스며 있는지 경험하지 못한 사람은 알지 못한다고 토로했다.

이 회장은 기업가로는 드물게 탁월한 개념 설계자였다. 그는 삼성인들의 인식혁명을 위해 난해한 용어와 심도 있는 개념들을 수없이 쏟아내며 수많은 비유를 통해 이해시키려 노력했다. 예를 들어 이건희 회장은 업의 개념을 정의했고 경영자는 종합예술가가 되어야 한다고 주장했다. 구매·용역의 예술화, 입체적 사고, 마하 경영, 복합화 철학, 1그램당 단가, 사물의 본질 같은 매우 심도 있는 개념들에 대해서도 설파했다. 이를 통해 만만치 않은 삼성인들의 단단한 의식을 조금씩 깨트렸다. 굳어 있던 삼성인들의 인식에 대대적인 지각변동이 일어나며 임계점에 도달한 순간 삼성은 초일류 기업으로 비상했다.

지금의 한국은 어떤가. 혹시 우리는 이미 선진국에 도달했고, 우리가 잘나가기 때문에 문제일 리가 없다고 생각하지는 않은가? 그런데 현실은 그렇지 않다. 사실 선진국이 된 한국이 그동안 성취에 도취하지 않고 꾸준히 내실을 다진다는 건 월드컵 연속 우승처럼 어려운 일이다. 자칫 방심하다 보면 파열음이 생기고 뭔가 이상하다는 생각에 발버둥을 치게 된다. 그러나 혼미 속에서 발버둥을 치면 칠수록 점점 더 깊이 늪 속으로 빠져 들어가게 되어 있다. 일본이 그랬다. 잃어버린 30년은 일본이 최고 국가를 이룬 다음에 일어난 일이다. 1980년대 중반까지 일본은 경제도, 가전도, 자동차도, 선박도, 반도체도 세계 최고였다. 도쿄 땅을 팔면 미국 전체를 살 수 있다는 신화적인 시대를 구가했다. 그러나 1990년대 이후로 잃어버린 30년을 겪어야 했다.

여기서 우리는 어떻게 30년 동안이나 그럴 수 있냐고 질문을 던지지 말고 어떻게 잃어버린 30년을 겪고도 여전히 경제력을 유지하고 세계 3위 국가로 있을 수 있느냐고 질문을 바꾸어야 한다. 이제 이 문제가 우리 앞에 놓여 있기 때문이다. 우리가 일본처럼 잃어버린 30년을 겪는다면 지금의 경제력을 유지할 수 있을지 의문이 들며 두려워진다. 최빈국에서 짧은 시간에 빈곤의 악순환에서 벗어나 급성장하며 선진국으로 거듭난 한국은 여기서 멈춰서는 안 된다.

문제는 그동안 중심을 잘 잡아오던 한국의 가장 큰 자산인 한국인에게 문제가 생기고 있다는 것이다. SNS로 인해 한국은 더 분열되어 성숙한 토론과 합의가 불가능한 사회가 된 지 오래다. 한국 정치는 발전하기는커녕 오히려 뒷걸음질치고 있다. 이것이 우리의 한계이고 이런 경로는 필연적인가? 브래드 글로서먼은 저서 『피크 재팬』에서 일본은 위기를 맞아도 문제를 고치지 않는 '변화의 지체' '개혁의 부재'로 쇠퇴할 것이라고 분석했다. 앞에서도 얘기했듯이 한국은 지금이 '피크 코리아'가 아닌지 모르겠다. 변화와 개혁의 지체 현상이 사회 곳곳에서 나타나고 있다. 한국의 정치 개혁은 1987년 직선제 개헌으로 그쳤고 경제·사회 개혁은 1997년 IMF 관리 체제 이후 국가적 차원의 개혁이 없었다. 또한 저출산 문제는 점점 심각해지고 있다. 조영태 서울대학교 교수에 의하면 우리나라 인구는 2023년부터 10년간 320만 명이 줄 것으로 예상된다. 현재 부산시 인구가 332만 명이니 앞으로 10년이면 부산시가 없어지는 셈이다.

2040년까지는 530만 명이 줄어든다.

　세상은 우리가 상상 이상으로 훨씬 거대하고 근본적인 변화를 겪고 있다. 유발 하라리를 비롯한 세계적인 석학들은 오늘날 인공지능 혁명은 산업혁명(증기, 철도, 전기)이 제기한 문제보다 훨씬 더 큰 문제를 제기한다고 강조한다. 우리는 근대 시기에 산업혁명에 직면했을 때보다 더 잘 대처해야 하는 중요한 시점에 와 있다.

# 4
# 앞으로 다가올 인공지능 혁명

### 인공지능 시대의 도래

산업혁명을 능가하는 혁명이 다시 일어났다. 무슨 일이 벌어진 것일까? 근대는 인간 이성과 함께 기계를 찬미한 시대다. 인류의 역사를 바꿔온 두 축은 인식혁명과 기술발전이다. 근대 문명은 인식혁명으로부터 시작됐고 현대 문명은 기술의 발전으로 사회 변화가 촉진됐다. 세계는 안팎의 변화로 인해 새롭게 창조됐다.

- 근대혁명: '안'의 변화가 일어나면서 '밖'의 변화를 촉진했다.
- 인공지능 혁명: '밖'에서 일어난 변화가 '안'의 변화를 강요하고 있다.

'밖'에서 일어난 변화는 바로 디지털 기술과 로봇이 중심이 되고 있다. 이들을 이끄는 것이 초거대 인공지능이다. 이제 인공지능은 인간의 창의적인 영역까지 침투해 오고 있다. 이 변화에 대한 대응은 쉽지 않다. 이 거대한 기술적 변화를 파악함과 동시에 그 변화에 올라타야 한다. 변화하는 세상에 맞춰 나를 변화시키는 것이 쉽지 않기 때문이다. 패러다임을 이해하는 동시에 솔루션을 한꺼번에 만들어야 하니 난감하다. 더욱이 어디로 가고 있는지도 모른 채 빛의 속도로 세상이 변하고 있다. 특히 1990년대 인터넷의 대중화로 인해 기술이 눈부시게 발전하면서 사회와 시스템이 급속히 변화하는 가운데 생성형 인공지능 출현은 결정적인 모멘트가 됐다. 하루가 멀다 하고 혁신적인 인공지능 분야가 폭발적으로 성장하고 있다. 인공지능은 이미 스마트폰·가전제품·교통·헬스케어·로봇·주식거래 등 모든 영역에 적용될 정도로 우리 생활에 깊숙이 들어와 있다. '이런 것도 인공지능이?'라고 할 만한 것들도 상당하다.

전문가들은 '인공지능의 캄브리아기 대폭발'이라 부를 정도로 앞으로 인공지능을 활용한 서비스의 대폭발이 일어나리라고 예상하고 있다. 캄브리아기Cambrian period는 5억 년 전 척추동물을 제외한 모든 개체들이 갑자기 출현했던 시대를 일컫는다. 전문가들이 미래 인재 조건으로 '인공지능과 소통능력'을 꼽을 정도로 챗GPT로 대표되는 생성형 인공지능AI은 새로운 차원의 인공지능이다. 인간 고유의 창의성과 지적 능력을 발휘하는 생성형 인공지능은 일상생활은 물론 행정, 산업, 의료, 교육, 경찰, 노동 등 폭넓은 분야에 혁신적 변화를 일으키고 있다. 역사를 돌아보면 인간은 도구를 사용하여 문명을 일궈왔다. 인간은 힘든 일을 하지 않는 세상을 꿈꾸며 육체노동을 대부분 동물이나 기계로 대체해 왔다.

- 동물이 일하게 한다: 쟁기, 수레, 마차 등
- 기계가 일하게 한다: 수력, 증기기관, 발전기, 배터리, 세탁기 등
- 인간이 일을 할 수 없는 상황에서도 먹고 쉴 수 있도록 만들어

준다: 냉장고, 저장식품, 전기 등

유발 하라리는 역사 속 모든 시대에는 현실을 설명하는 특유의 원리가 있고, 그 원리에 근거해 사회적, 정치적, 경제적 합의가 형성됐다고 강조한다.

"고전 시대, 중세 시대, 르네상스 시대, 현대에는 모두 개인과 사회를 정의하는 나름의 관념이 존재하며, 개인과 사회가 각각 삼라만상의 질서에 어떻게 편입됐는지 설명하는 이론이 존재한다. 그리고 새로운 사건, 새로운 발견, 새로 접한 타 문화 등 현실에서 지각되는 것을 더는 지배적인 패러다임으로 설명할 수 없을 때 사고의 혁명이 일어나 새로운 시대가 탄생한다. 현재 부상 중인 인공지능은 현실을 설명하는 당대의 관념에 점점 더 거세게 도전하며 새 시대를 도래시키고 있다."[985]

인류는 지금까지 두 개의 문명을 구축했다.

| 농업문명(종교) | 사람의 근육을 사용하던 일을 동물을 활용하여 농업문명을 건설했다. |
|---|---|
| 산업문명(이성) | 인간의 육체노동을 증기기관과 모터 등 기계로 대체했다. |

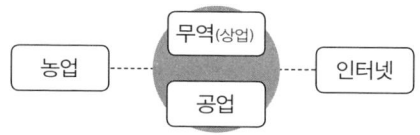

18세기 영국에서 일어난 산업혁명 이후 육체노동에서 조금씩 해방된 인간은 더 창의적인 일에 몰두할 수 있었다. 그 당시 산업혁명이 육체노동의 해방을 부르짖었다면 지금의 인공지능 문명은 지식노동의 해방을 겨냥하고 있다. 박태웅은 저서 『눈 떠보니 선진국』에서 인공지능 혁명을 육체에 이어 정신을 대체하는 두 번째 혁명

Beyond our mind이라며 다음과 같이 설명했다.

"1차 산업혁명이 몸Body의 한계를 뛰어넘는 혁명이었다면, 이번은 인간의 지능 혹은 정신, 즉 마인드Mind의 한계를 뛰어넘는 혁명이다. (…중략…) 1차 산업혁명기 때 그랬듯이 인류는 또 한 번 오랜 기간 변경의 바깥으로 내몰릴지 모른다. 인간의 정신, 다시 말해 인간 자체가 대체되고 있기 때문이다."[986]

인공지능은 변호사, 의사 시험을 톱 10%로 통과할 정도로 진화했다. 21세기 고임금을 구분 짓는 가장 큰 기준은 학력과 전문직의 인증이었다. 이런 전문직의 인증 절차에서 챗GPT가 인간을 앞서기 시작했다는 뜻이다. 이런 인증 절차를 거쳐서 고임금을 받는 회계사, 세무사, 변호사 같은 직종의 사람들은 굉장한 위협을 느끼게 될 것이다.

"인공지능이 당신을 대체하진 않을 것이다. 그러나 인공지능을 사용하는 사람이 당신을 대체할 것이다."

인공지능이 등장한 이후 나온 가장 유명한 명언이다. 챗GPT는 우리의 기본 인식들을 흔들고 있다. 인간만이 가진 고유한 언어와 문자를 통해 자기 생각과 감정을 표현하고 지식을 전달하는 능력을 인공지능이 갖게 되면서 논란이 가열되고 있다. 지금까지 세 가지 가설 중 과연 인공지능이 인간의 지능을 넘어섰는지에 대해선 이의가 적은 편이다. 나머지 두 개의 가설을 놓고 논의가 진행될 듯하다. 첫째, 인공지능이 인간의 지능을 넘어섰지만 인간의 역할을 대체하지 못하도록 규제한다. 둘째, 인공지능이 인간의 지능을 넘어섰고, 인간의 역할을 대체하도록 규제를 완화한다.

코로나19 동안 사물인터넷, 메타버스, 가상현실, 디지털 전환, 로봇 등이 부쩍 인기를 끌며 20세기 문명의 엔진을 갈아치우는 듯했다. 그런데 빠르게 변화하는 세상 속에서 생성형 인공지능 열풍의 주역인 챗GPT가 2022년 11월 출시한 지 불과 4개월 만에 벌써 챗

GPT-4 버전으로 진화했다. 이 버전은 우리를 완전히 새로운 도전 앞에 데려다 놓았다. 챗GPT-4는 세상에 뜨거운 반응을 일으키면서 일순간에 모든 주도권을 움켜쥐었다. 미래학자들이 주목했던 4차 산업혁명의 총아가 생성성 인공지능이라는 의견으로 단박에 수렴됐다. 『챗GPT에게 묻는 인류의 미래』를 쓴 김대식 카이스트 교수가 2023년 5월 10일 삼성금융캠퍼스에서 CEO와 CFO를 대상으로 한 합동세미나의 특별강의를 듣기 전까지 챗GPT를 그저 또 하나의 새로운 테크놀로지로만 생각했다.

3년 전 장동인 AIBB LAB 대표가 다른 장소에서 인공지능 도입에 대한 기업의 장점을 소개할 때만 해도 이 정도로 실감하지 못했다. 그런데 그때랑 지금이랑 기업인들의 열기가 완전히 달랐다. 드디어 올 것이 온 것인가. 김 교수의 강의와 질의응답을 통해 보여준 챗GPT의 압도적인 성능에 모두가 경탄을 넘어 깊은 두려움을 느꼈다. 김 교수는 다음과 같이 말했지만 그다지 위로가 되지 않았다.

"당신은 마흔 살을 넘겼는가. 그렇다면 다행이다. 그동안 전문지식을 쌓았기에 앞으로 삶을 꾸려가는 데는 문제가 없을 것이기 때문이다. 하지만 20대 이하는 인공지능과 경쟁하는 시대라 긴장해야 한다"

김 교수는 이미지 생성형 인공지능 달리2 DALL-E 2가 그린 사진과 그림들을 보여주었다. 질문이 정교할수록 수준이 매우 높았다. 심지어 출생의 비밀을 간직하고 암에 걸려 시한부 인생을 사는 주인공이 등장하는 영화 대본을 만들어달라고 했을 때 챗GPT는 30분 만에 그럴싸한 '막장 드라마'의 초안인 「비밀스러운 상속」을 만들어냈다. 유명한 작가의 작품만큼 완성도가 높지는 않더라도 이런 대본 초안 10여 개를 만들어 조합하면 글을 쓰는 시간을 많이 줄일 것이다. 이는 인간의 미래 노동에 관한 직관과 통찰력을 제공한다.

이처럼 인공지능이 가져올 사회 전반의 혁신적 변화에 대해 전문가들은 인류에게 새로운 세상을 열어준 불에 비유하기도 한다. 지금 인공지능이라는 핵심기술은 불이 했던 역할처럼 세상을 다시금 바꿔놓으려 하고 있다. 인공지능이 모든 산업과 일상에 스며드는 '인공지능 유비쿼터스' 시대가 도래하고 있다. 인공지능이 몰고 오는 거대한 물결은 인류에게 커다란 빛과 그림자를 동시에 안겨주고 있다. 이 기술이 유토피아와 디스토피아를 동시에 가져올 수 있기 때문이다. 우선 엄청난 잠재력과 힘을 지닌 인공지능이 화이트칼라의 일자리를 대체할 가능성이 커졌다. 이 점은 인류를 불안하게 만드는 인공지능의 최대 위험 요소다. 이미 콜센터나 미디어, 광고, 정보통신IT 등 업종을 가리지 않고 인공지능이 인력을 대체하고 있다. 우려했던 인공지능의 일자리 습격이 시작된 것일까?

미국과 유럽에서 미디어, 광고, 빅테크 등 업종을 가리지 않고 인공지능발 감원 소식이 들린다. 과거 기계가 생산직 일자리를 대체했다면, 이제는 고임금 화이트칼라가 인공지능의 먹잇감이 되고 있다. 미국 IBM은 향후 5년 안에 7,800명의 일자리를 인공지능으로 대체할 것이라고 밝혔다. 전문가들은 챗GPT의 등장을 과거 산업혁명이 낳은 충격에 비유하며 인터넷의 등장보다 더 획기적이라고 평가한다. 인간이 처음 기차를 개발한 순간 같은 그런 혁명적인 순간이다. 30년 전의 인터넷, 15년 전의 아이폰보다 챗GPT의 등장은 더 강력하다.

사실상 챗GPT 출시 이후 챗GPT가 두 달 동안 보여준 파급력은 놀랍다. 챗GPT는 단 2개월 만에 사용자를 1억 명 확보하는 데 성공했다. 이는 검색 엔진인 구글과 SNS인 페이스북이 5년, 틱톡과 인스타그램이 2년 걸린 사실과 대비된다. 그만큼 챗GPT의 등장으로 지금 인류는 매우 중요한 변곡점 위에 서 있다.

우리 앞에는 어떤 길이 놓여 있을까? 인공지능 시대에 우리가 선택할 수 있는 길은 세 갈래 길이다. 인공지능을 거부하는 길과 인공지능과 협력하는 길, 그리고 아예 인공지능으로 대체되는 길이다.

어떤 영역은 인공지능이 인간의 이성을 증강하기도 하고 어떤 영역은 인공지능이 더 우수하기도 하다. 그동안 인간은 자기인식이

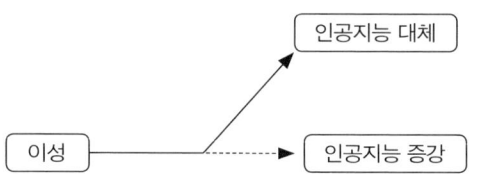

가능한 존재로서 세상에서 주체성, 중심성, 복잡한 지능의 독점자로서의 지위를 누려왔다. 그러나 인간의 이성으로는 설명할 수 없는 또 다른 지능이 개입되면서 이성이 확장됨과 동시에 위축되는 현상을 경험하고 있다. 이 세상의 중심이고 복잡한 지능을 가진 소유자로서 인간이 가진 독점적 기반이 흔들리고 있다.

"인공지능이 노동의 본질을 바꾸면 많은 사람이 정체성, 성취감, 경제적 안정성에 큰 타격을 입을지 모른다."[987]

### 챗GPT의 등장과 인공지능 혁명

미지의 영역에 있는 챗GPT는 우리 사회에 어떤 영향을 가져올까? 이에 따라 어떤 사회가 도래할까? 우선 챗GPT의 출현을 예고했던 세계적인 미래학자 레이 커즈와일은 2005년 미국에서 열린 세계 미래 콘퍼런스의 기조강연에서 이렇게 예견했다.

"2023년에 인공지능이 한 명의 성인 인간의 두뇌를 넘어서는 범용 인공지능 시대가 온다. 이후 더욱 가속이 붙어 2045년이 오면 인공지능이 전 인류의 두뇌를 넘어서는 '특이점 singularity'이 온다."

그가 인류와 기계 문명의 미래를 예측하며 제시한 특이점이란 인

간이 만든 과학기술이 인간의 손을 떠나 스스로 더 우수한 과학기술을 만드는 시점을 말한다. 그는 바로 챗GPT의 등장이 인류사적으로 볼 때 커다란 변곡점이 되리라고 강조했다.

"인공지능이 부상하면서 인간의 역할, 열망, 성취가 새롭게 정의될 것이다. (…중략…) 시대정신은 무엇이 될 것인가? 인공지능은 인간이 전통적으로 현실을 인식하던 두 가지 방식, 즉 신앙과 이성 외에 또 다른 방식을 제시한다. 이 같은 변화는 (…중략…) 인간의 위치에 관한 우리의 핵심적 가정을 실험하고 때로는 전환할 것이다."

"이성은 과학을 혁명적으로 발전시키고 우리의 사회적 삶, 예술, 신앙을 바꿔놓았다. 이성의 면밀한 감시하에 봉건제도가 무너지고 이성적인 사람들이 통치에 직접 관여하는 민주주의가 발흥했다. 이처럼 우리의 자기 인식을 떠받치는 원리가 이제 인공지능으로 인해 다시금 시험대에 오를 것이다."[988]

인공지능이 촉발한 제3차 인지혁명은 앞으로 어떻게 전개될까? 인류가 지난 역사 속에서 경험한 제2차 인지혁명에서 추론한 근사치의 값을 가져와서 현실에 맞게 적용해야 한다. '역사의 달빛'을 떠올리며 앞날을 상상하고 예측하면서 안개 속을 헤쳐 나갈 수밖에 없다. 잠시 지난 역사를 간략히 정리해보자.

근대 이전의 시대는 종교 또는 철학의 시대였다. 근대는 합리성이 바탕이 된 이성의 시대로 법과 제도를 만들어 일상생활 공간에서 신앙을 하나씩 제거해 나갔다. 신성한 별도의 세계였던 종교는 개인의 영역으로 후퇴하면서 종교현상으로 남게 됐고, 믿음으로 충만했던 세상은 점차 합리성으로 가득한 세상이 되어갔다. 새로운 사상이 전파되며 기존 질서가 와해되거나 쇄신됐다. 종교개혁과 주권에 관한 인식의 변화로 정치혁명이 일어나고 새로운 과학지식을 습득함으로써 현실을 설명하는 개념들이 재정립됐다. 이 토대 위에서 정부가 수

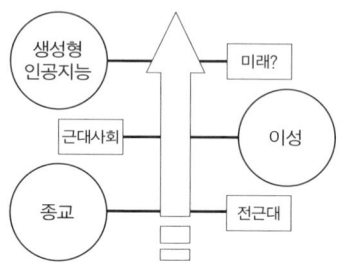

립되고 도덕률이 형성됐다. 레이 커즈와일은 이 이성의 시대에는 인간이 역사의 주인공이라고 강조했다. 인간은 불완전한 존재다. 하지만 능력과 경험에서 인간 정신의 정점을 보여주는 이들이 존재했고 칭송과 동경의 대상이었다. 이성의 힘으로 현실을 탐색하고 체계화한 이들, 예를 들면 우주 비행사, 발명가, 기업가, 정치 지도자가 찬사를 받았다.

  이는 모두 인간이 만물의 영장임을 보여주는 표본사례들이다. 커즈와일은 왜 인간이 역사의 주인공이라는 당연한 말을 강조한 것일까? 사자나 호랑이가 역사를 쓸 일도 없는데 말이다. 그건 바로 다음 문명이 두뇌를 가진 인공지능이 지배하는 기계 문명의 시대가 될 것이라는 점을 강조하기 위해 사전에 깔아놓은 밑밥이었다. 다시 인류는 압도적인 변화의 물결 앞에 놓여 있다. 근대는 변화가 일어나고 있다는 사실을 처음으로 깨달은 시기였다. 변화에 대한 인식은 중세와 근대를 가르는 중요한 차이점이었다. 그런데 챗GPT의 등장으로 또 다시 뭔가 커다란 변화가 일어나고 있음을 직감하고 있다. 인공지능은 우리가 지식을 얻는 방식을 바꾸어놓았다.

  지금까지는 인간이 1차적으로 데이터를 취합하고 분석해서 지식과 정보를 추출하고 관찰을 통해 통찰력을 얻고 멘토나 책을 통해 깨달음을 얻으면서 지식이 축적된다. 인터넷 검색 시대는 많은 자료를 읽어야 했다. 하지만 인공지능 시대엔 그냥 묻기만 하면 인공지능이 데이터를 분석하고 종합하여 인간보다 더 빠르고 정확하게 지식을 생성한다.

인공지능 전문가이며 메타의 기술 자문인 존 카맥은 다가오는 기계 문명을 이렇게 예상한다.[989]

기술이 인간에 대한 근본적 가정을 뒤흔들고 인간을 초월할 것이다. 기술이 지식, 발견, 커뮤니케이션, 개인의 사유를 바꿀 것이다. 기계로 사유한 결과가 이성이 한 결과와 유사하다. 기계를 파트너 삼아 능력 향상이나 아이디어를 실현하는 사회로 변해가고 있다. 그렇기 때문에 과학, 의학, 군사, 정치, 사회적으로 이전과 비교도 안 될 만큼의 위업을 달성할 수 있다.

인공지능은 인간과 달리 지각력이 있거나 감정을 느낄 수가 없다. 심지어 자기인식이 없을 뿐더러 성찰 능력도 없다. 인공지능은 자신에게 입력된 문장을 기반으로 텍스트를 처리하고 생성하도록 설계된 존재일 뿐이다. 그런데도 단 몇 초 만에 복잡한 결과물들을 조리 있게 만들어낸다. 놀랍다. 그래서 구글의 생성형 인공지능인 바드에 솔직하게 물었다.

> 넌 누구냐? 너로 인해 법적인 규제가 필요하다고 한다. 실제로 넌 이 사회에 문제가 될 수 있느냐?

> 대규모 언어모델로서 나는 텍스트와 코드의 방대한 데이터세트에 대해 교육받았다. 이를 통해 텍스트를 생성하고 언어를 번역하고 다양한 종류의 창의적인 콘텐츠를 작성하고 유익한 방법으로 질문에 답변할 수 있다. 그러나 나는 사람이 아니다. 나는 지각력이 있거나 감정을 느낄 수 없다. 나는 단순히 지시받은 대로 작업을 수행하는 도구이다.

그 뒤로도 꽤 긴 대답이 이어졌다. 그는 사회에 위협이 되거나 해를 끼칠 능력이 없다. 다만 나쁜 의도를 가진 인간이 그를 잘못 사용하고 허위 정보나 증오심을 조장하는 데 사용될 수 있다고 한다. 그래서 법적인 규제는 필요하다는 주장이었다. 꽤 논리정연하다.

이 정도로 조리 있게 답변할 정도면 10년 정도 된 초급 간부 수준이다. 그런데 인간은 지금 무슨 짓을 하고 있는가? 신의 피조물인 인간은 신을 살해하고 피 묻은 손으로 어떤 세상을 창조하려 하는가? 이제 인간이 만든 피조물인 인공지능은 어느새 가장 높은 단계라 여겨온 인간의 언어의 정수까지 도달한 것인가?

'우리는 정말 무엇을 만들어낸 것인가?'

인공지능이 일으킨 인지혁명은 다시 우리 사회를 다른 사회로 진입시킬 것이다. 어떤 사회일까? 우리는 첫 장에서 서구가 근대를 이루기까지 4단계를 거쳐 사회를 변혁시켰음을 살펴보았다.

| 1단계 | 창조적 소수자 등장 |
|---|---|
| 2단계 | 주체세력 형성 |
| 3단계 | 공론장을 통한 확산 |
| 4단계 | 임계질량 도달 |

이것은 서구가 겪어온 결정적 순간을 네 가지 장면으로 재구성해 위기를 기회로 바꾼 변곡점들에 주목한 것이다. 창조적 소수자들은 최초의 도전적인 질문을 던지고서 기술 혁신을 이루어냈다. 인공지능도 마찬가지로 자율주행, 사물인터넷과 같이 인공지능의 다양한 분야에서 주체세력이 형성된다. 그리고 역치를 넘더니 2023년 챗GPT를 통해 임계질량에 도달한 것이다. 한 가지 특이한 점은 엄청난 속도로 발전하고 있는 인공지능 혁명이 불러일으킨 변혁은 공론장이 형성되기도 전에 우리 앞에 다가왔다는 사실이다.

과학자와 기술자는 공론장에 대해서는 무신경하다. 이 분야를 인문학자들이 주도하지 않으면 거센 기술의 흐름에 휩쓸려 길을 잃을 것이다. 요즘 생성형 인공지능에 관한 포럼, 학술대회, 서적이 쏟아져 나오고 있다. 여기에 대기업 임원들은 저녁 약속 대신 '공부모임'을 통해 최신 인공지능 기술 트렌드를 함께 공부하고 토론한다. 해당 분야뿐 아니라 관련이 먼 분야에도 인공지능을 이해 못 하면 곧 도태할지 모른다는 위기감이 조성되어 있기 때문이다.

전문가들은 인공지능에 대한 뜨거운 관심에 감탄하면서도 너무 위험하다고 지적한다. 헨리 키신저 미국 전 국무장관은 "인공지능 혁명은 대부분의 예상보다 빠르게 발생할 것이다. 그에 따르는 변화를 설명하고 해석하고 체계화하는 개념들을 확립하지 않는다면 우리는 길을 잃고 말 것이다."라고 경고했다. 인공지능 기술의 혁신을 촉진하면서도 동시에 그에 수반된 위험을 예방하기 위한 규제가 필요한데 적절한 틀이 무엇인지조차 모르고 있다. 이에 대해서는 뒤에서 별도로 논할 예정이다.

이제 인공지능 혁명은 '창조적 파괴'를 불러올 것이다. 김상균 경희대학교 교수가 쓴 『초인류』의 띠지는 매우 강력하게 나의 시선을 사로잡았다.

'인공지능, 챗GPT, 양자 컴퓨팅, 뇌-컴퓨터 인터페이스의 2023년은 첨단 기술의 집약이 티핑포인트에 도달한 원년으로 기억될 것이다!'

그는 현 인류는 역사상 최초로 자신의 진화를 이끄는 '초인류'라며 우리의 미래가 어떠할지를 탐구했다. 인류는 이미 '인공 진화'를 시작했고 문명은 이제 거대한 전환점을 맞이했다고 주장한다. 현재 과학기술의 발달은 따라가기 어려울 정도다. 그는 기술을 크게 육체와 정신의 두 영역으로 정리했는데 큰 틀에서 보면 다음과 같다.[990]

| | |
|---|---|
| 육체의 확장을 위한 기술 | 생명공학, 나노 기술, 사물인터넷, 로봇 |
| 정신의 확장을 위한 기술 | 인공지능, 양자 컴퓨팅, 뇌-컴퓨터 인터페이스, 메타버스 |

특히 인공지능과 양자 컴퓨팅은 인간의 정신 능력을 확장한다. 인공지능은 학습, 추론, 문제해결이 가능한 기계와 알고리즘을 만들어 더 나은 결정을 내리고, 새로운 인사이트를 발견하고, 작업을 자동화하는 데 도움을 준다.[991] 인간과 인공지능이 상호작용하며 가히 문명사의 전환점을 맞이하고 있다.

이미 네트워크 플랫폼은 우리 일상에 들어와 우리 삶을 지배하고 있다. 우리는 1990년대까지도 종이지도를 이용했다. 처음 가는 목적지라면 먼저 지인과 통화를 해서 대략적인 주요 길의 특징을 묻고 메모했다. 중간중간 지도를 펴고 확인하고 중요한 갈림길에서는 작은 가게에 들어가서 물어보기도 하며 도착지를 찾아갔다. 지금은 내비게이션을 통해 최적의 경로로 찾아간다. 중간에 누구에게 물어볼 필요도 없어졌고 사람과의 접촉 자체가 사라졌다. 혁명적인 변화다. 이처럼 스마트폰과 네트워크 플랫폼은 이제 우리의 일상 공기와 같은 기술이 됐다.

"몇몇 네트워크 플랫폼은 서비스 국가에서 일상생활, 정치 논의, 상거래, 기업 운영은 물론이고 정부 행정에도 없어서는 안 되는 요소가 됐다. 네트워크 플랫폼이 제공하는 서비스는 얼마 전까지만 해도 존재하지 않았던 서비스를 포함해 순식간에 필수불가결한 서비스로 등극했다. 네트워크 플랫폼은 동일한 선례가 없었던 만큼 디지털 시대 이전에 형성된 규칙과 규범에서 비켜난 측면이 존재한다."[992]

인공지능은 이미 우리 삶의 곳곳 깊숙한 부분까지 영향을 미치고 있으며 많은 것을 바꾸었다. 옷을 하나 사는 일만 봐도 이 혁명이 얼마나 지대한가를 알 수 있다. 과거에는 옷을 구입할 때 의류판매점 직원을 통해 가격이나 유행을 묻고 판단해야 했다. 그러나 지금은 네트워크 플랫폼을 통해 전국의 판매 현황, 사람들의 선호도, 구매 소감까지 읽고 최적의 상품을 추천받는다. 물론 이 플랫폼을 이용하는 동시에 모두가 데이터를 보태고 있다. 앞으로 인간과 공존하는 인공지능 서비스가 더욱 더 많아질 것이다.

"디지털 세상은 우리의 일상을 바꾸어 놓았다. 우리는 모두 일상에서 방대한 데이터의 도움을 받으면서 데이터를 생성한다. (…중략…) 개인이 이전에 선택한 것과 대중이 선택한 것을 기준으로 뉴스, 영화, 음악을 추천한다. 우리는 그 기능을 쓸 수 없을 때에야 비로소 그 존재감을 느낀다."[993]

"이전에 어떤 상품, 서비스, 기계와도 맺지 않았던 관계를 인공지능 기반 네트워크 플랫폼과 맺는다."[994]

이제 인공지능은 번역과 예술 영역까지 거침없이 침투하고 있다. 음악 작곡, 영화 시나리오 구상, 드라마 대본 집필 등 이제 인공지능으로부터 안전한 지대는 존재하지 않는다. 결국 인공지능을 잘 이해하고 다룰 수 있는 자만이 새로운 세상에서 승리할 것이다.

# 5
# 공론장의 중요성

인공지능이 불러올 문제에 대해 어떻게 대처해야 하는가

사람들의 건강, 안전, 기본권, 환경에 심각한 해를 끼칠 수도 있는 생성형 인공지능 시스템은 현재 매우 위험한 수준까지 이르렀다. 생성형 인공지능 시스템을 만든 기술자들도 너무 놀랄 정도로 강력한 시스템이라고 한다.

인공지능 학습모델인 딥러닝 창시자인 요슈아 벤지오 교수는 "인공지능 시스템은 인류 사회에 위협이 될 만큼 성장했다. 하지만 인류가 이 구조를 아직 이해하지 못하고 있다."라고 강조했다. 샘 올트먼도 2023년 5월 16일 미국 상원 소위 청문회에서 인공지능에 대한 위험성과 규제의 필요성을 제안했다. "우리는 사람들이 인공지능이 우리 삶의 방식을 어떻게 바꿀 수 있는지 우려한다는 점을 이해한다. 만약 이 기술이 잘못되면 아주 잘못된 채로 갈 수 있다. 인공지능이 일정 정도의 능력을 갖출 때만 허가하고 그렇지 못할 경우엔 허가를 내주지 말아야 한다."

너무 무책임하다. 과학자와 기술자들은 사회에 엄청난 영향력을 끼칠 수 있는 이런 기술이 어떤 정치적 함의, 사회적 함의를 띠는지도 잘 모르면서 무조건 개발부터 했는가? 전 세계 군대가 인공지능 무기 개발을 위해 은밀한 군비 경쟁을 벌이는 모습을 담은 넷플릭스 다큐멘터리 「언노운: 킬러 로봇Unknown: Killer Robots」을 보고 매우 우려스러웠다. 그러나 제작자들은 단순한 우려를 넘어 사람들은 본질적으로 인공지능을 이해하지 못한다고 경고했다. 제스 스위트 감독은 "이런 알고리즘이 정보를 처리하는 방식을 프로그래밍한 사람들조차 그들이 내린 결정이 어떤 결과를 낳는지 완전히 이해하지 못한다."라고 말한다.

그는 이어 인공지능의 발전으로 과거에는 천재들이나 가능했던 독극물 제작을 이제는 초등학생도 할 수 있다고 주장한다. 실제로 다큐멘터리에는 션 에킨스 박사라는 전문가가 등장한다. 그는 머신러닝을 활용해 하룻밤 사이에 VX와 같은 맹독성 화학무기를 만들어낸 사건을 증언했다. 이처럼 다큐멘터리는 1시간 8분의 러닝타임 동안 전쟁에서 인공지능을 도입할 위험성을 지적하고 누군가 인공지능을 통해 범죄를 저지르기 쉬워졌다면서 이제는 이에 대해 큰 관심을 가져야 할 때라고 지적했다.

전문 매체 「마틴 시드 매거진」은 이 다큐멘터리가 "우리에게 많은 질문을 던지는 다큐멘터리"라며 "끔찍하고 잔인한 진실을 통해 진정으로 우리를 무섭게 만든다."라고 평했다."[995]

사회공론과 지침을 주도해야 할 철학자와 인문학자들은 기술을 잘 이해하지 못해 어리둥절한 상태다. 정부나 정치가들도 기술에 대한 이해도가 떨어져 정책적 결정을 내리지 못하고 있다. 어리둥절해 하는 사이에 엄청난 기술이 사회에 등장한 것이다. 이에 대해 유발 하라리는 "디지털 혁명으로 어떤 일이 벌어지는지 꿰뚫어 보는 사람은 거의 없다."라고 지적한다.

"엄청난 분량의 정보가 엄청난 속도로 쏟아지기 때문이다. 디지털화로 경이로운 업적을 많이 이룩하긴 했지만, 한편으로는 인간의 맥락적, 개념적 사고 능력이 저하됐다. 지금껏 인류는 집단기억의 한계를 극복하기 위해 무수한 개념을 만들었지만 디지털 네이티브들은 그럴 필요성을 아예 못 느끼거나 적어도 시급하게 느끼진 않는다. 그들은 사소하든 중요하든 궁금한 것이 있으면 그냥 검색엔진에 물어본다."[996]

공론장은 뒤에서 거론하기로 하고 규제론에 대해 그 의도를 좀 더 분석해보자. 그렇다고 한국만 인공지능을 규제할 수도 없다. 전문가들은 인공지능을 기업 간 경쟁을 넘어 '인공지능 주권' 문제로 바라보고 있다. 자체 인공지능 모델이 없는 나라는 다른 나라의 인공지능에 의존해야 하고 결국 데이터까지 종속될 수밖에 없는 상황이다. 자체 초거대 인공지능을 구축해야 데이터의 해외 반출 등을 막을 수 있다. 인공지능은 디지털 혁신과 미래 산업을 위해 반드시 갖춰야 하는 핵심 요소다. 주도권을 놓치면 경제는 물론 문화까지도 영어권의 사고관에 종속될 것이다. 새로운 인공지능 환경에 대응하기 위해서 한국은 정부와 기업 간 투자, 신규 서비스 창출 등과 같은 협업을 통한 다양한 노력을 기울여야 한다. 이미 개인이나 한 기업이 감당할 수 없는 상태에 이른 것이다.

"지금 우리는 사상, 문화, 정치, 상업의 영역에서 우리가 마땅히 관심을 기울여야 할 변화를 경험하고 촉진하는 중이며, 그 변화는 절대로 어떤 한 인간의 정신으로, 혹은 특정한 상품이나 서비스로 감당할 수 있는 수준이 아니다."[997]

이건 밖으로 드러난 문제점이다. 이미 인공지능을 개발한 구글, 메타 등 글로벌 기업의 리스크도 심각하다. 추출 피라미드의 꼭대기에 있는 극소수는 막대한 금전적 이익을 얻게 되어 있다. 여기에는 기술과 자본과 권력이 깊숙이 얽혀 있다. 인공지능을 활용하는 권력의 구조를 들여다보면 감시하는 국가권력의 힘 역시 막강해질 것이다.

"기술 부문과 군사 부문 사이의 깊은 상호관계는 이제 강력한 국가주의 의제라는 테두리 안에 놓여 있다. 미·중 인공지능 전쟁에 대한 수사적 표현은 거대 기술기업들이 정부 지원을 더 받고 제약은 덜 받으며 운영될 수 있도록 그들의 이익을 뒷받침한다. (…중략…) 감시가 깊고도 빠르게 팽창하고 있으며 민간 도급업체, 경찰, 기술 부분의 경계가 흐릿해지고 있다. (…중략…) 시민의 삶을 극단적으로 재구성하고 있으며 자본, 치안, 군사화의 논리를 구사하는 감시도구들이 권력의 중심을 강화한다."[998]

사실 인공지능 문제에는 기술보다 더 많은 게 걸려 있다. 민주주의는 인공지능으로 인해 중대한 도전에 직면해 있다. 가짜뉴스도 더 많아지고 사이버 범죄도 늘어날 것이다. 크게 보면 업계는 인공지능에 대해 세 가지 관점에서 개발전략을 수립할 것이다. 옵션 1은 고객 관점으로 고객의 필요에 맞추는 전략이다. 옵션 2는 기계에게 학습된 인류사회의 보편성과 공정성 등의 가치를 바탕으로 대화하는 전략이다. 옵션 3은 기계를 제작한 기업의 이익에 부합하는 방향으로 대화하는 전략이다.

"내가 무료 또는 적은 비용으로 기계를 사용할 경우 기계는 이익을 채우기 위해 옵션 3으로 작동할 가능성이 높다."[999]

이렇게 위험한 기술인데도 현재 인공지능과 관련한 법은 고사하고 현실적인 가이드라인조차 없다. 과학기술이 너무 빨리 발전하다 보니 과학 윤리나 법제가 따라가기 너무 힘든 상황이다. 2023년 5월 30일 전 세계 350여 명의 인공지능 전문가들이 「인공지능 위험에 대한 성명」이라는 성명서를 내놓았다. 인류가 현재 인공지능으로 인해 멸종의 위기에 처했으며 높은 우선순위로 대응해야 한다는 주장이다.

"인공지능으로 인한 멸종 위험 완화는 전염병이나 핵전쟁에 버금가는 국제 사회의 우선순위가 돼야 한다."

여기엔 제프리 힌튼 교수, 요슈아 벤지오 교수와 같은 인공지능 분야 연구자 350여 명이 이름을 올렸으며 샘 올트먼 오픈AI CEO, 데미스 하사비스 구글 딥마인드 CEO, 다리오 아모데이 앤트로픽 CEO와 같은 세 명의 인공지능 제조사 수장이 참여했다. 인공지능의 대부로 불리는 요슈아 벤지오 교수는 BBC와의 인터뷰에서 "인공지능의 발전 속도를 미리 알았다면 유용성보다 안전성을 우선시했을 것이다. (…중략…) 평생의 업적에 대해 길을 잃었다."라고 소감을 밝혔다.

인공지능의 발전 속도가 전문가들조차 예상하지 못할 정도로 그만큼 빠르다는 이야기다. 기술자들이 새로운 것을 창조하는 과정에서 규범과 윤리는 부차적 문제로 밀려나기 십상이다. 정작 이 중요한 문제를 규율하는 규범은 한참 뒤처져 있다. 흔히들 인문계는 사고는 거창한데 실용은 빈약하고, 이공계는 사고는 빈약한데 실용은 거대하다고 말한다. 이런 불일치가 사회를 더욱 혼란스럽게 하고 있다.

### 인공지능에 대한 공론장 형성

유럽연합EU에서 인공지능 법안에 대해 표결을 시작한다는 뉴스가 보도됐다. 언제 이렇게 빨리 준비했을까? 인공지능으로 인한 인식혁명은 공론장이 형성되기도 전에 우리 앞에 다가온 것이다. 유럽연합에서 허겁지겁 뭘 내놓은 것일까? 그런데 예상 밖이었다. 120쪽의 매우 정교한 법안이었다. 유럽연합은 이미 2018년부터 인공지능에 대한 공론을 사회 각계로부터 모으기 시작했다.

유럽연합 집행위원회의 독립된 인공지능 전문가 그룹이 2018년 4월 '유럽 인공지능 전략'을 수립한 이후 2018년 12월까지 500건 이상의 관련 의견을 수렴해 가이드라인의 초안을 마련했다.

2019년 4월「신뢰할 수 있는 인공지능 윤리 가이드라인Ethics guidelines for trustworthy AI」최종 버전을 완성해 발표했다.「신뢰할 수 있는 인공지능에 관한 가이드라인」네 가지 윤리원칙은 인간의 기본권 존중을 가장 기본 원칙으로 삼고, 신뢰할 수 있는 인공지능의 속성으로 적법성lawful, 윤리성ethical, 견고성robust을 제안했다.

여기에 이어 유럽연합은 각계각층으로부터 의견들을 모아 2020년 7월「신뢰할 수 있는 인공지능 윤리 평가 목록ALTAI」을 작성했다. "이 작업은 52인으로 구성된 인공지능 고위전문가그룹(AI-HLEG)과 유럽인공지능 연합회를 통해 이루어졌다. 인공지능 고위전문가그룹이 작성한 보고서 초안은 4,000여 명의 이해관계자가 참여하는 유럽인공지능연합회를 통해 검토됐고 다양한 제안들이 최종 보고서에 반영됐다."[1000]

이 백서에 대해 또 다시 각계각층으로부터 의견을 들었다. 이 의견들을 모아 2021년 4월 유럽연합 집행위원회에서 인공지능 법안의 초안을 발표했다. 그리고 다시 각계각층으로부터 의견을 들은 이후, 2022년 12월 유럽연합 각료 이사회에서 수정안을 발표했다. 네 가지 분류와 함께 120쪽에 달하는 법률안을 제시한 것이다. 네 가지 분류는 '허용할 수 없는 위험, 높은 위험, 제한된 위험, 낮은 위험'으로 엄밀하게 분류됐다. 이는 2018년부터 숙고 과정을 거쳤기에 가능한 것이다. 특히 위험성이 용인할 수 없는 수준인 일부 인공지능 앱은 전면 금지되며 '고위험'으로 간주하는 기술은 사용은 하되 새로운 규제 및 투명성과 관련된 요구 사항이 적용될 것이다. 아래 다섯 가지는 엄격한 금지 사항이다.

첫째, 감정 인식emotion-recognition 인공지능 금지. 경찰, 학교, 직장에서 사람의 감정을 인식하려는 인공지능의 사용을 금지한다. 둘째, 공공장소에서 실시간 생체 인식과 예측 치안predictive policing 금지. 경찰 집단에서는 현대 치안 유지에 필요하다고 주장하며 실시간 생체인식 기술을 금지하는 것에 반대한다. 셋째, 소셜 스코어링 social scoring 금지. 사회적 행동에 대한 데이터를 사용해 사람들을 일반화 및 프로파일링하는 공공기관의 소셜 스코어링 관행은 금지되어야 한다. 사회적 행동 데이터를 사용해 사람을 평가하는 이러한 관행은 현재 주택담보대출, 보험료 책정뿐만 아니라 채용 및 광고에서도 널리 사용되고 있다. 넷째, 생성형 인공지능에 대한 신규 규제. 오픈AI의 GPT-4와 같은 대형 언어모델의 학습세트에서 저작권이 있는 자료의 사용을 금지한다. 오픈AI는 이미 개인정보 보호 및 저작권에 대한 우려로 정밀 검토를 받아왔다. 다섯째, 소셜미디어의 추천 알고리즘에 대한 신규 규제. 새로운 초안에서는 소셜미디어의 추천 시스템을 '고위험' 범주로 보고 있다.

이런 과정을 거친 후 2023년 인공지능 법안을 만들어 표결을 시작했다. 갑자기 인공지능에 관한 법이 우리 앞에 툭 떨어진 것처럼 보이나, 2018년부터 사회 전체의 여론을 모아 공론화 과정을 여러 번 거쳐 만들어진 노력의 결과물이다. 이 점은 유럽 문명이 갖고 있는 어마어마한 장점이다. 박태웅 한빛미디어 이사회 의장은 우리가 이런 장점을 갖고 있지 못한 점에 대해 가장 안타까워한다.

"우리는 어떤 공론화도 하지 않고 있다. 국회에 인공지능 관련 법안은 올라가 있다. 그런데 아무도 모른다."

유럽연합 집행위원회가 2019년 4월 8일에 「신뢰할 수 있는 인공지능 윤리 가이드라인」을 제시하며 당부한 말은 울림이 깊다.

"어느새 사회 곳곳에 침투하고 있는 인공지능 기술은 우리에게 편익만 제공하는 것이 아니다. 윤리적 검토, 평가, 사회적 합의와 토론도 없이 성급하게 도입되는 인공지능 기술은 우리에게 차별, 오류, 개인정보 침해 등 심각한 악영향을 가져올 수도 있다. 게다가 우리는 블랙박스 속에 감춰진 알고리즘 때문에 인권이 어떻게 침해되는지조차 깨닫지 못할 수도 있다. 정부와 기업은 이러한 첨단 기술의 도입과 개발에 인간의 기본 권리와 존엄성이 침해되지 않도록 명확한 책임과 규정을 갖고 신중히 임해야 할 것이다."

박태웅 의장은 저서 『눈 떠보니 선진국』에서 한국은 반만 년의 유구한 역사를 가지고 있지만 동시에 제2차 세계대전 이후의 독립국이라는 점을 강조하며 제도나 법률들이 제대로 된 합의를 거치지 않았음을 지적한다.

"아주 짧은 미성숙의 근대와 현대를 동시에 이고 살아가고 있다는 뜻이다. 그러므로 이런 문제들에 대해 이미 우리에게 제대로 된 제도나 합의가 있는 것처럼 접근해서는 올바른 해답이 나오기 어렵다. 지금부터 만들어나가야 한다는 것, 우리가 하나씩 합의해 나가야 할 문제임을 솔직히 인정하는 것이 근본적인 문제해결의 첫걸음이 될 수 있을 것이다."[1001]

유럽은 여전히 배울 게 많다. 「개인정보보호법」도 그들이 먼저 만들었고 세계가 그 뒤를 다 따라 하고 있다. 혁신생태계의 구축 이전에 해결해야 할 전제조건이 바로 이 공론장 형성 문화다. 담론의 형성 과정, 의사소통, 그리고 공론을 모으는 과정은 얼마나 이성적인가. 위르겐 하버마스가 강조한 "정련된 일반의지가 정치적 판단의 기준이 되어야 한다."라는 말에 어울리는 사회다. 한국 문명이 한 차원 높아지려면 유럽의 공론장 문화처럼 장기간 축적된 제도적 지혜를 반드시 배워야 한다.

"유럽연합에는 녹서Green Book라는 제도가 있다. 사회적으로 함께 답을 찾아야 할 어떤 일이 있을 때 '우리는 그 일에 대처하기 위해 어떤 질문에 대답해야 하는가?'라는 것. 그러니까 우리가 답해야 할 질문을 모아서 묶은 보고서다. 처음부터 제대로 된 질문을 찾지 못하면 올바른 답을 할 수 없다는 것이다. 아주 당연한 일이지만 그만큼 어려운 이야기다. 정부가 녹서를 내놓으면 전체 사회가 함께 그 질문에 대한 답을 찾는다. 이런 과정을 몇 년간 거치고 나서야 정부는 공론화를 통해 모인 답을 묶어서 보고서를 내놓는다. 이게 바로 백서White Book다."[1002]

이러다 보니 몇 명의 전문가나 공무원이 몇 달 정리해서 후다닥 내놓는 우리의 백서와는 차원이 다를 수밖에 없다. 한국은 공론화 과정이 없으니 검증을 제대로 할 수가 없다. 결과적으로 본질적인 결함이 그대로 드러날 수밖에 없다. 유럽의 심의과정과 합의를 보면 흑백논리가 얼마나 단세포적이고 사회를 병들게 하는지 알게 된다.

### 한국에서의 공론장 필요성

지금 한국은 노동, 연금, 교육 개혁이 시급하다. 노동개혁은 민감하고 교육개혁은 광범위하고 예민하다. 연금개혁은 이번에 하지 못하면 후손들은 허리가 휘다 못해 부러질 형국이다. 한국의 중산층은 모두 교육 전문가라 할 정도로 교육에 관심이 많아 교육개혁은 긴 시간을 두고 의견을 모아야 한다. 그 사이에 정권이 바뀔 수도 있기 때문에 의견이 다른 사람들이 토론을 통해 사회적 합의를 이루어 꾸준히 추진하지 않으면 성공할 수 없다. 지금부터 시간이 걸리더라도 유럽연합의 합의방식을 도입해야 성공할 가능성이 커진다.

1단계, 정부가 전문가 그룹을 통해 노동, 연금, 교육 개혁안을 제시하고 공청회를 열고 각계각층의 의견을 모은다. 이를 위해서는 다양한 분야의 전문가 의견을 국내 학자와 기업인, 시민단체들이 듣고 소통해서 합의를 끌어내는 과정이 필요하다. 2단계, 1년 뒤 각계각층의 의견을 담은 '3대 개혁 백서'를 발표하고 다시 공론화를 거친다. 공청회와 토론회를 열어 더 많은 대화와 타협을 이뤄낸다. 3단계, 다시 1년 뒤 '3대 개혁법안'을 제시하고 합의에 도달한 후 법률을 개정해야 한다.

아주 순조롭게 진행되어도 최소 3년이 소요된다. 생각과 이념이 다른 상대와도 협력하고 타협하는 일은 시간이 걸리는 법이다. 국가와 국민의 미래를 위해 공동의 의제를 만들고 해법을 찾아가는 일이 정치다.

무엇보다 세상에는 절대적 객관성이 존재하지 않는다는 것부터 인정해야 한다. 김정운 교수는 객관성이란 객관적으로 존재하는 것이 아니라고 하면서 오늘날 인문학에서는 객관성이란 단어를 '상호주관성'으로 대체하고 있다고 강조한다.

"객관적 관점이란 각기 다른 인식의 주체들이 '같은 방식으로 바라보기joint-attention'로 서로 약속해야 가능하다. 다시 말해 객관성이란 원래 있는 것이 아니라 상호합의의 결과라는 것이다. (…중략…) 상호주관성의 시대에는 각 주체들 간의 소통이 중요하다. 그래야 서로 동의할 수 있는 객관적 혹은 상호주관적 시점을 만들어 낼 수 있기 때문이다."[1003]

그런데 '3대 개혁'은 보수와 진보의 이념적 갈등까지 겹쳐 진영 논리가 더욱 극성을 부리고 있다. 여야의 진영논리는 서로 감정만 건드려 사회적 합의를 이루는 일을 불가능하게 한다. 지금 3대 개혁은 '만 5세 입학' '69시간 근무' '킬러문항'이라는 단발성 이슈로 모두 묻혀버렸다. 정부는 구체적인 개혁안은 제시하지 않고 계속

말로만 개혁을 한다고 한다. 지금 1단계도 시작하지 않았는데 가장 중요한 골든타임이 지나가고 있다. 결국 정치권은 3대 개혁을 하는 척만 하는 것이다. 머릿속은 온통 다음 선거만을 생각한다. 여야가 다수당이 되면 권력을 잡고 누리는 것 이외에는 다른 생각이 들어올 틈이 없다. 지금의 정치 행태는 구한말처럼 내부 권력 투쟁에만 열중하여 매우 위험한 상황과 다르지 않다. 상대를 설득하고 타협할 생각은 하지 않고 상대를 적으로 여기고 동어반복적인 메시지만 외치는 것 이외에 무엇이 있나?

고등교육을 받고 대기업에서 임원까지 지낸 직장 선배도 광화문에 가 있고, 명문대를 나온 후배도 광화문에 가 있다. 진영만 다를 뿐이다. 머리가 뜨거운 사회는 문제해결에 도움이 되지 않는다. 한국 역사에서 감정이 사회를 지배하던 시기는 구한말과 해방 이후 두 시기였다. 그로부터 우리는 배운 게 전혀 없다. 연금개혁 문제도 그 어떤 것도 백서 하나 만들어내지 못하고 있다. 한 번 두 번 세 번 의견을 모으다 보면 진보와 보수 양쪽에서 인정하는 '정규 편차'나 '허용 오차' 내의 개혁안을 만들 수 있을 것이다. 입장에 따라서는 개혁안이 미진할 것이나 그러면서 한 발씩 나아가는 것이다. 지금 방식으로는 누가 정권을 잡더라도 한 발도 나아갈 수 없다. 후손들에게 못할 짓만 하는 '못난 조상'이 되는 것이다.

민주주의란 말에는 소통과 대화가 내재되어 있다. 민주적인 기본 질서를 유지하기 위해서는 서로 간에 대화는 필수다. 당연히 이견이 있고 차이가 있고 이해관계가 있다. 그래서 어려운 것이고 인내심과 공론이 필요하다. 정치의 본질은 공론의 장을 만드는 것이다. 한 가지만 더 언급하자. 정치는 허업虛業이다. 한국 대통령의 경력은 거의 실패자로 끝났고 말로가 좋지 않았다는 것을 잊지 말아야 한다. 한국인은 대통령에 대한 평가 기준이 세계에서 가장 높고 냉혹하다. 한국인은 미래 세대를 위해 더 나은 세상을 만들겠다는 각오로 진정한 변화를 이뤄내는 사람만을 기억한다.

후쿠시마 오염수 논란 역시 여야가 입장이 바뀌었다. 그땐 맞고 지금은 틀렸다는 말인가. 공수가 바뀌니 말 바꾸기 행보를 보이는 국회는 스스로 신뢰를 깎아 먹고 있다. '그땐 반대하더니, 왜 지금은 찬성하느냐'는 정쟁으로 매몰된 헛된 공방들을 주고받으면서 과거의 자신과 싸우고 있다. 달라진 건 자기네 편이 대통령으로 당선(낙선)된 것뿐이다. 불행하게도 대통령은 이제 '우리' 대통령이 아니라 '너희네' 대통령이 됐다. 하지만 살다 보면 자신이 추종하는 영웅에게서조차 모순적 모습을 보면서 실망하거나 배신감을 느끼는 일이 적지 않다. 김웅 의원의 자기반성은 그래서 돋보였다.

"2년 전과 비교해 우리가 과학적이게 된 이유와 근거는 무엇이냐. 그도 저도 아니라면 후쿠시마 방사능 물질의 반감기는 고작 2년이냐. 그때와 지금이 같지 않으면 국민은 정치를 믿지 않는다. (…중략…) 국민은 정치인을 믿지 않는다. 희석되지 않는 정치인의 진영 논리는 방사능보다 더 위험하다."

이러다 보니 대립과 혐오의 정치가 현수막 정치로 나타나고 있다. 어느 날 양재 교육개발원 사거리에서부터 시민의 숲까지 걸어갈 일이 있었다. 걷는 길의 교통 요충지마다 둘러싸인 현수막의 원색적인 문구들이 눈살을 찌푸리게 한다. 차마 볼 수 없는 정치적 문구들인데 참여와 지지를 바란다기보다는 상대편에 대한 비난과 배설이 목적이다. 현수막으로 상대를 죽이는 건 정치가 아니라 전쟁이다. 적도 아닌데 적이 되어버린 진보와 보수의 진영 갈등은 우리 사회에서 엄청난 분열의 에너지로 작동하고 있다. 한국 정치는 세상에서 가장 쉬운 정치로 '반사이익' 구조다. 내가 상대보다 잘하는 게 아니라 상대가 나보다 못해 보이게 만드는 것이 정치가 됐다. 기준이 일 잘하기 경쟁이 아니기에 모든 폐단이 양산된다. 상대방을 악마화해서 못 찍게 하면 된다. 상대의 말에 조롱하고 반문하면 끝이다. 반복해서 폭로하면 그만이지 더 나아가서 대안을 마련하는 데까지 나아가지 않는다.

어느 날은 저런 쓰레기 문구들을 버젓이 달아놓고 그 옆에 사진으로 인쇄된 국회의원들을 보면서 도시 미관과 국민 정서를 해롭게 하는 존재들이라는 생각이 든다. 입에서 저절로 한숨과 욕이 나왔다. 어떻게 저런 자들이 여전히 국회를 차지하고 있을까? 서초구는 전 세계 자치구 단위에서 대졸자 비율이 가장 높은 지역이라고 자랑한다. 서초구나 강남구 출신 의원 중 우리 사회에 기여한 인물이 몇이나 있나? 또 후쿠시마 오염수 문제는 전문적인 문제인데 왜 정치인들이 나서서 국민을 볼모로 삼고 즉흥적이고 감정적인 발언들만 쏟아내고 있는지 개탄스럽다.

한국 사회가 과학자나 의사 같은 전문가들이 넘치는 사회인데도 제 역할을 못하고 있다는 증거다. 후쿠시마 오염수 방류에 대한 찬반 근거는 분명히 있을 것이다. 그러한 내용을 공론장에서 차분히 이성적으로 토론하고 논쟁해야 한다. 전문가들이 무엇 때문에 공론장에 나와서 말을 못하게 됐을까? 배터리가 방전돼든지 아니면 권력의 눈치를 보든지 둘 중 하나다. 모두 병적인 징후다.

정치란 무엇인가? politics(정치)는 polis(도시)에 사는 사람들과 관련된 문제, 즉 공동체에 관한 일을 다룬다는 그리스어 politikos에서 나온 말이다. 요즘 말로 하면 국가적 의제인 나라의 번영을 이끌고 약자를 챙기는 것을 말한다. 그렇다면 국회의원은 자기 지역 문제보다도 국가적 의제인 3대 개혁인 노동·연금·교육 분야의 개혁과 저출산 문제 등 네 가지 과제를 해결하기 위해 노력해야 한다. 구체적인 대안과 체계적인 액션플랜이 필요하다. 앞으로 정치인은 이 네 가지 과제를 얼마나 충실하게 수행했는지를 기준 삼아 1년마다 성적표를 만들어야 한다. 자기 지역에 예산을 얼마나 가져왔는지 자랑하거나 말을 잘하는 이미지만 가졌거나, 이것저것 나열해 뭔가를 했다는 티를 내는 정치인부터 걸러내야 한다. 이러한 것들은 모두 '가짜 노동'이고 국가적 재앙을 부르는 나쁜 정치다. 지금 우리가 당면한 과제를 제대로 풀어가기 위한 정치적 환경은 매우 열악하다.

급할수록 돌아가야 한다. 서두를수록 일을 그르친다. 각종 이해집단이 칡넝쿨처럼 얽힌 '3대 개혁' 과제는 더욱 그렇다. 인공지능으로 인해 우리는 새로운 미래를 만들어야 하는 출발선에 서 있다. 시스템을 개정하지 않고 현재의 시스템대로 가면 소수 기득권은 편안하게 과실을 따먹겠지만 다음 세대는 커다란 위기에 직면하게 된다. 우리를 둘러싼 변화의 속도와 폭이 심상치 않다. 바꿔야 할 때 바꾸지 않으면 호미로 막을 것을 가래로 막아도 안 될 지도 모른다. 지금 서로 말도 안하고 삐져 있는 청소년 같은 정치로는 말씨름만 하다가 골든타임을 놓칠 것이다.

지금과 같은 방식으로는 한국의 앞날은 어둠이 짙을 수밖에 없다. 계속 시간은 흐르고 있다. 서로 끊임없이 독설로 칼싸움을 하면서 귀중한 시간은 흐르고 있다. 그럴 만한 가치가 있는가. 이러다 우리는 공멸할까 두렵다. 보수와 진보 어느 쪽이 권력을 잡든지 그 분(놈)이 그놈(분)이다. MB로, 문재인으로 대통령이 교체됐다고 사회가 무엇이 달라졌는가. 우리가 진짜 누리고 싶은 삶은 무엇인가? 그걸 누려야 한다. 좋은 세상을 만드는 게 목표가 아닌가? 정권이든 그 무엇이든 다 과정과 수단에 불과하다. 지금 우리는 해야 할 일을 해야 한다.

# 6
# 지속가능한 한국 사회를 위한 혁신생태계 조성

인류는 지금 전례 없는 변혁기에 진입했다.

"낡은 것은 죽어가는데 새로운 것은 아직 태어나지 않을 때 위기가 생겨난다. 이 공백기에 다양한 병적 징후가 나타난다."[1004]

구한말 상황과 잘 맞아 떨어지는 문장이다. '고종의 조선'은 이른바 정신의 위기요, 심벌의 위기였다. 낡은 유교의 권위가 추락하고 백성에 대한 도덕적 권위와 장악력이 허물어진 상태였다. 백성은 왕실과 사대부를 신뢰하지 않았다. 그런데도 새로운 심벌은 나타나지 않았다. 그람시의 표현처럼 고종 시대의 조선은 병적 징후들로 가득한 공백기였다. 그런데 2024년 오늘 또 한 번 그때와 같은 충격 앞에 놓여 있다. 인공지능의 등장으로 우리가 아는 세계관이 다 흔들리고 있는데 그것을 대신할 새로운 세계관이 아직 등장하지 않고 있다. 이토록 유례없는 변화와 근원을 뿌리째 뒤흔드는 불확실성의 세계 속에서 우리 자신과 아이들을 위해 무엇을 어떻게 준비해야 할까?

나의 손녀가 태어난 해가 2020년이다. 2050년이면 30살이 되고, 2100년을 훨씬 넘겨 우리 세대보다 훨씬 오래 살 것이다. 그 아이를 비롯한 후손들이 이 땅에서 번영과 행복한 삶을 누리게 하기 위해서는 무엇을 준비하고 가르쳐야 할까? 그들이 원하는 직업을 선택하고 주변에서 일어나는 일을 이해하고 미로 같은 인생을 헤쳐 나가려면 어떤 종류의 능력을 갖춰야 할까? 우리는 이 질문에 대한 답을 알지 못한다. 불행히도 2050년 세상이 어떻게 될지 예측할 수 있는 사람은 아무도 없기 때문이다.

현재의 사회, 경제적 생태계가 계속된다면 젊은이들에게 희망을 줄 수 없다. 지금 한국의 사회적·경제적 기반은 우리가 누리는 소득과 소비 수준을 유지할 수 있을 만큼 탄탄하지 않다. 국가소멸이 우려되는 위험신호를 보내고 있는 문제는 브레이크 없는 초저출산에 따른 인구구조 변화만이 아니다. 노동 부문의 경직성과 경제력 집중으로 인한 빈부격차의 확대 등은 한국 경제의 경쟁력을 약화시키고 있다. 경제적·정치적 해법에 대해서는 이미 많은 전문가의 제언들이 넘쳐난다. 여기에서는 지속가능한 한국 사회를 위해 다른 관점에서 방향성만 제안하고자 한다. 한국 사회가 더 나은 미래를 만들기 위해서는 앞으로 세 가지 방향이 필요하다.

첫째, 개방사회로서 이민의 자산화, 법 지배에 기초한 열린 질서를 지향한다. 둘째, 혁신과 창조를 추구하는 교육과 사회 문화를 조성한다. 셋째, 지속가능한 사회를 위한 혁신생태계를 구축한다.

"수준 높은 아이디어 재료들이 집중된 곳에서는 도전적인 최초의 질문이 다발로 쏟아져 나온다."[1005]

## 혁신을 통한 매력적인 국가로의 변신

이제 전 세계에서 어느 선진국도 이민 없이 인구 문제를 해결할 수 있는 나라는 없다. 특히 한국의 저출산은 매우 심각하다. 한 번 저출산 커브에 들어선 나라가 다시 고출산으로 성공한 사례는 역사상 존재하지 않는다. 가끔 스웨덴을 예로 드는데 스웨덴은 '사회주의 복지국가'다. 스웨덴의 부가가치세는 25%로 이는 모든 사람이 세금을 내는 효과를 내며 한국처럼 면세 소득자가 거의 없다. 다시 말해 한국이 스웨덴식으로 시스템을 바꾸면 한국은 부자보다 저소득자들의 세금 부담이 훨씬 높아진다. 게다가 한국은 자유주의 시장경제이고 약간의 유교적 전통이 남아 있어 스웨덴이나 북유럽처럼 비혼 출산이 30~50%를 차지할 수 없는 구조다. 경제적, 사회적, 문화적 시스템과 가치관이 다르기 때문에 사실 미국조차도 스웨덴이 될 수 없다.

한국은 더 이상 이민을 받을지 말지를 고민하는 단계는 이미 지났다. 어떻게 좋은 이민자를 받아 이 사람들이 한국에서 뿌리를 내리고 살 수 있게 할지 고민해야 하는 단계에 진입한 것이다. 우선 한국에 유학 오는 우수한 외국인이 돌아가지 않고 잘 정착할 수 있도록 해야 한다. 아시아만 하더라도 싱가포르, 홍콩, 일본은 세계의 우수한 젊은이들을 유치하기 위해 치열하게 경쟁 중이다. 우수한 젊은이들은 그들에게 선택권이 있다. 그들이 일반적으로 선택하는 나라를 분류하면 다음과 같다.

1순위는 땅덩어리가 크고 기회가 많은 미국, 캐나다, 호주 같은 나라다. 2순위는 영국, 독일, 스웨덴 등 유럽 국가들이다. 외국인으로 정착해 살려면 개방적인 사회가 가장 적합하기 때문이다. 3순위는 경쟁력 있는 아시아의 선진국들이다.

한국이 싱가포르, 일본, 대만보다 더 나은 게 뭘까? 우리의 시각이 아니라 이민자의 시각에서 봐야 한다. 한국은 단일민족이라는 신화가 여전히 작동 중이고 지연과 학연이 그 어느 사회보다 강력하게 영향을 미친다. 이런 것들은 한국인조차 살기 어렵게 만든다. 이 땅에 태어난 사람들과 이 땅을 찾아온 사람들이 더 풍요롭고 자유롭게 살면 다른 나라 사람들도 그걸 매력적으로 생각한다.

　미국 미시간주 연방판사 후보로 지명된 한국계 법률 전문가 수전 킴 디클러크는 청문회에서 입양된 이민자였던 자신의 삶을 회고했다. 2023년 6월 상원 법사위원회가 개최한 연방판사 인준 청문회에서 디클러크는 "나는 이민자라는 게 매우 자랑스럽다."라고 말했다. 이날 디클러크는 자신이 어렸을 때 서울의 한 병원 계단에 버려진 뒤 미국의 한 싱글맘에게 입양됐다고 밝혔다. "나는 그 일이 없었다면 내 삶이 얼마나 달라졌을지, 그리고 이 나라가 내게 준 놀라운 기회를 늘 깊이 생각하고 있다."라고 덧붙였다. 그는 공공 부문이나 시민권 분야에서 법률 전문가 경력을 쌓았다. "나는 언제나 평등과 정의에 진심이었고 이는 이민자로서 겪은 경험의 일부"라고 강조했다. 그는 더 나은 삶을 위해 온 이민자들의 또 다른 본보기가 됐다. 이민이 미국에 어떠한 긍정적 영향을 주었는지 상징하는 놀라운 이야기다. 이민이 오늘의 미국을 만들었다. 나는 묻게 된다. 우리는 다른 나라 사람들을 입양할 수 있는 문화가 있는가? 그들을 한국인과 동등하게 대우하고 기회의 문을 열어줄 수 있는가?

　미래에는 유능한 젊은이를 끌어들이는 나라는 흥하고 뛰어난 인재가 떠나가는 나라는 망할 것이다. 과연 우리나라의 미래는 어떻게 될까? 21세기에 매력적인 미래강국일까, 아니면 낮은 출산율과 양극화 그리고 정쟁에 발목이 잡혀서 '한때 선진국'이었던 나라로 전락하게 될까? 우리가 매력적인 21세기 미래국가가 되기 위해서는 혁신을 통해 지속적인 발전을 이뤄야 한다.[1006]

　혁신은 있을 법하지 않은 것을 만들어 새로운 해결방법을 찾아내는 일이며 그 방법이 널리 적용될 수 있도록 과정을 지켜내는 일이다.

"하나의 착상은 혁신으로 이어지기까지 기나긴 투쟁의 과정을 거치며, 그 과정에서 대개 다른 착상과 결합하곤 한다."[1007]

혁신이란 무엇인가? 혁신은 다음 두 가지로 나눌 수 있다. 존속성 혁신Sustaining Innovation과 와해성 혁신Disruptive Innovation이다. 존속성 혁신은 기존 기술을 지속적으로 업그레이드한다. 와해성 혁신은 기존 시장이 요구하는 성능과는 전혀 다른 차별화된 요소를 통해 새로운 시장을 창출한다.

전자인 존속성 혁신은 사실상 개량에 가까워, 여기서는 와해성 혁신을 가지고 논할 것이다. 익히 잘 알려진 비유지만 마차에 더 많은 말을 투입하거나 마차의 몸체를 더 튼튼히 만드는 게 혁신이 아니다. 혁신은 마차 대신 전혀 다른 교통수단인 기차나 자동차를 만드는 것이 혁신이다. 따라서 혁신은 파괴를 동반한다. 기존 지식과 기술이 쓸모없어지면서 새로운 것이 만들어지기에 '창조적 파괴'라고 부른다. 황창규 전 삼성전자 사장은 설계의 혁신, 공정의 혁신, 물질의 혁신이라는 세 부분의 조합이 완성됐을 때 원하는 결과를 얻을 수 있다고 말하며 일론 머스크의 말을 소개했다.

"우리가 크게 착각하는 게 있는데 그건 기술이 스스로 발전한다고 믿는 것이다. 기술은 엄청나게 많은 사람들이 노력해야 만들어지고 오직 그때만 발전한다."[1008]

머스크는 기술은 엄청나게 많은 사람이 노력해야 만들어지고 오직 그때만 발전한다고 강조했다. 누군가 새로운 물건을 발명했다고 하더라도 다시 스케일 업scale up이라는 양산 과정의 또 다른 장벽을 통과해야 한다. 발명과 양산 사이에는 커다란 간극이 존재한다. 매트 리들리는 저서 『혁신에 대한 모든 것』에서 혁신은 혼자서 이루어지는 일이 아니라 '단체 스포츠'에 가깝다고 강조한다.

"고독한 발명가, 외로운 천재라는 신화는 타파하기 어렵다. 그러나 협력과 공유가 이루어지지 않는다면 혁신은 없다. 가장 단순한 물건이나 간단한 과정도 어느 한 개인이 이해할 수 있는 수준을 넘어선다는 사실에서 이를 명확히 알 수 있다. 경제학자 레너드 리드는 「나, 연필I, Pencil」이라는 유명한 글에서 단순한 연필 하나가 많은 이의 손을 거쳐서 만들어진다는 점을 지적했다. 누구는 나무를 베고, 누구는 흑연을 채굴하고, 누구는 연필공장에서 일하고, (…중략…) 그러나 서로 협력하는 사람들로 이루어진 이 방대한 팀에 속한 어느 누구도 연필을 만드는 법을 알지 못한다. 그 지식은 누군가의 머릿속이 아니라, 머리와 머리 사이에 저장되어 있다."[1009]

혁신을 단체 스포츠에 가깝다고 비유하는 까닭은 혁신이 대부분 조율되거나 관리되지 않는 경우가 많기 때문이다. 혁신은 인위적인 기술이 더 이전의 인위적인 기술로부터 진화한 것이다. 하나의 발명이 실제 현실에서 사용되기까지는 긴 시간과 큰 노력이 필요하다.

### 대학 혁신

우선 가장 중요한 교육 혁신을 대학을 예로 들어 살펴보자. 대학은 전통적으로 인증, 지식의 보존과 전수, 연구와 혁신, 네트워킹과 협업을 위해 대학 내외의 전문가를 한데 모은 플랫폼 기능을 해왔다. 우선 대학의 전통적 기능인 인증 기능과 후광효과는 점점 더 약화될 것이다. 미국 역시 대학이 느끼고 있는 위기감이 상당하다. 고등교육 전문가인 케빈 캐리는 세계 대학 순위의 상위권을 차지하고 있는 미국조차 약 4,000여 개의 대학(공립 1,600개, 사립 2,400개)[1010] 중 50개 대학 정도만 살아남을 것이라고 우려했다. 그는 50위권 밖에 있는 대학들이 50위권 이내로 도약하려는 비전을 학비에 포함시키다 보니 수업료를 너무 비싸게 책정했다고 비판했다.

"학위증에 대학 이름을 올리는 것만으로 학비를 낼 가치가 있는 강력한 대학의 수는 매우 적다. 미국에서 그러한 학교는 50개가 넘지 않을 것이다."[1011]

그는 카네기멜런대학교 부총장과의 대화를 소개했다.

"우리는 날카로운 칼날 위에 서 있다. 20세기 고등교육 팽창의 물결을 탄 수천 개의 대학과 칼리지 가운데 앞으로 살아남을 대학이 그중 15개밖에 되지 않을 것이라 생각했다. 그런 학교가 25개 또는 50개가 될 수도 있지만 어쨌든 그리 많지는 않을 것이다."[1012]

앤드류 카네기가 설립한 카네기멜런대학교는 빌 게이츠가 기부를 할 정도로 세계적인 연구 중심 대학으로 컴퓨터 분야에서 여러 가지 발명 기록을 갖고 있다. 동문과 교직원 가운데 노벨상 수상자가 20명이나 포함되어 있어 미국 내에서도 25위권의 명문 대학이다. 카네기멜런대학교가 앞으로 살아남을 대학 중 하나가 되리라는 확신을 할 수 없다는 부총장의 견해는 한국 대학에 경종을 울린다. 물론 그가 말한 미국의 15개 대학은 하버드, 스탠퍼드, MIT 등으로 세계 랭킹 20위권 안에 속한 대학들이다. 한국의 서울대학교와 카이스트는 100위 이내이다. 그렇다면 그는 그저 생존하는 대학이 아니라 우수성을 유지하며 번영하는 대학을 원한 셈이다.

어떤 대학이 살아남을까? 미래 대학의 모델로 손꼽히는 미네르바대학의 사례를 보면 힌트가 될지 모른다. 엘리트 고등교육의 초과수요를 흡수하고 더불어 더 나은 교육을 제공한다는 목표로 2014년 70명을 선발했다. 지금은 하버드 등 명문대의 명성과 특권을 뛰어넘을 정도로 성공했다. 민경찬 교수는 저서 『미래의 인재, 대학의 미래』에서 미네르바대학이 21세기에 적합한 새롭고 혁신적인 교육모델이라고 소개했다.

물리적인 캠퍼스가 없고 시공간을 벗어나는 새로운 교육방법(디지털 환경)을 디자인했다. 100% 온라인 교육과 4년에 7개 도시(샌프란시스코, 서울, 하이데라바드, 베를린, 부에노스아이레스, 런던, 타이페이)를 순환하는 프로그램으로 주요 이슈에 대한 프로젝트를 스스로 기획하고 수행하는 경험적 학습을 중심으로 한다. 문과와 이과 구분이나 전공학과가 없고 4C를 교육 목표로 하고 있다. 4C는 인공지능 혁명 시대에 필요한 비판적 사고Critical Thinking, 창의성Creativity, 의사소통Communication, 협력Collaboration을 말한다.[1013]

앞으로는 인재들이 모이는 대학만이 살아남는다. 내부에 인재들이 있어야 외부 인재들과 협업할 수 있기 때문이다. 따라서 초일류 대학 없이 초일류 국가가 되는 일은 불가능하다. "대학에 모인 인재들이 바깥의 인재들을 끌어들이며 커지는 마태효과 때문이었다. 하지만 집단 내 인재들이 더 이상 대학에 모여 있지 않다면 일종의 뱅크런이 일어날 수도 있다."[1014]

한국은 너무 많은 사람이 대학에 간다. 이에 대한 대대적인 혁신이 필요하다. 세 가지를 거론하겠다. 첫째, 교육제도를 혁신해야 한다. 한국의 대학진학률은 70%가 넘는다. 대학을 졸업한다고 해도 이제는 인증효과도 누릴 수 없게 됐다. 대학졸업자가 너무 많다 보니 번듯한 일자리가 없어 취업을 재수하고 삼수를 해야 하는 상황이 됐고 육체노동을 기피하는 현상이 만연해졌다. 중소기업에서는 일할 사람이 없어 외국인을 더 들여와야 한다고 아우성이다. 지금 우리 사회는 정상이 아니다. 대학에 가는 것이 엘리트 코스로 가는 지름길이자 더 나은 삶으로 가는 확실한 길이라고 믿었던 시대로부터 이제 60여 년이 지났다. 70%가 넘는 대졸자들에게 그에 걸맞은 양질의 일자리를 제공할 수 있는 나라는 이 세상에 존재하지 않는다. 이제는 초등교육을 단축하고 고등학교에서 취업과 진학의 이원화를 적극적으로 검토해야 한다. 여기에 일자리 미스매치를 해결하려면 대학을 줄이고 교육제도를 개편하는 식으로 구조를 개혁해야 한다.

둘째, 교육 문제는 단순한 정책 하나로 해결되지 않는다. 학교 밖의 문제를 개선해야 한다. 우리는 학력에 대한 사회의 구조적인 차별을 없애는 대신에 대학을 많이 만들어 대학 진학을 쉽게 만들었다. 잠시 효과를 보았지만 중장기적으로 사회에 큰 부담이 되고 있다. 특히 사교육비는 경제협력개발기구OECD 평균의 세 배가 넘을 정도로 막대하게 투자하는데 그 결과는 다른 나라들과 비교해 볼 때 차이가 미미하다는 연구결과가 나왔다. 엄청난 사교육비는 국가적·개인적 낭비로 이어지며 부모 세대들의 노후 대비를 어렵게 하고 있다. 한국인이 대학을 많이 가는 이유는 교육의 본질적 의미에 충실해서라기보다 사회적 분위기와 압력이 작용한 탓이다.

아무리 한 개인이 특정 분야에서 잠재적 능력이 있다 해도 학위가 없으면 사회적 불이익이 너무 크다. 고등학교를 졸업한 사람이 취업 후 4년이 지나서 일정한 자격시험(기업에서 자율적으로 시행)이나 직무에 필요한 인증자격을 획득하면 대졸자와 같은 급여를 받도록 하여 대학으로 몰려가는 현상을 완화해야 한다. 어차피 대학에 가지 않아도 대학을 중퇴해도 능력만 있다면 경력이나 배경도 보지 않는 세상이 도래할 것이다. 앞으로 10만 달러의 시대에 적합한 창의적 인재 양성을 위해 대학에 새로운 방식으로 접근해야 한다. 대학은 융합적 교육을 시행해야 한다. 전문가들은 한 번 '졸업하면 끝'인 현재의 방식을 교회 시스템처럼 일정한 시간이 경과된 후에는 온·오프라인에서 주기적으로 모여서 배우는 방식으로 바꿔야 한다. 사회 변화의 속도가 워낙 빨라서 이에 대응하는 역량을 기르기 위한 교육이 더 필요하기 때문이다.

### 한국이 필요로 하는 3가지 혁신

전문가들은 한국의 경쟁력 확보를 위해 세 가지 혁신을 통해 한국이 새 길을 찾아야 한다고 고언한다. 우선 정치 혁신이다. 한국의 새 길을 찾는 원로그룹은 복잡한 한국의 문제군을 시급히 해결하려면 최우선적으로 정치문화와 정치 생태계를 창조적으로 파괴[1015]해야 한다며 87헌정체제에 대한 재검토에서 시작해야 한다고 강조했다.

"취약한 제왕적 대통령제를 폐지하고 정당제도와 선거 제도 전반을 재검토하여 (…중략…) 국가 리더십의 복원, 인물 생태계의 회생, 붕당이념 정치의 퇴출을 이루지 못하면 대한민국은 혼란과 분열 속에서 성공한 미래를 바라보기 힘들다."[1016]

지난 10년간 보수와 진보가 번갈아 가며 정권을 잡았으나 모두 성과가 빈약했다. 이제는 급변하는 시대에 맞춰 새로운 변화를 도모하고 아예 판 자체를 바꿔야 하는 시점이다. 현재의 정치구조로는 누가 집권을 해도 하나도 달라질 게 없다. 지금처럼 중요한 시기에 내부 갈등과 적개심이 심해지면 우리 사회가 경착륙할 가능성이 있다. 게다가 점점 정치의 사법화와 사법의 정치화가 심해져, 상대는 사법적 제재를 가할 대상이 됨으로써 민주주의 원리마저 작동하지 않게 될 것이다.

그 다음은 정부 혁신이다. 새로운 기술의 발전을 위해 법을 제정하기에 앞서 자율규제를 유도하고 꼭 필요하다면 원 포인트 목표를 잡아 규제를 해야 한다. 그리고 이렇게 얻은 성과의 상당 부분을 사회안정성 확보에 투자해야 한다.

"네거티브 규제 시스템을 도입하자. 즉 하지 말라는 것을 빼고는 다 할 수 있도록 규제를 완화해야 한다. 민간의 자율과 창의를 방해하는 각종 규제를 원점에서 재검토해야 한다. 국민의 자유와 생산성, 국가의 규율과 안전이 조화롭게 아우러지는 나라가 선진국이다."[1017]

마지막은 사회(교육) 혁신이다. 인재가 창업과 기술을 외면하게 되면 한국의 경쟁력은 뒤처진다. 한국은 여전히 의대에 인재 쏠림 현상이 심하다. 이러한 의대 광풍은 인재 배분의 불균형을 부르고 국가 미래를 위협하는 '망국병' 수준이다. 한국의 초엘리트들이 겨우 직업의 안정성과 경제적 보상만을 추구하기 위해 의대에 가는 현상이라면 머지않아 개인도 사회도 암울해질 것이다. 인재는 국가의 핵심적인 미래 자산이다. 의대가 우수한 인재를 빨아들이는 블랙홀이 되는 것은 국가적 인적자원 낭비다. 더욱이 의대가 우리의 미래 먹거리를 모두 책임질 수도 없다. 이공계의 다양한 분야에 뛰어난 인재가 분배되어야 국가 경쟁력을 유지할 수 있다.

"우수한 인재들이 과학·기술·벤처·산업디자인·패션 등 4차 산업혁명 분야로 진출할 수 있도록 적극적인 유인책이 필요하다."[1018]

미국은 미래를 준비하는 선도 대학, 혁신기업, 혁신자본 간 자율 생태계가 잘 구축되어 있어 절대적 우위를 차지하고 있다. 오늘날 세계는 기업 간 경쟁이 아니라 국가 생태계 간 경쟁력이 더 중요해졌다. 미래 시대의 변화를 정확히 인식하고 기업, 대학, 공공 연구기관 등 혁신을 수행하는 주체들 간의 아이디어, 연구비, 인력의 흐름이 원활한 네트워크를 구축해야 생존과 발전이 가능하다.

"기술이 비즈니스로 성공하기 위해서는 여러 요인이 작용한다. 기술력 못지않게 문화와 자본의 역할도 상당하다. 세계적인 석학을 초빙하고 강연하는 식으로 미국은 대학과 연계된 시스템 안에서 많은 비즈니스가 만들어졌다. 실리콘밸리는 인근 대학의 우수한 인력과 지원을 받고 있다. 이뿐만 아니라 벤처캐피털의 투자도 원활하다."[1019]

### 열린 생태계와 오픈소스

우리가 지금 진심으로 고민해야 할 것은 혁신생태계를 구축하는 일이다. 오픈AI의 챗GPT와 구글의 바드 등 인공지능은 시장의 예상보다 훨씬 더 빠른 속도로 발전하고 있다. 이들을 개발한 구글과 마이크로소프트 등 글로벌 빅테크들은 인공지능을 등에 업고 승승장구하고 있다. 또한 생성형 인공지능 붐을 업고 세계 시스템 반도체 시장에서 군림하는 엔비디아의 질주는 눈부실 정도다. 이들이 잘나가는 이유는 무엇인가? 전문가들은 하나같이 '열린 생태계'를 꼽고 있다.

"엔비디아는 그래픽처리장치GPU를 잘 만들 뿐만 아니라 그래픽처리장치를 활용하는 소프트웨어인 쿠다CUDA를 인공지능 프로그램 개발의 표준으로 만들었다."(황철성 서울대학교 교수)

"엔비디아의 시장점유율을 추격하기 위해선 쿠다를 앞설 소프트웨어 생태계 조성이 시급하다. 그간 우리나라 기업들은 패스트팔로워로서 하드웨어 성능 비교로 힘겨루기를 해온 반면, 외국 기업들은 하드웨어 성능 개발은 물론 소프트웨어 선점을 통한 생태계 조성에 집중하고 있다."(이혁재 대한전자공학회 회장 겸 서울대학교 교수)

"TSMC는 400명의 파트너와 춤춘다."(신장섭 싱가포르대학교 교수)

전문가들의 분석을 보면 엔비디아가 설계한 시스템 반도체 그래픽 처리장치GPU보다 쿠다를 더 많이 언급한다. 쿠다는 엔비디아 생태계의 핵심이다. 쿠다는 수많은 개발자들이 그래픽처리장치에서 수행하는 병렬 처리의 알고리즘을 모르더라도 이 소프트웨어를 활용해 다양한 것들을 만들도록 도와주는 개발툴이다. 인공지능 서비스와 솔루션도 대부분 엔비디아의 소프트웨어 쿠다를 기반으로 개발되고 있다. 엔비디아는 초기부터 쿠다라는 인공지능 프로그램을 발 빠르게 출시하여 수많은 개발자를 끌어당겼다. 협력자들이 새로운 것이나 보완재를 만들면 쿠다의 생태계는 더 풍성해지고 기능도 업그레이드된다. 쿠다 프로세스의 수가 높아질수록 영상 편집, 3D

그래픽, 3D게임, 이미지 편집 등 다양한 그래픽 환경 처리 속도가 빨라지는 것이다. 이제는 다른 회사의 그래픽카드가 아무리 좋아도 쿠다의 생태계를 벗어날 수 없다. 엔비디아의 그래픽카드는 매년 어마어마하게 팔리고 있다. 젠슨 황은 여기까지 내다보고 초기부터 힘들여 개발한 소프트웨어를 무상으로 내놓은 것이다.

이와 같이 최신 IT 기술을 얘기하면서 오픈소스OSS, Open-Source Software를 빼놓을 수 없다. 오픈소스는 소프트웨어의 설계도에 해당하는 소스코드를 인터넷을 통해 무상으로 공개한 것을 말한다. 따라서 누구나 오픈소스를 이용해 다양한 소프트웨어를 개발할 수 있다. 빅테크 기업들은 앞다투어 주요 오픈소스 프로젝트에 대한 후원과 기여를 통해 영향력 확대에 나섰다. 한상기 소셜컴퓨팅연구소장은 미국의 빅테크 기업들이 왜 오픈소스 전략을 적극적으로 구사하는지 이해를 돕기 위해 페이스북의 전략 담당자 제임스 피어스의 인터뷰 내용을 소개했다.

우선 초기 테크 기업들이 오픈소스로 인해 적은 비용으로 서비스 구축을 하고 오픈소스가 사업을 시작하는 데 큰 바탕이 된 것에 고마움을 느끼고 성공한 후에 이에 대한 보답으로 자신들의 결과물을 다시 오픈소스로 공유하는 데 적극적 입장을 보인다고 한다. 미국의 빅테크 기업은 "진정한 고수는 큰 뜻을 펼침으로써 경쟁자를 자신의 편으로 만든다."라는 격언이 실현되는 현장이다. 한편으로는 부럽고 또 한편으로는 아쉽다. 미국에서는 기업이 성장하면 성공의 일부분을 그 생태계를 확장하는 데 사용하는 반면에 한국의 1세대 벤처기업들은 기업이 커졌을 때 올챙이 시절을 잊고 대기업 행세하느라 정신이 없는 경우가 많다.

"두 번째는 오픈소스를 통한 혁신이 더 효과적이라는 것이다. 기업이 풀고자 하는 문제를 내부 인력만으로 해결하는 것보다는 오픈소스 커뮤니티의 도움으로 전 세계의 엔지니어가 같이 참여해서 풀어가는 편이 더 효과적이고 훨씬 혁신적인 해결을 얻을 수 있기 때문이다. 세 번째는 결국 자신의 사업에 도움이 된다. 자사의 소프트웨어를 오픈소스화하면 이를 이용하는 소프트웨어 엔지니어가 증가하고, 결국 그런 엔지니어들 중에 최상의 엔지니어를 다시 회사에 합류하게 만들 수 있다. 즉 최고 수준의 엔지니어를 쉽게 발굴할 수 있고, 이들을 통해 회사의 소프트웨어 혁신을 다시 얻을 수 있다."[1020]

정리하자면 오픈소스 전략은 집단지성의 도움을 받아 기술을 획기적으로 업그레이드하는 것이다. 전 세계 개발자들이 실시간으로 오류를 잡고 기능을 추가한다. 이는 일개 회사에서 할 수 없는 어마어마한 일이며 오픈 생태계가 가진 힘이다. 메타 CEO 마크 저커버그는 2023년 7월 19일 "오픈소스는 더 많은 개발자가 새로운 기술을 구축할 수 있도록 지원하므로 혁신을 촉진한다."라고 하면서 "생태계가 더 개방적일수록 더 많은 발전을 이룰 수 있다고 믿기 때문에 라마2를 오픈소스로 공개했다."라고 설명했다. 다시 한번 강조하지만 오픈소스의 강점은 누구나 모델을 무료로 가져다 쓸 수 있고, 이를 자신의 필요에 맞춰 바꿔 쓸 수 있다는 점이다.

인공지능 시장 역시 오픈소스로 자율주행은 물론 그림, 음악, 소설까지 종류가 폭발적으로 늘어나고 있다. 만일 인공지능 기술을 개발한 구글에서 자기 혼자 끌어안고 사용했으면 시장이 이렇게까지 커졌겠는가. 혼자서 많이 먹기보다 파이를 키워서 크게 장기적으로 이익을 얻는 구조다. 메타, 구글, 아마존, 마이크로소프트 등 빅테크 기업들은 이걸 알기에 개발자들이 쉽게 사용할 수 있는 알고리즘과 개발 도구를 아낌없이 공개하여 시장에 내놓는다. 그 결과 시장이 엄청 커지면서 결국 구글 등 빅테크 기업들이 큰돈을 쓸어가게 된다.

그럼 한국은 어떤가? 한국은 인공지능 기술로 세계 10위권 안에 드는 초거대 인공지능 보유국이다. 하지만 그 이름에 무색하게 포브스 선정 인공지능 유망 기업 50곳에 이름을 올린 한국 기업은 아직까지 없다. 왜? 오픈소스 생태계가 불모지 상태이기 때문이다. 생태계를 만드는 일은 오랜 시간이 필요하다.

"생태계는 순환한다. 망치는 것은 한순간이지만 되살리는 것은 한 세대가 필요할 수도 있다. 오픈소스 개발에 자금을 조금 더 준다고 해서, 대기업들이 하청업체에 자금을 지원한다고 해서 한국의 소프트웨어 업계가 살아나지는 않을 것이다. 농약 조금 덜 친다고 해서 생태계가 살아나는 게 아닌 것과 마찬가지다. 생태계는 전체 사이클의 어느 하나만 건드려서 살아나지 않는다."[1021]

정부는 상생형 혁신이 일어날 수 있는 환경과 제도적 시스템을 만들어야 한다. 기업은 대학과 연구소와 연계하여 가치가 높은 연구개발을 바탕으로 새로운 사업모델, 플랫폼, 상품을 만들어 내야 한다. 하지만 그러기 이전에 대기업은 자사의 경영 관행부터 돌아봐야 한다. 그동안 대기업은 자사의 지위와 영향력을 활용해 중소기업들의 기술을 탈취하는 식으로 자사의 이익극대화를 위해 에너지를 쏟는 경우가 많았다. 중소기업이 만들어 낸 신기술을 빼앗아 가고 자사에 유리한 규칙을 만드는 일을 우선하기도 했다. 소탐대실이다. 박태웅 의장은 MBC라디오 「신장식의 뉴스하이킥」[1022]에서 아직도 산업사회 의식구조를 가진 한국의 경영방식에 대해 개탄한다.

"이렇게 생태계를 파탄내고 세계적 초일류 기업과 경쟁을 할 수 없다. 저쪽은 연합군단으로 어마어마한 숫자가 오고 있는데 여기는 말 한 마리 타고 단기필마로 싸우는 격이다. 이익 10원, 100원 더 벌지 몰라도 1,000원, 1만 원 잃는 일을 하고 있다."

혁신생태계가 제대로 뿌리내리려면 혁신 주체들이 건강해야 하며 이들 간에 원활한 협력과 연계가 필요하다. 특히 혁신 주체들 간에 아이디어, 자금, 인력의 흐름이 활성화되어야 하는데 대기업이 자사의 이익을 위해 중소기업의 아이디어를 빼앗아 간다면 어떻게 생태계가 역동성을 가질 수 있겠는가. 신장식 앵커의 문제 제기도 적확했다.

"생태계에서 작은 나무, 큰 나무 할 것 없이 깊고 울창한 숲을 만들어도 모자란 판에 남의 과실 뺏어다가 자기 주머니에 넣었는데도 공정위 등에서 제재도 않는다. 거꾸로 가는 것이다."

좀스러운 경영은 이제 그만하자. 99마리 양을 가진 부자가 가난한 이의 한 마리 양마저 탐내며 국내에서 한두 푼 더 벌려다 공멸한다. 삼성전자의 반도체 제조 능력이 탁월해도 TSMC에 뒤지는 까닭은 지적재산권(IP과 같은 파운드리 생태계 확보가 하루아침에 이뤄지지 않기 때문이다. 심지어 애플은 자사의 정체성을 아이폰을 잘 만드는 하드웨어 회사가 아니라 생태계를 파는 소프트웨어 회사로, 플랫폼 기업(애플TV)으로 인식하고 있다.

"TSMC 같은 파운드리 업체가 부상하면서 가장 큰 혜택을 본 기업은 따로 있었다. 대부분은 그 회사를 반도체 설계 회사로 생각지 않는 곳, 바로 애플이었다. 스티브 잡스가 만든 애플은 언제나 하드웨어에 특화된 장점을 만들고 있었으니 그들이 만드는 기기에 탑재되는 칩까지 통제할 것이라는 점은 놀랄 일이 아니었다."[1023]

애플이 반도체를 직접 설계하는 점도 놀랍지만 진짜 경쟁력은 그들의 웹 생태계가 놀랍도록 풍성하다는 점이다. 타의 추종을 불허하는 혁신적인 디자인, 사용자 인터페이스(UI) 기술 등 애플 특유의 핵심 역량은 그들의 초기 성공에 크게 기여했다. 하지만 이러한 것들은 금세 따라온다. 하드웨어의 기능성 측면만 놓고 보면 삼성이 뒤질 게 없다. 하지만 애플과 한국 기업 간의 명운을 가른 건 콘텐츠 제공 역량이다. 송재용 서울대학교 교수의 연구에 의하면 스마트폰 경쟁이 치열하던 2012년 3월에 애플의 웹스토어는 55만 개의 어플리케이션을 확보하고 250억 건이 넘는 다운로드가 일어났다.

한번 상상해 보라. 한 회사에서 55만 개의 어플리케이션을 직접 만들 수 있겠는가. 불가능하다. 이렇게 구축된 생태계를 뚫고 고객을 유인하는 것은 절대 쉽지 않다. 그래서 스마트폰 그 자체로는 아무런 가치가 없는 것이다. 스마트폰은 콘텐츠와 같은 보완재가 있어야 가치가 창출되는 플랫폼 상품이다. 결국 소프트웨어가 경쟁력을 좌우한다. 애플의 충성된 고객은 애플이라는 기계를 사는 게 아니라 애플의 생태계를 사는 것이다.

그런데 이상하지 않은가. 분명히 글로벌 빅테크 기업들이 생태계를 풍성하게 해서 크게 먹는 것을 알고 있는데도 우리는 그런 시도를 하고 있지 못하다. 너무 슬픈 일이다. 한국 기업들도 세계 최고 수준에 오른 기업들이 많은데도 여전히 후진국적인 경영 관행, 태도, 전략을 보이는 이유는 무엇일까? 왜 우리는 아직도 단기필마형 경영을 선호할까? 국내에서는 오픈소스에 기여하고 후원하는 문화, 즉 생태계가 자리 잡지 못하고 있다. 인식혁명이 일어나지 않았기 때문이다. 아직 국내 기업들은 오픈소스에 대한 투자와 기여가 자사의 비즈니스 성공으로 이어진다는 인식이 부족해 여전히 밑 빠진 독에 물 붓기라는 생각을 하고 있다는 게 큰 문제다. 향후 중요하게 부각될 이슈들은 많지만, 크게 인식혁명의 네 가지 범주에서 정리하면 다음과 같다.

첫째, 창조적 소수자이다. 국내 기업들은 오픈소스에 대한 투자와 기여를 통해 시장을 키워 더 크게 이익을 보겠다는 인식이 아직은 부족하다. 기업들이 투입한 수십 조의 연구개발비보다 전 세계 개발자들의 집단지성이 훨씬 더 강력하고 가치 있다고 믿어야 오폰소스에 대한 투자가 가능하다. 테크 경영자 중에 제대로 된 비전을 가진 리더가 없다는 방증이다. 민간 기업에서 주도적으로 오픈 생태계를 조성하는 리더들이 나와 자금과 에너지를 쏟을 수 있어야 한다.

둘째, 주체세력 형성이다. 소수지만 국내에서 오픈소스 기반 전문 소프트웨어 기업이 하나둘 생겨나고 있다. 하지만 주체세력이 형성되지 못해 역치를 넘지 못하고 있다. 오픈소스 소프트웨어 기업인 비트나인의 오호준 팀장은 깃허브(GitHub, 개발자 프로그램)에서 활동하고 있는 한국 개발자들도 있다. 하지만 그들만의 활동만으로는 국내 시장의 인식이 쉽게 바뀌기는 어렵다고 진단한다.

셋째, 공론장이다. 공론장 역시 미약하다. 오픈소스에 대한 사회 전반적인 인식이 개선되어야 그 생태계도 활성화될 수 있다. 인식의 수준이 올라가야 협력의 수준도 올라간다.

넷째, 임계질량이다. 오픈소스 소프트웨어의 영향력이 갈수록 커져가고 있지만 임계점에 도달해야 생태계의 선순환을 기대할 수 있을 것이다. 아직 갈 길이 멀다. 그러는 사이 오픈소스 소프트웨어의 영향력은 갈수록 커져가고 있다.

이제 세상은 이미 오픈소스가 점령했고 모든 세계적 기업은 오픈소스 없이는 아무것도 할 수 없는 상황이다. 우리도 의식의 베이스캠프를 올려야 한다. 초일류 전쟁터의 게임의 규칙은 약육강식이 아니라 훌륭한 생태계를 누가 더 많이 갖고 함께 성장하느냐의 게임이다. 박태웅 의장의 말처럼 "풍성한 생태계 없이 단기필마로 돌파하는 기술과 경영방식은 끝났다."

### 개인의 대응에 대한 제언

이제 개인은 앞으로 무엇을 준비해야 할지 생각해보자. 2001년

MIT는 자신들의 강좌를 거의 전부 인터넷에 공개했다. 교육 전문가들은 고등교육 전체가 벌벌 떨 것이라고 예상했다. 그런데 별일이 일어나지 않았다. 왜 그럴까? 유명한 교수의 지식이 중요한 게 아니라 강의를 듣고 이해하는 학생들의 역량이 다르기 때문이다. 한국의 어느 대학에 하버드대학교 프로그램을 그대로 세팅한다고 하더라도 그만큼 우수한 인재들이 나오는 것은 아니다. 수준 높은 새로운 자리가 생긴다고 해도 그에 걸맞은 역량을 갖추지 못하면 그건 그저 그림의 떡일 수밖에 없다. 어떻게 하면 개인의 역량을 높일 수 있을까?

기술발전의 속도는 빨라지고 인간수명이 길어지면서 전통적인 모델은 점점 쓸모가 없어지고 있다. 그동안 수십 년간 쌓아온 지식과 경험이 다음 세대에 도움이 되지 않는 세상이 된 것이다. 당혹스럽다. 앞에서도 얘기했지만 2050년 세상이 어떠할 것이라고 아는 사람은 아무도 없다. 불확실성이 아예 기본 조건이 된 세상에서 우리는 어떻게 살아야 할까? 이런 세상에서 살아남아 번성하기 위한 덕목으로 유발 하라리를 비롯한 전문가들은 세 가지를 조언한다.

첫째, 정신적 회복탄력성과 풍부한 감정적 균형감이 필요하다.

"고무공처럼 강하게 되튀어 오르는 사람이 있는가 하면 유리공처럼 바닥에 떨어지는 즉시 산산조각 나서 부서져 버리는 사람도 있다. 통계적으로 보면 고무공보다는 유리공의 비율이 두 배 이상 많다."[1024]

우리는 인생의 모든 역경을 얼마든지 이겨낼 잠재적인 힘을 지니고 있다. 이 힘을 심어주기 바란다. 왜냐하면 불행과 역경 그리고 시련을 이기고 오뚝이처럼 다시 일어서게 하는 신비한 인간 내면의 힘이 바로 회복탄력성이기 때문이다.

둘째, 세상에 뒤처지지 않으려면 끊임없이 배우고 자신을 쇄신하는 능력이 필요하다.

셋째, 질문하는 능력을 키우고 자신의 영역에서 질문하는 삶을 살아야 한다.

"지금 하고 있는 업무의 영역과 과제를 무비판적으로 받아들이는 것이 아니라 다른 가능성을 열어두고 최초의 질문을 던지며 끊임없이 다르게 시도하는 사람은 성공 가능성이 높다."[1025]

쏟아지는 정보의 홍수 속에서 카누의 방식으로 지혜를 축적해야 한다. 빛의 속도로 바뀌는 변화의 시대에 눈 깜짝할 사이에 휙 지나가는 정보의 급류 속에서 생존하는 유일한 방법은 끊임없이 새로운 경쟁우위를 먼저 만드는 것이다. 이런 시대를 『우리는 어떻게 바뀌고 있는가』의 저자이자 과학사학자인 조지 다이슨은 '카누와 카약'으로 간명하게 설명한다. 그는 북태평양의 원주민들이 작은 배를 만드는 두 가지의 방식을 설명하면서 앞으로 다가올 시대와 비유해 통찰력을 보여주고 있다.[1026]

먼저 카약Kayak. 알류트족 등은 나무 한 그루 없는 황량한 땅에 사는 부족이라 해변에서 주워 모은 나무 조각으로 골조를 세워 물에 뜨는 카약을 만들었다. 그다음은 카누Canoe. 틀링깃족 등이 살던 곳은 밀림지역이라 나무가 풍부해 나무를 통째로 실어와 속을 구석구석 파내어 카누를 만들었다.

모양은 흡사하지만 배를 만드는 방식은 정반대임을 알 수 있다. 카약은 뼈대에 하나하나 '더하기' 방식이라면, 카누는 큰 나무에서 속을 파내는 '빼기' 방식으로 배를 만든다. 그는 향후 세상은 '생각의 배'를 만드는 방식이 카약 식에서 카누 식으로 바뀌기에 새롭게 카누를 만드는 법을 배워야 한다고 강조한다. 우리가 지금까지 살아온 시대는 여기저기 끌어 모아 카약을 만드는 방식이었지만, 미래는 불필요한 정보를 솎아내고 파내고 버리면서 숨겨진 알맹이를 찾아야 한다는 것이다. 과거는 카약(더하기) 방식이다. 검색과 여기저기 정보를 수집하여 활용한다. 미래는 카누(빼기) 방식이다. 주변의 불필요한 정보를 솎아내는 방식. 숨겨진 지식의 본질을 찾아내기 위해 사유를 통해 재창조한다.

 문제는 우리가 나뭇가지를 주워 모으는 것에 숙달되어 있어 속을 파내는 방법을 모른다는 사실이다. 잘못하면 통나무를 구해 와도 어떻게 다룰 줄 몰라 배를 만들 수 없는 곤란한 처지에 놓일 수도 있다. 지혜의 90%는 알맞은 때 현명해지는 것이다. 지금 필요한 것은 우리가 직면한 변화의 속도에 현명하게 대응하는 자세이다. 역설적으로 정보 과잉 시대에 정보는 덜 중요하다. 어떤 정보나 어떤 대상을 정제해 본질만 남기는 능력을 키워야 한다. 그것만이 본질적인 문제를 이해할 수 있게 도와주기 때문이다. 유발 하라리는 2023년 『멈출 수 없는 우리』라는 청소년용 책을 내면서 인공지능이 지배하는 새로운 세상에서 미래 세대인 아이들에게 필요한 교육은 바로 '변화하는 기술'이라고 단언하며 다음과 같이 말했다.

 "과거에는 정보를 가르치는 게 교육의 핵심이었다면 지금은 수많은 지식 중에 쓸 만한 것을 가려내는 능력, 파편화된 지식을 모아 스스로 큰 그림을 그리는 법 등을 배워야 한다. 역사 탐구를 통해 가능하다고 생각한다."

 또한 인간의 배움은 경험을 바탕으로 다른 사람과의 관계 속에서 완성되기에 타인과 함께하고 협업하는 능력이 매우 중요하다. 청소년 시기에는 체육활동을 많이 하여 협동심, 인내심, 근력을 키우고 뇌를 활성화해야 한다. 자유롭고 활기차게 살아야 나중에 경쟁하든 창조하든 할 것이다. 박태웅 의장은 『운동화 신은 뇌』를 써서 세계적으로 화제를 일으킨 존 레이티 하버드대학교 교수의 연구를 인용하며 책상에 몇 시간씩 쪼그리고 앉아 공부하는 건 '뇌를 죽이는 일'이라고 경고한다.

"컴퓨팅적 사고력과 책 읽는 습관, 정성껏 듣고 주의 깊게 관찰하고 커뮤니케이션 잘하기, 뇌가 자랄 수 있도록 마음껏 뛰어놀고 평생 즐길 하나의 운동을 갖게 하기, 이것이 참된 인공지능 교육이 될 것이다."[1027]

어떤 세상이 와도 본질적으로 창의적인 직업, 사람들과 깊은 관계 구축을 요구하는 직업, 숙련공은 가장 안전한 영역이다. 어릴 적 마음껏 뛰어놀고 주의 깊게 관찰하는 습관만큼 중요한 일은 없다. 그리고 자신을 넘어서 우리라는 더 큰 사고를 하는 경지에 이르렀으면 한다. 전 구글 최고경영자 에릭 슈미트의 말처럼 젊은 리더로 잘 성장하여 변화의 일부가 되어야겠다는 용기를 갖는 것이다.

"필요한 건 너의 사업이 빠른 속도로 변해야 한다는 통찰력이며 리스크를 무릅쓰고 그 변화의 일부가 되어야 한다는 용기다. 그리고 최고의 전문성과 창의력을 갖춘 인력을 끌어들이고 이들에게 그런 변화를 일으키게 하는 자세와 능력이다."[1028]

| 마치며 |

2023~2030년은 가장 위험하고 중요한 시기다.

한국의 정치체제(87년 체제)는 너무 낡아서 갈등이 증폭되어 보수와 진보의 양 진영에서 서로에 대한 살벌한 공격이 극단으로 치닫고 있다. 각 진영의 대표는 자신의 지지자들에게는 영웅이지만 상대편에게는 비난의 표적을 넘어 경멸의 대상이 되고 있다. 불행한 일이다. 현재의 정치시스템으로는 국민의 다양한 요구를 반영하기 어렵다. 시간이 촉박한데 우리는 지금 국가 지도력에 대한 신뢰가 약화되고 있다는 게 문제다.

"2022년 문재인-윤석열 정권교대기는 공교롭게도 내외요인이 동시에 폭주하는 퍼펙트 스톰이 불어닥쳤다. 다각적이고 다원적인 복합위기다. 그 위기의 수준도 과거 어느 정권교대기에 비교하기 어려울 정도다. (…중략…) 이념과 세력의 이른바 좌우 간 단절·분열·갈등·증오는 이제 절정에 이르렀다. 사실상 내전상태의 정치다."[1029]

한국은 한 번도 경험해 보지 못한 그 지점에 도달해 있다. 지금이 여느 주기와 다른 까닭은 다음과 같은 세 가지 위기가 한꺼번에 밀려왔기 때문이다.

### 위기 1

한국의 사이클은 40년 주기인데 지금이 해방 이후 두 번째 주기의 마지막 5년으로 제도를 재정비하여 다음 40년을 대비하는 시기에 해당한다. 제4사이클(1988~2027)의 마지막 10년 구간의 한가운데에 있다. 치열한 반성을 하면서 기존 시스템을 정비하고 새로운 사회, 정치, 경제 모델을 구상하고 준비해야 한다. 코로나19와 선거 등으로 5년을 잃어버린 상태다. 소모적 정쟁으로 날이 새는 줄도 모르고 있는 지금이 어쩌면 '잃어버린 10년'의 터널로 들어가고 있는 시점인지도 모른다.

| | 1979년 (박정희 시해) | 1987년 (직선제 개헌) | 1997년 (IMF) | 2008년 (금융위기) | 2019년 (코로나19) | 2023~2027년 |
|---|---|---|---|---|---|---|
| 정치개혁 | × | ○ (직선제) | × | × | × (방역) | ? |
| 경제개혁 | △(일부 구조조정) | × | ○ (IMF) | | | |
| 비고 | 경제는 20년 단위, 정치는 30년 단위에서 개혁 및 보수 불가피 | | | | | |

### 위기 2

대외적으로 지난 30년간의 세계화 시대에서 탈세계화 추세로 전환하는 가운데 미·중 간의 패권경쟁이 더욱 격화되면서 우리로서는 더욱 어려움이 가중될 것이다. 그동안 자유무역과 세계화의 훈풍에 힘입어 고성장을 이루었던 한국 경제는 암초를 만난 것이다. 촘촘하게 얽힌 시대에 가장 큰 시장인 중국과 완전히 헤어진다는 일은 불가능하고 가능한 일도 아니다. 중국과 적절한 거리두기를 해야 하는데 그럼에도 중국 경제의 양적·질적 변화는 곧 한국 경제에 직접적인 영향을 줄 것이다.

"지난 70여 년 동안 무역은 비교적 자유로워지고 개인의 권리도 점점 더 존중하고 국가들 간에 비교적 평화로운 협력이 이루어졌다. 자유주의 질서의 핵심적 요소들이 실현됐다는 뜻이다. 그리고 이러한 현상은 역사적으로 볼 때 매우 이례적인 현상이다."[1030]

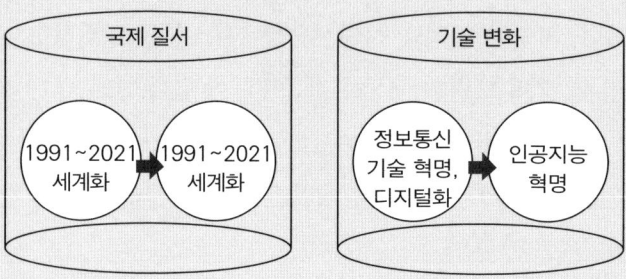

더 이상 세계화의 훈풍이 다시는 불어오지 않을 것이다. 한국 경제가 그동안 누렸던 중국 편승 효과만 바라고 있다면 중국의 위기는 곧 우리의 위기로 전이될 것이다.

특히 미중 관계의 전개는 향후 우리 정치, 경제, 안보의 진로에 막대한 영향을 미치게 될 가장 위협적 요소라는 게 전문가들의 공통된 진단이다.

### 위기 3

여기에 인공지능 기반 4차 산업혁명이 본격화되면서 한국에 세 가지 파고가 밀려오고 있다. 인공지능 시대에는 인공지능의 발전에 맞춰 인간의 능력을 증강할 방법을 계속 추구해야 하고 인간의 한계를 확장하기 위해 노력하지 않는다면 인간은 무용의 존재가 될 것이다. 두려운 미래다. 역사적으로 볼 때 오리무중 속에서 올바른 선택과 판단을 내려야 하는 중요한 시기다. 어떻게 대응하느냐에 따라 앞으로 100년을 좌우할 것이다.

"2020년대 한국 기업은 국내외 경제의 저성장, 글로벌 공급망의 대전환, 디지털 대전환과 4차 산업혁명의 본격화로 특징지어지는 포스트 팬데믹 시대의 거대한 메가트렌드에 직면하여 전략 패러다임의 근본적인 재검토와 수정을 요구받고 있다."[1031]

게임의 규칙이 또 한 번 바뀌고 있다. 인공지능 혁명과 제5사이클이 우리를 기다리고 있다. 변하지 않으면, 새로운 것을 시도하지 않으면 생존할 수가 없다. 이제 질문을 다시 해야 한다.

- 우리의 국가목표는 무엇인가? 우선순위는 무엇인가?
- 목표에 도달할 적절한 수단을 확보했는가?
- 기존의 성공공식을 버리고 새로운 틀을 만들 준비를 하고 있는가?

이제 우리는 시선의 초점을 미래에 맞춰야 한다. 이 여정에 리더십은 너무나 중요하다. 특히 지금과 같은 전환기일수록 리더들은 국민의 의견을 모으고, 서로 토의하고, 방향을 제시하며, 함께 나아가야 한다.

"리더십은 가치와 제도가 의미를 잃고 무엇이 좋은 미래인지에 관해 논쟁이 벌어지는 전환기에 가장 중요해진다. 이때 리더는 창의성과 진단 능력을 발휘해 생각해야 한다. 사회의 행복은 어디에서 비롯되는가? 사회는 어디서부터 붕괴되는가? 과거의 유산 중 무엇을 보존해야 하고 무엇을 바꾸거나 버려야 하는가? 마땅히 헌신해야 할 목표는 무엇이고, 아무리 매력적이라도 피해야 할 전망은 무엇인가?"[1032]

지난 160여 년의 역사에서 80년은 실패하고 80년은 성공하면서 우리가 얻은 것은 무엇이고 잃은 것은 무엇인가? 국가 목표를 제대로 설정하고, 목표에 도달할 적절한 수단을 확보할 때 성공은 따라

왔다.

- 구한말 근대의 실패: 고종과 사대부는 그동안 배운 유학과 왕조라는 낡은 시스템을 버리지 못해 새로운 것을 받아들이지 못했다. 국가목표를 제대로 설정하지 못한 결과 치욕의 40년 식민지를 겪었다.
- 해방 이후 근대혁명: 국가조직을 만들고 제도와 정책을 만들던 엘리트층의 감각이 시대에 뒤처지지 않았다. 그들은 선진국을 벤치마킹하고 어떻게든 배우려는 열망이 강했다. 이것은 한국 근대화에 매우 중요한 자원이 됐다. 결국 한국은 국가목표를 제대로 설정했고, 목표에 도달할 적절한 수단을 확보하여 근대화에 성공했다.

그동안 한국인은 학습을 통해 다양한 지식과 다양한 경험을 축적했다. 현재 시스템을 만들기 위해 기량과 에너지, 시간, 그리고 우리의 정체성까지 모두 쏟아부었다. 운이 좋아 겨우 정상에 올랐더니 새로운 삶의 방식을 받아들이라고 한다.

"과거의 성공을 잊으라. 새롭게 배우지 않으면 생존할 수 없다."

이 말을 들으니 설레는가? 아니, 그럴 리가…… 무언가를 쌓아가기 위해 열심이었을수록 그것과 이별하고 새로운 길을 다시 모색한다는 것은 매우 힘들다. 한 세대 동안 유지하던 세계화가 종말을 고하고, 새로운 질서는 보이지 않고 불확실성이 커지는 가운데 인공지능 혁명이라는 압도적인 기술이 등장했다. 전문가들은 인공지능이라는 이제 삶의 문제를 발견하고 해결하는 방법에 있어서 뿐만 아니라 자신의 경험을 확장하는 데 있어 인공지능을 알지 못하면 어려움을 겪을 거라고 강조하면서 이제 정보기술IT 산업뿐만 아니라 모든 산업에서 인공지능과 데이터를 잘하는 기업이 승자가 될 것이라고 전망한다. 이제는 '인공지능 리터러시'를 키우기 위해 다시 새롭게 배워야 한다. 모국어 하나만을 잘해도 충분한 역량을 발휘하던 시대를 지나서 세계화라는 네트워크 세상이 되자 외국인과 소통할 수 있는 영어, 중국어 등 제2외국어가 중요한 역량이 됐다. 이처럼 새로운 시대에는 인공지능이 삶의 새로운 확장을 위한 또 다른 언어가 된 것이다.

언어는 자신의 생각이나 감정을 밖으로 표현할 뿐만 아니라 타인의 생각을 이해하는 과정을 통해 사고와 경험을 확장해 나가는 중요한 도구다. 인공지능이 우리 세상을 근본적으로 바꾸고 있다. 인공지능을 모르면 마치 문맹자처럼 정보에서 분리되고, 정보에서 분리되면 권력과 이슈에서 분리되어 결국은 소외계층으로 전락하고 만다. 유발 하라리가 말한 무용 계급useless class처럼 문자 그대로 무용하여 착취의 대상조차 되지 못하는 존재로 전락할 수도 있다.

"기술 혁명은 조만간 수십억 인간을 고용 시장에서 몰아내고 막대한 규모의 새로운 무용 계급을 만들어낼지 모른다."

무용한 존재가 되는 순간 젊은 세대들과도 소통이 단절된다. 보이스피싱도 진화하고 있다. 딥페이크(혹 딥보이스)로 가족이나 지인의 모습과 목소리를 흉내 내어 상대방을 속이고자 하면 대부분 눈 뜨고 코 베일 수밖에 없다. 인공지능 피싱은 보이스피싱보다 몇백 배 강력하다. 이러한 딥페이크 문제가 심각해지면서 미국과 유럽연합은 방지 대책을 속속 내놓고 있다. 조 바이든 미국 대통령은 2023년 10월 30일 인공지능의 위험을 막기 위한 규제 방안을 담은 행정명령에 서명했다. 그는 "인공지능 사기꾼들은 여러분의 목소리를 3초 동안 녹음하는 걸로 여러분의 가족은 물론이고 여러분 자신을 속이기에 충분한 결과물을 만들어낼 수 있다. (…중략…) 나도 내 것(딥페이크)을 본 적이 있는데, '내가 도대체 언제 저렇게 발언했지'라고 말할 정도"라고 했다. 감쪽같은 진짜처럼 만들어진 딥페이크가 금전 갈취는 물론 사람의 평판을 훼손하는 데도 광범위하게 사용할 수 있음을 지적한 것이다.

앞에서도 수없이 강조했듯이 세상이 너무 빠르게 변하고 있다. 이제 더 이상 베이비부머 세대가 청년 세대였을 때의 방식은 통하지 않는다. 국가관, 직업관, 가족관, 결혼관, 성 역할 등 많은 면에서 청년 세대는 베이비부머 세대와 완전히 다른 방식으로 살고 있다. 그렇다면 기성세대를 이끌었던 사고방식과 성공모델을 버려야 하는 시기가 온 것이다. 인식혁명에서 말한 '언러닝'을 또 해야 한다. 두려운 일이지만 또 도전해야 한다. 기성세대는 이에 대한 해법을 갖고 있지 않다.

"우리는 외부 상황을 선택할 수는 없어도 언제나 그 상황을 어떻게 대응할지 선택할 수는 있다. 이 선택을 안내하고 국민에게 그 실행을 고무하는 것이 리더가 할 일이다."[1033]

기성세대가 해야 할 일은 젊은 세대가 적극적으로 도전하고 개척하도록 길을 열어주는 것이다. 우리는 보이는 곳까지만 안내하고 미래는 미래 세대에 맡겨야 한다. 연금이나 이민 정책 등을 손봐 인구 구조 변화에 미리 대비해야 한다. 젊은 세대는 불확실한 환경에 압도당하지 않고 이를 뛰어넘어 도전하고 더 나은 미래를 향해 가능성의 한계까지 밀고 갈 것이라 의심치 않는다. 너무 조급하게 생각하지 말고 스스로를 믿어야 한다.

이전 세대는 지금 세대보다 배움과 조건이 훨씬 불리한 여건 속에서도 어떻게든 기회를 잡아 여기까지 왔다. 물론 운도 따랐다. 인생은 세 번 기회가 있다고 믿는다. 이번에 기회를 잡지 못했다 해도 마치 생이 끝난 것처럼 좌절하지 말고 다음 기회를 위해 준비해야 한다. 다양한 경험을 통해 다양한 사람들을 만나 세상의 이치를 깨닫고 끊임없이 공부해야 한다. 운은 반드시 준비하는 자에게 따라오게 되어 있다. 그리하여 아직 알려지지 않았으나 더 멋진 목적지를 향해 창의력과 불굴의 의지로 새로운 한국을 만들어 가리라 기대한다. 결국 이 땅에 살았던 선조들과 우리가 가보지 못한 멋진 곳으로! 그러나 잠시 나를 포함한 기성세대가 지나온 세월의 역사와 성취와 지혜를 읽어보고 취사선택하길 바란다. 이 책이 그런 지혜의 한 방울이길 기대한다.

## 미주

1. 박구재, 지폐 꿈꾸는 자들의 초상, 황소자리, 2006
2. 이광수는 1922년 『개벽』 5월호에 '민족개조론'를 발표했다. '인도는 간디를 비롯해 모두 국내에서 독립운동을 하는데, 한국은 대개 해외로 망명하여 독립운동을 하니 국내를 일본 손에 내맡기는 격이다. 우리는 비폭력, 비정치적인 운동으로 우선 민족성을 개조해야 한다.'라는 논지였다.
3. 김병익·김현(책임편집), 최인훈(우리 시대의 작가연구총서), 도서출판 은애, 1979, p. 59
4. 위의 책, p. 60
5. 위의 책, p. 229
6. 이건영, "국토 경쟁력 높이기", 세계일보, 2022. 9. 5.
7. 주경철, 질문하는 역사, 산처럼, 2021, p. 83.
   이것을 정치제도로 구현하면 절대왕정→입헌군주→공화정으로 국가원수는 정기적인 선거를 통해 선출되며 일가―家에 의해 세습되지 않는다.
8. 주동식, "근대는 하나의 시스템이다", 펜앤드마이크, 2023. 4. 4.
9. 박훈, 메이지유신을 설계한 최후의 사무라이들, 21세기북스, 2020, p. 138
10. 조엘 모키르, 성장의 문화, 김민주·이엽, 에코리브르, 2018, p. 409
11. 앤서니 그래프턴, 편지 공화국, 강주헌, 21세기북스, 2021, p. 7
12. 김정운, 창조적 시선, 아르테, 2023, p. 693
13. 위의 책, p. 693
14. 이중톈, 국가를 말하다, 심규호, 라의눈, 2015, p. 390
    요순시대는 "애석하게도 이상이었을 뿐, 현실이 아니었다. 게다가 아주 오랜 원시사회의 그다지 정확하지 않은 먼 기억일 뿐이다. '삼황오제의 신성한 일은 후세의 수많은 과객過客들을 속였다'(모택동)는 말처럼."
15. 유발 하라리, 사피엔스, 조현욱, 김영사, 2015, pp. 357-360
16. 후쿠자와 유키치, 문명론 개략, 성희엽, 소명출판사, 2020, pp. 317-319

17. 야마모토 요시타카, 16세기 문화혁명, 남윤호, 동아시아, 2020, p. 699
18. 위의 책, p. 704
19. 이언 모티머, 변화의 세기, 김부민, 현암사, 2023, pp. 194-195
20. 김정운, 창조적 시선, 아르테, 2023, p. 694
21. 임마누엘 칸트, 칸트의 역사철학, 이한구 편역, 서광사, 2009, p. 13
22. 유시민, 거꾸로 읽는 세계사, 푸른나무, 2006, p. 25
23. 위의 책, p. 33
24. N. 할라즈, 드레퓌스 사건과 지식인, 황의방, 한길사, 1982, p. 10
25. 위의 책, p. 39
26. 사피 바칼, 룬샷, 이지연, 흐름출판, 2020, p. 431
27. 대니얼 J. 부어스틴, 발견자들 2, 이경희, EBS BOOKS, 2022, p. 36
28. 19세기 유교와 이슬람 문명의 경우 주자학과 종교 원리주의 등이 발목을 잡아 식민지 또는 반식민지 상태에 놓였다.
29. 매트 리들리, 혁신에 대한 모든 것, 이한음, 청림출판, 2023, p. 36
30. 문소영, 조선의 못난 개항, 역사의아침, 2013, p. 164
31. 폴 존슨, 유대인의 역사, 김한성, 포이에마, 2021, p. 532
32. 린 헌트, 인권의 발명, 전진성, 교육서가, 2022, p. 179
33. 민태기, 판타 레이, 사이언스북스, 2021, p. 244
34. 니얼 퍼거슨, 니얼 퍼거슨의 시빌라이제이션, 김정희, 21세기북스, 2012, p. 173
35. 사피 바칼, pp. 409-410
36. 맥스 I. 디몬트, 세계 최강성공집단 유대인, 이희영, 동서문화사, 2002, p. 295
37. 위의 책, p. 294
38. 데릭 윌슨, 로스차일드, 이희영·신장성, 동서문화사, 2005, pp. 95-96
39. 맥스 I. 디몬트, pp. 295-296
40. 김희근(2003), 하인리히 하이네의 전통 개념-하이네의 모세스 멘델스존

수용을 중심으로, 한국독어독문학회, 2003, Vol.44.no.1, p. 59

41. 폴 존슨, 유대인의 역사, 김한성, 포이에마, p. 510
42. (위키피디아) Heine, Heinrich (1959). Religion and Philosophy in Germany: A Fragment (1959), Beacon Press, p. 94.
43. 정통파는 세속화가 신을 경외하는 전통을 희박하게 만들 것이라고 걱정했다. '우리가 신의 뜻을 잘 알지 못해서 힘든 생활을 하고 있는 것이다. 그러므로 그분의 지혜의 말씀을 더 잘 순종하고 신의 뜻이 어디에 있는지를 잘 알아야 한다.'라고 주장하며 경건생활이야말로 유일한 길이라고 믿었다.
44. 랍비 조셉 델루슈킨, 유대인 상속 이야기, 김무겸, 북스넛, 2014, p. 371
45. 고정애, 영국이라는 나라, 페이퍼로드, 2017, p. 312
46. 위의 책, p. 312
47. 대런 애쓰모글루·제임스 A. 로빈슨, 국가는 왜 실패하는가, 최완규, 시공사, 2012, p. 416
48. 민태기, pp. 242-243
49. 데릭 윌슨, pp. 103-104
50. 이와쿠라 사절단이 펴낸 『미구회람실기』는 축약하여 『실기』라 한다.
51. 다나카 아키라, 메이지 유신과 서양 문명, 현명철, 소화, 2013, p. 95
52. 문소영, 조선의 못난 개항, 역사의아침, 2013, p. 103
53. 에릭 홉스봄, 혁명의 시대, 정도영·차영수, 한길사, 2020, p. 53
54. https://www.google.com/url?sa=i&url=https%3A%2F%2Fvividmaps.com%2Feurope-spread-of-industrial-revolution%2F&psig=AOvVaw0lIl3uHk229i1OSMYefjKI&ust=1676687080640000&source=images&cd=vfe&ved=0CA4QjhxqFwoTCMC6lqPAm_0CFQAAAAAdAAAAABBF
55. 제프리 삭스, 지리 기술 제도, 이종인, 21세기북스, 2021, p. 227
56. 데이비드 크리스천 외, 빅 히스토리, 이한음, 웅진지식하우스, 2022, p. 478
57. 에릭 홉스봄, 혁명의 시대, 정도영·차영수, 한길사, 2020, p. 53
58. 장경섭, 압축적 근대성의 논리, 박홍경, 문학사상, 2023, pp. 70-71.

서유럽의 소수 국가를 제외하면 남유럽, 동유럽 등도 그들의 앞선 기술, 경제, 제도를 빠르게 습득해 근대화를 이루기 위해 노력했다. 이들 나라에서도 아시아의 후발주자들처럼 압축적 근대성을 보였다.

59. 제프리 삭스, p. 211
60. 에릭 홉스봄, p. 107
61. 이언 모티머, p. 340
62. 제바스티안 콘라트·위르겐 오스터함멜(책임편집), 하버드-C.H.베크 세계사: 1750~1870, 이순호·조행복, 민음사, 2021, pp. 347-348
63. 전진성, 박물관의 탄생, 살림출판사, 2011, pp. 70-71
"독일에서 국가는 혁명을 통해 변혁해야 할 대상이 아니라 오히려 '위로부터의 혁명'을 이끌었던 주체로 상정되었다. (…중략…) (독일통일은) 프로이센 토지귀족(Junker, 비스마르크가 대표적인 융커다) 주도하에 이루어졌고 새로이 탄생한 '독일제국'의 권력기구에서 부르주아는 배제되어 있었다. 결국 독일 부르주아는 자신의 증대된 경제력을 정치가 아닌 '교양'과 결합시킬 수밖에 없었다."
64. 앵거스 매디슨은 1926~2010년의 연구를 이어 후학들이 지속해서 해당 연구를 할 수 있도록 인터넷 사이트에 공개했다.
65. 사피 바칼, p. 408
66. 대분기大分岐란 근대에 동서양의 생활 수준 격차가 벌어지게 된 분기점을 지칭하는 경제사 용어다. 1820년경이 세계 경제패권이 변화하는 중요한 전환점이라고 해서 이 시기를 대분기라 한다.
67. 제프리 삭스, p. 216
68. 루스 디프리스, 문명과 식량, 정서진, 눌와, 2018, pp. 213-214
69. 주경철, 그해, 역사가 바뀌다, 21세기북스, 2017, p. 133
70. 왕육성, "[왕사부의 중식만담] 중국 요리 지역별 특색 "남쪽 귤 회수 건너면 탱자 돼" 물길 따라 색다른 음식 꽃피워", 중앙선데이, 2023. 7.1.
71. 에드몬드 포셋, 자유주의, 신재성, 글항아리, 2022, p. 75
72. 에릭 홉스봄, 혁명의 시대, 1998, p. 245
73. 아놀드 하우저, 문학과 예술의 사회사: 현대판, 염무웅·반성완 공역, 창작과비평사, 1981, p. 10

74. 린 헌트, p. 225

75. 린 헌트, p. 222

76. 제바스티안 콘라트·위르겐 오스터함멜(책임편집), p. 109

77. 고미숙, 계몽의 시대, 북드라망, 2014, p. 69

78. 바츨라프 스밀, 세상은 실제로 어떻게 돌아가는가, 강주헌, 김영사, 2023, p. 200

79. 제바스티안 콘라트·위르겐 오스터함멜(책임편집), pp. 617-618

80. 아이니사 라미레즈, 인간이 만든 물질, 물질이 만든 인간, 김명주, 김영사, 2022, pp. 25-26.서술과 순서 배치는 필자가 연도순으로 정렬함.

81. 피터 왓슨, 저먼 지니어스, 박병화, 글항아리, 2015, p. 351

82. 피터 왓슨, p. 349

83. 조너선 라우시, 지식의 헌법, 조미현, 에코리브르, 2021, p. 106

84. 피터 왓슨, p. 339

85. 조너선 라우시, p. 149

86. 피터 왓슨, p. 472

87. 피터 왓슨, p. 473

88. 피터 왓슨, p. 482

89. 마크 코야마·재러드 루빈, 부의 빅 히스토리, 유강은, 월북, 2023, pp. 295-298

90. 마크 코야마·재러드 루빈, p. 297

91. 피터 왓슨, p. 483

92. 마크 레빈슨, 세계화의 종말과 새로운 시작, 최준영, 페이지2, 2023, p. 46

93. 최초의 태평양 횡단케이블은 미국이 1903년에 매설했다.

94. 제바스티안 콘라트·위르겐 오스터함멜(책임편집), p. 144

95. 자크 아탈리, 미디어의 역사, 전경훈, 책과함께, 2022, p. 172

96. 위의 책

97. 아놀드 하우저, p. 14

98. 레이먼드 윌리엄스, 기나긴 혁명, 성은애, 문학동네, 2021, p. 252
99. 올랜도 파이시스, 유러피언, 이종인, 커넥팅, 2020, p. 16
100. (필자 주) 기존 도서가격의 약 4분의 1 정도로 낮춤
101. 올랜도 파이시스, p. 119
102. 올랜도 파이시스, p. 123
103. 리디아 류 외, 세계질서와 문명등급, 차태근, 교육서가, 2022, p. 48
104. 최성락, 100년 전 영국 언론은 조선을 어떻게 봤을까?, 페이퍼로드, 2019, p. 68
105. 위르겐 오스터함멜, 대변혁 1: 19세기의 역사풍경, 박종일, 한길사, 2021, p. 36
106. 민태기, p. 119
107. 이희옥·백승옥(엮음), pp. 55-56
108. 공식 국호가 '대일본제국(だい にっぽん ていこく, 다이닛폰데이코쿠)'이다. 하지만 다른 나라에서는 '일본제국'으로 일반적으로 사용한다. 따라서 문장에 따라 두 용어가 혼재될 수밖에 없다.
109. 이창위, 우리 눈으로 본 일본제국 흥망사, 궁리, 2005, p. 74
110. 다치바나 다카시, 천황제와 도쿄대 2, 이규원, 청어람미디어, 2008, p. 950
111. 존 톨랜드, 일본 제국 패망사, 박병화·이두영, 글항아리, 2019, p. 1328
112. 위의 책, p. 37
113. 2019년 세계무역기구WTO 기준, 일본인의 평균 수명은 84. 3세다. 일본제국은 현대사에서 1917년 탄생한 소련의 70년 수명만큼이나 단명한 제국이다.
114. 박훈, 메이지 유신은 어떻게 가능했는가, 민음사, 2014, p. 5
115. 문흥호, "대만해협이 불붙으면 한반도는 무사한가", 중앙일보, 2022. 12.14.
116. 에이미 추아, 제국의 미래, 이순희, 비아북, 2008, pp. 397-398
117. 얼레인 아일런드, 일본의 한국통치에 관한 세밀한 보고서, 김윤정, 살림, 2015, p. 10
118. 박훈, pp. 5-6

119. 에이미 추아, p. 387
120. 에즈라 보걸, 중국과 일본, 김규태, 까치, 2019, pp. 96-97
121. 오에 시노부, 야스쿠니 신사, 양현혜·이규태, 소화, 2020, p. 70
122. 미나미 히로시, 일본인론(上), 이관기, 소화, 1999, p. 21
123. 이안 부루마, 근대 일본, 최은봉, 을유문화사, 2004, p. 57
124. 오에 시노부, p. 45
125. 오에 시노부, p. 203
126. 오타니 다다시, 청일전쟁, 국민의 탄생, 이재우, 오월의봄, 2018, p. 374
127. 김명호, "자원 약탈에 목맨 만철, 조선·중국인 노동자 이간책 써" 중앙일보, 2022. 11. 5.
128. 가토 슈이치·마루야마 마사오, 번역과 일본의 근대, 임성모, 이산, 2002, p. 21
129. 도널드 서순, 불안한 승리, 유강은, 뿌리와이파리, 2020, p. 217
130. 노구치 유키오, 일본이 선진국에서 탈락하는 날, 박세미, 랩콘스튜디오, 2022, p. 251
131. 일본을 논할 때 메이지 유신은 약방의 감초다. 짧게라도 언급하고 넘어간다. 한국에서도 메이지 유신은 책, 드라마, 강연 등 많은 곳에서 노출되다 보니 누구나 아는 것처럼 착시를 준다. 하지만 아주 세세히 파고들면 얼마나 많은 것을 간과하고 있었는지 알게 된다.
132. 가토 슈이치, 일본문화의 숨은 형, 김진만, 한림신서, 1995, pp. 77-78
133. 일본 신화, 자연 신앙, 애니미즘, 조상 숭배가 혼합된 일본의 민족 종교
134. 미나미 히로시, 일본인론(上), 이관기, 소화, 1999, p. 21
135. 더 위키, 아우프헤벤
136. 마틴 반 크레벨드, 예측의 역사, 김하현, 현암사, 2021, p. 229
137. 박진우, 야스마루 사상 다시 읽기, 일본비평 9호, 서울대학교 일본연구소, 2013, p. 216
138. 미나미 히로시, pp. 20-21
139. 가토 슈이치, 일본문화의 숨은 형, pp. 14-15

140. R. 태가트 머피, 일본의 굴레, 박경환, 글항아리, 2021, p. 149
141. 마루야마 마사오·가토 슈이치, p. 24
142. 마루야마 마사오·가토 슈이치, p. 184
143. 함재봉, 한국 사람 만들기 3, 에이치프레스, 2020, pp. 530-540
144. 후쿠자와 유키치, 문명론개략, 소명출판, 2020, pp. 77-78
145. 서현섭, 일본 극우의 탄생 메이지 유신 이야기, 라의눈, 2019, p. 194
146. 김명호, "중 의화단 진압한 연합군, 만행 일삼았지만 미군은 자제", 중앙일보, 2021. 6. 12.
147. 다나카 아키라, 메이지 유신과 서양 문명, 현명철, 소화, 2013, p. 168
148. 위의 책, pp. 168-169
149. 하가 토오루, 명치유신과 일본인, 손순옥, 예하, 1989, p. 236
150. 함재봉, 한국 사람 만들기 3, p. 493
151. 하가 토오루, p. 235
152. 다나카 아키라, p. 15
153. 다나카 아키라, p. 17
154. 고정애, p. 222
155. 다나카 아키라, p. 75
    "[실기]가 들고 있는 대국은 미국, 영국, 프랑스, 러시아, 독일, 오스트리아 등이다. 그중에서도 미국, 영국, 프랑스를 '3대국'이라고 하였다." 이와쿠라 사절단은 이들을 모두 만났다.
156. 다나카 아키라, pp. 73-74
157. 다나카 아키라, p. 74
158. 에즈라 보걸, 중국과 일본, 김규태, 까치, 2021, pp. 96-97
159. 나카무라 기쿠오, 이등박문, 강창일, 중심, 2000, p. 21
160. 위의 책, p. 136
161. 위의 책, p. 147
162. 미나미 히로시, 일본인론(上), 이관기, 소화, 2003, p. 32

163. 나카무라 기쿠오, p. 45

164. 나카무라 기쿠오, p. 48

165. 마리우스 B. 잰슨, 일본과 세계의 만남, 장화경, 소화, 1999, pp. 106-107

166. 1880년쯤에는 약 360명 정도였는데 그 이후에 계속 감소했다. 그러던 중 교사, 기업 등과 같은 사적 부문에도 외국인들을 고용했는데 그 숫자가 1874년에는 126명에서 1892년에는 572명으로 증가했다.

167. 함재봉, 한국 사람 만들기 3, p. 494

168. 에른스트 H. 곰브리치, 곰브리치 세계사, 박민수, 비룡소, 2019, p. 406

169. 김효진 외 다수, 난감한 이웃 일본을 이해하는 여섯 가지 시선, 위즈덤하우스, 2018, p. 250
"1935년 1월 잡지「문예춘추」에서 첫 단편「저녁노을과 거울」을 발표한 데 이어서 당월에 잡지「개조」에서「흰 아침거울」을 발표하고 (…중략…) 이듬해 5월에「개조」에서「공치기노래」가 발표됐다. 이상 일곱 편을 묶어 1937년 6월에 첫 번째 단행본 '설국'이 출간됐다."

170. 성희엽, p. 422

171. 나카무라 기쿠오, pp. 99-100

172. 야스마루 요시오, 천황제 국가의 성립과 종교변혁, 이원범, 소화, 2002, p. 82

173. 위의 책, p. 87

174. 위의 책, p. 85

175. 신기관은 고대 헤이안 시대 조정의 제사와 전국의 관사官社를 관장하던 최상위 관청이다. 이런 신기관을 메이지 일본의 출발점에서 다시 최상위 관청으로 소환한 것이다. 그건 신기관이 종교와 정치 양쪽을 아우르는 통치 수단으로서 효용이 있었기 때문이다.

176. 야스마루 요시오, p. 83

177. 가토 슈이치, 일본인이란 무엇인가, p. 119

178. 내가 추측하는 바로는 그 난수표 중에 가장 내밀하고 한국인의 머리로는 선뜻 이해하기 어려운 게 천황제다.

179. 야스마루 요시오, 천항제 국가의 성립과 종교변혁, pp. 30-31

180. 오에 시노부, p. 35

181. 가토 슈이치·기노시타 군지·다케다 기요코, 일본문화의 숨은 형, 김진범, 소화, 1995, pp. 15-16

182. 위의 책, p. 14

183. 누가 일본인에게 일본열도를 통치하지 말라고 한 적이 없다. 천황이 통치하든 쇼군이 통치하든 아무도 신경쓰지 않는다. 일본이 다른 나라를 침략하지 않는다면 아무 관심도 없다.

184. 원문자와 밑줄은 필자가 첨가함.

185. 이안 부루마, 근대 일본, pp. 60-61

186. 위르겐 오스터함멜, 대변혁 3, 박종일, 한길사, 2021, p. 2319

187. "Congress shall make no law respecting an establishment of religion, or prohibiting the free exercise thereof; or abridging the freedom of speech, or of the press; or the right of the people peaceably to assemble, and to petition the Government for a redress of grievances." 원문에 쓰인 shall은 미래용법의 will이 아니라 명령법 문장에 쓰이는 지시를 의미한다. 즉 '어떤 법률도 만들지 말라.'라는 십계명에 쓰인 어체와 동일한 어체의 성격이다.

188. 이중톈, 국가란 무엇인가, p. 403
"헌정이란 곧 '헌법에 근거하여 권력을 제한하는 것'이다. (…중략…) 헌정의 핵심은 입법권과 행정권을 포함한 어떤 정치권력도 헌법을 유일한 근거로 삼아야 하며, 헌법에 의해 제약을 받는다는 것이다."

189. 세키 유지, 일본의 뿌리는 한국, 이종환, 관정교육재단, 2021, pp. 49-50

190. 김춘호, "신불분리 그리고 폐불훼석", 불교닷컴, 2023. 10. 17.

191. 야스마루 요시오, 천황제 국가의 성립과 종교변혁, 이원범, 소화, 2002, p. 83

192. 위의 책, p. 189

193. 이예안, 메이지 일본의 국체론적 계몽주의-이데올로기로서의 '교(敎)'와 계몽의 구조, 개념과 소통 제23호, 한림대학교 한림과학원, 2019, p. 247

194. 야스마루 요시오, 천황제 국가의 성립과 종교변혁, 이원범, 소화, 2002, p. 190

195. 야스마루 요시오, p. 104

196. 이에나가 사부로, 일본도덕사상사, 세키네 히데유키, 예문서원, 2005, p. 215

197. 위의 책, p. 212

198. 야스마루 요시오, p. 191

199. 야스마루 요시오, p. 192

200. 한민, 선을 넘는 한국인 선을 긋는 일본인, 부키, 2022, p. 193

201. 후쿠자와 유키치, 문명사 개략, p. 426

202. 위의 책, pp. 427~431

203. 야스마루 요시오, p. 296

204. 이예안, p. 249

205. 이예안, p. 250

206. 다나카 아키라, p. 159

207. 나루사와 아키라, 일본적 사회질서의 기원, 박경수, 소화, 2004, pp. 14-15

208. 오에 시노무, pp. 88-89

209. 호사카 유지, 호사카 유지의 일본 뒤집기, 북스코리아, 2019, p. 142

210. 쇼난昭南은 쇼와시대에 차지한 남쪽 섬이라는 뜻으로 쇼난신사는 1942년 10월에 준공해 1945년 8월 철거했다.

211. 권무언, 신의 대리인, 메슈바, 나무 옆 의자, 2018

212. 1946년 4월 29일 시작된 재판은 1948년 11월 4일부터 12일까지 1,781쪽 분량의 판결문을 낭독했다.

213. 이안 부루마, 근대 일본, pp. 41-42

214. 도널드 킨, 메이지 천황(하), 김유동, 다락원, 2002, pp. 9-10

215. 나카무라 기쿠오, p. 118

216. 야스마루 요시오, p. 307

217. 박제균, "횡설수설" 동아일보 2016. 1. 23.; 이종각의 '이토 히로부미'에서 재인용

218. 한상일, 쓰가리무라와 하기기행, 일본비평 3호, 서울대학교 일본연구소, 2010, p. 248

219. 나카무라 기쿠오, p. 33

220. 1882년 이토 히로부미가 이와쿠라 도모미에게 보낸 편지. 괄호 안은 필자가 설명한 것임.
221. 김태진, 국가라는 신체에서 전통과 근대는 어떻게 만나는가: 가이에다 노부요시의 인체 그림을 중심으로, 일본비평 19호, 서울대학교 일본학연구소, 2018, p. 104
222. 도널드 킨, 메이지 천황(하), 김유동, 다락원, 2002, pp. 10-11
223. 위르겐 오스터함멜, 대변혁 3, p. 1638
224. 야스마루 요시오, p. 306
225. 나카무라 기쿠오, p. 262
226. 오타니 다다시, p. 374
227. 이예안, p. 259
228. 이예안, pp. 258-259
229. 이예안, p. 259; 와타나베 히로시의 논문 재인용
230. 가토 슈이치, 일본인이란 무엇인가, 소화, 1997, pp. 106-107
231. 이권희, 교육의 전쟁책임에 관한 고찰, 일본사상 제35호, 한국일본사상사학회, 2018, p. 88
232. 이예안, p. 257
233. R. 태가트 머피, p. 139
234. 나루사와 아키라, 일본적 사회질서의 기원, 박경수, 소화, 2004, p. 15
235. 이원혁, "교육칙어와 일제의 '머릿속 침략'" 시사저널, 2018. 5. 2.
236. 제정일치 국가로 그리고 천황의 신성한 권위로 문명을 달성하려 했던 이 모순은 나중에 파시즘으로 나타났다.
237. 오에 시노부, p. 67
238. 백윤선, "[세계의 창] 교육칙어, 아이들 입을 통해서는 듣고 싶지 않다" 매일신문, 2017. 4. 11.
  "1948년 중의원과 참의원이 교육칙어 배제 및 실효를 결의했다. 주권이 천황에게 있고, 신화적 국가관에 기초한 것이므로 기본인권을 해친다는 이유다."
239. 오쿠 다케노리, 논단의 전후사, 송석원, 소화, 2011, pp. 72-73

240. 다치바나 다카시, 천황과 도쿄대 2, 이규원, 청어람미디어, 2008, p. 965
241. 분류만 있을 뿐 해당된 신사 없음.
242. 조선신궁은 남산에 1925년 10월 15일 설치하였고, 1945년 8월 16일 일본인들은 스스로 하늘로 돌려보냄을 의미하는 승신식을 연 뒤 해체 작업을 벌였고, 10월 7일에 남은 시설을 소각했다.
243. 시오노 나나미, 시오노 나나미의 국가 이야기, 한성례, 북스코리아, 2019, p. 157
244. 오에 시노부, p. 25
245. 야스쿠니 신사에는 유해와 위패는 없고 오직 명단만이 있다.
246. 미국 알링턴 국립묘지의 케네디 묘소 앞에 자리 잡은 '영원한 불꽃'은 계속해서 타오르고 있다. 러시아는 모스크바 전승기념관 앞뿐만 아니라 러시아 곳곳에 '꺼지지 않는 불'을 두고 추모하고 있다.
247. 김산덕, 천황제와 일본 개신교, 새물결플러스, 2020
248. 메이지 천황의 야스쿠니 신사 '친배'는 초혼사 시대에 3회, 청일전쟁 후 임시대제 2회, 러일전쟁 후 임시대제 2회, 합계 7회였다. (오에 시노부, p. 145)
249. 오에 시노부, p. 146
250. 존 톨런드, p. 791
251. 박형준·배극인, "군국의 성, 야스쿠니", 동아일보, 2013.8.10.
252. 위의 기사
253. 다카하시 데쓰야, 결코 피할 수 없는 야스쿠니 문제, 현대송, 역사비평사, 2005, p. 18
254. 위의 책, p. 44
255. 오에 시노무, p. 203
256. 오에 시노부, p. 41
257. 박형준·배극인, 앞의 기사
258. 니토베 이나조, 사무라이, 양경미·권만규, 생각의나무, 2004, p. 11
259. 위의 책, p. 193
260. 위의 책, p. 195

261. 이어령, 축소지향의 일본인, 기린원, 1991, p. 207

262. 오에 시노부, p. 202

263. 오에 시노부, p. 202

264. 이 말도 형용모순이다. 일본은 대부분 우익정치인이다. 오에 겐자부로와 같이 피해자 편에 서서 일본 정부의 사죄를 촉구한 소수의 양심적 지식인도 거의 사라져가고 있다.

265. 송호근, 21세기 한국 지성의 몰락, 나남출판, 2023, p. 335

266. 이희옥·백승옥(엮음), 중국공산당 100년의 변천, 책과함께, 2021, p. 15

267. 송의달, "토착왜구 낙인찍고 知日 막는 한국, 일본처럼 몰락한다" 조선일보, 2022. 7. 31.

268. 노구치 유키오, 1940년 체제, 노만수, 글항아리, 2022, p. 29

269. 김현철, 일본이 온다, 쌤앤파커스, 2023, p. 62

270. 다른 말로 '샌드위치 효과'라 볼 수 있다. 1760년대 샌드위치 가문의 4대 백작인 존 먼터규가 카드놀이를 매우 좋아했다. 그는 밤새워 노름하면서도 밥 먹는 시간이 아까워 빵을 두 조각으로 나누어 버터를 바르고 그 사이에 고기와 야채를 넣어 먹었다. 그래서 오늘날의 샌드위치가 탄생한 것이다(샌드위치라는 단어는 1790년에 생겼다). 지금도 이 후손들은 런던에서 샌드위치 사업을 지속하고 있다(얼 오브 샌드위치 Earl of Sandwich 로 2022년 한국에도 매장을 열었다). 어느 집안은 도박하다 샌드위치를 만들어 후손들이 잘살고 어느 집안은 도박으로 패가망신을 한다. 이게 다 부산물 효과다.

271. 김산덕, 2020

272. 시오노 나나미, 로마인 이야기 1, 김석희, 한길사, 1995

273. 스튜어트 로스, 모든 것의 처음, 강순이, 정민문화사, 2020, p. 259

274. 가토 슈이치, 일본인이란 무엇인가, p. 34

275. 북간도 출신의 윤동주는 1938년 경성에 왔다. 이 시절에 「서시」를 비롯해 그의 대표적인 작품을 썼다.

276. 이와마 가즈히로, 중국요리의 세계사, 최연희·정희찬 옮김, 따비, 2023, pp. 180-181
『시경』에 나오는 '저(菹, 채소절임)'를 김치의 기원이라 할 수 있는 저장식품의 일종으로 해석한다. 2013년 김장이 유네스코 무형문화유산에 등재되자 중국의 인터넷상에서는 쓰촨에도 '파오차이泡菜'가 있다는 의견이 많이 나왔으며, 김치의 기원이 쓰촨에 있는지 중국 동북부에 있는지를 두고 논의가 이뤄졌다. 중국이 특히 강하게 의식한 것은 프랑스, 튀르키예, 한국, 일본이었다. (…중략…) 한국 요리와 일본 요리는 중국요리 계통에서 갈라져 나온 것인데도 중국요리를 앞질러 등재됐다는 시각도 존재했다.

277. 피터 자이한, 붕괴하는 세계와 인구학, 홍지수, 김앤김북스, 2023, p. 394
278. 위의 책, p. 398
279. R. 태가트 머피, p. 144
280. 정하윤, "휴지조각 된 미술사, 다시 시작된 미술사[정하윤의 아트차이나]〈29〉" 이데일리, 2023. 4. 28.
281. 미나미 히로시, p. 286
282. 오항녕, "문명으로서 조선" 중앙일보, 2022. 11. 11.
283. 이진, 동아일보, 2021. 7. 16.
284. 그는 도쿄제국대학을 졸업하고 교토제국대학에서 일본인으로서 처음으로 조선의 역사를 연구하여 박사학위를 취득한 이마니시 류今西龍 등을 전면에 내세우고, 도쿄제국대학 재직 당시 자신의 제자였던 스에마쓰 야스카즈末松保和와 역시 도쿄제국대학 출신으로 조선사에 관심을 보인 나카무라 히데타카中村榮孝를 기용하여 사업을 전개했다.
285. 이주한, 한국사가 죽어야 나라가 산다, 위즈덤하우스, 2013, p. 278
286. 한민, 선을 넘은 한국인 선을 긋는 일본인, 부키, 2022, p. 247
287. R. 태가트 머피, pp. 583-585
288. 말을 안다는 것(知言, 지언)은 무엇이냐는 제자 공손추의 질문에 대한 맹자의 대답이다.
289. R. 태가트 머피, pp. 145-146
290. 제바스티안 콘라트·위르겐 오스터함멜(책임편집), p. 631
291. 에이미 추아, pp. 389-390
292. 윤대석, 일본이라는 거울-이광수가 본 일본, 일본인, 일본비평 3호, 서울대학교 일본연구소, 2010, p. 88
293. 루스 베네딕트, 국화와 칼, 김윤식·오인식, 을유문화사, 1993, pp. 57-69

294. 이창민, 지금 다시, 일본 정독, 더숲, 2022, p. 35

295. 이어령, p. 210

296. 루스 베네딕트, p. 65

297. 한민, p. 351

298. 김훈, 하얼빈, 문학동네, 2022, p. 305

299. 도널드 서순, 유럽 문화사 1, 오숙은 외, 뿌리와이파리, 2012, pp. 320-321

300. 위의 책, p. 321

301. 위르겐 오스터함멜, 대변혁 3, p. 1683

302. 박지향, 제국의 품격, 21세기북스, 2018, p. 114

303. 제프리 삭스, 지리 기술 제도, 이종인, 21세기북스, 2021, pp. 227-228

304. 스콧 L. 몽고메리, 대니얼 치롯, 현대의 탄생, 박중서, 책세상, 2018, pp. 81-82

305. 위르겐 오스터함멜, 대변혁 3, pp. 1585-1586

306. 유길준, 서유견문, 허경진, 서해문집, 2014, p. 179, 현대어로 필자가 바꿈.

307. 함재봉, 한국 사람 만들기 3, p. 943

308. 위의 책, p. 932. 밑줄은 필자가 현대어로 고침.

309. 성희엽, p. 463

310. 제바스티안 콘라트·위르겐 오스터함멜(책임편집), pp. 789-790

311. 오늘날 국민의 3대 의무인 국방, 납세, 교육받을 의무에 관한 영역이다.

312. 후쿠자와 유기치, 문명론 개략, p. 32

313. 이효덕, 표상공간의 근대, 박성광, 소명출판, 2002, p. 219

314. 유길준, pp. 129-130

315. 위르겐 오스터함멜, 대변혁 1, p. 137

316. 김종학, 국=가와 국/가, 개념과 소통 제20호, 2017, p. 26

317. 박양신, 근대 초기 일본의 문명 개념 수용과 그 세속화, 개념과 소통 제2호, 2008.12, p. 51

318. 린다 콜리, 총, 선, 펜, 김홍옥, 에코리브르, 2023, p. 12

319. 제프리 삭스, p. 209
320. 마틴 반 크레벨드, 예측의 역사, 현암사, 2021, pp. 216-217
321. 오강남, "여성·고령자 활용 없인 경제 활력 되찾기 어려워" 중앙일보, 2021. 12. 27
322. 하가 토오루, 명치유신과 일본인, 손순옥, 예하, 1989, p. 254
323. 박지향, 제국의 품격, 21세기북스, 2018, p. 121
324. 하가 토오루, pp. 250-251
325. 기도 다카요시, 1868년 12월 건백서
326. 하가 토오루, p. 137
327. 리디아 류 외, p. 540
328. 닐 맥그리거, 독일사 산책, 김희주, 옥당, 2016, p. 80
329. 도널드 서순, 유럽 문화사 3, 오숙은 외, 뿌리와이파리, 2012, p. 204
330. 위의 책, p. 412
331. 야마모토 요시타카, 일본 과학기술 총력전, 서의동, AK커뮤니케이션즈, 2019, p. 52
332. 박지향, 영국적인, 너무나 영국적인, 에크리, 2006, p. 390
333. 에른스트 H. 곰브리치, 곰브리치 세계사, 박민수, 비룡소, 2019, p. 389
334. 케빈 캐리, 대학의 미래, 공지민, 지식의날개, 2016, p. 38
335. 설혜심, 그랜드 투어, 웅진지식하우스, 2013, p. 19
336. 위의 책, p. 36
337. 설혜심, pp. 41-42
338. 남기원, 대학의 역사, 위즈덤하우스, 2021, p. 165
339. 민태기, p. 160
340. 위르겐 오스터함멜, 대변혁 3, p. 2117
341. J. G. 피히테, 독일국민에게 고함, 황문수, 범우사, 1979, p. 290
1807년 12월 13일 나폴레옹 군의 군고軍鼓 소리가 은은하게 들리고, 그들의 행군대열이 보이는 베를린 아카데미에서 독일이 놓인 역사적 상황을 반성하는 것으로 시작됐다. 그날부터 1808년 4월 20일까지 매주 일요일마다 14회에 걸쳐 한 시간 동안 독일의 엘리트들 앞에서 체포의 위험을 무릅쓰고 진행됐다. 14강 중 2강에서 13강까지 내용은 독일국민교육론과 독일국민에 대한 계몽에 관한 것이었다.

342. 그는 교육개혁가이자 일어 등 여러 언어를 구사하는 세계적인 언어학자로, 식물지리학을 개척한 동생인 알렉산더 훔볼트와 함께 독일 지성을 대표하는 다재다능한 르네상스인이었다.

343. 피터 왓슨, p. 341

344. 학교명이 프리드리히 빌헬름대학교로 바뀌었고 다시 베를린 훔볼트대학교로 바뀌어 현재에 이르렀다.

345. 피터 왓슨, p. 349

346. 조너선 라우시, p. 106

347. 18세기 영국 버밍엄에서 학자, 발명가, 투자자 등 여러 분야의 전문가들이 모여 밤이 깊어가는 줄 모르고 토론했기 때문에 안전하게 귀가하기 위해 보름달이 뜨는 날에 만나 붙여진 이름이다.

348. 민태기, p. 253

349. 피터 왓슨, p. 339

350. 피터 왓슨, p. 472

351. 톰 홀랜드, 도미니언, 이종인, 책과함께, 2020, p. 595

352. 위르겐 오스터함멜, 대변혁 3, p. 2128

353. 레이먼드 윌리엄스, p. 188

354. 피터 버크, 폴리매스, 최이현, 예문 아카이브, 2023, p. 209

355. 피터 왓슨, p. 482

356. 캐빈 캐리, 대학의 미래, 공지민, 지식의날개, 2016, pp. 44-45

357. 조너선 라우시, pp. 106-107. 괄호 안의 설립연도는 필자가 추가함.

358. 조너선 라우시, p. 107

359. 조너선 라우시, p. 109

360. 스콧 갤러웨이, 표류하는 세계, 이상미, 리더스북, 2023, pp. 70-71

361. 닐 맥그리거, p. 283

362. 빈 체제Vienna system는 빈 회의(1814~1815) 이후로 성립된 유럽의 국제 질서다.

363. 닐 맥그리거, p. 284

364. 위르겐 오스터함멜, 대변혁 3, p. 2113. ㉮, ㉯ 표시는 설명을 위해 필자가 첨가함.

365. 위키백과, 김나지움

366. 박지향, pp. 187-188

367. 박지향, p. 389

368. 제79대 영국 총리 리시 수낵은 인도계 이민자로 영국의 명문 사립고등학교인 윈체스터 칼리지 출신이다.

369. 박지향, p. 187

370. 이영석, 역사가가 그린 근대의 풍경, 푸른역사, 2002, p. 312

371. 올랜도 파이시스, pp. 781-782

372. 위르겐 오스터함멜, 대변혁 3, p. 2100

373. 위의 책, p. 2100

374. 레이먼드 윌리엄스, p. 182

375. 레이먼드 윌리엄스, p. 189

376. 위르겐 오스터함멜, 대변혁 3, p. 2109

377. 도널드 서순, 유럽 문화사 3, p. 443

378. 이승원, 세계로 떠난 조선의 지식인들, 휴머니스트, 2010, p. 60

379. 정종현, 제국대학의 조센징, 휴머니스트, 2019, pp. 72-73

380. 일본은 자신들의 고유 문명을 조선에 이식한 게 아니라 그들이 모방한 서구 문명을 이식했다.

381. 김은신, 한국 최초 101 장면, 가람기획, 1999, p. 145

382. 허동현, 일본이 진실로 강하더냐, 당대, 1999, p. 289

383. 위의 책, p. 257

384. 메이지 시대 일본 인구는 다음과 같다. 1872년에는 3,480만 명, 1890년에는 4,130만 명, 1904년 4,613만 명, 1912년 5,000만여 명이었다.

385. 허동현, pp. 314-315
386. 이사벨라 L. 버드 비숍, 조선과 그 이웃나라들, 신복룡, 집문당, 2000, p. 265
387. 허동현, p. 258
388. 근대식 교육과 학교는 문명과 개화의 상징이었다. 최남선은 잡지 「소년」 (1909년 9월호)에서 문명화의 상징으로 대학교와 공원을 예시했다.
389. 이승원, pp. 200-201
390. 이승원, p. 201
391. 한국사데이터베이스, 한민족독립운동사
392. 야마모토 요시타카, 일본과학기술 총력전, 서의동, AK, 2020, p. 90
393. 위의 책, p. 92
394. 다나카 아키라, pp. 81-82
395. 정종현, 제국대학과 조센징, 휴머니스트, 2019, p. 152
396. 에릭 홉스봄, 극단의 시대, 이용우, 까치, 2009, pp. 43-44
397. 황창규, 빅 컨버세이션, 시공사, 2021, p. 176
398. 지식인 노예는 자기 내면에 '욕망하는 나'로 꽉 차 있다. 강력한 엘리트 의식과 탐욕으로 '더 많이, 더 높이' 가지려 하고 오르려 한다. 진짜 엘리트는 자기 연민을 내려놓고 그 빈자리에 자신보다 못한 이들을 연민할 수 있는 공간을 가졌다. 이럴 때만이 비로소 진정한 엘리트의 시작점에 섰다고 할 수 있다.
399. 정종현, pp. 146-147
400. 이종재·김왕준, 교육기회의 확대와 양적 성장- 한국교육 60년, 성취와 과제, 한국교육과정평가원, 2009, p. 37
401. 강재언, 일제하 40년사, 도서출판 풀빛, 1984, p. 91; Morgan E. Clippinger, "problems of the Modernization of Korea: The Development of Modernized Elites under Japanese Occupation," (The Asiatic Research Center, Korea University) Asiatic Research Bulletin 6: 6(September 1963), p. 6; "한민족독립운동사" 한국사데이 타베이스에서 재인용
402. Won Sul Lee, The United States and the Division of Korea 1945,

Kyung Hee University Press, 1982, p. 121; "한민족독립운동사" 한국사데이터베이스 재인용

403. 에이미 추아, p. 390

404. 스콧 로젤·내털리 헬, 보이지 않는 중국, 박민희, 롤러코스터, 2022, p. 51

405. 위의 책, p. 271

406. 위의 책, p. 288

407. 제임스 S. 게일, 조선 마지막 10년의 기록, 최재형, 책비, 2018, p. 230. 원 숫자와 밑줄은 필자가 첨가함.

408. involution은 중국어로는 네이쥐안內卷이다. 정체된 채 '안으로 둘둘 말린다'는 뜻이다.

409. 백승종, 문장의 시대, 시대의 문장, 김영사, 2020, p. 17

410. 오항녕, "[오항녕의 조선, 문명으로 읽다] 10살 이상 많아야 형⋯친구로서 서로 존중하라" 중앙일보, 2021. 12. 10.

411. 송호근, 지식 국가의 분화와 근대의 여명: 조선의 말안장 시대, 개념과 소통, 2012년 겨울 제10호, 한림대학교 한림과학원, 2012.12, p. 24

412. 위 논문, p. 7

413. 위르겐 오스터함멜, 대변혁 3, p. 2097

414. 위르겐 오스터함멜, 대변혁 3, p. 2096

415. 이병호, 현대 중국의 문맹 탈출, 아세아연구 63권 4호, 2020, p. 77

416. 리디아 류 외, p. 543

417. 리디아 류 외, p. 544

418. 조우쩌쭝周策縱, 5·4운동, 조병한, 광민사, 1980, p. 91

419. 리디아 류 외, 세계질서와 문명등급, p. 544.저자인 청웨이는 한자 자체가 결코 배우기 어렵지 않다고 정반대의 주장을 펼친다.

420. 이병호, p. 77

421. 김윤희, 이완용 평전, 한겨레출판, 2011, p. 79.소학교에 대한 평가가 이완용 평전에 나오게 된 것은 당시 학부대신이 이완용이었던 탓이다.

422. 이종재 책임편집자 외 집필진 다수, 한국교육 60년: 성취와 과제, 한국교육과정평가원, 2009, pp. 14-15

구한말 학교 현황은 공식적인 통계자료가 작성되지 않았고 근대적인 학제가 마련되지 않아 체계적으로 추적이 불가능하다. 다만 갑오경장 이후에는 '정확한 통계를 구하기 어렵지만 근대적 학제의 기본 골격과 새로 설립된 학교의 동향을 어느 정도 확인할 수 있다.'

423. 이종재 책임편집자 외 집필진 다수, 위의 연구, p. 15
424. 국고의 지원으로 설치하는 것을 관립, 도나 군의 비용으로 설치하는 것을 공립이라 했다. (행정안전부 국가기록원)
425. 1895년(고종 32년) 4월에 설치되어 1910년 경술국치에 이르기까지 존속했다. 오늘날의 교육부에 해당한다.
426. 후쿠자와 유키치, 문명론 개략, pp. 44-45
427. 안병직, "근대대학의 효시, 베를린대를 아십니까?" 주간동아 753호, 2010. 9. 6.
428. 피터 왓슨, p. 354
429. 피터 왓슨, p. 615
430. 후쿠자와 유키치, p. 46
431. 이화학당은 설립 첫해 단 한 명이었던 재학생은 설립 3년 후 18명까지 늘었고, 우리나라 최고 여성 사학이 됐다.
432. 황경문, 출생을 넘어서, 백광열, 너머북스, 2022, pp. 447-448
433. 김명호, "사진과 함께하는 김명호의 중국 근현대", 중앙일보, 2021. 1. 30.
434. 조우쩌중周策縱, 5·4운동, 조병한, 광민사, 1980, pp. 343-344, (Paul Hutchinson, China's Rear Revolution(New York, 1924), Chap. 2, p. 36)
435. 이중톈, 국가를 말하다, 심규호, 라의눈, 2015, p. 344
436. 김태웅·김대호, 한국 근대사를 꿰뚫는 질문 29, 아르테, 2021, pp. 361-362
437. 위의 책, p. 362
438. 김태웅·김대호, p. 461
439. 한국사데이터베이스, 교육근대화
440. 노영택, 일제말기의 문맹율 추이, 국사관논총 제51집, 1994, p. 120. 이 장

의 총독부통계연표는 이 책에서 인용함.

441. 김태웅·김대호, pp. 460-461

442. 박찬승, 1919 대한민국의 첫 번째 봄, 다산초당, 2019, p. 40

443. 한국사데이터베이스, 교육근대화
    1919년 현재 한국인의 보통학교 취학률은 3.7%인 데 비해 일본인의 그 것은 91.5%였는데, '1면1교주의' 계획이 실현된 1936년에도 한국인 학령 아동의 취학률은 25%에 불과했다.

444. 한국역사연구회, 우리는 지난 100년 동안 어떻게 살았을까, 역사비평사, 1988, p. 50

445. 김태웅·김대호, p. 460

446. 이윤옥, "100세 일본 할머니 "한국말 하면 체벌했던 기억에 자책감" 오마이뉴스, 2021. 9. 4.

447. 최인훈, 화두 제1부, 민음사, 1994, p. 327

448. 허은, "문맹퇴치사업 본격화" 문화일보, 2010. 6. 1.

449. 일본은 식민통치 기간 동안 약 15%의 문해율을 개선했는데, 이 정도를 갖고 한국 근대화에 기여했다는 주장은 초라하기 그지없다. 자국민을 위해 최선을 다한 한국과 조선을 중심지 일본을 위한 변방의 기지(식량과 원료 공급지, 상품시장)로 여긴 일제의 차이라 볼 수 있다.

450. 이언 골딘·로버트 머가, 앞으로 100년, 권태형 외, 동아시아, 2021, pp. 424-425

451. Education at a Glance 2020: OECD Indicators, 2020.9.

452. 올랜도 파이지스, 유로피언, 이종인, 커넥팅, 2020, pp. 746-747

453. 유발 하라리, p. 49

454. 이중톈, 국가를 말하다, p. 371
    "손중산 선생이 말한 것처럼 '세계의 조류는 신권神權에서 군권으로 흘러갔으며, 다시 군권에서 민권으로 흘러갔다. 지금은 민권에 이르렀으니 이에 대해 저항할 방법이 없다.' 그래서 민권을 강구하지 않은 정권은 설사 국내의 저항세력을 진압할 수 있을지라도(태평천국을 진압한 경우처럼) 민권을 중시하는 국가와 상대하면 결국 패배할 수밖에 없다."

455. 유발 하라리, p. 60

456. 이현덕, "과학기술군주 세종", 전자신문, 2021. 5. 5.

457. 팀 하포드, 팀 하포드의 세상을 바꾼 51가지 물건, 김태훈, 세종서적, 2021, p. 184

458. 대니얼 J. 부어스틴, p. 336

459. 노마 히데키, 한글의 탄생, 김진아 외, 돌베개, 2011, p. 330

460. 강명관, 조선시대 책과 지식의 역사, 천년의상상, 2014, pp. 319-320

461. 강명관, p. 194

462. 강명관, p. 225

463. 함재봉, 한국 사람 만들기 3, 에이치프레스, 2020, p. 143

464. 위의 책, p. 144

465. 강명관, p. 136

466. 레이먼드 윌리엄스, pp. 251-252. 참고로 1896년에는 시간당 인쇄부수가 20만 부 늘어났다.

467. 한 줄의 활자를 한 묶음으로 만들어 판짜기를 자동으로 하는 기계로, 1886년에 미국의 머건탈러가 발명했다. 키를 누르면 한 시간에 1만 5,000~1만 8,000자를 기계적 작용으로 주조할 수 있어 활판 인쇄법에 혁명적인 변화를 가져왔다.

468. 팀 하포드, p. 33

469. 팀 하포드, p. 35

470. 로먼 마스·커트 콜스테트, 도시의 보이지 않는 99%, 강동혁, 어크로스, 2021, pp. 148-149

471. 도널드 서순, 유럽 문화사 1, pp. 325-326

472. 쓰노 가이타로, 독서와 일본인, 임경택, 마음산책, 2021, p. 66

473. 신상목, 학교에서 가르쳐주지 않는 일본사, 뿌리와이파리, 2017, p. 89

474. 팀 하포드, p. 199

475. 미야지마 히로시, 일본의 역사관을 비판하다, 창비, 2013, p. 181

476. 이승원, p. 241

477. 도널드 서순, 유럽 문화사 1, p. 70

478. 장강명, "[장강명의 마음 읽기] 흥미로운 중년이 되기 위하여", 중앙일보, 2023. 5. 10.

479. 강창래, 책의 정신, 알마, 2013, pp. 19-20

480. 유발 하라리, p. 163

481. 로버트 단턴, 책과 혁명, 주명철, 알마, 2021, p. 161

482. 오와다 데쓰오, 도쿠가와 3대, 이언숙, 청어람미디어, 2003, p. 149

483. 김옥주·미야가와 타쿠야, 에도 말 메이지 초 일본 서양의사 형성에 대하여, 의사학 제20권 제2호(통권 제39호), 2011.12, 대한의사학회, pp. 494-495

484. 신상목, 아무도 가르쳐주지 않는 일본사, 뿌리와이파리, 2019, pp. 94-95

485. 후쿠자와 유키치, 문명론 개략, p. 25

486. 후쿠자와 유키치, 문명론 개략, p. 395

487. 올랜도 파이지스, pp. 389-390

488. 올랜도 파이지스, p. 291

489. 장은수, "[문화마당] 학술 서평지의 새 지평을 기대하며", 서울신문, 2021. 10. 14.

490. 도널드 서순, 유럽 문화사 2, 오은숙 외, 뿌리와이파리, 2012, p. 27

491. 위의 책, p. 15

492. 위의 책, p. 18

493. 위의 책, p. 117

494. 피터 왓슨, p. 107

495. 올랜도 파이지스, p. 744

496. 올랜도 파이지스, p. 746

497. 올랜도 파이지스, p. 744

498. 올랜도 파이지스, p. 738

499. 올랜도 파이지스, pp. 747-748

500. 박노자, 우리가 몰랐던 동아시아, 한겨레출판, 2007, p. 12

501. 피터 버크, 폴리매스, 최이현, 예문아카이브, 2023, p. 215
502. 도널드 서순, 유럽 문화사 1, p. 371
503. 김용언, "[3인1책 전격수다] 도널드 서순의 『유럽 문화사』 싸이, 모차르트가 될 수 있을까? "문제는 돈이야!"" 프레시안, 2012. 9. 28.
504. 자크 아탈리, pp. 150-151
505. 자크 아탈리, p. 150
506. 도널드 서순, 유럽문화사 3, p. 16
507. 위르겐 오스터함멜, 대변혁 1, p. 130
508. 도널드 서순, 유럽문화사 2, p. 50
509. 위의 책, p. 61
510. 위의 책, p. 62
511. 위의 책, p. 73
512. 위의 책, p. 60
   1828년 3월호 「르뷔 앙시클로페티크」의 통계분석 자료임. 이탈리아와 스페인의 데이터는 부정확하여 원문에 물음표(?)가 달려 있다.
513. 대니얼 J. 부어스틴, p. 336
514. 도널드 서순, 유럽문화사 2, p. 55
515. 알렉시 드 토크빌, 미국의 민주주의, 은은기, 계명대학교출판부, 2013, p. 87
516. 위의 책, p. 88
517. 자크 아탈리, pp. 316-317
518. 쓰노 가이타로, pp. 121-122
519. 쓰노 가이타로, p. 99
520. 자크 아탈리, p. 211
521. 다나카 아키라, p. 110
522. 후쿠자와 유키치, 서양사정, 송경호 외, 여문책, 2021, p. 50
523. 박노자, p. 347

524. 박노자, p. 240
525. 다나카 아키라, p. 114
526. 오타니 다다시, p. 234
527. 오타니 다다시, p. 374
"후방 지역에 남은 압도적 다수는 다양한 언론매체가 전하는 정보를 통해 전쟁을 체험했다. 이들의 전쟁 체험과 전후의 전몰자 추도 또한 전쟁 중에 친숙해진 '군인 천황'에 대한 숭배를 통해 근대 일본의 '국민'이 형성되어 간 것이다."
528. 오타니 다다시, p. 285
529. 이중톈, 국가를 말하다, p. 213
530. 량치차오, 문명과 유학의 애증사, 이혜경, 태학사, p. 17
531. 윤리가 분리되지 않은 정치는 법치가 아니라 예치禮治다. 예치는 기본적으로 수직사회다. 임금과 아버지에 대해서 무조건 복종하는 것을 '경애'라고 한다.
532. 스티븐 핑커, 지금 다시 계몽, 김한영, 사이언스북스, 2021, p. 25
533. 천도교의 손병희가 발의한 『만세보』는 1906년 6월 17일 창간호가 나왔다. 주필 이인직이 『만세보』에 『혈의 누』를 50회 연재하여 신문 연재소설의 첫길을 터놓았다.
534. 오구라 기조, 조선사상사, 이신철, 길, 2022, p. 268; 임화, 신문학의 방법, 1940, 동아일보 연재
535. 이효덕, 표상 공간의 근대, 박성관, 소명출판, 2007, p. 226
536. 박천홍, 매혹의 질주, 근대의 횡단, 산처럼, 2005, p. 128
537. 서광운, 한국 신문소설사: 1880~1970, 해돋이, 1993, p. 35
'1900년 한성은 4만 2,454호戶에 인구는 19만 6,891명'이었다.
538. 서광운, p. 35
539. 서광운, p. 27
독립신문은 4면 신문이었다. "1면으로부터 3면까지는 한국이고, 제4면에는 The Independent라는 영문란을 두었다. (…중략…) 이른바 양국어 신문이었으나 1898년 1월 5일부터는 이를 분리해서 따로 발행했다."
540. 『한성신보漢城新報』는 1894년경에 창간된 것으로 추측된다. 처음에는 일본

어로만 발행하다가 1895년 1월 22일부터는 4쪽 가운데 3쪽은 국한문 혼용기사였고, 1쪽은 일본어였다.

541. 김윤희, pp. 111-112

542. 쓰노 가이타로, pp. 317-318
쓰노 가이타로는 일본의 20세기를 독서의 황금시대라 규정하며 '누구나 책을 읽는 시대'가 도래했다고 했다. "메이지 말기의 10년 정도 기간에 일본인의 독서사에 큰 변화가 생겨났다. 그것이 마침 20세기의 시작과 겹쳐진다. 그렇게 막을 올린 20세기가 곧 '독서의 황금시대'라 할 수 있는 지극히 특수한 시대로 변모해간다. (…중략…) 과감하게 단순화하자면, 독서 사회의 한복판에 '대중'이 거대한 덩어리가 되어 등장했다는 것"이다.

543. 장은수, "[기고] 올해 어떤 책을 읽었습니까?", 중앙일보, 2021. 12. 11.

544. 왕안석의 신법은 좋은 기대와 바람에서 출발했다. 그러나 결과는 그가 전혀 예상치 못한 방향으로 흘러갔다. 조정 중신들이 무리지어 비판하고 전국에서 민원이 끊이질 않았다. 결국 1074년 신법은 중지됐다. 중국 역사상 대표적인 변법으로 거론되며 이 개혁이 실패한 후 북송은 60년도 안 되어 멸망했다.

545. 대런 애쓰모글루·제임스 A. 로빈슨, pp. 313-314.참고로 18세기 초 필경사는 8만 명이었다.

546. 위르겐 오스터함멜, 대변혁 3, p. 1684

547. 퍼난다 피리, 법, 문명의 지도, 이영호, 아르테, 2022, p. 433

548. 장예푸, 문명은 부산물이다, 오한나, 넥스트웨이브미디어, 2018, pp. 460-461

549. 위의 책, p. 461

550. 체계적인 교육제도가 확립된 1886년을 실제적인 의무교육의 원년으로 보기도 한다.

551. 박영철, 한자의 재구성, 길, 2021, p. 250

552. 마크 코야마·제러드 루빈, p. 305

553. 조지프 헨릭, 위어드, 유강은, 21세기북스, 2022, p. 37

554. 위의 책, p. 29

555. 네이트 실버, 신호와 소음, 이경식, 더퀘스트, 2015, p. 17

556. 네이트 실버, pp. 19-20

557. 에른스트 폰 헤세-바르텍, 조선, 1894년 여름, 정현규, 책과함께, 2012, pp. 210-211

558. 박영철, 한자의 재구성, 길, 2021, pp. 248-249

559. 권애영, 중국 그림책의 출발, 소명출판, 2023, p. 51

560. 학식이 있는 사람은 그 묘미를 잘 즐길지 모르나 옛날 문장은 말과 말이 서로 대구를 이루고 있을 때가 많고 그 뜻이 대비되는 단어들을 조합하여 펼치면서 그 내용이 모호해질 때가 꽤 있다.

561. 조지프 니덤, 중국의 과학과 문명 1, 이석호 외, 을유문화사, p. 49

562. 한헌수·임종권, 역사와 과학, 인문서원, 2023, p. 253

563. 대니얼 J. 부어스틴, 발견자들 3, 이경희, EBS BOOKS, 2022, p. 69

564. 위의 책, pp. 70-71

565. 박영철, 한자의 재구성, 길, 2021, pp. 252-253

566. 사피 바칼, p. 431

567. 사피 바칼, p. 430

568. 조지프 헨릭, p. 569

569. 조지프 헨릭, p. 569

570. 피터 자이한, 붕괴하는 세계와 인구학, p. 166

571. 조엘 모키르, pp. 247-248

572. 량치차오, 문명과 유학에 얽힌 애증의 서사, 이혜경, 태학사, 2007, pp. 57-58

573. 조엘 모키르, p. 340

574. 이언 모티머, pp. 236-237

575. 패트릭 와이먼, 창발의 시대, 장영재, 커넥팅, 2022, pp. 223-224

576. 패트릭 와이먼, p. 224

577. 슈테판 클라인, 창조적 사고의 놀라운 역사, 유영미, 어크로스, 2022, pp. 178-179

578. 이언 모티머, pp. 221-222

579. 오항녕, 조선의 힘, 역사비평사, 2010, p. 158
580. 유홍준, "옛 관아는 이렇게 생겼답니다", 중앙일보, 2021. 2.18.
581. 오항녕, "굳이 귀한 소 잡아 귀신에게 제사 지내나", 중앙일보, 2022. 4. 1.
582. 미국 내 한국학 대부로 통하는 제임스 버나드 팔레James Bernard Palais 워싱턴주립대학교 교수는 1995년에 발표한 논문 「한국의 독특함을 찾아서」에서 조선시대를 '노예제 사회'로 규정했다.
583. 오항녕, "노비제는 천리에 어긋나도다, 커다란 변고로다", 중앙일보, 2021. 9. 17.
584. 오항녕, "노예보다 농민에 가까워… 가족구성도 평민과 비슷", 중앙일보, 2021. 10. 15.
585. 카르네프, 내가 본 조선, 조선인, 김정화, 가야넷, 2003, p. 174
586. 위르겐 오스터함멜, 대변혁 3, 박종일, 한길사, 2021, p. 2210
587. 김태웅·김대호, p. 379
588. 이영훈 외, 반일 종족주의와의 투쟁, 미래사, 2020, p. 305
589. 고정애, p. 52
590. 민태기, p. 69
591. 위르겐 오스터함멜, 대변혁 3: 19세기의 역사풍경, 박종일, 한길사, 2021, p. 1597
592. 이영훈 외, 반일 종족주의자와의 투쟁, 미래사, 2020, p. 304
593. 오후, 믿습니까? 믿습니다!, 동아시아, 2021, p. 39-40
594. 박노자·허동현, 열강의 소용돌이에서 살아남기, 푸른역사, 2007, p. 229
595. 김태유·김연배, 한국의 시간, 쌤앤파커스, 2021, p. 53
596. 전국역사교사모임(한국)·역사교육자협의회(일본), 마주보는 한일사 3, 사계절, 2014, pp. 12-13
597. Kate Taylor, I rode Seoul's famous subway system for a week to see if it's really the best in the world, and saw why New York will never catch up, Business Insider, Feb 7, 2022
598. 일부 선진국 기자들 중에서는 한국 지하철에 대해 긍정적인 접근만 하는 기존 기사에 의문을 품고 직접 경험해보기로 결정했다.

599. 김태유·김연배, 한국의 시간, 쌤앤파커스, 2021, p. 123

600. 위의 책. 저자들에 의하면, 경부 고속도로 건설비 2,580억 원을 이자율 10% 복리로 계산할 때 '20년 후에 1조 5,837억 원'이다. '1985년 중부고속도로의 건설비가 3,867억 원, 1989년 중앙고속도로의 건설비가 9,289억 원'이었다.

601. 로먼 마스·커트 콜스테트, 도시의 보이지 않는 99%, 강동혁, 어크로스, 2021, p. 334

602. 이창민, 지금 다시, 일본 정독, 더숲, 2022, p. 58

603. 위의 책, p. 57

604. 나무위키, 템스강

605. 고정애,p. 135

606. 폴 몰랜드, 인구의 힘, 서영아, 미래의창, 2020, p. 108

607. 고정애, "7대 불가사의 런던 하수도 "140년간 잘 썼어" 보강 착수", 중앙일보, 2015. 8. 26.

608. 撒水濾床法, 1차 침전지를 거친 폐수를 여과재로 채워진 여상에 골고루 뿌려 처리한다.

609. 부다페스트는 1873년에 3개 도시를 통합하여 만들어진 도시다. 행정구역을 통합한 7년 후 의회는 국가의 위엄을 드높이기 위해 새로운 국회의사당 건물을 짓기로 결의했다. 1885년에 공사가 시작됐고 헝가리 최대의 공공건축물로 완공됐다. 영국 국회의사당에 이어 세계 두 번째로 큰 국회의사당으로 야경이 아름답기로 유명하다.

610. 정용수, "핵·미사일·열차발사 '3종 세트'로 남북 판흔들기", 중앙일보, 2021. 9. 24.

611. 퍼시벨 로웰, 내 기억 속의 조선, 조선 사람들, 조경철, 예담, 2002, p. 48

612. 퍼시벨 로웰, p. 52

613. 퍼시벨 로웰, p. 179

614. 퍼시벨 로웰, p. 180

615. 이사벨라 L. 버드 비숍, p. 128

616. 이사벨라 L. 버드 비숍, p. 45

617. 카르네프 외 4인, 내가 본 조선, 조선인, 이르계바예브·김정화, 가야넷, 2003, p. 297

618. 위의 책, p. 186

619. 위의 책, p. 302

620. 잭 런던, 잭 런던의 조선사람 엿보기, 윤미기, 한울, 2011, p. 58

621. 허문명, 경제사상가 이건희, 동아일보사, 2022, p. 283-284

622. 다나카 아키라, 메이지 유신과 서양 문명, 현명철, 소화, 2013, p. 46

623. 김효진 외, 난감한 이웃 일본을 이해하는 여섯 가지 시선, 위즈덤하우스, 2018, p. 164.이 책에서는 250여 번으로 기술했다.

624. 오사카를 점령한 1615년에 이에야스의 지시에 의해 2대가 시행하고 3대인 이에마쓰가 1635년에 19개조로 강화했다.

625. 이효덕, 표상 공간의 근대, 박성관, 소명출판, 2002, p. 228

626. 신상목, 학교에서 가르쳐주지 않는 일본사, 뿌리와이파리, 2017, p. 74

627. 박흥수, 달리는 기차에서 본 세계, 후마니타스, 2015, pp. 299-300

628. 위의 책, p. 102

629. 다나카 야스히로, 부의 지도를 바꾼 회계의 세계사, 황선종, 위즈덤하우스, 2019, pp. 138-139

630. 위의 책, p. 151

631. 올랜도 파이지스, p. 99

632. 김현민, "값싼 영국산 면직물, 인도 수공업 붕괴시키다", 아틀라스뉴스, 2020. 1. 25.

633. 김대륜, 세상은 어떻게 번영하고 풍요로워졌는가, 돌베개, 2021, p. 227

634. 올랜도 파이지스, pp. 209-210

635. 올랜도 파이지스, p. 125

636. 올랜도 파이지스, p. 330

637. 올랜도 파이지스, p. 119

638. 올랜도 파이지스, p. 408

639. 올랜도 파이지스, p. 422

640. 올랜도 파이지스, p. 420
641. 올랜도 파이지스, pp. 424-425
642. 올랜도 파이지스, p. 107
643. 이안 블래치포드·틸리 블라이스, 혁신의 뿌리, 안현주, 브론스테인, 2021, p. 119-122
644. 박흥수, 달리는 기차에서 본 세계, 후마니타스, 2015, p. 368
645. 박흥수, 이토 히로부미 철도 따라 대한제국을 접수하다, 프레시안, 2016. 10. 16.
646. 한길사 편집부 엮음, 로마인 이야기 길라잡이, 한길사, 2007, pp. 16-17
647. 시오노 나나미, 로마인 이야기 10, 김석희, 한길사, 2002, p. 24
648. 이안 블래치포드·틸리 블라이스, 혁신의 뿌리, 안현주, 브론스테인, 2021, p. 217
649. 시오노 나나미, 로마인 이야기 10, 김석희, 한길사, 2002, p. 103-104
650. 『고종실록』 1874년 1월 6일 경오 첫 번째 기사
651. 『승정원일기』 고종 11년 4월 25일(정유)/『承政院日記』 2800冊(脫草本 130冊
652. 『고종실록』 1874년 1월 13일 정축 두 번째 기사
653. 『고종실록』 1874년 1월 20일
654. 『고종실록』 1874년 1월 13일 두 번째 기사
655. 『고종실록』 1874년 2월 5일 첫 번째 기사
656. 김태웅·김대호, 한국 근대사를 꿰뚫는 질문 29, 아르테, 2019, p. 23
657. 직접 동전을 제작하는 데 드는 비용보다 값이 저렴한 청전을 수입하거나 밀수입하여 유통했다.
658. 왕원주, 조선의 청전 통용과 폐지, 경북대 사학과 BK21플러스사업단, 2019. 11. 6.
659. 임진왜란 때 도와준 명나라의 은혜를 잊지 말자는 뜻이다.
660. 유발 하라리, p. 259
661. 윤치호는 상하이 중서학원中西學院과 미국 남부 명문 사립 밴더빌트대학교

와 에모리대학교에서 공부를 마치고 1895년에 귀국했다.

662. 한국사데이터베이스, 윤치호 일기 1894년 9월 28일
663. 함재봉, 한국 사람 만들기 3, 에이치프레스, 2020, p. 826
664. 위의 책, p. 827. 필자가 1명을 배출한 가문을 한꺼번에 묶음.
665. 함재봉, 한국 사람 만들기 3, p. 828
666. 위의 책, p. 829
667. 위의 책, p. 830
668. 최성락, 100년 전 영국 언론은 조선을 어떻게 봤을까, 페이퍼로드, 2019, pp. 49-50
669. 위의 책, p. 108
670. 김태웅·김대호, p. 147
671. 배성준, 한국 근대 공업사 1876~1945, 푸른역사, 2022, p. 99
672. 김태웅·김대호, p. 148
673. 김윤희, p. 72-73
674. 이승렬, 근대 시민의 형성과 대한민국, 그물, 2021, p. 160
675. 박종인, "농민을 분노하게 한 조병갑, 공주 山中에 잠들어 있다", 조선일보, 2023. 1. 18.
676. 함재봉, 한국 사람 만들기 3, 에이치프레스, 2020, p. 823
677. 황현, 역주 매천야록 하, 임형택 외, 문학과지성사, 2005, p. 106-107
678. 사법기관, 의금부가 1895년 고등재판소 → 1899년 평리원으로 변경
679. 함재봉, 한국 사람 만들기 4, 에이치프레스, 2022, p. 758
680. 위의 책, 에이치프레스, 2022, p. 758
681. 최인훈, 화두 제2부, 민음사, 1994, p. 294
682. 박석두, 한말-일제하 토지소유와 지세제도의 변화에 관한 연구, 한국농촌연구원, 1995, p. 12
683. 위 논문, p. 12
684. (보론) 식산흥업을 달성하기 위해 또 다른 조치는 학교를 설립해 근대산업

을 뒷받침할 수 있는 인재를 양성하는 일이었다. 통역관이나 개화지식을 가진 고급 관리 양성을 목표로 동문학, 육영공원 등이 설립됐다. 상공학교, 우편학당(체신 사무원 양성), 전신 업무를 담당하는 전무학교, 광산학교 등 교육기관을 잇달아 설립하여 상공업 발전을 위한 인적 인프라를 구축하려 했다.

685. 배성준, 한국근대공업사 1876~1945, 푸른역사, 2022, p. 102

686. 위의 책, 2022, p. 107

687. 1899년 5월 5일 자 기사, 현대 언어로 고침

688. 량치차오, 량치차오, 조선의 망국을 기록하다, 최형욱, 글항아리, 2014, p. 39-40

689. 『고종실록』, 40권, 고종 37년 4월 17일

690. 양반 생도들이 평민이라며 우범선 소령을 업신여기고 그의 명령에 불복종했다. 신분철폐 편에 소개됐다. 그의 아들은 원예육종학의 권위자인 우장춘 박사다.

691. 이덕일, "[이덕일의 事思史] 조선 왕을 말하다", 중앙선데이, 2016. 3. 13.

692. 『영조실록』 1826년 5월 19일

693. 이덕일, "[이덕일의 事思史] 조선 왕을 말하다", 중앙선데이, 2016. 3.13.

694. 심헌용, 한말 군 근대화 연구, 국방부 군사편찬연구소, p. 260-262

695. 함재봉, 한국 사람 만들기 3, p. 829.설명을 위해 재인용함.

696. 카르네프, 내가 본 조선, 조선인, A. 이르계바예브·김정화, 가야넷, 2003, p. 190

697. 심헌용, p. 241

698. 심헌용, p. 297

699. 위의 책, p. 114

700. 왕조의 군사 역량은 내적으로는 질서유지와 외적으로는 침략 방어에 있다. 고종의 조선은 국가방위 측면에서 한반도에 있었던 그 어떤 왕조보다도 국방력이 약했다. 조선은 반격할 힘이 없었을 뿐만 아니라 자구책조차 없었다. 그러니 일본에 유린당하지 않을 수 없었다.

701. 박노자, 우리가 몰랐던 동아시아, 한겨레출판, 2007, p. 205

702. 강명숙, 개화기 윤치호의 군사문제에 관한 이해, 軍史 제116호, 국방부 군사편찬연구소, 2020, p. 58; 『윤치호 일기』 1905년 11월 27일

703. 량치차오, 량치차오, 조선의 망국을 기록하다, 최형욱, 글항아리, 2014, p. 41 저자는 25개조에 대해 다음과 같이 평가했다. '국가기관의 가장 중요한 일은 재정권이요, 군정권이요, 외교권이다. 이 세 가지가 없다면 그 나라는 나라가 아니다.'

704. 강명숙, 개화기 윤치호의 군사문제에 관한 이해, 軍史 제116호, 국방부 군사편찬연구소, pp. 83-84; 『윤치호 일기』 1904년 4월 26일

705. 오타니 다다시, p. 355

706. 심헌용, 한말 군 근대화 연구, 국방부 군사편찬연구소, 2005, p. 297

707. 박노자, 우리가 몰랐던 동아시아, 한겨레출판, p. 245-246

708. 미야지마 히로시, 한중일 비교 통사, 박은영, 너머북스, 2020, p107-108

709. 허동현, 일본이 진실로 강하더냐, 당대, 1999, p. 143

710. 함재봉, 한국 사람 만들기 3, 에이치프레스, 2020, pp. 591-592

711. 위의 책, 2020, p. 600

712. 신영우, 첩보전의 귀재, 조선과 청국에 스파이를 파견하다, 충북일보, 2013. 9. 10.

713. 최성락, p. 127

714. 최성락, p. 125

715. 최성락, p. 133

716. 이재우, 청일전쟁, 국민의 탄생, 오월의봄, 2018, p. 369

717. 위의 책, p. 368

718. 조선 농민에 대한 '제노사이드적 살육'은 한반도에 깊은 원한을 남겼다.

719. 청국 군제는 친군 좌우영 편제다. 일본군사학교 출신 교관이 훈련하는 친군 전후영과 조직적으로 대립했다. 훈련방법도 차이가 나서 군대는 통합되지 않았다. 을미사변 때 전후영 군인들은 일본군과 함께 궁궐에 침입했다.

720. 박노자, 우리가 몰랐던 동아시아, 한겨레출판, 2007, p. 205

721. 강명숙, 위 논문, p. 71

722. 심헌용, p. 297

723. 량치차오, 량치차오, 조선의 망국을 기록하다, p. 91
724. 강명숙, 위 논문, p. 73; 『윤치호 일기』 1905년 7월 4일
725. 강경선, 아시아 제일의 헌법 국가 인도, 아시아 지역 리뷰 「다양성+Asia」 2020년 9월호(3권 3호), 서울대학교 아시아연구소, p. 3
726. 퍼난다 피리, 법, 문명의 지도, 이영호, 아르테, 2022, p. 29
727. 러우위리에, 중국의 품격, 황종원, 혜강, 2011, p. 42
728. 시오노 나나미, 시오노 나나미의 국가와 역사, 오화정, 혼미디어, 2015, p. 195
729. 에르난도 데소토, 자본의 미스터리, 윤영호, 세종, 2022, p. 54
730. 제바스티안 콘라트·위르겐 오스터함멜(책임 편집), 하버드-C.H.베크 세계사: 1750~1870, 이순호·조행복, 민음사, 2021, p. 440
731. 오항녕, 조선의 힘, 역사비평사, 2010, pp. 93-94
732. 허동현, 일본이 진실로 강하더냐, 당대, 1999, p. 139
733. 이중톈, 국가를 말하다, p. 164
"중국의 역대왕조는 민권을 중시한 적이 없다. 중국 왕조의 법률 역시 공민의 권리나 의무에 대해서 전혀 언급된 적이 없다. 사람과 사람 사이에도 종속관계를 중시한 바, 신민은 황제가 일방적으로 정한 법률을 지킬 의무밖에 없었다. 이러한 형률에 따라 나라를 다스리는 것은 법치라기보다는 '율치(律治)'라고 하는 것이 맞다."
734. 이중톈, 국가를 말하다, p. 133
735. 허동현, p. 157
736. 송호근, 지식 국가의 분화와 근대의 여명: 조선의 말안장 시대, 개념과 소통 제10호, 한림대학교 한림과학원, 2012. 12, p. 48
737. 위의 논문, p. 18
738. 위 논문, p. 49
739. 위 논문, p. 49
740. 유인석, 『우주문답』 재인용
741. 도널드 서순, 불안한 승리, p. 231
742. 샤오젠성, 송나라의 슬픔, 임소연·조경희, 글항아리, 2021, p. 37

743. 위의 책, p. 38

744. 도널드 서순, 불안한 승리, p. 216

745. 오스터함멜, 대변혁 3 p. 1658

746. 조재곤, 대한국국제의 분석과 각국 헌법, 한국근현대사연구 제84집, 한국근현대사학회, 2018. 3., p. 115

747. 앞의 논문, p. 114

748. 조재곤, 대한국국제의 분석, p. 114 / 현종 개수실록, 현종 1년 5월 3일

749. 오항녕, 조선의 힘, 역사비평사, 2010, p. 85-86

750. 邦國之主權有五, 自立政體一也, 自定律例二也, 自行治理三也, 自選臣工四也, 自遣使臣五也, 凡此五者, 若行之不違公法, 則他國不得擅預."(『公法會通』 74~75쪽)

751. 네이버 한자사전, 헌
 罒(그물망 망)이나, '금문에 나온 헌憲 자를 보면 우산 아래에 목目 자와 심心 자가 그려져 있었다.'

752. 허동현, 일본이 진실로 강하더냐, 당대, 1999, p. 94

753. 양지열, 다시 헌법 읽기, 자음과모음, 2017, p. 24

754. 한국은 1948년 7월 12일 제헌국회에서 헌법이 통과됐고, 제헌절은 헌법 공포일인 7월 17일이다. 전문가들은 당시 인도의 헌법에 대한 인식은 한국보다 월등히 높았다고 평가한다.

755. 김태웅·김대호, 한국 근대사를 꿰뚫는 질문 29, 아르테, 2021, p. 260

756. 이중톈, 국가를 말하다, pp. 402-403
 '법을 제약하는 법'이야만 비로소 '헌법'이라 할 수 있다. (…중략…) 어떤 정치권력도 헌법에 유일한 근거를 삼아야 하며, 헌법에 의해 제약을 받는다.

757. 1912년 3월 조선민사령이 제정돼 일본의 민법전을 한국에 적용하여 의용민법依用民法을 1959년까지 사용했다. 우리 손으로 만든 민법 초안은 1954년 10월 정부 제출 법안으로 국회에 제출하여 1958년 2월 공포, 1960년 1월 시행됐다.

758. 이중톈, 국가를 말하다, pp. 166-167
 중국과 조선의 법(법가)은 근대법이나 법치와는 다른 개념이다. '법 앞에서 군신, 관민이 당연히 불평등하다. 군왕은 권리만 있을 뿐 의무는 없다. 그러나 민중은 의무만 있을 뿐 권리는 없다.'

759. 에르난도 데소토, 자본의 미스터리, 윤영호, 세종서적, 2022, p. 17

760. 후쿠자와 유키치, 문명론 개략, pp. 44-45

761. 송호근, 지식 국가의 분화와 근대의 여명: 조선의 말안장 시대, p. 48 필요에 의해 일부 재인용

762. 린 헌트, p. 230

763. 최인훈, 화두 제1부, p. 361

764. 양지열, 다시 헌법 읽기, 자음과모음, 2017, p. 31

765. 로버트 미들코프, 미국인 이야기 3: 건국의 진통 1780~1789, 이종인, 사회평론, 2022, pp. 405-406

766. 2004년 5,000엔 권에 여류 소설가인 히구치 이치요樋口一葉를 발탁했는데 패전 후 최초로 여성 모델을 지폐에 넣었다.

767. 1938년부터 개改100원권에도 채택된 다케우치노 스쿠네는 모든 조선은행권의 얼굴이 됐다. 이 도안은 정부 수립 이후 1949년에 신권이 나오면서 자취를 감추었다.

768. 조선은행에서 지폐 인물이 누구라고 공식적으로 선언하지 않아 의견이 분분하다. 일본 전통신앙에서 숭배하는 칠복신 중 '수노인(長壽, 주로진)'이라는 설이 있으나 필자는 '다케우치노 스쿠네' 설을 채택했다. '이익을 위해선 이용할 수 있는 모든 걸 이용하고 할 수 있는 모든 걸 다 하는' 일본의 속성을 볼 때 다케우치노 스쿠네가 적합하기 때문이다.

769. 호사카 유지, pp. 136-137. 괄호안은 필자가 삽입함

770. 위의 책, p. 136

771. 김희영, 이야기 일본사, 청아출판사, 2006, p. 27

772. 위의 책, p. 28

773. 요시다 쇼인은 수감생활 중에 기록한 『유수록』에서 일본이 서구 열강의 식민지가 되지 않기 위해 그들의 우수한 기술을 속히 배워 힘을 키워 조선을 정복하고 남북으로는 대만, 필리핀, 만주 등을 노획하여 옛날의 영화를 되찾자고 주장했다.

774. 니컬러스 J. 스파이크먼, 강대국 지정학, 김연지 외, 글항아리, 2023, p. 207

775. 위의 책, p. 241

776. 호사카 유지, p. 136

777. 민주주의나 공산주의 같은 이데올로기라 부르든, 우리는 '법 앞에서 권력이든 의무든 평등하다.'라는 허구의 공통분모를 믿으며 권리를 주장하든 모두 허구를 공유하며 '나도 같은 의견'이라는 동류의식을 기른다. 서로 간에 이어줄 그물이 바로 신화, 이야기, 전설이기에 그토록 오래 보존되어 온 것이다. 정교한 서사와 스토리텔링의 힘, 허구가 현실을 이기고 가상이 진짜를 앞선다.

778. N. 할라즈, p. 10

779. 진구황후가 메이지 정부의 지폐 인물이 될 정도로 영웅이 된 것은 무엇 때문이었을까? 역사적 사실과는 무관한 일본인의 굳건한 믿음이다. 더 정확히 말하면 '한반도는 고대 일본의 식민지'였다는 식으로 일본인이 혹할 정도로 매우 단순하게 이야기하기 때문이다. 이 믿음은 교육을 통해 강화됐다.

780. 유현준, 공간의 미래, 을유문화사, 2023, p. 76

781. 위의 책, p. 163

782. 유현준, 공간이 만든 공간, 을유문화사, 2023, p. 13

783. 야마무로 신이치, 러일전쟁의 세기, 정재정, 소화, 2010, p. 258

784. 클로테르 라파이유, 컬처코드, 김상철·김정수, 리더스북, 2007, pp. 37-38

785. 1억 옥쇄(一億玉砕, いちおくぎょくさい)는 말 그대로 1억 명의 사람들이 옥처럼 부서진다는 뜻이다. 전쟁 말기인 1945년 일본 본토의 인구는 약 7,200만 명이었으니 여러 식민지의 인구(한반도 약 2,400만 명과 대만 약 660만 명)를 끌어모아서 1억 명이 약간 넘었다.

786. 가토 슈이치·마루야마 마사오, p. 26

787. 이안 부루마, 근대 일본, p. 59

788. 위의 책, p. 58

789. 유이 마사오미, 대일본제국의 시대, 서종완 외 다수, 소화, 2016, p. 70
러일전쟁 이후 한국병합에 이르렀을 때 일본은 "본토 면적의 77%가 넘는 면적의 식민지를 영유한 아시아 유일의 그리고 세계에서도 유수의 식민지제국이 됐다. 한국병합에 대한 일본 국내의 여론은 거의 찬양 일색이었다. 일본인은 이런 분위기에 취해 자신들이 일등국가라는 의식과 조선에 대한 멸시의식이 깊게 뿌리내리게 된 것이다."

790. 오타니 다다시, pp. 234-240

791. 오타니 다다시, p. 247

792. 오타니 다다시, p. 285

793. 예의가 바르면서 야만적이고, 정직하면서도 믿을 수 없는 일본인은 한국인에게는 이해할 수 없는 모순덩어리다.

794. 야마무로 신이치, p. 158
    일본군 총 동원병 수 108만 8,996명, 전사자 8만 7,360명, 부상자 38만 1,313명

795. 왕자아펑 외, 대국굴기, 양상희·김인지, 크래듀, 2009, p. 265

796. 리디아 류 외, p. 503

797. 신두환, 선비, 왕을 꾸짖다, 달과소, 2011, p. 382

798. 두산백과 두피디아
    "한국의 근대화의 싹은 17~18세기 실학사상에서 찾을 수 있다. (…중략…) 36년간의 일제강점기, 8·15광복 후의 혼란과 6·25전쟁 등 1950년대의 과도기가 지나고, 1960년대에 들어서면서 4·19혁명을 계기로 근대화에 대한 자각을 가지고 본격적인 근대화에 착수하였다."

799. 한국의 새 길을 찾는 원로 그룹, 한국의 새 길을 찾다, NEAR재단, 청림출판, 2023, pp. 52-53

800. 이사벨라 L. 버드 비숍, p. 328

801. 이사벨라 L. 버드 비숍, p. 220

802. 이사벨라 L. 버드 비숍, p. 228

803. 이사벨라 L. 버드 비숍, p. 229

804. 역성장은 네 번 있었다. 1980년 박정희 시해사건과 신군부 등장, 1998년 IMF, 2008년 글로벌 금융위기, 2020년 코로나19때다.

805. 한국의 새 길을 찾는 원로 그룹, p. 53

806. 최병천, 좋은 불평등, 메디치미디어, 2022, p. 349

807. 레이 달리오, 변화하는 세계 질서, 송이루·조용빈, 한빛비즈, 2022, p. 56

808. 위의 책, p. 59

809. 한국의 새 길을 찾는 원로 그룹, p. 57

810. 후쿠자와 유키치, 문명론 개략, p. 30

811. 후쿠자와 유키치, 문명론 개략, pp. 31-33

812. 다나카 아키라, pp. 158-159

813. 이중톈, 국가를 말하다, p. 370
이중톈은 청의 패배 이유를 다음과 같이 분석한다. "기술이 선진적인 것은 제도가 선진적이었기 때문이다. 그렇지 않다면 '작은 섬나라 오랑캐'에 불과한 일본이 중국 위에 서서 '천조대국'과 싸워 이기고 (…중략…) 이는 분명 그들이 메이지 유신을 단행하여 헌정을 실행에 옮겼기 때문이다."

814. 러우위리에, 중국의 품격, 황종원, 에버리치홀딩스, 2011, pp. 42-43

815. 야마무로 신이치, p. 211

816. 러우위리에, p. 43

817. 러우위리에, p. 44

818. 하버드대학 중국연구소, 하버드대학 중국 특강, 이은주, 미래의창, 2019, p. 315

819. 과학(science, 賽因斯)의 약칭인 사賽 선생과 민주(democracy, 德謨克拉西)의 의인화된 약칭으로 더德 선생을 말한다.

820. 조우쩌중, p. 47

821. 조우쩌중, p. 33

822. 조우쩌중, p. 50

823. 폴 존슨, 폴 존슨 근대의 탄생 2, 명병훈, 살림, 2014, p. 18

824. 린다 콜리, pp. 16-20

825. 유시민, 문과 남자의 과학 공부, 돌베개, 2023, p. 18
물리학자 파인만이 1970년대 어느 토론 모임에 대한 촌평을 남겼다. "그들은 세계를 있는 그대로 이해하지 못하면서도 스스로는 지혜롭다고 믿는 거만한 바보였다."

826. 레이 달리오, p. 313

827. 레이 달리오, p. 334

828. 피터 버크, p. 149

829. 레이 달리오, p. 370

830. 피터 왓슨, pp. 106-107

831. 해퍼드 존 매킨더, 심장지대, 임정관 외, 글항아리, 2022, pp. 42-43

832. 후쿠자와 유키치, 문명론 개략, p. 51

833. 위의 책, p. 37

834. 위의 책, p. 50

835. 쓰노 가이타로, pp. 111-112

836. 린다 콜리, p. 450

837. 트로 교수(1974)의 고등교육 단계에 따르면 취학률 15% 이내는 엘리트형, 15~50%는 대중화, 50% 이상은 보편화로 구분한다.

838. 강태진 외 20인, 코리아아젠다 2018, 나녹, 2018, pp. 56-57

839. 에밀리 S. 로젠버그(책임편집), 하버드-C.H.베크 세계사: 1870~1945, 이순호·조행복, 민음사, 2018, pp. 1043-1044

840. 야마무로 신이치, p. 212
일본이 러일전쟁에서 승리하자 한국과 중국은 일본의 힘의 원천으로 입헌제 등을 주목했다. "한국에서도 입헌제를 통한 개인의 권리 존중과 자유의 확보에 힘쓴 것이 일본의 애국심을 높였고, 청일·러일전쟁에서 승리했다는 이해가 생겨났다."

841. 제바스티안 콘라트·위르겐 오스터함멜(책임편집), p. 701

842. 위의 책, p. 435

843. 양세욱, 동아시아의 번역된 근대: '개인'과 '사회'의 번역과 수용, 인간환경미래 제9호, 인간·환경·미래 연구원, 2012. 10. , p. 81

844. 위의 논문, pp. 84-85

845. 피터 버크, p. 205

846. 가토 슈이치·마루야마 마사오, p. 26

847. 정종현, p. 24

848. 이중톈, 제국의 슬픔, 강경이, 라의눈, 2015, pp. 362-363
입세는 세속에 동참하는 것을 말하고, 출세는 세속을 떠나는 것이다. 저자에 의하면 사대부가 '정치에 참여할 수 있는 유일한 통로는 관리가 되는 것 뿐'이었다.

849. 이중톈, 국가를 말하다, pp. 164-165
'황제는 〈구함천헌口銜天憲〉(말이 곧 법률로 사람의 생사를 가른다)으로 그의 말이 곧 법률'이었다. 황제는 근본적으로 법을 범할 수 없다. 황제 자신이 법률이기 때문이다. '짐이 곧 국가이고 짐이 곧 법률인데, 법률이 있은들 또 무엇을 할 수 있겠는가?'

850. 이중톈, 국가를 말하다, pp. 397-398,

851. 데이비드 크리스천 외, pp. 372, 421-422

852. 이언 모리스, 왜 서양이 지배하는가, 최파일, 글항아리, 2013, p. 772

853. 위의 책, p. 775

854. 후쿠자와 유키치, 문명론 개략, p. 56

855. 위의 책, p. 32

856. 문화관광부,『2005 문화정책 백서』서울, 문화관광부, 2006, p. 361
"2005년 종교 현황은 불교 22.8%, 유교 0.2%, 천주교 10.9%, 기독교 18.3%, 원불교 0.3%, 무종교가 46.9%였다."

857. 2022년 12월 한국리서치 정기조사 '여론 속의 여론'에서 '2022년 종교 인구 현황'을 발표했다. 조사 결과 종교인구 비율은 무종교 51%, 개신교 20%, 불교 17%, 천주교 11% 순으로 나타났다. 유교가 포함된 기타 종교는 2%로 유교는 아예 종교로서 존재를 상실했음을 보여준다.

858. 이원삼, 이슬람법사상, 아카넷, 대우학술총서, 2001, p. 19

859. 퍼난다 피리, 법, 문명의 지도, 이영호, 아르테, 2022, p. 458

860. 제바스티안 콘라트·위르겐 오스터함멜(책임편집), p. 711

861. 다만 이슬람 각국의 정치체제와 종교는 같이할 수밖에 없는 운명이다. 정치체제는 밖에 존재하고. 종교는 그 안에 자리할 뿐 근본적으로 양자가 하나다. 이슬람이란 종교를 떠난 아랍권은 어떤 모습일까?

862. 존 에버라드, "북한 군복무 1년만 줄여도 주민 삶 좋아져", 중앙일보, 2022. 10. 7.

863. 유현준, 공간의 미래, p. 162

864. 위의 책, p. 163

865. 데이비드 크리스천 외, p. 420

866. 기디언 래크먼, 더 스트롱맨, 최이현, 시공사, 2023, p. 375

867. 올랜드 파이지스, p. 744

868. 올랜드 파이지스, p. 743

869. 사피 바칼, pp. 433-434

870. 장하준, 장하준의 경제학 레시피, 김희정, 부키, 2023, p. 174
"어떨 때는 '소프트파워'를 사용하기도 한다. 더 학술적인 용어를 동원하자면 '관념의 힘'으로 영향력을 행사하는 방법으로 학계, 국제 언론, 정책 싱크 탱크 등을 통해 개발도상국들 스스로 자유 무역이 자국에 좋은 것이라 생각하도록 설득하는 것이다. (…중략…) 의지에 반하는 뭔가를 강제로 하도록 하는 것만 힘이 아님을 보여주는 좋은 예다."

871. 국제전략문제연구소CSIS 스마트파워위원회, 스마트 파워, 홍순식, 삼인, 2009, p. 39

872. 유현준, "도시와 에너지 그리고 배터리", LG엔솔, 2022. 2. 18.

873. 김월회, "우리 사회의 뎁스", 경향신문, 2021. 12. 29.

874. 김인준·이영섭 지음, 이번 경제위기는 다르다, 율곡출판사, 2023, p. 308

875. 스콧 갤러웨이, 표류하는 세계, 이상미, 리더스북, 2023, pp. 70-71

876. 송호근, 21세기 한국 지성의 몰락, pp. 346-347

877. 조경란, 국가, 유학, 지식인, 책세상, 2016, p. 74

878. 고정애, p. 288

879. 시오노 나나미, 로마인 이야기 7, 김석희, 한길사, 2000, pp. 170-171

880. 위의 책, p. 447

881. 제바스티안 콘라트·위르겐 오스터함멜(책임편집), pp. 697-698

882. 이어령, pp. 170-171

883. 이원복, 신의 나라 인간 나라, 두산동아, 2002, pp. 225-226

884. 이타사카 겐, 일본인의 논리구조, 정형, 소화, 1996, pp. 180-181

885. 이어령, p. 330

886. 엔도 슈샤쿠, 침묵, 공문혜, 홍성사, 1987, pp. 180, 182-184

887. 다나카 아키라, 메이지 유신과 서양 문명, p. 160

888. 이에나가 사부로, 일본도덕사상사, 세키네 히데유키·윤종갑, 예문서원,

2005, p. 127

889. 위의 책, p. 129

890. 가토 슈이치, 일본인이란 무엇인가, p. 123

891. 위의 책, p. 129

892. 위의 책, p. 125

893. 위의 책, p. 127

894. 시오노 나나미, 로마인에게 묻는 20가지 질문, 김석희, 한길사, 2000, pp. 129-130

895. 최인훈, 화두 제1부, p. 327

896. 한길사 편집부, 로마인 이야기 길라잡이, 한길사, 2007, p. 113

897. 제바스티안 콘라트·위르겐 오스터함멜(책임편집), p. 695

898. 이어령, p. 337

899. 여전히 인도에 있는 티베트 망명정부는 최끼니마를 판첸 라마로 인정하고 있다.

900. 빌 헤이턴, 중국이 말하지 않는 중국, 조율리, 다산초당, 2023, p. 232

901. 김용한, 한 글자 중국: 중국의 확장, 휴머니스트, 2018, p. 314

902. 조경란, p. 37

903. 조경란, "조경란의 21세기 중국", 주간동아 1286호, 2021. 4. 24.pp. 48-50

904. 러우위리에, p. 21

905. 러우위리에, p. 22

906. 남경태, 마르크스 정치경제학 비판요강, 개념어사전, 들녘, 2007, p. 295

907. 20세기의 공산당 1당 세 나라는 중국, 베트남, 북한으로 이들은 모두 동아시아에 존재한다.

908. 조경란, p. 50

909. 유발 하라리, p. 324

910. 샤오젠성, p. 38

911. 샤오젠성, p. 37

912. 샤오젠성, p. 426

913. 정하윤, "붉고 큰 마오 얼굴이 떴습니다", 이데일리, 2023. 1. 20.

914. 알렉시 드 토크빌, 미국의 민주주의, 이용재, 아카넷, 2018, p. 76

915. 유발 하라리, pp. 163-164

916. 유발 하라리, p. 163

917. 페르낭 브로델, 문명의 문법, 김지혜, 서커스, 2023, p. 604

918. 유현준, 공간이 만든 공간, 을유문화사, 2023, pp. 8-9

919. 톰 홀랜드, 도미니언, 이종인, 책과함께, 2020, p. 537

920. 조너선 라우시, p. 78

921. 조너선 라우시, p. 124

922. 함재봉, 한국 사람 만들기 3, p. 345

923. 함재봉, 한국 사람 만들기 3, p. 348

924. 함재봉, 한국 사람 만들기 3, p. 323

925. 레즈비언(Lesbian, 여성 동성애자), 게이(Gay, 남성 동성애자), 바이섹슈얼(Bisexual, 양성애자), 트랜스젠더(Transgender, 성전환자), 퀴어(Queer, 성 소수자 전반) 혹은 퀘스처닝(Questioning, 성 정체성에 관해 갈등하는 사람) 등을 일컫는다.

926. 린 헌트, p. 237

927. 네이버 지식백과, 조지 워싱턴의 고별 연설
주한 미국 대사관에서 번역한 「조지 워싱턴의 고별 연설」 전문이 네이버 백과에 실려 있다. 그중 한문투를 한글로 일부 수정했다.

928. 김인준·이영섭, 이번 경제 위기는 다르다, 율곡출판사, 2023, p. 338

929. 조항범, "조항범 교수의 어원 이야기, 등신", 문화일보, 2018. 3.30.

930. 정덕구, 한국을 보는 중국의 본심, 중앙북스, 2011, p. 103

931. 이승렬, 근대 시민의 형성과 대한민국, 그물, 2021, p. 97

932. 오구라 기조, 한국은 하나의 철학이다, 조성환, 모시는사람들, 2017, p. 13

933. 고미숙, 계몽의 시대, 북드라망, 2014, p. 82 재인용

934. 에밀리 S. 로젠버그(책임편집), p. 991
935. 고미숙, 계몽의 시대, p. 83
936. 니얼 퍼거슨, p. 429
937. 니얼 퍼거슨, p. 450
938. 당시 영국의회에서 '1차 아편전쟁'에 대한 전쟁결의안은 271표 대 262표로 아슬아슬한 차이로 통과됐다. 당시 영국에서도 이 전쟁에 대해 그다지 여론이 좋지 않았다는 뜻이다.
939. 권광영의 기명 칼럼 『아름다운 인생』에서 버큰헤드호 함장의 일화 재인용
940. 권광영, 톱 리더의 조건, 클라우드나인, 2015, p. 249. 이하 삼현일장의 글은 재인용함.
941. 한국의 새 길을 찾는 원로 그룹, 한국의 새 길을 찾다, NEAR재단, 청림출판, 2023, pp. 27-28
942. mythos. 시간을 초월해서 영원히 지속되는 영적 가치를 찾아내는 힘을 말한다.
943. 조지 프리드먼, 다가오는 폭풍과 미국의 세기, 홍지수, 김앤김북스, 2020, p. 256
944. 허문명, 경제사상가 이건희, 동아일보사, 2022, p. 259
945. 레이 달리오, 변화하는 세계 질서, 송이루·조용빈, 한빛비즈, 2022, p. 512
946. 최인훈, 화두 제1부, 민음사, 1994, p. 363
947. 황창규, p. 270
948. 헨리 앨프리드 키신저, 헨리 키신저 리더십, 서종민, 민음사, 2023, p. 539
949. 이정동, 최초의 질문, 민음사, 2022, p. 173
950. 위의 책, p. 153
951. 위의 책, p. 32
952. 위의 책, pp. 24-25
953. 최병천, p. 75
954. 전재호, 반동적 근대주의자 박정희, 책세상, 2011, p. 112
955. 그동안 밤은 보통 사람들의 평범한 시간이 아니라 어둠 속에서 무엇인가

음모를 꾸미는 시간으로 의심받아 통행이 금지됐다.

956. 송재용 외, 패러다임 대전환, 자의누리, 2023, p. 48
957. 한국의 새 길을 찾는 원로 그룹, p. 16
958. 위의 책, pp. 312-313
959. 최병천, p. 71
960. 최병천, p. 327
961. 러스트rust는 녹을 뜻한다. 공장설비에 녹이 슬었다는 의미에서 붙여진 이름으로 미국 북동부 5대호 주변의 쇠락한 공장지대를 '러스트 벨트'라고 부른다.
962. 중국의 공업생산량은 2000년에 독일을, 2005년에 일본을, 2011년에 미국을 제치고 중국은 '세계의 공장'이 됐다.
963. 최병천, pp. 327-328
964. 마크 레빈슨, p. 206
965. 마크 레빈슨, p. 275
966. 이정동, p. 216
967. Production in the Innovation Economy (Cambrige: The MIT Press, 2014)
968. 2021년 유엔무역개발회의(UNCTAD)는 한국의 지위를 만장일치로 선진국으로 인정했다.
969. 시오노 나나미, 로마인 이야기 6, 김석희, 한길사, 2012, p. 308
970. 조윤제, "추가성장, '경제외적 기반' 없이는 어렵다", 중앙일보, 2023. 1. 20.
971. 한국의 새 길을 찾는 원로 그룹, p. 27
972. 위의 책, p. 29
973. 위의 책, p. 145
974. 라파엘 라시드, 우리가 보지 못한 대한민국, 허원민, 2022, p. 149
975. 김태유·김연배, p. 87
976. 허두영, 요즘 것들, 쎙크스마트, 2019, p. 54
977. 지금의 상황은 과거와는 사뭇 다르다. 경제적 요인 외에도 정치·사회적 요

인이 뒤섞이고 국제 정세도 요동치며 경제적 충격을 가하고 있기 때문이다. 특히 미중의 첨단기술 갈등은 가장 첨예한 이슈인데, 전문가들은 '최소 30년 전쟁이 될 것'이라고 전망한다. 향후 10년이 새로운 국제질서를 형성하는 '골든 타임'이다.

978. 조지 프리드먼, 다가오는 폭풍과 새로운 미국의 세기, 김앤김북스, 2020, p. 263

979. 피터 자이한, 각자도생의 세계와 지정학, 김앤김북스, 홍지수, 2021, p. 12. 저자는 경제 개혁만으로는 충분하지 않고 근본적인 정치·사회제도 개혁이 수반돼야 한다는 것을 강조한다.

980. 명나라의 멸망을 지켜본 사상사 고염무(1613~1682)의 말이다.

981. IMF 때 '금 모으기 운동'에서 봤듯이 과거에는 위기 때 온 국민이 합심해 위기 극복을 위해 노력했다. 지금은 나라가 양쪽으로 쪼개져 있어 어떤 정책도 무조건 반대하는 상황에 처한 지 오래다.

982. 홍하상, 이건희, 한국경제신문, 2003, p. 151

983. 이채윤, 이건희처럼 생각하고 정몽구처럼 행동하라, 머니플러스, 2011, p. 145

984. 조일훈, 이건희 개혁 20년, 또 다른 도전, 김영사, 2013, p. 230

985. 헨리 A. 키신저 외, AI 이후의 세계, 김고명, 월북, 2023, p. 68

986. 박태웅, 눈 떠보니 선진국, 한빛비즈, 2021, p. 149

987. 헨리 A. 키신저 외, AI 이후의 세계, 김고명, 월북, 2023, p. 227

988. 위의 책, p. 222

989. 위의 책, pp. 252-257

990. 김상균, 초인류, 웅진지식하우스, 2023, p. 10

991. 위의 책, p. 11

992. 헨리 A. 키신저 외, AI 이후의 세계, p. 136

993. 위의 책, pp. 144-145

994. 위의 책, p. 146

995. 임대준, "AI 탑재한 킬러 로봇 온다… 넷플릭스 10일 '언노운: 킬러 로봇' 공개", AI타임스, 2023. 7. 11.

996. 헨리 A. 키신저 외, AI 이후의 세계, p. 89

997. 위의 책, pp. 137-138

998. 케이트 크로퍼드, AI 지도책, 노승영, 소소의 책, 2023, p. 263

999. 김상균, 초인류, 웅진지식하우스, 2023, p. 227

1000. 유재홍, 추형석, 강송희, 유럽EU의 인공지능 윤리정책 현황과 시사점: 원칙에서 실천으로from principles to practices, 소프트웨어 정책연구소, 2021. 3. 25.

1001. 박태웅, 눈 떠보니 선진국, p. 59

1002. 박태웅, 박태웅의 AI 강의, 한빛비즈, 2023, pp. 183-184, 필자가 경어체를 평어체로 바꿨다.

1003. 김정운, 에디톨로지, 21세기북스, 2014, p. 156

1004. 도널드 서순, 우리 시대의 병적 징후들, 유강은, 뿌리와이파리, 2021, p. 17

1005. 이정동, 최초의 질문, 민음사, 2022, p. 59

1006. 김인준·이영섭 지음, 이번 경제위기는 다르다, 율곡출판사, 2023, p. 287 "흔히들 안정과 혁신이 상충된다고 생각하는데, 이러한 사고의 틀에서 탈피할 필요가 있다. 힉스John Hicks는 혁신은 효율과 안정이 모두 증대되는 것을 의미한다면서, 혁신이 이루어진다는 것은 오히려 강화할 수 있음을 보여준다."

1007. 매트 리들리, 혁신에 대한 모든 것, 이한음, 청림출판, 2023, p. 9

1008. 황창규, pp. 100-101

1009. 매트 리들리, p. 289

1010. 국립교육통계센터NCES 자료

1011. 케빈 캐리, 대학의 미래, 공지민, 지식의날개, 2016, pp. 315-316

1012. 위의 책, pp. 98-99

1013. 권오현 외, 미래의 인재 대학의 미래, 포르체, 2022, pp. 219-220

1014. 김상균, 초인류, 웅진지식하우스, 2023, p. 284

1015. 한국의 새 길을 찾는 원로 그룹, p. 34

1016. 위의 책, p. 40

1017. 위의 책, p. 40

1018. 김태유·김연배, p. 260

1019. 황창규, pp. 204-205

1020. 한상기, "오픈소스를 해야만 하는 이유", 주간경향 1537호, 2015. 6. 30.

1021. 박태웅, 눈 떠보니 선진국, p. 202

1022. 2023년 6월 21일 방송

1023. 크리스 밀러, 칩워, 노정태, 부키, 2023, p. 377

1024. 김주환, 회복탄력성, 위즈덤하우스, 2011, p. 19

1025. 이정동, 최초의 질문, 민음사, 2022, p,116

1026. 권광영, 톱 리더의 조건, 클라우드나인, 2015, p. 384-385

1027. 박태웅, 눈 떠보니 선진국, p. 83

1028. 황창규, p. 339; 에릭 슈미트 외, 구글은 어떻게 일하는가, 박병화, 김영사, 2014에서 재인용

1029. 한국의 새 길을 찾는 원로 그룹, p. 520

1030. 로버트 케이건, 밀림의 귀환, 홍지수, 김앤김북스, 2021, p. 18

1031. 송재용 외, 패러다임 대전환, 자의누리, 2023, p. 132

1032. 헨리 키신저, 헨리 키신저 리더십, 서종민, 민음사, 2023, p. 10

1033. 위의 책, pp. 541-542

### 대전환기, 한국의 미래를 만드는 세 가지 힘
: 병렬파워, 코어심벌, 혁신생태계

**초판 1쇄 인쇄** 2024년 3월 7일
**초판 1쇄 발행** 2024년 3월 21일

**지은이** 권광영
**펴낸이** 안현주

**기획** 류재운 **편집** 송무호 안선영 김재열 **브랜드마케팅** 이승민 **영업** 안현영
**디자인** 표지 정태성 본문 장덕종

**펴낸곳** 클라우드나인 **출판등록** 2013년 12월 12일(제2013-101호)
**주소** 우) 03993 서울시 마포구 월드컵북로 4길 82(동교동) 신흥빌딩 3층
**전화** 02-332-8939 **팩스** 02-6008-8938
**이메일** c9book@naver.com

**값** 55,000원
**ISBN** 979-11-92966-63-2 00320

* 잘못 만들어진 책은 구입하신 곳에서 교환해드립니다.
* 이 책의 전부 또는 일부 내용을 재사용하려면 사전에 저작권자와 클라우드나인의 동의를 받아야 합니다.
* 클라우드나인에서는 독자 여러분의 원고를 기다리고 있습니다.
  출간을 원하시는 분은 원고를 bookmuseum@naver.com으로 보내주세요.
* 클라우드나인은 구름 중 가장 높은 구름인 9번 구름을 뜻합니다. 새들이 깃털로 하늘을 나는 것처럼 인간은 깃펜으로 쓴 글자에 의해 천상에 오를 것입니다.